Finanz und Steuern
Band 8
Examenstraining

**SCHÄFFER
POESCHEL**

Finanz und Steuern
Band 8

Examenstraining

von

Uwe Grobshäuser
Professor für Steuerrecht an der Fachhochschule Ludwigsburg,
Hochschule für öffentliche Verwaltung und Finanzen

Dieter Kies
Professor für Steuerrecht an der Fachhochschule Ludwigsburg,
Hochschule für öffentliche Verwaltung und Finanzen

Jürgen Kirschbaum
Professor für Steuerrecht an der Fachhochschule Ludwigsburg,
Hochschule für öffentliche Verwaltung und Finanzen

Fritz Lang
Studienbereichsleiter Ertragsteuern an der Fachhochschule der
Sächsischen Verwaltung in Meißen

Peter Schnur
Professor für Steuerrecht an der Fachhochschule Ludwigsburg,
Hochschule für öffentliche Verwaltung und Finanzen

2007 SCHÄFFER-POESCHEL VERLAG STUTTGART

Bearbeiterübersicht:
Grobshäuser: Teil C
Kies: Teil A, Teil E
Kirschbaum: Teil D
Lang: Teil B
Schnur: Teil F

Bibliografische Information der Deutschen Nationalbibliothek
Die Deutsche Nationalbibliothek verzeichnet diese
Publikation in der Deutschen Nationalbibliografie;
detaillierte bibliografische Daten sind im Internet über
<http://d-nb.de> abrufbar.

ISBN 978-3-7910-2553-7

Dieses Werk einschließlich aller seiner Teile ist urheberrechtlich geschützt. Jede Verwertung außerhalb der engen Grenzen des Urheberrechtsgesetzes ist ohne Zustimmung des Verlages unzulässig und strafbar. Das gilt insbesondere für Vervielfältigungen, Übersetzungen, Mikroverfilmungen und die Einspeicherung und Verarbeitung in elektronischen Systemen.

© 2007 Schäffer-Poeschel Verlag für Wirtschaft, Steuern, Recht GmbH

www.schaeffer-poeschel.de
info@schaeffer-poeschel.de

Typografie: Hans Peter Willberg und Ursula Steinhoff
Satz: primustype Hurler GmbH, Notzingen
Druck und Bindung: Kösel GmbH, Krugzell
www.koeselbuch.de

Gedruckt auf chlorfreigebleichtem, säurefreiem und alterungsbeständigem Papier.

Printed in Germany
Juni 2007
Schäffer-Poeschel Verlag Stuttgart
Ein Tochterunternehmen der Verlagsgruppe Handelsblatt

Vorwort

Jeder, der sich auf die Steuerberaterprüfung oder auf das Examen an einer Berufsakademie, Fachhochschule oder Universität vorbereitet, kennt das Problem: Wie kann das theoretisch erlernte Wissen in Klausuren umgesetzt werden. Oft stehen zur Übung nur Klausuren aus vergangenen Jahren in zu geringer Zahl zur Verfügung. Häufig sind die Lösungen auch nicht mehr auf dem neuesten Stand. Das Schreiben von Klausuren ist aber für ein erfolgreiches Examen unerlässlich.

Hier bietet der Band Examenstraining Abhilfe. Die wichtigsten Examensthemen sind in Form von rund 100 Klausurfällen aufgearbeitet. Dies bietet die Möglichkeit, das erlernte Wissen in den zentralen Prüfungsthemen praktisch umzusetzen. Die Fälle enthalten dabei Lösungen mit einem Repetitorium des Stoffes, Klausurhinweisen und Tabellen zur Punktevergabe, so dass ein Selbsttest möglich ist. Wo es erforderlich ist, geben die Autoren Vertiefungshinweise.

Der Leser kann anhand der Punktetabelle die Bearbeitungsdauer für die jeweilige Klausur abschätzen. Pro Punkt sind etwa drei bis fünf Bearbeitungsminuten anzusetzen.

Behandelt werden die wichtigen Themengebiete Einkommensteuer, Bilanzierung, Besteuerung der Gesellschaften, Umwandlungssteuer, Bewertung, Erbschaftsteuer, Umsatzsteuer und Abgabenordnung.

Die Verfasser wissen aus ihrer langjährigen Prüfungserfahrung an den Fachhochschulen Ludwigsburg und Meißen, welche Themen typischerweise und schwerpunktmäßig im Examen vorkommen. Diese Erfahrung ist in den vorliegenden Band eingeflossen.

Der größte Lernerfolg wird nur dann erzielt, wenn die Fälle selbstständig gelöst werden und erst dann die Musterlösung zu Rate gezogen wird. Zeigen sich bei der Lösung Lücken oder Schwächen, so sollten diese gezielt anhand von weiterführender Literatur nachgearbeitet bzw. vertieft werden.

Wir wünschen dem Leser viel Erfolg bei seinem Examen und hoffen, hierzu einen guten Teil beizutragen.

Ludwigsburg, im Mai 2007　　　　　　　　　　　　　　　　　　　　Die Verfasser

Inhaltsverzeichnis

Vorwort V

Teil A: Abgabenordnung und Finanzgerichtsordnung

Klausuraufgabe 1: Festsetzungs- und Zahlungsverjährung/Steuerhinterziehung/ Haftung als Vertreter/Haftung als Steuerhinterzieher/Haftung als Komplementär und als Kommanditist/Haftung als Eigentümer/ Änderung eines ESt-Bescheides infolge eines Grundlagenbescheides 1

Klausuraufgabe 2: Rechtsbehelfe bei Erstattungsansprüchen/Klagearten/vorläufiger Rechtsschutz durch Aussetzung der Vollziehung oder einstweilige Anordnung 10

Klausuraufgabe 3: Haftung bei Betriebsübernahme nach § 75 AO und § 25 HGB/ Gesamtrechtsnachfolge 13

Klausuraufgabe 4: Änderung eines ESt-Bescheides nach § 172 Abs. 1 S. 1 Nr. 2 Buchst. c wegen arglistiger Täuschung/Änderung eines ESt-Bescheids nach § 173 AO/Beachtung des Saldierungsverbotes nach § 175 Abs. 1 S. 1 Nr. 1 AO/Mitberichtigung nach § 177 AO 16

Klausuraufgabe 5: Voraussetzungen der Aussetzung und der Aufhebung der Vollziehung/ Verhältnis der Aussetzung der Vollziehung bei Grundlagen- und Folgebescheiden/Rechtsbehelfsmöglichkeiten bei Ablehnung durch das Finanzamt 23

Klausuraufgabe 6 Berechnung von Stundungszinsen und Säumniszuschlägen/ Nachforderungszinsen nach § 233a AO 26

Klausuraufgabe 7: Hinzuziehung und Beiladung zu Rechtsbehelfsverfahren/Voraussetzungen von Untätigkeitseinspruch und Untätigkeitsklage/Korrektur wegen neuer Tatsachen/Berichtigung von mechanischen Fehlern/Zulässigkeit und Begründetheit eines Einspruches/Aussetzung der Vollziehung 29

Klausuraufgabe 8: Zulässigkeitsprüfung bei einem Einspruch: Form und Frist mit Wiedereinsetzung in den vorigen Stand/Begründetheitsprüfung bei Einspruch gegen Änderungsbescheid/Korrekturen bei vorläufiger Festsetzung/ Änderung wegen neuer Tatsachen/Berichtigung infolge eines Rechenfehlers 37

Klausuraufgabe 9: Auskunfts- und Urkundeherausgabepflichten mit Verweigerungsrechten/ Rechtsbehelfsmöglichkeiten/Zwangsverfahren 45

Klausuraufgabe 10: Festsetzungsverjährung mit Ablaufhemmung nach § 171 Abs. 2 und 10 AO/Änderung infolge eines Grundlagenbescheides/Mitberichtigung nach § 177 AO 49

Klausuraufgabe 11: Festsetzungsverjährung/Steuerhinterziehung/Wegfall des Vorbehalts der Nachprüfung/Änderung wegen neuer Tatsachen und wegen arglistiger Täuschung/Zahlungsverjährung 51

Klausuraufgabe 12: Erlass von Ansprüchen aus dem Steuerschuldverhältnis/Rücknahme und Widerruf von sonstigen Steuerverwaltungsakten 54

Klausuraufgabe 13: Bestimmung der Klageart/Abgrenzung Anfechtungs- zu Verpflichtungsklage/ allgemeine Leistungsklage/Zulässigkeitsvoraussetzungen einer Klage/ Begründetheit einer Klage/Änderung eines USt-Schätzungsbescheides wegen neuer Tatsachen 56

Teil B: Einkommensteuer

Klausuraufgabe 1: Gewerbliche Einkünfte/Errichtung Betriebsgebäude/Einteilung in Wirtschaftsgüter/Gewerbesteuerrückstellung/Betriebsaufgabe/ Erbfall und Realteilung/Einkünfte aus Vermietung und Verpachtung/ Spekulationsgeschäft... 63

Klausuraufgabe 2: Lohneinkünfte/Werbungskosten/Arbeitslosengeld/Progressionsvorbehalt/ Entlassungsentschädigung/Dividendeneinkünfte/Spekulationsgewinne/ vorweggenommene Erbfolge/Vermietung und Verpachtung/ Sonderausgaben/außergewöhnliche Belastungen....................... 77

Klausuraufgabe 3: Einkünfte aus selbständiger Arbeit/Einnahmenüberschussrechnung/ Wechsel der Gewinnermittlungsart/Betriebsveräußerung/ Realteilung/Veräußerung eines Mitunternehmeranteils/ Wechsel der Steuerpflicht/ausländische Einkünfte 95

Klausuraufgabe 4: Einkünfte aus Mitunternehmerschaft/Sonderbetriebsvermögen/ unentgeltliche Übertragung eines Mitunternehmeranteils/ Aufgabe eines Mitunternehmeranteils/Einkünfte aus Vermietung und Verpachtung/teilentgeltlicher Erwerb einer Beteiligung/ Betriebsaufspaltung/verdeckte Einlage/relevante Beteiligung/ Einkünfte aus Kapitalvermögen/privates Veräußerungsgeschäft 116

Klausuraufgabe 5: Betriebsverpachtung im Ganzen/Abgrenzung Betriebsaufspaltung/ Betriebsaufgabe/Einkünfte aus Vermietung und Verpachtung/ Renteneinkünfte/Altersentlastungsbetrag 139

Klausuraufgabe 6: Erbfall/Einbringung/Betriebsaufgabe/Abgrenzung Betriebsaufspaltung/ Einkünfte aus nichtselbständiger Arbeit/geldwerter Vorteil/ Kinderbetreuungskosten/Einkünfte aus Vermietung und Verpachtung/ Erhaltungsaufwendungen/Einkünfte aus privaten Veräußerungsgeschäften/ Einkünfte aus Kapitalvermögen/Sonderausgaben/außergewöhnliche Belastungen 159

Klausuraufgabe 7: Einkünfte aus Gewerbebetrieb/Einbringung/Verträge zwischen nahen Angehörigen/Einkünfte aus Vermietung und Verpachtung/ Kinderanerkennung/Vermögensübertragung gegen wiederkehrende Leistungen 188

Klausuraufgabe 8: Einkünfte aus Gewerbetrieb/private Pkw-Nutzung/ausländische Betriebsstätte/Beteiligung an ausländischer Kapitalgesellschaft und Dividenden/Einkünfteerzielungsabsicht bei Einkünften aus Vermietung und Verpachtung/Finanzierungsaufwendungen einer wesentlichen Beteiligung/Einnahmen aus Mietkaution/Festgeldanlagen/stille Beteiligung und Verlustausgleich/haushaltsnahe Dienstleistungen........ 209

Teil C: Besteuerung der Gesellschaften

Klausuraufgabe 1: Mitunternehmerinitiative/Mitunternehmerrisiko/verdeckte Mitunternehmerschaft/doppelstöckige Personengesellschaft/mittelbare Beteiligung/ Sonderbetriebsvermögen/Unterbeteiligung/einheitliche und gesonderte Gewinnfeststellung... 235

Klausuraufgabe 2: Vorabvergütung/Sonderbetriebsvermögen/Pensionsrückstellung/ §-6b-Rücklage/Bürgschaft/Dividenden/doppelstöckige Personengesellschaft. 241

Klausuraufgabe 3: Gründung einer Personengesellschaft/Übertragung von einzelnen Wirtschaftsgütern/Teilentgelte/Einbringung eines Betriebs/ Ergänzungsbilanzen/Bilanzierung von Beteiligungen.................. 248

Klausuraufgabe 4:   GmbH & Co. KG/angemessene Gewinnverteilung/verdeckte Gewinnaus-
schüttung/Bilanzierung bei Schwesterpersonengesellschaften/
gewerblich geprägte Personengesellschaft/ausländische Beteiligung/
ausländischer Gesellschafter/Darlehen 256

Klausuraufgabe 5:   Veräußerung eines Mitunternehmeranteils/Bildung von Ergänzungs-
bilanzen/Abschreibung nach Veräußerung/Verteilung von Anschaffungs-
nebenkosten/Erbauseinandersetzung/vorweggenommene Erbfolge/Renten . 261

Klausuraufgabe 6:   Familienpersonengesellschaft/angemessene Gewinnverteilung/
unentgeltliche und teilentgeltliche Übertragung von Betrieben
und Betriebsvermögen/atypisch stille Beteiligung................... 268

Klausuraufgabe 7:   Realteilung einer Mitunternehmerschaft/Ausgleichszahlungen/
Abschreibung/Veräußerungsgewinne 275

Klausuraufgabe 8:   Negatives Kapitalkonto eines Kommanditisten/ausgleichsfähige und verrechenbare Verluste/Einlagen und Entnahmen/Wiederaufleben der Haftung/
Gewinnhinzurechnung nach § 15a Abs. 3 EStG........................ 277

Klausuraufgabe 9:   Negatives Kapitalkonto/Gewinnverteilung/Veräußerung eines Mitunter-
nehmeranteils/Sonderbetriebsvermögen/Ergänzungsbilanz 282

Klausuraufgabe 10: Begründung einer Betriebsaufspaltung/Übertragung von Wirtschaftsgütern/
Rücklage für Substanzerhaltung/unentgeltliche Überlassung/Dividende/
verdeckte Gewinnausschüttung/ Geschäftsführergehalt 287

Klausuraufgabe 11: Betriebsaufspaltung/Veräußerung des Produktionsunternehmens/
Beendigung der Betriebsaufspaltung 293

Klausuraufgabe 12: Umwandlung einer Kapitalgesellschaft in eine Personengesellschaft/
Übernahmegewinn und -verlust 297

Klausuraufgabe 13: Aufnahme eines weiteren Gesellschafters in eine Personengesellschaft/
Buchwertansatz/Bildung von Ergänzungsbilanzen/Abschreibung von
Wirtschaftsgütern 301

Klausuraufgabe 14: Einbringung eines Einzelunternehmens in eine GmbH & Co. KG/
Zwischenwert bzw. Teilwertansatz/Veräußerung einer Beteiligung 305

Klausuraufgabe 15: Umwandlung einer GbR in eine GmbH/Einbringung von Mitunter-
nehmeranteilen/negative Kapitalkonten/Sonderbetriebsvermögen/
Ergänzungsbilanzen 310

Klausuraufgabe 16: Gründung einer GmbH/Einbringung von Wirtschaftsgütern des
Privat- und Betriebsvermögens/verschleierte Sacheinlage/Einbringung
eines Betriebs/Veräußerung einbringungsgeborener Anteile........... 319

Klausuraufgabe 17: Handelsbilanz einer GmbH/Ermittlung des zu versteuernden
Einkommens/Gewerbesteuerrückstellung/Körperschaftsteuerrückstellung .. 326

Klausuraufgabe 18: Verdeckte Gewinnausschüttung/Pensionszusage/Gesellschafterdarlehen/
verdeckte Einlagen 341

Klausuraufgabe 19: Liquidation einer GmbH/eigene Anteile/Steuerrückstellungen/
Ausschüttung an den Gesellschafter 348

Teil D: Bilanzierung

Klausuraufgabe 1:   Rücklage für Ersatzbeschaffung/AfA nach Übertragung einer
Rücklage nach Ersatzbeschaffung/Ergänzungsbilanz/Entwicklung Mehrwert
Anlagegut bei Übertragung einer Rücklage für Ersatzbeschaffung/
Firmenwert/Bilanzberichtigung bei bestandskräftigem Fehlerjahr 355

Klausuraufgabe 2:	Abschreibung für außergewöhnliche Abnutzung bei Gebäuden/ nachträgliche Herstellungskosten/AfA bei Gebäuden nach einer AfaA/Rücklage für Ersatzbeschaffung/AfA nach Übertragung einer Rücklage für Ersatzbeschaffung/Gebäudewirtschaftsgüter/Zinsabgrenzung/aktiver Rechnungsabgrenzungsposten/Anschaffungsnebenkosten eines Grundstücks/Behandlung der Kaufpreisratenschuld	364
Klausuraufgabe 3:	Angleichungsbuchungen/Teilwertabschreibung Umlaufvermögen/Fehlerberichtigung bei bestandkräftigem Fehlerjahr/Rücklage nach § 7g Abs. 3 EStG/außerbilanzieller Gewinnzuschlag/betrieblicher Schuldzinsenabzug/ nicht abziehbare betriebliche Schuldzinsen......................	373
Klausuraufgabe 4:	Wertberichtigung Kundenforderungen/Festwertbewertung/Rückstellung für Patentverletzung/Abzinsung einer Rückstellung/Erschließungsbeiträge als nachträgliche Anschaffungskosten/Rückstellung für ungewisse Verbindlichkeit/immaterielles Wirtschaftsgut bei mitbenutzter öffentlicher Einrichtung...	381
Klausuraufgabe 5:	Darlehensschuld des Betriebsvermögens/Aufwandseinlage/aktiver Rechnungsabgrenzungsposten/Abzinsung Darlehensschuld/Sonderbetriebseinnahmen und Sonderbetriebsausgaben/Sonderbetriebsvermögensbilanz und Gewinn- und Verlustrechnung/Darstellung Kapitalkontenentwicklung.	392
Klausuraufgabe 6:	Rückstellung für Verpflichtung gegenüber Handelsvertreter/Rückstellungsverbot/Abzinsung Rückstellung/Überführung Grundstück ins Sonderbetriebsvermögen/Grundstückserwerb gegen Rentenzahlung/Sonderbetriebseinnahmen und Sonderbetriebsausgaben/Behandlung Rentenzahlungen bei Kaufpreisrente.......................................	399
Klausuraufgabe 7:	Gebäude auf fremdem Grund und Boden/Anlage im Bau/Behandlung Damnum/Zinsabgrenzung/nicht abziehbare Betriebsausgabe/AfA Gebäude/ Rückstellung für Abbruchkosten/Bewertung Rückstellung/Wertpapiererträge/Bewertung Wertpapiere/Rücklage nach § 6b EStG/Halbeinkünfteverfahren/Gewerbesteuerrückstellung.............................	407
Klausuraufgabe 8:	Passiver Rechnungsabgrenzungsposten/zeitanteilige AfA/steuerliche Herstellungskosten/Rückstellungen bei zivilrechtlichen Streitigkeiten.....	421
Klausuraufgabe 9:	Passiver Rechnungsabgrenzungsposten/Rückstellungsverbot/Rücklage nach § 6b EStG/Übertragung einer Rücklage nach § 6b EStG ins Gesamthandvermögen einer KG/Ergänzungsbilanz eines Kommanditisten/Rückstellung wegen ungewisser Verbindlichkeit/Bewertung Rückstellung/außerbilanzielle Hinzurechnung..	434

Teil E: Umsatzsteuer

Klausuraufgabe 1:	Umsatzsteuerbinnenmarkt mit Besteuerung des innergemeinschaftlichen Erwerbs/innergemeinschaftliches Verbringen/Verlagerung des Lieferortes über § 3 Abs. 8 UStG/Einfuhrumsatzsteuer.........................	451
Klausuraufgabe 2:	Abgrenzung Werklieferung vs. Werkleistung/Berichtigung der USt gem. § 17 UStG/echtes Factoring/Bestimmung der Bemessungsgrundlage/ Abrechnung des Factors	454
Klausuraufgabe 3:	Innergemeinschaftliches Reihengeschäft/Sonderfall Dreiecksgeschäft/ Bestimmung der Folgen für die Besteuerung und das Verfahren	458
Klausuraufgabe 4:	Werklieferung/Ort und Zeitpunkt der Leistung/Berechnung der Steuer im Fall des § 13b UStG/Steuerentstehung/Vermietungsumsätze/Voraussetzungen der Option/nicht steuerbare Veräußerung eines Teilbetriebs/Vorsteuerabzug und Vorsteuerberichtigung mit Berechnungen und Verfahrensproblemen	461

Klausuraufgabe 5:	Einkaufskommission und Reihengeschäft/Probleme des Lieferortes/ Einfuhrumsatzsteuer und deren Vorsteuerabzug/Rechnung/ Schadenersatz	467
Klausuraufgabe 6:	Gemischt genutztes Kfz/Vorsteuerabzug/Nutzung zu privaten Zwecken/ Schenkung/Vorsteuerberichtigung	472
Klausuraufgabe 7:	Leistungsbeziehungen bei Einschaltung anderer Unternehmer/Leistungsaustausch mit Personal/Restaurationsumsätze/Bemessungsgrundlage/ Vorsteuerabzug und Rechnung	476
Klausuraufgabe 8:	Grundstückslieferung in Verbindung mit Lieferung von Betriebsvorrichtungen/Option zur Steuerpflicht/Bestimmung der Bemessungsgrundlage/ Übertragung der Steuerschuldnerschaft auf den Leistungsempfänger/ Vermietungsumsätze bei Gebäuden und Eigennutzung/Bemessungsgrundlage und Vorsteuerabzug	480
Klausuraufgabe 9:	Grenzüberschreitende Organschaft/grenzüberschreitende Werkleistung mit Übertragung der Steuerschuldnerschaft/innergemeinschaftliche Werklieferung/innergemeinschaftliches Reihengeschäft/Berichtigung der Bemessungsgrundlage und des Vorsteuerabzugs bei Skontoabzug	484
Klausuraufgabe 10:	Voraussetzungen einer steuerfreien innergemeinschaftlichen Lieferung/ innergemeinschaftliches Verbringen/Steuerfreiheit eines innergemeinschaftlichen Erwerbs/Bemessungsgrundlage/verfahrensrechtliche Pflichten	489
Klausuraufgabe 11:	Umsätze eines Grundstücks- und Versicherungsmaklers/Privatnutzung eines Unternehmens-Kfz/Bemessungsgrundlage und Steuerermittlung/Schenkung an nahestehende Person/Vorsteuerabzug/Vorsteuerberichtigung im Fall der Entnahme	493
Klausuraufgabe 12:	Ausgabe von Gesellschaftsanteilen/auf elektronischem Weg erbrachte Leistungen/Softwarelieferung/Ausfuhrlieferungen im nichtkommerziellen Reiseverkehr/Mindestbemessungsgrundlage	498
Klausuraufgabe 13:	Leistungsbeziehungen bei Sachverhalten mit mehreren Personen/ Erfüllungsgehilfen/steuerfreie Ausfuhrlieferung/steuerfreie Lohnveredelung	504
Klausuraufgabe 14:	Versandhandelsregelung des § 3c UStG/Kommission/innergemeinschaftlicher Warenverkehr/Reihengeschäft und innergemeinschaftlicher Erwerb/innergemeinschaftliche Güterbeförderung/Abgrenzung Werklieferung vs. Werkleistung/Beförderungslieferung mit Einfuhr und Abzug der Einfuhrumsatzsteuer als Vorsteuer/Inserat in schweizerischer Zeitung	507
Klausuraufgabe 15:	Vermittlungsleistung/Binnenmarktlieferung/Vorsteuerabzug bei nicht steuerbarem Ausgangsumsatz	518
Klausuraufgabe 16:	Ort bei Telekommunikationsleistungen/Umsatzsteuer gem. § 14c UStG/ Reverse-Charge-Umsatzsteuer/Verfahrensfragen	521
Klausuraufgabe 17:	Umsatzsteuerermittlung bei fehlerhafter Abrechnung wegen teilweise steuerfreier Ausfuhrlieferungen/unentgeltliche Wertabgaben an das Personal und an Kunden/nachträgliche Vorsteuerberichtigung gem. § 17 Abs. 2 Nr. 5 UStG/Rechnung mit zu hohem Steuerausweis	524
Klausuraufgabe 18:	Ortsbestimmung Übersetzung von Schriftzeugnissen/Steuersatz bei Urheberrechtsübertragung und Buchlieferungen/Reverse-Charge-Umsatzsteuer/echter Schadenersatz/Rechnung mit unberechtigtem Steuerausweis	528
Klausuraufgabe 19:	Lieferung verbrauchsteuerpflichtiger Waren im Binnenmarkt/Versandhandelsregelung/Erwerbsbesteuerung/fehlerhafte Kleinbetragsrechnung/ Reverse-Charge-Verfahren	531

Klausuraufgabe 20: Unternehmereigenschaft/Grundstückslieferung/Bemessungsgrundlage und Steuerschuldnerschaft/Grundstücksvermietungen/Option zur Steuerpflicht/ Mindestbemessungsgrundlage/unentgeltliche Wertabgaben/Vorsteuerberichtigung 535

Klausuraufgabe 21: Geschäftsführertätigkeit als steuerbare Leistung/Fahrzeugüberlassung/ Aufsichtsratstätigkeit/innergemeinschaftliches Verbringen in Zusammenhang mit einer Lieferung/innergemeinschaftliches Dreiecksgeschäft/ Vermietungsumsätze/Vorsteuerberichtigung........................ 544

Klausuraufgabe 22: Organschaft/Werklieferung und Werkleistung/Reihengeschäft/ Vermittlungsleistung/fehlerhafte Rechnung 551

Klausuraufgabe 23: Differenzbesteuerung/Fahrzeuglieferungen im Binnenmarkt/ Kleinunternehmer... 556

Teil F: Bewertung, Erbschaftsteuer

Klausuraufgabe 1: Schenkungsteuer... 561
Klausuraufgabe 2: Erbfall.. 566
Klausuraufgabe 3: Betriebsvermögen 574
Klausuraufgabe 4: Personengesellschaft 581

Abkürzungsverzeichnis

A	Abschnitt
Abl. EG	Amtsblatt der Europäischen Gemeinschaft
Abs.	Absatz
Abschn.	Abschnitt
AfA	Absetzung für Abnutzung
AG	Aktiengesellschaft
Alt.	Alternative
AO	Abgabenordnung
Art.	Artikel
ATS	Österreichische Schilling
BB	Betriebsberater
BMF	Bundesminister der Finanzen
BEF	Belgische Franken
BerlinFG	Berlinförderungsgesetz
BewG	Bewertungsgesetz
bezgl.	bezüglich
BFH	Bundesfinanzhof
BFH/NV	Sammlung amtlich nicht veröffentlichter Entscheidungen des BFH
BGB	Bürgerliches Gesetzbuch
BGH	Bundesgerichtshof
BMF	Bundesfinanzministerium
BStBl	Bundessteuerblatt
BZ	Berichtigungszeitraum
bzw.	beziehungsweise
CR	Tschechische Republik
d. h.	das heißt
DB	Deutsche Bundesbahn
DDR	Deutsche Demokratische Republik
DKK	Dänische Kronen
ECU	Europäische Währungseinheit
e. V.	eingetragener Verein
EDV	Elektronische Datenverarbeitung
EFG	Entscheidungen der Finanzgerichte
EG	Europäische Gemeinschaft
ESP	Spanische Peseten
EStG	Einkommensteuergesetz
EStH	Amtliches Einkommensteuer-Handbuch
EStR	Einkommensteuerrichtlinien
EuGH	Europäischer Gerichtshof
EU	Europäische Union
EWG	Europäische Wirtschaftsgemeinschaft
f., ff.	folgende, fortfolgende
FG	Finanzgericht
FIM	Finnmark
FRF	Französische Franken
GBP	Englische Pfund
GdbR	Gesellschaft des bürgerlichen Rechts
gem.	gemäß
GmbH	Gesellschaft mit beschränkter Haftung
GG	Grundgesetz
GRD	Griechische Drachmen
GrESt	Grunderwerbsteuer
GrEStG	Grunderwerbsteuergesetz
Hartm.-Metz	Hartmann/Metzenmacher, Kommentar zum UStG
HGB	Handelsgesetzbuch

HOAI	Honorarordnung für Architekten und Ingenieure
Id-Nr.	Identifikationsnummer
i. d. R.	in der Regel
IEP	Irische Pfund
i. S. d.	im Sinne der/des
i. S. v.	im Sinne von
i. V. m.	in Verbindung mit
inkl.	inklusive
InsO	Insolvenzordnung
ITL	Italienische Lire
JStG	Jahressteuergesetz
KG	Kommanditgesellschaft
km	Kilometer
KO	Konkursordnung
KStG	Körperschaftsteuergesetz
KStR	Körperschaftsteuerrichtlinien
LStDV	Lohnsteuerdurchführungsverordnung
LStR	Lohnsteuerrichtlinien
lt.	laut
LUF	Luxemburgische Franken
Mio.	Millionen
NATO	Nordatlantikpakt
NATO-ZAbk.	Zusatzabkommen zum NATO-Truppenstatut
NLG	Niederländische Gulden
n. n. v.	noch nicht veröffentlicht
nrkr.	nichtrechtskräftig
ÖUStG	Österreichisches Umsatzsteuergesetz
o. a.	oben angeführt
OFD	Oberfinanzdirektion
OHG	Offene Handelsgesellschaft
OR-	Ohne-Rechnung-
PTE	Portugiesische Escudos
R	Richtlinie
RFH	Reichsfinanzhof
RLEWG	Richtlinie der EWG
Rn.	Randnummer
Rs.	Rechtssache
SEK	Schwedische Kronen
SigG	Signaturgesetz
sog.	so genannt/e/er/es
StBerG	Steuerbereinigungsgesetz
StEK	Steuererlasse in Karteiform
stfr.	steuerfrei
Tz.	Textziffer
u. a.	unter anderem
u. Ä.	und Ähnliches
u. U.	unter Umständen
UR	Umsatzsteuerrundschau
US	Vereinigte Staaten
USt	Umsatzsteuer
UStDV	Umsatzsteuerdurchführungsverordnung
UStG	Umsatzsteuergesetz
UStR	Umsatzsteuerrichtlinien
UStRE	Umsatzsteuerrichtlinienentwurf
Vfg.	Verfügung
VwV.	Verwaltungsverordnung
VZ	Voranmeldungszeitraum
WM	Wertpapiermitteilungen
z. B.	zum Beispiel
ZDF	Zweites Deutsches Fernsehen
ZM	Zusammenfassende Meldung

Teil A: Abgabenordnung und Finanzgerichtsordnung

Klausuraufgabe 1:
Festsetzungs- und Zahlungsverjährung/Steuerhinterziehung/ Haftung als Vertreter/Haftung als Steuerhinterzieher/Haftung als Komplementär und als Kommanditist/Haftung als Eigentümer/ Änderung eines ESt-Bescheides infolge eines Grundlagenbescheides

I. Sachverhalt

Winfred Wagner (W) betreibt seit Jahren eine Musikalienhandlung in Stuttgart. Im Jahre 01 erweiterte er seine geschäftlichen Aktivitäten: Zusammen mit seinem Schwager Robby Rocker (R) gründete er Anfang 01 die »Rock-Musik-KG«, welche die musikalische Aus- und Weiterbildung von Nachwuchsmusikern zum Geschäftsgegenstand hat. Die Musikalienhandlung wird daneben weitergeführt. Geschäftsleitung und Sitz der KG befinden sich in Ludwigsburg. R fungiert in der KG als persönlich haftender Gesellschafter und W als Kommanditist. Die Einlage des W (Betrag s. u.) beträgt 25 %, welche sofort eingezahlt wird. Geschäftsführer ist lt. Gesellschaftsvertrag R. Allerdings ist R aufgrund eines großen, privaten Darlehens des W von diesem wirtschaftlich abhängig. Deshalb besteht zwischen R und W Einverständnis, dass R im Innenverhältnis den Anweisungen des W zu folgen hat. Nach außen tritt nicht W in Erscheinung, sondern nur R.

Da der Betrieb der »Rock-Musik-KG« den Transport der Musikinstrumente zu den jeweiligen Einsatzorten erfordert, stellt W als Transportmittel einen ihm zu Eigentum gehörenden Kleinlaster zur Verfügung, den er ab Anfang 01 an die KG vermietet. Der Wert des Kleinlasters, der von der KG zu 100 % betrieblich genutzt wird, beträgt 70 000 €.

Leider sind sowohl W als auch R zunächst selbst mehr dem Besuch von Popkonzerten und der Anbahnung zu Kontakten von Nachwuchsmusikern als steuerlichen Angelegenheiten zugetan. Deshalb gerät die KG mit der Umsatzsteuer Februar bis August 01 in Höhe von insgesamt 20 000 € Zahllast in Zahlungsverzug, was R und W sehr wohl bewusst ist. Die Umsatzsteuer September 01 in Höhe von 4 000 € wird auf Weisung des W sogar weder angemeldet noch bezahlt; eine Schätzung durch das Finanzamt erfolgte nicht. W und R sind sich ferner bewusst, dass der KG dadurch ein höchst willkommener »Kredit auf Staatskosten« eingeräumt wird. Die vorhandenen Mittel verwendet R auf Weisung des W primär zur Bezahlung des Kleinlaster-Mietzinses, der Rest dient der Begleichung von weiteren betrieblichen Schulden; für die Zahlung der Voranmeldungsschulden bleibt nichts übrig.

Hinweis: Die vorhandenen Mittel hätten – gleichmäßig verteilt – zur anteiligen Bezahlung der Steuerschulden in Höhe von 50 % ausgereicht; ob nach Oktober 01 genügend Mittel zur Begleichung der Steuerschulden vorhanden sind, soll nicht untersucht werden.

Im Oktober 01 findet sich R sogar auf Drängen des W bereit, dessen eingezahlte Kommanditeinlage in voller Höhe (= 25 000 €) zurückzuzahlen.

Glücklicherweise laufen die Geschäfte bald besser, so dass in der am 25.01.03 abgegebenen Erklärung zur einheitlichen und gesonderten Gewinnfeststellung 01 der KG ein Gewinn von 3 000 € ausgewiesen werden kann. Die steuerlichen Angelegenheiten der KG werden ab sofort ordnungsgemäß behandelt. Die Umsatzsteuervoranmeldungen Februar bis August 01 werden aber nach wie vor nicht bezahlt; die Voranmeldung September 01 wird darüber hinaus immer noch nicht abgegeben. W und R sind übereinstimmend der Meinung, dass man »schlafende Hunde nicht wecken solle«.

Seine Einkommensteuererklärung 01 gibt W am 20.10.02 beim örtlich zuständigen Finanzamt Stuttgart ab. Der Einkommensteuerbescheid 01 des W ergeht wirksam am 26.11.03 (die Verzögerung beruht auf organisatorischen Maßnahmen des Finanzamtvorstehers). Die Festsetzung erfolgt in Höhe von 35 000 € und steht unter Vorbehalt der Nachprüfung. Ihr liegen unter anderem die Einkünfte des W aus seiner Beteiligung an der KG zugrunde. Insoweit folgt das Finanzamt Stuttgart dem Gewinnfeststellungsbescheid des Finanzamts Ludwigsburg, der am 15.06.03 unter Vorbehalt der Nachprüfung erging.

Am 11.11.06 erhält W eine Prüfungsanordnung für sein Einzelunternehmen, die sich zulässigerweise auch auf die Einkommensteuer 01 bezieht. Mit der Prüfung soll am 01.12.06 begonnen werden. Unglücklicherweise verletzt sich der Prüfer am 30.11.06 bei einem Fußballspiel des Finanzamtteams gegen die Altherrenmannschaft der OFD so stark, dass er W am 1. Dezember telefonisch mitteilen muss, er werde mit der Prüfung erst am 02.01.07 beginnen können. W ist mit der Verlegung im Grundsatz einverstanden, bittet aber wegen der Inventur um eine weitere Verlegung bis 15.01.07. An diesem Tag wird die Prüfung tatsächlich begonnen.

Gleichzeitig wird am 15.01.07 auch bei der KG eine Außenprüfung durchgeführt. Gegenstand der Prüfung ist u.a. zulässigerweise die Gewinnfeststellung 01. Aufgrund dieser Prüfung erhöht sich der Gewinnanteil des W für 01 um 10 000 €. Das Finanzamt Ludwigsburg korrigiert deshalb den Gewinnfeststellungsbescheid 01 gemäß § 164 Abs. 2 AO und gibt den Korrekturbescheid am 16.05.07 zur Post. Der Bescheid wird bestandskräftig. Bei der USt 01 ergeben sich keine Änderungen, da der Prüfer nichts entdeckt.

Am 25.05.07 geht dem Finanzamt Stuttgart die amtliche Mitteilung des Finanzamts Ludwigsburg hinsichtlich obiger Korrektur zu. Aufgrund dieser Mitteilung und aufgrund der Feststellungen bei der Prüfung der Einzelfirma des W ändert das Finanzamt Stuttgart den Einkommensteuerbescheid 01 des W gemäß § 164 Abs. 2 AO und erhöht die Steuer um insgesamt 12 000 €. Der auf die Erhöhung des Gewinnanteils an der KG entfallende anteilige Steuerbetrag beläuft sich auf 5 000 €.

Der Einkommensteuerkorrekturbescheid 01 geht am 20.05.09 zur Post (Dienstag nach Pfingsten). Die Verzögerung ist auf häufigen Mitarbeiterwechsel im zuständigen Bezirk zurückzuführen. Am 25.05.09 legt W form- und fristgerecht Einspruch gegen die Korrektur ein und macht als Begründung Festsetzungsverjährung geltend.

II. Aufgaben

1. Prüfen Sie, ob bzw. wann die USt Februar bis September 01 erloschen ist!
2. Prüfen Sie die Haftungslage bezüglich der USt Februar bis September 01!
3. Prüfen Sie, ob hinsichtlich der Einkommensteuer 01 des W am 25.05.09 bereits Festsetzungsverjährung eingetreten ist!

Hinweis: Die Einkommensteuer soll weder hinterzogen noch leichtfertig verkürzt sein.

Maßgeblicher Zeitpunkt soll das Datum des Einspruches sein. Gehen Sie davon aus, dass die Umsatzsteuer Februar bis August 01 korrekt angemeldet, aber nicht bezahlt und die Umsatzsteuer September 01 weder angemeldet noch bezahlt wurde. Eine Reaktion der Behörde erfolgte nicht. Die Haftung für die Jahresumsatzsteuer 01 und Probleme des § 219 AO sind nicht zu untersuchen. Auch Verjährungsfragen sind bei Aufgabe 2 nicht zu erörtern.

III. Lösung

Frage 1:

Erlöschen der USt Februar – September 01: Von den in § 47 AO genannten Erlöschenstatbeständen kommen Zahlungs- und Festsetzungsverjährung in Betracht.

a) Die Steuer könnte aufgrund **Festsetzungsverjährung** erloschen sein (§ 47 AO):

Ob die Steuer durch Festsetzungsverjährung erloschen ist, muss nur dann geprüft werden, wenn noch keine Festsetzung erfolgte. Da die **USt Februar bis August 01** mit Zahllast korrekt angemeldet wurde, gilt sie gemäß § 168 S. 1 AO als festgesetzt. Bezüglich dieser Steuer ist folglich die Festsetzungsverjährung nicht weiter zu verfolgen.

Die **USt September 01** wurde dagegen noch nicht angemeldet. Weil das Finanzamt auch keine Schätzung durchführte, ist diese Steuer noch nicht festgesetzt. Deshalb muss hier die Festsetzungsfrist berechnet werden. Da keine Erklärung abgegeben wurde, beginnt die Frist gemäß § 170 Abs. 2, 2. Alt. AO mit Ablauf 04 (»Spätestens«-Regel). Die Frist dauert gemäß § 169 Abs. 2 S. 2 AO zehn Jahre, wenn die September-Steuer hinterzogen wurde.

R hat die USt September 01 nicht erklärt und somit das Finanzamt pflichtwidrig über steuerlich erhebliche Tatsachen in Unkenntnis gelassen (§ 370 Abs. 1 Nr. 2 AO). Dadurch wurde die Steuer nicht (bzw. nicht rechtzeitig zum 10. 10. 01) festgesetzt, vergleiche § 168 S. 1 AO. Also liegt eine Steuerverkürzung gemäß § 370 Abs. 4 S. 1 AO vor.

Fraglich ist, ob dies vorsätzlich geschah: Laut Sachverhalt ist R klar, dass der KG durch sein Verhalten ein »Kredit auf Staatskosten« verschafft wird. Er hat also bewusst nicht erklärt bzw. nicht gezahlt und deshalb vorsätzlich gehandelt. Dass R letztlich auf Weisung des W untätig blieb, ist unerheblich; entscheidend ist nur, dass R »mit Wissen und Wollen« gegen steuerliche Pflichten verstieß. Von wo oder von wem der »Anstoß« zu dem Verhalten kam und welche Motive der Pflichtverletzung zugrunde liegen, spielt keine Rolle.

Da R somit vorsätzlich handelte, hat er sich einer Steuerhinterziehung gemäß § 370 AO schuldig gemacht.

Dass die Hinterziehung nicht unmittelbar dem Vorteil des R, sondern dem Vorteil der KG diente, ist nicht entscheidend, da auch zugunsten eines Dritten hinterzogen werden kann (vgl. Wortlaut § 370 AO: »... für sich oder einen anderen«. Weil R Tatherrschaft besaß und Interesse am Taterfolg hatte, ist er als Täter bzw. Mittäter anzusehen.

Folglich tritt die Festsetzungsverjährung erst mit Ablauf 14 ein, also lange nach dem hier einschlägigen Datum des 25. 05. 09. Fazit: Eine Festsetzungsverjährung der Steuer ist nicht erfolgt.

b) Erlöschensgrund könnte aber **Zahlungsverjährung** sein (§§ 47, 232 AO):

Nach § 229 Abs. 1 S. 2 AO beginnt die Verjährungsfrist nicht vor Ablauf des Jahres, in dem der Anspruch festgesetzt wurde. Die Festsetzung der **USt Februar bis August 01** erfolgte hier gemäß § 168 S. 1 AO durch Anmeldung im Jahr 01, weshalb die Verjährungsfrist mit Ablauf 01 beginnt und 5 Jahre dauert (gleiches Ergebnis ergibt sich bei Anwendung des § 229 Abs. 1 S. 1 AO). Die Zahlungsverjährung ist deshalb regulär mit Ablauf 06 eingetreten.

Eine Unterbrechung gemäß § 231 AO ist nicht gegeben, denn keiner der in dieser Vorschrift abschließend aufgezählten Unterbrechungstatbestände greift ein. Insbesondere wurde die Steuer weder schriftlich angemahnt noch beigetrieben. Die Anordnung der Außenprüfung bei der KG unterbricht ebenfalls nicht, da sie keine schriftliche Anmahnung der Steuer enthält. Selbst wenn die Prüfungsanordnung noch vor Ablauf 06 ergangen sein sollte, hat dies auf die Verjährung keinen Einfluss, da der Vorgang nicht unter § 231 AO subsumierbar ist.

Die **USt Februar bis August 01** ist mit Ablauf 06 zahlungsverjährt und damit gemäß § 47 AO erloschen. Ein Haftungsbescheid darf nicht mehr ergehen (§ 191 Abs. 5 Nr. 2 AO).

Hinsichtlich der **USt September 01** ist die Rechtslage allerdings anders. Da diese Steuer noch nicht festgesetzt wurde, ist gemäß § 229 Abs. 1 S. 2 AO die Verjährungsfrist noch gar nicht angelaufen. Also kann hier noch keine Zahlungsverjährung eingetreten sein.

Fazit: Die **USt September 01** ist weder festsetzungsverjährt noch zahlungsverjährt. Weitere Erlöschensgründe sind nicht ersichtlich. Folglich kann grundsätzlich ein Haftungsbescheid über USt September 01 ergehen. Voraussetzung ist allerdings, dass die Festsetzungsverjährung der Haftung noch nicht eingetreten ist, was aber lt. Aufgabenstellung nicht zu untersuchen ist.

Frage 2:

Haftung des R:

§ 69 AO: R ist lt. Gesellschaftsvertrag Geschäftsführer der KG und damit Person i. S. d. § 34 Abs. 1 AO. Ihn trifft die Pflicht, die USt-Voranmeldungen der KG zu erklären (§ 18 Abs. 1 UStG) und die Zahllasten aus dem von ihm verwalteten Gesellschaftsvermögen zu bezahlen (§ 34 Abs. 1 S. 2 AO).

Hinsichtlich der Voranmeldungszeiträume Februar bis August 01 hat R die USt zwar erklärt, aber nicht bezahlt. Damit hat er gegen die Zahlungspflicht des § 34 Abs. 1 S. 2 AO verstoßen. Hinsichtlich des Zeitraums September 01 hat R darüber hinaus auch gegen die Erklärungspflicht des § 18 Abs. 1 S. 1 UStG verstoßen, weil er keine Anmeldung einreichte. Eine Verletzung steuerlicher Pflichten im Sinne des § 69 AO liegt daher vor.

Diese Pflichtverletzung ist auch schuldhaft. Laut Sachverhalt ist R klar, dass der KG durch sein Verhalten ein »Kredit auf Staatskosten« verschafft wird. Er hat also bewusst nicht erklärt bzw. nicht gezahlt und deshalb vorsätzlich gehandelt. Dass R letztlich auf Weisung des W untätig blieb, ist unerheblich; entscheidend ist nur, dass R »mit Wissen und Wollen« gegen steuerliche Pflichten verstieß. Von wo oder von wem der »Anstoß« zu dem Verhalten kam und welche Motive der Pflichtverletzung zugrunde liegen, spielt keine Rolle.

Der von § 69 AO geforderte Erfolg ist ebenfalls eingetreten. Aufgrund der Nichtzahlung der USt Februar bis August 01 trotz Fälligkeit (§ 18 Abs. 1 letzter Satz UStG) sind diese Ansprüche nicht erfüllt. Aufgrund der Nichterklärung der USt September 01 wurde die (rechtzeitige) Festsetzung der Steuer verhindert, weil die Zahllast bis 10. 10. 01 hätte angemeldet werden müssen und die Anmeldung als Festsetzung unter Vorbehalt der Nachprüfung gegolten hätte (§ 168 S. 1 AO).

R haftet deshalb gemäß § 69 AO für die USt Februar bis September 01. Allerdings ist beim Haftungsumfang Folgendes zu berücksichtigen:

Wenn die bei Fälligkeit der Steuern vorhandenen Mittel gleichmäßig zur Befriedigung aller Gläubiger verwendet worden wären, hätten die Steuerschulden nur zu 50 % abgedeckt werden können (ob nach Oktober 01 genügend Mittel vorhanden sind, ist laut Sachverhalt nicht zu untersuchen). Folglich kann dem R nicht vorgehalten werden, dass er nicht für die Begleichung der gesamten Steuerschuld sorgte, da die USt im Gegensatz zur LSt nicht bevorzugt behandelt werden muss. R ist nur der Vorwurf zu machen, dass er sich nicht um eine gleichmäßige Befriedigung aller Schulden, also auch der Steuerschulden, kümmerte (Quote = 50 %).

Daher reduziert sich der Haftungsumfang bezüglich der USt Februar bis September 01 auf 50 % der Steuerschuld (50 % von 24 000 € = 12 000 €). R haftet somit gemäß § 69 AO mit seinem Privatvermögen für die USt Februar bis September 01 in Höhe von insgesamt 12 000 €.

§ 71 AO: R hat die USt September 01 nicht erklärt und somit das Finanzamt pflichtwidrig über steuerlich erhebliche Tatsachen in Unkenntnis gelassen (§ 370 Abs. 1 Nr. 2 AO). Dadurch wurde die Steuer nicht (bzw. nicht rechtzeitig zum 10. Oktober 01) festgesetzt, vergleiche § 168 S. 1 AO und oben Lösung zu § 69 AO. Also liegt eine Steuerverkürzung gemäß § 370 Abs. 4 S. 1 AO vor. Da R auch vorsätzlich handelte (vgl. oben Lösung zu § 69 AO), hat er sich einer Steuerhinterziehung gemäß § 370 AO schuldig gemacht. Dass die Hinterziehung nicht unmittelbar dem Vorteil des R, sondern dem Vorteil der KG diente, ist nicht entscheidend, da auch zugunsten eines Dritten hinterzogen werden kann (vgl. Wortlaut § 370 AO: »... für sich oder einen anderen«). Weil R Tatherrschaft besaß und Interesse am Taterfolg hatte, ist er als Täter bzw. Mittäter anzusehen.

Er haftet für die hinterzogene Steuer, allerdings nur zu 50 % = 2 000 €, denn auch bei § 71 AO sind die Grundsätze der quotalen Haftung zu berücksichtigen, d. h. es darf nicht außer Acht gelassen werden, dass die vorhandenen Mittel nur zur Begleichung von 50 % der Steuerschulden ausreichen.

Hinweis: Bei Verletzung der Erklärungspflicht macht der BFH (BFH vom 05.03.1991 BStBl II 1991, 678) zwar eine Ausnahme von der Differenzhaftung, wenn bei rechtzeitiger Erklärung ausreichende Vollstreckungsmöglichkeiten vorhanden waren. Da aber lt. Sachverhalt die Existenz ausreichender Mittel nach Oktober 01 nicht untersucht werden soll, kann auf diese Frage nicht näher eingegangen werden.

R haftet gemäß § 71 AO mit seinem Privatvermögen für die hinterzogene USt September 01 in Höhe von 2 000 €. Die USt Februar bis August 01 wurde korrekt angemeldet, weshalb der Tatbestand des § 370 AO nicht erfüllt wird. Diesbezüglich entfällt eine Haftung gem. § 71 AO.

§§ 161 Abs. 2, 128 HGB: R war Komplementär der KG. Als solcher haftet er gemäß §§ 161 Abs. 2, 128 HGB unbeschränkt mit seinem Privatvermögen für sämtliche Schulden der KG, also auch für die Steuerschulden. Verschuldensgesichtspunkte spielen bei dieser Haftung keine Rolle.

R haftet gemäß §§ 161 Abs. 2, 128 HGB mit seinem Privatvermögen für die USt Februar bis September 01 in Höhe von insgesamt 24 000 €.

Haftung des W:

§ 69 AO: W ist lt. Sachverhalt nicht Geschäftsführer der KG und damit keine Person i. S. d. § 34 Abs. 1 AO.

W ist auch keine Person im Sinne des **§ 35 AO**. Zwar folgte R im Innenverhältnis den Weisungen des W, weshalb W die Leitung der KG de facto in der Hand hatte. Hieraus ist m. E. aber noch nicht auf eine Verfügungsbefugnis des W im Sinne des § 35 AO zu schließen. Von einer solchen Verfügungsbefugnis kann nämlich nur die Rede sein, wenn jemanden insbesondere durch Rechtsgeschäft die Möglichkeit eingeräumt wurde, selbst auf das jeweilige Wirtschaftsgut mit Wirkung nach außen Einfluss zu nehmen. Die Möglichkeit, rechtlich wirksam nach außen zu handeln, hatte W hier jedoch nicht.

Hinweis: Diese Lösung ist allerdings nicht zweifelsfrei. Der BFH hat in einer älteren Entscheidung (BFH vom 16.01.1980 BStBl II 1980, 526) den Gesellschafter einer GmbH, der zwar nicht gesetzlicher Vertreter war, aber tatsächlich die Geschicke der Gesellschaft leitete (**»faktischer Geschäftsführer«**), als Person im Sinne des § 35 AO angesehen. Freilich hatte dieser Gesellschafter einen Anteil von 90 % und konnte also seinen Willen auch de jure durchsetzen, während W im vorliegenden Fall zwar auch tatsächlich die Geschicke der Gesellschaft lenkte, wegen seiner Beteiligung von nur 25 % und wegen seiner Stellung als Kommanditist de jure aber keine vergleichbare Möglichkeit hatte, seinen Willen durchzusetzen. Es bestehen deshalb Bedenken, die Erkenntnisse des BFH zu übertragen.

Selbst wenn man aber eine Verfügungsbefugnis im Sinne des § 35 AO annehmen wollte: Weitere Voraussetzung des § 35 AO ist, dass der Verfügungsbefugte nach außen als solcher auftritt. Hieran fehlt es jedoch laut Sachverhalt. W ist daher nicht als Person im Sinne des § 35 AO zu qualifizieren, weshalb eine Haftung über § 69 AO nicht begründet werden kann. W haftet deshalb nicht gemäß § 69 AO.

§ 71 AO: Die USt September 01 wurde nicht erklärt und dadurch die Steuer verkürzt. Deshalb liegt eine Steuerhinterziehung gemäß § 370 AO vor (vgl. Lösung zu § 71 AO bei R). An dieser Hinterziehung hat W m.E. in Form der Mittäterschaft mitgewirkt. Laut Sachverhalt wurde die Steuer auf Weisung des W verkürzt, d.h. W muss die Hinterziehung geplant und »die Fäden gezogen« haben. Hierbei war sich W bewusst, dass dadurch ein »Kredit auf Staatskosten« erschlichen wurde, was ihm laut Sachverhalt »höchst willkommen« war. W hatte deshalb ein erhebliches Eigeninteresse am Taterfolg, den er in seinen Vorsatz aufnahm. Damit liegt eine typische Konstellation der Mittäterschaft vor: Der eine Täter arbeitet die Planung aus und weist an, der andere Mittäter führt die Planung aus.

In einem solchen Fall muss der Planende in ähnlicher Weise bestraft werden können wie der Ausführende, da beide bewusst und gewollt zusammenwirken. (Hinweis: Wer Mittäterschaft ablehnt, muss zumindest Anstiftung bejahen.)

W hat also eine Steuerhinterziehung begangen, weshalb er gemäß § 71 AO für die hinterzogene Steuer haftet (zum Haftungsumfang vgl. Lösung zu § 71 AO bei R).

Ergebnis: W haftet gemäß § 71 AO mit seinem Privatvermögen für die hinterzogene USt September 01. Die USt Februar bis August 01 wurde korrekt angemeldet, weshalb der Tatbestand des § 370 AO nicht erfüllt wird. Diesbezüglich tritt keine Haftung gemäß § 71 AO ein.

§ 74 AO: Der LKW steht im Eigentum des W. Diesen Gegenstand stellte W im Wege der Vermietung der KG zur Verfügung. Der LKW diente also dem Unternehmen der KG, er war laut Sachverhalt für deren Unternehmen wesentlich und wurde immer zu 100% betrieblich genutzt. Insoweit sind die Voraussetzungen des § 74 AO erfüllt.

Weitere Voraussetzung ist die wesentliche Beteiligung des W an der KG. Eine wesentliche Beteiligung gemäß § 74 Abs. 2 S. 1 AO scheidet aus, da W an der KG nur mit einer Einlage von 25% beteiligt war. Er hielt daher nicht mehr als ein Viertel der Beteiligung an der KG.

W hatte jedoch laut Sachverhalt die Leitung der KG in der Hand, da der Komplementär R im Innenverhältnis weisungsabhängig war und deshalb die Geschicke der KG de facto von W gelenkt wurden. Daher übte W einen tatsächlich beherrschenden Einfluss im Sinne des § 74 Abs. 2 S. 2 AO aus. Die tatsächliche Beherrschung genügt jedoch noch nicht, um eine wesentliche Beteiligung gemäß § 74 Abs. 2 S. 2 AO annehmen zu können. Hinzukommen muss ein Beitrag des W, dass fällige Steuern nicht bezahlt werden. Ein solcher Beitrag ist hier zu bejahen: Die USt Februar bis September 01 wurde jeweils am 10. des Folgemonats fällig (§ 18 Abs. 1 letzter Satz UStG; hierbei ist ohne Bedeutung, dass die USt September 01 noch nicht festgesetzt war, denn die Fälligkeit tritt kraft Gesetzes ein). Die Zahlung bei Fälligkeit verhinderte W durch die Anweisung, die Mietzinsen und Lieferantenschulden ohne Berücksichtigung der Steuerschulden zu bezahlen. Fazit: Eine wesentliche Beteiligung des W an der KG gemäß § 74 Abs. 2 S. 2 AO liegt vor.

Die wesentliche Beteiligung bestand seit Anfang 01. Ab diesem Zeitpunkt diente der LKW auch dem Unternehmen. Die USt Februar bis September 01 (= Betriebssteuer) entstand mit Ablauf des jeweiligen Kalendermonats, also im Jahr 01. Die Zeitgrenze des § 74 Abs. 1 S. 2 AO ist folglich eingehalten.

W haftet gemäß § 74 AO für die USt Februar bis September 01 i. H. v. 24 000 €. Die Haftung ist gegenständlich auf den LKW beschränkt.

§ 171 HGB: W haftet als Kommanditist bis zur Höhe seiner Einlage unmittelbar. Die Haftung ist ausgeschlossen, soweit die Einlage geleistet wurde. Da die zunächst eingezahlte Einlage hier jedoch zurückgezahlt wurde, gilt sie gegenüber dem Finanzamt als nicht geleistet. F haftet deshalb für die USt Februar bis September 01 i. H. v. 24 000 € gemäß § 171 HGB i. V. m. § 172 Abs. 4 HGB mit seinem Privatvermögen in Höhe der Einlage.

Frage 3:
Die Erklärung zur Einkommensteuer 01 wurde im Jahr 02 abgegeben. Daher beginnt die Festsetzungsfrist gemäß § 170 Abs. 2 Nr. 1, 1. Alt. AO mit Ablauf 02, dauert vier Jahre und endet regulär mit Ablauf 06.

Zu prüfen ist, ob eine Ablaufhemmung eingreift. In Frage käme hier eine Ablaufhemmung nach § 171 Abs. 4 AO, jedoch wurde mit der Außenprüfung erst am 15. 01. 07 begonnen, also nach Ablauf der regulären Frist. Auch ist die Prüfung nicht auf Antrag des W über das reguläre Fristende hinaus verschoben worden, sondern wegen der Erkrankung des Prüfers. Der Antrag des W umfasste nur die hier nicht mehr maßgebende Zeit von 02. bis 15. 01. 07. Folglich ist § 171 Abs. 4 AO nicht zu bejahen.

Die Festsetzungsverjährung tritt demnach mit Ablauf 06 ein. Daher durften die Prüfungsfeststellungen bezüglich der Einzelfirma nicht mehr verwertet werden. Die Erhöhung der Steuer ist zumindest in Höhe von 7 000 € rechtswidrig.

Anders ist die Rechtslage jedoch hinsichtlich der Erhöhung der ESt aufgrund des geänderten Gewinnfeststellungsbescheids der KG. Die Erklärung zu dieser Gewinnfeststellung wurde im Jahr 03 eingereicht, also beginnt die Feststellungsfrist gemäß §§ 181 Abs. 1, 170 Abs. 2 Nr. 1, 1. Alt. AO mit Ablauf 03. Sie dauert vier Jahre und endet regulär mit Ablauf 07. Der am 19. 05. 07 bekannt gegebene geänderte Gewinnstellungsbescheid 01 ist vor Eintritt der Feststellungsverjährung ergangen und somit rechtmäßig.

Selbst wenn der GewFB die Feststellungsverjährungsfrist nicht gewahrt hätte, würde dies nur zur Rechtswidrigkeit führen. Infolge der Bestandskraft der Feststellung müsste er dem ESt-Bescheid auch in diesem Fall zu Grunde gelegt werden.

Rechtmäßige (wie auch rechtswidrige, vgl. § 124 Abs. 2 AO) Gewinnfeststellungsbescheide wirken gemäß § 171 Abs. 10 AO auf die entsprechenden Folgebescheide ablaufhemmend, wozu hier der Einkommensteuerbescheid 01 gehört. Bekanntgabetag der geänderten Gewinnfeststellung war der 19. 05. 07 (§ 122 Abs. 2 Nr. 1 AO). Die Ablaufhemmung gemäß § 171 Abs. 10 AO läuft bis zwei Jahre nach Bekanntgabe des Feststellungsbescheids, also bis Ablauf des 19. 05. 09.

Da dies laut Sachverhalt der Pfingstmontag ist, verlängert sich das Fristende nach § 108 Abs. 3 AO auf Dienstag, 20. 05. 09, 24.00 Uhr. An diesem Tag verließ der geänderte Einkommensteuerbescheid 01 den Behördenbereich, die Frist wurde also gewahrt (§ 169 Abs. 1 S. 3 AO).

Wegen der Ablaufhemmung gemäß § 171 Abs. 10 AO bis 20. 05. 09, 24.00 Uhr konnte der Einkommensteuerbescheid 01 in Höhe von 5 000 € nach § 175 Abs. 1 Nr. 1 AO korrigiert werden.

Hinweis: Nicht nach § 164 Abs. 2 AO, vgl. § 164 Abs. 4 AO mit Ausnahmeregel.

IV. Punktetabelle

	Punkte
Frage 1:	
Festsetzungsverjährung und Zahlungsverjährung als mögliche Erlöschensgründe erkannt; unterschieden zw. USt Sept. und USt Febr. bis August 01.	1
Festsetzungsverjährung für USt Febr. bis August gewahrt (§ 168 S. 1 AO).	1
Festgestellt, dass die Festsetzungsverjährung für USt September erst mit Ablauf 14 eintritt.	1
Steuerhinterziehung eingehend geprüft; objektiver Tatbestand bejaht.	1
Subjektiver Tatbestand bejaht (auch in Zusammenhang mit § 71 AO).	1
Unschädlich, dass Hinterziehung zugunsten der KG erfolgt.	1
USt Februar bis August 01 zahlungsverjährt regulär mit Ablauf 06.	1
Keine Unterbrechung durch Außenprüfung o. a.; gem. § 191 Abs. 5 Nr. 2 AO kein Haftungsbescheid möglich.	1
Erkannt, dass USt September wegen § 229 Abs. 1 S. 2 AO noch nicht zahlungsverjährt ist.	1
Frage 2:	
§ 69 AO geprüft und R als Person i. S. d. § 34 Abs. 1 AO erkannt.	1
Pflichtverletzung richtig beschrieben.	1
Erfolg und Verschulden (= Vorsatz) zutreffend gelöst.	1
Differenzhaftung erkannt, Haftungsumfang 12 000 €.	1
§ 71 AO geprüft; § 370 AO bezüglich USt September geprüft und bejaht; bezüglich USt Februar bis August geprüft und begründet verneint.	1
Eingreifen der Differenzhaftung auch bei § 71 AO, Haftungsumfang 2 000 €.	1
Komplementärhaftung (§§ 161 Abs. 2, 124 HGB) bejaht.	1
Haftung W: § 69 AO geprüft; § 34 Abs. 1 AO verneint (auch schlüssig); § 35 AO geprüft und verneint.	1
§ 71 AO geprüft und bezüglich USt September § 370 AO bejaht; (Mit-)Täterschaft oder Teilnahme an Tat des R erkannt.	1

	Punkte
§ 74 AO geprüft; wesentliche Beteiligung des W nach § 74 Abs. 2 S. 1 AO verneint, aber nach § 74 Abs. 2 S. 2 AO begründet bejaht (weil W zur Nichtzahlung fälliger Steuern beiträgt).	1
Zeitliche Voraussetzungen des § 74 AO erörtert und bejaht.	1
Kommanditistenhaftung wg. zurückgezahlter Einlage bejaht.	1
Frage 3:	
Reguläres Ende der Feststellungsverjährung mit Ablauf 06 errechnet, § 171 Abs. 4 AO geprüft und begründet verneint.	1
Feststellungsverjährung bis Ablauf 07 oder Bestandskraft des Gewinnfeststellungsbescheides gesehen.	1
Ablaufhemmung nach § 171 Abs. 10 AO bis Ende des (19. bzw.) 20.05.09.	1
Dabei Eingreifen des § 108 Abs. 3 AO erkannt; § 169 Abs. 1 S. 3 AO ist erfüllt.	1
Summe	25

Klausuraufgabe 2:
Rechtsbehelfe bei Erstattungsansprüchen/Klagearten/ vorläufiger Rechtsschutz durch Aussetzung der Vollziehung oder einstweilige Anordnung

I. Sachverhalt

Conny Cash (C), ein seit Jahren durch Deutschland tourender Countrysänger mit festem Wohnsitz in Karlsruhe, hatte dort seine Einkommensteuererklärung für das Jahr 2005 abgegeben. Als er im Mai 2006 bereits seinen ESt-Bescheid 2005 erhielt, überprüfte er diesen und stellte erfreut fest, dass das Finanzamt Karlsruhe seinen Angaben zu seinen Einkünften gefolgt war und in dem Bescheid eine Steuer festgesetzt wurde, die er mit Hilfe eines Steuer-PC-Programmes ebenfalls errechnet hatte. Auch der vom Finanzamt ermittelte Erstattungsbetrag in Höhe von 3 650 € stimmte mit seinen Zahlen überein. Voller Vorfreude auf die Auszahlung stattete C eine Woche nach Erhalt des Bescheids seiner Hausbank einen Besuch ab, um das Geld von seinem ansonsten nur geringe Guthabenstände anzeigenden Konto abzuheben. Da der Betrag noch nicht eingegangen war, rief C beim Finanzamt an, ließ sich mit der Kasse verbinden und fragte den für ihn zuständigen Kassenbediensteten nach dem Erstattungsbetrag. Dieser versprach C, den Betrag demnächst auszuzahlen.

Als C zwei Wochen später bei seiner Bank ein weiteres Mal den Kontostand überprüfte, konnte er immer noch keinen Zahlungseingang feststellen. Ein Anruf beim Finanzamt endete erneut mit dem Versprechen des Kassenbediensteten, den Betrag demnächst auszuzahlen.

Dieser Vorgang wiederholte sich in den folgenden Monaten mehrmals, so dass C nach einem halben Jahr resigniert und frustriert seine Anrufe beim FA einstellte.

II. Aufgabe

Welche außergerichtlichen und gerichtlichen Möglichkeiten hat C, um eine Auszahlung des Erstattungsbetrages zu erreichen?

Untersuchen Sie jeweils nur die Statthaftigkeit der jeweiligen Maßnahmen – auf die Zulässigkeitsvoraussetzungen ist nicht weiter einzugehen! Formlose Rechtsbehelfe sind ebenfalls nicht zu untersuchen!

III. Lösung

Der Erstattungsanspruch des C aus der ESt-Veranlagung ist ein auf Zahlung gerichteter Anspruch aus dem Steuerschuldverhältnis im Sinne des § 37 AO.

Außergerichtliche Möglichkeiten: Zu prüfen ist, ob C Einspruch einlegen könnte. Ein Einspruch ist nur statthaft gegen Verwaltungsakte (§ 347 Abs. 1 AO). Das FA hat als Verwaltungsäußerungen mit Verwaltungsakt-Qualität den ESt-Bescheid 2005 sowie das hierauf aufbauende »negative« Leistungsgebot mit einem Erstattungsbetrag von 3 650 € erlassen. Gegen diese könnte C Einspruch einlegen. Allerdings entspricht ein solches Vorgehen nicht seinem Ziel, die Auszahlung des Erstattungsbetrages zu erreichen. Überdies ist davon auszugehen, dass die genannten Verwaltungsakte aufgrund der Angaben im Sachverhalt rechtmäßig sind.

Da das FA den Erstattungsbetrag nicht auszahlt und somit untätig ist, könnte man auch an einen Untätigkeitseinspruch (§ 347 Abs. 1 S. 2 AO) denken. Dieser setzt voraus, dass das FA über einen von C gestellten Antrag auf Erlass eines Verwaltungsaktes ohne Mitteilung eines zureichenden Grundes binnen angemessener Frist sachlich nicht entschieden hat. Die von C begehrten Verwaltungsakte, welche seine Einkommensbesteuerung für den Veranlagungszeitraum 2005 regeln, hat C indes erhalten. Die Untätigkeit des FA hinsichtlich des Auszahlungsvorganges hat keine Verwaltungsakt-Qualität, so dass hierauf gerichtete Anträge – in Form von Anfragen bei der Finanzkasse – nicht im Wege eines Untätigkeitseinspruches verfolgt werden können. Die Auszahlung als solche ist kein Verwaltungsakt i.S.d. § 118 AO, da in der Auszahlung keine Regelung mit Rechtswirkung erfolgt, sondern lediglich der auf diese Rechtsfolge gerichtete Verwaltungsakt »negatives Leistungsgebot« tatsächlich vollzogen wird. Die Auszahlung als solche ist nur Realakt.

Hinweis: Die Ablehnung der Auszahlung durch einen Amtsträger des Finanzamts wäre jedoch Verwaltungsakt (vgl. AEAO zu § 347 Nr. 1).

Da der Auszahlungsvorgang Teil des Erhebungsverfahrens (§§ 218ff AO) ist, kommt als außergerichtliche Möglichkeit zur Verfolgung des Auszahlungsbegehrens noch ein Antrag auf Erlass eines Abrechnungsbescheides nach § 218 Abs. 2 AO in Betracht. Dieser setzt jedoch voraus, dass zwischen FA und Antragsteller »Streit« über eine Frage des Erhebungsverfahrens herrscht. Das FA hat den Anspruch des Stpfl. C auf Auszahlung seines Erstattungsanspruches indes nicht bestritten, so dass auch ein Abrechnungsbescheid nicht möglich ist.

Fazit: Es bestehen keine außergerichtlichen Möglichkeiten, um eine Auszahlung des Erstattungsbetrages zu erreichen.

Gerichtliche Möglichkeiten: Aufgrund der Rechtsweggarantie des Grundgesetzes (Art. 19 Abs. 4 GG) steht dem Bürger gegen die Beeinträchtigung seiner Rechte durch die Exekutive der Weg zu den Gerichten (Rechtsweg) offen. Da es um die Verwirklichung eines Anspruches aus dem Steuerschuldverhältnis (§ 37 AO) geht und somit eine öffentlich-rechtliche Streitigkeit über eine Abgabenangelegenheit vorliegt, ist hier der Finanzrechtsweg eröffnet (§ 33 Abs. 1 Nr. 1 FGO); an den weiteren Voraussetzungen dieser Bestimmung bestehen keine Zweifel.

Man könnte zunächst daran denken, das zuständige Finanzgericht (§§ 35, 38 FGO) Baden-Württemberg im Wege einer **Klage** anzurufen. Die zutreffende Klageart ergibt sich dabei aus dem Klagebegehren des Stpfl.

Da Cs Begehren auf die Auszahlung des ihm zustehenden Geldbetrages gerichtet ist und dieser als Realakt keinen Verwaltungsakt darstellt, sind die verwaltungsaktabhängigen Klagearten Anfechtungs- und Verpflichtungsklage nicht eröffnet.

Als Unterfall dieser Klagearten ist damit auch eine Untätigkeitsklage (§ 46 FGO) von vornherein ausgeschlossen; zudem wäre eine solche nur bei Nichtentscheidung der Behörde über einen außergerichtlichen Rechtsbehelf möglich.

Eine »positive« Feststellungsklage (§ 41 Abs. 1 FGO), gerichtet auf die Feststellung, dass das FA zur Auszahlung verpflichtet ist, ist zwar denkbar, scheitert jedoch an der Subsidiarität (§ 41 Abs. 2 FGO) der Feststellungsklage, da C (s. u.) sein Begehren durch eine Leistungsklage verfolgen kann.

Die von C – durch Stellung des entsprechenden Klageantrages – zu wählende Klageart ist die »allgemeine« Leistungsklage (§ 40 Abs. 1 a. E. FGO), die unabhängig vom Vorliegen eines Verwaltungsaktes ist. Sein Begehren ist mit dem »Auszahlen« gerichtet auf die Vornahme eines Behördenhandelns, das nicht in einem Verwaltungsakt besteht. Der BFH hat indes festgestellt, dass eine auf Zahlung gerichtete Klage erst zulässig ist, wenn der Anspruch zuvor durch Verwaltungsakt verbindlich festgestellt wurde (BFH vom 12.06.1986 BStBl II 1986, 702; BFH/NV 1989, 353, 92, 678; Tipke/Kruse, AO-FGO, § 40 FGO Rz. 17). Diese Voraussetzung liegt jedoch vor, da der Erstattungsanspruch des C durch das zusammen mit dem ESt-Bescheid 2005 erlassene »negative« Leistungsgebot wirksam bekannt gegeben und somit rechtlich verbindlich festgestellt wurde. C ist deshalb zu raten, das FA im Wege einer Leistungsklage auf Zahlung zu verklagen.

Da ein derartiges Klageverfahren aufgrund der gerichtlichen Fristen einen längeren Zeitraum in Anspruch nimmt, ist zu überlegen, ob C nicht im Wege vorläufigen Rechtschutzes seinen Auszahlungsanspruch verfolgen könnte.

Mangels angefochtenen oder anfechtbaren Verwaltungsaktes kommt ein Antrag auf Aussetzung der Vollziehung (§ 69 Abs. 3, 4 FGO) nicht in Betracht.

Denkbar ist insoweit allein die Möglichkeit eines Antrages auf Erlass einer einstweiligen Anordnung (§ 114 FGO). Der vorläufige Rechtsschutz in der FGO korrespondiert mit der Klageart in der Hauptsache. Eine einstweilige Anordnung ist deshalb statthaft, wenn in der Hauptsache eine Verpflichtungs-, Feststellungs- oder allgemeine Leistungsklage zu erheben ist.

Auf die weiteren Tatbestandsvoraussetzungen (»Anordnungsanspruch« und »Anordnungsgrund«) der einstweiligen Anordnung ist laut Aufgabenstellung nicht einzugehen.

IV. Punktetabelle

	Punkte
Erstattungsanspruch des C als Anspruch aus dem Steuerschuldverhältnis bezeichnet (§ 37 AO); Einspruch abgelehnt, da kein Verwaltungsakt.	1
Untätigkeitsanspruch begründet abgelehnt.	1
Antrag auf Erlass eines Abrechnungsbescheides erörtert (hier aber nicht sinnvoll).	1
Festgestellt, dass Finanzrechtsweg eröffnet ist; Rechtsweggarantie (Art. 19 Abs. 4 GG) erwähnt, Klagemöglichkeit untersucht.	1
Anfechtungs- und Verpflichtungsklage begründet abgelehnt.	1
Untätigkeitsklage begründet abgelehnt.	1
Feststellungsklage begründet abgelehnt.	1
Allgemeine Leistungsklage als statthafte Klageart erkannt.	1
Vorläufiger Rechtschutz untersucht.	1
Aussetzung der Vollziehung abgelehnt.	1
Durch einstweilige Anordnung angesprochen.	1
Summe	11

Klausuraufgabe 3:
Haftung bei Betriebsübernahme nach § 75 AO und § 25 HGB/ Gesamtrechtsnachfolge

I. Sachverhalt

Heribert Hasenfuß (H) war Inhaber eines stadtbekannten, mittelgroßen Weinhandelsgeschäftes in Heidelberg. Er verstarb zusammen mit seiner Ehefrau bei einem Autounfall am Freitag, den 13.12.06. Er hinterlässt seinen Sohn Alfons Hasenfuß (A) als Alleinerbe. Dieser teilt dem langjährigen Steuerberater Stefan Steuer (S) des H bei der ersten gemeinsamen Besprechung im Januar 07 Folgendes mit:

H hatte am 01.01.05 von Luigi Lugano (L) dessen unter dieser Firma betriebenes Einzelunternehmen (»Luigi Lugano, Handel mit italienischen Weinen, Heidelberg«) unter Fortführung der Firma übernommen. L hatte lediglich ein älteres von mehreren Kraftfahrzeugen nicht mit verkauft, weil er dieses bis zum Ablauf des TÜV-Termines privat nutzen wollte. Im Geschäftsübergabevertrag wurde ausdrücklich vereinbart, dass H für keinerlei Schulden des früheren Firmeninhabers einzustehen habe. Ausschließlich L, der nach dem Kenntnisstand des H über den Kaufpreis hinaus kein weiteres Vermögen besaß, verpflichtete sich zur Zahlung sämtlicher Verbindlichkeiten aus seinem früheren Betrieb.

Der Kaufpreis des Einzelunternehmens betrug 250 000 €. Dem Finanzamt Heidelberg wurde der Firmenübergang mit sämtlichen Übertragungsunterlagen am 02.05.05 durch H angezeigt.

A berichtete weiter, dass das Finanzamt dem L für das Jahr 04 »Schwarzgeschäfte« nachweisen konnte und dass hieraus Steuerrückstände des L bestanden bezüglich Einkommensteuer 04 i. H. v. 15 000 € zzgl. Säumniszuschlägen i. H. v. 300 € und Umsatzsteuer 04 i. H. v. 18 000 € zzgl. Säumniszuschlägen i. H. v. 360 €. Die Steuerfestsetzungen waren nach § 162 AO am 06.11.06 erfolgt. Dies ergibt sich aus einem Anhörungsschreiben des Finanzamts Heidelberg an A betreffend einer beabsichtigten Inhaftungnahme des H. A legte dieses Schreiben dem Steuerberater S vor. A erklärte, dass weder er noch sein verstorbener Vater H Kenntnis von diesen Schwarzgeschäften hatte.

II. Aufgabe

Prüfen Sie, ob A nach den Haftungsvorschriften der Abgabenordnung oder anderer Gesetze für die oben genannten Steuerschulden des L einstehen muss! Gehen Sie davon aus, dass L inzwischen kein Vermögen mehr besitzt.

III. Lösung

Schuldner der Einkommensteuer, der Umsatzsteuer sowie der zugehörigen Säumniszuschläge (§ 240 AO) ist L, vgl. z. B. § 13a UStG. Für diese fremden Abgabenschulden könnte somit A nach §§ 45, 191 AO als Gesamtrechtsnachfolger des H in Anspruch genommen werden, wenn H für diese Schulden gehaftet hätte.

Als **Haftungsnorm aus der AO** kommt ausschließlich § 75 AO in Betracht, da H bzw. A von den »Schwarzgeschäften« des L keine Kenntnis hatten und deshalb eine Haftung nach den §§ 69 oder 71 AO von vornherein ausscheidet.

L hatte auf H sämtliche wesentlichen Betriebsgrundlagen und somit sein Unternehmen im Ganzen übertragen.

Die Zurückbehaltung des nicht mitverkauften älteren Fahrzeugs ist insoweit unschädlich, da es keine wesentliche Betriebsgrundlage darstellte. Der Haftungstatbestand des § 75 AO ist deshalb erfüllt. Unbeachtlich ist hierfür der vertragliche Haftungsausschluss, da sich die öffentlich-rechtliche Haftung des § 75 AO einer Disposition der Vertragsparteien entzieht.

Der Haftungsumfang des § 75 AO erfasst nur die unternehmensbedingten Steuern (USt und GewSt) sowie die Steuerabzugsbeträge. Von den im Sachverhalt genannten Rückständen fällt somit lediglich die Umsatzsteuer 04 i. H. v. 18 000 € in den Haftungsumfang des § 75 AO. Für die übrigen Rückstände greift diese Bestimmung nicht.

Zeitlich erfasst die Haftung nach § 75 AO die Umsatzsteuern, die seit dem Beginn des letzten, vor der Übereignung liegenden Kalenderjahres entstanden sind. Dies trifft auf die Umsatzsteuer 04 zu, da sie gemäß §§ 13 Abs. 1 Nr. 1a S. 1, 18 UStG im maßgeblichen Haftungszeitraum entstanden ist.

Eine Haftung des A nach den §§ 75 i. V. m. 45 AO scheitert jedoch letztlich daran, dass diese Steuer nicht innerhalb der Jahresfrist nach Anmeldung des Betriebsübergangs durch den Erwerber H vom Finanzamt festgesetzt wurde: Laut Sachverhalt erfolgte die Anmeldung des Betriebsüberganges am 02. 05. 05, die Steuerfestsetzungen jedoch erst am 06. 11. 06. Damit entfällt eine Haftung des A als Rechtsnachfolger des H nach den §§ 75, 45 AO.

Als **Haftungsnormen außerhalb der AO** kommt § 25 HGB in Betracht.

Die Haftung nach § 25 HGB setzt voraus, dass H das Handelsgeschäft eines Vollkaufmannes unter Fortführung der Firma erworben hat (§§ 17ff. und 4 HGB). Diese Voraussetzungen sind vorliegend erfüllt.

Nach Maßgabe der §§ 25 Abs. 1 HGB i. V. m. 45 AO haftet A als Rechtsnachfolger des Erwerbers für sämtliche Geschäftsverbindlichkeiten (Umsatzsteuer und zugehörige Säumniszuschläge, nicht jedoch für die Einkommensteuer nebst Säumniszuschlägen) des L sachlich und zeitlich unbegrenzt.

Anmerkung: Eine Haftung auch für die ESt 04 nebst Säumniszuschlägen, soweit diese aus den gewerblichen Einkünften des L gemäß § 15 EStG herrühren, wird mit entsprechender Begründung ebenfalls als richtig anerkannt.

Ein Haftungsausschluss nach § 25 Abs. 2 HGB steht der Inhaftungnahme nicht entgegen. Im Handelsregister wurde der vertraglich vereinbarte Haftungsausschluss nicht eingetragen und dem Finanzamt als Gläubiger der Steueransprüche der Haftungsausschluss erst am 02. 05. 05 – und damit nicht unverzüglich nach der Übernahme des Geschäfts – angezeigt wurde. Der Haftungsausschluss war somit nicht wirksam.

Ergebnis: A haftet als Rechtsnachfolger des H nach den § 45 AO i. V. m. § 25 Abs. 1 HGB (für die Einkommensteuer und) die Umsatzsteuer 04 des L in Höhe von insgesamt 18 000 € (bzw. 33 000 €) sowie für die Säumniszuschläge zur Umsatzsteuer i. H. v. 360 € (und ggf. für die Säumniszuschläge zur Einkommensteuer i. H. v. 300 €). A kann durch Haftungsbescheid nach § 191 AO in Anspruch genommen werden.

IV. Punktetabelle

	Punkte
Festgestellt, dass L Schuldner der Rückstände ist und A nach §§ 45, 191 AO als Gesamtrechtsnachfolger des H in Anspruch genommen werden könnte, wenn H für diese Schulden gehaftet hätte.	1
§ 75 AO untersucht; Unternehmen im Ganzen übertragen.	1
Erkannt, dass Zurückbehaltung des älteren Fahrzeugs unschädlich ist. Festgestellt, dass der vertragliche Haftungsausschluss unbeachtlich ist.	1
Haftungsumfang: nur unternehmensbedingte Steuern; somit lediglich die Umsatzsteuer 04 i. H. v. 18 000 €.	1
Zeitlicher Haftungsumfang erfüllt, soweit USt 04 rechtzeitig entstanden.	1
Haftung scheitert aber, da die USt 04 nicht innerhalb der Jahresfrist nach Anmeldung des Betriebsübergangs (02.05.05) durch den Erwerber H vom Finanzamt festgesetzt (06.11.06) wurde.	1
§ 25 HGB untersucht: Voraussetzungen erfüllt.	1
Haftungsumfang erörtert: sämtliche Geschäftsverbindlichkeiten (Umsatzsteuer und zugehörige Säumniszuschläge, nicht jedoch für die Einkommensteuer nebst Säumniszuschlägen, a. A. vertretbar), zeitlich unbegrenzt.	1
Kein wirksamer Haftungsausschluss nach § 25 Abs. 2 HGB, da nicht unverzüglich nach der Übernahme des Geschäfts angezeigt.	1
Folgerichtiges Ergebnis gebracht	1
Summe	10

Klausuraufgabe 4:
Änderung eines ESt-Bescheides nach § 172 Abs. 1 S. 1 Nr. 2 Buchst. c wegen arglistiger Täuschung/Änderung eines ESt-Bescheides nach § 173 AO/Beachtung des Saldierungsverbotes nach § 175 Abs. 1 S. 1 Nr. 1 AO/Mitberichtigung nach § 177 AO

I. Sachverhalt

Der berühmte Golfprofi Till Tiger (T) hat sich in Heidelberg niedergelassen. Er ist seit langem einer der »besten« Mandanten ihrer Kanzlei. T ist in Heidelberg unter der Firma »Tiger Sportwagen« u. a. Vertragshändler der Marke »Ferrari« und kauft und verkauft nebenbei Gebrauchtwagen. Die Firma ist in das Handelsregister eingetragen.

Da T aufgrund seiner Sportkarriere wenig Zeit für den Autohandel aufbringen kann, hat er als Prokuristen Armin Armlang (A) eingestellt. Die Prokura ist ins Handelsregister, Teil A, eingetragen. Lt. Anstellungsvertrag führt A alle Geschäfte des Autohauses. Er ist u. a. auch zuständig für die Buchführung und die kaufmännischen und steuerlichen Belange. Leiter der zum Autohaus gehörenden Kfz-Werkstatt ist Kfz-Meister Karl Klaue (K).

Durch Bescheid vom 10.02.08 wurde gegenüber T die Einkommensteuer 06 i. H. v. 800 000 € festgesetzt. Im Bescheid vom 04.05.09 wurde die Umsatzsteuer 06 i. H. v. 440 000 € festgesetzt. Beide Festsetzungen erfolgten unter dem Vorbehalt der Nachprüfung.

Anlässlich einer Außenprüfung im Februar 09 wurde aufgrund der dort getroffenen Feststellungen unter anderem die Einkommensteuer 06 auf 850 000 € heraufgesetzt. Der insoweit erlassene Änderungsbescheid wurde dem T am 02.04.09 bekannt gegeben. Im Bescheid wurde der Vorbehalt der Nachprüfung aufgehoben.

Am 09.07.10 ging eine Anzeige des von A entlassenen Autoverkäufers Carl Cabrio (C) beim Finanzamt ein, in der A beschuldigt wird, »schwarz« Gebrauchtwagen gekauft und verkauft zu haben. Die nachfolgenden Ermittlungen der Steuerfahndung (vom 12.07. bis 15.07.10) ergaben folgenden, dem Finanzamt bisher unbekannten Sachverhalt:

Anfang 06 hatte A im Rahmen des Autohauses und im Namen des T nacheinander zehn Gebrauchtwagen von Privatleuten gekauft. Dafür hatte er aus der Kasse des Autohauses insgesamt 120 000 € bar bezahlt. Diese Wagen sind von K in der Werkstatt des T (während der Arbeitszeit) und auf Kosten des Autohauses (z. B. Ersatzteile, Öl, Strom etc.) repariert und hergerichtet worden.

Von April bis August 06 hatte A monatlich zwei der instand gesetzten Wagen im Autohaus im Namen des T an Privatleute verkauft und dafür insgesamt 220 000 € bar kassiert. Die von ihm vereinnahmten Gelder legte er in Höhe der jeweiligen Einkaufspreise (insgesamt 120 000 €) in die Kasse des Autohauses zurück.

Am »Gesamtgewinn« in Höhe von 100 000 € war – wie vorher gemeinsam geplant und abgesprochen – A in Höhe von drei Vierteln (75 000 €) und K in Höhe von einem Viertel (25 000 €) beteiligt.

Um die geschäftlichen Transaktionen gegenüber dem T zu verheimlichen, wurden die diesbezüglichen Geschäftsvorfälle von A auch nicht für steuerliche Zwecke aufgezeichnet. Auch dies wusste K.

Das Finanzamt sieht A und K als Steuerhinterzieher an; T mangels Vorsatz nicht.

A gab bei der Steuerfahndung seine Betrügereien gegenüber T sofort zu. Er ließ sich aber dahingehend ein, dass er keine Steuerhinterziehung begangen habe. Zum einen habe T die USt-Voranmeldungen April 06 bis August 06, die USt-Jahreserklärung und die ESt-Erklärung 06 unterschrieben. Er selbst habe dem Finanzamt gegenüber daher keine falschen Angaben gemacht.

Zum anderen habe er lediglich auf Kosten des T »einige € nebenher« verdienen wollen. Deshalb habe er hinsichtlich einer Steuerhinterziehung nicht absichtlich gehandelt und daher keinen Vorsatz gehabt.

K wendete ein, er habe dem A nur geholfen, was ja nicht so schwerwiegend sei.

Nach der – als zutreffend zu unterstellenden – steuerlichen Auswertung des Sachverhalts durch die Steuerfahndung sind die von A getätigten Geschäfte umsatzsteuerrechtlich und einkommensteuerrechtlich in vollem Umfang dem T zuzurechnen. A ist durch seine Tat nicht selbst Steuerschuldner geworden.

Der Fahndungsbericht enthält folgende – zutreffende – Ermittlung der Gewinnkorrektur des T für 06:

Erlöse aus den Gebrauchtwagenverkäufen: 220 000 € ./. 30 345 € USt	189 655 €
abzüglich Aufwendungen für die Ankäufe	./. 120 000 €
Höherer Gewinn (ohne Berücksichtigung von Gewerbesteuerrückstellungen)	69 655 €

T erfuhr von den Machenschaften auch erst am 09.07.10 von C. Er kündigte A und K mit sofortiger Wirkung, zeigte beide wegen Betruges bei der Staatsanwaltschaft an und forderte beide per Rechtsanwalt auf, die ergaunerten Gelder an ihn herauszugeben. Außerdem schickte er am 09.07.10 ein als »Selbstanzeige« tituliertes Schreiben an das Finanzamt. In diesem Schreiben legte er die Taten von A und K offen und teilte mit, er habe seinen Steuerberater beauftragt, eine berichtigte USt-Erklärung 06 sowie eine berichtigte ESt-Erklärung 06 zeitnah abzugeben.

Bei der Bearbeitung des Falles stellt der für die Veranlagung des T zuständige Sachbearbeiter S des FA HD mit Entsetzen noch Folgendes fest:

1. Bereits Ende 07 hatte das Finanzamt eine Mitteilung für das Jahr 06 über eine Gewinnbeteiligung des T an einer KG (»ESt-4-B-Mitteilung«) erhalten. Diese betraf laufende Gewinne gem. § 15 Abs. 1 Nr. 2 EStG und Veräußerungsgewinne i. S. d. § 16 EStG. Die laufenden Gewinne hatte der Mitarbeiter des S richtig ausgewertet. Die ESt erhöhte sich dadurch um 10 000 €. Die Veräußerungsgewinne wurden von ihm jedoch rechtsfehlerhaft in vollem Umfang als steuerfrei behandelt. Bei richtiger Auswertung hätten die Veräußerungsgewinne die Einkommensteuer 06 um weitere 30 000 € erhöht.
2. Hinsichtlich der Einkünfte des T als Golf-Profi (§ 15 EStG) ist dem Finanzamt bei der ursprünglichen Veranlagung ein Rechtsanwendungsfehler unterlaufen. Dieser war auch bei der Außenprüfung nicht aufgefallen. Eine Korrektur dieses Fehlers würde die Einkommensteuer 06 um weitere 65 000 € erhöhen.

II. Aufgabe

Prüfen Sie gutachtlich, ob und ggf. inwieweit der am 02.04.09 bekannt gegebene ESt-Änderungsbescheid 06 gegenüber T erneut geändert werden kann!

Hinweis: Der Steuersatz des T soll aus Vereinfachungsgründen 50 % betragen. Gewerbesteuerliche Auswirkungen sind nicht zu berücksichtigen. Auf die Festsetzungsverjährung ist nicht einzugehen!

III. Lösung

Nach der Aufhebung des Vorbehalts der Nachprüfung kommt eine Änderung des Bescheides gem. § 164 Abs. 2 AO nicht mehr in Frage. Korrekturmöglichkeiten nach § 129 bzw. § 172 Abs. 1 Nr. 2 Buchst. a AO sind ebenfalls nicht ersichtlich.

Der endgültige ESt-Änderungsbescheid 06 vom 02.04.09 könnte aber nach § 172 Abs. 1 Nr. 2 Buchst. c AO zu korrigieren sein. Danach darf ein Steuerbescheid, soweit er nicht vorläufig oder unter dem Vorbehalt der Nachprüfung ergangen ist, geändert werden, soweit er durch unlautere Mittel, wie arglistige Täuschung, Drohung oder Bestechung erwirkt worden ist. Arglistige Täuschung bedeutet die vorsätzliche Herbeiführung und Ausnutzung eines Irrtums bei der Finanzbehörde.

Der nicht erfasste Gewinn aus den »Schwarzverkäufen« i. H. v. 69 655 € (ohne Berücksichtigung von Gewerbesteuerrückstellungen) führt dazu, dass die ESt 06 i. H. v. 34 827,50 € vorsätzlich hinterzogen worden ist. Aufgrund des Steuersatzes i. H. v. 50 % ergibt sich aus dem Gewinn des T i. H. v. 69 655 € eine Verkürzung der ESt 06 in Höhe von 34 827,50 €.

Das Vorliegen einer Steuerhinterziehung verlangt, dass der zuständige Sachbearbeiter des Finanzamtes arglistig getäuscht worden ist. Zwar war T als Steuerschuldner und Adressat des Bescheides gutgläubig und hat selbst nicht vorsätzlich getäuscht. Arglistig handelten vielmehr A und K. Der Wortlaut des § 172 Abs. 1 Nr. 2 Buchst. c AO verlangt jedoch nicht, dass der Steuerschuldner selbst den Bescheid durch arglistige Täuschung erwirkt haben muss. Nach dem Sinn und Zweck der Vorschrift genießen Bescheide generell keinen Bestandsschutz, soweit sie auf unlauterem (= kriminellem) Verhalten beruhen.

Die ESt 06 darf also gem. § 172 Abs. 1 Nr. 2 Buchst. c AO um 34 827,50 € höher festgesetzt werden.

Der ESt-Bescheid 06 könnte nach § 173 Abs. 1 AO geändert werden. Dabei ist wegen des Grundsatzes des Saldierungsverbotes zwischen Tatsachen mit steuererhöhender Wirkung und Tatsachen mit steuermindernder Wirkung zu trennen.

Der ESt-Bescheid 06 könnte wegen der **Einnahmen aus den Gebrauchtwagenverkäufen** auch nach § 173 Abs. 1 Nr. 1 AO zu ändern sein.

Danach sind Steuerbescheide aufzuheben oder zu ändern, soweit Tatsachen oder Beweismittel nachträglich bekannt werden, die zu einer höheren Steuer führen. Zunächst müssten also Tatsachen vorliegen. Tatsache ist jeder Lebenssachverhalt, der objektiv geeignet ist, einen steuergesetzlichen Tatbestand im Sinne des § 38 AO ganz oder teilweise zu erfüllen und sich damit (grundsätzlich) auf die Höhe der Steuer auswirkt. Lebenssachverhalt ist der Verkauf der zehn Gebrauchtwagen. Diese Geschäftsvorfälle wirken sich gem. § 4 Abs. 4 EStG und § 5 EStG gewinnerhöhend und damit auf die Höhe der Steuer aus. Es liegen also Tatsachen vor.

Die Tatsachen müssten rechtserheblich sein. Dies ist der Fall, wenn das Finanzamt bei rechtzeitiger Kenntnis der Tatsache schon bei der ursprünglichen Veranlagung zu einer höheren Steuer gelangt wäre. Hätte das Finanzamt bei der Festsetzung der Einkommensteuer durch den Bescheid vom 10.02.08 (oder bei dessen Änderung durch Bescheid vom 02.04.09) von den Verkäufen gewusst, hätte es den Gewinn (ohne Berücksichtigung der Gewerbesteuerrückstellung) insoweit um 189 655 € erhöht (220 000 €./. 30 345 € USt) und die Einkommensteuer 06 i. H. v. 94 827,50 € höher festgesetzt. Die Tatsachen sind also rechtserheblich.

Die Tatsachen müssten nachträglich bekannt geworden sein. Eine Tatsache wird nachträglich bekannt, wenn sie im Zeitpunkt der abschließenden Zeichnung zwar vorhanden, dem zuständigen Amtsträger aber nicht bekannt war und nicht bekannt sein musste. Die Verkäufe fanden in 06 statt. Sie sind daher zum Zeitpunkt der Veranlagung des T objektiv existent. Das Finanzamt erfuhr von den Verkäufen erst am 09.07.10, also nach der abschließenden Zeichnung der ursprünglichen Veranlagung und der Änderung. Maßgeblich ist dabei der Zeitpunkt der letzten Willensbildung, also die Abzeichnung des Änderungsbescheides. Ein Ermittlungsfehler des Sachbearbeiters ist nicht ersichtlich. Die Tatsachen sind also »neu« i.S.d. § 173 AO.

Vorbehaltlich der Änderungssperre gem. § 173 Abs. 2 AO (siehe unten) ist die Einkommensteuer 06 um 94 827,50 € zu erhöhen.

Der Einkommensteuerbescheid 06 könnte wegen der Aufwendungen für den **Ankauf der Gebrauchtwagen** nach § 173 Abs. 1 Nr. 2 AO zu ändern sein.

Danach sind Steuerbescheide aufzuheben oder zu ändern, soweit Tatsachen oder Beweismittel nachträglich bekannt werden, die zu einer niedrigeren Steuer führen, und den Stpfl. kein grobes Verschulden daran trifft, dass die Tatsachen oder Beweismittel nachträglich bekannt werden. Das Verschulden ist unbeachtlich, wenn die Tatsachen oder Beweismittel in einem unmittelbaren oder mittelbaren Zusammenhang mit Tatsachen oder Beweismitteln im Sinne der Nr. 1 stehen.

Zum Begriff der Tatsache i.S.d. Vorschrift, Definition siehe oben. Lebenssachverhalt sind hier die Aufwendungen für den Ankauf der zehn Gebrauchtwagen. Diese sind Betriebsausgaben i.S.d. § 4 Abs. 4 EStG. Es liegen also Tatsachen vor.

Die Tatsachen müssten rechtserheblich sein. Das ist der Fall, wenn das Finanzamt bei rechtzeitiger Kenntnis der Tatsache bei der ursprünglichen Veranlagung zu einer niedrigeren Steuer gelangt wäre. Hätte das Finanzamt bei der Durchführung der ursprünglichen ESt-Veranlagung 06 oder der geänderten ESt-Veranlagung 06, von den Ankäufen der zehn Gebrauchtwagen gewusst, hätte es die ESt 06 um (50% von 120 000 € =) 60 000 € niedriger festgesetzt. Die Tatsachen sind daher rechtserheblich.

Die Tatsachen müssten nachträglich bekannt geworden sein. Eine Tatsache wird nachträglich bekannt, wenn sie im Zeitpunkt der abschließenden Zeichnung zwar vorhanden, dem zuständigen Amtsträger aber nicht bekannt war. Die Aufwendungen für den Ankauf der zehn Gebrauchtwagen wurden im Jahr 06 getätigt. Sie existierten also im Zeitpunkt der abschließenden Zeichnung der ursprünglichen wie auch der geänderten ESt-Festsetzung 06. Sie sind daher nachträglich bekannt geworden.

Den T darf kein grobes Verschulden daran treffen, dass die Tatsachen nachträglich bekannt geworden sind. Grobes Verschulden bedeutet Vorsatz oder grobe Fahrlässigkeit. T selbst handelte weder vorsätzlich noch grob fahrlässig.

Allerdings verschwieg A die Betriebsausgaben (auch gegenüber dem Finanzamt) vorsätzlich, um so seine Machenschaften zu verheimlichen. Da A Prokurist des T war und intern für die steuerlichen Belange des Autohauses zuständig war, ist sein grobes Verschulden dem T zuzurechnen. Danach könnte gem. § 173 Abs. 1 Nr. 2 AO nicht korrigiert werden.

Nach S. 2 dieser Vorschrift ist das Verschulden jedoch unbeachtlich, wenn die Tatsachen in einem unmittelbaren oder mittelbaren Zusammenhang mit Tatsachen im Sinne der Nr. 1 stehen. Das ist hier gegeben: Die Ankäufe der Gebrauchtwagen wurden getätigt, um sie mit Gewinn wieder verkaufen zu können. Ohne die Ankäufe sind die Verkäufe nicht denkbar. Die Ankäufe stehen also sachlich in einem unmittelbaren Zusammenhang mit den Verkäufen.

Nach § 173 Abs. 1 Nr. 2 AO ist die Änderung (Minderung der Einkommensteuer 06 um 60 000 €) also nicht ausgeschlossen.

Letztlich könnte § 173 Abs. 2 AO eine Korrektur verhindern. Danach können Steuerbescheide, soweit sie auf Grund einer Außenprüfung ergangen sind, nach § 173 Abs. 1 AO nur geändert werden, wenn eine Steuerhinterziehung oder eine leichtfertige Steuerverkürzung vorliegt.

Der (geänderte) Einkommensteuerbescheid 06 vom 02.04.09 erging auf Grund einer Außenprüfung.

Zwar hatte T weder eine Steuerhinterziehung noch eine leichtfertige Steuerverkürzung begangen. Der Wortlaut des § 173 Abs. 2 AO verlangt jedoch nicht, dass der Steuerschuldner selbst Steuerhinterzieher sein muss. Der Tatbestand des § 370 AO kann auch in mittelbarer Täterschaft und durch Dritte – hier durch A und K – erfüllt werden (§ 370 Abs. 1 Nr. 1 AO i. V. m. § 25 Abs. 1 StGB). Die Änderungssperre des § 173 Abs. 2 AO greift daher nicht ein.

Nach § 173 Abs. 1 Nr. 1 und Nr. 2 AO ist die Einkommensteuer 06 also um insgesamt 34 827,50 € zu erhöhen.

Änderungsmöglichkeiten wegen der unzutreffenden Auswertung der ESt-4-B-Mitteilung

Der Fehler bei der Auswertung der ESt-4-B-Mitteilung könnte nach § 175 Abs. 1 Nr. 1 AO korrigiert werden. Danach ist ein Steuerbescheid zu erlassen, aufzuheben oder zu ändern, soweit ein Grundlagenbescheid (§ 171 Abs. 10 AO), dem Bindungswirkung für diesen Steuerbescheid zukommt, erlassen, aufgehoben oder geändert wird.

Dazu müsste ein Grundlagenbescheid vorliegen. Darunter sind Verwaltungsakte zu verstehen, die für die Festsetzung einer Steuer bindend sind, u. a. z. B. Feststellungsbescheide.

Hier wurde der Bescheid über die einheitliche und gesonderte Feststellung der Einkünfte einer KG für das Kalenderjahr 06 erlassen (§ 179 Abs. 2 S. 2 und § 180 Abs. 1 Nr. 2 Buchst. a AO). In diesem Bescheid wurden dem T Einkünfte zugerechnet, die seine Einkommensteuerschuld 06 um 30 000 € erhöhen. Es liegt daher ein Grundlagenbescheid vor, der Bindungswirkung entfaltet, § 182 Abs. 1 AO.

Im vorliegenden Fall beruht der zu ändernde Einkommensteuerbescheid jedoch schon auf dem Grundlagenbescheid. Die ESt-4-B-Mitteilung ist bereits ausgewertet worden.

Allerdings unterlief dem ersten Mitarbeiter des S dabei ein Rechtsanwendungsfehler. D. h., dass die im Grundlagenbescheid festgestellten Besteuerungsgrundlagen im Folgebescheid nicht zutreffend berücksichtigt worden sind. In diesem Fall kann – und muss – der Folgebescheid – hier also der Einkommensteuerbescheid 06 – nach § 175 Abs. 1 Nr. 1 AO so lange innerhalb der Festsetzungsfrist geändert werden, bis die Besteuerungsgrundlagen richtig erfasst sind.

Die Einkommensteuer 06 ist daher nach § 175 Abs. 1 Nr. 1 AO um 30 000 € zu erhöhen.

Korrektur wegen des Rechtsanwendungsfehlers

Der Rechtsanwendungsfehler könnte gemäß § 177 AO »mitberichtigt« werden. Dazu müsste ein materieller Fehler im Sinne des § 177 AO vorliegen. Materielle Fehler sind alle Fehler einschließlich offenbarer Unrichtigkeiten im Sinne des § 129 AO, die zur Festsetzung einer Steuer führen, die von der kraft Gesetzes entstandenen Steuer abweicht, § 177 Abs. 3 AO.

Darunter fällt auch der Rechtsanwendungsfehler in Höhe von 65 000 € bei den Einkünften des T als Golf-Profi.

Aufgrund des § 177 Abs. 2 AO darf jedoch nur berichtigt werden, »soweit die Änderung reicht«. D. h., es darf nur innerhalb des Änderungsrahmens, den selbständige Korrekturvorschriften bilden, gegengerechnet werden. Da sich der materielle Fehler steuererhöhend auswirkt, darf er allein mit der Steuerminderung des § 173 Abs. 1 Nr. 2 AO (60 000 €) verrechnet werden. Das bedeutet, dass der materielle Fehler die Änderung nach § 173 Abs. 1 Nr. 2 AO in vollem Umfang in Höhe von 60 000 € kompensiert. Die überschießenden 5 000 € können dagegen nicht gegengerechnet werden. Sie werden nicht berücksichtigt. Der materielle Fehler wirkt sich also gem. § 177 Abs. 2 AO nur in Höhe von 60 000 € steuererhöhend aus.

Ergebnis:

Steuerfestsetzung im Bescheid vom 02.04.09	850 000,00 €
Änderung gem. § 173 Abs. 1 Nr. 1 AO	+ 94 827,50 €
Änderung gem. § 173 Abs. 1 Nr. 2 AO	./. 60 000,00 €
Änderung gem. § 175 Abs. 1 Nr. 1 AO	+ 30 000,00 €
Änderung gem. § 177 Abs. 2 AO	+ 60 000,00 €
Summe:	974 827,50 €

Anmerkung: Bei der Berechnung bleibt die Änderung nach § 172 Abs. 1 Nr. 2 Buchst. c AO betragsmäßig unberücksichtigt, da sie identisch ist mit der Änderung gem. § 173 Abs. 1 Nr. 1 und Nr. 2 AO. Die im Ermessen des FA stehende Korrekturmöglichkeit nach § 172 AO tritt aus Konkurrenzgründen hinter den gebundenen Korrekturen nach § 173 AO zurück.

Im Ergebnis ist die Einkommensteuer 06 also neu in Höhe von 974 827 € festzusetzen.

IV. Punktetabelle

	Punkte
Festgestellt, dass § 164 Abs. 2 AO, § 129 bzw. § 172 Abs. 1 Nr. 2 Buchst. a AO nicht eingreifen.	1
§ 172 Abs. 1 Nr. 2 Buchst. c AO geprüft; unlautere Mittel untersucht.	1
Festgestellt, dass Gewinn aus den »Schwarzverkäufen« vorsätzlich hinterzogen worden ist.	1
Festgestellt, dass nicht der Steuerschuldner selbst vorsätzlich getäuscht haben muss; ausreichend ist auch Täuschung durch A und K; Ergebnis: § 172 Abs. 1 Nr. 2 Buchst. c AO ist erfüllt.	1
§ 173 Abs. 1 AO untersucht; Grundsatz des Saldierungsverbotes angewandt und zwischen Tatsachen mit steuererhöhender Wirkung und Tatsachen mit steuermindernder Wirkung getrennt.	1
Wegen der **Einnahmen** § 173 Abs. 1 Nr. 1 AO geprüft; Lebenssachverhalt ist der Verkauf der zehn Gebrauchtwagen.	1
Rechtserheblichkeit geprüft und bejaht; nachträgliches Bekanntwerden geprüft und bejaht.	1
Wegen **Ausgaben** § 173 Abs. 1 Nr. 2 AO geprüft; Lebenssachverhalt sind die Aufwendungen für den Ankauf der zehn Gebrauchtwagen.	1

	Punkte
Rechtserheblichkeit und nachträgliches Bekanntwerden geprüft und bejaht.	1
Erkannt, dass den T kein grobes Verschulden trifft.	1
Grobes Verschulden des A dem T zugerechnet. § 173 Abs. 1 Nr. 2 AO greift nicht.	1
S. 2 angewandt: Verschulden ist unbeachtlich (mit Begründung).	1
§ 173 Abs. 2 AO verhindert Korrektur; aber Durchbrechung der Änderungssperre wegen Steuerhinterziehung.	1
Nicht erforderlich, dass Steuerschuldner selbst Steuerhinterziehung begangen hat; nach § 173 Abs. 1 Nr. 1 und Nr. 2 AO ist die ESt 06 also um insgesamt 34 827,50 € zu erhöhen	1
Für Fehler bei der Auswertung der ESt-4-B-Mitteilung § 175 Abs. 1 Nr. 1 AO geprüft; Bescheid über die einheitliche und gesonderte Feststellung der Einkünfte einer KG als Grundlagenbescheid bezeichnet.	1
Festgestellt, dass der zu ändernde ESt-Bescheid bereits auf Grundlagenbescheid beruht.	1
Weitere Korrektur nach § 175 Abs. 1 Nr. 1 AO erforderlich, um Bindungswirkung umzusetzen; ESt ist um 30 000 € zu erhöhen.	1
Rechtsanwendungsfehler i. H. v. 65 000 € nach § 177 AO mitzuberichtigen.	1
Kompensation zutreffend durchgeführt; erkannt, dass 5 000 € nicht gegengerechnet werden können.	1
Folgerichtiges Ergebnis gebracht.	1
Summe	20

Klausuraufgabe 5:
Voraussetzungen der Aussetzung und der Aufhebung der Vollziehung/Verhältnis der Aussetzung der Vollziehung bei Grundlagen- und Folgebescheiden/Rechtsbehelfsmöglichkeiten bei Ablehnung durch das Finanzamt

I. Sachverhalt

Fritz Fuchs (F) als Komplementär und Hans Hase (H) als Kommanditist, beide wohnhaft im Bezirk des Finanzamtes Mosbach (FA MOS), sind die einzigen Gesellschafter der Fuchs & Hase-Finanzdienstleistungs-KG (KG) mit Sitz in Heidelberg. Diese hat gegen den Gewinnfeststellungsbescheid 2004 Klage zum Finanzgericht Baden-Württemberg (FG) eingereicht, über die bis heute nicht entschieden ist. Grundlage der Klage ist eine Rechtsfrage zur Behandlung grenzüberschreitender steuermindernder Sachverhalte, zu der der BFH bisher noch nicht Stellung genommen hat und zu der die Finanzgerichte unterschiedliche Rechtsauffassungen vertreten.

Mit Bescheid vom 24.05.2006 hatte das Finanzamt Heidelberg (FA HD) antragsgemäß die Vollziehung des angefochtenen Gewinnfeststellungsbescheides in Höhe eines Teilbetrages von 654 000 € ausgesetzt. Von diesem Betrag entfallen auf den Komplementär F 504 000 €, auf den Kommanditisten H 150 000 €.

Mit inhaltsgleichen Schreiben jeweils vom 31.05.2006 lehnte das FA MOS gegenüber F und H die Aussetzung der Vollziehung der ESt-Bescheide 2004 mit der Begründung ab, die Bescheide hätten wegen geleisteter Vorauszahlungen zu keiner Abschlusszahlung, sondern bereits zu einer Erstattung geführt. Die Voraussetzungen für eine Aussetzung der Vollziehung mit dem Ziel einer weiteren Erstattung lägen somit nicht vor.

F und H ersuchen daraufhin mit Schreiben vom 24.06.2006 das FG um Rechtschutz und stellten dort die sachgerechten Anträge.

II. Aufgabe

1. Hat das FA MOS die Aussetzung der Vollziehung der ESt-Bescheide 2004 des F und des H zu Recht abgelehnt?
2. Welche Möglichkeiten haben – unabhängig von der im Sachverhalt geschilderten Vorgehensweise – F und H, um gegen die Ablehnung der Aussetzung der Vollziehung durch das nach ihrer Ansicht provinzielle FA MOS vorzugehen? Welcher Möglichkeit würden Sie den Vorzug geben (mit kurzer Begründung!)?
3. Wie wird das Finanzgericht über die Anträge vom 24.06.2006 entscheiden?

III. Lösung

Frage 1:

Gemäß § 69 Abs. 2 S. 1 und 2 FGO kann, bzw. soll das FA während eines laufenden gerichtlichen Verfahrens die Vollziehung eines angefochtenen Steuer-Verwaltungsaktes aussetzen, wenn ernstliche Zweifel an dessen Rechtmäßigkeit bestehen oder wenn die Vollziehung für den Betroffenen eine unbillige Härte zur Folge hätte.

Grundvoraussetzung für die Aussetzung der Vollziehung (AdV) der ESt-Bescheide von F und H ist aber, dass diese Bescheide »angefochten«, d. h. im Zeitpunkt der AdV mit dem Rechtsbehelf der Klage angegriffen sind. Dies ist laut Sachverhalt nicht gegeben.

Nach § 69 Abs. 2 S. 4 FGO kommt es hierauf aber nicht an: Wenn bei einem Grundlagenbescheid (§ 171 Abs. 10 S. 1 AO) AdV gewährt wurde, ist auch die Vollziehung der Folgebescheide auszusetzen. Diese Rechtslage ist im vorliegenden Fall gegeben, da das FA HD (als Betriebs-FA gem. § 18 Abs. 1 Nr. 2 AO) die AdV des Gewinnfeststellungsbescheid 2004 verfügt hatte. Dieser Bescheid ist als Grundlagenbescheid für die ESt-Bescheide 2004 der Gesellschafter F und H bindend (§ 182 Abs. 1 AO). Auf einen Einspruch der Gesellschafter gegen die »Folge«-ESt-Bescheide kommt es somit ausnahmsweise nicht an.

Problematisch ist des Weiteren die zweite Voraussetzung der AdV: Es muss ein »vollziehbarer« Verwaltungsakt vorliegen. Da die ESt-Bescheide von F und H bereits zu einer Erstattung geführt haben, würde die AdV, wie das FA MOS festgestellt hat, zu einer weiteren Erstattung von geleisteten Vorauszahlungen führen. Von den Stpfl. wird also nichts verlangt, was »vollstreckbar« wäre. Dies hindert allerdings die Möglichkeit einer AdV nicht, man spricht insoweit lediglich von der »Aufhebung« der Vollziehung (siehe auch § 69 Abs. 2 S. 7 FGO).

Aufgrund § 69 Abs. 2 S. 8 FGO ist aber die »Aufhebung (wie die Aussetzung) der Vollziehung« beschränkt auf die festgesetzte Steuer, vermindert um die anzurechnenden Steuerabzugsbeträge, um die anzurechnende Körperschaftsteuer und um die festgesetzten Vorauszahlungen. Diese Beschränkung der AdV-Möglichkeit gilt nicht nur im Falle eines Rechtsbehelfes gegen den Steuerbescheid selbst, sondern auch im Falle einer AdV bei dem dazu gehörigen Grundlagenbescheid (vgl. AEAO zu § 361 Nr. 6 S. 7).

Hiernach ist für eine AdV mit Ziel der Erstattung von Vorauszahlungen kein Raum vorhanden. Das FA MOS hat die AdV zu Recht abgelehnt.

Frage 2:

Da die Ablehnung der AdV durch das FA MOS einen Verwaltungsakt i. S. d. § 118 AO darstellt, haben die Stpfl. zum einen die Möglichkeit hiergegen Einspruch zum FA MOS einzulegen, § 347 Abs. 1 Nr. 1 AO. Der Negativkatalog des § 348 AO ist nicht einschlägig. Der Einspruch führt im Falle seiner Zulässigkeit (insbesondere Fristwahrung) zu einer vollumfänglichen Überprüfung der Ablehnungsentscheidung.

Die Stpfl. haben zum andern aber auch die Möglichkeit, nach § 69 Abs. 3 i. V. m. Abs. 4 S. 1 FGO das Finanzgericht anzurufen und dort den Antrag auf AdV zu stellen. Die sich aus dem Prioritätsgrundsatz ergebende eingeschränkte Zulässigkeit der Anrufung des FG greift in diesem Fall nicht, da das FA die AdV-Anträge der Stpfl. bereits negativ beschieden hat (§ 69 Abs. 4 S. 1 FGO).

Letzterer Möglichkeit ist m. E. der Vorzug zu geben, da im ersten Fall die gleiche Finanzbehörde den Antrag u. U. nochmals abschlägig bescheiden könnte, was zu einem unnötigen Zeitverlust führt. Das weitaus gewichtigere Argument ergibt sich indes aus den § 361 Abs. 5 AO und § 69 Abs. 7 FGO: Gegen eine ggf. erlassene abweisende Einspruchsentscheidung wäre eine weitere Klagemöglichkeit nicht gegeben und die Stpfl. wären auch in diesem Fall auf den Weg der Antragstellung nach § 69 Abs. 3 FGO verwiesen. (Nachteilig könnte u. U. aber der Kostennachteil beim gerichtlichen Verfahren sein.)

Frage 3:

Das FG wird den Antrag auf Aufhebung der Vollziehung im Hinblick auf § 69 Abs. 3 S. 4 FGO als unbegründet abweisen.

IV. Punktetabelle

	Punkte
Frage 1:	
§ 69 Abs. 2 S. 1 und 2 FGO als richtige Rechtsgrundlage erkannt; grds. ist Anfechtung des Verwaltungsaktes Voraussetzung für AdV.	1
§ 69 Abs. 2 S. 4 FGO als Sonderregelung erkannt.	1
Aussetzung und Aufhebung der Vollziehung untersucht.	1
§ 69 Abs. 2 S. 8 FGO erkannt; keine AdV möglich.	1
Frage 2:	
Ablehnung der AdV als Verwaltungsakt mit Einspruch angreifbar.	1
Nach § 69 Abs. 3 i. V. m. Abs. 4 S. 1 FGO Antrag auf AdV beim FG möglich, da Prioritätsgrundsatz beachtet.	1
Mit Begründung für AdV-Antrag zum FG Vorrang gegeben.	1
Frage 3:	
FG wird den Antrag wegen § 69 Abs. 3 S. 4 FGO als unbegründet abweisen.	1
Summe	8

Klausuraufgabe 6:
Berechnung von Stundungszinsen und Säumniszuschlägen/ Nachforderungszinsen nach § 233a AO

I. Sachverhalt

Das Finanzamt Ludwigsburg (FA LB) hat für die getrennt lebenden Eheleute Martin und Frieda Zoff (MZ und FZ) Einzelveranlagungen zur ESt 06 durchgeführt. Gegen MZ setzte das Finanzamt die ESt 06 mit Bescheid vom 19.06.08 (Postaufgabe) i. H. v. 25 675 € fest und stellte die Abschlusszahlung über 7 985 € zum 24.07.08 fällig. Zusätzlich setzte das FA gegen MZ einen Verspätungszuschlag i. H. v. 500 € (§ 152 AO) fest. Auf einen entsprechenden Stundungsantrag des MZ hin stundete das Finanzamt die insgesamt fälligen Forderungen bis zum Ablauf des 24.12.08, einem Sonntag, verzinslich. MZ beglich seine Schulden (ESt, Stundungszinsen und Verspätungszuschlag) beim Finanzamt am 24.12.08 durch Übergabe eines gedeckten Schecks an den zuständigen Amtsträger.

Gegen FZ setzte das Finanzamt durch am 07.07.08 zur Post gegebenen Bescheid eine ESt in Höhe von 14 985 € fest. Ein Verspätungszuschlag wurde wegen der besonderen Umstände des Falles nicht festgesetzt. Die in gleicher Höhe lautende Abschlusszahlung wurde ab Fälligkeit auf Antrag der FZ auf vier Monate verzinslich gestundet. FZ bezahlte ihre Schulden (ESt und Stundungszinsen) beim Finanzamt

Alternative 1: Durch Übergabe eines gedeckten Schecks am 09.12.08
Alternative 2: Durch Überweisung, Belastung des Kontos der FZ am 13.12.08, Gutschrift auf dem Konto des Finanzamtes am 14.12.08
Alternative 3: Durch Überweisung, Belastung des Kontos der FZ am 13.12.08, Gutschrift auf dem Konto des Finanzamtes am 15.12.08.

II. Aufgabe

1. Berechnen Sie die gegen MZ und FZ festzusetzenden Stundungszinsen!
2. Hätte das Finanzamt gegen MZ noch weitere Zinsen festsetzen können?
3. Sind Säumniszuschläge angefallen? Wenn ja, bei wem und in welcher Höhe sind sie zu erheben?

III. Lösung

Frage 1:
Stundung des MZ: Stundungszinsen (§ 234 AO) sind für die Dauer einer gewährten Stundung von Ansprüchen aus dem Steuerschuldverhältnis zu erheben. Nach § 233 S. 2 AO sind steuerliche Nebenleistungen nicht verzinslich, so dass der festgesetzte Verspätungszuschlag i. H. v. 500 € nicht der Verzinsung unterliegt.

Der Zinszahlungszeitraum beginnt mit dem Tag nach der Fälligkeit. Dieses ist der 25.07.08, (Bekanntgabe am 22.06.08 – § 122 Abs. 2 Nr. 1 AO – Zahlungsfrist von einem Monat – § 36 Abs. 4 EStG – Fälligkeit der Abschlusszahlung am 22.07.08, wegen § 108 Abs. 3 AO Verschiebung des Fristendes auf den 24.07.08). Die Stundung dauert laut Sachverhalt bis zum 24.12.08. Der Stundungszeitraum macht damit fünf volle Monate aus. § 108 Abs. 3 AO ist bei der Zinsberechnung nicht auf den letzten Monat anzuwenden mit der Folge, dass der fünfte Monat erst nach dem 26.12.08 vollendet wäre.

Die gegen MZ per Zinsbescheid (§ 239 AO) festzusetzenden Zinsen belaufen sich somit auf 2,5 % aus 7 950 € = 198,75 €, abgerundet nach § 239 Abs. 2 AO auf 198 €.

Stundung der FZ: Die Abschlusszahlung der FZ i. H. v. 14 985 € war am 10.08.08 zur Zahlung fällig (Bekanntgabe am 10.07.08, § 122 Abs. 2 Nr. 1 AO, einmonatige Zahlungsfrist, § 36 Abs. 4 EStG). Die Stundung begann somit am 11.08.08, dauerte laut Sachverhalt vier Monate und endete folglich mit Ablauf des 10.12.08, wegen § 108 Abs. 3 AO allerdings am 11.12.08. Dass das Ende des ersten Stundungsmonats ebenfalls auf einen Sonntag (10.08.08) fällt, ändert an diesem Ergebnis nichts, da § 108 Abs. 3 AO nur für das Ende einer einheitlichen Frist gilt.

Gegen FZ sind somit 2 % aus 14 900 € = 298 € Zinsen festzusetzen (§§ 238, 239 AO).

Frage 2:

Neben den Stundungszinsen kommt für die ESt-Abschlusszahlung 06 i. H. v. 7 985 € noch Nachforderungszinsen gem. § 233a AO in Betracht.

Der Zinslauf beginnt mit Ablauf des 31.03.08 (§ 233a Abs. 2 S. 1 AO) und endet mit Ablauf des Tages, an dem die Steuerfestsetzung wirksam wird (§ 233a Abs. 2 S. 3 AO), also dem Tag der Bekanntgabe des Steuerbescheides am 22.06.08.

Bis zu diesem Zeitpunkt hat der Zinslauf zwei volle Monate gedauert, so dass (2 × 0,5 % =) 1 % Zinsen aus 7 950 €, somit 79,50 €, abgerundet 79 € angefallen sind (§§ 238, 239 Abs. 2 AO). Diese Zinsen waren gem. § 233a Abs. 4 AO mit der Steuer festzusetzen.

Frage 3:

Säumniszuschläge bei MZ? Säumniszuschläge fallen an, wenn der Stpfl. rückständige Steuern nicht bei Fälligkeit zahlt (§ 240 AO). MZ hat seine Rückstände am 24.12.08 durch Übergabe eines gedeckten Schecks an den zuständigen Amtsträger bezahlt. Der Eingang der Zahlung erfolgt somit nach § 224 Abs. 2 Nr. 1 2. Alt. AO mit dem dritten Tag danach – also am 27.12.08. Die Stundung des MZ endete regulär mit Ablauf des 24.12.08. Da dies aber ein Sonntag ist, verschiebt sich das Fristende auf den nachfolgenden Werktag (§ 108 Abs. 3 AO), mithin den 27.12.08. MZ hat somit vor Eintritt der Säumnis gezahlt, Säumniszuschläge sind daher nicht angefallen.

Säumniszuschläge bei FZ? Die Abschlusszahlung zur ESt 01 der FZ war am 11.12.08 fällig. Auf die ebenfalls zu diesem Zeitpunkt (typisierende Betrachtungsweise) fälligen Stundungszinsen fallen keine Säumniszuschläge an, § 240 Abs. 2 AO.

Alternative 1: Zahlung durch Übergabe eines gedeckten Schecks am 09.12.08

Auch hier ist gemäß § 224 Abs. 2 Nr. 1 2. Alt. AO die Zahlung nicht bereits mit Scheckeingang am 09.12.08, sondern erst mit dem dritten Tag geleistet – also am 12.12.08. Dies ist der erste Tag nach Eintritt der Fälligkeit, so dass mit Beginn dieses Tages Säumnis vorliegt. Es sind somit 1 % Säumniszuschlag von 14 950 € = 149,50 € entstanden, § 240 Abs. 1 AO. Diese werden auch erhoben, obwohl die Zahlung innerhalb der Schonfrist des § 240 Abs. 3 S. 1 AO erfolgte (Beginn 12.12.08, Dauer drei Tage, Ablauf 15.12.08). Nach § 240 Abs. 3 S. 2 AO gilt die Schonfrist aber nicht im Fall der Zahlung nach § 224 Abs. 2 Nr. 1 AO. FZ müsste den Säumniszuschlag somit bezahlen, falls er ihr nicht – wie in der Praxis wohl üblich – aus Billigkeitsgründen (§ 227 AO) erlassen wird.

Alternative 2: Zahlung durch Überweisung, Belastung des Kontos der FZ am 13.12.08, Gutschrift auf dem Konto des FA am 14.12.08

Auch bei dieser Alternative erfolgte die Zahlung im Säumniszeitraum und zwar am 14.12.08. Maßgebend hierfür ist nicht der Tag der Abbuchung vom Konto der Stpfl., sondern der Tag der Gutschrift auf dem Konto der Finanzkasse, § 224 Abs. 2 Nr. 2 AO. Es ist somit wieder 1% Säumniszuschlag angefallen (149,50 €). Diese werden aber nicht erhoben, weil die Zahlung innerhalb – wenn auch am letzten Tag – der Schonfrist des § 240 Abs. 3 AO erfolgte. § 240 Abs. 3 S. 2 AO gilt in diesem Fall nicht.

Alternative 3: Zahlung durch Überweisung, Belastung des Kontos der FZ am 13. 12. 08, Gutschrift auf dem Konto des FA am 15. 12. 08

Die Zahlung gilt mit Gutschrift auf dem Konto des FA (15. 12. 08) als entrichtet. An diesem Tag ist die Schonfrist des § 240 Abs. 3 AO bereits abgelaufen, so dass bei Alt. 3 1% Säumniszuschlag (149,50 €) angefallen sind und auch erhoben werden.

IV. Punktetabelle

	Punkte
Frage 1:	
MZ: Festgestellt, dass steuerliche Nebenleistungen nicht verzinst werden.	1
Stundungszeitraum mit fünf Monaten errechnet.	1
Stundungszinsen i. H. v. 198,75 €, nach § 239 Abs. 2 AO abgerundet 198 € errechnet.	1
FZ: Stundungszinsen i. H. v. 299 € errechnet.	1
Frage 2:	
§ 233a AO erkannt.	1
Zinszeitraum richtig berechnet.	1
79,50 € Zinsen, abgerundet 79 € errechnet.	1
Frage 3:	
Säumniszuschläge bei MZ nicht angefallen.	1
FZ: auf Stundungszinsen fallen keine Säumniszuschläge an, § 240 Abs. 2 AO.	1
Alt. 1: 1% Säumniszuschlag (aus 14 950 € = 149,50 €) entstanden, Schonfrist gilt im Fall der Zahlung nach § 224 Abs. 2 Nr. 1 AO nicht.	1
Alt. 2: 1% Säumniszuschlag angefallen (149,50 €); wegen Schonfrist nicht zu erheben.	1
Alt. 3: Schonfrist abgelaufen; 1% Säumniszuschlag angefallen und auch zu erheben.	1
Summe	12

Klausuraufgabe 7:
Hinzuziehung und Beiladung zu Rechtsbehelfsverfahren/ Voraussetzungen von Untätigkeitseinspruch und Untätigkeitsklage/ Korrektur wegen neuer Tatsachen/Berichtigung von mechanischen Fehlern/Zulässigkeit und Begründetheit eines Einspruches/ Aussetzung der Vollziehung

I. Sachverhalt

In Heidelberg, Hauptstraße 12, befindet sich u. a. das Reisebüro »Suntours«, das in der Rechtsform einer OHG betrieben wird. Gesellschafter sind Manni Münner (M) mit einer Beteiligung von 40 % und Knut Kammerlander (K) mit einer Beteiligung von 60 %. M wohnt über den Büroräumen in Heidelberg, K wohnt in Mannheim. Laut Gesellschaftsvertrag ist nur M geschäftsführungs- und vertretungsbefugt. Die Empfangsvollmacht gem. § 183 Abs. 1 S. 1 AO wird M zugeordnet und zwar auch für Einspruchsentscheidungen.

Die Erklärung zur OHG-Gewinnfeststellung 02 wird zeitnah im Jahr 03 abgegeben; in der Erklärung wird abweichend vom Gesellschaftsvertrag von einem Gewinnverteilungsschlüssel M = 30 % und K = 70 % ausgegangen. Die Abweichung ist für das örtlich zuständige FA Heidelberg nicht erkennbar, da der Gesellschaftsvertrag vom FA bisher nicht angefordert wurde.

Hinweis: Das mag zwar ein grober Ermittlungsfehler des FA sein, unterstellen Sie aber, dass der Erklärungsfehler der Stpfl. überwiegt. Unterstellen Sie weiter, dass die Änderung des Gewinnverteilungsschlüssels auf 30 : 70 im Jahr 03 vorgenommen wurde und steuerlich nicht zurückwirkt.

Der OHG-Gewinnfeststellungsbescheid 02 erging wie erklärt im Jahr 03, ebenso die jeweiligen ESt-Bescheide 02 von M und K. Sämtliche Bescheide sind zunächst nicht angegriffen worden; die Einspruchsfristen sind inzwischen abgelaufen. Die Bescheide sind ohne Nebenbestimmungen ergangen.

Im Januar 04 findet bei der OHG eine Außenprüfung statt, die relativ glimpflich ausgeht: Im Prüfungsbericht wird nur beanstandet, dass die für das Jahr 02 erklärte Verteilung des OHG-Gewinns nicht dem Gesellschaftsvertrag 02 entspreche und eine steuerliche Rückwirkung nicht akzeptiert werden könne (siehe oben, dies soll richtig sein!).

Daraufhin korrigiert das FA im April 04 den OHG-Gewinnfeststellungsbescheid 02 und setzt den Gewinnanteil des M um 30 000 € herauf und den Anteil des K um 30 000 € herunter. Die Korrektur wird auf § 173 Abs. 1 Nr. 1 und 2 AO gestützt. Gegen diesen Korrekturbescheid legt M fristgemäß Einspruch ein.

Der ESt-Bescheid des K wird der Korrektur versehentlich nicht angepasst, da das FA Mannheim von der Korrektur nicht in Kenntnis gesetzt wurde.

K erfährt von der Korrektur nur telefonisch durch M. An dem Einspruchsverfahren wird er vom FA nicht beteiligt, zeigt aber auch von sich aus nicht das geringste Interesse am Ausgang des Verfahrens. Im September 04 erging die Einspruchsentscheidung, worin der Einspruch als unbegründet zurückgewiesen wurde. Die Entscheidung wurde in einer Ausfertigung an die Geschäftsadresse der OHG »zu Händen des Geschäftsführers M« bekannt gegeben. Vom Inhalt der Einspruchsentscheidung erfährt K wiederum nur telefonisch.

M reicht nun innerhalb der Klagefrist Klage beim Finanzgericht Baden-Württemberg ein. Das Finanzgericht lädt K im Oktober 04 zu dem gerichtlichen Verfahren bei.

Während des Klageverfahrens stellt **K** beim FA Mannheim einen Antrag »auf Herabsetzung der ESt 02 um 21 000 €«, wobei er sich auf die geänderte OHG-Gewinnfeststellung 02 vom April 04 sowie auf einen Schreibfehler in der ESt-Erklärung 01 (vgl. unten) beruft.

Der Antrag wurde vom FA mit Schreiben von Ende November 04 abgelehnt mit der Begründung, es müsse erst der Ausgang des Klageverfahrens abgewartet werden und außerdem dürften im Klageverfahren keine Korrekturen durch das FA vorgenommen werden.

Anfang Dezember 04 legt K zur Durchsetzung seines Anspruchs auf Herabsetzung seiner ESt 02 den gegebenen Rechtsbehelf ein. Er beantragt:
- Die Herabsetzung der ESt 02 von 100 000 € auf 85 000 € wegen der Minderung seines OHG-Anteils.
- Die weitere Herabsetzung der ESt 02 auf 79 000 € mit der Begründung, er habe sich bei der Abfassung seiner ESt-Erklärung 02 verrechnet und versehentlich den Zinsaufwand im V+V-Bereich zu niedrig angesetzt. Die fehlerhafte Addition sei aus einem der Erklärung beigegebenen Erläuterungsblatt leicht zu ersehen gewesen.

Hinweis: Dies soll richtig sein!

K will die 21 000 € ESt-Minderung in der Vollziehung aussetzen lassen. Da er das FA Mannheim für voreingenommen hält, stellt er den AdV-Antrag direkt beim FG Baden-Württemberg.

II. Aufgabe

Beantworten Sie in Form eines Gutachtens folgende Fragen:
1. Hätte das FA Heidelberg den K zu dem von M angestrengten Einspruchsverfahren hinzuziehen müssen? Welche Rechtsfolgen ergeben sich aus dem Verhalten des FA?
2. Musste das Finanzgericht Baden-Württemberg den K beiladen? Welche Rechtsfolge hat diese Beiladung?
3. K stellte während des Klageverfahrens einen »Antrag auf Herabsetzung der ESt 02«, den das FA ablehnte. Angenommenen, seit dem Antrag seien sechs Monate verstrichen: Könnte K bei dem vorgegebenen Sachverhalt Untätigkeitseinspruch oder Untätigkeitsklage erheben? (Der sich anschließend ereignete Sachverhalt soll dabei außer Betracht bleiben.)
4. Wie wird das FG Ihres Erachtens über die Begründetheit der Klage gegen den OHG-Gewinnfeststellungs-Korrekturbescheid 02 vom April 04 entscheiden?
5. Ist der von K Anfang Dezember 04 eingelegte Einspruch zulässig und begründet?
6. Kann K einen AdV-Antrag direkt beim FG Baden-Württemberg stellen?

III. Lösung

Frage 1:

Das FA Heidelberg hätte K dann zu dem Einspruchsverfahren hinzuziehen müssen, wenn ein Fall der notwendigen Hinzuziehung gem. § 360 Abs. 3 AO vorlag. Notwendig hätte K hinzugezogen werden müssen, wenn er an dem streitigen Rechtsverhältnis derart beteiligt war, dass die Entscheidung sowohl dem Einspruchsführer M als auch K gegenüber einheitlich ergehen musste. Einer der Hauptfälle der notwendigen Hinzuziehung liegt bei Einsprüchen gegen einheitliche und gesonderte Gewinnfeststellungen vor. Wenn in diesen Fällen jemand gem. § 352 Abs. 1 AO zulässig Einspruch einlegt, sind alle anderen Personen, die in der Sache ebenfalls gem. § 352 Abs. 1 AO einspruchsbefugt sind, aber keinen Einspruch eingelegt haben, notwendig hinzuzuziehen.

Übertragen auf vorliegenden Sachverhalt bedeutet dies Folgendes: M hat gegen den einheitlichen und gesonderten OHG-Gewinnfeststellungsbescheid 02 Einspruch eingelegt. Seine Einspruchsbefugnis ergab sich aus seiner Stellung als OHG-Geschäftsführer (= § 352 Abs. 1 Nr. 1 AO; außerdem war § 352 Abs. 1 Nr. 4 AO einschlägig, da um die prozentuale Beteiligung an der OHG gestritten wurde).

K seinerseits wäre gem. § 352 Abs. 1 Nr. 4 AO einspruchsbefugt gewesen, weil eben die Gewinnverteilung/prozentuale Beteiligung am OHG-Gewinn Streitgegenstand war (dass sich bei K letztlich der Gewinnanteil erhöhen wurde, spielt keine Rolle, denn bei Grundlagenbescheiden wird immer einer Beschwer unterstellt, vgl. AEAO zu § 350 Tz.5). Da K keinen Einspruch einlegte, obwohl er dazu befugt war, hätte er deshalb nach obiger Regel notwendig zu dem von M geführten Einspruchsverfahren hinzugezogen werden müssen (wobei unerheblich war, ob K an dem Ausgang des Verfahrens Interesse zeigte oder nicht; Hauptsache ist, dass K von Amts wegen die Möglichkeit geboten wurde, sich an dem Einspruchsverfahren zu beteiligen – was er daraus macht, ist seine Sache).

K hätte also zu dem von M angestrengten Einspruchsverfahren hinzugezogen werden müssen. Da dies nicht geschah, liegt ein erheblicher Verfahrensverstoß vor. Dieser Fehler hat zur Folge, dass die Einspruchsentscheidung zunächst gegenüber K nicht wirksam wurde. Dies gilt, obwohl M gem. § 183 Abs. 1 S. 1 AO auch bzgl. der Einspruchsentscheidung Vollmacht besaß und daher die Entscheidung mit Eingang bei M auch gegenüber K als bekannt gegeben gilt).

Hinweis: Wollte man hier Wirksamkeit der Einspruchsentscheidung auch gegenüber K annehmen, würde ihm gegenüber die Klagefrist des § 47 Abs. 1 FGO anlaufen, was zu einem m. E. nicht hinnehmbaren Ergebnis führen würde.

Frage 2:
Kommt es zum Klageverfahren, muss auch dort die Regel der notwendigen Hinzuziehung beachtet werden, d. h. liegt ein Fall der notwendigen Hinzuziehung vor, muss das Gericht von Amts wegen gem. § 60 Abs. 3 FGO eine sog. notwendige Beiladung aussprechen. Dies tat das FG im Oktober 04.

Rechtsfolgen: Die notwendige Beiladung bewirkt, dass K im Klageverfahren dieselbe Rechtsstellung wie der notwendig Hinzugezogene im Einspruchsverfahren erhält (er kann jetzt beispielsweise eigene Angriffs- und Verteidigungsmittel vortragen oder Beweis erbringen; ihm müssen Klageschrift und sonstige Schriftsätze zur Kenntnis gelangen und das Urteil muss auch ihm zugestellt werden), s. auch § 60 Abs. 6 FGO.

Die notwendige Beiladung bewirkt ferner, dass der Verfahrensverstoß des FA (= Übersehen des § 360 Abs. 3 AO) geheilt wird; auch die Unwirksamkeit der Einspruchsentscheidung gegenüber K wird nun geheilt (BFH vom 22. 11. 1988 BStBl II 1989, 359).

Frage 3:
Die Lösung hängt davon ab, ob man in dem Antrag einen Einspruch gegen den ESt-Bescheid 02 sieht. Da lt. Sachverhalt der ursprüngliche ESt-Bescheid 02 des K längst bestandskräftig geworden ist, kann ein Einspruch gegen diesen Bescheid nicht gemeint sein (ein Einspruch gegen den Gewinnfeststellungsänderungsbescheid 02 übrigens auch nicht, da K mit der Korrektur = Herabsetzung seines Gewinnanteils um 30 000 € wohl einverstanden ist, sonst würde er sich nicht auf den Vorgang beziehen).

Folglich kann der Antrag nur als ein – auf § 175 Abs. 1 Nr. 1 AO oder § 129 AO gestützter – Korrekturantrag hinsichtlich des ursprünglichen ESt-Bescheids 02 aufgefasst werden.

Deshalb scheidet die in § 46 FGO geregelte Untätigkeitsklage von vornherein aus, da es hier nicht um das »Liegenlassen eines Einspruchs« geht.

Aber auch ein Untätigkeitseinspruch kann nicht zulässigerweise eingelegt werden, denn dieser setzt gem. § 347 Abs. 1 S. 2 AO voraus, dass über den Antrag noch nicht entschieden wurde. Im vorliegenden Fall wurde der Antrag jedoch abgelehnt, das FA ist also nicht untätig geblieben. Ob die Ablehnung fehlerhaft war oder nicht, ist in diesem Zusammenhang ohne Belang.

Hinweis: Eine abweichende Auffassung wird akzeptiert. Das FA hat die Ablehnung immerhin nur darauf gestützt, dass »der Ausgang des Klageverfahrens abgewartet werden müsse«. Eine materielle Entscheidung über den Korrekturantrag wurde daher noch nicht getroffen.

Frage 4:
Zu prüfen ist, ob die (zulässige) Klage begründet ist. Da lt. Sachverhalt die Änderung des Gewinnverteilungsschlüssels, die im Jahr 03 vorgenommen wurde, nicht auf das Jahr 02 zurückwirkt, hätte dort ein Ansatz von 40:60 vorgenommen werden müssen. Weil dies nicht geschah, war der ursprüngliche Gewinnfeststellungsbescheid 02 objektiv falsch. Dieser Fehler wurde durch die Korrektur vom April 04 beseitigt und die Gewinnverteilung so vorgenommen, wie sie im Gesellschaftsvertrag für 02 vereinbart worden war. Der Korrekturbescheid ist daher betragsmäßig richtig. Ein Fehler kann demnach nur dann bejaht werden, wenn für die Korrektur keine Korrekturvorschrift greift. Gemäß § 181 Abs. 1 AO gelten für die Korrektur von Feststellungsbescheiden die Vorschriften über die Korrektur von Steuerbescheiden entsprechend.

Als Korrekturvorschrift kann § 164 Abs. 2 AO nicht in Betracht kommen, weil der Bescheid »ohne Nebenbestimmungen« ergangen ist. Aus diesem Grund scheidet auch eine Änderung nach § 165 Abs. 2 AO aus.

Da das FA die Korrektur auf § 173 Abs. 1 Nr. 1 und 2 AO stützte, liegt nahe, auf diese Vorschriften einzugehen: Dass der Gewinnverteilungsschlüssel im Gesellschaftsvertrag mit 40:60 fixiert ist, sind Tatsachen i. S. d. § 173 AO.

Richtigerweise handelt es sich hier um zwei Tatsachen:
1. Anteil M 40% und nicht 30%.
2. Anteil K 60% und nicht 70%.

Hinweis: Die Annahme nur einer Tatsache, die gegenläufige Auswirkung hat, führt m. E. aber zu keinem abweichenden Ergebnis (s. u. Hinweis) und wird deshalb ebenfalls akzeptiert.

Die Tatsachen waren dem zuständigen FA Heidelberg bei Fertigung des ursprünglichen Gewinnfeststellungsbescheids nicht bekannt, da der Gesellschaftsvertrag nicht vorlag und sich aus der Erklärung selbst kein Hinweis auf die Fehlerhaftigkeit des dortigen Ansatzes ergab. Folglich handelte es sich um »nachträglich bekannt gewordene« Tatsachen.

Bei M wirken sich diese Tatsachen betragserhöhend aus, weshalb § 173 Abs. 1 Nr. 1 AO anwendbar ist. Zwar könnte hier ein grober Ermittlungsfehler des FA vorliegen, da sich die Behörde den Gesellschaftsvertrag bei Veranlagung nicht vorlegen ließ, jedoch soll lt. Sachverhalt unterstellt werden, dass der Erklärungsfehler der Stpfl. überwiegt. Deshalb hindert ein etwaiger Ermittlungsfehler der Behörde die Korrektur nicht.

Bei K wirken sich die Tatsachen betragssenkend aus, weshalb § 173 Abs. 1 Nr. 2 AO greifen könnte. Fraglich ist, ob K an dem Vorgang grobes Verschulden trifft; der Sachverhalt gibt hierfür wenig her, weil u. a. nicht geschildert wird, wer die Erklärung abgab. Aber selbst wenn ein grobes Verschulden des K zu bejahen wäre: Die Anteilssenkung bei K steht in untrennbarem, denknotwendigem Zusammenhang mit der Anteilserhöhung bei M, weshalb ein etwaiges grobes Verschulden durch § 173 Abs. 1 Nr. 2 S. 2 AO kompensiert würde.

Hinweis: Anerkannt wird auch eine Lösung über die Saldierung der § 173 Abs. 1 Nr. 1 – Korrektur mit § 177 AO. Anerkannt wird ferner der Ansatz, der nur eine Tatsache annimmt.

Fraglich ist, ob sich diese Tatsache in einem oder in zwei verschiedenen Bescheiden auswirkt (Bescheid 1 = Bestimmung Anteil M; Bescheid 2 = Bestimmung Anteil K). Bekanntlich ist »der« Gewinnfeststellungsbescheid ein Sammelverwaltungsakt, der in mindestens drei Teil-Verwaltungsakte zerfällt: Feststellung der Art, der Höhe und der Zurechnung. Die Zurechnungsentscheidung, um die es hier geht, ist jedoch ein Verwaltungsakt mit zwei Beteiligten.

Hinweis: Eine andere Auffassung ist bei entsprechender Begründung ist vertretbar.

Dennoch müssen wegen der unterschiedlichen Auswirkungen bei den Feststellungsbeteiligten zwei Korrekturvorschriften angewandt werden, nämlich § 173 Abs. 1 Nr. 1 und Nr. 2 AO. An der Lösung würde sich also im Ergebnis nichts ändern. Falsch wäre es aber, bei Annahme nur einer einzigen Tatsache die betragsmäßigen Auswirkungen saldieren zu wollen (also + 30 000 € ./. 30 000 € = 0 €). Dies hätte das merkwürdige Ergebnis zur Folge, dass eine Korrektur nicht stattfinden könnte.

§ 175 Abs. 1 Nr. 2 AO ist nicht einschlägig, da der vertraglich fixierte Gewinnverteilungsschlüssel 02 bei Ergehen des Bescheids schon feststand und nur noch nicht bekannt war. Es handelt sich daher um eine nachträglich bekannt gewordene Tatsache i. S. d. § 173 AO, welche § 175 Abs. 1 Nr. 2 AO ausschließt.

Ergebnis: Die Korrektur des FA Heidelberg ist durch die Korrekturvorschrift des § 173 AO gedeckt, weshalb die Korrektur fehlerfrei ist. Die Klage wird als unbegründet abgewiesen werden.

Frage 5:
Zulässigkeit: Da der ursprüngliche ESt-Bescheid 02 längst bestandskräftig ist, muss es sich hier um einen Einspruch gegen die Ablehnung des Korrekturantrags durch das FA Mannheim handeln. Der Ablehnungsbescheid ist gem. § 118 AO ein Verwaltungsakt, weshalb § 347 Abs. 1 S. 1 Nr. 1 AO greift. Weil die Ablehnung mit Schreiben von Ende November 04 vorgenommen wurde und der Einspruch bereits Anfang Dezember 04 eingelegt wurde, bestehen auch bzgl. der Einhaltung der Monatsfrist des § 355 Abs. 1 AO keine Probleme. Die Beschwer gem. § 350 AO ist ebenfalls dargetan, denn K macht deutlich, dass er die Steuer für zu hoch hält. Sonstige Hinweise, die gegen die Zulässigkeit sprechen könnten, enthält der Sachverhalt nicht. Daher ist der Einspruch zulässig.

Begründetheit: Der Einspruch richtet sich gegen die Ablehnung des Korrekturantrags. Er ist begründet, wenn der Antrag nicht hätte abgelehnt werden dürfen, d. h. wenn Korrekturvorschriften existieren, welche die Senkung der ESt rechtfertigen. Hierbei ist vorweg klarzustellen, dass Korrekturen grundsätzlich auch noch im Klageverfahren vorgenommen werden können, wie sich aus § 132 AO ergibt. Die Korrektur kann daher nicht pauschal mit dem Argument abgelehnt werden, im gerichtlichen Verfahren dürfe nicht mehr korrigiert werden. Zu untersuchen sind zwei Vorgänge:

a) Die Minderung der ESt um ./. 15 000 € hängt mit der Korrektur des Gewinnfeststellungsbescheids 01 durch das FA Heidelberg im April 04 zusammen. Diese Korrektur ist gem. § 182 Abs. 1 AO für den ESt-Bescheid 01 des K bindend, d. h. das FA Mannheim ist verpflichtet, die Herabsetzung des Gewinnanteils von K in dessen ESt-Bescheid umzusetzen. Korrekturvorschrift hierfür ist § 175 Abs. 1 Nr. 1 AO (diese Verpflichtung wurde nur dann entfallen, wenn der Feststellungsbescheid in der Vollziehung ausgesetzt worden wäre, wofür sich im Sachverhalt aber keine Anhaltspunkte finden. Dass der Feststellungsbescheid mit Rechtsmittel angefochten wurde, hat nicht automatisch AdV zur Folge, § 361 Abs. 1 AO).

Mit § 351 Abs. 2 AO hat das Vorgehen des K nichts zu tun. K greift nämlich nicht den Inhalt des Feststellungsbescheides an (diesen akzeptiert er zu Recht), sondern er moniert, dass die Ergebnisse des Feststellungsbescheids (in Gestalt des Korrekturbescheids vom April 04) noch nicht im ESt-Folgebescheid umgesetzt wurden. Er rügt also einen Fehler im ESt-Bescheid.

b) Der Schreibfehler des K im V+V-Bereich stellt ein mechanisches Versehen i. S. d. § 129 AO dar, da sich aus dem Sachverhalt keine Anhaltspunkte für rechtlich falsche Überlegungen des K ergeben. Diesen Fehler des Stpfl. machte sich der Veranlagungsbeamte zu eigen, denn auf dem der Erklärung beigegebenen Erläuterungsblatt wurden die richtigen Werte zusammengestellt; diese Daten hat der Beamte aber nicht geprüft. Er hätte folglich den Fehler ohne weiteres aus der Erklärung nebst Anlage erkennen können, weshalb ihm ein mechanischer Nachvollzug des Fehlers anzulasten ist. Deshalb greift § 129 AO.

Ergebnis: Der Einspruch ist zulässig und begründet.

Frage 6:

Die Frage ist aus mehreren Gründen zu verneinen.

Der Einspruch richtet sich gegen die Ablehnung des Korrekturantrags, also einen ablehnenden Verwaltungsakt. Ein derartiger Verwaltungsakt besitzt keinen vollziehbaren Inhalt. Deshalb scheidet eine AdV schon dem Grunde nach aus.

Gem. § 69 Abs. 4 FGO kann ein AdV-Antrag bei Gericht erst gestellt werden, wenn die Finanzbehörde einen entsprechenden AdV-Antrag abgelehnt hat (Ausnahmen in § 69 Abs. 4 S. 2 FGO, die hier ersichtlich nicht vorliegen). Da K aber lt. Sachverhalt noch keinen AdV-Antrag beim FA Mannheim gestellt hat, kann die Behörde auch noch keinen Antrag abgelehnt haben.

IV. Punktetabelle

	Punkte
Frage 1:	
§ 360 Abs. 3 AO geprüft; Beziehung zu § 352 Abs. 1 AO erörtert.	1
Festgestellt, dass M gem. § 352 Abs. 1 Nr. 1 AO einspruchsbefugt; außerdem war § 352 Abs. 1 Nr. 4 AO erfüllt.	1
Erkannt, dass K gem. § 352 Abs. 1 Nr. 4 AO einspruchsbefugt war und er deshalb hätte beteiligt werden müssen.	1
Unterbliebene Hinzuziehung als erheblichen Verfahrensverstoß bezeichnet; Folge ist, dass die Einspruchsentscheidung zunächst gegenüber K nicht wirksam wurde.	1
Frage 2:	
Erkannt, dass das FG von Amts wegen gem. § 60 Abs. 3 FGO eine sog. notwendige Beiladung aussprechen muss.	1

	Punkte
Dies bewirkt zunächst, dass K im Klageverfahren dieselbe Rechtsstellung wie der Kläger erlangt; § 60 Abs. 6 FGO.	1
Die Beiladung bewirkt ferner, dass der Verfahrensverstoß des FA geheilt wird und die Einspruchsentscheidung gegenüber K wird nun wirksam wird.	1
Frage 3:	
Antrag untersucht; erkannt, dass kein Einspruch vorliegt.	1
Sondern Korrekturantrag gem. § 175 Abs. 1 Nr. 1 AO oder § 129 AO angenommen.	1
Untätigkeitsklage gem. § 46 FGO und Untätigkeitseinspruch gem. § 347 Abs. 1 S. 2 AO abgelehnt.	1
Frage 4:	
Festgestellt, dass geänderter Gewinnfeststellungsbescheid 02 betragsmäßig richtig ist; Fehler könnte nur dann vorliegen, wenn keine Korrekturvorschrift gegeben ist.	1
§ 164 Abs. 2 AO und § 165 Abs. 2 AO ausgeschlossen; § 173 Abs. 1 Nr. 1 und 2 AO geprüft; »Tatsache« erörtert: zwei Tatsachen angenommen.	1
Nachträgliches Bekanntwerden angenommen.	1
Bei M betragserhöhend, deshalb § 173 Abs. 1 Nr. 1 AO angewandt; kein Ermittlungsfehler des FA.	1
Bei K betragssenkend, deshalb § 173 Abs. 1 Nr. 2 AO geprüft; grobes Verschulden erörtert; Zusammenhang mit der Anteilserhöhung bei M kompensiert ein etwaiges grobes Verschulden durch § 173 Abs. 1 Nr. 2 S. 2 AO würde.	1
Untersucht, ob sich diese Tatsachen in einem oder in zwei verschiedenen Bescheiden auswirken; erkannt, dass die Zurechnungsentscheidung ein Verwaltungsakt mit zwei Beteiligten ist.	1
Festgestellt, dass zwei Korrekturvorschriften angewandt werden, nämlich § 173 Abs. 1 Nr. 1 und Nr. 2 AO.	1
§ 175 Abs. 1 Nr. 2 AO (kurz) geprüft und verneint; Ergebnis gebracht: Die Klage wird als unbegründet abgewiesen werden.	1
Frage 5:	
Zulässigkeit: Erkannt, dass Einspruch gegen die Ablehnung des Korrekturantrags gegeben. Frist und Beschwer erfüllt.	1

	Punkte
Begründetheit: Einspruch ist begründet, wenn Korrekturvorschriften existieren, welche die Senkung der ESt rechtfertigen. § 132 AO erlaubt Korrektur auch während gerichtlichem Verfahren.	1
Die Minderung der ESt wegen Korrektur des Gewinnfeststellungsbescheides durch das FA HD ist gem. § 182 Abs. 1 AO für den ESt-Bescheid 01 bindend und muss gem. § 175 Abs. 1 Nr. 1 AO erfolgen.	1
Schreibfehler des K im V+V-Bereich stellt mechanisches Versehen i. S. d. § 129 AO; Übernahme des Fehlers durch das FA, weshalb § 129 AO greift. Ergebnis: Der Einspruch ist zulässig und begründet.	1
Frage 6:	
Die Frage verneint, da der Einspruch sich gegen einen ablehnenden Verwaltungsakt richtet. Dieser ist nicht vollziehbar.	1
§ 69 Abs. 4 FGO erkannt; Voraussetzungen nicht gegeben.	1
Summe	24

Klausuraufgabe 8:
Zulässigkeitsprüfung bei einem Einspruch: Form und Frist mit Wiedereinsetzung in den vorigen Stand/Begründetheitsprüfung bei Einspruch gegen Änderungsbescheid/Korrekturen bei vorläufiger Festsetzung/Änderung wegen neuer Tatsachen/Berichtigung infolge eines Rechenfehlers

I. Sachverhalt

Der von seiner Ehefrau getrennt lebende Zahnarzt Dr. Bodo Bohrer (B) wird seit Jahren vom Finanzamt Heidelberg (FA HD) zur Einkommensteuer veranlagt. Für das Jahr 01 hatte B folgende Einkünfte sowie Sonderausgaben erklärt:

Einkünfte aus Gewerbebetrieb	./. 30 000 €
Einkünfte aus selbständiger Arbeit	180 000 €
Einkünfte aus Kapitalvermögen	9 000 €
Einkünfte aus V+V	10 000 €
Sonderausgaben insgesamt	4 000 €

Zu den Einkünften aus V+V gab B die Erläuterung, dass er diese aus einem Mietwohngrundstück bezogen habe, das er im Januar 01 von seinem Vater als Alleinerbe geerbt habe. Nach dem Erbfall habe sich jedoch überraschend ein nichtehelicher Sohn seines Vaters namens Donatus Donner (D) gemeldet, mit dem er einen Zivilprozess über dessen Erbrecht führe. D habe ein angeblich neueres Testament vorgelegt, dessen Echtheit er (B) bestreite. D sei zwar in erster Instanz vor dem Landgericht Heidelberg unterlegen, er habe jedoch Berufung zum Oberlandesgericht Karlsruhe eingelegt.

Das Finanzamt Heidelberg führte die Veranlagung nach Erklärung durch, ermittelte ein zu versteuerndes Einkommen von 165 000 € und setzte die Einkommensteuer für das Jahr 01 mit 49 500 € fest. In den Bescheid wurde folgender Vermerk aufgenommen:

»Teilweise vorläufiger Bescheid gemäß § 165 Abs. 1 AO«.

Die Erläuterungen zu dem Bescheid enthielten folgenden Hinweis:

»Die Festsetzung ist hinsichtlich der Einkünfte aus V+V vorläufig, weil vor dem Oberlandesgericht Karlsruhe noch ein Rechtsstreit über das Erbrecht des Stpfl. anhängig ist.«

Der Bescheid wurde B am Mittwoch, den 20.11.02, bekannt gegeben und von diesem nicht angefochten.

Anfang Januar 03 erfuhr der zuständige Sachbearbeiter des Finanzamts Heidelberg durch eine Kontrollmitteilung des Finanzamts Mosbach – Erbschaftsteuerstelle –, dass B als Vorausvermächtnis festverzinsliche Wertpapiere im Wert von 60 000 € erhalten hatte, die unzweifelhaft dem B allein zuzurechnen sind. Auf Anfrage teilte B mit, dass er aus diesen Wertpapieren im Jahr 01 Einnahmen von insgesamt 3 000 € hatte. Er habe diese Einnahmen nicht erklärt, weil er angenommen habe, dies sei mit der Erbschaftsteuer erledigt.

Das Finanzamt Heidelberg änderte daraufhin den Einkommensteuerbescheid 01 entsprechend, ermittelte ein zu versteuerndes Einkommen von 168 000 € und setzte die Steuer auf 50 400 € fest. Der Bescheid ging am Donnerstag, den 16.01.03 mit einfachem Brief zur Post.

Im Posteingang des Finanzamtes Heidelberg (Frühleerung 21.03.03) befand sich das folgende, vollinhaltlich wiedergegebene Schreiben:

»Dr. Bodo Bohrer   Heidelberg, den 14. März 03

Gegen Ihren Änderungsbescheid lege ich hiermit Widerspruch ein und bitte vorsorglich wegen einer etwaigen Verspätung um Wiedereinsetzung. Ich habe Ihren Bescheid am 17. Januar meinem Hausbriefkasten entnommen und noch am gleichen Tag meinen Widerspruch verfasst. Meine langjährige Sprechstundenhilfe Rosi Rot (**R**), die bisher u. a. zu meiner vollen Zufriedenheit die Patientenkartei führte, hatte ich gebeten, mein Schreiben noch am Tag meines Abfluges zu einer achttägigen Kongressreise in die USA, es war der 17. Januar, an das Finanzamt Heidelberg zu versenden. Außerdem sollte sie noch eine eilige Rechnung an einen Patienten schicken.

Durch eine Verwechslung gelangte jedoch der Widerspruch in den für den Patienten bestimmten Umschlag, während das Finanzamt Heidelberg meine Honorarrechnung erhielt, die Sie mir ja auch prompt als Irrläufer am 20. Februar im Originalumschlag zurückschickten. Von meinem Patienten erhielt ich wegen dessen Urlaubsabwesenheit meinen ersten Widerspruch erst am 12. März zurück, weshalb ich mich auch erst jetzt an Sie wende.

Da Sie die Steuer für 01 erhöht haben, habe ich meine Steuerangelegenheiten nochmals überprüft und dabei Folgendes festgestellt:

1. Mein Urlaubsvertreter im Jahr 01, Herr Dr. Dieter Dübel (D) erhielt für seine Tätigkeit ein Honorar von 10 000 €. Wie wir erst jetzt feststellen konnten, sind die entsprechenden Buchungsunterlagen (Quittungen etc.) bei der Postzusendung an meinen Steuerberater Willi Wichtig (W), der mit der Erstellung der Steuererklärung für 01 betraut war, aus unerfindlichen Gründen verloren gegangen. Obwohl ich die von ihm angefertigte Erklärung eingehend überprüft habe, ist mir dieser nicht berücksichtigte Umstand nicht aufgefallen. Dies könnte damit zusammenhängen, dass im Jahr 01 mehrere Zahlungen an Krankheitsvertreter in gleicher Höhe berücksichtigt werden mussten.

2. Bezüglich der von Ihnen festgestellten Mehreinnahmen aus den Wertpapieren waren 300 € an Provisionen und Gebühren über die bereits erklärten Werbungskosten hinaus zu entrichten. Eine entsprechende Bescheinigung der Bank füge ich bei.

3. Wie Sie aus der Anlage V+V ersehen, sind in 01 Aufwendungen in Höhe von 2 000 € für Instandhaltungsarbeiten wegen eines Hagelschadens angefallen. Diesbezüglich habe ich eine weitere, bisher nicht vorgelegte Rechnung über 4 000 € gefunden, die Sie bitte ebenfalls noch berücksichtigen.

4. Bei der Position Schuldzinsen ist mir ein Missgeschick unterlaufen, das auch von meinem Steuerberater nicht entdeckt wurde. Angesetzt hatte ich 8 600 €. Wie ich nunmehr feststelle, ergibt die Addition von drei Bankabrechnungen nur einen Betrag von 6 800 €. In der Anlage V+V hatte ich nur den Gesamtbetrag angegeben. Die Belege füge ich jetzt bei. Ich bin mit einer Berichtigung einverstanden.

gez. Dr. Bohrer (nach Diktat verreist)«

II. Aufgabe

Nehmen Sie gutachterlich zu den Erfolgsaussichten des Rechtsbehelfs des B in seinem Schreiben vom 14. 03. 03 Stellung! Das Vorbringen des B ist ausreichend zu würdigen. Für den Fall, dass Sie den Rechtsbehelf für »unzulässig« halten, prüfen Sie die »Begründetheit« in einem Hilfsgutachten!

Wie wird das Finanzamt Heidelberg den Rechtsbehelf erledigen?

Hinweise:
1. Das tatsächliche Vorbringen des B ist zutreffend.
2. Sämtliche Bescheide enthielten eine ordnungsgemäße Rechtsbehelfsbelehrung.
3. Zur vereinfachten Berechnung gilt ein fiktiver Steuersatz von 30 %.

III. Lösung

Zulässigkeit des Rechtsbehelfs: B wendet sich in seinem Schreiben gegen den ESt-Änderungsbescheid vom 16.01.03. Gegen diesen Verwaltungsakt ist gemäß § 347 Abs. 1 Nr. 1 AO der Einspruch der statthafte Rechtsbehelf.

Der Einspruch wurde gemäß § 357 Abs. 1 S. 1 AO formgerecht, da schriftlich, eingelegt.

Unschädlich sind insoweit die fehlende Unterschrift, da aus dem Schreiben die Person des Einspruchsführers zweifelsfrei hervorgeht (§ 357 Abs. 1 S. 2 AO) als auch die falsche Bezeichnung des Rechtsbehelfs als »Widerspruch« (§ 357 Abs. 1 S. 4 AO).

Fraglich ist hingegen, ob B die Rechtsbehelfsfrist des § 355 AO gewahrt hat. Der angefochtene Bescheid wurde am Donnerstag, den 16.01.03 zur Post gegeben. Die Bekanntgabe erfolgte gemäß § 122 Abs. 2 Nr. 1 AO grundsätzlich am 19.01.03. Der tatsächliche frühere Zugang am 17.01. ist hierbei unbeachtlich.

Von Belang ist allerdings der Umstand, dass die Bekanntgabe an einem Sonntag erfolgte. Nach neuer Rechtsauffassung findet § 108 Abs. 3 AO auch auf die Bestimmung des Bekanntgabetages Anwendung, so dass dieser nunmehr auf den 20.01.03 fällt. Die Frist dauert gemäß § 355 Abs. 1 AO einen Monat und endet mit Ablauf des 20.02.03 (§§ 108 Abs. 1 AO, 187 Abs. 1, 188 Abs. 2 BGB).

Der bei Frühleerung am 21.03.03 eingegangene Einspruch wird so behandelt, als sei er am 20.03.03 eingegangen, er ist aber gleichwohl verspätet. Es ist deshalb zu prüfen, ob Wiedereinsetzung in den vorigen Stand gemäß § 110 AO gewährt werden kann.

Diese Bestimmung setzt zunächst voraus, dass der Säumige verhindert war, eine gesetzliche Frist einzuhalten. Dass die Rechtsbehelfsfrist eine gesetzliche Frist ist, bedarf insoweit keiner weiteren Erörterung. Fraglich ist hingegen, ob B verhindert war: von einem »Verhindert sein« i. S. d. § 110 AO kann man nur dann sprechen, wenn jemand psychisch oder physisch gehindert oder gehemmt ist in der Freiheit der Willensentschließung oder Willensbetätigung zur Wahrung der Frist. Dieser Fall ist hier gegeben, denn B konnte zunächst davon ausgehen, dass er seinen Rechtsbehelf am 17.01. rechtzeitig abgesendet und fristgemäß eingelegt hatte. Für ihn bestand somit keine Veranlassung zum weiteren Tätigwerden.

Des Weiteren ist zu erörtern, ob B an der Säumnis Verschulden trifft. Offensichtlich ist dabei, dass der R ein fahrlässiges Verhalten vorzuwerfen ist, da sie aus Unachtsamkeit die beiden Schreiben verwechselte. R ist zwar als Sprechstundenhilfe Erfüllungsgehilfin des B. Auf ihr Verschulden kommt es aber nicht an, da sie nicht Vertreterin ist, sondern gegenüber dem Finanzamt lediglich als Botin fungiert (§ 110 Abs. 1 S. 2 AO).

Maßgebend ist somit allein, ob in der Person des B ein Verschulden vorliegt. Ein Auswahl- oder Überwachungsverschulden in Bezug auf seine Sprechstundengehilfin ist jedoch eben so wenig erkennbar wie ein eigenes Verschulden an der Fristversäumnis. Nicht anwendbar ist insoweit m. E. die strenge Rechtsprechung von BFH und BGH zur Fristenkontrolle bei Steuerberatern und Rechtsanwälten. Bei diesen Berufsgruppen gehört es zum Kernbereich der Berufsausübung, dass ausgehende Schriftstücke im Hinblick auf Fristeinhaltung eingehend überwacht werden. Ärzte hingegen haben mit Fristenkontrollen im Rahmen ihrer Berufsausübung nur gelegentlich zu tun, etwa im Rahmen der Verjährung ihrer Honoraransprüche. Diese unterschiedliche Sachlage gebietet m.E. auch eine unterschiedliche rechtliche Behandlung im Hinblick auf die Verschuldensfrage bei Fristversäumnis. Somit war die Fristversäumung nicht schuldhaft.

Hinweis: Eine andere Auffassung wird mit entsprechender Begründung jedoch anerkannt.

B hat in seinem Rechtsbehelf vom 14.03. Wiedereinsetzung beantragt. Zu untersuchen ist, ob er die Wiedereinsetzungsfrist gemäß § 110 Abs. 2 AO gewahrt hat. Diese einen Monat dauernde Frist beginnt mit Wegfall des Hindernisses. Fraglich ist, zu welchem Zeitpunkt das Hindernis, d.h. die Unkenntnis des B über seinen fehlgeschlagenen Versuch, Rechtsbehelf einzulegen, entfallen ist. In Betracht kommen hierfür zum einen der 20.02., zum andern der 12.03. Mit der Rücksendung der Honorarrechnung durch das Finanzamt am 20.02. musste sich für B aus den Gesamtumständen ergeben, dass sein Rechtsbehelf vom 17.01. nie beim Finanzamt angekommen war. Somit fiel das Hindernis zu diesem Zeitpunkt weg und nicht wie von B behauptet erst mit dem 12.03. Fristende für den Wiedereinsetzungsantrag ist somit gem. §§ 108 Abs. 1 AO, 187 Abs. 1, 188 Abs. 2 BGB mit Ablauf des 20.03.03. Diese Frist ist gewahrt, da B vor Fristablauf sowohl die versäumte Rechtshandlung durch Einlegung des Einspruchs nachgeholt als auch den Wiedereinsetzungsantrag gestellt und begründet hat (§ 110 Abs. 2 S. 2 und 3 AO). Damit gilt die Rechtsbehelfsfrist als gewahrt.

B bringt mit seinen materiellrechtlichen Einführungen vor, die ESt 01 sei auch im Änderungsbescheid zu hoch festgesetzt. Er macht hiermit die nach § 350 AO für die Zulässigkeit eines Rechtsbehelfes erforderliche Beschwer (§ 350 AO) geltend. Der Rechtsbehelf des B ist deshalb zulässig.

Begründetheit des Rechtsbehelfs: Der Rechtsbehelf ist begründet, wenn der angefochtene ESt-Änderungsbescheid rechtswidrig war und B dadurch in seinen Rechten verletzt ist.

Durch den zulässigen Einspruch ist gem. § 367 Abs. 2 S. 1 AO die Sache in vollem Umfang erneut zu überprüfen.

Das Finanzamt hat im Änderungsbescheid vom 18.01. die Steuer um 900 € heraufgesetzt. Anlass hierfür waren die von B nicht erklärten Zinseinnahmen aus Wertpapieren i. H. v. 3000 €, die gem. § 20 Abs. 1 Nr. 7 EStG steuerpflichtig sind. Rechtsgrundlage für den Änderungsbescheid war § 173 Abs. 1 Nr. 1 AO, da der Zufluss der Zinseinnahmen eine dem Finanzamt nicht bekannte Tatsache war. Da ein Ermittlungsfehler nicht vorliegt, war die Änderung rechtmäßig.

Da sich der Einspruch gegen einen Änderungsbescheid richtet, ist bei der Begründetheitsprüfung § 351 Abs. 1 AO zu beachten: Geändert werden kann im Einspruchsverfahren nach dieser Norm nur in dem Umfang werden, in dem der Änderungsbescheid vom ursprünglichen Bescheid abweicht. Dabei bezieht sich diese Einschränkung nur auf den steuerlichen Differenzbetrag, nicht auf die Gründe, die zur Korrektur geführt haben (AEAO zu § 351 Anm. 1). Etwas anderes gilt jedoch, soweit sich aus den Vorschriften über die Aufhebung oder Änderung von Verwaltungsakten ein Rechtsanspruch des Stpfl. auf Abänderung des unanfechtbaren Bescheids ergibt (§ 351 Abs. 1, 2. Alt. AO). Die Vorschrift des § 351 AO betrifft zwar nach ihrem Wortlaut und ihrer systematischen Stellung die Zulässigkeit eines Rechtsbehelfes, sie wird dennoch regelmäßig im Rahmen der Begründetheit eines Rechtsbehelfes untersucht, um Doppelprüfungen zu vermeiden.

Aus dem Rechtsbehelfsschreiben des B ergibt sich aus den Punkten 1, 2 und 3 eine Herabsetzung des zu versteuernden Einkommens um 14 300 €, aus Punkt 4 eine Erhöhung um 1 800 €, somit insgesamt eine Herabsetzung um 12 500 €. Bezogen auf die festgesetzte Steuer bedeutet dies bei einer fiktiven steuerlichen Auswirkung von 30 % eine Minderung um 3750 €. Dieser Betrag geht über die Reichweite der Änderung von 900 € im Umfang von 2850 € hinaus, so dass dem Begehren des B nur dann in vollem Umfang entsprochen werden kann, wenn dies durch Korrekturvorschriften gerechtfertigt ist (§ 351 Abs. 1, 2. Alt. AO).

Mit **Punkt 1** des Einspruches trägt B eine Betriebsausgabe vor, die gem. § 4 Abs. 4 EStG seinen Gewinn aus selbständiger Arbeit um 10000 € mindert. Die Zahlung dieses Betrages durch B stellt eine nachträglich bekannt gewordene (»neue«) Tatsache i. S. d. § 173 Abs. 1 Nr. 2 AO dar.

Sie kann jedoch nur dann berücksichtigt werden, wenn B am nachträglichen Bekanntwerden kein grobes Verschulden trifft. Ein solches ist hier nicht erkennbar, da B mit Einschaltung eines Steuerberaters und der eingehenden Überprüfung der von diesem erstellten Erklärung alles Erforderliche getan hat. Das Übersehen der Nichtauswirkung einer Betriebsausgabe bei der Gewinnermittlung kann einem steuerlichen Laien zumindest nicht als grobes Verschulden angelastet werden. Das gezahlte Vertreterhonorar kann somit gem. § 173 Abs. 1 Nr. 2 AO berücksichtigt werden; die ESt ist um 3000 € zu mindern.

Die in **Punkt 2** vorgetragenen Provisionszahlungen im Zusammenhang mit den Wertpapierzinsen stellen Werbungskosten dar, die gem. § 9 EStG bei der Ermittlung der Kapitaleinkünfte abzusetzen sind. Insoweit liegt ebenfalls eine neue Tatsache, bzw. ein neues Beweismittel (Bankbescheinigung) vor, welche gem. § 173 Abs. 1 Nr. 2 AO zu einer Änderung der bisherigen Festsetzung um 90 € führt, wenn den Stpfl. am nachträglichen Bekanntwerden kein grobes Verschulden trifft.

Die Frage, ob B ein solches Verschulden trifft, kann hier jedoch dahin stehen, da die Provisionszahlungen in einem unmittelbaren Zusammenhang i. S. d. § 173 Abs. 1 Nr. 2 S. 2 AO mit den Zinseinnahmen stehen, die die Korrektur nach § 173 Abs. 1 Nr. 1 AO ausgelöst haben. Dabei spielt es keine Rolle, dass die Tatsache nach Nr. 1 (Zinseinnahmen) in einem bereits bekannt gegebenen, jedoch angefochtenen und damit nicht bestandskräftig gewordenen Änderungsbescheid berücksichtigt worden ist und die Tatsache nach Nr. 2 erst in einem künftigen Änderungsbescheid berücksichtigt werden soll. Bei dem in § 173 Abs. 1 Nr. 2 S. 2 AO geforderten Zusammenhang muss es sich um einen sachlichen, nicht um einen zeitlichen Zusammenhang handeln, da dem zeitlichen Zusammenhang der Korrekturen nach Nr. 1 und Nr. 2 durch §§ 177, 351 AO Rechnung getragen werden kann. Somit ergibt sich aus Punkt 2 des Einspruches eine Änderungsmöglichkeit nach § 173 Abs. 1 Nr. 2 AO im Umfang von 90 €.

Bei den in **Punkt 3** des Einspruches vorgetragenen Aufwendungen i. H. v. 4000 € handelt es sich um Erhaltungsaufwand bei den Einkünften aus V+V. Diese können noch berücksichtigt werden, wenn die Voraussetzungen einer Korrekturvorschrift erfüllt sind. Als solche kommt hier § 165 Abs. 2 AO in Betracht, da die Einwendung des Stpfl. den vorläufigen Teil des Steuerbescheids betrifft. Der Vorläufigkeitsvermerk wurde im ursprünglichen Bescheid zu Recht gesetzt, da eine tatsächliche Ungewissheit hinsichtlich der Entscheidung des OLG Karlsruhe über die Echtheit des Testamentes und damit über das Erbrecht des Stpfl. bestand. Diese Ungewissheit besteht noch fort, da noch kein rechtskräftiges Zivilurteil in der Sache vorliegt. Ein eventueller Abhilfebescheid oder eine Einspruchsentscheidung hätten somit ebenfalls vorläufig zu ergehen. Im Übrigen wurde der ursprüngliche Bescheid bestandskräftig, so dass eigentlich dahingestellt bleiben könnte, ob die Voraussetzungen der Vorläufigkeit hier gegeben sind (beachten Sie aber BFH vom 08. 07. 1998 BStBl II 1998, 702). Auch der angefochtene Änderungsbescheid erging vorläufig, gleichgültig, ob der Vorläufigkeitsvermerk hier nochmals ausdrücklich aufgeführt wurde oder ob dazu keine Aussage getroffen wurde.

Nach § 165 Abs. 2 S. 1 AO **kann** der Änderungsbescheid somit korrigiert werden und der Reparaturaufwand um 4000 € erhöht werden (steuerliche Auswirkung: 1200 €). Gründe, welche einer entsprechenden Ermessensausübung entgegenstehen würden, sind nicht ersichtlich. Andere Korrekturvorschriften, insbesondere § 173 Abs. 1 Nr. 2 AO, greifen nicht ein, da die §§ 172ff. AO durch § 165 AO ausgeschlossen werden.

Mit den in **Punkt 4** des Einspruches vorgetragenen Ausführungen zu Schuldzinsen spricht B Werbungskosten nach § 9 Abs. 1 S. 3 Nr. 1 EStG an. Diese Einwendung betrifft den vorläufigen Teil des Steuerbescheides und kann somit nach § 165 Abs. 2 S. 1 AO geändert werden. Zwar verlangt die BFH-Rechtsprechung zu § 165 Abs. 2 AO als Voraussetzung für eine Änderung, dass sich die Tatsache, die dem Finanzamt ungewiss war und deretwegen der Bescheid vorläufig gestellt wurde, anders als bisher angenommen darstellt (BFH vom 25.04.1985 BStBl II 1985, 648). Dies gilt jedoch nicht für den Fall, dass Rechts- oder Sachverhaltsfehler nachrangig sind (BFH vom 22.12.1987 BStBl II 1988, 234). Um einen derartigen nachrangigen Fehler handelt es sich im vorgegebenen Sachverhalt: Das Finanzamt musste sich über die Höhe der Schuldzinsen zunächst keine Gedanken machen, weil die Zuordnung der Einkunftsquelle noch ungewiss war. Eine Änderung bezüglich der Schuldzinsen ist daher gemäß § 165 Abs. 2 AO möglich. Die Korrektur hat eine Auswirkung in Höhe von 1800 € (steuerlich: 540 €) zu Lasten des Stpfl.

Eine Korrektur nach § 129 AO im Hinblick auf die Erhöhung der Schuldzinsen ist hingegen nicht möglich. Zwar liegt laut Sachverhalt wohl ein Rechenfehler vor, dieser ist aber nicht dem Finanzamt unterlaufen, wie es § 129 durch die Formulierung »beim Erlass eines Verwaltungsaktes« zum Ausdruck bringt, sondern dem Stpfl. selbst. Dieser Rechenfehler wurde auch nicht durch Nachvollzug zum Fehler des Finanzamts, da diese Möglichkeit voraussetzt, dass dem Finanzamt vom Sachverhalt soviel mitgeteilt wurde, dass es den Fehler ebenfalls begehen konnte. Dies ist hier nicht gegeben, da die Belege über die gezahlten Schuldzinsen erst mit dem Rechtsbehelfschreiben vorgelegt wurden.

Da somit für sämtliche vorgetragenen Einwendungen des B Korrekturvorschriften eingreifen, bildet der Umfang der im angegriffenen Bescheid durchgeführten Änderung für die nunmehr zu treffende Entscheidung keine Grenze (§ 351 Abs. 1, 2. Alt. AO), so dass das zu versteuernde Einkommen um 12500 € herabgesetzt und die Steuer insgesamt um 3750 € gemindert werden kann.

Hinweis: Werden vom Bearbeiter nicht für sämtliche von B vorgetragenen Punkte Korrekturnormen bejaht, kann man u. U. dennoch zum gleichen Ergebnis gelangen. Sollte sich die steuerliche Auswirkung des betreffenden Fehlers im Rahmen der durchgeführten Korrektur halten (+ 900 €) – so bei Punkt 2 –, käme es auf das Eingreifen einer selbständigen Korrekturnorm nicht an.

Das Finanzamt hat nunmehr die Wahl, ob es den Rechtsbehelf durch einen Abhilfebescheid gem. § 172 Abs. 1 Nr. 2a AO bzw. den o.g. Korrekturbestimmungen oder durch Einspruchsentscheidung gem. § 367 AO erledigt. In beiden Fällen sollte der entsprechende Bescheid weiter mit einem Hinweis auf die Vorläufigkeit ergehen (s.o.). Einfacher und zweckmäßiger dürfte im hier gegebenen Fall der Erlass eines Abhilfebescheides sein.

IV. Punktetabelle

	Punkte
Statthaftigkeit des Einspruch nach § 347 Abs. 1 Nr. 1 AO bejaht und festgestellt, dass der Einspruch nach § 357 Abs. 1 S. 1 AO formgerecht war.	1
Erkannt, dass sowohl die unrichtige Bezeichnung »Widerspruch« nach § 357 Abs. 1 S. 4 AO als auch die fehlende Unterschrift nach § 357 Abs. 1 S. 2 AO unschädlich ist.	1
Frist berechnet: Beginn grds. mit Ablauf des Bekanntgabetages 19.01.03, dabei festgestellt, dass tatsächlicher früherer Zugang unbeachtlich ist.	1
§ 108 Abs. 3 AO angewandt; Fristbeginn: Ablauf des 20.01.03; Ende mit Ablauf des 20.02.03.	1
Festgestellt, dass Einspruchsfrist versäumt und Wiedereinsetzung gem. § 110 Abs. 1 AO geprüft.	1
Verhinderung bejaht.	1
Verschulden der R bejaht, aber Zurechnung zu B verneint.	1
Verschulden des B untersucht und verneint.	1
Wiedereinsetzungsfrist gem. § 110 Abs. 2 AO berechnet: Fristbeginn mit Ablauf 20.02.03; Wiedereinsetzung gewährt.	1
Beschwer bejaht, Einspruch zulässig.	1
Bei der Begründetheit des Einspruches zunächst auf § 367 Abs. 2 AO eingegangen (Vollprüfung o. Ä.).	1
Festgestellt, dass die vom FA vorgenommene Änderung nach § 173 Abs. 1 Nr. 1 AO rechtmäßig war.	1
Erkannt, dass bei Rechtsbehelf gegen Änderungsbescheid § 351 Abs. 1 AO zu beachten ist.	1
Festgestellt, dass wegen des Umfangs des Begehrens Korrekturnormen erfüllt sein müssen (§ 351 Abs. 1, 2. Alt. AO).	1
Punkt 1 des Vorbringens: § 173 Abs. 1 Nr. 2 AO geprüft.	1
Grobes Verschulden geprüft und begründet verneint; (gebundene) Änderung nach § 173 Abs. 1 Nr. 2 AO mit Auswirkung ./. 10000 € (zvE) bejaht.	1
Punkt 2 des Vorbringens: § 173 Abs. 1 Nr. 2 AO geprüft.	1

	Punkte
Festgestellt, dass grobes Verschulden unbeachtlich, da Zusammenhang mit Tatsache nach Nr. 1 besteht; deshalb Änderung nach § 173 Abs. 1 Nr. 2 AO mit Auswirkung ./. 300 € (zvE) bejaht.	1
Punkt 3 des Vorbringens: § 165 Abs. 2 S. 1 AO geprüft, festgestellt, dass tatsächliche Ungewissheit vorliegt bzw. Verwaltungsakt bestandskräftig; kein Wegfall durch Nichterwähnung im Änderungsbescheid.	1
Ermessensbedingte Änderung nach § 165 Abs. 2 S. 1 AO mit Auswirkung ./. 4 000 € (zvE) bejaht.	1
Punkt 4 des Vorbringens: Änderungsmöglichkeit nach § 165 Abs. 2 S. 1 AO untersucht; ermessensbedingte Änderung nach § 165 Abs. 2 S. 1 AO mit Auswirkung + 1 800 € (zvE) bejaht.	1
Anwendbarkeit des § 129 AO untersucht und verneint, weil kein Fehler des Finanzamtes.	1
Folgerichtiges Ergebnis gebracht: Minderung des zvE um 12 500 €, ESt ./. 3 750 €.	1
FA hat Wahl zwischen Abhilfebescheid und Einspruchsentscheidung.	1
Summe	24

Klausuraufgabe 9:
Auskunfts- und Urkundeherausgabepflichten mit Verweigerungsrechten/Rechtsbehelfsmöglichkeiten/ Zwangsverfahren

I. Sachverhalt

Bei der Überprüfung der im November 03 eingereichten ESt-Erklärung 02 des Dr. Bodo Bohrer (B) kamen dem Sachbearbeiter des Finanzamtes Heidelberg Zweifel an der betrieblichen Veranlassung einer Kongressreise des B nach Los Angeles/USA. Auf eine schriftliche Anfrage des Finanzamts nach dem Reiseprogramm verweigerte B die Auskunft unter Hinweis auf sein Arztgeheimnis. Daraufhin rief der Sachbearbeiter am 31.01.04 in der Praxis des B an und befragte die Sprechstundenhilfe Rosi Rot (R) über den Ablauf der Reise. R antwortete, sie kenne zwar den Reiseverlauf, da sie die Korrespondenz mit dem Reisebüro erledigt habe, verweigere aber auf Wunsch ihres Chefs die Aussage. Das Arztgeheimnis gelte auch für sie. Im Übrigen stehe ihr ein Verweigerungsrecht auch deshalb zu, weil sie mit B verlobt sei und ihn heiraten werde, sobald er endlich geschieden sei.

Der Sachbearbeiter wandte sich daraufhin am 03.02.04 telefonisch an den Steuerberater Willi Wichtig (W) des B, der die Reiseaufwendungen verbucht und die Steuererklärung erstellt hatte. Dieser verweigerte jegliche Aussage unter Hinweis darauf, dass er bei Auskunftsverweigerungen seines Mandanten auch nicht aussagen müsse. Als der Sachbearbeiter des Finanzamtes ihn daraufhin zur Vorlage der Reiseunterlagen aufforderte, verweigerte dies W aus den gleichen Gründen. W erklärte telefonisch, er behalte sich die Einlegung eines Rechtsbehelfs vor.

II. Aufgabe

Legen Sie gutachterlich dar:
1. Kann das Finanzamt von B, R und W die erbetene Auskunft verlangen?
2. Kann das Finanzamt von W außerdem die Herausgabe der Reiseunterlagen verlangen?
3. Kann W gegen das Herausgabeverlangen einen förmlichen Rechtsbehelf erheben? Gegebenenfalls: Wo und bis wann spätestens wäre dieser Rechtsbehelf einzulegen?
4. Wie könnte der Sachbearbeiter des Finanzamtes Heidelberg die Herausgabe der Reiseunterlagen ggf. zwangsweise durchsetzen, wenn der Steuerberater die freiwillige Herausgabe verweigert?

III. Lösung

Frage 1:

Nach § 93 Abs. 1 AO sind dem Finanzamt gegenüber die Beteiligten sowie andere Personen auskunftspflichtig. Auskunftsverweigerungsrechte sind in §§ 101ff. AO geregelt.

B ist gem. § 78 Abs. 1 Nr. 2 AO Beteiligter, da er Adressat des Steuerbescheides ist. Als solcher ist er gem. § 93 Abs. 1 S. 1 AO zur Auskunft verpflichtet, wenn das Finanzamt ihn nach einer entsprechenden Ermessensbetätigung hierzu auffordert. Ermessensfehler sind hier nicht erkennbar. Auch die formalen Voraussetzungen des § 93 Abs. 2 AO wurden eingehalten.

Eine Einschränkung seiner Auskunftspflicht ergibt sich somit nur dann, wenn ihm ein Auskunftsverweigerungsrecht zusteht. B beruft sich auf sein Berufsgeheimnis als Arzt, das gem. § 92 Abs. 1 Nr. 3 Buchst. c AO zur Auskunftsverweigerung berechtigt über das, was ihm in dieser Eigenschaft, d. h. als Arzt, anvertraut worden oder bekannt geworden ist. Gemeint ist mit dieser Formulierung, was dem Arzt im Rahmen seines Verhältnisses zum Patienten bekannt worden ist. Eine solche Auslegung ergibt sich aus dem Sinn der Norm, das Vertrauensverhältnis zwischen Arzt und Patienten zu schützen.

Nicht unter § 102 AO fällt daher, was dem Arzt in anderer, insbesondere in privater Eigenschaft bekannt geworden oder was ihm nur bei Gelegenheit der Berufsausübung bekannt geworden ist. So verhält es sich auch mit der fraglichen Kongressreise: sie steht nicht im Zusammenhang mit einem konkret schützenswerten Arzt – Patientenverhältnis, so dass B kein Auskunftsverweigerungsrecht zusteht.

R ist nicht »Beteiligte« i. S. d. § 78 AO, sondern »andere Person« i. S. d. § 93 AO. Sie wird insbesondere nicht allein schon deshalb zur Beteiligten, weil das Finanzamt an sie ein Auskunftsbegehren richtet.

Nach § 93 Abs. 1 S. 3 AO durfte das Finanzamt sie erst dann zur Auskunft anhalten, wenn die Sachverhaltsaufklärung durch den Beteiligten B nicht zum Ziel geführt hat. Diese »Nachrangigkeit« (»Subsidiarität«) wurde beachtet. Die Form des Auskunftsbegehrens (telefonisch) begegnet keinen Bedenken, da Auskunftsbegehren gem. § 93 Abs. 2 S. 2 AO nur auf Verlangen schriftlich zu ergehen haben.

Das von R in Anspruch genommene Auskunftsverweigerungsrecht als Arztgehilfin ist in § 102 Abs. 2 i. V. m. Abs. 1 Nr. 3 Buchst. c AO geregelt. Es kann jedoch nicht weitergehen, als das des Arztes selbst, vgl. hierzu die Begründung bei B.

Soweit sich R auf ein Auskunftsverweigerungsrecht als Verlobte des B beruft, wäre dies gem. § 101 Abs. 1 i. V. m. § 15 Abs. 1 Nr. 1 AO beachtlich, wenn R rechtswirksam verlobt wäre. Ein solches Verlöbnis scheitert jedoch an der noch bestehenden Ehe des B, die ein Verlöbnis nach § 138 BGB nichtig macht. R steht deshalb ein Auskunftsverweigerungsrecht nicht zu.

W ist ebenfalls »andere Person« i. S. d. § 93 AO, so dass auch bei ihm die o. g. Nachrangigkeit zu beachten war. Ein Auskunftsverweigerungsrecht steht W jedoch gem. § 102 Abs. 1 Nr. 3 Buchst. b AO zu, da ihm die Umstände der Kongressreise in seiner Eigenschaft als Steuerberater bekannt geworden sind. Da W von seiner Verpflichtung zur Verschwiegenheit durch B nicht entbunden wurde, darf er die Auskunft zulässigerweise verweigern (vgl. § 102 Abs. 3 AO).

Frage 2:

Nach § 97 Abs. 1 AO kann die Finanzbehörde außer von Beteiligten auch von anderen Personen die Vorlage von Urkunden verlangen. Bei den Reiseunterlagen handelt es sich um solche Urkunden.

W steht jedoch gem. § 104 Abs. 1 S. 1 AO grundsätzlich ein Vorlageverweigerungsrecht zu, da er nach § 102 AO auskunftsverweigerungsberechtigt ist (vgl. oben). Durch § 104 Abs. 2 AO wird dieses Verweigerungsrecht jedoch eingeschränkt für solche Urkunden, die für den Beteiligten aufbewahrt werden, soweit der Beteiligte bei eigenem Gewahrsam vorlagepflichtig wäre. Dieser Ausnahmefall ist hier gegeben, da es sich um Unterlagen des B handelt, die dieser nach Maßgabe des § 97 AO dem Finanzamt vorzulegen verpflichtet ist.

W steht somit kein Vorlageverweigerungsrecht zu.

Frage 3:

Ein förmlicher Rechtsbehelf nach der AO (Einspruch) ist nur bei Verwaltungsakten gegeben, vgl. § 347 Abs. 1 AO. Bei dem Herausgabeverlangen gem. § 97 AO handelt es sich um einen Verwaltungsakt i. S. d. § 118 AO, insbesondere liegt eine Regelung vor, da mit

Ausspruch des Begehrens W zur Vorlage verpflichtet ist, somit eine Rechtsfolge eintritt. Statthafter Rechtsbehelf gegen das Herausgabeverlangen ist der Einspruch nach § 347 Abs. 1 Nr. 1 AO.

Dieser kann eingelegt werden nach § 357 Abs. 2 S. 1 AO bei dem Finanzamt, das den angefochtenen Verwaltungsakt erlassen hat. Anbringungsbehörde ist nach dieser Bestimmung das Finanzamt Heidelberg.

Die Frist für die Einlegung des Rechtsbehelfs beginnt mit der Bekanntgabe des angefochtenen Verwaltungsaktes, hier mit Ablauf des 03. 02. 04. Sie dauert gemäß § 355 Abs. 1 AO einen Monat. Hieran ändert auch die fehlende Rechtsbehelfsbelehrung nichts, da der Verwaltungsakt mündlich erging und eine schriftliche Rechtsbehelfsbelehrung nur für schriftliche Verwaltungsakte vorgeschrieben ist, vgl. § 356 Abs. 1 AO. Die Rechtsbehelfsfrist endet daher mit Ablauf des 03. 03. 04, §§ 108 Abs. 1 AO, 187 Abs. 1, 188 Abs. 2 BGB.

Über den Einspruch zu entscheiden hat das Finanzamt Heidelberg gemäß § 367 Abs. 1 AO durch schriftliche Einspruchsentscheidung, die dem W mit einfachem Brief bekannt gegeben werden kann (§ 366 AO).

Frage 4:
Für die zwangsweise Durchsetzung von VAen stellt die AO das Zwangsverfahren nach den §§ 328ff AO zur Verfügung. Diese regeln die Erzwingung von Verwaltungsakten, die nicht auf die Durchsetzung einer Geldforderung, sondern auf Vornahme einer Handlung, Duldung oder Unterlassung gerichtet sind.

Zu beachten sind hierbei zunächst die allgemeinen Bestimmungen über die Vollstreckbarkeit von Verwaltungsakten, insbesondere §§ 251 und 254 AO. Der von W erhobene Einspruch bewirkt nicht, dass es an der Vollziehbarkeit fehlt (vgl. § 361 Abs. 2 AO). Erst wenn das FA HD AdV gewähren sollte, würde die Vollziehbarkeit entfallen.

Des Weiteren müsste das FA im Rahmen einer Ermessensentscheidung ein Zwangsmittel – regelmäßig »Zwangsgeld«(§ 329 AO) – auswählen, die Höhe – maximal 25 000 € festlegen, dieses zunächst im Wege eines ersten schriftlichen Verwaltungsaktes unter Fristsetzung androhen (§ 332 AO) und bei Nichtbefolgung dieses in der angedrohten Höhe im Wege eines zweiten Verwaltungsaktes festsetzen (§ 333 AO).

Sollte W den zwangsweise durchzusetzenden Verwaltungsakt (Aufforderung der Urkundenherausgabe) nach Androhung bzw. nach Festsetzung – aber vor Zahlung des Zwangsgeldes – befolgen, hätte dies zur Folge, dass nach § 335 AO das Zwangsverfahren beendet ist und das Zwangsgeld nicht mehr vollzogen, d. h. nicht mehr als Geldforderung nach den §§ 259–327 AO zwangsvollstreckt werden darf.

IV. Punktetabelle

	Punkte
Frage 1:	
Festgestellt, dass B nach § 93 Abs. 1 AO zur Auskunft verpflichtet ist.	1
Untersucht, ob B ein Auskunftsverweigerungsrecht nach § 102 AO zusteht.	1
Festgestellt, dass nach § 102 kein Auskunftsverweigerungsrecht für B besteht.	1

	Punkte
Bei R untersucht, ob sie »Beteiligte« i. S. d. § 78 AO ist und verneint; für sie gilt deshalb § 93 Abs. 1 S. 3 AO: Nachrangigkeit (»Subsidiarität«) der Befragung erkannt und bejaht.	1
Auskunftsverweigerungsrecht nach § 102 AO geprüft und verneint.	1
Auskunftsverweigerungsrecht nach § 101 AO geprüft und verneint.	1
bei W Auskunftspflicht nach § 93 Abs. 1 S. 3 AO dem Grunde nach bejaht, aber Voraussetzungen des § 102 Abs. 1 Nr. 3 Buchst. b AO gegeben.	1
Frage 2:	
§ 97 Abs. 1 AO als Rechtsgrundlage für das Herausgabeverlangen erkannt.	1
§ 104 Abs. 1 AO als Verweigerungsrecht zuerkannt; aber nach § 104 Abs. 2 AO keine Verweigerung möglich.	1
Frage 3:	
Verwaltungsakt-Qualität des Herausgabeverlangens untersucht und bejaht und deshalb Statthaftigkeit des Einspruches bejaht.	1
FA HD nach § 357 Abs. 2 S. 1 AO Anbringungsbehörde.	1
Da Verwaltungsakt mündlich erging, Ablauf Rechtsbehelfsfrist mit Ablauf des 03. 03. 04 erkannt.	1
Frage 4:	
Zwangsverfahren nach den §§ 328ff. AO untersucht.	1
Allgemeine Vollstreckbarkeitsvoraussetzungen der §§ 254, 251 AO bejaht.	1
Zwangsgeldandrohung (§ 332 AO) und Zwangsgeldfestsetzung (§ 333 AO) unterschieden.	1
Beendigung des Zwangsverfahrens nach § 335 AO mit Erfüllung der Forderung erkannt.	1
Summe	16

Klausuraufgabe 10:
Festsetzungsverjährung mit Ablaufhemmung nach § 171 Abs. 2 und 10 AO/Änderung infolge eines Grundlagenbescheides/ Mitberichtigung nach § 177 AO

I. Sachverhalt

Benno Ballermann (B) ist an der Ballermann-KG beteiligt. Vom zuständigen Wohnsitzfinanzamt Ettlingen war er zur Abgabe seiner ESt-Erklärung für das Kalenderjahr 02 aufgefordert worden. Das Finanzamt setzte aufgrund der im Juli 03 abgegebenen ESt-Erklärung die ESt 02 mit Bescheid vom 01.12.03 auf 222 000 € fest. Mit Änderungsbescheid vom 21.02.07 (Montag, Aufgabe zur Post) wurde die ESt 2002 nach § 173 Abs. 1 Nr. 1 AO auf 230 000 € heraufgesetzt.

Am 31.01.08 (Dienstag, Aufgabe zur Post) wurde der Gewinnfeststellungsbescheid der Ballermann-KG aufgrund einer Außenprüfung zulässigerweise geändert. Auf B entfiel nun ein Gewinnanteil, der seine ESt um weitere 10 000 € erhöhen würde. Nach Erhalt der entsprechenden ESt-4-B-Mitteilung will das Finanzamt Ettlingen am 25.02.08 (Donnerstag) die ESt 02 des B entsprechend heraufsetzen. Dabei stellte es in den bisherigen Bescheiden folgende Fehler fest:
- Bei der Festsetzung vom 21.02.07 unterlief dem Finanzamt ein Rechenfehler, die Steuer hätte auf 234 000 € festgesetzt werden müssen.
- Durch eine rechtlich falsche Würdigung waren Versicherungsbeiträge nicht als Sonderausgaben anerkannt worden. Sie hätten die ESt 02 um 7 000 € gemindert.

II. Aufgabe

Prüfen Sie gutachterlich, ob und ggf. in welchem Umfang die ESt 02 des B geändert werden kann.

III. Lösung

Eine Korrektur des ESt-Bescheides 02 im Jahr 08 ist nur bei Vorliegen einer Korrekturvorschrift und noch nicht eingetretener Festsetzungsverjährung möglich. Die vierjährige Festsetzungsfrist (§ 169 Abs. 2 Nr. 1 AO) beginnt bzgl. des ESt-Bescheids 02 mit Ablauf 03 (§ 170 Abs. 2 Nr. 1 AO) und endet regulär mit Ablauf 07. Vorliegend könnten aber Ablaufhemmungstatbestände des § 171 AO eingreifen.

Hinsichtlich des Rechenfehlers gemäß § 129 AO im Bescheid vom 21.02.07 greift die Ablaufhemmung des § 171 Abs. 2 AO.

Die Frist endet somit nicht vor Ablauf eines Jahres ab Bekanntgabe (21.02.07 + 3 Tage [§ 122 Abs. 2 Nr. 1 AO] = 24.02.07 + 1 Jahr = 24.02.08) des mit der offenbaren Unrichtigkeit behafteten Bescheids und daher mit Ablauf des 24.02.08. Diese Frist ist also am 25.02.08 abgelaufen.

Der Rechenfehler wird wegen Ablaufs der Festsetzungsfrist somit zu einem materiellen Fehler i.S.d. § 177 Abs. 3 AO mit Auswirkung + 4 000 €.

Hinsichtlich des Gewinnfeststellungsbescheides (= Grundlagenbescheid) ist § 171 Abs. 10 AO einschlägig. Die Frist endet danach nicht vor Ablauf von zwei Jahren nach Bekanntgabe des

Grundlagenbescheids (31.01.08 + 3 Tage = 02.02.08). Sie läuft noch bis Ablauf 02.02.10. Die ESt im ESt-Bescheid 02 muss somit grundsätzlich gemäß § 175 Abs. 1 S. 1 Nr. 1 AO um + 10 000 € heraufgesetzt werden.

Im Rahmen der Änderung sind materielle Fehler nach § 177 AO zu berücksichtigen. Hierzu gehören die nicht gewährten Sonderausgaben (./. 7 000 €) und auch der wegen insoweit vorliegenden Verjährungseintrittes nicht mehr nach § 129 AO berichtigungsfähige Rechenfehler (§ 177 Abs. 3 AO). Die insoweit eingetretene Teilverjährung spielt keine Rolle.

Wortlautmethode: Der Saldo der materiellen Fehler beträgt ./. 3 000 €, die gegenläufige selbständige Korrekturnorm (§ 175 Abs. 1 Nr. 1 AO) hat eine Auswirkung von + 10 000 €. Dies ergibt eine Erhöhung der Steuer um + 7 000 €.

Berichtigungsrahmenmethode: Der Änderungsrahmen reicht von 230 000 € bis 240 000 €. Die materiell richtige Steuer beträgt 237 000 €. Da sie innerhalb des Rahmens liegt ergeht ein diese Steuer festsetzender Änderungsbescheid (§§ 175 Abs. 1 Nr. 1, 177 AO).

IV. Punktetabelle

	Punkte
Festgestellt, dass eine Korrektur des ESt-Bescheides 02 in 08 nur möglich, wenn Korrekturvorschrift erfüllt und noch keine Festsetzungsverjährung eingetreten; Festsetzungsverjährung grds. eingetreten mit Ablauf 07.	1
Ablaufhemmung des § 171 Abs. 2 AO für Rechenfehler erkannt; Jahresfrist am 25.02.08 abgelaufen.	1
Erkannt, dass der Rechenfehler zu einem materiellen Fehler i. S. d. § 177 Abs. 3 AO mit Auswirkung + 4 000 € wird.	1
§ 171 Abs. 10 AO wegen Gewinnfeststellungsbescheides erfüllt; Frist endet mit Ablauf 02.02.10; ESt ist gemäß § 175 Abs. 1 S. 1 Nr. 1 AO um + 10 000 € heraufzusetzen.	1
§ 177 AO angewandt für die nicht gewährten Sonderausgaben (./. 7 000 €) und den wegen Verjährungseintrittes nicht mehr nach § 129 AO berichtigungsfähigen Rechenfehler (§ 177 Abs. 3 AO).	1
Wortlautmethode oder Berichtigungsrahmenmethode richtig angewandt; Änderungsbescheid mit Steuer von 237 000 € muss ergehen.	1
Summe	**6**

Klausuraufgabe 11:
Festsetzungsverjährung/Steuerhinterziehung/Wegfall des Vorbehalts der Nachprüfung/Änderung wegen neuer Tatsachen und wegen arglistiger Täuschung/Zahlungsverjährung

I. Sachverhalt

Carl Cabrio (C) hatte im Herbst 01 sein Studium der Betriebswirtschaft wegen nachhaltiger Erfolglosigkeit abgebrochen und seinen Lebenswandel zunächst mit Hilfe des väterlichen Portemonnaies bestritten. Nachdem diese Einnahmequelle bald versiegte, eröffnete C im Januar 02 einen Gebrauchtwagenhandel. C richtete sich hierbei an den speziellen Kundenkreis seiner ehemaligen Kommilitonen. Sein Unternehmen entwickelte sich recht erfolgreich, da es C gelang, im ersten Jahr seiner unternehmerischen Tätigkeit 20 Fahrzeuge zu verkaufen. Hierbei erzielte er einen Umsatz von 200 000 € und einen Gewinn von 50 000 €. Nachdem C's Erfolg auch bei seinem Vater publik wurde, stellte dieser seinen Sprössling mit Wirkung ab 01.01.03 als Junior-Manager in seinem Unternehmen an. C stellte zugleich seinen Gebrauchtwagenhandel ein.

In der Hoffnung, dass das Finanzamt von der Existenz seines Betriebes nichts erfährt, gab C keine Steuererklärungen für 02 ab. Er war der Auffassung, dass er sein hart erarbeitetes Geld mit niemandem teilen müsse.

Dieser Sachverhalt wurde von einem Betriebsprüfer des zuständigen Finanzamtes Karlsruhe-Durlach im Oktober 06 festgestellt. Die Finanzbehörde erließ daraufhin mit Postaufgabedatum vom 12.12.06 u.a. einen USt-Schätzungsbescheid für 02 gemäß § 164 AO i. H. v. 20 000 €, der dem C am 15.12.06 zuging. C zahlte den zum 15.01.07 fällig gestellten Betrag nicht und auch das Finanzamt unternahm in der Sache aus unerklärlichen Gründen zunächst nichts.

II. Aufgabe

1. Wie lange kann das Finanzamt den Bescheid ändern, wenn es nachträglich von Sachverhalten erfährt, die eine USt-Festsetzung i. H. v. 26 080 € rechtfertigen würden?
2. Nach welcher Korrekturnorm richtet sich die Änderung?
3. Wie lange kann das Finanzamt die rückständigen 20 000 € geltend machen?

III. Lösung

Frage 1:

Änderungen sind, sofern ein Korrekturtatbestand greift, bis zum Eintritt der Festsetzungsverjährung möglich, § 169 Abs. 1 S. 1 und 2 AO. Die Festsetzungsfrist für die USt 02 beginnt mit Ablauf 05, da C keine Umsatzsteuererklärung für 02 abgegeben hat, wozu er gem. § 18 Abs. 3 UStG verpflichtet gewesen wäre (§ 170 Abs. 2 Nr. 1 AO, sog. »maximale Anlaufhemmung« von 3 Jahren). Sie dauert grundsätzlich vier Jahre (§ 169 Abs. 2 S. 1 Nr. 2 AO) und endet mit Ablauf 09.

Zu prüfen ist aber, ob nicht die verlängerte Frist von zehn Jahren nach § 169 Abs. 2 S. 2 AO wegen einer Steuerhinterziehung eingreift.

Da C seine Erklärungspflichten gem. § 18 Abs. 1 und Abs. 3 UStG verletzt hatte, ist die von § 370 Abs. 1 Nr. 2 AO geregelte Tathandlung in Form des pflichtwidrigen Unterlassens gegeben.

Der hierdurch (= »Kausalität«) bewirkte Taterfolg besteht in der zu niedrigen Festsetzung der USt 02 um 6 080 € sowie der zu späten Festsetzung, da die USt als sog. Anmeldungssteuer bereits dann zu spät festgesetzt ist, wenn die USt-Voranmeldungen nicht rechtzeitig abgegeben werden. Da C überdies auch keine Jahresanmeldung für 02 eingereicht hat, wird dieser Taterfolg auch hierdurch bestätigt. (§ 370 Abs. 1 a. E., Abs. 4 S. 1 AO).

C hat vorsätzlich gehandelt (§ 369 Abs. 2 AO i. V. m. § 15 StGB), was sich aus der Formulierung »In der Hoffnung, dass das FA nichts erfährt ...« ergibt. Damit ist auch der subjektive Tatbestand verwirklicht

Die Rechtswidrigkeit der Tat wird durch die Tatbestandserfüllung indiziert, für Schuldausschließungsgründe gibt der Sachverhalt nicht her.

Die Festsetzungsfrist beträgt somit zehn Jahre (§ 169 Abs. 2 S. 2 AO) und endet daher mit Ablauf des Jahres 15. Bis dahin kann der Bescheid geändert werden, sofern ein Korrekturtatbestand greift.

Frage 2:

Als Korrekturtatbestand kommt hier zunächst § 164 Abs. 2 AO in Frage, da das FA den USt-Schätzungsbescheid vom 12. 12. 06 mit der entsprechenden Nebenbestimmung versehen hatte.

Der Vorbehalt der Nachprüfung (VdN) besteht noch bis Ablauf 09, da der VdN regulär nach einer Verjährungsfrist von vier Jahren entfällt, § 164 Abs. 4 S. 1 und 2 AO. Die insoweit zu prüfende »Schattenverjährungsfrist« ist nicht mittels der gem. § 169 Abs. 2 S. 2 AO verlängerten Fristdauer zu berechnen. Die sich die Festsetzung der Umsatzsteuer 02 als rechtswidrig erweist, kann sie bis Ablauf 09 gemäß § 164 Abs. 2 AO geändert und die Steuer um 6 080 € auf 26 080 € erhöht werden.

Nach Ablauf des Jahres 09 scheidet § 164 Abs. 2 AO als Korrekturgrundlage aus. Der Bescheid ist dann endgültig. Folglich sind, wenn das FA den Bescheid bis Ablauf 09 nicht korrigiert hat, die §§ 172ff. AO zu prüfen.

Da C die USt hinterzogen hat, greifen als Korrekturbestimmungen die § 172 Abs. 1 S. 1 Nr. 2 Buchst. c AO (arglistige Täuschung) oder § 173 Abs. 1 S. 1 Nr. 1 AO. Ab Anfang 10 bis Ablauf 15 kann daher das FA dasselbe Ergebnis über die §§ 172ff. AO erzielen.

Frage 3:

Hier kommt es auf die Zahlungsverjährung an (§§ 228ff. AO). Diese beginnt grundsätzlich mit Ablauf des Jahres, in welchem der Anspruch erstmals fällig wird (§ 229 Abs. 1 S. 1 AO).

Da die USt gem. § 18 Abs. 1 S. 3 UStG kraft Gesetzes mit Ablauf des 10. Tages nach Ablauf des Voranmeldungszeitraumes fällig wird, hat die Zahlungsverjährungsfrist für die USt 02 mit Ablauf 02 – bzw. für den letzten USt-Voranmeldungszeitraum: mit Ablauf 03 – zu laufen begonnen. Dies gilt unabhängig von einer Festsetzung per Steuerbescheid oder einer fiktiven Festsetzung gem. § 168 S. 1 AO.

Um einen Eintritt der Zahlungsverjährung vor einer derartigen Festsetzung zu vermeiden, sieht § 229 Abs. 1 S. 2 AO eine Anlaufhemmung vor:

Die Zahlungsverjährung beginnt aber erst mit Ablauf des Jahres zu laufen, in dem die USt wirksam festgesetzt wurde, also mit Ablauf 06 (§ 229 Abs. 1 S. 2 AO; es kommt hier also ausnahmsweise nicht auf die Fälligkeit einen Monat nach Bekanntgabe des Bescheids an (= Januar 07).

Sie dauert fünf Jahre (§ 228 S. 2 AO) und endet mit Ablauf des Jahres 11. Bis dahin kann das FA die rückständigen 20 000 € geltend machen (sofern es die Zahlungsverjährungsfrist nicht gem. § 231 AO unterbricht). Mit Ablauf 11 erlischt der festgesetzte Teil des USt-Anspruchs 02 (§ 232, § 47 AO).

IV. Punktetabelle

	Punkte
Frage 1:	
§ 169 Abs. 1 S. 1 AO erwähnt als Grundlage für die Prüfung der Fristverjährung, Beginn mit Ablauf 05 angenommen gem. § 170 Abs. 2 Nr. 1 AO, § 18 Abs. 3 UStG; Frist endet grundsätzlich mit Ablauf 09, wenn keine Fristverlängerung greift.	1
Wegen § 169 Abs. 2 S. 2 AO Steuerhinterziehung geprüft; Tathandlung gem. § 370 Abs. 1 Nr. 2 AO, § 18 UStG bejaht.	1
Taterfolg zu sehen in zu niedriger und zu später Festsetzung; Kausalität bejaht.	1
Vorsatz geprüft und bejaht.	1
Rechtswidrigkeit und Schuld bejaht; Fristende somit mit Ablauf 15 (§ 169 Abs. 2 S. 2 AO).	1
Frage 2:	
§ 164 Abs. 2 AO grundsätzlich gegeben, da USt-Bescheid unter VdN.	1
Wegfall des VdN gem. § 164 Abs. 4 AO untersucht; S. 2 richtig angewandt; Schattenverjährungsfrist berechnet bis Ablauf 09.	1
Festgestellt, dass ab dem Jahr 10 ein endgültiger Bescheid vorliegt, Korrektur hier nach § 173 Abs. 1 Nr. 1 AO oder § 172 Abs. 1 Nr. 2 Buchst. c AO.	1
Frage 3:	
Zahlungsverjährung geprüft; Beginn grds. gem. § 229 Abs. 1 S. 1 AO erstmalige Fälligkeit untersucht; gem. § 220 Abs. 1 AO i. V. m. § 18 Abs. 1 UStG in 02 bzw. in 03.	1
Anlaufhemmung gem. § 229 Abs. 1 S. 2 AO erkannt; Wirksamwerden der Festsetzung in 06 erkannt; deshalb Fristbeginn Ablauf 06.	1
Dauer gem. § 228 S. 2 AO fünf Jahre; Fristende mit Ablauf 11; Möglichkeit der Unterbrechung gem. § 231 AO.	1
Summe	11

Klausuraufgabe 12:
Erlass von Ansprüchen aus dem Steuerschuldverhältnis/ Rücknahme und Widerruf von sonstigen Steuerverwaltungsakten

I. Sachverhalt

Der schon seit vielen Jahren verwitwete Toni Trappatoni (T) ist ein ausgesprochener Pechvogel. Bis Ende September 08 betrieb er in Mannheim einen kleinen Reparaturbetrieb für Kaffeemaschinen und andere kleine elektrisch betriebene Haushaltsgeräte. Noch am Jahresanfang hatte er angenommen, seinen Betrieb trotz seines vorgerückten Alters noch einige Jahre weiterführen zu müssen, um nicht mit einer monatlichen Rente von 900 € auskommen zu müssen.

Ein ebenfalls in Mannheim ansässiges Büroserviceunternehmen hatte nämlich mit T einen langfristigen Vertrag geschlossen, nach welchem ihm die ausschließliche Wartung von Kaffeevollautomaten eines italienischen Herstellers übertragen wurde.

T hatte bereits 15 Kaffeemaschinen repariert bzw. gewartet und freute sich auf den ihm hierfür zustehenden Werklohn, als er durch die Tagespresse erfuhr, dass für seinen Kunden das Insolvenzverfahren eröffnet und mangels Masse gleich wieder eingestellt worden war. Schwer enttäuscht beschloss T, seinen Betrieb für immer zu schließen. Was ihm verblieb, waren eine abbruchreife Werkstatt, veraltetes Werkzeug und Steuerschulden in Höhe von 15 000 €.

Völlig überrascht war er deshalb, als das Finanzamt ihm gemäß seines Antrages vom 07. 10. 08, in dem er den oben geschilderten Sachverhalt darstellte, die Steuerschuld mit Bescheid vom 15. 11. 08 erließ.

Am 02. 12. 08 erhielt T von einem ihm unbekannten Notar die gute Nachricht, dass er von einem bereits am 30. 09. 08 verstorbenen Verwandten aus Amerika 1 500 000 € geerbt hatte. T sah seinen Lebensabend gerettet.

Das Finanzamt erfuhr (leider) ebenfalls von der Erbschaft.

II. Aufgabe

1. Kann das Finanzamt den Erlass rückgängig machen?
2. Ändert sich Ihre Lösung, wenn der Verwandte erst am 01. 12. 08 verstorben wäre?

III. Lösung

Der Erlass von Ansprüchen aus dem Steuerschuldverhältnis richtet sich nach § 227 AO und geschieht mittels Verwaltungsakt. Im Hinblick auf die Systematik des Korrekturrechts liegt ein sonstiger Verwaltungsakt vor, dessen Korrektur sich nach den §§ 130, 131 AO richtet – § 129 AO scheidet nach dem vorgegebenen Sachverhalt von vornherein aus.

Frage 1:

Der Erlassverwaltungsakt ist rechtswidrig, da zum Zeitpunkt der Entscheidung keine Erlassbedürftigkeit vorlag. T war bereits am 30. 09. 08 €-Millionär! Es kommt hierbei weder auf die Kenntnis des FA noch des T, sondern allein auf die objektiv gegebene Rechtslage an.

Da der Erlass ein begünstigender Verwaltungsakt ist, kann er nur gemäß § 130 Abs. 2 AO zurückgenommen werden.

In Betracht kommt nur Nr. 3; demnach muss der Erlass durch objektiv unrichtige Angaben seitens des T erwirkt worden sein. Das ist der Fall, da zum Zeitpunkt der Angaben (07.10.08) der Erbfall (30.09.08) bereits vorlag.

Da der Steueranspruch gemäß § 47 AO durch den Erlass erloschen ist, müsste das FA den Erlass mit Wirkung für die Vergangenheit zurücknehmen, was bei § 130 AO grundsätzlich möglich ist.

Ermessensfehler sind bei einer rückwirkenden Rücknahme nicht ersichtlich. Der Billigkeitserlass darf daher zurückgenommen werden.

Frage 2:
Weil der Erbfall (01.12.08) zum Zeitpunkt der Entscheidung (15.11.08) noch nicht vorlag, ist der Erlassverwaltungsakt rechtmäßig, da T zu diesem Zeitpunkt auf Dauer einen finanziellen Engpass hatte.

Er könnte nur gemäß § 131 Abs. 2 Nr. 3 AO widerrufen werden. Dessen Voraussetzungen liegen wohl vor.

§ 131 AO lässt den Widerruf allerdings nur für die Zukunft zu, was nach dem Erlöschen des Anspruchs ins Leere führt (s. a. AEAO zu § 131). Ein Widerruf kommt daher nicht in Frage.

IV. Punktetabelle

	Punkte
Erlass nach § 227 AO erfolgt mittels sonstigem Verwaltungsakt. Deshalb richtet sich Korrektur nach den §§ 130, 131 AO.	1
Frage 1:	
Erlassverwaltungsakt begründet als rechtswidrig.	1
Da begünstigender Verwaltungsakt, ist § 130 Abs. 2 AO zu prüfen.	1
In Betracht kommt Nr. 3; da der Erlass durch objektiv unrichtige Angaben seitens des T erwirkt wurde.	1
§ 130 AO erlaubt Rücknahme mit Wirkung für die Vergangenheit (ex tunc), um die Erlöschenswirkung zu beseitigen.	1
Kein Ermessensfehler gegeben; der Erlass darf daher zurückgenommen werden.	1
Frage 2:	
Erlassverwaltungsakt begründet als rechtmäßig bezeichnet.	1
§ 131 Abs. 2 Nr. 3 AO erlaubt grundsätzlich den Widerruf, da Voraussetzungen vorliegen.	1
Widerruf aber nur mit Wirkung für die Zukunft; nach Erlöschen des Anspruchs nicht möglich.	1
Summe	9

Klausuraufgabe 13:
Bestimmung der Klageart/Abgrenzung Anfechtungs- zu Verpflichtungsklage/allgemeine Leistungsklage/ Zulässigkeitsvoraussetzungen einer Klage/Begründetheit einer Klage/Änderung eines USt-Schätzungsbescheides wegen neuer Tatsachen

I. Sachverhalt

Die Delta-GmbH (D) mit Sitz in Heidelberg ist ein Unternehmen, das sich seit Jahren mit der Errichtung von Fertighäusern auf den Grundstücken ihrer Auftraggeber befasst. Sie führte im Jahr 2004 im Inland umsatzsteuerpflichtige, dem Regelsteuersatz (16%) unterliegende Bauleistungen im Umfang von 12 Mio. € (netto) aus. Hierzu bezog sie in erheblichem Umfang auch steuerpflichtige Vorleistungen von anderen Unternehmern (netto 8 250 000 €). Des Weiteren erwarb D im Januar 2004 selbst im Rahmen einer steuerpflichtigen Lieferung ein Grundstück, das sie in drei Jahren mit einem neu zu errichtenden Verwaltungsgebäude für die Geschäftsleitung bebauen wollte. Der Verkäufer des Grundstücks hatte D eine Rechnung mit abziehbarer Vorsteuer i. H. v. 300 000 € ausgestellt.

Aus nicht mehr aufklärbaren Gründen gab D für das Jahr 2004 weder Umsatzsteuervoranmeldungen noch eine Jahreserklärung ab. Das zuständige Finanzamt Heidelberg (FA HD) schätzte daraufhin nach mehreren erfolglos gebliebenen Mahnungen die Besteuerungsgrundlagen (steuerpflichtige Ausgangsumsätze 10 000 000 €) und setzte die Umsatzsteuer für 2004 mit Bescheid vom 03.01.2006 (= Bekanntgabetag) auf 1 600 000 € fest. Vorsteuerbeträge berücksichtigte das FA hierbei nicht. Der Bescheid enthielt keine Nebenbestimmungen. D bezahlte die Steuer bei Fälligkeit.

Am 04.03.2006 reichte der Geschäftsführer der D die Umsatzsteuererklärung für 2004 beim FA HD ein. Hieraus ergaben sich steuerpflichtige Ausgangsumsätze von netto 12 000 000 €, Umsatzsteuer 1 920 000 € und Vorsteuern in Höhe von 1 620 000 €, somit eine Zahllast von 300 000 €.

Die D beantragte, »den USt-Bescheid 2004 zu berichtigen und an sie 1 300 000 € auszuzahlen«.

Das FA HD wies diese Anträge zurück. Auch der Einspruch der D blieb erfolglos. Mit frist- und formgerechter Klage hält die D ihr oben zitiertes Rechtsschutzziel aufrecht.

II. Aufgabe

1. Bestimmen Sie die Klageart für das von D verfolgte Klagebegehren! Grenzen Sie die von Ihnen für »richtig« erachtete Klageart gegenüber anderen, in Betracht kommenden Klagearten negativ ab! Nennen Sie stichwortartig die Zulässigkeitsvoraussetzungen dieser Klage!
2. Ist die Klage begründet?

III. Lösung

Frage 1:
Die zutreffende Klageart richtet sich nach dem von der Klägerin verfolgten Klagebegehren. Das Klagebegehren der D ist zum einen darauf gerichtet, dass der USt-Bescheid 2004 korrigiert wird, zum andern darauf, dass der sich sodann ergebende Zahlungsanspruch (Erstattungs- bzw. Vergütungsanspruch) an sie ausgezahlt wird.

Bezüglich der Korrektur des USt-Bescheides handelt es sich um eine verwaltungsaktbezogene Anfechtungs- bzw. Verpflichtungsklage, bezüglich des Auszahlungsanspruches um eine allgemeine Leistungsklage, da die Auszahlung in einer tatsächlichen Handlung, einem sog. Realakt, besteht.

Der Erstattungsanspruch setzt aber – wie jeder Anspruch aus dem Steuerschuldverhältnis – grundsätzlich einen Verwaltungsakt (i. S. eines »Titels«, vgl. § 218 Abs. 1 AO) voraus. Ausnahmen bestehen nur für Säumniszuschläge bzw. nicht festzusetzende Erstattungsansprüche. Der sachlich richtige Titel (= Verwaltungsakt) ist durch Anfechtungs- oder Verpflichtungsklage zu erstreiten. Der geltend gemachte Anspruch auf Erstattung zuviel gezahlter Umsatzsteuer setzt somit voraus, dass der Kläger zunächst den Verwaltungsakt erstreitet, der Grundlage für den Erstattungs- oder Vergütungsanspruch ist. Die Erhebung einer Leistungsklage, gerichtet auf bloße Auszahlung, ist somit subsidiär.

Die von D zu erhebende, sich auf den begehrten, streitgegenständlichen USt-Änderungsbescheid beziehende Klage kann somit ausschließlich eine Anfechtungs- oder Verpflichtungsklage sein.

Zunächst soll untersucht werden, ob das Klagebegehren im Rahmen einer Anfechtungsklage erreicht werden kann: Diese ist möglich als Aufhebungsanfechtungsklage (§ 40 Abs. 1, 1. Alt., § 100 Abs. 1 FGO) oder als Änderungsanfechtungsklage (§ 40 Abs. 1, 2. Alt., § 100 Abs. 2 FGO). Die erstgenannte Klageart entspricht nicht dem Klagebegehren der M, da sie nicht die Aufhebung des bereits existierenden USt-Bescheides, sondern dessen Korrektur begehrt.

Eine Änderungsanfechtungsklage – obwohl vom Wortlaut her nahe liegend – ist ebenfalls nicht statthaft. Diese ist nur möglich »in den Fällen des § 100 Abs. 2 FGO«, somit nur dann, wenn ein bereits existierender »Geld-Verwaltungsakt«, d. h. einen Geldbetrag festsetzender Verwaltungsakt, angegriffen ist. Diese Voraussetzung liegt aber nicht vor, da der konkret angefochtene Verwaltungsakt darin besteht, die von M begehrte Korrektur des USt-Bescheides abzulehnen. Dieser Verwaltungsakt sowie die ihn bestätigende Einspruchsentscheidung (s. § 44 Abs. 2 FGO) besteht somit in der sinngemäßen Aussage »Nein, das FA korrigiert den USt-Bescheid 2004 nicht!«. Da hierin nicht die Festsetzung eines Geldbetrages zu sehen ist, scheidet eine Änderungsanfechtungsklage aus.

Die M muss ihr Klagebegehren demnach in Form einer Verpflichtungsklage (§ 40 Abs. 1, 3. Alt. FGO) verfolgen, gerichtet darauf, das FA zu verpflichten, den begehrten USt-Änderungsbescheid zu erlassen.

Bei den Zulässigkeitsvoraussetzungen sind zunächst die allgemeinen, d. h. bei jeder Klage zu beachtenden, Sachurteilsvoraussetzungen zu nennen:

Gerichtsbezogene allgemeine Sachurteilsvoraussetzungen sind die Eröffnung des Finanzrechtsweges (§ 33 FGO) sowie die sachliche Zuständigkeit (§ 35 FGO) und die örtliche Zuständigkeit (§§ 38f. FGO) des angerufenen Gerichts.

Parteibezogene allgemeine Sachurteilsvoraussetzungen sind die Beteiligtenfähigkeit (entspricht der »Steuerrechtsfähigkeit«), die Prozessfähigkeit (§ 58 FGO) sowie die Prozessvertretung (§ 62 FGO).

Klagebezogene allgemeine Sachurteilsvoraussetzungen sind die Ordnungsmäßigkeit der Klageerhebung (§§ 64f. FGO), das allgemeine Rechtschutzbedürfnis sowie die Beachtung der Rechtshängigkeit (§ 66 FGO). Letztlich darf kein Klageverzicht (§ 50 Abs. 1 S. 3 FGO) gegeben sein.

Besondere Sachurteilsvoraussetzungen der gewählten Klageart (»Verpflichtungsklage«) sind die Wahrung der Klagefrist (§§ 47ff. FGO), die Durchführung eines Vorverfahrens (§§ 44ff. FGO) sowie das Vorliegen der Beschwer (§ 40 Abs. 2 FGO).

Frage 2:
Da sich aus dem Sachverhalt keine Bedenken gegen die Zulässigkeit der Klage ableiten lassen, richtet sich die Entscheidung des Gerichts ausschließlich nach der Begründetheit der Klage. Die Verpflichtungsklage ist begründet, wenn die Ablehnung der Korrektur des USt-Bescheides 2004 rechtswidrig war und die Klägerin hierdurch in ihren Rechten verletzt ist.

Zu fragen ist deshalb zunächst nach dem Eingreifen von Korrekturvorschriften, die das FA zu einer Korrektur des USt-Bescheides verpflichtet hätten.

Nicht einschlägig sind die § 129 AO sowie die §§ 164 Abs. 2, 165 Abs. 2 AO, da der Schätzungsbescheid weder infolge eines mechanischen Versehens erging noch mit einer Nebenbestimmung versehen war. In Frage kommt somit allein eine Korrekturmöglichkeit nach den §§ 172ff. AO.

Auch § 172 Abs. 1 Nr. 2a AO ist nicht erfüllt: Der USt-Schätzungsbescheid ist mit Ablauf der Einspruchsfrist (03.02.2006) unanfechtbar geworden. Der USt-Anspruch ist ein einheitlicher Anspruch: Die Ausgangs-USt und die Vorsteuer sind nur Begründungen dieses Anspruches. Da der Saldo aus beiden Teilen sich zugunsten der Klägerin auswirkt, ist die von D begehrte, eine Änderung zu ihren Gunsten auslösende Korrektur, somit nach dieser Bestimmung nicht möglich (Gründe für eine Wiedereinsetzung in den vorigen Stand sind dem SV nicht zu entnehmen).

Für eine Korrektur nach § 172 Abs. 1 Nr. 2c AO ist dem Sachverhalt ebenfalls nichts zu entnehmen.

In Betracht zu ziehen ist allerdings eine Korrekturmöglichkeit nach § 173 AO: Aufgrund der im März eingereichten USt-Erklärung, zu deren Abgabe die D trotz des vorliegenden Schätzungsbescheides nach § 149 Abs. 1 S. 4 AO verpflichtet war, ergeben sich Tatsachen hinsichtlich der für die USt-Festsetzung relevanten Besteuerungsgrundlagen, deren Kenntnis für das FA neu ist. Hierbei handelt es sich zum einen um die tatsächlich vorliegenden Ausgangsumsätze mit einer Höhe von 12 000 000 € netto, die zu einer USt i. H. v. 1 920 000 € führten, zum andern um die dem FA bisher unbekannten, zu Vorsteuern i. H. v. 1 620 000 € führenden Eingangsleistungen anderer Unternehmer. Die Ausgangsumsätze sowie die Eingangsleistungen sind hierbei getrennt zu beurteilende Tatsachen i. S. d. § 173 AO.

Ausgangsumsätze: Die von der D in der USt-Erklärung angegebenen Umsätze beruhen nach der Rspr. des BFH (zitiert in AEAO zu § 173 Nr. 6.3) nur insoweit auf nachträglich bekannt gewordenen Tatsachen, als sie die vom FA in den Schätzungsbescheiden bereits erfassten Umsätze übersteigen. Das FA ging bei seiner Schätzung davon aus, dass die D im Rahmen ihrer dem FA bereits bekannten steuerpflichtigen Tätigkeit Umsätze mit einer Bemessungsgrundlage ausgeführt hatte, die zu der in dem Schätzungsbescheid festgesetzten Steuer führte. Der von D später erklärten größeren Summe von Umsätzen liegen nur insoweit nachträglich bekannt gewordene Tatsachen zugrunde, als diese Summe über die Summe der geschätzten – und damit dem FA bekannt geltenden – Umsätze hinausgeht. Hierbei kommt es nicht darauf an, inwieweit die zu geringe Höhe der Schätzung durch das FA auf der Annahme einer zu niedrigen Zahl von Umsätzen oder auf nicht hoch genug angesetzten Bemessungsgrundlagen oder auf beiden Gründen für das Zurückbleiben der Schätzung hinter den tatsächlichen Verhältnissen beruht. Hiernach ergeben sich bezüglich der Ausgangsumsätze neue Tatsachen i. S. d. § 173 Abs. 1 Nr. 1 AO nur insoweit, als eine Summe weiterer steuerpflichtiger Leistungen i. H. v. 2 000 000 € nachträglich bekannt wird.

Korrektur gem. § 173 Abs. 1 Nr. 1 AO   + 320 000 €

Vorsteuern: Die von D geltend gemachten Vorsteuerbeträge i. H. v. 1 620 000 € waren dem FA in voller Höhe unbekannt, da im Schätzungsbescheid bisher keine Vorsteuern angesetzt waren. Es handelt sich hierbei um Tatsachen i. S. d. § 173 Abs. 1 Nr. 2 AO, da sie für die D bei ihrem Ansatz zu einer niedrigeren Steuer führen. Die Korrektur nach § 173 Abs. 1 Nr. 2 AO setzt jedoch voraus, dass den Stpfl. am nachträglichen Bekanntwerden kein grobes Verschulden trifft. Dieses muss hier aber zweifellos bejaht werden, da die D weder USt-Voranmeldungen noch die USt-Jahreserklärung 2004 abgab, noch den fehlerhaften Schätzungsbescheid rechtzeitig angriff.

Eine Korrektur nach § 173 Abs. 1 Nr. 2 AO ist somit nur dann durchzuführen, wenn ein unmittelbarer oder mittelbarer Zusammenhang der Vorsteuern mit den Ausgangsumsätzen vorliegt (§ 173 Abs. 1 Nr. 2 S. 2 AO). Nach dieser Bestimmung ist ein Steuerbescheid aufgrund von nachträglich bekannt gewordenen Tatsachen, die zu einer niedrigeren Steuer führen, trotz groben Verschuldens des Stpfl. am nachträglichen Bekanntwerden zu ändern, wenn die Tatsachen in einem unmittelbaren oder mittelbaren Zusammenhang mit nachträglich bekannt gewordenen Tatsachen stehen, die zu einer höheren Steuer führen. Ein derartiger Zusammenhang ist gegeben, wenn der steuererhöhende Vorgang nicht ohne den steuermindernden Vorgang denkbar ist (AEAO zu § 173 Nr. 6.1). Zwischen nachträglich bekannt gewordenen steuerpflichtigen Umsätzen und vorsteuerbelasteten Leistungen an den Unternehmer besteht der danach erforderliche Zusammenhang nur insoweit, als die Leistungen zur Ausführung der nachträglich bekannt gewordenen Umsätze verwendet werden (AEAO zu § 173 Nr. 6.3 S. 2). Kein Zusammenhang ist somit von vornherein gegeben mit den Vorsteuern aus dem Erwerb des Grundstücks für den später vorgesehenen Bau des Verwaltungsgebäudes. Die Vorsteuern i. H. v. 300 000 € sind deshalb nicht nach § 173 Abs. 1 Nr. 2 AO im Wege einer Korrektur zu berücksichtigen.

Hinweis: § 13b Abs. 1 Nr. 3 UStG greift für »normale« Grundstückslieferungen erst ab April 2004.

Die den von D geltend gemachten Vorsteuerbeträgen zugrunde liegenden Leistungsbeziehungen stehen des Weiteren grundsätzlich nur insoweit in diesem »Zusammenhang« mit den nachträglich bekannt gewordenen, über den Ansatz in den Schätzungsbescheiden hinausgehenden Umsätzen, wie die Leistungsbezüge zur Ausführung dieser Umsätze verwendet wurden. Denn nur insoweit sind die steuererhöhenden Vorgänge nicht ohne die steuermindernden Vorgänge denkbar. Sofern die Leistungsbezüge hingegen zur Ausführung der bereits im Schätzungsbescheid erfassten Umsätze gegenständlich oder wirtschaftlich verwendet wurden, fehlt es an einem Zusammenhang mit den steuererhöhenden Tatsachen, so dass die Vorsteuer hieraus nicht nach § 173 Abs. 1 Nr. 2 S. 2 AO berücksichtigt werden kann (BFH vom 19. 10. 1995 BStBl II 1996, 149). Die von D geltend gemachte Vorsteuer ist daher entsprechend aufzuteilen. Diese Aufteilung kann nur im Wege einer Schätzung erfolgen, wenn wie hier der ursprünglichen USt-Festsetzung eine Schätzung zugrunde liegt, bei der das FA wie im Regelfall davon abgesehen hat, die USt auf der Grundlage des Ansatzes einer Vielzahl einzelner Umsätze mit jeweils genau bezifferter Bemessungsgrundlage zu ermitteln. Ein sachgerechtes Schätzungsverfahren für die Aufteilung kann somit nur darin bestehen, die geschätzten Ausgangsumsätze zu den tatsächlichen, nachträglich erklärten Umsätzen ins Verhältnis zu setzen und dieses Verhältnis sodann auch auf die Vorsteuern zu übertragen.

Hinweis: Als »richtig« wird auch anerkannt, wenn die nachträglich bekannt gewordenen Umsätze ins Verhältnis zu den tatsächlich gegebenen Ausgangsumsätze (wie BFH vom 10.04.2003 BStBl II 2003, 785) gesetzt werden.

Dies führt zu folgender Berechnung:

1. Ausgangsumsätze lt. Schätzungsbescheid   10 000 000 €
2. Ausgangsumsätze lt. Erklärung   12 000 000 €
3. nachträglich bekannt gewordene Umsätze   2 000 000 €
4. Anteil der nachträglich bekannt gewordenen Umsätze
   an den Ausgangsumsätze lt. Tz. 1: (2 : 10 =)   20,0 %
   Alt.: Setzt man die nachträglich bekannt gewordenen Umsätze
   ins Verhältnis zu den tatsächlich gegebenen Ausgangsumsätzen
   lt. Tz. 2: (2 : 12 =)   *16,67 %*
5. Vorsteuer lt. Schätzungsbescheid   0 €
6. Vorsteuer lt. Erklärung (ohne VorSt für Grundstück)   1 320 000 €
7. zu berücksichtigende Vorsteuer im Wege der Schätzung: 1 320 000 € x 20 % = 264 000 €
   Alt.:   *1 320 000 € x 16,67 % = 220 000 €*

Für die Korrektur zu Gunsten der D kommt somit nur ein Teilbetrag der materiell-rechtlich anzuerkennenden Vorsteuern in Betracht.

Korrektur gem. § 173 Abs. 1 Nr. 2 AO   ./. 264 000 €
Alt.: Korrektur gem. § 173 Abs. 1 Nr. 2 AO   *./. 220 000 €*

8. Umsatzsteuer 2003
9. Ausgangs-USt (12 000 000 € x 16 %)   1 920 000 €
10. Vorsteuer   264 000 €
    Alt.:   *220 000 €*
11. Zahllast   1 656 000 €
    Alt.:   *1 700 000 €*

Da das FA im Schätzungsbescheid die USt 2004 mit 1 600 000 € niedriger festgesetzt hat, als die im Wege einer Korrektur nach § 173 Abs. 1 Nrn. 1 und 2 AO richtigerweise anzusetzende Steuer, hatte der BFH in seiner Entscheidung vom 19.10.1995 (BStBl II 1996, 149, zitiert in AEAO zu § 173 Nr. 6.3) der Klage keinen Erfolg gegeben: Der streitgegenständliche USt-Schätzungsbescheid war zwar als fehlerhaft erkannt worden und damit rechtswidrig, da die Steuer zu niedrig festgesetzt ist, doch wurde hierdurch die Klägerin nicht in ihren Rechten verletzt, da sie rechtswidrig begünstigt wird. Eine Verböserung ist im gerichtlichen Verfahren nicht möglich. Die Klage wurde deshalb als unbegründet abgewiesen.

Der BFH übersah indes bei seinem Urteil die Bestimmung des § 177 AO: Die mangels Zusammenhang mit den nachträglich bekannt gewordenen Ausgangsumsätzen nicht zu berücksichtigenden Vorsteuern i. H. v. (1 620 000 € ./. 264 000 € =) 1 356 000 € *(Alt.: [1 620 000 € ./. 220 000 € =] 1 400 000 €)* stellen einen materiellen Fehler des USt-Bescheides 2004 dar, der bei der nach § 173 Abs. 1 Nr. 1 und 2 AO durchzuführenden Korrektur mitberichtigt werden muss. Die Anwendung des § 177 AO kann nach der Berichtigungsrahmen- oder der Wortlautmethode durchgeführt werden:

Berichtigungsrahmenmethode
- Oberer Rahmen 1 920 000 €
- Unterer Rahmen 1 336 000 €
- *Alt.:* *1 380 000 €*
- materiell richtiges Ergebnis 300 000 €
- Damit ist der untere Rahmen maßgebend (1 336 000 € *bzw. 1 380 000 €*)!

Wortlautmethode
- Saldo der materiellen Fehler ./. 1 356 000 € *(Alt.: 1 380 000 €)*
- Verrechnung mit der selbständigen, »gegenläufigen« Korrektur nach § 173 Abs. 1 Nr. 1 AO (+ 320 000 €) bis maximal 0 € ergibt: 0 €
- Es verbleibt die selbständige »gleichläufige« Korrektur nach § 173 Abs. 1 Nr. 2 AO mit einer Auswirkung von ./. 264 000 € *(Alt.: ./. 220 000 €)*

Dies bedeutet, dass der USt-Bescheid 2004 nach §§ 173 Abs. 1 Nr. 1 und 2, 177 AO geändert werden muss und die Steuer neu festgesetzt wird auf 1 336 000 € *(Alt.: 1 380 000 €)*. Die Klage hat damit teilweise Erfolg, der Betrag von 264 000 € *(Alt.: 220 000 €)* ist an die Klägerin zu erstatten.

IV. Punktetabelle

	Punkte
Frage 1:	
Zutreffende Klageart richtet sich nach dem verfolgten Klagebegehren; Klagebegehren untersucht: Korrektur des USt-Bescheides 2004 und Erstattung.	1
Bezüglich der Korrektur des USt-Bescheides liegt verwaltungsaktbezogene Anfechtungs- bzw. Verpflichtungsklage vor, bezüglich Auszahlung allgemeine Leistungsklage.	1
Erstattungsanspruch setzt aber Verwaltungsakt voraus; deshalb zunächst Verwaltungsakt zu erstreiten; Leistungsklage ist subsidiär.	1
Aufhebungsanfechtungsklage entspricht nicht dem Klagebegehren der D.	1
Änderungsanfechtungsklage als nicht statthaft erkannt.	1
Deshalb Verpflichtungsklage.	1
Allgemeine Sachurteilsvoraussetzungen genannt: Finanzrechtsweg (§ 33 FGO), sachliche Zuständigkeit (§ 35 FGO) und die örtliche Zuständigkeit (§§ 38f. FGO) des angerufenen Gerichts.	1
Parteibezogene Sachurteilsvoraussetzungen: Beteiligtenfähigkeit, Prozessfähigkeit (§ 58 FGO) sowie die Prozessvertretung (§ 62 FGO). Klagebezogene Sachurteilsvoraussetzungen: Ordnungsmäßigkeit der Klageerhebung (§§ 64f. FGO), Rechtsschutzbedürfnis; Rechtshängigkeit (§ 66 FGO); kein Klageverzicht (§ 50 Abs.1 S. 3 FGO).	1

	Punkte
Besondere Voraussetzungen der Verpflichtungsklage: Klagefrist (§§ 47ff. FGO), Durchführung eines Vorverfahrens (§§ 44ff. FGO); Beschwer (§ 40 Abs. 2 FGO).	1
Frage 2:	
Eingreifen von Korrekturvorschriften untersucht, die das FA zu einer Korrektur des USt-Bescheides verpflichtet hätten.	1
§ 129 AO sowie §§ 164 Abs. 2, 165 Abs. 2 AO abgelehnt, § 172 Abs. 1 Nr. 2 Buchst. a AO nicht erfüllt, da USt-Schätzungsbescheid unanfechtbar.	1
§ 173 AO untersucht: Tatsachen gesucht; Mehr-Ausgangsumsätze und Mehr-Eingangsleistungen als getrennt zu beurteilende Tatsachen gesehen.	1
Ausgangsumsätze: neue Tatsachen i. S. d. § 173 Abs. 1 Nr. 1 AO nur i. H. v. 2 000 000 €; Voraussetzungen erfüllt; Korrektur gem. § 173 Abs. 1 Nr. 1 AO: + 320 000 €.	1
Vorsteuern: Vorsteuerbeträge i. H. v. 1 620 000 € dem FA in voller Höhe unbekannt; neue Tatsachen i. S. d. § 173 Abs. 1 Nr. 2 AO; grobes Verschulden bejaht.	1
Zusammenhang mit Ausgangsumsätzen geprüft; kein Zusammenhang mit Vorsteuer aus Erwerb des Grundstücks.	1
Verhältnisberechnung gem. AEAO zu § 173 Nr. 6.3 vorgenommen.	1
20,0 % (bzw. 16,67 %) ermittelt: Vorsteuer i. H. v 264 000 € (bzw. 220 000 €) nach § 173 Abs. 1 Nr. 2 AO korrigierbar.	1
Folgen für Klage untersucht: § 177 AO erkannt!	1
Mitberichtigung nach der Rahmenmethode oder Wortlautmethode durchgeführt.	1
Ergebnis: UStB 2004 muss nach §§ 173 Abs. 1 Nr. 1 und 2, 177 AO geändert werden und die USt neu festgesetzt werden auf 1 336 000 € *(Alt.: 1 380 000 €)*; Klage hat teilweise Erfolg, 264 000 € *(Alt.: 220 000 €)* sind zu erstatten.	1
Summe	20

Teil B: Einkommensteuer

Klausuraufgabe 1:
Gewerbliche Einkünfte/Errichtung Betriebsgebäude/
Einteilung in Wirtschaftsgüter/Gewerbesteuerrückstellung/
Betriebsaufgabe/Erbfall und Realteilung/Einkünfte aus Vermietung
und Verpachtung/Spekulationsgeschäft

I. Vorspann

Sie sind Sachbearbeiter/Sachbearbeiterin im Finanzamt. Ihnen liegt die Steuererklärung des Ehepaars Beck für den Veranlagungszeitraum 2005 zur Bearbeitung vor. Die Steuererklärung ist von beiden Ehegatten unterschrieben, die Angaben zur gewünschten Veranlagungsart sind jedoch nicht ausgefüllt. Das Ehepaar Beck ist steuerlich nicht beraten. Herr Beck ist nicht berufstätig.

II. Sachverhalt

Uwe Beck (geb. am 10.02.1965) und Elvira Beck (geb. am 29.06.1960) sind seit dem 01.05.1990 verheiratet. Sie bewohnen zusammen mit ihren beiden Kindern Franziska (geb. am 15.09.1995) und Frederik (geb. am 30.03.1998) ein ihnen gemeinsam gehörendes Einfamilienhaus in Meißen. Beide Kinder besuchen Schulen in Meißen.

1 Elvira Beck

1.1 Versicherungsvertretungsbüro

Frau Beck betreibt in der Innenstadt von Meißen ein selbständiges Versicherungsvertreterbüro in angemieteten Räumen. Der nicht verlängerbare Mietvertrag lief zum 31.07.2005 aus. Den Gewinn ermittelte sie seit Jahren nach den Vorschriften über den Betriebsvermögensvergleich, wobei bisher das Wirtschaftsjahr dem Kalenderjahr entsprach. Die der Steuererklärung für das Jahr 2005 beigefügte Gewinnermittlung wurde jedoch auf den 30.11.2005 erstellt und weist einen Gewinn i. H. v. 125 000 € aus, der bis auf die sich aus dem dargestellten Sachverhalt ergebenden Schlussfolgerungen zutreffend ermittelt wurde. Zum 31.12.2004 belief sich das Betriebsvermögen zutreffend auf 130 000 €. Im Jahr 2005 wurden nach der vorliegenden Gewinnermittlung Entnahmen i. H. v. 100 000 € und Einlagen i. H. v. 30 000 € getätigt. In der Gewinnermittlung sind Gewerbesteuervorauszahlungen i. H. v. 7 500 € enthalten, weitere Folgerungen diesbezüglich wurden nicht gezogen.

In den Herbstferien 2005 erlitt die Familie Beck auf dem Rückweg nach Meißen auf der Autobahn einen schweren Unfall, infolgedessen Frau Beck dauerhaft berufsunfähig wurde. Schweren Herzens entschloss sich Frau Beck daher, das Unternehmen zu veräußern. Auf Grund der guten Lage fand sich schnell ein Käufer, dem Frau Beck das Unternehmen mit Wirkung zum 01.12.2005 verkaufte. Die Räumlichkeiten (s. u.) verblieben dabei in ihrem Eigentum und wurden an den Käufer vermietet. Als Kaufpreis für das Unternehmen wurden 750 000 € vereinbart. Der Kaufpreis ist in drei Raten zu je 250 000 € am 15.01.2006,

15.03.2006 und 15.06.2006 fällig. Um dem Käufer den dauerhaften Betrieb des Unternehmens sicher zu stellen, wurde hinsichtlich der Räumlichkeiten ein langlaufender Mietvertrag mit Verlängerungsoption abgeschlossen.

1.2 Vermietung

Mit notariellem Vertrag vom 02.01.2005 erwarb Frau Beck in der Nähe ihres bisherigen Betriebssitzes ein älteres Gebäude. Der Kaufpreis wurde mit 150 000 € vereinbart, wobei die Hälfte des Kaufpreises unbestritten auf den Grund und Boden entfällt. Nutzen und Lasten gingen am 15.01.2005 über. Die Nebenkosten des Erwerbes hatte nach den vertraglichen Bedingungen Frau Beck zu tragen. Die notarielle Beurkundung verursachte Kosten i. H. v. 1 000 € zzgl. gesetzlicher Mehrwertsteuer, das Grundbuchamt berechnete unter dem Datum des 15.02.2005 Gebühren i. H. v. 750 €. Der Bescheid über die Grunderwerbsteuer erging im März 2005. Die Nebenkosten wurden jeweils zeitnah durch Frau Beck beglichen.

Sofort nach dem Erwerb lies Frau Beck das erworbene Gebäude für 10 000 € zzgl. gesetzlicher Mehrwertsteuer abreißen und an seiner Stelle einen dreistöckigen Neubau errichten, der bereits am 01.08.2005 eingeweiht und seiner Bestimmung übergeben werden konnte. Im Erdgeschoss befinden sich die neuen Räume für das Unternehmen (150 qm), in den beiden Obergeschossen jeweils eine großzügig ausgelegte Wohnung (je 110 qm). Die beiden Wohnungen konnte Frau Beck schnell vermieten, die Wohnung im ersten Obergeschoss bereits ab 01.08.2005, die Wohnung im zweiten Obergeschoss ab 01.10.2005. Die monatliche Miete beträgt jeweils 850 € zzgl. 125 € Nebenkosten und ist am letzten Tag des Monats für den abgelaufenen Monat fällig. Der Mieter der Wohnung im zweiten Obergeschoss bezahlte die Miete für Dezember 2005 mittels Überweisung am 07.01.2006, ansonsten gingen die Mieten jeweils termingerecht ein. Ab 01.12.2005 vermietete Frau Beck auch die betrieblichen Räume für monatlich 1 750 € zzgl. Nebenkosten i. H. v. 200 €, die Miete ging pünktlich, jeweils am Monatsletzten, auf ihrem Girokonto ein.

Die Errichtung des Gebäudes verursachte Baukosten i. H. v. 500 000 € zzgl. gesetzliche Mehrwertsteuer. Der Architekt stellte in 2005 Planungs- und Bauüberwachungskosten von insgesamt 25 000 € zzgl. gesetzliche Mehrwertsteuer in Rechnung. Die Baugenehmigungsgebühr betrug 2 500 € (Bauantrag vom Januar 2005). Der Einheitswert des Grundstückes wurde auf den 01.01.2006 für ein gemischt genutztes Grundstück mit 116 000 € festgestellt.

Sowohl der Erwerb des bebauten Grundstückes als auch der Neubau wurden durch eine Erbschaft sowie bereits bei Frau Beck vorhandenem Vermögen finanziert. Im Mai 2004 war die Mutter von Frau Beck verstorben und hatte ihr gesamtes Vermögen den beiden einzigen Kindern, Frau Beck und ihrem Bruder zu gleichen Teilen vermacht. Das von der Mutter vererbte Vermögen bestand aus einem Sparguthaben i. H. v. 200 000 € und einem unbebauten Grundstück in Dresden. Letzteres hatte die Mutter mit notariellem Kaufvertrag vom 12.04.2000 für Anschaffungskosten von insgesamt 300 000 € erworben. Mit notariellem Erbauseinandersetzungsvertrag vom 02.01.2005 setzten sich Frau Beck und ihr Bruder über das Erbe auseinander. Der Verkehrswert des Grundstückes beträgt 600 000 €. Frau Beck erhielt das Bargeld und zusätzlich von ihrem Bruder eine Zahlung i. H. v. 200 000 €, die dieser noch im Januar leistete.

In der Anlage V wurden die Einkünfte hinsichtlich des Gebäudes wie folgt ermittelt, wobei das Gebäude ansonsten bei keinen weiteren Einkünften berücksichtigt wurde. Lediglich die laufenden Betriebskosten (ohne Abschreibung) für das Erdgeschoss wurden als Betriebsausgaben verbucht. Der gemeine Wert des bebauten Grundstückes beträgt am 30.11.2005 850 000 € (Anteil Grund und Boden 10%).

Einnahmen	
Wohnung erstes Obergeschoss (5 × 850 €)	4 250 €
Wohnung zweites Obergeschoss (2 × 850 €)	1 700 €
Miete Versicherungsbüro (1 × 1 750 €)	1 750 €
Summe der Einnahmen	**7 700 €**
Werbungskosten	
Erwerbskosten Altgebäude	150 000 €
Notargebühren	1 160 €
Grundbuchgebühren	750 €
Baugenehmigungsgebühren	2 500 €
Stromkosten (nachgewiesen)	600 €
Heizungskosten (nachgewiesen)	1 000 €
Abschreibung Gebäude	
Baukosten 580 000 € + Architekt 29 000 €	
= Herstellungskosten 609 000 €	
Abschreibung 4 %	24 360 €
Summe Werbungskosten	**180 370 €**
Verlust aus Vermietung und Verpachtung	**172 670 €**

III. Aufgaben

1. Ermitteln Sie für die Ehegatten Uwe und Elvira Beck den Gesamtbetrag der Einkünfte für den Veranlagungszeitraum 2005. Gehen Sie dabei auch auf die steuerliche Berücksichtigung der Kinder ein. Bestberechnungen sind nicht durchzuführen.
2. Nehmen Sie dabei auch zur Steuerpflicht, Veranlagungsform und zum Tarif Stellung!
3. Der Gesamtbetrag der Einkünfte soll so niedrig wie möglich gehalten werden, die dafür erforderlichen Anträge gelten als gestellt und genehmigt.
4. Nehmen Sie auch zur Gewerbesteuerpflicht und zur Höhe einer ggf. erforderlichen Gewerbesteuerrückstellung von Frau Beck Stellung. Für Berechnungszwecke wenden Sie die 5/6-Methode an.
5. Alle erforderlichen Anträge, Bescheinigungen, Nachweise und Verzeichnisse liegen, soweit dem Sachverhalt nichts anderes entnommen werden kann, vor. Falls Angaben zu Wirtschaftsgütern in einem Verzeichnis auszuweisen sind, gelten sie als ordnungsgemäß vorgenommen.
6. Rechenergebnisse sind auf den nächsten vollen Euro-Betrag aufzurunden. Prozentsätze sind auf zwei Kommastellen genau zu berechnen, wobei die letzte Kommastelle aufzurunden ist.
7. Sämtliche im Sachverhalt genannten Mietverträge liegen ordnungsgemäß vor und sind, sofern nichts Gegenteiliges aus der Aufgabe hervorgeht, auch inhaltlich nicht zu beanstanden.
8. Sofern für Ihre Lösung erforderlich, gehen Sie davon aus, dass umsatzsteuerrechtlich § 1 Abs. 1a UStG erfüllt ist.

9. Die angegebenen Einheitswerte wurden nach den Verhältnissen zum 01.01.1935 ermittelt.
10. Der Gewerbesteuerhebesatz der Gemeinde Meißen soll 400 % betragen.

IV. Lösung

1 Allgemeines

Uwe und Elvira Beck sind natürliche Personen (§ 1 BGB) mit Wohnsitz im Inland (Meißen) und somit beide unbeschränkt steuerpflichtig nach § 1 Abs. 1 S. 1 EStG. Ebenfalls unbeschränkt steuerpflichtig nach § 1 Abs. 1 S. 1 EStG sind die beiden Kinder Franziska und Frederik.

Das Ehepaar Beck erfüllt die Voraussetzungen des Ehegattenwahlrechts nach § 26 Abs. 1 S. 1 EStG, da die Ehegatten beide unbeschränkt steuerpflichtig, rechtsgültig verheiratet und nicht dauernd getrennt lebend sind. Da die Voraussetzungen des § 26c EStG (besondere Veranlagung) nicht vorliegen, können die Becks zwischen getrennter (§ 26a EStG) und Zusammenveranlagung (§ 26b EStG) wählen (vgl. § 26 Abs. 1 S. 1, 2. HS EStG). Auf Grund der fehlenden Angaben in der Steuererklärung ist die Wahl der Zusammenveranlagung zu unterstellen (§ 26 Abs. 3 EStG). Die Besteuerungsgrundlagen sind für das Kalenderjahr zu ermitteln (vgl. § 2 Abs. 7 S. 2 EStG).

Die beiden Kinder Franziska und Frederik sind leibliche Kinder (§ 32 Abs. 1 Nr. 1 EStG) und werden steuerlich im gesamten Kalenderjahr 2005 berücksichtigt, da beide noch nicht volljährig sind (§ 32 Abs. 3 EStG). Für beide Kinder steht den Becks entweder Kindergeld oder der Ansatz der Freibeträge nach § 32 Abs. 6 EStG i. H. v. 1 824 € + 1 080 € × 2 = 5 808 € zu. Die Entscheidung fällt im Rahmen einer sog. Bestberechnung nach § 31 S. 4 EStG. Weitere Begünstigungen, insbesondere Ausbildungsfreibeträge nach § 33a Abs. 2 EStG werden nicht erfüllt.

2 Einkünfte aus dem Versicherungsbüro

2.1 Allgemeines

Aus dem Versicherungsvertreterbüro erzielt Frau Beck Einkünfte aus Gewerbebetrieb nach § 2 Abs. 1 S. 1 Nr. 2 EStG i. V. m. § 15 Abs. 1 S. 1 Nr. 1 EStG (vgl. H 15.6 [Abgrenzung selbständige Arbeit/Gewerbebetrieb] EStH unter b) Beispiele für Gewerbebetrieb – Versicherungsvertreter). Es handelt sich um Gewinneinkünfte nach § 2 Abs. 2 Nr. 1 EStG. Die Gewinnermittlung erfolgt nach den Grundsätzen des Betriebsvermögensvergleichs (§ 5 EStG) mittels Bilanzierung. Der Gewinn ermittelt sich nach dem Wirtschaftsjahr (§ 4a Abs. 1 S. 1 EStG), welches nach § 4a Abs. 1 S. 2 Nr. 3 EStG dem Kalenderjahr entspricht. Das Wirtschaftsjahr umfasst grundsätzlich einen Zeitraum von zwölf Monaten und würde demnach im vorliegenden Fall mit Ablauf des 31.12.2005 enden (§ 8b S. 1 EStDV). Durch die Betriebsaufgabe zum 30.11.2005 entsteht jedoch ein Rumpfwirtschaftsjahr (§ 8b S. 2 Nr. 1 EStDV). Der Gewinnermittlungszeitraum endet daher zutreffend am 30.11.2005.

Die Veräußerung des Unternehmens stellt eine Betriebsaufgabe nach § 16 Abs. 3 S. 1 EStG dar, da Frau Beck eine wesentliche Betriebsgrundlage, den betrieblich genutzten Gebäudeteil nicht mitveräußert, sondern lediglich aus dem Privatvermögen heraus an den Käufer des Unternehmens vermietet, demnach also zuvor nach § 4 Abs. 1 S. 2 EStG aus dem Betriebsvermögen entnimmt.

Um den richtigen steuerlichen Gewinn zu ermitteln, sollte folgende Reihenfolge eingehalten werden:
1. Prüfung der steuerlichen Behandlung des Gebäudes.
2. Korrektur der Gewinnermittlung entsprechend 1.
3. Berechnung der Gewerbesteuerrückstellung.
4. Feststellung des endgültigen Gewinnes.

2.2 Betriebsgebäude

Umsatzsteuer und Herstellungskosten

Als Versicherungsvertreterin erbringt Frau Beck steuerfreie Umsätze nach § 4 Nr. 11 UStG. Nach § 9 Abs. 1 UStG sind diese Umsätze nicht optionsfähig, nach § 15 Abs. 2 Nr. 1 UStG ist der Vorsteuerabzug ausgeschlossen. Die Vermietungsumsätze sind steuerfrei nach § 4 Nr. 12 Buchst. a UStG und ebenfalls nach § 9 UStG nicht optierbar, da einerseits an Privatleute vermietet wird (§ 9 Abs. 1 UStG), andererseits an einen Unternehmer, der nicht zu vorsteuerabzugsberechtigten Umsätzen nutzt (§ 9 Abs. 2 UStG). Die Umsatzsteuer aus den Herstellungskosten und den Anschaffungsnebenkosten zählt damit nach § 9b Abs. 1 EStG zu den Herstellungskosten des späteren Gebäudes.

Erwerb des Grundstücks

Es liegt offenkundig ein Erwerb in Abbruchabsicht vor, da Frau Beck das miterworbene aufstehende Gebäude sofort nach Übergang von Nutzen und Lasten, mithin innerhalb von drei Jahren, abreißen lässt (vgl. H 6.4 [Abbruchkosten] EStH). Da man nach dem Sachverhalt nicht davon ausgehen kann, dass das Gebäude objektiv wertlos, technisch oder wirtschaftlich verbraucht war, zählen die Abbruchkosten sowie die Anschaffungskosten des Gebäudes zu den Herstellungskosten des anschließend neu errichteten Gebäudes. Die Aufteilung der Anschaffungskosten folgt dabei zunächst H 7.3 [Anschaffungskosten] EStH, die steuerliche Zurechnung auf Frau Beck erfolgt ab Übergang Nutzen und Lasten am 15. 01. 2005 (§ 39 Abs. 2 Nr. 1 AO):

Kaufpreis	150 000 €
Notargebühren	1 160 €
Grundbuchgebühren	750 €
Grunderwerbsteuer 3,5 %	5 250 €
Summe der Anschaffungskosten	157 160 €

Von den gesamten Anschaffungskosten entfallen nach dem Sachverhalt 50 % auf den Grund und Boden (78 580 €) und 50 % auf das Gebäude (= 78 580 €). Die Anschaffungskosten des Gebäudes gehen in die späteren Herstellungskosten des Neubaues ein, ebenso die Abbruchkosten i. H. v. 11 600 €, insgesamt also 90 180 €. Eine Absetzung für Abnutzung kann Frau Beck für das Gebäude nicht vornehmen, da sie es sofort nach Übergang Nutzen und Lasten abreißen lässt und es somit zunächst nicht der laufenden Einkünfteerzielung dient.

Herstellungskosten des Gebäudes

Unter Herstellungskosten versteht das Einkommensteuerrecht alle Aufwendungen, die zur erstmaligen Herstellung eines Wirtschaftsgutes erforderlich sind (§ 255 Abs. 2 HGB; H 6.3 [Herstellungskosten] EStH). Bei der Errichtung von Gebäuden zählen dazu:

Abbruchkosten + Restbuchwert	90 180 € (vgl. oben)
Baukosten	580 000 € (brutto; vgl. oben)
Architektenhonorar	29 000 € (brutto, vgl. oben)
Baugenehmigungsgebühr	2 500 €
Herstellungskosten	701 680 €

Da das Gebäude zu unterschiedlichen Zwecken genutzt wird, erfolgt eine Aufteilung anhand der Nutzungs- und Funktionszusammenhänge in vorliegend zwei Wirtschaftsgüter (R 4.2 Abs. 3 S. 3 Nr. 5 EStR i.V.m. R 4.2 Abs. 4 S. 1 EStR). Die Vermietung zu fremden Wohnzwecken bildet dabei das eine Wirtschaftsgut und umfasst die beiden oberen Stockwerke, die eigenbetriebliche Nutzung im Erdgeschoss bildet das zweite Wirtschaftsgut. Als geeigneter Aufteilungsmaßstab dienen die Nutzflächen (vgl. R 4.2 Abs. 6 S. 2 EStR). Die Gesamtnutzfläche beträgt 370 qm (EG – 150 qm, OG – 2 × 110 qm), davon entfällt auf das Erdgeschoss 150 qm, mithin 40,54 %, auf die beiden Obergeschosse 220 qm oder 59,46 %:

Herstellungskosten	701 680 €
davon 40,54 %	284 461 €
davon 59,46 %	417 219 €

Steuerliche Zuordnung der Wirtschaftsgüter

Das Erdgeschoss stellt notwendiges Betriebsvermögen dar (R 4.2 Abs. 7 S. 1 EStR). Es ist erkennbar von Beginn an zur eigenbetrieblichen Nutzung bestimmt (Auslaufen des bisherigen Mietvertrages, zeitnaher Ersatz). Ein entsprechender Anteil des Grund und Bodens ist ebenfalls als notwendiges Betriebsvermögen zu behandeln (R 4.2 Abs. 7 S. 2 EStR). Mangels eines abweichenden Verteilungsschlüssels ist der Grund und Boden im selben Umfang wie das Gebäude als Betriebsvermögen zu behandeln (40,54 % × 78 580 € [vgl. oben] = 31 856 €). Da dieser Gebäudeteil nicht in der Gewinnermittlung erfasst wurde, ist diese falsch und muss berichtigt werden.

Durch die von Beginn an geplante eigenbetriebliche Nutzung des Erdgeschosses findet streng genommen bereits der Erwerb des Grundstückes anteilig im Betriebsvermögen statt, ebenso die anschließende Bebauung. Auf Grund der privaten Finanzierung kann der Vorgang vereinfachend einheitlich als Einlage nach § 4 Abs. 1 S. 5 EStG behandelt werden, wobei die Kosten/Wirtschaftsgüter nach § 6 Abs. 1 Nr. 5 Buchst. a EStG in das Betriebsvermögen überführt werden (statt einer sukzessiven Einlage mit Baufortschritt). Das Grundstück geht daher mit 31 856 € als Einlage in das Betriebsvermögen über, das Gebäude mit 284 461 €. Da das Grundstück bisher in der Gewinnermittlung nicht erfasst war, sind die laufenden Einlagen dementsprechend zu erhöhen.

Die beiden Obergeschosse (oder Nutzung zu fremden Wohnzwecken) stellen an sich neutrales Vermögen dar. Sie werden weder eigenbetrieblich genutzt, noch ist eine Behandlung als Betriebsvermögen oder Privatvermögen zwingend. Nach R 4.2 Abs. 9 EStR kann das Wirtschaftsgut fremde Wohnzwecke als gewillkürtes Betriebsvermögen behandelt werden, was jedoch eine eindeutige Einlagehandlung erfordern würde, die offenkundig unterblieben ist, da sich das gesamte Gebäude nach dem Sachverhalt nicht in der Gewinnermittlung niedergeschlagen hat. Dieser Gebäudeteil stellt demnach ein Wirtschaftsgut des steuerlichen Privatvermögens dar, die Nutzung durch Vermietung führt zu Einkünften aus Vermietung und Verpachtung nach § 21 Abs. 1 S. 1 Nr. 1 EStG.

2.3 Korrektur der laufenden Gewinnermittlung

2.3.1 Ausgangslage

Nach den Angaben des Sachverhaltes setzt sich das steuerliche Kapitalkonto zum 30. 11. 2005 bisher wie folgt zusammen:

Kapital am 31. 12. 2004	130 000 €
abzgl. Entnahmen	./. 100 000 €
zzgl. Einlagen	+ 30 000 €
lfd. Gewinn	+ 125 000 €
Kapital am 30. 11. 2005	185 000 €

2.3.2 Korrektur der Einlagen und der Abschreibung

Durch die noch zu erfassenden Einlagen (Grund und Boden und Gebäude) erhöhen sich die Einlagen um 316 317 € (31 856 € + 284 461 €) auf 346 317 €. Gleichzeitig muss für das betriebliche Gebäudeteil noch Abschreibung berücksichtigt werden. Die AfA erfolgt nach § 7 Abs. 4 S. 1 Nr. 1 EStG mit 3 % p.a., beginnend ab 01. 08. 2005 bis zum 30. 11. 2005 = 4/12. Die Bemessungsgrundlage beträgt wie oben festgestellt 284 461 €, die AfA mithin (284 461 € × 3 % × 4/12) = 2 845 €. Die AfA mindert den bisherigen Gewinn i. H. v. 125 000 € auf nunmehr 122 155 €.

2.3.3 Gewerbesteuerrückstellung

Nach den Sachverhaltsangaben wurden im Jahr 2005 bisher Gewerbesteuervorauszahlungen i. H. v. 7 500 € gewinnmindernd verbucht, eine Gewerbesteuerrückstellung oder Gewerbesteuerrückforderung jedoch nicht geprüft oder ausgewiesen. Hinzurechnungen nach § 8 GewStG oder Kürzungen nach § 9 GewStG ergeben sich aus dem Sachverhalt nicht. Insbesondere erfolgt keine Kürzung nach § 9 Nr. 1 GewStG, da es hierfür auf den Stand des betrieblichen Grundbesitzes am Beginn des Kalenderjahres ankommt (vgl. § 20 Abs. 1 GewStDV).

Vorläufiger Gewinn	122 155 €
zzgl. Gewerbesteuervorauszahlungen	7 500 €
Gewerbeertrag (§ 7 S. 1 GewStG)	129 655 €
Abrundung (§ 11 Abs. 1 S. 3 GewStG)	129 600 €
abzgl. Freibetrag (§ 11 Abs. 1 S. 3 Nr. 1 GewStG)	24 500 €
verbleibender Gewerbeertrag	105 100 €

Steuermesszahl (§ 11 Abs. 2 Nr. 1 GewStG)

	105 100 €			
./.	12 000 €	1 %	=	120 €
./.	12 000 €	2 %	=	240 €
./.	12 000 €	3 %	=	360 €
./.	12 000 €	4 %	=	480 €
	57 100 €	5 %	=	2 855 €
				4 055 €

Hebesatz lt. Angabe 400 % × 4 055 €	16 220 €
× 5/6 (vgl. R 4.9 Abs. 2 EStR)	13 517 €
abzgl. Vorauszahlungen	./. 7 500 €
Rückstellung	6 017 €

Durch die Veräußerung des Unternehmens endet die Steuerpflicht nach § 2 GewStG (vgl. A 19 Abs. 1 GewStR). Der Erhebungszeitraum ist nach § 14 S. 3 GewStG das Rumpfwirtschaftsjahr, er beginnt am 01. 01. 2005 und endet am 30. 11. 2005. Der Veräußerungsgewinn aus dem Unternehmen ist nicht gewerbesteuerpflichtig, da die Gewerbesteuer eine Objektsteuer ist und daher nur die laufenden Gewerbeerträge besteuert, nicht jedoch Veräußerungsgewinne nach § 16 EStG (vgl. A 39 Abs. 1 S. 2 Nr. 1 GewStR).

Die Gewerbesteuer ist nach Maßgabe des § 35 EStG auf die Einkommensteuer anrechenbar. Die maximale Anrechnungshöhe beträgt das 1,8fache des Gewerbesteuermessbetrages.

2.3.4 Endgültiger Gewinn und Kapitalkonto

Durch die noch zu bildende Gewerbesteuerrückstellung vermindert sich der Gewinn aus Gewerbebetrieb von 122 155 € um 6 017 € auf 116 138 €.

Das Kapitalkonto beläuft sich nach diesen Korrekturen auf:

Kapital am 31. 12. 2004	130 000 €
abzgl. Entnahmen	./. 100 000 €
zzgl. Einlagen	+ 346 317 €
lfd. Gewinn	116 138 €
Kapital am 30. 11. 2005	492 455 €

2.4 Betriebsaufgabegewinn

Die Veräußerung des Unternehmens zum 01. 12. 2005 stellt keine Betriebsveräußerung im Ganzen nach § 16 Abs. 1 S. 1 Nr. 1 EStG dar, weil Frau Beck nicht das gesamte Unternehmen mit all seinen wesentlichen Betriebsgrundlagen an einen Erwerber veräußert, sondern das Betriebsgrundstück zurück behält. Das Betriebsgrundstück beinhaltet zwar keine nennenswerten stillen Reserven, es ist jedoch für das Unternehmen funktional von wesentlicher Bedeutung. Im Anwendungsbereich des § 16 EStG spielt sowohl die funktionale wie auch die quantitative Beurteilung der wesentlichen Betriebsgrundlage eine Rolle (vgl. R 16 Abs. 1 EStR sowie H 16 Abs. 1 [Zurückbehaltene Wirtschaftsgüter] EStH). Die Zurückbehaltung des Betriebsgrundstückes führt im vorliegenden Fall zu einer Entnahme dieses Wirtschaftsgutes, da Frau Beck es im Anschluss an die Betriebsveräußerung durch Vermietung nutzt und diesen Vorgang offenkundig dem Privatvermögen zuordnet. Die Entnahme wesentlicher Wirtschaftsgüter im Zusammenhang mit der Veräußerung des restlichen Betriebsvermögens fällt unter § 16 Abs. 3 S. 1 EStG, es liegt eine Betriebsaufgabe vor.

Der Gewinn aus der Betriebsaufgabe errechnet sich nach § 16 Abs. 2 EStG. Dem Veräußerungserlös i. H. v. 750 000 € ist der Entnahmewert des betrieblichen Grundstücks zuzurechnen, der nach § 16 Abs. 3 S. 7 EStG dem gemeinen Wert des Wirtschaftsgutes entspricht.

Nach den Sachverhaltsangaben beträgt der gemeine Wert des gesamten Grundstückes am Tag der Betriebsaufgabe 850 000 €. Davon entfallen auf den betrieblich genutzten Teil 40,54 % = 344 590 €.

Berechnung

Veräußerungserlös	750 000 €
Entnahmewert	344 590 €
Summe	1 094 590 €
davon ab nach § 16 Abs. 2 S. 2 EStG Kapitalkonto am 30. 11. 2005	492 455 €
Betriebsaufgabegewinn	602 135 €

Die Versteuerung des Betriebsaufgabegewinnes erfolgt in 2005, da es auf die Bezahlung der Kaufpreisraten nicht ankommt, der Gewinn ist mit Übergang des Unternehmens auf den Erwerber realisiert (vgl. H 16 Abs. 9 [Aufgabegewinn bei Veräußerung von Wirtschaftsgütern] EStH). Der Umstand der Ratenzahlung hat darauf keinen Einfluss und führt auch nicht zur Abzinsung des Veräußerungserlöses, da die Laufzeit unter einem Jahr liegt.

Aus umsatzsteuerlicher Sicht liegt eine Geschäftsveräußerung im Ganzen nach § 1 Abs. 1a UStG vor, die nicht steuerbar ist (vgl. Abschn. 5 Abs. 1 S. 7 UStR 2005). Das Betriebsgrundstück bleibt dabei auch weiterhin umsatzsteuerliches Unternehmensvermögen, da es im Anschluss an die ertragsteuerliche Entnahme auch weiterhin gegen Entgelt zur Nutzung überlassen wird und somit der Erzielung von Umsätzen dient.

Obwohl Frau Beck im Zeitpunkt der Betriebsaufgabe erst 45 Jahre alt ist, kommt ein Freibetrag nach § 16 Abs. 4 S. 1 EStG grundsätzlich in Betracht, da sie auf Grund des Unfalles dauerhaft berufsunfähig geworden ist. Da der Veräußerungsgewinn jedoch die Kappungsgrenze von 136 000 € (vgl. § 16 Abs. 4 S. 3 EStG) um mehr als 45 000 € übersteigt, kann ein Freibetrag nicht gewährt werden.

Unabhängig davon liegen jedoch auch außerordentliche Einkünfte nach § 34 Abs. 2 Nr. 1 EStG vor, so dass Frau Beck ohne Antrag in jedem Fall die tarifliche Fünftelregelung des § 34 Abs. 1 EStG erhält, auf Antrag die Tarifbegünstigung nach § 34 Abs. 3 EStG.

3 Einkünfte aus Vermietung und Verpachtung

3.1 Allgemeines

Hinsichtlich der beiden zu fremden Wohnzwecken vermieteten Wohnungen in den Obergeschossen liegen Einkünfte aus Vermietung und Verpachtung nach § 21 Abs. 1 S. 1 Nr. 1 EStG i. V. m. § 2 Abs. 1 S. 1 Nr. 6 EStG vor, da Frau Beck Gebäudeteile zur Nutzung überlässt. Es handelt sich um eine Überschusseinkunftsart nach § 2 Abs. 2 Nr. 2 EStG, bei der die Einkünfte durch Kürzung der Einnahmen (§ 8 EStG) um die Werbungskosten (§ 9 EStG) ermittelt werden. Für die Abgrenzung zwischen verschiedenen Veranlagungszeiträumen gilt § 11 EStG. Dies gilt ebenfalls für das Erdgeschoss nach der Entnahme im Zusammenhang mit der Betriebsaufgabe zum 01. 12. 2005.

3.2 Einnahmen

Die Wohnung im ersten Obergeschoss ist bereits ab 01. 08. 2005 vermietet. Die monatliche Miete beträgt kalt 850 € und ist jeweils pünktlich eingegangen. Die Umlagen i. H. v. monatlich 125 € stellen ebenfalls Einnahmen aus Vermietung und Verpachtung dar (vgl. H 21.2 [Einnahmen] EStH), diese werden zusammen mit der Kaltmiete überwiesen. Aus dem ersten Obergeschoss erzielt Frau Beck daher Mieteinnahmen i. H. v. 5 × 975 € = 4 875 €.

Die Wohnung im zweiten Obergeschoss wird ab 01.10.2005 vermietet. Auch hier beträgt die Miete kalt 850 €, die Umlagen 125 €. Da die Miete für Dezember 2005 erst am 07.01.2006 überwiesen wurde stellt sich die Frage, ob dieser Betrag noch im Veranlagungszeitraum 2005 steuerlich zu erfassen ist. Bei Mietverträgen handelt es sich um Dauerschuldverhältnisse und damit um eine regelmäßig wiederkehrende Einnahme i.S.d. § 11 Abs. 1 S. 2 EStG. Da sowohl die Fälligkeit als auch die Zahlung innerhalb kurzer Zeit um das Ende des Kalenderjahres liegt (vgl. H 11 [Allgemeines – Kurze Zeit] EStH), wird die erst am 07.01.2006 eingegangene Mietzahlung dem Jahr der wirtschaftlichen Zugehörigkeit 2005 zugeordnet. Aus der Wohnung im zweiten Obergeschoss erzielt Frau Beck daher 3 × 975 € = 2 925 € Mieteinnahmen.

Aus dem Erdgeschoss erzielt Frau Beck Einnahmen i. H. v. 1 750 € (Kaltmiete) zzgl. 200 € Umlagen.

Zusammenfassung

Erdgeschoss	1 950 €
erstes Obergeschoss	4 875 €
zweites Obergeschoss	2 925 €
Summe Einnahmen	9 750 €

3.3 Werbungskosten

3.3.1 Allgemeines

Frau Beck kann die im Zusammenhang mit den Vermietungseinnahmen stehenden Kosten als Werbungskosten geltend machen (§ 9 Abs. 1 S. 1 EStG), auch wenn die Vermietung zum Teil erst im Oktober beginnt, da es sich insoweit um vorweggenommene Werbungskosten handelt, die Einkünfteerzielungsabsicht ist unzweifelhaft gegeben (vgl. BMF vom 08.10.2004, Az: IV C 3 – S 2253–91/04, BStBl I 2004, 933). Die zu den Herstellungskosten gehörenden Aufwendungen stellen keine Werbungskosten dar, sondern erhöhen die Abschreibungsbemessungsgrundlage des Gebäudes. Darunter fallen die bisher als Werbungskosten geltend gemachten Beträge: Erwerbskosten Altgebäude 150 000 €, Notargebühren 1 160 €, Grundbuchgebühren 750 € und Baugenehmigungsgebühren 2 500 €.

Zutreffend Werbungskosten stellen die Strom- (600 €) und Heizungskosten (1 000 €) dar. Diesen Aufwendungen entsprechen auf der Einnahmenseite die Umlagen.

3.3.2 Absetzung für Abnutzung

Zu den Werbungskosten zählt auch die Absetzung für Abnutzung für das Gebäude (§ 9 Abs. 1 S. 3 Nr. 7 EStG). Für das Wirtschaftsgut »**fremde Wohnzwecke**« (beide Obergeschosse) kann Frau Beck die Absetzung für Abnutzung nach § 7 Abs. 5 EStG beanspruchen, da sie als Herstellerin des Gebäudes anzusehen ist. Als Abschreibungsstaffel kommt § 7 Abs. 5 S. 1 Nr. 3 Buchst. c EStG in Betracht, da der Bauantrag für das Gebäudes in 2005 gestellt wurde. Die Absetzung für Abnutzung kann daher mit 4 % p.a. vorgenommen werden, wobei die degressive Gebäudeabschreibung eine Jahresabschreibung ist, sodass in 2005 keine Zwölftelung erfolgt (vgl. § 7 Abs. 1 S. 4 EStG; H 7.4 [Teil des auf ein Jahr entfallenden AfA-Betrags] EStH). Die Bemessungsgrundlage ergibt sich aus der vorstehenden Aufteilung der Herstellungskosten, auf die Vermietung zu fremden Wohnzwecken entfallen demnach 59,46 % oder 417 219 € (Gesamtherstellungskosten 701 680 €, betrieblicher Teil 284 461 €). Die Absetzung für Abnutzung und damit die Werbungskosten betragen somit für 2005 hinsichtlich der oberen Geschosse: 417 219 € × 4 % = 16 689 €.

Für die Absetzung für Abnutzung des **Erdgeschosses** ab Dezember 2005 muss berücksichtigt werden, dass es zunächst durch die Betriebsaufgabe zu einer Entnahme aus dem Betriebsvermögen kommt und daher der Entnahmewert die weitere Bemessungsgrundlage für die Abschreibung bildet (vgl. R 7.3 Abs. 6 S. 4 EStR). Vom Verkehrswert des gesamten Grundstückes entfallen 40,54 % oder 344 590 € auf diesen Gebäudeteil (vgl. oben). Dieser Betrag setzt sich zusammen aus 10 % Grund und Bodenanteil = 34 459 € und 90 % Gebäudeanteil = 310 131 €. Dieser Betrag bildet die Bemessungsgrundlage für die weiteren Abschreibungen. Hinsichtlich der Abschreibungsmethode bleibt festzustellen, dass durch die Entnahme die Eigenschaft als Wirtschaftsgebäude verloren gegangen ist. Da auch keine Wohnnutzung vorliegt, kann die Abschreibung nur nach § 7 Abs. 4 S. 1 Nr. 2 Buchst. a EStG mit 2 % p.a. erfolgen (vgl. R 7.4 Abs. 10 S. 1 Nr. 1 EStR), wobei eine zeitanteilige Berechnung zu berücksichtigen ist. Die Abschreibung beträgt somit: 310 131 € × 2 % × 1/12 = 517 €.

3.3.3 Zusammenfassung Vermietung und Verpachtung

Die Einkünfte aus Vermietung und Verpachtung von Frau Beck ermitteln sich wie folgt:

Einnahmen	9 750 €
Werbungskosten	
• Strom	600 €
• Heizung	1 000 €
• AfA (OG)	16 689 €
• AfA (EG)	517 €
Einkünfte	./. 9 056 €

4 Einkünfte aus privaten Veräußerungsgeschäften

Durch den Tod der Mutter im Mai 2004 ging deren Vermögen zunächst unentgeltlich auf die beiden Erben über, die als Gesamtrechtsnachfolger in die Rechtsposition der Mutter eintreten (BMF vom 14. 03. 2006, Az: IV B 2 – S 2242 – 7/06, BStBl I 2006, 253, Tz. 1). Solange die dadurch entstandene Erbengemeinschaft nicht geteilt wird, erzielt sie mit dem ererbten Vermögen ggf. steuerlich relevante Einkünfte, die jedoch auf Grund der Erbteilung bereits am 02. 01. 2005 für den Veranlagungszeitraum 2005 ohne Bedeutung sind. Mit dem notariellen Erbauseinandersetzungsvertrag vom 02. 01. 2005 findet die Realteilung der Erbmasse statt. Bei einer Erbquote von 50 % steht aus dem Nachlass jedem Erben ein Wert von 400 000 € zu (Barvermögen 200 000 € zzgl. Verkehrswert des Grundstücks 600 000 € = 800 000 € × 50 %). Da der Bruder von Frau Beck mit dem Grundstück mehr erhält als ihm nach der Erbquote zusteht, muss er seiner Schwester einen Ausgleich i. H. v. 200 000 € bezahlen (Realteilung mit Abfindungszahlung; BMF vom 14. 03. 2006, a. a. O., Tz. 26). Durch die Zahlung für das über die Erbquote hinaus erworbene »Mehr« findet steuerlich gesehen eine anteilige Veräußerung des Grundstücks von Frau Beck an ihren Bruder statt, die jedoch nur dann Bedeutung erlangt, wenn die Frist für private Veräußerungsgeschäfte nach § 23 Abs. 1 S. 1 Nr. 1 S. 1 EStG von zehn Jahren noch nicht abgelaufen ist. Durch den unentgeltlichen Übergang von der Mutter auf die Erbengemeinschaft tritt diese hinsichtlich der Frist in die Rechtsposition der Mutter ein (s. a. H 23 [Veräußerungsfrist] EStH). Diese hatte das Grundstück im Jahr 2000 entgeltlich erworben, wodurch bei ihr die Frist in Gang gesetzt wurde und zum Zeitpunkt der Realteilung noch nicht abgelaufen ist.

Der Umfang der entgeltlichen Veräußerung bestimmt sich nach dem Verhältnis zwischen dem Verkehrswert des Grundstücks 600 000 € und der hierfür durch den Bruder zu leistenden Zahlung i. H. v. 200 000 €. Dementsprechend wurde das Grundstück zu 1/3 entgeltlich veräußert und zu 2/3 durch den Bruder als Folge des Erbfalles unentgeltlich aus der Erbengemeinschaft übernommen, was auf den Gesamtwert gerechnet seinem Erbteil wertmäßig entspricht. Dem Veräußerungserlös i. H. v. 200 000 € stehen die anteiligen Anschaffungskosten der Mutter i. H. v. 100 000 € (300 000 € × 1/3) gegenüber (Berechnung nach § 23 Abs. 3 S. 1 EStG). Da der Veräußerungsgewinn somit 100 000 € beträgt, ist der Vorgang auch steuerpflichtig, die Freigrenze des § 23 Abs. 3 S. 6 EStG ist überschritten.

5 Gesamtbetrag der Einkünfte

Der Gesamtbetrag der Einkünfte (§ 2 Abs. 3 EStG) errechnet sich wie folgt:

Einkunftsart	Herr Beck	Frau Beck
§ 15 EStG, laufender Gewinn		116 138,00 €
§ 16 EStG, Betriebsaufgabegewinn		602 135,00 €
§ 21 EStG		./. 9 056,00 €
§ 23 EStG		100 000,00 €
Summe der Einkünfte	0 €	809 217,00 €
Gesamtbetrag der Einkünfte		809 217,00 €

V. Punktetabelle

			Punkte
1		Allgemeines	
		Erkennen der unbeschränkten Steuerpflicht und Veranlagungsform	1
		Zutreffende Prüfung der Kinderberücksichtigung und Angabe der Freibeträge	1
2		Einkünfte aus dem Versicherungsbüro	
2.1		Allgemeines	
		Erkennen und Begründen gewerblicher Einkünfte	1
		Prüfung der Gewinnermittlungsart	1
		Prüfung des Rumpfwirtschaftsjahrs	1
2.2		Betriebsgebäude	
		Prüfung der ertragsteuerlichen Behandlung der Vorsteuern	1

			Punkte
		Prüfung des Erwerbs in Abbruchabsicht und der Anschaffungskosten	2
		Feststellung der Herstellungskosten	1
		Prüfung der Einteilung in steuerliche Wirtschaftsgüter	2
		Prüfung der steuerlichen Zuordnung der Wirtschaftsgüter	2
2.3		Korrektur der laufenden Gewinnermittlung	
		Ermittlung Ausgangskapital	1
		Ermittlung Einlagen und Abschreibung	1
		Prüfung Gewerbesteuerpflicht	1
		Ermittlung der Gewerbesteuerrückstellung	2
		Ermittlung endgültiger Gewinn und Schlusskapital	1
2.4		Betriebsaufgabegewinn	
		Prüfung des Unterschieds Betriebsveräußerung/Betriebsaufgabe	2
		Ermittlung des Entnahmewertes	1
		Berechnung des Aufgabegewinns	1
		Prüfung der steuerlichen Begünstigung	1
3		Einkünfte aus Vermietung und Verpachtung	
3.1		Allgemeines	
		Angaben zur Art der Einkünfte	1
3.2		Einnahmen	
		Ermittlung der Einnahmenhöhe insgesamt	1
		Abgrenzung Zufluss bei Dauerschuldverhältnissen	1
		Umlagenbehandlung	1

			Punkte
3.3		Werbungskosten	
		Korrektur der geltend gemachten Kosten; Abgrenzung zu Herstellungskosten	1
		Prüfung der Abschreibungsmethode der Obergeschosse	1
		Ermittlung der Abschreibung nach Entnahme des Erdgeschosses	1
		Ermittlung des Gesamtbetrags der Werbungskosten und Höhe der Einkünfte	1
4		Einkünfte aus privaten Veräußerungsgeschäften	
		Erkennen der Bedeutung des Erbfalls	1
		Betragsmäßige Ermittlung der Erbquoten	1
		Erkennen des unentgeltlichen Übergangs auf die Erbengemeinschaft	1
		Erkennen der teilentgeltlichen Übertragung auf den Bruder und des damit verbundenen privaten Veräußerungsgeschäfts	1
		Berechnung des Gewinns aus dem privaten Veräußerungsgeschäft	2
		Prüfung der Steuerpflicht	1
5		Gesamtbetrag der Einkünfte	1
		Summe	40

Klausuraufgabe 2:
Lohneinkünfte/Werbungskosten/Arbeitslosengeld/Progressionsvorbehalt/Entlassungsentschädigung/Dividendeneinkünfte/Spekulationsgewinne/vorweggenommene Erbfolge/Vermietung und Verpachtung/Sonderausgaben/außergewöhnliche Belastungen

I. Vorspann

Sie sind Steuerberaterin/Steuerberater und von Herrn Müller beauftragt, seine Steuererklärung für den Veranlagungszeitraum 2005 zu erstellen. Aus einem Mandantengespräch ergeben sich die nachfolgenden Sachverhalte, um deren rechtliche Würdigung Sie Herr Müller bittet.

II. Sachverhalt

1 Persönliche Daten Uwe Müller

Herr Uwe Müller (geb. 15.06.1970) ist ledig und lebt in einer angemieteten Zweizimmerwohnung in Coswig bei Dresden, für die er eine monatliche Miete von 250 € bezahlt. Aufgrund einer angeborenen Erkrankung ist Herr Müller körperbehindert (Grad der Behinderung 50 %).

2 Lohneinkünfte

Herr Müller war bis einschließlich September 2005 bei einem Unternehmen in Dresden in der Buchhaltung beschäftigt. Sein monatlicher Bruttolohn betrug 1 600 €, der Arbeitgeberanteil 336 € (bei 42 % Gesamtbeitrag: Rentenversicherung 19,5 %; Arbeitslosenversicherung 6,5 %; Krankenversicherung 14,2 %; Pflegeversicherung 1,8 %). Nach Abzug der Sozialversicherungsabgaben und der Lohnsteuer beläuft sich der monatliche Auszahlungsbetrag auf 1 095 €. Herr Müller fuhr arbeitstäglich an jeweils zwanzig Tagen monatlich mit der Straßenbahn ins Büro, die einfache Entfernung betrug 15 km. An Kosten sind ihm in diesem Zusammenhang 35 € für die Monatskarte der Verkehrsbetriebe entstanden. Wegen der betriebsbedingten Entwicklung erhielt Herr Müller mit Wirkung zum 30.09.2005 die Kündigung. Durch den Arbeitgeber wurde wegen der Kündigung im Oktober 2005 eine Abfindung i. H. v. 15 000 € an Herrn Müller geleistet. Ab Oktober 2005 bezog Herr Müller Arbeitslosengeld i. H. v. monatlich 960 €. Herr Müller sucht seit Oktober 2005 eine neue Arbeitsstelle, war bislang jedoch noch nicht erfolgreich, obwohl er bisher schon 35 Bewerbungsschreiben abgeschickt hat und sich auch bereits bei drei Unternehmen vorstellen konnte. Alleine die Bewerbungsunterlagen haben einen Aufwand i. H. v. 500 € verursacht. Daneben fiel Porto i. H. v. 1,50 € pro Bewerbung an. Fahrtkosten mit dem Pkw hatte Herr Müller für insgesamt 200 km. Im Zusammenhang mit der Arbeitsplatzsuche hat sich Herr Müller extra einen neuen Anzug für die Vorstellungsgespräche zugelegt, der ihm Kosten von 350 € verursachte. Um in seinem Beruf fit zu bleiben, hat sich Herr Müller in einer Ecke seines Wohnzimmers einen Arbeitsplatz eingerichtet, durch den ihm monatliche Sachkosten i. H. v. nachweislich 40 € entstehen (= anteilige Miete etc.). Hier studiert er insbesondere Fachliteratur zur Buchhaltung und Bilanzierung. Die entsprechenden Zeitschriftenabonnements haben in 2005 Kosten i. H. v. 350 € erzeugt. Während seines Jahresurlaubs hat Herr Müller den gesamten Juni in Südfrankreich verbracht. An Kosten sind ihm hierfür Fahrtkosten mit dem Pkw für die An- und Abreise (1 500 km einfache Entfernung) sowie weitere Kosten i. H. v. 1 250 € entstanden.

3 Wertpapiere

Am 15.05.2005 erwarb Herr Müller Aktien der Spezialtouristik-AG, die sich auf Katastrophentourismus spezialisiert hat und deren Geschäfte in den letzten Jahren einen regelrechten Sprung nach vorne gemacht hatten. Das dazu erforderliche Geld hatte Herr Müller durch die Veräußerung eines unbebauten Grundstückes erhalten, aus dem er im April einen Veräußerungserlös i. H. v. 120 000 € realisierte, den er vollumfänglich für die Transaktion verwendete. Das Grundstück hatte Herr Müller 1994, damals noch im gewillkürten Betriebsvermögen für 70 000 € erworben und bei der Betriebsaufgabe zu diesem Wert ins Privatvermögen übernommen (vor seiner Tätigkeit als Angestellter war Herr Müller bis zum Jahr 2000 als gewerblicher Einzelunternehmer tätig, bis er diese Tätigkeit mangels Rentabilität aufgeben musste). Die Anschaffungskosten pro Aktie betrugen einschließlich Nebenkosten 120 €. Auf Grund der guten Hurrikansaison 2005 konnte die AG auf der Hauptversammlung im November 2005 in Dortmund eine Ausschüttung von 4,50 €/Stück beschließen, die auch noch im November an die Aktionäre ausgekehrt wurde, wobei die AG die für Ausschüttungsfälle vorgesehenen steuerlichen Vorschriften beachtete. Für den Besuch der Hauptversammlung entstanden Herrn Müller Kosten für die Fahrt mit dem Pkw (Entfernung 570 km). Da Herr Müller Mittel für seinen Unterhalt benötigte, veräußerte er am 10.12.2005 ein Viertel seiner Aktien zu einem aktuellen Kurswert von 105 €/Stück, wobei ihm noch Veräußerungsnebenkosten i. H. v. 275 € entstanden.

4 Eigentumswohnung

Im Jahr 2004 beschlossen die Eltern von Herrn Müller, bereits zu Lebzeiten einen Teil ihres Vermögens auf die Kinder zu übertragen. Am 05.03.2005 übertrugen sie daher mit notariellem Vertrag eine in Leipzig belegene Eigentumswohnung auf Herrn Müller, der Übergang von Nutzen und Lasten erfolgte nach dem Vertrag am 01.04.2005, die Kosten der Übertragung trugen die Eltern. Sie hatten die Wohnung am 03.09.1998 von einem Bauträgerunternehmen kurz nach deren Fertigstellung für 150 000 € erworben (Grund und Bodenanteil 15 %; aktuell unverändert). An Nebenkosten fielen unstreitig 8 000 € an. Die Wohnung wurde von Beginn an durch Vermietung genutzt und war auch im Moment der Übertragung auf Herrn Müller für monatlich 450 € Warmmiete (ortsüblich) fremdvermietet. In den Steuererklärungen der vorangegangenen Jahre hatten die Eltern die höchstmögliche Abschreibung, jedoch keine Sonderabschreibungen, in Anspruch genommen. Da der Wert der Wohnung sich nach der Fertigstellung nicht so entwickelte, wie der Bauträger ursprünglich versprochen hatte, belief er sich im Jahr 2005 durchgehend nur noch auf 90 000 €. Herr Müller übernahm in diesem Zusammenhang das noch mit 30 000 € valutierende Finanzierungsdarlehen der Eltern (Zinssatz 4,5 %, Tilgung 500 € pro Quartal, Fälligkeit jeweils am Quartalsende) und zahlte an seine beiden Geschwister einen Ausgleich i. H. v. jeweils 20 000 €. Zur Finanzierung der Ausgleichszahlungen nahm Herr Müller im März 2005 bei einer Bank ein voll valutierendes Darlehen über 40 000 € zu einem Zinssatz von 6 % auf. Das Darlehen wurde am 01.04.2005 ausbezahlt und ist am Ende eines Quartals mit jeweils 1 000 € zu tilgen. Die

Zinsen für das abgelaufene Quartal sind zusammen mit den Tilgungen fällig und zu begleichen.

Nachdem der bisherige Mieter zum 31. 07. 2005 gekündigt hatte, stand die Wohnung bis Oktober 2005 leer und wurde erst ab November 2005 erneut vermietet. Die Miete wurde jeweils pünktlich zum Monatsletzten bezahlt. In der Zwischenzeit ließ Herr Müller notwendige Schönheitsreparaturen durchführen, deren Kosten sich auf 1 500 € zzgl. gesetzliche Mehrwertsteuer beliefen.

Trotz mehrerer Zeitungsinserate (Kosten i. H. v. 250 €), tat sich Herr Müller schwer, einen passenden Mieter für die Wohnung zu finden. Ab November 2005 vermietete er die Wohnung auf Grund eines ihm unterlaufenen Schreibfehlers beim Ausfüllen des Mietvertrages für eine Monatswarmmiete von 350 €.

An sonstigen Kosten fielen pro Monat 50 € an. Die Kosten wurden sämtlich in 2005 bezahlt.

III. Aufgabenstellung

1. Ermitteln Sie für Herrn Uwe Müller das zu versteuernde Einkommen für den Veranlagungszeitraum 2005.
2. Nehmen Sie dabei auch zur Steuerpflicht, Veranlagungsform und zum Tarif Stellung!
3. Das zu versteuernde Einkommen soll so niedrig wie möglich gehalten werden, die dafür erforderlichen Anträge gelten als gestellt und genehmigt. Ggf. erforderliche Nachweise gelten als erbracht.
4. Nehmen Sie auch zu eventuellen Steueranrechnungs- und Steuerermäßigungsbeträgen Stellung! Sofern Kapitalertragsteuer und Solidaritätszuschlag eine Rolle spielen, sind diese Werte rechnerisch zu ermitteln und anzugeben.
5. Die Übungsaufgabe ist rein ertragsteuerrechtlich zu sehen. Ob und ggf. inwieweit sich aus den Einkünften von Herrn Müller Auswirkungen auf die Höhe des Arbeitslosengeldes ergeben können, soll keine Berücksichtigung finden.
6. Eine Vergleichsberechnung nach § 10 Abs. 4a EStG ist nicht durchzuführen, ebenso wenig nach § 10c Abs. 5 EStG. Ziehen Sie zur Vereinfachung nur die für das laufende Gehalt gezahlten Sozialabgaben für die Berechnung heran.

IV. Lösung

1 Allgemeines

Herr Müller ist als natürliche Person (§ 1 BGB) mit Wohnsitz im Inland unbeschränkt steuerpflichtig nach § 1 Abs. 1 S. 1 EStG. Der sachlichen Steuerpflicht unterliegen die »Welteinkünfte« (= Universalitätsprinzip; H 1a [Allgemeines] EStH). Für Herrn Müller ist eine Einzelveranlagung nach § 25 Abs. 1 EStG durchzuführen, da er neben den Lohneinkünften weitere Einkunftsarten verwirklicht und zudem Leistungen bezieht, die dem Progressionsvorbehalt nach § 32b EStG unterliegen (vgl. § 46 Abs. 2 Nr. 1 EStG). Als Tarif kommt der Grundtarif zur Anwendung (§ 32a Abs. 1 EStG). Die Besteuerungsgrundlagen sind für das Kalenderjahr zu ermitteln (§ 2 Abs. 7 EStG).

2 Einkünfte aus nichtselbständiger Arbeit

2.1 Allgemeines

Aus seiner Tätigkeit als Buchhalter erzielt Herr Müller Einkünfte aus nichtselbständiger Arbeit nach § 2 Abs. 1 S. 1 Nr. 4 i. V. m. § 19 Abs. 1 Nr. 1 EStG. Als Einkünfte unterliegt der Überschuss der Einnahmen (§ 8 EStG) über die Werbungskosten (§ 9 EStG) der Besteuerung (§ 2 Abs. 2 Nr. 2 EStG). Als Abgrenzungsnorm gilt § 11 EStG (Zufluss-Abflussprinzip).

2.2 Aktive Bezüge

Einkünfte aus aktiv ausgeübter nichtselbständiger Tätigkeit bezieht Herr Müller von Januar bis September 2005. Die Einnahmen (§ 8 Abs. 1 EStG) belaufen sich auf 14 400 € (1 600 € × 9 Monate). Die Einnahmen ermitteln sich brutto, die durch den Arbeitgeber einbehaltene Lohnsteuer sowie die Sozialabgaben (Arbeitnehmeranteil) mindern die Einnahmen nicht (vgl. § 12 EStG). Der Arbeitgeberanteil (hier monatlich 336 €) zu den Sozialversicherungen ist steuerfrei nach § 3 Nr. 62 EStG. Für die Zuordnung der Einnahmen zu einem Veranlagungszeitraum gilt § 11 Abs. 1 S. 4 EStG i. V. m. § 38a Abs. 1 S. 2, 3 und § 40 Abs. 3 S. 2 EStG. Demnach gilt laufender Arbeitslohn als in dem Kalenderjahr bezogen, in dem der Lohnzahlungszeitraum endet (§ 38a Abs. 1 S. 2 EStG). Herr Müller muss dementsprechend den Lohn im Veranlagungszeitraum 2005 versteuern. Die durch den Arbeitgeber einbehaltene Lohnsteuer wird nach § 36 Abs. 2 Nr. 2 EStG auf die Einkommensteuer angerechnet (für den SolZ vgl. § 51a EStG).

2.3 Entschädigungszahlung

Hinsichtlich der Einmalzahlung sind mehrere Aspekte zu prüfen. Eine Zahlung im Zusammenhang mit der normalen Tätigkeit und damit laufender Arbeitslohn kann zunächst ausgeschlossen werden (vgl. H 9 [Abgeltung vertraglicher Ansprüche] LStH). Die Zahlung steht offenkundig im Zusammenhang mit der Kündigung und stellt eine Abfindung für die dadurch für Herrn Müller entstehenden Nachteile dar. Als solche unterliegt sie grundsätzlich der Steuerbefreiung nach § 3 Nr. 9 EStG (vgl. hierzu auch § 52 Abs. 4a EStG [Übergangsregelung]; die Steuerbefreiung wurde mit Wirkung vom 01.01.2006 durch das Gesetz zum Einstieg in ein steuerliches Sofortprogramm [Gesetz vom 22.12.2005 BGBl I 2005, 3682] abgeschafft, für 2005 gilt sie jedoch noch). Die Voraussetzung, dass der Arbeitgeber das Dienstverhältnis beendet haben muss, ist erfüllt (vgl. H 9 [Veranlassung durch den Arbeitgeber] LStH). Der Freibetrag beträgt nach § 3 Nr. 9 EStG 7 200 €, da Herr Müller die Voraussetzungen für einen höheren Freibetrag, insbesondere die Altersvoraussetzungen (Lebensalter 35 Jahre), nicht erfüllt. Der steuerpflichtige Teil der Abfindung beträgt demnach 7 800 €. Weiterhin ist zu prüfen, ob auch die Voraussetzungen des § 24 EStG erfüllt werden, da für diesen Fall zusätzlich eine Tarifermäßigung in Betracht kommt. Nach H 24.1 (Entschädigungen nach § 24 Nr. 1 Buchst. a EStG) EStH zählen Abfindungen, die durch die Auflösung eines Arbeitsverhältnisses durch den Arbeitgeber veranlasst sind, zu den Entschädigungen im Sinne der Vorschrift. Damit fällt der Vorgang unter § 34 Abs. 2 Nr. 2 EStG (außerordentliche Einkünfte), wenn ein zusammengeballter Zufluss vorliegt. Da die Entschädigung höher ist als die ansonsten bis zum Jahresende durch Herrn Müller erzielten Einnahmen, ist auch dieses Merkmal erfüllt (vgl. BMF vom 24.05.2004, Az: IV A 5 – S 2290–20/04, BStBl I 2004, 633, Tz. 9, 10), es liegen außerordentliche Einkünfte nach § 24 Nr. 1 Buchst. a i. V. m. § 34 Abs. 2 Nr. 2 EStG vor. Die den Freibetrag nach § 3 Nr. 9 EStG übersteigenden 7 800 € unterliegen daher der Fünftelregelung des § 34 Abs. 1 EStG. Die begünstigte Besteuerung greift auch für Fälle, die sich in VZ 2006 ereignen, da lediglich die Steuerbefreiung nach § 3 Nr. 9 EStG abgeschafft wurde.

2.4 Arbeitslosengeld

Das Arbeitslosengeld ist steuerfrei nach § 3 Nr. 2 EStG. Die Zahlungen erhöhen jedoch die Leistungsfähigkeit des Steuerpflichtigen und sind daher bei der Ermittlung der Höhe des Steuersatzes für die steuerpflichtigen Einkünfte zu berücksichtigen (§ 32b Abs. 1 Nr. 1 Buchst. a EStG; Progressionsvorbehalt). Der Steuersatz ermittelt sich nach § 32b Abs. 2 EStG, die Höhe der Leistungen ergibt sich aus der nach § 32b Abs. 3 EStG vorgeschriebenen Bescheinigung und beträgt bei Herrn Müller 2 880 € (960 € × 3 Monate).

2.5 Werbungskosten

Werbungskosten liegen vor, wenn der Steuerpflichtige Aufwendungen trägt, die zur Erwerbung, Sicherung und Erhaltung der Einnahmen dienen (§ 9 Abs. 1 S. 1 EStG). Der Werbungskostenbegriff ist in § 9 EStG allgemein definiert und auf die jeweilige Überschusseinkunftsart, hier § 19 EStG, zu beziehen.

2.5.1 Fahrten zwischen Wohnung und Arbeitsstätte

Aufwendungen des Arbeitnehmers für die Wege zwischen der Wohnung und der Arbeitsstätte stellen Werbungskosten nach § 9 Abs. 1 S. 3 Nr. 4 EStG dar. Die Höhe der Werbungskosten ermittelt sich dabei nach § 9 Abs. 1 S. 3 Nr. 4 S. 2 EStG auf Grund der Entfernungspauschale von 0,3 € pro Kilometer der einfachen Entfernung, unabhängig von der Art des Beförderungsmittels (hier: öffentliche Verkehrsmittel; vgl. BMF vom 11. 12. 2001, Az: IV C 5 – S 2351–301/01, BStBl I 2001, 994, Tz. 1.1; beachte Begrenzung der Entfernungspauschale ab VZ 2007 auf Entfernungen über 20 km durch das StÄndG 2007) und beträgt: 15 km × 20 Tage × 8 Monate × 0,3 € = 720 €.

Während des Jahresurlaubs im Juni haben keine Fahrten zwischen Wohnung und Arbeitsstätte stattgefunden, weswegen mit acht Monaten zu rechnen ist. Nach § 9 Abs. 2 S. 2 EStG können höhere tatsächliche Kosten für die Benutzung öffentlicher Verkehrsmittel als Werbungskosten abgezogen werden. Diese betragen bei Herrn Müller jedoch lediglich 280 € (Monatskarte 35 € × 8 Monate) und bleiben daher hinter der Entfernungspauschale zurück. Aus diesem Grund spielt auch die Regelung nach § 9 Abs. 2 S. 3 Nr. 2 EStG für Herrn Müller keine Rolle (Abzug der tatsächlichen Aufwendungen bei Behinderung).

2.5.2 Arbeitszimmer

Kosten für ein häusliches Arbeitszimmer werden durch § 4 Abs. 5 S. 1 Nr. 6b EStG grundsätzlich vom Abzug als Werbungskosten ausgeschlossen. Die Regelung gilt bei Überschusseinkunftsarten sinngemäß (vgl. § 9 Abs. 5 S. 1 EStG). Lediglich in bestimmten Fällen lässt das Gesetz einen beschränkten Abzug als Werbungskosten zu. Abgesehen davon, dass Herr Müller diese gesetzlichen Ausnahmen nicht erfüllt (Nutzung zu mehr als 50 %; kein anderer Arbeitsplatz; Mittelpunkt), liegt nach der allgemeinen Definition der Rechtsprechung bereits kein steuerliches Arbeitszimmer vor, da der Begriff des Arbeitszimmers einen Raum erfordert, der nahezu ausschließlich beruflich genutzt wird. Eine »Arbeitsecke« erfüllt diese Voraussetzung nicht. Die entstandenen Kosten sind insgesamt den nicht abzugsfähigen

Ausgaben nach § 12 Nr. 1 EStG zuzuordnen. Hätte Herr Müller Aufwendungen für Arbeitsmittel, beispielsweise einen Schreibtisch oder Regale, wären diese Kosten grundsätzlich abzugsfähig, auch wenn kein steuerliches Arbeitszimmer vorliegt (vgl. BMF vom 07.01.2004, Az: IV A 6 – S 2145–71/03, BStBl I 2004, 143 [mit Ergänzungen durch BMF vom 14.09.2004, BStBl I 2004, 861], Tz. 7 – allgemeine Voraussetzungen; Tz. 20 – Arbeitsmittel).

2.5.3 Fachliteratur

Aufwendungen für Fachliteratur sind als Werbungskosten grundsätzlich in tatsächlicher Höhe abzugsfähig (§ 9 Abs. 1 S. 1 EStG). Herr Müller kann daher die 350 € für die Fachzeitschriften steuerlich als Werbungskosten geltend machen.

2.5.4 Arbeitsplatzsuche

Zu den Werbungskosten zählen nicht nur Aufwendungen in unmittelbarem Zusammenhang mit einer aktiv ausgeübten Tätigkeit, sondern auch Aufwendungen, die zur Erlangung einer neuen Arbeitsstelle dienen, sofern diese einen hinreichend konkreten Bezug zur Erlangung eines Arbeitsplatzes und der damit einhergehenden späteren Einkunftserzielung aufweisen (vgl. die allgemeine Definition in § 9 Abs. 1 S. 1 EStG). Auch der Umstand, dass Herr Müller Arbeitslosengeld bezieht, hindert nicht die Abzugsfähigkeit der Werbungskosten (vgl. H 33 [Vorweggenommene Werbungskosten] LStH). Allerdings können in diesem Zusammenhang nur solche Kosten als Werbungskosten anerkannt werden, die auch ansonsten zum Werbungskostenabzug zugelassen wären. Der durch Herrn Müller neu angeschaffte Anzug führt daher nicht zu Werbungskosten, da es sich um bürgerliche Kleidung handelt, die die Voraussetzungen des § 9 Abs. 1 S. 3 Nr. 6 EStG (Berufskleidung) nicht erfüllt (vgl. H 33 [Bürgerliche Kleidung] LStH; R 20 LStR; H 44 [Berufskleidung] LStH). Derartige Kosten fallen steuerlich in den Anwendungsbereich des § 12 Nr. 1 EStG als nicht abzugsfähige Ausgaben der privaten Lebensführung (vgl. H 12.1 [Kleidung und Schuhe] EStH).

Werbungskosten können in folgender Höhe anerkannt werden:

Sachkosten (Bewerbungsunterlagen)	500,00 €
Portokosten (35 × 1,5 €)	52,50 €
Fahrtkosten (200 km × 0,3 €)	60,00 €
Summe	612,50 €

Für die Fahrtkosten greift die Begrenzung des § 9 Abs. 1 S. 3 Nr. 4 EStG nicht, da es sich nicht um Fahrten zwischen Wohnung und Arbeitsstätte handelt, die Kosten sind nach Reisekostengrundsätzen zu ermitteln (vgl. H 38 [Pauschale Kilometersätze] LStH).

2.5.5 Urlaub

Auch wenn der Mensch regelmäßig Urlaub zur Erhaltung seiner Arbeitskraft benötigt, sind die entsprechenden Aufwendungen im steuerlichen Privatbereich angesiedelt und führen dementsprechend nach § 12 Nr. 1 EStG nicht zu Werbungskosten.

2.5.6 Zusammenfassung der Werbungskosten

An Werbungskosten anzuerkennen sind bei Herrn Müller:

a) Fahrtkosten Wohnung – Arbeitsstätte	720,00 €
b) Fachliteratur	350,00 €
c) Arbeitsplatzsuche	612,50 €
d) Summe	1 682,50 €

Da die tatsächlichen Werbungskosten den Werbungskostenpauschbetrag nach § 9a S. 1 Nr. 1 Buchst. a EStG (920 €) übersteigen, werden sie bei der Ermittlung der Einkünfte aus nichtselbständiger Arbeit abgezogen.

2.6 Einkünfteermittlung

Die Einkünfte aus nichtselbständiger Tätigkeit nach § 19 Abs. 1 S. 1 Nr. 1 EStG ermitteln sich wie folgt:

Einnahmen (§ 8 Abs. 1 EStG)	14 400,00 €
Entschädigung (§§ 24, 34 EStG)	+ 7 800,00 €
Werbungskosten (§ 9 EStG)	./. 1 682,50 €
Einkünfte (§ 2 Abs. 2 Nr. 2 EStG)	20 517,50 €

Die durch den Arbeitgeber einbehaltene Lohnsteuer (9 × 169 € = 1 521 €) wird nach § 36 Abs. 2 Nr. 2 EStG auf die Einkommensteuer angerechnet. In den Einkünften sind tarifermäßigt zu besteuernde Entschädigungen i. H. v. 7 800 € enthalten.

3 Kapitalerträge

Bei den Aktien handelt es sich um Wirtschaftsgüter des steuerlichen Privatvermögens, deren Anschaffungskosten sich auf 120 €/Aktie belaufen (vgl. H 6.2 [Anschaffungskosten] EStH). Bei einem Gesamtkapitaleinsatz von 120 000 € konnte Herr Müller insgesamt 1 000 Aktien erwerben. Die Gewinnausschüttung der AG führt bei Herrn Müller zu Einkünften aus Kapitalvermögen nach § 20 Abs. 1 Nr. 1 EStG i. V. m. § 2 Abs. 1 S. 1 Nr. 5 EStG. Es handelt sich um Überschusseinkünfte nach § 2 Abs. 2 Nr. 2 EStG, die durch Gegenüberstellung der Einnahmen (§ 8 EStG) und der Werbungskosten (§§ 9, 9a EStG) ermittelt werden. Als Abgrenzungsvorschrift dient § 11 EStG, die Einkünfte sind auf Grund des Zuflusses (§ 11 Abs. 1 EStG) in 2005 anzusetzen.

Die Einnahmen aus der Gewinnausschüttung errechnen sich wie folgt:

1 000 Aktien × 4,50 € = 4 500 €

Da die AG sämtliche Vorschriften eingehalten hat, hat sie von der Bruttodividende die Kapitalertragsteuer nach § 43 Abs. 1 S. 1 Nr. 1 EStG i. V. m. § 43a Abs. 1 Nr. 1 EStG i. H. v. 20 % einbehalten, zusätzlich den Solidaritätszuschlag i. H. v. 5,5 % (§ 4 SolzG), dessen Bemessungsgrundlage die einbehaltene Kapitalertragsteuer ist (§ 3 Abs. 1 Nr. 5 SolzG). Der Kapitalertragsteuerabzug ist nach § 43 Abs. 1 S. 3 EStG ungeachtet der Vorschrift des § 3 Nr. 40 EStG durchzuführen, d. h., von der vollen Bemessungsgrundlage ohne Berücksichtigung des Halbeinkünfteverfahrens. Die Steuerabzüge berechnen sich wie folgt:

Bruttodividende	4 500,00 €
davon 20 % KapESt	900,00 €
davon 5,5 % SolZ	49,50 €
Auszahlungsbetrag	3 550,50 €

Die Kapitalertragsteuer wird nach § 36 Abs. 2 Nr. 2 EStG auf die Einkommensteuer angerechnet, der SolZ nach § 51a Abs. 1 EStG (Zuschlagsteuern) auf den SolZ. Die Steuerabzüge mindern als Personensteuern nicht die Höhe der bei der Veranlagung einzubeziehenden Einnahmen (§ 12 Nr. 3 EStG).

Dividendenerträge unterliegen der hälftigen Steuerbefreiung des § 3 Nr. 40 Buchst. d EStG, die Einnahmen sind daher nur mit 2 250 € anzusetzen. Dementsprechend unterliegen die Werbungskosten der Abzugsbeschränkung des § 3c Abs. 2 EStG und sind ebenfalls nur hälftig anzusetzen. An Werbungskosten sind Herrn Müller die Fahrtkosten zur Hauptversammlung angefallen (vgl. R 20.1 Abs. 2 EStR).

Die Reisekosten sind mit der Pauschale von 0,3 €/km zu ermitteln und belaufen sich daher auf 570 km × 2 (Hin- und Rückfahrt) × 0,3 € = 342 €, welche hälftig zu berücksichtigen sind = 171 €. Die tatsächlichen Werbungskosten sind höher als der Werbungskostenpauschbetrag nach § 9a S. 1 Nr. 2 EStG (51 €) und sind daher bei der Ermittlung der Einkünfte anzusetzen.

Der Sparerfreibetrag nach § 20 Abs. 4 EStG beträgt 1 370 € (beachte Absenkung ab VZ 2007 auf 750 € durch das StÄndG 2007).

Berechnung der Einkünfte

Einnahmen nach § 20 Abs. 1 Nr. 1 EStG	2 250,00 €
Werbungskosten	./. 171,00 €
Einkünfte	2 079,00 €
Sparerfreibetrag max. 1370 €	./. 1 370,00 €
Einkünfte	709,00 €

4 Einkünfte aus privaten Veräußerungsgeschäften

4.1 Aktienverkauf

Durch die Veräußerung der Aktien verwirklicht Herr Müller am 10. 12. 2005 ein privates Veräußerungsgeschäft nach § 23 Abs. 1 S. 1 Nr. 2 EStG i. V. m. § 22 Nr. 2 EStG und § 2 Abs. 1 S. 1 Nr. 7 EStG (sonstige Einkünfte), da die Zeitspanne zwischen dem Erwerb am 15. 05. 2005 und der Veräußerung im Dezember weniger als ein Jahr beträgt. Es handelt sich um Überschusseinkünfte (§ 2 Abs. 2 Nr. 2 EStG), die sich durch Gegenüberstellung der Einnahmen (§ 8 EStG) und der Werbungskosten (§ 9 EStG) ermitteln. Für die Abgrenzung gilt § 11 EStG, mithin sind die Einkünfte in 2005 zu erfassen, da mangels weiterer Angaben von einem zeitnahen Zufluss auszugehen ist.

Für die Einnahmen aus der Veräußerung gilt nach § 3 Nr. 40 Buchst. j EStG das Halbeinkünfteverfahren, die Einnahmen sind demnach nur hälftig zu berücksichtigen. Dementsprechend sind die Veräußerungskosten sowie die Anschaffungskosten, die nach § 23 Abs. 3 S. 1 EStG den Veräußerungserlös mindern, ebenfalls nur hälftig anzusetzen (§ 3c Abs. 2 EStG).

Berechnung der Einkünfte

Einnahmen aus der Veräußerung (250 Aktien × 105 € × 50 %)	13 125,00 €
Anschaffungskosten (250 Aktien × 120 € × 50 %)	./. 15 000,00 €
Veräußerungskosten (275 € × 50 %)	./. 137,50 €
Veräußerungsverlust	./. 2 012,50 €

Für Verluste aus privaten Veräußerungsgeschäften gilt die Verlustausgleichsbeschränkung des § 23 Abs. 3 S. 8 EStG, wonach Herr Müller diesen Verlust nur mit positiven Einkünften aus privaten Veräußerungsgeschäften im gleichen Jahr ausgleichen darf (zur Behandlung in Fällen des Verlustrücktrags nach Maßgabe des § 10d EStG s. a. BMF vom 29. 11. 2004, Az: IV C 8 – S 2225 – 5/04, BStBl I 2004, 1097 – besondere Verrechnungskreise).

4.2 Grundstücksverkauf

Das zur Finanzierung des Wertpapierkaufes veräußerte Grundstück führt zu Einkünften aus privaten Veräußerungsgeschäften nach § 23 Abs. 1 S. 1 Nr. 1 S. 1 EStG i. V. m. § 22 Nr. 2 EStG und § 2 Abs. 1 S. 1 Nr. 7 EStG (sonstige Einkünfte). Es handelt sich um Überschusseinkünfte, die sich durch Gegenüberstellung der Einnahmen (§ 8 EStG) und der Werbungskosten (§ 9 EStG) ermitteln (§ 2 Abs. 2 Nr. 2 EStG). Für die Abgrenzung gilt § 11 EStG, mithin sind die Einkünfte in 2005 zu erfassen, da durch die spätere Verwendung für den Aktienkauf von einem Zufluss auszugehen ist. Im vorliegenden Fall greift die Sonderregelung des § 23 Abs. 1 S. 2 EStG, da Herr Müller das Grundstück im Rahmen einer Betriebsaufgabe durch eine Entnahme in das Privatvermögen überführt hat, hat zu diesem Zeitpunkt im Jahr 2000 eine neue Frist nach § 23 Abs. 1 S. 1 Nr. 1 S. 1 EStG begonnen, die Entnahme gilt als Anschaffung i. S. d. § 23 EStG. Der Gewinn aus dem privaten Veräußerungsgeschäft errechnet sich nach § 23 Abs. 3 S. 1 EStG durch Vergleich des Veräußerungserlöses und den Anschaffungskosten sowie Werbungskosten (Veräußerungskosten). Dabei ist zu beachten, dass als Anschaffungskosten nach § 23 Abs. 3 S. 3 EStG der bei der Betriebsaufgabe tatsächlich angesetzte Wert zu berücksichtigen ist, unabhängig davon, ob dieser Wert zutreffend war oder nicht.

Berechnung der Einkünfte

Einnahmen	120 000 €
Anschaffungskosten	./. 70 000 €
Veräußerungsgewinn	50 000 €

4.3 Zusammenfassung private Veräußerungsgeschäfte

Da Herr Müller in 2005 positive Einkünfte aus privaten Veräußerungsgeschäften durch den Grundstücksverkauf erzielt, kann er nach § 23 Abs. 3 S. 8 EStG auch den Verlust aus der Veräußerung der Aktien ausgleichen:

Gewinn aus Grundstücksverkauf	50 000,00 €
Verlust aus Aktienverkauf	./. 2 012,50 €
Einkünfte nach § 23 EStG	47 987,50 €

Da die Gewinne die Freigrenze nach § 23 Abs. 3 S. 6 EStG übersteigen, sind sie steuerpflichtig.

5 Einkünfte aus Vermietung und Verpachtung

5.1 Teilentgeltlicher Erwerb

Durch die Übertragung von den Eltern auf Herrn Müller ist diesem die Eigentumswohnung steuerlich mit Übergang von Nutzen und Lasten nach § 39 Abs. 2 Nr. 1 AO ab 01.04.2005 zuzurechnen. Es handelt sich um einen Fall der vorweggenommenen Erbfolge (vgl. BMF vom 13.01.1993, Az: IV B 3 – S 2190–37/92, BStBl I 1993, 80, Tz. 1), da die Eltern ihrem Sohn die Wohnung zumindest teilweise mit der Absicht der unentgeltlichen Zuwendung übertragen

Da Herr Müller neben der Übernahme der Restschuld i. H. v. 30 000 € (vgl. BMF vom 13.01.1993, a.a.O., Tz. 9) noch Gleichstellungsgelder an seine Geschwister i. H. v. 40 000 € (vgl. BMF vom 13.01.1993, a.a.O., Tz. 7) bezahlen muss, liegt eine teilentgeltliche Veräußerung durch die Eltern an Herrn Müller vor. Es kommt die sog. Trennungstheorie zur Anwendung (vgl. BMF vom 13.01.1993, a.a.O., Tz. 14), nach der der Vorgang in einen voll unentgeltlichen und einen voll entgeltlichen Teil aufzuspalten ist. Als Maßstab für die Aufteilung wird der Verkehrswert der Wohnung im Moment der Übertragung (= 90 000 €) mit der Höhe des Entgelts verglichen. Als Entgelt gelten sowohl die Schuldübernahme i. H. v. 30 000 € als auch die Gleichstellungsgelder i. H. v. 40 000 €, zusammen 70 000 €. Der Vorgang erfolgt daher zu 77,77 % (Verhältnis 70 000 € zu 90 000 €) entgeltlich, zu 22,23 % unentgeltlich.

Soweit der Erwerb unentgeltlich erfolgt (22,23 %), tritt Herr Müller nach § 11d Abs. 1 EStDV in die Rechtsposition der Eltern ein (Fußstapfentheorie) und übernimmt deren Abschreibungsbemessungsgrundlage, die Abschreibungsmethode und das verbliebene Abschreibungsvolumen. Auch hinsichtlich der noch nicht abgelaufenen Frist nach § 23 Abs. 1 S. 1 Nr. 1 EStG tritt Herr Müller in die Rechtsposition der Eltern ein (§ 23 Abs. 3 EStG), was jedoch im Sachverhalt mangels Veräußerung keine weitere Rolle spielt. Da die Eltern im Jahr 1998 eine neu gebaute Eigentumswohnung im Jahr der Fertigstellung erworben haben, waren sie zur Vornahme der Absetzung für Abnutzung nach § 7 Abs. 5 EStG berechtigt, zumal der Bauträger keine Abschreibungen (§ 7 Abs. 5 S. 2 EStG) vornehmen konnte, da die Wohnung bei ihm zum Umlaufvermögen zählte. Die AfA-Staffel ergibt sich aufgrund des Erwerbsdatums aus § 7 Abs. 5 S. 1 Nr. 3 Buchst. b EStG. Demnach betrug die Absetzung für Abnutzung in den ersten acht Jahren jeweils 5 % der Bemessungsgrundlage, ab dem neunten Jahr 2,5 %. Der Übergang auf Herrn Müller erfolgt, gerechnet vom Jahr der Anschaffung durch die Eltern (1998), im achten Jahr (2005), der Abschreibungssatz beträgt somit in 2005 noch 5 % der unentgeltlich übergegangenen Bemessungsgrundlage.

Berechnung der Fortführungswerte

Anschaffungskosten der Eltern (einschließlich Nebenkosten)	158 000 €
davon Gebäudeanteil (85 %)	134 500 €
davon Grund und Boden (15 %)	23 700 €
Abschreibungsvolumen	
Anschaffungskosten	134 500 €
AfA 1998–2004 (5 % × 7 Jahre)	./. 47 075 €
AfA 2005 (3/12 bis März)	./. 1 681 €
Restvolumen	85 744 €
davon 22,23 % (unentgeltlicher Übergang)	19 918 €

Übergang Bemessungsgrundlage
AK der Eltern 134 500 € × 22,23 %   29 900 €
AfA 2005 Sohn 5 % davon   1 495 €
zeitanteilig für 9 Monate   1 121 €

Vergleichsberechnung: Die AfA des Sohnes aus dem unentgeltlich übergegangenen Teil muss der AfA der Eltern, zeitanteilig gerechnet ab April 2005 und heruntergerechnet auf den unentgeltlichen Umfang, entsprechen:

134 500 € × 5 % × 9/12 × 22,23 %   1 121 €

Die »Abschaffung« der degressiven Gebäudeabschreibung durch das Gesetz zum Einstieg in ein steuerliches Sofortprogramm (Gesetz vom 22. 12. 2005 BGBl I 2005, 3682) ab VZ 2006 hat auf die Fortführung der elterlichen Abschreibung keine Auswirkung.

Hinsichtlich der restlichen Eigentumswohnung liegt ein vollentgeltlicher Erwerb vor, d. h., für die entgeltlich übergegangenen 77,77 % hat Herr Müller Anschaffungskosten (§ 255 Abs. 1 HGB; H 6.2 [Anschaffungskosten] EStH) i. H. v. 70 000 € aufgewendet. Die Anschaffungskosten sind zunächst in den Anteil für Grund und Boden und Gebäude aufzuteilen. Auf den Boden entfallen dabei lt. Sachverhalt 15 %, auf das Gebäude 85 % (vgl. H. 7.3 [Anschaffungskosten] EStH).

Gesamtanschaffungskosten   70 000 €
davon Gebäude (85 %)   59 500 €
davon Grund und Boden (15 %)   10 500 €

Für den entgeltlich erworbenen Teil beginnt eine eigenständige Frist nach § 23 Abs. 1 S. 1 Nr. 1 S. 1 EStG von 10 Jahren zu laufen.

5.2 Einkunftsart

Da die Wohnung im Zeitpunkt der Übertragung bereits vermietet ist, tritt Herr Müller in die Vermieterstellung der Eltern ein und erzielt sofort Einkünfte nach § 21 Abs. 1 S. 1 Nr. 1 EStG i. V. m. § 2 Abs. 1 S. 1 Nr. 6 EStG, Einkünfte aus Vermietung und Verpachtung. Die Einkunftserzielungsabsicht wird bei einer normalen, auf Dauer angelegten, Vermietung unterstellt (vgl. BMF vom 08. 10. 2004, Az: IV C 3 – S 2253 – 91/04, BStBl I 2004, 933, Tz. 1, 4). Es handelt sich um Überschusseinkünfte nach § 2 Abs. 2 Nr. 2 EStG, die durch Abzug der Werbungskosten (§ 9 EStG) von den Einnahmen (§ 8 EStG) ermittelt werden. Als Abgrenzungsnorm gilt § 11 EStG.

Der vorübergehende Leerstand der Wohnung in den Monaten August bis Oktober 2005 führt nicht zum Wegfallen der Einkunftserzielungsabsicht, da Herr Müller durch die Zeitungsinserate und die tatsächlich später erfolgende Neuvermietung auch für diesen Zeitraum die Einkunftserzielungsabsicht nachweisen kann (vgl. BMF vom 08. 10. 2004, a. a. O., Tz. 26).

Auch die verbilligte Vermietung an den neuen Mieter ab November 2005 führt nicht zum Entfallen der Einkunftserzielungsabsicht. Dass Herr Müller verbilligt vermietet, ergibt sich aus dem Vergleich der ab November 2005 tatsächlich erzielten Miete mit i. H. v. monatlich 350 € mit der als ortsüblich angegebenen monatlichen Miete der Eltern i. H. v. 450 €. Als ortsübliche Miete ist dabei die Warmmiete anzusetzen (vgl. R 21.3 EStR). Die Vermietung an einen fremden Dritten würde die Anwendung des § 21 Abs. 2 EStG nicht hindern (vgl. H 21.3 [Überlassung an fremde Dritte] EStH). Herr Müller vermietet für 77,77 % der ortsüblichen

Miete. Nach dem Wortlaut des § 21 Abs. 2 EStG treten bei verbilligter Überlassung steuerliche Folgen jedoch nur dann ein, wenn die tatsächliche Miete unter 56% der ortsüblichen Miete liegt, was vorliegend nicht der Fall ist. Die neuere Rechtsprechung des BFH, der sich die Verwaltung angeschlossen hat (vgl. BMF vom 08.10.2004, a.a. O., Tz. 12), zieht jedoch eine weitere Grenze bei 75% der ortsüblichen Miete, da § 21 Abs.2 EStG ansonsten ggf. als verfassungswidrig einzustufen wäre. Da Herr Müller über der Grenze von 75% liegt, ist die Einkunftserzielungsabsicht zu bejahen, eine Erfolgsprognose ist nicht durchzuführen, eine Kürzung der Werbungskosten nicht vorzunehmen (vgl. BMF vom 08.10.2004, a.a. O., Tz. 11ff.).

5.3 Einnahmen

Zu den Einnahmen zählen nach § 8 Abs. 1 EStG alle Güter, die in Geld oder Geldeswert bestehen. Die Einnahmen sind Herrn Müller ab 01.04.2005 zuzurechnen. Die Mieteinnahmen setzen sich demnach zusammen aus:

Miete April bis Juli (4 × 450 €)	1 800 €
Miete November und Dezember (2 × 350 €)	700 €
Summe	2 600 €

5.4 Werbungskosten

5.4.1 Inserate

Die Kosten für die Zeitungsinserate zählen nach § 9 Abs. 1 S. 1 EStG zu den Werbungskosten bei den Einkünften aus Vermietung und Verpachtung (§ 9 Abs. 1 S. 2 EStG) und sind in tatsächlicher Höhe abzugsfähig mit 250 €.

5.4.2 Erhaltungsaufwendungen

Die durch Herrn Müller aufgewendeten Kosten für Schönheitsreparaturen stellen sofort abzugsfähige Erhaltungsaufwendungen nach § 9 Abs. 1 S.1 EStG dar. Hinsichtlich des entgeltlich erworbenen Teils greift § 6 Abs. 1 Nr. 1 Buchst. a EStG nicht, da es sich um üblicherweise jährlich anfallende Erhaltungsaufwendungen handelt (vgl. a. BMF vom 18.07.2003, Az: IV C 3 – S 2211–94/03, BStBl I 2003, 386, Tz. 15 und 16 zum teilentgeltlichen Erwerb). Insofern liegen auch keine Herstellungskosten vor, da es an einer wesentlichen Verbesserung oder der Erweiterung des Wirtschaftsgutes fehlt. Auch bezüglich des unentgeltlich erworbenen Anteils liegen die Voraussetzung für Herstellungskosten demnach nicht vor. Die Aufwendungen sind nach R 21.1 Abs. 1 EStR sofort abzugsfähig in tatsächlicher Höhe von 1 740 €. Die Umsatzsteuer ist nach § 15 Abs. 2 Nr. 1 UStG nicht abzugsfähig und erhöht somit einkommensteuerrechtlich die Werbungskosten (vgl. H 9b [Gewinnermittlung nach § 4 Abs. 3 EStG und Ermittlung des Überschusses der Einnahmen über die Werbungskosten] EStH; Hinweis: Herr Müller ist durch die Vermietung umsatzsteuerrechtlich Unternehmer nach § 2 Abs. 1 UStG, erbringt jedoch ausschließlich steuerfreie Leistungen nach § 4 Nr. 12 Buchst. a UStG, die nicht zum Vorsteuerabzug berechtigen und auf Grund des § 9 Abs. 1 UStG auch nicht optionsfähig sind).

5.4.3 Finanzierungskosten

An Finanzierungskosten fallen Herrn Müller Aufwendungen für zwei Darlehen an. Einerseits übernimmt er als Teil der Kaufpreiszahlung das noch nicht vollständig getilgte Darlehen der Eltern i. H. v. 30 000 €, andererseits muss er die Gleichstellungsgelder an seine Geschwister finanzieren. Beide Verbindlichkeiten berechtigen Herrn Müller zum Werbungskostenabzug (§ 9 Abs. 1 S. 3 Nr. 1 EStG), da er die mit diesen Verbindlichkeiten erworbene Wohnung zur Einkunftserzielung verwendet (vgl. BMF vom 13. 01. 1993, a. a. O., Tz. 22).

Darlehensübernahme von den Eltern

Das Darlehen besteht am 01. 04. 2005 noch i. H. v. 30 000 €, wobei die Tilgung jeweils erst am Quartalsende erfolgt, die Verzinsung sich demnach im II. Quartal 2005 von 30 000 € berechnet, im III. Quartal von 29 500 € und im IV. Quartal von 29 000 €:

Zinsen II. Quartal: 30 000 € × 4,5 %: 12 × 3	337,50 €
Zinsen III. Quartal: 29 500 € × 4,5 %: 12 × 3	331,88 €
Zinsen IV. Quartal: 29 000 € × 4,5 %: 12 × 3	326,25 €
Summe	995,63 €

Die Tilgungen sind steuerlich neutrale Vorgänge auf der Vermögensebene.

Darlehensaufnahme für Gleichstellungsgelder

Die Zinsen für dieses Darlehen stellen ebenfalls Werbungskosten bei Herrn Müller dar:

Zinsen II. Quartal: 40 000 € × 6 % × 3/12	600 €
Zinsen III. Quartal: 39 000 € × 6 % × 3/12	585 €
Zinsen IV. Quartal: 38 000 € × 6 % × 3/12	570 €
Summe	1 755 €

5.4.4 Absetzung für Abnutzung

Die Absetzung für Abnutzung stellt nach § 9 Abs. 1 S. 3 Nr. 7 EStG Werbungskosten bei den Einkünften aus Vermietung und Verpachtung dar (§ 9 Abs. 1 S. 2 EStG). Bei der AfA ist zu unterscheiden zwischen dem unentgeltlich übernommenen Teil der Wohnung (22,23 %) und dem entgeltlich erworbenen Anteil der Wohnung (77,78 %).

Hinsichtlich des unentgeltlichen Teils tritt Herr Müller in die Fußstapfen der Eltern ein (§ 11d Abs. 1 EStDV; vgl. oben) und führt deren AfA weiter. Im Jahr 2005 resultiert hieraus AfA i. H. v. 1 121 € (vgl. 5.1).

Für den entgeltlich erworbenen Teil bilden die Anschaffungskosten die Bemessungsgrundlage der Absetzung für Abnutzung (vgl. R 7.3 Abs. 1 S. 1 EStR). Diese belaufen sich auf 59 500 € (vgl. 5.1). Als Abschreibungsmethode kommt nur § 7 Abs. 4 S. 1 Nr. 2 Buchst. a EStG mit 2 % p. a. in Betracht, da die Voraussetzung nach § 7 Abs. 5 S. 2 EStG nicht vorliegt, die Wohnung wurde nicht im Jahr der Fertigstellung erworben. Die AfA berechnet sich zeitanteilig ab 01. 04. 2005 mit 9/12.

59 500 € × 2 % × 9/12	893 €

5.4.5 Sonstige Kosten

Die sonstigen Kosten in Zusammenhang mit der Vermietung stellen nach § 9 Abs. 1 S. 1 EStG Werbungskosten dar. Sie sind in tatsächlicher Höhe (9 × 50 €) von 450 € abzugsfähig.

5.5 Zusammenfassung

Die Einkünfte aus Vermietung und Verpachtung belaufen sich auf:

Einnahmen		2 600,00 €
Werbungskosten		
• Inserate	./.	250,00 €
• Erhaltungsaufwand	./.	1 740,00 €
• Finanzierungskosten	./.	995,63 €
• Finanzierungskosten	./.	1 755,00 €
• Abschreibung	./.	1 121,00 €
• Abschreibung	./.	893,00 €
• sonstige Kosten	./.	450,00 €
Einkünfte	./.	4 604,63 €

6 Sonderausgaben

6.1 Vorsorgeaufwendungen

Ab VZ 2005 sind für die Abzugsfähigkeit von Sonderausgaben die Regelungen des Alterseinkünftegesetzes (Gesetz vom 05.07.2004 BGBl I 2004, 1427; s.a. BMF vom 24.02.2005, Az: IV C 3 – S 2255–51/05, BStBl I 2005, 429 – Einführungsschreiben) zu beachten. Da für Herrn Müller keine weiteren Sonderausgaben angegeben sind, ist die Abzugsfähigkeit der Sozialabgaben zu prüfen. § 10 EStG differenziert dabei zwischen zwei Positionen. Unter § 10 Abs. 1 Nr. 2 Buchst. a EStG fallen die Beiträge zur gesetzlichen Rentenversicherung, unter § 10 Abs. 1 Nr. 3 Buchst. a EStG fallen die Beiträge zur Arbeitslosenversicherung, zur Krankenversicherung sowie zur Pflegeversicherung. Für beide Positionen sind unterschiedliche Höchstbeträge normiert. Die für Herrn Müller abgeführten Sozialabgaben betragen nach dem Sachverhalt monatlich 672 € (Arbeitgeber- und Arbeitnehmeranteil). Darin enthalten sind 46,43 % Rentenversicherungsbeiträge (19,5 % Beitragssatz bezogen auf 42 % Gesamtbeitrag) und 53,57 % (22,5 % Beitragssatz bezogen auf 42 % Gesamtbeitrag) Beiträge zur Arbeitslosen-, Kranken- und Pflegeversicherung. Ein Monatsbeitrag von Herrn Müller i. H. v. 336 € gliedert sich demnach:

Gesamtbeitrag	672 € × 1/2	336 €
• davon Rentenversicherung	312 € × 1/2	156 €
• davon andere Beiträge	360 € × 1/2	180 €

Nach § 10 Abs. 1 Nr. 2 S. 2 EStG sind den Rentenversicherungsbeiträgen die entsprechenden Arbeitgeberanteile hinzuzurechnen, der Gesamtaufwand beläuft sich demnach auf 2 808 € (= 156 € × 2 × 9 Monate). Grundsätzlich können derartige Vorsorgeaufwendungen bis zu 20 000 € als Sonderausgaben berücksichtigt werden (§ 10 Abs. 3 S. 1 EStG). Der Betrag der Vorsorgeaufwendungen wird im Jahr 2005 mit 60 % angesetzt (§ 10 Abs. 3 S. 4 EStG) und um den steuerfreien Arbeitgeberanteil gekürzt (§ 10 Abs. 3 S. 5 EStG). Der verbliebene Betrag kann als Sonderausgaben angesetzt werden.

2 808 € × 60 % = 1 685 €; 1 685 € ./. 1 404 € (ArbG-Anteil) = 281 €

Von den Aufwendungen für die Arbeitslosen-, Kranken- und Pflegeversicherung (= 180 € × 9 Monate = 1 620 €) kann Herr Müller maximal 1 500 € als Sonderausgaben geltend machen (§ 10 Abs. 4 S. 2 EStG).

Insgesamt kann Herr Müller aus den Vorsorgeaufwendungen einen Betrag von 1 781 € (= 281 € + 1 500 €) als Sonderausgaben geltend machen.

6.2 Vorsorgepauschale

Sofern höher als die nachgewiesenen Sonderausgaben nach § 10 Abs. 1 Nr. 2 und Nr. 3 EStG, kommt die Vorsorgepauschale zum Abzug (§ 10c Abs. 2 S. 1 EStG). Diese setzt sich nach § 10c Abs. 2 S. 2 EStG zusammen aus:

Nr. 1	Arbeitslohn 14 400 € × 19,5 % × 50 % = 1 404 €; 1 404 € × 20 % =	281 €
Nr. 2	11 % des Arbeitslohns 14 400 € × 11 %/max. 1 500 € =	1 500 €
Summe		1 781 €

Die Vorsorgepauschale entspricht im vorliegenden Fall dem Höchstbetrag nach § 10 EStG.

6.3 Sonderausgaben-Pauschbetrag

Für die übrigen Sonderausgaben wird der Pauschbetrag i. H. v. 36 € angesetzt (§ 10c Abs. 1 EStG).

7 Außergewöhnliche Belastungen

Nach dem Sachverhalt sind bei Herrn Müller keine außergewöhnlichen Belastungen gesondert angegeben. Auf Grund seiner Behinderung kann er jedoch den Behindertenpauschbetrag nach § 33b EStG geltend machen. Die dazu erforderlichen Nachweise (vgl. § 65 EStDV) gelten nach der Aufgabenstellung als erbracht. Herr Müller erfüllt mit einem nachgewiesenen Grad der Behinderung von 50 % den § 33b Abs. 2 Nr. 2 EStG, der Pauschbetrag beträgt nach § 33b Abs. 3 S. 1 EStG 570 €.

8 Ermittlung des zu versteuernden Einkommens

Das zu versteuernde Einkommen ermittelt sich nach § 2 Abs. 3 bis 5 EStG (s. a. Schema in R 2 Abs. 1 EStR) wie folgt:

Einkünfte aus nichtselbständiger Tätigkeit	20 517,50 €
Einkünfte aus Kapitalvermögen	709,00 €
Einkünfte aus Vermietung und Verpachtung	./. 4 604,63 €
Einkünfte aus privaten Veräußerungsgeschäften	47 987,50 €
= Summe der Einkünfte	64 609,37 €
= Gesamtbetrag der Einkünfte[1]	64 609,37 €
abzgl. Sonderausgaben	
Vorsorgeaufwendungen	./. 1 781,00 €
Pauschbetrag	./. 36,00 €
abzgl. außergewöhnliche Belastungen	
Pauschbetrag nach § 33b EStG	./. 570,00 €
= Einkommen	62 222,37 €
= zu versteuerndes Einkommen	62 222,37 €

1 Der Altersentlastungsbetrag (§ 24a EStG), der Entlastungsbetrag für Alleinerziehende (§ 24b EStG) sowie der Freibetrag für Land- und Forstwirte (§ 13 Abs. 3 EStG) kommen nicht in Betracht.

V. Punktetabelle

			Punkte
1		Allgemeines	
		Angaben zur Steuerpflicht, Veranlagungsform und Tarif	1
2		Einkünfte aus nichtselbständiger Arbeit	
2.1		Allgemeines	
		Einordnung der Einkünfte/Überschusseinkunftsart	1
2.2		Aktive Bezüge	
		Prüfung der Höhe der Einnahmen und Zufluss	1
2.3		Entschädigungszahlung	
		Prüfung der Steuerbefreiung sowie der Tarifermäßigung	1
2.4		Arbeitslosengeld	
		Prüfung des Progressionsvorbehalts	1
2.5		Werbungskosten	
2.5.1		Fahrten zwischen Wohnung und Arbeitsstätte	
		Ermittlung der Höhe der abzugsfähigen Aufwendungen	1
2.5.2		Arbeitszimmer	
		Erkennen der Nichtanerkennungsfähigkeit	1
2.5.3		Fachliteratur	
		Prüfung nach allgemeinen Grundsätzen	1
2.5.4		Arbeitsplatzsuche	
		Erkennen und Ermitteln vorweggenommener Werbungkosten	1
2.5.5		Urlaub	
2.5.6		Zusammenfassung der Werbungskosten	

			Punkte
2.6		Einkünfteermittlung	
3		Kapitalerträge	
		Einordnung als Kapitalerträge mit entsprechenden Gesetzesangaben	1
		Prüfung der Höhe der steuerpflichtigen Einkünfte; Halbeinkünfte	1
		Prüfung der Werbungskosten; Halbeinkünfte	1
4		Einkünfte aus privaten Veräußerungsgeschäften	
4.1		Aktienverkauf	
		Erkennen und Prüfen eines steuerpflichtigen privaten Veräußerungsgeschäfts	1
		Anwendung des Halbeinkünfteverfahrens/Verlustermittlung	1
4.2		Grundstücksverkauf	
		Erkennen des durch die Betriebsaufgabe erneut in Gang gesetzten Fristlaufs	1
		Ermittlung des Veräußerungsgewinns	1
		Verlustausgleichsprüfung	1
4.3		Zusammenfassung private Veräußerungsgeschäfte	
5		Einkünfte aus Vermietung und Verpachtung	
5.1		Teilentgeltlicher Erwerb	
		Erkennen und Prüfen der vorweggenommenen Erbfolge	1
		Ermittlung der Höhe der Anschaffungskosten; Trennungstheorie	1
5.2		Einkunftsart	
		Erkennen und Prüfen der verbilligten Überlassung	1
5.3		Einnahmen	
		Ermittlung der Einnahmenhöhe	1

			Punkte
5.4	Werbungskosten		
5.4.1	Inserate		1
5.4.2	Erhaltungsaufwendungen		
	Prüfung im Zusammenhang mit dem teilentgeltlichen Erwerb		1
5.4.3	Finanzierungskosten		
	Erkennen des Sachzusammenhangs mit dem Erwerb und Umsetzung		1
5.4.4	Absetzung für Abnutzung		1
5.4.5	Sonstige Kosten		
5.5	Zusammenfassung		
6	Sonderausgaben		
6.1	Vorsorgeaufwendungen		
	Berechnen der maximal berücksichtigungsfähigen Vorsorgeaufwendungen anhand der Neuregelungen des Alterseinkünftegesetzes		2
6.2	Vorsorgepauschale		
	Ermittlung der Vorsorgepauschale anhand des Alterseinkünftegesetzes		1
6.3	Sonderausgaben-Pauschbetrag		
7	Außergewöhnliche Belastungen		
	Prüfen und Ermitteln des Pauschbetrags für Behinderte		1
8	Ermittlung des zu versteuernden Einkommens		1
	Summe		30

Klausuraufgabe 3:
Einkünfte aus selbständiger Arbeit/Einnahmenüberschussrechnung/ Wechsel der Gewinnermittlungsart/Betriebsveräußerung/ Realteilung/Veräußerung eines Mitunternehmeranteils/ Wechsel der Steuerpflicht/ausländische Einkünfte

I. Vorspann

Sie sind Steuerberaterin/Steuerberater und von Herrn Schulz beauftragt, dessen Steuererklärung für das Jahr 2005 zu erstellen. Aus den Ihnen vorliegenden Unterlagen sowie den mit Herrn Schulz geführten Mandantengesprächen haben sich die nachfolgend dargestellten Sachverhalte ergeben.

II. Sachverhalt

1 Persönliche Daten Herbert Schulz

Herr Herbert Schulz (geb. 20.05.1940) wohnt in eigenem Einfamilienhaus in Pirna in Sachsen. Seit 10.11.2003 ist Herr Schulz verwitwet. Seine Ehefrau, mit der er 35 Jahre glücklich verheiratet war, kam durch einen tragischen Autounfall ums Leben. Kinder sind aus der Ehe nicht hervorgegangen.

2 Anwaltskanzlei

2.1 Betriebsveräußerung

Herr Schulz ist seit vielen Jahren als Anwalt in gut gehender eigener Kanzlei tätig. Seinen Gewinn hat er bisher stets durch Einnahmenüberschussrechnung ermittelt. Umsatzsteuerrechtlich wendet er § 20 UStG an. Geschockt durch den Tod seiner Ehefrau und auch ein bisschen altersbedingt hatte sich Herr Schulz Anfang des Jahres 2005 entschieden, seine beruflichen Aktivitäten einzustellen und sich noch ein paar schöne Jahre zu machen. Nach längerer Suche eines Nachfolgers konnte er seine Anwaltskanzlei mit Wirkung zum 01.07.2005 für 1710000 € veräußern. In diesem Kaufpreis sind erfasst das Betriebsgrundstück mit 650000 €, die Betriebs- und Geschäftsausstattung mit 60000 € und der Mandantenstamm mit 1000000 €. Verbindlichkeiten hat der Erwerber nicht übernommen, jedoch die Kosten der Veräußerung getragen. Nicht auf den Erwerber übertragen wurden die ausstehenden Forderungen i.H.v. 17400 €, die noch nicht beglichenen Verbindlichkeiten aus dem laufenden Geschäftsverkehr i.H.v. 3500 € (ohne Umsatzsteuerausweis), die noch ausstehende Abführung von Lohnsteuer für Juni 2005 i.H.v. 2000 €, die noch ausstehende Abführung der Sozialabgaben für Juni 2005 i.H.v. ebenfalls 2000 € sowie die für Juni 2005 noch abzuführende Umsatzsteuer i.H.v. 8000 €. Ebenfalls zurückbehalten hat sich Herr Schulz die Gelder auf Bank/Kasse i.H.v. 150000 €. Sämtliche ausstehenden Zahlungen leistete Herr Schulz noch im Juli 2005.

2.2 Betriebseinnahmen

Bis zur Veräußerung der Kanzlei hat Herr Schulz in 2005 Einnahmen i. H. v. 255 200 € erzielt. Die am 01. 07. 2005 noch ausstehenden Forderungen i. H. v. 17 400 € konnte er sämtlich noch im Juli 2005 vereinnahmen.

2.3 Laufende Betriebsausgaben

An laufenden Betriebsausgaben, einschließlich Gehälter, Lohnsteuer und Sozialabgaben sind Herrn Schulz bis zur Veräußerung ohne die Umsatzsteuerzahllast Kosten i. H. v. 35 000 € entstanden. Ggf. in den laufenden Betriebsausgaben enthaltene Vorsteuern sollen zur Vereinfachung außer Betracht bleiben.

2.4 Betriebs- und Geschäftsausstattung

Die hier erfassten Wirtschaftsgüter haben am 31. 12. 2004 einen Restbuchwert i. H. v. 75 000 € und wurden bisher linear abgeschrieben (Restnutzungsdauer durchschnittlich 5 Jahre).

2.5 Betriebsgrundstück

Das Betriebsgrundstück hatte Herr Schulz im Jahr 1991 unbebaut für 50 000 € erworben. Sofort nach Erwerb beauftragte er einen Architekten mit dem Entwurf eines Kanzleigebäudes, welches auf Grund des Bauantrags vom 03. 04. 1991 in der Folge zügig für 400 000 € errichtet wurde und bereits im Januar 1992 seiner Zweckbestimmung übergeben werden konnte. Das Gebäude wurde steuerlich höchstmöglich abgeschrieben, Sonderabschreibungen wurden jedoch nicht beansprucht.

3 Beteiligung an der Schulz OHG

Bei der OHG handelt es sich um einen Familienbetrieb, den Herr Schulz zusammen mit seinen drei Geschwistern von seinem Vater zu gleichen Teilen geerbt hatte. Da die Geschäfte schon seit längerem nicht mehr zufriedenstellend liefen, wurde bei der jährlichen Gesellschafterversammlung im April 2005 die Liquidation zum 30. 04. 2005 (= Bilanzstichtag) beschlossen und sofort umgesetzt. Die Auseinandersetzung des Gesellschaftsvermögens erfolgte durch Verteilung an die Gesellschafter. Da alle Geschwister neben der Gesellschaft noch Einzelunternehmen betreiben, übernahmen diese das ihnen zugewiesene Vermögen komplett in ihre Unternehmen. Herr Schulz bekam in diesem Zusammenhang ein bisher seiner Schwester Erika gehörendes unbebautes Grundstück, dessen Buchwert seinem Kapitalkonto entsprach (= 45 000 €) und dessen Verkehrswert i. H. v. 90 000 € seinen Anteil an den stillen Reserven abdeckte. Das Grundstück war bisher der OHG als Kundenparkplatz zur Nutzung überlassen. Weitere Regelungen wurden in der Realteilungsvereinbarung nicht getroffen. Der Jahresabschluss zum 30. 04. 2005 weist einen Gewinn i. H. v. 8 000 € aus.

4 Beteiligung an der Maier GmbH & Co. KG

Bereits vor zehn Jahren hatte sich Herr Schulz an der Maier GmbH & Co. KG als Kommanditist (Beteiligungsumfang 10 %) beteiligt. Die KG hat ihre Geschäftsräume in unmittelbarer Nähe zur Schulz OHG und sucht seit längerem ein Grundstück als Lager- und Parkplatz. Daher konnte Herr Schulz das aus der Liquidation der Schulz OHG übernommene Grundstück sofort im Anschluss daran ab Mai 2005 problemlos für monatlich 1 250 € an die KG vermieten. Die Mieten wurden auf ein privates Girokonto von Herrn Schulz überwiesen. Im August 2005 beschloss die Gesellschafterversammlung der KG gegen den Willen von Herrn Schulz, der die damit zusammenhängenden Risiken als zu groß einschätzte, die Bebauung dieses Grundstücks. Gleichzeitig wurde vereinbart, dass Herr Schulz seinen Kommanditanteil mit Wirkung ab 01.10.2005 an den Hauptgesellschafter Herrn Maier überträgt und diesem ebenfalls das Grundstück veräußert. Herr Schulz war mit dieser Lösung einverstanden, da er durch die Konfliktsituation einen sehr guten Preis für den Gesellschaftsanteil und das Grundstück aushandeln konnte. Als Kaufpreis für den Gesellschaftsanteil wurden 250 000 € vereinbart, als Kaufpreis für das Grundstück 110 000 €. Zum Bilanzstichtag der KG am 30.09.2005 wies das Kapitalkonto von Herrn Schulz in der Gesellschaftsbilanz einen Wert von 75 000 € aus. Der Gewinn des Geschäftsjahres 2004/2005 wurde mit 150 000 € ermittelt.

5 Haus in Südfrankreich

Im Jahr 1995 hatte das Ehepaar Schulz in Südfrankreich ein idyllisch gelegenes Haus für 150 000 € einschließlich sämtlicher Nebenkosten erworben (Baujahr 1970; Grund und Bodenanteil 25 %). Ursprünglich als Ferienhaus gedacht, hatte sich schnell gezeigt, dass es Herrn Schulz wegen seiner enormen Arbeitsbelastung nicht möglich war, regelmäßig das Haus zu nutzen. Daraufhin wurde das Haus ab 1998 langfristig für 500 € monatlich vermietet. Laufende Kosten entstehen jährlich i. H. v. 1 200 € (Grundsteuer etc.). Nachdem der bisherige Mieter Ende August 2005 ausgezogen war, entschloss sich Herr Schulz kurzerhand, das Haus zukünftig als Hauptwohnsitz zu nutzen, zumal er durch die Abwicklung seiner geschäftlichen Aktivitäten und den Tod seiner Ehefrau keine großen Bindungen mehr im Inland hatte. Nachdem er zuvor sämtliche Formalitäten geregelt hatte, zog er am 15.11.2005 mit Sack und Pack nach Südfrankreich. Das bisher in Pirna genutzte Einfamilienhaus vermietete er ab diesem Tag für monatlich 1 000 €. Das Gebäude hatte Herr Schulz 1991 im Jahr der Fertigstellung für 350 000 € einschließlich Nebenkosten erworben und seitdem privat genutzt (Bodenanteil 30 %).

6 Kontrollmitteilung

Dem für die Besteuerung von Herrn Schulz zuständigen Finanzamt war im Frühjahr 2006 durch eine Kontrollmitteilung bekannt geworden, dass Herr Schulz im Juni 2005 eine Zahlung i. H. v. 500 000 € erhalten hatte. Daraufhin schrieb das Finanzamt Herrn Schulz zur weiteren Ermittlung des Sachverhalts an und bat um nähere Auskünfte, um ggf. die Einkommensteuervorauszahlungen entsprechend anpassen zu können. Ihr diesbezüglich mit Herrn Schulz geführtes Mandantengespräch hat zu folgendem Ergebnis geführt:

Herr Schulz war schon immer ein eifriger Zeitungsleser und zudem mit einem hervorragenden Gedächtnis gesegnet. Aus einem Zeitungsbericht hatte er erfahren, dass die öffentliche Hand ein in der Innenstadt einer Großstadt belegenes Grundstück sehr vorteilhaft veräußert hatte. Geplagt von einer dumpfen Erinnerung nahm Herr Schulz daraufhin im Grundbuch Einsicht und fand seine Erinnerung bestätigt. Das Grundstück war Jahre zuvor unter Androhung der Enteignung an die öffentliche Hand veräußert worden, um es entsprechend des damaligen Bebauungsplans für städtebauliche Maßnahmen zu verwenden, ein Umstand, der damals durch die Presse gegangen war. Der Kaufvertrag enthielt eine ausdrückliche Zweckbindung für die Durchführung städtebaulicher Maßnahmen. Nachdem der

Bebauungsplan zwischenzeitlich geändert worden war, veräußerte die öffentliche Hand das nunmehr nicht mehr benötigte Grundstück. Herrn Schulz kam es ungerecht vor, dass die öffentliche Hand einerseits ein Grundstück unter dem Druck der Enteignung mit einer ausdrücklichen Zweckbindung erwirbt, diese dann aber nicht umsetzt und das Grundstück anschließend mit erheblichem Gewinn veräußert. Auf Grund seiner beruflichen Kenntnisse kam ihm daher spontan die Idee, dass man die öffentliche Hand ggf. mit Erfolg auf Schadensersatz verklagen könne. Daraufhin ermittelte er, wer als Anspruchsberechtigter in Frage käme, nahm Kontakt mit diesem auf und schloss einen Vertrag des Inhalts, dass er gegen eine prozentuale Beteiligung für den Erfolgsfall die Informationen weiter gab. Die Beteiligten waren sich darüber einig, dass die Idee von Herrn Schulz zunächst noch einer intensiven rechtlichen Überprüfung hinsichtlich ihrer Realisierbarkeit zugeführt werden müsse. Die nach detaillierter Prüfung des Falles durch eine Anwaltskanzlei erhobene Klage war erfolgreich, woraufhin in 2005 die versprochene Provision an Herrn Schulz bezahlte wurde.

III. Aufgaben

1. Ermitteln Sie den Gesamtbetrag der Einkünfte für Herrn Schulz im Veranlagungszeitraum 2005.
2. Nehmen Sie dabei auch zu Steuerpflicht, Veranlagungsform und Tarif Stellung.
3. Der Gesamtbetrag der Einkünfte soll so niedrig wie möglich gehalten werden, die dafür erforderlichen Anträge gelten als gestellt und genehmigt.
4. Alle erforderlichen Anträge, Bescheinigungen, Nachweise und Verzeichnisse liegen, soweit dem Sachverhalt nichts anderes entnommen werden kann, vor. Falls Angaben zu Wirtschaftsgütern in einem Verzeichnis auszuweisen sind, gelten sie als ordnungsgemäß vorgenommen.
5. Rechenergebnisse sind auf den nächsten vollen Eurobetrag aufzurunden. Prozentsätze sind auf zwei Kommastellen genau zu berechnen, wobei die letzte Kommastelle aufzurunden ist.
6. Sofern sich im Sachverhalt keine anderweitigen Angaben finden, ist davon auszugehen, dass Zahlungen zeitnah geflossen sind.
7. Fälle im Zusammenhang mit Doppelbesteuerungsabkommen lösen Sie bitte nach dem OECD-Musterabkommen 2003 unter Anwendung der Freistellungsmethode.
8. Sofern andere Staaten als die Bundesrepublik Deutschland eine Rolle spielen, gehen Sie davon aus, dass es sich nicht um niedrig besteuernde Gebiete handelt.
9. Forderungen sollen grundsätzlich vollwertig sein und zur Vereinfachung keiner Wertberichtigung unterliegen.
10. Auf die umsatzsteuerliche Behandlung von Veräußerungs- oder Aufgabevorgängen ist nicht einzugehen.
11. Bei steuerlich strittigen Themen lösen Sie den Sachverhalt auf der Grundlage der Verwaltungsmeinung.
12. Soweit nicht ausdrücklich angesprochen, sollen grunderwerbsteuerliche Fragen nicht berücksichtigt werden.

IV. Lösung

1 Allgemeines

1.1 Unbeschränkte Steuerpflicht

Herbert Schulz ist als natürliche Person (§ 1 BGB) mit Wohnsitz im Inland vom 01.01.2005 bis zum 15.11.2005 unbeschränkt persönlich steuerpflichtig nach § 1 Abs. 1 S. 1 EStG. In diesem Zeitraum umfasst die sachliche Steuerpflicht nach dem Universalitätsprinzip (Welteinkommensprinzip) sämtlich inländischen und ausländischen Einkünfte von Herrn Schulz (vgl. H 1a [Allgemeines] EStH). Dabei sind jedoch Beschränkungen auf Grund eines Abkommens zur Vermeidung der Doppelbesteuerung (DBA) zu beachten. Mit dem Wohnsitzwechsel nach Frankreich am 15.11.2005 endet die unbeschränkte Steuerpflicht, durch Wegfall des Anknüpfungspunktes »Wohnsitz« in Deutschland.

1.2 Beschränkte Steuerpflicht

Da Herr Schulz das bisher zu eigenen Wohnzwecken genutzte Einfamilienhaus in Pirna ab November 2005 vermietet, erzielt er daraus ab diesem Zeitpunkt Einkünfte aus Vermietung und Verpachtung nach § 21 Abs. 1 S. 1 Nr. 1 EStG. Nach § 49 Abs. 1 Nr. 6 EStG handelt es sich bei diesen Einkünften um inländische Einkünfte, da das Vermietungsobjekt im Inland liegt und somit der für die Besteuerung erforderliche territoriale Bezug gegeben ist. Herr Schulz ist somit ab 15.11.2005 beschränkt steuerpflichtig nach § 1 Abs. 4 EStG. Eine erweiterte beschränkte Steuerpflicht nach § 2 AStG scheidet aus, da es bereits an dem Tatbestandsmerkmal des Wegzugs ins niedrig besteuernde Ausland fehlt (vgl. § 2 Abs. 1 S. 1 Nr. 1 und Abs. 2 AStG und Aufgabenstellung Nr. 8).

1.3 Veranlagung/Tarif

Für Herrn Schulz ist eine Einzelveranlagung nach § 25 EStG durchzuführen. Dabei werden die während der beschränkten Steuerpflicht in 2005 erzielten Einkünfte in die Veranlagung zur unbeschränkten Steuerpflicht einbezogen (vgl. § 2 Abs. 7 S. 3 EStG).

Für den verwitweten Steuerpflichtigen Schulz kommt der Grundtarif nach § 32a Abs. 1 EStG zur Anwendung. Das Witwensplitting nach § 32a Abs. 6 S. 1 Nr. 1 EStG kommt nicht in Betracht, da diese Vergünstigung nur den auf das Jahr des Todes des Ehegatten folgenden Veranlagungszeitraum betrifft, im vorliegenden Fall daher nur den Veranlagungszeitraum 2004. Ab Veranlagungszeitraum 2005 findet wieder der Grundtarif Anwendung.

Der Mindeststeuersatz für beschränkt Steuerpflichtige (vgl. § 50 Abs. 3 S. 2 EStG) spielt keine Rolle. Einerseits ist eine einheitliche Veranlagung zur unbeschränkten Steuerpflicht durchzuführen, andererseits kommt der Mindeststeuersatz bei Staatsangehörigen eines EU-Mitgliedstaates nur noch eingeschränkt zur Anwendung (vgl. BMF vom 10.09.2004, Az: IV A 5 – S 2301–10/04, BStBl I 2004, 860; H 50.2 [Mindeststeuersatz] EStH).

Die von Herrn Schulz während der unbeschränkten Steuerpflicht erzielten ausländischen Einkünfte (= Vermietung in Frankreich) unterliegen dem Progressionsvorbehalt nach § 32b Abs. 1 Nr. 3 1. Alt. EStG (beachte die teilweise Neufassung des § 32b Abs. 1 Nr. 3 EStG durch das JStG 2007 mit Wirkung ab VZ 2007; bezüglich des Sachverhalts lediglich redaktionelle Änderung). Der Steuersatz bestimmt sich nach § 32b Abs. 2 Nr. 2 EStG unter Einbeziehung dieser Einkünfte. Ein Fall des § 32b Abs. 1 Nr. 2 EStG liegt nicht vor, da es sich bei den Vermietungseinkünften nicht um solche handelt, die während des Zeitraums der beschränkten Steuerpflicht erzielt wurden und deshalb als ausländische Einkünfte nicht der deutschen Einkommensteuer unterlegen haben (vgl. BFH vom 19. 12. 2001, Az: I R 63/00, BStBl II 2003, 302; H 32b [Zeitweise unbeschränkte Steuerpflicht] EStH). Die Vermietungseinkünfte werden während des Zeitraums der unbeschränkten Steuerpflicht erzielt, jedoch nach DBA von der Besteuerung freigestellt.

2 Einkünfte aus selbständiger Arbeit

2.1 Laufende Einkünfte

2.1.1 Allgemeines

Mit seiner Tätigkeit als Rechtsanwalt verwirklicht Herr Schulz den Tatbestand der Einkünfte aus selbständiger Arbeit nach § 18 Abs. 1 Nr. 1 S. 2 EStG i. V. m. § 2 Abs. 1 S. 1 Nr. 3 EStG, es handelt sich um einen der mit der Norm erfassten Katalogberufe. Es liegen Gewinneinkünfte nach § 2 Abs. 2 Nr. 1 EStG vor. Den Gewinn ermittelt Herr Schulz zutreffend nach § 4 Abs. 3 EStG durch Einnahmenüberschussrechnung, da er als Freiberufler nicht zur Gewinnermittlung durch Bilanzierung nach § 4 Abs. 1 EStG verpflichtet ist (vgl. §§ 140, 141 AO) und diese Art der Gewinnermittlung nach dem Sachverhalt auch nicht freiwillig gewählt hat (vgl. H 18.2 [Aufzeichnungspflichten] und [Buchführung] EStH). Der Zeitraum für den die Einkünfte zu ermitteln sind, ist grundsätzlich das Kalenderjahr (vgl. § 2 Abs. 7 S. 2 EStG). Durch die Veräußerung der Anwaltskanzlei endet der Gewinnermittlungszeitraum jedoch bereits am 30. 06. 2005. Die bis zu diesem Zeitpunkt erwirtschafteten Einkünfte unterliegen der Gewinnermittlung nach § 4 Abs. 3 EStG (wegen der Folgen der Betriebsveräußerung auf die Gewinnermittlung vgl. 2.2). Als Abgrenzungsnorm verwendet die Einnahmenüberschussrechnung § 11 EStG, das Zufluss-Abflussprinzip, wobei die Umsatzsteuer gewinnwirksam zu erfassen ist (vgl. H 9b [Gewinnermittlung nach § 4 Abs. 3 EStG] EStH). Da der Sachverhalt kein Ergebnis konkret benennt, ist die Einnahmenüberschussrechnung vom 01. 01. 2005 bis zum 30. 06. 2005 zu erstellen (vgl. nachfolgend).

2.1.2 Einnahmen aus selbständiger Arbeit

Nach § 11 Abs. 1 S. 1 EStG sind in der Einnahmenüberschussrechnung die im Zeitraum vom 01. 01. 2005 bis zum 30. 06. 2005 tatsächlich zugeflossenen Einnahmen brutto zu erfassen. Nach dem Sachverhalt sind dies:

Einnahmen 255 200 €.

Die noch ausstehenden Forderungen sind zunächst irrelevant, da es diesbezüglich am erforderlichen Zufluss fehlt.

2.1.3 Betriebsausgaben

Die im Sachverhalt genannten Aufwendungen für laufende Ausgaben einschließlich Gehälter, Lohnsteuer und Sozialabgaben stellen Betriebsausgaben nach § 4 Abs. 4 EStG dar und sind steuerlich im Zeitpunkt ihres Abflusses nach § 11 Abs. 2 S. 1 EStG zu berücksichtigen, mithin i. H. v.:

Betriebsausgaben 35 000 €

Da mangels weiterer Sachverhaltsangaben davon auszugehen ist, dass Herr Schulz seinen steuerlichen Verpflichtungen jeweils nachgekommen ist, muss die im Zufluss der Betriebseinnahmen enthaltene Umsatzsteuer bei Abführung an das Finanzamt als Betriebsausgabe behandelt werden. Bei der Umsatzhöhe ist von monatlichen Voranmeldungen auszugehen (vgl. § 18 Abs. 2 S. 2 UStG). Die am 30.06.2005 noch offene Zahllast für Juni 2005 bleibt zunächst unberücksichtigt (= 8 000 €). Demnach hat Herr Schulz aus den Umsatzsteuerzahllasten weitere Betriebsausgaben i. H. v. (255 200 € × 16/116 ./. 8 000 €):

Umsatzsteuerzahllast   27 200 €.

Ebenfalls als Betriebsausgaben zu berücksichtigen sind die Abschreibungsbeträge für die Betriebs- und Geschäftsausstattung bis zum 30.06.2005 (vgl. R 7.4 Abs. 8 S. 1 EStR), die auf Grund ihrer Nutzung eindeutig Betriebsvermögen darstellt (vgl. R 4.2 Abs. 1 EStR). Bei einem Buchwert am 31.12.2004 von 75 000 € und einer restlichen Nutzungsdauer von 5 Jahren ergibt sich eine Jahresabschreibung i. H. v. 15 000 €, die sich durch die Veräußerung zum 01.07.2005 auf 7 500 € reduziert (zeitanteilige Berechnung):

Abschreibung Betriebs- und Geschäftsausstattung   7 500 €

Der Restbuchwert am 30.06.2005 beträgt demnach 67 500 €.

Zu den Betriebsausgaben zählt auch die Absetzung für Abnutzung für das Betriebsgebäude, das auf Grund seiner ausschließlichen betrieblichen Nutzung zum notwendigen Betriebsvermögen rechnet (vgl. R 4.2 Abs. 7 EStR; einschließlich Grund und Boden). Es handelt sich dabei um ein Wirtschaftsgebäude i. S. v. § 7 Abs. 4 S. 1 Nr. 1 EStG, da der Bauantrag nach dem 31.03.1985 gestellt wurde und eine Wohnnutzung nicht vorliegt. Gleichzeitig wurde der Bauantrag vor dem 01.01.1994 gestellt, so dass die von Herrn Schulz beanspruchte höchstmögliche Abschreibung die Abschreibung nach § 7 Abs. 5 S. 1 Nr. 1 EStG war (vgl. § 56 Nr. 1 EStG für die neuen Bundesländer). Die Baufertigstellung war im Januar 1992, bisher wurden demnach für 1992 bis 1995 jeweils 10 % Abschreibung vorgenommen, von 1996 bis 1998 jeweils 5 % und ab 1999 jeweils 2,5 %. Aktuell befindet sich das Gebäude daher bei einem Staffelsatz von 2,5 %. Durch die Veräußerung des Gebäudes im Rahmen der Betriebsveräußerung ist die Absetzung für Abnutzung jedoch zeitanteilig zu berechnen (vgl. R 7.4 Abs. 8 S. 2 EStR und H 7.4 [Teil des auf ein Jahr entfallenden AfA-Betrags] EStH). Die Absetzung für Abnutzung bemisst sich nach den Herstellungskosten des Gebäudes (vgl. R 7.3 Abs. 1 EStR) i. H. v. 400 000 € und beträgt somit 5 000 € (= 400 000 € × 2,5 % × 6/12):

Abschreibung Gebäude   5 000 €

Der Restbuchwert am 30.06.2005 beträgt demnach 115 000 € (400 000 € ./. 71,25 % AfA von 1992 bis 30.06.2005).

2.1.4 Laufendes Betriebsergebnis

Das laufende Betriebsergebnis ergibt sich aus der Saldierung der Betriebseinnahmen und Betriebsausgaben:

Betriebseinnahmen	255 200 €
Betriebsausgaben	
• laufende Betriebsausgaben	./. 35 000 €
• Umsatzsteuerzahllast	./. 27 200 €
• Abschreibung Betriebs- und Geschäftsausstattung	./. 7 500 €
• Abschreibung Gebäude	./. 5 000 €
Gewinn aus selbständiger Arbeit	180 500 €

2.2 Wechsel der Gewinnermittlungsart

2.2.1 Allgemeines

Nach § 18 Abs. 3 S. 1 EStG gehört zu den Einkünften aus selbständiger Arbeit auch der Gewinn aus der Veräußerung des der selbständigen Arbeit dienenden Vermögens (= Betriebsvermögen). Dabei gelten § 16 Abs. 1 S. 1 Nr. 1 sowie Abs. 2 bis 4 EStG entsprechend. Durch die entsprechende Anwendung des § 16 Abs. 2 EStG ist Herr Schulz zum Wechsel der Gewinnermittlungsart gezwungen, da diese Norm das Betriebsvermögen dem Veräußerungserlös gegenüberstellt und unter Betriebsvermögen allgemein das Kapitalkonto zu verstehen ist. Da die Einnahmenüberschussrechnung kein Kapitalkonto in diesem Sinne verwendet, muss dieses durch Wechsel zur Bilanzierung zunächst ermittelt werden. Durch den Wechsel der Gewinnermittlungsart werden auch die Unterschiede bei der zeitlichen Erfassung der Geschäftsvorfälle zwischen der Einnahmenüberschussrechnung, die zur Abgrenzung § 11 EStG (Zufluss-Abflussprinzip) verwendet und der Bilanzierung, die grundsätzlich periodengerecht vorgeht (vgl. § 252 Abs. 1 Nr. 5 HGB), ausgeglichen, um einen gleichen Totalgewinn, unabhängig von der Art der Gewinnermittlung, zu ermöglichen. Dementsprechend verweist R 18.3 Abs. 1 EStR auf die entsprechende Anwendung des R 4.5 EStR, der in Abs. 6 den Wechsel der Gewinnermittlungsart für den Fall der Betriebsveräußerung beinhaltet (= R 4.6 EStR). Die durch den Wechsel der Gewinnermittlungsart entstehenden Gewinne oder Verluste aus Hinzurechnungen oder Abrechnungen zählen noch zum laufenden Gewinn und können entgegen R 4.6 Abs. 1 S. 4 EStR nicht gleichmäßig auf bis zu drei Jahre verteilt werden (vgl. H 4.5 Abs. 6 [Übergangsgewinn]; R 4.6 Abs. 1 S. 5 EStR; H 4.6 [Keine Verteilung des Übergangsgewinns] EStH). Der Wechsel der Gewinnermittlungsart erfolgt im Zeitpunkt der Betriebsveräußerung, im Sachverhalt daher im Anschluss an die laufende Gewinnermittlung am 30.06.2005 (vgl. R 4.5 Abs. 6 S. 1 EStR).

2.2.2 Ermittlung des Übergangsgewinns

Beim Wechsel der Gewinnermittlungsart sind die Wirtschaftsgüter in der Eröffnungsbilanz so anzusetzen, als ob der Steuerpflichtige schon von Beginn an den Gewinn nach den Grundsätzen des Betriebsvermögensvergleichs ermittelt hätte (vgl. H 4.6 [Bewertung von Wirtschaftsgütern] EStH). Sinn ist es, sämtliche Geschäftsvorfälle steuerlich einmal zu erfassen. Zu- und Abrechnungen ergeben sich daher nur dann, wenn durch die unterschiedlichen Gewinnermittlungsmethoden nach der Umstellung auf die neue Gewinnermittlungsmethode sich Geschäftsvorfälle nicht mehr oder nochmals auswirken würden. Im vorliegenden Fall ergeben sich folgende Zu- und Abrechnungen.

Forderungen

Am 30.06.2005 stehen Herrn Schulz noch 17 400 € Forderungen aus. Durch den Übergang zur Bilanzierung würden sich die Forderungen bei späterer Bezahlung nicht mehr auf den Gewinn auswirken, da bei Bilanzierung die Ausbuchung grundsätzlich erfolgsneutral erfolgt. Bei der Einnahmenüberschussrechnung konnten sich die Forderungen hingegen noch nicht auswirken, da es am Zufluss mangelte. Um die Versteuerung sicherzustellen, sind die Forderungen daher beim Übergang zur Bilanzierung als Zurechnung im Übergangsgewinn zu erfassen.

Zurechnung 17 400 €

Verbindlichkeiten

Am 30. 06. 2005 sind nach den Sachverhaltsdarstellungen noch diverse Verbindlichkeiten offen, die jedoch grundsätzlich zu Betriebsausgaben nach § 4 Abs. 4 EStG führen. In der Eröffnungsbilanz sind diese Verbindlichkeiten als Passivposten darzustellen, ihre spätere Bezahlung ist grundsätzlich erfolgsneutral, da die Bilanzierung periodengerecht arbeitet und die Gewinnauswirkungen bei Erfassung des Geschäftsvorfalls und nicht bei Bezahlung eintreten. Diese Aufwendungen würden daher nach dem Wechsel der Gewinnermittlungsart nicht mehr gewinnwirksam und waren es zuvor nicht, da es am Abfluss mangelte. Zum Ausgleich sind entsprechende Abrechnungen im Übergangsgewinn vorzunehmen:

Abrechnungen	
• Verbindlichkeiten des laufenden Geschäftsverkehrs	3 500 €
• Sozialabgaben	2 000 €
• Lohnsteuer	2 000 €
Summe	7 500 €

Umsatzsteuer

Auch die rückständige Umsatzsteuer muss in der Eröffnungsbilanz als Verbindlichkeit ausgewiesen werden. Da die Umsatzsteuer bei der Einnahmenüberschussrechnung gewinnwirksam behandelt wird, die spätere Zahlung bei Bilanzierung aber erfolgsneutral erfolgt, muss die noch ausstehende Abführung der Umsatzsteuerzahllast für Juni 2005 im Übergangsgewinn abgerechnet werden, da die Umsatzsteuer insgesamt erfolgsneutral ist. Ebenso muss für die noch ausstehenden Forderungen i. H. v. 17 400 € eine entsprechende Umsatzsteuerverbindlichkeit i. H. v. 2 400 € ausgewiesen werden, die ebenfalls zu einer Abrechnung im Übergangsgewinn führt:

Abrechnung	
• Umsatzsteuer Juni 2005	8 000 €
• aus Forderungen	2 400 €
Summe	10 400 €

Anlagevermögen

Die Wirtschaftsgüter des Anlagevermögens (Betriebs-, Geschäftsausstattung; Grund und Boden; Gebäude) wirken sich sowohl bei Bilanzierung als auch bei Einnahmenüberschussrechnung (vgl. § 4 Abs. 3 S. 3 EStG) nur über die Absetzung für Abnutzung auf den Gewinn aus. In die Eröffnungsbilanz sind diese Wirtschaftsgüter mit ihren aktuellen Buchwerten zu übernehmen (Ansatzwahlrechte gelten als nicht ausgeübt, vgl. H 4.6 [Ansatz- oder Bewertungswahlrechte] EStH), eine Zu- oder Abrechnung ist nicht erforderlich.

Bank/Kasse

Die vorhandenen Geldbestände haben keine Auswirkung auf den Übergangsgewinn oder -verlust.

Zusammenfassung

Zurechnungen		+ 17 400 €
Abrechnungen		
• Verbindlichkeiten	./.	7 500 €
• Umsatzsteuer	./.	10 400 €
Übergangsverlust	./.	500 €

2.2.3 Eröffnungsbilanz/Veräußerungsbilanz

Für Herrn Schulz ergibt sich im Zusammenhang mit dem Wechsel der Gewinnermittlungsart folgende Eröffnungsbilanz, die auch gleichzeitig seine Schlussbilanz für die Ermittlung des Veräußerungsgewinns ist.

Aktiva		Passiva	
Grund und Boden	50 000 €	Verbindlichkeiten	7 500 €
Gebäude	115 000 €	Umsatzsteuer	10 400 €
Betriebs- und Geschäftsausstattung	67 500 €		
Forderungen	17 400 €	Kapital	382 000 €
Bank/Kasse	150 000 €		
Summe	399 900 €	Summe	399 900 €

2.3 Betriebsveräußerung

2.3.1 Allgemeines

Die Veräußerung der Anwaltskanzlei zum 01.07.2005 erfüllt die Merkmale einer Geschäftsveräußerung im Ganzen nach § 16 Abs. 1 S. 1 Nr. 1 EStG i. V. m. § 18 Abs. 3 S. 2 EStG. Herr Schulz behält zwar einzelne Wirtschaftsgüter zurück, nämlich die Verbindlichkeiten, die Forderungen sowie die Geldbestände, dabei handelt es sich aber ausschließlich um Wirtschaftsgüter, die aus der Sicht des § 16 EStG als unwesentlich einzustufen sind und daher die steuerlich begünstigte Betriebsveräußerung im Ganzen nicht beeinträchtigen (vgl. H 16 Abs. 1 [Zurückbehaltene Wirtschaftsgüter] EStH). Den Tatbestand des § 16 Abs. 1 S. 1 Nr. 1 EStG erfüllt derjenige, der alle wesentlichen Betriebsgrundlagen auf einen Erwerber überträgt und diesem dadurch die Fortführung des Unternehmens ermöglicht (vgl. R 16 Abs. 1 EStR). Wesentliche Betriebsgrundlagen sind dabei solche, die entweder eine besondere Funktion für die Betriebsführung haben (= qualitative Betriebsgrundlage) oder zumindest wertvoll sind, d. h., erhebliche stille Reserven beinhalten (= quantitative Betriebsgrundlage); vgl. H 16 Abs. 8 (Abgrenzung zur Betriebsaufspaltung/Betriebsverpachtung) EStH. Die zurückbehaltenen Wirtschaftsgüter beinhalten weder stille Reserven noch sind sie für die Betriebsführung entscheidend.

2.3.2 Ermittlung des Veräußerungsgewinns

Der Veräußerungsgewinn ermittelt sich nach § 16 Abs. 2 S. 1 EStG durch Gegenüberstellung des Veräußerungserlöses nach Abzug der Veräußerungskosten und dem Wert des Betriebsvermögens. Die in das Privatvermögen überführten Wirtschaftsgüter sind dabei mit dem gemeinen Wert als Veräußerungserlös anzusetzen (§ 16 Abs. 3 S. 7 EStG), im vorliegenden Fall daher die Geldbestände i. H. v. 150 000 €. Wirtschaftsgüter, die ihrer Art nach nicht privat genutzt werden können, bleiben als sog. Zwangsrestbetriebsvermögen zurück, insoweit ist das Betriebsvermögen/Kapitalkonto entsprechend zu berichtigen. Im vorliegenden Fall sind dies die noch ausstehenden Forderungen (strittig) und die Verbindlichkeiten. Auswirkungen auf die Besteuerung ergeben sich für Herrn Schulz jedoch keine, da die entsprechenden Positionen nach dem Sachverhalt sämtlich im Juli 2005 mit den Nennbeträgen beglichen wurden, es also auch nicht zu nachträglichen Folgerungen aus § 24 Nr. 2 EStG kommt.

Berechnung des Veräußerungsgewinns:

Veräußerungserlös		1 710 000 €
Entnahmen		+ 150 000 €
Betriebsvermögen/Kapitalkonto		
- Stand am 30. 06. 2005	382 000 €	
- zzgl. Verbindlichkeiten	+ 7 500 €	
- zzgl. Umsatzsteuerschuld	+ 10 400 €	
- Forderungen	./. 17 400 €	
maßgebliches Kapitalkonto	382 500 €	./. 382 500 €
Veräußerungsgewinn		1 477 500 €

2.3.3 Steuerliche Begünstigung

Grundsätzlich gilt auch bei Einkünften aus selbständiger Arbeit § 16 Abs. 4 EStG (vgl. § 18 Abs. 3 S. 2 EStG). Durch den hohen Veräußerungsgewinn ist jedoch der Freibetrag (maximal 45 000 €; vgl. § 16 Abs. 4 S. 1 EStG) nicht einschlägig (Kappungsgrenze 136 000 €; vgl. § 16 Abs. 4 S. 3 EStG), auch wenn Herr Schulz die Altersvoraussetzungen erfüllt. Der Veräußerungsgewinn stellt jedoch außerordentliche Einkünfte nach § 34 Abs. 2 Nr. 1 EStG i. V. m. § 18 Abs. 3 EStG dar und unterliegt damit der Tarifermäßigung. Auf Antrag kann Herr Schulz die Tarifermäßigung nach § 34 Abs. 3 EStG (Halbsteuersatz, genauer 56 %-Steuersatz) erhalten, da er die Altersvoraussetzung erfüllt. Allerdings muss sich Herr Schultz entscheiden, für welchen Veräußerungsgewinn er die Tarifermäßigung nach § 34 Abs. 3 EStG beanspruchen will, da nach § 34 Abs. 3 S. 5 EStG die Tarifermäßigung nur für einen Veräußerungsgewinn beantragt werden kann (vgl. 4.).

2.4 Zusammenfassung der Einkünfte aus selbständiger Arbeit

Im Veranlagungszeitraum 2005 erzielt Herr Schulz folgende Einkünfte aus selbständiger Arbeit:

laufende Einkünfte	180 500 €
Übergangsverlust	./. 500 €
Ergebnis laufende Einkünfte	180 000 €
Betriebsveräußerungsgewinn	1 477 500 €
Einkünfte aus selbständiger Arbeit	1 657 500 €

3 Beteiligung an der Schulz OHG

3.1 Allgemeines

Als Gesellschafter einer OHG ist Herr Schulz steuerlich Mitunternehmer nach § 15 Abs. 1 S. 1 Nr. 2 EStG. Als voll haftender Gesellschafter erfüllt er, unabhängig vom tatsächlichen Umfang seiner Mitwirkung allein auf Grund der unbegrenzten Haftung die Voraussetzungen (vgl. H 15.8 Abs. 1 [Allgemeines], [Mitunternehmerinitiative] und [Mitunternehmerrisiko] EStH). Dem Erwerb durch Erbfall kommt im vorliegenden Fall keine besondere Bedeutung zu, das Vermögen ist ursprünglich nach § 6 Abs. 3 EStG unentgeltlich auf die Kinder übertragen worden. Die OHG erzielt Einkünfte aus Gewerbebetrieb nach § 15 Abs. 1 S. 1 Nr. 1 EStG, da der Sachverhalt keine weiteren Angaben enthält, auf Grund derer Besonderheiten zu prüfen wären, ist davon auszugehen, dass sie ein Handelsgewerbe ausübt und damit steuerlich regelmäßig gewerbliche Einkünfte erzielt. Der Gewinnermittlungszeitraum ist das Wirtschaftsjahr der OHG, welches durch den Handelsregistereintrag der Gesellschaft auch vom Kalenderjahr abweichen kann (vgl. § 4a Abs. 1 S. 1 Nr. 2 EStG). Die Gewinnermittlung erfolgt grundsätzlich nach dem Betriebsvermögensvergleich mittels Bilanzierung (vgl. §§ 1, 6, 238ff. HGB; § 140 AO; §§ 4, 5 EStG). Auf den somit zutreffenden Bilanzstichtag 30.04.2005 muss die OHG unabhängig von der Liquidation zunächst eine reguläre Schlussbilanz für das abgelaufene Wirtschaftsjahr erstellen, aus der sich der Vermögensbestand sowie das laufende Ergebnis ergeben.

3.2 Laufender Gewinn

Am mangels weiterer Sachverhaltsangaben zutreffend ermittelten laufenden Betriebsergebnis für das Wirtschaftsjahr 2004/2005 ist Herr Schulz mit 25 % beteiligt, da er das Unternehmen zusammen mit seinen drei Geschwistern zu gleichen Teilen geerbt hat. Der Gewinn wird durch die Gewinnverteilung auf die Mitunternehmer verteilt und steuerlich einheitlich und gesondert festgestellt (§§ 179, 180 AO). Der Gewinnanteil ist in dem Veranlagungszeitraum zu versteuern, in dem das Wirtschaftsjahr der OHG endet, mithin in 2005 (vgl. § 4a Abs. 2 Nr. 2 EStG). Auf Herrn Schulz entfallen 2 000 € Gewinnanteil (= 8 000 € × 25 %).

3.3 Realteilung

Durch die Liquidation der OHG ist zu prüfen, ob und ggf. in welcher Höhe sich daraus ein steuerpflichtiger Gewinn ergibt. Insbesondere ist zu überprüfen, ob die Regelungen in § 16 Abs. 3 S. 2 bis 4 EStG greifen, die Liquidation demnach erfolgsneutral durchgeführt werden kann. Dabei ist der Realteilungserlass vom 28.02.2006 (BMF vom 28.02.2006, Az: IV B 2 – S 2242–6/06, BStBl I 2006, 228) zu beachten. Weitere Ausführungen zur Realteilung finden sich auch im Erbteilungserlass (BMF vom 14.03.2006, Az: IV B 2 – S 2242–7/06, BStBl I 2006, 253).

Nach § 16 Abs. 3 S. 2 EStG sind Wirtschaftsgüter bei der Gewinnermittlung der OHG mit den steuerlichen Buchwerten als Übertragungswert anzusetzen, wenn und soweit die Wirtschaftsgüter bei den Mitunternehmern/Realteilern in deren Betriebsvermögen übertragen werden und dort die Besteuerung der stillen Reserven sichergestellt ist. Nach Verwaltungsauffassung setzt die steuerneutrale Realteilung eine Betriebsaufgabe auf der Ebene der Mitunternehmerschaft voraus, was im vorliegenden Fall unzweifelhaft gegeben ist (vgl. BMF vom 28.02.2006, a.a.O., unter I. Definition der Realteilung). Weiterhin soll Voraussetzung sein, dass nach der Realteilung zumindest eine der bisherigen wesentlichen Betriebsgrundlagen bei einem der Realteiler Betriebsvermögen bleibt, wobei es allerdings nicht erforderlich ist, dass jeder Realteiler eine wesentliche Betriebsgrundlage des Gesamthandsvermögens erhält. Für den Begriff der wesentlichen Betriebsgrundlage gilt sowohl die qualitative als auch die quantitative Interpretation. Auch dieses Erfordernis wird erfüllt, da das durch Herrn Schulz übernommene Grundstück nach der vorstehenden Definition eine wesentliche Betriebsgrundlage darstellt, enthält es doch nach dem Sachverhalt ein Viertel der insgesamt vorhandenen stillen Reserven. Zudem werden auch alle anderen Wirtschaftsgüter in die jeweiligen Betriebsvermögen der anderen Realteiler übertragen. Die Realteilung der OHG ist demnach zunächst grundsätzlich erfolgsneutral. Unschädlich ist es dabei, dass Herr Schulz ein Grundstück des Sonderbetriebsvermögens seiner Schwester erhält, da der Gegenstand der Realteilung das gesamte Vermögen der Mitunternehmerschaft, einschließlich Sonderbetriebsvermögen ist (vgl. BMF vom 28.02.2006, a.a.O., III. Gegenstand der Realteilung). Bereits aus dem Gesetzestext ergibt sich, dass die Regelung des § 16 Abs. 3 S. 2 EStG nicht auf das gesamthänderisch gebundene Vermögen beschränkt ist. Auch überträgt Herr Schulz das ihm zugeteilte Vermögen in ein anderes eigenes Betriebsvermögen, da er das Grundstück sofort im Anschluss an die Realteilung an die Maier GmbH & Co. KG vermietet (vgl. 4.) und dieses deswegen zu Sonderbetriebsvermögen bei der KG wird (vgl. BMF vom 28. 02. 2006, a. a. O., IV. 1. Umfang des Betriebsvermögens). Der Buchwert des Grundstücks entspricht dabei dem Kapitalkonto von Herrn Schulz, so dass eine vorherige Kapitalanpassung nicht erforderlich ist (vgl. BMF vom 28. 02. 2006, a. a. O., VII. Ansatz des übernommenen Betriebsvermögens).

Zu beachten ist jedoch, dass es sich vorliegend um einen Fall der Übertragung einzelner Wirtschaftsgüter handelt und deshalb nach § 16 Abs. 3 S. 3 EStG der weitere Bestand der Erfolgneutralität von der Beachtung der dort geregelten Sperrfrist abhängig ist. Sofern innerhalb von drei Jahren nach Abgabe der Feststellungserklärung der OHG für den Veranlagungszeitraum der Realteilung ein einzeln übertragenes Wirtschaftsgut veräußert oder entnommen wird, entfällt rückwirkend die erfolgneutrale Übertragung für dieses Wirtschaftsgut. Da Herr Schulz mit Wirkung vom 01. 10. 2005 seinen Anteil an der KG mitsamt dem Grundstück seines Sonderbetriebsvermögens veräußert, tritt somit rückwirkend auf den Zeitpunkt der Realteilung am 30. 04. 2005 die Gewinnverwirklichung hinsichtlich dieses Grundstücks ein. Die übrigen im Rahmen der Realteilung übertragenen Wirtschaftsgüter sind nicht betroffen (vgl. BMF vom 28. 02. 2006, a. a. O., VIII. Sperrfrist und IX. Folgen bei Veräußerung oder Entnahme während der Sperrfrist). Durch den Ansatz des gemeinen Werts (vgl. § 16 Abs. 3 S. 3 1. HS EStG) entsteht ein Gewinn i. H. v. 45 000 € (gemeiner Wert 90 000 € ./. Buchwert des Grundstücks 45 000 €). Der Gewinn ist nach Verwaltungsauffassung als laufender Gewinn zu versteuern und nicht nach den §§ 16, 34 EStG begünstigt (vgl. BMF vom 28. 02. 2006, a. a. O., IX. Folgen bei Veräußerung oder Entnahme während der Sperrfrist). Den so entstandenen Gewinn aus der Übertragung des Grundstücks zum gemeinen Wert muss allerdings nicht Herr Schulz versteuern, sondern seine Schwester, da es sich ursprünglich um ihr Sonderbetriebsvermögen handelte, die stillen Reserven daher bei ihr angewachsen waren und in der Realteilungsvereinbarung nach dem Sachverhalt keine ausdrücklichen Regelungen für den Fall enthalten sind, dass einer der Realteiler im Nachhinein gegen die Sperrfrist verstößt (vgl. BMF vom 28. 02. 2006, a. a. O., IX. Folgen bei Veräußerung oder Entnahme während der Sperrfrist).

Skurril mutet dieses Ergebnis an, macht man sich bewusst, dass durch die Versteuerung der stillen Reserven des Grundstücks lediglich die steuerlichen Konsequenzen hinsichtlich dieses Wirtschaftsguts gezogen wurden. Daneben hat die Schwester von Herrn Schulz jedoch auch noch weiteres Vermögen mit den Buchwerten übernommen. Die darin enthaltenen stillen Reserven unterliegen naturgemäß ebenfalls bei ihr der Besteuerung. Deutlich wird hierdurch insbesondere die Sinnhaftigkeit einer im Vorfeld durchdachten Realteilungsvereinbarung.

4 Beteiligung an der Maier GmbH & Co. KG

4.1 Allgemeines

Als Gesellschafter einer KG ist Herr Schulz steuerlich Mitunternehmer nach § 15 Abs. 1 S. 1 Nr. 2 EStG. Zwar haftet er nur beschränkt für die Verbindlichkeiten der KG und hat nach Handelsrecht nur eingeschränkte Mitwirkungsmöglichkeiten (vgl. §§ 161ff. HGB), dennoch erfüllt er durch die Stellung als Kommanditist den steuerlichen Begriff des Mitunternehmers (vgl. H 15.8 Abs. 1 [Allgemeines], [Mitunternehmerinitiative] und [Mitunternehmerrisiko] EStH). Die KG erzielt Einkünfte aus Gewerbebetrieb nach § 15 Abs. 1 S. 1 Nr. 1 EStG, da der Sachverhalt keine weiteren Angaben enthält, auf Grund derer Besonderheiten zu prüfen wären, ist davon auszugehen, dass sie ein Handelsgewerbe ausübt und damit steuerlich regelmäßig gewerbliche Einkünfte erzielt. Der Gewinnermittlungszeitraum ist das Wirtschaftsjahr der KG, welches durch den Handelsregistereintrag der Gesellschaft auch vom Kalenderjahr abweichen kann (vgl. § 4a Abs. 1 S. 1 Nr. 2 EStG). Die Gewinnermittlung erfolgt grundsätzlich nach dem Betriebsvermögensvergleich mittels Bilanzierung (vgl. §§ 1, 6, 238ff. HGB; § 140 AO; §§ 4, 5 EStG). Auf den somit zutreffenden Bilanzstichtag 30. 09. 2005 erstellt die KG eine reguläre Schlussbilanz für das abgelaufene Wirtschaftsjahr, aus der sich der Vermögensbestand sowie das laufende Ergebnis ergeben. Der Gesellschafterwechsel zum 01. 10. 2005 hat auf die steuerliche Behandlung und die Existenz der KG keinen Einfluss. Herr Maier als Erwerber eines weiteren Kommanditanteils muss die dadurch aufgedeckten stillen Reserven hinsichtlich des Gesamthandsvermögens im Rahmen einer Ergänzungsbilanz und das erworbene Sonderbetriebsvermögen mit den Anschaffungskosten in einer Sonderbilanz ausweisen.

4.2 Laufender Gewinn

4.2.1 Gesamthandsgewinn

Der Gewinnanteil von Herrn Schulz setzt sich im Rahmen der sog. additiven Gewinnermittlung aus zwei Komponenten zusammen. Zunächst wird Herrn Schulz das handelsrechtliche Ergebnis im Umfang seiner Beteiligung zugewiesen (§ 15 Abs. 1 S. 1 Nr. 2 S. 1 1. HS EStG). Da er mit 10% an der KG beteiligt ist, sind dies 15 000 € (= 150 000 € × 10%). Der Gewinnanteil aus der KG ist in dem Veranlagungszeitraum zu versteuern, in dem das Wirtschaftsjahr der KG endet, mithin in 2005 (vgl. § 4a Abs. 2 Nr. 2 EStG).

4.2.2 Sonderbetriebsvermögen

Neben dem handelsrechtlichen Gewinnanteil aus der KG muss Herr Schulz auch die Vergütungen, die er für die Überlassung von Vermögen an die Gesellschaft erhalten hat, als Sonderbetriebseinnahmen versteuern (§ 15 Abs. 1 S. 1 Nr. 2 S. 1 2. Alt. EStG). Betroffen hiervon ist die Miete für das an die KG überlassene unbebaute Grundstück, welches Herr Schulz aus der Realteilung erlangt hat. Durch die Nutzungsüberlassung wird dieses zu notwendigem Sonderbetriebsvermögen bei der KG (vgl. R 4.2 Abs. 12 S. 1 EStR). Da es sich um ein unbebautes Grundstück handelt und weitere Ausgaben im Sachverhalt nicht genannt werden, beläuft sich das Ergebnis des Sonderbetriebsvermögens auf 6 250 € (= Monatsmiete 1 250 € × 5 Monate vom Mai bis zum September 2005). Der Zeitraum der Gewinnermittlung im Sonderbetriebsvermögen folgt dabei dem abweichenden Wirtschaftsjahr der KG.

4.2.3 Zusammenfassung des laufenden Ergebnisses

Der einheitlich und gesondert festzustellende Gesamtgewinnanteil (§§ 179, 180 AO) von Herrn Schulz für das Wirtschaftsjahr 2004/2005 der KG beläuft sich auf:

Handelsrechtlicher Gewinnanteil	15 000 €
Sonderbetriebsergebnis	6 250 €
Gesamtgewinnanteil	21 250 €

4.3 Veräußerung eines Mitunternehmeranteils

Durch die Veräußerung des KG-Anteils an Herrn Maier zum 01.10.2005 verwirklicht Herr Schulz den Tatbestand des § 16 Abs. 1 S. 1 Nr. 2 EStG, da er nicht nur den Anteil am Gesamthandsvermögen, sondern auch das zugehörige Sonderbetriebsvermögen an eine Person veräußert. Steuerlich setzt sich der Mitunternehmeranteil aus dem Gesamthandsanteil und dem Sonderbetriebsvermögen zusammen (s. a. H 16 Abs. 4 [Sonderbetriebsvermögen] EStH). Der Veräußerungsgewinn errechnet sich nach Maßgabe des § 16 Abs. 2 S. 1 EStG durch Gegenüberstellung des Veräußerungserlöses und des Wertes des Betriebsvermögens (Kapitalkonto; s. a. H 16 Abs. 4 [Ermittlung des Veräußerungsgewinns] EStH):

Veräußerungserlös Gesamthandsanteil	250 000 €
Veräußerungserlös Sonderbetriebsvermögen	110 000 €
Kapitalkonten	
• Gesamthandsbilanz	./. 75 000 €
• Sonderbilanz	./. 90 000 €
Veräußerungsgewinn	**195 000 €**

Das Kapitalkonto in der Sonderbilanz entspricht dem Buchwert des unbebauten Grundstücks. Die Mietzahlungen gleichen sich mit den Entnahmen der Mieten (= Überweisung auf privates Girokonto; § 4 Abs. 1 S. 2 EStG i. V. m. § 6 Abs. 1 Nr. 4 S. 1 EStG) im Kapitalkonto aus, so dass letztlich lediglich das Grundstück zu Buche steht. Die Höhe des Grundstückswertes in der Sonderbilanz entspricht dabei dem gemeinen Wert des unbebauten Grundstücks. Zwar wird das Grundstück im Rahmen der Realteilung der OHG zunächst erfolgsneutral mit dem Buchwert der OHG (= 45 000 €) in das Sonderbetriebsvermögen nach § 16 Abs. 3 S. 2 EStG überführt, im selben Jahr tritt jedoch bereits der Fall der schädlichen späteren Veräußerung ein (durch die Veräußerung des Mitunternehmeranteils), so dass bei der Realteilung der gemeine Wert zum Ansatz kommt und die stillen Reserven aufgedeckt werden. Dieses Ereignis wirkt nicht nur auf die Behandlung der Realteilung, sondern muss ebenso zu einem entsprechenden Wertansatz im Sonderbetriebsvermögen führen, da ansonsten die in dem Wirtschaftsgut enthaltenen stillen Reserven doppelt der Besteuerung unterlägen.

Der Gewinn entsteht im Zeitpunkt der Veräußerung, die Zahlung ist für die Gewinnverwirklichung ohne Bedeutung, da sich der Vorgang im Anwendungsbereich der Bilanzierung abspielt (= periodengerechte Gewinnermittlung).

Grundsätzlich erfüllt Herr Schulz die Voraussetzungen für den Freibetrag nach § 16 Abs. 4 S. 1 EStG, da er das 55. Lebensjahr bereits vollendet hat. Wegen der Höhe des Veräußerungsgewinns kann der Freibetrag jedoch nicht gewährt werden, da der Freibetrag (= 45 000 €) erhöht um die Kappungsgrenze (= 136 000 €; vgl. § 16 Abs. 4 S. 3 EStG) unterhalb des tatsächlichen Veräußerungsgewinns i. H. v. 195 000 € liegt. Gleichwohl liegen tarifbegünstigte außerordentliche Einkünfte i. S. v. § 34 Abs. 2 Nr. 1 EStG vor, für die entweder die Tarifermäßigung nach § 34 Abs. 1 EStG (von Amts wegen) oder der »Halbsteuersatz« nach § 34 Abs. 3 EStG (genauer 56%-Steuersatz) auf Antrag gewährt werden. Da Herr Schulz in 2005 bereits einen nach § 34 EStG begünstigten Veräußerungsgewinn erzielt (= Anwaltskanzlei), muss er sich nach § 34 Abs. 3 S. 5 EStG entscheiden, welchen der Veräußerungsgewinne er nach § 34 Abs. 3 EStG begünstigt besteuert haben will, wobei sich der höhere Veräußerungsgewinn aus der Veräußerung der Anwaltskanzlei natürlich anbietet (vgl. R 34.5 Abs. 2 EStR).

5 Einkünfte aus Vermietung und Verpachtung

5.1 Haus in Südfrankreich

Bis zum Auszug des Mieters im August 2005 erzielt Herr Schulz aus dem vermieteten Gebäude Einkünfte nach § 21 Abs. 1 S. 1 Nr. 1 EStG, die während der Zeit der unbeschränkten Steuerpflicht nach dem Universalitätsprinzip/Welteinkommensprinzip in Deutschland der sachlichen Steuerpflicht nach § 2 Abs. 1 S. 1 Nr. 6 EStG unterliegen. Es handelt sich um eine Überschusseinkunftsart nach § 2 Abs. 2 Nr. 2 EStG, bei der die Einkünfte durch Gegenüberstellung der Einnahmen (§ 8 EStG) und der Werbungskosten (§ 9 EStG) ermittelt werden. Zur Abgrenzung dient § 11 EStG, das Zufluss-Abflussprinzip.

Durch die Belegenheit in Frankreich stellt sich die Frage nach der Besteuerungshoheit hinsichtlich dieser Einkünfte. Zwar umfasst das Welteinkommensprinzip nach § 1 Abs. 1 EStG auch die ausländischen Einkünfte von Herrn Schulz, Frankreich wird jedoch nach dem Territorialprinzip (entsprechend der beschränkten Steuerpflicht in Deutschland) ebenfalls Besteuerungsansprüche erheben. Die Bundesrepublik Deutschland hat mit Frankreich ein Abkommen zur Vermeidung der Doppelbesteuerung abgeschlossen (grundlegend: DBA vom 21.07.1959 BGBl II 1961, 398; zuletzt geändert durch Zusatzabkommen vom 20.12.2001 BGBl II 2002, 2370). Für die Lösung des Übungsfalls soll jedoch das OECD-Musterabkommen 2003 (vgl. BMF vom 18.02.2004, Az: IV B 6 – S 1315 – 8/04, BStBl I 2004, 286) herangezogen werden. Aus der Sicht des Art. 1 OECD-MA fallen Personen mit Ansässigkeit in einem der Vertragsstaaten unter den Schutz des Abkommens. Herr Schulz ist nach Art. 3 Abs. 1 Buchst. a OECD-MA eine Person (= natürliche Person), die nach Art. 4 Abs. 1 OECD-MA zumindest bis zum 15.11.2005 (anschließend Wechsel der Ansässigkeit) in Deutschland ansässig ist, da er in Deutschland auf Grund des Wohnsitzes unbeschränkt steuerpflichtig ist. Der Einkünftetatbestand der Vermietung eines Grundstücks fällt aus der Sicht des Doppelbesteuerungsrechts unter Art. 6 Abs. 1 OECD-MA, wonach grundsätzlich sowohl der Staat der Ansässigkeit (= Deutschland) als auch der Staat der Belegenheit des Grundstücks (= Frankreich) besteuern können. Nach Art. 23 A Abs. 1 OECD-MA nimmt die Bundesrepublik Deutschland die Einkünfte von der Besteuerung aus (= Freistellungsmethode/Befreiungsmethode), kann diese jedoch nach Art. 23 A Abs. 3 OECD-MA dem Progressionsvorbehalt unterwerfen. Im nationalen Recht entspricht dem § 32b Abs. 1 Nr. 3 1. Alt. EStG i.V.m. § 32b Abs. 2 Nr. 2 EStG (beachte die Neufassung des § 32b EStG durch das JStG 2007 mit Wirkung ab VZ 2007; nunmehr § 32b Abs. 1 Nr. 3 EStG; redaktionelle Änderung). Für die Ermittlung der dem Progressionsvorbehalt zu unterwerfenden Einkünfte gilt grundsätzlich deutsches Steuerrecht (vgl. H 32b [Ausländische Einkünfte] EStH).

Ermittlung der Einkünfte für den Progressionsvorbehalt:	
Einnahmen (§ 8 EStG; 8 × 500 €)	4 000 €
Werbungskosten	
• laufende Unkosten (1 200 € × 8/12)	./. 800 €
• Absetzung für Abnutzung	./. 1 500 €
Einkünfte aus Vermietung und Verpachtung	1 700 €

Die Abschreibung berechnet sich nach § 7 Abs. 4 S. 1 Nr. 2 Buchst. a EStG mit 2 % jährlich. Die Voraussetzungen des § 7 Abs. 5 S. 1 EStG liegen nicht vor, da das Gebäude nicht im Inland liegt. Nach R 7.4 Abs. 8 EStR kann die Absetzung für Abnutzung nur mit 8/12 vorgenommen werden, da das Gebäude anschließend durch die private Nutzung aus der Einkünfteerzielung ausscheidet. Als Bemessungsgrundlage sind die Anschaffungskosten des Gebäudes maßgeblich, die sich nach dem Sachverhalt auf 112 500 € belaufen (Gesamtanschaffungskosten 150 000 € abzgl. Bodenanteil 25 % [37 500 €]). Die Absetzung für Abnutzung beträgt demnach 1 500 € (= 112 500 € × 2 % × 8/12).

5.2 Einfamilienhaus in Pirna

Das Gebäude wurde nach dem Erwerb im Jahr 1991 zunächst nicht zur Einkünfteerzielung, sondern zu eigenen Wohnzwecken genutzt, war also mit Ausnahme des § 10e EStG außerhalb der steuerlich relevanten Sphäre von Herrn Schulz. Durch die Vermietung ab 15. 11. 2005 gelangt das Gebäude erstmals in den steuerlich relevanten Bereich und dient nunmehr der Erzielung von Einkünften aus Vermietung und Verpachtung nach § 21 Abs. 1 S. 1 Nr. 1 EStG. Da das Gebäude im Inland liegt, erzielt Herr Schulz inländische Einkünfte nach § 49 Abs. 1 Nr. 6 EStG und wird mit diesen beschränkt steuerpflichtig nach § 1 Abs. 4 EStG (vgl. 1. Allgemeines). Es handelt sich um eine Überschusseinkunftsart nach § 2 Abs. 2 Nr. 2 EStG, bei der die Einkünfte durch Gegenüberstellung der Einnahmen (§ 8 EStG) und der Werbungskosten (§ 9 EStG) ermittelt werden. Die Abgrenzung erfolgt nach dem Zufluss-Abflussprinzip des § 11 EStG. Aus der Sicht des Doppelbesteuerungsrechts steht die Besteuerungshoheit nunmehr der Bundesrepublik Deutschland zu. Durch die Wohnsitzverlegung nach Frankreich ist Herr Schulz nach Art. 4 Abs. 1 OECD-MA ab 15. 11. 2005 in Frankreich ansässig. Da er nunmehr den Einkünftetatbestand des Art. 6 Abs. 1 OECD-MA in Deutschland erfüllt, verzichtet nach Art. 23 A Abs. 1 OECD-MA Frankreich auf die Besteuerung.

Ermittlung der Einkünfte:	
Einnahmen (§ 8 EStG; 1,5 × 1 000 €)	1 500 €
Werbungskosten	
• Absetzung für Abnutzung	./. 817 €
Einkünfte aus Vermietung und Verpachtung	683 €

Nach R 7.4 Abs. 10 S. 1 Nr. 2 S. 3 und 4 EStR kann Herr Schulz für die Vornahme der Absetzung für Abnutzung zwischen § 7 Abs. 4 S. 1 Nr. 2 Buchst. a EStG und § 7 Abs. 5 EStG wählen, wobei allerdings das Abschreibungsvolumen für die Zeit vor dem Eintritt in die Einkünfteerzielung verbraucht ist. Bei der Ausübung dieser Wahlmöglichkeit muss die Aufgabenstellung beachtet werden (Aufgabenstellung Nr. 3), nach der der Gesamtbetrag der Einkünfte so niedrig wie möglich gehalten werden soll, die Absetzung für Abnutzung demnach so hoch wie möglich zu ermitteln ist. Grundsätzlich könnte Herr Schulz die degressive Gebäudeabschreibung in Anspruch nehmen (vgl. § 56 Nr. 1 EStG für die Anwendung in den neuen Bundesländern), wobei die AfA-Staffeln nach § 7 Abs. 5 S. 1 Nr. 2 und Nr. 3 Buchst. a EStG in Betracht kämen. Nach beiden Abschreibungsstaffeln ist jedoch die lineare Abschreibung nach § 7 Abs. 4 S. 1 Nr. 2 Buchst. a EStG für Herrn Schulz günstiger, da er sich nach 14 Jahren entweder in einem Staffelsatz 1,25 % oder 2 % befinden, eine höhere Abschreibung demnach nicht erfolgen würde, aber gleichzeitig ein höheres Abschreibungsvolumen bei Anwendung von § 7 Abs. 5 EStG verloren wäre (vgl. H 7.4 [AfA nach Einlage, Entnahme oder Nutzungsänderung oder nach Übergang zur Buchführung] 1. Beispiel EStH und H 7.4 [AfA-Volumen] EStH). Die Absetzung für Abnutzung für 2005 berechnet sich daher von der Bemessungsgrundlage 245 000 € (= Anschaffungskosten 350 000 € abzgl. Bodenanteil [30 % = 105 000 €]) i. H. v. 817 € (= 245 000 € × 2 % × 2/12 [genau genommen 1,5/12]).

6 Kontrollmitteilung

Der Sachverhalt entspricht dem dem Urteil des BFH vom 26.10.2004 (Az: IX R 53/02, BStBl II 2005, 167; zitiert in H 22.6 [Einnahmen aus Leistungen i. S. d. § 22 Nr. 3 EStG sind] EStH) zugrunde liegenden Klagefall. Abzugrenzen gegeneinander sind dabei mehrere steuerliche Bereiche. Zunächst stellt sich die Frage, ob der Vorgang in den Bereich der Einkünfte aus selbständiger Arbeit nach § 18 Abs. 1 Nr. 1 S. 2 EStG fällt, da Herr Schulz letztlich durch seine berufliche Qualifikation die Möglichkeit einer Klage beurteilen konnte und ihm wahrscheinlich auch nur deshalb die Idee dazu gekommen ist. Der BFH verneint dies, da es sich bei der Weitergabe eines »werthaltigen Tipps« nicht um eine anwaltliche Dienstleistung handelt. Auch eine daneben ausgeübte gewerbliche Tätigkeit nach § 15 EStG liegt mangels Nachhaltigkeit der Betätigung nicht vor. Weiterhin muss geprüft werden, ob eventuell eine Veräußerung im privaten Bereich vorliegt, die u. U. nicht oder nur unter weiteren Voraussetzungen der Besteuerung unterliegt. Voraussetzung dafür wäre allerdings, dass Herr Schulz über ein Wirtschaftsgut verfügt hat, wobei es sich der Art nach um ein immaterielles Wirtschaftsgut handeln würde. Zwar kann ein immaterielles Wirtschaftsgut auch schon bei konkreten Möglichkeiten und Zuständen vorliegen, es muss sich dazu aber zu einer bereits greifbaren Einzelheit verdichtet haben, woran es im vorliegenden Fall fehlt, da sich die Beteiligten einig darüber waren, dass die Rechtsidee erst noch konkret geprüft und verifiziert werden musste. Außerdem haben die Beteiligten ein partiarisches Rechtsverhältnis abgeschlossen, welches auf die gemeinsame Realisierung des Rechtsidee und nicht auf ein Veräußerungsgeschäft gerichtet war, was sich auch in dem Umstand zeigt, dass die Provision nicht für die Weitergabe der Information als solcher zu bezahlen war, sondern erst bei erfolgreicher Realisierung der Idee.

Herr Schulz verwirklicht damit den Tatbestand der sonstigen Einkünfte nach § 22 Nr. 3 EStG i. V. m. § 2 Abs. 1 S. 1 Nr. 7 EStG. Es liegt eine Überschusseinkunftsart nach § 2 Abs. 2 Nr. 2 EStG vor. Die Einkünfte werden durch Gegenüberstellung der Einnahmen (§ 8 EStG) und der Werbungskosten (§ 9 EStG) ermittelt, wobei als Abgrenzungs- und Zuordnungsnorm § 11 EStG gilt. Die sonstigen Einkünfte sind demnach im Jahr des Zuflusses 2005 i. H. v. 500 000 € der Besteuerung zu unterwerfen. Werbungskosten sind nicht angefallen, der Werbungskostenpauschbetrag nach § 9a Nr. 3 EStG greift nicht für die sonstigen Einkünfte nach § 22 Nr. 3 EStG.

7 Gesamtbetrag der Einkünfte

Der Gesamtbetrag der Einkünfte für Herrn Schulz ermittelt sich nach § 2 Abs. 3 EStG wie folgt:

Einkünfte aus selbständiger Arbeit
- laufender Gewinn   180 000 €
- Gewinn aus Betriebsveräußerung   1 477 500 €

Einkünfte aus Gewerbebetrieb
- laufender Gewinnanteil Schulz OHG   2 000 €
- laufender Gewinnanteil Maier GmbH & Co. KG   21 250 €
- Gewinn aus der Veräußerung des Mitunternehmeranteils an der Maier GmbH & Co. KG   195 000 €

Einkünfte aus Vermietung und Verpachtung
- aus dem Einfamilienhaus in Pirna   683 €

Sonstige Einkünfte
- werthaltiger Tipp 500 000 €

Summe der Einkünfte	2 376 433 €
Altersentlastungsbetrag nach § 24a EStG	./. 1 900 €
Gesamtbetrag der Einkünfte	2 374 533 €

Herr Schulz ist am 20.05.1940 geboren worden. Er hat damit in 2004 das 64. Lebensjahr vollendet und erhält daher nach § 24a S.3 EStG in 2005 den Altersentlastungsbetrag. Dieser errechnet sich nach der positiven Summe der Einkünfte (hier: 2 377 433 €) unter Anwendung der Prozentsätze in § 24a S.5 EStG und Beachtung der Höchstbeträge. Demnach beträgt der Altersentlastungsbetrag grundsätzlich 40 % der Einkünfte, ist jedoch höhenmäßig auf maximal 1 900 € begrenzt. Herr Schulz ist auf Grund seines Geburtsjahrgangs noch nicht von der sukzessiven Absenkung des Altersentlastungsbetrags nach dem »Kohortenprinzip« durch das Alterseinkünftegesetz betroffen (bis auf die Absenkung von 1 908 € in 2004 auf 1 900 € in 2005).

V. Punktetabelle

		Punkte
1	Allgemeines	
	Erkennen und Würdigen des Wechsels der Steuerpflicht	1
	Einheitliche Veranlagung unter Einbeziehung der beschränkten Steuerpflicht	1
	Prüfung Progressionsvorbehalt	1
2	Einkünfte aus selbständiger Arbeit	
2.1	Laufende Einkünfte	
	Berücksichtigung der Einnahmen und Ausgaben nach Maßgabe des § 11 EStG	1
	Behandlung der Umsatzsteuer als Betriebsausgabe und Betriebseinnahme	1
	Ermittlung der Restbuchwerte des Betriebsvermögens zum 30.06.2005 mit zeitanteiliger Berechnung der Abschreibung	1
2.2	Wechsel der Gewinnermittlungsart	
	Rechtliche Prüfung der Verpflichtung zum Wechsel der Gewinnermittlungsart	1
	Ermittlung der Zu- und Abrechnungen	2

			Punkte
		Erstellen der Schlussbilanz	1
	2.3	Betriebsveräußerung	
		Rechtliche Prüfung der Geschäftsveräußerung im Ganzen	1
		Prüfung Zwangsrestbetriebsvermögen	1
		Berechnung des Veräußerungsgewinns	1
		Prüfung der steuerlichen Begünstigungen	1
3		Beteiligung an der Schulz OHG	
	3.1	Allgemeines	
		Prüfung der Mitunternehmereigenschaft	1
	3.2	Laufender Gewinn	
		Prüfung einheitliche und gesonderte Gewinnfeststellung	1
	3.3	Realteilung	
		Erkennen und Prüfen der steuerlichen Realteilung; grundsätzlich erfüllt	2
		Steuerschädliches Verhalten durch Übertragung der späteren Beteiligung; Rückwirkung	1
		Gewinnverwirklichung bei der Schwester	1
4		Beteiligung an der Maier GmbH & Co. KG	
	4.1	Allgemeines	
		Prüfung der Mitunternehmereigenschaft; abweichendes Wirtschaftsjahr	2
	4.2	Laufender Gewinn	
		Einheitliche und gesonderte Gewinnfeststellung; additive Gewinnermittlung	1
		Ermittlung des Ergebnisses aus dem Sonderbetriebsvermögen	1

			Punkte
4.3		Veräußerung eines Mitunternehmeranteils	
		Steuerlich begünstige Veräußerung eines Mitunternehmeranteils	1
		Ermittlung des Veräußerungsgewinns, insbesondere unter Berücksichtigung der Folgen aus der Realteilung	2
5		Einkünfte aus Vermietung und Verpachtung	
5.1		Haus in Südfrankreich	
		Prüfung der DBA-rechtlichen Behandlung zu Zeiten der unbeschränkten Steuerpflicht (Person/Ansässigkeit/Art der Einkünfte/Methode)	3
		Ermittlung der für den Progressionsvorbehalt relevanten Einkünfte	1
5.2		Einfamilienhaus in Pirna	
		Erzielung von Einkünften im Zusammenhang mit dem erstmaligen Eintritt in die steuerlich relevante Nutzung	1
		Ermittlung der Abschreibung, Prüfung der Wahlmöglichkeiten	1
		Beschränkte Steuerpflicht und DBA-Recht	2
6		Kontrollmitteilung	
		Prüfung freiberuflicher oder gewerblicher Einkünfte	1
		Prüfung eines Veräußerungstatbestands	1
		Einordnung als sonstige Einkünfte	1
7		Gesamtbetrag der Einkünfte	
		Darstellung des Gesamtbetrags der Einkünfte (Zusammenstellung)	1
		Prüfung Altersentlastungsbetrag	1
		Summe	40

Klausuraufgabe 4:
Einkünfte aus Mitunternehmerschaft/Sonderbetriebsvermögen/ unentgeltliche Übertragung eines Mitunternehmeranteils/ Aufgabe eines Mitunternehmeranteils/Einkünfte aus Vermietung und Verpachtung/teilentgeltlicher Erwerb einer Beteiligung/ Betriebsaufspaltung/verdeckte Einlage/relevante Beteiligung/ Einkünfte aus Kapitalvermögen/privates Veräußerungsgeschäft

I. Vorspann

Sie sind Betriebsprüferin/Betriebsprüfer und damit beauftragt, die etwas undurchsichtigen steuerlichen Verhältnisse des Steuerpflichtigen Uwe Schuster zu entwirren. Aus den Akten und den durch Sie ermittelten Informationen hat sich der nachfolgend dargestellte Sachverhalt ergeben.

II. Sachverhalt

1 Persönliche Verhältnisse

Uwe Schuster (geb. 27.04.1962) ist verwitwet und lebt in eigenem Einfamilienhaus in Meißen. Die einzige Tochter von Herrn Schuster, Gertrude Berner (geb. 04.06.1983), ist verheiratet und lebt mit ihrer Familie in Radebeul. Gertrude Berner arbeitet in ihrem erlernten Beruf als Bürokauffrau in einem Unternehmen in Radebeul.

2 Beteiligung an der Schuster KG

2.1 Allgemeines

Uwe Schuster ist zusammen mit seinem Bruder Manfred Schuster an der Schuster (Handels-)KG mit Sitz in Coswig, Elbstrand 2, beteiligt, die ihren Betrieb in angemieteten Räumen unterhält (vgl. unten Tz. 3). Das Wirtschaftsjahr der Schuster KG endet am 31.03. des Jahres. In der zum 31.03.2005 nach den Prüfungsfeststellungen zutreffend erstellten Schlussbilanz weist die KG das Festkapitalkonten I des Kommanditisten Uwe Schuster mit 25000 € aus, das variable Kapitalkonto II mit 500000 €. An stillen Reserven sind unstreitig 200000 € vorhanden, von denen die Hälfte, entsprechend dem Anteil am Vermögen, dem Kommanditanteil von Uwe Schuster zuzurechnen sind. Der Gewinn des Wirtschaftsjahres wurde zutreffend mit 300000 € ermittelt. Die Gewinnverteilung entspricht der vermögensmäßigen Beteiligung.

Zum 01.10.2005 verlegte die KG ihren Betriebssitz auf das durch sie neue erworbene Grundstück Elbstrand 5 in Coswig und meldete im Handelsregister ihren Sitz dementsprechend um. Den Mietvertrag über das Grundstück Elbstrand 2 hatte die KG fristgerecht zum 30.09.2005 gekündigt.

2.2 Übertragung des Kommanditanteils

Am 01.04.2005 entnahm Uwe Schuster aus seinem variablen Kapitalkonto mit Zustimmung seines Bruders einen Betrag i. H. v. 450 000 € und übertrug anschließend seine gesamthänderische Kommanditistenstellung unentgeltlich auf seine Tochter Gertrude.

3 Vermietung Elbstrand 2

Mit notariellem Vertrag vom 15.12.2004 erwarb Uwe Schuster von seinem Vater Alfred Schuster das Grundstück Elbstrand 2 in Coswig, welches dieser bisher für ortsübliche 1 500 € monatlich an die Schuster KG vermietet hatte. Der Übergang von Nutzen und Lasten erfolgte am 01.01.2005, die Mietzahlungen fließen ab diesem Zeitpunkt pünktlich – jeweils am Ende des Monats – auf das private Girokonto von Uwe Schuster und wurden wie zuvor bei der KG als Betriebsausgaben verbucht. Im Zusammenhang mit der Grundstücksübernahme musste Uwe Schuster die noch valutierende Finanzierungsschuld aus dem Erwerb des Grundstücks durch Alfred Schuster i. H. v. 100 000 € (Darlehen 1) ab dem Übergang des Grundstücks übernehmen und seinem Bruder Manfred Schuster eine Zahlung i. H. v. 100 000 € leisten, die ebenfalls zu diesem Termin fällig wurde. Alfred Schuster hatte das im Jahr 1995 bebaute Grundstück seinerseits mit notariellem Vertrag vom 02.01.2001 bei sofortigem Übergang von Nutzen und Lasten für 2/3 des aktuellen (ganzjährigen) Verkehrswertes von 300 000 € erworben, wovon 25 % auf den Grund und Boden und 75 % auf die aufstehenden Gebäude entfielen (ebenso aktuell). Im Zusammenhang mit dem Erwerb hatte Alfred Schuster ein Finanzierungsdarlehen aufgenommen, das nach den vertraglichen Bestimmungen mit 2 500 € am Ende eines Quartals zu tilgen und mit einem Zinssatz von 5,5 % zu verzinsen ist. Zins- und Tilgungszahlungen wurden jeweils pünktlich durch Herrn Alfred Schuster beglichen. Bei der Ermittlung seiner Einkünfte hatte er das Gebäude höchstmöglich abgeschrieben. Die Zahlung an seinen Bruder Manfred finanzierte Uwe Schuster über die Aufnahme eines zu 6 % verzinslichen Fälligkeitsdarlehens mit einer Laufzeit von fünf Jahren i. H. v. 100 000 € (Darlehen 2). Das Darlehen wurde am 02.01.2005 direkt an Manfred Schuster ausbezahlt. Auch für dieses Darlehen sind die Zinszahlungen jeweils am Ende des Quartals fällig und wurden von Uwe Schuster pünktlich von seinem privaten Girokonto überwiesen.

Ab 01.10.2005 vermietete Uwe Schuster dieses Grundstück zu den gleichen Konditionen wie gegenüber der Schuster KG an die Radeland Haus- und Vermögensverwaltungs GmbH (zukünftig Radeland HVV GmBH; vgl. unten Tz. 5.2), die noch am gleichen Tag ihren Firmensitz auf das Grundstück verlegte und ihren Sitz im Handelsregister ummeldete.

4 Beteiligung an der Schuster GmbH

Mit den aus der KG entnommenen Mitteln kaufte sich Uwe Schuster in die Schuster GmbH ein, in dem er von seinem Vater Alfred Schuster ein Drittel von dessen Anteilen für 400 000 € mit notariellem Vertrag vom 01.05.2005 unter sofortigem Übergang von Nutzen und Lasten erwarb. Alfred Schuster hatte die GmbH ursprünglich mit einem Stammkapital von 30 000 € in bar gegründet und ist seit dem als alleiniger Gesellschafter auch Geschäftsführer der GmbH. Durch die gute Entwicklung der Geschäftstätigkeit betrug der Verkehrswert seiner Anteile 1,5 Mio. € (= ganzjähriger Wert aller Anteile). Am 20.06.2005 beschloss die Gesellschafterversammlung der Schuster GmbH eine Gewinnausschüttung für das Wirtschaftsjahr 2004. Unter Beachtung der gesetzlichen Vorschriften überwies die Gesellschaft daraufhin noch im Juni 2005 einen Betrag i. H. v. 39 450 € an Uwe Schuster.

5 Vermögensumstrukturierung

Zur Vereinfachung der steuerlichen Verhältnisse empfahl der Steuerberater von Herrn Schuster in einem Beratungsgespräch Anfang Oktober 2005 dringend etwas zu tun und dabei das vorhandene Vermögen möglichst in einer Anlage zu bündeln. Herr Schuster setzte diese Empfehlung durch folgende Schritte in die Tat um.

5.1 Darlehenstilgung

Mit den Finanzierungsbanken kam er überein, dass beide Darlehen zum 15.10.2005 vollständig getilgt werden konnten. Für deshalb entgangene und bereits aufgelaufene Zinsen verlangten die Banken jeweils einmalige, sämtlich Ansprüche abgeltenden Abschlusszahlungen, einmal i. H. v. 10000 €, einmal i. H. v. 12500 €. Sämtliche Zahlungen leistete Uwe Schuster pünktlich aus seinem Privatvermögen.

5.2 Übertragung Grundstück Elbstrand 2

Mit notariellem Vertrag vom 30.11.2005 übertrug er das Grundstück Elbstrand 2 mit sofortiger Wirkung unentgeltlich auf die Radeland HVV GmbH. Die vollemfängliche Beteiligung an der Radeland HVV GmbH hatte er zuvor mit notariellem Vertrag vom 01.09.2005 für einen Kaufpreis i. H. v. 200000 € von der Schuster GmbH erworben. Bei der Radeland HVV GmbH handelt es sich um eine 100%-ige Tochtergesellschaft der Schuster GmbH, die diese mit einem Stammkapital von 25000 € in bar errichtet hatte und deren Verkehrswert im Zeitpunkt des notariellen Vertrags 250000 € betrug. Mit Beschluss vom 11.11.2005 beschloss die Gesellschafterversammlung der Radeland HVV GmbH eine offene Gewinnausschüttung für das Geschäftsjahr 2004 i. H. v. 20000 €, wobei sie die gesetzlichen Bestimmungen bei Auszahlung am 15.12.2005 befolgt.

5.3 Übertragung der Beteiligung an der Schuster GmbH

Mit notariellem Vertrag vom 30.11.2005 übertrug Herr Schuster seine Beteiligung an der Schuster GmbH mit Wirkung vom 01.12.2005 unentgeltlich auf die Radeland HVV GmbH.

III. Aufgaben

1. Ermitteln Sie für Herrn Uwe Schuster den Gesamtbetrag der Einkünfte i. S. d. § 2 Abs. 3 EStG für den Veranlagungszeitraum 2005.
2. Nehmen Sie jeweils auch zur Steuerpflicht, Veranlagungsform und zum Tarif, einschließlich tariflicher Vergünstigungen, Stellung!
3. Der Gesamtbetrag der Einkünfte 2005 soll jeweils so niedrig wie möglich gehalten werden.
4. Auf die Gewerbesteuer ist nicht einzugehen.
5. Nehmen Sie auch zu eventuellen Steueranrechnungsbeträgen Stellung!
6. Auf Gewinnermittlungsvorschriften ist einzugehen.
7. Soweit im Sachverhalt keine gegenteiligen Angaben enthalten sind, gehen Sie davon aus, dass Zahlungen zu ihrem jeweiligen Fälligkeitszeitpunkt geleistet wurden.

8. Alle erforderlichen Anträge, Bescheinigungen, Nachweise und Verzeichnisse liegen vor und gelten als genehmigt, soweit dem Sachverhalt nichts anderes entnommen werden kann. Falls Angaben zu Wirtschaftsgütern in einem Verzeichnis auszuweisen sind, gelten sie als ordnungsgemäß vorgenommen.
9. Die Beteiligten haben ihrer jeweiligen Hausbank keinen Freistellungsauftrag i. S. d. § 44a Abs. 1, 2 EStG erteilt.
10. Rechenergebnisse sind auf den nächsten vollen Eurobetrag abzurunden.
11. Die Aufgabe ist grundsätzlich nach der Verwaltungsauffassung zu lösen.

IV. Lösung

Bearbeitungshinweis

Der Sachverhalt erfordert vor der eigentlichen Lösung zunächst ein vollständiges Durchdenken der Aufgabenstruktur. Die Sachverhaltsangaben sind absichtlich nicht so dargestellt, dass es ein Leichtes wäre, auf Anhieb den kompletten Geschehnisablauf zu erkennen und bereits nach kurzem Durchlesen eine vollständige Lösung parat zu haben. Die für die Lösung erforderlichen Sachverhaltsangaben finden sich verstreut im Aufgabentext und müssen erst in die richtige Reihenfolge und den richtigen Zusammenhang gebracht werden. Auch in der Besteuerungspraxis zeigt es sich, dass das tatsächliche Geschehen oftmals zwischen den Zeilen liegt und erst bei gründlicher Sachverhaltskenntnis eine zutreffende steuerliche Würdigung möglich wird. Um die Lösung zu erleichtern, empfiehlt es sich daher, die Aufgabe zunächst gründlich zu lesen, ggf. auch zweimal. Die dafür aufgewendete Bearbeitungszeit ist regelmäßig gut angelegt. Unterdrücken Sie dabei den üblicherweise festzustellenden inneren Zwang, schnell etwas zu schreiben. Bewertet wird letztlich nicht die Menge, sondern die Qualität/Richtigkeit Ihrer Lösung.

Da im Steuerrecht allgemein der Grundsatz herrscht, dass diejenigen Ereignisse, die zuerst stattfinden, auch als erste steuerliche Konsequenzen zeitigen – das Steuerrecht arbeitet nach dem Grundsatz, dass Handlungen »ex nunc« wirken – bietet es sich an, sich mittels einer Skizze einen Überblick über den chronologische Geschehnisablauf (Zeitstrahl) zu verschaffen und dieses Skizze bei der Lösung »abzuarbeiten«. Dabei sollten die beim Durchlesen erkannten wichtigen Sachverhaltsangaben bereits eingetragen werden, um nichts zu vergessen und dem Sachverhalt eine Struktur zu geben. Auf diese Weise können Sie auch leichter für die Lösung wichtige unterscheidbare Phasen feststellen. Im vorliegenden Fall könnte eine derartige Skizze wie folgt aussehen:

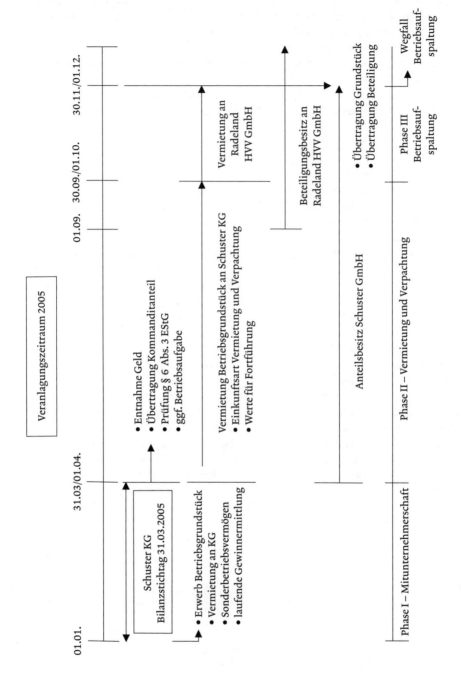

1 Allgemeines

Uwe Schuster ist eine natürliche Person (§ 1 BGB) mit Wohnsitz im Inland und somit nach § 1 Abs. 1 EStG unbeschränkt steuerpflichtig. Der Besteuerung unterliegt das Welteinkommen (H 1a [Allgemeines] EStH). Da Uwe allein stehend bzw. verwitwet ist, erfolgt eine Einzelveranlagung nach § 25 EStG. Die Besteuerungsgrundlagen werden nach § 2 Abs. 7 S. 2 EStG für den Veranlagungszeitraum = Kalenderjahr ermittelt. Das Einkommen wird nach dem Grundtarif des § 32a Abs. 1 EStG versteuert. Die Tochter Gertrude ist nach § 32 Abs. 3 und 4 EStG nicht als Kind bei Uwe zu berücksichtigen, da sie bereits volljährig und nicht mehr in Ausbildung befindlich ist.

2 Beteiligung an der Schuster KG

2.1 Gesamthandsvermögen

Als Kommanditist der Schuster KG erzielt Uwe Schuster Einkünfte als Mitunternehmer nach § 15 Abs. 1 S. 1 Nr. 2 EStG i. V. m. § 2 Abs. 1 S. 1 Nr. 2 EStG. Die KG übt eine gewerbliche Tätigkeit (= Handel) nach § 15 Abs. 1 S. 1 Nr. 1 EStG aus. Die Herrn Schuster zuzurechnenden Einkünfte setzen sich zusammen aus dem Gewinnanteil an der KG (§ 15 Abs. 1 S. 1 Nr. 2, 1. HS EStG) und den steuerlichen Ergebnissen des Sonderbetriebsvermögens (§ 15 Abs. 1 S. 1 Nr. 2, 2. HS EStG). Der Gewinnanteil aus der KG beträgt nach dem allgemeinen Gewinnverteilungsschlüssel der KG (je 50 %) 150 000 € und wurde nach dem Sachverhalt zutreffend ermittelt.

Durch die KG erzielen die Mitunternehmer Gewinneinkünfte nach § 2 Abs. 2 Nr. 1 EStG. Die KG muss ihren Gewinn über §§ 6 und 238 HGB nach den Grundsätzen des Betriebsvermögensvergleichs (doppelte kaufmännische Buchführung) ermitteln. Über § 140 AO gilt dies auch für die Ermittlung der Besteuerungsgrundlagen (= abgeleitete Buchführungspflicht). Steuerlich folgt die Gewinnermittlung dabei den §§ 4 Abs. 1 und 5 EStG. Der Gewinn der KG wird nach deren Wirtschaftsjahr ermittelt (§ 4a Abs. 1 S. 1 EStG). Da die KG im Handelsregister eingetragen ist, kann sie zulässigerweise ein abweichendes Wirtschaftsjahr wählen (§ 4a Abs. 1 S. 2 Nr. 2 EStG), das jedoch nicht länger als 12 Monate sein darf (§ 8b S. 1 EStDV). Bei Einkünften aus Gewerbebetrieb mit abweichendem Wirtschaftsjahr gilt der Gewinn als in dem Kalenderjahr bezogen, in dem das Wirtschaftsjahr endet. Herr Schuster muss daher seinen Gewinnanteil aus der KG im VZ 2005 der Besteuerung unterwerfen (§ 4a Abs. 2 Nr. 2 EStG).

2.2 Sonderbetriebsvermögen

2.2.1 Entstehung

Mit Übergang von Nutzen und Lasten ist das Grundstück Elbstrand 2 steuerlich nach § 39 Abs. 2 Nr. 1 AO als wirtschaftliches Eigentum Uwe Schuster zuzurechnen. Der Erwerb erfolgt zunächst im Privatvermögen, zumal das Grundstück teilentgeltlich erworben wird und insofern die Bereicherung in der Privatsphäre von Uwe Schuster erfolgt. Da es sich jedoch um das Betriebsgrundstück der KG handelt, erfolgt unmittelbar nach dem Erwerb die Einlage in das Sonderbetriebsvermögen von Uwe Schuster, da das Grundstück aus der Sicht der KG notwendiges Sonderbetriebsvermögen I darstellt (vgl. R 4.2 Abs. 12 EStR). Dabei gelten die Regelungen des § 6 Abs. 1 Nr. 6 EStG für die Eröffnung eines Betriebes sinngemäß (vgl. unten). Hinsichtlich des unentgeltlichen Erwerbs erfolgt die Einlage generell mit dem

Teilwert (H 6.12 [Teilwert] EStH). Für den entgeltlich erworbenen Grundstücksteil entspricht der Einlagewert den Anschaffungskosten, da insoweit § 6 Abs. 1 Nr. 5 Buchst. a EStG gilt. (Hinweis: Auch wenn man bezüglich des unentgeltlich erworbenen Grundstücksteils vom Eintritt in die Rechtsstellung des Vaters ausgeht, erfolgt die Einlage außerhalb der in § 6 Abs. 1 Nr. 5 Buchst. a EStG bezeichneten Frist und müsste zum Teilwert erfolgen. Abweichende Wertansätze würden sich daher nicht ergeben.)

2.2.2 Buchführungspflicht

Die Art der Gewinnermittlung im Sonderbetriebsvermögen orientiert sich an der Gewinnermittlung der Gesellschaft, bei der es sich um einen Kaufmann nach § 6 HGB handelt und der somit der Buchführungspflicht nach § 140 AO i. V. m. §§ 238ff. HGB unterliegt. Demzufolge sind auch die Sonderbilanzen der Gesellschafter auf den Bilanzstichtag der Gesellschaft, hier dem 31. 03. 2005, zu erstellen.

2.2.3 Eröffnungsbilanz

Das Grundstück hat im Zeitpunkt des Erwerbs einen Verkehrswert i. H. v. 300 000 €. Uwe Schuster muss in diesem Zusammenhang das Restdarlehen des Vaters i. H. v. 100 000 € übernehmen und seinem Bruder eine Ausgleichszahlung i. H. v. 100 000 € leisten. Er wendet daher lediglich 200 000 € für einen erlangten Wert i. H. v. 300 000 € auf und hat das Grundstück somit teilentgeltlich erworben (vgl. BMF vom 11. 01. 1993, Az: IV B 3 – S 2190–37/92, BStBl I 1993, 80). In Fällen des teilentgeltlichen Erwerbs erfolgt grundsätzlich eine Aufteilung in einen entgeltlichen und einen unentgeltlichen Teil (= Trennungstheorie). Diese richtet sich nach dem Verhältnis des Verkehrswertes des Grundstücks (= 300 000 €) zur Summe der Zahlungen (= 200 000 €). Herr Schuster erwirbt das Grundstück demzufolge zu einem Drittel unentgeltlich und zu zwei Dritteln entgeltlich. Durch die anschließende Einlage in sein Sonderbetriebsvermögen kommt diesem Umstand jedoch zunächst keine Bedeutung zu, da hier der Teilwert anzusetzen ist, welcher dem Verkehrswert des Grundstücks i. H. v. 300 000 € entspricht (vgl. H 6.12 [Teilwert] EStH). Für die Aufteilung in die beiden steuerlichen Wirtschaftsgüter Grund und Boden und Gebäude ist der im Sachverhalt angegebene Schlüssel 25 % zu 75 % maßgeblich.

Die mit dem Grundstück in Zusammenhang stehenden Verbindlichkeiten sind ebenfalls dem Sonderbetriebsvermögen zuzuordnen. Mit Übergang Nutzen und Lasten am 01. 01. 2005 übernimmt Uwe Schuster auch das Finanzierungsdarlehen des Vaters (Darlehen 1) i. H. v. 100 000 € und muss dieses in sein Sonderbetriebsvermögen einlegen (R 4.2 Abs. 15 S. 2 EStR). Die Ausgleichsschuld gegenüber Manfred Schuster entsteht ebenfalls zu diesem Zeitpunkt und ist gleichfalls als Verbindlichkeit auszuweisen.

Die Eröffnungsbilanz des Sonderbetriebsvermögens (sinngemäß § 6 Abs. 1 Nr. 6 EStG) zum 01. 01. 2005 hat demnach folgendes Aussehen:

Aktiva		Passiva	
	€		€
Grund und Boden	75 000	Kapital	100 000
Gebäude	225 000	Darlehen 1	100 000
		Verbindlichkeit	100 000
Summe	300 000	Summe	300 000

Mit der Auszahlung des Darlehens durch die Bank an Manfred Schuster am 02.01.2005 entfällt die Verbindlichkeit und wird durch das Darlehen ersetzt.

Durch die Überführung in das Sonderbetriebsvermögen ändert sich der steuerliche Charakter des Gebäudes, da es sich nunmehr um ein Wirtschaftsgebäude handelt, während das Gebäude zuvor beim Vater zum Privatvermögen zählte. Die Abschreibung ermittelt sich nach der Einlage daher nach § 7 Abs. 4 S. 1 Nr. 1 EStG mit einem Abschreibungssatz von 3 % jährlich, bis zum Bilanzstichtag 31.03.2005 zeitanteilig mit 3/12 (vgl. R 7.4 Abs. 10 S. 1 Nr. 1 EStR; zum AfA-Satz vgl. § 52 Abs. 21b EStG).

Besonderheiten ergeben sich aus der teilentgeltlichen Übertragung. Soweit Herr Schuster das Gebäude unentgeltlich übernimmt (= 1/3), ermittelt sich die Bemessungsgrundlage der Abschreibung unter Beachtung des § 7 Abs. 1 S. 5 EStG (vgl. R 7.3 Abs. 6 S. 1 EStR; Hinweis: Da die Frage der Anwendung des § 7 Abs. 1 S. 5 EStG in Fällen der unentgeltlichen Übertragung durch Einzelrechtsnachfolge nicht ganz unumstritten ist, wird alternativ auch anerkannt, wenn die volle Bemessungsgrundlage genommen wird.). Bei Alfred Schuster hatten die Anschaffungskosten 75 % aus 200 000 € = 150 000 € betragen. Davon hatte Alfred Schuster Abschreibungen i. H. v. 2 % p.a. nach § 7 Abs. 4 S. 1 Nr. 2 Buchst. a EStG für 4 Jahre (2001 – 2004) vorgenommen (= 12 000 €), der Restwert bei Übertragung auf Uwe betrug daher 138 000 €, davon geht ein Drittel unentgeltlich auf Uwe über = 46 000 €. Seine Bemessungsgrundlage setzt sich daher zusammen aus:

AK tatsächlich 200 000 € × 75 % Gebäudeanteil =	150 000 €
AK Alfred unentgeltliche Übernahme =	46 000 €
BMG	196 000 €

Davon berechnet sich die Abschreibung mit 3 % für 3 Monate (= 1 470 €), da Gewinnermittlungsvorschrift und der Bilanzstichtag des Sonderbetriebsvermögens von der KG abgeleitet werden.

Die privat bezahlte Tilgung i. H. v. 2 500 € für das Darlehen 1 (= Übernahme vom Vater) stellt eine Einlage nach § 4 Abs. 1 S. 5 EStG dar, die nach § 6 Abs. 1 Nr. 5 EStG mit dem Teilwert (= Nennwert) anzusetzen ist. Der Ausweis des Darlehens vermindert sich demnach bis zum 31.03.2005 auf 97 500 €. Die private Zahlung der Zinsen für das erste Quartal 2005 (bis März 2005) stellt ebenfalls eine Einlage nach § 4 Abs. 1 S. 5 EStG dar, die mit dem Teilwert (= Nennwert) erfolgt, jedoch als Aufwandseinlage gewinnwirksam ist (= 1 375 € [100 000 € × 5,5 % × 1/4]).

Die für die Monate Januar bis März privat vereinnahmten Mieten der OHG stellen Sonderbetriebseinnahmen nach § 15 Abs. 1 S. 1 Nr. 2, 2 HS EStG dar und sind als Entnahmen nach § 4 Abs. 1 S. 2 EStG mit dem Teilwert (= Nennwert) i. H. v. 3 × 1 500 € = 4 500 € zu bewerten. Auf der Seite der KG wurde der Gewinn zutreffend ermittelt, dort wurden die Mieten demnach als Betriebsausgaben verbucht.

Für das Darlehen 2 wurden die Zinsen ebenfalls privat beglichen und stellen Einlagen dar (§ 4 Abs. 1 S. 5 EStG i. V. m. § 6 Abs. 1 Nr. 5 EStG) = 1 500 € (100 000 € × 6 % × 1/4). Da es sich um ein Fälligkeitsdarlehen handelt, verändert sich der Wert der Verbindlichkeit nicht.

Die Schlussbilanz des Sonderbetriebsvermögens zum 31.03.2005 hat folgendes Aussehen:

Aktiva	€	Passiva	€
Grund und Boden	75 000	Kapital	101 030
Gebäude	223 530	Darlehen 1	97 500
		Darlehen 2	100 000
Summe	298 530	Summe	298 530

Die Gewinn- und Verlustrechnung hat folgendes Aussehen:

Soll	€	Haben	€
AfA Gebäude	1 470	Mieteinnahmen	4 500
Zinsen Darlehen 1	1 375		
Zinsen Darlehen 2	1 500		
Gewinn	155		
Summe	4 500		4 500

Die Kapitalgliederung entwickelt sich wie folgt:

Kapital am 01.01.2005	100 000 €
+ Einlage Tilgung Darlehen 1	2 500 €
+ Einlage Zinsen Darlehen 1	1 375 €
+ Einlage Zinsen Darlehen 2	1 500 €
./. Entnahme Mieten	./. 4 500 €
+ Gewinn	155 €
Kapital am 31.03.2005	101 030 €

2.3 Laufender Gewinn aus der Mitunternehmerschaft

Der laufende Gewinnanteil von Herrn Schuster aus der KG beträgt:

Gewinnanteil aus der Gesamthand	150 000 €
Gewinn aus dem Sonderbetriebsvermögen	+ 155 €
Gewinnanteil gesamt	150 155 €

2.4 Betriebsaufgabe

2.4.1 Kapitalentwicklung

Die Entnahme (§ 4 Abs. 1 S. 2 EStG) am 01.04.2005 erfolgt steuerlich erfolgsneutral gegen Minderung des variablen Kapitalkontos (§ 6 Abs. 1 Nr. 4 S. 1 EStG). Nach der Entnahme setzen sich die Kapitalkonten von Uwe Schuster wie folgt zusammen:

Festkapitalkonto I	25 000 €
Variables Kapitalkonto II	50 000 €
Gesamthandsvermögen	75 000 €
Sonderbetriebsvermögen	101 030 €

2.4.2 Schenkung und Aufgabegewinn

Durch die Schenkung seines Kommanditanteils an die Tochter Gertrude gibt Uwe Schuster seine Mitunternehmerstellung in der KG am 01.04.2005 auf. Da er dabei sein Sonderbetriebsvermögen zurückbehält, kommt es zur Aufgabe eines Mitunternehmeranteils nach § 16 Abs. 1 S. 1 Nr. 2 EStG i.V.m. § 16 Abs. 3 S. 1 EStG (vgl. H 16 Abs. 4 [Sonderbetriebsvermögen] EStH), die insgesamt gewinnverwirklichend ist.

Das Grundstück Elbstrand 2 stellt unzweifelhaft eine wesentliche Betriebsgrundlage der KG dar, da sie bis zum 30.09.2005 ihren Sitz dort hatte (vgl. Aufgabe Tz. 2.1), es sich mithin um das Betriebsgrundstück handelt (vgl. H 16 Abs. 8 EStH und H 15.7 Abs. 5 [Wesentliche Betriebsgrundlage] EStH). Ein Fall des § 6 Abs. 3 S. 1 EStG liegt nicht vor, da Uwe Schuster nicht seinen gesamten Mitunternehmeranteil auf seine Tochter überträgt, denn zum steuerlichen Mitunternehmeranteil zählt auch etwaiges Sonderbetriebsvermögen (vgl. H 16 Abs. 4 [Sonderbetriebsvermögen] EStH). Die Anwendung des § 6 Abs. 3 S. 1 EStG setzt die Übertragung zumindest der wesentlichen Betriebsgrundlagen voraus (funktionale Sicht; vgl. H 16 Abs. 6 [Übertragung der wesentlichen Betriebsgrundlagen] EStH; vgl. BMF vom 03.03.2005, Az: IV B 2 – S 2241–14/05, BStBl I 2005, 458, Tz. 4 und 5). Die Zurückbehaltung des Sonderbetriebsvermögens wäre nur dann unschädlich, wenn Uwe Schuster nicht seine gesamte Mitunternehmerstellung aufgegeben hätte (= disquotale Übertragung).

Durch Wegfall der mitunternehmerischen Beteiligung muss Uwe Schuster sein Sonderbetriebsvermögen im Zusammenhang mit der Übertragung des KG-Anteils auf die Tochter in sein Privatvermögen überführen, da dieses für sich genommen keinen gewerblichen Betrieb darstellt. Da er die Voraussetzungen des § 6 Abs. 3 S. 1 EStG nicht erfüllt, kommt es auch zur Aufdeckung der in der Beteiligung ruhenden stillen Reserven. Der Aufgabegewinn berechnet sich nach § 16 Abs. 2 EStG. Dabei sind dem nach den Grundsätzen der Gewinnermittlung festgestellten Kapitalkonto von Uwe Schuster (§ 16 Abs. 2 S. 2 EStG) die gemeinen Werte des anteilig auf ihn entfallenden Betriebsvermögens gegenüber zu stellen (§ 16 Abs. 3 S. 7 EStG). Der gemeine Wert des Mitunternehmeranteils ergibt sich aus der Addition seines Kapitalkontos und der darauf entfallenden stillen Reserven. Dazuzurechnen ist der gemeine Wert des Grundstücks des Sonderbetriebsvermögens, abzuziehen sind die in diesem Zusammenhang ebenfalls in das Privatvermögen zu überführenden Verbindlichkeiten aus der Finanzierung des Erwerbs (vgl. R 4.2 Abs. 15 EStR). Ebenfalls abzuziehen sind die Kapitalkonten im Gesamthandsvermögen und im Sonderbetriebsvermögen.

Kapitalkonto am 01.04.2005	75 000 €
Anteil an den stillen Reserven	+ 100 000 €
Gemeiner Wert MU-Anteil	= 175 000 €
zzgl. gemeiner Wert Grundstück	+ 300 000 €
abzgl. Verbindlichkeiten	./. 197 500 €
abzgl. Kapital KG	./. 75 000 €
abzgl. Sonderkapital	./. 101 030 €
Aufgabegewinn	= 101 470 €

Der Aufgabegewinn setzt sich zusammen aus den stillen Reserven innerhalb des Gesamthandsvermögens (= 100 000 €) und der zwischenzeitlich im Sonderbetriebsvermögen vorgenommenen Abschreibung i. H. v. 1 470 €.

Der Aufgabegewinn ist grundsätzlich nach § 16 Abs. 4 EStG begünstigt, Uwe Schuster erfüllt jedoch die persönlichen Voraussetzungen nicht, da er im Zeitpunkt der Betriebsaufgabe weder das 55. Lebensjahr vollendet hat noch in sozialversicherungsrechtlichem Sinne dauernd erwerbsunfähig ist. Der Aufgabegewinn fällt unter die außerordentlichen Einkünfte nach § 34 Abs. 2 Nr. 1 EStG, der günstige Steuersatz nach § 34 Abs. 3 EStG greift jedoch nicht, da er die gleichen Voraussetzungen hat wie der Freibetrag nach § 16 Abs. 4 EStG.

3 Einkünfte aus Vermietung und Verpachtung

3.1 Einnahmen

Durch die Aufgabe der Mitunternehmerstellung am 01.04.2005 wird die Überlassung des Grundstücks Elbstrand 2 an die Schuster KG nicht beendet, sondern setzt sich nach dem Sachverhalt noch bis zum 30.09.2005 fort. Uwe Schuster erzielt daher ab dem 01.04.2005 Einkünfte aus Vermietung und Verpachtung nach § 21 Abs. 1 S. 1 Nr. 1 EStG i. V. m. § 2 Abs. 1 S. 1 Nr. 6 EStG. Es liegt eine Überschusseinkunftsart nach § 2 Abs. 2 Nr. 2 EStG vor, bei der die Einkünfte durch Gegenüberstellung der Einnahmen (§ 8 Abs. 1 EStG) und der Werbungskosten (§ 9 EStG) zu ermitteln sind. Die Einkünfteerzielung endet am 01.10.2005, da zu diesem Zeitpunkt eine Betriebsaufspaltung mit der Radeland HVV GmbH entsteht.

An Einnahmen erzielt Uwe Schuster die bisherige Miete aus der KG bis zum 30.09.2005 i. H. v. 1 500 € für 6 Monate:

Miete 1 500 € × 6 Monate	9 000 €

3.2 Werbungskosten

3.2.1 Finanzierungsdarlehen

Die beiden Finanzierungsdarlehen (Darlehen 1 = Schuldübernahme von Alfred Schuster; aktuelle Höhe am 01.04.2005 – 97 500 €/Darlehen 2 = Finanzierung der Ausgleichszahlung an Manfred Schuster; aktuelle Höhe [Fälligkeitsdarlehen] – 100 000 €) stehen auch weiterhin im Zusammenhang mit der Einkunftsquelle und führen daher hinsichtlich der Zinsen zu Werbungskosten nach § 9 Abs. 1 S. 3 Nr. 1 EStG. Die Tilgungsleistungen für das Darlehen 1 von 2 500 € im Quartal (betroffen Quartal II [April bis Juni]; Quartal III [Juli bis September]) stehen nach der Entnahme des Grundstücks im Zusammenhang mit der steuerlich unbeachtlichen Vermögensebene.

Zinsen Darlehen 1	
Quartal II	
97 500 € × 5,5 % × 1/4	1 340 €
Quartal III	
95 000 € × 5,5 % × 1/4	1 306 €
Zinsen Darlehen 2	
Quartal II/III	
100 000 € × 6 % × 2/4	3 000 €
Summe Zinsen	5 646 €

3.2.2 Abschreibung

Die Absetzung für Abnutzung für das Gebäude stellt Werbungskosten nach § 9 Abs. 1 S. 3 Nr. 7 EStG bei den Einkünften aus Vermietung und Verpachtung dar. Die Bemessungsgrundlage entspricht dem für das Gebäude im Rahmen der Betriebsaufgabe versteuerten gemeinen

Wert (vgl. R 7.3 Abs. 6 S. 4 EStR). Da sich der gemeine Wert ganzjährig nicht verändert hat, wurde bei der Betriebsaufgabe ein Wert von 300 000 € angesetzt, von dem 75 % (= 225 000 €) auf das Gebäude entfallen. Nach der Entnahme bestimmt sich die Abschreibungsmethode wieder nach § 7 Abs. 4 S. 1 Nr. 2 Buchst. a EStG mit einem Abschreibungssatz i. H. v. 2 % jährlich (vgl. R 7.4 Abs. 10 S. 1 Nr. 1 EStR). Die Abschreibung ist zeitanteilig für 6 Monate vorzunehmen:

BMG 225 000 € × 2 % × 6/12   2 250 €

3.2.3 Einkünfte

Die Einkünfte ermitteln sich wie folgt:

Einnahmen (§ 8 Abs. 1 EStG)	9 000 €
Werbungskosten	
• Zinsen	./. 5 646 €
• Abschreibung	./. 2 250 €
Einkünfte	+ 1 104 €

4 Beteiligung an der Schuster GmbH

4.1 Erwerb der Anteile an der Schuster GmbH

Durch den notariellen Vertrag vom 01. 05. 2005 wird Uwe Schuster Gesellschafter der bis dahin im Alleineigentum des Vaters stehenden Schuster GmbH. Die Beteiligung hat insgesamt einen Verkehrwert i. H. v. 1,5 Mio. €, die Gesellschaft ein Nennkapital i. H. v. 30 000 €, wovon Herr Schuster 1/3 = 10 000 € erwirbt. Da er lediglich einen Kaufpreis i. H. v. 400 000 € bezahlen muss, kommt es zu einem teilentgeltlichen Erwerb der Anteile. Dabei erwirbt er 4/5 der Beteiligung entgeltlich (anteiliger Verkehrswert 500 000 €/400 000 €), 1/5 übernimmt er unentgeltlich von seinem Vater und tritt insoweit in dessen Rechtsstellung ein. Die Anschaffungskosten der Beteiligung setzen sich demnach zusammen aus:

eigene Anschaffungskosten	400 000 €
Übernahme von Alfred Schuster	
(30 000 € × 1/3 = 10 000 € × 1/5)	2 000 €

Für die weitere Behandlung ist von Bedeutung, dass hinsichtlich der 4/5 des entgeltlichen Erwerbs zunächst die Frist nach § 23 Abs. 1 S. 1 Nr. 2 EStG von 12 Monaten zu laufen beginnt, hinsichtlich der unentgeltlichen Übertragung jedoch in die insoweit bereits abgelaufene Frist des Vaters eingetreten wird, d. h., dieser Teil unterliegt bereits ab Übernahme der Besteuerung nach § 17 EStG.

4.2 Verdeckte Einlage in die Radeland HVV GmbH

Bei der verdeckten Einlage der Beteiligung am 01. 12. 2005 handelt es sich grundsätzlich um einen unentgeltlichen Vorgang. Um diesen trotz mangelnden Entgelts besteuern zu können, bedarf es einer speziellen gesetzlichen Anordnung. Da die Subsidiaritätsklausel des § 23 Abs. 2 S. 2 EStG davon abhängt, dass die Voraussetzungen des § 23 Abs. 1 S. 1 Nr. 2 EStG erfüllt werden, kann sie im vorliegenden Fall nicht eingreifen, denn die verdeckte Einlage stellt im Zusammenhang mit der Anwendung des § 23 EStG nur für den Sonderfall des § 23 Abs. 1 S. 5 Nr. 2 EStG bei der verdeckten Einlage eines Grundstücks einen Veräußerungstatbestand dar. Somit greift im vorliegenden Fall sowohl hinsichtlich des unentgeltlich als auch des entgeltlich erworbenen Anteils die Regelung des § 17 Abs. 1 S. 2 EStG, wonach die verdeckte Einlage von Anteilen an einer Kapitalgesellschaft in eine Kapitalgesellschaft als Veräußerung gilt. Der Vorgang unterliegt § 17 Abs. 1 EStG, da Uwe Schuster im Moment der verdeckten Einlage, also der Veräußerung, relevant mit mindestens einem Prozent beteiligt ist. Da Uwe Schuster hinsichtlich des unentgeltlichen Anteils keine eigenen Anschaffungskosten hat, werden ihm nach § 17 Abs. 2 S. 3 EStG die anteiligen Anschaffungskosten von Alfred Schuster zugerechnet (= 2 000 €; vgl. oben Tz. 4.1). Als Veräußerungserlös gilt der gemeine Wert (§ 17 Abs. 2 S. 2 EStG). Dieser berechnet sich aus dem Wert der gesamten Beteiligung bezogen auf den verdeckt eingelegten Anteil:

Wert insgesamt	1 500 000 €	
Wert Herr Schuster = 1/3	500 000 € × 50 % =	250 000 €
abzgl. AK (entgeltlich)	./. 400 000 € × 50 % =	200 000 €
abzgl. AK (unentgeltlich)	./. 2 000 € × 50 % =	1 000 €
Gewinn	98 000 €	49 000 €

Der Vorgang unterliegt dem Halbeinkünfteverfahren (§ 3 Nr. 40 S. 1 Buchst. c EStG i. V. m. § 3c Abs. 2 S. 1 EStG).

Durch die verdeckte Einlage der Anteile an der Schuster GmbH in die Radeland HVV GmbH erhöhen sich die Anschaffungskosten für die Anteile an der Radeland HVV GmbH (vgl. Tz. 5.2) um den gemeinen Wert der eingelegten Anteile (vgl. H 17 Abs. 5 [Verdeckte Einlage] EStH) i. H. v. 500 000 €.

Anschaffungskosten der Radeland HVV GmbH	
Anschaffungskosten nach Tz. 5.2	250 000 €
zzgl. verdeckte Einlage	500 000 €
Anschaffungskosten	750 000 €

5 Einkünfte aus Kapitalvermögen

5.1 Offene Gewinnausschüttung Juni 2005 aus der Schuster GmbH

Durch die Beschlussfassung der Schuster GmbH an ihre Gesellschafter Gewinne auszuschütten und den tatsächlichen Zufluss noch im Juni 2005 erzielt Uwe Schuster (vgl. § 20 Abs. 2a S. 1, 2 EStG) Einkünfte aus Kapitalvermögen nach § 20 Abs. 1 Nr. 1 EStG i. V. m. § 2 Abs. 1 S. 1 Nr. 5 EStG. Es handelt sich dabei um Überschusseinkünfte nach § 2 Abs. 2 Nr. 2 EStG, die durch Gegenüberstellung der Einnahmen (§ 8 Abs. 1 EStG) und der Werbungskosten (§ 9 EStG) zu ermitteln sind. Als allgemeine Abgrenzungsnorm gilt § 11 EStG, das Zufluss-Abflussprinzip.

Hat die GmbH unter Beachtung der gesetzlichen Vorschriften ausgeschüttet, hat sie vom Ausschüttungsbetrag zunächst Kapitalertragsteuer und SolZ einbehalten und an das zuständige Finanzamt abgeführt. Der von der GmbH vorgenommene Steuerabzug nach § 43 Abs. 1 S. 1 Nr. 1 EStG i. V. m. § 43a Abs. 1 Nr. 1 EStG i. H. v. 20 % der Bruttodividende mindert nach § 12 Nr. 3 EStG die Einkünfte nicht, diese berechnen sich brutto (Gleiches gilt für den SolZ). Der Betrag des tatsächlichen Zuflusses erhöht sich daher:

Zufluss	39 450 €
zzgl. Kapitalertragsteuer	10 000 €
zzgl. Soli	550 €
Einnahmen	50 000 €

Die Besteuerung wird nach dem Halbeinkünfteverfahren (§ 3 Nr. 40 Buchst. d EStG) vorgenommen, anzusetzen ist demnach die Hälfte des o. g. Betrages:

steuerpflichtig	25 000 €

Die einbehaltene und an das zuständige Finanzamt abgeführte Kapitalertragsteuer (= 10 000 €) ist nach § 36 Abs. 2 Nr. 2 EStG auf die Einkommensteuer anzurechnen (für den SolZ vgl. § 51a EStG).

Unmittelbar in Zusammenhang stehende Werbungskosten ergeben sich nicht.

5.2 Verdeckte Gewinnausschüttung durch den verbilligten Erwerb der Radeland HVV GmbH

Mit notariellem Vertrag vom 01.09.2005 erwirbt Uwe Schuster die Anteile an der Radeland HVV GmbH von der Schuster GmbH. Da er dabei lediglich 200 000 € aufwenden muss, der Verkehrswert hingegen 250 000 € beträgt, liegt eine verdeckte Gewinnausschüttung i. H. v. 50 000 € vor, die nach § 20 Abs. 1 Nr. 1 S. 2 EStG zu den sonstigen Bezügen nach § 20 Abs. 1 S. 1 Nr. 1 S. 1 EStG gehören. Auch die verdeckte Gewinnausschüttung unterliegt dem Halbeinkünfteverfahren nach § 3 Nr. 40 Buchst. d EStG (beachte Neufassung des § 3 Nr. 40 Buchst. d EStG durch das JStG 2007 für Zuflüsse ab 19.12.2006):

vGA 50 000 € × 1/2	25 000 €

Die Anschaffungskosten der Beteiligung ermitteln sich unter Zurechnung auch der versteuerten verdeckten Gewinnausschüttung und belaufen sich demnach auf 250 000 € (vgl. Tz. 4.2).

5.3 Einkünfteermittlung

Für die Werbungskosten kommt der Werbungskostenpauschbetrag nach § 9a S. 1 Nr. 2 EStG i. H. v. 51 € zum Ansatz. Von den Einkünften aus Kapitalvermögen wird der Sparer-Freibetrag nach § 20 Abs. 4 S. 1 EStG i. H. v. 1 370 € (beachte Absenkung ab VZ 2007 durch das StÄndG 2007) in Abzug gebracht.

Ermittlung der Einkünfte		
steuerpflichtige Einnahmen (Tz. 5.1, 5.2)		50 000 €
abzgl. WK-Pauschbetrag	./.	51 €
abzgl. Sparer-Freibetrag	./.	1 370 €
Einkünfte		48 579 €

5.4 Offene Ausschüttung Radeland HVV GmbH November 2005

Die offene Ausschüttung mit Beschluss vom 11.11.2005 erfolgt zu Zeiten der Betriebsaufspaltung und ist daher bereits als gewerbliche Einkünfte erfasst. Der spätere Zufluss im Dezember 2005 stellt den erfolgsneutralen Einzug einer Forderung dar.

6 Betriebsaufspaltung

6.1 Allgemeines

Durch den Erwerb der Anteile an der Radeland HVV GmbH zum 01.09.2005 ist Uwe Schuster Alleingesellschafter dieser GmbH geworden. Diesem Umstand kommt ab dem 01.10.2005 Bedeutung zu, da er ab diesem Tag den zukünftigen Betriebssitz an die Radeland HVV GmbH vermietet, wodurch zu der bereits im Vorfeld (ab Erwerb am 01.09.2005) vorhandenen personellen Verflechtung (vgl. H 15.7 Abs. 4 [Allgemeines] EStH und H 15.7 Abs. 6 [Allgemeines] EStH) auch die sachliche Verflechtung (vgl. H 15.7 Abs. 5 [Wesentliche Betriebsgrundlage] EStH) hinzutritt. Uwe Schuster begründet demnach zum 01.10.2005 ein Besitzunternehmen in der Rechtsform des Einzelunternehmens.

6.2 Eröffnungsbilanz

Zum 01.10.2005 muss Uwe Schuster eine Eröffnungsbilanz nach den Grundsätzen des § 6 Abs. 1 Nr. 6 EStG erstellen. Dabei muss er die nunmehr zum Betriebsvermögen gehörigen Wirtschaftsgüter nach den Grundsätzen der Einlage vom bisherigen Privatvermögen in sein Betriebsvermögen überführen. Den Umfang ihres Betriebsvermögens bilden diejenigen Wirtschaftsgüter, die die sachliche und personelle Verflechtung erzeugen, mithin das Grundstück und die Beteiligung an der Radeland HVV GmbH.

Aktiva		Passiva	
Grund und Boden	75 000 €	Kapital	355 250 €
Gebäude	222 750 €	Darlehen 1	92 500 €
Beteiligung	250 000 €	Darlehen 2	100 000 €
Summe	547 750 €	Summe	547 750 €

6.2.1 Einlage Betriebsgrundstück

Für die Einlage des Betriebsgrundstückes gilt § 6 Abs. 1 Nr. 5 S. 1 Buchst. a i.V.m. S. 3 EStG. Demnach muss Herr Schuster das Gebäude ausgehend vom Entnahmewert aus dem Sonderbetriebsvermögen bei der Schuster KG, vermindert um die während der Vermietungsphase vorgenommenen Abschreibungsbeträge einlegen (= fortgeführte Anschaffungskosten):

Entnahmewert	225 000 €
Abschreibungen bis September	./. 2 250 €
Einlagewert	222 750 €

Für den Grund und Boden ergibt sich ein Einlagewert i. H. v. 75 000 €.

6.2.2 Einlage Verbindlichkeiten

Die Verbindlichkeiten gehen nach R 4.2 Abs. 15 EStR ebenfalls in das Besitzunternehmen über. Anzusetzen ist der aktuelle Stand am 01.10.2005:

Darlehen 1	92 500 €
Darlehen 2	100 000 €

6.2.3 Beteiligung

Die Beteiligung ist die Ursache der personellen Verflechtung und begründet damit ebenfalls die gewerblichen Einkünfte. Die Einlage erfolgt nach § 6 Abs. 1 Nr. 5 S. 1 Buchst. b EStG mit den Anschaffungskosten i. H. v. 250 000 €.

6.3 Laufende Gewinnermittlung

6.3.1 Betriebseinnahmen

Die von der Radeland HVV GmbH bezahlten Mieten stellen gewerbliche Betriebseinnahmen dar. Zu erfassen sind die Mieten für Oktober und November, da durch die Übertragung des Grundstücks zum 30. 11. 2005 die Betriebsaufspaltung bereits wieder beendet wird.

Mieteinnahmen 2 × 1 500 €	3 000 €

6.3.2 Zinsen und Tilgung

Da Zins und Tilgung aus dem Privatvermögen von Herrn Schuster bezahlt werden, liegen insoweit jeweils Einlagen nach § 4 Abs. 1 S. 5 EStG vor, die nach § 6 Abs. 1 Nr. 5 EStG mit dem Nennwert anzusetzen sind. Gewinnwirksam werden jedoch nur die Zinsbeträge und das Disagio:

Einlage Darlehensbetrag 1	92 500 €
Einlage Darlehensbetrag 2	100 000 €
Einlage Ablösezahlungen	22 500 €
(= Zinsen/Vorfälligkeitsentschädigung/Betriebsausgabe)	

6.3.3 Abschreibung

Für die Bemessung der Abschreibung ist R 7.3 Abs. 6 S. 1, 2 EStR zu beachten. Grundsätzlich erfolgt die Abschreibung auf der Grundlage des Einlagewertes. Da Herr Schuster das Gebäude jedoch vor der Einlage zur Erzielung von Einkünften aus Vermietung und Verpachtung genutzt hat, ist die Bemessungsgrundlage ausgehend von den ursprünglichen Anschaffungskosten zu ermitteln, die jedoch durch den bei der Betriebsaufgabe angesetzten und versteuerten Wert ersetzt werden, also durch 225 000 €.

Anschaffungskosten		225 000 €
abzgl. Abschreibung bei V+V	./.	2 250 €
BMG		222 750 €

Die Bemessungsgrundlage ist demnach identisch mit dem Einlagewert, es entstehen keine Abweichungen im weiteren Verlauf. Die AfA-Methode bestimmt sich ab 01. 10. 2005 wiederum nach § 7 Abs. 4 S. 1 Nr. 1 EStG mit 3 % jährlich, da durch die Einlage wieder ein Wirtschaftsgebäude entsteht und ist zeitanteilig mit 2/12 vorzunehmen:

BMG 222 750 € × 3 % × 2/12	1 113 €

6.3.4 Ausschüttung

Die Gewinnausschüttung der Radeland HVV GmbH fällt begrifflich unter § 20 Abs. 1 Nr. 1 EStG. Da Kapitaleinkünfte jedoch subsidiarisch (§ 20 Abs. 3 EStG) gegenüber anderen Einkünften sind, erfolgt die Zuordnung vorrangig zu der Einkunftsart, zu der ein engerer

Bezug besteht. Im vorliegenden Fall befindet sich die Beteiligung im Moment des Ausschüttungsbeschlusses (am 11.11.2005) in einem gewerblichen Betriebsvermögen, weswegen sie als Einkünfte aus Gewerbebetrieb zu versteuern ist. Der Zuflusszeitpunkt ist insofern irrelevant, da bereits der Anspruch als Forderung auszuweisen ist.

Die Höhe des Anspruchs richtet sich auf den Bruttobetrag. Einerseits erfolgt die tatsächliche Auszahlung unter Einbehalt der Steuerabzüge erst im Dezember, andererseits können die Steuerabzugsbeträge nach § 36 Abs. 2 Nr. 2 EStG auf die Einkommensteuer angerechnet werden. Auch für Beteiligungserträge in einem Betriebsvermögen gilt nach § 3 Nr. 40 S. 2 EStG das Halbeinkünfteverfahren (§ 3 Nr. 40 S. Buchst. d EStG) entsprechend, weswegen eine außerbilanzielle Korrektur i. H. v. 50 % erforderlich ist.

Gewinnauswirkung innerhalb der Bilanz	+ 20 000 €
außerbilanzielle Korrektur	./. 10 000 €

6.3.5 Schlussbilanz/Gewinn

Durch die Übertragung des Grundstücks am 30.11.2005 auf die Radeland HVV GmbH entfällt die sachliche Verflechtung und damit die Betriebsaufspaltung. Zum 30.11.2005 ist daher eine **Schlussbilanz** aufzustellen. Diese bildet die Grundlage für die Ermittlung des Aufgabegewinns.

Aktiva		Passiva	
Grund und Boden	75 000 €	Kapital	566 637 €
Gebäude	221 637 €	Darlehen 1	– €
Beteiligung	250 000 €	Darlehen 2	– €
Forderung	20 000 €		
Summe	566 637 €	Summe	566 637 €

Die **Gewinn- und Verlustrechnung** hat folgendes Aussehen:

Soll		Haben	
	€		€
AfA Gebäude	1 113	Mieteinnahmen	3 000
Zinsen/Ablöse	22 500	Dividende	20 000
		Verlust	613
Summen	23 613		23 613

Die **Kapitalgliederung** entwickelt sich wie folgt:

	€
Kapital am 01.10.2005	355 250
+ Einlage Tilgung Darlehen 1	92 500
+ Einlage Tilgung Darlehen 2	100 000
+ Einlage Zinsen/Ablöse	22 500
./. Entnahme Mieten	3 000
./. Verlust	613
Kapital am 30.11.2005	566 637

6.4 Beendigung

Durch die Übertragung des Betriebsgrundstückes auf die Radeland HVV GmbH endet die Betriebsaufspaltung, da insoweit die sachliche Verflechtung entfällt und das Halten einer Beteiligung für sich gesehen keine gewerbliche Betätigung darstellt. Die verdeckte Einlage in die Radeland HVV GmbH geschieht aus gesellschaftsrechtlichen Gründen, da ein Fremder der Gesellschaft den Vorteil nicht zugewendet hätte. Aus der Sicht des Betriebsunternehmens liegt hierin eine private Veranlassung, die zur Entnahme des Grundstücks führt (vgl. BFH vom 20.07.2005, X R 22/02 (V), BFH/NV 2005, 2111). Die Entnahme erfolgt nach § 4 Abs. 1 S. 2 EStG i.V.m. § 6 Abs. 1 Nr. 4 S. 1 EStG mit dem Teilwert, der im vorliegenden Fall dem gemeinen Wert i. H. v. 300 000 € entspricht.

In diesem Zusammenhang muss Uwe Schuster auch die Beteiligung an der Radeland HVV GmbH entnehmen (§ 4 Abs. 1 S. 2 EStG i.V.m. § 6 Abs. 1 Nr. 4 S. 1 EStG i.V.m. § 16 Abs. 3 S. 7 EStG). Da sich der Wert ganzjährig nicht verändert hat, entspricht der Entnahmewert den bereits bilanzierten Anschaffungskosten.

Ebenfalls in das Privatvermögen überführt Uwe Schuster den Ausschüttungsanspruch gegenüber der Radeland HVV GmbH (§ 4 Abs. 1 S. 2 EStG i.V.m. § 6 Abs. 1 Nr. 4 S. 1 EStG i.V.m. § 16 Abs. 3 S. 7 EStG), es ergibt sich keine Gewinnauswirkung. Da die Ausschüttung bereits im Betriebsvermögen versteuert wurde, stellt die spätere Auszahlung nicht erneut Einkünfte aus Kapitalvermögen dar, sondern lediglich die Einziehung einer »entgeltlich« erworbenen Forderung.

Der Vorgang stellt eine Betriebsaufgabe nach § 16 Abs. 3 S. 1 EStG dar, der grundsätzlich nach §§ 16 Abs. 4, 34 EStG begünstigt ist. Uwe Schuster erfüllt allerdings die Voraussetzungen des § 16 Abs. 4 EStG nicht. Außerordentliche Einkünfte nach § 34 Abs. 2 Nr. 1 EStG liegen nur hinsichtlich des Gewinnes aus der Entnahme des Grundstücks vor, da ein ggf. auftretender Entnahmegewinn bei der Beteiligung der Halbeinkünftebesteuerung unterläge (§ 3 Nr. 40 Buchst. b EStG).

Berechnung (§ 16 Abs. 2 EStG)

Entnahmewert Grundstück	300 000 €
Entnahmewert Beteiligung	250 000 €
Entnahme Ausschüttungsanspruch	20 000 €
Summe	570 000 €
Kapitalkonto am 30.11.2005	./. 566 637 €
Aufgabegewinn	3 363 €

Der Gewinn setzt sich zusammen aus der Abschreibung innerhalb des Betriebsvermögens i. H. v. 1 113 € sowie der Abschreibung bei Vermietung und Verpachtung i. H. v. 2 250 €, da insoweit durch die Bewertung der Einlage die durch AfA aufgebauten stillen Reserven mit ins Betriebsvermögen übernommen wurden.

Durch die verdeckte Einlage erhöhen sich die Anschaffungskosten für die Beteiligung von bisher 750 000 € auf nunmehr 1 050 000 € (= Wert der verdeckten Einlage; vgl. H 17 Abs. 5 [Verdeckte Einlage] EStH). Allerdings ist zunächst vorrangig § 23 Abs. 1 S. 1 Nr. 2 EStG zu beachten i. V. m. § 23 Abs. 2 S. 2 EStG.

7 Privates Veräußerungsgeschäft

Im Zusammenhang mit der verdeckten Einlage im Rahmen der Beendigung der Betriebsaufspaltung verwirklicht Uwe Schuster ein privates Veräußerungsgeschäft nach § 23 Abs. 1 S. 1 Nr. 1 EStG i. V. m. § 23 Abs. 1 S. 5 Nr. 2 EStG, welches sich wie folgt herleitet:

a) Erwerb des Grundstücks am 02.01.2001 durch den Vater Alfred Schuster, Beginn der Frist von 10 Jahren. Insofern stellt die spätere unentgeltliche Übertragung zu einem Drittel eine Fortsetzung der Frist dar, da Herr Schuster in die Rechtsposition seines Vaters eintritt.

b) Hinsichtlich des entgeltlich erworbenen Anteils von zwei Dritteln beginnt die Frist neu am 15.12.2004 (vgl. H 23 [Veräußerungsfrist] EStH).

c) Einlage in ein eigenes Betriebsvermögen am 01.01.2005 (Sonderbetriebsvermögen bei Uwe Schuster), Fristlauf im Hintergrund nach § 23 Abs. 1 S. 5 Nr. 1 EStG bezüglich beider Teile.

d) Die Entnahme im Rahmen der Betriebsaufgabe zum 01.04.2005 löst keine Besteuerung aus bei § 23 EStG (nur Veräußerung aus dem Betriebsvermögen, vgl. § 23 Abs. 1 S. 5 Nr. 1 EStG). Grundsätzlich beginnt eine neue Frist nach § 23 Abs. 1 S. 2 EStG, da die Entnahme als Anschaffung gilt.

e) Die Wiedereinlage in das Besitzunternehmen am 01.10.2005 löst keine Besteuerung nach § 23 EStG aus, die Frist läuft aber wiederum verdeckt weiter.

f) Auslöser für die Besteuerung ist letztlich die verdeckte Einlage zum 30.11.2005. Zunächst entnimmt Herr Schuster das Grundstück, wodurch es zur Gewinnverwirklichung im Rahmen der Betriebsaufgabe kommt (vgl. Tz. 6.4). Anschließend legt er das Grundstück unmittelbar verdeckt in eine Kapitalgesellschaft ein und verwirklicht damit grundsätzlich § 23 Abs. 1 S. 1 Nr. 1 i. V. m. S. 2 und 5 Nr. 2 EStG. Auf die Höhe des Aufgabegewinnes hat dieser Vorgang keine Auswirkung mehr, allerdings muss nunmehr ausgehend von den Anschaffungskosten des Vaters und denen von Uwe Schuster gerechnet werden (vgl. BMF vom 05.10.2000, Az: IV C 3 – S 2256–263/00, BStBl I 2000, 1383, Tz. 35), da sich die verdeckte Einlage noch innerhalb der ersten Frist von zehn Jahren (02.01.2001/15.12.2004) ereignet. Zur Gegenrechnung der Absetzung für Abnutzung nach § 23 Abs. 3 S. 4 EStG vgl. § 52 Abs. 39 S. 4 EStG.

Veräußerungserlös § 23 Abs. 3 S. 2 EStG = gemeiner Wert		300 000 €
Anschaffungskosten Gebäude beim Vater	150 000 €	
davon 1/3	50 000 €	
abzgl. AfA des Vaters (1/3)	./. 4 000 €	
Restwert	46 000 €	./. 46 000 €
Anschaffungskosten Grundstück beim Vater	50 000 €	
davon 1/3	16 667 €	./. 16 667 €
Anschaffungskosten Uwe Schuster Gebäude	150 000 €	
abzgl. AfA bei V+V	./. 2 250 €	
Restwert	147 750 €	./. 147 750 €
Grundstück	50 000 €	./. 50 000 €
Zwischenergebnis		39 583 €

abzgl. Entnahmegewinne aus dem Betriebsvermögen
a) Aufgabe am 01.04.2005 ./. 1 470 €
b) Aufgabe am 30.11.2005 ./. 3 363 €

Gewinn 34 750 €

Da der Gewinn die Freigrenze des § 23 Abs. 3 S. 6 EStG übersteigt, ist er steuerpflichtig. Der Gewinn ist im Kalenderjahr der verdeckten Einlage (hier 2005) zu erfassen (vgl. BMF vom 05.10.2000, a.a.O., Tz. 37). Der Gewinn au dem privaten Veräußerungsgeschäft erklärt sich letztlich aus dem Umstand, dass Uwe Schuster das Grundstück teilentgeltlich erworben hat. Bei den durch die verdeckte Einlage aufgedeckten stillen Reserven handelt es sich um die stillen Reserven, die beim Vater Alfred angewachsen sind, da dieser das Grundstück ursprünglich für 200 000 € erworben hatte und bis zum Zeitpunkt der teilentgeltlichen Übertragung auf den Sohn Uwe der Wert auf 300 000 € angestiegen war (stille Reserve 100 000 €). Für Alfred Schuster stellt die teilentgeltliche Übertragung am 15.12.2004 (= obligatorisches Rechtsgeschäft, vgl. oben; Besteuerung bei Zufluss der Gegenleistung § 11 EStG) ebenfalls ein privates Veräußerungsgeschäft dar, soweit er das Grundstück entgeltlich (= 2/3) überträgt. Bei Alfred Schuster ist zu rechnen:

Anschaffungskosten Gebäude × 2/3	100 000 €
abzgl. AfA 2001–2004 × 2/3	./. 8 000 €
Restwert	92 000 €
Anschaffungskosten Grundstück × 2/3	+ 33 333 €
Restwert insgesamt	125 333 €
Veräußerungserlös	200 000 €
Gewinn	74 667 €

Der Veräußerungsgewinn von Alfred Schuster (= 74 667 €) ergibt zusammen mit dem Veräußerungsgewinn von Uwe Schuster (34 750 €) 109 417 €, zzgl. der betrieblichen Entnahmegewinne i.H.v. 4 833 € ergibt sich ein insgesamt zu versteuernder Gewinn i.H.v. 114 250 €. Dieser Gewinn entspricht den zugewachsenen stillen Reserven i.H.v. 100 000 € zzgl. der bei Vermietung und Verpachtung geltend gemachten Abschreibungsbeträge i.H.v. 14 250 € (bei Alfred 12 000 €, bei Uwe 2 250 €).

8 Gesamtbetrag der Einkünfte

Der Gesamtbetrag der Einkünfte ermittelt sich nach § 2 Abs. 3 EStG wie folgt:
Einkünfte aus Gewerbebetrieb nach § 15 EStG
- Mitunternehmerschaft bis 31.03.2005 lfd. Einkünfte + 150 155 €
- Mitunternehmerschaft Aufgabegewinn + 101 470 €
- Betriebsaufspaltung lfd. Einkünfte ./. 613 €
- außerbilanzielle Korrektur Halbeinkünfte ./. 10 000 €
- Betriebsaufspaltung Aufgabegewinn + 3 363 €

Einkünfte aus Gewerbebetrieb nach § 17 EStG
- verdeckte Einlage der Anteile an der Schuster GmbH + 49 000 €

Einkünfte aus Kapitalvermögen § 20 EStG
- offene/verdeckte Ausschüttung Schuster GmbH + 48 579 €

Einkünfte aus Vermietung und Verpachtung
- Vermietung April bis September   +   1 104 €
Sonstige Einkünfte nach § 22 Nr. 2 i. V. m. § 23 EStG
- verdeckte Grundstückseinlage   + 34 750 €

Summe der Einkünfte/Gesamtbetrag der Einkünfte   377 808 €

V. Punktetabelle

			Punkte
1		Allgemeines	
		Steuerpflicht/Veranlagungsform/Tarif	1
2		Beteiligung an der Schuster GmbH	
2.1		Gesamthandsvermögen	
		Darstellung der Mitunternehmerschaft	1
		Gewinnermittlungsvorschriften und abweichendes Wirtschaftsjahr	1
2.2		Sonderbetriebsvermögen	
		Entstehung und Buchführungspflicht	1
		Ermittlung der Einlagewerte und Eröffnungsbilanz	1
		Erstellen der Schlussbilanz zum 31.03.2005	1
2.3		Laufender Gewinn	1
2.4		Betriebsaufgabe	
		Prüfung der Voraussetzungen des § 6 Abs. 3 EStG; Trennung zwischen Gesamthandbetriebsvermögen und Sonderbetriebsvermögen	2
		Feststellung der steuerlich begünstigten Aufgabe eines Mitunternehmeranteils	1
		Berechnung des Aufgabegewinns	1
3		Vermietung und Verpachtung	
		Allgemeine Prüfung der Einkünfteerzielung mit entsprechenden Angaben	1

			Punkte
		Ermittlung der Abschreibungsbemessungsgrundlage	1
4		Beteiligung an der Schuster GmbH	
4.1		Erwerb der Anteile an der Schuster GmbH	
		Feststellung des teilentgeltlichen Erwerbs	1
		Ermittlung der Anschaffungskosten	1
4.2		Verdeckte Einlage in die Radeland HVV GmbH	
		Vollständige Anwendung des § 17 EStG geprüft; § 23 EStG ausgeschlossen	2
		Berechnung des Gewinns aus der verdeckten Einlage	1
		Halbeinkünfteverfahren geprüft	1
5		Einkünfte aus Kapitalvermögen	
5.1		Offene Gewinnausschüttung Juni 2005 aus der Schuster GmbH	1
5.2		Verdeckte Ausschüttung durch Erwerb der Radeland HVV GmbH	
		Feststellung der verdeckten Gewinnausschüttung und Zuordnung zu § 20 EStG (auch in Abgrenzung zur Betriebsaufspaltung)	1
		Anwendung Halbeinkünfteverfahren	1
5.3		Einkünfteermittlung Kapitalvermögen	1
6		Betriebsaufspaltung	
6.1		Allgemeines	
		Erkennen und Prüfen der Betriebsaufspaltung, sachliche und personelle Veränderung	1
		Vermietung als Ursache (= Sachverhaltsveränderung)	1
6.2		Eröffnungsbilanz	
		Erstellen der Eröffnungsbilanz	1
		Ermittlung der Einlagewerte Grundstück und Verbindlichkeiten	1

			Punkte
		Ermittlung Einlagewert Beteiligung	1
6.3		Laufende Gewinnermittlung	
		Fortführung der Abschreibung; Zinsen; Tilgung	1
		Behandlung der Gewinnausschüttung	1
		Erstellen der Schlussbilanz; Gewinnermittlung; Kapitalgliederung	1
6.4		Beendigung	
		Wegfall der Betriebsaufspaltung durch Einlage	1
		Feststellung der Entnahme des Grundstücks	1
		Feststellung Entnahme Restvermögen (Beteiligung/ Ausschüttungsanspruch)	1
		Gewinnhöhe und steuerliche Begünstigungen	1
7		Privates Veräußerungsgeschäft	
		Erkennen eines privaten Veräußerungsgeschäfts	1
		Herleitung des privaten Veräußerungsgeschäfts	1
		Berechnung des Veräußerungsgewinns	1
		Steuerliche Begünstigung; Freigrenze	1
8		Gesamtbetrag der Einkünfte	1
		Summe	40

Klausuraufgabe 5:
Betriebsverpachtung im Ganzen/Abgrenzung Betriebsaufspaltung/ Betriebsaufgabe/Einkünfte aus Vermietung und Verpachtung/ Renteneinkünfte/Altersentlastungsbetrag

I. Vorspann

Sie sind Sachbearbeiterin/Sachbearbeiter im Finanzamt und wollen die Einkommensteuererklärung des Ehepaars Anders für den Veranlagungszeitraum 2005 veranlagen. Aus der Ihnen vorliegenden Steuererklärung und den bereits durch Sie durchgeführten Sachverhaltsermittlungen (s. a. Tz. 5) ergibt sich der nachstehende Sachverhalt. Das Ehepaar Anders wird steuerlich nicht beraten.

II. Sachverhalt

1 Persönliche Verhältnisse

Herbert Anders (geb. am 20. 03. 1942), und Edith Anders (geb. am 10. 05. 1939) sind seit 1964 verheiratet. Das Ehepaar lebt in eigenem Einfamilienhaus in Meißen, Burgblick 10. Die für das Jahr 2005 beim Finanzamt eingereichte Einkommensteuererklärung ist von beiden Ehegatten unterschrieben, weitere Angaben zu den persönlichen Verhältnissen liegen nicht vor.

2 Einkünfte Herbert Anders

Herbert Anders betreibt im Gewerbegebiet Dresden-Nord auf eigenem Gelände eine Druckerei. Die Schlussbilanz für das dem Kalenderjahr entsprechende Wirtschaftsjahr 2004 auf den 31. 12. 2004 hatte folgenden Inhalt, die einzelnen Positionen sind steuerlich nicht zu beanstanden:

Aktiva
Grund und Boden	55 000 €	
Gebäude	487 500 €	
Wertpapiere	10 000 €	
Maschinen		
• davon Maschine I	612 255 €	
• davon Maschine II	333 334 €	
Bank	139 516 €	1 637 605 €

Passiva
Kapital	137 605 €	
Verbindlichkeiten		
• davon Darlehen I	300 000 €	
• davon Darlehen II	1 200 000 €	1 637 605 €

Zu den einzelnen Bilanzansätzen liegen Ihnen die folgenden Informationen vor:

Grund und Boden

Das Grundstück wurde im Jahr 1990 von der Gemeinde Dresden erworben und steht seitdem mit den Anschaffungskosten zu Buche. Seit dem Erwerb ist der Wert des Grundstücks beständig gestiegen und betrug am Bilanzstichtag 2004 bereits 85 000 €. Allein in den ersten fünf Monaten des Folgejahres ergab sich nochmals eine Wertsteigerung von 10 %. Am Jahresende 2005 betrug der Wert sogar 115 000 €.

Gebäude

Das Betriebsgebäude wurde zum 01. 01. 1994 im Rahmen eines Tages der offenen Tür feierlich eingeweiht. Ursprünglich wurde das Unternehmen in angemieteten Räumen betrieben, nachdem jedoch das Grundstück günstig erworben werden konnte, entschloss Herbert Anders sich zur Errichtung eines eigenen Firmengebäudes. Zunächst war geplant, bereits im Sommer 1992 in die neuen Räume umzuziehen, leider wurden jedoch wiederholt auf dem Gelände oder angrenzenden Grundstücken Bomben gefunden, so dass sich die Errichtung von Herbst 1991 bis November 1993 in die Länge zog. Im Dezember 1993 begann der Umzug, der mit dem Tag der offenen Tür abgeschlossen wurde. Die Herstellungskosten des Gebäudes wurden zur steuerlichen Gegenfinanzierung höchstmöglich abgeschrieben.

Maschinen

Bei den in der Bilanz ausgewiesenen Maschinen handelt es sich um zwei sog. Rotationsmaschinen (= Druckmaschinen). Maschine I wurde im November 2000 für 3 Mio. € netto in Neuzustand erworben und hatte eine Nutzungsdauer von 10 Jahren. Maschine II wurde im März 2003 für einen Kaufpreis von 1 Mio. € gebraucht erworben, die Restnutzungsdauer betrug bei Erwerb noch 3 Jahre.

Wertpapiere

Bei dem unter der Bezeichnung Wertpapiere ausgewiesenen Bilanzposten handelt es sich um eine 40 %-ige Beteiligung an der Spezialdruck GmbH mit Sitz in Dresden. Herbert Anders hatte die Gesellschaft zusammen mit seinem Sohn im Wege der Bargründung errichtet. In den Büchern hatte er sie ausgewiesen, da er hin und wieder auch mit der GmbH Geschäfte tätigte.

Verbindlichkeiten

Darlehen I stammt noch aus der Baufinanzierung des Betriebsgebäudes. Es wird in vierteljährlichen Raten von jeweils 10 000 € am Quartalsende getilgt. Der Zinssatz beträgt 6,75 %; die Zinsen sind vierteljährlich ebenfalls zum Quartalsende zu begleichen.

Darlehen II ist das Finanzierungsdarlehen für die Maschine I. Die Tilgung erfolgt jeweils am Quartalsende mit 50 000 €. Der Zinssatz beträgt 5,5 %; die Zinsen sind ebenfalls zum Quartalsende zu begleichen.

3 Einkünfte Edith Anders

Frau Anders war Zeit ihres Lebens als Angestellte in einem Unternehmen in Dresden beschäftigt. Im Frühjahr 2004 ging sie in den wohlverdienten Ruhestand. Ihre monatliche Rente beträgt 1 250 €.

4 Einkommensteuererklärung 2005

Die Einkommensteuererklärung für das Jahr 2005 wurde am 05.06.2006 beim Finanzamt eingereicht (weitere Steuererklärungen wurden nicht eingereicht). In der Erklärung wurden folgende Einkünfte erklärt:

Einkünfte aus Vermietung und Verpachtung	172 500 €	(Herbert Anders)
Einkünfte aus Kapitalvermögen	31 560 €	(Herbert Anders)
Sonstige Einkünfte	./. 333 329 €	(Herbert Anders)
Sonstige Einkünfte	4 050 €	(Edith Anders)

Aus den jeweiligen Anlagen ergibt sich, dass Herbert Anders die Einkünfte wie folgt ermittelt hat:

Einkünfte aus Vermietung und Verpachtung

Mit Vertrag vom 30.12.2004 hatte Herbert Anders mit Wirkung ab 01.01.2005 sein Betriebsgebäude und die maschinellen Anlagen längerfristig für 70 000 € ohne Umsatzsteuerausweis an die Spezialdruck GmbH vermietet (Fälligkeit jeweils zum 15. d. M.). Nach dem vorliegenden Mietvertrag entfallen 75 % der Mieteinnahmen auf die maschinellen Anlagen, der restliche Betrag auf das Betriebsgebäude.

Mieteinnahmen	210 000 €
abzgl. Abschreibung	./. 37 500 €
Einkünfte	172 500 €

Einkünfte aus Kapitalvermögen

Am 01.04.2005 hatte die Gesellschafterversammlung der Spezialdruck GmbH eine Gewinnausschüttung i. H. v. 100 000 € beschlossen, die den Gesellschaftern entsprechend der Beteiligungsverhältnisse zustehen sollte. Die Gesellschaft ist dabei sämtlichen steuerlichen Verpflichtungen korrekt nachgekommen. Herbert Anders erhielt am 15.06.2005 einen Betrag i. H. v. 31 560 € auf seinem Bankkonto gut geschrieben.

Sonstige Einkünfte

Aus der Vermietung der maschinellen Anlagen errechnete Herr Anders die nachfolgend dargestellten Einkünfte, wobei zu berücksichtigen ist, dass er die Maschinen mit Vertrag vom 30.05.2005 mit sofortiger Wirkung an die Spezialdruck GmbH zum Verkehrswert von 1 Mio. € zzgl. Umsatzsteuer veräußerte und deswegen die diesbezügliche Miete ab Juni 2005 nicht mehr bezahlt wurde. Die Veräußerungskosten trug der Erwerber. Mit dem Veräußerungserlös erwarb Herbert Anders seinen Lebenstraum, eine Segelyacht mit Heimathafen Monaco, wozu er auch die freien Barmittel (407 953 € Bank am 30.05.2005) vollumfänglich verwendete.

Mieteinnahmen	262 500 €
abzgl. Abschreibungen	./. 333 334 €
	./. 262 395 €
Einkünfte	./. 333 229 €

Sonstige Einkünfte Edith Anders

Für die Berechnung der steuerpflichtigen Rentenbezüge hat Frau Anders die Steuererklärung 2004 zu Rate gezogen und für 2005 wie folgt gerechnet: monatliche Rente 1 250 € × 12 Monate Bezugsdauer = 15 000 € × 27 % Ertragsanteil = 4 050 €.

5 Ermittlungstätigkeit des Finanzamts

Nachdem Sie sich als Sachbearbeiterin/Sachbearbeiter gewundert hatten, wo denn die bisher erklärten gewerblichen Einkünfte aus der Druckerei geblieben waren und die Akte keinerlei weiteren Schriftverkehr mit dem Steuerpflichtigen oder Aktenvermerke enthielt, haben sie im Vorfeld der Veranlagung Herrn Anders am 20.06.2005 angeschrieben und unter Darlegung der Rechtslage, bestehender Wahlrechte und der steuerlichen Konsequenzen mit Fristsetzung von drei Wochen um Aufklärung des Sachverhaltes gebeten. Die Antwort auf ihr Anschreiben ist Herr Anders bis heute schuldig geblieben.

III. Aufgabe

1. Ermitteln Sie für die Ehegatten Herbert und Edith Anders den Gesamtbetrag der Einkünfte i. S. d. § 2 Abs. 3 EStG für den Veranlagungszeitraum 2005.
2. Nehmen Sie jeweils auch zur Steuerpflicht, Veranlagungsform und zum Tarif, einschließlich tariflicher Vergünstigungen, Stellung! Steueranrechnungsbeträge sind anzugeben.
3. Der Gesamtbetrag der Einkünfte 2005 soll jeweils so niedrig wie möglich gehalten werden, die dafür erforderlichen Anträge gelten als gestellt und genehmigt. Erforderliche Nachweise gelten als erbracht.
4. Auf gewerbesteuerliche Fragen ist nicht einzugehen, eine Rückstellung nicht zu bilden.
5. Soweit im Sachverhalt nichts anderes erwähnt wird gehen Sie davon aus, dass, sofern ein Teilwert oder gemeiner Wert benötigt wird, dieser bei materiellen Wirtschaftsgütern grundsätzlich 200 % des aktuellen Restwertes/Buchwertes ist, bei immateriellen Wirtschaftsgütern 1 500 %.
6. Soweit im Sachverhalt keine gegenteiligen Angaben enthalten sind, gehen Sie davon aus, dass Zahlungen zu ihrem jeweiligen Fälligkeitszeitpunkt geleistet wurden.
7. Die Bilanzposten sind stets auf im Sachverhalt relevante Stichtage zu entwickeln und die Auswirkungen auf die AfA, Einlagen bzw. Entnahmen anzugeben. Soweit nötig sind Eröffnungs- und Schlussbilanzen zu erstellen!
8. Wenn im geschilderten Sachverhalt ausdrücklich nichts Gegenteiliges enthalten ist, gehen Sie davon aus, dass Sonderabschreibungen bisher von keinem Beteiligten beansprucht wurden und diese auch weiterhin nicht gewünscht werden!
9. Die Beteiligten haben ihrer jeweiligen Hausbank keinen Freistellungsauftrag i. S. d. § 44a Abs. 1, 2 EStG erteilt.
10. Rechenergebnisse sind auf den nächsten vollen €-Betrag abzurunden.
11. Steuerliche Nebenleistungen sollen unberücksichtigt bleiben.
12. Sofern für Ihre Lösung erforderlich, gehen Sie davon aus, dass umsatzsteuerrechtlich § 1 Abs. 1a UStG erfüllt ist.

IV. Lösung

1 Steuerpflicht/Veranlagungsform/Tarif

Herbert und Edith Anders sind natürliche Personen (§ 1 BGB) mit Wohnsitz (§ 8 AO) im Inland und somit beide unbeschränkt steuerpflichtig nach § 1 Abs. 1 EStG. Der Besteuerung unterliegt das Welteinkommen (Umfang der sachlichen Steuerpflicht/Universalitätsprinzip;

H 1a [Allgemeines] EStH). Den Eheleuten Anders steht das Ehegattenwahlrecht nach § 26 Abs. 1 S. 1 EStG zu, da sie beide unbeschränkt steuerpflichtig sind, nicht dauernd getrennt leben und die Voraussetzungen in 2005 vorlagen. Die Eheleute können zwischen der getrennten Veranlagung nach § 26a EStG und der Zusammenveranlagung nach § 26b EStG wählen. Die Voraussetzungen für eine besondere Veranlagung nach § 26c EStG liegen offensichtlich nicht vor. Da in der Steuererklärungen zur Veranlagungsform keine Angaben (§ 26 Abs. 2 EStG) enthalten sind, unterstellt § 26 Abs. 3 EStG die Wahl der Zusammenveranlagung nach § 26b EStG. Nach § 25 Abs. 3 S. 2 EStG haben die Eheleute für den Fall der Zusammenveranlagung eine gemeinsame Steuererklärung abzugeben, die nach § 25 Abs. 3 S. 5 EStG von beiden Eheleuten zu unterschreiben ist. Es kommt der Splittingtarif nach § 32a Abs. 1, 5 EStG zur Anwendung. Die Besteuerungsgrundlagen sind für das Kalenderjahr zu ermitteln (vgl. § 2 Abs. 7 S. 2 EStG).

2 Einkünfte Herbert Anders

2.1 Allgemeines

Mit der Druckerei erzielt Herbert Anders Einkünfte nach § 15 Abs. 1 S. 1 Nr. 1 EStG i. V. m. § 2 Abs. 1 S. 1 Nr. 2 EStG. Es handelt sich um eine Gewinneinkunftsart nach § 2 Abs. 2 Nr. 1 EStG. Den Gewinn ermittelt Herbert Anders zutreffend nach den Grundsätzen des Betriebsvermögensvergleichs (§§ 4 Abs. 1, 5 EStG). Gewinnermittlungszeitraum ist das Wirtschaftsjahr = Kalenderjahr (§ 4a Abs. 1 S. 2 Nr. 3 EStG, § 2 Abs. 7 S. 2 EStG).

2.2 Betriebsverpachtung im Ganzen

Nach den Sachverhaltsangaben stellt Herbert Anders seine eigengewerbliche Tätigkeit am 31. 12. 2004 ein und verpachtet im Anschluss daran das bisherige Betriebsvermögen. Stellt der Steuerpflichtige seine gewerbliche Tätigkeit ein, ist dies grundsätzlich eine Betriebsaufgabe (vgl. H 16 Abs. 1 [Aufgabe der bisherigen Tätigkeit] EStH und R 16 Abs. 2 EStR). Es besteht jedoch auch die Möglichkeit, den Betrieb lediglich ruhen zu lassen und ggf. später wieder aufzunehmen, sofern hierzu die Möglichkeit objektiv gegeben ist. Die objektive Möglichkeit den Betrieb wieder in der bisherigen Form aufzunehmen hat der Steuerpflichtige (oder sein Rechtsnachfolger), wenn er die wesentlichen Betriebsgrundlagen als Gesamtheit verpachtet und deshalb bei Beendigung des Pachtvertrags den Betrieb wieder ohne wesentliche Änderung aufnehmen kann (vgl. H 16 Abs. 5 [Abgrenzung Betriebsverpachtung/Betriebsaufgabe] EStH). Verpachtet der Steuerpflichtige in diesem Sinne seinen Betrieb im Ganzen, bleibt der Betrieb steuerlich weiterhin bestehen, es kommt somit nicht zu einer Betriebsaufgabe unter Aufdeckung der stillen Reserven. Dabei müssen die Voraussetzungen der Betriebsverpachtung im Ganzen nicht nur zu Beginn, sondern auch während der Verpachtung vorliegen (vgl. R 16 Abs. 5 S. 3 EStR).

In der Steuererklärung 2005 gibt Herr Anders lediglich Mieteinnahmen und anderweitige Einkünfte in Zusammenhang mit den bisherigen Bestandteilen seines Betriebsvermögens an, ohne auch einen Aufgabegewinn oder die Aufgabe als solche zu erklären. Das Finanzamt ist daher gehalten, den Steuerpflichtigen zu einer eindeutigen Erklärung auffordern, ob er den Betrieb aufgegeben (§ 16 Abs. 3 EStG) hat oder nicht. An die Erklärung ist der Steuerpflichtige in der Folge gebunden (vgl. H 16 Abs. 5 [Betriebsaufgabeerklärung] EStH). Die/der Sachbearbeiterin/Sachbearbeiter hat mit Schreiben vom 20. 06. 2006 Herrn Anders zur Stellungnahme aufgefordert, da die Erklärung von Mieteinkünften für sich nicht als Aufgabeerklärung gilt

(R 16 Abs. 5 S. 9, 10 EStR). Da Herr Anders daraufhin keine eindeutige Aufgabeerklärung abgegeben hat, ist davon auszugehen, dass eine Betriebsverpachtung im Ganzen vorliegt, sofern die entsprechenden Voraussetzungen erfüllt sind (R 16 Abs. 5 S. 11 EStR). Die Betriebsverpachtung im Ganzen setzt voraus, dass alle funktional wesentlichen Betriebsgrundlagen an den Pächter überlassen werden (H 16 [Abgrenzung Betriebsverpachtung/Betriebsaufgabe] EStH; H 16 Abs. 5 [Wesentliche Betriebsgrundlagen] EStH) und der Verpächter den Betrieb zuvor selbst bewirtschaftet hat (H 16 Abs. 5 [Eigenbewirtschaftung] EStH).

Zwischenergebnis: Durch die Vermietung der funktionalen Betriebsgrundlagen (= Grundstück, Gebäude, maschinellen Anlagen) ab 01. 01. 2005 an die Spezialdruck GmbH ist keine Betriebsaufgabe erfolgt, da Herbert Anders diese nicht erklärt hat und es sich bei den verpachteten Wirtschaftsgütern um die wesentlichen Betriebsgrundlagen handelt. Zunächst werden die Voraussetzungen für eine Betriebsverpachtung im Ganzen erfüllt, auch für 2005 ist daher der Gewinn aus Gewerbebetrieb zu ermitteln, Einkünfte aus Vermietung und Verpachtung, wie erklärt, liegen zunächst nicht vor.

Durch die Veräußerung der maschinellen Anlagen am 30. 05. 2005 an die Spezialdruck GmbH ist eine Wiederaufnahme des Betriebes »Druckerei« nicht mehr möglich, die Voraussetzungen einer Betriebsverpachtung im Ganzen (vgl. R 16 Abs. 5 S. 3 EStR; H 16 Abs. 5 [Umgestaltung wesentlicher Betriebsgrundlagen] EStH) entfallen, es kommt zwingend zur Betriebsaufgabe nach § 16 Abs. 3 S. 1 EStG.

Ergebnis: Die Bilanz ist auf den 30. 05. 2005 fortzuentwickeln. Es ist bis einschließlich Mai 2005 der Gewinn aus Gewerbebetrieb festzustellen. Mit Ablauf des 30. 05. 2005 ist der Aufgabegewinn nach Maßgabe des § 16 Abs. 3 S. 1 EStG zu ermitteln. Es entsteht ein Rumpfwirtschaftsjahr vom 01. 01. 2005 bis zum 30. 05. 2005 (vgl. § 8b S. 2 Nr. 1 EStDV). Im Anschluss an die Betriebsaufgabe liegen hinsichtlich des Herrn Anders verbliebenen Grundstücks Einkünfte aus Vermietung und Verpachtung vor.

2.3 Abgrenzung zur Betriebsaufspaltung

Prüfungsklausuren leben von Veränderungen im Sachverhalt. Sobald sich eine Veränderung ergibt, müssen regelmäßig mehrere denkbare Lösungsansätze untersucht werden. Im vorliegenden Fall zwingt es sich auf, das Vorliegen einer Betriebsaufspaltung zumindest anzusprechen. Herr Anders vermietet nicht an eine ihm völlig fremde Firma, sondern an eine GmbH, an der er selbst zu 40 % beteiligt ist. Bei einer Betriebsverpachtung im Ganzen liegt es nahe, davon auszugehen, dass die verpachteten Wirtschaftsgüter nicht nur beim Verpächter wesentliche Betriebsgrundlagen darstellen (= vgl. oben die Voraussetzungen der Betriebsverpachtung im Ganzen), sondern auch für den Pächter wesentliche Betriebsgrundlagen sind. Somit wird es hier regelmäßig zu einer sachlichen Verflechtung kommen und damit eine der zwei »Säulen« der Betriebsaufspaltung erfüllt sein (vgl. H 15.7 Abs. 4 [Allgemeines] EStH und H 15.7 Abs. 5 EStH). Tritt nun die zweite »Säule«, die personelle Verflechtung (vgl. H 15.7 Abs. 6 [Allgemeines] und [Mehrheit der Stimmrechte] EStH) hinzu, liegt eine Betriebsaufspaltung vor, die die Betriebsverpachtung im Ganzen zunächst verdrängt. Man spricht in diesem Zusammenhang auch von einer sog. qualifizierten Betriebsaufspaltung. Bei späterem Wegfall der Betriebsaufspaltung kann das Verpächterwahlrecht nach R 16 Abs. 5 EStR wieder aufleben (vgl. BMF vom 17. 10. 1994, Az: IV B 2 – S 2242 – 47/94, BStBl I 1994, 771). Für den Übungsfall ist festzustellen, dass zwar eine sachliche Verflechtung vorliegt, Herbert Anders aber nur zu 40 % am Nennkapital der Spezialdruck GmbH beteiligt ist und somit eine

Betriebsaufspaltung nicht vorliegen kann, da Herr Anders mangels Anteilsmehrheit keinen einheitlichen geschäftlichen Betätigungswillen entwickeln kann.

Die Voraussetzungen einer Betriebsaufspaltung liegen weder vor noch nach der Betriebsaufgabe des Einzelunternehmens vor. Auch nach der Betriebsaufgabe vermietet Herbert Anders eine wesentliche Betriebsgrundlage an die Spezialdruck GmbH (= Betriebsgrundstück), es fehlt aber auch in dieser Phase die erforderliche personelle Verflechtung.

Klausurhinweis: Da Herbert Anders bereits 40 % der Anteile am Nennkapital der Spezialdruck GmbH besitzt, könnte im weiteren Verlauf durch den Zuerwerb von beispielsweise 10,5 % weiterer Anteile eine Betriebsaufspaltung konstruiert werden. Ebenso könnte durch eine Beteiligung des Sohnes (= zweite Gesellschafter der Spezialdruck GmbH) an dem Grundstück, beispielsweise durch einen Fall der vorweggenommenen Erbfolge, ein Besitzunternehmen erzeugt werden, da für diesen Fall die personelle Verflechtung mittels der sog. Personengruppentheorie (vgl. H 15.7 Abs. 6 [Personengruppentheorie] EStH) zu prüfen wäre.

2.4 Gewinnermittlung bis 30. 05. 2005

2.4.1 Betriebseinnahmen

An betrieblichen Einnahmen ersetzen die Mieten die bisherigen Umsatzerlöse. Bis Mai 2005 fallen die monatlichen Zahlungen der Spezialdruck GmbH i. H. v. 70 000 € an. Allerdings muss berücksichtigt werden, dass die **Vermietung der Maschinen** umsatzsteuerpflichtig ist (vgl. § 4 Nr. 12 S. 2 UStG). Ob Herr Anders die Umsatzsteuer ausweist, spielt für die Entstehung der Steuer keine Rolle, da es sich bei der Vermietung um einen nach § 1 Abs. 1 Nr. 1 UStG steuerbaren Umsatz handelt, der nicht von der Umsatzsteuer befreit ist und für den die Steuerschuldnerschaft auch nicht nach § 13b UStG auf den Leistungsempfänger übergeht. Die Leistung unterliegt dem Regelsteuersatz von 16 % (vgl. § 12 Abs. 1 UStG; beachte Anhebung des Regelsteuersatzes ab 01.01.2007 auf 19 %). Die monatlich auf die Maschinen entfallende Miete i. H. v. 75 % von 70 000 € = 52 500 € stellt daher einen Bruttobetrag dar, die Umsatzsteuer beträgt 7 242 €, die Nettomiete dementsprechend 45 258 € × 5 = 226 290 €. Da Herbert Anders nach dem Sachverhalt keine weiteren Steuererklärungen für 2005 abgegeben hat, ist in der Schlussbilanz auf den 30. 05. 2005 eine Umsatzsteuerschuld i. H. von 7 242 € × 5 = 36 210 € auszuweisen. Auf diesbezügliche steuerliche Nebenleistungen, beispielsweise Säumniszuschläge und Verspätungszuschläge, soll nach der Aufgabenstellung (Nr. 11) nicht eingegangen werden. Die **Miete für das Betriebsgrundstück** beträgt monatlich 25 % von 70 000 € = 17 500 € × 5 = 87 500 €. Insofern entsteht keine Umsatzsteuer, da die Vermietung von Grundstücken grundsätzlich nach § 4 Nr. 12 S. 1 Buchst. a UStG steuerfrei ist und Herbert Anders diesbezüglich keine Option ausgesprochen hat. Der Berichtigungszeitraum nach § 15a Abs. 1 S. 2 UStG ist bereits abgelaufen. Die **Gewinnausschüttung** entsteht noch als betrieblicher Anspruch (vgl. a. H 4.2 Abs. 1 [Dividendenansprüche] EStH), da die Gesellschafterversammlung am 01. 04. 2005 Beschluss gefasst hat und zu diesem Zeitpunkt die Beteiligung als gewillkürtes Betriebsvermögen behandelt wurde (Erfassung nach dem Grundsatz der periodengerechten Gewinnermittlung unabhängig vom Zahlungsfluss). Anhaltspunkte für das Vorliegen notwendigen Betriebsvermögens sind nach dem Sachverhalt nicht gegeben, da Herr Anders nur gelegentlich, also in geringem Umfang, Geschäfte mit der Spezialdruck GmbH tätigt. Der gewerbliche Unternehmer kann jedoch auch gewillkürtes Betriebsvermögen relativ frei bilden, sofern eine objektive betriebliche Veranlassung besteht (vgl. H 4.2 Abs. 1 [Gewillkürtes Betriebsvermögen], [Wertpapiere] und [Wirtschaftsgut/Verlustbringende Wirtschaftsgüter] EStH), was Herr Anders dem Sachverhalt nach getan hat. Da **Personensteuern** (KapESt und Soli) die Besteuerung nicht mindern dürfen (§ 12 Nr. 3 EStG) ist der Dividendenanspruch mit 100 % = 40 000 € zu erfassen. Die Abzugssteuern entstehen erst mit Auszahlung (§ 44 Abs. 1 EStG), insofern liegen noch keine Entnahmen vor. Die Abzugssteuern können nach § 36 Abs. 2 Nr. 2 EStG (für SolZ § 51a EStG) auf die Einkommensteuer angerechnet werden.

Zufluss	31 560 €
KapESt (20 %)	+ 8 000 €
SolZ (5,5 % von 20 %)	+ 440 €
zu versteuern	**40 000 €**

Für die Gewinnausschüttung gilt das Halbeinkünfteverfahren (§ 3 Nr. 40 Buchst. d EStG i. V. m. § 3c Abs. 2 EStG). Die Hälfte der Einnahmen ist daher außerbilanziell vom laufenden Gewinn zu kürzen. Der Kapitalertragsteuerabzug wird ungeachtet des Halbeinkünfteverfahrens in voller Höhe vorgenommen (vgl. § 43 Abs. 1 S. 3 EStG).

Der **Kaufpreisanspruch** aus der Veräußerung der maschinellen Anlagen entsteht noch im Betriebsvermögen und ist als betriebliche Forderung i. H. v. 1 160 000 € auszuweisen. Umsatzsteuerrechtlich liegt eine nicht steuerbare Geschäftsveräußerung im Ganzen nach § 1 Abs. 1a UStG vor (vgl. Aufgabenstellung Nr. 12 und Abschn. 5 Abs. 1 S. 8 UStR – langfristige Vermietung zur Sicherstellung der Betriebsfortführung; sicherlich noch nicht endgültig ausdiskutiertes Thema!). Da Herbert Anders die Umsatzsteuer gegenüber dem Erwerber offen ausgewiesen hat, liegt ein Fall des § 14c Abs. 1 UStG, ein unrichtiger Steuerausweis, vor. Herr Anders schuldet die ausgewiesene Umsatzsteuer, kann diese jedoch grundsätzlich berichtigen, was aber dann unter die engeren Voraussetzungen des § 14c Abs. 1 S. 3 i. V. m. Abs. 2 S. 3–5 UStG fällt, mithin von der Beseitigung der Gefährdung des Steueraufkommens abhängt. Damit Herr Anders seine Umsatzsteuerschuld berichtigen kann ist demnach Voraussetzungen, dass er die Berichtigung dem Finanzamt offen anzeigt, den Rechnungsempfänger benennt und dieser den ggf. bereits beanspruchten Vorsteuerabzug rückgängig macht, d. h. die Steuer an das Finanzamt tatsächlich bezahlt. In der Schlussbilanz zum 30. 05. 2005 ist die Umsatzsteuerschuld i. H. v. 160 000 € als Verbindlichkeit auszuweisen.

Betriebseinnahmen	
Mieten Maschinen	226 290 €
Mieten Grundstück	87 500 €
Gewinnausschüttung	40 000 €
Veräußerungserlös	1 000 000 €
Summe	**1 353 790 €**

2.4.2 Betriebsausgaben

Herbert Anders kann während der gewerblichen Verpachtung sämtliche Aufwendungen im Zusammenhang mit dem verpachteten Betrieb als Betriebsausgaben nach § 4 Abs. 4 EStG geltend machen. Die Betriebsausgaben setzen sich in der Verpachtungszeit wie folgt zusammen:

2.4.2.1 Abschreibung Maschinen

Die **Maschine I** wurde im November 2000 erworben und nach der damaligen Fassung des § 7 Abs. 2 EStG (vgl. § 52 Abs. 21a S. 2 EStG; beachte auch die Neufassung ab 2006 mit wiederum höherer degressiver Abschreibung) mit 30 % degressiv unter Anwendung der

Halbjahresregelung abgeschrieben (vgl. R 44 Abs. 2 S. 3 EStR 2003; die streng zeitanteilige Berechnung der Absetzung für Abnutzung wurde erst mit Wirkung ab 01.01.2004 in § 7 Abs. 1 S. 4 EStG eingefügt [vgl. § 52 Abs. 21 S. 3 EStG; HBeglG 2004]), wodurch sich die nachfolgende Buchwertentwicklung ergab. Die Anschaffungskosten wurden zutreffend nach § 9b Abs. 1 EStG netto ermittelt, da die Vorsteuern aus dem Erwerb der Maschine umsatzsteuerrechtlich abzugsfähig waren (vgl. § 15 Abs. 1, 2 UStG). Ein Wechsel der Abschreibungsmethode nach § 7 Abs. 3 EStG ist noch nicht erforderlich (Restnutzungsdauer > 3 Jahre). Die Absetzung für Abnutzung ist im letzten Jahr (2005) zeitanteilig vorzunehmen (vgl. R 7.4 Abs. 8 S. 1 EStR).

Anschaffungskosten	3 000 000 €		
AfA 2000 (30 % × 1/2)	450 000 €	RW	2 550 000 €
AfA 2001 (30 % RW)	765 000 €		1 785 000 €
AfA 2002 (30 % RW)	535 000 €		1 249 500 €
AfA 2003 (30 % RW)	374 850 €		874 650 €
AfA 2004 (30 % RW)	262 395 €		612 255 €
AfA 2005 (30 % RW × 5/12)	**76 531 €**		**535 724 €**

Die **Maschine II** wurde im März 2003 mit einer Restnutzungsdauer von drei Jahren erworben und unter Anwendung der Vereinfachungsregelung des R 44 Abs. 2 S. 3 EStR 2003 linear nach § 7 Abs. 1 EStG abgeschrieben (Begründung vgl. bei Maschine I; bei einer Restnutzungsdauer von nur noch drei Jahren ist die lineare Abschreibung mit 33,33 % günstiger als die ebenfalls mögliche degressive Abschreibung). Die Anschaffungskosten wurden zutreffend netto ermittelt (§ 9b Abs. 1 EStG; Abzugsfähigkeit der Vorsteuer nach § 15 Abs. 2 Nr. 1 UStG).

Anschaffungskosten	1 000 000 €		
AfA 2003 (33,33 %)	333 333 €	RW	666 667 €
AfA 2004 (33,33 %)	333 333 €		333 334 €
AfA 2005 (33,33 % × 5/12)	**138 890 €**		**194 444 €**

2.4.2.2 Finanzierungslasten

Bei den ausgewiesenen Darlehen handelt es sich um Betriebsschulden (R 4.2 Abs. 15 EStR). Die Zinsen mindern als Betriebsausgaben (§ 4 Abs. 4 EStG) den Gewinn. Die Tilgungsleistungen sind erfolgneutral zu behandeln.

Darlehen I
Entwicklung 1. Quartal 2005
Stand 31.12.2004   300 000 € × 6,75 % × 1/4 =   5 063 € Zinsen
Entwicklung 2. Quartal 2005
Stand 01.04.2005   290 000 € × 6,75 % × 1/4 × 2/3 =   3 263 € Zinsen

Die bis zur Betriebsaufgabe am 30.05.2005 aufgelaufenen Zinsen sind in der Schlussbilanz als sonstige Verbindlichkeit auszuweisen. Das Darlehen ist in der Schlussbilanz mit seinem Stand am 30.05.2005 i. H. v. 290 000 € auszuweisen (Tilgung im ersten Quartal 10 000 € lt. Sachverhalt; die noch nicht erfolgte Tilgung für das zweite Quartal entfällt zwar rechnerisch mit 2/3 auf den Zeitraum bis zum 30.05.2005, da der Rückzahlungsbetrag jedoch noch nicht tatsächlich gemindert wurde, kann auch »rechnerisch« keine Minderung erfolgen).

Darlehen II
Entwicklung 1. Quartal 2005
Stand 31. 12. 2004   1 200 000 € × 5,5 % × 1/4 =   **16 500 € Zinsen**
Stand 01. 04. 2005   1 150 000 € × 5,5 % × 1/4 × 2/3 =   **10 542 € Zinsen**

Die bis zur Betriebsaufgabe am 30. 05. 2005 aufgelaufenen Zinsen sind in der Schlussbilanz als sonstige Verbindlichkeit auszuweisen. Das Darlehen ist in der Schlussbilanz mit seinem Stand am 30. 05. 2005 i. H. v. 1 150 000 € auszuweisen (Tilgung im ersten Quartal 50 000 € lt. Sachverhalt; ansonsten vgl. Darlehen I).

2.4.2.3 Gebäudeabschreibung

Das Gebäude stellt ein Wirtschaftsgebäude nach § 7 Abs. 4 S. 1 Nr. 1 EStG dar, weil es zu einem Betriebsvermögen gehört, nicht zu Wohnzwecken dient und der Bauantrag nach dem 31. 03. 1985 gestellt wurde. Wirtschaftsgebäude, bei denen der Bauantrag vor dem 01. 01. 1994 gestellt wurde, konnten nach dem damals gültigen Einkommensteuerrecht gemäß § 7 Abs. 5 S. 1 Nr. 1 EStG abgeschrieben werden. Der Abschreibungsbeginn war 1993, da bereits im Dezember mit dem Umzug die tatsächliche Nutzung erfolgte. Da die Abschreibung nach § 7 Abs. 5 EStG eine Jahresabschreibung ist (vgl. H 7.4 [Teil des auf ein Jahr entfallenden AfA-Betrags] EStH), hat Herbert Anders bisher AfA i. H. v. 67,5 % (= 1993 – 1996 je 10 % = 40 %; 1997 – 1999 je 5 % = 15 %; 2000 – 2004 je 2,5 % = 12,5 %) der Bemessungsgrundlage (= Herstellungskosten, vgl. R 7.3 Abs. 1 EStR) geltend gemacht, der Bilanzansatz zum 31. 12. 2004 beträgt demnach 32,5 % der Herstellungskosten. Die Herstellungskosten haben sich daher auf 1 500 000 € (= 487 500 €: 32,5 × 100) belaufen. Der aktuelle Staffelsatz beträgt 2,5 %. Sonderabschreibungen, beispielsweise die Fördergebietsabschreibung sollen ausdrücklich nicht geprüft werden (vgl. Aufgabenstellung Nr. 8).

Anschaffungskosten	1 500 000 €		
AfA 1993 – 1996 (je 10 %)	600 000 €		
AfA 1997 – 1999 (je 5 %)	225 000 €		
AfA 2000 – 2004 (je 2,5 %)	187 500 €	RW	487 500 €
AfA 2005 (5/12 bis 30. 05. 2005)	**15 625 €**	RW	**471 875 €**

Auch die degressive Gebäudeabschreibung kann im Jahr des Endes der Abschreibung nur zeitanteilig vorgenommen werden (vgl. H 7.4 [Teil des auf ein Jahr entfallenden AfA-Betrags] EStH und R 7.4 Abs. 8 EStR).

2.4.3 Schlussbilanz zum 30. 05. 2005

Der **Grund und Boden** ist mit den AK 55 000 € auszuweisen (§ 6 Abs. 1 Nr. 2 S. 1 EStG), Wertsteigerungen sind irrelevant (Realisationsprinzip, § 252 Abs. 1 Nr. 4 HGB), da die durch Herbert Anders zu erstellende Schlussbilanz zum 30. 05. 2005 den normalen Regelungen der steuerlichen Gewinnermittlung folgt und daher eine von der üblichen Bewertung abweichende nicht zulässig ist. Das **Gebäude** ist aus dem gleichen Grund mit seinen fortgeführten Anschaffungskosten (§ 6 Abs. 1 Nr. 1 S. 1 EStG) auszuweisen. Ebenso ist die **Beteiligung** mit ihren Anschaffungskosten (§ 6 Abs. 1 Nr. 2 S. 1 EStG) darzustellen. Auch die **Maschinen** sind mit ihren fortgeführten Anschaffungskosten (§ 6 Abs. 1 Nr. 1 S. 1 EStG) auszuweisen. Anzeichen für ggf. zu berücksichtigende Wertminderungen/niedrigere Teilwerte enthält der Sachverhalt nicht. Das **Bankkonto** und die **Kaufpreisforderung** sind mit ihren Nennwerten zu übernehmen (§ 6 Abs. 1 Nr. 2 S. 1 EStG). Gleiches gilt für den Dividendenanspruch. Das **Kapital** ist mit seinem rechnerischen Wert darzustellen. Die **Verbindlichkeiten** (Darlehen) sind mit ihren Rückzahlungsbeträgen aufzunehmen (§ 6 Abs. 1 Nr. 3 EStG), die rückständigen Zinsen ebenfalls. Die **Umsatzsteuerschuld** ist mit ihrem Rückzahlungsbetrag/Nennwert auszuweisen (§ 6 Abs. 1 Nr. 3 EStG).

Aktiva		
Grund und Boden	55 000 €	
Gebäude	471 875 €	
Wertpapiere	10 000 €	
Forderungen	1 160 000 €	
	40 000 €	
Bank	407 953 €	2 144 828 €
Passiva		
Umsatzsteuer	36 210 €	
	160 000 €	
Darlehen I	290 000 €	
Darlehen II	1 150 000 €	
Sonstige Verbindlichkeiten (Zinsen)	13 805 €	
Kapital	494 813 €	2 144 828 €
Kapitalnachweis		
Stand am 31. 12. 2004	137 605 €	
zzgl. Gewinn 2005	357 208 €	
Stand 30. 05. 2005	**494 813 €**	
Gewinn 2005		
Betriebseinnahmen	1 353 790 €	
abzgl. AfA Maschine I	./. 76 531 €	
abzgl. AfA Maschine II	./. 138 890 €	
abzgl. BW Maschine I	./. 535 724 €	
abzgl. BW Maschine II	./. 194 444 €	
abzgl. AfA Gebäude	./. 15 625 €	
abzgl. Zinsen Darlehen I	./. 5 063 €	
abzgl. Zinsen Darlehen I	./. 3 263 €	
abzgl. Zinsen Darlehen II	./. 16 500 €	
abzgl. Zinsen Darlehen II	./. 10 542 €	
Gewinn	**357 208 €**	

Nachweis Bankkonto: AB 139 516 € + 350 000 € (Mieten) ./. 60 000 € (Tilgung) ./. 5 063 € (Zinsen) ./. 16 500 € (Zinsen) = 407 953 €.

2.5 Betriebsaufgabe

2.5.1 Allgemeines

Mit der Veräußerung der Rotationsmaschinen an die Spezialdruck GmbH erfolgt die Betriebsaufgabe. Die gewerbliche Tätigkeit hat Herbert Anders bereits durch die Verpachtung beendet. Die Folgen der Betriebsaufgabe wurden zwischenzeitlich jedoch durch die Betriebsverpachtung im Ganzen verdrängt. Da er ab dem Zeitpunkt der Veräußerung der wesentlichen

Betriebsgrundlagen »Maschinen« den Betrieb nicht mehr in der ursprünglichen Form wiederaufnehmen kann, entfällt für ihn das Wahlrecht nach R 16 Abs. 5 S. 3 EStR. Das nunmehr im Betriebsvermögen verbliebene Grundstück ist für sich allein auch nicht geeignet weiterhin gewerbliche Einkünfte zu erzielen, da die Vermietung von Grundstücken steuerlich grundsätzlich eine Vermögensverwaltung darstellt und weitere Merkmale, die eine gewerbliche Tätigkeit nahe legen, nicht gegeben sind (vgl. R 15.7 EStR/H 15.7 EStH). Ebenso stellt der Besitz einer Beteiligung keine an sich gewerbliche Tätigkeit dar. Der Aufgabegewinn setzt sich aus einerseits dem Veräußerungserlös der maschinellen Anlagen, der mit seinem Nennwert anzusetzen ist, andererseits aus den restlichen Wirtschaftsgütern, die in diesem Zusammenhang in das Privatvermögen überführt und mit dem gemeinen Wert (§ 16 Abs. 3 S. 7 EStG) angesetzt werden, zusammen. Dabei ist zu beachten, dass die Veräußerung der Maschinen als Geschäftsvorfall verbucht wurde, dieser Teil des Aufgabegewinns also im laufenden Betriebsergebnis bereits erfasst ist und daher eine entsprechende Korrektur erfolgen muss.

Bei der Ermittlung des Aufgabegewinns gilt § 16 Abs. 2 EStG. Die entnommenen Wirtschaftsgüter werden wie ein Veräußerungserlös behandelt und mit ihrem gemeinen Wert angesetzt. Grundsätzlich muss beachtet werden, dass nicht alle Wirtschaftsgüter der Schlussbilanz problemlos entnommen werden können, da diese teilweise einer privaten Nutzung nicht fähig sind (z. B. Umsatzsteuerverbindlichkeiten; Zinsverbindlichkeiten; umstritten bei betrieblichen Forderungen). In diesem Zusammenhang spricht man von sog. Zwangsrestbetriebsvermögen. Diese Wirtschaftsgüter bleiben demnach als Betriebsvermögen zurück und werden nach der Betriebsaufgabe abgewickelt. Sofern die Bewertung innerhalb der Schlussbilanz zutreffend war, ergeben sich daraus im Nachhinein keine weiteren Auswirkungen (s. a. § 24 Nr. 2 EStG). Bei der Ermittlung des Aufgabegewinns erfolgt i. H. des Buchwerts eine Korrektur des Kapitalkontos. Nach dem Sachverhalt sind sämtliche Zahlungen in voller Höhe und pünktlich geleistet worden, zur Vereinfachung wird daher nur die Umsatzsteuerschuld als restliches Betriebsvermögen behandelt.

2.5.2 Entnahmewert Grund und Boden

Das Grundstück hatte am 31. 12. 2004 einen Wert von 85 000 €, der in der ersten fünf Monaten (bis Mai 2005) um 10 % gestiegen ist: 85 000 € × 10 % = 8 500 € + 85 000 € = 93 500 €.

2.5.3 Entnahmewert Gebäude

Nach der Aufgabenstellung haben materielle Wirtschaftsgüter einen Verkehrswert von 200 % des letzten Restwertes: 471 875 € × 200 % = 943 750 €.

2.5.4 Entnahmewert Beteiligung

Nach der Aufgabenstellung haben immaterielle Wirtschaftsgüter einen Verkehrswert von 1 500 % des letzten Restwertes: 10 000 € × 1 500 % = 150 000 €.

2.5.5 Entnahmewert Forderungen

Die Forderungen werden mit ihrem Nennwert entnommen 1 200 000 € (= 1 160 000 € Kaufpreisanspruch; 40 000 € Dividendenanspruch). Zu Fragen des Zwangsrestbetriebsvermögens vgl. Tz. 2.5.1. Da die Forderungen nach dem Sachverhalt vollwertig sind und eine private Verwendung der Geldmittel erfolgt, werden die Forderungen als im Zusammenhang mit der Betriebsaufgabe entnommen behandelt.

2.5.6 Entnahmewerte Schulden

Die mit dem Gebäude in Zusammenhang stehenden Verbindlichkeiten teilen steuerlich das Schicksal des Gebäudes und werden wie dieses entnommen (R 4.2 Abs. 15 EStR). Die Entnahme erfolgt zum Nennwert (= Restwert) 290 000 €.

Die Schulden aus der Finanzierung der Maschinen werden ebenfalls zu privaten Schulden (= 1 150 000 €). Grundsätzlich bleibt auch nach der Betriebsaufgabe der betriebliche Charakter der Verbindlichkeiten erhalten, da mit ihnen ursprünglich Betriebsvermögen finanziert wurde. Da Herbert Anders die durch die Veräußerung der maschinellen Anlagen frei werdenden Mittel privat verwendet und damit nicht zur Tilgung betrieblicher Schulden einsetzt, ebenso die restlichen Aktiva (Grundstück/Beteiligung) entnimmt und damit deren Wert der Tilgung entzieht, werden die betrieblichen Verbindlichkeiten in diesem Umfang privatisiert (vgl. H 4.2 Abs. 15 [Betriebsaufgabe- oder veräußerung im Ganzen] EStH). Herbert Anders kann die Zinsen nicht als nachträglichen Betriebsausgaben nach § 24 Nr. 2 EStG geltend machen (vgl. H 24.2 [Nachträgliche Betriebsausgaben/Werbungskosten sind nicht] EStH).

2.5.7 Barmittel

Die Barmittel werden bei der Betriebsaufgabe entnommen, zumal Herr Anders diese auch privat verwendet. Als Entnahmewert ist der Nennwert i. H. v. 407 953 € anzusetzen.

2.5.8 Berechnung des Aufgabegewinns nach § 16 Abs. 2 S. 1 EStG

Entnahmewerte:		
Grund und Boden		93 500 €
Gebäude		943 750 €
Beteiligung		150 000 €
Forderungen		1 200 000 €
Bankkonto		407 953 €
Darlehen I	./.	290 000 €
Darlehen II	./.	1 150 000 €
Zinsen	./.	13 805 €
Summe	=	1 341 398 €
Kapitalkonto		494 813 €
Betriebliche Schulden (USt)	+	196 210 €
	=	691 023 €
Zwischenergebnis		650 375 €
zzgl. Veräußerungsgewinn Maschinen (Erlös 1 000 000 € netto ./. BW 730 168 €)		269 832 €
Aufgabegewinn		920 207 €

Zusammensetzung Aufgabegewinn

§ 16 EStG fordert die Aufdeckung sämtlicher stiller Reserven. Im Sachverhalt enthalten folgende Wirtschaftsgüter stille Reserven:

BW			TW		
	Grund und Boden	55 000 €	TW	93 500 € =	38 500 €
	Gebäude	471 875 €	TW	943 750 € =	471 875 €
	Beteiligung	10 000 €	TW	150 000 € =	140 000 €
	Summe				650 375 €

Zu diesen stillen Reserven kommt noch der Gewinn aus der Veräußerung der Maschinen, der bisher im laufenden Betriebsergebnis enthalten war.

Korrektur laufender Gewinn

lt. Schlussbilanz	357 208 €	
abzgl. (Maschinen)	./. 269 832 €	
laufender Gewinn	87 376 €	
abzgl. Halbeinkünfte	./. 20 000 €	(Dividende der Spezialdruck GmbH)
steuerpflichtiger laufender Gewinn	67 376 €	

2.6 Besteuerung des Aufgabegewinnes

Grundsätzlich ist der Aufgabegewinn nach § 16 Abs. 4 EStG begünstigt, da Herbert Anders das 55. Lebensjahr (Geburtsjahr 1942) vollendet hat. Der Gewinn liegt jedoch so weit oberhalb der Kappungsgrenze von 136 000 € (vgl. § 16 Abs. 4 S. 3 EStG), dass ein Freibetrag (maximal 45 000 €) aus diesem Grund nicht in Betracht kommt (Hinweis: sofern ein Freibetrag in Betracht käme, müsste berücksichtigt werden, dass dieser sowohl auf die tarifbegünstigten Einkünfte als auch die Halbeinkünfte aufzuteilen ist, vgl. H 16 Abs. 13 [Halbeinkünfteverfahren] EStH). Der Aufgabegewinn ist daneben nach § 34 Abs. 2 Nr. 1 EStG als außerordentliche Einkünfte grundsätzlich tarifbegünstigt. Aus den tarifbegünstigten Einkünften sind jedoch die Gewinne aus der Entnahme der Beteiligung auszuscheiden, diese unterliegen der Besteuerung nach dem Halbeinkünfteverfahren nach § 3 Nr. 40 Buchst. b S. 2 EStG (= 150 000 € × 50 %) i. V. m. § 3c Abs. 2 EStG (= 10 000 € [Anschaffungskosten] × 50 %) = **70 000 €**. Der restliche Aufgabegewinn (920 207 € ./. 140 000 €) i. H. v. **780 207 €** ist tarifbegünstigt. Der steuerpflichtige Aufgabegewinn beträgt **850 207 €** (= 920 207 € ./. 70 000 €). Herbert Anders hat nach der allgemeinen Aufgabenstellung einen Antrag nach § 34 Abs. 3 EStG gestellt, es kommt der »Halbsteuersatz« (richtiger Steuersatz 56 % des durchschnittlichen Steuersatzes, mindestens 15 %; vgl. § 34 Abs. 3 S. 2 EStG) zur Anwendung.

2.7 Einkünfte aus Vermietung und Verpachtung

2.7.1 Allgemeines

Durch die Betriebsaufgabe wird das bisherige Betriebsgrundstück zu steuerlichem Privatvermögen. Die Vermietung an die Spezialdruck GmbH wird dadurch nicht beendet. Nach der Betriebsaufgabe erzielt Herbert Anders Einkünfte aus Vermietung nach § 21 Abs. 1 S. 1 Nr. 1 EStG i. V. m. § 2 Abs. 1 S. 1 Nr. 6 EStG. Es handelt sich um eine Überschusseinkunftsart nach § 2 Abs. 2 Nr. 2 EStG, bei der sich die Einkünfte durch Gegenüberstellung der Einnahmen (§ 8 EStG) und den Werbungskosten (§ 9 EStG) ermitteln. Als Abgrenzungsnorm greift § 11 EStG, das Zufluss-Abflussprinzip.

2.7.2 Einnahmen

An Einnahmen (§ 8 Abs. 1 EStG) fließen Herbert Anders die bisherigen Mietanteile für das Gebäude (70 000 € × 25 %) i. H. v. monatlich 17 500 € × 7 Monate = 122 500 € zu.

Klausurhinweis: An dieser Stelle könnte sich in einer Klausur eine weitere Falle befinden. Würde die Spezialdruck GmbH auch weiterhin die vollen Mieten bezahlen, lägen dennoch lediglich in der benannten Höhe Einkünfte aus Vermietung und Verpachtung vor, da die Miete nur in dieser Höhe für die Grundstücksüberlassung gezahlt wird. Die überhöhten Zahlungen (zuvor die Miete für die Maschinen) wären dann aus der Sicht der Körperschaftsteuer durch entsprechende Sachverhaltsgestaltung in Klausuren regelmäßig als verdeckte Gewinnausschüttung einzustufen und würden bei Herbert Anders zusätzlich zu Einkünften aus Kapitalvermögen führen.

2.7.3 Werbungskosten

Nach § 9 Abs. 1 S. 3 Nr. 1 EStG stellen die **Finanzierungskosten** des Grundstücks Werbungskosten bei den Einkünften aus Vermietung und Verpachtung dar. Dabei handelt es sich um das aus dem Betriebsvermögen im Rahmen der Betriebsaufgabe entnommene Darlehen I i. H. v. 290 000 €, das unmittelbar der Finanzierung des Grundstücks gedient hat (vgl. H 24.2 [Nachträgliche Betriebsausgaben/Werbungskosten sind nicht] EStH und H 21.2 [Finanzierungskosten] EStH). Die Tilgungsraten führen nicht zu Werbungskosten, diesbezüglich liegen erfolgsneutrale Umschichtungen auf der Vermögensebene vor.

Für das zweite Quartal fallen Zinsen i. H. v. **1 632 €** an (Stand 01.04.2005 = 290 000 € × 6,75 % × 1/4 × 1/3). Die restlichen Zinsen wurden bereits als sonstige Verbindlichkeit in der Schlussbilanz erfolgswirksam abgegrenzt und können nicht nochmals bei Zahlung als Werbungskosten anerkannt werden (= vgl. Schlussbilanz = 3 263 €). Für das dritte Quartal fallen Zinsen i. H. v **4 725 €** an (Stand 30.06.2005 = 280 000 € × 6,75 × 1/4). Für das vierte Quartal fallen Zinsen i. H. v. **4 557 €** an (Stand 30.09.2005 = 270 000 € × 6,75 % × 1/4). Der Zinsaufwand beläuft sich bei den Einkünften aus Vermietung und Verpachtung auf insgesamt **10 914 €** (= 1 632 € + 4 725 € + 4 557 €).

Ebenfalls zu den Werbungskosten zählen die **Abschreibungsbeträge** nach § 9 Abs. 1 S. 3 Nr. 7 EStG i. V. m. § 7 EStG für das Gebäude. Durch die Betriebsaufgabe hat sich die Bemessungsgrundlage verändert, die weitere Absetzung für Abnutzung ist nach dem gemeinen Wert (§ 16 Abs. 3 S. 7 EStG) i. H. v. 943 750 € zu bemessen (vgl. R 7.3 Abs. 6 S. 4 EStR). Die Abschreibungsmethode bestimmt sich nach § 7 Abs. 4 S. 1 Nr. 2 Buchst. a EStG mit 2 % p.a., da die Eigenschaft des Wirtschaftsgebäudes durch die Entnahme verloren geht (R 7.4 Abs. 10 Nr. 1 EStR). Die Abschreibung ist grundsätzlich zeitanteilig (pro rata temporis) ab Juni 2005 mit 7/12 vorzunehmen. 943 750 € × 2 % × 7/12 = **11 011 €**.

2.7.4 Ermittlung der Einkünfte

Einnahmen	122 500 €
abzgl. Zinsen	./. 10 914 €
abzgl. AfA	./. 11 011 €
Einkünfte	**100 575 €**

2.8 Einkünfte aus Kapitalvermögen

Einkünfte aus Kapitalvermögen wie in der Steuererklärung dargestellt liegen in 2005 nicht vor. Die Gewinnausschüttung wurde noch als Betriebseinnahme erfasst (vgl. Tz. 2.4.1). Die Entnahme der Forderung war im Rahmen der Betriebsaufgabe erfolgneutral, die spätere Auszahlung stellt einen steuerlich irrelevanten Forderungseinzug auf der privaten Vermögensebene dar. Die Kapitalertragsteuer (8 000 €) und den SolZ (440 €) kann Herbert Anders auf die Einkommensteuer anrechnen (§ 36 Abs. 2 Nr. 2 EStG [§ 51a EStG]).

2.9 Sonstige Einkünfte

Sonstige Einkünfte wie in der Steuererklärung angegeben liegen ebenfalls nicht vor. Die Maschinen wurden an die GmbH veräußert, Mieten wurden keine mehr bezahlt. Die Mieten vor der Veräußerung sind bereits als Betriebseinnahmen erfasst.

3 Einkünfte Edith Albers

Frau Albers erhält Rente aus der gesetzlichen Rentenversicherung. Es handelt sich dabei um eine Leibrente, deren Besteuerung sich nach § 22 Nr. 1 S. 3 Buchst. a Doppelbuchst. aa EStG richtet. Durch die Neufassung der Vorschrift durch das Alterseinkünftegesetz (Gesetz vom 05. 07. 2004, BGBl I 2004, 1427) werden Renten aus der gesetzlichen Rentenversicherung bis zum Jahr 2040 in die vollständige nachgelagerte Besteuerung überführt. Dabei kommt das sog. Kohortenprinzip zur Anwendung. Für jeden Jahrgang (= Kohorte), der ab 2006 in Rente geht, steigt der Besteuerungsumfang der Rentenbezüge um zwei Prozentpunkte an, bis im Jahr 2040 der erste Jahrgang die Rentenbezüge vollständig der Besteuerung unterwerfen muss. Als Ausgleich steigt bereits bis 2019 die Abzugsfähigkeit von Vorsorgeaufwendungen nach § 10 EStG schrittweise an. Für sog. Bestandsrentner wie Frau Albers bedeutet die Umstellung des Besteuerungssystems auf die nachgelagerte Besteuerung, dass ihre Rentenbezüge ab Veranlagungszeitraum 2005 nicht mehr nach der bisherigen Ertragsanteilstabelle besteuert werden, aus dieser hat Frau Albers den Ertragsanteil i. H. v. 27 % entnommen (= Ertragsanteil bei Renteneintritt mit 65 Jahren; Geburtsjahr 1939), sondern ab 2005 der Umfang der steuerpflichtigen Rentenbezüge 50 % beträgt (§ 22 Nr. 1 S. 3 Buchst. a Doppelbuchst. aa S. 3 EStG). Dabei geht die Neuregelung grundsätzlich davon aus, dass der steuerfreie Teil der Rente einmalig ermittelt wird und anschließend auf Lebzeiten des Rentenempfängers festgeschrieben ist (§ 22 Nr. 1 S. 3 Buchst. a Doppelbuchst. aa S. 4, 5 EStG). Erhöht sich die Rente in späteren Jahren, hat dies nur in Ausnahmefällen eine Auswirkung auf den steuerfreien Teil der Rente (vgl. § 22 Nr. 1 S. 3 Buchst. a Doppelbuchst. aa S. 6ff. EStG). Das Jahr der endgültigen Ermittlung des steuerfreien Teils der Rente ist das auf den Rentenbeginn folgende Jahr, bei Frau Albers demnach das Jahr 2005. Es ist wie folgt zu rechnen:

Rente 1 250 € × 12 Monate =	15 000 € (= Jahresbetrag der Rente)
der Besteuerung unterliegende Anteil	7 500 € (= 50 % lt. Tabelle)
Unterschied	7 500 € (= steuerfreier Teil der Rente)

In zukünftigen Jahren sind demnach – ebenso wie in 2005 – 7 500 € der Rente steuerfrei. Dies gilt grundsätzlich auch dann, wenn der Jahresbezug, beispielsweise durch regelmäßige Rentenerhöhungen, höher als 15 000 € sein sollte, die Mehrzahlungen gehen damit sofort in die Besteuerung ein (wegen weiterer Einzelheiten zum Alterseinkünftegesetz s. a. BMF vom 24. 02. 2005, Az: IV C 3 – S 2255 – 51/05; IV C 4 – S 2221 – 37/05; IV C 5 – S 2345 – 9/05, BStBl I

2005, 429, Tz. 100ff.). Die Einkünfte von Frau Albers für den Veranlagungszeitraum 2005 berechnen sich wie folgt:

steuerpflichtiger Teil der Rente	7 500 €
davon ab Werbungskostenpauschale (§ 9a S. 1 Nr. 3 EStG)	./. 102 €
Einkünfte	7 398 €

4 Gesamtbetrag der Einkünfte

4.1 Altersentlastungsbetrag

Der Altersentlastungsbetrag ist nach § 24a S. 4 EStG in Fällen der Zusammenveranlagung für jeden Ehegatten gesondert nach Maßgabe der von ihm bezogenen Einkünfte anzuwenden (vgl. H 24a [Altersentlastungsbetrag bei Ehegatten] EStH). Herbert Anders erfüllt die Altersvoraussetzungen des § 24a S. 3 EStG nicht. Da er 1942 geboren wurde, vollendet er das 64. Lebensjahr erst in 2006. Edith Albers erfüllt mit ihrem Geburtsjahr 1939 die Altersvoraussetzung des § 24a S. 3 EStG. Da sie jedoch lediglich sonstige Einkünfte nach § 22 Nr. 1 S. 3 Buchst. a EStG erzielt (= Rente) und diese durch § 24a S. 2 EStG von der Bemessungsgrundlage des Altersentlastungsbetrags ausgeschlossen sind, kann Frau Albers keinen Altersentlastungsbetrag erhalten.

4.2 Ermittlung des Gesamtbetrags der Einkünfte

Der Gesamtbetrag der Einkünfte ermittelt sich nach § 2 Abs. 3 EStG wie folgt:

Einkünfte Herbert Anders
Einkünfte aus Gewerbebetrieb

• Aufgabegewinn	850 207 €
• laufender Gewinn	67 376 €
Einkünfte aus Vermietung und Verpachtung	100 575 €
Summe der Einkünfte	1 018 158 €

Einkünfte Edith Albers

Sonstige Einkünfte	7 398 €
Summe der Einkünfte	7 398 €

Gesamtbetrag der Einkünfte

Summe der Einkünfte Herbert Albers	1 018 158 €
Summe der Einkünfte Edith Albers	7 398 €
Gesamtbetrag der Einkünfte	1 025 556 €

V. Punktetabelle

		Punkte
1	Steuerpflicht/Veranlagungsform/Tarif	
	Feststellung der unbeschränkten Steuerpflicht; Ermittlungszeitraum Kalenderjahr; Tarif	1
	Prüfung der Veranlagungsform	1
2	Einkünfte Herbert Anders	
2.1	Allgemeines	
	Feststellung gewerblicher Einkünfte	1
2.2	Betriebsverpachtung im Ganzen	
	Erkennen der Voraussetzungen einer Betriebsverpachtung im Ganzen ab 01.01.2005	1
	Prüfung des Erklärungsverhaltens des Steuerpflichtigen	2
	Erkennen der Betriebsaufgabe durch Wegfall der Verpachtungsvoraussetzungen	1
2.3	Abgrenzung zur Betriebsaufspaltung	
	Erkennen, dass keine Betriebsaufspaltung vorliegt, da personelle Verflechtung fehlt (durchgängig)	1
	Behandlung des Verpächterwahlrechts bei qualifizierter Betriebsaufspaltung	1
2.4	Gewinnermittlung bis 30.05.2005	
2.4.1	Betriebseinnahmen	
	Trennung zwischen beweglichen Wirtschaftsgütern und bebautem Grundstück	1
	Umsatzsteuerliche Behandlung prüfen	1
	Erfassen der Gewinnausschüttung	1
	Erfassung des Kaufpreisanspruchs	1
	Ergebnisberechnung	1

			Punkte
2.4.2		Betriebsausgaben	
		Ermittlung der zeitanteiligen Abschreibungsbeträge für die Maschinen	1
		Ermittlung der Zinslasten und Darlehensendstände	2
		Ermittlung der Gebäudeabschreibung	1
2.4.3		Schlussbilanz zum 30.05.2005	
		Ermittlung des Gewinns	1
		Aufstellen der Schlussbilanz	1
		Beurteilung der Schlussbilanzsätze	1
2.5		Betriebsaufgabe	
		Betriebsaufgabe durch Veräußerung wesentlicher Betriebsgrundlagen	1
		Ermittlung der Entnahmewerte	2
		Ermittlung des Aufgabegewinns	1
		Korrektur des Aufgabegewinns und des laufenden Gewinns	1
2.6		Besteuerung des Aufgabegewinns	
		Prüfung Freibetrag nach § 16 Abs. 4 EStG	1
		Prüfung Tarifbegünstigung § 34 EStG	1
		Besondere Bedeutung des Halbeinkünfteverfahrens	1
2.7		Einkünfte aus Vermietung und Verpachtung	
		Prüfen und Feststellen der Einkunftsart nach Entnahme	1
		Ermittlung der Zinsen als Werbungskosten	1
		Ermittlung der Abschreibung nach Entnahme	1
		Höhe der Einkünfte	1

			Punkte
3	Einkünfte Edith Albers		
		Erkennen der Folgerungen aus dem Alterseinkünftegesetz für Bestandsrentner	1
		Ermittlung des steuerpflichtigen Rentenanteils ab 2005	1
		Ermittlung der Einkünfte	1
4	Gesamtbetrag der Einkünfte		
4.1	Altersfreibeträge		
		Nichterfüllung durch Ehemann	1
		Erfüllung durch Ehefrau, aber Einkunftsart	1
4.2	Gesamtbetrag der Einkünfte		1
	Summe		40

Klausuraufgabe 6:
Erbfall/Einbringung/Betriebsaufgabe/Abgrenzung
Betriebsaufspaltung/Einkünfte aus nichtselbständiger Arbeit/
geldwerter Vorteil/Kinderbetreuungskosten/Einkünfte aus
Vermietung und Verpachtung/Erhaltungsaufwendungen/Einkünfte
aus privaten Veräußerungsgeschäften/Einkünfte aus
Kapitalvermögen/Sonderausgaben/außergewöhnliche Belastungen

I. Vorspann

Sie sind Sachbearbeiter/Sachbearbeiterin im Finanzamt und wollen die Einkommensteuererklärung für den Veranlagungszeitraum 2006 des Ehepaars Oster veranlagen. Aus der Ihnen vorliegenden und von beiden Ehegatten unterschriebenen Steuererklärung ergeben sich die nachfolgend dargestellten Sachverhalte.

II. Sachverhalt

1 Persönliche Verhältnisse

Maximilian Oster (geb.: 15. 03. 1963) und Rebecca Oster (geb.: 03. 01. 1967) sind seit 1993 verheiratet und leben in einem gemieteten Einfamilienhaus in der Nähe von Riesa. Das Ehepaar Oster hat zwei Kinder, Katharina (geb.: 06. 06. 1995) und Wilhelm (geb.: 07. 07. 2001). Katharina besucht das Gymnasium in Riesa, Wilhelm geht noch in den Kindergarten. Für beide Kinder erhalten die Osters Kindergeld. Für den Kindergartenbesuch von Wilhelm ist den Osters ein Aufwand von monatlich 250 € entstanden. Katharina besucht nach der Schule tägliche von 13:00 Uhr bis 15:30 Uhr einen privaten Kinderhort, bis sie von ihrer Mutter auf dem Heimweg von der Arbeit abgeholt wird. Die Kosten hierfür betragen 100 € monatlich.

2 Einkünfte Maximilian Oster

2.1 Tätigkeit als Geschäftsführer

Maximilian Oster ist Geschäftsführer der Sanitärgroßhandel Riesa GmbH. Sein monatliches Bruttogehalt beträgt 3 200 €. Weihnachtsgratifikationen sowie Urlaubsgeld werden durch das Unternehmen seit 2004 nicht mehr gezahlt. Nach dem Arbeitsvertrag steht Herrn Oster ein betrieblicher Pkw auch zu Privatfahrten zur Verfügung (Mittelklassefahrzeug, Listenpreis 25 000 €), den er auch für die täglichen Fahrten zu seinem 10 Kilometer von zuhause entfernten Büro nutzt. Die tatsächliche Nutzung des Fahrzeugs wird mittels eines Tabellenkalkulationsprogramms festgehalten. Aus den Aufzeichnungen im Zusammenhang mit entsprechenden Belegen ergibt sich, dass das Fahrzeug weit überwiegend betrieblich genutzt wird.

2.2 Erbschaft

Am Silvesterabend 2005 verstarb der verwitwete Vater von Maximilian Oster, Otto Oster, nach längerer schwerer Krankheit nicht unerwartet. Als einziges Kind erbte Maximilian Oster das gesamte Vermögen seines Vaters, das im Wesentlichen aus einem Einzelunternehmen, einigen Wertpapieren und einem Girokonto bestand.

2.2.1 Einzelunternehmen

Otto Oster war Zeit seines Lebens als Einzelunternehmer in der Textilherstellung tätig. Den Gewinn ermittelte er nach den Grundsätzen des Betriebsvermögensvergleichs mittels Bilanzierung für das dem Kalenderjahr entsprechende Wirtschaftsjahr. Da es ihm gesundheitlich schon länger nicht mehr gut ging, übertrug er in den letzten Jahren die Geschäftsführung in immer stärkerem Maße seinem angestellten Prokuristen Walter Müller und überlegte sich, ob er das Unternehmen nicht zukünftig zusammen mit Herrn Müller in der Rechtsform einer Gesellschaft mit beschränkter Haftung weiterbetreiben sollte. Diese Überlegungen waren zum Zeitpunkt seines Todes bereits so weit gediehen, dass die entsprechenden Verträge unterschriftsreif vorlagen. An diese Pläne und Überlegungen seines Vaters anknüpfend stellte sich auch für Maximilian Oster die Frage, ob er das geerbte Unternehmen neben seiner beruflichen Tätigkeit in eigener Verantwortung fortführen oder das Vorhaben seines Vaters umsetzen sollte. Kurz entschlossen vereinbarte er bei einem befreundeten Notar am 02.01.2006 einen Termin und gründete zusammen mit Herrn Müller, den er extra aus den bis zum 10.01.2006 dauernden Betriebsferien holte, mit Wirkung ab dem 01.01.2006 die Spinnhaus Riesa GmbH. Die GmbH wurde mit einem Stammkapital von 50 000 € ausgestattet, wovon beide Gesellschafter jeweils die Hälfte übernahmen. Als Gründungsbeitrag wurde vereinbart, dass der Gesellschafter Walter Müller der Gesellschaft einen Betrag i.H.v. 175 000 € zur Verfügung stellt, während Maximilian Oster das Einzelunternehmen seines Vaters auf die Gesellschaft überträgt. Die schuldenfreie Bilanz des Einzelunternehmens zum 31.12.2005 weist eine Bilanzsumme i.H.v. 225 000 € aus. Im Betriebsvermögen befindet sich auch das bebaute Betriebsgrundstück (Fertigstellung 01.06.1994, bisher höchstmögliche Abschreibung), welches in der Bilanz zutreffend mit 150 000 € ausgewiesen ist (davon 100 000 € Gebäude, 50 000 € Grund und Boden). Das Betriebsvermögen enthält stille Reserven i.H.v. 200 000 €, von denen die Hälfte auf das Betriebsgrundstück entfällt (hälftig auf Grund und Boden und Gebäude). Da Walter Müller keinen höheren Betrag finanzieren konnte, kam man überein, dass Maximilian Oster das Betriebsgrundstück zunächst nicht auf die GmbH übertragen sollte, sondern dieser über einen Festmietvertrag mit einer Laufzeit von zehn Jahren und Verlängerungsoption zur Verfügung stellte. Als Miete wurden ab Januar 2006 ortsübliche 2 000 € monatlich vereinbart.

Aus der Akte der Spinnhaus Riesa GmbH ist ersichtlich, dass die GmbH die übernommenen Wirtschaftsgüter mit den Teilwerten bilanziert, zum Ausgleich der stillen Reserven jedoch für den Gesellschafter Oster eine zusätzliche Bilanz wie folgt erstellt hat:

Aktiva		Passiva	
Grund und Boden	50 000 €	Sonstige Aktiva	100 000 €
Gebäude	100 000 €	Kapital	50 000 €

Herr Otto Oster wurde unter großer Anteilnahme der Belegschaft im Januar 2006 zu Grabe getragen. Die dadurch verursachten Aufwendungen i.H.v. 5 800 € bestritt Maximilian Oster aus dem Girokonto seines verstorbenen Vaters.

2.2.2 Wertpapiere

Neben dem Einzelunternehmen erbte Maximilian Oster noch 500 Aktien einer inländischen Kapitalgesellschaft. Otto Oster hatte die Aktien am 03.11.2005 für 150 € Kurswert/Aktie erworben, wobei ihm noch weitere Kosten i. H. v. 1 % des Kurswertes entstanden sind. Maximilian Oster übernahm die Aktien in sein Girosammeldepot, in dem sich bereits weitere 150 Aktien dieser Kapitalgesellschaft befanden, die er am 20.06.2005 für 135 € Kurswert/Aktie und ebenfalls 1 % weiterer Kosten erworben hatte.

2.3 Vermietung an die Spinnhaus Riesa GmbH

2.3.1 Gebäudesanierung

Im August 2006 lies Maximilian Oster die mit der Zeit aufgetretenen Verschleißanzeichen und einen im Frühjahr 2006 aufgetretenen Sturmschaden am Dach des vermieteten Betriebsgebäudes beheben (vgl. Tz. 2.2.1). Im Einzelnen wurden folgende Baumaßnahmen durchgeführt:

- Dachsanierung: Im Mai 2006 hatte ein heftiger Sturm das Dach beschädigt. Für die teilweise Neueindeckung des Daches und die im Zusammenhang damit erforderlichen Nebenarbeiten berechnete die beauftragte Dachdeckerei Maximilian Oster am 10.08.2006 – 6 000 € zzgl. gesetzliche Mehrwertsteuer. Nach längerem Hickhack mit der Gebäudeversicherung erhielt Herr Oster am 10.12.2006 einen Schadensersatz i. H. v. 2 500 €.
- Sanitäreinrichtung: Nachdem es schon länger Auseinandersetzungen mit dem Betriebsrat bezüglich der Sanitäreinrichtungen des Betriebsgebäudes gegeben hatte, lies Herr Oster erstmalig Duschräume in das Gebäude einbauen. Für die erforderlichen Maurerarbeiten und die Installation der Duschen berechnete die beauftragte Firma am 20.08.2006 – 12 000 € zzgl. gesetzliche Mehrwertsteuer.
- Fassadensanierung: Nach über zehnjähriger Nutzung des Gebäudes war die Außenfassade nicht mehr ansehnlich und benötigte dringend einen neuen Anstrich. Der beauftragte Malerbetrieb berechnete hierfür am 15.08.2006 – 4 500 € zzgl. gesetzlicher Mehrwertsteuer.
- Außenanlagen: Im Rahmen der Aktion »Das ansehnliche Industriegebiet« lies Maximilian Oster das Betriebsgelände erstmalig mit einer Außenanlage, bestehend aus der Anlage von Rasenflächen und der entsprechenden Bepflanzung mit Büschen und Sträuchern versehen. Die beauftragte Gartenbaufirma berechnete hierfür bei Fertigstellung am 02.09.2006 – 7 500 € zzgl. gesetzliche Mehrwertsteuer. Im Anschluss daran beantragte Maximilian Oster die für die Aktion durch das Land genehmigten Fördermittel i. H. v. 25 % der Kosten. Den Förderbescheid erhielt er noch in 2006, ebenso die entsprechenden Mittel.

Nach der Durchführung der beschriebenen Baumaßnahmen erhöhte Maximilian Oster die monatliche Miete mit Wirkung vom 01.09.2006 von bisher 2 000 € auf 3 500 €. Mit Herrn Walter kam er überein, dass die Spinnhaus Riesa GmbH diese höhere Miete bezahlte, obwohl durch die Baumaßnahmen eine Mieterhöhung von maximal 20 % erforderlich und angemessen gewesen wäre. Im Gegenzug wurde das bisher schon angemessene Gehalt von Herrn Walter entsprechend erhöht. An weiteren laufenden Betriebskosten für das Grundstück sind Maximilian Oster in 2006 – 1 500 € an Aufwendungen entstanden.

2.3.2 Finanzierung der Sanierungsmaßnahmen

Um die Gelder für die Sanierungsmaßnahmen zu erhalten, veräußerte Maximilian Oster im August 2006 aus seinem Girosammeldepot 225 Aktien zu einem Kurswert von 165 €/Aktie. Die mit dem Verkauf beauftragte Bank berechnete Spesen i. H. v. 1,5 % des Erlöses und überwies den Restbetrag am 12.08.2006 auf das Girokonto der Ehegatten Oster. Im Nachhinein ärgerte er sich über den schnellen Verkauf der Aktien, da die Hauptversammlung der Kapitalgesellschaft im September 2006 eine Gewinnausschüttung für das abgelaufenen Wirtschaftsjahr i. H. v. 1,15 €/Aktie beschloss und noch im selben Monate unter Beachtung der gesetzlichen Vorschriften durchführte.

2.4 Erwerb einer Eigentumswohnung

Mit notariellem Vertrag vom 25.10.2006 erwarben die Eheleute Oster mit Übergang von Nutzen und Lasten auf den 01.12.2006 jeweils zum hälftigen Eigentum zwei Eigentumswohnung in einer älteren »Platte« in Riesa. Durch den erheblichen Wohnungsleerstand war einerseits der Kaufpreis recht günstig, andererseits ließen sich die Osters dadurch nicht entmutigen. Der Kaufpreis belief sich auf jeweils 45 000 €, wovon 15 % auf den Grund und Boden entfielen. Als besonderes Schnäppchen trug die veräußernde Wohnungsbaugesellschaft die Notarkosten. Die Grundbuchumschreibung erfolgte im Frühjahr 2007. Den Grunderwerbsteuerbescheid (nach dem Kaufvertrag tragen die Osters die Grunderwerbsteuer) erhielten die Osters noch im Dezember 2006, bezahlten die Grunderwerbsteuer jedoch erst im Januar 2007. Im Zeitpunkt des Erwerbs standen die beiden Wohnungen leer, die durch die Osters bei der regionalen Presse geschalteten Vermietungsannoncen hatten bis zum Jahresende noch keinen Erfolg, verursachten dafür aber Kosten i. H. v. 300 €.

Zur Finanzierung des Erwerbs veräußerte Maximilian Oster die ihm verbliebenen Aktien in zwei Tranchen entsprechender der Fälligkeit des Kaufpreises. Im Oktober 2006 veräußerte er 300 Aktien zum Preis von 155 €/Stück, wobei die Bank wiederum 1,5 % Spesen berechnete. Im Dezember veräußerte er die restlichen Aktien, konnte jedoch nur noch 120 €/Stück erlösen, da mittlerweile die Gesellschaft im Ruch eines »Bilanzskandals« stand. Auch bei der zweiten Tranche berechnete die Bank 1,5 % Spesen. Da die Veräußerungserlöse aus den Aktien nicht ausreichten, um den vertraglichen Verpflichtungen vollständig nachzukommen, veräußerte Maximilian Oster im Dezember 2006 noch ein Fünftel seiner Anteile an der Spinnhaus Riesa GmbH an Herrn Walter, der ihm einen fairen Kaufpreis von 40 000 € bezahlte und auch die Nebenkosten der Transaktion übernahm.

3 Einkünfte Rebecca Oster

Frau Oster ist in einem Unternehmen in Riesa angestellt. Ihr Bruttoarbeitslohn beträgt monatlich 1 800 €. Sonderzahlungen leistet das Unternehmen nicht. Weitere Angaben liegen nicht vor. Frau Oster benutzt die öffentlichen Verkehrsmittel, um zur Arbeit zu gelangen, die Entfernung beträgt 6 Kilometer.

4 Sonstiges

Die Eheleute Oster haben im Jahr 2003 jeweils eine Lebensversicherung mit Kapitalwahlrecht abgeschlossen, bei der das Kapitalwahlrecht nicht vor Ablauf von zwölf Jahren ausgeübt werden kann. Die monatlichen Beiträge belaufen sich bei Maximilian Oster auf 75 €, bei Rebecca Oster auf 55 € und werden jeweils pünktlich vom gemeinsamen Girokonto der

Eheleute abgebucht. An Krankheitskosten wurden im Jahr 2006 von der Krankenversicherung insgesamt 670 € nicht übernommen.

III. Aufgabe

1. Ermitteln Sie das zu versteuernde Einkommen der Eheleute Oster für den Veranlagungszeitraum 2006. Gehen Sie dabei auf Steuerpflicht, Veranlagungsform und Tarif (auch ggf. Tarifvergünstigungen) ein. Die Vorsorgepauschale ist nicht zu berechnen. Ebenso ist keine Günstigerprüfung nach § 10 Abs. 4a EStG durchzuführen.
2. Prüfen Sie die steuerliche Behandlung der Kinder und der Kinderbetreuungskosten. Die Kinderberücksichtigung soll über die Freibeträge erfolgen, eine Bestberechnung ist nicht durchzuführen.
3. Das zu versteuernde Einkommen soll so niedrig wie möglich gehalten werden, die dafür erforderlichen Anträge gelten als gestellt und genehmigt. Ggf. erforderliche Nachweise gelten als erbracht.
4. Nehmen Sie auch zu eventuellen Steueranrechnungs- und Steuerermäßigungsbeträgen Stellung! Sofern Kapitalertragsteuer und Solidaritätszuschlag eine Rolle spielen, sind diese Werte rechnerisch zu ermitteln und anzugeben.
5. Gehen Sie bei Ihrer Lösung davon aus, dass die zivilrechtlichen Gründungsvoraussetzungen der Spinnhaus Riesa GmbH sämtlich erfüllt sind und die Gesellschaft zeitnah zur Eintragung in das Handelsregister angemeldet und eingetragen wurde.
6. Gehen Sie bei Ihrer Lösung weiterhin davon aus, dass sämtliche im Sachverhalt genannten Zahlungen pünktlich und vollständig entrichtet wurden.
7. Sonderabschreibungen wurden und werden auch weiterhin nicht beansprucht.
8. Für Außenanlagen soll die Nutzungsdauer 15 Jahre betragen.
9. Bei Berechnungen runden Sie das Endergebnis bitte auf volle Eurobeträge ab.
10. Gehen Sie bei Ihrer Lösung von 220 regulären Arbeitstagen im Kalenderjahr aus.
11. Bei den Sozialabgaben rechnen Sie bitte mit insgesamt 42 % (darin enthalten Rentenversicherungsbeiträge 19,5 %).

IV. Lösung

1 Persönliche Verhältnisse

1.1 Allgemeines

Maximilian, Rebecca, Katharina und Wilhelm Oster sind natürliche Personen (§ 1 BGB) und nach § 1 Abs. 1 EStG unbeschränkt persönlich steuerpflichtig. Die sachliche Steuerpflicht nach § 2 EStG erstreckt sich auf das Welteinkommen (vgl. H 1a [Allgemeines] EStH; Universalitätsprinzip). Den Eheleuten Oster steht das Ehegattenwahlrecht nach § 26 Abs. 1 S. 1 EStG zu, da sie beide unbeschränkt steuerpflichtig sind, nicht dauernd getrennt leben und die Voraussetzungen in 2006 vorlagen. Die Eheleute können zwischen der getrennten Veranlagung nach § 26a EStG und der Zusammenveranlagung nach § 26b EStG wählen. Die Voraussetzungen für eine besondere Veranlagung nach § 26c EStG liegen offensichtlich nicht vor. Soweit keine abweichenden Angaben/Anträge in der Steuererklärung enthalten sind (vgl. § 26 Abs. 2 EStG), unterstellt § 26 Abs. 3 EStG die Wahl der Zusammenveranlagung nach § 26b EStG. Nach § 25 Abs. 3 S. 2 EStG haben die Eheleute für den Fall der Zusammenveranlagung wie vorliegend geschehen eine gemeinsame Steuererklärung abzugeben, die nach § 25 Abs. 3 S. 5 EStG von beiden Eheleuten zu unterschreiben ist. Es kommt der Splittingtarif nach § 32a Abs. 1 i. V.m Abs. 5 EStG zur Anwendung. Die Besteuerungsgrundlagen sind für das Kalenderjahr zu ermitteln (§ 2 Abs. 7 S. 2 EStG).

1.2 Kinderanerkennung

Bei beiden Kindern handelt es sich um leibliche Kinder nach § 32 Abs. 1 Nr. 1 EStG. Die Kinder werden nach § 32 Abs. 3 EStG bis zur Vollendung des 18. Lebensjahres steuerlich berücksichtigt, im vorliegenden Fall damit, da beide Kinder noch nicht volljährig sind, in 2006 ganzjährig. Nach § 32 Abs. 6 EStG steht dem Ehepaar Oster für jedes der Kinder ein Freibetrag i. H. v. 1 824 € für das sächliche Existenzminimum des Kindes (= Kinderfreibetrag) sowie ein Freibetrag i. H. v. 1 080 € für Betreuungs- Erziehungs- oder Ausbildungsbedarf zu. Die Beträge verdoppeln sich bei zusammenveranlagten Ehegatten (§§ 26, 26b EStG), wenn das Kind zu beiden Ehegatten in einem Kindschaftsverhältnis steht, was im vorliegenden Fall erfüllt ist (vgl. § 32 Abs. 6 S. 2 EStG). Dem Ehepaar Oster stehen demnach die folgenden Kinderfreibeträge zu:

$$1\,824\,€ + 1\,080\,€ = 2\,904\,€ \times 2\ (\S\S\ 26,\ 26b\ EStG) = 5\,808\,€ \times 2\ \text{Kinder} = 11\,616\,€$$

Grundsätzlich wird hinsichtlich der Kinder die Freistellung des Existenzminimums nach § 31 EStG (= Familienleistungsausgleich) im Rahmen einer Bestberechnung überprüft. Erweisen sich die Freibeträge des § 32 Abs. 6 EStG als günstiger, wird das bereits bezahlte Kindergeld zurückgefordert (vgl. § 31 S. 4 EStG). Nach der Aufgabenstellung soll für Berechnungszwecke mit den Freibeträgen gearbeitet werden, ohne die Bestberechnung durchzuführen.

2 Einkünfte Maximilian Oster

2.1 Einkünfte aus nichtselbständiger Arbeit

2.1.1 Allgemeines

Maximilian Oster erzielt als angestellter Geschäftsführer der Sanitärgroßhandel Riesa GmbH Einkünfte aus nichtselbständiger Arbeit nach § 19 Abs. 1 S. 1 Nr. 1 EStG i. V.m. § 2 Abs. 1 S. 1 Nr. 4 EStG. Es handelt sich um eine Überschusseinkunftsart nach § 2 Abs. 2 Nr. 2 EStG, bei der die Einkünfte durch Gegenüberstellung der Einnahmen (§ 8 EStG) und der Werbungskosten (§ 9 EStG) ermittelt werden. Zur Abgrenzung dient das Zufluss-Abflussprinzip des § 11 EStG. Speziell für die Einkünfte aus nichtselbständiger Arbeit regelt § 11 Abs. 1 S. 4 EStG, dass § 38a Abs. 1 S. 2 und 3 EStG und § 40 Abs. 3 S. 2 EStG gelten. Demnach gilt wie vorliegend laufender Arbeitslohn nach § 38a Abs. 1 S. 2 EStG mit dem Ende des jeweiligen Lohnzahlungszeitraums als bezogen (= hier Kalendermonat).

2.1.2 Einnahmen aus nichtselbständiger Arbeit

Zu den Einnahmen aus nichtselbständiger Arbeit zählen zunächst die regelmäßigen monatlichen Lohnzahlungen (vgl. § 8 Abs. 1 EStG – Bezahlung in Form von Geld). Zu versteuern ist dabei der Bruttolohn. Die Abzüge für die Sozialabgaben sowie die Lohnsteuer mindern die Einnahmen nach § 12 Nr. 1 und Nr. 3 EStG nicht. Der Arbeitgeberanteil zu den Sozialversicherungen ist steuerfrei nach § 3 Nr. 62 EStG. Die einbehaltene Lohnsteuer wird nach § 36 Abs. 2 Nr. 2 EStG auf die Einkommensteuer angerechnet, Entsprechendes gilt für den Solidaritätszuschlag (vgl. § 51a EStG).

Einnahmen aus nichtselbständiger Arbeit	
Monatslohn 3 200 € × 12 Monate	38 400 €

Nach § 8 Abs. 1 EStG zählen zu den Einnahmen aus nichtselbständiger Arbeit sämtliche Güter in Geld oder Geldeswert. Neben den Lohnzahlungen in Form von Geld erhält Maximilian Oster einen geldwerten Vorteil in Form der Nutzungsüberlassung eines Pkw. Diesen geldwerten Vorteil muss er der Besteuerung unterwerfen. Für die Bewertung gilt § 8 Abs. 2 S. 2 bis 4 EStG. Demnach ist die sog. 1%-Regelung für die Bewertung der privaten Nutzungsmöglichkeit heranzuziehen (§ 8 Abs. 2 S. 2 EStG). Für die zusätzliche Möglichkeit das Fahrzeug auch für die Fahrten zwischen Wohnung und Arbeitsstätte zu nutzen, muss der geldwerte Vorteil für jeden Kalendermonat um 0,03 % des Listenpreises für jeden Kilometer der Entfernung zwischen Wohnung und Arbeitsstätte erhöht werden (vgl. § 8 Abs. 2 S. 3 EStG). Grundsätzlich kann die pauschale Nutzungswertermittlung durch ein ordnungsgemäßes Fahrtenbuch ersetzt werden, wobei das Fahrtenbuch auch elektronisch geführt werden kann (vgl. H 31 Abs. 9–10 [Elektronisches Fahrtenbuch] LStH). Mit einem jüngst ergangenen Urteil hat der BFH (vgl. BFH vom 16. 11. 2005, Az: VI R 64/04 (V), BFH/NV 2006, 864) diesbezüglich jedoch entschieden, dass die mittels eines Tabellenkalkulationsprogramms erstellten Aufzeichnungen den Anforderungen an ein ordnungsgemäßes Fahrtenbuch regelmäßig nicht entsprechen, da eine nachträgliche Manipulation der erfassten Daten nicht ausgeschlossen werden kann. Die Ermittlung des geldwerten Vorteils folgt daher der Pauschalierung nach der 1%-Regelung. Ab VZ 2006 tritt die zusätzliche Schwierigkeit auf, dass § 8 Abs. 2 S. 2 EStG auf die entsprechende Anwendung des § 6 Abs. 1 Nr. 4 S. 2 EStG verweist, dieser jedoch ab VZ 2006 für die Anwendung der 1%-Regelung eine überwiegende betriebliche Nutzung (> 50%) fordert. Fraglich könnte hier sein, was unter einer entsprechenden Anwendung zu verstehen ist. Ist die Verschärfung auch auf eine Nutzungsüberlassung an den Arbeitnehmer anzuwenden oder nicht? Das BMF-Schreiben vom 07. 07. 2006, Az: IV B 2 – S 2177 – 44/06, BStBl I 2006, 446 positioniert sich hier nicht eindeutig, geht jedoch davon aus, dass für den Arbeitgeber eine vollständige betriebliche Nutzung vorliegt. In diesem Zusammenhang wird im Schrifttum die Meinung vertreten, bei einer Überlassung an Arbeitnehmer wäre grundsätzlich, unabhängig vom tatsächlichen Nutzungsanteil für Privatfahrten, die 1%-Regelung anzuwenden. Die weitere Entwicklung dieser Frage bleibt abzuwarten, da man in einer generellen Anwendung der 1%-Regelung auch eine unzulässige rechtsformabhängige Besteuerung sehen kann, muss man doch nur den Vergleich zwischen einem Einzelunternehmer, der ein bilanziertes Fahrzeug nur zu 25% betrieblich nutzt, und der selben Firma in der Rechtsform einer GmbH ziehen, bei der der angestellter Gesellschafter-Geschäftsführer das Fahrzeug als Arbeitnehmer nutzt. Die Übungsaufgabe vermeidet dieses Problem dadurch, dass auf Grund der Sachverhaltsangaben in jedem Fall eine betriebliche Nutzung von mehr als 50% vorliegt.

Berechnung des geldwerten Vorteils	
Listenpreis 25 000 € × 1 % = 250 € × 12 Monate	3 000 €
Listenpreis 25 000 € × 0,03 % × 10 km × 12 Monate	900 €
geldwerter Vorteil insgesamt	3 900 €

Hinweis: Ab VZ 2007 erfolgt eine Neuregelung durch das StÄndG 2007 bezüglich der Fahrten zwischen Wohnung und Arbeitsstätte.

Die Einnahmen aus nichtselbständiger Arbeit betragen insgesamt:

Bruttolohn	38 400 €
geldwerter Vorteil	+ 3 900 €
steuerpflichtiger Lohn	42 300 €

2.1.3 Werbungskosten

2.1.3.1 Fahrten zwischen Wohnung und Arbeitsstätte

Für die Fahrten zwischen Wohnung und Arbeitsstätte kann Maximilian Oster die Entfernungspauschale nach § 9 Abs. 1 S. 3 Nr. 4 EStG beanspruchen. Diese berechnet sich wie folgt:

einfache Entfernung 10 km × 0,3 € × 220 Tage = 660 €

Da keine weiteren Werbungskosten angegeben sind, kommt der Arbeitnehmer-Pauschbetrag i. H. v. 920 € nach § 9a S. 1 Nr. 1 Buchst. a EStG zum Abzug.

2.1.3.2 Kinderbetreuungskosten

Durch das Gesetz zur steuerlichen Förderung von Wachstum und Beschäftigung (Gesetz vom 26. 04. 2006, BGBl I 2006, 1091) wurde die steuerliche Anerkennung von Kinderbetreuungskosten neu geregelt. Nach § 4f S. 1 EStG können demnach Aufwendungen für Dienstleistungen zur Betreuung eines Kindes i. S. d § 32 Abs. 1 EStG, welches das 14. Lebensjahr noch nicht vollendet hat, bei der Ermittlung der Einkünfte wie Betriebsausgaben abgezogen werden. Die Vorschrift gilt über die Verweisung in § 9 Abs. 5 S. 1 EStG entsprechend für die Überschusseinkünfte. Nach § 52 Abs. 12c EStG gilt die Neuregelung erstmals für den VZ 2006, sofern die Leistungen in 2006 erbracht wurden. Die erforderlichen Nachweise gelten nach der Aufgabenstellung als erbracht (vgl. § 4f S. 5 EStG). Kinderbetreuungskosten können neben dem Arbeitnehmer-Pauschbetrag geltend gemacht werden (vgl. § 9a S. 1 Nr. 1 Buchst. a EStG (Klammerzusatz). Bei Ehegatten ist Voraussetzung für den Abzug, dass beide Ehegatten erwerbstätig sind, was vorliegend gegeben ist (vgl. § 4f S. 2 EStG). Nicht begünstigt sind Aufwendungen zur Vermittlung besonderer Fähigkeiten oder für die Freizeitgestaltung (§ 4f S. 3 EStG). Im Übungsfall sind die Kindergartenkosten und die Kinderhortkosten begünstigt, da diese durch die Erwerbstätigkeit der Eltern verursacht werden. Die Begünstigung umfasst zwei Drittel der Aufwendungen, maximal jedoch 4 000 € pro Kind. Nach der Gesetzesbegründung sind die Kosten bei demjenigen abzuziehen, der sie getragen hat. Wird keine andere Aufteilung gewählt, erfolgt der Abzug bei beiden Elternteilen je hälftig.

Ermittlung der Kosten	
Kindergarten Wilhelm 250 € × 12 Monate	3 000 €
davon zwei Drittel	2 000 €
= der Höchstbetrag wird nicht überschritten	
Kinderhort Katharina 100 € × 12 Monate	1 200 €
davon zwei Drittel	800 €
= der Höchstbetrag wird nicht überschritten	
insgesamt abzugsfähig	2 800 €
• davon hälftig bei Maximilian Oster	1 400 €
• davon hälftig bei Rebecca Oster	1 400 €

2.1.4 Ermittlung der Einkünfte aus nichtselbständiger Arbeit

Die Einkünfte aus nichtselbständiger Arbeit ermitteln sich wie folgt:

Einnahmen	42 300 €
Werbungskosten	
• Arbeitnehmer-Pauschbetrag	./. 920 €
• Kinderbetreuungskosten	./. 1 400 €
Einkünfte	39 980 €

2.2 Erbschaft

2.2.1 Allgemeines

Die steuerliche Behandlung des Erbfalls ist grundlegend im Schreiben des BMF vom 14.03.2006 (Az: IV B 2 – S 2242 – 7/06, BStBl I 2006, 253) geregelt. Im Moment des Todes geht der Nachlass von Otto Oster als Ganzes unentgeltlich im Wege der Gesamtrechtsnachfolge auf den Alleinerben Maximilian Oster über (vgl. § 1922 Abs. 1 BGB; BMF vom 14.03.2006, a.a.O., Tz. 1). Steuerlich gesehen kommt es daher nicht zu einem Veräußerungstatbestand zwischen dem Erblasser und den Erben, so dass sich auf der Seite des Erblassers daraus keine steuerlichen Konsequenzen ergeben. Besteht der Nachlass wie im vorliegenden Fall ganz oder teilweise aus Betriebsvermögen, liegt auf der Seite des Erblassers grundsätzlich keine Betriebsaufgabe oder Betriebsveräußerung vor. Das Unternehmen von Otto Oster geht nach § 6 Abs. 3 EStG unentgeltlich auf den Erben Maximilian Oster über. Für den Erblasser Otto Oster sind die Einkünfte bis zum Tag des Todes zu ermitteln. Da Otto Oster genau am Bilanzstichtag seines Unternehmens, dem 31.12.2005, verstorben ist, muss für den Gewinnermittlungszeitraum 2005 eine Schlussbilanz erstellt werden, die gleichzeitig auch die zutreffende Gewinnabgrenzung im Zusammenhang mit dem Todesfall beinhaltet. Aus diesem Grund kann vereinfachend davon ausgegangen werden, dass das Unternehmen ab dem 01.01.2006 dem Erben Maximilian Oster zuzurechnen ist und dieser die in der Schlussbilanz zum 31.12.2005 enthaltenen Wirtschaftsgüter mit deren steuerlichen Werten erfolgsneutral übernimmt. Auch die kurz nach dem Erbfall stattfindende Übertragung des Betriebsvermögens auf die Spinnhaus Riesa GmbH kann nicht mehr dem Erblasser Otto Oster, sondern muss dem Erben Maximilian Oster zugerechnet werden, da er in seiner Person den Gesellschaftsvertrag am 02.01.2006 abschließt.

2.2.2 Einzelunternehmen

2.2.2.1 Allgemeines

Streng genommen übernimmt Maximilian Oster das Unternehmen seines Vaters in der Sekunde dessen Todes, mithin irgendwann im Verlauf des 31.12.2005. Da Maximilian Oster das Unternehmen bereits mit Wirkung ab 01.01.2006 auf die Spinnhaus Riesa GmbH überträgt, muss für ihn keine gesonderte Gewinnermittlung durchgeführt werden. Eine geringfügige Rückwirkung (Vertragsabschluss am 02.01.2006) erkennt auch die Rechtsprechung an, wenn es zwischenzeitlich zu keinen nennenswerten Geschäftsvorfällen gekommen ist, was bei den Betriebsferien zum fraglichen Zeitpunkt und der zeitlichen Kürze zwischen Erbfall und Übertragung unterstellt werden kann. Durch die Gründung der GmbH und der damit einhergehenden Übertragung des Einzelunternehmens beendet Maximilian Oster die gewerbliche Tätigkeit, in die er als Gesamtrechtsnachfolger seines Vaters eingetreten ist, am 01.01.2006, da er in der Folge mit diesem Betriebsvermögen keine eigene gewerbliche Tätigkeit mehr ausübt. Maximilian Oster befindet sich somit grundsätzlich im Anwendungsbereich des § 16 EStG. Ob die Rechtsfolge der Aufdeckung der in dem Einzelunternehmen ruhenden stillen Reserven allerdings auch eintritt hängt davon ab, ob er einen steuerlich begünstigten Sachverhalt verwirklicht der es ihm ermöglicht, die Aufdeckung der stillen Reserven ganz oder zumindest teilweise zu verhindern.

2.2.2.2 Abgrenzung zur Betriebsverpachtung im Ganzen

Denkbar wäre eine Betriebsverpachtung im Ganzen, da nach der neueren Rechtsprechung des BFH (vgl. BFH vom 28.08.2003, Az: IV R 20/02, BStBl II 2004, 10) auch die Verpachtung nur des Betriebsgrundstücks die Voraussetzungen einer Betriebsverpachtung im Ganzen erfüllen kann. Dies setzt jedoch voraus, dass es sich bei dem Grundstück um die alleinige wesentliche Betriebsgrundlage handelt, was bei Einzel- oder Großhandelsunternehmen, ebenso bei Hotel- oder Gaststättenbetrieben der Fall sein kann (vgl. H 16 Abs. 5 [Betriebsgrundstück als alleinige wesentliche Betriebsgrundlage] EStH). Bei einem Produktionsunternehmen stellen demgegenüber die Maschinen regelmäßig ebenfalls wesentliche Betriebsgrundlagen dar, so dass ohne die Vermietung auch der Maschinen keine Betriebsverpachtung im Ganzen vorliegt, sondern eine zwingende Betriebsaufgabe (vgl. H 16 Abs. 5 [Produktionsunternehmen] EStH). Eine Betriebsverpachtung im Ganzen kann daher im vorliegenden Fall ausgeschlossen werden, da Maximilian Oster nur das Betriebsgrundstück an die Spinnhaus Riesa GmbH vermietet, nicht hingegen die Maschinen für die Produktion, diese veräußert er an die GmbH.

2.2.2.3 Umwandlungssteuerrecht

Eine weitere Möglichkeit der erfolgsneutralen Übertragung könnte das Umwandlungssteuerrecht bieten. Da Maximilian Oster das Einzelunternehmen auf eine Kapitalgesellschaft gegen Gewährung von Gesellschaftsrechten überträgt, könnten die Voraussetzungen des § 20 Abs. 1 UmwStG erfüllt sein (vgl. § 5 Abs. 4 GmbHG – Sachgründung, die Voraussetzungen sind nach der Aufgabenstellung sämtlich erfüllt). Voraussetzung für die Anwendung des § 20 UmwStG und damit einer steuerneutralen Übertragung auf die GmbH ist nach § 20 Abs. 1 S. 1 UmwStG, dass Maximilian Oster einen Betrieb auf die GmbH überträgt und im Gegenzug dafür Gesellschaftsrechte erhält. Letztere Voraussetzung ist grundsätzlich erfüllt, da es sich um eine Neugründung handelt und die Gründungsgesellschafter ihre Gründungsbeiträge gegen die neu entstehenden Anteile an der Gesellschaft erlangen. Daneben stellt sich jedoch die Frage, ob Maximilian Oster auch einen Betrieb im Sinne des UmwStG auf die GmbH überträgt. Die damit im Zusammenhang stehenden grundsätzlichen Fragen sind im Anwendungsschreiben des BMF zum Umwandlungssteuergesetz (vgl. BMF vom 25.03.1998, Az: IV B 7 – S 1978–21/98; IV B 2 – S 1909–33/98, BStBl I 1998, 268 »Umwandlungssteuergesetz (UmwStG), Zweifels- und Auslegungsfragen« nachfolgend UmwStE) geregelt. Nach Tz. 20.08 und 20.09 des UmwStE müsste Maximilian Oster zur Erfüllung dieser Voraussetzung sämtliche funktional wesentlichen Betriebsgrundlagen auf die GmbH (in deren zivilrechtliches Eigentum) übertragen. Da er das Betriebsgrundstück, welches regelmäßig eine funktionale Betriebsgrundlage darstellt (vgl. H 15.7 [Wesentliche Betriebsgrundlage] EStH), nicht auf die GmbH überträgt, erfüllt der Sachverhalt nicht die Voraussetzungen des § 20 Abs. 1 UmwStG. Ein grundlegender Unterschied besteht insofern auch gegenüber der Sachbehandlung bei § 24 UmwStG, der Einbringung in eine Mitunternehmerschaft (vgl. Tz. 24.06 UmwStE). Hätten die Beteiligten nicht eine Kapitalgesellschaft sondern eine Personengesellschaft gegründet, hätte Maximilian Oster das Grundstück in seinem Alleineigentum behalten und trotzdem, über den Ausweis als Sonderbetriebsvermögen, die Voraussetzungen des § 24 UmwStG erfüllen können. Da die Beteiligten jedoch eine Kapitalgesellschaft gegründet haben, ist die Zurückbehaltung des Grundstücks für die Anwendung des § 20 UmwStG schädlich.

2.2.2.4 Betriebsaufgabe

Als Folge der Nichterfüllung der Tatbestandsmerkmale des § 20 UmwStG liegt bei Maximilian Oster eine Betriebsaufgabe nach § 16 Abs. 3 S. 1 EStG vor. Das bisherige Betriebsvermögen veräußert er im Rahmen eines Tausches teilweise gegen die Gesellschaftsrechte an die GmbH, das wesentliche Betriebsgrundstück bleibt bei ihm zurück und wird dadurch, mangels eigengewerblicher Tätigkeit ab dem 01.01.2006, zwingend zu Privatvermögen. Der Aufgabegewinn berechnet sich nach § 16 Abs. 2 EStG, wobei für die auf die GmbH übertragenen Wirtschaftsgüter die gemeinen Werte als Veräußerungspreis anzusetzen sind (§ 16 Abs. 3 S. 6 EStG i.V.m. § 6 Abs. 6 S. 1 EStG), für das in das Privatvermögen überführte Grundstück der gemeine Wert nach § 16 Abs. 3 S. 7 EStG.

§ 16 Abs. 3 S. 6 EStG	175 000 €[1]
§ 16 Abs. 3 S. 7 EStG	250 000 €[2]
Veräußerungspreis	425 000 €

Gegen den Veräußerungspreis ist nach § 16 Abs. 2 S. 1 EStG der Wert des Betriebsvermögens (= Kapitalkonto) zu verrechnen. Der Wert des Betriebsvermögens ist dabei nach den Grundsätzen der Bilanzierung zu ermitteln (vgl. § 16 Abs. 2 S. 2 EStG). Da Maximilian Oster nach § 6 Abs. 3 EStG das Einzelunternehmen unentgeltlich übernommen hat, wird das auf den 31.12.2005 durch Otto Oster ermittelte Kapitalkonto i. H. v. 225 000 € (= Wert der Aktiva, da das Unternehmen nach dem Sachverhalt schuldenfrei war) herangezogen, so dass sich ein **Betriebsaufgabegewinn i. H. v. 200 000 €** ergibt, der genau den im Betriebsvermögen insgesamt enthaltenen stillen Reserven entspricht.

Berechnung des Betriebsaufgabegewinns	
Veräußerungserlös	425 000 €
abzgl. Kapitalkonto	./. 225 000 €
Aufgabegewinn	200 000 €

Die Betriebsaufgabe fällt grundsätzlich unter die Begünstigung nach §§ 16, 34 EStG. Da Maximilian Oster jedoch noch keine 55 Jahre alt ist, kommt ein Freibetrag nach § 16 Abs. 4 EStG nicht in Betracht. Es liegen außerordentliche Einkünfte nach § 34 Abs. 2 Nr. 1 EStG vor, der »Halbsteuersatz« nach § 34 Abs. 3 EStG kann jedoch nicht gewährt werden, da auch hierfür die Vollendung des 55. Lebensjahres Voraussetzung ist. Die Fünftelregelung des § 34 Abs. 1 EStG wird von Amts wegen geprüft und gewährt.

---

[1] Der Wert errechnet sich wie folgt: Aktiva insgesamt 225 000 € abzgl. Buchwert des Grundstücks 150 000 € = 75 000 € zzgl. die Hälfte der stillen Reserven 100 000 € (von 200 000 € insgesamt) = 175 000 €.
[2] Der Wert errechnet sich wie folgt: Buchwert des Grundstücks 150 000 € zzgl. die Hälfte der stillen Reserven 100 000 € (von 200 000 € insgesamt) = 250 000 €.

Eine Neutralisierung dieses Vorganges durch Darstellung einer negativen Ergänzungsbilanz (= auf die GmbH übertragenes Vermögen; »wegergänzt« wurden die stillen Reserven i. H. v. 100 000 €) und einer Sonderbilanz (= Grundstück; lt. Sachverhalt sind die Buchwerte des Einzelunternehmens ausgewiesen) ist nicht möglich. Sonder- und Ergänzungsbilanzen sind nur im Zusammenhang mit Mitunternehmerschaften denkbar, mithin im Anwendungsbereich des § 24 UmwStG, nicht hingegen im Zusammenhang mit Kapitalgesellschaften. Da die GmbH mangels Erfüllung des § 20 UmwStG auch kein Ansatzwahlrecht hat, muss sie in ihrer Eröffnungsbilanz die gemeinen Werte des übernommenen Vermögens ausweisen, die jedoch i. d. R. den Teilwerten entsprechen, ihre Eröffnungsbilanz ist daher zutreffend.

Aus umsatzsteuerrechtlicher Sicht wird eine Geschäftsveräußerung im Ganzen nach § 1 Abs. 1a UStG verwirklicht, da Maximilian Oster einerseits einen Teil der wesentlichen Betriebsgrundlagen auf die GmbH überträgt, andererseits das wesentliche Betriebsgrundstück langfristig zur Fortführung des Unternehmens an dieses überlässt (vgl. Abschn. 5 Abs. 1 S. 7 und 8 UStR). Auch nach der ertragsteuerlichen Betriebsaufgabe bleibt Maximilian Oster mit der Vermietung des Grundstücks Unternehmer im Sinne des Umsatzsteuergesetzes, da er eine sonstige Leistung (vgl. § 3 Abs. 9 UStG) im Inland (vgl. § 3a Abs. 2 Nr. 1 UStG) gegen Entgelt (vgl. § 10 UStG) erbringt, die steuerbar (vgl. § 1 Abs. 1 Nr. 1 UStG) aber steuerfrei (vgl. § 4 Nr. 12 S. 1 Buchst. a UStG) ist. Zum Vorsteuerabzug aus den Werbungskosten ist Maximilian Oster nach § 15 Abs. 2 Nr. 1 UStG nicht berechtigt, diese sind ertragsteuerlich damit Bestandteil der Werbungskosten und mindern die Einkünfte.

2.2.2.5 Abgrenzung zur Betriebsaufspaltung

Prüfungsklausuren leben von Veränderungen im Sachverhalt. Sobald sich eine Veränderung ergibt müssen regelmäßig mehrere denkbare Lösungsansätze untersucht werden. Im vorliegenden Fall zwingt es sich auf, das Vorliegen einer Betriebsaufspaltung zumindest anzusprechen. Maximilian Oster vermietet nicht an eine ihm völlig fremde Firma, sondern an die Spinnhaus Riesa GmbH, an der er selbst zu 50 % beteiligt ist. Das vermietete Betriebsgrundstück stellt regelmäßig eine wesentliche Betriebsgrundlage des Mieters dar (vgl. H 15.7 [Wesentliche Betriebsgrundlage] EStH). Somit wird eine der zwei »Säulen« der Betriebsaufspaltung (vgl. H 15.7 Abs. 4 [Allgemeines] EStH), die sachliche Verflechtung, durch den Sachverhalt erfüllt. Tritt nun die zweite »Säule«, die personelle Verflechtung (vgl. H 15.7 Abs. 6 [Allgemeines] und [Mehrheit der Stimmrechte] EStH) hinzu, liegt eine Betriebsaufspaltung vor. Für den Übungsfall ist festzustellen, dass zwar eine sachliche Verflechtung vorliegt, Maximilian Oster aber nur zu 50 % am Nennkapital der Spinnhaus Riesa GmbH beteiligt ist und somit eine Betriebsaufspaltung nicht vorliegen kann, da Maximilian Oster mangels Anteilsmehrheit keinen einheitlichen geschäftlichen Betätigungswillen entwickeln kann.

Klausurhinweis: An dieser Stelle könnten in einer Prüfungsklausur weitere Probleme eingebaut werden, wenn beispielsweise Herr Oster aus irgend welchen Gründen im weiteren Verlauf auch nur einen kleinen Anteil an der Spinnhaus Riesa GmbH erwerben sollte, käme es sofort zu einer Betriebsaufspaltung mit allen daran geknüpften steuerlichen Folgen.

2.2.2.6 Weitere steuerliche Folgen

Die durch die Übertragung auf die Spinnhaus Riesa GmbH erworbenen Anteile stellen keine sog. einbringungsgeborenen Anteile nach § 21 Abs. 1 S. 1 UmwStG dar, da Maximilian Oster die Anteile nicht durch eine Einbringung nach § 20 UmwStG unterhalb des Teilwerts der eingebrachten Wirtschaftsgüter erworben hat. Die Anteile unterliegen zunächst vorrangig der Besteuerung nach § 23 Abs. 1 S. 1 Nr. 2 EStG (vgl. § 23 Abs. 2 S. 2 EStG), sofern die Voraussetzungen der Norm erfüllt werden. Daneben erfüllen die Anteile auch die Grundvoraussetzungen nach § 17 Abs. 1 EStG, da Maximilian Oster zu mehr als einem Prozent am Nennkapital der Spinnhaus Riesa GmbH beteiligt ist. Im Veräußerungsfall kommt das Halbeinkünfteverfahren zur Anwendung (entweder nach § 3 Nr. 40 Buchst. c oder Buchst. j EStG). Der Ausschlusstatbestand des § 3 Nr. 40 S. 3 EStG ist nicht gegeben.

Für das im Rahmen der Betriebsaufgabe in das Privatvermögen überführte Grundstück beginnt nach § 23 Abs. 1 S. 2 EStG eine neue Frist von zehn Jahren zu laufen. Die Ermittlung der Einkünfte aus Vermietung und Verpachtung erfolgt auf der Grundlage des bei der Betriebsaufgabe angesetzten gemeinen Wertes des Grundstücks. Obwohl Maximilian Oster im Wege der Gesamtrechtsnachfolge unentgeltlich in den Besitz des Grundstücks gelangt ist, spielt § 11d EStDV im Fortgang durch die Betriebsaufgabe keine Rolle mehr.

2.3 Einkünfte aus Vermietung und Verpachtung

2.3.1 Betriebsgebäude Spinnhaus Riesa GmbH

2.3.1.1 Allgemeines

Durch die Entnahme im Rahmen der Betriebsaufgabe des ehemaligen Einzelunternehmens wechselt das Grundstück in das steuerliche Privatvermögen von Maximilian Oster. Die Einkünfte aus der Vermietung stellen Einkünfte aus Vermietung und Verpachtung nach § 21 Abs. 1 S. 1 Nr. 1 EStG i. V. m. § 2 Abs. 1 S. 1 Nr. 6 EStG dar. Es handelt sich um Überschusseinkünfte (§ 2 Abs. 2 Nr. 2 EStG), die durch Gegenüberstellung der Einnahmen (§ 8 EStG) und der Werbungskosten (§ 9 EStG) ermittelt werden. Zur Abgrenzung dient das Zufluss-Abflussprinzip nach § 11 EStG. Umsatzsteuerrechtlich ist die Vermietung ein nach § 4 Nr. 12 S. 1 Buchst. a UStG steuerfreier Umsatz, für den Maximilian Oster nach dem Sachverhalt nicht optiert hat (§ 9 Abs. 1 UStG). Die in den Werbungskosten enthaltene Umsatzsteuer erhöht daher den Aufwand und ist nicht als Vorsteuer abzugsfähig (§ 15 Abs. 2 Nr. 1 UStG).

2.3.1.2 Einnahmen

Als Einnahmen nach § 8 Abs. 1 EStG sind die durch die Spinnhaus Riesa GmbH bezahlten Mieten zu erfassen. Von Januar bis August 2006 werden jeweils 2 000 € bezahlt = 16 000 €. Ab September 2006 erfolgt eine Mieterhöhung, steuerlich sind daher grundsätzlich die höheren Mieten als Einnahmen zu erfassen. Da die Mieterhöhung aber nicht in vollem Umfang der Vermietungsleistung, sondern teilweise auch der gesellschaftsrechtlichen Verbundenheit von Maximilian Oster und dem Mieter, der Spinnhaus Riesa GmbH, geschuldet ist, muss die Miete aufgeteilt werden. Sofern die Mietzahlungen auf der Beteiligung an der GmbH basieren, stellen sie verdeckte Gewinnausschüttungen dar, die unter § 20 Abs. 1 Nr. 1 S. 2 EStG fallen. Die angemessene Miete beträgt nach dem Sachverhalt 2 400 € (= 2 000 € × 120 %), die verdeckte Gewinnausschüttung bemisst sich nach der Differenz zur tatsächlich gezahlten Miete i. H. v. 3 500 € und beläuft sich demnach monatlich auf 1 100 €. An Mieten nach § 21 EStG hat Maximilian Oster in 2006 demnach vereinnahmt:

Januar bis August (2 000 € × 8)	16 000 €
September bis Dezember (2 400 € × 4)	9 600 €
Summe der Einnahmen	25 600 €

2.3.1.3 Absetzung für Abnutzung

Gebäude stellen steuerlich abnutzbare Wirtschaftsgüter dar. Bei Überschusseinkünften ist die Absetzung für Abnutzung als Werbungskosten nach § 9 Abs. 1 S. 3 Nr. 7 EStG anzusetzen. In Fällen der Entnahme eines Gebäudes aus einem Betriebsvermögen bemisst sich die Absetzung für Abnutzung im Anschluss an dem bei der Entnahme angesetzten und damit versteuerten Wert (vgl. R 7.3 Abs. 6 S. 4 EStR). Im vorliegenden Fall ist der bei der Betriebsaufgabe angesetzte gemeine Wert (vgl. § 16 Abs. 3 S. 7 EStG) des Gebäudes heranzuziehen – 150 000 € (Buchwert 100 000 € + stille Reserven 50 000 €). Die Methode der Absetzung für Abnutzung muss neu bestimmt werden, da das Gebäude durch die Entnahme aus dem Betriebsvermögen die Eigenschaft eines Wirtschaftsgebäudes verliert (vgl. § 7 Abs. 1 S. 1 Nr. 1 EStG). Die Entnahme aus dem Betriebsvermögen stellt zwar einen anschaffungsähnlichen Vorgang dar, so gesehen wäre theoretisch auch die Absetzung für Abnutzung nach § 7 Abs. 5 EStG möglich (vgl. H 7.4 [Entnahme eines Gebäudes] EStH), im vorliegenden Fall werden jedoch die Grundvoraussetzungen der Vorschrift nicht erfüllt, da die Entnahme schon nicht im Jahr der Fertigstellung erfolgte. Als Methode für die Absetzung für Abnutzung bleibt demnach nur § 7 Abs. 4 S. 1 Nr. 2 Buchst. a EStG mit 2 %, wobei einer zeitanteiligen Berechnung in 2006 durch Verwirklichung des Vorgangs am Jahresanfang keine Bedeutung zukommt. Die nachträglichen Herstellungskosten aus dem Einbau der Duschräume (vgl. Tz. 2.3.1.5) erhöhen die Bemessungsgrundlage von Beginn des Jahres an um 13 920 €. Die Absetzung für Abnutzung berechnet sich:

BMG   163 920 € × 2 % =   3 278 €

Die »Anschaffungskosten« des Grund und Bodens sind zunächst steuerlich irrelevant, da es sich um ein nicht abnutzbares Wirtschaftsgut handelt. Erst bei einer ggf. noch innerhalb der Frist des § 23 Abs. 1 S. 1 Nr. 1 EStG (zehn Jahre ab Entnahme; vgl. § 23 Abs. 1 S. 2 EStG) erfolgenden Veräußerung erlangen die Anschaffungskosten als Gegenrechnungsposition nach § 23 Abs. 3 EStG steuerliche Bedeutung.

2.3.1.4 Sonstige Aufwendungen

Die im Sachverhalt angegebenen sonstigen im Zusammenhang mit der Vermietung auftretenden Kosten stellen Werbungskosten nach der allgemeinen Definition des Werbungskostenbegriffs in § 9 Abs. 1 EStG dar.

Sonstige Kosten   1 500 €

2.3.1.5 Sanierungsmaßnahmen

Hinsichtlich der Sanierungsmaßnahmen muss zunächst eine Abgrenzung vorgenommen werden. Grundsätzlich fallen Erhaltungsmaßnahmen nach einer Anschaffung in den Anwendungsbereich des § 6 Abs. 1 Nr. 1a EStG (zur zeitlichen Anwendung vgl. § 52 Abs. 16 S. 7 EStG – ab 01.01.2004). Die Vorschrift findet sich zwar bei den Bewertungsvorschriften des Betriebsvermögens, gilt jedoch über § 9 Abs. 5 S. 2 EStG bei den Überschusseinkünften entsprechend. Fraglich ist, ob die Entnahme aus dem Betriebsvermögen eine Anschaffung im Sinne der Vorschrift darstellt. Zwar werden Entnahmen auch als anschaffungsähnliche Vorgänge bezeichnet, eine Anschaffung in engerem Sinne setzt aber die Überführung eines Wirtschaftsguts von einer fremden in die eigene Verfügungsmacht, mithin den entgeltlichen Erwerb voraus. Dies ist in Fällen der Gesamtrechtsnachfolge mit anschließender Entnahme

m. E. nicht gegeben. Für diese Auffassung sprechen auch die Regelungen in R 6.4 Abs. 1 EStR und im BMF-Schreiben vom 18.07.2003 (Az: IV C 3 – S 2211 – 94/03, BStBl I 2003, 386, Tz. 15 und 16 für den unentgeltlichen, teilentgeltlichen Erwerb). Daneben muss berücksichtigt werden, dass diejenigen Aufwendungen, die ohnehin zu Herstellungskosten führen, nicht mit einberechnet werden und somit im Veranlagungszeitraum 2006 die 15 %-Grenze nicht überschritten wird. Die Lösung geht daher davon aus, dass die Vorschrift des § 6 Abs. 1 Nr. 1 Buchst. a EStG nicht zur Anwendung kommt.

Die Beseitigung der **Sturmschäden am Dach** des Gebäudes stellen klassische Erhaltungsaufwendungen dar, die in voller Höhe als Werbungskosten nach § 9 Abs. 1 EStG abzugsfähig sind (vgl. R 21.1 Abs. 1 EStR). Die Umsatzsteuer erhöht die Werbungskosten, da sie nicht als Vorsteuer abzugsfähig ist (vgl. Tz. 2.3.1.1). Die durch die Gebäudeversicherung geleistete Zahlung i. H. v. 2 500 € mindert die Werbungskosten (streng genommen handelt es sich um Einnahmen aus Vermietung und Verpachtung, vgl. BFH vom 23.03.1993, Az: IX R 67/88, BStBl II 1993, 748).

Aufwand	6 960 €
abzgl. Erstattung	./. 2 500 €
Werbungskosten	4 460 €

Der Einbau der **Sanitäreinrichtung** (Duschräume) führt zu Herstellungskosten nach § 255 Abs. 2 S. 1 HGB, da hier ein bisher nicht vorhandenes Bauteil neu eingefügt wurde und dadurch die Substanz des Gebäudes eine Mehrung erfahren hat (vgl. BMF vom 18.07.2003, a. a. O., Tz. 18 ff.). Die Herstellungskosten sind brutto mit 13 920 € anzusetzen (vgl. § 9b Abs. 1 EStG). Von einem getrennt abzuschreibenden Wirtschaftsgut kann nicht ausgegangen werden, es liegen nachträgliche Herstellungskosten für das Gebäude vor, die nach R 7.4. Abs. 9 S. 3 EStR die Bemessungsgrundlage für die Absetzung für Abnutzung bereits ab dem Beginn des Jahres erhöhen.

Die Kosten für die **Fassadensanierung** stellen als Erhaltungsaufwendungen Werbungskosten nach § 9 Abs. 1 EStG dar (vgl. R. 21.1 Abs. 1 EStR). Die Werbungskosten sind brutto anzusetzen. Eine Substanzmehrung oder Verbesserung des Gebäudes liegt nicht vor, so dass keine Herstellungskosten anzunehmen sind.

Werbungskosten	5 220 €

Die Aufwendungen für die **Außenanlagen** führen zur Herstellung eines eigenständigen Wirtschaftsguts. Für Außenanlagen bei Wohngebäuden ergibt sich dies aus R 21.1 Abs. 3 EStR, für Außenanlagen bei betrieblich genutzten Gebäuden aus H 7.1 (Unbewegliche Wirtschaftsgüter, die keine Gebäude oder Gebäudeteile sind) EStH. Da es sich nicht um ein Gebäudeteil handelt bestimmt sich die Absetzung für Abnutzung nach § 7 Abs. 1 EStG anhand der betriebsgewöhnlichen Nutzungsdauer und ist grundsätzlich zeitanteilig (p.r.t.) zu berechnen (vgl. § 7 Abs. 1 S. 4 EStG). Die betriebsgewöhnliche Nutzungsdauer kann der amtlichen AfA-Tabelle entnommen werden und beträgt bei betrieblichen Grünanlagen 15 Jahre (hier näherliegend als die zehn Jahre des R 21.1 Abs. 3 EStR). Als Bemessungsgrundlage für die Berechnung sind die Herstellungskosten heranzuziehen (vgl. R 7.3 Abs. 1 EStR), mithin grundsätzlich die durch die ausführende Firma in Rechnung gestellten 8 700 € (brutto). Der durch das Land gewährte Zuschuss mindert die Herstellungskosten und hat insoweit über die verringerte Absetzung für Abnutzung Einfluss auf die Höhe der Einkünfte aus Vermietung und Verpachtung (vgl. R 21.5 Abs. 1 EStR). Der Zuschuss beträgt 25 % der Aufwendungen

= 2 175 € (8 700 € × 25 %). Die verbliebene Bemessungsgrundlage beträgt 6 525 € (= 8 700 € ./. 2 175 €). Die Absetzung für Abnutzung beginnt mit der Fertigstellung der Außenanlagen im September 2006:

BMG 6 525 € : 15 Jahre = 435 € × 4/12   145 €

Aus der **Finanzierung** der Erhaltungsmaßnahmen ergeben sich keine Werbungskosten bei den Einkünften aus Vermietung und Verpachtung, die Veräußerungskosten (= Bankspesen) sind wegen des engeren Sachzusammenhangs bei den Einkünften nach § 23 EStG zu berücksichtigen.

2.3.1.6 Ermittlung der Einkünfte

Die Einkünfte aus Vermietung und Verpachtung belaufen sich auf:

Einnahmen (§ 8 Abs. 1 EStG)	25 600 €
Werbungskosten	
• sonstige Aufwendungen	./. 1 500 €
• AfA Gebäude	./. 3 278 €
• Erhaltungsaufwand Sturmschaden	./. 4 460 €
• Erhaltungsaufwendungen Fassade	./. 5 220 €
• AfA Außenanlagen	./. 145 €
Einkünfte aus Vermietung und Verpachtung	10 997 €

2.3.2 Einkünfte aus den Eigentumswohnungen

2.3.2.1 Allgemeines

Die steuerliche Zurechnung der beiden Eigentumswohnungen auf die Eheleute Oster erfolgt ab Übergang von Nutzen und Lasten (= wirtschaftliches Eigentum, § 39 Abs. 2 Nr. 1 AO), hier dem 01. 12. 2006. Auf eine einheitliche und gesonderte Feststellung der gemeinsam aus den Eigentumswohnungen erzielten Einkünften wird bei zusammenveranlagten Ehegatten regelmäßig verzichtet. Die Wohnungen sind zwar im Moment der Zurechnung auf das Ehepaar Oster nicht vermietet, auf Grund der Vermietungsannoncen kann jedoch vom Vorliegen einer Einkünfteerzielungsabsicht ausgegangen werden. Andere Beweisanzeichen, die gegen eine Einkünfteerzielungsabsicht sprechen, liegen nicht vor (vgl. BMF vom 08. 10. 2004, Az: IV C 3 – S 2253–91/04, BStBl I 2004, 933, Tz. 24ff.). Bei den Werbungskosten handelt es sich um vorweggenommene Werbungskosten (die Annoncen nach § 9 Abs. 1 S. 1 EStG). Es liegen Einkünfte aus § 21 Abs. 1 S. 1 Nr. 1 EStG vor (Allgemeines vgl. Tz. 2.3.1).

2.3.2.2 Absetzung für Abnutzung

Zur Ermittlung der Bemessungsgrundlage (vgl. R 7. 3. Abs. 1 EStR) für die Absetzung für Abnutzung (= Werbungskosten nach § 9 Abs. 1 S. 3 Nr. 7 EStG) sind zunächst die Anschaffungskosten (§ 255 Abs. 1 HGB; H 6.2 [Anschaffungskosten] EStH) zu ermitteln. Dazu zählen der Kaufpreis (pro Wohnung 45 000 €) sowie die Anschaffungsnebenkosten. Im vorliegenden Fall zählen dazu die Grunderwerbsteuer (vgl. § 1 GrEStG; § 11 Abs. 1 GrEStG – Steuersatz 3,5 %) und die Eintragungsgebühren, die Notarkosten trägt der Veräußerer. Zu beachten ist, dass im Bereich der Anschaffungskosten auch bei einer Überschusseinkunftsart das Zufluss-Abflussprinzip des § 11 EStG nicht gilt. Die Kosten müssen jedoch mindestens entstanden sein, was hier nur auf die Grunderwerbsteuer zutrifft, da diese mit Beurkundung des Kaufvertrags, also noch in 2006 entsteht. Die Grundbuchgebühren sind als nachträgliche Anschaffungskosten in 2007 zu behandeln.

Ermittlung der Anschaffungskosten	
Kaufpreis der Wohnungen (2 × 45 000 €)	90 000 €
zzgl. Grunderwerbsteuer (3,5 % von 90 000 €)	3 150 €
Anschaffungskosten	93 150 €

Die Anschaffungskosten entfallen steuerlich auf zwei unterschiedliche Wirtschaftsgüter. Einerseits den Grund und Boden als nicht abnutzbares Wirtschaftsgut und andererseits das aufstehende Gebäude als abnutzbares Wirtschaftsgut. Es muss daher eine Aufteilung der Anschaffungskosten auf die beiden Wirtschaftsgüter erfolgen (vgl. H 7.3 [Anschaffungskosten] EStH). Grundsätzlich gilt hier die Aufteilung nach dem Verkehrswertverhältnis, der Sachverhalt gibt diesbezüglich einen Grund und Bodenanteil von 15 % vor. Die Gesamtanschaffungskosten verteilen sich daher:

Anschaffungskosten	93 150 €
• davon Grund und Boden 15 %	13 972 €
• davon Gebäude 85 %	79 178 €

Die Anschaffungskosten der beiden Eigentumswohnungen i. H. v. 79 178 € (= 2 × 39 589 €) bilden die Bemessungsgrundlage für die Absetzung für Abnutzung (vgl. R 7.3 Abs. 1 EStR). Als Methode der Absetzung für Abnutzung kommt nur § 7 Abs. 4 S. 1 Nr. 2 Buchst. a EStG mit 2 % p.a. in Betracht, da die Wohnungen nicht im Jahr der Fertigstellung (= »ältere« Platte) erworben wurden, scheidet § 7 Abs. 5 EStG aus. Die Absetzung für Abnutzung ist grundsätzlich zeitanteilig ab dem Zeitpunkt der steuerliche Zurechnungen der Eigentumswohnungen zu berechnen, hier ab 01. 12. 2006 mit 1/12 einer Jahresabschreibung (vgl. § 7 Abs. 1 S. 4 EStG; R 7.4 Abs. 1 EStR).

Berechnung der Absetzung für Abnutzung	
Bemessungsgrundlage 79 178 € × 2 % × 1/12	131,96 €
gerundet lt. Aufgabenstellung	131,00 €

2.3.2.3 Zusammenfassung der Einkünfte aus den Eigentumswohnungen

Die Einkünfte aus Vermietung und Verpachtung ermitteln sich wie folgt:

Einnahmen (§ 8 EStG)	0 €
Werbungskosten	
• Absetzung für Abnutzung	./. 131 €
• Annoncen	./. 300 €
Einkünfte	./. 431 €

2.3.3 Einkünfte aus Vermietung und Verpachtung insgesamt

Aus den beiden Einkunftsquellen ergeben sich insgesamt folgende Einkünfte:

Vermietung an die Spinnhaus Riesa GmbH	10 977 €
Vermietungsabsicht bei den Eigentumswohnungen	./. 431 €
Einkünfte aus Vermietung und Verpachtung	10 546 €

Bei der Ermittlung der Einkünfte aus Vermietung und Verpachtung findet ein sog. **horizontaler Verlustausgleich** statt, da die positiven Ergebnisse aus einer Einkunftsquelle mit den negativen Ergebnissen aus einer anderen Einkunftsquelle verrechnet werden (= Folge aus § 2 Abs. 3 EStG).

2.4 Einkünfte aus Kapitalvermögen

2.4.1 Verdeckte Gewinnausschüttung der Spinnhaus Riesa GmbH

Die durch die Spinnhaus Riesa GmbH bezahlten überhöhten Mieten beruhen auf einer gesellschaftsrechtlichen Veranlassung und stellen daher eine verdeckte Gewinnausschüttung der GmbH an den Gesellschafter Maximilian Oster dar (vgl. § 8 Abs. 3 S. 2 KStG). Ein ordentlicher und gewissenhafter Geschäftsleiter hätte die Mieten nicht in dieser Höhe bezahlt (vgl. R 36 Abs. 1 KStR und H 36 [III. Veranlassung durch das Gesellschaftsverhältnis/Allgemeines] KStH). Die Höhe der verdeckten Gewinnausschüttung bestimmt sich nach der Differenz zwischen der angemessenen Miete 2 400 € und der tatsächlich gezahlten Miete 3 500 € und beträgt somit 1 100 € × 4 = 4 400 € (vgl. H 37 [Nutzungsüberlassungen] KStH). Die verdeckte Gewinnausschüttung unterliegt als Einkünfte aus Kapitalvermögen nach § 20 Abs. 1 Nr. 1 S. 2 EStG i. V. m. § 2 Abs. 1 S. 1 Nr. 5 EStG der Besteuerung. Es handelt sich um eine Überschusseinkunftsart (vgl. § 2 Abs. 2 Nr. 2 EStG), bei der die Einkünfte durch Gegenüberstellung der Einnahmen (§ 8 EStG) und der Werbungskosten (§ 9 EStG) ermittelt werden. Als Abgrenzungsvorschrift gilt § 11 EStG. Der Zufluss erfolgt im Übungsfall spätestens mit Zufluss der Mietzahlungen (vgl. H 20.2 [Zuflusszeitpunkt bei Gewinnausschüttungen] EStH). Die verdeckte Gewinnausschüttung unterliegt dem Halbeinkünfteverfahren nach § 3 Nr. 40 Buchst. d EStG. Werbungskosten sind in diesem Zusammenhang keine angefallen.

Steuerpflichtige Einkünfte	2 200 € (= 50 %)

2.4.2 Offene Gewinnausschüttung

Aus den geerbten Aktien fließt Maximilian Oster im September 2006 eine offene Gewinnausschüttung zu. Die Gesellschaft hat diese i. H. v. 1,15 €/Aktie beschlossen und durchgeführt. Ursprünglich hatte Maximilian Oster 150 Aktien an der Gesellschaft erworben und zusätzlich 500 Aktien geerbt. Durch den Teilverkauf im August 2006 waren im Zeitpunkt des Gewinnverteilungsbeschlusses bereits 225 Aktien veräußert, die Gewinnausschüttung erfolgte somit hinsichtlich 425 Aktien an Maximilian Oster (vgl. § 20 Abs. 2a EStG). Die durch die ausschüttende Gesellschaft einbehaltene Kapitalertragsteuer i. H. v. 20 % (vgl. § 43 Abs. 1 S. 1 Nr. 1 EStG i. V. m. § 43a Abs. 1 Nr. 1 EStG; zur Höhe s. a. § 43 Abs. 1 S. 3 EStG – keine Berücksichtigung des Halbeinkünfteverfahrens; 488,75 € × 20 % = 97,75 €) und der einbehaltene Solidaritätszuschlag (vgl. § 51a EStG; 5,5 % von 97,75 € = 5,37 €) mindern die Höhe der

Einkünfte nicht (§ 12 Nr. 3 EStG). Es erfolgt jedoch eine Anrechnung auf die Einkommensteuer und den Solidaritätszuschlag (§ 36 Abs. 2 Nr. 2 EStG; § 51a EStG).

Einnahmen 425 Aktien × 1,15 €	488,75 €
davon 50 % (§ 3 Nr. 40 Buchst. d EStG)	244,38 €
gerundet	244,00 €

2.4.3 Ermittlung der Einkünfte aus Kapitalvermögen

Die Einkünfte aus Kapitalvermögen setzen sich wie folgt zusammen:

Verdeckte Gewinnausschüttung	2 200 €
Offene Gewinnausschüttung	244 €
Einkünfte	2 444 €

Da keine Werbungskosten ersichtlich sind, wird der Pauschalbetrag nach § 9a S. 1 Nr. 2 EStG i. H. v. 51 € abgezogen, der sich wegen der Zusammenveranlagung auf 102 € verdoppelt. Nach § 20 Abs. 4 EStG werden die Kapitaleinkünfte noch um den gemeinsamen Sparerfreibetrag i. H. v. 2 740 € gemindert, da Frau Oster keine eigenen Kapitaleinkünfte hat. Der Sparerfreibetrag mindert die um die Werbungskosten geminderten Einkünfte nach § 20 Abs. 4 S. 4 EStG jedoch maximal auf null, ein ausgleichsfähiger Verlust kann dadurch nicht entstehen.

Einkünfte	2 444 €
abzgl. Werbungskostenpauschale	./. 102 €
Zwischensumme	2 342 €
abzgl. Sparerfreibetrag[1]	./. 2 342 €
Einkünfte	0 €

2.5 Einkünfte aus privaten Veräußerungsgeschäften

2.5.1 Allgemeines

Bezüglich der Veräußerung der Aktien muss zwischen denjenigen Aktien, die Maximilian Oster erworben hat, und denjenigen, die er von seinem Vater geerbt hat, unterschieden werden. Durch den Erbfall tritt Maximilian Oster auch hinsichtlich der Aktien als Gesamtrechtsnachfolger in die Rechtsstellung seines Vaters ein (vgl. BMF vom 14.03.2006, a.a.O., Tz. 1; vgl. H 23 [Anschaffung] EStH). Für die weitere Besteuerung sind daher sowohl der Erwerbszeitpunkt durch Otto Oster als auch dessen Anschaffungskosten maßgeblich. Da die Besteuerung der Aktien nur über § 23 Abs. 1 S. 1 Nr. 2 EStG möglich ist, eine relevante Beteiligung nach § 17 Abs. 1 EStG ist nicht ersichtlich, kommt es im vorliegenden Fall auf die genaue Reihenfolge der Veräußerung und Beachtung der Frist nach § 23 Abs. 1 S. 1 Nr. 2 EStG von zwölf Monaten an. Zusätzlich ist zu beachten, dass durch das EURLUmsG in § 23 Abs. 1 S. 1 Nr. 2 S. 2 EStG das sog. FIFO-Verfahren für die Bestimmung der Veräußerungsabfolge eingeführt wurde, welches nach Verwaltungsauffassung zumindest ab VZ 2005 zwingend anzuwenden ist (vgl. BMF vom 05.04.2005, Az: IV A 3 – S 2259–7/05, BStBl I 2005, 617). Die bisher bei Verwahrung in einem Girosammeldepot anzuwendende Durchschnitts-

---

[1] Ab Veranlagungszeitraum 2007 wird der Sparerfreibetrag durch das StÄndG 2007 nochmals auf 750 €/ 1 500 € abgesenkt.

berechnung wird nicht mehr durchgeführt (vgl. BMF vom 25.10.2004, Az: IV C 3 – S 2256–238/04, BStBl I 2004, 1034, Tz. 45ff. – aktuell wohl noch bei Streifbandverwahrung [vgl. Tz. 49]).

Bei der Veräußerung von Aktien innerhalb der Frist des § 23 Abs. 1 S. 1 Nr. 2 EStG handelt es sich um sonstige Einkünfte nach § 22 Nr. 2 EStG i. V. m. § 2 Abs. 1 S. 1 Nr. 7 EStG. Die Einkünfte werden als Überschuss der Einnahmen (§ 8 EStG) über die Werbungskosten (§ 9 EStG) ermittelt (§ 2 Abs. 2 Nr. 2 EStG). Als Abgrenzungsnorm gilt § 11 EStG, dass Zufluss-Abflussprinzip. Der Anlass der Veräußerung spielt für die rechtliche Würdigung grundsätzlich keine Rolle, da es bei § 23 EStG nur auf die Verwirklichung der Tatbestandsvoraussetzungen ankommt (vgl. H 23 [Spekulationsabsicht] EStH). Durch die Veranlassung als Finanzierungsmaßnahme im Zusammenhang mit den Werbungskosten bei der Einkunftsart Vermietung und Verpachtung wird auch kein Sachzusammenhang mit dieser Einkunftsart hergestellt.

2.5.2 Teilveräußerung im August 2006

Bei der Teilveräußerung im August 2006 von 225 Aktien ist das FIFO-Verfahren nach § 23 Abs. 1 S. 1 Nr. 2 S. 2 EStG anzuwenden. Demnach gelten die zuerst erworbenen Aktien als zuerst veräußert. Der Depotbestand von Maximilian Oster setzt sich zusammen aus den 150 Aktien, die im Juni 2005 durch ihn selbst erworben wurden, und den 500 Aktien, die er durch das Erbe erlangt hat und bei denen der Erwerb durch Otto Oster im November 2005 erfolgte. Als zuerst veräußert gelten damit die 150 eigenen Aktien und weitere 75 Aktien aus dem Erbe. Für die eigenen Aktien ist die Frist von zwölf Monaten bereits abgelaufen (im Juni 2006), insoweit ist eine Besteuerung nicht mehr möglich. Lediglich die 75 veräußerten Aktien aus dem Erbe sind noch innerhalb der Frist und führen zu einem steuerpflichtigen privaten Veräußerungsgeschäft bei Maximilian Oster. Als Gewinn oder Verlust aus dem privaten Veräußerungsgeschäft ist die Differenz zwischen dem Veräußerungserlös (hier 165 €/Aktie) und den Anschaffungskosten sowie den Veräußerungskosten (= Werbungskosten; hier die 1,5 % Spesen von 165 € = 2 475 €) anzusetzen. Da hinsichtlich dieser Aktien keine eigenen Anschaffungskosten von Maximilian Oster gegeben sind, werden über die Gesamtrechtsnachfolge diejenigen von Otto Oster herangezogen (hier 150 €/Stück zzgl. 1 % der Anschaffungskosten als Anschaffungsnebenkosten = 151,5 €/Aktie).

Berechnung des Veräußerungsgewinns		
Erlös (75 × 165 €)	12 375,00 € × 50 % =	6 187,50 €
abzgl. Anschaffungskosten (75 × 151,5 €)	11 362,50 € × 50 % =	5 681,25 €
abzgl. Veräußerungskosten (75 × 2,475 €)	185,62 € × 50 % =	92,81 €
Gewinn aus privatem Veräußerungsgeschäft	826,88 €	413,44 €

Der Veräußerungsgewinn unterliegt dem Halbeinkünfteverfahren nach § 3 Nr. 40 Buchst. j EStG, die damit im Zusammenhang stehenden Abzugsbeträge (Anschaffungskosten; Werbungskosten) können nach § 3c Abs. 2 EStG dementsprechend nur hälftig gegengerechnet werden. Steuerpflichtig ist demnach der Betrag i. H. v. 413 € (gerundet).

2.5.3 Teilveräußerung im Oktober 2006

Im Oktober 2006 veräußert Maximilian Oster erneut 300 Aktien aus seinem Depot. Nach der ersten Teilveräußerung im August ist nunmehr klar, dass es sich hierbei ausschließlich um Aktien handelt, die er durch das Erbe erlangt hat. Da der Erwerb ursprünglich durch Otto Oster im November 2005 erfolgte, befinden sich die veräußerten Aktien sämtlich noch innerhalb der Frist nach § 23 Abs. 1 S. 1 Nr. 2 EStG von zwölf Monaten.

Berechnung des Veräußerungsgewinns		
Erlös (300 × 155 €)	46 500,00 € × 50 % =	23 250,00 €
abzgl. Anschaffungskosten (300 × 151,5 €)	45 450,00 € × 50 % =	22 725,00 €
abzgl. Veräußerungskosten (300 × 2,325 €)	697,50 € × 50 % =	348,75 €
Gewinn aus privatem Veräußerungsgeschäft	352,50 €	176,25 €

Auch dieser Veräußerungsgewinn unterliegt dem Halbeinkünfteverfahren, steuerpflichtig sind demnach 176 € (gerundet).

2.5.4 Teilveräußerung im Dezember 2006

Im Dezember 2006 veräußert Maximilian Oster die ihm verbliebenen 125 Aktien zu einem Kurswert von 120 €/Aktie. Auch diese Aktien stammen aus dem Erwerb durch Otto Oster. Da Maximilian als Rechtsnachfolger in die durch den Erwerb am 03. 11. 2005 von Otto Oster in Gang gesetzte Frist eintritt, erfolgt die Veräußerung im Dezember 2006 außerhalb der zwölf Monate des § 23 Abs. 1 S. 1 Nr. 2 EStG und unterliegt somit nicht mehr der Besteuerung. Dies ist für Maximilian Oster insofern unangenehm, als sich bei dieser Teilveräußerung ein Verlust ergeben hätte, da dem Veräußerungskurswert von 120 €/Aktie ein Anschaffungswert von 151,5 €/Aktie gegenübersteht.

2.5.5 Veräußerung der Anteile an der Spinnhaus Riesa GmbH

Im Dezember 2006 veräußert Maximilian Oster ein Fünftel seiner Anteile an der Spinnhaus Riesa GmbH an Herrn Walter. Die Anteile hatte er aus der Übertragung des geerbten Einzelunternehmens auf die GmbH im Januar 2006 erlangt. Da die Veräußerung noch innerhalb der Frist des § 23 Abs. 1 S. 1 Nr. 2 EStG von zwölf Monaten erfolgt, greift die Subsidiaritätsklausel des § 23 Abs. 2 S. 2 EStG. Grundsätzlich unterliegt der Sachverhalt sowohl der Besteuerung nach § 17 Abs. 1 EStG, Maximilian Oster ist steuerlich relevant mit mehr als einem Prozent am Nennkapital der Gesellschaft beteiligt, als auch der Besteuerung nach § 23 Abs. 1 S. 1 Nr. 2 EStG, da die Beteiligung auch unter die dort genannten anderen Wirtschaftsgüter fällt. Die Anwendung des § 17 EStG ist jedoch nachrangig gegenüber § 23 EStG. Der Gewinn aus dem Veräußerungsgeschäft berechnet sich nach § 23 Abs. 3 S. 1 EStG durch Gegenüberstellung des Veräußerungserlöses (hier 40 000 €) und den Anschaffungskosten sowie den Veräußerungskosten als Werbungskosten (hier nicht vorliegend, da Herr Walter diese Kosten übernimmt). Als Anschaffungskosten ist der gemeine Wert der auf die GmbH übertragenen Wirtschaftsgüter (= Tausch, vgl. § 6 Abs. 6 S. 1 EStG), mithin 175 000 € für 50 % Beteiligungsumfang, anzusetzen. Bezogen auf den veräußerten Umfang der Beteiligung (1/5) sind Anschaffungskosten i. H. v. 35 000 € gegen zu rechnen. Die Veräußerung unterliegt ebenfalls der Besteuerung nach dem Halbeinkünfteverfahren nach § 3 Nr. 40 Buchst. j EStG i. V. m. § 3c Abs. 2 EStG:

Berechnung des Veräußerungsgewinns

Erlös		40 000 € × 50 % = 20 000 €
Anschaffungskosten		./. 35 000 € × 50 % = 17 500 €
Gewinn	5 000 €	2 500 €

2.5.6 Zusammenfassung der Einkünfte aus privaten Veräußerungsgeschäften

Die Einkünfte ermitteln sich wie folgt:

Teilveräußerung August	413 €
Teilveräußerung Oktober	176 €
Anteilsveräußerung	2 500 €
Einkünfte	3 089 €

Der aus privaten Veräußerungsgeschäften erzielte Gesamtgewinn übersteigt 512 €, die Gewinne sind damit steuerpflichtig (Freigrenze des § 23 Abs. 3 S. 6 EStG).

3 Einkünfte Rebecca Oster aus nichtselbständiger Arbeit

Rebecca Oster erzielt Einkünfte aus nichtselbständiger Arbeit nach § 19 Abs. 1 S. 1 Nr. 1 EStG i. V. m. § 2 Abs. 1 S. 1 Nr. 4 EStG. Es handelt sich um Überschusseinkünfte nach § 2 Abs. 2 Nr. 2 EStG, die durch Gegenüberstellung der Einnahmen (§ 8 EStG) und der Werbungskosten (§ 9 EStG) ermittelt werden. Als Abgrenzungsnorm gilt § 11 EStG, für den Zufluss des Lohns speziell § 11 Abs. 1 S. 4 EStG i. V. m. § 38a Abs. 1 S. 2 und 3 EStG, Besonderheiten liegen nicht vor. Lohnsteuerabzug und Sozialabgaben mindern die Einnahmen nicht (§ 12 Nr. 1 und 3 EStG). Der Arbeitgeberanteil zur Sozialversicherung ist nach § 3 Nr. 62 EStG steuerfrei.

Ermittlung der Einnahmen	
Monatslohn 1 800 € × 12 Monate	21 600 €
Ermittlung der Werbungskosten	
• Fahrten zwischen Wohnung und Arbeitsstätte Ansatz Arbeitnehmer-Pauschbetrag nach § 9a S. 1 Nr. 1 Buchst. a EStG da günstiger (Entfernungspauschale[1] = 6 km × 220 Tage × 0,3 € = 396 €)	./. 920 €
• Kinderbetreuungskosten (vgl. Tz. 2.1.3.2)	./. 1 400 €
Einkünfte	19 280 €

---

[1] Ab Veranlagungszeitraum 2007 wurde die Entfernungspauschale durch das StÄndG 2007 auf Entfernungen über 20 km begrenzt.

4 Berechnung des Gesamtbetrags der Einkünfte

Der Gesamtbetrag der Einkünfte ermittelt sich nach § 2 Abs. 3 EStG wie folgt:

Einkünfte Maximilian Oster	
Einkünfte aus Gewerbebetrieb	200 000 €
Einkünfte aus nichtselbständiger Arbeit	39 980 €
Einkünfte aus Kapitalvermögen	0 €
Einkünfte aus Vermietung und Verpachtung	10 546 €
Sonstige Einkünfte	3 089 €
Summe der Einkünfte	253 615 €
Einkünfte Rebecca Oster	
Einkünfte aus nichtselbständiger Arbeit	19 280 €
Summe der Einkünfte	19 280 €
Summe der Einkünfte Maximilian	253 615 €
Summe der Einkünfte Rebecca	19 280 €
Gesamtbetrag der Einkünfte	272 895 €

5 Sonderausgaben

5.1 Allgemeines

Unter die abzugsfähigen Sonderausgaben fallen beim Ehepaar Oster die Aufwendungen für die Sozialabgaben. Im Veranlagungszeitraum 2006 sind dabei die Regelungen des Alterseinkünftegesetzes zu beachten. § 10 Abs. 1 Nr. 2 Buchst. a EStG erfasst die Beiträge zur Rentenversicherung, die Beiträge zur Arbeitslosenversicherung, zur Krankenversicherung und zur Pflegeversicherung fallen unter § 10 Abs. 1 Nr. 3 Buchst. a EStG. Die Prämien für die Lebensversicherungen sind ebenfalls als Sonderausgaben zu berücksichtigen. Nach dem Sachverhalt handelt es sich um »alte« Lebensversicherungen nach § 10 Abs. 1 Nr. 2 Buchst. b Doppelbuchstabe cc EStG in der am 31. 12. 2004 geltenden Fassung, die nach § 10 Abs. 1 Nr. 3 Buchst. b EStG auch weiterhin steuerlich begünstigt sind, sofern der Vertragsbeginn vor dem 01. 01. 2005 lag und bereits vor diesem Tag ein Versicherungsbeitrag entrichtet wurde. Diese Voraussetzungen sind nach dem Sachverhalt sämtlich erfüllt. Die Versicherungsprämien sind dabei i. H. v. 88 % zu berücksichtigen (vgl. § 10 Abs. 1 Nr. 2 S. 2 EStG a. F.).

5.2 Abzugsfähigkeit der Rentenversicherungsbeiträge

Die Abzugsfähigkeit der Rentenversicherungsbeiträge richtet sich nach § 10 Abs. 1 Nr. 2 Buchst. a EStG.

Ermittlung der Rentenversicherungsbeiträge Maximilian	
Bruttogehalt Maximilian Oster = 3 200 € × 19,5 %	624 €
Jahresbeitrag × 12 Monate	7 488 €
• davon Arbeitnehmeranteil 50 %	3 744 €
• davon Arbeitgeberanteil 50 %	3 744 €

Ermittlung der Rentenversicherungsbeiträge Rebecca
Bruttogehalt Rebecca Oster = 1 800 € × 19,5 %   351 €
Jahresbeitrag × 12 Monate   4 212 €
- davon Arbeitnehmeranteil 50 %   2 106 €
- davon Arbeitgeberanteil 50 %   2 106 €

Für die Rentenversicherungsbeiträge sieht § 10 Abs. 3 S. 1 EStG einen Höchstbetrag von 20 000 € für den Steuerpflichtigen vor, der sich bei zusammenveranlagten Ehegatten nach § 10 Abs. 3 S. 2 EStG verdoppelt. Bei den Osters sind derartige Aufwendungen daher grundsätzlich bis zu 40 000 € abzugsfähig. Maßgeblich für die Prüfung sind die tatsächlich geleisteten Aufwendungen einschließlich der Beiträge des Arbeitgebers (§ 10 Abs. 1 Nr. 2 S. 2 EStG). Die so für das Ehepaar Oster zu ermittelnden Beträge überschreiten die Höchstbegrenzung nicht, sie betragen zusammengerechnet 11 700 € (= 7 488 € zzgl. 4 212 €). Der Aufwand für die Rentenversicherung ist im Veranlagungszeitraum 2006 mit 62 % abzugsfähig (vgl. § 10 Abs. 3 S. 4 und 6 EStG), mithin für das Ehepaar Oster i. H. v. 7 254 € (= 11 700 € × 62 %). Dieser Betrag muss nach § 10 Abs. 3 S. 5 EStG noch um die steuerfreien Beiträge des Arbeitsgebers zur Rentenversicherung gekürzt werden, beim Ehepaar Oster daher um 5 850 € (= 3 744 € zzgl. 2 106 €), so dass sich bei den Osters **abzugsfähige Sonderausgaben i. H. v. 1 404 €** ergeben.

5.3 Abzugsfähigkeit anderer Vorsorgeaufwendungen

Die in den Sozialabgaben enthaltenen Beiträge zur Arbeitslosenversicherung, zur Krankenversicherung sowie zur Pflegeversicherung fallen unter § 10 Abs. 1 Nr. 3 Buchst. a EStG. Die Werte ermitteln sich wie folgt:

Ermittlung der Beiträge für Maximilian Oster
Bruttogehalt = 3 200 € × 22,5 % × 50 %   360,00 €
Jahresbeitrag × 12 Monate   4 320,00 €

Ermittlung der Beiträge für Rebecca Oster
Bruttogehalt = 1 800 € × 22,5 % × 50 %   202,50 €
Jahresbeitrag × 12 Monate   2 430,00 €

Die Versicherungsprämien für die Lebensversicherungen fallen unter § 10 Abs. 1 Nr. 3 Buchst. b EStG und sind mit 88 % abzugsfähig:

Lebensversicherung Maximilian Oster
Monatsbeitrag 75 € × 12 Monate   900,00 €

Lebensversicherung Rebecca Oster
Monatsbeitrag 55 € × 12 Monate   660,00 €

Nach § 10 Abs. 4 S. 2 EStG können die unter § 10 Abs. 1 Nr. 3 EStG fallenden Aufwendungen (einschließlich der Prämien zur Lebensversicherung) bis zu einem Betrag von **3 000 € als Sonderausgaben** abgezogen werden, da die Osters steuerfreie Arbeitgeberleistungen nach § 3 Nr. 62 EStG erhalten. Für zusammenveranlagte Ehegatten ist ein gemeinsamer Höchstbetrag zu bilden. Da die Aufwendungen die Höchstbeträge übersteigen, kommen diese zum Abzug.

6 Außergewöhnliche Belastungen

Ausbildungsfreibeträge nach § 33a Abs. 2 EStG kommen nicht in Betracht, da die beiden Kinder weder volljährig noch auswärts untergebracht sind. Die durch die Krankenkasse nicht erstatteten Krankheitskosten i. H. v. 670 € fallen unter den allgemeinen Begriff der außergewöhnlichen Belastung nach § 33 Abs. 1 EStG (vgl. R 33.4 EStR), die erforderlichen Nachweise gelten nach der Aufgabenstellung als erbracht. Die Bestattungskosten für Otto Oster sind ebenfalls grundsätzlich als außergewöhnliche Belastungen anzuerkennen (vgl. H 33.1–33.4 [Bestattungskosten] EStH), können und wurden jedoch aus dem Nachlass bestritten und sind daher nicht zu berücksichtigen.

Außergewöhnliche Belastungen nach § 33 EStG werden nur zum Abzug zugelassen, wenn sie die zumutbare Eigenbelastung nach § 33 Abs. 3 EStG übersteigen. Diese beträgt im vorliegenden Fall 4 % des Gesamtbetrags der Einkünfte (= 272 895 €) und übersteigt damit die tatsächlich getragenen Kosten deutlich, so dass kein Abzug als außergewöhnliche Belastung möglich ist.

7 Ermittlung des zu versteuernden Einkommens

Das zu versteuernde Einkommen ermittelt sich ausgehend vom Gesamtbetrag der Einkünfte nach § 2 Abs. 3 EStG unter Abzug der Sonderausgaben und außergewöhnlichen Belastungen (vgl. § 2 Abs. 4 EStG) sowie der Kinderfreibeträge (vgl. § 2 Abs. 5 EStG) wie folgt:

Gesamtbetrag der Einkünfte	272 895 €
abzgl. Sonderausgaben	
• § 10 Abs. 1 Nr. 2 i. V. m. Abs. 3 EStG	./. 1 404 €
• § 10 Abs. 1 Nr. 3 i. V. m. Abs. 4 EStG	./. 3 000 €
• § 10c Abs. 1 EStG (2 × 36 €)	./. 72 €
Einkommen (§ 2 Abs. 4 EStG)	268 419 €
abzgl. Kinderfreibeträge[1]	./. 11 616 €
zu versteuerndes Einkommen (§ 2 Abs. 5 EStG)	256 803 €

V. Punktetabelle

			Punkte
1	Persönliche Verhältnisse		
1.1	Allgemeines		
		Angaben zur Steuerpflicht, Veranlagungsform und Tarif	1
1.2	Kinderanerkennung		
		Angaben zur Kinderanerkennung nach § 32 EStG sowie zur Höhe der Kinderfreibeträge	1

[1] Grundsätzlich Bestberechnung nach § 31 EStG, nach der Aufgabenstellung aber über die Freibeträge zu lösen.

			Punkte
2		Einkünfte Maximilian Oster	
2.1		Einkünfte aus nichtselbständiger Arbeit	
2.1.1		Allgemeines	
		Grundsätzliche Angaben über die Art der Einkünfte und Zuflusszeitpunkt	1
2.1.2		Einnahmen aus nichtselbständiger Arbeit	
		Ermittlung der Höhe der Lohneinkünfte und zur Anrechnung nach § 36 EStG	1
		Ermittlung des geldwerten Vorteils aus der Pkw-Überlassung, zusammengesetzt aus der 1%-Regelung und der Erfassung der Fahrten zwischen Wohnung und Arbeitsstätte	2
2.1.3		Werbungskosten	
2.1.3.1		Fahrten zwischen Wohnung und Arbeitsstätte	1
2.1.3.2		Kinderbetreuungskosten	
		Anwendung des § 4f EStG mittel Querverweisung in § 9 Abs. 5 EStG	1
		Ermittlung und Zuordnung der abzugsfähigen Beträge	1
		Verhältnis zum Arbeitnehmer-Pauschbetrag nach § 9a S. 1 Nr. 1 Buchst. a EStG	1
2.1.4		Ermittlung der Einkünfte aus nichtselbständiger Arbeit	
2.2		Erbschaft	
2.2.1		Allgemeines	
		Erkennen des erfolgsneutralen Übergangs	1
2.2.1		Einzelunternehmen	
2.2.2.1		Allgemeines	
2.2.2.2		Abgrenzung zur Betriebsverpachtung im Ganzen	
		Prüfen und Verneinen einer Betriebsverpachtung im Ganzen	1

			Punkte
2.2.2.3	Umwandlungsteuerrecht		
		Prüfung des § 20 UmwStG, Ablehnung der Voraussetzungen	1
		Erkennen, dass die Darstellung in einer Sonder- und Ergänzungsbilanz unzulässig ist	1
2.2.2.4	Betriebsaufgabe		
		Prüfen und Bejahen der Betriebsaufgabe nach § 16 Abs. 3 EStG	1
		Ermittlung des Aufgabegewinns	1
		Prüfen der steuerlichen Begünstigung	1
2.2.2.5	Abgrenzung zur Betriebsaufspaltung		1
2.2.2.6	Weitere steuerliche Folgen		
2.3	Einkünfte aus Vermietung und Verpachtung		
2.3.1	Betriebsgebäude Spinnhaus Riesa GmbH		
2.3.1.1	Allgemeines		
2.3.1.2	Einnahmen		
		Erkennen der verdeckten Gewinnausschüttung	1
		Ermittlung der Gesamteinnahmen	1
2.3.1.3	Absetzung für Abnutzung		
		Ermittlung der Bemessungsgrundlage nach der Betriebsaufgabe	1
		Festlegung der Abschreibungsmethode und Berechnung	1
2.3.1.4	Sonstige Aufwendungen		1
2.3.1.5	Sanierungsmaßnahmen		
		Prüfung des § 6 Abs. 1 Nr. 1 Buchst. a EStG	1
		Sanitäreinrichtung als nachträgliche Herstellungskosten	1
		Außenanlagen	1

			Punkte
2.3.1.6	Ermittlung der Einkünfte		
2.3.2	Einkünfte aus den Eigentumswohnungen		
2.3.2.1	Allgemeines		1
2.3.2.2	Absetzung für Abnutzung		
		Ermittlung der Anschaffungskosten unter Berücksichtigung der Anschaffungsnebenkosten; Kaufpreisaufteilung auf Grund und Boden und Gebäude	1
		Prüfung der Abschreibungsmethode, zeitanteilige Ermittlung	1
2.3.2.3	Zusammenfassung der Einkünfte aus den Eigentumswohnungen		
2.3.3	Einkünfte aus Vermietung und Verpachtung insgesamt		
2.4	Einkünfte aus Kapitalvermögen		
2.4.1	Verdeckte Gewinnausschüttung der Spinnhaus Riesa GmbH		
		Verdeckte Gewinnausschüttung durch gesellschaftsrechtliche Veranlassung führt zu Kapitalerträgen	1
		Ermittlung der Einnahmen und Besteuerung; Halbeinkünfte	1
2.4.2	Offene Gewinnausschüttung		
		Ermittlung der Zuflusshöhe anhand der Zahl der noch vorhandenen Aktien	1
		Halbeinkünfte und Steueranrechnung	1
2.4.3	Ermittlung der Einkünfte aus Kapitalvermögen		1
2.5	Einkünfte aus privaten Veräußerungsgeschäften		
2.5.1	Allgemeines		
2.5.2	Teilveräußerung im August 2006		
		Prüfung, welche Aktien veräußert wurden; FiFo-Verfahren	1
		Ermittlung des Gewinns aus privatem Veräußerungsgeschäft; Halbeinkünfteverfahren	1

			Punkte
2.5.3		Teilveräußerung im Oktober 2006	1
2.5.4		Teilveräußerung im Dezember 2006	
		Erkennen, dass die durch Gesamtrechtsnachfolge übernommene Frist abgelaufen ist	1
		Feststellung, dass Verlust steuerlich irrelevant	1
2.5.5		Veräußerung der Anteile an der Spinnhaus Riesa GmbH	
		Abgrenzung § 23 EStG zu § 17 EStG; Subsidiarität	1
		Ermittlung der Einkünfte, Halbeinkünfteverfahren; Freigrenze	1
2.5.6		Zusammenfassung der Einkünfte aus privaten Veräußerungsgeschäften	
3		Einkünfte Rebecca Oster aus nichtselbständiger Arbeit	
		Allgemeine Angaben zu den Lohneinkünften; Lohnhöhe	1
		Werbungskostenpauschale und Kinderbetreuungskosten	1
4		Berechnung des Gesamtbetrags der Einkünfte	1
5		Sonderausgaben	
5.1		Allgemeines	1
5.2		Abzugsfähigkeit der Rentenversicherungsbeiträge	1
5.3		Abzugsfähigkeit anderer Vorsorgeaufwendungen	1
6		Außergewöhnliche Belastungen	
		Prüfung der Beerdigungskosten	1
		Prüfung des Eigenbehalts	1
7		Ermittlung des zu versteuernden Einkommens	1
		Summe	50

Klausuraufgabe 7:
Einkünfte aus Gewerbebetrieb/Einbringung/
Verträge zwischen nahen Angehörigen/
Einkünfte aus Vermietung und Verpachtung/Kinderanerkennung/
Vermögensübertragung gegen wiederkehrende Leistungen

I. Vorspann

Sie sind als Steuerberaterin/Steuerberater durch das Ehepaar Feist beauftragt, deren Einkommensteuererklärung für den Veranlagungszeitraum 2006 zu erstellen. Aus den Ihnen vorliegenden Unterlagen und Mandantengesprächen ergeben sich die nachfolgenden Sachverhalte, die sämtlich bereits verwirklicht sind.

II. Sachverhalt

1 Persönliche Verhältnisse

Anton Feist (geb.: 28.05.1961) und Cordula Feist (geb.: 09.08.1964) sind seit 1984 verheiratet und leben in Chemnitz. Aus der Ehe sind zwei Kinder hervorgegangen, Günther (geb.: 06.03.1985) und Erika (geb.: 09.12.1990). Günther studiert seit 2005 in Dresden Maschinenbau, Erika besucht noch das Gymnasium in Chemnitz und lebt bei ihren Eltern. Frau Feist ist nicht berufstätig.

2 Einzelunternehmen Anton Feist

2.1 Allgemeines

Anton Feist betreibt seit Jahren im Industriegebiet von Chemnitz eine Autoreparaturwerkstatt auf eigenem Grundstück. Den Gewinn ermittelt er für das dem Kalenderjahr entsprechende Wirtschaftsjahr nach den Grundsätzen des Betriebsvermögensvergleichs mittels Bilanzierung.

2.2 Lagerplatz

An das Betriebsgrundstück von Anton Feist grenzt ein unbebautes Grundstück an, welches sich bis Februar 2006 im Eigentum von Herrn Berthold Kunz, dem Vater von Cordula Feist, befand. Herr Kunz hatte das Grundstück am 10.04.2000 für 55 000 € einschließlich sämtlicher Nebenkosten von der Gemeinde Chemnitz erworben und seitdem als Lagerplatz an ein Unternehmen für monatlich 750 € vermietet. Mit notariellem Vertrag vom 16.02.2006 schenkte Herr Kunz das Grundstück seiner Tochter und seinem Schwiegersohn auf den 01.03.2006 jeweils zu hälftigem Eigentum. Seit dem Erwerb durch Berthold Kunz hat sich der Wert des Grundstücks beständig erhöht und betrug zum Zeitpunkt der Schenkung 80 000 €. Da Anton Feist das Grundstück sehr gut als Ergänzung seines Betriebsgeländes gebrauchen konnte, kündigte das Ehepaar Feist dem bisherigen Mieter fristgerecht auf den 30.06.2006. Im Anschluss daran nutzte Anton Feist das Grundstück als Lagerplatz für sein Einzelunternehmen. Mit seiner Ehefrau Cordula schloss er einen Mietvertrag zu den gleichen Konditionen wie gegenüber dem bisherigen Mieter ab. Die geleisteten Mietzahlungen wurden jeweils als Betriebsausgaben verbucht, ansonsten hat sich der Sachverhalt nicht in der Buchführung niedergeschlagen.

2.3 Gründung der Autozentrum Feist & Korn OHG

Zum 01.10.2006 schloss sich Anton Feist mit Rudolf Korn zur Autozentrum Feist&Korn OHG zusammen. Die Vorbereitungen dafür liefen schon längere Zeit, so das die Gesellschaft zu diesem Termin im Handelsregister eingetragen wurde. Die Gesellschaft hat ihr Wirtschaftsjahr auf die Zeit vom 01.10. bis zum 30.09. des Folgejahres bestimmt. Im Gesellschaftsvertrag wurde geregelt, dass Anton Feist und Rudolf Korn zu diesem Termin ihre jeweiligen Einzelunternehmen mit allen Aktiva und Passiva auf die OHG übertragen. Rudolf Korn betrieb bis zu diesem Zeitpunkt in der unmittelbaren Nachbarschaft von Anton Feist ein Autohaus. Durch die Fusion wollen die beiden zukünftig ein abgestimmtes Unternehmenskonzept umsetzen und rechnen mit erheblichen Synergieeffekten. Im Zusammenhang mit der Fusion wurden für beide Unternehmen den steuerlichen Vorschriften entsprechende und, sofern sich aus dem Sachverhalt nichts anderes ergibt, nicht zu beanstandende Bilanzen erstellt. Das Kapitalkonto von Anton Feist betrug 75 000 € (Stand am 31.12.2005 – 30 000 €; Entnahmen in 2006 – 45 000 €; Einlagen in 2006 – 8 000 €). Der Unternehmenswert wurde nach einem Wertgutachten zu den in der Bilanz ausgewiesenen Positionen einschließlich der Verbindlichkeiten mit 420 000 € festgestellt. Für das Unternehmen von Rudolf Korn lag ein Wertgutachten vor, das einen Unternehmenswert von 500 000 € auswies. Da Rudolf Korn auch auf die durch Eigentumsverhältnisse ungestörte Nutzung des Lagerplatzgrundstücks Wert legte, wurde auch dieses Grundstück in den Gesellschaftsvertrag aufgenommen. Die OHG setzte in ihrer Eröffnungsbilanz die Verkehrswerte des Vermögens an und wies für die Gesellschafter die folgenden Kapitalkonten aus, die auch das Beteiligungsverhältnis wiederspiegeln:

Anton Feist	460 000 €
Cordula Feist	40 000 €
Rudolf Korn	500 000 €
Kapital der OHG	1 000 000 €

Für sämtliche Gesellschafter wurden negative Ergänzungsbilanzen erstellt. Für Anton Feist weist die Ergänzungsbilanz ein Kapital von 345 000 € aus, für Cordula ein solches von 40 000 €.

3 Eigentumswohnung Dresden

Mit notariellem Vertrag vom 15.03.2006 erwarb Anton Feist eine Einraum-Eigentumswohnung in einem Studentenwohnheim in Dresden mit Übergang von Nutzen und Lasten auf den 01.06.2006. Der Kaufpreis betrug 42 000 € einschließlich sämtlicher Nebenkosten des Erwerbs, wovon nach dem Vertrag 2 000 € auf die Übernahme der Instandhaltungsrücklage entfielen (Anteil Grund und Boden 15 %). Den Kaufpreis finanzierte Anton Feist neben dem Einsatz vorhandener Mittel durch ein Darlehen i. H. v. 36 000 €. Das Darlehen wurde mit einem Kurs von 96 % bei einer Zinsbindung von fünf Jahren am 01.06.2006 ausgezahlt, ist mit je einem Zehntel zum Jahresende zu tilgen und mit 5,0 % zu verzinsen. Die Zinszahlungen sind jeweils zum Quartalsende fällig. Die Zinszahlung für das vierte Quartal 2006 leistete Anton Feist am 06.01.2007. Im Zeitpunkt des Erwerbs war die Wohnung für eine monatliche

Miete i. H. v. 250 € zzgl. 30 € Umlagen vermietet. Nachdem der Mieter den Vertrag fristgerecht gekündigt und zum 31.08.2006 ausgezogen war, musste Anton Feist feststellen, dass der Mieter bei seiner Auszugsparty nebenbei die Kochnische ruiniert hatte und auch die Wände erhebliche Spuren der Feierlichkeiten trugen. Die Beseitigung der Schäden verursachte im September 2006 Kosten i. H. v. 2320 €, woraufhin Anton Feist die Mietkaution i. H. v. drei Monatskaltmieten einbehielt. Den Versuch, den Differenzbetrag anwaltlich beizutreiben, stellte er im Dezember 2006 auf Anraten seines Anwalts endgültig ein, da der ehemalige Mieter mittlerweile in das Ausland verzogen war und sich weitere Schritte insofern als schwierig erwiesen hatten. Der Anwalt berechnete Anton Feist noch im Dezember 2006 für seine Leistungen brutto 980 €. Ab Oktober 2006 vermietete Anton Feist die Wohnung mit einem Formmietvertrag, so wie zuvor auch, an seinen Sohn Günther und vereinbarte mit diesem, da Günther bis auf die Unterhaltszahlungen durch seine Eltern kein eigenes Einkommen hat, dass die monatliche Miete i. H. v. 250 € zzgl. 30 € Umlagen mit dem Unterhalt verrechnet wird, so dass Günther zukünftig mit nur noch 470 € Unterhalt monatlich zurecht kommen muss. An laufenden Kosten sind Anton Feist in 2006 monatlich 125 € durch die Zuführungen in die Instandhaltungsrücklage entstanden.

4 Zweifamilienhaus in Chemnitz

An ihrem 75. Geburtstag, dem 01.05.2006, übertrug Frau Hildegard Feist, die Mutter von Anton Feist, diesem mit notariellem Vertrag und sofortiger Wirkung das von ihr bewohnte lastenfreie Zweifamilienhaus in Chemnitz. Hildegard Feist fühlte sich seit dem Tode ihres Ehemannes im Frühjahr 2001 schnell überlastet und insbesondere die Verwaltung des Grundstücks verursachte ihr zunehmendes Unbehagen. Das Gebäude besteht aus zwei Wohnungen. Die Erdgeschosswohnung hat eine Nutzfläche von 120 qm, die Wohnung im Obergeschoss eine solche von 80 qm. Die Eltern von Anton Feist hatten das Zweifamilienhaus als Altersruhesitz im Jahr 1992 für 150000 € (Grund und Bodenanteil 1/3) erworben und seitdem eigengenutzt. Mittlerweile ist das Zweifamilienhaus gut das Doppelte wert. Im Gegenzug verpflichtete sich Anton Feist vertraglich, seiner Mutter auf deren Lebzeit eine monatliche Rente i. H. v. 700 € zu bezahlen. Nachdem sich die Übertragung bereits längere Zeit abgezeichnet hatte, zog das Ehepaar Feist noch im Mai 2006 in die leerstehende Wohnung im Erdgeschoss des Zweifamilienhauses um, während Anton Feist mit seiner Mutter einen Mietvertrag über die von ihr bewohnte Wohnung im Obergeschoss abschloss. Als Miete wurden ortsübliche 400 € (Umlagen sollen keine Rolle spielen) vereinbart und bezahlt, die, allerdings bezogen auf die abweichende Größe, auch für die Erdgeschosswohnung erzielbar wären.

III. Aufgabe

1. Ermitteln Sie für das Ehepaar Feist den Gesamtbetrag der Einkünfte für den Veranlagungszeitraum 2006. Gehen Sie dabei auf Steuerpflicht, Veranlagungsform sowie den Tarif, einschließlich ggf. Tarifbegünstigungen ein. Nehmen Sie auch zur steuerlichen Berücksichtigung der beiden Kinder Stellung. Eine Bestberechnung ist jedoch nicht durchzuführen.
2. Der Gesamtbetrag der Einkünfte soll so niedrig wie möglich gehalten werden, die dafür erforderlichen Anträge gelten als gestellt und genehmigt. Ggf. erforderliche Nachweise gelten als erbracht.

3. Nehmen Sie zu eventuellen Steueranrechnungs- und Steuerermäßigungsbeträgen Stellung! Sofern Kapitalertragsteuer und Solidaritätszuschlag eine Rolle spielen, sind diese Werte rechnerisch zu ermitteln und anzugeben.
4. Gehen Sie bei Ihrer Lösung davon aus, dass, sofern sich aus dem Sachverhalt nichts Gegenteiliges ergibt, angegebene Verkehrswerte durchgängig während des gesamten Jahres 2006 Bestand haben.
5. Gehen Sie bei Ihrer Lösung weiterhin davon aus, dass Zahlungen, sofern nicht ausdrücklich Gegenteiliges aus dem Sachverhalt hervorgeht, grundsätzlich pünktlich erfolgt sind.
6. Auf grunderwerbsteuerliche Problem ist nicht einzugehen.
7. Hinsichtlich der Feist&Korn OHG beurteilen Sie bitte den Gründungsvorgang für Anton und Cordula Feist sowie die Einkunftsart, Gewinnermittlung und Gewinnermittlungszeitraum.
8. Sofern für Ihre Lösung die Anerkennung von Verträgen eine Rolle spielen, sollen diese zivilrechtlich einwandfrei zustande gekommen und, sofern sich aus dem Sachverhalt nichts Gegenteiliges ergibt, tatsächlich durchgeführt sein.
9. Rechenendergebnisse runden Sie bitte auf den nächsten vollen Eurobetrag ab.
10. Auf Sonderausgaben ist nur im Zusammenhang mit anderen Sachverhalten einzugehen.

IV. Lösung

1 Persönliche Verhältnisse

1.1 Allgemeines

Anton, Cordula, Günther und Erika Feist sind natürliche Personen (§ 1 BGB) mit Wohnsitz im Inland und daher unbeschränkt persönlich steuerpflichtig nach § 1 Abs. 1 EStG. Die sachliche Steuerpflicht erstreckt sich nach § 2 EStG auf das Welteinkommen (vgl. H 1a [Allgemeines] EStH; Universalitätsprinzip). Den Eheleuten Feist steht das Ehegattenwahlrecht nach § 26 Abs. 1 S. 1 EStG zu, da sie beide unbeschränkt steuerpflichtig sind, nicht dauernd getrennt leben und die Voraussetzungen in 2006 vorlagen. Die Eheleute können zwischen der getrennten Veranlagung nach § 26a EStG und der Zusammenveranlagung nach § 26b EStG wählen. Die Voraussetzungen für eine besondere Veranlagung nach § 26c EStG liegen offensichtlich nicht vor. Für den Fall der Zusammenveranlagung wird das zu versteuernde Einkommen dem Splittingtarif (§ 32a Abs. 1 i. V.m Abs. 5 EStG) unterworfen. Die Anwendung des Splittingtarifs führt in aller Regel zur günstigsten Besteuerung, zumal im vorliegenden Fall Frau Feist nicht berufstätig ist und nur geringe Einkünfte erzielt, somit bei Wahl der Zusammenveranlagung die Steuerprogression günstig beeinflusst wird. Die Zusammenveranlagung nach § 26b EStG wählen die Eheleute Feist, in dem dies entweder auf dem Mantelbogen der Steuererklärung angekreuzt wird (vgl. § 26 Abs. 2 EStG) oder zumindest eine von beiden Ehegatten unterschriebene Steuererklärung eingereicht wird, da insoweit § 26 Abs. 3 EStG die Wahl der Zusammenveranlagung nach § 26b EStG unterstellt. Nach § 25 Abs. 3 S. 2 EStG haben die Eheleute für den Fall der Zusammenveranlagung eine gemeinsame und von beiden Ehegatten unterschriebene Steuererklärung abzugeben (vgl. § 25 Abs. 3 S. 5 EStG). Die Besteuerungsgrundlagen sind für das Kalenderjahr zu ermitteln (§ 2 Abs. 7 S. 2 EStG).

1.2 Kinderanerkennung

Bei beiden Kindern handelt es sich um leibliche Kinder nach § 32 Abs. 1 Nr. 1 EStG. Die Kinder werden nach § 32 Abs. 3 EStG grundsätzlich bis zur Vollendung des 18. Lebensjahres steuerlich berücksichtigt. Im vorliegenden Fall kann daher Erika Feist ganzjährig als Kind berücksichtigt werden, sie ist noch nicht volljährig und besucht noch das Gymnasium. Dem Ehepaar Feist steht für Erika ein Freibetrag i. H. v. 1 824 € für das sächliche Existenzminimum des Kindes (= **Kinderfreibetrag**) sowie ein Freibetrag i. H. v. 1 080 € für Betreuungs-, Erziehungs- oder Ausbildungsbedarf zu. Die Beträge verdoppeln sich bei zusammenveranlagten Ehegatten (§§ 26, 26b EStG), wenn das Kind zu beiden Ehegatten in einem Kindschaftsverhältnis steht, was im vorliegenden Fall erfüllt ist (vgl. § 32 Abs. 6 S. 2 EStG). Dem Ehepaar Feist stehen demnach die folgenden Kinderfreibeträge für Erika zu:

1 824 € + 1 080 € = 2 904 € × 2 (§§ 26, 26b EStG) = 5 808 €

Grundsätzlich wird hinsichtlich der Kinder die Freistellung des Existenzminimums nach § 31 EStG (= Familienleistungsausgleich) im Rahmen einer Bestberechnung überprüft. Erweisen sich die Freibeträge des § 32 Abs. 6 EStG als günstiger, wird das bereits bezahlte **Kindergeld** zurückgefordert (vgl. § 31 S. 4 EStG). Nach der Aufgabenstellung soll eine Bestberechnung nicht durchgeführt werden.

Für Sohn Günther scheidet eine Anerkennung nach § 32 Abs. 3 EStG aus, da er bereits 2003 volljährig geworden ist. Bei ihm ist jedoch nach § 32 Abs. 4 S. 1 Nr. 2 EStG die Anerkennung möglich, da er sich noch in der Berufsausbildung befindet und das 27. Lebensjahr (beachte Absenkung auf das 25. Lebensjahr durch das StÄndG 2007 ab VZ 2007) noch nicht vollendet hat (zum Begriff vgl. DA-FamEStG, BfF vom 05. 08. 2004, Az: St I 4 – S 2471 – 75/2004, BStBl I 2004, 742; 903 – DA 63.3.2 Kinder in Berufsausbildung). Schädliche eigene Einkünfte nach § 32 Abs. 4 S. 2ff. EStG liegen nicht vor, da Günther ausschließlich von seinen Eltern unterstützt wird. Die Freibeträge für Günther entsprechen denen für Erika:

1 824 € + 1 080 € = 2 904 € × 2 (§§ 26, 26b EStG) = 5 808 €

Die **Unterhaltszahlungen** durch die Eltern an den Sohn Günther können nicht nach § 33a Abs. 1 EStG berücksichtigt werden, da für ihn Anspruch auf Kindergeld bzw. Kinderfreibeträge nach § 32 Abs. 6 EStG besteht (vgl. § 33a Abs. 1 S. 3 EStG).

Für Günther kann bei den Eltern ein **Ausbildungsfreibetrag** nach § 33a Abs. 2 S. 1 EStG i. H. v. 924 € zum Abzug gebracht werden, da den Eltern tatsächlich Aufwendungen für die auswärtige Berufsausbildung entstehen (vgl. R 33a.2 Abs. 2 EStR). Günther ist volljährig und auswärtig untergebracht (vgl. R 33a.2 Abs. 3 EStR). Eine Minderung des Freibetrags durch eigene Einkünfte und Bezüge ist nicht vorzunehmen, da Günther ausschließlich von der elterlichen Unterstützung lebt und die Unterhaltsleistungen der Eltern nicht als Bezüge des Kindes gelten (vgl. H 33a.2 [Anrechnung eigener Einkünfte und Bezüge] EStH i. V. m. H 32.10 [Anrechnung eigener Bezüge/Nicht anrechenbare eigene Bezüge] Nr. 3 EStH). Eine auswärtige Unterbringung liegt auch dann vor, wenn das Kind in einer Eigentumswohnung des Steuerpflichtigen einen eigenen Haushalt führt (vgl. H 33a.2 [Auswärtige Unterbringung] EStH). Die an den Sohn vermietete Eigentumswohnung ist auch nicht als Teil des elterlichen Haushalts zu sehen (vgl. BMF vom 21. 12. 2004, Az: IV C 3 – EZ 1010 – 43/04, BStBl I 2005, 305, Tz. 63). Eine zeitanteilige Berechnung kommt nicht in Betracht (vgl. § 33a Abs. 4 S. 1 EStG), da sich das Studium über den ganzen VZ 2006 erstreckt und somit davon ausgegangen werden kann, dass in jedem Monat Aufwendungen anfallen (vgl. H 33a.2 [Aufwendungen für die Berufsausbildung] EStH), zudem zahlen die Eltern fortlaufend Unterhalt (vgl. Tz. 3.2 zur Vermietung der Eigentumswohnung in Dresden).

2 Einzelunternehmen Anton Feist

2.1 Allgemeines

Mit der Autowerkstatt erzielt Anton Feist gewerbliche Einkünfte nach § 15 Abs. 1 S. 1 Nr. 1 EStG i. V. m. § 2 Abs. 1 S. 1 Nr. 2 EStG. Es handelt sich um eine Gewinneinkunftsart nach § 2 Abs. 2 Nr. 1 EStG. Der Gewinn wird zutreffend nach §§ 4 Abs. 1 und 5 EStG ermittelt. Das Wirtschaftsjahr entspricht dem Kalenderjahr (vgl. § 4a Abs. 1 S. 2 Nr. 3 EStG) und umfasst grundsätzlich einen Zeitraum von zwölf Monaten (vgl. § 8b S. 1 EStDV). Durch die Gründung der Feist&Korn OHG zum 01. 10. 2006 gibt Anton Feist seine gewerbliche Tätigkeit in der Form des Einzelunternehmens auf, es entsteht ein sog. Rumpfwirtschaftsjahr nach § 8b S. 2 Nr. 1 EStDV, welches den Zeitraum vom 01. 01. 2006 bis zum 30. 09. 2006 umfasst. Für diesen Zeitraum ist der Gewinn zu ermitteln und im Veranlagungszeitraum 2006 zu versteuern (vgl. § 4a Abs. 2 Nr. 2 EStG).

2.2 Laufender Gewinn 2006

Das laufende Betriebsergebnis für 2006 lässt sich aus der vorgegebenen Schlussbilanz zum 30. 09. 2006 ermitteln. Diese wurde nach dem Sachverhalt entsprechend der steuerlichen Vorschriften erstellt und soll grundsätzlich nicht zu beanstanden sein. Die Behandlung des unbebauten Geschäftsgrundstücks hat keine Auswirkung auf den laufenden Gewinn, da die Einlage des Grundstücks erfolgsneutral ist. Der Gewinn kann aus den vorgegebenen Zahlen vorläufig wie folgt ermittelt werden:

Kapitalkonto 31. 12. 2005	30 000 €
abzgl. Entnahmen in 2006	./. 45 000 €
zzgl. Einlagen in 2006	+ 8 000 €
Zwischenergebnis	./. 7 000 €
Kapitalkonto 30. 09. 2006	75 000 €
Differenz = Gewinn 2006	82 000 €

2.3 Grundstückserwerb

Der Eigentumserwerb durch die Eheleute Feist erfolgt im Wege der Schenkung, also unentgeltlich. Das Grundstück ist den Eheleuten Feist ab dem Zeitpunkt der Wirksamkeit der Schenkung, nach dem Sachverhalt ab 01. 03. 2006, steuerlich nach § 39 Abs. 2 Nr. 1 AO (wirtschaftliches Eigentum) zuzurechnen. Im Zeitpunkt der Schenkung ist das Grundstück fremdvermietet, in diesen Mietvertrag treten die Eheleute Feist zivilrechtlich ein (vgl. § 571 BGB). Ab dem 01. 03. 2006 erzielen die Eheleute Feist demnach Einkünfte aus Vermietung und Verpachtung nach § 21 Abs. 1 S. 1 Nr. 1 EStG. Ein betrieblicher Bezug zum Einzelunternehmen von Anton Feist besteht zunächst nicht. Zwar könnte Anton Feist die in seinem Eigentum stehende Hälfte des Grundstücks als gewillkürtes Betriebsvermögen behandeln (vgl. R 4.2 Abs. 9 EStR und H 4.2 Abs. 1 [Gewillkürtes Betriebsvermögen] EStH), nach dem Sachverhalt fehlt es jedoch für die Annahme gewillkürten Betriebsvermögens an der insoweit erforderlichen eindeutigen Zuordnung zu seinem Betriebsvermögen, da gewillkürtes Betriebsvermögen nur vorliegt, wenn das Wirtschaftsgut auch in den Büchern des Unternehmens ausgewiesen wird (vgl. R 4.3 EStR), was nach dem Sachverhalt nicht geschehen ist.

Mit der Kündigung des Mietvertrags zum 30. 06. 2006 und der anschließenden Nutzung durch Anton Feist verändert sich die steuerliche Behandlung. Soweit das Grundstück im zivilrechtlichen Eigentum von Anton Feist steht, tritt durch die Nutzungsänderung die zwingende Zuordnung zu seinem Betriebsvermögen ein, es liegt ab 01. 07. 2006 notwendiges Betriebsvermögen vor (vgl. R 4.2 Abs. 7 EStR). Dem Umstand, dass Anton Feist den Vorgang nicht in seiner Buchführung abbildet, mithin das Grundstück entgegen der insoweit eindeutigen Rechtslage nicht in seiner Bilanz ausweist, kommt für die weitere steuerliche Behandlung keine Bedeutung zu. Die auf den 30. 09. 2006 erstellte Schlussbilanz ist falsch und muss berichtigt werden (vgl. § 4 Abs. 2 S. 1 EStG; vgl. H 4.3 Abs. 1 [Unterlassene Bilanzierung] EStH). Da der zukünftige Geschäftspartner von Anton Feist, Rudolf Korn, ohnehin im Zusammenhang mit der Gründung der OHG darauf bestanden hat, dass dieses Grundstück ebenfalls auf die OHG übertragen wird, ist dieser Fehler in der Eröffnungsbilanz der OHG nicht mehr enthalten (vgl. Tz. 2.6). Die Einlage des unbebauten Grundstücks erfolgt nach § 4 Abs. 1 S. 5 EStG i. V. m. § 6 Abs. 1 Nr. 5 S. 1 EStG mit dem Teilwert des Grundstücks (vgl. H 6.12 [Teilwert] EStH). Dieser beträgt nach dem Sachverhalt ganzjährig 80 000 €, wovon die Hälfte (40 000 €) auf den Grundstücksanteil von Anton Feist entfällt. Die Schlussbilanz auf den 30. 09. 2006 muss demnach ein um 40 000 € höheres Kapitalkonto ausweisen, was jedoch auf den laufenden Gewinn (vgl. Tz. 2.2 und Tz. 2.5) keine Auswirkung hat.

2.4 Anmietung von Cordula Feist

Ab dem 01. 07. 2006 nutzt Anton Feist das gesamte unbebaute Grundstück für eigenbetriebliche Zwecke. Sein Eigentumsanteil wird dabei zu notwendigem Betriebsvermögen (vgl. Tz. 2.3). Die Eigentumshälfte von Cordula Feist mietet er an. Das Mietverhältnis zwischen Anton und Cordula Feist unterliegt den Grundsätzen zur Prüfung von Verträgen zwischen nahen Angehörigen (vgl. R 4.8 EStR und R 21.4 EStR). Nach den Sachverhaltsangaben und der Aufgabenstellung ist davon auszugehen, dass das Mietverhältnis grundsätzlich den Anforderungen entspricht. Es wurde bürgerlich-rechtlich wirksam abgeschlossen und entspricht grundsätzlich auch dem Fremdvergleich, da das Mietverhältnis den Konditionen des vorangegangenen Mietverhältnisses mit einem fremden Dritten entspricht (vgl. H 21.4 [Fremdvergleich] EStH). Nach dem Sachverhalt kann auch die Zahlung in das Vermögen von Cordula Feist unterstellt werden. Einzig die vereinbarte Miethöhe entspricht nicht dem zwischen fremden Dritten Üblichen, was allerdings nicht zur vollständigen Nichtanerkennung des Mietverhältnisses führt, sondern zu einer Kürzung der Zahlungen auf ein angemessenes Niveau. Da Cordula Feist die Hälfte des Grundstückes vermietet, kann auch die Miete i. H. der Hälfte der bisherigen Miete als angemessen anerkannt werden, demnach also i. H. v. 375 €. Die überschießenden 375 € stellen Privatentnahmen von Anton Feist dar (1 125 € [3 × 375 €]). Der laufende Gewinn aus Gewerbebetrieb ist daher um 1 125 € zu erhöhen. Auf das Kapitalkonto von Anton Feist hat der Vorgang keine Auswirkung, da sich sowohl der Gewinn als auch die Entnahmen erhöhen und sich dies gegenseitig ausgleicht.

2.5 Endgültiger Gewinn aus Gewerbebetrieb

Der Gewinn aus Gewerbebetrieb ermittelt sich nach Korrektur der überhöhten Mietzahlungen wie folgt:

Gewinn vor Erhöhung (vgl. Tz. 2.2)	82 000 €
zzgl. Minderung Mietausgaben	+ 1 125 €
endgültiger laufender Gewinn	83 125 €
Kapitalkontenentwicklung	
Kapital 31. 12. 2005	30 000 €
abzgl. Entnahmen (+ 1 125 €; vgl. Tz. 2.4)	./. 46 125 €
zzgl. Einlagen	+ 8 000 €
zzgl. laufender Gewinn	+ 83 125 €
Kapital 30. 09. 2006	75 000 €

2.6 Gründung der Feist&Korn OHG

2.6.1 Einbringung durch Anton Feist

Zum 01. 10. 2006 gründen Anton Feist, Cordula Feist und Rudolf Korn die Feist&Korn OHG. Steuerlich liegt für Anton Feist ein Fall des § 24 Abs. 1 UmwStG vor, da er ein Einzelunternehmen mit allen wesentlichen Betriebsgrundlagen (einschließlich des hälftigen unbebauten Grundstücks) in die OHG gegen Gewährung von Gesellschaftsrechten (= 46 % Beteiligungsumfang) einbringt. Nach § 24 Abs. 2 UmwStG steht der aufnehmenden Personengesellschaft ein Bewertungswahlrecht zu, nach dem sie das Vermögen mit einem Wert zwischen dem Buchwert und dem Teilwert ansetzen kann. Für den Einbringenden gilt der Wertansatz bei der Personengesellschaft unter Berücksichtigung etwaiger Ergänzungsbilanzen nach § 24 Abs. 3 S. 1 UmwStG als Veräußerungspreis i. S. d. § 16 EStG. Ist der bei der Personengesellschaft angesetzte Wert höher als das Kapitalkonto des Einbringenden im Einzelunternehmen ergibt sich ein Veräußerungsgewinn. Für Anton Feist ergibt sich demnach kein Veräußerungsgewinn, die Einbringung erfolgt zum Buchwert und damit erfolgsneutral. Nach dem für die Einbringung erstellten Wertgutachten beträgt der Unternehmenswert 420 000 €. Dieser Wert entspricht dabei nicht den stillen Reserven, sondern berücksichtigt auch die in der Bilanz ausgewiesenen Verbindlichkeiten, die ebenfalls auf die OHG übergehen. Da der Sachverhalt keinen Anlass zu Zweifeln an der Richtigkeit des Wertgutachtens zulässt, sind im Einzelunternehmen von Anton Feist 345 000 € stille Reserven enthalten (Unternehmenswert 420 000 € ./. Kapitalkonto 75 000 €). Diese stillen Reserven werden in einer negativen Ergänzungsbilanz für Anton Feist »wegergänzt«, so dass sich keine Differenz zwischen dem in der Bilanz der OHG ausgewiesenen Kapital (einschließlich der Ergänzungsbilanz) für Anton Feist und dem Kapitalkonto des Einzelunternehmens ergibt. Der tatsächlich um 40 000 € höhere Ausweis in der Bilanz der OHG ändert daran nichts, da er lediglich die in der Schlussbilanz von Anton Feist durchzuführende Bilanzberichtigung umsetzt. Nach dem Verlangen von Rudolf Korn muss auch das unbebaute Grundstück in das Vermögen der OHG übertragen werden, was offenkundig geschehen ist. Aus der Sicht von Anton Korn gehört die Hälfte des unbebauten Grundstücks zu seinem Betriebsvermögen (vgl. Tz. 2.3), auch wenn er es in der Schlussbilanz nicht ausgewiesen hat. Steuerlich erfüllt Anton Feist daher lediglich die Verpflichtung, ein komplettes Unternehmen in die OHG einzubringen, ob das Grundstück auch eine funktional wesentliche Betriebsgrundlage ist, kann dahingestellt bleiben. In einer zutreffenden Schlussbilanz wäre das Kapitalkonto von Anton Feist um 40 000 € höher auszuweisen, der Unternehmenswert würde um 40 000 € steigen, da das bisherige Wertgutachten nach dem Sachverhalt nur die in der vorliegenden Bilanz enthaltenen

Wirtschaftsgüter berücksichtigt. Stille Reserven sind in dem Grundstück keine enthalten, bereits die Einlage hat mit dem Teilwert zu erfolgen. Weist die OHG Anton Feist ein Kapitalkonto i. H. v. 460 000 € zu, ergibt sich folgende Berechnung:

Kapitalkonto bei der OHG (= Veräußerungspreis)	460 000 €
abzgl. Kapitalkonto Einzelunternehmen (= 75 000 € + 40 000 €)	./. 115 000 €
abzgl. Ergänzungskapital	./. 345 000 €
Gewinn/Verlust	0 €

Neben der Einbringung seines Einzelunternehmens verwirklicht Anton Feist ein privates Veräußerungsgeschäft nach § 23 Abs. 1 S. 5 Nr. 1 EStG (vgl. Tz. 4).

2.6.2 Einbringung durch Cordula Feist

Cordula Feist erwirbt gegen die Übertragung ihrer Hälfte an dem unbebauten Grundstück eine Beteiligung i. H. v. 4 % am Gesellschaftsvermögen. Entgegen der Darstellung in den in diesem Zusammenhang erstellten Bilanzen, insbesondere in der für Cordula Feist erstellten Ergänzungsbilanz, liegt für Cordula Feist kein Fall des § 24 UmwStG vor. Für sie kann steuerlich keine Ergänzungsbilanz erstellt werden, da das von ihr eingebrachte Vermögen aus dem steuerlichen Privatvermögen stammt. Für sie gelten die Regelungen der BMF-Schreiben vom 29. 03. 2000 (Az: IV C 2 – S 2178 – 4/00, BStBl I 2000, 462) und vom 26. 11. 2004 (Az: IV B 2 – S 2178 – 2/04, BStBl I 2004, 1 190), es handelt sich demnach um einen tauschähnlichen Vorgang, der zur Verwirklichung eines privaten Veräußerungsgeschäfts führt (vgl. Tz. 4).

2.6.3 Laufender Gewinn aus der Feist&Korn OHG

Die OHG ist als Kaufmann nach §§ 1, 6, 238ff. HGB zur Buchführung verpflichtet. Die Buchführungspflicht gilt nach § 140 AO auch für steuerliche Belange. Die OHG hat ihren Gewinn daher nach den §§ 4 Abs. 1 und 5 EStG nach den Grundsätzen des Betriebsvermögensvergleichs durch Bilanzierung zu ermitteln. Steuerlich erzielt die OHG Einkünfte aus Gewerbebetrieb nach § 15 Abs. 1 S. 1 Nr. 1 EStG i. V. m. § 2 Abs. 1 S. 1 Nr. 2 EStG (= Gewinneinkunftsart nach § 2 Abs. 2 Nr. 1 EStG). Es liegt eine Mitunternehmerschaft nach § 15 Abs. 1 S. 1 Nr. 2 EStG vor, das steuerliche Ergebnis ist bei den Gesellschaftern als Mitunternehmer (vgl. H 15.8 Abs. 1 [Allgemeines], [Mitunternehmerinitiative] und [Mitunternehmerrisiko] EStH) der Besteuerung zu unterwerfen. Es ist eine einheitliche und gesonderte Gewinnfeststellung nach §§ 179, 180 AO durchzuführen. Der Gewinnermittlungszeitraum kann bei Eintragung in das Handelsregister vom Kalenderjahr abweichen (vgl. § 4a Abs. 1 S. 2 Nr. 2 EStG), die OHG hat daher zutreffend ein Wirtschaftsjahr vom 01. 10. 2006 bis zum 30. 09. 2007 gewählt (vgl. § 8b S. 1 EStDV, maximal zwölf Monate). Da der Gewinn bei Gewerbetreibenden nach § 4a Abs. 2 Nr. 2 EStG in dem Kalenderjahr der Besteuerung unterliegt, in dem das Wirtschaftsjahr endet, sind für den Veranlagungszeitraum 2006 keine weiteren Folgerungen zu ziehen, insbesondere spielt die Fortentwicklung der Ergänzungsbilanzen noch keine Rolle.

3 Einkünfte aus Vermietung und Verpachtung

3.1 Unbebautes Grundstück in Chemnitz

3.1.1 Allgemeines

Ab der steuerlichen Zurechnung des unbebauten Grundstücks treten die Eheleute Feist zivilrechtlich in den bestehenden Mietvertrag zwischen Berthold Kunz und dessen Mieter ein und verwirklichen steuerlich damit den Tatbestand der Einkünfteerzielung nach § 21 Abs. 1 S. 1 Nr. 1 EStG i. V. m. § 2 Abs. 1 S. 1 Nr. 6 EStG. Die Einkünfteerzielungsabsicht kann bei einer normalen auf Dauer angelegten Vermietung unterstellt werden (vgl. BMF vom 08. 10. 2004, Az: IV C 3 – S 2253 – 91/04, BStBl I 2004, 933, Tz. 4ff.), woran auch die nachfolgende Nutzung zu betrieblichen Zwecken von Anton Feist nichts ändert, zumal Cordula Feist auch im Anschluss daran noch Einkünfte aus Vermietung und Verpachtung erzielt. Die Einkünfteerzielung nach § 21 EStG endet bei Anton Feist durch die betriebliche Nutzung ab 01. 07. 2006, bei Cordula Feist durch die Einbringung in die Feist&Korn OHG am 01. 10. 2006. In der Zeit der gemeinsamen Vermietung (01. 03. – 30. 06. 2006) wird bei zusammenveranlagten Ehegatten regelmäßig auf eine einheitliche und gesonderte Feststellung nach §§ 179, 180 AO verzichtet. Bei den Einkünften aus Vermietung und Verpachtung handelt es sich um eine Überschusseinkunftsart nach § 2 Abs. 2 Nr. 2 EStG, bei der die Einkünfte durch Gegenüberstellung der Einnahmen (§ 8 EStG) und der Werbungskosten (§ 9 EStG) ermittelt werden. Zur Abgrenzung dient § 11 EStG, das Zufluss-Abflussprinzip.

3.1.2 Vermietung bis zum 30. 06. 2006

Da der Sachverhalt keine weitern Angaben enthält, fallen in diesem Zeitraum lediglich Einnahmen nach § 8 Abs. 1 EStG i. H. v. 3 000 € (Monatsmiete 750 € × 4 Monate [März bis Juni 2006]) an. Die Einkünfte sind jeweils hälftig Anton und Cordula Feist zuzurechnen:

Einkünfte Anton Feist	1 500 €
Einkünfte Cordula Feist	1 500 €

3.1.3 Vermietung bis zum 30. 09. 2006

Zur Anerkennung des Mietvertrages zwischen nahen Angehörigen vgl. Tz. 2. 4. Cordula Feist erzielt in der Zeit vom 01. 07. bis zum 30. 09. 2006 für drei Monate Einkünfte aus Vermietung und Verpachtung i. H. v. 1 125 €. Sie vereinnahmt zwar 2 250 € (= Monatsmiete 750 € × 3), davon ist jedoch die Hälfte bei Anton Feist nicht als Betriebsausgaben anzuerkennen, mithin liegen in dieser Höhe bei Cordula Feist keine steuerlich relevanten Mieteinnahmen vor, da die steuerliche Beurteilung bei Anton Feist auch für Cordula Feist die entsprechenden Folgen haben muss (= Korrespondenzprinzip).

Einkünfte Cordula Feist	1 125 €

3.2 Einraum-Eigentumswohnung in Dresden

3.2.1 Allgemeines

Mit der Vermietung der Wohnung erzielt Anton Feist Einkünfte aus Vermietung und Verpachtung nach § 21 Abs. 1 S. 1 Nr. 1 EStG i. V. m. § 2 Abs. 1 S. 1 Nr. 6 EStG. Es handelt sich um eine Überschusseinkunftsart (§ 2 Abs. 2 Nr. 2 EStG), bei der die Einkünfte durch Gegenüberstellung der Einnahmen (§ 8 EStG) und der Werbungskosten (§ 9 EStG) ermittelt werden. Zur Abgrenzung dient das Zufluss-Abflussprinzip des § 11 EStG.

3.2.2 Erwerb der Wohnung

Die Eigentumswohnung wird steuerlich ab dem 01.06.2006 mit Übergang von Nutzen und Lasten nach § 39 Abs. 2 Nr. 1 AO Anton Feist zugerechnet. Die Anschaffungskosten betragen nach dem Sachverhalt 40 000 €. Die im Gesamtkaufpreis enthaltene Instandhaltungsrücklage führt nicht zu Anschaffungskosten der Eigentumswohnung, insoweit übernimmt Anton Feist vom Voreigentümer lediglich den durch dessen Zuführungen entstandenen Vermögenswert (vgl. H 7.3 [Anschaffungskosten] EStH und BFH vom 09.10.1991, Az: II R 20/89, BStBl II 1992, 152 – ergangen zur Bemessungsgrundlage der Grunderwerbsteuer). Steuerlich erwirbt Anton Feist zwei Wirtschaftsgüter, den nicht abnutzbaren Grund und Boden und die eigentliche Wohnung (= Gebäude), die steuerlich ein abnutzbares Wirtschaftsgut darstellt. Die Aufteilung des Kaufpreises erfolgt nach der Verkehrswertmethode (vgl. R 7.3 [Anschaffungskosten] EStH), im vorliegenden Fall entfallen demnach 15 % des Kaufpreises auf den Grund und Boden (= 6 000 €), 85 % (= 34 000 €) auf den Gebäudeanteil.

3.2.3 Fremdvermietung/Einnahmen

Anton Feist tritt zunächst in den bereits bestehenden Mietvertrag mit dem fremden Mieter ein (vgl. § 571 BGB). Das Mietverhältnis endet mit dem 31.08.2006. Die Einnahmen nach § 8 Abs. 1 EStG setzen sich zusammen aus der Kaltmiete und den Nebenkosten (vgl. H 21.2 [Einnahmen] EStH) und betragen demnach monatlich 280 € × 3 Monate (Juni bis August) = 840 €. Durch die Einbehaltung der Mietkaution (vgl. § 551 BGB; = 3 × 250 €) liegen ebenfalls Einnahmen aus Vermietung und Verpachtung vor. Grundsätzlich stellt die Leistung einer Mietkaution noch keine Einnahme aus Vermietung und Verpachtung dar, da die Mittel dem Mieter zuzurechnen sind. Behält der Vermieter diese jedoch im Zusammenhang mit einer Schadensbeseitigung ein, liegen für ihn Einnahmen vor (vgl. BFH vom 11.07.2000, Az: IX R 48/96, BStBl II 2001, 784 – im Zusammenhang mit späterer Eigennutzung).

Mieteinnahmen (840 € + 750 €)   1 590 €

3.2.4 Mietverhältnis mit Sohn Günther

Beim Mietverhältnis mit Sohn Günther handelt es sich um einen Vertrag mit Angehörigen. Derartige Verträge müssen zivilrechtlich wirksam abgeschlossen sein und in Gestaltung und Durchführung einem Fremdvergleich standhalten (vgl. H 21.4 [Fremdvergleich] EStH). Nach der Aufgabenstellung liegt ein zivilrechtlich wirksamer Vertrag vor, was im vorliegenden Fall auch nicht allzu schwierig sein dürfte, da Günther volljährig ist und Verträge formfrei, mithin auch mündlich geschlossen werden können. Aus Nachweisgründen empfiehlt es sich bei Verträgen mit Angehörigen, diese schriftlich abzuschließen, was im Sachverhalt unterstellt werden kann. Der Umstand, dass Günther keine eigenen Einkünfte erzielt, aus denen er die Miete begleichen könnte, ist unschädlich. Auch bei Leistung (hier Verrechnung) aus dem durch die Eltern gewährten Barunterhalt, ist dies nicht rechtsmissbräuchlich (vgl. H 21.4 [Vermietung an Unterhaltsberechtigte] EStH). Eine für die Anerkennung des Mietverhältnisses schädliche Haushaltsgemeinschaft ist dem Sachverhalt nicht zu entnehmen. Aus dem Mietverhältnis mit dem Sohn Günther erzielt Anton Feist demnach Mieteinnahmen i. H. v. 3 × 280 € = 840 €.

Mieteinnahmen   840 €

Anzeichen für eine ggf. nicht vorliegende Einkünfteerzielungsabsicht sind dem Sachverhalt nicht zu entnehmen, es handelt sich um eine normale, auf Dauer angelegte Vermietung (vgl. BMF vom 08.10.2004, Az: IV C 3 – S 2253 – 91/04, BStBl I 2004, 933, Rz. 4ff.)

3.2.5 Werbungskosten

3.2.5.1 Finanzierungsaufwand

Nach § 9 Abs. 1 S. 3 Nr. 1 EStG stellen die Finanzierungskosten der Eigentumswohnung Werbungskosten bei den Einkünften aus Vermietung und Verpachtung dar. Dabei muss zwischen den laufenden Aufwendungen in Form der Zinsen für die Kapitalüberlassung und dem Darlehensabgeld (= Damnum/Disagio) unterschieden werden. Nach dem Sachverhalt beträgt der Auszahlungskurs des Darlehens 96 %, die Bank behält demnach 4 % = 1 440 € als Damnum ein. Das Damnum gilt mit Auszahlung des Darlehens als abgeflossen (vgl. H 11 [Damnum] Nr. 1 EStH). Die Verwaltung erkennt ein Damnum jedoch nur dann als sofort abzugsfähige Werbungskosten an, wenn es als marktüblich zu beurteilen ist, was bei einer Zinsfestschreibung von mindestens fünf Jahren und einem Damnum von höchstens 5 % gegeben sein soll (vgl. BMF vom 20.10.2003, Az: IV C 3 – S 2253a – 48/03, BStBl I 2003, 546, Rz. 15). Dies Voraussetzungen liegen hier vor. Daneben muss die Änderung des § 11 Abs. 2 EStG (EURUmsG vom 09.12.2004 BGBl I 2004, 3310) berücksichtigt werden. Bei einem Damnum liegt nach herrschender Meinung auch eine Vorauszahlung für eine Nutzungsüberlassung nach § 11 Abs. 2 S. 3 EStG vor. Die Verwaltung beanstandet es nicht, wenn die Neuregelung bis auf weiteres nicht auf ein Damnum angewendet wird, sondern stattdessen die oben zitierten Regelungen des BMF-Schreibens vom 20.10.2003 (vgl. BMF vom 15.12.2005, Az: IV C 3 – S 2253a – 19/05, BStBl I 2005, 1052; durch das JStG 2007 wurde in § 11 Abs. 2 S. 4 EStG n. F. das marktübliche Disagio von der Verteilungsregelung nach § 11 Abs. 2 S. 3 EStG ausgenommen. Die Änderung wirkt bereits auf Jahre vor 2007 zurück). Das Damnum führt demnach im vorliegenden Fall zu Werbungskosten i. H. v. 1 440 €.

Werbungskosten 1 440 €

Daneben stellen die Zinszahlungen Werbungskosten bei den Einkünften aus Vermietung und Verpachtung dar. Für die Berechnung sind grundsätzlich Tilgungsleistungen als Minderung der Bemessungsgrundlage zu berücksichtigen, hier wird jedoch erst am Jahresende getilgt, so dass sich keine Verringerung im laufenden Jahr ergibt, sondern erst ab Veranlagungszeitraum 2007. Für die Berücksichtigung der Zinsen als Werbungskosten gilt grundsätzlich das Abflussprinzip nach § 11 Abs. 2 S. 1 EStG. Regelmäßig wiederkehrende Ausgaben sind jedoch dem Jahr der wirtschaftlichen Zugehörigkeit zuzuordnen, sofern sie noch innerhalb eines kurzen Zeitraums von bis zu zehn Tagen nach Ablauf des Veranlagungszeitraums geleistet werden (vgl. H 11 [Kurze Zeit] EStH). Die am 06.01.2007 geleisteten Zinsen für das vierte Quartal 2006 sind daher noch in 2006 als Werbungskosten zu berücksichtigen, obwohl erst in 2007 abgeflossen. Die Zinsen berechnen sich wie folgt:

Darlehensbetrag 36 000 € × 5 % : 12 × 7 = 1 050 €

3.2.5.2 Reparaturaufwendungen

Die Beseitigung der durch den Mieter verursachten Schäden führt zu Werbungskosten nach § 9 Abs. 1 S. 1 EStG. Im Gegenzug ist die einbehaltene Kaution als Einnahme zu behandeln (vgl. Tz. 3.2.3). Da die Vermietung umsatzsteuerrechtlich einen steuerfreien Umsatz darstellt (vgl. § 4 Nr. 12 Buchst. a UStG), für den eine Option nach § 9 Abs. 1 UStG ausgeschlossen ist, kann Anton Feist die in den Reparaturkosten enthaltene Umsatzsteuer nach § 15 Abs. 2 Nr. 1 UStG nicht als Vorsteuer abziehen, diese erhöht damit die Aufwendungen, die bei den Werbungskosten brutto anzusetzen sind:

Werbungskosten   2 320 €

§ 6 Abs. 1 Nr. 1 Buchst. a EStG ist im vorliegenden Fall nicht einschlägig.

Aus dem Umstand, dass Anton Feist die Beitreibung auf Anraten seines Anwalts eingestellt hat, ergeben sich keine weitern steuerlichen Folgerungen, insbesondere schließt dies nicht die Anerkennung der Reparaturaufwendungen als Werbungskosten aus.

3.2.5.3 Zuführungen zur Instandhaltungsrücklage

Die monatlichen Zuführungen zur Instandhaltungsrücklage sind erst bei Entnahme und Verwendung der entsprechenden Mittel als Werbungskosten abziehbar (vgl. H 21.2 [Werbungskosten] EStH).

3.2.5.4 Anwaltskosten

Die Aufwendungen für den Rechtsanwalt im Zusammenhang mit den durch den Vormieter entstandenen Schäden stellen Werbungskosten nach § 9 Abs. 1 S. 1 EStG dar, da die Zahlungen des Mieters für den Erfolgsfall zu Einnahmen aus Vermietung und Verpachtung geführt hätten. Der Abzug erfolgt brutto, einschließlich Umsatzsteuer.

Werbungskosten   980 €

3.2.5.5 Absetzung für Abnutzung

Die Absetzung für Abnutzung für den Gebäudeanteil (hier 85 % = 34 000 €) stellt ebenfalls Werbungskosten nach § 9 Abs. 1 S. 3 Nr. 7 EStG dar. Die Bemessungsgrundlage für die Absetzung für Abnutzung sind die Anschaffungskosten (vgl. R 7.3 Abs. 1 EStR). Nach dem Sachverhalt kann nicht von einer degressiven Gebäudeabschreibung nach § 7 Abs. 5 EStG ausgegangen werden, die Absetzung für Abnutzung berechnet sich daher anhand eines Abschreibungssatzes von 2 % jährlich nach § 7 Abs. 4 S. 1 Nr. 2 Buchst. a EStG. Die Absetzung ist zeitanteilig vom Zeitpunkt der Zurechnung (01. 06. 2006) bis zum Ende des Veranlagungszeitraums mit 7/12 vorzunehmen (vgl. § 7 Abs. 1 S. 4 EStG i. V. m. § 7 Abs. 5a EStG).

Berechnung der Absetzung für Abnutzung
BMG   34 000 € × 2 % × 7/12 =   396 € (gerundet)

3.2.6 Zusammenfassung der Einkünfte

Aus der Eigentumswohnung erzielt Anton Feist Werbungskosten i. H. v.:

Einnahmen	
• Fremdvermietung	1 590 €
• Vermietung an Günther Feist	+ 840 €
Werbungskosten	
• Disagio	./. 1 440 €
• Zinsen	./. 1 050 €
• Reparaturaufwendungen	./. 2 320 €
• Rechtsanwaltskosten	./. 980 €
• Absetzung für Abnutzung	./. 396 €
Einkünfte	./. 3 756 €

3.3 Zweifamilienhaus in Chemnitz

3.3.1 Erwerb des Zweifamilienhauses

Die Vermögensübertragung zwischen Hildegard Feist und ihrem Sohn Anton findet innerhalb eines sog. Generationennachfolge-Verbundes statt, Anton Feist wäre als Abkömmling in gerader Linie auch erbberechtigt. Die steuerliche Behandlung des Sachverhalts ergibt sich im Wesentlichen aus dem BMF-Schreiben vom 16.09.2004 (Az: IV C 3 – S 2255 – 354/04, BStBl I 2004, 922) und der diesem zugrunde liegenden Rechtsprechung des Bundesfinanzhofs. Es ist zu prüfen, ob es sich bei der Vermögensübertragung um ein entgeltliches Geschäft oder eine Vermögensübertragung gegen Versorgungsleistungen (wiederkehrende Leistungen) handelt. In letzterem Fall geht das übertragene Vermögen steuerlich unentgeltlich auf den Übernehmer über, die Versorgungsleistungen stellen hingegen Sonderausgaben nach § 10 Abs. 1 Nr. 1 Buchst. a EStG dar. Die Grundvoraussetzungen für eine Vermögensübertragung gegen Versorgungsleistungen, nämlich das Vorliegen sowohl eines begünstigten Vermögensempfängers (= Sohn) als auch eines begünstigten Empfängers der Versorgungsleistungen sind gegeben (= Mutter; vgl. BMF vom 16.09.2004, a.a.O., Rz. 35, 36). Auch der Versorgungsvertrag entspricht den Anforderungen (vgl. Aufgabenstellung und BMF vom 16.09.2004, a.a.O., Rz. 37). Weiterhin muss das übergebene Vermögen eine existenzsichernde und ertragbringende Wirtschaftseinheit darstellen, da es grundsätzlich möglich sein muss, aus den mit dem übergebenen Vermögen erwirtschafteten Erträgen die Versorgungsleistungen zu erbringen (vgl. BMF vom 16.09.2004, a.a.O., Rz. 7). Ein Zweifamilienhaus ist als existenzsichernde Wirtschaftseinheit generell geeignet (vgl. BMF vom 16.09.2004, a.a.O., Rz. 10). Ausreichend ertragbringend ist die Wirtschaftseinheit, wenn nach überschlägiger Berechnung die wiederkehrenden Leistungen nicht höher sind als der langfristig aus dem übergebenen Vermögen erzielbare Ertrag. Dabei ist von einer steuerliche relevanten Nutzung auszugehen (vgl. BMF vom 16.09.2004, a.a.O., Rz. 19, 20), die auf der Grundlage der steuerlichen Einkünfte ermittelten Erträge sind um die Absetzung für Abnutzung zu erhöhen (vgl. BMF vom 16.09.2004, a.a.O., Rz. 24). Als Besonderheit gilt es zu beachten, dass ein Nutzungsvorteil durch Eigennutzung (= ersparte Nettomiete; ortsübliche Kaltmiete) als Ertrag aus dem übernommenen Vermögen zählt (vgl. BMF vom 16.09.2004, a.a.O., Rz. 21). Der erzielbare Ertrag muss zum Zeitpunkt der Vermögensübertragung ausreichend hoch sein. Nach Verwaltungsauffassung werden zur Überprüfung grundsätzlich rückblickend die der Vermögensübertragung vorangegangenen drei Jahre herangezogen. Da im vorliegenden Fall bisher keine einkünfterelevante Nutzung stattgefunden hat, kann die Ertragsprognose auch in die Zukunft gerichtet erstellt werden, zumal auch die Versorgungsleistungen erst aus den zukünftigen Erträgen zu erbringen sind (vgl. BMF vom 16.09.2004, a.a.O., Rz. 25). Anhand der vorliegenden Daten kann nur ein einfacher Vergleich anhand der Erträge (brutto – es sind keine weiteren Aufwendungen angegeben, die Abschreibung müsste zugerechnet werden) und der Jahresleistung der wiederkehrenden Leistungen gezogen werden:

Mieterträge 400 € × 12 =	4 800 €
Eigennutzung 600 € × 12 =	7 200 €[1]
Summe	12 000 €
Jahresleistung 700 € × 12 =	8 400 €

Die durchschnittlich erzielbaren Erträge reichen aus, um die wiederkehrende Leistungen zu erbringen. Es liegt eine Vermögensübergabe gegen Versorgungsleistungen vor. Das Grundstück geht unentgeltlich auf Anton Feist über, er tritt nach § 11d EStDV in die Rechtsstellung seiner Mutter ein, die wiederkehrenden Leistungen stellen für ihn Sonderausgaben nach § 10 Abs. 1 Nr. 1 Buchst. a EStG dar. Da es in der Natur eines Versorgungsvertrags liegt, dass sich die Höhe der Leistungen an den Bedürfnissen des Empfängers und an der Leistungsfähigkeit des Leistenden orientieren, sind die Leistungen grundsätzlich abänderbar, was dazu führt, dass Anton Feist die Aufwendungen in voller Höhe als Sonderausgaben abziehen kann, seine Mutter die Leistungen dementsprechend in voller Höhe nach § 22 EStG zu versteuern hat (= Korrespondenzprinzip). Die Bezeichnung als Rente ändert daran nichts. Eine Leibrente mit der Folge, dass nur die Ertragsanteile zu Sonderausgaben und steuerpflichtigen Einkünften führen würden, liegt nicht vor, da es dazu des ausdrücklichen Ausschlusses der Abänderbarkeit im Vertrag bedurft hätte (vgl. BMF vom 16.09.2004, a.a.O., Rz. 48).

Sonderausgaben nach § 10 Abs. 1 Nr. 1 Buchst. a EStG 2006 700 € × 8 Monate =	5 600 €

Dadurch, dass die nachhaltigen künftigen Erträge ausreichend hoch sind und deswegen eine Vermögensübertragung gegen Versorgungsleistungen vorliegt, erübrigt sich die Prüfung eines ggf. entgeltlichen oder teilentgeltlichen Rechtsgeschäfts, bei dem die Höhe des Barwerts (hier: Jahresleistung 8 400 € × Vervielfältiger 7,271 [vgl. Anlage 9 zum BewG] = 61 076 €) der wiederkehrenden Leistungen im Verhältnis zum Verkehrswert (300 000 € lt. Sachverhalt) des übertragenen Vermögens eine Rolle spielen würde (vgl. BMF vom 16.09.2004, a.a.O., Rz. 50ff.). Erst wenn festgestellt wird, dass die Erträge nicht ausreichen, die wiederkehrenden Leistungen zu erbringen, sind die Regelungen in Abschnitt C des BMF-Schreibens vom 16.09.2004 anzuwenden (vgl. BMF vom 16.09.2004, a.a.O., Rz. 7).

3.3.2 Einkünfte aus Vermietung und Verpachtung

Auch wenn für die Prüfung der Vermögensübertragung gegen Versorgungsleistung die ersparte Kaltmiete als Nutzungsvorteil zu den Erträgen zählt, liegt steuerlich durch die Eigennutzung der Wohnung keine Einkünfteerzielung im Sinne des § 21 EStG vor (=

---

[1] Die Miete für die Eigennutzung errechnet sich aus der Miete für die vermietete Wohnung, bei der für 80 qm 400 €, also 5 € pro qm gezahlt werden. Bezogen auf die eigengenutzte Wohnung entspricht dies einer Miete von 120 qm × 5 € = 600 €.

Konsumgutlösung seit 1987). Einkünfte aus Vermietung und Verpachtung erzielt Anton Feist nur hinsichtlich der an seine Mutter vermieteten Wohnung. Der Umstand, dass Hildegard Feist die Wohnung vor der Vermietung unentgeltlich bzw. gegen Versorgungsleistungen auf Anton Feist übertragen hat führt nicht zur Anwendung des § 42 AO auf das Mietverhältnis (vgl. H 21.4 [Vermietung an Angehörige nach Grundstücksübertragung] EStH). Nach der ständigen Rechtsprechung des Bundesfinanzhofs steht es Angehörigen frei, ihre steuerlichen Verhältnisse so günstig wie möglich zu gestalten. Zudem stellen die Übertragung einerseits und die Vermietung andererseits zwei getrennte Rechtsgeschäfte dar. Die Voraussetzungen der Anerkennung von Verträgen zwischen Angehörigen nach H. 21.4 [Fremdvergleich] EStH liegen gemäß der Aufgabenstellung hinsichtlich des Mietvertrags vor, da er schriftlich geschlossen, tatsächlich durchgeführt und der Miethöhe nach angemessen ist. Anton Feist erzielt demnach durch die Vermietung an seine Mutter ab dem 01.05.2006 Einkünfte aus Vermietung und Verpachtung nach § 21 Abs. 1 S. 1 Nr. 1 EStG (vgl. auch 3.2.1 Allgemeines). An Einnahmen sind die 400 € Miete × 8 Monate = 3 200 € anzusetzen.

Einnahmen 3 200 €

An Werbungskosten fallen nach dem Sachverhalt lediglich die Absetzung für Abnutzung an (§ 9 Abs. 1 S. 3 Nr. 7 EStG). Nach § 11d Abs. 1 EStDV tritt Anton Feist in die Rechtsposition seiner Mutter und damit in deren Bemessungsgrundlage ein, nach dem Sachverhalt sind dies 100 000 €. Allerdings stellen die 100 000 € die gesamten Anschaffungskosten des Gebäudes dar, Anton Feist vermietet aber nur die Wohnung im Obergeschoss, so dass die Bemessungsgrundlage noch auf die entsprechende Nutzfläche umzurechnen ist (Gesamtnutzfläche 200 qm, davon vermietet 80 qm = 40 %). Da das Gebäude zuvor durch die Eltern zu eigenen Wohnzwecken genutzt wurde, liegt gleichzeitig auch der Fall der erstmaligen einkünfterelevanten Nutzung vor, die weitere Absetzung für Abnutzung bestimmt sich nach § 7 Abs. 4 S. 1 Nr. 2 Buchst. a EStG, da hinsichtlich der ggf. bestehenden Möglichkeit nach § 7 Abs. 5 EStG zu rechnen keine Angaben enthalten sind und zudem bei einem Erwerb in 1992 aktuell die lineare Gebäudeabschreibung regelmäßig nicht ungünstiger sein dürfte (vgl. R 7.4 Abs. 10 Nr. 2 S. 3, 4 EStG und H 7.4 [AfA nach Einlage, Entnahme oder Nutzungsänderung oder nach Übergang zur Buchführung] 1. Beispiel EStH). Die Absetzung für Abnutzung ist in 2006 zeitanteilig für den Zeitraum vom 01.05.2006 bis zum 31.12.2006 zu ermitteln (vgl. § 7 Abs. 1 S. 4 EStG; R 7.4 Abs. 2 S. 2 EStR sinngemäß).

Berechnung der Abschreibung
BMG 100 000 € × 40 % × 2 % × 8/12 = 533 € (gerundet)

Für zukünftige Veranlagungszeiträume ist das Abschreibungsvolumen für die Zeit der Eigennutzung durch die Eltern steuerlich verloren und kann nicht nochmals geltend gemacht werden (vgl. R 7.4 Abs. 10 Nr. 2 S. 4 EStR).

3.3.3 Ermittlung der Einkünfte

Aus der Vermietung der Wohnung im Obergeschoss erzielt Anton Feist Einkünfte aus Vermietung und Verpachtung i. H. v.:

Einnahmen	3 200 €
Werbungskosten	
• Absetzung für Abnutzung	./. 533 €
Einkünfte	2 667 €

3.4 Zusammenfassung der Einkünfte aus Vermietung und Verpachtung

Das Ehepaar Feist erzielt aus Vermietung und Verpachtung die folgenden Einkünfte:

Anton Feist

• Vermietung unbebautes Grundstück (Tz. 3.1)	+ 1 500 €
• Vermietung der Eigentumswohnung (Tz. 3.2)	./. 3 756 €[1]
• Vermietung des Zweifamilienhauses (Tz. 3.3)	+ 2 667 €
Einkünfte	411 €

Cordula Feist

• Vermietung unbebautes Grundstück (Tz. 3.1)	1 500 €
• Vermietung unbebautes Grundstück (Tz. 3.1)	1 125 €
Einkünfte	2 625 €

4 Private Veräußerungsgeschäfte

4.1 Allgemeines

Mit der Schenkung durch Berthold Kunz geht das zivilrechtliche Eigentum an dem unbebauten Grundstück im Wege der Einzelrechtsnachfolge auf das Ehepaar Feist über. Steuerlich handelt es sich um einen unentgeltlichen Erwerb, durch den die Anschaffung des Grundstücks durch den Rechtsvorgänger dem Einzelrechtsnachfolger nach § 23 Abs. 1 S. 3 EStG zugerechnet wird. Das Ehepaar Feist tritt demnach in die Rechtsposition von Berthold Kunz für die Anwendung des § 23 EStG ein. Da die Frist des § 23 Abs. 1 S. 1 Nr. 1 EStG von zehn Jahren im Moment der Übertragung noch nicht abgelaufen ist (Erwerb durch Berthold Kunz im Jahr 2000), ist für den weiteren Fortgang zu prüfen, welche Auswirkungen die Einlage in das Einzelunternehmen von Anton Feist sowie die späteren Übertragungen auf die OHG haben.

4.2 Behandlung bei Anton Feist

Nach § 23 Abs. 1 S. 5 Nr. 1 EStG gilt für die Anwendung der Norm die Einlage eines Wirtschaftsguts in das Betriebsvermögen als Veräußerung, wenn das Wirtschaftsgut innerhalb eines Zeitraums von zehn Jahren seit der Anschaffung aus dem Betriebsvermögen heraus veräußert wird. Durch die Nutzung ab 01. 07. 2006 als Lagerplatz für das Einzelunternehmen von Anton Feist wird die ihm gehörende Hälfte des Grundstücks zu notwendigem Betriebsvermögen, es erfolgt somit eine Einlage (vgl. Tz. 2.3). Im Hintergrund läuft die Frist des § 23 Abs. 1 S. 1 Nr. 1 EStG (Fristbeginn bei Erwerb durch den Rechtsvorgänger Berthold Kunz) verdeckt weiter. Nach Verwaltungsauffassung stellt die Übertragung des Grundstücks zusammen mit dem restlichen Betriebsvermögen in das Gesamthandsvermögen einer Personengesellschaft gegen Gewährung von Gesellschaftsrechten eine Veräußerung im Sinne des § 23 Abs. 1 S. 5 Nr. 1 EStG dar (vgl. BMF vom 05. 10. 2000, Az: IV C 3 – S 2256 – 263/00, BStBl I 2000, 1383, Tz. 4 Nr. 3). Dabei ist zu beachten, dass für die Übertragung des Betriebsvermögens die Regelungen des § 24 UmwStG die Erfolgsneutralität ermöglichen (vgl. Tz. 2.6), zusätzlich jedoch ein privates Veräußerungsgeschäft verwirklicht wird. Der Gewinn aus diesem privaten Veräußerungsgeschäft ermittelt sich durch Gegenüberstellung des Einlage-

---

[1] Bei Anton Feist findet unterhalb der verschiedenen Einkunftsquellen des § 21 EStG ein horizontaler Verlustausgleich nach § 2 Abs. 3 EStG statt.

werts (in das Einzelunternehmen) nach § 23 Abs. 3 S. 2 EStG und den ursprünglichen Anschaffungskosten bei Berthold Kunz (§ 23 Abs. 1 S. 3 EStG), für Anton Kunz demnach:

Veräußerungspreis	40 000 €
abzgl. Anschaffungskosten (= Hälfte der Anschaffungskosten von Berthold Kunz)	./. 27 500 €
Veräußerungsgewinn	12 500 €

Der Veräußerungsgewinn liegt über der Freigrenze des § 23 Abs. 3 S. 6 EStG und ist somit steuerpflichtig.

4.3 Behandlung bei Cordula Feist

Für Cordula Feist bleibt das Grundstück auch ab Juli 2006 weiterhin Privatvermögen. Zum 01. 10. 2006 bringt sie es gegen Gewährung von Gesellschaftsrechten in die OHG ein. Die Einbringung gegen Gesellschaftsrechte aus dem Privatvermögen stellt grundsätzlich einen Veräußerungstatbestand, einen tauschähnlichen Vorgang, dar (vgl. BMF vom 29. 03. 2000, Az: IV C 2 – S 2178 – 4/00, BStBl I 2000, 462 unter II. 1. Buchst. a). Nach dem Sachverhalt wurde die Einlage auf dem für die gesellschaftsrechtliche Beteiligung maßgeblichen Kapitalkonto verbucht, so dass auch sicher ist, dass die Einbringung gegen Gesellschaftsrechte erfolgte (vgl. BMF vom 26. 11. 2004, Az: IV B 2 – S 2178 – 2/04, BStBl I 2004, 1190 unter 1. Buchst. a) Kapitalkonto I). Als Veräußerungspreis ist der gemeine Wert der erhaltenen Anteile anzusetzen, als Anschaffungskosten sind diejenigen des Rechtsvorgängers heranzuziehen (§ 23 Abs. 1 S. 3 EStG):

Veräußerungspreis	40 000 €
abzgl. Anschaffungskosten (= Hälfte der Anschaffungskosten von Berthold Kunz)	./. 27 500 €
Veräußerungsgewinn	12 500 €

Der Veräußerungsgewinn liegt über der Freigrenze des § 23 Abs. 3 S. 6 EStG und ist somit steuerpflichtig.

5 Gesamtbetrag der Einkünfte

Der Gesamtbetrag der Einkünfte ermittelt sich nach § 2 Abs. 3 EStG wie folgt:

Einkünfte Anton Feist	
• laufende Einkünfte aus Gewerbebetrieb	83 125 €
• Einkünfte aus Vermietung und Verpachtung	411 €
• Einkünfte aus privatem Veräußerungsgeschäft	12 500 €
Summe der Einkünfte	96 036 €
Einkünfte Cordula Feist	
• Einkünfte aus Vermietung und Verpachtung	2 625 €
• Einkünfte aus privatem Veräußerungsgeschäft	12 500 €
Summe der Einkünfte	15 125 €

Gesamtbetrag der Einkünfte
Summe der Einkünfte Anton Feist   96 036 €
Summe der Einkünfte Cordula Feist   15 125 €

Gesamtbetrag der Einkünfte   111 161 €

V. Punktetabelle

			Punkte
1		Persönliche Verhältnisse	
1.1		Allgemeines	1
1.2		Kinderanerkennung	
		Prüfung Anerkennung Sohn Günther	1
		Beurteilung Höhe der Einkünfte Günther	1
2		Einzelunternehmen Anton Feist	
2.1		Allgemeines	1
2.2		Laufender Gewinn 2006	1
2.3		Grundstückserwerb	1
2.4		Anmietung von Cordula Feist	1
2.5		Endgültiger Gewinn aus Gewerbebetrieb	1
2.6		Gründung der Feist & Korn OHG	1
2.6.1		Einbringung durch Anton Feist	
		Prüfung der Einbringungsvoraussetzungen	1
		Keine Auswirkungen durch den Bilanzfehler im Einzelunternehmen; richtige Eröffnungsbilanz der OHG	1
2.6.2		Einbringung durch Cordula Feist	1
2.6.3		Laufender Gewinn aus der Feist & Korn OHG	1
3		Einkünfte aus Vermietung und Verpachtung	
3.1		Unbebautes Grundstück in Chemnitz	

			Punkte
3.1.1		Allgemeines	1
3.1.2		Vermietung bis zum 30.06.2006	1
3.1.3		Vermietung bis zum 30.09.2006	1
3.2		Einraum-Eigentumswohnung in Dresden	
3.2.1		Allgemeines	1
3.2.2		Erwerb der Wohnung	1
3.2.3		Fremdvermietung/Einnahmen	
		Mieteinnahmen einschließlich Nebenkosten	1
		Mietkaution als Einnahmen	1
3.2.4		Mietverhältnis mit Sohn Günther	
		Prüfung Verträge zwischen nahen Angehörigen	1
		Verrechnung Miete/Unterhalt	1
3.2.5		Werbungskosten	
3.2.5.1		Finanzierungsaufwand	1
3.2.5.2		Reparaturaufwendungen	1
3.2.5.3		Zuführungen zur Instandhaltungsrücklage	1
3.2.5.4		Anwaltskosten	1
3.2.5.5		Absetzung für Abnutzung	1
3.2.6		Zusammenfassung der Einkünfte	
3.3		Zweifamilienhaus in Chemnitz	
3.3.1		Erwerb des Zweifamilienhauses	
		Prüfung der Voraussetzungen der Vermögensübertragung gegen wiederkehrende Leistungen	1
		Eigennutzung als Ertrag und damit unentgeltlicher Übergang	1

			Punkte
3.3.2	Einkünfte aus Vermietung und Verpachtung		1
3.3.3	Ermittlung der Einkünfte		
3.4	Zusammenfassung der Einkünfte aus Vermietung und Verpachtung		
4	Private Veräußerungsgeschäfte		
4.1	Allgemeines		
	Eintritt in die Rechtsposition des Schenkers hinsichtlich der Frist sowie der Anschaffungskosten		1
4.2	Behandlung bei Anton Feist		
	Verdeckter Fristlauf durch Einlage in eigenes Betriebsvermögen		1
	Einbringung als Veräußerungsgeschäft nach § 23 EStG		1
4.3	Behandlung bei Cordula Feist		1
5	Gesamtbetrag der Einkünfte		1
	Summe		35

Klausuraufgabe 8:
Einkünfte aus Gewerbetrieb/private Pkw-Nutzung/ausländische Betriebsstätte/Beteiligung an ausländischer Kapitalgesellschaft und Dividenden/Einkünfteerzielungsabsicht bei Einkünften aus Vermietung und Verpachtung/Finanzierungsaufwendungen einer wesentlichen Beteiligung/Einnahmen aus Mietkaution/ Festgeldanlagen/stille Beteiligung und Verlustausgleich/ haushaltsnahe Dienstleistungen

I. Vorspann

Sie sind Steuerberater und durch Ihre Mandantin Hermine Fuchs mit der Erstellung der Einkommensteuererklärung für 2006 beauftragt. Aus den Ihnen vorliegenden Unterlagen sowie den mit Ihrer Mandantin geführten Gesprächen haben sich die nachfolgenden Sachverhalte ergeben, um deren rechtliche Würdigung Sie gebeten werden.

II. Sachverhalt

1 Persönliche Verhältnisse

Hermine Fuchs (geb.: 06.06.1968) ist ledig und lebt in Bautzen. Sie wohnt in einer angemieteten Wohnung im selben Gebäude, in dem sich auch die Geschäftsräume ihres Unternehmens befinden. Da sie die räumliche Nähe zu ihrem Unternehmen wegen der kurzen Wege als sehr vorteilhaft empfindet und deshalb noch länger dort wohnen bleiben will, ließ Hermine Fuchs im Herbst 2006 ihre Wohnung renovieren. Für Maler- und Tapezierarbeiten berechnete die beauftragte Handwerksfirma am 30.10.2006 einen Betrag i. H. v. 5 995 € brutto, wovon 30 % auf Materialkosten entfielen und den Hermine Fuchs im November 2006 unter Abzug von 3 % Skonto bezahlte.

2 Küchenstudio Spar-Fuchs

2.1 Allgemeines

Hermine Fuchs betreibt seit Jahren in der Innenstadt von Bautzen in angemieteten Geschäftsräumen ein erfolgreiches Küchenstudio mit dem Namen »Spar-Fuchs«. Ihren Gewinn ermittelt sie für das dem Kalenderjahr entsprechende Wirtschaftsjahr durch Betriebsvermögensvergleich. Die auf den Bilanzstichtag 31.12.2006 aufgestellte Bilanz entspricht grundsätzlich den steuerlichen Vorschriften und weist für das gesamte Unternehmen von Hermine Fuchs einen Jahresüberschuss i. H. v. 150 000 € aus. Hinsichtlich der nachstehenden Sachverhalte ist sich Frau Fuchs jedoch nicht sicher über die steuerliche Behandlung.

2.2 Erwerb Pkw

Am 01.04.2006 hat Hermine Fuchs einen Pkw der gehobenen Mittelklasse erworben. Ausschlaggebend für die Wahl des Models war insbesondere der niedrige Treibstoffverbrauch von nur 9 ltr./100 km bei dennoch ausreichendem Komfort. Ausweislich der Rechnung des

Autohauses vom gleichen Datum kostete der Pkw 46 400 € (entspricht dem Listenpreis). Den Rechnungsbetrag überwies Hermine Fuchs zwei Tage später unter Inanspruchnahme von 3 % Skonto und buchte den Pkw in zutreffender Höhe auf ein Bestandskonto der Buchführung ein, wobei sie die in der Rechnung ausgewiesene Umsatzsteuer gesondert erfasste und mit der Umsatzsteuervoranmeldung für April 2006 in voller Höhe als Vorsteuer geltend machte. Der Pkw wird ausschließlich durch Hermine Fuchs genutzt. Die geschäftlichen Fahrten beschränken sich auf gelegentliche Kunden- und Lieferantenbesuche. Auch privat fährt Hermine Fuchs nicht sehr viel, zumal sie im selben Gebäude wohnt, in dem sich auch die Geschäftsräume ihres Unternehmens befinden. Größere Fahrten unternimmt sie regelmäßig nur zu ihrer Mutter, die seit April 2006 in einem Seniorenheim in Dresden lebt. Genaue Aufzeichnungen über die Nutzung des Pkw führt Hermine Fuchs nicht, aus den Geschäftsunterlagen ergibt sich jedoch eine Fahrleistung für betriebliche Fahrten von ca. 1 200 km in 2006. In der Buchführung sind für den Pkw folgende Kosten verbucht worden, Vorsteuern wurden jeweils beansprucht:

Benzinkosten	607,50 € (brutto)
Versicherung	1 200,00 €
Wartung	1 392,00 € (brutto)
Kfz-Steuer	300,00 €

Weitere Aufwendungen wurden im Zusammenhang mit dem Fahrzeug bisher nicht verbucht.

2.3 Filiale in Polen

Angeregt durch die Osterweiterung der EU und in der Hoffnung auf gute Geschäfte eröffnete Hermine Fuchs im August 2004 in angemieteten Ausstellungs- und Verkaufsräumen in Polen eine Filiale mit eigenem Personal. Nach anfänglich guten Umsätzen geriet das Geschäft jedoch schon 2005 in wirtschaftlich schwieriges Fahrwasser und schloss mit einer schwarzen Null ab. In 2006 verschlechterte sich die Situation nochmals, so dass sich per Saldo ein negativer Betriebsbeitrag i. H. v. 35 000 € ergab.

3 Beteiligung an Polska Tourist GmbH

Durch ihre Geschäftstätigkeit in Polen lernte Hermine Fuchs im Jahr 2004 einen dynamischen jungen Mann kennen und lieben. Nachdem die beiden mehrere Ausflüge in seiner Heimat Polen unternommen hatten, kam ihnen die Idee, die Schönheiten des Landes auch anderen zugänglich zu machen. Kurz entschlossen gründeten sie zu gleichen Teilen die Polska Tourist GmbH mit Sitz in Krakau. Nach Erledigung sämtlicher Gründungsformalitäten nahm das Unternehmen seine Geschäftstätigkeit im Mai 2005 auf und tatsächlich, die Idee erwies sich als Glückstreffer. Bereits in ihrem ersten Geschäftsjahr 2005 konnte die Gesellschaft einen so erheblichen Überschuss verbuchen, dass es ihr möglich war auf der Gesellschafterversammlung im Juni 2006 eine Gewinnausschüttung i. H. v. umgerechnet 10 000 € zu beschließen. Nach Abzug der polnischen Steuern i. H. v. 20 % erhielt Hermine Fuchs im August 2006 ihren Anteil überwiesen.

4 Eigentumswohnung in Leipzig

Mit notariellem Vertrag vom 15.03.2006 erwarb Hermine Fuchs von einer Baugesellschaft eine Eigentumswohnung in einem neu errichteten und gerade fertiggestellten Gebäude in Leipzig. Der Übergang von Nutzen und Lasten erfolgte auf den 01.04.2006. Der Kaufpreis i. H. v. 125 000 € entfiel mit 20 % auf den Grund und Boden, ansonsten auf das Gebäude. An weiteren Kosten fielen an Grundbuchgebühren i. H. v. 700 €, Notargebühren i. H. v. 1 000 € brutto sowie die Grunderwerbsteuer. Dem mit der Vermietung beauftragten Makler gelang es bereits zum 01.06.2006 einen Mieter zu finden, mit dem Hermine Fuchs einen Festmietvertrag über fünf Jahre abschloss. Länger wollte sie sich nicht binden, da sie die Wohnung eher als Kapitalanlage betrachtete und diese ggf. auch wieder veräußern würde. Die Monatmiete beträgt 500 € zzgl. Umlagen 75 €. An laufenden Kosten sind Hermine Fuchs ab 01.04.2006 die Zuführungen zur Instandhaltungsrücklage i. H. v. monatlich 150 € sowie andere Kosten i. H. v. monatlich 30 € entstanden. Nach der Halbjahresabrechnung der mit der Verwaltung des Gebäudes beauftragten Verwaltungsgesellschaft sind bis zum 30.09.2006 Zinsen auf die Instandhaltungsrücklage i. H. v. 35 € für Hermine Fuchs angefallen, die dem Bestand vereinbarungsgemäß zugeschlagen wurden. Die zur Finanzierung der Anschaffung erforderlichen Mittel hat Hermine Fuchs durch Auflösung einer Festgeldanlage erlangt. Diese hatte sie in den vergangenen Jahren stückweise durch Entnahmen aus dem Betriebsvermögen angespart. Von Januar bis März 2006 betrug der Kontenstand durchgängig 150 000 €, wovon sie 130 000 € zum 30.03.2006 kündigte. Die Festgeldanlage wurde mit 3,25 % verzinst, die Zinsen jeweils am Monatsende auf das Girokonto von Hermine Fuchs überwiesen. Für Festgeldanlagen bis 30 000 € bezahlt die Bank einen Zinssatz von 2,75 %.

5 Tod des Vaters

Am 08.02.2006 verstarb der Vater von Hermine Fuchs nach kurzer Krankheit plötzlich und unerwartet im Alter von 70 Jahren. Als Erben eingesetzt waren die Mutter von Hermine Fuchs zu 50 % sowie sie und ihre Schwester zu je 25 %. Der Nachlass bestand aus 120 Aktien einer inländischen Aktiengesellschaft mit einem aktuellen Kurswert von 250 €/Aktie, einer Beteiligung im Umfang von 10 % an einer inländischen GmbH, deren Verkehrswert sich auf 80 000 € belief, die jedoch noch mit einem Finanzierungsdarlehen i. H. v. 40 000 € belastet war, einem Bankguthaben i. H. v. 220 000 € sowie einer Eigentumswohnung, bisher bewohnt durch die Eltern, deren Wert 130 000 € betrug und auf der aber ebenfalls noch ein Finanzierungsdarlehen i. H. v. 60 000 € lastete.

Zunächst war keiner der Beteiligten klar, wie mit der durch den unerwarteten Tod des Vaters/Ehemanns entstandenen Situation umzugehen ist. Eine Verständigung über die Nachlassfragen wurde daher erst einmal vertagt. Nachdem sich die Mutter im April einem Seniorenwohnheim in Dresden anvertraut hatte, die Wohnung daher zu einer anderweitigen Nutzung frei geworden und einige Zeit verstrichen war, einigten sich die Erben mit notariellem Vertrag von 20.07.2006 über die Aufteilung des Nachlasses rückwirkend auf den Todestag des Verstorbenen. Nach dem Vertrag übernahm Hermine Fuchs die Aktien und die Beteiligung samt Finanzierungsdarlehen, da alle Beteiligten der Meinung waren, sie als Geschäftsfrau könne damit am ehesten sinnvoll umgehen. Den übrigen Nachlass teilten sich die Mutter und die Schwester, wobei die Schwester die Eigentumswohnung mit dem Finanzierungsdarlehen übernahm. Zusätzlich zahlte die Mutter ihren Töchtern jeweils eine Abstandszahlung i. H. v. 20 000 €, da das von ihr übernommene Vermögen ihren Erbanteil überstieg.

Im September 2006 beschloss die Hauptversammlung der Aktiengesellschaft eine Kapitalerhöhung gegen Einlage im Verhältnis 3:1 mit einer Bezugsfrist von vier Wochen. Unmittelbar vor der Hauptversammlung wurden die Aktien, die der Vater von Hermine Fuchs am

10.01.2006 zu einem Kurs von 220 €/Aktie erworben hatte, mit einem Kurs von 260 €/Aktie notiert. Die Bezugsrechte gingen zunächst mit einem Wert von 15 €/Bezugsrecht in den Handel, der sich bis zum Ablauf der Bezugsfrist auf 16,5 €/Bezugsrecht erhöhte. Mit Ablauf der Bezugsfrist entschloss sich Hermine Fuchs 20 junge Aktien zum Ausgabekurs von 180 €/Aktie zu erwerben und die verbliebenen Bezugsrechte für den letztnotierten Kurswert zu veräußern.

Für das im Zusammenhang mit der Finanzierung der geerbten GmbH-Anteile stehende Darlehen bezahlte Hermine Fuchs in 2006 insgesamt 1 850 € an Zinsen.

6 Sonstiges

Im Herbst 2004 ereilte Hermine Fuchs ein Hilferuf ihres ehemaligen Lebenspartners Michael Tscherbitz, von dem sie sich kurz zuvor getrennt hatte. Herr Tscherbitz betreibt ein Großhandelsunternehmen in Görlitz und war durch erhebliche Forderungsausfälle in eine wirtschaftlich kritische Lage geraten. In seiner Not bat er Hermine Fuchs um finanzielle Hilfe. Ganz Geschäftsfrau erklärte sich Hermine Fuchs bereit, einen Geldbetrag i. H. v. 50 000 € zur Verfügung zu stellen, wollte jedoch für ihr Entgegenkommen nicht nur den marktüblichen Zins, sondern schloss mit Michael Tscherbitz eine Vereinbarung dahingehend, dass ihr zukünftig eine Beteiligung an Gewinn und Verlust von 20 % zustand, Hermine Fuchs jedoch nach außen nicht in Erscheinung treten sollte. Der Vertrag wurde entsprechend formuliert und im Oktober 2004 mit Wirkung auf den 01.11.2004 abgeschlossen, wobei nicht ausdrücklich geregelte Fragen den gesetzlichen Bestimmungen unterliegen sollten. Ende Oktober 2004 überwies Hermine Fuchs den vereinbarten Betrag auf das Geschäftskonto von Michael Tscherbitz. Für das Wirtschaftsjahr 2004/2005 wurde die Bilanz auf den zutreffenden Bilanzstichtag 31.10.2005 durch die wirtschaftlichen Schwierigkeiten verzögert erst im Februar 2006 aufgestellt. Sie wies einen Verlust i. H. v. 220 000 € aus. Bereits die Bilanz für das Wirtschaftsjahr 2005/2006, die im Dezember 2006 aufgestellt wurde, konnte wieder einen Gewinn i. H. v. 90 000 € ausweisen, der auch auf eine weiterhin positive Entwicklung der Geschäfte hoffen lässt. Die auf Hermine Fuchs entfallenden Beträge wurden jeweils mit dem Einlagenkonto verrechnet, weitere Konsequenzen wurden nicht gezogen. Von dem ihr vertraglich zugesicherten Recht, die Richtigkeit der Jahresabschlüsse durch Einsichtnahme in die Bücher zu überprüfen, machte Hermine Fuchs keinen Gebrauch, sie ließ sich jedoch eine abschriftliche Mitteilung des Jahresabschlusses aushändigen.

III. Aufgabe

1. Ermitteln Sie den Gesamtbetrag der Einkünfte für Hermine Fuchs für den Veranlagungszeitraum 2006. Gehen Sie dabei auf Steuerpflicht, Veranlagungsform sowie den Tarif, einschließlich ggf. Tarifbegünstigungen und Steuerermäßigungen ein.
2. Der Gesamtbetrag der Einkünfte soll so niedrig wie möglich gehalten werden, die dafür erforderlichen Anträge gelten als gestellt und genehmigt. Ggf. erforderliche Nachweise gelten als erbracht.
3. Nehmen Sie zu eventuellen Steueranrechnungsbeträgen Stellung! Sofern Kapitalertragsteuer und Solidaritätszuschlag eine Rolle spielen sind diese Werte rechnerisch zu ermitteln und anzugeben.
4. Gehen Sie bei Ihrer Lösung davon aus, dass Zahlungen, sofern nicht ausdrücklich Gegenteiliges aus dem Sachverhalt hervorgeht, grundsätzlich pünktlich erfolgt sind.

5. Sofern Rechnungen von Bedeutung sind, erfüllen diese die Voraussetzungen des § 14 UStG.
6. Im Veranlagungszeitraum 2006 hat der durchschnittliche Treibstoffpreis 1,35 €/ltr. betragen.
7. Verwenden Sie für Ihre Lösung in DBA-Fällen das OECD-Musterabkommen 2003. Zur Prüfung der steuerlichen Behandlung in anderen Staaten gehen Sie davon aus, dass der jeweils betroffene Staat ein dem deutschen Steuerrecht strukturell ähnliches Steuerrecht hat.
8. Auf gewerbesteuerliche Fragestellungen ist nicht einzugehen.
9. Betriebliche Kraftfahrzeuge sollen eine Nutzungsdauer von sechs Jahren haben.
10. Rechenendergebnisse runden Sie bitte auf den nächsten vollen Eurobetrag ab.

IV. Lösung

1 Persönliche Verhältnisse

Hermine Fuchs ist eine natürliche Person (§ 1 BGB) mit Wohnsitz im Inland und damit unbeschränkt persönlich steuerpflichtig nach § 1 Abs. 1 EStG. Die sachliche Steuerpflicht erstreckt sich nach § 2 EStG auf das Welteinkommen (vgl. H 1a [Allgemeines] EStH; Universalitätsprinzip). Für Hermine Fuchs ist eine Einzelveranlagung nach § 25 Abs. 1 EStG durchzuführen, sie muss für den Veranlagungszeitraum 2006 eine Steuererklärung abgeben (vgl. § 25 Abs. 3 S. 1 EStG). Das zu versteuernde Einkommen wird dem Grundtarif nach § 32a Abs. 1 EStG unterworfen. Die Besteuerungsgrundlagen sind für das Kalenderjahr zu ermitteln (vgl. § 2 Abs. 7 S. 2 EStG).

2 Küchenstudio Spar-Fuchs

2.1 Allgemeines

Mit dem Küchenstudio erzielt Hermine Fuchs Einkünfte aus Gewerbebetrieb nach § 15 Abs. 1 S. 1 Nr. 1 EStG i. V. m. § 2 Abs. 1 S. 1 Nr. 2 EStG. Es handelt sich um eine Gewinneinkunftsart nach § 2 Abs. 2 Nr. 1 EStG. Den Gewinn ermittelt Hermine Fuchs zutreffend nach den Grundsätzen des Betriebsvermögensvergleichs mittels Bilanzierung (§§ 4 Abs. 1 und 5 EStG). Das Wirtschaftsjahr entspricht dem Kalenderjahr, der Jahresabschluss ist auf den 31.12. zu erstellen, Gewinn oder Verlust unterliegen der Besteuerung jeweils für das abgelaufenen Kalenderjahr (= Veranlagungszeitraum; vgl. § 4a Abs. 1 S. 2 Nr. 3 und Abs. 2 Nr. 2 EStG). Für das Wirtschaftsjahr 2006 beträgt der in der Bilanz ausgewiesene Gewinn zunächst 150 000 € und soll nach dem Sachverhalt grundsätzlich zutreffend ermittelt sein. Zu untersuchen sind die Gewinnauswirkungen der gesondert dargestellten Sachverhalte.

2.2 Erwerb Pkw

2.2.1 Zuordnung zum Unternehmen

Für die steuerliche Behandlung sind zwei unterschiedliche Bereiche zu prüfen, einerseits die Zuordnung zum ertragsteuerlichen Betriebsvermögen, andererseits die Zuordnung zum umsatzsteuerlichen Unternehmensvermögen und die damit einhergehende Möglichkeit des Vorsteuerabzugs.

2.2.1.1 Ertragsteuerliches Betriebsvermögen

Hinsichtlich der Zuordnung zum ertragsteuerlichen Betriebsvermögen kommt es auf den betrieblichen Nutzungsumfang an. Der Pkw ist ein gemischt genutztes Wirtschaftsgut, da Hermine Fuchs mit ihm auch Privatfahrten durchführt. Übersteigt die betriebliche Nutzung 50 % der Gesamtnutzung, liegt notwendiges Betriebsvermögen vor. Liegt die betriebliche Nutzung zwischen 10 % und 50 %, kann das Fahrzeug als gewillkürtes Betriebsvermögen behandelt werden. Liegt die betriebliche Nutzung unter 10 %, kann das Fahrzeug nur dem Privatvermögen zugeordnet werden (vgl. R 4.2 Abs. 1 S. 4 bis 6 EStR). Im Übungsfall ist zunächst der betriebliche Nutzungsumfang zu ermitteln. Dazu können die Angaben über den Benzinverbrauch sowie die diesbezüglichen Kosten herangezogen werden, um die Gesamtfahrleistung zu ermitteln:

Benzinkosten 2006	607,50 €
Benzinkosten pro ltr. (vgl. Aufgabenstellung)	1,35 €
Benzinverbrauch 2006	450,00 ltr.
Benzinverbrauch auf 100 km	9,00 ltr.
Fahrleistung (450 : 9 × 100)	5 000 km
davon lt. Sachverhalt betrieblich gefahren	1 200 km
betrieblicher Nutzungsanteil	24 %
privater Nutzungsanteil	76 %

Bei einem betrieblichen Nutzungsanteil von 24 % stellt das Fahrzeug kein notwendiges Betriebsvermögen dar, kann jedoch als gewillkürtes Betriebsvermögen behandelt werden. Da Hermine Fuchs den Pkw in ihrer Buchführung erfasst und als Vermögen auf einem Bestandskonto ausgewiesen hat, stellt das Fahrzeug ein Wirtschaftsgut des gewillkürten Betriebsvermögens dar.

2.2.1.2 Umsatzsteuerliches Unternehmensvermögen

Neben dem ertragsteuerlichen Betriebsvermögen ist die Zuordnung des Pkw zum umsatzsteuerlichen Unternehmensvermögen zu prüfen. Dabei ist die Mindestnutzungsgrenze des § 15 Abs. 1 S. 2 UStG i. H. v. 10 % zu beachten. Die Mindestnutzungsgrenze wird im vorliegenden Fall überschritten, eine Zuordnung zum Unternehmen ist daher grundsätzlich möglich. Weiterhin könnte der Pkw dem Unternehmen in vollem Umfang oder nur anteilig im Umfang der unternehmerischen Nutzung zugeordnet werden (vgl. Abschn. 192 Abs. 21 Buchst. c UStR). Ob eine Zuordnung zum Unternehmensvermögen erfolgte, ist anhand von Beweisanzeichen zu würdigen. Die Inanspruchnahme der Vorsteuern aus dem Erwerb ist dabei ein gewichtiges Indiz (vgl. Abschn. 192 Abs. 21 S. 5 UStR und BMF vom 30. 03. 2004, Az: IV B 7 – S 7300 – 24/04, BStBl I 2004, 451). Im vorliegenden Fall hat Hermine Fuchs die Vorsteuern aus dem Erwerb in der Umsatzsteuervoranmeldung für April 2006 in voller Höhe in Anspruch genommen, sie hat damit den Pkw ihrem umsatzsteuerlichen Unternehmen zugeordnet.

2.2.2 Ermittlung der Anschaffungskosten

Ausgangspunkt für die Ermittlung der Anschaffungskosten ist die Rechnung des Autohauses i. H. v. 46 400 €. Da es sich um einen Bruttobetrag einschließlich der Umsatzsteuer handelt, muss diese herausgerechnet werden, Hermine Fuchs ist nach § 15 Abs. 1 UStG zum vollen Vorsteuerabzug berechtigt. Die bisherige diesbezügliche Beschränkung in § 15 Abs. 1b UStG wurde mit Wirkung ab 01.01.2004 durch das StÄndG 2003 aufgehoben. Abzugsfähige Vorsteuern stellen keinen Teil der ertragsteuerlichen Anschaffungskosten dar (vgl. § 9b Abs. 1 EStG). Der in Anspruch genommene Skontobetrag mindert die Anschaffungskosten des Pkw um 3% (vgl. H 6.2 [Skonto] EStH). Die Verbuchung soll nach den Sachverhaltsangaben zutreffend erfolgt sein.

Berechnung der Anschaffungskosten	
Rechnungsbetrag brutto	46 400 €
abzgl. Umsatzsteuer lt. Rechnung	./. 6 400 €
Rechnungsbetrag netto	40 000 €
abzgl. 3%	./. 1 200 €
Anschaffungskosten	38 800 €

2.2.3 Absetzung für Abnutzung

Bei dem Pkw handelt es sich um ein abnutzbares bewegliches Wirtschaftsgut des Anlagevermögens. Die Absetzung für Abnutzung kann wahlweise nach § 7 Abs. 1 EStG (linear) oder nach § 7 Abs. 2 EStG (degressiv) vorgenommen werden (vgl. R 7.4 Abs. 5 S. 1 EStR). Bei linearer Berechnung ergibt sich ein Abschreibungssatz von 16,66% (100 : 6 Jahre betriebsgewöhnliche Nutzungsdauer). Durch das Gesetz zur steuerlichen Förderung von Wachstum und Beschäftigung (Gesetz vom 26.04.2006 BGBl I 2006, 1 091) wurde die degressive Absetzung für Abnutzung für Wirtschaftsgüter, die nach dem 31.12.2005 und vor dem 01.01.2008 angeschafft werden wieder auf das Dreifache der linearen Abschreibung maximal 30% angehoben. Hermine Fuchs fällt zeitlich in diese steuerliche Begünstigung und kann daher den Pkw mit 30% abschreiben (16,66% × 3 = 50%, maximal 30%). Zu beachten ist dabei die Regelung des § 7 Abs. 1 S. 4 EStG, wonach die Absetzung für Abnutzung im Jahr der Anschaffung grundsätzlich zeitanteilig vorzunehmen ist (vgl. § 7 Abs. 2 S. 4 EStG), im Übungsfall demnach ab April 2006 mit 9/12. Die Anschaffungskosten bilden die Bemessungsgrundlage für die Berechnung (vgl. R 7.3 Abs. 1 EStR).

Berechnung der Absetzung für Abnutzung	
Bemessungsgrundlage (vgl. Tz. 2.2.2)	38 800 €
davon 30%	11 640 €
davon 9/12	8 730 €
Bilanzansatz	
Anschaffungskosten	38 800 €
abzgl. AfA	./. 8 730 €
Bilanzansatz	30 070 €

2.2.4 Privatnutzung

Durch die Zuordnung zum Betriebsvermögen werden die laufenden Kosten zunächst in voller Höhe als Betriebsausgaben (vgl. § 4 Abs. 4 EStG) erfasst. Für die private Nutzung muss ein entsprechender Anteil als Privatentnahme gewinnerhöhend (streng genommen: kostenmindernd) erfasst werden. Die Bewertung der Privatentnahme (vgl. § 4 Abs. 1 S. 2 EStG) erfolgt nach § 6 Abs. 1 Nr. 4 S. 2 und 3 EStG. Dabei muss die Neufassung der Vorschrift ab VZ

2006 durch das Gesetz zur Eindämmung missbräuchlicher Steuergestaltungen (Gesetz vom 28.04.2006 BGBl I 2006, 1095) berücksichtigt werden. Nach § 52 Abs. 16 S. 15 EStG ist die Neuregelung erstmals auf Wirtschaftsjahre anzuwenden, die nach dem 31.12.2005 beginnen. Die Ermittlung des privaten Nutzungsanteils nach der sog. 1 %-Methode kann nur noch dann erfolgen, wenn die betriebliche Nutzung des Pkw mehr als 50 % beträgt, mithin notwendiges Betriebsvermögen vorliegt. Diese Voraussetzung erfüllt Hermine Fuchs nach dem Sachverhalt nicht. Als Konsequenz muss der private Nutzungsanteil nach § 6 Abs. 1 Nr. 4 S. 1 EStG ermittelt werden – anhand der tatsächlichen Nutzungsverhältnisse – und beträgt im vorliegenden Fall 76 % der Gesamtkosten, die auf Grund der Zuordnung zum Unternehmen und der damit verbundenen Vorsteuerabzugsberechtigung netto zu ermitteln sind (vgl. BMF vom 07.07.2006, Az: IV B 2 – S 2177 – 44/06/IV A 5 – S 7206 – 7/06, BStBl I 2006, 446).

Ermittlung der Gesamtkosten	
Absetzung für Abnutzung (vgl. Tz. 2.2.3)	8 730,00 €
Benzinkosten (netto)	523,70 €
Versicherung	1 200,00 €
Kfz-Steuer	300,00 €
Wartung (netto)	1 200,00 €
Gesamtkosten	11 953,70 €
Privatanteil 76 %	9 084,81 €
gerundet lt. Aufgabenstellung (= Gewinnauswirkung)	9 084,00 €

Umsatzsteuerrechtlich unterfällt die private Kraftfahrzeugnutzung § 3 Abs. 9a Nr. 1 UStG, es liegt eine einer entgeltlichen Leistung gleichgestellte sonstige Leistung vor (= unentgeltliche Wertabgabe). Die umsatzsteuerliche Bemessungsgrundlage richtet sich nach § 10 Abs. 4 S. 1 Nr. 2 UStG und beinhaltet die ganz oder zum teilweisen Vorsteuerabzug berechtigenden Kosten, die Versicherungsprämie und die Kfz-Steuer scheiden daher aus der Bemessungsgrundlage aus. Die Umsatzsteuer zählt nicht in die Bemessungsgrundlage (vgl. § 10 Abs. 4 S. 2 UStG), die Kosten sind daher netto anzusetzen. Der Umfang der privaten Nutzung ist zu schätzen (vgl. BMF vom 07.07.2006, Az: IV B 2 – S 2177 – 44/06/IV A 5 – S 7206 – 7/06, BStBl I 2006, 446 und BMF vom 27.08.2004, Az: IV B 7 – S 7300 – 70/04, BStBl I 2004, 864), wobei der für ertragsteuerliche Zwecke ermittelte Nutzungsanteil zugrunde zu legen ist, im vorliegenden Fall daher 76 %. Eine Besonderheit gilt für die Berücksichtigung der Anschaffungskosten des Pkw. Durch das EURLUmsG wurde § 10 Abs. 4 S. 1 Nr. 2 UStG um die Sätze 2 und 3 ergänzt, nach denen die Anschaffungskosten in die Bemessungsgrundlage eingehen, nicht jedoch mit den ertragsteuerlichen Abschreibungsbeträgen, sondern auf Grund einer Verteilung auf den Berichtigungszeitraum nach § 15a Abs. 1 UStG. Dieser beträgt für bewegliche Wirtschaftsgüter fünf Jahre. In die Berechnung sind daher die Anschaffungskosten verteilt auf fünf Jahre und beginnend mit der erstmaligen Nutzung des Pkw im April 2006 einzubeziehen mit 5 820 € (= 38 800 € : 5 × 9/12).

Ermittlung der Umsatzsteuer auf die Privatnutzung

Anschaffungskosten	5 820,00 €
Benzinkosten (netto)	523,70 €
Wartung (netto)	1 200,00 €
Gesamtkosten	7 543,70 €
Privatanteil 76 %	5 733,21 €
darauf 16 % Umsatzsteuer (§ 12 Abs. 1 UStG)	917,31 €
gerundet lt. Aufgabenstellung	917,00 €

Die auf die private Nutzung entfallende Umsatzsteuer ist ertragsteuerlich erfolgsneutral zu behandeln, Gewinnauswirkung hat nur der einkommensteuerrechtliche Nutzungsanteil (BS: Privatentnahme an Umsatzsteuer und Erlöse aus Eigenverbrauch).

2.3 Filiale in Polen

2.3.1 Allgemeines

Nach den Sachverhaltsangaben umfasst der Gewinn 2006 das »gesamte« Unternehmen, mithin auch die Betriebsergebnisse der Filiale in Polen. Bei der Filiale handelt es sich nicht um ein getrennt zu beurteilendes Unternehmen, sondern um einen Teil des Einzelunternehmens, eine unselbständige Betriebsstätte. Sollte es sich um ein eigenständiges Unternehmen, insbesondere in einer abweichenden Rechtsform handeln, müsste sich dies aus dem Sachverhalt eindeutig ergeben, was vorliegende nicht der Fall ist. Da Hermine Fuchs unbeschränkt einkommensteuerpflichtig ist, unterliegen ihre Einkünfte nach dem Welteinkommensprinzip in Deutschland der Besteuerung, wobei es grundsätzlich unerheblich ist, ob die Einkünfte im Inland oder im Ausland erzielt werden. Der negative Betriebsbeitrag (Verlust) i. H. v. 35 000 € ist somit zunächst zutreffend im Gesamtergebnis des Einzelunternehmens erfasst und hat dieses gemindert. Für die weitere steuerliche Behandlung ist aber zu beachten, dass einerseits § 2a Abs. 1 S. 1 Nr. 2 EStG den Verlustausgleich ausländischer Betriebsstätten beschränkt, andererseits mit Polen ein DBA besteht (vgl. Gesetz zu dem Abkommen vom 14. 05. 2003 zwischen der Bundesrepublik Deutschland und der Republik Polen zur Vermeidung der Doppelbesteuerung auf dem Gebiet der Steuern vom Einkommen und vom Vermögen vom 15. 09. 2004 BGBl II 2004, 1 304; Anwendung ab 01. 01. 2005). Für die Lösung des Übungsfalls soll jedoch nicht das konkrete DBA, sondern das OECD-Musterabkommen 2003 herangezogen werden. Das neue DBA-Polen entspricht dem OECD-Musterabkommen im Wesentlichen.

2.3.2 DBA-Recht

Die Prüfung eines Sachverhaltes anhand eines DBA setzt zunächst voraus, dass die betreffenden Einkünfte nach nationalem Recht überhaupt besteuert werden können, da sich ansonsten kein Problem der Doppelbesteuerung ergibt. Im Übungsfall ist dies gegeben, da die Betriebsstätte ein unselbständiger Teil des Einzelunternehmens ist und sich die Besteuerung in Deutschland bei unbeschränkter Steuerpflicht nach dem Universalitätsprinzip richtet. Eine Problem der Doppelbesteuerung tritt auf, da die Republik Polen eine dem deutschen Steuerrecht strukturell ähnliches Steuerrecht hat (nach der Aufgabenstellung aber auch in der Wirklichkeit) und daher die in Polen erzielten anteiligen Gewinne als beschränkt steuerpflichtig behandelt. Innerhalb eines DBA ist als Erstes zu prüfen, ob der Steuerpflichtige als Person einzustufen ist, wo er als ansässig im Sinne des DBA gilt und ob eine durch das DBA erfasste Steuer vorliegt. Im Übungsfall wird Hermine Fuchs durch das DBA in ihren steuerlichen Belangen geschützt (vgl. Art. 1 OECD-MA), da sie eine Person im Sinne des DBA ist (vgl. Art. 3 Abs. 1 Buchst. a OECD-MA = natürliche Person) und es um die Ertragsbesteuerung geht, die Gegenstand der meisten DBA ist (vgl. Art. 2 OECD-MA; so auch DBA-Polen). Als ansässig gilt Hermine Fuchs in Deutschland, da sie durch ihren Wohnsitz in Deutschland unbeschränkt steuerpflichtig ist (vgl. Art. 4 Abs. 1 S. 1 OECD-MA) und durch ihre Betriebsstätte in Polen dort lediglich als beschränkt steuerpflichtig behandelt wird (vgl. Art. 4 Abs. 1 S. 2 OECD-MA).

Im nächsten Prüfungsschritt muss festgestellt werden, um welchen Einkunftstatbestand es sich aus der Sicht des DBA-Rechts handelt und welchem Vertragsstaat das DBA die Besteuerungshoheit zuweist. Dabei spielt die Einordnung nach deutschem Steuerrecht nur eine untergeordnete Rolle, da das DBA-Recht nach dem Spezialitätsgrundsatz verfährt und insbesondere die dem deutschen Steuerrecht eigenen Subsidiaritäten so nicht kennt. Im Übungsfall liegen aus der Sicht des DBA-Rechts Unternehmensgewinne vor (vgl. Art. 7 Abs. 1 OECD-MA), bei denen die Besteuerungshoheit grundsätzlich dem Ansässigkeitsstaat zugewiesen wird (= Deutschland), es sei denn, der Steuerpflichtige unterhält im anderen Vertragsstaat (= Polen) eine Betriebsstätte. Der Betriebsstättenbegriff ist im DBA-Recht wiederum gesondert geregelt (vgl. Art. 5 OECD-MA) und entspricht nicht flächendeckend dem des deutschen Steuerrechts (vgl. § 12 AO). Nach der Sachverhaltsdarstellung kann davon ausgegangen werden, dass die Filiale in Polen eine Betriebsstätte auch im DBA-Recht darstellt, da es sich um eine feste Einrichtung handelt (vgl. Art. 5 Abs. 1 OECD-MA) und die Ausnahmen des Art. 5 Abs. 4 OECD-MA nicht einschlägig sind. Für den Fall einer Betriebsstätte weist das OECD-MA die Besteuerungshoheit für die durch die Betriebsstätte erzielten Gewinne grundsätzlich auch dem Staat zu, in dem die Betriebsstätte unterhalten wird (vgl. Art. 7 Abs. 1 S. 2 OECD-MA). Nach Art. 23 A Abs. 1 OECD-MA nimmt der Ansässigkeitsstaat die Gewinne der Betriebsstätte von der Besteuerung aus (= Freistellungsmethode), kann sie jedoch im Rahmen der Steuerprogression berücksichtigen (vgl. Art. 23 A Abs. 3 OECD-MA). Die der Betriebsstätte zuzurechnenden Gewinne sind nach Art. 7 Abs. 2 und 3 OECD-MA so zu ermitteln, als ob es sich um ein eigenständiges Unternehmen handeln würde (vgl. wegen weiterer Einzelheiten BMF vom 24. 12. 1999, Az: IV B 4 – S 1300 – 111/99, BStBl I 1999, 1076 Betriebsstätten-Verwaltungsgrundsätze). Nach den Sachverhaltsangaben entfällt auf die Betriebsstätte in Polen ein zutreffend ermittelter Verlust i. H. v. 35 000 €. Da hierfür die Besteuerungshoheit Polen zugewiesen wird und die Bundesrepublik Deutschland die Freistellungsmethode anwendet bedeutet dies, dass der Verlust die Einkünfte nicht mindern darf und sich diese demnach um 35 000 € erhöhen.

2.3.3 Negative Einkünfte mit Auslandsbezug

Durch die Zuweisung der Besteuerungshoheit an Polen wird der Verlust aus der Betriebsstätte in Deutschland nicht in die Ermittlung der Besteuerungsgrundlagen einbezogen, unterliegt jedoch nach Art. 23 A Abs. 3 OECD-MA in Deutschland dem Progressionsvorbehalt, sofern sich hierfür eine nationale Rechtsvorschrift findet. In § 32b Abs. 1 Nr. 3 EStG hat der deutsche Gesetzgeber diese Möglichkeit grundsätzlich vorgesehen (beachte die partielle Neufassung des § 32b EStG durch das JStG 2007). Dabei ist der Progressionsvorbehalt nicht nur auf positive Einkünfte beschränkt, sondern umfasst auch negative Einkünfte, so wie im vorliegenden Fall den Betriebsstättenverlust. Beachtet werden muss jedoch zusätzlich, dass nach § 2a Abs. 1 S. 1 Nr. 2 EStG Verluste aus im Ausland belegenen gewerblichen Betriebsstätten nicht mit positiven inländischen Einkünften ausgeglichen werden dürfen, eine Beschränkung, die auch auf die Anwendung des Progressionsvorbehalts durchschlägt (strittig aus EU-rechtlichen Gründen, vgl. EuGH, Urteil vom 21. 02. 2006, Rs. C 152/03, Ritter-Coulais, DStR 2006, 362 [Vorlagebeschluss: BFH vom 13. 11. 2002, Az: I R 13/02, BStBl II 2003, 795] – der Klagefall betraf negative Einkünfte aus Vermietung und Verpachtung; eine Reaktion des Gesetzgebers auf die Entscheidung des EuGH steht derzeit noch aus). Nach § 2a Abs. 2 S. 1 EStG greift für die in Polen unterhaltene Betriebsstätte jedoch die grundsätzliche Verlustausgleichsbeschränkung des § 2a Abs. 1 S. 1 Nr. 2 EStG nicht ein, da die Betriebsstätte ausschließlich die Lieferung von Waren zum Gegenstand hat, mithin unschädliche Einkünfte im Sinne der dort genannten Aktivitätsklausel erzielt.

2.4 Ermittlung der Einkünfte aus Gewerbebetrieb

Die Einkünfte aus Gewerbebetrieb sind ausgehend von dem im Sachverhalt genannten Betrag i. H. v. 150 000 € zu ermitteln und um die Gewinnauswirkungen der vorstehenden Sachverhalte zu berichtigen:

vorläufiger Gewinn lt. Sachverhalt	150 000 €
zzgl. Privatnutzung (vgl. Tz. 2.2)	+ 9 084 €
zzgl. Auslandsverlust (vgl. Tz. 2.3)	+ 35 000 €
abzgl. AfA Pkw (vgl. Tz. 2.2.3)	./. 8 730 €
Gewinn aus Gewerbebetrieb	185 354 €

3 Einkünfte aus Kapitalvermögen

3.1 Beteiligung an der Polska Tourist GmbH

3.1.1 Nationale Besteuerung

Hermine Fuchs beteiligt sich an einer ausländischen Kapitalgesellschaft in der Rechtsform einer GmbH. Die durch die ausländische Kapitalgesellschaft in 2006 vorgenommene Gewinnausschüttung stellt nach deutschem Steuerrecht Einkünfte aus Kapitalvermögen nach § 20 Abs. 1 Nr. 1 EStG i. V. m. § 2 Abs. 1 S. 1 Nr. 5 EStG dar. Es handelt sich um eine Überschusseinkunftsart nach § 2 Abs. 2 Nr. 2 EStG, bei der die Einkünfte durch Gegenüberstellung der Einnahmen (§ 8 EStG) und der Werbungskosten § 9 EStG) ermittelt werden. Zur zeitlichen Abgrenzung gilt § 11 EStG, das Zufluss-Abflussprinzip. Die Dividende ist im Veranlagungszeitraum 2006 zugeflossen und zu versteuern.

Auch für Ausschüttungen ausländischer Kapitalgesellschaften gilt das Halbeinkünfteverfahren, die Dividende unterliegt daher nach § 3 Nr. 40 Buchst. d EStG nur zur Hälfte der Besteuerung. Die Höhe der ausländischen Einkünfte ermittelt sich nach deutschem Steuerrecht (vgl. R 34c Abs. 3 S. 3 – 5 EStR im Zusammenhang mit der Steueranrechnung). Grundlage der Besteuerung ist daher nicht der nach Abzug der ausländischen Steuern zugeflossene Auszahlungsbetrag i. H. v. 4 000 €, sondern die Bruttoeinnahmen i. H. v. 5 000 € (10 000 € × 50 % Beteiligungsumfang). Die in Polen einbehaltene Steuer (= 1 000 €) fällt unter § 12 Nr. 3 EStG. Steuerpflichtig sind somit:

Einnahmen 5 000 € × 50 %	2 500 €

3.1.2 DBA-Recht

Da mit der Republik Polen eine DBA besteht (vgl. Tz. 2.3.1), muss auch für die Dividende die Rechtslage nach DBA-Recht geprüft werden. Die allgemeinen Prüfungsschritte entsprechen dabei den in Tz. 2.3.2 dargestellten, das DBA ist demnach aus der Sicht der Ansässigkeit von Hermine Fuchs in Deutschland auszulegen.

Die Dividende erfüllt im DBA-Recht den Einkünftetatbestand des Art. 10 Abs. 1 OECD-MA. Nach dieser Vorschrift kann der Ansässigkeitsstaat die Dividende besteuern, nach Art. 10 Abs. 2 Buchst. b OECD-MA steht dem Ansässigkeitsstaat der ausschüttenden Gesellschaft (= Polen) jedoch ein Quellensteuerrecht i. H. v. 15 % der Dividende zu. In Fällen des Art. 10 OECD-MA regelt Art. 23 A Abs. 2 OECD-MA die Anrechnungsmethode (vgl. a. Art. 23 B Abs. 1 OECD-MA). Die Dividendeneinkünfte werden demnach in Deutschland der Besteuerung unterworfen, d. h., in die Bemessungsgrundlage der Besteuerung aufgenommen, die im Ausland bezahlten Personensteuern werden auf die deutsche Steuer angerechnet.

3.1.3 Steueranrechnung

Die Anrechnung ausländischer Steuern in DBA-Fällen ist nach § 34c Abs. 6 S. 1 EStG grundsätzlich ausgeschlossen. Sieht das jeweilige DBA hingegen die Anrechnung ausdrücklich vor, erfolgt nach § 34c Abs. 6 S. 2 EStG eine Anrechnung der ausländischen Steuer entsprechend § 34c Abs. 1 S. 2 bis 5 EStG (alternativ Abzug bei der Ermittlung der Einkünfte nach § 34c Abs. 2 EStG). Dabei muss allerdings beachtet werden, dass nur die nach dem Abkommen zulässigerweise einbehaltene Quellensteuer auch angerechnet werden kann. Im vorliegenden Fall beschränkt sich die Anrechnung daher auf den zulässigen Quellensteuersatz von 15 % (= 750 €). Die in Polen zu hoch einbehaltene Quellensteuer i. H. v. 250 € (= 5 %) muss sich Hermine Fuchs über einen Erstattungsantrag vom polnischen Fiskus zurückholen (vgl. H 34c Abs. 5 [Anrechnung] EStH). Ob die Steueranrechnung zu einer vollständigen Entlastung führt hängt von der in § 34c Abs. 1 S. 2 EStG geregelten Verhältnisrechnung ab. Die ausländische Steuer wird nicht auf die gesamte Einkommensteuer, sondern nur auf die Steuer angerechnet, die im Verhältnis der ausländischen Einkünfte zur Summe der Einkünfte auf die ausländischen Einkünfte entfällt. Die Höhe der ausländischen Steuer wird dabei nicht durch den Umstand vermindert, dass die betreffenden ausländischen Einkünfte nur zur Hälfte der Besteuerung unterliegen (vgl. R 34c Abs. 2 S. 3 EStR). Für die Anrechnung ist auch der Sparerfreibetrag anteilig zu berücksichtigen (vgl. R 34c Abs. 3 S. 6 EStR und H 34c Abs. 3 [Sparerfreibetrag] EStH). Auswirkungen auf die Höhe der Steueranrechnung hat im vorliegenden Fall auch der Verlust aus der Betriebsstätte in Polen. Einerseits verschiebt sich durch die Freistellung nach DBA-Recht das Verhältnis zwischen inländischen und ausländischen Einkünften, andererseits beeinflusst der Verlust durch den negativen Progressionsvorbehalt die Höhe der Steuer, auf die die ausländische Steuer angerechnet werden kann.

3.2 Instandhaltungsrücklage

Als Beteiligte an der Wohnungseigentümergemeinschaft ist das durch die Zuführung zur Instandhaltungsrücklage gebildete Vermögen Hermine Fuchs anteilig zuzurechnen. Die auf sie entfallenden Zinsen aus der Anlage der Gelder durch die Wohnungseigentümergemeinschaft (bzw. der Verwaltungsgesellschaft im vorliegenden Fall) bei einem Kreditinstitut stellen Einkünfte aus Kapitalvermögen dar, die bei dem jeweiligen Wohnungseigentümer der Besteuerung unterliegen (vgl. R 21. 2. Abs. 2 EStR). Die Kapitalerträge unterliegen der

Kapitalertragsteuer, die einbehaltene Kapitalertragsteuer wird bei den Wohnungseigentümern auf die Einkommensteuer angerechnet (vgl. BMF vom 05.11.2002, Az: IV C 1 – S 2400 – 27/02, BStBl I 2002, 1346, Tz. 39ff. [mit späteren Änderungen durch BMF vom 13.12.2005 BStBl I 2005 1051 und BMF vom 12.02.2006 BStBl I 2006, 101]). Eine einheitliche und gesonderte Feststellung ist regelmäßig nicht durchzuführen, es genügt die Aufteilung durch den Wohnungsverwalter. Für die Anrechnung der Kapitalertragsteuer beim Eigentümer muss er im Besitz einer Ablichtung der Steuerbescheinigung des Kreditinstituts sein (vgl. BMF vom 05.11.2002, Az: IV C 1 – S 2401 – 22/02, BStBl I 2002, 1338, Tz. 43 – 45). Nach der Aufgabenstellung liegen sämtliche für die Besteuerung von Hermine Fuchs erforderlichen Nachweise und Bescheinigungen vor. Bei den angelegten Geldern handelt es sich um eine sonstige Kapitalforderung nach § 20 Abs. 1 Nr. 7 EStG, die nach § 43 Abs. 1 Nr. 7 EStG dem Kapitalertragsteuerabzug unterliegt. Der Zinsabschlag beläuft sich nach § 43a Abs. 1 Nr. 3 EStG auf 30%. Zusätzlich ist der Solidaritätszuschlag mit 5,5% der Kapitalertragsteuer einzubehalten.

Ermittlung der Einnahmen	
Zufluss lt. Verwalterabrechnung (= 68,35 %)	35,00 €
Kapitalertragsteuer (30 %)	15,36 €
SolZ (5,5 % von 30 %)	0,84 €
Einnahmen (§ 8 EStG)	51,20 €
gerundet lt. Aufgabenstellung	51,00 €

Die Steuerabzugsbeträge mindern die Einnahmen nach § 12 Nr. 3 EStG nicht. Sie können nach § 36 Abs. 2 Nr. 2 EStG auf die Einkommensteuer angerechnet werden (für SolZ vgl. § 51a EStG).

3.3 Festgeldanlage

Zur Finanzierung des Erwerbs der Eigentumswohnung hat Hermine Fuchs eine zuvor bestehende Festgeldanlage aufgelöst. Nach dem Sachverhalt sind ihr aus der Festgeldanlage Zinsen zugeflossen, die in Abhängigkeit von der Höhe der Kapitalanlage variieren. Bei der Festgeldanlage handelt es sich um eine sonstige Kapitalforderung nach § 20 Abs. 1 Nr. 7 EStG. Diese unterliegt nach § 43 Abs. 1 S. 1 Nr. 7 EStG i. V. m. § 43a Abs. 1 Nr. 3 EStG einem Zinsabschlag i. H. v. 30%, zusätzlich ist der SolZ i. H. v. 5,5% auf die Kapitalertragsteuer einzubehalten. Zinsen aus sonstigen Kapitalforderungen unterliegen nicht dem Halbeinkünfteverfahren. Die Höhe der Einkünfte aus Kapitalvermögen und der nach § 36 Abs. 2 Nr. 2 EStG (§ 51a EStG für den SolZ) anrechenbaren Steuern errechnet sich wie folgt:

Kontenstand Januar bis März 2006	150 000,00 €
darauf Zinsen 3,25 % Jahreszins	4 875,00 €
Zinsen für 3 Monate	1 218,75 €
Kontenstand April bis Dezember 2006	20 000,00 €
darauf Zinsen 2,75 % Jahreszins	550,00 €
Zinsen für 9 Monate	412,50 €

Steuerpflichtige Zinsen
- Januar bis März   1 218,75 €
- April bis Dezember   412,50 €

Summe   1 631,25 €
gerundet nach Aufgabenstellung   1 631,00 €

Kapitalertragsteuer
Gesamtzins (1 218,55 € + 412,50 €)   1 631,25 €
davon 30 % Kapitalertragsteuer   489,37 €
davon 5,5 %   26,91 €

3.4 Stille Beteiligung

3.4.1 Allgemeines

Der mit Michael Tscherbitz abgeschlossen Vertrag begründet eine typische stille Gesellschaft im Sinne von §§ 230ff. HGB. Hermine Fuchs ist durch die Einlage am Handelsgeschäft von Michael Tscherbitz beteiligt, der, zu schließen aus dem abweichenden Wirtschaftsjahr und der dazu erforderlichen Eintragung im Handelsregister (vgl. § 4a Abs. 1 S. 2 Nr. 2 EStG), als Kaufmann im Handelsregister eingetragen ist. Auch die ihr vertraglich zugewiesenen Gesellschafterrechte entsprechen denen des § 233 Abs. 1 HGB. Ein partiarisches Darlehen kann auf Grund der Verlustbeteiligung ausgeschlossen werden. Steuerlich erzielt Hermine Fuchs aus der stillen Beteiligung Einkünfte nach § 20 Abs. 1 Nr. 4 EStG i. V. m. § 2 Abs. 1 S. 1 Nr. 5 EStG, Einkünfte aus Kapitalvermögen. Auf eine atypisch stille Beteiligung und damit eine steuerliche Mitunternehmerschaft kann auf Grund des insoweit an den gesetzlichen Bestimmungen des HGB zur stillen Gesellschaft orientierten Formulierungen des Sachverhalts nicht gefolgt werden (vgl. H 15.8 Abs. 1 [Stiller Gesellschafter] EStH).

3.4.2 Verlustanteil aus Wirtschaftsjahr 2004/2005

Da es sich um eine Überschusseinkunftsart handelt, gilt grundsätzlich § 11 EStG. Der Verlustanteil des Wirtschaftsjahrs 2004/2005 stellt bei Hermine Fuchs Werbungskosten bei den Einkünften aus Kapitalvermögen dar, die nach der Rechtsprechung frühestens zu berücksichtigen sind, wenn die Bilanz erstellt ist, der Verlustanteil berechnet und mit der Einlage verrechnet wurde (vgl. BFH vom 23. 07. 2002, Az: VIII R 36/01, BStBl II 2002, 858). Der Verlustanteil wirkt sich daher für Hermine Fuchs erst im Kalenderjahr 2006 auf die Besteuerung aus. Dabei muss geprüft werden, ob der Verlustanteil mit anderen Einkünften ausgeglichen werden kann, da § 20 Abs. 1 Nr. 4 S. 2 EStG insoweit auf die Anwendung des § 15 Abs. 4 S. 6 EStG und § 15a EStG verweist. Nach § 15 Abs. 4 S. 6 EStG können Verluste aus stillen Beteiligungen an Kapitalgesellschaften nicht mit anderen Einkünften ausgeglichen werden, dies liegt hier nicht vor. Eine unmittelbare Anwendung des § 15a EStG auf Grund der Erweiterung in § 15a Abs. 5 EStG scheidet aus, da keine atypisch stille Gesellschaft vorliegt (vgl. § 15a Abs. 5 Nr. 1 EStG). Eine sinngemäße Anwendung bedeutet, dass Verluste aus der stillen Beteiligung auf die Höhe der Einlage beschränkt sind. Nach dem Sachverhalt entsteht im Wirtschaftsjahr 2004/2005 ein Verlust i. H. v. 220 000 €, der entsprechend der Vereinbarungen zu 20 % auf Hermine Fuchs entfällt = 44 000 €. Da sie eine Einlage i. H. v. 50 000 € geleistet hat, entsteht kein negatives Einlagenkonto, so dass der Verlust in 2006 als Werbungskosten berücksichtigt werden kann.

3.4.3 Gewinnanteil aus Wirtschaftsjahr 2005/2006

Für das Wirtschaftsjahr 2005/2006 weist die Bilanz einen Gewinn i. H. v. 90 000 € aus, der mit 20% = 18 000 € auf Hermine Fuchs entfällt. Steuerlich fließt der Gewinnanteil dem stillen Gesellschafter zu, sobald er über ihn verfügen kann. Solange ein durch Verlustverrechnung unter die Einlage gemindertes Einlagekonto besteht, wird der Gewinn nach § 232 Abs. 2 S. 2 HGB zur Auffüllung des Einlagenkontos verwendet. Steuerlich liegt in dieser Auffüllung zugleich der Zufluss der Gewinnanteile als Einnahmen aus Kapitalvermögen (vgl. BFH vom 24.01.1990, Az: I R 55/85, BStBl I 1991, 147). Da die Bilanz in 2006 erstellt und die Verrechnung im Einlagenkonto durchgeführt wurde, muss Hermine Fuchs den Gewinnanteil in 2006 versteuern.

Die gesetzliche Verpflichtung zur Einbehaltung von Kapitalertragsteuer hat Herr Tscherbitz nach dem Sachverhalt übersehen (vgl. § 43 Abs. 1 S. 1 Nr. 3 EStG i.V.m. § 43a Abs. 1 Nr. 2 EStG). Hermine Fuchs kann daher keine Abzugssteuern nach § 36 Abs. 2 Nr. 2 EStG auf ihre Einkommensteuer anrechnen.

3.5 Zinsen für die geerbten GmbH-Anteile

Durch die Erbschaft ist Hermine Fuchs an der GmbH zu 10% beteiligt. Zwar fällt diese damit grundsätzlich in den Anwendungsbereich des § 17 EStG, da es sich um eine relevante Beteiligung von mehr als einem Prozent am Nennkapital handelt. Dennoch erzielt Hermine Fuchs aus der Beteiligung keine laufenden gewerblichen Einkünfte, sondern Einkünfte aus Kapitalvermögen. Der Charakter gewerblicher Einkünfte entsteht nur für den Veräußerungsfall, ein Veräußerungsgewinn zählt zu den Einkünften aus Gewerbebetrieb. Zuvor zählt die Beteiligung allerdings zum steuerlichen Privatvermögen (Ausnahme: Zuordnung zu einem Betriebsvermögen), weswegen Ausschüttungen unter § 20 Abs. 1 Nr. 1 EStG fallen. Die mit den Kapitaleinkünften im Zusammenhang stehenden Finanzierungsaufwendungen können nach § 9 Abs. 1 S. 3 Nr. 1 EStG als Werbungskosten bei den Einkünften aus Kapitalvermögen geltend gemacht werden. Der Umstand, dass Hermine Fuchs im VZ 2006 keine Einnahmen aus der Einkunftsquelle zufließen spielt keine Rolle, sofern es möglich ist, dass ihr zukünftig wieder Erträge zufließen, was nach dem Sachverhalt zumindest nicht auszuschließen ist (vgl. BFH vom 21.01.2004, Az: VIII R 2/02, BStBl II 2004, 551).

Werbungskosten/Zinsen 1 850 €

3.6 Ermittlung der Einkünfte aus Kapitalvermögen

Die Einkünfte aus Kapitalvermögen errechnen sich wie folgt:

Einnahmen
- Beteiligung an der Polska Tourist GmbH (vgl. Tz. 3.1) 2 500 €
- Zinsen aus Instandhaltungsrücklage (vgl. Tz. 3.2) 51 €
- Zinsen aus Festgeldanlage (vgl. Tz. 3.3) 1 631 €
- Gewinnanteil als stille Gesellschafterin 18 000 €

Summe Einnahmen 22 182 €

Werbungskosten
- Verlustanteil aus stiller Beteiligung ./. 44 000 €
- Zinsen für die GmbH-Anteile ./. 1 850 €

Einkünfte aus Kapitalvermögen ./. 23 668 €

Ein Sparerfreibetrag kommt nicht in Betracht, da dieser die negativen Einkünfte nicht noch erhöhen kann (vgl. § 20 Abs. 4 S. 4 EStG).

4 Eigentumswohnung in Leipzig

4.1 Allgemeines

Die Eigentumswohnung in Leipzig wird Hermine Fuchs ab dem Übergang von Nutzen und Lasten am 01. 04. 2006 steuerlich nach § 39 Abs. 2 Nr. 1 AO (= wirtschaftliches Eigentum) zugerechnet. Durch die Vermietung ab 01.06.2006 erzielt sie mit der Eigentumswohnung Einkünfte aus Vermietung und Verpachtung nach § 21 Abs. 1 S. 1 Nr. 1 EStG i. V. m. § 2 Abs. 1 S. 1 Nr. 6 EStG. Es handelt sich um eine Überschusseinkunftsart nach § 2 Abs. 2 Nr. 2 EStG, bei der die Einkünfte durch Gegenüberstellung der Einnahmen (§ 8 EStG) und der Werbungskosten (§ 9 EStG) ermittelt werden. Zur Abgrenzung dient das Zufluss-Abflussprinzip des § 11 EStG.

Aus dem Umstand, dass Hermine Fuchs einen Zeitmietvertrag abgeschlossen hat, da sie die Eigentumswohnung eventuell wieder veräußern würde, können für das Vorliegen der Einkünfteerzielungsabsicht keine negativen Rückschlüsse gezogen werden. Grundsätzlich wird eine auf Dauer angelegte Vermietungstätigkeit ohne weitere Prüfung als mit Einkünfteerzielungsabsicht ausgeübt anerkannt. Besondere Umstände führen jedoch dazu, dass die Einkünfteerzielungsabsicht besonders zu prüfen ist. Ein Zeitmietvertrag kann dabei ein Indiz dafür sein, dass es an einer auf Dauer angelegten Vermietung und somit der Einkünfteerzielungsabsicht fehlt (vgl. BMF vom 08. 10. 2004, Az: IV C 3 – S 2253 – 81/94, BStBl I 2004, 933, Tz. 6). Ein Zeitmietvertrag für sich allein, ohne eine spezielle Festlegung, beispielsweise hinsichtlich einer fest eingeplanten Veräußerung oder Eigennutzung nach Ablauf der Festmietzeit, ist unschädlich für die Anerkennung einer auf Dauer angelegten Vermietung (vgl. BFH vom 14. 12. 2004, Az: IX R 1/04, BStBl II 2005, 211). Auch wenn Hermine Fuchs grundsätzlich bereit ist, die Wohnung bei sich bietender Gelegenheit zu veräußern, liegt, solange sie sich nicht nach außen rechtlich bindet oder zumindest eindeutig positioniert, insoweit nur eine bedingte Veräußerungsabsicht, wie sie im Grunde immer gegeben ist, vor, die aus der Sicht zu Beginn der Einkünfteerzielung eine auf Dauer angelegte Vermietung nicht beeinträchtigt (zur bedingten Veräußerungsabsicht und ihrer Bedeutung vgl. BFH vom 10. 12. 2001 BStBl II 2002, 291).

4.2 Ermittlung der Anschaffungskosten

Die steuerlichen Anschaffungskosten setzen sich zusammen aus dem Kaufpreis für die Wohnung (= 125 000 €) und den Anschaffungsnebenkosten (vgl. H 6.2 [Anschaffungskosten] EStH). Die Anschaffungskosten sind brutto, einschließlich der enthaltenen Umsatzsteuer, zu ermitteln (vgl. § 9b Abs. 1 EStG). Die Vermietung gehört umsatzsteuerrechtlich zwar mit zum Unternehmen von Hermine Fuchs (= Erbringung von Leistungen im Inland gegen Entgelt, vgl. § 1 Abs. 1 Nr. 1 und § 2 Abs. 1 UStG), nach § 4 Nr. 12 S. 1 Buchst. a UStG ist die Vermietung jedoch steuerfrei ohne die Möglichkeit zum Vorsteuerabzug (vgl. § 15 Abs. 2 Nr. 1 UStG). Eine

Option scheidet nach § 9 Abs. 1 UStG aus, da die Vermietung nicht an einen Unternehmer und nach dem Sachverhalt ohnehin zu Wohnzwecken erfolgt (vgl. § 9 Abs. 2 UStG). Die Anschaffungskosten betragen:

Kaufpreis	125 000 €
Notargebühren	1 000 €
Grundbuchgebühren	700 €
Grunderwerbsteuer (3,5 % vgl. § 11 Abs. 1 GrEStG)	4 375 €
Anschaffungskosten	131 075 €

Die Anschaffungskosten sind auf die steuerlichen Wirtschaftsgüter Grund und Boden und Gebäude aufzuteilen. Die Aufteilung erfolgt nach dem Verkehrswertverhältnis (vgl. H 7.3 [Anschaffungskosten] EStH), der Grund und Bodenanteil entspricht nach dem Sachverhalt 20 % = 26 215 €, auf das Gebäude entfallen 104 860 € (= 80 %). Die auf das Gebäude entfallenden Anschaffungskosten bilden die Bemessungsgrundlage für die Berechnung der Absetzung für Abnutzung (vgl. R 7.3 Abs. 1 EStR).

4.3 Einnahmen

Nach § 8 Abs. 1 EStG sind die Mieten einschließlich der Umlagen (vgl. H 21.2 [Einnahmen] EStH) als Einnahmen zu erfassen. Besonderheiten hinsichtlich des Zuflusses (vgl. § 11 Abs. 1 S. 1 EStG) liegen nach dem Sachverhalt nicht vor.

Einnahmen (500 € + 75 € = 575 € × 7 Monate)	4 025 €

4.4 Werbungskosten

4.4.1 Laufende Kosten

Die monatlichen laufenden Kosten i. H. v. 30 € stellen nach der allgemeinen Definition des § 9 Abs. 1 S. 1 EStG Werbungskosten bei den Einkünften aus Vermietung und Verpachtung dar:

laufende Kosten (30 € × 9 Monate [ab April])	270 €

4.4.2 Zuführungen zur Instandhaltungsrücklage

Die der Instandhaltungsrücklage der Eigentümergemeinschaft zugeführten Beträge stellen frühestens mit Verwendung der Mittel Werbungskosten dar (vgl. H 21.2 [Werbungskosten] EStH). Die auf das durch die Zuführungen entstehende Guthaben anfallenden Zinsen stellen keine Einnahmen aus Vermietung und Verpachtung dar, sondern führen zu Einkünften aus Kapitalvermögen (vgl. R 21. 2. Abs 2 EStR).

4.4.3 Finanzierungskosten

Kosten im Zusammenhang mit der Finanzierung der Eigentumswohnung fallen nicht an. Hermine Fuchs hat den Erwerb aus bereits vorhandenen Mitteln bestritten. Die Verwendung eigener Mittel führt lediglich zu fehlenden Einnahmen bei den Einkünften aus Kapitalvermögen, nicht hingegen zu Werbungskosten.

4.4.4 Absetzung für Abnutzung

Die Absetzung für Abnutzung mindert als Werbungskosten nach § 9 Abs. 1 S. 3 Nr. 7 EStG die Einkünfte aus Vermietung und Verpachtung. Die Eigentumswohnung befindet sich in einem gerade fertig gestellten Gebäude im Inland und wurde im Jahr der Fertigstellung durch Hermine Fuchs erworben. Grundsätzlich liegen demnach die Voraussetzungen der Absetzung für Abnutzung nach § 7 Abs. 5 S. 1 EStG vor. Auch eine Absetzung für Abnutzung durch den Voreigentümer, die Baugesellschaft, scheidet aus, da sich die Wohnung bei ihr im nicht abnutzbaren Umlaufvermögen befand. Dennoch kann Hermine Fuchs nur die lineare Gebäudeabschreibung nach § 7 Abs. 4 S. 1 Nr. 2 Buchst. a EStG beanspruchen, da durch das Gesetz zum Einstieg in ein steuerliches Sofortprogramm (Gesetz vom 22. 12. 2005 BGBl I 2005, 3682), die Vornahme degressiver Gebäudeabschreibung auf Fälle mit Eigentumserwerb vor dem 01. 01. 2006 begrenzt wurde (vgl. § 7 Abs. 5 S. 1 Nr. 3 Buchst. c EStG). Mit dem Vertragsabschluss am 15. 03. 2006 erfüllt Hermine Fuchs damit die zeitlichen Anwendungsvoraussetzungen nicht.

Berechnung der Absetzung für Abnutzung	
Bemessungsgrundlage (vgl. Tz. 4.2)	104 860 €
Abschreibungssatz 2 %	2 097 €
davon 9/12 ab April 2006	
(vgl. § 7 Abs. 1 S. 4 EStG; p.r.t.)	1 572 €

4.5 Ermittlung der Einkünfte

Die Einkünfte aus Vermietung und Verpachtung aus der Eigentumswohnung belaufen sich im Veranlagungszeitraum 2006 auf:

Einnahmen	4 025 €
Werbungskosten	
• laufende Kosten	./. 270 €
• Absetzung für Abnutzung	./. 1 572 €
Einkünfte	2 183 €

5 Erbfall

5.1 Allgemeines

Die steuerliche Behandlung des Erbfalls ist grundlegend im BMF-Schreiben vom 14. 03. 2006, Az: IV B 2 – S 2242 – 7/06, BStBl I 2006, 253 und der diesem zugrunde liegenden Rechtsprechung des BFH geregelt. Durch den Todesfall entsteht am 08. 02. 2006 eine Erbengemeinschaft, bei der die Erben gesamthänderisch am Nachlass beteiligt sind (vgl. § 1922 BGB). Die Erbengemeinschaft ist eine auf Teilung gerichtete Zufallsgemeinschaft, die jedoch grundsätzlich zeitlich unbegrenzt bestehen kann. Der Übergang des Nachlasses auf die Erben hat keine steuerlichen Folgen für den Verstorbenen, die Erben treten unentgeltlich in die Rechtsposition des Erblassers als Gesamtrechtsnachfolger ein. Die mit dem Nachlass erzielten Einkünfte sind steuerlich ab dem Todestag den Erben zuzurechnen und einheitlich und gesondert festzustellen. Das Steuerrecht erkennt in engen zeitlichen Grenzen eine steuerliche Rückwirkung der Erbteilungsvereinbarung für die steuerliche Zurechnung der laufenden Einkünfte aus dem Nachlass an. Die Frist beträgt maximal sechs Monate und ist im vorliegenden Fall eingehalten worden (vgl. BMF vom 14.03.2006, a.a.O., Tz. 8). Durch den notariellen Erbauseinandersetzungsvertrag vom 20.07.2006 ist auch das Erfordernis einer klaren und bindenden Vereinbarung über die Zuordnung des Vermögens erfüllt (vgl. BMF vom 14.03.2006, a.a.O., Tz. 9). Für die Erbengemeinschaft sind daher keine gemeinschaftlichen Einkünfte festzustellen.

5.2 Erbteilung

Der Übergang des Vermögens mittels Gesamtrechtsnachfolge auf die Erbengemeinschaft ist steuerlich unbeachtlich, es treten zunächst, bis auf den Vermögensübergang und die nachfolgende Zuordnung der Einkünfte auf die Erbengemeinschaft, keine steuerlichen Folgen ein. Teilen die Erben später den Nachlass unter sich auf, muss jedoch geprüft werden, ob es dadurch zu Anschaffungs- und Veräußerungsgeschäften zwischen den Erben kommt. Grundsätzlich ist eine Realteilung des Nachlasses steuerlich erfolgsneutral durch Zuteilung entsprechender Vermögensgegenstände möglich. Werden hingegen im Zusammenhang mit der Realteilung Ausgleichszahlungen vereinbart, weil das zugeteilte Vermögen ungleich wertvoll ist und nicht den Erbanteilen entspricht, treten steuerliche Folgen ein. Im Nachlass enthaltene Verbindlichkeiten können zur Aufteilung herangezogen und abweichend verteilt werden, um eine erfolgsneutrale Teilung zu ermöglichen. Das dem entgegenstehende Urteil des BFH vom 14.12.2004 (Az: IX R 23/02, BStBl II 2006, 296) ist nach Verwaltungsauffassung nicht über den entschiedenen Einzelfall hinaus anzuwenden (vgl. BMF vom 30.03.2006, Az: IV B 6 – S 2242 – 15/06, BStBl I 2006, 306)

Im vorliegenden Fall besteht der Nachlass ausschließlich aus Wirtschaftsgütern des steuerlichen Privatvermögens. Zunächst muss festgestellt werden, welchen Wert der Nachlass insgesamt hat und mit welchen Quoten die einzelnen Erben daran beteiligt sind. Der Nachlass setzt sich wie folgt zusammen:

Aktien (120 Stück × 250 € Kurswert)	30 000 €
Verkehrswert GmbH-Anteil	80 000 €
Finanzierungsschuld GmbH-Anteil	./. 40 000 €
Bankguthaben	220 000 €
Wert der Eigentumswohnung	130 000 €
Finanzierungsschuld der Eigentumswohnung	./. 60 000 €
Gesamtwert des Nachlasses	360 000 €

Da der Gesamtwert des Nachlasses, gemessen am Verkehrswert, 360 000 € beträgt, stehen den Erben folgende Anteile daran zu:

Gesamtwert des Nachlasses	360 000 €
• davon entfällt auf die Mutter 50 %	180 000 €
• davon entfällt auf die Töchter jeweils 25 %	90 000 €

Erst wenn das dem einzelnen Erben zugeteilte Vermögen mehr als 90 000 € wert ist, wird eine Ausgleichszahlung erforderlich:

Mutter: Zuweisung Bankkonto	220 000 €
Schwester: Zuweisung ETW	130 000 €
Zuweisung Finanzierungsschuld	./. 60 000 €
Saldo	70 000 €

Hermine: Zuweisung Aktien	30 000 €
Zuweisung GmbH-Anteil	80 000 €
Zuweisung Finanzierungsschuld	./. 40 000 €
Saldo	70 000 €

Da die beiden Schwestern einen Anspruch gegenüber der Erbmasse im Wert von jeweils 90 000 € haben, das ihnen zugeteilte Vermögen aber nur einen Wert von 70 000 € darstellt, zahlt die Mutter ihren Töchtern noch einen Ausgleich i. H. v. jeweils 20 000 €. Zu steuerlichen Anschaffungs- oder Veräußerungsgeschäften kommt es dennoch nicht, da es sich hierbei lediglich um die Verteilung des in der Erbmasse befindlichen Bankguthabens handelt (vgl. BMF vom 14. 03. 2006, a. a. O., Tz. 30 mit Beispiel).

Im vorliegenden Fall handelt es sich um die Realteilung eines Nachlasses ohne Abfindungszahlungen (vgl. BMF vom 14. 03. 2006, a. a. O., Tz. 22ff.). Das auf die Erben übertragene Vermögen geht steuerlich erfolgsneutral auf diese über. Für die weitere steuerliche Behandlung ist zu berücksichtigen, dass ein doppelter unentgeltlicher Erwerb vorliegt, nämlich vom Erblasser auf die Erbengemeinschaft und von dieser auf den/die Erben. Aus diesem Grund sind für die Erben die ursprünglichen Anschaffungskosten des Erblassers anzusetzen, soweit dies aus steuerlichen Gründen erforderlich ist, beispielsweise bei einer späteren Veräußerung.

6 Einkünfte aus privaten Veräußerungsgeschäften

Ein privates Veräußerungsgeschäft verwirklicht Hermine Fuchs durch zwei Sachverhalte im Zusammenhang mit der Kapitalerhöhung bei den geerbten Aktien. Einerseits stellt die Ausübung eines Bezugsrechts bereits ein privates Veräußerungsgeschäft dar (vgl. BFH vom 21. 09. 2004, Az: IX R 36/01, BStBl II 2006, 12), andererseits ist die Veräußerung eines Bezugsrechts ebenfalls über § 23 Abs. 1 S. 1 Nr. 2 EStG erfasst. Da Hermine Fuchs die Aktien unentgeltlich im Wege der Erbfolge erlangt hat, sind für die Berechnung die Anschaffungskosten des Erblassers heranzuziehen (vgl. Tz. 5).

6.1 Ausübung von Bezugsrechten

Durch den Kapitalerhöhungsbeschluss der AG spalten sich die Bezugsrechte aus den Aktien ab. Erworben hat der Aktionär die Bezugsrechte bereits durch den Erwerb der Aktie, sie waren zu diesem Zeitpunkt mangels Kapitalerhöhungsbeschluss jedoch noch ein untrennbarer Bestandteil der Aktie. Durch den Kapitalerhöhungsbeschluss verselbständigen sich die Bezugsrechte. Steuerlich muss zunächst der auf die Bezugsrechte entfallende Teil der Anschaffungskosten anhand der sog. Gesamtwertmethode ermittelt werden.

Anschaffungskosten einer Aktie × Wert Bezugsrecht : Kurswert vor Kapitalerhöhung
220 € × 15 € = 3 300 € : 260 € = 12,70 €

Die Bezugsrechte spalten sich demnach mit einem Wert von 12,70 €/Bezugsrecht aus den Aktien ab. Bei 120 Aktien und ursprünglichen Anschaffungskosten von 220 € pro Aktie (= 26 400 €) entfallen somit 1 524 € (12,70 € × 120) auf die Anschaffungskosten der Bezugsrechte, 24 876 € auf die Anschaffungskosten der Aktien.

Durch die Ausübung des Bezugsrechts verwirklicht Hermine Fuchs ein privates Veräußerungsgeschäft im Sinne des § 23 Abs. 1 S. 1 Nr. 2 EStG (vgl. BMF vom 20. 12. 2005, Az: IV C 3 – S 2256 – 255/05, BStBl I 2006, 8), da der Erwerb der Aktien durch den Erblasser im Januar 2006 erfolgte und somit die Frist von einem Jahr im Zeitpunkt der Kapitalerhöhung noch nicht abgelaufen ist. Als Veräußerungserlös wird der Kurswert der Bezugsrechte bei Annahme des Bezugsrechtsangebots angesetzt, im vorliegenden Fall somit 16,50 €/Bezugsrecht. Allerdings gilt dies nur für die ausgeübten Bezugsrechte. Hermine Fuchs erwirbt nach dem Sachverhalt 20 junge Aktien. Dazu benötigt sie bei einem Bezugsverhältnis von 3 : 1 insgesamt 60 Bezugsrechte. Aus jeder Aktie spaltet sich ein Bezugsrecht ab, bei 120 Aktien demnach 120 Bezugsrechte, wovon Hermine Fuchs die Hälfte ausübt, so dass sich folgender Gewinn ergibt:

60 Bezugsrechte × 16,50 € (Erlös)	990 €
abzgl. Anschaffungskosten (60 × 12,70 €)	./. 762 €
Gewinn	228 €

Gleichzeitig geht der als Veräußerungserlös angesetzte Betrag (hier 16,50 €) in die Anschaffungskosten der jungen Aktien ein, die sich demnach wie folgt ermitteln:

Ausgabekurs/Aktie	180,00 €
zzgl. 3 Bezugsrechte je 16,50 €	49,50 €
Anschaffungskosten der jungen Aktien/Stück	229,50 €

Der Gewinn aus der Ausübung der Bezugsrechte unterliegt dem Halbeinkünfteverfahren nach § 3 Nr. 40 Buchst. j EStG. Zwar ist in § 23 EStG im Gegensatz zu § 17 Abs. 1 S. 3 EStG das Bezugsrecht nicht ausdrücklich genannte, nach der jüngsten Rechtsprechung des BFH (vgl. BFH vom 27.10.2005, Az: IX R 15/05, BStBl II 2006, 171) ist insoweit § 23 EStG aber entsprechend des § 17 EStG zu interpretieren und erfasst zudem der Sinn des Halbeinkünfteverfahrens auch die Veräußerung von Bezugsrechten. Die Anschaffungskosten der Bezugsrechte sind demgemäß nach § 3c Abs. 2 EStG nur hälftig gegen zu rechnen, es ergibt sich ein Gewinn i. H. v. 114 €.

6.2 Veräußerung von Bezugsrechten

Durch die Veräußerung der restlichen 60 Bezugsrechte verwirklicht Hermine Fuchs aus vorstehenden Gründen ebenfalls ein privates Veräußerungsgeschäft. Dem Erlös von 16,50 €/Bezugsrecht sind die durch die Aufteilung der ursprünglichen Anschaffungskosten der Aktien auf die Bezugsrechte entfallenden Anteile der Anschaffungskosten gegen zu rechnen, so dass sich nochmals ein Gewinn i. H. v. 228 € ergibt, der nach dem Halbeinkünfteverfahren zur Hälfte, mithin mit 114 € der Besteuerung unterliegt.

6.3 Ermittlung der Einkünfte

Da Hermine Fuchs keine weiteren privaten Veräußerungsgeschäfte verwirklicht, fällt der durch die Kapitalerhöhung entstandene Gewinn unter die Freigrenze des § 23 Abs. 3 S. 6 EStG i. H. v. 512 € und bleiben somit steuerfrei.

7 Haushaltsnahe Dienstleistungen

Durch das Gesetz zur steuerlichen Förderung von Wachstum und Beschäftigung (Gesetz vom 26.04.2006 BGBl I 2006, 1091) wurde § 35a EStG neu gefasst. Die Neufassung ist erstmals für den Veranlagungszeitraum 2006 anzuwenden, soweit die zugrunde liegenden Leistungen nach dem 31.12.2005 erbracht wurden (vgl. § 52 Abs. 50b S. 2 EStG). Nach § 35a Abs. 2 S. 2 EStG vermindert sich die tarifliche Einkommensteuer um 20 % der Aufwendungen für Handwerkerleistungen, die in einem inländischen Haushalt des Steuerpflichtigen erbracht werden, höchstens jedoch um 600 €. Begünstigt sind nur die reinen Arbeitskosten, nicht der Materialanteil (vgl. § 35a Abs. 2 S. 3 EStG), zudem darf der Aufwand nicht anderweitig steuerliche Berücksichtigung finden. Die Nachweisvoraussetzungen nach § 35a Abs. 2 S. 5 EStG sind nach der Aufgabenstellung als erfüllt zu betrachten. Hermine Fuchs kann daher die Steuerermäßigung nach § 35a Abs. 2 EStG grundsätzlich beanspruchen. Der Betrag errechnet sich wie folgt:

Rechnungsbetrag	5 995 €
abzgl. 3 % Skonto	180 €
tatsächlicher Aufwand	5 815 €
davon 70 % (= Arbeitsleistung)	4 070 €
davon 20 %	814 €
höchstens	600 €

8 Gesamtbetrag der Einkünfte

Der Gesamtbetrag der Einkünfte ermittelt sich nach § 2 Abs. 3 EStG wie folgt:

Einkünfte aus Gewerbebetrieb	185 354 €
Einkünfte aus Kapitalvermögen	./. 23 668 €[1]
Einkünfte aus Vermietung und Verpachtung	2 183 €
Summe der Einkünfte	163 869 €
Gesamtbetrag der Einkünfte	163 869 €[2]

V. Punktetabelle

			Punkte
1		Persönliche Verhältnisse	1
2		Küchenstudio Spar-Fuchs	
	2.1	Allgemeines	1
	2.2	Erwerb Pkw	
	2.2.1	Zuordnung zum Unternehmen	
	2.2.1.1	Ertragsteuerliches Betriebsvermögen	1
	2.2.1.2	Umsatzsteuerliches Unternehmensvermögen	1
	2.2.2	Ermittlung der Anschaffungskosten	1

1 Hier erfolgt ein sog. vertikaler Verlustausgleich zwischen unterschiedlichen Einkunftsarten.
2 Abzüge, insbesondere ein Altersentlastungsbetrag kommen nicht in Betracht.

			Punkte
2.2.3	Absetzung für Abnutzung		1
2.2.4	Privatnutzung		
		Neuregelung für Fahrzeuge des gewillkürten Betriebsvermögens ab 2006	1
		Ermittlung des Entnahmebetrags einschließlich der Umsatzsteuer	1
2.3	Filiale in Polen		
2.3.1	Allgemeines		1
2.3.2	DBA-Recht		
		Prüfung DBA-Schutz und Ansässigkeit	1
		Zuweisung der Besteuerungshoheit an den anderen Staat	1
2.3.3	Negative Einkünfte mit Auslandsbezug		
		Erkennen des negativen Progressionsvorbehalts über § 2a EStG	1
		Erkennen Ausnahmeregelung/Aktivitätsklausel	1
2.4	Ermittlung der Einkünfte aus Gewerbebetrieb		
3	Einkünfte aus Kapitalvermögen		
3.1	Beteiligung an der Polska Tourist GmbH		
3.1.1	Nationale Besteuerung		1
3.1.2	DBA-Recht		
		Besteuerungsrecht des Ansässigkeitsstaats des Empfängers	1
		Quellensteuerrecht des Ansässigkeitsstaats der Gesellschaft	1
3.1.3	Steueranrechnung		
		Herleitung der Anrechnung über § 34c Abs. 6 EStG i.V.m. DBA	1
		Anrechnungsbegrenzung auf den zulässigen Quellensteuersatz	1

		Punkte
3.2	Instandhaltungsrücklage	1
3.3	Festgeldanlage	1
3.4	Stille Beteiligung	
3.4.1	Allgemeines	
	Einordnung des Vertrags als stille Gesellschaft (steuerliche: typische)	1
	Kaptialerträge	1
3.4.2	Verlustanteil aus Wirtschaftsjahr 2004/2005	
	Prüfung des Besteuerungszeitpunkts (Zufluss-Abfluss)	1
	Prüfung der Verlustausgleichsbeschränkungen	1
3.4.3	Gewinnanteil aus Wirtschaftsjahr 2005/2006	1
3.5	Zinsen für die geerbten GmbH-Anteile	1
3.6	Ermittlung der Einkünfte aus Kapitalvermögen	
4	Eigentumswohnung in Leipzig	
4.1	Allgemeines	1
4.2	Ermittlung der Anschaffungskosten	1
4.3	Einnahmen	1
4.4	Werbungskosten	
4.4.1	Laufende Kosten	
4.4.2	Zuführungen zur Instandhaltungsrücklage	1
4.4.3	Finanzierungskosten	
4.4.4	Absetzung für Abnutzung	1
4.5	Ermittlung der Einkünfte	

			Punkte
5	Erbfall		
5.1	Allgemeines		1
5.2	Erbteilung		
		Grundsätzlich erfolgsneutrale Teilung möglich	1
		Prüfung der Erbansprüche in Geld	1
		Erbteilung ohne Ausgleichszahlung	1
6	Einkünfte aus privaten Veräußerungsgeschäften		
6.1	Ausübung von Bezugsrechten		
		Berechnung der Anschaffungskosten der Bezugsrechte	1
		Ausübung der Bezugsrechte unterliegt § 23 EStG	1
6.2	Veräußerung von Bezugsrechten		1
6.3	Ermittlung der Einkünfte		
7	Haushaltsnahe Dienstleistungen		1
8	Gesamtbetrag der Einkünfte		1
	Summe		40

Teil C: Besteuerung der Gesellschaften

Klausuraufgabe 1:
Mitunternehmerinitiative/Mitunternehmerrisiko/verdeckte Mitunternehmerschaft/doppelstöckige Personengesellschaft/ mittelbare Beteiligung/Sonderbetriebsvermögen/Unterbeteiligung/ einheitliche und gesonderte Gewinnfeststellung

I. Sachverhalt

An der A-KG sind folgende Gesellschafter beteiligt:
1. A ist mit 10 % als Komplementär beteiligt. Im Gesellschaftsvertrag ist vereinbart, dass A zwar die Geschäfte führt, aber den Weisungen der Gesellschafter B bis E zu folgen hat. A steht zwar ein Anteil am Gewinn zu, er ist aber nicht am Verlust beteiligt. Sollte er auf eigenen Wunsch ausscheiden, erhält er nur den Buchwert seiner Beteiligung. Sollte A als Komplementär von Dritten in Anspruch genommen werden, erklären sich die übrigen Gesellschafter bereit, ihn im Innenverhältnis freizustellen.
2. B ist als Kommanditist im Handelsregister eingetragen. Er hat eine Einlage von 1 Mio. € geleistet. Entsprechend seiner Einlage ist er mit 25 % am Gewinn und Verlust und an den stillen Reserven beteiligt. An den Entscheidungen der Geschäftsführung ist B nicht beteiligt. Er hat auch kein Recht, die Beschlüsse der Geschäftsführung zu kritisieren. Er hat lediglich das Recht, in den Geschäftsräumen der KG die Bücher einzusehen und Auskunft einzufordern.
3. C ist Kommanditist. Er hat keine Einlage geleistet. Am Gewinn und Verlust ist er mit 30 % beteiligt. C ist als Angestellter nicht leitend tätig. Von den Bestimmungen des HGB für Kommanditisten wurde nicht abgewichen. Sein Gehalt betrug im VZ 2006 40 000 € zzgl. 8 000 € Arbeitgeberbeiträge zur Sozialversicherung.
4. Die D-KG ist mit 5 % als Kommanditistin beteiligt. Die D-KG betreibt als einzigen Geschäftszweck die Vermietung einer Lagerhalle an die A-KG für monatlich 20 000 €. Die Aufwendungen für die Halle belaufen sich auf monatlich 5 000 €.
5. Komplementär der D-KG ist Y. Y vermietet an die A-KG ein Produktionsgrundstück für 3 000 € monatlich. Aufwendungen fallen keine an.
6. Z ist Fremdgeschäftsführer bei der A-KG. Er hat Prokura und bekommt neben seinem Gehalt eine Tantieme von 5 % des Gewinns vor Steuern. Z hat der A-KG ein Darlehen über 2 Mio. € gewährt. Das Darlehen ist durch Bürgschaftserklärungen der Gesellschafter abgesichert und wird mit jährlich 6,25 % verzinst.
7. E ist Kommanditist mit einer Beteiligung von 30 %. Er hat seine Ehefrau hälftig atypisch still an seinem Gesellschaftsanteil unterbeteiligt.

Der Gewinn der KG belief sich im Wj 2006 auf 1 Mio. €.

II. Aufgabe

Welcher der o. g. Personen ist Mitunternehmer? Gehen Sie auf alle Konsequenzen der Mitunternehmerschaft ein. Erstellen Sie die einheitliche und gesonderte Gewinnfeststellung.

III. Lösung

Bei der Besteuerung der Gewinnanteile der Gesellschafter einer Personengesellschaft ist zwischen der gesellschaftsrechtlichen Beteiligung und der steuerlichen Mitunternehmerschaft zu differenzieren. Für die Frage, ob ein Gesellschafter seinen Gewinnanteil nach § 15 Abs. 1 Nr. 2 EStG zu versteuern hat, ist ausschließlich darauf abzustellen, ob er Mitunternehmer ist. Der Begriff der Mitunternehmerschaft ist nicht deckungsgleich mit dem Begriff des Gesellschafters. Es gibt Gesellschafter, die keine Mitunternehmer sind (z. B. minderjährige Kinder, bei denen die Gestaltung des Gesellschaftsvertrags einem Drittvergleich nicht standhält). Es gibt aber auch Mitunternehmer, die keine Gesellschafter sind (z. B. verdeckte Mitunternehmer).

Ist ein Gesellschafter nicht als Mitunternehmer zu beurteilen, so können die Einkünfte des Mitunternehmers z. B. als Einkünfte aus Kapitalvermögen, nichtselbstständiger Arbeit zu werten sein oder aber steuerlich ohne Bedeutung sein (§ 12 EStG).

Die Frage der Mitunternehmerschaft sollte in Klausuren grundsätzlich nur kurz erörtert werden, da hier erfahrungsgemäß nur wenige Punkte vergeben werden. Anders sieht dies aus, wenn – wie in der vorliegenden Klausur – umfassende Probleme dargestellt werden.

Mitunternehmer im Sinne des § 15 Abs. 1 Nr. 2 EStG ist, wer eine einem Gesellschafter vergleichbare Stellung hat und eine gewisse unternehmerische Initiative entfalten kann sowie unternehmerisches Risiko trägt. Beide Merkmale können im Einzelfall mehr oder weniger stark ausgeprägt sein (H 15.8 Abs. 1 [Allgemeines] und [Gesellschafter] EStH).

Mitunternehmerinitiative bedeutet vor allem Teilhabe an den unternehmerischen Entscheidungen, wie sie Gesellschaftern oder diesen vergleichbaren Personen als Geschäftsführer, Prokuristen oder anderen leitenden Angestellten obliegen (H 15.8 Abs. 1 EStH [Mitunternehmerinitiative]). Hier gibt es kein festes Schema. Man muss diese Frage jeweils anhand des konkreten Einzelfalles prüfen und erörtern.

Mitunternehmerrisiko trägt im Regelfall, wer am Gewinn und Verlust des Unternehmens und an den stillen Reserven beteiligt ist (15.8 Abs. 1 [Mitunternehmerrisiko] EStH). Auch hier verbietet sich jede schematische Betrachtung. Da das Recht der Personengesellschaften (BGB und HGB) weitgehend disponibel ist, sind vielfältige Gestaltungen denkbar, die alle zur Bejahung des Mitunternehmerrisikos führen können).

Im Einzelnen sind nun die einzelnen Gesellschafter auf ihre Mitunternehmerstellung hin zu überprüfen:

1. Die Mitunternehmerinitiative ist bei A nur sehr schwach ausgeprägt, da er im Innenverhältnis den Weisungen der übrigen Gesellschafter unterworfen ist. Er kann nicht wie ein Unternehmer selbstständig Entscheidungen von einigem Gewicht treffen.

Auch das Mitunternehmerrisiko ist ungewöhnlich ausgestaltet, da er nicht am Verlust beteiligt ist und bei einem Ausscheiden auf eigenen Wunsch keinen Anteil an den stillen Reserven erhält. Letzterer Punkt führt isoliert betrachtet noch nicht zur Verneinung eines Mitunternehmerrisikos. Zumindest für den Fall, dass der Mitunternehmer auf eigenen Wunsch ausscheidet, kann eine Buchwertklausel durchaus vereinbart werden (vgl. Umkehrschluss aus H 15.9 Abs. 1 [Buchwertabfindung] EStH).

A haftet aber unbeschränkt und mit seinem gesamten Vermögen für die Verbindlichkeiten der KG (§ 128 HGB). Dieses Risiko ist derart hoch, dass es typischerweise nur von einem Mitunternehmer übernommen wird. Ein Arbeitnehmer wird sich auf eine derartige Haftungsregelung auch unter größtem wirtschaftlichem Druck nicht einlassen. Damit trägt letztlich A mehr Mitunternehmerrisiko als alle übrigen Gesellschafter. Daran ändert auch die Freistellungsklausel nichts. Sollten die Gläubiger der KG die Erfüllung ihrer Forderungen von A verlangen, muss er sein Vermögen einsetzen und kann lediglich einen Rückgriff bei den anderen Gesellschaftern nehmen. Dies wird ihm aber nur solange etwas nützen, als diese selbst zahlungsfähig sind.

Diese persönliche Haftung wiegt so schwer, dass sie alle anderen Vertragsregelungen überwiegt. A ist damit Mitunternehmer (H 15.8 Abs. 1 [angestellter Komplementär] EStH).

2. B trägt über die Beteiligung am Gewinn und Verlust sowie an den stillen Reserven ein durchaus übliches Mitunternehmerrisiko. Er hat zwar auf die Geschäftsführung keine direkte Einwirkungsmöglichkeit. Bei einem Kommanditisten genügen aber bereits die in § 166 HGB vorgesehenen Einsichts- und Kontrollrechte für die Mitunternehmerinitiative (H 15.8 Abs. 1 [Mitunternehmerinitiative] EStH). Es spielt dabei keine Rolle, ob der Gesellschafter seine Kontrollrechte auch tatsächlich ausübt. Es genügt bereits die Möglichkeit, dass er eine Mitunternehmerinitiative ausüben kann. Danach ist B als Mitunternehmer zu beurteilen.

3. Nach § 705 BGB, der aufgrund der Verweisung in § 105 HGB auch für die Handelsgesellschaften gilt, muss der Gesellschafter den Zweck der Gesellschaft durch seinen Gesellschafterbeitrag fördern. Dieser Beitrag besteht in der Regel in der Zahlung einer Geldeinlage.

Eine Beteiligung am Gesellschaftszweck kann ausnahmsweise aber auch durch die Einbringung der eigenen Arbeitskraft erfolgen (BFH vom 05.08.1965 BStBl III 1965, 560). Dies kann für die Gesellschaft insbesondere dann von großem Interesse sein, wenn der Gesellschafter über besondere Kenntnisse, Fähigkeiten oder Beziehungen verfügt.

Da im Übrigen die für Kommanditisten geltenden Regelungen eingehalten wurden, ist C als Mitunternehmer zu behandeln.

Zwischen einem Gesellschafter und der Personengesellschaft können Verträge wie unter fremden Dritten geschlossen werden (vgl. §§ 124, 161 HGB). Der Gesellschafter kann damit für die Gesellschaft auch als Arbeitnehmer aufgrund eines Dienstvertrages tätig werden. Die Gesellschaft verbucht die Gehaltszahlungen in der Gesamthandsbilanz wie bei jedem anderen Arbeitnehmer (BS: Personalaufwand an Bank). Grundsätzlich unterliegt der Gesellschafter als Arbeitnehmer auch der Sozialversicherung. Auch der Arbeitgeberanteil zur Sozialversicherung stellt auf der Ebene der Gesamthand Personalaufwand dar.

Steuerlich sieht allerdings § 15 Abs. 1 Nr. 2 EStG vor, dass der Arbeitslohn beim Gesellschafter nicht nach § 19 EStG, sondern als Gewinnanteil (Sonderbetriebseinnahme) zu versteuern ist. Die Steuerfreiheit des Arbeitgeberanteils zur Sozialversicherung nach § 3 Nr. 62 EStG kann C nicht in Anspruch nehmen, da er steuerlich nicht als Arbeitnehmer behandelt wird.

Damit erzielt C Sonderbetriebseinnahmen in Höhe von (40 000 € + 8 000 € =) 48 000 €. Diese sind ihm im Rahmen der einheitlichen und gesonderten Gewinnfeststellung zuzurechnen.

4. Gesellschafter einer Personengesellschaft kann auch eine andere Personengesellschaft sein, wenn diese selbst Verträge schließen kann (doppelstöckige Personengesellschaft). Für die KG regelt diese Frage §§ 124, 161 HGB (so genannte partielle Rechtsfähigkeit). Für die beteiligte Personengesellschaft wird ein Kapitalkonto geführt. Insoweit besteht kein Unterschied zu Gesellschaftern, die natürliche Personen sind. Die beteiligte Personengesellschaft

(hier: die D-KG) bilanziert die Beteiligung (hier: an der A-KG) in der Handelsbilanz mit den Anschaffungskosten. In ihrer Steuerbilanz weist sie spiegelbildlich das Kapitalkonto ihrer Beteiligung aus.

Ein besonderes Problem entsteht im vorliegenden Fall dadurch, dass die D-KG als einzigen Geschäftszweck die Vermietung einer Immobilie betreibt. Nach R 15.7 Abs. 1 EStR liegen bei ausschließlicher Vermögensverwaltung keine gewerblichen Einkünfte vor. Die D-KG würde demnach aus der Vermietung der Halle Einkünfte nach § 21 EStG erzielen.

Nach **§ 15 Abs. 3 Nr. 1 EStG** erzielt aber eine Personengesellschaft insgesamt gewerbliche Einkünfte, wenn sie zumindest »auch« Einkünfte hat, die unter § 15 EStG fallen (»**Färbetheorie**«). Da die Anteile am Gewinn der gewerblich tätigen A-KG zwingend unter § 15 Abs. 1 Nr. 2 EStG fallen, erzielt die D-KG insgesamt und ausschließlich gewerbliche Einkünfte (a. A. BFH vom 06.10.2004 BStBl II 2005, 383; dagegen aber zu Recht Nichtanwendungserlass BMF vom 18.05.2005 sowie BMF vom 13.05.1996 BStBl I 1996, 621).

Damit stellt sich die Frage, ob die Produktionshalle in der Gesamthandsbilanz der D-KG zu bilanzieren ist. Wirtschaftsgüter, die ein Mitunternehmer der Gesellschaft überlässt, stellen aber kraft ausdrücklicher Gesetzesverweisung in § 15 Abs. 1 Nr. 2 EStG Sonderbetriebsvermögen dar. Damit hat die D-KG als Mitunternehmerin der A-KG eine Sonderbilanz zu erstellen und die Sonderbetriebseinnahmen und -ausgaben im Rahmen der einheitlichen und gesonderten Gewinnfeststellung bei der A-KG zu erfassen.

5. Y ist über die D-KG an der A-KG beteiligt. damit stellt sich die Frage, wie er das Produktionsgrundstück steuerlich zu behandeln hat. Sonderbetriebsvermögen im Verhältnis zur D-KG liegt nicht vor, da Y das Grundstück weder der D-KG überlässt, noch ersichtlich ist, inwieweit die Überlassung des Grundstücks der Beteiligung an der D-KG förderlich ist.

Nach **§ 15 Abs. 1 Nr. 2 S. 2 EStG** wird aber ein Mitunternehmer (hier: Y), der über eine andere Mitunternehmerschaft (hier: D-KG) an einer Personengesellschaft beteiligt ist (hier: A-KG) so behandelt, als sei er Mitunternehmer beider Gesellschaften (sog. mittelbare Mitunternehmerschaft). Voraussetzung dafür ist, dass zwischen der natürlichen Person und der Untergesellschaft eine ununterbrochene Kette von Mitunternehmerschaften besteht. Dies ist hier der Fall, da Y Mitunternehmer der D-KG und diese wiederum Mitunternehmerin der A-KG ist.

Y ist daher Mitunternehmer der A-KG. Damit ist das Grundstück als Sonderbetriebsvermögen bei der A-KG zu bilanzieren. Die Mieteinnahmen sind in die einheitliche und gesonderte Gewinnfeststellung der A-KG einzubeziehen.

Dieser Fall zeigt, dass ein Mitunternehmer nicht zwingend auch Gesellschafter sein muss.

6. Z hat als Geschäftsführer erhebliche Einflussmöglichkeiten auf die Geschäftsführung, auch wenn er nicht Gesellschafter ist. Wegen der Tantieme ist er auch am Erfolg der A-KG beteiligt. Damit wären eigentlich die Voraussetzungen einer Mitunternehmerschaft gegeben und beinahe jeder Fremdgeschäftsführer einer Personengesellschaft müsste unter die Regelung des § 15 Abs. 1 Nr. 2 EStG fallen.

Ein Geschäftsführer wird aber nur dann zum (verdeckten) Mitunternehmer, wenn Mitunternehmerinitiative und -risiko nicht lediglich auf einzelne Schuldverhältnisse (hier: Geschäftsführervertrag und Darlehen) zurückzuführen sind. Die Bündelung von Risiken aus derartigen Austauschverhältnissen unter Vereinbarung angemessener und leistungsbezogener Entgelte begründet noch kein gesellschaftsrechtliches Risiko (H 15.8 Abs. 1 [Verdeckte Mitunternehmerschaft] EStH).

Mit anderen Worten: Nur wenn z. B. das Gehalt des Z so hoch wäre, dass dies zu einer sog. Gewinnabsaugung führen würde oder das Darlehen unverzinslich überlassen würde, könnte man von einer verdeckten Mitunternehmerschaft des Z ausgehen. Z erzielt damit Einkünfte nach § 19 EStG.

7. Ein Mitunternehmer kann an seinem Mitunternehmeranteil andere Personen unterbeteiligen. Diese Unterbeteiligung kann typisch still (§ 20 Abs. 1 Nr. 4 EStG) oder atypisch still sein. Atypisch still ist sie dann, wenn der Unterbeteiligte bezüglich des Gesellschaftsanteils, an dem er beteiligt ist, Mitunternehmerinitiative entfalten kann und ein Mitunternehmerrisiko trägt (insbesondere an den stillen Reserven des Gesellschaftsanteils beteiligt ist). Der atypisch still Unterbeteiligte wird letztlich wie ein mittelbar Beteiligter Gesellschafter behandelt (§ 15 Abs. 1 Nr. 2 S. 2 EStG).

Der Gewinnanteil des E ist damit auf E und EF je hälftig zu verteilen. In der Regel wird der atypisch still Unterbeteiligte in die einheitliche und gesonderte Gewinnfeststellung aufgenommen, wenn nicht ein Bedürfnis auf Geheimhaltung der stillen Beteiligung dem entgegensteht.

8. Gewinnverteilung: Nach § 121 HGB gebührt jedem Gesellschafter vom Jahresgewinn zunächst ein Anteil von 4 % seines Kapitalanteils. Der restliche Gewinn wird nach Köpfen verteilt. Diese Regelung ist aber dispositiv. In der Regel treffen die Gesellschafter eine von § 121 HGB abweichende Vereinbarung (hier: Verteilung im Verhältnis der Kapitalanteile).

Nach §§ 179, 180 AO ist der Gewinn der A-KG auf die einzelnen Gesellschafter einheitlich und gesondert aufzuteilen. Anhand dieses Aufteilungsbescheides versteuert dann jeder Mitunternehmer seinen Gewinnanteil im Rahmen seiner Einkommensteuererklärung (Anlage GSE). Die einheitliche und gesonderte Gewinnfeststellung der A-KG für das Wirtschaftsjahr 2006 sieht wie folgt aus:

	Gewinn	Sonderbetriebs-einnahmen	Sonderbetriebs-ausgaben	Summe
A	100 000 €	0 €	0 €	100 000 €
B	250 000 €	0 €	0 €	250 000 €
C	300 000 €	48 000 €	0 €	348 000 €
D-KG	50 000 €	240 000 €	./. 60 000 €	230 000 €
Y	0 €	36 000 €	0 €	36 000 €
Herr E	150 000 €	0 €	0 €	150 000 €
Frau E	150 000 €	0 €	0 €	150 000 €
Summe	1 000 000 €	324 000 €	./. 60 000 €	1 264 000 €

IV. Punktetabelle

		Punkte
	Grundbegriffe Mitunternehmerschaft, Mitunternehmerinitiative, Mitunternehmerrisiko	1
1	Komplementär A; Mitunternehmer als »angestellter Komplementär«	1
2	Kommanditist B; Mitunternehmer	1
3	Kommanditist C; Mitunternehmer	
	Arbeitskraft als Gesellschafterbeitrag	1
	Arbeitslohn Sonderbetriebseinnahme (48 000 €)	1
4	Kommanditistin D-KG, Mitunternehmerin	
	Partielle Rechtsfähigkeit der KG	1
	Vermögensverwaltende Tätigkeit	1
	Gewerbliche Prägung geprüft (BFH oder BMF)	1
5	Komplementär Y; Mitunternehmer	1
6	Fremdgeschäftsführer Z; verdeckte Mitunternehmerschaft	1
7	Kommanditist E; atypisch stille Unterbeteiligung	1
8	Einheitliche und gesonderte Gewinnfeststellung	1
	Summe	12

Klausuraufgabe 2:
Vorabvergütung/Sonderbetriebsvermögen/Pensionsrückstellung/§-6b-Rücklage/Bürgschaft/Dividenden/doppelstöckige Personengesellschaft

I. Sachverhalt

A, B und C sind zu gleichen Teilen Gesellschafter der domtec-OHG, die einen Großhandel mit Baustoffen betreibt. Der Gewinn und die stillen Reserven stehen den Gesellschaftern jeweils zu gleichen Teilen zu.

In dem mit dem Kalenderjahr identischen Wj 2006 bestehen zwischen der Gesellschaft und den einzelnen Gesellschaftern folgende Vereinbarungen, die auch entsprechend durchgeführt werden:

1. A ist Geschäftsführer der OHG, ohne dass ein Dienstvertrag zwischen ihm und der OHG besteht. A hat das Recht, monatlich 8 000 € als Vorabgewinn zu entnehmen. A nimmt dieses Recht für die Monate Januar bis November 2006 wahr. Den Vorabgewinn für Dezember entnimmt er erst im Januar 2007.

Die OHG verbuchte die Entnahmen des A als Lohnaufwand in Höhe von 96 000 €, wobei für den Monat Dezember eine Verbindlichkeit in Höhe von 8 000 € passiviert wurde.

A fährt mit dem privaten Pkw täglich an 230 Arbeitstagen von seiner Wohnung zu dem 30 km entfernten Sitz der domtec-OHG. Abends und an Wochenenden arbeitet er gelegentlich liegen gebliebene Büroarbeiten zuhause auf. Er hat sich hierzu in dem im Januar 2000 errichteten Einfamilienhaus ein Arbeitszimmer eingerichtet. Die Herstellungskosten für das Gebäude betrugen 600 000 €. Die Aufwendungen für Zinsen und sonstige Nebenkosten in 2006 betrugen 40 000 €.

Zur Sicherung einer Darlehensverpflichtung der OHG hat A auf dem Einfamilienhaus eine Hypothek über 400 000 € eintragen lassen.

Die OHG hat dem A für seine Geschäftsführertätigkeit eine angemessene Pension zugesagt. Der versicherungsmathematische Wert der Pensionsverpflichtung am 31.12.2005 beträgt 220 000 € und 250 000 € am 31.12.2006. Eine Pensionsverpflichtung wurde bisher nicht bilanziert, weil man der Ansicht war, die Pensionszahlungen seien bei A Sonderbetriebseinnahmen und somit Vorabgewinn. Die Verpflichtung zur Auszahlung von Gewinn berechtige aber nicht zu einer Rückstellung.

2. Gesellschafter B hat die Anschaffung seiner Beteiligung im Jahre 1995 mittels eines Kredites in Höhe von 500 000 € finanziert. Der Kredit wurde über ein (unschädliches) Policendarlehen finanziert. B bezahlte für die abgetretene Lebensversicherung in 2006 15 000 € an Prämie. Die Darlehenszinsen (Fälligkeit 31.12.2006; Bezahlung 08.01.2007) beliefen sich auf 40 000 €.

Ab 01.07.2006 überlässt die OHG dem B unentgeltlich ein Grundstück (Bw 100 000 €; Tw 350 000 €). Die OHG wollte auf diesem Grundstück früher ein Bürogebäude errichten, hatte diese Pläne aber dann nicht mehr weiter verfolgt. B errichtete mit Billigung der restlichen Gesellschafter auf diesem Grundstück ein zu eigenen Wohnzwecken genutztes Einfamilienhaus.

3. Gesellschafter C ist selbstständiger Bauingenieur. C erhielt von der OHG am 15.12.2006 für Beratungsleistungen 18 000 € zgl. USt an Gebühren überwiesen.

C erwirbt im September 2006 eine Lagerhalle für 120 000 €, die er für (angemessene) 1 000 € zzgl. USt an die OHG vermietet.

Die Halle ist Ersatz für eine Halle, die die OHG im Dezember 2005 für 80 000 € (BW 20 000 €) veräußerte. Für den Gewinn aus der Veräußerung hat die OHG in der Bilanz zum 31.12.2005 eine §-6b-Rücklage gebildet. C will die Rücklage auf die von ihm in 2006 erworbene Halle übertragen.

C ist in 2002 eine selbstschuldnerische Bürgschaft in Höhe von 250 000 € für Darlehensverbindlichkeiten der OHG eingegangen. Am 17.12.2006 ist dieses Darlehen fällig. Die OHG kann die Verbindlichkeit aber nicht erfüllen, da sie nicht über entsprechende Liquidität verfügt. Die OHG hat eine Forderung gegen einen großen Kunden in Höhe von 400 000 €, die voll werthaltig ist, aus Gründen der Kundenpflege aber nicht sofort angemahnt wird. Dennoch muss C zum Ende des Jahres 2006 ernsthaft damit rechnen, dass er als Bürge in Anspruch genommen wird.

4. WD ist Witwe des 1998 verstorbenen Gesellschafters D. Entsprechend der an D geleisteten Pensionszusage erhält WD ab 01.01.1999 von der OHG eine Rente von monatlich 1 000 €. Die OHG buchte in 2006: Pensionsaufwand 12 000 € an Bank 12 000 €.

Die OHG erzielte in 2006 einen vorläufigen Gewinn in Höhe von 90 000 €. Noch nicht berücksichtigt sind folgende Vorgänge:

a) Die OHG ist zu 15 % an der Betonhandels GmbH mit Sitz in Heilbronn beteiligt. In der Gesellschafterversammlung am 14.02.2006 wird eine Dividende in Höhe von 100 000 € beschlossen. Die Dividende wurde nach Abzug der Kapitalertragsteuer am 03.11.2006 an die Gesellschafter überwiesen. Die Buchhalterin hatte den Vorgang bisher nicht gebucht, da sie nicht weiß, wie sie die Kapitalertragsteuer verbuchen soll. Sämtliche formalen Voraussetzungen sind erfüllt.

b) Die domtec-OHG ist Kommanditistin der Stein GmbH & Co. KG, die in Würzburg einen Steinbruch und eine Deponie betreibt. Im Betriebsvermögen der Stein GmbH & Co. KG befindet sich eine Anlage zur Zementherstellung (Bw 30 000 €, Tw 200 000 €). Am 01.03.2006 überträgt die Stein KG die Anlage auf die domtec-OHG. Ein Entgelt wird hierfür nicht vereinbart.

II. Aufgabe

Wie hoch ist der Gesamtgewinn der Mitunternehmerschaft? Wie hoch sind die Einnahmen der einzelnen Gesellschafter? Welcher Einkunftsart sind sie jeweils zuzurechnen? Bitte nehmen Sie auch – soweit erforderlich – zu Bilanzierungsfragen Stellung und erstellen Sie die einheitliche und gesonderte Gewinnfeststellung.

III. Lösung

Da der Sachverhalt keine Anhaltspunkte dafür bietet, dass einer der Gesellschafter kein Mitunternehmer ist, kann ohne weiteres davon ausgegangen werden, dass alle Gesellschafter auch Mitunternehmer im Sinne des § 15 Abs. 1 Nr. 2 EStG sind.

1 Mitunternehmer A

Erhält ein Mitunternehmer eine Vergütung für seine Tätigkeit im Dienste der Gesellschaft, so ist zu prüfen, ob ein Dienstvertrag (Arbeitsvertrag) abgeschlossen wurde. Ist dies der

Fall, so verbucht die Gesellschaft die Lohnzahlungen – wie bei den anderen Arbeitnehmern – als Lohnaufwand. Der Mitunternehmer hat den Lohn als **Sonderbetriebseinnahme** zu erfassen.

Der Mitunternehmer kann aber auch ohne Dienstvertrag und lediglich auf gesellschaftsrechtlicher Basis für die Gesellschaft arbeiten. Diese Tätigkeit kann grundsätzlich auch unentgeltlich erfolgen. Es ist aber auch möglich, dem Gesellschafter hierfür einen **Vorabgewinn** zuzuweisen (vgl. H 15.8 Abs. 3 [Tätigkeitsvergütung] EStH). Der Gesellschafter versteuert den Vorabgewinn im Rahmen seines Gewinns aus dem Gesamthandsvermögen. Der Vorabgewinn ist damit keine Sonderbetriebseinnahme (dies hat z. B. im Rahmen des § 15a EStG Auswirkungen).

A versteuert damit einen Vorabgewinn in Höhe von (12 × 8 000 € =) 96 000 €. Ob A den Vorabgewinn entnimmt oder nicht spielt für die Besteuerung keine Rolle (vgl. § 4 Abs. 1 EStG).

Die Buchung der OHG war somit falsch und muss rückgängig gemacht werden (Gewinnerhöhung + 96 000 €; Ausbuchung der Verbindlichkeit).

Für die Pensionszusage an den Gesellschafter muss die KG nach § 249 HGB eine entsprechende Rückstellung bilden. Nach dem Maßgeblichkeitsgrundsatz (§ 5 Abs. 1 EStG) gilt dies auch für die Steuerbilanz. Die Rückstellung in der Gesamthandsbilanz ist durch Aktivierung einer Pensionsforderung in der Sonderbilanz des Gesellschafters zu neutralisieren (Grundsatz der korrespondierenden Bilanzierung; vgl. BFH vom 02. 12. 1997 BFHE 184, 571).

Daran ändert auch nichts, dass A nicht aufgrund eines Dienstvertrags tätig wird. Entscheidend ist, dass sich die OHG verpflichtet hat, dem A bei Erreichen des Ruhestandes eine Altersversorgung zu gewähren.

Da die OHG eine derartige Rückstellung nicht gebildet hat, ist die Bilanz zu berichtigen (§ 4 Abs. 2 S. 1 EStG); Verminderung des Gesamthandsgewinns um 250 000 €.

Im Gegenzug ist der Gewinn im Sonderbetriebsvermögen des A um 250 000 € zu erhöhen.

Die Vorschrift **des § 6a Abs. 4 S. 1 EStG** ist nicht anzuwenden, da diese Regelung nur gilt, wenn ein Wahlrecht zur Bildung einer Pensionsrückstellung existiert. Dies ist hier aber wegen §§ 249 HGB, 5 Abs. 1 EStG nicht der Fall.

(Anmerkung: Es wäre auch vertretbar, die Zahlung der Pension als Vorabgewinn zu beurteilen. In diesem Fall dürfte keine Rückstellung gebildet werden, da die Verpflichtung, Gewinn auszuzahlen den Gewinn nicht mindern darf. Aber auch bei dieser Lösungsvariante sollte man auf die grundsätzliche Problematik der Pensionsrückstellung und der Aktivierung der Pensionsansprüche in der Sonderbilanz des A eingehen.)

Fraglich ist, ob A die Aufwendungen für das Arbeitszimmer als Sonderbetriebsausgabe geltend machen kann. Da er das Arbeitszimmer für Zwecke der Gesellschaft nutzt, handelt es sich auf jeden Fall um aktivierungspflichtiges Sonderbetriebsvermögen II (R 4.2 Abs. 2 EStR). A muss das Arbeitszimmer in der Sonderbilanz nach §§ 253 HGB, 5 Abs. 1 EStG, 7 Abs. 4 Nr. 1 EStG mit 3 % p.a. abschreiben.

Eine andere Frage ist, ob A die Abschreibung und die sonstigen Aufwendungen steuerlich geltend machen kann. Nach **§ 4 Abs. 5 Nr. 6 Buchst. b EStG** könnte A die Aufwendungen nur dann geltend machen, wenn das Arbeitszimmer den Mittelpunkt seiner gesamten betrieblichen und beruflichen Betätigung bildet. Dafür fehlen jegliche Anhaltspunkte im Sachverhalt (vgl. »… arbeitet er gelegentlich …«).

Damit scheitert auch die 50-%-Regel. Im Übrigen ist nach der Lebenserfahrung davon auszugehen, dass ein Gesellschafter-Geschäftsführer eines Großhandels im Betrieb ein Arbeitszimmer hat. Damit kann A keine Sonderbetriebsausgaben für das Arbeitszimmer geltend machen, obwohl dieses in seiner Sonderbilanz zu aktivieren ist.

Die Fahrtkosten kann A – wie jeder Einzelunternehmer auch – als Sonderbetriebsausgaben geltend machen. Dabei spielt es keine Rolle, ob er aufgrund eines Dienstvertrags oder auf gesellschaftsrechtlicher Grundlage für die OHG tätig ist. Nach **§ 4 Abs. 5 Nr. 6 EStG** mindert sich sein Gewinn im Sonderbetriebsvermögen um (30 km × 230 Tage × 0,30 € =) 2 070 €.

Des Weiteren stellt sich die Frage, ob durch die Eintragung der Hypothek das Einfamilienhaus zum notwendigen Sonderbetriebsvermögen wird, da es ja Zwecken der OHG dient (nämlich Sicherung betrieblicher Zwecke).

Dem steht aber die seit Einführung des § 10e EStG herrschende Konsumgutlösung entgegen. Danach stellt ein von einem Unternehmer zu eigenen Wohnzwecken genutztes Gebäude notwendiges Privatvermögen dar (siehe auch: H 4.2 Abs. 1 [Kreditgrundlage/Liquiditätsreserve] EStH).

2 Mitunternehmer B

Der Kredit, der der Finanzierung des Beteiligungserwerbes dient, ist als **Sonderbetriebsvermögen II** zu passivieren (H 4.7 [Sonderbetriebseinnahmen und -ausgaben] EStH). Die Darlehenszinsen in Höhe von 40 000 € sind Sonderbetriebsausgaben.

Zunächst ist zu prüfen, ob die Lebensversicherung notwendiges Sonderbetriebsvermögen darstellt. Von einem Policendarlehen spricht man, wenn die Ansprüche aus einer Lebensversicherung der Sicherung bzw. Tilgung betrieblicher Darlehen dienen. Da mit einer Lebensversicherung aber ein privates Risiko abgedeckt wird, stellen Lebensversicherungsverträge grundsätzlich notwendiges Privatvermögen dar (H 4.2 Abs. 1 [Lebensversicherungen] EStH; BMF vom 15. 06. 2004 BStBl I 2000, 1 118). Dies zeigt auch die Tatsache, dass die Frage der Policendarlehen bis zur Änderung durch das Alterseinkünftegesetz in § 10 Abs. 2 S. 2 a. F. EStG geregelt war.

Zu prüfen ist nun, welche Folgen die Bebauung des Betriebsgrundstücks durch B hat. Hätte die OHG das Grundstück an A vermietet, so wäre das Grundstück ohne Probleme weiterhin Betriebsvermögen, da die OHG damit Gewinne erzielen würde. Die unentgeltliche Überlassung führt aber dazu, dass eine betriebliche Nutzung nicht mehr angenommen werden kann. Das Grundstück stellt damit **notwendiges Privatvermögen** dar und ist zu **entnehmen**. Der Entnahmegewinn ist – soweit nichts anderes vereinbart wird – allen Mitunternehmern zuzurechnen (vgl. H 4.3 Abs. 2–4 [Personengesellschaften] EStH).

Mangels einer entgegenstehenden Vereinbarung ist daher der Gesamthandsgewinn um 250 000 € zu erhöhen.

3 Mitunternehmer C

Auch wenn C die 18 000 € für seine Beratungsleistung (§ 18 EStG) erhalten hat, liegen dennoch Sonderbetriebseinnahmen vor, da § 15 Abs. 1 Nr. 2 EStG alle Leistungen an Mitunternehmer dem gewerblichen Bereich zuordnet.

Die Lagerhalle ist als **Sonderbetriebsvermögen I** grundsätzlich mit den Anschaffungskosten zu aktivieren. Zu prüfen ist, ob und inwieweit C die **§-6b-Rücklage,** die in der Gesamthandsbilanz gebildet wurde, auf Anschaffungen im Sonderbetriebsvermögen übertragen kann (vgl. R 6b.2 Abs. 7 EStR). Danach kann ein Mitunternehmer den begünstigten Gewinn aus der Veräußerung eines Wirtschaftsgutes, das zum Gesamthandsvermögen einer Personengesellschaft gehört, auf Wirtschaftsgüter übertragen, die zum Sonderbetriebsvermögen derselben Mitunternehmerschaft gehören. Die Übertragung ist aber nur insoweit möglich, soweit der begünstigte Gewinn anteilig auf den Mitunternehmer entfällt. Da C zu 1/3 an der domtec-OHG beteiligt ist, kann er (1/3 von 60 000 € =) 20 000 € auf die Anschaffung im Sonderbetriebsvermögen übertragen. Damit aktiviert er die Halle mit (120 000 € ./. 20 000 € =) 100 000 €.

Die Übertragung der §-6b-Rücklage wird praktischerweise nicht in der Gesamthandsbilanz, sondern in einer **Ergänzungsbilanz** des C gebucht, da die Übertragung nur den Gesellschafter C betrifft (BS: §-6b-Rücklage an Mehrkapital Ergänzungsbilanz C). Wird die §-6b-Rücklage später in der Gesamthandsbilanz aufgelöst, so wird sie auch spiegelbildlich in der Ergänzungsbilanz des C ausgebucht.

Die Miete für die Halle ist als Sonderbetriebseinnahme in Höhe von (4 Monate × 1 000 € =) 4 000 € zu erfassen.

Die AfA für die Halle ist als Aufwand im Sonderbetriebsvermögen zu buchen (§ 7 Abs. 4 Nr. 1 EStG; 3 % × 100 000 € × 4/12 =) 1 000 €.

Für die **Bürgschaft** muss C nach **§ 249 HGB** eine Rückstellung bilden, da er zum Bilanzstichtag ernsthaft mit einer Inanspruchnahme rechnen muss. Wegen des Maßgeblichkeitsgrundsatzes ist die Rückstellung auch in seinem Sonderbetriebsvermögen anzusetzen (BFH vom 18. 12. 2001 BStBl II 2002, 733).

Da im Falle einer Erfüllung der Bürgschaft die Darlehensforderung gemäß § 774 BGB (sog. Bürgenregress) auf C übergeht, ist nach der Rechtsprechung (BFH vom 18. 12. 2001, a. a. O.) eine Rückstellung nur zu bilden, wenn die Regressforderung nicht werthaltig ist. Laut Sachverhalt ist die OHG aber grundsätzlich zahlungsfähig und leidet nur unter einer vorübergehenden Liquiditätsschwäche. Daher darf eine Rückstellung im vorliegenden Fall nicht gebildet werden.

4 WD

Die Rente ist nach §§ 15 Abs. 1 Nr. 2 i. V. m. § 24 Nr. 2 EStG als Sonderbetriebseinnahme zu erfassen, da WD die Leistung als Rechtsnachfolgerin ihres verstorbenen Mannes erhält. Die Verbuchung als Aufwand in der Gesamthandsbilanz ist korrekt.

Gewinn Gesamthand

a) Betonhandels-GmbH

Die GmbH hat auf das Konto der OHG folgenden Betrag überwiesen:

Dividende (15 % × 100 000 € =)	15 000 €
Kapitalertragsteuer (§§ 43 Abs. 1 Nr. 1, 43a Abs. 1 Nr. 1 EStG); 20 % × 15 000 €	./. 3 000 €
SolZ (5,5 % × 3 000 € =)	./. 165 €
Summe	11 835 €

Die **Kapitalertragsteuer** kann von den Gesellschaftern nach § 36 Abs. 2 S. 2 EStG auf ihre persönliche Einkommensteuerschuld angerechnet werden. Der Solidaritätszuschlag kann ebenfalls nach § 1 SolZG nur bei der Veranlagung der Mitunternehmer angerechnet werden. Da die Kapitalertragsteuer und der Solidaritätszuschlag von der OHG selbst nicht verwertet werden kann, liegt insoweit eine Entnahme der Gesellschafter vor. Der Vorgang ist sonach wie folgt zu buchen: Bank 11 835 €, Entnahme A, B, C 3 165 € an Beteiligungserträge 15 000 €.

Das Halbeinkünfteverfahren führt zu einer **außerbilanziellen** Korrektur des Beteiligungsertrags um + 7 500 € nach **§ 3 Nr. 40 Buchst. a EStG**.

b) Fraglich ist, ob die Übertragung der Anlage zur Zementherstellung zum Buchwert erfolgen kann. Da die domtec-OHG Mitunternehmerin der Stein KG ist, erfolgt die Übertragung nach **§ 6 Abs. 5 S. 3 Nr. 1 EStG** zwingend zum Buchwert. Der gesamte Vorgang ist steuerneutral (über Entnahme bzw. Einlage zum Buchwert) zu buchen.

Gesamtgewinn	
Ausgangsgewinn	90 000 €
Korrektur Lohnaufwand A	+ 96 000 €
Bildung Pensionsrückstellung	./. 250 000 €
Entnahme Grundstück	+ 250 000 €
Dividende	+ 7 500 €
Summe	193 500 €

Davon versteuert A einen Vorabgewinn in Höhe von 96 000 €. Im Übrigen entfallen auf jeden Gesellschafter 32 500 €. Unter Berücksichtigung der Sonderbetriebseinnahmen/-ausgaben ergibt sich dann folgende einheitliche und gesonderte Gewinnfeststellung (§ 180 AO):

	Gesamthand	Sonderbetriebs-einnahmen	Sonderbetriebs-ausgaben	Summe
A	128 500	250 000	./. 2 070	376 430
B	32 500		./. 40 000	./. 7 500
C	32 500	22 000	./. 1 000	53 500
Witwe D	0	12 000		12 000
Summe	193 500	284 000	./. 43 070	434 430

IV. Punktetabelle

			Punkte
1	Mitunternehmer A		
		Vorabgewinn; keine Sonderbetriebseinnahme	1
		Ausbuchung der Verbindlichkeit	1
		Bilanzberichtigung (§ 4 Abs. 2 S. 1 EStG)	1
		Nichtanwendung des § 6a Abs. 4 S. 1 EStG	1
		Abschreibung des Arbeitszimmers in der Sonderbilanz	1
		Scheitern der 50-%-Regel	1
		Behandlung der Fahrtkosten	1

			Punkte
		Einfamilienhaus: Behandlung als notwendiges Privatvermögen	1
	2	Mitunternehmer B	
		Passivierung des Kredits als Sonderbetriebsvermögen II	1
		Lebensversicherung als notwendiges Privatvermögen	1
		Behandlung des Grundstücks als notwendiges Privatvermögen	1
	3	Mituntermehr C	
		Beratungsleistungen: Sonderbetriebseinnahmen	1
		Behandlung der Lagerhalle als Sonderbetriebsvermögen I	2
		Verbuchung der Afa für die Lagerhalle als Aufwand	1
		Rückstellungsbildung für die Bürgschaft	1
		Übertragung der §-6b-Rücklage	1
	4	WD	
		Erfassung der Rente als Sonderbetriebseinnahme	1
		Gewinn Gesamthand	
		a) Betonhandels-GmbH	
		Verbuchung der Dividende	1
		Außerbilanzielle Korrektur	1
		b) Übertragung der Anlage zur Zementherstellung zum Buchwert	1
		Ermittlung des Gesamtgewinns	1
		Einheitliche und gesonderte Gewinnfeststellung	1
		Summe	23

Klausuraufgabe 3:
Gründung einer Personengesellschaft/Übertragung von einzelnen Wirtschaftsgütern/Teilentgelte/Einbringung eines Betriebs/Ergänzungsbilanzen/Bilanzierung von Beteiligungen

I. Sachverhalt

Am 16.04.2006 gründeten die Gesellschafter Schnell (S), Roll (R) und Fix(F) sowie die Maschinenbau Müller GmbH (M-GmbH) in Ulm die Spedition International GmbH & Co. KG (I-KG).

Sämtliche Formvorschriften wurden eingehalten. Die Eintragung ins Handelsregister erfolgte ordnungsgemäß. Lt. Gesellschaftsvertrag haben die Kommanditisten folgende Beiträge zu leisten:

1. S erwarb im Januar 2004 ein Geschäftsgebäude (Baujahr 1989) für 320 000 € sowie Grund und Boden für 35 000 € (alle Beträge inkl. Anschaffungsnebenkosten). Der Wert der Immobilie wird von einem Gutachter auf 200 000 € (Gebäude) und 20 000 € (Grund und Boden) geschätzt. S hat das Gebäude bisher im Privatvermögen gehalten und an ein Unternehmen umsatzsteuerfrei vermietet und mit 2 % p.a. abgeschrieben.

Zum 16.04.2006 überführt S die Immobilie in das Gesamthandsvermögen der KG (Buchungssatz: Gebäude 200 000 €, Grundstück 20 000 € an Kapital S 220 000 €).

2. Roll war bisher Inhaber eines Einzelunternehmens. Im Betriebsvermögen befinden sich vier Lkw (Bw je 10 000 €, Tw je 55 000 €). Mit Wirkung vom 16.04.2006 werden die Lkw an die I-KG übereignet. Die I-KG schreibt die Lkw zulässigerweise linear auf vier Jahre ab.

3. Fix (58 Jahre alt) hat ebenfalls bisher eine Spedition als Einzelunternehmen geführt. Zum 15.04.2006 stellt er folgende Bilanz auf:

Aktiva	Einzelunternehmen Fix 15.04.2006 (in €)		Passiva
Diverse WG	220 000 €	Rücklage (§ 6b EStG)	200 000 €
		Kapital	20 000 €

Der Teilwert der WG beläuft sich auf 220 000 €. Fix bringt sein Unternehmen mit allen Aktiva und Passiva zum 16.04.2006 in die I-KG ein. F will die Rücklage nach Möglichkeit nicht auflösen, da er spätere Anschaffungen in seinem Betriebsvermögen plant. Die Wirtschaftsgüter haben nach der Einbringung in die I-KG eine Restnutzungsdauer von vier Jahren und werden linear abgeschrieben.

4. Die M-GmbH ist Eigentümerin einer Lagerhalle auf fremdem Grund und Boden (Bw am 16.04.2005: 250 000 €; AK 280 000 €; Abschreibung zulässigerweise mit 3 % p.a.; Tw 300 000 €). Die Halle geht am 16.04.2006 auf die I-KG über. Diese verpflichtet sich, am 01.02.2007 an die M-GmbH einen Ausgleich in Höhe von 80 000 € zu zahlen.

5. Die I-Verwaltungs-GmbH ist Komplementärin und leistet keine Einlage. Für die Übernahme der Haftung erhält sie angemessene 2 % des Gewinns. Im Übrigen wird der Gewinn nach dem Verhältnis der Festkapitalkonten verteilt.

II. Aufgabe

Bitte erstellen Sie die Eröffnungsbilanz der I-KG zum 16.04.2006 und die Bilanz zum 31.12.2006. Der Gewinn der I-KG bis zum Bilanzstichtag 31.12.2006 beträgt (einschließlich aller Abschreibungen etc.) 36 000 € und befindet sich auf dem Bankkonto; Entnahmen wurden von den Gesellschaftern nicht getätigt. Gehen Sie auch auf die Rechtsfolgen der Übertragungsvorgänge bei den einzelnen Gesellschaftern ein und erstellen Sie eventuelle Ergänzungsbilanzen zum 16.04.2006 und 31.12.2006.

Die Kapitalkonten der Gesellschafter sollen nach Möglichkeit in der Gesamthandsbilanz in gleicher Höhe ausgewiesen werden. Eventuelle Korrekturen sind über Ergänzungsbilanzen vorzunehmen.

Wie bilanziert die M-GmbH die Beteiligung zum 31.12.2006 in der Steuerbilanz? Bei der Bilanzerstellung der M-GmbH stellt sich heraus, dass die I-KG wegen Managementfehlern und schlechter Geschäftsaussichten eine Fehlinvestition war und nur noch einen Wert von 1€ darstellt.

III. Lösung

1 Gesellschafter Schnell

Die Übertragung eines **Einzelwirtschaftsgutes** aus dem **Privatvermögen** in das betriebliche Gesamthandsvermögen einer Personengesellschaft stellt einen tauschähnlichen Vorgang dar (**§ 6 Abs. 6 EStG**), wenn dem Einbringenden als Gegenleistung für das eingebrachte Einzelwirtschaftsgut Gesellschaftsrechte gewährt werden, die dem Wert des Wirtschaftsguts entsprechen. Dies ist hier der Fall, da S ein dem Wert der Immobilie entsprechendes Kapitalkonto erhält (offene Sacheinlage). In diesem Fall kommt **§ 6 Abs. 1 Nr. 5 EStG** nicht zur Anwendung, da wegen des Tausches eben gerade keine Einlage vorliegt (BMF vom 29.03.2000 BStBl I 2000, 462).

Da die Übertragung der Immobilie sonach entgeltlich erfolgte, ist zu prüfen, inwieweit S einen privaten Veräußerungsgewinn erzielt, da der Erwerb des Grund und Bodens innerhalb des zehnjährigen Spekulationszeitraums liegt (**§ 23 Abs. 1 Nr. 1 EStG**). Bei der Berechnung des privaten Veräußerungsgewinns ist zu berücksichtigen, dass nach § 23 Abs. 3 S. 4 EStG von den fortgeführten Anschaffungskosten des Gebäudes auszugehen ist.

Somit ergibt sich für den Grund und Boden folgender Gewinn:

Erlös (= Ansatz Kapitalkonto)	20 000 €
Anschaffungskosten	./. 35 000 €
Verlust	./. 15 000 €

Beim Gebäude ergibt sich folgendes Ergebnis:

Erlös		200 000 €
Anschaffungskosten	320 000 €	
AfA § 7 Abs. 4 Nr. 2 EStG;		
2004–2005; 2 × 2%	./. 12 800 €	
2006; 2% × 4/12	./. 2 133 €	
fortgeführte AK		./. 305 067 €
Verlust		./. 105 067 €

Den Verlust kann S aber nur im Rahmen des § 23 Abs. 3 S. 8 EStG geltend machen (Vortrag auf künftige Jahre und Verrechnung mit späteren privaten Veräußerungsgewinnen).

Die I-KG aktiviert das Gebäude mit dem Teilwert (= 200 000 €) und schreibt es nach § 7 Abs. 4 Nr. 1 EStG mit 3 % p.a. ab, somit (200 000 € × 3 % × 9/12 =) 4 500 €.

2 Gesellschafter Roll

Da R die Lkw bisher schon im Betriebsvermögen hielt, ergibt sich eine völlig andere Lösung als beim Gesellschafter Schnell. Die Übertragung aus dem Einzelunternehmen in das Gesamthandsvermögen der I-KG fällt grundsätzlich unter den Tatbestand des **§ 6 Abs. 5 S. 3 Nr. 1 EStG**. Dies bedeutet, dass die Übertragung zwingend zum **Buchwert** vorzunehmen ist. Da aber die M-GmbH an der GmbH & Co. KG zu 1/4 beteiligt ist, greift insoweit Satz 5, wonach der Teilwert anzusetzen ist, soweit der Anteil einer Körperschaft an dem Wirtschaftsgut unmittelbar oder mittelbar begründet wird.

Damit muss Roll in seinem Einzelunternehmen 1/4 der stillen Reserven aufdecken (45 000 € × 4 Lkw × 1/4 =) 45 000 € und als laufenden Gewinn versteuern.

Die GmbH & Co. KG aktiviert damit die Lkw wie folgt:

Bw-Ansatz (10 000 € × 4 Lkw × 3/4 =)	30 000 €
Tw-Ansatz (55 000 € × 4 Lkw × 1/4 =)	55 000 €
Bilanzansatz GmbH & Co. KG	85 000 €

Damit könnte das Kapitalkonto des R lediglich mit 85 000 € angesetzt werden. Der Konflikt mit den anderen Gesellschaftern, deren Kapitalkonto jeweils mit 220 000 € gebucht ist, wäre vorprogrammiert.

In derartigen Fällen bietet es sich an, in der **Gesamthandsbilanz** die Wirtschaftsgüter mit dem **Teilwert** anzusetzen. In einer **negativen Ergänzungsbilanz** korrigiert R die Wert dann um die Differenz zwischen angesetztem Wert (220 000 €) und dem Wert von 85 000 €, somit um 135 000 €. Die Werte der negativen Ergänzungsbilanz sind gewinnerhöhend aufzulösen. Damit versteuert R letztlich die stillen Reserven, die in seinem Einzelunternehmen entstanden sind.

In der Gesamthandsbilanz sind die Lkw nach § 7 Abs. 1 EStG mit (220 000 € : 4 Jahre ND × 9/12 =) 41 250 € abzuschreiben, so dass der Buchwert am 31. 12. 2006 mit 178 750 € anzusetzen ist.

In der negativen Ergänzungsbilanz schreibt R die Lkw mit (135 000 € : 4 Jahre ND × 9/12 =) 25 313 € ab. Insoweit entsteht ein Ertrag. Der negative Buchwert beträgt dann zum 31. 12. 2006 (135 000 € ./. 25 313 € =) 109 687 €.

3 Gesellschafter Fix

Die Einbringung des Einzelunternehmens durch Gesellschafter F könnte unter **§ 24 UmwStG** fallen. Dafür müsste der Betrieb mit allen seinen wesentlichen Betriebsgrundlagen auf die M-KG übergehen. Da alle Wirtschaftsgüter übertragen werden, liegen die Voraussetzungen einer Betriebsübertragung nach § 24 UmwStG vor.

Damit hat die aufnehmende I-KG das Wahlrecht, die Wirtschaftsgüter des Einzelunternehmens F mit dem Buchwert, dem Zwischenwert oder dem Teilwert anzusetzen. Wählt die KG einen Zwischen- oder den Teilwert, dann muss auch die §-6b-Rücklage aufgelöst werden.

Wählt sie den Buchwert, geht die §-6b-Rücklage grundsätzlich auf die KG über. Nach **R 6b.2 Abs. 9 EStR** kann die Rücklage aber in einer Ergänzungsbilanz des F weitergeführt werden.

Da bei Buchwertansatz das Kapital des F dem der anderen Gesellschafter entspricht, wird die KG zur Vermeidung einer unnötigen Aufdeckung stiller Reserven den Buchwertansatz wählen.

Die I-KG schreibt die Wirtschaftsgüter nach §§ 24 Abs. 4, **22 Abs. 1 UmwStG**, § 7 Abs. 1 EStG auf die Restnutzungsdauer ab; die AfA beträgt für 2006 (220 000 € : 4 Jahre × 9/12 =) 41 250 €.

4 M-GmbH

Die Übertragung eines Wirtschaftsguts aus dem Betriebsvermögen der Mitunternehmerin M-GmbH in das Gesamthandsvermögen der I-KG erfolgt grundsätzlich nach **§ 6 Abs. 5 S. 3 Nr. 1 EStG** zum Buchwert. Dem steht die Regelung des § 6 Abs. 5 S. 5 EStG nicht entgegen. Danach ist der Teilwert anzusetzen, wenn der Anteil einer Körperschaft an dem übertragenen Wirtschaftsgut begründet wird oder sich erhöht. Dies ist im vorliegenden Fall aber gerade nicht der Fall, da das Wirtschaftsgut von einer Körperschaft (M-GmbH) auf eine Personengesellschaft (I-KG) übergeht. An dieser ist zwar die M-GmbH zu einem Viertel beteiligt. Vor der Übertragung war aber die M-GmbH zu 100%, nach der Übertragung ist sie nur noch zu 25% beteiligt, so dass sich die Beteiligung gerade vermindert hat.

Damit stellt sich die Frage, wie die Ausgleichszahlung zu behandeln ist. Nach **H 6.15 EStH** ist eine teilentgeltliche Übertragung in eine voll entgeltliche und einen voll unentgeltliche Übertragung aufzuteilen.

Voll entgeltliche Übertragung: Die M-GmbH veräußert 80/300 der Halle für 80 000 €; daraus resultiert ein laufender Veräußerungsgewinn in Höhe von:

Erlös	80 000 €
Buchwert (250 000 € × 80/300 =)	./. 66 667 €
Gewinn	13 333 €

Grundsätzlich ergibt sich für die Halle folgender Buchwert:

Übergang nach § 6 Abs. 5 EStG (250 000 € × 220/300 =)	183 333 €
Anschaffung	80 000 €
neuer Buchwert	263 333 €

Da die I-KG die Halle in der Gesamthandsbilanz aber mit dem Teilwert aktivieren soll (= 220 000 € + 80 000 €), muss in Höhe von (300 000 € ./. 263 333 € =) 36 667 € eine Korrektur über eine **negative Ergänzungsbilanz** der M-GmbH gebildet werden.

Die I-KG schreibt die Lagerhalle nach § 7 Abs. 4 Nr. 1 EStG mit 3 % p.a. ab. Die **Bemessungsgrundlage** für die Abschreibung ist aber nicht der Buchwert. Vielmehr ist aus den früheren Anschaffungskosten der M-GmbH für den unentgeltlich übergegangenen Teil (280 000 € × 220/300 = 205 333 €) und den Anschaffungskosten (= 80 000 €) eine neue Bemessungsgrundlage zu bilden (= 285 333 €). Die AfA beträgt demnach für 2006 (285 333 € × 3 % × 9/12 =) 6 420 €.

Die M-GmbH löst den Ansatz der Halle in der negativen Ergänzungsbilanz ebenfalls mit 3 % p.a. auf; somit: 36 667 € × 3 % × 9/12 = 825 €. Insoweit erzielt sie einen Ertrag.

5 I-Verwaltungs-GmbH

Dass die Komplementär-GmbH keinen Kapitalbeitrag leistet, ist ohne Bedeutung. Ihr Gesellschafterbeitrag besteht in der Übernahme der Haftung (§ 128 HGB) und in der Verwaltung der KG (§ 164 HGB).

Das Haftungsrisiko muss angemessen vergütet werden. Dies ist lt. Sachverhalt der Fall.

6 Eröffnungsbilanz der I-KG

Die Eröffnungsbilanz der I-KG zum 16. 04. 2006 sieht wie folgt aus:

Aktiva	Eröffnungsbilanz I-KG 16. 04. 2006		Passiva
Grundstück S	20 000 €	Kapital S	220 000 €
Gebäude S	200 000 €	Kapital R	220 000 €
Lkw	220 000 €	Kapital F	220 000 €
diverse WG	220 000 €	Kapital M-GmbH	220 000 €
Lagerhalle	300 000 €	Kapital I-GmbH	0 €
		Verbindlichkeit	80 000 €
Summe	960 000 €	Summe	960 000 €

7 Ergänzungsbilanzen

Aktiva	Ergänzungsbilanz R 16. 04. 2006		Passiva
Minderkapital	135 000 €	Lkw	135 000 €

Aktiva	Ergänzungsbilanz F 16. 04. 2006		Passiva
Minderkapital	200 000 €	Rücklage § 6b EStG	200 000 €

Aktiva	Ergänzungsbilanz M-GmbH 16. 04. 2006		Passiva
Minderkapital	36 667 €	Lagerhalle	36 667 €

8 Einheitliche und gesonderte Gewinnfeststellung

Vom Gesamthandsgewinn (36 000 €; siehe Aufgabenstellung) stehen 2 % (= 720 €) der I-Verwaltungs-GmbH zu. Der Restgewinn (= 35 280 €) ist auf die vier Gesellschafter zu verteilen (= je 8 820 €).

	Gesamthand	Negative Ergänzungsbilanz	Summe
Schnell	8 820 €	0 €	8 820 €
Roll	8 820 €	25 313 €	34 133 €
Fix	8 820 €	0 €	8 820 €
M-GmbH	8 820 €	825 €	9 645 €
I-GmbH	720 €	0 €	720 €
Summe	36 000 €	26 138 €	62 138 €

9 Gesamthandsbilanz I-KG zum 31.12.2006

Aktiva	Bilanz I-KG 31.12.2006		Passiva
Grundstück S	20 000 €	Kapital S	228 820 €
Gebäude S	195 500 €	Kapital R	228 820 €
Lkw	178 750 €	Kapital F	228 820 €
diverse WG	178 750 €	Kapital M-GmbH	228 820 €
Lagerhalle	278 913 €	Kapital I-GmbH	720 €
Bank	144 087 €	Verbindlichkeit	80 000 €
Summe	996 000 €	Summe	996 000 €

10 Ergänzungsbilanzen

Aktiva	Ergänzungsbilanz R 31.12.2006		Passiva
Minderkapital	109 687 €	Lkw	109 687 €

Aktiva	Ergänzungsbilanz F 31.12.2006		Passiva
Minderkapital	200 000 €	Rücklage § 6b EStG	200 000 €

Aktiva	Ergänzungsbilanz M-GmbH 31.12.2006		Passiva
Minderkapital	35 842 €	Lagerhalle	35 842 €

11 Bilanzierung der Beteiligung bei der M-GmbH

Während eine Beteiligung nach § 253 HGB mit den Anschaffungskosten zu aktivieren ist, gilt für die Steuerbilanz das sog. Korrespondenzprinzip (vgl. Grobshäuser, steuer-journal.de 2006, 24). Danach ist in der Bilanz der M-GmbH die Beteiligung spiegelbildlich zum Kapitalkonto der M-GmbH in der Gesamthands- und Ergänzungsbilanz der I-KG zu aktivieren; dies sind zum 31.12.2006 (228 820 € ./. 35 842 € =) 192 978 €.

Wegen des Prinzips der korrespondierenden Bilanzierung ist eine Teilwertberichtigung nicht möglich.

IV. Punktetabelle

			Punkte
1	Gesellschafter Schnell		
		Übertragung entgeltlich (§ 6 Abs. 6 EStG)	1
		Spekulationsgewinn (§ 23 Abs. 1 Nr. 1 EStG)	1
		Verlust folgerichtig	2
		Aktivierung I-KG mit 220 000 €	1

			Punkte
2		Gesellschafter Roll	
		Übereignung der Lkw: Tatbestand des § 6 Abs. 5 S. 3 Nr. 1 EStG	1
		Bilanzansatz der Lkw	1
		Teilwertansatz in Gesamthandsbilanz, Korrektur in negativer Ergänzungsbilanz	1
3		Gesellschafter Fix	
		Voraussetzungen einer Betriebsübertragung nach § 24 UmwStG	1
		Buchwert-, Teilwert- oder Zwischenwertansatz	1
		Ermittlung der Afa	1
4		M-GmbH	
		Lagerhalle: kein Teilwertansatz	1
		Aufteilung in vollentgeltliche und teilentgeltliche Übertragung	1
		Voll entgeltliche Übertragung: Ermittlung des Veräußerungsgewinns	1
		Ermittlung des Buchwerts	1
		Korrektur über negative Ergänzungsbilanz	1
		Ermittlung von Bemessungsgrundlage und Afa	1
		Auflösung des Ansatzes der Halle in der negativen Ergänzungsbilanz	1
5		I-Verwaltungs-GmbH	
		Gesellschafterbeitrag der Komplementär-GmbH; angemessene Vergütung des Haftungsrisikos	1
6		Eröffnungsbilanz der I-KG zum 16. 04. 2006	1
7		Ergänzungsbilanzen	1
8		Einheitliche und gesonderte Gewinnfeststellung	1
9		Gesamthandsbilanz I-KG zum 31. 12. 2006	1

		Punkte
10	Ergänzungsbilanzen	1
11	Bilanzierung der Beteiligung bei der M-GmbH	1
	Summe	24

Klausuraufgabe 4:
GmbH & Co. KG/angemessene Gewinnverteilung/verdeckte Gewinnausschüttung/Bilanzierung bei Schwesterpersonengesellschaften/gewerblich geprägte Personengesellschaft/ausländische Beteiligung/ausländischer Gesellschafter/Darlehen

I. Sachverhalt

An der Schwarz GmbH & Co. KG ist die Schwarz GmbH mit einer Einlage von 400 000 € als Komplementärin beteiligt. Die Geschäftsführung der KG obliegt einzig der Schwarz GmbH. Die Kommanditisten Rot und Grün sind mit je 200 000 € beteiligt. Außerdem ist die Gelb GmbH & Co. mit einer Einlage von 20 000 € beteiligt. An der Schwarz GmbH sind Rot und Grün mit je 50 % beteiligt.

1. Der Gewinn der Schwarz GmbH & Co. wird wie folgt verteilt: Vorab erhält die GmbH den Ersatz ihrer Aufwendungen i. H. v. (pauschal/angemessen) 200 000 €. Vom Restgewinn erhält die GmbH 5 %, Die Gesellschafter Rot und Grün je 45 % und der Gesellschafter Gelb 5 %.

2. Der Gesellschafter Rot ist angestellter Geschäftsführer der Schwarz GmbH. Er erhält ein Gehalt von 120 000 € (einschließlich 12 000 € Arbeitgeberanteile zur Sozialversicherung). Die übrigen Betriebsausgaben der GmbH betrugen 80 000 € im Wj 2006.

Auf Wunsch von Rot behält die Schwarz GmbH monatlich 300 € vom Gehalt ein und überweist den Betrag an die Fiducia Pensionskasse. Die Fiducia Pensionskasse garantiert Rot mit Vollendung des 65. Lebensjahres eine monatliche lebenslange Pension.

3. Gesellschafter Grün hat seinen Wohnsitz in Graz/Österreich.

4. Die Gelb GmbH & Co. vermietet an die Schwarz GmbH & Co. das Produktionsgrundstück »Lindenstr. 6«. Komplementärin der GmbH & Co. ist ausschließlich die Gelb GmbH. Kommanditisten sind mehrere natürliche Personen. Der Gesellschaftsvertrag entspricht den Regelungen des HGB.

Das Produktionsgrundstück ist am 31. 12. 06 in der Sonderbilanz bei der Schwarz GmbH & Co. mit einem Buchwert von 20 000 € aktiviert (Tw 270 000 €). Der Miete von 20 000 € standen im Wj 2006 Aufwendungen von 28 000 € gegenüber.

5. Die Schwarz GmbH & Co. hat am 01. 01. 2006 dem Gesellschafter Grün ein Darlehen von 200 000 € gewährt. Die Laufzeit des Darlehens beträgt fünf Jahre, der Zinssatz 3,75 %. Auf eine Sicherheit wurde verzichtet. Die von Grün gezahlten Zinsen (7 500 €) wurden als Betriebseinnahme verbucht.

6. An der Blau GmbH & Co. sind Rot und Grün zu je 50 % beteiligt. Einziger Geschäftszweck der Blau GmbH & Co. ist die Vermietung des Bürogebäudes (Standardgebäude; keine wesentliche Betriebsgrundlage) »Lindenstr. 4« an die Schwarz GmbH & Co. Die Mieteinnahmen beliefen sich im Wj 2006 auf 50 000 €. Aufwendungen (einschl. AfA) entstanden in Höhe von 30 000 €. Die Schwarz GmbH & Co. hat die Miete als Betriebsausgaben gebucht.

7. Die Schwarz GmbH & Co. ist mit 20 % als Gesellschafterin der Weiß GmbH mit Sitz in Österreich. Im September 2006 beschlossen die Gesellschafter der Weiß GmbH eine Dividendenausschüttung von insgesamt 800 000 €. Die Dividende ist bisher noch nicht verbucht.

Der Gewinn der Schwarz GmbH & Co. betrug im Übrigen 195 000 € im Wj 2006.

II. Aufgabe

Bitte erstellen Sie die einheitliche und gesonderte Gewinnfeststellung der Schwarz GmbH & Co. KG für das Wj 2006. (Gehen Sie für die Frage der angemessenen Gewinnverteilung davon aus, dass der Verwaltungs-GmbH mindestens 10 % ihrer Einlage als Gewinn zustehen müssen.)

III. Lösung

Anmerkung: Bei derart komplizierten Sachverhalten sollten Sie unbedingt eine Skizze der Beteiligungsverhältnisse erstellen.

1. Grundsätzlich können die Gesellschafter einer Personengesellschaft den Gewinn frei vereinbaren. Sie sind dabei an keine Regeln gebunden. Eine Ausnahme gilt aber für den Gewinnanteil eines Komplementärs (vgl. Band 7, Grobshäuser/Maier/Kies; Besteuerung der Gesellschaften, 248). Ein Komplementär muss für sein Haftungsrisiko eine angemessene Vergütung erhalten. Hierzu gibt es weder Rechtsprechung noch Verwaltungsanweisungen. In der Literatur wird bei einer Kapitalbeteiligung eine angemessene Kapitalverzinsung von 10–15 % angenommen (hier lt. Aufgabenstellung 10 %).

Bei einer Kapitalbeteiligung von 400 000 € wären dies 40 000 €. Ob die vertraglich vereinbarte Gewinnverteilung dem entspricht, kann erst entschieden werden, wenn der endgültige Gewinn ermittelt ist.

Der Ersatz der Aufwendungen an die Schwarz GmbH ist als Sonderbetriebseinnahme zu erfassen (SBE 200 000 €). Die Aufwendungen für die Geschäftsführung sind Sonderbetriebsausgaben (SBA 120 000 € + 80 000 €).

2. Das Gehalt des Rot ist bei diesem als SBE zu erfassen, da lt. Sachverhalt ein Anstellungsvertrag (=Dienstvertrag, Arbeitsvertrag) zwischen der Schwarz GmbH und Rot besteht. Sonderbetriebseinnahmen liegen vor, da Rot als Geschäftsführer der Schwarz GmbH letztlich die Geschäftsführung der Schwarz KG ausübt. Im Übrigen hält Rot die Anteile an der Schwarz GmbH im **Sonderbetriebsvermögen II** der Schwarz KG, da die Komplementär GmbH von erheblicher Bedeutung für die KG ist (vgl. Band 7, Grobshäuser/Maier/Kies; Besteuerung der Gesellschaften, 240).

Fraglich ist, ob die Zahlungen an die **Pensionskasse** nach § 3 Nr. 63 EStG steuerfrei sind. § 3 Nr. 63 EStG gilt aber nur für Arbeitnehmer, die Einkünfte nach § 19 EStG i. V. m. § 1 LStDV erzielen (siehe Wortlaut: »Beiträge des Arbeitgebers ...«). Da Rot aber (Mit-)Unternehmer ist und Gewinneinkünfte bezieht, kann er diese Möglichkeit der betrieblichen Altersversorgung nicht in Anspruch nehmen (BMF vom 17. 11. 2004 BStBl I 2004, 1065 Rz. 168). Er muss daher 120 000 € als Sonderbetriebseinnahme versteuern.

Die Ansprüche an die Pensionskasse muss Rot nicht aktivieren, da er die Beiträge an die Pensionskasse auch nicht als Sonderbetriebsausgabe geltend machen kann. Letztlich ist die Pensionskasse nichts anderes als eine besondere Form der privaten kapitalgedeckten Lebensversicherung.

3. Fraglich ist, ob Gesellschafter Grün in die einheitliche und gesonderte Gewinnfeststellung aufzunehmenden ist und in welchem Land er die Gewinne zu versteuern hat.

Für die Frage der einheitlichen und gesonderten Gewinnfeststellung (§§ 179 ff. AO) spielt der Wohnsitz eines Beteiligten keine Rolle.

Mitunternehmer werden im internationalen Steuerrecht wie Unternehmer behandelt (BFH vom 10. 07. 2002 BStBl II 2003, 191). Unternehmensgewinne werden nach **Art. 7 DBA Österreich** grundsätzlich in dem Staat versteuert, in dem das Unternehmen seinen Sitz hat.

Eine Ausnahme gilt dann, wenn Sitz und Betriebsstätte auseinander fallen. Dann erfolgt die Besteuerung in dem Staat, in dem sich die Betriebsstätte befindet.

Da die Schwarz KG ihren Sitz in Deutschland hat und Gesellschafter Grün für seinen Mitunternehmeranteil keine ausländische Betriebsstätte innehat, ist der Gewinnanteil des Grün in Deutschland zu versteuern.

Damit ist Grün mit seinen Einkünften nach § 49 Abs. 1 Nr. 2 EStG **beschränkt steuerpflichtig.** Er kann aber nach § 50 Abs. 1 S. 1 EStG eventuelle Sonderbetriebsausgaben geltend machen.

4. Das vermietete Grundstück der Gelb GmbH & Co. wird zu Recht als **Sonderbetriebsvermögen I** aktiviert, da die Gelb GmbH & Co. Mitunternehmerin der Schwarz GmbH & Co. ist (§ 15 Abs. 1 Nr. 2 EStG).

Nach der Rechtsprechung des BFH zur Vermietung unter **Schwester-Personengesellschaften** (BMF vom 28.04.1998 BStBl I 1998, 583 Tz.1 m.w.N.) hat die Bilanzierung von Wirtschaftsgütern bei der vermietenden Gesellschaft (hier: Gelb GmbH & Co. KG) Vorrang vor der Bilanzierung als Sonderbetriebsvermögen (§ 15 Abs. 1 Nr. 2 EStG). Dies gilt aber nicht bei doppelstöckigen Personengesellschaften. In diesen Fällen bleibt es bei der Anwendung des § 15 Abs. 2 Nr. 2 S. 2 EStG (BMF vom 28.04.1998, a.a.O. Tz.1 am Ende). Das Grundstück ist somit richtig bilanziert.

Somit SBE Gelb (20 000 €) SBA (28 000 €).

5. Gewährt eine Personengesellschaft an ihre Gesellschafter ein **Darlehen,** so ist zu prüfen, ob die Gesellschafter der Personengesellschaft wie fremde Dritte gegenüberstehen, oder ob das Darlehen gesellschaftsrechtlich veranlasst ist. Im ersteren Fall hat die Personengesellschaft das Darlehen als Forderung zu aktivieren, die Zinsen sind Betriebseinnahmen. Im letzteren Fall ist die Darlehensgewährung als Entnahme, die Zinszahlung und Rückzahlung als Einlage des Gesellschafters zu beurteilen.

Ein Darlehen ist gesellschaftsrechtlich veranlasst, wenn es nicht zu **üblichen Bedingungen** vergeben wurde (OFD Münster vom 18.02.1994 DB 1994, 658 m.w.N.). Da hier sowohl auf eine Sicherheit verzichtet wurde, als auch ein ungewöhnlicher Zinssatz vereinbart wurde, ist das Darlehen nicht anzuerkennen. Die Zinsen stellen keine Betriebseinnahme, sondern eine Einlage dar. Der Gewinn der Schwarz KG ist daher um 7 500 € zu ermäßigen.

6. Da die Schwarz und die Blau GmbH & Co. die gleichen Gesellschafter haben, greift die neue Rechtsprechung des BFH zur Vermietung zwischen **Schwestergesellschaften** (BMF vom 28.04.1998, a.a.O.). Danach ist bei Vermietung durch eine vermögensverwaltende Schwestergesellschaft das Grundstück als Sonderbetriebsvermögen bei der mietenden Gesellschaft zu bilanzieren. Ist die vermietende Schwestergesellschaft dagegen gewerblich tätig, ist das Grundstück bei ihr als Betriebsvermögen zu behandeln (im BMF-Schreiben zum Fall der mitunternehmerischen Betriebsaufspaltung).

Die Blau GmbH & Co. ist zwar grundsätzlich vermögensverwaltend tätig. Sie ist aber eine gewerblich geprägte Personengesellschaft i.S.d. **§ 15 Abs. 3 Nr. 2 EStG,** da Komplementärin ausschließlich eine Kapitalgesellschaft ist. Wer die Geschäftsführung innehat, ist im Sachverhalt nicht erwähnt. Da aber von den Regeln des HGB nicht abgewichen wurde, sind die Kommanditisten nach § 164 HGB von der Geschäftsführung ausgeschlossen. Die Geschäftsführung obliegt damit ausschließlich der Blau GmbH. Damit liegen die Voraussetzungen des § 15 Abs. 3 Nr. 2 EStG vor.

Da die Blau GmbH & Co. gewerbliche Einkünfte hat, ist das vermietete Betriebsvermögen vorrangig bei ihr zu bilanzieren. § 15 Abs. 1 Nr. 2 EStG tritt insoweit zurück.

Damit sind die Mieteinnahmen richtig erfasst. Eine Korrektur ist nicht notwendig.

7. **Dividenden,** die eine Personengesellschaft erzielt, sind grundsätzlich in der Gesamthandsbilanz als Beteiligungsertrag zu erfassen.

Dividenden, die eine in Österreich ansässige GmbH ausschüttet, sind nach **Art. 10 DBA Österreich** im Sitzland des Empfängers, hier also in Deutschland zu versteuern.

Fraglich ist, ob Österreich eine **Quellensteuer** einzubehalten hat. Diese wäre dann als Entnahme der Mitunternehmer zu erfassen, da nur diese die Anrechnung nach § 34c EStG bei ihrer persönlichen Einkommensteuer vornehmen können. Nach Art. 3 der **Europäischen Mutter/Tochter-Richtlinie** erfolgt die Dividendenzahlung bei einer Mindestbeteiligung von 20 % quellensteuerfrei.

Die Dividende ist daher in Höhe von (800 000 € × 20 % =) 160 000 € im Gesamthandsgewinn zu erfassen. **Außerbilanziell** erfolgt eine Korrektur nach § 3 Nr. 40 Buchst. a EStG um ./. 80 000 €.

8. **Korrigierter Gesamthandsgewinn**

Vorläufiger Gewinn	195 000 €
Korrektur Tz. 5	./. 7 500 €
Korrektur Tz. 7	+ 80 000 €
Gewinn	267 500 €

Damit entfällt auf die Schwarz GmbH ein Gewinn von (5 % × 267 500 € =) 13 375 €. Angemessen wären aber (10 % × 400 000 € =) 40 000 € (Tz. 1). Somit ist die Gewinnverteilung zu ändern:

Von den 267 500 € erhält die GmbH vorab 40 000 €. Damit bleiben für die übrigen Gesellschafter (267 500 € ./. 40 000 € =) 227 500 € zur Verteilung.

Rot und Grün erhalten jeweils 45/95 = 107 763 €; Gelb stehen 5/95 = 11 974 € zu.

Insoweit als die Schwarz GmbH nach der gesellschaftsrechtlichen Vereinbarung nicht den angemessenen Gewinnanteil erhält, liegt grundsätzlich eine **verdeckte Gewinnausschüttung** vor, da die Schwarz GmbH zu Gunsten ihrer Gesellschafter auf eine Vermögensmehrung verzichtet.

Gesellschaftsrechtlich vereinbart (s. o.)	13 375 €
steuerlich angemessen	40 000 €
verdeckte Gewinnausschüttung	26 625 €

Da sich die Anteile an der Schwarz GmbH bei Rot und Grün in deren Sonderbetriebsvermögen II befinden, ist die vGA insoweit als Sonderbetriebseinnahme zu erfassen. Dies gilt aber nicht für die Gelb GmbH & Co., da diese an der Schwarz GmbH nicht beteiligt ist.

Von der vGA entfallen jeweils (26 625 € × 45/95 =) 12 612 € auf Rot und Grün. Diese sind aber im Halbeinkünfteverfahren zu erfassen, somit in Höhe von 6 306 €.

Die einheitliche und gesonderte Gewinnfeststellung sieht damit wie folgt aus:

	Gesamthand	SBE	SBA	Summe
Schwarz GmbH	40 000 €	200 000 €	./. 200 000 €	40 000 €
Rot	107 763 €	126 306 €	0 €	234 069 €
Grün	107 763 €	6 306 €	0 €	114 069 €
Gelb	11 974 €	20 000 €	./. 28 000 €	3 974 €
Summe	267 500 €	352 612 €	./. 228 000 €	392 112 €

IV. Punktetabelle

			Punkte
1		Komplementärin angemessen zu beteiligen	1
		Sonderbetriebseinnahme/-ausgabe	1
2		Gehalt Rot SBE	1
		Anteile Schwarz GmbH im SBV II	1
		Keine Anwendung des § 3 Nr. 63 EStG	1
3		Gewinn Mitunternehmer am Sitz der Gesellschaft zu versteuern	1
		Beschränkte Steuerpflicht (§ 49 Abs. 1 Nr. 2 EStG)	1
		Sonderbetriebsausgaben (§ 50 Abs. 1 Nr. 1 EStG)	1
4		Gelb GmbH & Co. ist Mitunternehmerin	1
		Grundstück SBV I	1
5		Problematik Darlehen erfasst	1
		Hier: keine Zinseinnahme	1
6		Vermietung unter Schwesterpersonengesellschaften	1
		Blau gewerblich geprägt	1
7		Dividenden im Sitzstaat des Empfängers zu versteuern	1
		Problematik Quellensteuer	1
		Anwendung Europäische Mutter-Tochter-Richtlinie	1
		Außerbilanzielle Korrektur der Dividende	1
8		Vorabgewinn GmbH (40 000 €)	1
		Verteilung Restgewinn	1
		VGA der Schwarz GmbH an ihre Gesellschafter	1
		Erfassung bei Rot/Grün im Halbeinkünfteverfahren	1
		Einheitliche und gesonderte Gewinnfeststellung	1
		Summe	23

Klausuraufgabe 5:
Veräußerung eines Mitunternehmeranteils/Bildung von Ergänzungsbilanzen/Abschreibung nach Veräußerung/Verteilung von Anschaffungsnebenkosten/Erbauseinandersetzung/ vorweggenommene Erbfolge/Renten

I. Sachverhalt

William Geist (G) betreibt zusammen mit Herbert Christ (C) seit vielen Jahren die unter Kennern sehr geschätzte Schnapsbrennerei Williams Christ GbR. Im Betriebsvermögen befindet sich im Wesentlichen nur das Brennereigebäude (AK Januar 1996: 500 000 €, Abschreibung linear 4%, Bw am 31.12.2005: 300 000 €, Tw am 31.12.2005: 700 000 €), eine Maschine (AK Januar 1999: 100 000 €; ND 10 Jahre, AfA linear, Bw am 31.12.2005: 30 000 €, Tw am 31.12.2005: 50 000 €) sowie Kundenforderungen i. H. v. 70 000 €.

Am 01.01.2006 veräußert William Geist, der das 60. Lebensjahr vollendet hat, seinen 50%igen Gesellschaftsanteil an Alfons Schluck (S) für 500 000 €, zahlbar sofort. Die Veräußerungskosten i. H. v. 12 000 € übernimmt vereinbarungsgemäß Alfons Schluck.

II. Aufgabe

Wie hoch ist der Veräußerungsgewinn? Erstellen Sie bitte die Bilanz der GbR zum 01.01. und 31.12.2006 sowie eventuell erforderliche Ergänzungsbilanzen.

III. Varianten mit Aufgaben

Variante 1

G veräußert seinen Anteil an C. Als Kaufpreis bekommt er das Brennereigebäude (Wert: 700 000 €). Anschaffungsnebenkosten fallen keine an.

Aufgabe: Wie hoch ist der Veräußerungsgewinn? Stellen Sie bitte die bilanziellen Folgen der Übertragung des Grundstücks dar.

Variante 2

William Geist hat zwei Kinder, nämlich Sven Geist (S) und Thea Geist (T). Da Sohn S den Genuss von Alkohol strikt ablehnt, steht seit Jahren fest, dass T die Brennerei weiterführen wird. Dementsprechend enthält auch der Gesellschaftsvertrag der GbR eine Klausel, dass im Falle des Todes die T in die Mitunternehmerstellung des G nachfolgen soll.

Das Testament lautet auszugsweise wie folgt: »... sollen meine beiden Kinder T und S zu gleichen Teilen Erben meines Vermögens werden ... mein Wunsch ist es, dass die T den Anteil an der Brennerei weiterführt ... hierfür soll sie ihrem Bruder einen fairen Ausgleich zahlen ...«

Am 18.03.2006 stirbt G. Außer der Beteiligung an der Brennerei ist kein nennenswertes Vermögen vorhanden. Wie es dem Wunsch des Vaters entspricht, übernimmt die T den Mitunternehmeranteil und zahlt an den Bruder eine Abfindung in Höhe von 250 000 €.

Aufgabe: Bitte würdigen Sie den Sachverhalt umfassend bezüglich S und T.

Variante 3:

Die GbR erzielte in den letzten Jahren durchschnittliche Gewinne in Höhe von 20 000 € jährlich. Da G die Arbeit in der Brennerei zuviel wird, überträgt er seinen Mitunternehmeranteil auf die T. Die T verpflichtet sich im Gegenzug, zur Versorgung des Vaters eine monatliche Rente in Höhe von 1 200 € zu bezahlen.

Aufgabe: Stellen Sie die Übertragung des Mitunternehmeranteils dar und würdigen Sie die Rentenzahlung bezüglich T und G.

IV. Lösung

1 Veräußerungsgewinn

G erzielt mit der Veräußerung eines ganzen Mitunternehmeranteils inkl. aller wesentlicher Betriebsgrundlagen eine Veräußerungsgewinn nach §§ 16, 34 EStG. Da er das 60. Lebensjahr vollendet hat, kann er grundsätzlich den Freibetrag nach § 16 Abs. 4 EStG und den begünstigten Steuersatz nach § 34 Abs. 3 EStG in Anspruch nehmen.

Der Veräußerungsgewinn errechnet sich aus der Differenz zwischen Veräußerungserlös und dem Kapitalkonto seines Mitunternehmeranteils. Das Kapitalkonto beläuft sich auf (Gebäude + Maschine + Forderung = 400 000 € : 2 =) 200 000 €.

Der Gewinn beträgt daher:

Erlös	500 000 €
Kapitalkonto	./. 200 000 €
Gewinn	300 000 €

Ein **Freibetrag** kommt in diesem Fall wegen Überschreitens der Grenzwerte nicht in Frage. Der begünstigte Steuersatz nach **§ 34 Abs. 3 EStG** kann in Anspruch genommen werden, da G bisher noch keine Veräußerung vorgenommen hat (Anmerkung: Enthält der Sachverhalt keine Angaben, kann davon ausgegangen werden, dass dies die erste Veräußerung im Leben des G ist; dies ist entscheidend, da ja der begünstigte Steuersatz nur einmal im Leben in Anspruch genommen werden kann). Im Übrigen sind die Voraussetzungen des § 34 Abs. 3 EStG (vollendetes 55. Lebensjahr) erfüllt.

2 Bilanzielle Folgen beim Erwerber

Der Erwerber eines Mitunternehmeranteils erwirbt – steuerrechtlich gesehen – anteilig einzelne Wirtschaftsgüter. Damit ist der Kaufpreis zu aktivieren (Aufdeckung der anteiligen stillen Reserven). Eine Aktivierung in der Gesamthandsbilanz wäre zwar grundsätzlich möglich, würde aber Probleme für die Gesellschafter verursachen, die von der Veräußerung nicht betroffen sind. Daher empfiehlt es sich hier, eine **positive Ergänzungsbilanz** für den Gesellschafter zu erstellen, der den Gesellschaftsanteil erworben hat. In dieser Ergänzungsbilanz sind die anteilig erworbenen stillen Reserven zu aktivieren.

Da S die Anschaffungsnebenkosten getragen hat, muss er auch diese aktivieren und zwar im Verhältnis der Teilwerte der einzelnen erworbenen Wirtschaftsgüter.

Der Firmenwert ist im Sachverhalt nicht angegeben. In diesem Fall ist er aus der Differenz zwischen Kaufpreis (500 000 €) und den übrigen Wirtschaftsgütern (410 000 €) zu errechnen.

Damit ergeben sich folgende Anschaffungsnebenkosten:

Gebäude (350/500 × 12 000 € =)	8 400 €
Maschine (25/500 × 12 000 € =)	600 €
Forderung (35/500 × 12 000 € =)	840 €
Firmenwert (90/500 × 12 000 € =)	2 160 €

Die Ergänzungsbilanz zum 01. 01. 2006 ist damit folgendermaßen zu erstellen:

Ergänzungsbilanz S 01. 01. 2006

Gebäude	208 400 €	Mehrkapital	311 160 €
Maschine	10 600 €		
Forderung	0 €		
Firmenwert	92 160 €		
	311 160 €		311 160 €

Die Anschaffungsnebenkosten der Forderung dürfen nicht aktiviert werden, da Forderungen nicht höher als der Nennwert aktiviert werden können. Die Anschaffungsnebenkosten dürfen sofort als Betriebsausgabe abgezogen werden.

Bei der Abschreibung muss nun berücksichtigt werden, dass S einerseits die Wirtschaftsgüter aus seinen individuellen Anschaffungskosten abschreiben muss (er hat ja anteilig Wirtschaftsgüter erworben). Andererseits schreibt die Gesamthand die Wirtschaftsgüter in der Gesamthandsbilanz aus den Anschaffungskosten der Personengesellschaft ab. Diese Abschreibung wird S über die einheitliche und gesonderte Gewinnfeststellung zugerechnet. Letztlich darf S damit in der Ergänzungsbilanz nur die Differenz zwischen der anteiligen Abschreibung in der Gesamthandsbilanz und der Abschreibung seiner individuellen Anschaffungskosten geltend machen.

Bei der Abschreibung von Gebäuden ist darüber hinaus zu berücksichtigen, dass S die Abschreibung nach § 7 Abs. 4 Nr. 1 EStG nur nach dem Recht des Jahres 2006 geltend machen kann (3 %), während die Gesamthand ihre Abschreibung nach dem Recht im Jahr des Erwerbs (hier: 4 %) fortführt.

AfA Gebäude aus AK S (358 400 € × 3 % =)	10 752 €
Anteilige AfA Gesamthandsbilanz (250 000 € × 4 % =)	10 000 €
Mehr-AfA Ergänzungsbilanz	752 €
AfA Maschine aus AK S (25 600 € : 3 Jahre Rest-ND)	8 533 €
Anteilige AfA Gesamthandsbilanz (50 000 € : 10 Jahre)	5 000 €
Mehr-AfA Ergänzungsbilanz	3 533 €
Firmenwert; § 7 Abs. 1 S. 3 EStG; (92 160 € : 15 Jahre)	6 144 €

Damit ergibt sich zum 31.12.2006 folgende fortgeführte Ergänzungsbilanz:

Aktiva	Ergänzungsbilanz S 31.12.2006		Passiva
Gebäude	207 648 €	Mehrkapital	300 731 €
Maschine	7 067 €		
Forderung	0 €		
Firmenwert	86 016 €		
Summe	300 731 €	Summe	300 731 €

V. Lösungen zu den Varianten

Lösung Variante 1:

Es handelt sich hier um die Veräußerung eines Mitunternehmeranteils gegen eine **Sachwertabfindung** (vgl. Band 7, Grobshäuser/Maier/Kies; Besteuerung der Gesellschaften, 163 und für den Fall einer Erbauseinandersetzung BMF vom 14.03.2006 BStBl I 2006, 253 Rz. 51 mit Beispiel). In diesem Fall stellt das Wirtschaftsgut, das der Mitunternehmer aus dem Gesamthandsvermögen erhält den Kaufpreis für den Mitunternehmeranteil dar. Um die stillen Reserven sachgerecht zuordnen zu können, ist in einem ersten Schritt die Abfindungsverpflichtung als Verbindlichkeit einzubuchen. Dadurch werden die stillen Reserven des veräußerten Mitunternehmeranteils aufgedeckt (§ 16 EStG beim ausscheidenden Mitunternehmer).

Im nächsten Schritt ist das Wirtschaftsgut gegen die Abfindungsverbindlichkeit auszubuchen. Die dabei aufgedeckten stillen Reserven sind als laufender Gewinn zu versteuern. Damit sind folgende Bilanzen zu erstellen:

Aktiva	Bilanz GbR vor Ausscheiden G		Passiva
Gebäude	300 000 €	Kapital C	200 000 €
Maschine	30 000 €	Kapital G	200 000 €
Forderungen	70 000 €		
Summe	400 000 €	Summe	400 000 €

Aktiva	Bilanz GbR nach Ausscheiden G (vor Übereignung Gebäude)		Passiva
Gebäude	500 000 €	Kapital C	200 000 €
Maschine	40 000 €	Abfindungsverpflichtung	700 000 €
Forderungen	70 000 €		
Firmenwert	290 000 €		
Summe	900 000 €	Summe	900 000 €

Aktiva	Bilanz GbR nach Übereignung Gebäude		Passiva
Maschine	40 000 €	Kapital C	400 000 €
Forderungen	70 000 €		
Firmenwert	290 000 €		
Summe	400 000 €	Summe	400 000 €

Bei der Ausbuchung des Gebäudes entstand ein **laufender Gewinn** in Höhe von 200 000 € (Buchungssatz: Abfindungsverpflichtung 700 000 € an Gebäude 500 000 € und außerordentliche betriebliche Erträge 200 000 €). Um diese 200 000 € ist das Kapitalkonto gestiegen.

Aus der GbR ist durch das Ausscheiden des G das Einzelunternehmen C geworden. Die Maschine ist auf die Restnutzungsdauer von drei Jahren abzuschreiben. Der entgeltlich erworbene Firmenwert ist linear auf 15 Jahre abzuschreiben.

G erzielt einen Veräußerungsgewinn nach § 16 Abs. 1 Nr. 2 EStG in Höhe von:

Erlös	700 000 €
Kapital	./. 200 000 €
Gewinn	500 000 €

Lösung Variante 2:

Bei der Erbauseinandersetzung über einen Mitunternehmeranteil ist zwischen den Regelungen im Gesellschaftsvertrag und den testamentarischen Anordnungen zu unterscheiden. Für die Frage, ob ein Erbe in den Gesellschaftsanteil des Erblassers nachfolgen kann, ist ausschließlich der **Gesellschaftsvertrag** maßgeblich (vgl. BMF vom 14. 03. 2006 BStBl I 2006, 253 Rz. 69ff.). Die Regelungen des Gesellschaftsvertrags gehen dem Testament vor.

Dass der Erblasser die beiden Kinder zu gleichen Teilen als Erbe eingesetzt hat, besagt lediglich, dass das Vermögen des Erblassers auf die Kinder je zur Hälfte überging.

Die Nachfolgeregelung im Gesellschaftsvertrag bedeutet, dass in der Sekunde des Todes der Mitunternehmeranteil auf die T überging (sog. **qualifizierte Nachfolgeklausel**; BMF vom 14. 03. 2006, a. a. O. Rz. 72ff.).

Damit liegt bezüglich der Abfindungszahlung kein teilentgeltlicher Erwerb des Gesellschaftsanteils vor, da S niemals Mitunternehmer war und somit auch keinen Mitunternehmeranteil veräußern konnte. Die Abfindungszahlung stellt eine Leistung im privaten nicht steuerbaren Vermögensbereich dar (BMF vom 14. 03. 2006, a. a. O.).

S muss keinen Veräußerungsgewinn versteuern. T führt die Buchwerte des Vaters fort (§ 6 Abs. 3 EStG). Die Aufstellung einer Ergänzungsbilanz erübrigt sich.

Lösung Variante 3:

Bei einer Übertragung im Wege der vorweggenommenen Erbfolge ist zuerst zu prüfen, ob es sich um eine Übertragung gegen **Veräußerungs-** oder gegen **Versorgungsrente** handelt.

Bei Vermögensübertragungen im familiären Umfeld spricht eine widerlegbare Vermutung dafür, dass die wiederkehrenden Leistungen der Versorgung der weichenden Generation dienen und damit die Übertragung unentgeltlich erfolgt (sog. Übergabevertrag; BMF vom 16. 09. 2004 BStBl I 2004, 922 Rz. 4).

Gegenstand der Vermögensübergabe muss eine **existenzsichernde Wirtschaftseinheit** sein (BMF vom 16. 09. 2004, a. a. O. Rz. 7ff.). Mitunternehmeranteile gelten unabhängig von der Höhe des Gewinns, den sie erwirtschaften, stets als existenzsichernde Wirtschaftseinheit.

Diese **existenzsichernde Wirtschaftseinheit** muss aber auch ausreichend **ertragbringend** sein; d. h. aus den Erträgen des Mitunternehmeranteils muss langfristig die Versorgung erwirtschaftet werden können (BMF vom 16. 09. 2004, a. a. O. Rz. 19ff.).

Dies könnte hier problematisch sein, da auf den Mitunternehmeranteil des G lediglich ein Gewinnanteil von (20 000 € × 1/2 =) 10 000 € entfällt, während die Versorgung mit monatlich 1 200 € vereinbart wurde.

Wird aber ein Unternehmen gegen wiederkehrende Leistungen im Wege der vorweggenommenen Erbfolge übertragen, besteht eine nur in Ausnahmefällen zu widerlegende Vermutung dafür, dass die Erträge ausreichen, um die wiederkehrenden Leistungen in der vereinbarten Höhe zu erbringen (BMF vom 16.09.2004, a.a.O. Rz. 23). Dies gilt auch für Mitunternehmeranteile.

Damit ist im letzten Schritt zu prüfen, ob die wiederkehrende Leistung eine dauernde Last oder eine Leibrente ist. Die Verwaltung geht zu Recht davon aus, dass wiederkehrende Leistungen im Zusammenhang mit Übergabeverträgen im Zweifel als abänderbar gelten und damit als dauernde Last in voller Höhe nach **§ 10 Abs. 1 Nr. 1 Buchst. a EStG** abzugsfähig sind (BMF vom 16.09.2004, a.a.O. Rz. 47).

Da G und T die Abänderbarkeit des Versorgungsvertrages nicht explizit ausgeschlossen haben, kann die T im VZ 2006 (12 Monate × 1 200 € =) 14 400 € als Sonderausgabe abziehen. Spiegelbildlich muss G die Versorgungsleistungen nach § 22 Nr. 1 EStG als wiederkehrende Leistungen versteuern. Er kann nach **§ 9a Nr. 3 EStG** einen Pauschbetrag von 102 € abziehen.

VI. Punktetabelle

			Punkte
1	Veräußerungsgewinn		
	Veräußerungsgewinn (§ 16 Abs. 1 Nr. 2 EStG)		1
	Stille Reserven und Anschaffungsnebenkosten zu aktivieren		1
2	Bilanzielle Folgen beim Erwerber		
	Verteilung der Anschaffungsnebenkosten		1
	Ergänzungsbilanz 01.01.2006		1
	Keine Aktivierung der Forderung		1
	Mehr-AfA Gebäude in Ergänzungsbilanz		1
	Mehr-AfA Maschine		1
	Mehr-AfA Firmenwert		1
	Ergänzungsbilanz 31.12.2006		1
	Lösungen zu den Varianten		
Variante 1	Veräußerung gegen Sachwertabfindung		1
	Einbuchung Abfindung und Aufdeckung stille Reserven (1/2)		1
	Gebäude gegen Abfindung ausbuchen		1

			Punkte
		Laufender Gewinn (200 000 €)	1
		Bilanz GbR nach Übereignung	1
Variante 2		Zwischen Gesellschaftsvertrag und Testament differenzieren	1
		Hier: qualifizierte Nachfolgeklausel	1
		Abfindung nicht steuerbar	1
		Buchwertfortführung (§ 6 Abs. 3 EStG)	1
Variante 3		Differenzierung Veräußerungs-/Versorgungsrente	1
		Im Zweifel Übergabevertrag	1
		Existenzsichernde Wirtschaftseinheit	1
		Ausreichend ertragbringend	1
		Abzug als dauernde Last	1
		Versteuerung als wiederkehrende Leistung	1
		Summe	24

Klausuraufgabe 6:
Familienpersonengesellschaft/angemessene Gewinnverteilung/ unentgeltliche und teilentgeltliche Übertragung von Betrieben und Betriebsvermögen/atypisch stille Beteiligung

I. Sachverhalt

Mara Maier (M) ist zu 60 % an der Innovis GmbH & Co. KG (I-KG) beteiligt. Zum 31.12.2005 steht ihr Kapitalkonto in der Gesamthandsbilanz auf 300 000 €. In einer Ergänzungsbilanz bilanziert sie ein negatives Kapital in Höhe von 50 000 €. M vermietet an die I-KG ein Bürogebäude (Anschaffungskosten 166 667 €, Abschreibung mit 2 % p.a., Buchwert am 31.12.2005 100 000 €, Teilwert 400 000 €), das sie in einer Sonderbilanz aktiviert. In der Sonderbilanz ist ein Darlehen in Höhe von 80 000 € passiviert, das die M aufgenommen hatte, um die Anschaffungskosten des Gebäudes zu finanzieren.

Zum 01.01.2006 überträgt M unentgeltlich auf ihre volljährige Tochter Tea (T1) 50 % ihres Mitunternehmeranteils an der I-KG. Das Bürogebäude schenkt sie zu 100 % mit der Auflage, dass T1 die Darlehensschuld übernehmen müsse. T1 erklärt sich damit einverstanden.

M betreibt außerdem zusammen mit ihrem Lebenspartner (L) ein Softwarehaus in der Rechtsform einer GbR. M und L sind zu gleichen Teilen beteiligt. Der Gewinn der GbR betrug in den letzten Jahre durchschnittlich 800 000 € und wird sich auch in Zukunft durchschnittlich nicht wesentlich ändern. Im Wj 2006 belief sich der Gewinn aufgrund einer besonders günstigen Konjunktur auf 920 000 €.

Zum 01.01.2006 beteiligen M und L ihre minderjährige gemeinsame Tochter Tamara (T2) mit einer Einlage in Höhe von 100 000 € als atypisch still Beteiligte an der GbR. Beim Abschluss des Gesellschaftsvertrages wurde ein Ergänzungspfleger eingeschaltet. Die Genehmigung des Vormundschaftsgerichtes wurde am 15.02.2006 beantragt und am 01.08.2006 erteilt. Die Einlage hatten M und L zuvor der T2 formwirksam geschenkt. T2 soll am Gewinn und Verlust teilhaben. M und L gehen davon aus, dass angesichts eines tatsächlichen Werts der atypisch stillen Beteiligung von 250 000 € ein Anteil von 8 % des Gesamthandsgewinns fair und angemessen sei.

Darüber hinaus ist M Alleininhaberin der M-Unternehmensberatung. Zum 31.12.2005 stellt sie folgende Bilanz auf:

Aktiva	Bilanz zum 31.12.2005 (in €)		Passiva
Grundstück A-Straße	10 000	Darlehen B-Bank	500 000
Grundstück B-Straße	50 000	Rückstellung	41 000
Gebäude B-Straße	400 000		
Pkw	10 000		
Maschinen	20 000		
Forderungen	1 000		
Kapital	50 000		
Summe	541 000	Summe	541 000

Die Teilwerte betragen: Grundstück A-Straße (100 000 €), B-Straße (200 000 €), Gebäude B-Straße (800 000 €) und Firmenwert (500 000 €).

Das Gebäude wird linear mit 2% aus Anschaffungskosten von 500 000 € abgeschrieben. Der Pkw wurde im Januar 2005 für 15 000 € erworben und linear auf drei Jahre abgeschrieben. Die AK der Maschinen betrugen 25 000 € im Januar 2004. Die Abschreibung wird linear mit 10% p.a. vorgenommen.

Die Unternehmensberatung überträgt die 60-jährige M zum 01.01.2006 auf ihren volljährigen Neffen Norman (N), der nach Abschluss seines BWL-Studiums und einigen Jahren Berufspraxis in den USA für die Übernahme prädestiniert ist. N verpflichtet sich, an M einen Ausgleichsbetrag in Höhe von 100 000 € je hälftig an T1 und T2 zu bezahlen.

II. Aufgabe

Würdigen Sie bitte die Übertragungen zum 01.01.2006 umfassend für alle beteiligten Personen. Erstellen Sie bitte für die Unternehmensberatung die Bilanzen nach Übertragung und zum 31.12.2006.

III. Lösung

1 Innovis GmbH & Co. KG

Die Übertragung des hälftigen Mitunternehmeranteils fällt grundsätzlich unter **§ 6 Abs. 3 EStG**. Während bei einer Betriebsveräußerung nach § 16 Abs. 1 Nr. 2 EStG stets der ganze Mitunternehmeranteil veräußert werden muss, bietet § 6 Abs. 3 S. 1 EStG am Ende auch die Möglichkeit nur einen Teil eines Mitunternehmeranteils unentgeltlich zu übertragen. Damit sollen die besonderen Bedürfnissen der vorweggenommen Erbfolge berücksichtigt und ein gleitender Übergang auf die nachfolgende Generation ermöglicht werden.

Damit geht die Hälfte des Kapitalkontos in der Gesamthandsbilanz (= 150 000 €) und die Hälfte des negativen Ergänzungskapitals (= 25 000 €) auf die T1 über. T1 schreibt die Wirtschaftsgüter mit denselben Anschaffungskosten, Abschreibungssätzen und -methoden ab wie M (»Fußstapfentheorie«).

Bezüglich des **Sonderbetriebsvermögens** gelten aber Besonderheiten. Während bei der entgeltlichen Übertragung eines Mitunternehmeranteils das Sonderbetriebsvermögen, das eine wesentliche Betriebsgrundlage darstellt, zwingend mit zu übertragen ist, sieht **§ 6 Abs. 3 S. 2 EStG** Besonderheiten vor. Danach könnte M entweder das Sonderbetriebsvermögen entweder gar nicht (unterquotal), oder zu 50% (quotal) oder zu 100% (überquotal) auf die T1 übertragen.

Im Falle einer unterquotalen oder quotalen Übertragung folgt das Sonderbetriebsvermögen dem Schicksal des Gesamthandsanteils. Bei der Übertragung ist zwingend der Buchwert anzusetzen. Dies gilt selbst dann, wenn Schulden mit übertragen werden, da die Schulden Teil des Sonderbetriebsvermögens sind, das aus Aktiva und Passiva besteht.

Wird allerdings **überquotal** übertragen, so ist die Übertragung nur insoweit § 6 Abs. 3 EStG zuzurechnen, als die Übertragung quotal erfolgt, im Übrigen findet **§ 6 Abs. 5 EStG** Anwendung (BMF vom 03.03.2005 BStBl I 2005, 458 Rz. 16). Soweit § 6 Abs. 5 EStG anzuwenden ist, führt eine Gegenleistung (hier: Übernahme der Schulden) zu einem entgeltlichen Vorgang und damit zur Aufdeckung stiller Reserven.

Da die Übertragung des Bürogebäudes zu 50 % überquotal erfolgt, geht es zu 50 % nach § 6 Abs. 3 EStG über; insoweit sind in Höhe von (100 000 € × 50 % =) 50 000 € die Buchwerte fortzuführen. Die Übernahme des Darlehens ist damit in Höhe von (80 000 € × 50 % =) 40 000 € ohne steuerliche Folgen.

In Höhe von 50 % fällt die Übertragung unter § 6 Abs. 5 EStG. Im Rahmen des § 6 Abs. 5 EStG ist der Vorgang in einen voll entgeltlichen und einen voll unentgeltlichen Teil aufzuspalten. Der entgeltliche Teil berechnet sich aus dem Verhältnis von (halbem) Darlehen zum (halben) Teilwert; somit 40 000 €/200 000 € = 20 %.

Damit sind in Höhe von 80 % die Buchwerte fortzuführen, nämlich (50 000 € × 80 % =) 40 000 €. In Höhe von 20 % sind die stillen Reserven in Höhe von 30 000 € aufzudecken (Teilwert: 400 000 € × 50 % × 20 % = 40 000 € abzüglich Buchwert 100 000 € × 50 % × 20 % = 10 000 €).

Für M bedeutet dies, dass sie einen laufenden Gewinn im Sonderbetriebsvermögen von 30 000 € erzielt.

T1 aktiviert das Grundstück in der Sonderbilanz wie folgt:

Übergang nach § 6 Abs. 3 EStG	50 000 €
Übergang nach § 6 Abs. 5 EStG unentgeltlich	40 000 €
Übergang nach § 6 Abs. 5 EStG entgeltlich	40 000 €
Buchwertansatz T1	130 000 €

Nach dem Gedanken des BMF-Erlasses zur vorweggenommenen Erbfolge (BMF vom 13.01.1993 BStBl I 1993, 464 Rz. 37 am Ende wird man den Aufstockungsbetrag von 30 000 € wie nachträgliche Anschaffungskosten behandeln können.

Ursprüngliche AK der M	166 667 €
nachträgliche AK T1	30 000 €
Neue Bemessungsgrundlage	196 667 €

Die künftige AfA beträgt dann (196 667 € × 2 % =) 3 933 €. (Anmerkung: Folgt man der Meinung der Finanzverwaltung nicht, so müsste man zwei AfA-Reihen bilden, nämlich Abschreibung aus dem entgeltlich und aus dem unentgeltlich übertragenen Teil.)

2 Softwarehaus GbR

Stille Beteiligungen sind handelsrechtlich nach **§ 230 HGB** zu beurteilen. Dabei unterscheidet das Handelsrecht nicht zwischen typischer und atypisch stiller Beteiligung. Handelsrechtlich ist die Einlage des still Beteiligten als Fremdkapital auszuweisen. Der Gewinnanteil, der auf den Stillen entfällt, ist als Betriebsausgabe zu buchen.

Steuerrechtlich differenziert man zwischen **typischer** (§ 20 Abs. 1 Nr. 4 EStG) und **atypisch stiller** Beteiligung. Eine atypisch stille Beteiligung liegt vor, wenn der Beteiligte als Mitunternehmer (§ 15 Abs. 1 Nr. 2 EStG) einzustufen ist. Hierfür geltend die allgemeinen Grundsätze (Mitunternehmerinitiative/Mitunternehmerrisiko).

Beteiligen Eltern minderjährige Kinder am Unternehmen, so können die Kinder nur Mitunternehmer sein, wenn ihnen wenigstens annäherungsweise diejenigen Rechte eingeräumt sind, die einem Gesellschafter nach BGB oder HGB zustehen. Die Rechtsstellung der Kinder muss nach dem Gesellschaftsvertrag der eines fremden Dritten gleich stehen (H 15.9 Abs. 2 [Allgemeines] EStH). Da im Sachverhalt keine Anhaltspunkte vorhanden sind, die gegen eine Mitunternehmerschaft von T2 sprechen, können die Voraussetzungen des § 15 Abs. 1 Nr. 2 EStG bejaht werden.

Formal muss bei Beteiligung minderjähriger Kinder beim Abschluss des Gesellschaftsvertrags ein **Ergänzungspfleger** bestellt werden (§ 181 BGB). Außerdem muss nach §§ 1643, 1822 BGB die **Genehmigung** des **Vormundschaftsgerichts** eingeholt werden. Da die Genehmigung erst beantragt werden kann, wenn der Gesellschaftsvertrag abgeschlossen ist, genügt es, wenn die Genehmigung unverzüglich (d. h. ohne schuldhaftes Zögern) beantragt wird. Davon kann hier ausgegangen werden, da eine gewisse Zeit (hier ca. zwei Wochen) für die Formulierung des Antrags zugebilligt werden muss.

Die Genehmigung wurde auch innerhalb einer angemessenen Frist am 01.08.2006 erteilt (vgl. H 15.9 Abs. 2 [Vormundschaftsgerichtliche Genehmigung] EStH). Auch hierbei muss die übliche Bearbeitungszeit bei den Gerichten berücksichtigt werden.

Damit können zwar die Voraussetzungen einer atypisch stillen Beteiligung der T2 grundsätzlich bejaht werden. Es ist nun aber die **Angemessenheit** der **Gewinnverteilung** zu prüfen (vgl. R 15.9 Abs. 3 EStR).

Dabei gilt ein Gewinnverteilungsschlüssel als angemessen, der zu einer durchschnittlichen Rendite von nicht mehr als **15 %** des tatsächlichen Wertes der Beteiligung führt (H 15.9 Abs. 3 [Allgemeines] EStH).

T2 soll vereinbarungsgemäß 8 % des durchschnittlich zu erwartenden Gewinns (800 000 €), somit jährlich 64 000 € erhalten. Bezogen auf den Wert der Beteiligung (250 000 €) bedeutet dies eine Verzinsung von (64 000 €/250 000 € =) 25,6 %.

Somit ist die Gewinnverteilung unangemessen und durch eine angemessene zu ersetzen (vgl. H 15.9 Abs. 3 EStH). Angemessen sind (15 % × 250 000 € =) 37 500 €. Bezogen auf den durchschnittlich zu erwartenden Gewinn ergibt dies einen Gewinnverteilungsschlüssel von (37 500 €/800 000 € =) 4,69 %.

Für das Wj 2006 bedeutet dies, dass T2 für steuerliche Zwecke ein Gewinnanteil in Höhe von (920 000 € × 4,69 % =) 43 148 € einheitlich und gesondert zuzuweisen ist. Der übrige Gewinn in Höhe von (920 000 € ./. 43 148 € =) 876 852 € entfällt je hälftig auf M und L.

3 Unternehmensberatung

Hier liegt eine **teilentgeltliche** Übertragung vor, da neben dem Übergang des negativen Kapitalkontos auch noch eine Ausgleichszahlung geleistet wird (BMF zur vorweggenommenen Erbfolge vom 13.01.1993 BStBl I 1993, 464 Rz. 31).

M erzielt dabei einen Veräußerungsgewinn (§ 16 Abs. 1 Nr. 1 EStG):

Gleichstellungsgeld		100 000 €
abzgl. negatives Kapital		./. 50 000 €
Gewinn		150 000 €
Freibetrag § 16 Abs. 4 EStG:		
ungekürzt		45 000 €
erzielter Gewinn	150 000 €	
Grenzbetrag	./. 136 000 €	
Kürzungsbetrag		./. 14 000 €
anzusetzender Freibetrag		./. 31 000 €
steuerpflichtiger Gewinn		119 000 €

Für den Gewinn kann M die Tarifermäßigung nach § 34 Abs. 3 EStG in Anspruch nehmen, da sie das 55. Lebensjahr vollendet hat (gleiche Voraussetzungen wie für die Gewährung des Freibetrags nach § 16 Abs. 4 EStG).

N muss die aufgedeckten stillen Reserven aktivieren. Dabei darf er die im **Firmenwert** steckenden stillen Reserven nicht aufdecken, da die stillen Reserven, die in den übrigen Wirtschaftsgütern stecken noch nicht vollständig aufgedeckt werden (BMF vom 13.01.1993, a. a. O. Rz. 35 oberhalb des Beispiels).

N muss daher feststellen, wie viele stille Reserven insgesamt durch die Zahlung des Gleichstellungsgeldes aufgedeckt werden (hier: 150 000 € = Gewinn § 16 EStG).

Er muss dann feststellen, wie viele stille Reserven in den Wirtschaftsgütern mit Ausnahme des Firmenwertes stecken (hier: 90 000 € + 150 000 € + 400 000 € =) 640 000 €. Damit sind 150/640 der stillen Reserven aufzudecken.

Dann sieht die Bilanz zum 01.01.2006 wie folgt aus:

Aktiva	Vermögensberatung N zum 01.01.2006 (in €)	Passiva	
A-Straße	31 094	Darlehen Bank	500 000
B-Straße	85 156	Rückstellung	41 000
Gebäude	493 750	Kapital	100 000
Pkw	10 000		
Maschinen	20 000		
Forderungen	1 000		
Summe	641 000	Summe	641 000

Grundsätzlich müssten für das Gebäude zwei AfA-Reihen gebildet werden. Aus Vereinfachungsgründen können aber die Aufstockungsbeträge wie nachträgliche Anschaffungskosten behandelt werden (BMF vom 13.01.1993, a. a. O Rz. 37).

Damit ergibt sich der Bilanzansatz des Gebäudes zum 31.12.2006:

Buchwert 01.01.2006	493 750 €
AfA 2 % × (500 000 € + 93 750 €)	./. 11 875 €
Buchwert 31.12.2006	481 875 €
Bilanzansatz der Maschinen:	
Buchwert 01.01.2006	20 000 €
Abschreibung 10 % aus 25 000 €	./. 2 500 €
Buchwert 31.12.2006	17 500 €
Bilanzansatz Pkw:	
Buchwert 01.01.2006	10 000 €
Abschreibung 15 000 € : 3 Jahre	./. 5 000 €
Buchwert 31.12.2006	5 000 €

Aktiva	Vermögensberatung N zum 31.12.2006 (in €)		Passiva
A-Straße	31 094	Darlehen Bank	500 000
B-Straße	85 156	Rückstellung	41 000
Gebäude	481 875	Kapital	80 625
Pkw	5 000		
Maschinen	17 500		
Forderungen	1 000		
Summe	621 625	Summe	621 625

IV. Punktetabelle

		Punkte
1	Innovis GmbH & Co. KG; Anwendung des § 6 Abs. 3 EStG	1
	Auch für einen Teil eines Mitunternehmeranteils	1
	Übergang Hälfte Kaital und negatives Ergänzungskapital	1
	Übertragung Sonderbetriebsvermögen gem. § 6 Abs. 3 S. 2 EStG	1
	Überquotale Übertragung gem. § 6 Abs. 5 EStG	1
	Aufdeckung stiller Reserven (30 000 €)	1
	Neuer Bw-Ansatz (130 000 €)	1
	Neue AfA (3 933 €) oder zwei AfA-Reihen	1
2	Softwarehaus GbR; atypisch still gem. § 15 Abs. 1 Nr. 2 EStG	1
	Mitunternehmerstellung T2 bejaht	1
	Vormundschaftsgerichtliche Genehmigung geprüft	1
	Vereinbarte Gewinnverteilung unangemessen	1
	Angemessen 15 % des Beteiligungswertes	1
	Hier: 4,69 %	1
	Restgewinn hälftig M und L zuzuweisen	1
3	Unternehmensberatung; teilentgeltliche Übertragung	1
	Veräußerungsgewinn M (150 000 €)	1

		Punkte
	Freibetrag nach § 16 Abs. 4 EStG (31 000 €)	1
	Aktivierung stiller Reserven ohne Firmenwert	1
	Aufdeckung 150/640	1
	Bilanz zum 01.01.2006	1
	AfA Wirtschaftsgüter in 2006	1
	Bilanz zum 31.12.2006	1
	Summe	23

Klausuraufgabe 7:
Realteilung einer Mitunternehmerschaft/Ausgleichszahlungen/ Abschreibung/Veräußerungsgewinne

I. Sachverhalt

Die Schrott-OHG bilanziert folgende Wirtschaftsgüter: Gebäude (AK 1994: 1 Mio. €, AfA degressiv nach § 7 Abs. 5 Nr. 1 EStG; Bw am 31.12.2005: 300 000 €, Tw 1,2 Mio. €) und eine Maschine (AK 2002: 1 Mio. €, AfA linear, ND 10 Jahre, Bw am 31.12.2005: 600 000 €, Tw 900 000 €). Zum 01.01.2006 soll die OHG real geteilt werden. X erhält das Gebäude und Y die Maschine. Gesellschafter Z erhält keine Wirtschaftsgüter. Zum Ausgleich zahlt X an Z 500 000 € und Y an Z 200 000 €. X und Y bilanzieren die Wirtschaftsgüter künftig in ihren Einzelunternehmen.

II. Aufgabe

Stellen Sie die Folgen für alle Gesellschafter dar.

III. Lösung

Nach **§ 16 Abs. 3 Satz 2 EStG** sind bei der Realteilung einer Personengesellschaft zwingend die Buchwerte anzusetzen, wenn Wirtschaftsgüter aus dem Gesamthandsvermögen in ein Betriebsvermögen eines Mitunternehmers übertragen werden. § 16 Abs. 3 S. 2 EStG hat den gleichen Regelungsgehalt wie § 6 Abs. 5 EStG, geht dieser Vorschrift aber als lex specialis vor.

Nicht geregelt ist in § 16 Abs. 3 S. 2 EStG welche Folgen die Zahlung eines Spitzenausgleichs hat, wenn ein Mitunternehmer bei der Realteilung mehr erhält, als ihm nach seinem Kapitalkonto zusteht. Die Verwaltung hat nun die wichtigsten Fragen in einem Erlass vom geregelt (vgl. BMF vom 28.02.2006 BStBl I 2006, 228). Danach liegt insoweit als ein **Spitzenausgleich** gezahlt wird, ein **entgeltliches Veräußerungsgeschäft** vor. Dies entspricht der Handhabung bei der Realteilung mit Ausgleichszahlung im Zuge einer Erbauseinandersetzung.

Die Realteilung der Schrott OHG ist daher in einem gedanklichen Zwischenschritt so zu sehen, als ob das Gebäude zu 700/1 200 dem X und zu 500/1 200 dem Z zugewiesen wird. Bei der Maschine sind dies 700/900 bei Y und 200/900 bei Z.

Im nächsten Schritt veräußert Z seine 500/1 200 des Gebäudes für 500 000 € an X. Daraus resultiert folgender Gewinn des Z:

Erlös	500 000 €
Bw 500/1 200 von 300 000 €	./. 125 000 €
Gewinn	375 000 €

Da das Gebäude Betriebsvermögen darstellt, muss Z einen **laufenden Veräußerungsgewinn** versteuern.

X erwirbt das Gebäude zu 700/1 200 das Gebäude unentgeltlich. Er führt daher insoweit den Buchwert fort:

Bw 700/1 200 von 300 000 €	175 000 €
AfA (§ 7 Abs. 5 Nr. 1 EStG; 1 Mio. € × 2,5 % × 700/1 200 =)	./. 14 583 €
	160 417 €
Zusätzlich aktiviert X die AK von	500 000 €
AfA linear 3 % (§ 7 Abs. 4 Nr. 1 EStG)	./. 15 000 €
	485 000 €

X bilanziert damit das Gebäude zum 31. 12. 2006 mit 645 417 €.

Bei der Maschine beträgt der Veräußerungsgewinn des Z:

Erlös	200 000 €
Bw 200/900 von 600 000 €	./. 133 333 €
Gewinn	66 667 €

Y kann eine einheitliche AfA-Reihe bilden:

übernommener Bw 700/900 von 600 000 €	466 667 €
Anschaffungskosten	200 000 €
neue BMG	666 667 €
Restnutzungsdauer 6 Jahre; AfA § 7 Abs. 1 EStG	111 111 €

Entstehende Veräußerungsgewinne fallen **nicht** unter § 16 EStG (vgl. BMF vom 28. 02. 2006 BStBl I 2006, 228).

IV. Punktetabelle

	Punkte
Realteilung Bw-Fortführung gem. § 16 Abs. 3 S. 2 EStG	1
Spitzenausgleich = Veräußerungsgeschäft	1
Veräußerungsgewinn Z (Gebäude)	1
AfA aus unentgeltlich übergegangenem Teil	1
AfA aus angeschafftem Teil	1
Buchwert zum 31. 12. 2006	1
Veräußerungsgewinn Z (Maschine)	1
AfA Maschine	1
Summe	8

Klausuraufgabe 8:
Negatives Kapitalkonto eines Kommanditisten/ausgleichsfähige und verrechenbare Verluste/Einlagen und Entnahmen/Wiederaufleben der Haftung/Gewinnhinzurechnung nach § 15a Abs. 3 EStG

I. Sachverhalt

An der zum 01.01.2000 gegründeten Beton KG sind die Kommanditisten Krause, Kümmler zu je 45 % und Komplementär Krüger zu 5 % beteiligt. Ihr Haftkapital lt. Handelsbilanz beträgt jeweils 50 000 €. Es wurde bei der Gründung voll eingezahlt. Die Bilanz sieht zum 31.12.2005 wie folgt aus:

Aktiva	Beton KG 31.12.2005		Passiva
diverse Wirtschaftsgüter	500 000 €	Verbindlichkeiten	2 875 000 €
Kapital Krüger	125 000 €		
Kapital Krause	1 125 000 €		
Kapital Kümmler	1 125 000 €		
Summe	2 875 000 €	Summe	2 875 000 €

Die negativen Kapitalkonten sind ausschließlich durch die Zuweisung von Verlustanteilen entstanden. Entnahmen und Einlagen wurden in den Jahren 2000 bis 2005 nicht getätigt.

1. Kommanditist Krause vermietet seit Jahren an die KG ein Patent für monatlich 1 000 € zzgl. USt. Er hat das Patent mit den Anschaffungskosten in Höhe von 200 000 € in seiner Sonderbilanz aktiviert.

Außerdem bilanziert Krause in einer Ergänzungsbilanz ein positives Ergänzungskapital von 1 Mio. €.

In 2006 entnimmt Krause 200 000 € zur Begleichung privater Schulden, da ihm ein privates Inkassounternehmen erheblichen Druck macht. Die anderen Gesellschafter haben der Entnahme zugestimmt, um Krause zu helfen.

Das Kapital des Krause wird gemäß dem Gesellschaftsvertrag auf folgenden Kapitalkonten geführt:
- Kapitalkonto I (Aufnahme des Haftkapitals; keine Buchung von Gewinnen, Verlusten und Entnahmen; Maßstab für die Gewinnverteilung); Stand 31.12.2005: + 50 000 €
- Kapitalkonto II (Buchung von Gewinnen, Verlusten und Entnahmen): ./. 1 325 000 €
- Kapitalkonto III (Buchung von Gehalt, Miete und entnahmefähigen Gewinnanteilen); Stand 31.12.2005: + 150 000 €

2. Für Kommanditist Kümmler wird aus Vereinfachungsgründen nur ein einheitliches Kapitalkonto geführt. Kümmler legt 500 000 € im Februar 2006 in bar ein, um die Liquidität der KG sicherzustellen.

Im Wj 2006 erzielt die KG einen Verlust in Höhe von 2,1 Mio. €, der den Gesellschaftern im Verhältnis ihrer Kapitalanteile zugewiesen wurde.

II. Aufgabe

Wie hoch sind die Einkünfte der Mitunternehmer nach § 15 Abs. 1 Nr. 2 EStG?

III. Varianten

Variante I:

Kümmler ist nicht Kommanditist, sonder atypisch still Beteiligter. Sein Einlagekonto beträgt zum 31.12.2005: ./. 1 125 000 €.

Variante II:

Wie Grundfall; Die KG ist aber ab November 2006 in akuten finanziellen Schwierigkeiten. Es ist mit einem Insolvenzantrag zu rechnen. Es besteht keine Chance, dass sich die finanzielle Situation verbessert.

IV. Lösung

1 Krause

Der laufende Verlust der KG entfällt zu (45 % × 2,1 Mio. € =) 945 000 € auf den Kommanditisten Krause. Damit ergibt sich das Problem, inwieweit der Verlust nach **§ 15a Abs. 1 S. 1 EStG** ausgleichsfähig ist (§ 15 Abs. 1 Nr. 2 EStG), also im Rahmen des § 2 EStG bei der Berechnung der Summe der Einkünfte angesetzt werden kann.

Nach § 15a Abs. 1 S. 1 EStG ist ein Verlust **nicht** ausgleichsfähig, soweit ein negatives Kapitalkonto entsteht oder sich erhöht. Damit stellt sich die Frage, was unter Kapitalkonto im Sinne des § 15a Abs. 1 S. 1 EStG zu verstehen ist. Nach richtiger Verwaltungsansicht (BMF vom 15.12.1993 BStBl I 1993, 976) ist das **Sonderkapital** im Rahmen des § 15a EStG außer Betracht zu lassen, da es für die Schulden der Gesamthand nicht haftet.

Das Kapital der **Ergänzungsbilanz** ist demgegenüber zu berücksichtigen, da die Ergänzungsbilanz letztlich eine Korrektur der Werte in der Gesamthandsbilanz darstellt (vgl. BMF vom 30.05.1997 BStBl I 1997, 627).

Die Kapitalkonten in der Gesamthandsbilanz sind darauf hin zu untersuchen, ob ein ausgewiesenes Kapitalkonto wie Sonderbetriebsvermögen zu behandeln ist. In der Praxis kommt es häufig vor, dass z. B. ausstehendes Gehalt eines Gesellschafter-Geschäftsführers auf einem speziellen Kapitalkonto in der Gesamthandsbilanz gebucht wird. Streng genommen handelt es sich aber bei einem ausstehenden Gehalt um eine Forderung des Mitunternehmers an die Gesamthand. Derartige Forderungen sind aber in der Sonderbilanz zu aktivieren und bilden Kapital der Sonderbilanz. Die Verwaltung geht beim Vorhandensein mehrerer Kapitalkonten davon aus, dass nur die Kapitalkonten dem gesamthänderisch gebundenen Vermögen zuzuordnen sind, auf denen (lt. Gesellschaftsvertrag oder Einzelvereinbarung) auch Gesamthandsverluste abgebucht werden (BMF vom 30.05.1997, a. a. O. Tz.4). Verluste der Gesamthand können nämlich nicht vom Kapital der Sonderbilanz abgebucht werden.

Damit fällt vorliegend das Kapitalkonto III aus der Berücksichtigung heraus. Für Krause ergibt sich folgendes für § 15a Abs. 1 EStG maßgebliche Kapital:

Kapitalkonto I	+ 50 000 €
Kapitalkonto II	./. 1 325 000 €
Ergänzungsbilanz	+ 1 000 000 €
Summe	./. 275 000 €

Damit erhöht der Verlust das negative Kapital um 945 000 €. Er ist somit in dieser Höhe lediglich mit künftigen Gesamthandsgewinnen aus der Beton KG zu verrechnen (§ 15a Abs. 2 EStG).

Da Krause aber in 2006 auch noch 200 000 € entnommen hat, ist zu prüfen, ob diese Entnahme möglicherweise zu einer Gewinnhinzurechnung nach **§ 15a Abs. 3 S. 1 EStG** führt. Danach ist einem Kommanditisten der Betrag der Entnahme als Gewinn hinzuzurechnen, soweit ein negatives Kapital durch die Entnahme entsteht oder sich erhöht und soweit durch die Entnahme **keine** handelsrechtliche Haftung (§ 172 Abs. 3 HGB) entsteht. Die Gewinnhinzurechnung darf nicht höher sein, als die Summe der ausgleichsfähigen Verluste im Jahr der Entnahme und den zehn vorangegangenen Wirtschaftsjahren. Damit soll letztlich vermieden werden, dass Kommanditisten über Einlagen und Entnahmen das Verlustausgleichsvolumen des § 15a Abs. 1 S. 1 EStG steuern können.

Wird ein Gewinn nach § 15a Abs. 3 EStG hinzugerechnet, so ist in derselben Höhe ein **verrechenbarer Verlust** festzustellen, der aber nicht mit der Gewinnhinzurechnung saldiert werden darf (§ 15a Abs. 3 S. 4 EStG).

Da Krause 200 000 € entnommen hat, ist insoweit der Tatbestand des § 15a Abs. 3 EStG erfüllt. Die Entnahme hat auch zur Erhöhung des negativen Kapitalkontos geführt. Durch die Entnahme lebt aber die Haftung nach **§ 172 Abs. 4 S. 2 HGB** wieder auf, da das Kapitalkonto von Krause unter die im Handelsregister eingetragene Haftsumme (50 000 €) gesunken war.

Die Haftung geht aber nach § 172 HGB stets nur bis zur Höhe der Hafteinlage, unabhängig davon wie viel ein Kommanditist entnimmt. Durch eine Entnahme, die höher ist, kann möglicherweise ein anderer Haftungstatbestand (z. B. gesellschaftswidriges Verhalten) ausgelöst werden. Dies ist aber kraft ausdrücklicher Gesetzesverweisung in § 15a Abs. 3 EStG ohne Bedeutung.

Da sonach die handelsrechtliche Haftung in Höhe von (Entnahme 200 000 € ./. Haftkapital 50 000 € =) 150 000 € **nicht** wiederauflebt, ist eine weitere Voraussetzung des § 15a Abs. 3 EStG gegeben. (Anmerkung: Es kommt also nicht darauf an, inwieweit die Haftung wieder auflebt; maßgebend ist, inwieweit die Haftung nicht wieder auflebt; siehe Wortlaut von § 15a Abs. 3 EStG.)

Als letzte Voraussetzung müsste Krause im Entnahme- und den vorangegangenen zehn Jahren **ausgleichsfähige Verluste** gehabt haben. Lt. Sachverhalt hat Krause seine Hafteinlage bei der Gründung in 2000 in voller Höhe erbracht. Da das negative Kapitalkonto ausschließlich durch Verluste entstanden ist, muss mindestens in Höhe von 50 000 € ein ausgleichsfähiger Verlust (§ 15a Abs. 1 S. 1 EStG) entstanden sein. Im Übrigen waren die Verluste der Jahre 2000ff. verrechenbar (§ 15a Abs. 2 EStG).

Damit ist in Höhe von 50 000 € ein Gewinn nach § 15a Abs. 3 EStG hinzuzurechnen. Fraglich ist nun, ob die aus den Vorjahren (2000ff.) stammenden verrechenbaren Gewinne die Gewinnhinzurechnung wieder mindern. Bei § 15a Abs. 3 EStG handelt es sich um einen fiktiven Gewinn, der kraft Gesetzes zu versteuern ist, und nicht um einen »Gewinn aus der Beteiligung« i. S. d. § 15a Abs. 2 EStG. Deshalb darf dieser Gewinn **nicht** um verrechenbare Verluste dieses oder früherer Jahre vermindert werden (vgl. Band 7, Grobshäuser/Maier/Kies; Besteuerung der Gesellschaften, 211).

Zusätzlich versteuert Krause nach § 15a Abs. 1 Nr. 2 EStG den Gewinn aus der Verpachtung des Patents (Sonderbetriebsvermögen I) in Höhe von (12 Monate × 1 000 € =) 12 000 €. Der verrechenbare Verlust aus der Gesamthand darf nicht mit Gewinnen aus Sonderbetriebsvermögen saldiert werden (s. o.).

2 Kümmler

Das Kapital von Kümmler steht am 31. 12. 2005 auf ./. 1 125 000 €. Bei der Berechnung der ausgleichsfähigen bzw. verrechenbaren Verluste ist die in 2006 geleistete **Einlage** zu berücksichtigen. Da die Verluste nicht ausgleichsfähig sind, soweit (!) sich das negative Kapital erhöht, ist die Entwicklung des Kapitalkontos darzustellen:

Kapital 31.12.2005	./. 1 125 000 €
Einlage 2006	+ 500 000 €
Verlust 2006	./. 945 000 €
Stand 31.12.2006	1 570 000 €

Damit ist das negative Kapital trotz des Verlustes in Höhe von 945 000 € lediglich um 445 000 € gestiegen. Damit liegt in Höhe von (945 000 € ./. 445 000 € =) 500 000 € ein ausgleichsfähiger Verlust und damit Einkünfte nach § 15 Abs. 1 Nr. 2 EStG vor. In Höhe der übersteigenden 445 000 € ist der Verlust nach § 15a Abs. 2 EStG verrechenbar.

(Anmerkung: In der einheitlichen und gesonderten Gewinnfeststellung ist für Kümmler ein Verlust von 945 000 € anzusetzen. Die Frage des § 15a EStG betrifft lediglich die individuelle Veranlagung des Kommanditisten.)

3 Krüger

Da Krüger als Komplementär in unbeschränkter Höhe haftet (§§ 128, 161 HGB), ist für ihn § 15a EStG nicht anwendbar. Sein Anteil am Verlust in Höhe von (2 100 000 € × 5% =) 105 000 € ist ohne weiteres als Einkünfte nach § 15 Abs. 1 Nr. 2 EStG anzusetzen.

4 Lösungen zu den Varianten

Variante I

Der **atypisch still Beteiligte** ist nach **§ 15a Abs. 5 Nr. 1 EStG** einem Kommanditisten gleich gestellt, da auch der atypisch Stille nach § 230 HGB lediglich mit seiner Einlage haftet.

Damit ergibt sich kein anderes Ergebnis als im Grundfall.

Variante II

Besteht keine Chance mehr, dass ein Kommanditist die Verluste mit künftigen Gewinnanteilen ausgleichen kann, dürfen ihm keine weiteren Verluste mehr zugewiesen werden (vgl. OFD München vom 07.05.2004 FR 2004, 731). Diese Verluste trägt der Komplementär, da für ihn § 15a EStG nicht anwendbar ist. Insoweit weicht dann die steuerliche Gewinnverteilung von der handelsrechtlichen Gewinnverteilung ab.

Damit ist der Verlust der Beton KG in Höhe von 2,1 Mio. € in vollem Umfang dem Komplementär Krüger zuzuweisen.

Darüber hinaus muss in einer finanziellen Krisensituation, in der mit künftigen Gewinnen nicht mehr gerechnet werden kann, das **negative Kapitalkonto** des Kommanditisten **aufgelöst** werden (OFD München vom 07.05.2004, a. a. O.). Bei der Auflösung eines durch Verlustzurechnung entstanden negativen Kapitalkontos eines Kommanditisten ergibt sich in Höhe dieses negativen Kapitalkontos ein steuerpflichtiger Gewinn des Kommanditisten (H 15a [Auflösung des negativen Kapitalkontos] EStH).

Damit muss Krause sein negatives Kapitalkonto in Höhe von ./. 275 000 € auflösen (Ergänzungsbilanz + Kapital I und II ohne Sonderbetriebsvermögen; s. o.). Insoweit entsteht auch ein Gewinn. Das Kapitalkonto von Kümmler steht nach Einlage auf ./. 625 000 €. Insoweit entsteht bei ihm ein Auflösungsgewinn.

Diese Gewinne können aber durch verrechenbare Verluste neutralisiert werden (§ 15a Abs. 2 EStG). Da – wie oben dargestellt – in Höhe des negativen Kapitals verrechenbare Verluste vorliegen müssen, ist die Auflösung letztlich für beide Kommanditisten ohne steuerliche Auswirkung.

Das negative Kapital wird für steuerliche Zwecke auf den Komplementär umgebucht. Da sich somit dessen Kapital verringert, entsteht bei ihm ein entsprechender Verlust (§ 4 Abs. 1 EStG).

V. Punktetabelle

			Punkte
1		Krause	
		Auf Verlust ist § 15a Abs. 1 S. 1 EStG anzuwenden	1
		Sonderkapital nicht zu berücksichtigen	1
		Kapital der Ergänzungsbilanz einzubeziehen	1
		Kapitalkonten I und II Gesamthandskonten	1
		Verrechenbarer Verlust (945 000 €)	1
		Entnahme; § 15a Abs. 3 S. 1 EStG zu prüfen	1
		Wiederaufleben der Haftung (50 000 €)	1
		Ausgleichsfähige Verluste (50 000 €)	1
		Keine Verrechnung mit früheren verrechenbaren Verlusten	1
2		Kümmler	
		Ausgleichsfähiger Verlust (500 000 €)	1
		Verrechenbarer Verlust (445 000 €)	1
3		Krüger	
		Auf Komplementär ist § 15a EStG nicht anwendbar	1
4		Lösungen zu den Varianten	
	Variante I	§ 15a Abs. 5 Nr. 1 EStG; wie Grundfall	1
	Variante II	Keine weitere Verlustzuweisung	1
		Verlust Krüger (2,1 Mio. €)	1
		Gewinn Krause (275 000 €)	1
		Gewinn Kümmler (625 000 €)	1
		Summe	17

Klausuraufgabe 9:
Negatives Kapitalkonto/Gewinnverteilung/Veräußerung eines Mitunternehmeranteils/Sonderbetriebsvermögen/Ergänzungsbilanz

I. Sachverhalt

An der Verlust KG sind die Gesellschafter A (Komplementär), B (Kommanditist) und C (Kommanditist) je zu gleichen Teilen beteiligt. Die im Handelsregister eingetragene Hafteinlage beträgt für B und C je 100 000 €. Während C seine Einlage bei Gründung in 1999 voll einzahlte, hat B bisher lediglich 40 000 € erbracht. 60 000 € stehen noch offen.

Aufgrund von Verlusten sieht die Bilanz der KG zum 31.12.2004 wie folgt aus:

Aktiva	Verlust KG 31.12.2004		Passiva
diverse WG	500 000 €	Verbindlichkeiten	770 000 €
Kapital A	70 000 €		
Kapital B	120 000 €		
Kapital C	80 000 €		
Summe	770 000 €	Summe	770 000 €

Kommanditist B vermietet an die KG eine Halle, die er in seiner Sonderbilanz zum 31.12.2005 mit 200 000 € aktiviert. Er hat für 2005 aufgrund der finanziellen Schwierigkeiten auf die Zahlung einer Miete im Voraus verzichtet. Aufwendungen für die Halle sind ihm nicht entstanden.

B erstellt zum 31.12.2004 folgende Ergänzungsbilanz:

Aktiva	Ergänzungsbilanz B 31.12.2004		Passiva
Minderkapital	100 000 €	diverse WG	100 000 €

Die stillen Reserven betragen im Gesamthandsvermögen insgesamt 120 000 €.

Für das Wj 2005 entsteht ein Verlust der KG in Höhe von 200 000 €. Mit einer Besserung der wirtschaftlichen Situation ist aber zu rechnen. Bereits in der Gesellschafterversammlung vom 20.12.2004 beschlossen die Gesellschafter, dass der Gewinn/Verlust des Jahres 2005 ausschließlich A und B zu je 50% zustehen soll.

Zum 01.01.2006 veräußert der vierzigjährige C seinen Anteil an der KG an D gegen Übernahme des negativen Kapitalkontos.

II. Aufgabe

Wie hoch sind die Einkünfte der Gesellschafter in 2005? Wie ist die Veräußerung in 2006 bzgl. C und D zu beurteilen?

III. Variante mit Aufgabe

D ist der Sohn des C. Er schenkt diesem den Anteil an der KG.
Welche Auswirkungen hat dies auf das Kapitalkonto und die verrechenbaren Verluste?

IV. Lösung

1 Gesellschafter A

Als erstes Problem ist zu prüfen, wie viel Gewinn dem A zugerechnet werden kann. Grundsätzlich sehen die **§§ 168, 121 HGB** vor, dass jedem Gesellschafter vom Jahresgewinn zunächst ein Anteil von 4% seines Kapitalanteils gebührt. Im Übrigen soll der Gewinn nach Köpfen verteilt werden.

Von dieser gesetzlichen Gewinnverteilungsregelung wird in der Praxis regelmäßig abgewichen, da die Vorschriften des HGB insoweit disponibel sind. Die freie Vereinbarkeit der gesellschaftsrechtlichen Regelungen ist ein großer Vorteil der Personengesellschaft gegenüber der Kapitalgesellschaft, die in der Regel wesentlich strengeren Regeln unterliegt.

Es ist daher nichts dagegen einzuwenden, dass der Gewinn lediglich den Gesellschaftern A und B zugewiesen wird.

Da A als Komplementär nicht den Regeln des § 15a EStG unterliegt, betragen seine Einkünfte aus der Mitunternehmerschaft (./. 200 000 € × 50 % =) ./. 100 000 € (§ 15 Abs. 1 Nr. 2 EStG).

2 Gesellschafter B

Als Kommanditist unterliegt B den Beschränkungen des **§ 15a Abs. 1 S. 1 EStG**. Danach erzielt ein Kommanditist einen lediglich verrechenbaren Verlust insoweit, als durch den Verlust ein negatives Kapitalkonto entsteht oder sich erhöht.

Dabei stellt sich aber das Problem, was als **Kapitalkonto** i. S. v. § 15a Abs. 1 S. 1 EStG zu verstehen ist. Gesetzgeberischer Hintergrund des § 15a EStG ist die Tatsache, dass ein Gesellschafter steuerliche Verluste nur insoweit geltend machen darf, als er auch mit seinem Vermögen für die Gesellschaft einsteht. Soweit in der Gesamthandsbilanz ein positives Kapitalkonto vorhanden ist, das durch die Verluste vermindert wird, entsteht dem Gesellschafter eine echte Minderung seines Vermögens.

Da aber das **Sonderbetriebsvermögen** für die Verbindlichkeiten der Gesamthand nicht in Anspruch genommen werden kann und z. B. der Gesellschafter im Falle der Insolvenz der KG einfach den Mietvertrag kündigen kann, um sein Vermögen zu retten, rechnet dieses nicht zum Kapital i. S. v. § 15a EStG (BMF vom 15.12.1993 BStBl I 1993, 976 m.w.N.).

Dies gilt aber nicht für die **Ergänzungsbilanz**. Diese stellt lediglich eine Korrektur der Werte in der Gesamthandsbilanz dar, die lediglich einen bestimmten Gesellschafter betreffen. Typischerweise wird eine Ergänzungsbilanz im Falle der Veräußerung eines Mitunternehmeranteils oder bei einer Einbringung des Mitunternehmeranteils gebildet. Das Kapital der Ergänzungsbilanz und das Kapitalkonto des Gesellschafters in der Gesamthandsbilanz bilden steuerlich eine Einheit (BMF vom 15.12.1993, a. a. O.).

Ergänzungsbilanzen können ein positives (= Mehrkapital) oder ein negatives (= Minderkapital) ausweisen. Ein Minderkapital kann insbesondere dann entstehen, wenn der Gesellschafter einen Mitunternehmeranteil zu einem Kaufpreis erworben hat, der unter dem Buchwert liegt und die Buchwerte der einzelnen Wirtschaftsgüter daher abgeschmolzen werden müssen.

B hat damit ein Kapitalkonto in Höhe von (120 000 € ./. 100 000 € =) 20 000 €.

Da der Verlust von 100 000 € zu einem Kapitalkonto von insgesamt ./. 80 000 € führt, ist der Verlust in Höhe der 80 000 € grundsätzlich lediglich verrechenbar i. S. d. § 15a Abs. 2 EStG (zur Ausnahme siehe unten).

Während ausgleichsfähige Verluste mit allen anderen Einkünften im Rahmen des § 2 EStG zusammengerechnet werden können, sind verrechenbare Verluste nach § 15a Abs. 2 EStG davon ausgenommen. Sie können lediglich mit künftigen Gewinnen aus dieser Beteiligung (also hier der Verlust KG) verrechnet werden. Sie werden einheitlich und gesondert festgestellt und gehen grundsätzlich nicht verloren.

Im Falle des B besteht aber die weitere Besonderheit, dass B seine Hafteinlage nicht in voller Höhe erbracht hat.

Dabei muss man zwischen der **Hafteinlage** und der sog. **Pflichteinlage** differenzieren. Die Hafteinlage umfasst den Betrag, der im Handelsregister als maximale Haftung des Kommanditisten eingetragen ist und damit Dritten gegenüber öffentlich gemacht wurde (vgl. § 171 HGB).

Mit der vollständigen Einzahlung der Hafteinlage erlischt grundsätzlich die Außenhaftung des Kommanditisten. Die Tatsache, dass § 171 HGB ausdrücklich vorsieht, dass bis zur Leistung der Hafteinlage die Haftung nach außen besteht zeigt, dass die Hafteinlage nicht in voller Höhe erbracht werden muss. Der Gesellschafter kann z. B. im Gesellschaftsvertrag vereinbaren, dass er nur einen Teil der Einlage erbringt und sein Kapitalkonto mit künftigen Gewinnen auffüllt. Den Betrag, den der Gesellschafter nach Gesellschaftsvertrag sofort bringen muss, bezeichnet man als Pflichteinlage. Insbesondere bei sog. Steuersparmodellen wurde (bis zum Inkrafttreten des § 15b EStG, der derartige Modelle nun unmöglich macht) häufig nur ein Teil der Einlage eingefordert, um die Liquidität der Anleger zu schonen.

Im Kapitalkonto des Mitunternehmers wird die nicht erbrachte Einlage nicht ausgewiesen. Es enthält nur die tatsächlich geleisteten Zahlungen (im Falle des B: 40 000 €).

Da der Gesellschafter aber bis zur Höhe der im Handelsregister eingetragenen Einlage nach außen unmittelbar haftet (**§ 171 HGB**), macht es für das Vermögen des Mitunternehmers keinen Unterschied, ob er die Hafteinlage voll erbracht hat oder nicht. Hat er sie erbracht, verliert er im Insolvenzfall seine Einlage. Hat er sie nicht erbracht, muss er sie dem Insolvenzverwalter gegenüber erst noch erbringen und verliert sie dann (§ 171 Abs. 2 HGB).

Aus diesem Grund sieht **§ 15a Abs. 1 S. 2 EStG** vor, dass insoweit ein ausgleichsfähiger Verlust auch dann entsteht, als eine Haftung aufgrund des § 171 HGB besteht.

Somit ergibt sich für B folgendes Ergebnis:

ausgleichsfähiger Verlust § 15a Abs. 1 S. 1 EStG	./. 20 000 €
ausgleichsfähiger Verlust § 15a Abs. 1 S. 2 EStG	./. 60 000 €
Einkünfte § 15 Abs. 1 Nr. 2 EStG	./. 80 000 €
verrechenbar § 15a Abs. 2 EStG	./. 20 000 €

3 Gesellschafter C

Da C an der Gewinnverteilung des Wj 2005 nicht teilnimmt, steht sein Kapitalkonto zum 31. 12. 2005 weiterhin auf ./. 80 000 €.

Damit stellt sich die Frage, wie hoch der Veräußerungsgewinn des C ist. C hat **nach § 16 Abs. 1 Nr. 2 EStG** einen ganzen Mitunternehmeranteil mit allen wesentlichen Betriebsgrundlagen veräußert. Veräußerungsgewinn ist nach § 16 Abs. 2 EStG die Differenz zwischen Erlös und Kapitalkonto (= stille Reserven).

Erlös	0 €
Kapitalkonto	./. 80 000 €
Veräußerungsgewinn	80 000 €

Da C erst das vierzigste Lebensjahr vollendet hat, kommt die Gewährung eines Freibetrages nicht in Betracht.

Da lt. Sachverhalt das negative Kapitalkonto ausschließlich durch Verluste entstanden ist, müssen in Höhe von 80 000 € verrechenbare Verluste vorhanden sein.

Damit muss C keinen Veräußerungsgewinn versteuern.

D muss die erworbenen stillen Reserven grundsätzlich in einer **Ergänzungsbilanz** aktivieren, da die Aufdeckung lediglich ihn und nicht die Gesamthand betrifft.

D hat aber lediglich ein Drittel der stillen Reserven in Höhe von insgesamt 120 000 €, mithin 40 000 € erworben. Sein Kaufpreis war aber die Übernahme des negativen Kapitalkontos, also 80 000 €. Damit ist zu fragen, was mit der Differenz in Höhe von 40 000 € bilanziell geschieht.

Nach einer Ansicht soll der Mitunternehmer den überzahlten Betrag als sofort abzugsfähige Betriebsausgaben geltend machen können. Die Rechtsprechung verlangt demgegenüber die Bildung eines **aktiven Ausgleichspostens,** der in Höhe künftiger Gewinne aufgelöst wird und damit letztlich auch den zu versteuernden Gewinn mindert (BFH vom 21.04.1994 BStBl II 1994, 745 m.w.N.). damit sieht die Ergänzungsbilanz des D wie folgt aus:

Aktiva	Ergänzungsbilanz D 01.01.2006		Passiva
diverse WG	40 000 €	Mehrkapital	80 000 €
Ausgleichsposten	40 000 €		

Wird dem D ein Gewinnanteil zugerechnet, löst er den Ausgleichsposten auf (Buchungssatz: Aufwand 40 000 € an Ausgleichsposten 40 000 €) und mindert so seinen Gewinn.

Schenkt C seinen Gesellschaftsanteil an seinen Sohn, so geht nach **§ 6 Abs. 3 EStG** das Kapitalkonto auf D zum Buchwert über.

Damit übernimmt D sowohl das negative Kapitalkonto als auch die vortragsfähigen verrechenbaren Verluste nach § 15a Abs. 2 EStG.

V. Punktetabelle

			Punkte
1	Gesellschafter A		
	Keine Anwendung § 15a EStG		1
2	Gesellschafter B		
	§ 15a Abs. 1 S. 1 EStG anwendbar		1
	Kapitalkonto ohne Sonderbetriebsvermögen		1
	aber inkl. Ergänzungsbilanz		1

			Punkte
		§ 15a Abs. 1 S. 2 EStG zu prüfen	1
		Differenzierung Haft- und Pflichteinlage	1
		ausgleichsfähiger Verlust (20 000 €)	1
		ausgleichsfähiger Verlust (60 000 €)	1
		verrechenbarer Verlust (20 000 €)	1
	3	Gesellschafter C	
		Veräußerung (§ 16 Abs. 1 Nr. 2 EStG)	1
		Veräußerungsgewinn (80 000 €)	1
		abzgl. verrechenbarer Verluste	1
		aktiver Ausgleichsposten (40 000 €)	1
	4	Lösung zur Variante	
		§ 6 Abs. 3 EStG; Übergang verrechenbare Verluste	1
		Summe	14

Klausuraufgabe 10:
Begründung einer Betriebsaufspaltung/Übertragung von Wirtschaftsgütern/Rücklage für Substanzerhaltung/unentgeltliche Überlassung/Dividende/verdeckte Gewinnausschüttung/Geschäftsführergehalt

I. Sachverhalt

An der Maschinenbau KG (M-KG) sind Arndt Amann (A) als Komplementär zu 1/3 und sein volljähriger Sohn Berthold Bier (B) als Kommanditist zu 2/3 beteiligt.

Zum 31. 12. 2005 bilanziert die M-KG wie folgt:

Aktiva	M-KG 31. 12. 2005		Passiva
Grundstücke und Gebäude	1 400 000 €	Kapital A	4 000 000 €
Maschinen	3 200 000 €	Kapital B	2 000 000 €
Betriebs- und Geschäftsausstattung	400 000 €	Lieferantenverbindlichkeiten	1 700 000 €
Vorräte	1 500 000 €	Sonstige Verbindlichkeiten	300 000 €
Forderungen	1 500 000 €		
	8 000 000 €		8 000 000 €

Die M-KG stellte im Januar 2005 ein neues Betriebsgebäude fertig und schreibt es nach § 7 Abs. 4 Nr. 1 EStG mit jährlich 3 % der Herstellungskosten von 2,5 Mio. € ab. Die technischen Anlagen, Maschinen sowie die Betriebs- und Geschäftsausstattung, die die OHG ebenfalls Anfang des Jahres 2005 fast vollständig erneuerte, werden jeweils mit 10 % nach § 7 Abs. 1 EStG abgeschrieben (400 000 € aus den Anschaffungskosten von 4,0 Mio. €). Die Restnutzungsdauer dieser Wirtschaftsgüter beträgt am 01. 01. 2006 noch 9 Jahre.

Im Betriebsvermögen der M-KG sind zum 31. 12. 2005 folgende stille Reserven enthalten: Grund und Boden (500 000 €), Gebäude (1 200 000 €), Maschinen (400 000 €), Betriebs- und Geschäftsausstattung (50 000 €), Firmenwert (500 000 €) und Vorräte (300 000 €), zusammen 2,95 Mio. €

Zum 01. 01. 2006 gründeten A und B gemeinsam die Stahl GmbH. Jeder Gesellschafter hält 50 % des Stammkapitals. Die GmbH sollte den Geschäftsbetrieb der M-KG übernehmen.

Die Stahl GmbH erwarb deshalb zum 02. 01. 2006 das gesamte Umlaufvermögen der M-KG für 3,3 Mio. €. Zur Begleichung des Kaufpreises übernahm die GmbH Verbindlichkeiten der M-KG i. H. v. 1,3 Mio. €. Den verbleibenden Restkaufpreis von 2 Mio. € musste die GmbH nicht gleich bezahlen. Die M-KG gewährte der GmbH vielmehr ein Darlehen, das mit (angemessenen) 6 % jährlich zu verzinsen ist. Die Zinsen für dieses Darlehen sind vertraglich am 31. 12. eines jeden Jahres fällig.

Die Zinsen für das Jahr 2006 in Höhe von insgesamt 120 000 € wurden von der GmbH am 12. 01. 2007 auf ein gemeinschaftliches privates Bankkonto von A und B überwiesen.

Das gesamte bisherige Anlagevermögen der M-KG verpachtete diese ab dem 01. 01. 2006 insgesamt an die GmbH zu einer monatlich vorschüssig zu zahlenden Pacht i. H. v. angemessenen 30 000 €. Die Pacht für Dezember 2006 zahlte die GmbH jedoch erst am 30.01.2007.

Nach dem Pachtvertrag hat die GmbH sämtliche mit den verpachteten Wirtschaftsgütern in wirtschaftlichem Zusammenhang stehenden Aufwendungen zu tragen. Außerdem hat sie sich vertraglich zur Substanzerhaltung der gepachteten Wirtschaftsgüter des beweglichen abnutzbaren Anlagevermögens verpflichtet. Bei Pachtende hat sie die gepachteten Wirtschaftsgüter in dem Zustand zurückzugeben, in dem sie ihr bei Pachtbeginn überlassen wurden. Soweit der Zeitwert der Wirtschaftsgüter bei Beendigung des Pachtvertrags unter diesem Wert liegt, hat die GmbH eine entsprechende Entschädigung zu zahlen.

A hatte bisher ein in seinem Alleineigentum stehendes unbebautes Grundstück der M-KG langfristig zur Nutzung überlassen. Auf dem Grundstück hatte die M-KG eine Lagerhalle errichtet. Diese Lagerhalle ist in der Bilanz der M-KG zum 31.12.2005 mit den fortgeführten Herstellungskosten bilanziert (AfA jährlich 5 000 €). Die Anschaffungskosten des unbebauten Grundstücks weist A zutreffend in seiner Sonderbilanz zum 31.12.2005 mit 100 000 € aus.

Ab 01.01.2006 überlässt A das Grundstück der Stahl GmbH. Diese zahlt bis auf weiteres kein Entgelt für die Nutzungsüberlassung. Ein Entgelt soll erst gezahlt werden, wenn die GmbH genügend Gewinne erwirtschaftet. Dem A entstanden im Jahr 2006 für das Grundstück Aufwendungen i. H. v. 12 000 € (Reparatur einer Stützmauer).

A wurde von der Gesellschafterversammlung der GmbH zum alleinigen Geschäftsführer berufen. Als Geschäftsführervergütung wurde ein Betrag von 10 000 € monatlich vereinbart.

Die Gesellschafterversammlung der GmbH beschloss am 20.04.2006 für das Wirtschaftsjahr 2005 eine Gewinnausschüttung i. H. v. 100 000 €. Außerdem beschlossen die Gesellschafter, dem Geschäftsführer A aufgrund des guten Geschäftsergebnisses für das Jahr 2006 eine Gehaltsnachzahlung von 30 000 € zu gewähren. Die Gewinnausschüttung und die Gehaltsnachzahlung zahlte die GmbH am 25.04.2007 aus. Das Geschäftsführergehalt des A ist auch unter Berücksichtigung der Gehaltsnachzahlung noch angemessen.

Für die bei ihr verbliebenen Verbindlichkeiten musste die M-KG im Jahr 2006 Schuldzinsen i. H. v. 19 000 € entrichten.

II. Aufgabe

Nehmen Sie zu den ertragsteuerlichen Folgen der Übertragung des Geschäftsbetriebs auf die GmbH und den sich ergebenden Bilanzierungsfragen Stellung! Ermitteln Sie den Gewinn der M-KG für das Jahr 2006.

III. Lösung

1. Die Vermietung des Anlagevermögens der M-KG an die GmbH ab 01.01.2006 stellt eine **Betriebsaufspaltung** dar (vgl. H 15.7 Abs. 4 [Allgemeines] EStH), wenn zwischen der M-KG und der Stahl GmbH eine **personelle** und **sachliche** Verflechtung gegeben ist.

Eine sachliche Verflechtung liegt vor, wenn ein Besitzunternehmen mindestens eine wesentliche Betriebsgrundlage an eine gewerblich tätige Personen- oder Kapitalgesellschaft (Betriebsunternehmen) zur Nutzung überlässt. Da die M-KG das gesamte bisherige Anlagevermögen verpachtet, sind die Voraussetzungen einer sachlichen Verflechtung unstreitig gegeben.

Eine personelle Verflechtung ist zu bejahen, wenn eine Person oder mehrere Personen zusammen (Personengruppe) sowohl das Besitzunternehmen als auch das Betriebsunternehmen in dem Sinne beherrschen, dass sie in der Lage sind, in beiden Unternehmen einen einheitlichen geschäftlichen Betätigungswillen durchzusetzen.

Da die Personengruppe A und B jeweils 100 % der Anteile beider Unternehmen hält, kann ohne weiteres von einer Beherrschung beider Unternehmen ausgegangen werden (Anmerkung: Auf die Frage der Einstimmigkeitsabreden braucht daher überhaupt nicht eingegangen zu werden; vgl. BMF vom 07. 10. 2002 BStBl I 2002, 1028).

2. Da die Voraussetzungen einer Betriebsaufspaltung vorliegen, ist die **vermögensverwaltende Tätigkeit** der M-KG (vgl. R 15.7 Abs. 1 EStR) als gewerblich einzustufen. Die Anteile an der Stahl GmbH sind im Sonderbetriebsvermögen II von A und B in der M-KG mit den Anschaffungskosten zu aktivieren (H 4.2 Abs. 2 [Einzelfälle] EStH).

Es liegen zwar gleichzeitig auch die Voraussetzungen einer **Betriebsverpachtung** im Ganzen vor (R 16 Abs. 5 EStR); das sog. »Verpächterwahlrecht« besteht jedoch nicht, weil die Betriebsverpachtung durch die Betriebsaufspaltung überlagert wird (BMF vom 17. 10. 1994 BStBl I 1994, 771).

3. Die Übertragung des Umlaufvermögens auf die GmbH führt bei der KG zu einem laufenden Gewinn i. H. v. 300 000 € (Veräußerungspreis 3 300 000 € abzüglich Buchwerte 3 000 000 €).

Die KG hat ihren Gewinn (weiterhin) durch Betriebsvermögensvergleich zu ermitteln. Sie führt die Buchwerte der bei ihr verbleibenden Wirtschaftsgüter fort.

4. Problematisch ist die Behandlung des **Firmenwerts**. In der Vergangenheit gingen Rechtsprechung und Finanzverwaltung davon aus, dass ein Geschäftswert bei Begründung einer Betriebsaufspaltung im Besitzunternehmen bleibt. Mit Urteil vom 16. 06. 2004 BStBl II 2005, 378 hat der BFH seine Meinung geändert. Er geht nun davon aus, dass der Geschäftswert bei Begründung einer Betriebsaufspaltung i. d. R. auf die Betriebs-GmbH übergeht. Dies hat zur Folge, dass insoweit eine verdeckte Gewinnausschüttung vorliegt, als die Betriebs-GmbH eine Pacht für den Geschäftswert bezahlt.

Der BFH macht allerdings eine Ausnahme, wenn sämtliche wesentlichen Betriebsgrundlagen an die Betriebs-GmbH verpachtet werden. In diesem Fall liegen die Voraussetzungen einer Betriebsverpachtung vor, bei der der Geschäftswert beim verpachtenden Unternehmen bleibt.

Da die M-KG das gesamte bisherige Anlagevermögen an die Stahl GmbH verpachtet, bleibt der Firmenwert weiterhin bei der M-KG.

5. Da sich die Anteile von A und B an der GmbH im Sonderbetriebsvermögen bei der M-KG befinden, führt die in 2006 beschlossene **Gewinnausschüttung** für 2005 bei A und B zu Sonderbetriebseinnahmen, da mit Beschlussfassung eine Forderung im Sonderbetriebsvermögen zu aktivieren ist. Auf die Ausschüttung ist das Halbeinkünfteverfahren anzuwenden (**§§ 20 Abs. 1 Nr. 1, 3 Nr. 40 Buchst. a, 3c Abs. 2 EStG**). Je Gesellschafter sind (50 000 € × 1/2 =) 25 000 € zu erfassen.

6. Die **Gehaltsnachzahlung** an A i. H. v. 30 000 € könnte eine verdeckte Gewinnausschüttung darstellen, weil die Gehaltsnachzahlung nicht im Voraus wirksam, klar und eindeutig vereinbart war (R 36 Abs. 2 EStR). Diese Grundsätze gelten aber nur, wenn A beherrschender Gesellschafter-Geschäftsführer ist. Ein Gesellschafter ist grundsätzlich dann beherrschend, wenn er die Mehrheit der Stimmrechte besitzt. Er kann ausnahmsweise auch bei einer Beteiligung von unter 50 % beherrschend sein, wenn besondere Umstände (z. B. gleichgerichtete Interessen mit anderen Gesellschaftern) hinzutreten. Die Tatsache, dass die Gesellschafter nahe Angehörige sind, reicht allein aber nicht aus, um gleichgerichtete Inte-

ressen anzunehmen. Vielmehr müssen weitere Anhaltspunkte hinzutreten (H 36 [Beherrschender Gesellschafter] EStH).

Daher ist die Gehaltsnachzahlung wie üblicher Arbeitslohn zu behandeln. Der Arbeitslohn eines Gesellschafter-Geschäftsführers einer Betriebskapitalgesellschaft fällt unter § 19 EStG, auch wenn sich die Anteile an der Betriebsgesellschaft im Sonderbetriebsvermögen des Gesellschafters befinden (insoweit ist die Lösung anders als bei der GmbH & Co. KG).

Da aber die Gehaltsnachzahlung erst in 2007 ausgezahlt wird, ist sie erst in diesem Jahr zu erfassen (Zuflussprinzip, § 11 EStG).

7. Die Darlehensforderung der M-KG gegenüber der Stahl GmbH aus der Veräußerung des Umlaufvermögens stellt Gesamthandsvermögen dar. Damit sind auch die Darlehenszinsen Betriebseinnahmen der KG (160 000 € im Jahr 2006; unabhängig vom Zeitpunkt der Zahlung, § 11 EStG ist nicht anwendbar).

8. Das von A bisher der KG und nunmehr der GmbH überlassene Grundstück, war bisher **SBV I** (Überlassung an die Mitunternehmerschaft) und ist nun **SBV II** (Stärkung der Beteiligung).

Problematisch ist aber die **unentgeltliche Überlassung.** Überlässt ein Gesellschafter der Betriebs-GmbH unentgeltlich Wirtschaftsgüter, so kann er grundsätzlich die Betriebsausgaben, die mit diesem Wirtschaftsgut zusammenhängen, weiterhin geltend machen, da der vom Gesellschafter gewährte Nutzungsvorteil in der Regel den Gewinn der Kapitalgesellschaft erhöht und der Gesellschafter damit eine höhere Dividende erhält (BFH vom 28. 03. 2000 DStR 2000, 1426). Allerdings fallen die Aufwendungen dann unter **§ 3c Abs. 2 EStG** (vgl. Band 7, Grobshäuser/Maier/Kies; Besteuerung der Gesellschaften, 541 m.w.N.). Dies gilt aber nur, wenn für die unentgeltliche Nutzungsüberlassung ausschließlich betriebliche Motive maßgebend sind.

Erfolgt die unentgeltliche Nutzungsüberlassung aus **privaten Motiven,** so können die Betriebsausgaben überhaupt nicht geltend gemacht werden (§ 12 Nr. 1 EStG). Private Motive liegen insbesondere dann vor, wenn am Betriebsunternehmen ausschließlich nahe Angehörige beteiligt sind (BFH vom 28. 03. 2000, a. a. O.). Da B naher Angehöriger ist, kommt die unentgeltliche Nutzungsüberlassung zu 75 % B zugute. Damit sind die Betriebsausgaben nur zu 25 %, und das auch nur im Halbeinkünfteverfahren abzugsfähig. Sonderbetriebsausgaben A somit: (12 000 € × 25 % × 1/2 =) 1 500 €.

9. Die GmbH hat für die **Pachterneuerungsverpflichtung** eine **Rückstellung** zu bilden. Die Höhe der Rückstellung bestimmt sich durch die laufende Abnutzung und die Wiederbeschaffungskosten der Wirtschaftsgüter am Bilanzstichtag. Geht man davon aus, dass die Wiederbeschaffungskosten des gepachteten Anlagevermögens mindestens dem Teilwert der Wirtschaftsgüter bei Beginn des Pachtverhältnisses entsprechen (Buchwert 3,6 Mio. € + stille Reserven 450 000 € = 4 050 000 €), so ist zum 31. 12. 2006 eine Rückstellung von 450 000 € zu bilden (1/9 aus 4 050 000 €, da von der Restnutzungsdauer der betroffenen Wirtschaftsgüter von 9 Jahren am Bilanzstichtag 1 Jahr abgelaufen ist). Entsprechend hat die KG in ihrer Bilanz zum 31. 12. 2006 einen **Anspruch** auf **Substanzerhaltung** mit 450 000 € erfolgswirksam zu aktivieren. Nach **§ 6 Abs. 1 Nr. 3a EStG** ist die Rückstellung aber abzuzinsen (Laufzeit noch acht Jahre); somit (450 000 € × 0,652 =) 293 400 €.

Spiegelbildlich hat die M-KG einen Anspruch auf Substanzerneuerung zu aktivieren. Da es sich um einen Sachanspruch handelt, der keinen Zinsanteil enthält, darf der Anspruch nicht abgezinst werden (Bilanzierung von Forderungen grundsätzlich mit dem Nennbetrag). Damit fallen die Rückstellung bei der GmbH und die Aktivierung bei der M-KG auseinander.

Der Gesamthandsgewinn der M-KG (Besitzunternehmen) im Jahr 2006 ist wie folgt zu ermitteln:

M-KG Gesamthand

Pacht (12 × 30 000 €)	360 000 €
Veräußerung Umlaufvermögen	300 000 €
Zinsforderung (2 Mio. € × 6 %)	120 000 €
Aktivierung Anspruch auf Substanzerhaltung	450 000 €
AfA Gebäude (2,5 Mio. € × 3 %)	./. 75 000 €
AfA bewegliches Anlagevermögen (4 Mio. € : 10 Jahre ND)	./. 400 000 €
AfA Lagerhalle (Gebäude auf fremdem Grund und Boden)	./. 5 000 €
Schuldzinsen Fremdkapital	./. 19 000 €
Gewinn	**731 000 €**

Sonderbetriebsvermögen A

Pachtzinsen	0 €
Dividende	25 000 €
Sonderbetriebsausgaben	./. 1 500 €
Gewinn	**23 500 €**

B erzielt lediglich Sonderbetriebseinnahmen aus der Dividende in Höhe von 25 000 €. Die Einkünfte aus GF-Tätigkeit (120 000 € + 30 000 €) fallen unter **§ 19 EStG**. Abzuziehen ist nach § 9a EStG ein Pauschbetrag von 920 €.

IV. Punktetabelle

			Punkte
1		Personelle Verflechtung bejaht	1
		Sachliche Verflechtung bejaht	1
2		Anteile Stahl GmbH im Sonderbetriebsvermögen II	1
		Betriebsverpachtung; kein Wahlrecht	1
3		Gewinn aus Veräußerung Umlaufvermögen	1
4		Firmenwert problematisiert	1
		wegen Betriebsverpachtung bei M-GmbH	1
5		Gewinnausschüttung SBE (Halbeinkünfteverfahren)	1
6		Verdeckte Gewinnausschüttung geprüft	1
		Beherrschende Gesellschafterstellung geprüft	1

			Punkte
		Beherrschende Gesellschafterstellung verneint	1
		Gehalt § 19 EStG aber: Zufluss im VZ 2007	1
	7	Darlehenszinsen Betriebseinnahme	1
	8	Grundstück weiterhin Sonderbetriebsvermögen	1
		Problem unentgeltliche Überlassung erkannt	1
		Betriebsausgaben Halbeinkünfteverfahren	1
		Im Übrigen: § 12 Nr. 1 EStG	1
	9	Rückstellung für Pachterneuerung	1
		Grundsätzlich 450 000 €	1
		Aber: Abzinsung auf 293 400 €	1
		Aktivierung Anspruch auf Substanzerhaltung	1
		Abzinsung problematisiert	1
		Gewinn folgerichtig	1
		Summe	23

Klausuraufgabe 11:
Betriebsaufspaltung/Veräußerung des Produktionsunternehmens/Beendigung der Betriebsaufspaltung

I. Sachverhalt

Max Schräuble betreibt seit vielen Jahren zusammen mit seinem Bruder Otto und der Schwester Amalie einen Metallbaubetrieb als KG. Max und Otto halten je 40%, Amalie 20% des Unternehmens. Max ist als Komplementär im Handelsregister eingetragen, die beiden übrigen Gesellschafter sind Kommanditisten. Bezüglich Geschäftsführung etc. wird von der gesetzlichen Regelung nicht abgewichen.

Im Jahre 2004 gründen Max und Otto eine GmbH. Das Stammkapital beträgt 100 000 €; Max und Otto sind gleichberechtigte Gesellschafter mit je 50%. Die GmbH betreibt ab 2004 den Metallbaubetrieb. Das gesamte Anlagevermögen der KG (Fabrikhalle, div. Maschinen) wird an die GmbH verpachtet.

Im Jahre 2006 bekommen Max und Otto von einem Konzern ein interessantes Übernahmeangebot. Da Max und Otto (ebenso wie Amalie) das 60. Lebensjahr vollendet haben, veräußern sie zum 31.12.2006 ihre Beteiligung an der GmbH an die Metall-AG für je 200 000 €. Die Halle und die Maschinen werden weiterhin an die GmbH vermietet. Zu diesem Bilanzstichtag steht das Produktionsgebäude mit 200 000 € (Tw: 3 Mio. €) und die Maschinen mit 80 000 € (Tw: 100 000 €) in den Büchern.

II. Aufgabe

Welche steuerlichen Konsequenzen ergeben sich aus der Veräußerung?

III. Variante

In 2004 vereinbaren die Gesellschafter der KG, dass alle Beschlüsse der KG, die die Vermietung des Anlagevermögens betreffen einstimmig zu fassen sind (unterstellen Sie bitte, dass die Buch- und Teilwerte der Wirtschaftsgüter in 2004 mit 2006 identisch sind).

IV. Lösung

1 Verpachtung Anlagevermögen ab 2004

Mit der Gründung der GmbH und der Verpachtung des Anlagevermögens ist eine **Betriebsaufspaltung** entstanden (H 15.7 Abs. 4 [Allgemeines] EStH), da die Personengruppe Max und Otto das Besitzunternehmen zu 80% und das Betriebsunternehmen zu 100% beherrschen. Durch die Verpachtung des Anlagevermögens, das eine wesentliche Betriebsgrundlage darstellt, liegen auch die Voraussetzungen einer sachlichen Verflechtung vor.

Damit ist die KG zwar nur noch vermögensverwaltend tätig (Vermietung der Wirtschaftsgüter an die GmbH). Aufgrund der Betriebsaufspaltung gilt ihre Tätigkeit aber weiterhin als gewerblich.

Die Anteile von Max und Otto an der Produktions-GmbH sind im **Sonderbetriebsvermögen II** in der KG mit den Anschaffungskosten zu aktivieren.

2 Veräußerung der GmbH-Anteile

Die Veräußerung der GmbH-Anteile fällt nicht unter § 17 EStG, da diese Vorschrift nur die Veräußerung privat gehaltener Beteiligungen umfasst. Da die Beteiligung zum Sonderbetriebsvermögen von Max und Otto gehört, müsste ein Veräußerungsgewinn grundsätzlich als laufender Gewinn nach § 15 Abs. 1 Nr. 2 EStG versteuert werden. Hier greift aber die spezielle Regelung des § 16 Abs. 1 Nr. 1 S. 2 EStG. Danach gilt die das gesamte Nennkapital umfassende Beteiligung an einer Kapitalgesellschaft als Teilbetrieb. § 16 Abs. 1 Nr. 1 EStG erfasst nur Beteiligungen, die sich in einem Betriebsvermögen befinden, da private Beteiligungen ja bereits unter § 17 EStG fallen.

Da Max und Otto die ganze Beteiligung veräußern, ist der Tatbestand des § 16 Abs. 1 Nr. 1 EStG erfüllt. Die Veräußerung von Anteilen an einer Kapitalgesellschaft fällt aber unter das Halbeinkünfteverfahren (§§ 3 Nr. 40 Buchst. b, 3c Abs. 2 EStG). Damit können Max und Otto die Tarifvergünstigung des § 34 EStG nicht in Anspruch nehmen (vgl. ausdrückliche Regelung in § 34 Abs. 2 Nr. 1 EStG). Der Freibetrag nach § 16 Abs. 4 EStG steht ihnen aber zu, da sie das 55. Lebensjahr vollendet haben.

Somit ergibt sich für jeden der beiden Gesellschafter folgender Veräußerungsgewinn:

Erlös (200 000 € × 1/2 =)	100 000 €
Bw Beteiligung (= Nennkapital)	./. 25 000 €
Gewinn	75 000 €
Freibetrag § 16 Abs. 4 EStG	./. 45 000 €
steuerpflichtiger Gewinn	30 000 €

3 Folgen für die KG

Durch die Veräußerung entfallen die Tatbestandsvoraussetzungen einer Betriebsaufspaltung, da Max und Otto die GmbH nicht mehr beherrschen. Grundsätzlich bedeutet dies, dass das Besitzunternehmen keine Einkünfte aus Gewerbebetrieb mehr erzielt. Eine Ausnahme gilt nur dann, wenn das Besitzunternehmen eine Kapitalgesellschaft ist (sog. kapitalistische Betriebsaufspaltung).

Das bedeutet grundsätzlich für die KG, dass sie die stillen Reserven aufdecken muss (Betriebsaufgabe nach § 16 EStG; vgl. H 16 Abs. 2 [Beendigung einer Betriebsaufspaltung] EStH).

Eine Ausnahme gilt aber dann, wenn neben der Betriebsaufspaltung gleichzeitig die Voraussetzungen einer **Betriebsverpachtung** vorliegen (vgl. BMF vom 17. 10. 1994 BStBl I 1994, 771). Während der Betriebsaufspaltung ruht zwar das Verpächterwahlrecht (vgl. R 16 Abs. 5 EStR), da die Betriebsaufspaltung zwingend zu gewerblichen Einkünften führt. Fällt die Betriebsaufspaltung aber weg, so lebt das Verpächterwahlrecht wieder auf.

Da die KG ab 2004 das gesamte Anlagevermögen verpachtete, waren die Voraussetzungen einer Betriebsverpachtung gegeben. Mit dem Verkauf der Anteile lebte das Verpächterwahlrecht wieder auf, und Max, Otto und Amalie können zur Vermeidung der Aufdeckung stiller Reserven die KG als ruhenden Gewerbebetrieb behandeln. Die Pachteinnahmen sind dann weiterhin Einkünfte aus Gewerbebetrieb.

4 Lösung zur Variante

1. Problematisch ist hier, ob durch die **Einstimmigkeitsabrede** noch von einer Beherrschung der KG durch Max und Otto ausgegangen werden kann (vgl. BMF vom 07.10.2002 BStBl I 2002, 1028).

Der BFH hat in mehreren Urteilen (Nachweis siehe BMF vom 07.10.2002 a.a.O.) daran festgehalten, dass im Grundsatz eine personelle Verflechtung fehlt, wenn ein nur an der Besitzgesellschaft beteiligter Gesellschafter die rechtliche Möglichkeit hat zu verhindern, dass die beherrschende Person oder Personengruppe ihren Willen in Bezug auf die laufende Verwaltung des an die Betriebsgesellschaft überlassenen Wirtschaftsguts durchsetzt.

Entscheidend für die Frage der Beherrschung ist damit, wer bei der **laufenden Verwaltung** seinen Willen durchsetzen kann. Für die laufenden so genannten Geschäfte des täglichen Lebens ist die Zustimmung der Kommanditisten nicht erforderlich (**§ 164 HGB**). Damit kann im Grundfall Max als Komplementär die Entscheidungsmacht. Da er gleichgerichtete Interessen mit Otto hat, wird diese Beherrschung über die Personengruppentheorie auch Otto zugerechnet.

Von den Regelungen des HGB kann aber durch Gesellschafterbeschluss abgewichen werden. Dies ist im vorliegenden Fall geschehen. Damit kann nun Amalie die Entscheidungen der Personengruppe Max/Otto beeinflussen bzw. verhindern, obwohl ihr nur 20 % des Kapitals zustehen. Somit ist eine Beherrschung durch Max/Otto nicht möglich und die Voraussetzungen einer Betriebsaufspaltung sind von vornherein nicht gegeben.

2. Da ohne das Vorliegen einer Betriebsaufspaltung die KG lediglich vermögensverwaltend tätig ist, erzielen die Gesellschafter mit der Vermietung des Anlagevermögens Einkünfte nach **§ 21 EStG**.

Da die KG aber vor der Vermietung gewerblich tätig war, führt die Vermietung des Betriebsvermögens zu einer **Betriebsaufgabe** nach § 16 Abs. 1 Nr. 2 EStG:

Entnahmewert Gebäude/Maschinen	3 100 000 €
Buchwerte	./. 280 000 €
Gewinn	2 820 000 €

Davon entfallen auf Max und Otto je 1 128 000 € und auf Amalie 654 000 €. Bei diesen Gewinnen kommt die Gewährung eines Freibetrages nach § 16 Abs. 4 EStG nicht mehr in Frage. Die Tarifvergünstigung des § 34 Abs. 3 EStG kann jeder der Mitunternehmer in Anspruch nehmen.

Die GmbH-Beteiligung stellt ab Gründung Privatvermögen dar, da keine Betriebsaufspaltung existiert.

3. Die Veräußerung der GmbH im Jahre 2006 fällt bei der Variante unter **§ 17 EStG**, da § 16 Abs. 1 Nr. 1 EStG nur Beteiligungen im Betriebsvermögen erfasst.

Da im Rahmen des § 17 EStG ebenfalls das Halbeinkünfteverfahren gilt (§ 3 Nr. 40 Buchst. c EStG), ergibt sich gegenüber dem Grundfall der gleiche Veräußerungsgewinn (75 000 € je Gesellschafter). Es ist zu prüfen, ob ein Freibetrag gewährt werden kann:

Gewinn		75 000 €
Freibetrag § 17 Abs. 3 EStG ungekürzt		
(9 060 € × 50 % Beteiligung =)		4 530 €
Gewinn	75 000 €	
Grenzbetrag (36 100 € × 50 % =)	./. 18 050 €	
Kürzungsbetrag		56 950 €
Freibetrag		0 €

V. Punktetabelle

			Punkte
1		Verpachtung Anlagevermögen ab 2004	
		Begründung einer Betriebsaufspaltung	1
		Anteile Produktions-GmbH im Sonderbetriebsvermögen II	1
2		Veräußerung der GmbH-Anteile	
		§ 17 EStG verneint	1
		Kein § 15 EStG, sondern § 16 Abs. 1 Nr. 1 S. 2 EStG	1
		Halbeinkünfteverfahren anzuwenden	1
		Veräußerungsgewinn folgerichtig	1
3		Folgen für die KG	
		Wegfall Betriebsaufspaltung	1
		aber: keine Aufdeckung stiller Reserven (Betriebsverpachtung)	1
4		Lösung zur Variante	
		1. Problem Einstimmigkeitsabrede erkannt	1
		§ 164 HGB angesprochen	1
		Betriebsaufspaltung verneint	1
		2. Einkünfte § 21 EStG	1
		Betriebsaufgabegewinn folgerichtig	1
		3. Veräußerung GmbH nach § 17 EStG	1
		Gewinn folgerichtig (Freibetrag)	1
		Summe	15

Klausuraufgabe 12:
Umwandlung einer Kapitalgesellschaft in eine Personengesellschaft/ Übernahmegewinn und -verlust

I. Sachverhalt

Lorenz Alt (A), die B-AG (B) und Carl Carstens (C) sind an der Zenith GmbH) beteiligt. A hält 44,5 % im Privatvermögen und hat seinen Anteil 1990 für 400 000 € erworben. Die B-AG, der 55 % des Stammkapitals gehören, aktiviert die Beteiligung mit Anschaffungskosten von 55 000 €. C ist zu 0,5 % beteiligt und hält die Beteiligung, die er für 5 000 € erwarb im Privatvermögen. Die Bilanz der Zenith GmbH sieht vor der Umwandlung wie folgt aus:

Aktiva	Zenith GmbH 31.12.2005		Passiva
diverse Wirtschaftsgüter	320 000 €	Stammkapital	100 000 €
		Gewinnvortrag	200 000 €
		Jahresüberschuss	20 000 €
Summe	320 000 €	Summe	320 000 €

Der Gewinnvortrag stammt aus den Jahren 2001 bis 2004. Körperschaftsteuerguthaben bzw. EK 02 ist nicht vorhanden.

Die Zenit GmbH soll durch Formwechsel auf den 01.01.2006 als steuerlichem Übertragungsstichtag in eine Kommanditgesellschaft umgewandelt werden, wobei A die Stellung des Komplementärs übernimmt. Im Übrigen sollen die Gesellschafter entsprechend ihrer bisherigen Beteiligungsquote an der Z-GmbH auch an der Z-KG beteiligt sein.

II. Aufgabe

Welche steuerlichen Folgen hat die Umwandlung für die Gesellschafter? (Unterstellen Sie dabei, dass die KG die WG mit dem Buchwert ansetzt.)

III. Lösung

1 Handelsrecht

Die verschiedenen handelsrechtlichen Umwandlungsmöglichkeiten sind in § 1 UmwG (im Gegensatz zum UmwStG, das die steuerlichen Fragen regelt) aufgeführt. Die Voraussetzungen eines Formwechsels ergeben sich aus §§ 190ff. UmwG. Nach § 226 UmwG kann eine Kapitalgesellschaft in eine Personenhandelsgesellschaft (OHG, KG) formwechselnd umgewandelt werden.

Die Vorschriften des UmwStG sind nicht deckungsgleich mit den Möglichkeiten nach dem UmwG. Die Umwandlung einer Körperschaft in eine Personengesellschaft ist in §§ 3ff. **UmwStG** geregelt. Problematisch ist insbesondere der Systemwechsel von der Körperschaftsteuer zur Einkommensteuer.

2 Auswirkungen auf die Zenit GmbH

Auf Ebene der formwechselnden Gesellschaft ist zunächst **§ 10 UmwStG** zu beachten. Nach dieser Vorschrift mindert bzw. erhöht sich die Körperschaftsteuerschuld der übertragenden Körperschaft für den Veranlagungszeitraum der Umwandlung um das gem. §§ 37, 38 KStG zu ermittelnde Körperschaftsteuerguthaben bzw. die Körperschaftsteuerschuld. Das mit § 37 Abs. 2a KStG zum 01.01.2003 eingeführte Moratorium für die Körperschaftssteuerminderung gem. § 37 KStG erstreckt sich nicht auf § 10 UmwStG (§ 10 S. 2 UmwStG).

Da im vorliegenden Fall die Gewinnvorträge aus Zeiten nach dem Systemwechsel vom Anrechnungsverfahren zur Definitivbesteuerung stammen, und weder ein Körperschaftsteuerguthaben noch ehemaliges EK 02 vorhanden sind, hat § 10 UmwStG für den vorliegenden Fall keine Bedeutung.

Im Übrigen gilt auf der Ebene der übertragenden Körperschaft die Regelung des **§ 3 S. 1 UmwStG**. Danach können die Wirtschaftsgüter in der Schlussbilanz der Zenit GmbH mit dem Buchwert, einem Zwischenwert oder dem Teilwert angesetzt werden. Wird ein höherer als der Buchwert angesetzt, entsteht auf der Ebene der Kapitalgesellschaft ein Gewinn (siehe auch BMF vom 25.03.1998 BStBl I 1998, 268 – UmwStE – Rz. 03.01).

Da handelsrechtlich nach **§ 17 UmwG** keine Möglichkeit besteht, einen über dem Buchwert liegenden Wert anzusetzen, läuft das steuerliche Wahlrecht wegen des Maßgeblichkeitsgrundsatzes (§ 5 Abs. 1 EStG) ins Leere (zur Kritik: Altfelder u.a., Die Besteuerung der GmbH, 264).

Bei Ansatz des Betriebsvermögens der Z-GmbH in der steuerlichen Schlussbilanz zu Buchwerten kommt es daher auf der Ebene der Z-GmbH zu keiner Aufdeckung stiller Reserven und damit auch nicht zu einer Steuerbelastung durch die Umwandlung (vgl. UmwStE a.a.O.).

Die Besteuerung der Z-KG als Rechtsträger neuer Rechtsform sowie ihrer Gesellschafter richtet sich nach § 14 i.V.m. §§ 4ff. UmwStG. Gemäß § 4 Abs. 1 UmwStG übernimmt die Z-KG als Rechtsträger neuer Rechtsform die übergehenden Wirtschaftsgüter mit dem in der steuerlichen Schlussbilanz der übertragenden Körperschaft enthaltenen Werten, also mit den Buchwerten (s.o.).

3 Auswirkungen auf die Gesellschafter

3.1 Allgemeines

Gem. **§ 4 Abs. 4 S. 1 UmwStG** ergibt sich als Folge des Vermögensübergangs bei den Gesellschaftern ein Übernahmegewinn oder -verlust in Höhe des Unterschiedsbetrags zwischen dem Wert, mit dem die übergegangenen Wirtschaftsgüter zu übernehmen sind und dem Buchwert der Anteile an der übertragenden Körperschaft. Das Gesetz geht dabei davon aus, dass sich die Anteile an der übertragenden Körperschaft in einem Betriebsvermögen befinden.

Befinden sich die Anteile im Privatvermögen, fingiert § 4 Abs. 4 S. 2 UmwStG eine Einlage (»... anzusetzen sind oder anzusetzen wären ...«).

§ 4 UmwStG geht letztlich davon aus, dass der Gesellschafter seine Anteile an der GmbH veräußert und als Gegenleistung das Kapital in der neuen Personengesellschaft erhält.

Daher sieht § 4 Abs. 7 UmwStG für den Übertragungsgewinn auch die Anwendung des Halbeinkünfteverfahrens bzw. des § 8b KStG vor, ohne auf diese Vorschriften ausdrücklich Bezug zu nehmen.

3.2 Gesellschafter A

Die Wirtschaftsgüter, die von der Zenit GmbH auf die Zenit KG übergehen, haben einen Buchwert von 320 000 € (siehe Bilanz in der Aufgabenstellung). Davon entfallen auf A (44,5 % =) 142 400 €. Dies entspricht dem Kapital des A in der neuen KG.

Die Anschaffungskosten des A betrugen lt. Sachverhalt 400 000 €. Damit hat A 400 000 € gezahlt, um Buchwerte in der KG von 142 400 € zu erhalten. Nach § 4 Abs. 4 UmwStG ergibt sich folgende Rechnung:

Wert der übergegangenen WG	142 400 €
AK GmbH Anteil	./. 400 000 €
Übertragungsverlust	./. 257 600 €

Nach § 4 Abs. 6 UmwStG bleibt ein Übertragungsverlust außer Ansatz.

3.3 Gesellschafter B

Für B ergibt sich im Rahmen des § 4 Abs. 4 UmwStG folgende Rechnung:

Wert der übergegangenen WG (55 % × 320 000 € =)	176 000 €
Buchwert der Anteile lt. Sachverhalt	./. 55 000 €
Gewinn	121 000 €

Dieser Gewinn bleibt aber nach § 4 Abs. 7 UmwStG außer Ansatz, da die B-AG bei einer Veräußerung der Anteile den Gewinn auch nicht hätte versteuern müssen (§ 8b Abs. 1 KStG).

3.4 Gesellschafter C

Bei C besteht die Besonderheit, dass er eine Beteiligung von unter 1 % hält. Bei einer Veräußerung wäre der Gewinn nicht von § 17 EStG erfasst worden. Dem trägt **§ 7 UmwStG** Rechnung, in dem er diesen Personenkreis von der Berechnung eines Übertragungsgewinnes grundsätzlich ausnimmt.

Allerdings werden diese Personen so behandelt, als wäre das Eigenkapital der GmbH an sie ausgeschüttet worden. Denn auch bei einer Beteiligung von unter 1 % muss die Dividende nach § 20 Abs. 1 Nr. 1 EStG versteuert werden.

Für C ergeben sich damit folgende steuerpflichtige Einnahmen:

§ 20 Abs. 1 Nr. 1 EStG (220 000 € × 0,5 % =)	1 100 €
unter Berücksichtigung § 3 Nr. 40 Buchst. d EStG	550 €

IV. Punktetabelle

			Punkte
1		Handelsrecht	
		Formwechsel (§§ 190ff. UmwG)	1
		in eine Personenhandelsgesellschaft möglich	1

			Punkte
2	Auswirkungen auf die Zenit GmbH		
	§ 10 UmwStG geprüft		1
	mangels KSt-Guthaben verneint		1
	Wahlrecht (§ 3 UmwStG)		1
	Maßgeblichkeit § 17 UmwG		1
	Buchwertansatz		1
3	Auswirkungen auf die Gesellschafter		
3.1	Allgemeines		
	Übernahmegewinn (§ 4 UmwStG)		1
3.2	Gesellschafter A		
	Buchwerte KG (142 400 €)		1
	abzgl. AK (400 000 €) = Verlust		1
	nach § 4 Abs. 6 UmwStG nicht zu berücksichtigen		1
3.3	Gesellschafter B		
	Gewinn (121 000 €)		1
	da Kapitalgesellschaft kein Ansatz		1
3.4	Gesellschafter C		
	Kein Übertragungsgewinn		1
	aber: Versteuerung der Rücklagen		1
	Summe		15

Klausuraufgabe 13:
Aufnahme eines weiteren Gesellschafters in eine Personengesellschaft/Buchwertansatz/Bildung von Ergänzungsbilanzen/Abschreibung von Wirtschaftsgütern

I. Sachverhalt

A und B sind Gesellschafter der A,B-GbR zu je 50 %. Die Gesellschafter erstellen zum 31.12.2005 folgende Bilanz:

Aktiva	A,B-GbR 31.12.2005		Passiva
Grundstück	100 000 €	Verbindlichkeiten	67 000 €
Gebäude	112 000 €	Rückstellungen	100 000 €
Maschinen	35 000 €	Kapital A	50 000 €
Forderungen	20 000 €	Kapital B	50 000 €
Summe	267 000 €	Summe	267 000 €

Das Grundstück wurde am 01.01.1994 für 100 000 € erworben. Das Gebäude wurde am 01.01.1995 fertig gestellt (Baukosten 200 000 €) und seitdem nach § 7 Abs. 4 Nr. 1 EStG mit 4 % p.a. abgeschrieben. Die Maschine wurde am 01.07.2004 für 50 000 € erworben. Sie wird auf eine betriebsgewöhnliche Nutzungsdauer von fünf Jahren linear abgeschrieben.

Die Bilanz zu Teilwerten sieht wie folgt aus:

Aktiva	A,B-GbR 31.12.2005		Passiva
Grundstück	210 000 €	Verbindlichkeiten	67 000 €
Gebäude	240 000 €	Rückstellungen	100 000 €
Maschinen	50 000 €	Kapital A	301 500 €
Forderungen	20 000 €	Kapital B	301 500 €
Firmenwert	250 000 €		
Summe	770 000 €	Summe	770 000 €

Zum 01.01.2006 nehmen A und B den C als neuen Gesellschafter auf. C leistet zum 01.01.2006 eine Bareinlage in Höhe von 301 500 € und soll paritätisch beteiligt werden. Die A,B,C-GbR wählt den Buchwertansatz nach § 24 UmwStG. In der Gesamthandsbilanz sollen die Kapitalkonten auf jeden Fall (notfalls mit Hilfe von Ergänzungsbilanzen) paritätisch dargestellt werden.

II. Aufgabe

Welche Auswirkungen hat die Aufnahme von C für A und B? Erstellen Sie die Bilanz der A, B, C-GbR zum 01.01.2006 und zum 31.12.2006.

III. Lösung

Die Aufnahme eines weiteren Gesellschafters in eine bestehende Personengesellschaft ist so zu behandeln, als ob die bisherigen Gesellschafter (hier: A und B) ihre Mitunternehmeranteile in eine neue Personengesellschaft (hier: A,B,C-GbR) einbringen (UmwStE Rz. 24.01).

Da der Vorgang unter **§ 24 UmwStG** fällt, kann die A,B,C-GbR wählen, ob sie die Wirtschaftsgüter mit dem Buchwert, einem Zwischenwert oder dem Teilwert ansetzt. Da die A,B,C-GbR den Buchwertansatz wählt, gehen die Wirtschaftsgüter ohne Aufdeckung stiller Reserven auf die neue Gesellschaft über. Kraft ausdrücklicher Verweisung in §§ 24 Abs. 4, 22 Abs. 1 und 12 Abs. 3 UmwStG gilt dies auch für die Rücklage nach § 6b EStG. Die Übertragungsmöglichkeiten nach R 6b.2 Abs. 6 EStR brauchen daher nicht geprüft zu werden.

Damit würde die Eröffnungsbilanz der A,B,C-GbR zum 01.01.2006 wie folgt aussehen:

Aktiva	A,B,C-GbR 01.01.2006		Passiva
Grundstück	100 000 €	Verbindlichkeiten	67 000 €
Gebäude	112 000 €	Rückstellungen	100 000 €
Maschinen	35 000 €	Kapital A	50 000 €
Forderungen	20 000 €	Kapital B	50 000 €
Bank (= Einlage C)	301 500 €	Kapital C	301 500 €
Summe	568 500 €	Summe	568 500 €

Werden die eingebrachten Wirtschaftsgüter mit dem Buchwert oder einem Zwischenwert angesetzt, so spiegelt sich im Kapitalkonto der einbringenden Gesellschafter der (Teil-)Wert des Gesellschafterbeitrags nicht wider. Dies kann insbesondere dann zu Verwerfungen führen, wenn ein Gesellschafter Geld und der andere einen Betrieb oder Mitunternehmeranteil zum Buchwert einbringt (siehe Bilanz oben).

In diesem Fall empfiehlt es sich, mittels **Ergänzungsbilanzen** die Kapitalkonten entsprechend zu korrigieren. § 24 Abs. 2 S. 1 UmwStG erlaubt ausdrücklich die Möglichkeit der Bildung von Ergänzungsbilanzen zur Ausübung des Bewertungswahlrechtes durch die übernehmende Personengesellschaft. Mittels der (steuerlichen) Ergänzungsbilanzen kann jeder beliebige Wertansatz unterhalb des Teilwerts bestimmt werden.

§ 24 UmwStG schreibt keine bestimmte Methode der Bildung von Ergänzungsbilanzen vor. Die Verwaltung geht davon aus, in der Gesamthandsbilanz die **Buchwerte** anzusetzen und die Korrektur über positive und negative Ergänzungsbilanzen vorzunehmen, die sich gegenseitig aufheben (vgl. Beispiel UmwStE a.a.O. Rz. 24.13ff.).

Praktikabler dürfte es sein, in der Gesamthandsbilanz die **Teilwerte** anzusetzen und lediglich für den einbringenden Gesellschafter eine negative Ergänzungsbilanz zu erstellen (so auch Dötsch-Patt § 24 UmwStG Rz. 113 und Klingebiel u.a. Umwandlungssteuerrecht, 479).

Auf jeden Fall sind die Ansätze einer negativen oder positiven Ergänzungsbilanz entsprechend dem Verbrauch, der Abnutzung oder Veräußerung der Wirtschaftsgüter des Gesellschaftsvermögens korrespondierend zur Gesamthandsbilanz weiter zu entwickeln (vgl. BMF vom 25.03.1998 BStBl I 1998, 268).

Die Eröffnungsbilanz zum 01.01.2006 würde dann wie folgt aussehen:

Aktiva	A,B,C-GbR 01.01.2006		Passiva
Grundstück	210 000 €	Verbindlichkeiten	67 000 €
Gebäude	240 000 €	Rückstellungen	100 000 €
Maschinen	50 000 €	Kapital A	301 500 €
Forderungen	20 000 €	Kapital B	301 500 €
Bank	301 500 €	Kapital C	301 500 €
Firmenwert	250 000 €		
Summe	1 071 500 €	Summe	1 071 500 €

Da ja nach § 24 UmwStG die Buchwertfortführung gewählt wurde, erfolgt nun eine Abschmelzung der Bilanzwerte mittels negativer Ergänzungsbilanzen der Gesellschafter A und B:

Aktiva	Ergänzungsbilanz A (bzw. B)		Passiva
Minderkapital A	251 500 €	Grundstück	55 000 €
		Gebäude	64 000 €
		Maschinen	7 500 €
		Firmenwert	125 000 €
Summe	251 500 €	Summe	251 500 €

Die Abschreibung erfolgt nun in der Gesamthandsbilanz aus den Teilwerten. In der Ergänzungsbilanz ist die zu hohe AfA soweit rückgängig zu machen, dass im Saldo insgesamt eine Abschreibung wie bisher im eingebrachten Betrieb oder Mitunternehmeranteil erzielt wird.

Abschreibung Gebäude Teilwert Gesamthand (240 000 € × 4 % =)	./. 9 600 €
Richtige Abschreibung aus HK (s. o.; 200 000 € × 4 % =)	./. 8 000 €
Minderabschreibung Ergänzungsbilanz (= Ertrag)	+ 1 600 €
davon auf A bzw. B je 1/2 =	+ 800 €
Abschreibung Maschine Gesamthand (50 000 € : 3,5 Jahre Rest-ND)	./. 14 286 €
Richtige Abschreibung aus AK (50 000 € : 5 Jahre ND)	./. 10 000 €
Minderabschreibung Ergänzungsbilanz	+ 4 286 €
davon auf A bzw. B je 1/2 =	+ 2 143 €
Abschreibung Firmenwert Gesamthand (250 000 € : 15 Jahre)	./. 16 667 €
Richtige Abschreibung	0 €
Minderabschreibung Ergänzungsbilanz	+ 16 667 €
davon auf A bzw. B je 1/2 =	+ 8 334 €

Damit sieht die Gesamthandsbilanz um 31. 12. 2006 wie folgt aus:

Aktiva	A,B,C-GbR 31. 12. 2006		Passiva
Grundstück	210 000 €	Verbindlichkeiten	67 000 €
Gebäude	230 400 €	Rückstellungen	100 000 €
Maschinen	35 714 €	Kapital A	287 982 €
Forderungen	20 000 €	Kapital B	287 982 €
Bank	301 500 €	Kapital C	287 982 €
Firmenwert	233 332 €		
Summe	1 030 946 €	Summe	1 030 946 €

Die Ergänzungsbilanzen weisen folgende Werte aus:

Aktiva	Ergänzungsbilanz A (bzw. B)		Passiva
Minderkapital A	240 223 €	Grundstück	55 000 €
		Gebäude	63 200 €
		Maschinen	5 357 €
		Firmenwert	116 666 €
Summe	240 223 €	Summe	240 223 €

Auf den ersten Blick erscheint es unbillig, dass A und B einen Ertrag aus der Ergänzungsbilanz zu versteuern haben, während C von der hohen Abschreibung in der Gesamthandsbilanz profitiert. Dabei ist aber zu berücksichtigen, dass letztlich A und B ein Drittel ihrer stillen Reserven an C veräußert haben, ohne diese wegen der Buchwertfortführung aufgedeckt zu haben. Der Ertrag aus der negativen Ergänzungsbilanz ist letztlich nichts anderes als die schrittweise Aufdeckung dieser auf C übergegangenen stillen Reserven.

IV. Punktetabelle

	Punkte
Aufnahme eines weiteren Gesellschafters (§ 24 UmwStG)	
Problem: paritätische Kapitalkonten	1
Ansatz Teilwerte Gesamthandsbilanz (oder anderes Verfahren)	1
Korrektur negative Ergänzungsbilanzen für A und B (oder anderes Verfahren)	1
Eröffnungsbilanz 01.01.2006	1
Ergänzungsbilanz A (bzw. B) 01.01.2006	1
Abschreibungen folgerichtig	1
Bilanz 31.12.2006	1
Ergänzungsbilanz A (bzw. B) 31.12.2006	1
Summe	8

Klausuraufgabe 14:
Einbringung eines Einzelunternehmens in eine GmbH & Co. KG/ Zwischenwert bzw. Teilwertansatz/Veräußerung einer Beteiligung

I. Sachverhalt

Unternehmer U betreibt einen Handwerksbetrieb. Zum 31.12.2005 stellt er folgende Bilanz auf:

Aktiva	Einzelunternehmen U 31.12.2005		Passiva
Gebäude	480 000 €	Kapital	650 000 €
Beteiligung S-AG	100 000 €		
Maschine	70 000 €		
Summe	650 000 €	Summe	650 000 €

Zum 01.01.2006 gründet U die U-GmbH & Co. KG. Die Komplementär-GmbH ist am Kapital der KG nicht beteiligt. Einziger Kommanditist ist U. U bringt sein bisheriges Einzelunternehmen in die GmbH & Co. KG gegen Gewährung von Gesellschaftsrechten ein. Die aufnehmende KG soll die Wirtschaftsgüter mit 800 000 € ansetzen.

Zu den einzelnen Wirtschaftsgütern ist Folgendes anzumerken: Das Gebäude (auf fremdem Grund und Boden) wurde am 01.01.2000 für 500 000 € erworben und bisher nach § 7 Abs. 4 Nr. 1 i.V.m. § 52 Abs. 21b EStG mit 4 % p.a. abgeschrieben. Der Teilwert des Gebäudes beträgt 550 000 € am 31.12.2005.

Die Beteiligung an der S-AG wurde im Oktober 1994 für 100 000 € erworben. Der Teilwert beträgt 400 000 € am 31.12.2005.

Die Maschine (Teilwert 90 000 €) wurde am 01.01.2003 für 100 000 € angeschafft und seitdem linear auf 10 Jahre abgeschrieben (§ 7 Abs. 1 EStG).

Der Firmenwert ist mit 300 000 € anzusetzen.

II. Aufgabe

Bitte erstellen Sie die Eröffnungsbilanz der GmbH & Co. KG sowie die Bilanz zum 31.12.2006; gehen Sie dabei aus Vereinfachungsgründen davon aus, dass außer den aus der Umwandlung herrührenden Sachverhalten keine weiteren Geschäftsvorfälle zu berücksichtigen sind. Gehen Sie auch auf die Rechtsfolgen der Einbringung für das Einzelunternehmen ein.

III. Varianten mit Aufgabe

Variante 1:
Die U GmbH & Co. KG veräußert am 01.07.2006 die Beteiligung für 400 000 €.
Aufgabe: Welche Rechtsfolgen hat die Veräußerung? Kann für die Veräußerung eine §-6b-Rücklage gebildet werden?

Variante 2:
Wie Grundfall; Die KG setzt die Wirtschaftsgüter aber mit dem Teilwert an.

Aufgabe: Welche Rechtsfolgen hat die Veräußerung? Kann für die Veräußerung eine §-6b-Rücklage gebildet werden?

IV. Lösung

Da V einen Betrieb einbringt, kann die KG die Wirtschaftsgüter mit einem Zwischenwert ansetzen (§ 24 UmwStG). Durch den Ansatz der Wirtschaftsgüter mit 800 000 € (siehe Sachverhalt) sind 150 000 € stille Reserven aufzudecken (800 000 € ./. Kapital 650 000 €). Die gesamten stillen Reserven belaufen sich auf:

Gebäude	70 000 €
Beteiligung	300 000 €
Maschine	20 000 €
Firmenwert	300 000 €
Summe	690 000 €

Grundsätzlich sind nun die stillen Reserven jedes Wirtschaftsgutes im Verhältnis der aufgedeckten (hier: 150 000 €) zu den aufzudeckenden (hier: 690 000 €) zu aktivieren.

Nach UmwStE, BMF vom 25.03.1998 BStBl I 1998, 268 Rz. 22.08 dürfen aber die stillen Reserven, die in einem selbst geschaffenen Geschäftswert stecken erst aufgedeckt werden, wenn die stillen Reserven, die in den übrigen Wirtschaftsgütern stecken vollständig aufgedeckt sind.

Da die stillen Reserven des Firmenwertes noch nicht aufgedeckt werden dürfen, sind 150 000 €/390 000 € der stillen Reserven in der Eröffnungsbilanz der KG zu aktivieren.

Damit sieht die Bilanz der aufnehmenden KG wie folgt aus:

Aktiva		Eröffnungsbilanz KG 01.01.2006			Passiva
WG	Bw bisher	stille Reserven	Bw neu		
Gebäude	480 000 €	26 923 €	506 923 €	Kapital U	800 000 €
Beteiligung	100 000 €	115 385 €	215 385 €		
Maschine	70 000 €	7 692 €	77 692 €		
Summe	650 000 €	150 000 €	800 000 €		800 000 €

Nach **§ 24 Abs. 3 UmwStG** gilt der Wert, mit dem die aufnehmende Personengesellschaft das Betriebsvermögen ansetzt (hier: 800 000 €) für den Einbringenden als Veräußerungspreis. Bei der Versteuerung des Gewinns im Einzelunternehmen des U ist außerdem zu berücksichtigen, dass der Gewinn aus der Einbringung der Beteiligung nach **§ 3 Nr. 40a i.V.m. § 3c Abs. 2 EStG** dem Halbeinkünfteverfahren unterliegt.

Damit ergibt sich folgender Übertragungsgewinn des Einzelunternehmens:

Gebäude	26 923 €
Beteiligung (115 385 € × 1/2)	57 693 €
Maschine	7 692 €
laufender Gewinn	92 308 €

Für den Übertragungsgewinn kann U die Vergünstigung der §§ 16, 34 EStG nicht in Anspruch nehmen, da er nicht alle stille Reserven aufdeckt (vgl. § 24 Abs. 3 S. 2 UmwStG).

Für die weitere Abschreibung der Wirtschaftsgüter verweist § 24 Abs. 4 auf § 22 Abs. 1 bis 3 UmwStG. Danach ist nach **§ 22 Abs. 2 Nr. 1 UmwStG** eine neue Bemessungsgrundlage zu bilden (AK/HK des Einbringenden zzgl. aufgedeckte stille Reserven). Die Abschreibung selbst erfolgt nach derselben Methode wie bisher.

Die KG schreibt die Wirtschaftsgüter damit ab 01.01.2006 wie folgt ab:

Gebäude (BMG alt 500 000 € + aufgedeckte stille Reserven 26 923 € =) neue BMG 526 923 € × 4 % = 21 077 €.

Maschine (100 000 € + 7 692 € =) 107 692 € × 10 % = 10 769 €.

Die Bilanz zum 31.12.2006 sieht dann wie folgt aus:

Aktiva	KG 31.12.2006		Passiva
Gebäude	485 846 €	Kapital U	768 154 €
Beteiligung	215 385 €		
Maschine	66 923 €		
Summe	768 154 €	Summe	768 154 €

V. Lösungen zu den Varianten

Variante 1

Der Gewinn aus der Veräußerung der Beteiligung unterliegt nach § 3 Nr. 40 Buchst. a i. V. m. § 3c Abs. 2 EStG dem Halbeinkünfteverfahren.

Erlös	200 000 €
Buchwert	./. 107 693 €
Gewinn	92 307 €

Für den Gewinn aus der Veräußerung einer Beteiligung kann grundsätzlich eine Rücklage nach **§ 6b Abs. 10 EStG** gebildet werden. Da die Komplementär-GmbH vermögensmäßig nicht beteiligt ist, muss grundsätzlich auch kein Abschlag nach § 6b Abs. 10 Satz 10 EStG gemacht werden.

Nach § 6b Abs. 10 S. 4 i. V. m. Abs. 4 Nr. 2 EStG muss die Beteiligung aber mindestens **sechs Jahre** zum Betriebsvermögen gehört haben. Da § 22 Abs. 2 UmwStG aber nicht auf § 4 Abs. 2 S. 3 UmwStG verweist, kann die Besitzzeit des U nicht angerechnet werden. Da sonach die KG die Beteiligung lediglich ein halbes Jahr im Betriebsvermögen hielt, ist die Bildung einer Rücklage nach § 6b EStG ausgeschlossen.

Variante 2

Da sämtliche stillen Reserven des Einzelunternehmens aufgedeckt werden, kann U grundsätzlich die Vergünstigung der **§§ 16, 34 EStG** in Anspruch nehmen (§ 24 Abs. 3 UmwStG). Soweit allerdings der Gewinn auf die Beteiligung an der S-AG entfällt, verdrängt das Halbeinkünfteverfahren (§ 3 Nr. 40 Buchst. a EStG) die Anwendung des § 34 EStG (so ausdrücklich Abs. 2 Nr. 1).

Außerdem ist die Vorschrift des **§ 16 Abs. 2 S. 3 EStG** zu beachten. Danach gilt der Gewinn als laufender Gewinn, soweit auf der Seite des Veräußerers (Einzelunternehmer U) und auf der Seite des Erwerbers (U GmbH & Co. KG) dieselben Personen Mitunternehmer sind. Da die Komplementär-GmbH vermögensmäßig an der KG nicht beteiligt ist, ist U am

Veräußerer und am Erwerber zu 100% beteiligt. Damit kommt eine Anwendung des § 16 EStG nicht in Betracht.

Die Eröffnungsbilanz der U GmbH & Co. KG sieht wie folgt aus:

Aktiva	U GmbH & Co. KG 01.01.2006		Passiva
Gebäude	550 000 €	Kapital	1 340 000 €
Beteiligung S-AG	400 000 €		
Maschine	90 000 €		
Firmenwert	300 000 €		
Summe	1 340 000 €	Summe	1 340 000 €

Die gesamten stillen Reserven belaufen sich (1 340 000 € ./. 650 000 € =) 690 000 €. Davon entfallen aber (400 000 € ./. 100 000 € =) 300 000 € auf das Halbeinkünfteverfahren (S-AG; § 3 Nr. 40 Buchst. a EStG).

Damit muss Einzelunternehmer U einen laufenden Gewinn in Höhe von (690 000 € ./. 150 000 € =) 540 000 € versteuern. Da § 16 EStG nicht anwendbar ist, unterliegt dieser Gewinn auch der Gewerbesteuer (§ 7 GewStG).

Die weitere Abschreibung richtet sich danach, ob die Einbringung im Wege der **Einzel-** oder **Gesamtrechtsnachfolge** stattfand (vgl. § 22 Abs. 3 UmwStG).

Eine Gesamtrechtsnachfolge liegt nur vor, wenn die Umwandlung nach den handelsrechtlichen Vorschriften des UmwG stattfand. Da aber nach **§ 3 UmwG** die Verschmelzung eines Einzelunternehmens mit einer Personenhandelsgesellschaft nicht zulässig ist, unterliegt die Einbringung durch U nicht dem Umwandlungsgesetz und kann **nicht** durch Gesamtrechtsnachfolge erfolgen.

Bei der Einzelrechtsnachfolge sind die Wirtschaftsgüter so abzuschreiben, als seien sie von der aufnehmenden Gesellschaft voll entgeltlich angeschafft worden. Damit ist die AfA wie folgt vorzunehmen:

Das Gebäude wurde für 550 000 € übertragen. Die AfA beträgt nach § 7 Abs. 4 Nr. 1 EStG 3% p.a., somit 16 500 €.

Die AK der Maschine belaufen sich auf 90 000 €. Die Rest-ND beträgt am 01.01.2006 noch 7 Jahre; AfA somit 90 000 € : 7 Jahre = 12 857 € p.a.

Der Firmenwert ist auf 15 Jahre linear abzuschreiben (300 000 € : 15 Jahre = 20 000 € p.a.).

Die Bilanz der KG zum 31.12.2006 sieht dann wie folgt aus:

Aktiva	U GmbH & Co. KG 31.01.2006		Passiva
Gebäude	533 500 €	Kapital	1 290 643 €
Beteiligung S-AG	400 000 €		
Maschine	77 143 €		
Firmenwert	280 000 €		
Summe	1 290 643 €	Summe	1 290 643 €

VI. Punktetabelle

		Punkte
	Ansatz Zwischenwert möglich (§ 24 UmwStG)	1
	Gleichmäßige Aufdeckung aller stillen Reserven	1
	mit Ausnahme des Firmenwerts	1
	Übertragungsgewinn U folgerichtig	1
	kein §§ 16, 34 EStG	1
	Abschreibung durch KG folgerichtig (§ 22 UmwStG)	1
	Eröffnungsbilanz KG 01.01.2006	1
	Bilanz KG 31.12.2006	1
	Lösungen zu den Varianten	
Variante 1	Halbeinkünfteverfahren anwendbar	1
	Bildung Rücklage gem. § 6b EStG grundsätzlich möglich	1
	aber: keine Anrechnung Besitzzeit U (§ 22 UmwStG)	1
Variante 2	§§ 16, 34 EStG grds. anwendbar	1
	aber: § 16 Abs. 2 S. 3 EStG (100%)	1
	laufender Gewinn U (540 000 €)	1
	Eröffnungsbilanz KG 01.01.2006	1
	Abschreibungen folgerichtig	1
	Bilanz KG 31.12.2006	1
	Summe	17

Klausuraufgabe 15:
Umwandlung einer GbR in eine GmbH/Einbringung von Mitunternehmeranteilen/negative Kapitalkonten/ Sonderbetriebsvermögen/Ergänzungsbilanzen

I. Sachverhalt

An der Data GbR sind die Gesellschafter A, B und C zu je einem Drittel beteiligt. zum 31.12.2005 sieht die Bilanz wie folgt aus:

Aktiva	Data GbR 31.12.2005		Passiva
Grundstück	100 000 €	Kapital B	35 000 €
Gebäude	246 000 €	Kapital C	151 000 €
Betriebs- und		Verbindlichkeiten	200 000 €
Geschäftsausstattung	10 000 €		
Kapital A	30 000 €		
Summe	386 000 €	Summe	386 000 €

Das Grundstück hat zum 31.12.2005 einen Teilwert von 160 000 €.

Das Gebäude wurde im Januar 2000 für 300 000 € erworben. Es wird nach § 7 Abs. 4 Nr. 1 EStG mit 3 % p.a. abgeschrieben. Der Teilwert beträgt 280 000 € am 31.12.2005.

In der Betriebs- und Geschäftsausstattung stecken keine stillen Reserven. Die Abschreibung erfolgt linear mit 10 % aus AK von 40 000 €.

Bisher nicht bilanziert ist ein selbst geschaffenes Patent (Tw am 31.12.2005: 210 000 €). Der Firmenwert beträgt 90 000 € am 31.12.2005.

Gesellschafter C vermietet an die GbR ein Werkstattgebäude, das er in seiner Sonderbilanz mit 114 800 € aktiviert hat. In dem Gebäude werden die Wartungsarbeiten an den Kunden-PC durchgeführt. Die AK betrugen 140 000 € im Januar 2000. Der Teilwert des Werkstattgebäudes beträgt 150 000 €. Die Abschreibung erfolgte bisher mit 3 % p.a. Das Gebäude soll künftig von der GmbH genutzt werden.

Gesellschafter B erstellt erstmals zum 31.12.2005 folgende Ergänzungsbilanz:

Aktiva	Ergänzungsbilanz B 31.12.2005		Passiva
Grundstück	20 000 €	Mehrkapital	131 333 €
Gebäude	11 333 €		
Patent	70 000 €		
Firmenwert	30 000 €		
Summe	131 333 €	Summe	131 333 €

Das Patent wird zulässigerweise mit 10 % p.a. aus AK von 70 000 €, der Firmenwert auf 15 Jahre aus AK von 30 000 € abgeschrieben.

Am 31.03.2006 beschließen die Gesellschafter, die GbR rückwirkend zum 01.01.2006 in die Data GmbH umzuwandeln. Das Stammkapital soll 60 000 € betragen. Eventuelle Mehrwerte aus der Einbringung der Mitunternehmeranteile sollen über Gesellschafterdarlehen ausgeglichen werden. Die Gesellschafter möchten so wenig wie möglich stille Reserven aufdecken. Sämtliche Übertragungsvorgänge sind im April 2006 abgeschlossen.

II. Aufgabe

1. Welche handelsrechtlichen Möglichkeiten gibt es für die Umwandlung?
2. Stellen Sie die steuerlichen Probleme der Umwandlung dar.
3. Mit welchen Werten sind die Wirtschaftsgüter der Data GmbH zum 31.12.2006 anzusetzen?

III. Variante mit Aufgabe

Gesellschafter C möchte das Werkstattgebäude nicht auf die GmbH übertragen, da diese die Werkstatt nicht mehr benötigt. C überlässt das Gebäude künftig seiner Ehefrau, die sich mit einem Internethandel selbstständig gemacht hat.

Aufgabe: Welche Folgen hat dies für den Gesellschafter C?

IV. Lösung

1 Handelsrechtliche Möglichkeiten

Eine **Verschmelzung** der GbR auf die neu gegründete GmbH kommt nicht in Frage, da § 3 UmwG (nicht UmwStG!) die GbR nicht als verschmelzungsfähigen Rechtsträger anerkennt.

Eine **Aufspaltung** nach §§ 123 UmwG scheitert ebenfalls am abschließenden Katalog der spaltungsfähigen Rechtsträger in § 124 UmwG.

Da auch der **Formwechsel** nur Personenhandelsgesellschaften möglich ist (vgl. § 191 Abs. 1 Nr. 1 UmwG), kann die Übertragung zivilrechtlich lediglich im Wege der Sacheinlage erfolgen (Einzelrechtsnachfolge; sog. asset deal).

2 Steuerrecht

2.1 § 20 UmwStG

Die Regelungen des UmwStG sind nicht deckungsgleich mit dem Anwendungsbereich des handelsrechtlichen UmwG. § 20 UmwStG ist auch anwendbar, wenn kein Fall der Gesamtrechtsnachfolge nach dem UmwG gegeben ist.

§ 20 UmwStG verlangt lediglich, dass ein Betrieb, Teilbetrieb oder Mitunternehmeranteil eingebracht wird. Die Einbringung einzelner Wirtschaftsgüter fällt nicht in den Anwendungsbereich des § 20 UmwStG.

Nach § 20 Abs. 2 UmwStG darf die Kapitalgesellschaft das eingebrachte Betriebsvermögen mit seinem Buchwert oder einem höheren Wert ansetzen. Die Teilwerte der einzelnen Wirtschaftsgüter dürfen nicht überschritten werden.

Das Bewertungswahlrecht nach § 20 Abs. 2 S. 1 UmwStG ist als ausgeübt anzusehen, wenn die Kapitalgesellschaft die Steuererklärung für das Wirtschaftsjahr, in dem die Einbringung stattgefunden hat, einschließlich der zugehörigen Bilanz bei dem Finanzamt eingereicht hat (BMF vom 25.03.1998 BStBl I 1998, 268 – UmwStE – Rz. 20.31).

Auch im Rahmen des § 20 UmwStG gilt der Grundsatz der **Maßgeblichkeit** der Handelsbilanz (§ 5 Abs. 1 EStG; vgl. BMF vom 25.03.1998, a.a.O. Rz. 20.26). Da das UmwG nicht anwendbar ist, bestehen aber keine Beschränkungen, die Wirtschaftsgüter in der Handelsbilanz mit den für § 20 UmwStG erforderlichen Werten anzusetzen.

2.2 Rückwirkungsproblematik

Nach § 20 Abs. 8 S. 3 UmwStG darf auch in den Fällen, in denen das UmwG nicht anwendbar ist, die Einbringung auf einen Tag zurückbezogen werden, der höchstens acht Monate vor dem Tag des Abschlusses des Einbringungsvertrages liegt und höchstens acht Monate vor dem Zeitpunkt liegt, an dem das eingebrachte Betriebsvermögen auf die Kapitalgesellschaft übergeht.

Da die Gesellschafter der GbR den Einbringungsvertrag am 31.03.2006 abschließen (= Gesellschafterbeschluss) und alle Übertragungsvorgänge im April 2006 abgeschlossen werden, besteht gegen eine Rückbeziehung auf den 01.01.2006 keine Bedenken.

Es spielt auch keine Rolle, ob die gesellschaftsrechtlichen Voraussetzungen der GmbH-Gründung am 01.01.2006 bereits vorliegen (BMF am 25.03.1998, a.a.O. Rz. 20.20 i.V.m. Rz. 02.08).

Damit geht vom 01.01.2006 an die Besteuerung der eingebrachten Mitunternehmeranteile auf die übernehmende Data GmbH über. Dies führt dazu, dass § 15 Abs. 1 Nr. 2 EStG bereits im Rückwirkungszeitraum für die Mitunternehmer nicht mehr anwendbar ist (BMF am 25.03.1998, a.a.O. Rz. 20.21).

2.3 Gesellschafter A

§ 20 UmwStG ist für jeden einbringenden Mitunternehmer **individuell** zu prüfen. Auch das Wahlrecht kann für jeden Mitunternehmeranteil anders ausgeübt werden.

Bei Mitunternehmer A besteht das Problem, dass sein **Kapital negativ** ist. Negatives Kapital kann aber nicht zum Buchwert auf die GmbH übergehen. Daher **sieht § 20 Abs. 2 S. 4 UmwStG** vor, dass das eingebrachte Betriebsvermögen mindestens ausgeglichen anzusetzen ist.

A müsste demnach so viele stille Reserven aufdecken, bis sein Kapitalkonto mindestens auf 0 € steht.

Problematisch ist aber, ob A seine Buchwerte nicht mindestens auf **20 000 €** aufstocken muss, da dies seinem Anteil am Stammkapital entspricht.

Zwar sieht § 20 Abs. 2 S. 2 UmwStG vor, dass in Durchbrechung des Maßgeblichkeitsgrundsatzes handelsrechtlich ein höherer Wert angesetzt werden kann, wenn die GmbH-Vorschriften dies zwingend verlangen. Dieser Fall ist aber nur gegeben, wenn die Buchwerte des eingebrachten Betriebsvermögens nicht ausreichen, um das Mindestkapital von 25 000 € zu erbringen (§ 5 GmbHG). Da die anderen Gesellschafter der Data GbR aber Wirtschaftsgüter einbringen, die diesen Wert bei weitem erreichen, greift die Ausnahmeregelung des § 20 Abs. 2 S. 2 UmwStG nicht.

Es besteht aber kein Grundsatz, wonach ein Gesellschafter, der seinen Mitunternehmeranteil einbringt, Buchwerte in Höhe seines Anteils am Stammkapital einbringen muss. Die Data GmbH muss insgesamt Wirtschaftsgüter in Höhe von 60 000 € aktivieren, um das Stammkapital in dieser Höhe darstellen zu können. Dies ist aber durch die Einbringung der anderen Mitunternehmer gewährleistet.

Da die Gesellschafter möglichst wenig stille Reserven aufdecken wollen, genügt eine Aufstockung bis auf 0 €.

Die Aufstockung erfolgt technisch durch die Aktivierung in einer **Ergänzungsbilanz** des A in der Data GbR. Dabei ist aber zu berücksichtigen, dass die stillen Reserven, die in dem Firmenwert stecken erst aufgedeckt werden dürfen, wenn die übrigen stillen Reserven vollständig aufgedeckt sind (BMF vom 25.03.1998, a.a.O. Rz. 22.08).

Um zu einem Kapital von 0 € zu kommen, muss A 30 000 € stille Reserven aufdecken. In den Wirtschaftsgütern stecken (mit Ausnahme des Firmenwerts) folgende stille Reserven:

Grundstück	60 000 €
Gebäude	34 000 €
Patent	210 000 €
Summe	304 000 €

Davon entfallen 1/3 = 101 333 € auf A. Somit muss A 30 000 €/101 333 € = 29,61 % der stillen Reserven aufdecken; damit sieht seine Ergänzungsbilanz wie folgt aus:

Aktiva	Ergänzungsbilanz A 31.12.2005		Passiva
Grundstück	5 921 €	Mehrkapital	30 000 €
Gebäude	3 355 €		
Patent	20 724 €		
Summe	30 000 €	Summe	30 000 €

Die Aufdeckung der stillen Reserven führt bei A zu einem **laufenden Gewinn** in Höhe von 30 000 €, da er nicht alle stillen Reserven seines Mitunternehmeranteils aufdeckt (§ 20 Abs. 5 UmwStG).

Nach § 20 Abs. 4 UmwStG gilt der Wert, mit dem die Kapitalgesellschaft das eingebrachte Betriebsvermögen ansetzt, für den Einbringenden als Veräußerungspreis und als **Anschaffungskosten** der Gesellschaftsanteile. Die Anschaffungskosten haben insbesondere Bedeutung bei einer späteren Veräußerung der Anteile (§ 17 EStG bzw. § 16 EStG).

Da die Data GmbH die von A eingebrachten Wirtschaftsgüter mit 0 € ansetzt, betragen auch die AK des A 0 €.

Da A nicht alle stillen Reserven bei der Einbringung aufdeckt, entstehen bei ihm sog. **einbringungsgeborenen Anteile** (§ 21 UmwStG). Der Gewinn aus einer späteren Veräußerung fällt damit nicht unter § 17 EStG, sondern unter § 16 EStG. Das Halbeinkünfteverfahren ist nach § 3 Nr. 40 S. 3 EStG nur anzuwenden, wenn die Veräußerung später als sieben Jahre nach der Einbringung erfolgt.

2.4 Gesellschafter B

Ergänzungsbilanzen haben den Sinn, die Wertansätze einer Gesamthandsbilanz zu korrigieren, wenn diese für einen einzelnen Mitunternehmer geändert werden müssen (insbesondere nach einem Erwerb des Gesellschaftsanteils oder im Rahmen einer Einbringung).

Die Ergänzungsbilanz ist nichts weiter als eine Korrektur der Bewertung in der Gesamthandsbilanz. Ergänzungsbilanz des Mitunternehmers und Gesamthandsbilanz bilden eine Einheit.

Gesellschafter B bringt damit Buchwerte in Höhe von (35 000 € + 131 333 € =) 166 333 € in die GmbH ein.

Zur Vermeidung unnötiger Übertragungsgewinne wird die GmbH den Mitunternehmeranteil des B zum Buchwert übernehmen (§ 20 UmwStG).

Für B entsteht damit kein Übertragungsgewinn.

Da lediglich ein Stammkapital in Höhe von 60 000 € ausgewiesen wird, von dem 30 000 € auf B entfallen, aber WG im (Buchwert) von 166 333 € übergehen, ist für B ein **Gesellschafterdarlehen** in Höhe von (166 333 € ./. 30 000 € =) 136 333 € auszuweisen. Alternativ wäre auch die Bildung einer **Kapitalrücklage** in dieser Höhe möglich. Lt. Sachverhalt wünschen die Gesellschafter aber die Buchung eines Darlehens.

Grundsätzlich müsste B lediglich 20 000 € dem Stammkapital zuführen. Da aber A lediglich Buchwerte von 0 € einbringt, muss das Stammkapital bilanzmäßig von B und C aufgebracht werden. Gegebenenfalls müssen hier die Gesellschafter intern einen Ausgleich leisten. Dafür fehlen aber Anhaltspunkte im Sachverhalt.

Die Anschaffungskosten des GmbH-Anteils berechnen sich nach § 20 Abs. 4 S. 2 UmwStG wie folgt:

Eingebrachte Buchwerte	166 333 €
Gewährung eines Darlehens	./. 136 333 €
Anschaffungskosten	30 000 €

Auch bei B entstehen einbringungsgeborene GmbH-Anteile (s. o.).

2.5 Gesellschafter C

Die Einbringung eines ganzen Mitunternehmeranteils liegt nur vor, wenn auch das **Sonderbetriebsvermögen** übertragen wird, wenn dieses eine **wesentliche Betriebsgrundlage** darstellt.

Da es sich bei dem bisher vermieteten Gebäude um eine Werkstatt handelte, in der Kundengeräte repariert wurden, war dieses Wirtschaftsgut für die Erreichung des Betriebszwecks erforderlich und auch von besonderem wirtschaftlichem Gewicht.

Damit bringt C Wirtschaftsgüter mit einem Buchwert von (151 000 € + 114 800 € =) 265 800 € ein.

Da er für das Stammkapital Buchwerte in Höhe von 30 000 € erbringen muss (s. o.), ist ihm ein Gesellschafterdarlehen von 235 800 € zu gewähren.

Seine Anschaffungskosten betragen:

Eingebrachte Buchwerte	265 800 €
Gewährung eines Darlehens	./. 235 800 €
Anschaffungskosten	30 000 €

Auch bei C entstehen einbringungsgeborene GmbH-Anteile (s. o.).

2.6 Eröffnungsbilanz der Data GmbH

Damit kann nun die Eröffnungsbilanz der Data GmbH zum 01.01.2006 erstellt werden. Die einzelnen Wirtschaftsgüter sind wie folgt anzusetzen:

Grundstück Gesamthandsbilanz	100 000 €
Ergänzungsbilanz A	5 921 €
Ergänzungsbilanz B	20 000 €
Bilanzansatz Data GmbH	125 921 €
Gebäude Gesamthandsbilanz	246 000 €
Ergänzungsbilanz A	3 355 €
Ergänzungsbilanz B	11 333 €
Bilanzansatz Data GmbH	260 688 €
Patent Ergänzungsbilanz A	20 724 €
Ergänzungsbilanz B	70 000 €
Bilanzansatz Data GmbH	90 724 €

Aktiva	Data GmbH 01.01.2006		Passiva
Grundstück	125 921 €	Stammkapital	60 000 €
Gebäude	260 688 €	Darlehen B	136 333 €
Werkstatt	114 800 €	Darlehen C	235 800 €
Betriebs- und		Verbindlichkeiten	200 000 €
Geschäftsausstattung	10 000 €		
Patent	90 724 €		
Firmenwert	30 000 €		
Summe	632 133 €	Summe	632 133 €

2.7 Bilanz zum 31.12.2006

Die Abschreibung der Wirtschaftsgüter erfolgt nach § 22 Abs. 2 UmwStG. Danach ist bei der Abschreibung von Gebäuden die Bemessungsgrundlage neu zu bestimmen; hier:

Ursprüngliche Bemessungsgrundlage	300 000 €
zusätzliche Aktivierung (s. o.)	14 688 €
Neue Bemessungsgrundlage	314 688 €
davon nach § 7 Abs. 4 Nr. 1 EStG 3 % p.a.	9 441 €
Buchwert 01.01.2006	260 688 €
Abschreibung 2006	./. 9 441 €
Buchwert 31.12.2006	251 247 €

Die Betriebs- und Geschäftsausstattung wird nach § 22 Abs. 1, 12 Abs. 3 S. 1 UmwStG weiterhin mit (10 % × 40 000 € =) 4 000 € abgeschrieben (§ 7 Abs. 1 EStG).

Buchwert 01.01.2006	10 000 €
Abschreibung 2006	./. 4 000 €
Buchwert 31.12.2006	6 000 €

Für das Patent ergibt sich nach § 22 Abs. 2 Nr. 1 EStG als neue BMG:

Anschaffungskosten B (= Ergänzungsbilanz)	70 000 €
Ergänzungsbilanz A	20 724 €
Neue BMG	90 724 €

AfA nach §§ 22 Abs. 1, 12 Abs. 3 UmwStG:

90 724 € : 10 Jahre ND	./. 972 €
Buchwert 31. 12. 2006	89 752 €

Der Firmenwert ist ebenfalls wie bisher abzuschreiben:

Buchwert 01. 01. 2006	30 000 €
AfA 30 000 € : 15 Jahre ND	./. 2 000 €
Buchwert 31. 12. 2006	28 000 €

3 Lösung zur Variante

C bringt in dieser Variante nicht mehr seinen Mitunternehmeranteil mit allen wesentlichen Betriebsgrundlagen ein. Damit ist § 20 UmwStG mit der Möglichkeit des Buchwert- bzw. Zwischenwertansatzes nicht mehr gegeben (BMF vom 25. 03. 1998, a. a. O. Rz. 20.09).

Damit tauscht C Wirtschaftsgüter gegen Gesellschaftsanteile. Nach **§ 6 Abs. 6 EStG** sind in diesem Fall die gemeinen Werte der Wirtschaftsgüter anzusetzen. Da alle stillen Reserven aufgedeckt werden, kommt grundsätzlich **§ 16 Abs. 1 Nr. 2 i. V. m. Abs. 3 EStG** zur Anwendung (Aufgabe eines Mitunternehmeranteils). Der Gewinn beträgt:

Grundstück	160 000 €
Gebäude	280 000 €
Büro- und Geschäftsausstattung	10 000 €
Patent	210 000 €
Firmenwert	90 000 €
Summe gemeine Werte GbR	750 000 €
davon Anteil C (1/3)	250 000 €
Sonderbetriebsvermögen Werkstattgebäude	150 000 €
Summe gemeine Werte C	400 000 €
Kapitalkonto GbR	./. 151 000 €
Kapital Sonderbetriebsvermögen	./. 114 800 €
Gewinn	134 200 €

§ 16 Abs. 2 S. 3 EStG ist nicht anwendbar, da die Übertragung auf eine Körperschaft erfolgt.

Da C seine WG zum Teilwert in die Data GmbH einbringt, sind die von C aufgedeckten stillen Reserven in der Bilanz der GmbH zum 01. 01. 2006 entsprechend zusätzlich zu aktivieren.

V. Punktetabelle

			Punkte
1		Handelsrechtliche Möglichkeiten	
		Anwendung UmwG geprüft und verneint	1
		Einzelrechtsfolge	1
2		Steuerrecht	
2.1		§ 20 UmwStG	
		§ 20 UmwStG anzuwenden	1
2.2		Rückwirkungsproblematik	
		Rückwirkung auf 01.01.2006 möglich	1
2.3		Gesellschafter A	
		§ 20 UmwStG individuell zu prüfen	1
		Negatives Kapital muss ausgeglichen werden	1
		Aufstockung um 30 000 €	1
		Problematik des Mindeststammkapitals erörtert (vertretbar auch: Aufstockung auf um 50 000 € auf 20 000 €)	1
		Ergänzungsbilanz A zum 31.12.2005 folgerichtig	1
		Insoweit laufender Gewinn A	1
		Anschaffungskosten bei A 0 €	1
2.4		Gesellschafter B	
		Einbringung Buchwerte i.H.v. 166 333 €	1
		Gesellschafterdarlehen 166 333 €	1
		Anschaffungskosten B 30 000 €	1
2.5		Gesellschafter C	
		Sonderbetriebsvermögen muss übertragen werden	1

			Punkte
		Einbringung Buchwerte i.H.v. 265 800 €	1
		Gesellschafterdarlehen 235 800 €	1
	2.6	Eröffnungsbilanz der Data GmbH	
		Eröffnungsbilanz Data GmbH (Grundstück, Gebäude, Patent)	1
	2.7	Bilanz zum 31.12.2006	
		Bilanz zum 01.01.2006 folgerichtig	1
		Abschreibung Gebäude	1
		Abschreibung Büro- und Geschäftsausstattung und Patent	1
	3	Lösung zur Variante	
		§ 20 UmwStG nicht anwendbar	1
		Entgeltlicher Vorgang (§ 6 Abs. 6 EStG)	1
		§ 16 Abs. 3 EStG Betriebsaufgabe Mitunternehmeranteil	1
		Gewinn folgerichtig	1
		Ansatz anteilige WG des C in der GmbH mit gemeinem Wert	1
		Summe	26

Klausuraufgabe 16:
Gründung einer GmbH/Einbringung von Wirtschaftsgütern des Privat- und Betriebsvermögens/verschleierte Sacheinlage/ Einbringung eines Betriebs/Veräußerung einbringungsgeborener Anteile

I. Sachverhalt

1. Armin Alt (A), Berti Bauch (B), Chris Colucelli (C) und Darius Damm (D) entschließen sich bei der Silvesterfeier 2003, die Omnia Vermögensberatungs GmbH mit Sitz in Gera zu gründen.

Nachdem sie sich bei einer Rechtsanwältin haben beraten lassen, schließen sie am 15.03.2004 einen Gesellschaftsvertrag vor einem Notar in der Schweiz.

Nach dem Gesellschaftsvertrag soll die GmbH ein Stammkapital in Höhe von 200000 € haben, das zu je einem Viertel auf jeden Gesellschafter entfällt. Die Gesellschafter sollen jeweils folgende Leistungen erbringen:

2. Alt bringt sein bisheriges Einzelunternehmen (Buchwert 70000 €, Teilwert 200000 €) ein. Im Gesellschaftsvertrag ist geregelt, dass die Wirtschaftsgüter des Einzelunternehmens zum Buchwert übergehen sollen, falls dies rechtlich möglich ist.

3. Bauch bringt zwei Grundstücke ein. Grundstück Lindenstraße wurde in 2000 für 50000 € im Privatvermögen erworben und hat derzeit einen Marktwert von 30000 €. Das Grundstück Karlsweg ist in einem Betriebsvermögen des Bauch mit 40000 € aktiviert. Der aktuelle Verkehrswert beträgt 20000 €.

4. Colucelli, der seinen Wohnsitz in Italien hat, soll 50000 € in bar einbringen. Bereits in einem Zusatz zum Gesellschaftsvertrag ist aber vereinbart, dass Colucelli einen Pkw, den er bisher im Betriebsvermögen seines Einzelunternehmens hält für (angemessene) 50000 € an die GmbH veräußert.

5. Damm soll ebenfalls 50000 € in bar aufbringen. Da er aber derzeit einen finanziellen Engpass hat, und die GmbH das Geld aktuell nicht benötigt, erklären sich die Gesellschafter damit einverstanden, dass die GmbH die Einlage erst bei Bedarf anfordert.

6. Die Gründungskosten in Höhe von 7500 € übernimmt satzungsgemäß die GmbH.

II. Aufgabe

Sind die Voraussetzungen einer Eintragung im Handelsregister bezüglich der Einlagen erfüllt? Erstellen Sie bitte die Eröffnungsbilanz der GmbH; Beurteilen Sie die Einlagen aller Gesellschafter.

Bestimmen Sie auch die Anschaffungskosten der Gesellschaftsanteile und beurteilen Sie die Gründungskosten.

III. Fortsetzung des Falles und Aufgabe

Zum 01.01.2006 veräußert Alt seinen Anteil an der Gesellschaft an die Unternehmensbeteiligungs-AG mit Sitz in Berlin für 800000 €.

Aufgabe: Welche steuerlichen Folgen hat die Veräußerung?

IV. Lösung

1 Einlagen

1. Im Gegensatz zur Personengesellschaft muss eine GmbH ein Mindest-Eigenkapital haben. Der Grund dafür liegt in der fehlenden Haftung natürlicher Personen bei der GmbH (§ 13 Abs. 2 GmbHG). Für die Verbindlichkeiten der GmbH haftet den Gläubigern nur das Gesellschaftsvermögen. Das Stammkapital beträgt mindestens **25 000 €**. Dieser Wert ist bei der Omnia GmbH ohne Zweifel erreicht.

Die Höhe des Stammkapitals muss im Gesellschaftsvertrag ausdrücklich festgelegt werden. Die Leistung der Stammeinlage kann in Geld (**Bareinlage**) oder als **Sacheinlage** vereinbart werden. Das Gesetz sieht die Sacheinlage als Ausnahme und die Bareinlage als Normalfall an (vgl. §§ 5 Abs. 4 und 7 Abs. 2 GmbHG).

2. Bareinlagen sind Einlagen in Geld. Nach **§ 7 Abs. 2 GmbHG** muss auf jede Stammeinlage, die keine Sacheinlage ist, mindestens ein Viertel eingezahlt werden.

3. Es ist daher **nicht** möglich, dass Damm die Bareinlage erst nach Anforderung erbringt. Damit die GmbH im Handelsregister eingetragen werden kann, muss er mindestens (50 000 € × 1/4 =) 12 500 € bar einzahlen. Der Rest kann bis auf Anforderung gestundet werden.

4. Sollen Sacheinlagen geleistet werden, so müssen der Gegenstand der Sacheinlage und der Betrag der Stammeinlage, auf die sich die Sacheinlage bezieht, im Gesellschaftsvertrag festgelegt werden (**§ 5 Abs. 4 GmbHG**).

5. Die Vereinbarung von Sacheinlagen ist stets kritisch zu sehen, da die Gefahr besteht, dass die GmbH nicht mit dem erforderlichen Mindestkapital ausgestattet wird. Insbesondere besteht immer die Gefahr einer Überbewertung der Sacheinlagen durch die Gesellschafter.

Sacheinlagen sind alle Leistungen, die nicht in Geld bestehen. Sacheinlagen sind nur unter den engen Voraussetzungen des § 5 Abs. 4 GmbHG zulässig. Danach muss der Gegenstand der Sacheinlage und der Betrag der Stammeinlage, auf den sich die Sacheinlage bezieht, im Gesellschaftsvertrag festgesetzt werden. Dabei ist der Gegenstand – insbesondere bei Gattungssachen (Pkw) – so genau zu bezeichnen, dass eine eindeutige Identifizierung möglich ist.

6. Im Gegensatz zu den Bareinlagen müssen Sacheinlagen **vor** Anmeldung der Gesellschaft zum Handelsregister erbracht werden (Umkehrschluss aus § 7 Abs. 2 GmbH). Es ist ein **Sachgründungsbericht** zu erstellen und dem Registergericht vorzulegen. Die zutreffende **Bewertung** ist nachzuweisen (§ 8 Abs. 1 Nr. 5 GmbHG).

7. Sowohl Gesellschafter Alt als auch Gesellschafter Bauch müssen daher ihre Sachleistungen erbringen, **bevor** die Omnia GmbH ins Handelsregister eingetragen wird. Die im Sachverhalt angenommenen Werte müssen in einem Sachgründungsbericht dargestellt und die Ermittlung begründet werden.

8. Sollen die Gesellschafter ihre Einlageverpflichtung durch eine Sacheinlage (z. B. Pkw) erfüllen, so ist dies nur unter strengen Auflagen möglich (vgl. § 5 Abs. 4 GmbHG). Um diese strengen Auflagen zu umgehen, könnte man daran denken, eine Bareinlagepflicht zu vereinbaren und anschließend an die GmbH den für die Sacheinlage vorgesehenen Gegenstand zu veräußern (sog. **verschleierte Sachgründung**).

Dies ist im Fall von Colucelli geschehen. Colucelli hat 50 000 € eingezahlt. Indem die GmbH die Bareinlage aber dazu verwendet, das Fahrzeug von Colucelli – wie von Anfang an geplant – zu erwerben, ist Colucelli so zu behandeln, als habe er eine (verschleierte) Sacheinlage erbracht.

9. Für den Kaufvertrag hat die verschleierte Sacheinlage die Folge, dass entsprechend § 27 Abs. 3 Satz 1 AktG der **Kaufvertrag** der Gesellschaft gegenüber als **unwirksam** gilt (BGH vom 16.03.1998 GmbHR 1998, 588). Damit hat Colucelli gegen die GmbH einen Anspruch auf Rückübereignung des Pkw und auf Rückzahlung der Einlage. Die GmbH hat gegen Colucelli einen Anspruch auf Rückzahlung des Kaufpreises und auf Leistung der Einlage.

Die Rückabwicklung hat für Colucelli keine nachteiligen Folgen, da er die Geldansprüche gegeneinander **aufrechnen** kann. Problematisch wird die verschleierte Sachgründung erst, wenn sich die GmbH in Insolvenz befindet und Rückzahlungsansprüche wertlos werden.

2 Gesellschafter Alt

Steuerrechtlich liegt für Alt ein Fall des **§ 20 UmwStG** vor, da er einen Betrieb in eine GmbH einbringt. Damit kann die Omnia GmbH (nicht Gesellschafter Alt!) wählen, ob sie die Wirtschaftsgüter in ihrer Bilanz mit dem Buchwert, einem Zwischenwert oder dem Teilwert ansetzt.

Lt. Aufgabenstellung sollen die Buchwerte angesetzt werden. Dies hat für Alt zur Folge, dass in seinem Einzelunternehmen kein Übertragungsgewinn entsteht.

Ein besonderes Problem entsteht aber dadurch, dass die Buchwerte des Einzelunternehmens (70000 €) nicht dem Stammkapital entsprechen, das auf Alt entfällt (50000 €).

Hier muss in der Bilanz der GmbH entweder ein **Darlehen** oder eine **Kapitalrücklage** in Höhe der Differenz (20000 €) gebucht werden (vgl. Band 7, Grobshäuser/Maier/Kies; Besteuerung der Gesellschaften, 315). Die Buchung der Kapitalrücklage ist insoweit problematisch, als diese allen Gesellschaftern zusteht und somit Buchwerte des Alt letztlich auf die anderen Gesellschafter übergehen. Die Buchung eines Darlehens gilt aber als Gegenleistung im Sinne des § 20 Abs. 4 EStG und hat damit Einfluss auf die Anschaffungskosten der Beteiligung. Im Folgenden soll von einem Darlehen ausgegangen werden.

Zu prüfen ist des Weiteren, wie der **disquotale wirtschaftliche Beitrag** des Alt zu beurteilen ist. Während die Gesellschafter Colucelli und Damm eine Einlage erbringen, die ihrem Stammkapital entspricht, liegt der Wert des Einzelunternehmens (200000 €) deutlich darüber. Die Korrektur über Ergänzungsbilanzen – wie bei der Gründung einer Personengesellschaft – ist bei einer Kapitalgesellschaft nicht möglich.

Ist der Teilwert des eingebrachten Betriebs höher als der Buchwert, so hat dies bei Buchwertfortführung auf die Bilanz der GmbH keinen Einfluss. Damit gehen stille Reserven des eingebrachten Betriebs auf die GmbH über. Eine Korrektur kann allenfalls über sog. disquotale Ausschüttungen erfolgen (vgl. Band 7, Grobshäuser/Maier/Kies; Besteuerung der Gesellschaften).

Die **Anschaffungskosten** des Gesellschaftsanteils ergeben sich aus **§ 20 Abs. 4 UmwStG**. Danach gilt der Wert, mit dem die Kapitalgesellschaft das eingebrachte Betriebsvermögen ansetzt, für den Einbringenden als Veräußerungspreis und als Anschaffungskosten der Gesellschaftsanteile. Soweit neben den Gesellschaftsanteilen auch andere Wirtschaftsgüter gewährt werden (hier: Darlehen), ist deren gemeiner Wert bei der Bemessung der Anschaffungskosten der Gesellschaftsanteile abzuziehen; somit:

Buchwertansatz Omnia GmbH	70000 €
abzgl. Darlehen	./. 20000 €
Anschaffungskosten	50000 €

(Anmerkung: Wählt man die Buchung einer Kapitalrücklage, so betragen die Anschaffungskosten 70000 €.)

Da Alt sein Einzelunternehmen zum Buchwert eingebracht hat und damit stille Reserven auf die GmbH übergingen, sind die Anteile des Alt als **einbringungsgeborene Anteile** nach § 21 UmwStG zu beurteilen. Dies hat Auswirkung auf den später entstehenden Veräußerungsgewinn (Anwendung § 16 EStG; Halbeinkünfteverfahren nach § 3 Nr. 40 S. 4 EStG erst nach einer Sperrfrist von sieben Jahren).

3 Gesellschafter Bauch

Die Überführung des privaten Grundstücks Lindenstraße stellt nach **§ 6 Abs. 6 EStG** einen tauschähnlichen Vorgang dar, der wie eine Veräußerung zu beurteilen ist.

Damit realisiert Bauch einen Veräußerungsgewinn nach **§ 23 EStG**, da er das Grundstück innerhalb der letzten zehn Jahre erworben hat. Anzusetzen ist dabei der gemeine Wert des Grundstücks:

Gemeiner Wert	30 000 €
Anschaffungskosten	./. 50 000 €
Veräußerungsverlust	./. 20 000 €

Den Veräußerungsverlust kann Alt nur im Rahmen des § 23 Abs. 3 S. 8 EStG geltend machen. Die Omnia GmbH hat das Grundstück mit einem Betrag von 30 000 € zu aktivieren.

Das Grundstück Karlsweg befindet sich vor der Übertragung in einem Betriebsvermögen. Dennoch ist § 20 UmwStG nicht anwendbar, da diese Regelung nur für Betriebe, Teilbetriebe oder Mitunternehmeranteile gilt.

Eine Übertragung zum Buchwert nach **§ 6 Abs. 5 EStG** ist auch nicht möglich, da diese Vorschrift nur für die Überführung in das Betriebsvermögen natürlicher Personen bzw. das Gesamthandsvermögen von Personengesellschaften gilt.

Damit liegt auch hier ein tauschähnlicher Vorgang nach **§ 6 Abs. 6 EStG** vor. Bauch erzielt in seinem Einzelunternehmen einen Ausbuchungsverlust in Höhe von (20 000 € ./. 40 000 € =) 20 000 €. Die Omnia GmbH setzt das Grundstück mit 20 000 € an.

Die Anschaffungskosten des Bauch belaufen sich auf (30 000 € + 20 000 € =) 50 000 €.

4 Gesellschafter Colucelli

Die verschleierte Sachgründung hat auf die Erbringung seiner Einlage keine Auswirkungen. Er muss zwar den Kaufvertrag rückabwickeln. Da er aber seinen Anspruch auf Rückforderung des Kaufpreises mit der Einlageforderung der GmbH aufrechnen kann (s. o.), muss er kein weiteres Kapital bringen. Seine Einlage gilt damit als geleistet. Seine Anschaffungskosten belaufen sich auf 50 000 €.

5 Gesellschafter Damm

Damm muss nach **§ 7 GmbHG** mindestens ein Viertel seiner Bareinlage (= 12 500 €) erbringen, damit die GmbH eingetragen werden kann (s. o.). Da lt. Sachverhalt die Voraussetzungen der Eintragung gegeben sind, wird die Leistung des Beitrags im Folgenden unterstellt.

Die GmbH hat bei der Bilanzerstellung § 272 Abs. 1 S. 2 HGB zu beachten. Danach sind ausstehende Einlagen (hier: 37 500 €) auf das gezeichnete Kapital auf der Aktivseite vor dem Anlagevermögen gesondert auszuweisen und entsprechend zu bezeichnen; die davon eingeforderten Einlagen sind zu vermerken.

6 Gründungskosten

Als Gründungsaufwand kommen insbesondere Notarkosten sowie die Kosten der Eintragung und Bekanntmachung in Frage. Man wird hierzu auch die Kosten für den Entwurf des Gesellschaftsvertrags rechnen müssen.

Soll die GmbH den Gründungsauftrag tragen, so ist es erforderlich, die einzelnen Positionen des Gründungsaufwands und den Gesamtbetrag des Gründungsaufwandes sowie die Verpflichtung der GmbH, den Gründungsaufwand zu tragen in die GmbH-Satzung aufzunehmen (BGH vom 20.02.1989 GmbHR 1989, 250).

Hat die GmbH die Gründungskosten wirksam übernommen, so ist die Vorbelastung des Stammkapitals durch den Gründungsaufwand unschädlich (BGH vom 09.03.1981 GmbHR 1981, 114). Die GmbH kann den Gründungsaufwand steuerlich als **Betriebsausgaben** geltend machen (BFH vom 11.10.1989 BStBl II 1990, 89; FG Baden-Württemberg vom 19.11.1998 EFG 1999, 494).

Hat sich die GmbH nicht wirksam in der Satzung zur Übernahme der Gründungskosten verpflichtet und trägt sie diese dennoch, so liegt hierin eine verdeckte Gewinnausschüttung an die Gründungsgesellschafter (BFH vom 11.10.1989, a.a.O.; FG Baden-Württemberg vom 19.11.1998, a.a.O.).

Da die Omnia GmbH die Übernahme in der Satzung (= Gesellschaftsvertrag) wirksam übernommen hat, ist gegen die Vorbelastung des Gründungskapitals nichts einzuwenden.

7 Eröffnungsbilanz

Es ergibt sich die folgende Eröffnungsbilanz:

Aktiva	Eröffnungsbilanz Omnia GmbH		Passiva
Ausstehende Einlage Damm	37 500 €	Stammkapital	200 000 €
WG Einzelunternehmen Alt	70 000 €	Darlehen Alt	20 000 €
Grundstück Lindenstraße	30 000 €		
Grundstück Karlsweg	20 000 €		
Bank	55 000 €[1]		
Jahresfehlbetrag	7 500 €		
Summe	220 000 €		220 000 €

Der Pkw darf wegen der verschleierten Sachgründung nicht aktiviert werden (Verpflichtung zur Rückabwicklung).

8 Lösung zur Fortsetzung des Falles

Da Alt seinen Anteil an der Omnia GmbH im Privatvermögen hält, würde eine Veräußerung grundsätzlich unter § 17 EStG fallen.

Da Alt aber sein Einzelunternehmen zum Buchwert in die GmbH überführte, entstanden sog. einbringungsgeborene Anteile nach § 21 UmwStG.

Dies hat zur Folge, dass eine Veräußerung der einbringungsgeborenen Anteile unter § 16 EStG fällt. Dies hat grundsätzlich keine steuerlichen Auswirkungen, da auch im Rahmen des § 16 EStG das Halbeinkünfteverfahren gilt, wenn Anteile an einer Kapitalgesellschaft veräußert werden (§ 3 Nr. 40 Buchst. b EStG).

---

[1] Erläuterung: Einlage Colucelli (50 000 €) zzgl. Einlage Damm (12 500 €) abzgl. Gründungskosten (7 500 €).

Davon gibt es aber eine Ausnahme, wenn die einbringungsgeborenen Anteile binnen sieben Jahren seit Umwandlung veräußert werden. Hier sieht **§ 3 Nr. 40 S. 3 EStG** einen Ausschluss des Halbeinkünfteverfahrens vor.

Damit ergibt sich folgender Veräußerungsgewinn nach § 16 EStG:

Erlös	800 000 €
Anschaffungskosten	./. 50 000 €
Gewinn	750 000 €

Ein **Freibetrag** kommt bei einem derartigen Gewinn nicht mehr in Frage. Die Tarifvergünstigung des § 34 Abs. 1 EStG ist auf jeden Fall, die des **§ 34 Abs. 3 EStG** nur dann zu gewähren, wenn die Voraussetzungen der Regelung vorliegen.

V. Punktetabelle

			Punkte
1		Einlagen	
		Mindeststammkapital (25 000 €)	1
		Bareinlage mindestens 1/4 (§ 7 Abs. 2 GmbHG)	1
		Damm mindestens 12 500 €	1
		Sacheinlage muss im Gesellschaftervertrag geregelt werden	1
		Einlagen von Alt und Bauch müssen vor Eintragung geleistet werden	1
		Problematik verschleierte Sachgründung erkannt	1
		Aufrechnung Kaufpreisrückforderung gegen Einlage	1
2		Gesellschafter Alt	
		§ 20 UmwStG anwendbar	1
		Differenz zum Stammkapital problematisiert	1
		Darlehen oder Kapitalrücklage (20 000 €)	1
		Problem disquotaler Beitrag erkannt	1
		Anschaffungskosten folgerichtig (50 000 € oder 70 000 €)	1
3		Gesellschafter Bauch	
		Lindenstraße Privatvermögen (§ 6 Abs. 6 EStG)	1

			Punkte
		Veräußerungsverlust nach § 23 Abs. 3 S. 8 EStG	1
		Karlsweg Betriebsvermögen; § 6 Abs. 5 EStG abgelehnt	1
		Ausbuchungsverlust (§ 6 Abs. 6 EStG)	1
		Anschaffungskosten 50 000 €	1
	4	Gesellschafter Colucelli	
		Anschaffungskosten 50 000 €	1
	5	Gesellschafter Damm	
		Ausstehende Einlage von GmbH zu aktivieren	1
	6	Gründungskosten	
		Satzungsmäßige Regelung erforderlich	1
		hier: Betriebsausgaben	1
	7	Eröffnungsbilanz	
		Bilanz folgerichtig	1
		Pkw entweder nicht aktiviert oder aktiviert und Rückforderungsverpflichtung passiviert	1
	8	Lösung zur Fortsetzung des Falles	
		Einbringungsgeborene Anteile (§ 21 UmwStG)	1
		Halbeinkünfteverfahren grundsätzlich anwendbar; aber	1
		Sperrfrist (§ 3 Nr. 40 S. 3 EStG)	1
		Gewinn folgerichtig	1
		Summe	27

Klausuraufgabe 17:
Handelsbilanz einer GmbH/Ermittlung des zu versteuernden Einkommens/Gewerbesteuerrückstellung/ Körperschaftsteuerrückstellung

I. Sachverhalt

An der M-GmbH mit 10 Mitarbeitern und Sitz in Hamburg sind die Gesellschafter A, B und C zu je einem Drittel beteiligt. Zum 31.12.2005 stellt die GmbH folgende Bilanz auf:

Aktiva	M-GmbH 31.12.2005	Passiva	
diverse Aktiva	1 490 000 €	Stammkapital	600 000 €
		Gewinnvortrag	200 000 €
		Jahresüberschuss	80 000 €
		Steuerrückstellungen	27 500 €
		sonstige Rückstellungen	100 000 €
		Verbindlichkeiten	482 500 €
Summe	1 490 000 €	Summe	1 490 000 €

Zum 31.12.2006 (Bilanzstichtag; Wirtschaftsjahr = Kalenderjahr) beträgt der vorläufige Jahresüberschuss 300 000 € (Umsatz wie im Vorjahr 1 Mio. €). Folgende Vorgänge sind **noch nicht verbucht**:

1. In 2006 wurden Steuervorauszahlungen geleistet (Gewerbesteuer 15 000 € und Körperschaftsteuer 26 000 € sowie SolZ 1 430 €; entsprechende Rückstellungen zum 31.12.2006 wurden bisher noch nicht gebildet (unterstellter Gewerbesteuer-Hebsatz 400 %; Berechnung über 5/6-Methode).

2. An den Beirat, der aus den Personen X und Y besteht, wurden 5 000 € in 2006 gezahlt. Der Beirat hat die Aufgabe, den Geschäftsführern beratend zur Seite zu stehen und die Rechtmäßigkeit der Amtsführung zu überwachen.

3. An die P-Partei, die an Bundes- und Landeswahlen teilnimmt, überwies die GmbH am 01.04.2006 eine Spende in Höhe von 20 000 €, für die eine ordnungsgemäße Spendenbescheinigung vorliegt.

4. Die M-GmbH hält 25 % der Anteile an der in Österreich ansässigen A-AG und bilanziert die Beteiligung mit den Anschaffungskosten in Höhe von 100 000 €. Im Juli 2006 überwies die A-AG für das abgelaufene Geschäftsjahr 2005 eine Dividende in Höhe von 50 000 €. Kapitalertragsteuer wurde gemäß der EU-Mutter-Tochter-Richtlinie nicht einbehalten. Für die Verwaltung der A-AG (Reisekosten etc.) entstanden 4 800 € in 2006.

5. Die M-GmbH hat einem ihrer Kunden in der Schweiz in 2003 ein partiarisches Darlehen über 200 000 € gewährt. Im November 2006 teilte der Rechtsanwalt des Kunden mit, dass sein Mandant zahlungsunfähig sei und einen Insolvenzantrag gestellt habe.

6. Die M-GmbH führt seit Juli 2006 mit einer ehemaligen Mitarbeiterin vor dem Arbeitsgericht einen Prozess, in dem es im Wesentlichen um die Zahlung einer Abfindung geht. Bei der mündlichen Verhandlung im Dezember 2006 äußert die Richterin die Ansicht, dass die M-GmbH den Prozess voraussichtlich gewinnen werde. Dementsprechend erging am

09.01.2007 ein Urteil, das die Klage der Mitarbeiterin abwies. Das Prozessrisiko wird vom Anwaltsbüro mit 7 000 € (inkl. Gerichts- und Anwaltsgebühren) angegeben.

7. Die M-GmbH besitzt ein Grundstück, auf dem sich ein Bürogebäude befindet. Das Grundstück hat die Zufahrt über die Lindenstraße. Nachdem ein weiteres Gewerbegebiet erschlossen wurde, entstand hinter dem Grundstück eine weitere Straße (Friedrichstraße). Die M-GmbH hat zu dieser neuen Straße hin eine 2 m hohe Mauer. Die Erschließungskosten der Gemeinde für diese Straße wurden der M-GmbH mit Bescheid vom August 2006 in Höhe von 12 000 € anteilig in Rechnung gestellt und in 2006 gezahlt.

8. Die M-GmbH hat am 01.01.2006 einen Mietvertrag über ein weiters Bürogebäude abgeschlossen. Der Mietvertrag geht auf unbestimmte Dauer und unterliegt den gesetzlichen Kündigungsfristen. Da das Gebäude bisher lediglich Großraumbüros enthielt, trennte die GmbH einzelne Räume mittels Gipskartontrennwänden (Metallständerbauweise) ab. Die Kosten der Baumaßnahme, die am 25.01.2006 abgeschlossen war beliefen sich auf 14 000 € zzgl. USt. Die Vermieterin hat den Einbau zwar erlaubt, verlangt aber, dass bei Auszug die Metallständer, die mit Schrauben und Dübeln im Boden verankert sind und die aufgeschraubten Gipskartonplatten wieder entfernt werden müssen (voraussichtliche Kosten nach heutigem Stand: 8 500 € zzgl. USt).

9. Die M-GmbH ist an der Alpha-KG zu 25 % beteiligt. Weitere Gesellschafter sind die Beta-AG mit 45 % und die natürlichen Personen X, Y und Z zu je 10 %. Die M-GmbH hält in ihrem Betriebsvermögen eine Maschine (Bw 1 €, Tw 20 000 €), die sie nicht mehr benötigt. Da die Alpha-KG die Maschine gut einsetzen kann, überträgt sie die M-GmbH, ohne dafür eine Bezahlung zu verlangen. Die Buchung soll auf dem Kapitalkonto der M-GmbH erfolgen. Bisher ist die Buchung in der GmbH unterblieben, weil unklar ist, wie die Maschine auszubuchen sei.

10. An der M-GmbH ist D atypisch still beteiligt (die Einlage ist im Posten Verbindlichkeiten enthalten). M erhält vereinbarungsgemäß angemessene 3 % des Jahresüberschusses vor Steuern. Eine Auszahlung des Gewinnanteils erfolgt in 2006 nicht.

11. Aus der Umstellung des Körperschaftsteuersystems hat die GmbH zum 31.12.2005 ein Körperschaftsteuerguthaben in Höhe von 25 000 €. Im Januar 2006 beschließen die Gesellschafter eine Vorabausschüttung in Höhe von 60 000 €. Nachdem sich im November 2006 abzeichnet, dass das Wirtschaftsjahr 2006 doch nicht wie erwartet läuft, beschließen die Gesellschafter, dass die Vorabausschüttung wieder zurückgezahlt werden muss. Die Rückzahlungen erfolgen noch in 2006 in Höhe von 60 000 €.

II. Aufgabe

Bitte berechnen Sie den Jahresüberschuss und das zu versteuernde Einkommen der GmbH für das Wj 2006. Gehen Sie – soweit erforderlich – auch auf die handelsrechtlichen Regelungen ein. Nehmen sie zu allen aufgeworfenen Fragen gutachterlich Stellung.

Auszug aus dem DBA Deutschland – Österreich:
Art. 10 Dividenden

(1) Dividenden, die eine in einem Vertragsstaat ansässige Gesellschaft an eine im anderen Vertragsstaat ansässige Person zahlt, dürfen im anderen Staat besteuert werden.

(2) Diese Dividenden dürfen jedoch auch in dem Vertragsstaat, in dem die die Dividenden zahlende Gesellschaft ansässig ist, nach dem Recht dieses Staates besteuert werden; die Steuer darf aber, wenn der Nutzungsberechtigte der Dividenden eine in dem anderen Vertragsstaat ansässige Person ist, nicht übersteigen:

a) 5 vom Hundert des Bruttobetrags der Dividenden, wenn der Nutzungsberechtigte eine Gesellschaft (jedoch keine Personengesellschaft) ist, die unmittelbar über mindestens 10 vom Hundert des Kapitals der die Dividenden zahlenden Gesellschaft verfügt;

b) 15 vom Hundert des Bruttobetrags der Dividenden in allen anderen Fällen.

Dieser Absatz berührt nicht die Besteuerung der Gesellschaft in Bezug auf die Gewinne, aus denen die Dividenden gezahlt werden.

(3) Der in diesem Artikel verwendete Ausdruck »Dividenden« bedeutet Einkünfte aus Aktien, Genussrechten oder Genussscheinen, Kuxen, Gründeranteilen oder sonstige Einkünfte, die nach dem Recht des Staates, in dem die ausschüttende Gesellschaft ansässig ist, den Einkünften aus Aktien steuerlich gleichgestellt sind. Der Ausdruck »Dividenden« umfasst auch Einkünfte eines stillen Gesellschafters aus seiner Beteiligung als stiller Gesellschafter, Einkünfte aus partiarischen Darlehen, Gewinnobligationen und ähnliche Vergütungen, wenn sie nach dem Recht des Staates, aus dem sie stammen, bei der Ermittlung des Gewinns des Schuldners nicht abzugsfähig sind, sowie Ausschüttungen auf Anteilscheine an einem Investmentvermögen.

(4) Die vorstehenden Absätze 1 und 2 sind nicht anzuwenden, wenn der in einem Vertragsstaat ansässige Nutzungsberechtigte im anderen Vertragsstaat, in dem die die Dividenden zahlende Gesellschaft ansässig ist, eine gewerbliche Tätigkeit durch eine dort gelegene Betriebsstätte oder eine selbständige Arbeit durch eine dort gelegene feste Einrichtung ausübt und die Beteiligung, für die die Dividenden gezahlt werden, tatsächlich zu dieser Betriebsstätte oder festen Einrichtung gehört. In diesem Fall ist Artikel 7 beziehungsweise Artikel 14 anzuwenden.

(5) Bezieht eine in einem Vertragsstaat ansässige Gesellschaft Gewinne oder Einkünfte aus dem anderen Vertragsstaat, so darf dieser andere Staat weder die von der Gesellschaft gezahlten Dividenden besteuern, es sei denn, dass diese Dividenden an eine im anderen Staat ansässige Person gezahlt werden oder dass die Beteiligung, für die die Dividenden gezahlt werden, tatsächlich zu einer im anderen Staat gelegenen Betriebsstätte oder festen Einrichtung gehört, noch Gewinne der Gesellschaft einer Steuer für nicht ausgeschüttete Gewinne unterwerfen, selbst wenn die gezahlten Dividenden oder die nicht ausgeschütteten Gewinne ganz oder teilweise aus im anderen Staat erzielten Gewinnen oder Einkünften bestehen.

III. Lösung

Die M-GmbH ist nach **§ 1 KStG** unbeschränkt körperschaftsteuerpflichtig, da sie ihren Sitz und ihre Geschäftsleitung in Deutschland hat.

Die GmbH ist nach §§ 238ff. HGB verpflichtet, eine Handelsbilanz aufzustellen. Da nicht mindestens zwei der drei Merkmale des **§ 267 HGB** überschritten werden, handelt es sich um eine kleine Kapitalgesellschaft. Damit braucht sie nach § 266 Abs. 1 S. 3 HGB nur eine verkürzte Bilanz aufzustellen. Gegen die Bilanz zum 31.12.2005 ist daher aus handelsrechtlicher Sicht nichts einzuwenden.

1. Die **Steuervorauszahlungen** müssen bei der Ermittlung des Jahresüberschusses als Aufwand verbucht werden. Dies gilt nach dem Maßgeblichkeitsgrundsatz (§ 5 Abs. 1 EStG) auch für die Steuerbilanz.

Korrektur Jahresüberschuss ./. 42 430 €

Die **Steuerrückstellungen,** die ebenfalls den Jahresüberschuss mindern, können erst errechnet werden, wenn der endgültige Jahresüberschuss vor Steuern feststeht.

2. Die Aufwendungen für den **Beirat** stellen handelsrechtlich Aufwand dar und mindern den Jahresüberschuss.

Daher Korrektur Jahresüberschuss ./. 5 000 €

Bei der Berechnung des zu versteuernden Einkommens ist zu prüfen, ob die Hälfte der Vergütung nach § **10 Nr. 4 KStG** als steuerlich nicht abziehbarer Aufwand zu behandeln ist.

§ 10 erwähnt ausdrücklich nur den Aufsichtsrat oder Verwaltungsrat. Im Gegensatz zu §§ 95ff. AktG sieht das GmbHG keinen obligatorischen Aufsichtsrat vor. Die Einrichtung eines Aufsichtsrates oder Gesellschafterbeirats mit Beratungs- und Überwachungsfunktion ist aber möglich und wird in letzter Zeit immer häufiger vorgenommen.

Die Gestaltung der Aufgaben eines Beirats ist völlig frei. Da sich die Gesellschafter der M-GmbH entschlossen haben, den Beirat auch mit Überwachungsaufgaben zu betrauen, fällt dieser unter die Kürzungsvorschrift des § **10 Nr. 4 KStG** (»... oder andere mit der Überwachung der Geschäftsführung beauftragte Personen ...«).

Bei der Ermittlung des zvE sind daher dem Jahresüberschuss 2 500 € hinzuzurechnen.

3. Die **Spende** ist handelsrechtlich als Aufwand zu verbuchen.

Korrektur Jahresüberschuss ./. 20 000 €

Steuerrechtlich ist die Vorschrift des § 9 KStG zu beachten. § 9 Abs. 1 Nr. 2 KStG ist lex specialis zu § 10b EStG. Diese Vorschrift gilt daher nicht im Körperschaftsteuerrecht. § 9 KStG lässt keinen Abzug von Mitgliedsbeiträgen und Spenden an **politische Parteien** zu. Dies ist keine Regelungslücke, sondern eine bewusste Entscheidung des Gesetzgebers als Folge der sog. Parteispendenskandale der damaligen Zeit. Es sollte durch die Abschaffung der Abzugsfähigkeit von Parteispenden für Körperschaften verhindert werden, dass insbesondere Großkonzerne mit Hilfe ihrer Wirtschaftsmacht Einfluss auf die Politik nehmen.

Bei der Berechnung des zu versteuernden Einkommens ist die Spende daher wieder hinzuzurechnen.

4. Dividenden, die eine Körperschaft von einer anderen Körperschaft bezieht, fallen unter § **8b Abs. 1 KStG**. Die Bezüge sind handelsrechtlich bei der Ermittlung des Jahresüberschusses in voller Höhe anzusetzen, werden dann aber außerbilanziell bei der Ermittlung des Einkommens wieder abgezogen.

Dies gilt auch für Dividenden, die eine deutsche Muttergesellschaft von einer **ausländischen Tochtergesellschaft** bezieht, da Dividenden nach den Regeln der DBA (hier: Art. 10 DBA Österreich) im Sitzstaat des Dividendenempfängers versteuert werden.

Grundsätzlich hätte Österreich nach Art. 10 Abs. 2a DBA Österreich das Recht, eine österreichische **Quellensteuer** in Höhe von 5 % der Dividende einzubehalten, da die deutsche Gesellschafterin eine Kapitalgesellschaft ist, die mindestens zu 10 % am Kapital der österreichischen AG beteiligt ist.

Damit entstünde das Problem, dass die M-GmbH die österreichische Quellensteuer bei der deutschen Besteuerung nicht anrechnen könnte, da § **26 Abs. 1 KStG** voraussetzt, dass die ausländischen Einkünfte der deutschen Besteuerung unterliegen. Somit wären Dividenden von ausländischen Töchtern mangels Anrechenbarkeit der Quellensteuer höher besteuert als von in Deutschland ansässigen Töchtern. Dies widerspräche aber dem Diskriminierungsverbot und dem Prinzip der Kapitalverkehrsfreiheit in Europa.

Aus diesem Grund sieht die **europäische Mutter-Tochter-Richtlinie** in Art. 3 und 5 vor, dass bei einer Beteiligung von mindestens 20 % die von einer Tochtergesellschaft an die ihre Muttergesellschaft ausgeschütteten Gewinne von der Quellensteuer befreit werden.

Die Regeln der Mutter-Tochter-Richtlinie gehen als lex specialis den Vereinbarungen in den Doppelbesteuerungsabkommen vor.

Bei der Ausschüttung der A-AG an die M-GmbH wurde daher zu Recht keine Quellensteuer einbehalten.

Fraglich ist die Behandlung der **Betriebsausgaben**. Handelsrechtlich mindern die Aufwendungen den Jahresüberschuss.

Nach § 8 Abs. 1 KStG i. V. m. **§ 3c Abs. 1 EStG** dürfen Betriebsausgaben, die mit der Erzielung von steuerfreien Einnahmen in wirtschaftlichem Zusammenhang stehen, steuerlich nicht berücksichtigt werden.

Hier gilt aber die Sonderregelung des **§ 8b Abs. 5 KStG**. Danach gelten 5 % der Dividende fiktiv als nicht abziehbare Betriebsausgabe. Im Gegenzug dürfen die tatsächlichen Betriebsausgaben in voller Höhe abgezogen werden. Damit ergibt sich folgende Lösung:

Ermittlung des Jahresüberschusses	
Ansatz der Dividende	+ 50 000 €
Abzug der Betriebsausgaben	./. 4 800 €
Ermittlung des Einkommens	
Steuerfreiheit der Dividende	./. 50 000 €
fiktiver Ansatz nicht abziehbare BA	+ 2 500 €

5. Das Darlehen an den Schweizer Kunden ist 2003 als Darlehensforderung in der Bilanz auszuweisen. Die Zahlungsunfähigkeit bewirkt, dass handelsrechtlich nach **§ 253 Abs. 3 S. 1 HGB** zwingend eine außerplanmäßige Abschreibung auf 1 € vorzunehmen ist, da Forderungen zum Umlaufvermögen gehören (sog. **strenges Niederstwertprinzip**).

Nach dem Grundsatz der Maßgeblichkeit müsste die Forderung auch steuerlich teilwertberichtigt werden.

Hier gilt aber über § 8 Abs. 1 KStG die Sondervorschrift des **§ 6 Abs. 1 Nr. 2 S. 2 EStG**, die insoweit dem Maßgeblichkeitsgrundsatz (§ 5 Abs. 1 EStG) vorgeht. Danach kann eine Teilwertabschreibung nur vorgenommen werden, wenn eine dauernde Wertminderung vorliegt.

Der Begriff der dauernden Wertminderung wird im Handelsrecht nur im Zusammenhang mit Anlagevermögen verwendet (vgl. § 253 HGB). Er passt nicht zum Umlaufvermögen, da dieses auf Ge- und Verbrauch angelegt ist. Umlaufvermögen (z. B. Ware), das z. B. verdorben ist, unterliegt stets einer dauernden Wertminderung.

Schwieriger wird dies bei Forderungen, da hier stets die Möglichkeit besteht, dass sich die Vermögensverhältnisse des Schuldners wieder bessern. Damit wäre – bei enger Auslegung des § 6 Abs. 1 Nr. 2 EStG – eine Teilwertberichtigung von Forderungen so gut wie nie möglich.

Hier hat die Verwaltung mit Schreiben vom 25. 02. 2000 BStBl I 2000, 372 eine vernünftige Regelung getroffen. Nach Rz. 23 ist bei Umlaufvermögen eine Wertminderung von Dauer, wenn die Minderung bis zum Zeitpunkt der **Aufstellung der Bilanz** oder dem vorangegangenen Verkaufs- oder Verbrauchszeitpunkt anhält.

§ 6 Abs. 1 Nr. 2 EStG sieht zwar für die Teilwertberichtigung ein Wahlrecht vor, dieses ist aber wegen des handelsrechtlichen strengen Niederstwertprinzips außer Kraft gesetzt.

Der Jahresüberschuss ist um 200 000 € zu vermindern.

Damit stellt sich aber als nächstes die Frage, ob dem **§ 2a EStG** nicht entgegensteht, wonach bestimmte ausländische Verluste in Deutschland nicht anerkannt werden.

§ 2a Abs. 1 Nr. 3 EStG sieht ein Verlustabzugsverbot aber nur bei ausländischen **Beteiligungen** vor. Die M-GmbH hat das Darlehen aber einem Kunden gewährt, mit dem sie gesellschaftsrechtlich nicht verbunden ist.

Nach § 2a Abs. 1 Nr. 5 EStG können negative Einkünfte aus partiarischen Darlehen an ausländische Schuldner den Gewinn in Deutschland nicht mindern. Partiarische Darlehen sind Darlehen, bei denen sich die Höhe des Zinssatzes nach dem Gewinn des Schuldners richtet (vgl. § 20 Abs. 1 Nr. 4 EStG).

Grundsätzlich können aus partiarischen Darlehen keine Verluste entstehen, da maximal ein Zinssatz von 0 % entsteht und im Gegensatz zu stillen Beteiligungen keine Verlustbeteiligung möglich ist. Der hier vorliegende Fall der Teilwertberichtigung einer partiarischen Beteiligung fällt aber unter das (seltene) Abzugsverbot des § 2a Abs. 1 Nr. 5 EStG.

Hier hilft auch die **Aktivitätsklausel** des § 2a Abs. 2 EStG nicht weiter, da diese Regelung nur für Betriebsstättenverluste gilt.

§ 2a EStG ist zwar im Hinblick auf die Vereinbarkeit mit EU-Recht derzeit höchst umstritten. Da der Schuldner der M-GmbH in der Schweiz seinen Sitz hat, spielt dies im vorliegenden Fall keine Rolle.

Damit ist bei der Ermittlung des Einkommens der M-GmbH die Teilwertberichtigung wieder rückgängig zu machen.

zu versteuerndes Einkommen   + 200 000 €

Der Verlust aus der Abschreibung kann lediglich mit künftigen Gewinnen aus dem partiarischen Darlehen verrechnet werden.

6. Fraglich ist, ob die M-GmbH in ihrer Bilanz zum 31. 12. 2006 eine **Rückstellung für Prozessrisiken** einstellen muss. Nach § 249 HGB ist eine Rückstellung für ungewisse Verbindlichkeiten zu bilden. Aufgrund des Maßgeblichkeitsgrundsatzes gilt auch für die Steuerbilanz eine Passivierungspflicht.

Bei Bilanzerstellung war klar, dass das Prozessrisiko aufgrund des Urteils vom 09. 01. 2007 nicht mehr bestand. Damit stellt sich die Frage, ob hier eine **wertaufhellende Tatsache** vorliegt. Grundsätzlich sind alle bis zum Tag der Aufstellung der Bilanz angefallenen Informationen und Erkenntnisse, die sich auf Vorgänge vor dem bzw. bis zum Bilanzstichtag erstrecken zu berücksichtigen (§ 252 Abs. 1 Nr. 4 HGB; Grundsatz der besseren Erkenntnis und Wertaufhellung; vgl. Band 11, Horschitz/Groß/Fanck; Bilanzsteuerrecht und Buchführung, 138).

Entscheidend ist aber, dass die Tatsache, die bis zur Bilanzerstellung bekannt wird, bereits vor dem Bilanzstichtag gegeben war. Tatsachen, die erst **nach** dem Bilanzstichtag entstehen (hier: Urteil), können nach dem Grundsatz der wertaufhellenden Tatsache nicht berücksichtigt werden (vgl. zur Prozesskostenrückstellung BFH vom 27. 11. 1997 BStBl II 1998, 375).

Damit ist in der Bilanz zum 31. 12. 2006 eine Rückstellung in Höhe von 7 000 € zu passivieren. Eine Abzinsung (§ 6 Abs. 1 Nr. 3 Buchst. e EStG) erfolgt hier nicht, da die Laufzeit des Risikos aufgrund des in 2007 ergangenen Urteils unter einem Jahr liegt.

Somit: Jahresüberschuss   ./. 7 000 €

7. Da das Grundstück bereits erschlossen ist, handelt es sich bei dem Bau der weiteren Straße um eine sog. **Zweiterschließung.** Hier stellt sich insbesondere die Frage, ob die Aufwendungen für die Zweiterschließung sofort abzugsfähige Betriebsausgaben sind oder beim Grundstück zu aktivieren sind (und damit letztlich nicht bzw. erst bei einem späteren Verkauf gewinnwirksam werden).

Die Rechtsprechung geht zu Recht davon aus, dass eine Aktivierung dann erfolgen muss, wenn sich durch die Zweiterschließung der Wert des Grundstücks erhöht (vgl. § 253 HGB). Bringt die Zweiterschließung dem Unternehmen keine wirtschaftlich messbaren Vorteile, dann können die Gebühren als Betriebsausgabe sofort abgezogen werden (so auch die Verwaltung; vgl. H 6.4 [Zweit- oder Zusatzerschließung] EStH).

Die Frage, ob sich der Wert eines Grundstücks durch die Zweiterschließung erhöht oder nicht ist eine Tatsachenfrage, die der Beurteilung des BFH entzogen ist.

Da lt. Sachverhalt die M-GmbH zu der neuen Straße hin eine 2m hohe Mauer besitzt, kann sie die neue Straße nicht nutzen (z. B. für eine günstigere Zufahrt o. Ä.). Damit ist nicht erkennbar, inwieweit der Bau der Friedrichstraße der M-GmbH irgendwelche wirtschaftlichen Vorteile bringen kann.

Die mit Gebührenbescheid der Gemeinde angeforderten und bezahlten Erschließungskosten sind daher in 2006 als Betriebsausgabe abzugsfähig.

Jahresüberschuss ./. 12 000 €

8. Problematisch ist, ob die Trennwände zu aktivieren und in welcher Höhe sie abzuschreiben sind. Des Weiteren ist zu prüfen, ob für die Ausbauverpflichtung eine Rückstellung zu bilden ist.

Mietereinbauten und -umbauten sind in der Bilanz des Mieters zu aktivieren, wenn es sich um gegenüber dem Gebäude selbständige Wirtschaftsgüter handelt, für die der Mieter Herstellungskosten aufgewendet hat, die Wirtschaftsgüter seinem Betriebsvermögen zuzurechnen sind (**wirtschaftliches Eigentum** des Mieters) und die Nutzung durch den Mieter zur Einkünfteerzielung sich erfahrungsgemäß über einen Zeitraum von mehr als einem Jahr erstreckt (BFH vom 28. 07. 1993 BStBl II 1994, 164).

Die Aktivierung eines Wirtschaftsguts in der Bilanz des Mieters setzt voraus, dass dieses zu seinem Vermögen gehört (§§ 238 Abs. 1, 240 Abs. 1, 242 Abs. 1 HGB, § 5 Abs. 1 S. 1 EStG). Das ist aber bereits dann der Fall, wenn der Vermögensgegenstand wirtschaftlich zu diesem Vermögen zu rechnen ist.

Diese Voraussetzung ist hier erfüllt. Dafür ist nicht erforderlich, dass der Mieter bürgerlich-rechtlicher Eigentümer der mit eigenen Aufwendungen geschaffenen Einbauten und Umbauten wird. Für die persönliche Zurechnung genügt die Befugnis zur Nutzung der Bauten gegenüber dem Grundstückseigentümer. Dies gilt jedenfalls dann, wenn die Befugnis dem Mieter vollständig und für die gesamte Dauer der mit den Baumaßnahmen geschaffenen Nutzungsmöglichkeiten zusteht (BFH vom 27. 11. 1997, a. a.O).

Davon ist hier auszugehen. Die M-GmbH ist nach Beendigung des Mietverhältnisses verpflichtet, den ursprünglichen Zustand, wiederherzustellen. Damit nutzt sie die Zwischenwände während der gesamten Nutzungsdauer, die durch den vertraglich vereinbarten Ausbau endet.

Die Behandlung der Trennwände als **Scheinbestandteil** (vgl. BMF vom 15. 01. 1976 BStBl I 1976, 66 Tz.2) kommt hier nicht in Frage, da ein Scheinbestandteil nur vorliegt, wenn die Nutzungsdauer der eingefügten Sachen länger als die voraussichtliche Mietdauer ist und die eingefügten Sachen auch nach ihrem Ausbau nicht nur einen Schrottwert haben, sondern noch einen beachtlichen Wiederverwendungswert repräsentieren. Dies ist bei den Trennwänden aber gerade nicht der Fall, da diese nach dem Ausbau nicht mehr in einem anderen Gebäude verwendet werden können.

Die Trennwände stellen auch keine **Betriebsvorrichtung** dar, da sie nicht speziellen betrieblichen Zwecken dienen. Trennwände sind heute ein üblicher Büroeinbau, der von den unterschiedlichsten Branchen genutzt wird, ohne dass ein branchentypischer Bezug vorliegt.

Die Abschreibung ist nach **Gebäudegrundsätzen** vorzunehmen, da der Mieter nicht anders gestellt werden soll als ein Eigentümer, der eine vergleichbare Baumaßnahme vornimmt (BFH vom 15. 10. 1996 BStBl II 1997, 533). Würde ein Eigentümer Trennwände in ein Großraumbüro einfügen, so müsste er die Aufwendungen als Gebäudeherstellungskosten aktivieren (§ 255 HGB), da er etwas Neues, bisher nicht Vorhandenes geschaffen hätte.

Die Trennwände sind nach **§ 7 Abs. 4 Nr. 1 EStG** mit 3 % p.a. abzuschreiben. Grundsätzlich wäre es auch möglich, die Zwischenwände nach **§ 7 Abs. 4 S. 2 EStG** über eine kürzere Nutzungsdauer abzuschreiben. Dafür fehlen aber in der Aufgabenstellung Anhaltspunkte.

Damit ist der Jahresüberschuss wie folgt zu korrigieren:

AfA (14 000 € × 3 % =)	420 €

Die Aktivierung selbst ist ohne Auswirkung auf den Gewinn (BS: Trennwände an Bank).

Ein Unternehmer hat für die vertragliche Verpflichtung, ein Bauwerk abzureißen, eine **Rückstellung** nach § 249 HGB zu bilden. Dies gilt auch dann, wenn er nicht sicher weiß, ob sein Vertragspartner auf dem Abbruch bestehen wird. Ebenfalls ohne Bedeutung ist, wenn – etwa wie im Falle eines unbefristeten Mietverhältnisses – der Zeitpunkt der Abbruchverpflichtung noch offen ist (BFH vom 28. 03. 2000 BStBl II 2000, 612).

Dabei ist bei der Bewertung der Rückstellung eine Schätzung vorzunehmen, die von den Kosten zum jeweiligen Bilanzstichtag ausgeht (BFH vom 19. 02. 1975 BStBl II 1975, 480). Da bei einer Abbruchverpflichtung die Kosten zum tatsächlichen Abbruchzeitpunkt unbestimmt und unbestimmbar sind und lediglich geschätzt werden, ist die Rückstellung handelsrechtlich nicht abzuzinsen. Diese Ansicht ist fraglich, da ja im Wege der Schätzung ein konkreter Betrag auf den Abbruchzeitpunkt ermittelt wird. Nach wohl richtiger Ansicht (FinMin Nordrhein-Westfalen vom 16. 04. 1987 DStR 1987, 399) ist daher eine Abzinsung auch handelsrechtlich vorzunehmen.

Problematisch ist außerdem, ob die Rückstellung **ratierlich** anzusammeln ist, oder der volle Betrag der Abbruchverpflichtung sofort eingestellt werden muss. Da der Mietvertrag keine feste Laufzeit hat und es bei Gewerbemietverträgen keinen Kündigungsschutz gibt, besteht stets die Gefahr, dass der Vermieter der M-GmbH kündigt und damit der Ausbau der Zwischenwände fällig wird. Daher besteht das Risiko zum Bilanzstichtag bereits in **voller Höhe**.

Damit ergibt sich auch als nächstes Problem die Frage, wie die **Abzinsung** zu berechnen ist, da ja der Berechnung keine feste Laufzeit zugrunde gelegt werden kann.

Nach Ansicht der Verwaltung (BMF vom 26. 05. 2005 BStBl I 2005, 699 Rz. 7, 28) ist § 13 Abs. 2 BewG analog anzuwenden, wenn für eine objektive Schätzung der Restlaufzeit keine Anhaltspunkte vorliegen. Nach § 13 Abs. 2 BewG sind Nutzungen und Leistungen von unbestimmter Dauer mit dem 9,3fachen des Jahreswerts zu bewerten. Nach der Tabelle 3 zum BewG entspricht dieser Faktor einer Laufzeit von 12 Jahren, 10 Monaten und 12 Tagen. Dementsprechend ergibt sich nach Tabelle 2 ein Vervielfältiger von 0,503 (BMF vom 26. 05. 2005, a. a. O.).

Damit ist die Rückstellung gewinnmindernd wie folgt anzusetzen:

(8 500 € × 0,503 =)	4 276 €

9. Zu prüfen ist, ob und inwieweit die Überführung der Maschine bei der M-GmbH gewinnwirksam wird. Überträgt ein Mitunternehmer ein Wirtschaftsgut seines Betriebsvermögens in das Gesamthandsvermögen gegen Gewährung von Gesellschaftsrechten, so dürfen nach **§ 6 Abs. 5 S. 3 Nr. 1 EStG** die stillen Reserven nicht aufgedeckt werden.

Befindet sich die Beteiligung an der Personengesellschaft, die das Wirtschaftsgut erhält (hier: Alpha KG) im Betriebsvermögen, so ist das Wirtschaftsgut gewinnneutral gegen die Beteiligung auszubuchen (Buchungssatz: Beteiligung an Wirtschaftsgut). Dies gilt auch für die Handelsbilanz (vgl. Schmidt, EStG § 6 Rz. 10).

Vom Grundsatz der Buchwertübertragung macht allerdings **§ 6 Abs. 5 S. 5 EStG** für den Fall eine Ausnahme, dass der **Anteil einer Körperschaft** am übertragenen Wirtschaftsgut begründet wird oder sich erhöht. Dieser Ausnahme liegt das Prinzip zugrunde, dass stille Reserven eines Wirtschaftsguts grundsätzlich nicht in eine Kapitalgesellschaft transferiert werden können. Ausnahmen von diesem Prinzip sind in seltenen gesetzlich definierten Fällen möglich (z. B. bei einer Umwandlung; § 20 UmwStG).

Da vor der Übertragung die Beta-AG überhaupt nicht, nach der Übertragung aber zu 45 % beteiligt ist (wenn auch nur über das Gesamthandsvermögen), müssen 45 % der stillen Reserven durch die M-GmbH aufgedeckt werden.

Damit ergibt sich aus der Übertragung für die M-GmbH ein laufender Gewinn in Höhe von (45 % × 19 999 € =) 9 000 €. Im Übrigen erfolgt die Übertragung gewinnneutral.

Jahresüberschuss + 9 000 €

10. Eine stille Beteiligung liegt nach **§ 230 HGB** vor, wenn sich ein Gesellschafter an dem Handelsgewerbe, das ein anderer betreibt, mit einer Vermögenseinlage beteiligt. Die Vermögenseinlage ist so zu leisten, dass sie in das Vermögen des Inhabers des Handelsgeschäfts übergeht.

Die stille Beteiligung ist eine reine **Innengesellschaft.** Sie wird nicht in das Handelsregister eingetragen. Nach außen tritt nur der Inhaber des Handelsgewerbes auf.

Der Geschäftsinhaber hat die Einlageleistung zu aktivieren und dem Stillen auf dem passivischen **Einlagekonto** gutzuschreiben. Die zu aktivierende Einlage kann in Geld oder Sachwerten geleistet werden. Das zu passivierende Einlagekonto enthält den Anspruch des Stillen auf Rückzahlung der Einlage und ist beim Geschäftsinhaber **Fremdkapital**. Zum Bilanzstichtag noch nicht ausgezahlte Gewinnanteile des Stillen sind ebenfalls als Schuldposten zu passivieren (vgl. Band 7, Grobshäuser/Maier/Kies; Besteuerung der Gesellschaften, 26).

Das Handelsrecht unterscheidet nicht zwischen der typisch stillen (§ 20 Abs. 1 Nr. 4 EStG) und der atypisch stillen (§ 15 Abs. 1 Nr. 2 EStG) Beteiligung. Dies hat zur Folge, dass die Gewinnanteile des Stillen den Jahresüberschuss der GmbH mindern. Der atypisch Stille muss seinen Gewinnanteil nach **§ 15 Abs. 1 Nr. 2 EStG** gemäß der einheitlichen und gesonderten Gewinnfeststellung versteuern.

Für Zwecke der Gewerbesteuer sind aber die Gewinnanteile des atypisch Stillen als **Sonderbetriebseinnahme** im Rahmen des Gesamtertrages gemäß § 7 GewStG zu versteuern.

Um den Gewinnanteil des D berechnen zu können, muss zuerst der maßgebliche Jahresüberschuss **vor** Steuern (so die Vereinbarung) ermittelt werden:

Ausgangswert lt. Sachverhalt		300 000 €
Tz. 1 (Steuern; für Gewinnanteil atypisch Still nicht zu berücksichtigen)	./.	0 €
Tz. 2 (Beirat)	./.	5 000 €
Tz. 3 (Spende)	./.	20 000 €
Tz. 4 (Dividende)	+	50 000 €
(Aufwand Beteiligung)	./.	4 800 €
Tz. 5 (Darlehen)	./.	200 000 €
Tz. 6 (Prozesskosten)	./.	7 000 €
Tz. 7 (Erschließung)	./.	12 000 €
Tz. 8 (Trennwände)	./.	420 €
(Rückstellung Abbruch)	./.	4 276 €
Tz. 9 (Überführung WG)	+	9 000 €
Korrigierter (vorläufiger) Jahresüberschuss vor Steuern		**105 504 €**

11. Nach § 37 **Abs. 1 KStG** wurde bei der Systemumstellung ein Körperschaftsguthaben in Höhe von 1/6 des Endbetrags des EK 40 gebildet. Die Gewährung eines Guthabens war notwendig, da beim Anrechnungsverfahren Ausschüttungen zu einem Herabschleusen der Körperschaftsteuerbelastung von zuletzt 40 % auf 30 % führten (sog. Ausschüttungsbelastung).

Das Körperschaftsteuerguthaben sollte sich nach Abs. 2 um jeweils **1/6** der Gewinnausschüttungen der folgenden Wirtschaftsjahre vermindern.

Für Gewinnausschüttungen, die nach dem 11.04.2003 und vor dem 01.01.2006 erfolgen, war die Erstattung des Körperschaftsteuerguthabens ausgesetzt (sog. Moratorium).

Da die Gesellschafter der M-GmbH die Ausschüttung im Januar 2006 beschlossen, greift das Moratorium des § 37 Abs. 2a KStG nicht mehr.

Das Körperschaftsteuerguthaben ist aber nach § 37 Abs. 2a Nr. 2 KStG gleichmäßig auf die Jahre 2006 bis 2019 linear zu verteilen; sonach maximal pro Jahr auf ein 1/14 des auf den 31.12.2005 festgestellten Körperschaftsteuerguthabens (vgl. Blümich-Danelsing § 37 KStG Rz. 19).

Somit kann die Ausschüttung maximal zu einer Erstattung von KSt in Höhe von (25 000 € × 1/14 =) 1 786 € führen.

Die Vorabausschüttung beläuft sich auf 60 000 €. Grundsätzlich wären nach § 37 Abs. 2 KStG (60 000 € × 1/6 =) 10 000 € an KSt zu erstatten. Nach § 27 Abs. 2a EStG ist die Erstattung aber im vorliegenden Fall auf 1 786 € begrenzt.

Fraglich ist, welche Auswirkung die **Rückgängigmachung** der **Gewinnausschüttung** hat. Nach ständiger Rechtsprechung und Verwaltungsansicht (vgl. H 20.2 [Rückgängigmachung einer Gewinnausschüttung] EStH) kann eine beschlossene und vollzogene Gewinnausschüttung nicht mehr rückgängig gemacht werden. Beschließen die Gesellschafter dennoch eine Rückgängigmachung, so handelt es sich bei der Rückzahlung um eine **verdeckte Einlage**.

Verdeckte Einlagen liegen nur vor, wenn ein Gesellschafter der Gesellschaft einen einlagefähigen Vermögensvorteil zuwendet und diese Zuwendung durch das Gesellschaftsverhältnis veranlasst ist. Ein einlagefähiger Vermögensvorteil liegt nur vor, wenn sich entweder die Aktiva erhöhen oder die Passiva vermindern (vgl. Band 7, Grobshäuser/Maier/Kies; Besteuerung der Gesellschaften, 433).

Verdeckte Einlagen dürfen sich nicht auf die Höhe des Einkommens der Empfängerkörperschaft auswirken. Da die verdeckte Einlage zu einer Erhöhung des Betriebsvermögens führt (hier: Rückzahlung der Dividende; § 4 Abs. 1 EStG), ist sie zuerst einmal gewinnwirksam (Buchungssatz: Bank an außerordentliche Erträge).

Damit ergibt sich folgende weitere Korrektur des Jahresüberschusses:

vorläufig s. o.	105 504 €
verdeckte Einlage	+ 60 000 €
vorläufiger Jahresüberschuss vor Steuern	165 504 €

Auf dieser Basis kann nun der Gewinnanteil des atypisch still Beteiligten berechnet werden, der seinerseits wieder den Jahresüberschuss mindert. Er beläuft sich auf (3 % × 165 504 € =) 4 965 €.

Damit mindert sich der vorläufige Jahresüberschuss vor Steuern auf (165 504 € ./. 4 965 € =) 160 539 €.

Außerbilanziell ist der Jahresüberschuss um die Einlage dann wieder zu **kürzen** (Anmerkung: es wäre auch vertretbar, die verdeckte Einlage gewinnneutral in eine Kapitalrücklage einzustellen; in diesem Fall erfolgt dann keine außerbilanzielle Korrektur).

12. Berechnung der Steuerrückstellungen

Der endgültige Jahresüberschuss kann erst berechnet werden, wenn die Steuerrückstellungen feststehen.

In einem ersten Schritt ist die **Gewerbesteuerrückstellung** zu berechnen, da die Gewerbesteuer – im Gegensatz zur Körperschaftsteuer – auch das steuerliche Einkommen beeinflusst. Ausgangspunkt für den gewerbesteuerlichen Ertrag ist nach **§ 7 GewStG** das nach den Vorschriften des Körperschaftsteuergesetzes zu ermittelnde Einkommen.

Hierbei sind gegenüber dem Jahresüberschuss folgende Korrekturen vorzunehmen:

vorläufiger Jahresüberschuss s. o.	160 539 €
(Tz. 1) Hinzurechnung Steuervorauszahlungen nach § 10 Nr. 2 KStG entfällt, da bisher Jahresüberschuss vor Steuern (s. o.)	
(Tz. 2) Beirat	+ 2 500 €
(Tz. 3) Spende	+ 20 000 €
(Tz. 4) Dividende	./. 50 000 €
dto.	+ 2 500 €
(Tz. 5) Darlehen	+ 200 000 €
(Tz. 11) verdeckte Einlage	./. 60 000 €
Einkommen	275 539 €

Für die Berechnung der Gewerbesteuer ist zu prüfen, ob die Dividende von der österreichischen A-AG nach **§ 8 Nr. 5 GewStG** dem Ertrag hinzuzurechnen ist.

Da die M-GmbH an der A-AG aber zu 25 % beteiligt ist, sind die Voraussetzungen des **§ 9 Nr. 7 GewStG** erfüllt. Damit entfällt eine Korrektur.

Die atypisch stille Gesellschaft ist, soweit sie sich als gewerbliche Mitunternehmerschaft darstellt, gemäß § 2 Abs. 1 GewStG sachlich gewerbesteuerpflichtig (BFH vom 25. 07. 1995 BStBl II 1995, 794). Als bloße Innengesellschaft ohne eigenes Betriebsvermögen kann sie aber nicht der persönlichen Steuerpflicht unterliegen. Steuerschuldner i. S. d. § 5 Abs. 1 GewStG und Adressant der Gewerbesteuer(mess)bescheide ist die im Außenverhältnis unternehmenstragende GmbH (BFH vom 12. 11. 1985 BStBl II 1986, 311).

Der Freibetrag für den Gewerbeertrag nach **§ 11 Abs. 1 Nr. 1 GewStG** und der Staffeltarif nach § 11 Abs. 2 GewStG stehen der GmbH & atypisch Still zu, weil sie eine Personengesellschaft ist.

Ausgangsgröße für die Ermittlung des Gewerbeertrags ist der für die Mitunternehmerschaft ermittelte und einheitlich und gesondert festgestellte Gesamtgewinn der GmbH & atypisch Still:

Gewinn GmbH	275 539 €	
Gewinnanteil atypisch still Beteiligter	4 965 €	
	280 504 €	
Der Steuermessbetrag errechnet sich wie folgt:		
Abrundung auf volle Hundert €	280 500 €	
Freibetrag	./. 24 500 €	
	256 000 €	
für die ersten 12 000 € 1 %	./. 12 000 €	120 €
für die weiteren 12 000 € 2 %	./. 12 000 €	240 €
für die weiteren 12 000 € 3 %	./. 12 000 €	360 €
für die weiteren 12 000 € 4 %	./. 12 000 €	480 €
im Übrigen 5 %	208 000 €	10 400 €
Steuermessbetrag		11 600 €

Die Gewerbesteuer beträgt damit bei einem Hebesatz von 400 % (11 600 € × 400 % =) 46 400 €.

Nach der 5/6-Methode sind dies (46 400 € × 5/6 =) 38 667 €. Abzüglich der Steuervorauszahlung in Höhe von 15 000 € ergibt dies eine Rückstellung in Höhe von 23 667 €.

Damit beträgt das Einkommen (275 539 € ./. 23 667 € =) 251 872 €.

13. In einem letzten Schritt ist die Rückstellung für **Körperschaftsteuer** und **SolZ** zu berechnen:

Körperschaftsteuer (251 872 € × 25 % =)	62 968 €
abzgl. Vorauszahlung	./. 26 000 €
abzgl. Gutschrift Ausschüttung	./. 1 786 €
Rückstellung	35 182 €

Die Rückstellung für den Solidaritätszuschlag beträgt:

35 182 € × 5,5 %	1 936 €

14. Damit beträgt der endgültige Jahresüberschuss nach Steuern:

Vorläufiger Jahresüberschuss vor Steuern	165 504 €
Gewinnanteil atypisch Still	./. 4 965 €
Zwischenergebnis vor Steuern	160 539 €
Noch nicht verbuchte Steuervorauszahlungen 2006 (GewSt, KSt, SolZ)	./. 42 430 €
Gewerbesteuerrückstellung	./. 23 667 €
Körperschaftsteuerrückstellung	./. 35 182 €
Rückstellung SolZ	./. 1 936 €
Endgültiger Jahresüberschuss 2006	**57 324 €**

IV. Punktetabelle

		Punkte
1	Steuervorauszahlungen (42 430 €) handelsrechtlich Aufwand	1
	nach Maßgeblichkeit auch in Steuerbilanz	1
2	Aufwendungen Beirat handelsrechtlich Aufwand	1
	steuerlich Hinzurechnung 1/2 (§ 10 Nr. 4 KStG)	1
3	Spende handelsrechtlich Aufwand	1
	steuerrechtlich kein Abzug (§ 9 KStG)	1
4	Dividende handelsrechtlich Betriebseinnahme	1
	Versteuerung in Deutschland (Art. 10 DBA Österreich)	1
	Anwendung Mutter-Tochter-Richtlinie	1
	Betriebsausgaben; handelsrechtlich anzusetzen	1
	steuerrechtliche Sonderregelung § 8b Abs. 5 KStG (5 %)	1
	dafür Betriebsausgaben voll abzugsfähig	1
5	handelsrechtlich zwingend Abschreibung auf 1 €	1
	steuerrechtlich nur bei dauernder Wertminderung	1
	dauernde Wertminderung problematisiert	1
	Anwendung § 2a EStG geprüft	1
	§ 2a Abs. 1 Nr. 5 EStG anwendbar	1
	§ 2a Abs. 2 EStG nicht anwendbar	1
6	Rückstellung für Prozessrisiko; § 249 HGB	1
	wertaufhellende Tatsache geprüft	1
	Urteil aber erst nach Bilanzstichtag	1
	keine Abzinsung	1

			Punkte
7		Zweiterschließung; Problematik der Aktivierung erkannt	1
		wirtschaftlicher Vorteil als Maßstab	1
		Betriebsausgabe 12 000 €	1
8		Aktivierung der Trennwände	1
		wirtschaftliches Eigentum bejaht	1
		Abschreibung nach Gebäudegrundsätzen	1
		Rückstellung für Abbruchverpflichtung	1
		kein ratierliches Ansammeln	1
		Abzinsung vorgenommen (4 276 €)	1
9		Überführung der Maschine grds. § 6 Abs. 5 S. 3 Nr. 1 EStG	1
		Ausnahme: § 6 Abs. 5 S. 5 EStG	1
		hier: Anteil Beta AG	1
		Aufdeckung stiller Reserven 9 000 €	1
		im Übrigen gewinnneutral (Buchungssatz: Beteiligung an WG)	1
10		stille Beteiligung handelsrechtlich § 230 HGB	1
		steuerlich Gewinnanteil nach § 15 Abs. 1 Nr. 2 EStG	1
		Jahresüberschuss vor Steuern folgerichtig	1
11		Körperschaftsteuerguthaben; Moratorium ausgelaufen	1
		grds. 1/6 der Vorabausschüttung; aber maximal Guthaben	1
		Rückgängigmachung der Gewinnausschüttung = verdeckte Einlage	1
		entweder Erhöhung Jahresüberschuss oder Einstellung in Kapitalrücklage	1
		Gewinnanteil des atypisch Stillen folgerichtig	1
		außerbilanzielle Korrektur folgerichtig	1

		Punkte
12	Gewerbesteuerrückstellung folgerichtig	
	§ 9 Nr. 7 GewStG geprüft	1
13	Rückstellung KSt und SolZ folgerichtig	1
14	endgültiger Jahresüberschuss folgerichtig	1
	Summe	50

Klausuraufgabe 18:
Verdeckte Gewinnausschüttung/Pensionszusage/ Gesellschafterdarlehen/verdeckte Einlagen

I. Sachverhalt

Die Reise-GmbH hat ihren Sitz und die Geschäftsleitung in Berlin. Sie wurde am 01.01.2003 gegründet und vermittelt weltweit Reisen jeder Art. Gesellschafter der GmbH sind die Eheleute Ernie (E) zu 25% und Berta (B) von Birkenfeld zu 75% beteiligt. Die Stammeinlage beträgt 25 000 €.

Ernie von Birkenfeld war bisher als Vermögensberater selbstständig tätig, musste sein Gewerbe aber in 2002 mangels Umsätzen aufgeben. Mit Vertrag vom 01.01.2003 wurde Ernie von Birkenfeld zum alleinigen Geschäftsführer bestellt. Zu diesem Zeitpunkt hat er sein 48. Lebensjahr vollendet. Sein Gehalt beträgt monatlich (angemessene) 5 000 €. Im Anstellungsvertrag ist eine Regelung enthalten, wonach Ernie mit Vollendung des 68. Lebensjahrs von der GmbH eine monatliche Versorgung in Höhe von 75% des letzten Endgehalts erhalten soll. Die GmbH passiviert aus diesem Grund eine Pensionsrückstellung mit einer (angemessenen) jährlichen Zuführungsrate von 10 000 €.

Die Mutter der Berta von Birkenfeld gewährte der GmbH in 2003 ein Darlehen in Höhe von 100 000 €, das mit 5% p.a. verzinst wird. Das Darlehen diente dazu, die Erstausstattung für das Büro zu finanzieren. Eine Sicherheit konnte die GmbH mangels eigenem Vermögen nicht bieten.

Während die Geschäfte anfangs noch ganz gut gingen, verschlechterte sich die wirtschaftliche Lage der GmbH zusehends. Auf Druck der Banken verzichtete Ernie von Birkenfeld im Januar 2006 auf seine Pensionsansprüche, die zu diesem Zeitpunkt wirtschaftlich keinen Wert mehr hatten. Die GmbH passivierte die Pensionsverpflichtung zum 31.12.2005 mit 30 000 €.

Ebenfalls ab Januar 2006 verzichtete die Mutter bis auf weiteres auf die Zahlung von Zinsen.

In der Bilanz zum 31.12.2005 musste ein Verlustvortrag in Höhe von 80 000 € ausgewiesen werden.

Im Juli veräußerte Berta von Birkenfeld ihren Anteil an der GmbH an die Internet-Reisen AG für 1 €.

II. Aufgabe

1. Bitte beurteilen Sie die Pensionszusage und den Verzicht in 2005 sowohl für die GmbH als auch für den Geschäftsführer!
2. Hat der Verzicht auf die Zahlung von Zinsen steuerliche Auswirkungen?
3. Wie hoch ist der Veräußerungsgewinn der Berta von Birkenfeld?
4. Welchen Einfluss hat die Veräußerung auf den Verlustvortrag?

Gehen Sie davon aus, dass alle Veranlagungen noch offen sind.

III. Lösung

1 Pensionszusage

1.1 Rückstellung

Nach § 249 HGB müssen für unmittelbare Pensionszusagen Rückstellungen in der Handelsbilanz gebildet werden. Nach dem Grundsatz der Maßgeblichkeit hat die handelsrechtliche Passivierungspflicht die Passivierungspflicht für Pensionszusagen in der Steuerbilanz zur Folge, wenn die Voraussetzungen des § 6a Abs. 1 und 2 EStG vorliegen (R 6a Abs. 1 EStR).

In einem ersten Schritt ist zu prüfen, ob die Pensionszusage zivilrechtlich wirksam ist. Ist eine Pensionszusage bereits zivilrechtlich unwirksam, ist die Pensionsrückstellung in der Handelsbilanz und aufgrund des Maßgeblichkeitsgrundsatzes auch in der Steuerbilanz erfolgswirksam aufzulösen (R 38 KStR).

Ist die Pensionsrückstellung dem Grunde und der Höhe nach zutreffend bilanziert, ist in einem zweiten Schritt zu prüfen, ob und inwieweit die Pensionsverpflichtung auf einer **vGA** beruht. Bei dieser Prüfung sind insbesondere die Aspekte **Ernsthaftigkeit, Erdienbarkeit, Finanzierbarkeit** und **Angemessenheit** zu prüfen (vgl. Band 7, Grobshäuser/Maier/Kies; Besteuerung der Gesellschaften, 411 ff.; Altfelder u. a., Die Besteuerung der GmbH, 146 ff.).

Bei der Prüfung der **Ernsthaftigkeit** spielt unter anderem das Alter eine Rolle, ab dem die Pension gewährt werden soll. Eine vertraglich vorgesehene Altersgrenze von weniger als 65 Jahren kann für die Berechnung der Pensionsrückstellung nur dann zugrunde gelegt werden, wenn besondere Umstände nachgewiesen werden (z. B. Krankheit, Behinderung), die ein niedrigeres Pensionsalter rechtfertigen (H 6a Abs. 8 EStH m.w.N.). Eine Zusage auf ein Pensionsalter von über 70 Jahren spricht gegen eine ernsthafte Zusage (BFH vom 07. 05. 1995 BStBl II 1996, 204).

Angesichts des allgemein steigenden Renteneintrittsalters ist gegen den von der Reise GmbH gewählten Pensionsbeginn mit Vollendung des 68. Lebensjahrs nichts einzuwenden, zumal Gesellschafter-Geschäftsführer üblicherweise länger arbeiten als der Durchschnitt der anderen Arbeitnehmer.

Eine Zusage auf Leistungen der betrieblichen Altersversorgung ist nach der Rechtsprechung des BFH nur soweit betrieblich veranlasst, als die zugesagten Leistungen nicht zu einer Überversorgung führen (**Angemessenheit**). Eine Überversorgung liegt vor, soweit die zugesagten Leistungen der betrieblichen Altersversorgung zusammen mit einer zu erwartenden Sozialversicherungsrente höher sind als 75 % der letzten Aktivbezüge des Pensionsberechtigten (BFH vom 17. 05. 1995 BStBl II 1996, 204; BMF vom 03. 11. 2004 BStBl I 2004, 1 045). Die Frage, ob eine Überversorgung vorliegt, ist unabhängig davon zu prüfen, ob der Pensionsverpflichtete für die Verpflichtung eine Rückdeckungsversicherung abgeschlossen hat.

Da die Pensionszusage an Ernie von Birkenfeld auf 75 % der letzten Aktivbezüge begrenzt ist, ist gegen die Angemessenheit nichts einzuwenden.

Ein besonderes Problem stellt aber im Falle des Ernie von Birkenfeld die Frage der **Erdienbarkeit** dar. Die Rechtsprechung geht davon aus, dass einem Arbeitnehmer üblicherweise erst dann eine betriebliche Altersversorgung zugesagt wird, wenn er sich entsprechend bewährt hat und er bis zur Pensionierung dem Unternehmen eine entsprechende Zeit zur Verfügung steht. Diese Grundsätze gelten auch für Gesellschafter-Geschäftsführer.

Hierbei ist zwischen beherrschenden (50 % der Anteile) und nicht beherrschenden Gesellschafter-Geschäftsführern zu differenzieren.

Da bei beherrschenden Gesellschafter-Geschäftsführern **rückwirkende Vereinbarungen** nicht getroffen werden dürfen, verlangen Rechtsprechung (z. B. BFH vom 21. 12. 1994 BStBl II 1995, 419) und Verwaltung (BMF vom 09. 12. 2002 BStBl I 2002 1393) einen Zeitraum von mindestens 10 Jahren zwischen dem Zeitpunkt der Zusage und dem vorgesehenen Eintritt in den Ruhestand.

Die Zusage einer Pension an einen nicht beherrschenden Gesellschafter-Geschäftsführer stellt eine vGA dar, wenn der Zeitraum zwischen dem Zeitpunkt der Zusage der Pension und dem vorgesehenen Zeitpunkt des Eintritts in den Ruhestand weniger als zehn Jahre beträgt oder wenn dieser Zeitraum zwar mindestens drei Jahre beträgt, der Gesellschafter-Geschäftsführer dem Betrieb aber weniger als zwölf Jahre angehört (BFH vom 24. 01. 1996 BStBl II 1997, 440).

Da Ernie von Birkenfeld lediglich 25 % der Anteile an der GmbH hält ist davon auszugehen, dass er bei einer Gesellschafterversammlung keinen entscheidenden Einfluss ausüben kann. Ein Minderheitsgesellschafter kann zwar dann beherrschend sein, wenn er mit anderen Gesellschaftern zusammen aufgrund gleich gerichteter Interessen eine entsprechende einheitliche Willensbildung herbeiführen kann (vgl. H 36 [Beherrschender Gesellschafter] KStH). Derartige gleich gerichtete Interessen können aber bei Eheleuten nicht einfach unterstellt werden. Hierfür sind im Sachverhalt keinerlei Anhaltspunkte gegeben; vielmehr zeigt der Verkauf der Anteile durch die Ehefrau, dass diese durchaus andere Interessen hat als ihr Ehemann.

Da Ernie von Birkenfeld bei Zusage der Altersversorgung aber erst das 48. Lebensjahr vollendet hat, bleibt ein ausreichend langer Zeitraum, in dem er sich die Altersversorgung erdienen kann.

Problematisch ist aber die Tatsache, dass Ernie von Birkenfeld bereits mit **Abschluss des Arbeitsvertrags** eine Pension zugesagt bekam. Die Erteilung einer Pensionszusage unmittelbar nach der Anstellung und ohne die unter Fremden übliche Wartezeit (ca. 3–5 Jahre) ist in aller Regel durch das Gesellschaftsverhältnis veranlasst (H 38 [Warte-/Probezeit] KStH). Ausnahmsweise kann davon eine Ausnahme gemacht werden, wenn der Gesellschafter-Geschäftsführer bereits über erhebliche einschlägige Erfahrungen verfügt oder ein Einzelunternehmen mit langjähriger Tätigkeit in eine GmbH umgewandelt wird.

Diese Voraussetzungen erfüllt Ernie von Birkenfeld nicht. Seine Vortätigkeit hat keinen Bezug zur Reisebranche. Auch ein fremder Arbeitgeber hätte ihm nicht sofort eine Altersversorgung zugesagt.

Im Übrigen muss auch bei einer neu gegründeten GmbH eine Wartezeit bis zur ersten Pensionszusage eingehalten werden. Hier wird ein gewissenhafter Geschäftsführer mit einer Zusage üblicherweise warten, bis die Ertragslage abschätzbar ist. Hierzu bedarf es regelmäßig eines Zeitraums von mindestens fünf Jahren (BMF vom 14. 05. 1999 BStBl I 1999, 512).

Auch diese Voraussetzung ist im vorliegenden Fall nicht erfüllt. Damit ist die Zusage – zumindest in den Jahren bis 2006 – als **verdeckte Gewinnausschüttung** zu behandeln.

Dabei ist zwischen den Rechtsfolgen für den Gesellschafter und die Gesellschaft zu differenzieren:

Beim Gesellschafter führen verdeckte Gewinnausschüttungen grundsätzlich zu Einnahmen nach **§ 20 Abs. 1 Nr. 1 EStG**. Dabei gilt aber das **Zuflussprinzip** (§ 11 EStG). Der Gesellschafter muss erst dann Einnahmen versteuern, wenn er über sie wirtschaftlich verfügen kann (H 11 [Allgemeines] EStH).

Ernie von Birkenfeld kann aber frühestens mit Erreichen der Altersgrenze über die Pension verfügen. Bis dahin handelt es sich um einen nicht realisierbaren und wirtschaftlich nicht verwertbaren Anspruch. Damit entfällt eine Besteuerung bei Ernie von Birkenfeld.

Auf Ebene der GmbH hat die Bildung der Pensionsrückstellung das **Einkommen gemindert.** Da die Pensionsrückstellung handelsrechtlich aber nicht zu beanstanden ist (die Frage der vGA ist eine rein steuerrechtliche), kann die Rückstellung in der Handelsbilanz nicht korrigiert werden. Nach dem Maßgeblichkeitsgrundsatz muss die Rückstellung auch in der Steuerbilanz unverändert bleiben.

Die Korrektur aufgrund der vGA ist daher außerbilanziell vorzunehmen (BMF vom 28.05.2002 BStBl I 2002, 603). Das Einkommen der GmbH ist damit pro Jahr um 10 000 € zu erhöhen.

1.2 Verzicht

Der Verzicht führt dazu, dass die GmbH die Rückstellung ausbuchen muss (Buchungssatz: Pensionsrückstellung 30 000 € an außerordentliche Erträge 30 000 €).

Damit würde aber die Pensionsrückstellung zwei Mal zu einer Erhöhung des Einkommens führen, da zwar die Rückstellung noch in der Handelsbilanz passiviert ist, aufgrund der verdeckten Gewinnausschüttung (s. o.) aber die 30 000 € außerbilanziell bereits hinzugerechnet wurden. Aus diesem Grund muss der außerordentliche Ertrag aus der Ausbuchung außerbilanziell wieder rückgängig gemacht werden (BMF vom 28.05.2002 BStBl I 2002, 603). Die Ausbuchung erfolgt damit letztlich gewinnneutral.

Gleichzeitig stellt der **Verzicht** aber eine **verdeckte Einlage** durch Ernie von Birkenfeld dar, da dieser der GmbH einen bilanzierungsfähigen Vorteil zuwendet (Ausbuchung der Rückstellung), der auf gesellschaftsrechtlicher Basis beruht. Ein Arbeitnehmer der nicht Gesellschafter ist, hätte in einer vergleichbaren Situation nicht auf die Zusage verzichtet.

Verdeckte Einlagen führen grundsätzlich zu einer außerbilanziellen Minderung des Einkommens (umgekehrt wie die verdeckte Gewinnausschüttung). Die Minderung ist aber nur soweit vorzunehmen, als die verdeckte Einlage **werthaltig** ist und das Einkommen beeinflusst hat. Beide Punkte sind zu verneinen. Zum einen wurde das Einkommen aufgrund der Korrektur durch die Ausbuchung nicht berührt (s. o.).

Zum anderen ist der Pensionsanspruch lt. Sachverhalt wirtschaftlich wertlos. Birkenfeld verzichtete letztlich auf eine **wertlose Rechtsposition.** Damit kann die verdeckte Einlage das Einkommen der GmbH nicht mindern.

Eine verdeckte Einlage führt grundsätzlich auch zu einem Zugang im **Einlagekonto** (§ 27 KStG). Dies gilt aber wieder nur in Höhe der Werthaltigkeit; hier also in Höhe von 0 €.

Auf der Ebene des Gesellschafters führt der Verzicht auf eine Pensionszusage grundsätzlich zu einem **Zufluss** i. S. v. **§§ 19, 11 EStG,** da ein Gesellschafter auf einen Anspruch nur verzichten kann, wenn er die wirtschaftliche Verfügungsmacht über ihn vorher erlangt hat. Die Erlangung der wirtschaftlichen Verfügungsmacht bedeutet aber Zufluss (H 11 [Allgemeines] EStH). Der Zufluss findet aber nur insoweit statt, als der Pensionsanspruch **werthaltig** ist. Da der Anspruch lt. Sachverhalt wertlos war, muss Birkenfeld keinen Arbeitslohn versteuern.

2 Verzicht auf die Zinszahlungen

Insoweit als die Mutter von der GmbH Zinsen für das Darlehen erhielt, erzielte sie Einnahmen nach **§ 20 Abs. 1 Nr. 7 EStG.** Mit dem Verzicht sind die Einnahmen weggefallen.

Fraglich ist, ob der Zinsverzicht als verdeckte Einlage der Tochter zugerechnet werden kann. Dies ist aber aus zwei Gründen zu verneinen:

Zum einen liegt eine verdeckte Einlage nur vor, wenn sich das Vermögen der Kapitalgesellschaft erhöht. Dies kann zum einen eine Erhöhung von Aktivposten, zum anderen eine Verminderung von Passivposten sein.

Der bloße Verzicht auf künftige Zinsen hat bei der GmbH aber keine bilanziellen Auswirkungen. Es liegt hier eine steuerlich unbeachtliche bloße Nutzungsüberlassung vor.

Zum anderen können nur **Gesellschafter** eine verdeckte Einlage erbringen. Erbringen gesellschaftsfremde Personen einen Aufwand zugunsten der Kapitalgesellschaft, so kann dies nicht zu einer verdeckten Einlage führen, da insoweit ein Drittaufwand vorliegt (BFH vom 12. 12. 2000 BStBl II 2000, 286).

3 Veräußerungsgewinn

Die Veräußerung der Anteile ist nach **§ 17 EStG** zu beurteilen. Veräußerungsgewinn ist die Differenz zwischen Erlös und Anschaffungskosten der Beteiligung. Der Gewinn unterliegt nach **§ 3 Nr. 40 Buchst. c EStG** dem Halbeinkünfteverfahren.

Als Anschaffungskosten ist die Leistung der Stammeinlage anzusetzen; dies sind hier (25 000 € × 75 % =) 18 750 €.

Fraglich ist, ob das Darlehen der Mutter einen Einfluss auf die Anschaffungskosten haben kann. Die Rechtsprechung hat in zahlreichen Urteilen den Verlust eines eigenkapitalersetzenden Darlehens als nachträgliche Anschaffungskosten anerkannt; dem folgt auch die Verwaltung (vgl. BMF vom 08. 06. 1999 BStBl I 1999, 545 mit Rechtsprechungsnachweisen).

Als eigenkapitalersetzende Darlehen gelten insbesondere sog. **Finanzplandarlehen.** Das sind Darlehen, die notwendig sind, um eine (unterkapitalisierte) Kapitalgesellschaft überhaupt in Gang setzen zu können. Lt. Sachverhalt war der Betrieb der GmbH nur mit Hilfe des Darlehens der Mutter möglich.

Hier greift aber wieder der Grundsatz, dass sog. **Drittaufwand** dem Gesellschafter nicht zugerechnet werden kann. Selbst wenn also die Mutter das Darlehen nicht mehr zurück bezahlt bekommt, hat dies für die Tochter keine steuerlichen Auswirkungen.

Somit kann die Tochter lediglich im Rahmen des § 17 Abs. 2 S. 4 EStG i. V. m. §§ 3 Nr. 40 Buchst. c und 3c Abs. 2 EStG einen Veräußerungsverlust in Höhe von (1 € ./. 9 375 € =) ./. 9 374 € geltend machen.

4 Auswirkungen der Veräußerung auf den Verlustvortrag

Grundsätzlich entsteht ein Verlust bei der juristischen Person und kann auch nur von dieser ausgenutzt werden. Insoweit besteht ein wesentlicher Unterschied zur Personengesellschaft.

Da ein Gesellschafterwechsel den Bestand der juristischen Person nicht berührt und auf die Besteuerung des Gewinns der GmbH keinen Einfluss hat, bleibt der Verlustvortrag grundsätzlich unberührt.

Von diesem Prinzip macht **§ 8 Abs. 4 KStG** eine Ausnahme (sog. **Mantelkauf**). Danach ist Voraussetzung für einen Verlustabzug nach § 10d EStG (der im Körperschaftsteuerrecht über § 8 Abs. 1 KStG anwendbar ist), dass eine Körperschaft nicht nur rechtlich, sondern auch wirtschaftlich mit der Körperschaft identisch ist, die den Verlust erlitten hat.

Eine wirtschaftliche Identität liegt insbesondere dann nicht mehr vor, wenn mehr als die **Hälfte** der Anteile an einer Kapitalgesellschaft übertragen werden und die Kapitalgesellschaft ihren Geschäftsbetrieb mit überwiegend **neuem Betriebsvermögen** fortführt oder wieder aufnimmt (grundlegend: BMF vom 16.04.1999 BStBl I 1999, 455).

Dadurch dass Berta von Birkenfeld ihren 75 %igen Anteil an der GmbH veräußerte, ist die erste Voraussetzung des § 8 Abs. 4 KStG erfüllt. Der Verlustvortrag würde aber nur verloren gehen, wenn binnen eines Zeitraums von fünf Jahren mehr neues Betriebsvermögen zugeführt werden würde als beim Verkauf vorhanden war. Maßgeblich sind dabei die Teilwerte der Wirtschaftsgüter (BMF vom 16.04.1999, a.a.O.).

Hierfür sind aber im Sachverhalt keine Anhaltspunkte gegeben, so dass davon ausgegangen werden kann, dass der körperschaftsteuerliche Verlustvortrag erhalten bleibt.

Gewerbesteuerlich ist **§ 10a GewStG** zu beachten. danach kann ein Gewerbeverlust nur abgezogen werden, wenn der Gewerbebetrieb im Abzugsjahr von demselben Unternehmer betrieben wird, der den Verlust im Entstehungsjahr erlitten hat.

Für Körperschaften folgt das Erfordernis der Unternehmeridentität aus § 10a S. 6 GewStG, der die entsprechende Anwendung des § 8 Abs. 4 KStG anordnet. Danach ist die rechtliche und wirtschaftliche Identität Voraussetzung für den Verlustabzug.

Da im vorliegenden Fall der Verkauf nicht zum Verlust der wirtschaftlichen Identität geführt hat, bleibt auch der gewerbesteuerliche Verlustvortrag erhalten.

IV. Punktetabelle

			Punkte
1	Pensionszusage		
1.1	Rückstellung		
		§ 249 HGB und Maßgeblichkeit	1
		Ernsthaftigkeit bejaht	1
		Angemessenheit bejaht	1
		Erdienbarkeit problematisiert	1
		Unterschied beherrschend – nicht beherrschend	1
		keine Erfahrung in Reisebranche	1
		GmbH neu gegründet	1
1.2	Verzicht		
		Ausbuchung der Rückstellung	1
		gewinnneutral, da bereits vGA	1
		verdeckte Einlage	1

			Punkte
		keine Minderung Einkommen	1
		Zugang Einlagekonto 0 €	1
		kein Zufluss, da nicht werthaltig	1
	2	Verzicht auf die Zinszahlungen	
		verdeckte Einlage durch Tochter problematisiert	1
		nur durch Gesellschafter möglich	1
	3	Veräußerungsgewinn	
		grundsätzlich § 17 Abs. 1 S. 1 EStG	1
		Problem: Finanzplandarlehen	1
		kein Drittaufwand	1
	4	Auswirkungen der Veräußerung auf den Verlustvortrag	
		§ 8 Abs. 4 KStG anwendbar	1
		mehr als 50 % der Anteile veräußert	1
		Zuführung BV problematisiert	1
		§ 10a GewStG geprüft	1
		Summe	22

Klausuraufgabe 19:
Liquidation einer GmbH/eigene Anteile/Steuerrückstellungen/ Ausschüttung an den Gesellschafter

I. Sachverhalt

Die A-GmbH an der Gesellschafter G zu 100% beteiligt ist, soll laut Gesellschafterbeschluss vom 01.01.2004 liquidiert werden. Zum 01.01.2004 erstellt die GmbH folgende Liquidations-Anfangsbilanz.

Aktiva	Liquidations-Anfangsvermögen 01.01.2004		Passiva
Grundstück	100 000 €	Stammkapital	50 000 €
Bank	10 000 €	Verbindlichkeit	60 000 €
Forderung	25 000 €	Rücklagen	25 000 €
eigene Anteile	10 000 €	Kapitalrücklage für eigene Anteile	10 000 €
Summe	145 000 €	Summe	145 000 €

Ein Einlagekonto ist nicht vorhanden. Ebenso ist davon auszugehen, dass weder ehemaliges EK 02 noch ein Körperschaftsteuerguthaben aus der Umstellung auf das Halbeinkünfteverfahren existiert.

In 2004 und 2005 wird das Grundstück für 200 000 € verkauft, die Forderung eingezogen und die Verbindlichkeit getilgt.

In 2006 erfolgt die Auskehrung des Vermögens an den Alleingesellschafter G.

II. Aufgabe

1. Welche steuerlichen Auswirkungen hat die Liquidation auf die GmbH?
2. Stellen Sie die steuerlichen Folgen für den Gesellschafter G dar.

III. Lösung

1 Auswirkungen auf die GmbH

Die **Auflösung** der GmbH bedeutet nicht ihre Beendigung, sondern nur das Ende ihrer werbenden Tätigkeit. Mit der Auflösung tritt sie in das Stadium der Abwicklung (Liquidation) ein. Die Liquidation kann mitunter lange Zeit beanspruchen. In dieser Zeit wird die GmbH abgewickelt. Erst mit Vermögensverteilung und Löschung im Handelsregister wird die GmbH beendet. Die Auflösung kann mehrere Ursachen haben (§ 60 GmbHG). Im vorliegenden Fall war dies der Beschluss der Gesellschafter.

Die Auflösung der GmbH ist nach § 65 Abs. 1 GmbHG zur Eintragung in das Handelsregister anzumelden. Die Auflösung ist von den Liquidatoren drei Mal in einem für die Bekanntmachung aus dem Handelsregister bestimmten öffentlichen Blatt (z. B. örtliche Tageszeitung) bekannt zu machen. In der Bekanntmachung sind die Gläubiger der GmbH aufzufordern, sich bei der GmbH zu melden.

Grundsätzlich ist der Geschäftsführer zum **Liquidator** berufen (§ 66 Abs. 1 GmbHG). Durch Gesellschaftsvertrag oder Beschluss der Gesellschafter können auch andere Personen als Liquidatoren bestimmt werden. Vereinigen Gesellschafter zusammen mindestens 10% der Anteile, so können diese aus wichtigen Gründen (z. B. kein Vertrauen zum Geschäftsführer) beantragen, dass die Bestellung von Liquidatoren durch das Gericht erfolgt.

Die Liquidatoren haben nach § 70 GmbHG die laufenden Geschäfte zu beendigen, die Verpflichtungen der aufgelösten Gesellschaft zu erfüllen, ihre Forderungen einzuziehen und das **Vermögen** der Gesellschaft zu **verwerten**. Sie haben die Gesellschaft gerichtlich und außergerichtlich zu vertreten. Zur Beendigung schwebender Geschäfte (z. B. laufender Werkvertrag) können die Liquidatoren auch neue Geschäfte eingehen (z. B. Kaufverträge über Material). Die Liquidatoren haben unstreitige und fällige Verbindlichkeiten (Miete, Löhne etc.) zu erfüllen. Verbindlichkeiten, die umstritten, unklar oder betagt sind, sind wahlweise durch Hinterlegung beim Amtsgericht des Leistungsortes oder durch Sicherheitsleistung zu erfüllen.

Die Liquidatoren haben für den Beginn der Liquidation nach § 71 Abs. 1 GmbHG eine **Liquidations-Eröffnungsbilanz** einschließlich eines erläuternden Berichts sowie für den Schluss eines jeden Jahres einen Jahresabschluss und einen Lagebericht zu erstellen.

Auf die Eröffnungsbilanz und den erläuternden Bericht sind die Vorschriften über den Jahresabschluss entsprechend anzuwenden (vgl. §§ 264 ff. HGB). **Anlagevermögen** ist wie Umlaufvermögen zu bewerten (§ 71 Abs. 2 S. 3 GmbHG), soweit die Veräußerung innerhalb eines überschaubaren Zeitraums beabsichtigt ist oder das Anlagevermögen nicht mehr dem Geschäftsbetrieb dient. Dies bedeutet insbesondere, dass nach § 253 Abs. 3 HGB das strenge **Niederstwertprinzip** gilt.

Auf allen Geschäftsbriefen muss ein Zusatz (GmbH i. L.) auf die Liquidationsphase hinweisen (§ 71 Abs. 5 GmbHG).

Nach Tilgung der Schulden und Verbindlichkeiten ist der Liquidator verpflichtet, das **Vermögen** der Gesellschaft (Geld oder Sachwerte) unter die Gesellschafter nach dem Verhältnis ihrer Geschäftsanteile zu **verteilen** (§ 72 GmbHG). Durch den Gesellschaftsvertrag kann ein anderes Verhältnis für die Verteilung bestimmt werden.

Während der Liquidation ist eine Gewinnausschüttung unzulässig. § 72 GmbHG ist insoweit lex specialis zu § 29 GmbHG. Über § 30 GmbHG hinaus gilt dies auch für Kapital- oder Gewinnrücklagen aus der Zeit vor Auflösung.

Die Verteilung darf aber nach § 73 Abs. 1 GmbHG nicht vor Ablauf eines Jahres seit der dritten Veröffentlichung in einem öffentlichen Nachrichtenblatt erfolgen (sog. **Sperrjahr**).

Liquidatoren, die diese Vorschrift nicht beachten, sind nach § 73 Abs. 3 GmbHG gesamthänderisch zum Schadensersatz verpflichtet.

Nach Beendigung der Liquidation und Erstellung der Schlussrechnung hat der Liquidator den Schluss der Liquidation zur Eintragung in das Handelsregister anzumelden. Erst mit Löschung im Handelsregister ist die Gesellschaft voll beendet.

Die GmbH i. L. unterliegt noch so lange der **unbeschränkten Körperschaftsteuerpflicht**, bis die Liquidation rechtsgültig abgeschlossen ist (R 51 Abs. 2 KStR). Zum rechtsgültigen Abschluss der Liquidation gehört auch der Ablauf des Sperrjahres (§ 73 Abs. 1 GmbHG). Auch wenn die Kapitalgesellschaft vor Ablauf des Sperrjahres ihr Gesellschaftsvermögen vollständig ausgeschüttet hat, ist sie damit noch nicht erloschen. Die Löschung im Handelsregister ist für sich allein ohne Bedeutung.

Veranlagungs- und Gewinnermittlungszeitraum ist nach § 7 Abs. 3 und 4 KStG grundsätzlich das Kalenderjahr (Wirtschaftsjahr). Im Falle einer Liquidation wird von dieser Regel eine Ausnahme gemacht. In den Fällen des **§ 11 KStG** ist nicht das Kalenderjahr, sondern der

»Zeitraum der Abwicklung« Besteuerungszeitraum und damit Veranlagungs- und Gewinnermittlungszeitraum. Zweck dieser Ausnahmeregelung ist es, den gesamten während der Liquidation entstandenen Gewinn einheitlich zu ermitteln und in einer einzigen Veranlagung zu erfassen und zu besteuern. Dadurch soll das Besteuerungsverfahren vereinfacht werden. Der besondere Besteuerungszeitraum soll **drei Jahre** nicht übersteigen.

Der besondere Besteuerungszeitraum **beginnt** mit dem Wirtschaftsjahr, in das die Auflösung fällt (R 51 Abs. 1 KStR). Erfolgt die Auflösung im Jahre eines Wirtschaftsjahres, so kann ein Rumpfwirtschaftsjahr gebildet werden, das vom Schluss des vorangegangenen Wirtschaftsjahres bis zur Auflösung geht.

Reicht der Dreijahreszeitraum für die Abwicklung nicht aus, sind die danach beginnenden weiteren Besteuerungszeiträume grundsätzlich jeweils auf ein Jahr begrenzt (R 51 Abs. 1 S. 6 KStR). Dies entspricht dem Übergang zu einer regulären jährlichen Körperschaftsteuerveranlagung. Damit soll verhindert werden, dass die Liquidation künstlich verzögert wird. Andererseits wird es viele Fälle geben, in denen aufgrund schwieriger Vermögensverhältnisse, Aktiv- und Passivprozessen u. ä. sich die Abwicklungsdauer erheblich verlängert.

Werden während des dreijährigen besonderen Besteuerungszeitraums handelsrechtliche Liquidationsbilanzen erstellt, haben diese für die Besteuerung keine Bedeutung.

Zur Ermittlung des Liquidationsgewinns ist das Abwicklungs-Endvermögen dem Abwicklungsanfangsvermögen gegenüber zu stellen (**§ 11 Abs. 2 KStG**). Damit werden letztlich die stillen Reserven des Unternehmens sowie die Erträge im Abwicklungszeitraum besteuert.

Abwicklungs-Anfangsvermögen ist das Betriebsvermögen, das am Schluss des der Auflösung vorangegangenen Wirtschaftsjahrs der Veranlagung zur Körperschaftsteuer zugrunde gelegt worden ist (§ 11 Abs. 4 KStG).

Die Bewertung des Abwicklungs-Endvermögens erfolgt mit dem **gemeinen Wert**, da nur so die stillen Reserven ermittelt werden können. Daher sind die §§ 5 und 6 EStG nicht maßgeblich. **Werterhellende** Umstände, die bis zum Zeitpunkt der Veranlagung bekannt werden, sind bei der Ermittlung des maßgeblichen Endvermögens zu berücksichtigen.

Ein **Firmen-** oder Geschäftswert ist nur anzusetzen, wenn er entgeltlich erworben wurde (BFH vom 14. 02. 1978 BStBl II 1979, 99). Wird ein selbst geschaffener Firmenwert veräußert, so ist der Veräußerungserlös als Liquidationsgewinn zu erfassen.

Abwicklungs-Endvermögen ist gemäß § 11 Abs. 3 KStG das zur Verteilung kommende Vermögen, vermindert um die **steuerfreien Vermögensmehrungen,** die der GmbH i.L. im Abwicklungs-Zeitraum zugeflossen sind (z. B. § 8b KStG, nach DBA steuerfreie Einkünfte, steuerfreie Investitionszulage, § 3 EStG).

Für die Bewertung des Abwicklungs-Endvermögens gelten die allgemeinen Grundsätze. Allerdings sind die Sachwerte mit dem **gemeinen Wert** anzusetzen (§ 9 BewG), da es einen Teilwert (§ 10 BewG) mangels Fortführung des Unternehmens nicht geben kann.

Eigene Anteile sind mit 0 € anzusetzen, da sie durch die Abwicklung untergehen. Der Vorgang ist grundsätzlich ohne Auswirkung auf den Liquidationsgewinn, da die eigenen Anteile gegen die Kapitalrücklage für eigene Anteile (vgl. § 266 HGB) ausgebucht werden.

Der steuerliche Liquidationsgewinn errechnet sich wie folgt:

Steuerliches Abwicklungs-Endvermögen
./. Steuerliches Abwicklungs-Anfangsvermögen

= steuerlicher Abwicklungsgewinn

Der Liquidationsgewinn unterliegt dem allgemeinen Körperschaftsteuersatz von derzeit 25 %. Ändert sich während der Liquidation der Körperschaftsteuersatz, so ist der Steuersatz anzuwenden, der im Zeitpunkt gilt, in dem der dreijährige besondere Besteuerungszeitraum endet. Schließen sich an den dreijährigen Zeitraum weitere einjährige Besteuerungszeiträume an, so ist jeweils der Steuersatz maßgebend, der zu Ende dieses Jahres gilt.

Im vorliegenden Fall beläuft sich das Liquidations-Anfangsvermögen auf:

Stammkapital	50 000 €
Rücklagen	25 000 €
Kapitalrücklage	10 000 €
Summe	85 000 €

Das Liquidations-Endvermögen beläuft sich **vorläufig** auf:

Aktiva		Liquidations-Endvermögen	Passiva	
Bank	175 000 €	Stammkapital	50 000 €	
		Rücklagen	25 000 €	
		Jahresüberschuss vorläufig	100 000 €	
Summe	175 000 €	Summe	175 000 €	

Die Position »Bank« hat sich wie folgt entwickelt:

Anfangsbestand	10 000 €
Erlös Grundstück	200 000 €
Erlös Forderung	25 000 €
Zahlung Verbindlichkeit	./. 60 000 €
Summe	175 000 €

Die **eigenen Anteile** dürfen beim Liquidations-Endvermögen nicht mehr berücksichtigt werden. Insoweit ist auch die Kapitalrücklage für eigene Anteile nicht mehr anzusetzen.

Die Nichtberücksichtigung der eigenen Anteile darf aber keine Gewinnauswirkung haben. Daher ist die Vermögensminderung insoweit wieder rückgängig zu machen (+ 10 000 €). Der Gewinn beträgt damit 100 000 € und entspricht den stillen Reserven, die in dem Grundstück steckten.

Dieser Gewinn ist um die **Gewerbesteuer-Rückstellung** zu korrigieren. Bei einem angenommenen Gewerbesteuer-Hebesatz von 400 % errechnet sich die folgende Rückstellung: (100 000 € × 5 % × 400 % × 5/6 =) 16 667 €.

Die **Körperschaftsteuerrückstellung** beträgt somit (100 000 € ./. 16 667 € =) 83 333 € × 25 % = 20 833 €. Die Rückstellung für den **Solidaritätszuschlag** beläuft sich auf (20 833 € × 5,5 % =) 1 146 €.

Damit errechnet sich ein endgültiges Liquidations-Endvermögen von:

Aktiva	Liquidations-Endvermögen		Passiva
Bank	175 000 €	Stammkapital	50 000 €
		Rücklagen	25 000 €
		Gewerbesteuerrückstellung	16 667 €
		Steuerrückstellung (KSt + SolZ)	19 687 €
		Jahresüberschuss	63 646 €
Summe	175 000 €	Summe	175 000 €

An die Gesellschafter können somit ausbezahlt werden (vorbehaltlich, dass weder EK 02 als verwendet gilt noch ein Körperschaftsteuer-Guthaben existiert):

Stammkapital	50 000 €
Rücklagen	25 000 €
Jahresüberschuss	63 646 €
Summe	138 646 €

2 Besteuerung des Gesellschafters

Bei der Schlussauskehrung erfolgt die Besteuerung zum einen nach **§ 20 Abs. 1 Nr. 2 EStG** zum anderen nach **§ 17 Abs. 4 EStG**. Die Unterschiede sind nach heutigem Recht nicht mehr sehr groß, da bei beiden Paragraphen das Halbeinkünfteverfahren anzuwenden ist.

Da kein **Einlagekonto** i. S. v. § 27 KStG existiert, kann davon ausgegangen werden, dass es sich bei den Rücklagen uneingeschränkt um ausschüttbaren Gewinn handelt. Des Weiteren gilt dies für den Jahresüberschuss.

Damit erzielt G Einnahmen nach §§ 20 Abs. 1 Nr. 2, 3 Nr. 40 Buchst. e EStG in Höhe von (25 000 € + 63 646 € × 1/2 =) 44 323 €.

Die Auszahlung des Stammkapitals unterliegt nach § 17 Abs. 4 EStG der Besteuerung. Regelmäßig entsteht hier kein Gewinn, da die Rückzahlung mit den Anschaffungskosten identisch ist; so auch im vorliegenden Fall (jeweils Halbeinkünfteverfahren):

Auszahlung	25 000 €
AK (Leistung Stammkapital)	./. 25 000 €
Gewinn	0 €

IV. Punktetabelle

			Punkte
1		Auswirkungen auf die GmbH	
		§ 11 KStG; dreijähriger Liquidationszeitraum	1
		Liquidationsgewinn zu ermitteln	1
		eigene Anteile mit 0 € zu bewerten	1
		Liquidations-Anfangsvermögen (85 000 €)	1
		Gewerbesteuerrückstellung folgerichtig	1
		KSt- und SolZ-Rückstellung folgerichtig	1
		Liquidations-Endvermögen folgerichtig	1
2		Besteuerung des Gesellschafters	
		§ 20 Abs. 1 Nr. 2 EStG (44 323 €)	1
		§ 17 Abs. 4 EStG (0 €)	1
		Summe	9

Teil D: Bilanzierung

Klausuraufgabe 1:
Rücklage für Ersatzbeschaffung/AfA nach Übertragung einer Rücklage nach Ersatzbeschaffung/Ergänzungsbilanz/Entwicklung Mehrwert Anlagegut bei Übertragung einer Rücklage für Ersatzbeschaffung/Firmenwert/Bilanzberichtigung bei bestandskräftigem Fehlerjahr

I. Allgemeine Angaben

Die L-KG aus Ludwigsburg betreibt seit Jahren ein Bauunternehmen zuzüglich Handel mit Baustoffen. Sie versteht sich als innovatives Unternehmen, das sich auch der Entwicklung neuer ökologischer Baustoffe verschrieben hat. Komplementär der KG ist Voll mit einem Gesellschaftsanteil von 50%. Kommanditisten sind Schlau und Klug mit jeweils einem Gesellschaftsanteil von 25%. Entsprechend ihren Gesellschaftsanteilen sind die Gesellschafter auch am Gewinn bzw. Verlust und den stillen Reserven des Gesellschaftsvermögens beteiligt. Voll und Schlau sind bereits seit Gründung der KG im Jahr 1992 Gesellschafter der L-KG mit seither gleich bleibender Beteiligungsquote. Klug hingegen hatte seinen Kommanditanteil von 25% zum 01.01.2001 von dem weiteren Gründungsgesellschafter Alt erworben. Da der Kaufpreis, den Klug damals an Alt bezahlte, über dem übernommenen Buchkapital des Alt lag, wurde bei der KG deshalb seit dem 01.01.2001 für Klug eine Ergänzungsbuchführung eingerichtet und die zum 01.01.2001 für Klug eingerichtete Ergänzungsbilanz seither fortgeführt. Die Wirtschaftsjahre der L-KG stimmen seit ihrer Gründung mit den Kalenderjahren überein (Bilanzstichtage jeweils der 31.12.). Die einheitlichen und gesonderten Gewinnfeststellungen für die L-KG für die Wirtschaftsjahre 2004 und 2005 sind unter dem Vorbehalt der Nachprüfung ergangen. Die einheitlichen und gesonderten Gewinnfeststellungen für die Vorjahre (1992 bis 2003) sind sämtliche bestandskräftig und sollen verfahrensrechtlich nicht mehr änderbar sein. Die Wirtschaftsjahre 2004 und 2005 sind Gegenstand einer stattfindenden Außenprüfung, bei der nachfolgende Feststellungen getroffen wurden.

II. Einzelsachverhalte

Sachverhalt 1:

Im April 2005 wurde eine Anfang 2000 angeschaffte Baumaschine (anfängliche betriebsgewöhnliche Nutzungsdauer zehn Jahre) infolge eines Kurzschlusses aufgrund Blitzschlags vollständig zerstört. Der Buchwert der Maschine zum Bilanzstichtag 31.12.2004 hatte 11 764 € betragen, wobei die L-KG die degressive AfA zulässig mit 30% angesetzt hatte. Da die Maschine versichert war, zahlte die Versicherung im Juli 2005 die für den Fall der Zerstörung zwecks Neuanschaffung vereinbarte Versicherungssumme von 70 000 € vollständig aus, obwohl der Teilwert der Maschine im Zeitpunkt der Zerstörung nur noch 30 000 € betragen hatte. Die L-KG beabsichtigte von Anfang an eine neue Baumaschine als Ersatz anzuschaffen. Die als Ersatz vorgesehene neue Maschine wurde dann im Oktober 2005 günstig angeschafft und sofort bezahlt. Die Anschaffungskosten beliefen sich auf netto 60 000 €. Die betriebsgewöhnliche Nutzungsdauer der neuen Maschine beläuft sich ebenfalls auf 10 Jahre. Die L-KG möchte sie degressiv abschreiben. Die L-KG buchte diese Vorgänge im Jahr 2005 wie folgt:

April 2005:	AfA	11 764 €	an	Maschinen	11 764 €
Juli 2005:	Bank	70 000 €	an	s. b. Erträge	70 000 €
Oktober 2005:	Maschinen	60 000 €	an	Bank	69 600 €
	Vorsteuer	9 600 €			
31. 12. 2005:	AfA	18 000 €	an	Maschinen	18 000 €

Bei der zerstörten Maschine war zum 01.01.2001, als Klug seinen Kommanditanteil erwarb, eine stille Reserve in Höhe von 14 000 € vorhanden, die von Klug anteilig erworben wurde, so dass in der Ergänzungsbilanz für Klug zum 01.01.2001 hierfür ein Mehrwert Maschinen von 3 500 € ausgewiesen worden war. Zum 31.12.2004 betrug der richtig fortentwickelte Mehrwert der Maschine 840 €. Infolge der Zerstörung der Maschine wurde dieser fortentwickelte Mehrwert im April 2005 mit folgendem Buchungssatz in der Ergänzungsbuchführung ausgebucht:

s. b. Aufwand   840 €   an   Mehrwert Maschinen   840 €

Weitere Buchungen erfolgten hinsichtlich der geschilderten Vorgänge nicht.

Sachverhalt 2:

Die für Klug geführte Ergänzungsbilanz kam dadurch zu Stande, dass Klug beim Erwerb seines Kommanditanteils vom Gründungsgesellschafter Alt am 01.01.2001 diesem einen Betrag gezahlt hatte, der um insgesamt 70 000 € über dem Buchwert des von Alt übernommenen Kapitalanteils lag. Mit dieser Mehrzahlung sollten insbesondere die stillen Reserven im Betriebsvermögen abgegolten werden, soweit sie zum damaligen Zeitpunkt auf den Alt entfielen. Stillen Reserven waren damals in folgenden Wirtschaftsgütern des Gesamthandvermögens in folgender Höhe enthalten:

Grund und Boden	40 000 €
Gebäude	50 000 €
Maschinenpark	20 000 €
Betriebs- und Geschäftsausstattung	20 000 €
Fahrzeugpark	30 000 €

Hiervon entfielen entsprechend der Beteiligungsquote 25 %, somit insgesamt 40 000 € auf Alt. Zudem sollte mit dem darüber hinausgehenden Teil des Mehrbetrags insbesondere der originäre Firmenwert der L-KG abgegolten werden, soweit er auf Alt entfiel. Dieser originäre Firmenwert belief sich zum Erwerbszeitpunkt des Anteils auf insgesamt 80 000 €. Der verbleibende Mehrbetrag 30 000 €, den Klug dem Alt bezahlte, kam nun dadurch zustande, dass Klug dem Alt zum damaligen Zeitpunkt aus einer Wette noch 10 000 € schuldete. Klug wollte nun zugleich mit der Kaufpreiszahlung auch seine Wettschulden begleichen und zahlte deshalb 10 000 € mehr, als der Anteilsquote des Alt am Firmenwert entsprach. Dem Alt war dies auch klar und er war mit dieser Zahlungsmodalität einverstanden. Wegen eines Versehens in der Buchhaltung der L-KG wurde dieser Umstand allerdings nicht weiter beachtet und in der Ergänzungsbilanz des Klug zum 01.01.2001 ein Mehrwert Firmenwert mit 30 000 € ausgewiesen, der in der Folgezeit auf 15 Jahre verteilt abgeschrieben wurde. Auf einer Betriebsfeier im Jahr 2004 kam dieser Umstand der verlorenen Wette noch einmal zur Sprache, was auch der für die Ergänzungsbuchführung des Klug zuständige Buchhalter hörte und dem dadurch die damalige fehlerhafte Behandlung klar wurde. Infolgedessen wurde beim Jahresabschluss zum 31. 12. 2004 in der Ergänzungsbuchführung auf den ausgewiesenen Mehrwert Firmenwert eine Teilwertabschreibung von 10 000 € vorgenommen und dies als s. b. Aufwand verbucht. Die AfA auf den Mehrwert wurde allerdings weiterhin mit 2 000 € vorgenommen. Weitere außerplanmäßige Anpassungen hinsichtlich des Mehrwerts Firmenwert erfolgten nicht.

III. Vorbemerkungen zur Aufgabenstellung

1. Es werden, soweit möglich, Einheitsbilanzen (Handelsbilanz = Steuerbilanz) aufgestellt.
2. Es soll für jedes der geprüften Jahre der niedrigste steuerliche Gewinn im Rahmen der rechtlichen Möglichkeiten ermittelt werden. Für eine hierzu möglicherweise erforderliche, von der bisherigen Wahl abweichende Ausübung von Wahlrechten gelten die notwendigen Anträge als gestellt und zulässig.
3. Die Umsätze werden von der L-KG nach vereinbarten Entgelten versteuert. Steuerfreie Umsätze werden, sofern nicht im Sachverhalt gesondert angegeben, keine getätigt.
4. Die L-KG erfüllt aufgrund ihrer Größenmerkmale in keinem Jahr die Voraussetzungen für eine Sonderabschreibung bzw. eine Ansparabschreibung nach § 7g EStG
5. Eurocentbeträge sind auf jeweils zu Gunsten der Steuerpflichtigen volle Eurobeträge auf- oder abzurunden. Vor dem Jahr 2002 entstandene Geldbeträge wurden in Euro umgerechnet angegeben.
6. Auf Auswirkungen bei der Gewerbesteuer ist nicht einzugehen.

IV. Aufgabe

1. Nehmen Sie zu den vorstehenden Einzelsachverhalten für die Jahre 2004 und 2005 unter Angabe von Rechts- und Verwaltungsvorschriften kurz aber erschöpfend Stellung. Erforderliche Berechnungen und Entwicklungen von Bilanz- bzw. GuV-Positionen sind nachvollziehbar darzustellen.
2. Geben Sie bei jeder einzelnen Sachverhaltsziffer die Änderungen (Änd.) der betroffenen Bilanzposten und GuV-Posten bei der L-KG für die Jahre 2004 und 2005 und die Auswirkungen auf den Gewinn (GA) der Jahre 2004 und 2005 an. Soweit die Ergänzungsbuchführung des Klug betroffen ist, gilt dies auch für die Ergänzungsbuchführungen der Jahre 2004 und 2005. Verwenden Sie dabei folgendes Schema:

	01.01.2004*	2004		2005	
Bilanzposten	Änd.	Änd.	GA	Änd.	GA
GuV-Posten		Änd.	GA	Änd.	GA

* soweit erforderlich

V. Lösung

1 Sachverhalt 1

1.1 Behandlung in der Gesamthandsbilanz

Bei der L-KG sind die Voraussetzungen für die Übertragung der stillen Reserven bei Ersatzbeschaffung nach R 6.6 EStR gegeben. Bei der zerstörten Maschine handelt es sich um ein Wirtschaftsgut des Anlagevermögens, das infolge höherer Gewalt (Kurzschluss aufgrund Blitzschlag) aus dem Betriebsvermögen ausgeschieden ist und es wurde hierfür eine Entschädigung gezahlt. Es wurde noch im selben Wirtschaftsjahr eine neue Maschine angeschafft, die laut Sachverhalt als Ersatzwirtschaftsgut anzusehen ist und auf das die aufgedeckten stillen Reserven übertragen werden können. Die parallele Ausübung dieses Wahlrechts in der Handelsbilanz kann laut Klausurvorbemerkung unterstellt werden. Für die Berechnung der aufgedeckten stillen Reserve der zerstörten Maschine ist die maßgebende Entschädigung dem Restbuchwert im Zeitpunkt der Zerstörung gegenüber zu stellen. Dabei ist zu beachten, dass die gesamte Entschädigungssumme laut Vertragsvereinbarung zwecks Neuanschaffung einer Ersatzmaschine bezahlt wurde und sie damit vollständig als Ausgangsgröße angesetzt werden kann. Es ist gleichgültig, dass sie über dem Teilwert der zerstörten Maschine liegt – vgl. a. H 6.6 [3] (Übertragung aufgedeckter stiller Reserven) EStH. Der Buchwert zum Zeitpunkt des Ausscheidens ist nach R 6b.1 Abs. 2 EStR zu ermitteln. Er beträgt somit

Buchwert am 31.12.2004	11 764 €
abzüglich AfA bis April 2005	./. 1 177 €
Restbuchwert bei Ausscheiden	10 587 €
Entschädigungssumme	70 000 €
abzüglich Buchwert zum Zeitpunkt der Zerstörung	./. 10 587 €
Aufgedeckte stille Reserve	59 413 €

Die aufgedeckte stille Reserve kann allerdings nicht in voller Höhe auf die als Ersatzwirtschaftsgut angeschaffte neue Maschine übertragen werden, da die Anschaffungskosten der neuen Maschine mit netto 60 000 € unter der Entschädigungssumme liegen. Damit ist ein Teil der stillen Reserve nicht übertragbar, sondern muss sofort aufgedeckt und als Ertrag erfasst werden. Der übertragbare Teil der stillen Reserve berechnet sich nach H 6.6 [3] (Mehrentschädigung) EStH.

Zu übertragende stille Reserve: $\dfrac{59\,413\ \text{€} \times 60\,000\ \text{€}}{70\,000\ \text{€}} =$ 50 926 €

Aufzulösende stille Reserve: 59 413 € ./. 50 926 € = 8 487 €

Die Bemessungsgrundlage für die AfA der neuen Maschine beträgt:
60 000 € ./. 50 926 € = 9 074 €

AfA degressiv nach § 7 Abs. 2 EStG:
9 074 € × 20 % × 3/12 = 454 €

Kontenentwicklung neue Maschine
Anschaffungskosten im Oktober 2005   60 000 €
Abzüglich übertragbare stille Reserve   ./. 50 926 €
Abzüglich AfA: 9 074 € × 20 % × 3/12 =   ./.   454 €

Bilanzansatz zum 31. 12. 2005:   8 620 €

		2005
Bilanzposten	Änd.	GA
Maschinen	./. 33 380 €	./. 33 380 €

		2005
GuV-Posten	Änd.	GA
AfA	./. 28 133 €	+ 28 133 €
sonst. betriebl. Erträge	./. 61 513 €	./. 61 513 €
Gesamt		./. 33 380 €

1.2 Behandlung in der Ergänzungsbilanz des Klug

Aufstockungen in Ergänzungsbilanzen sind mit dem Verbrauch der davon betroffenen Wirtschaftsgüter des Gesamthandvermögens korrespondierend aufzulösen, wodurch die stillen Reserven mit dem Verbrauch der Wirtschaftsgüter gewinnwirksam werden, vgl. a. BFH vom 28. 09. 1995 BStBl II 1996, 68 und vom 21. 04. 1994 BStBl II 1994, 745. Dadurch ergibt sich bei ausgewiesenen Mehrwerten abnutzbarer Wirtschaftsgüter des Anlagevermögens zum einen ein zusätzliches AfA-Volumen. Zum anderen wirkt sich beim Ausscheiden des Wirtschaftsgutes der verbleibende Mehrwert (= restliche verbliebene angeschaffte stille Reserve) grundsätzlich als Aufwand aus. Dadurch wird für den Fall, dass bei Ausscheiden des Wirtschaftsgutes im Gesamthandsvermögen stille Reserven aufgedeckt und dem Mitunternehmer anteilig als Ertrag zugerechnet werden, dem Umstand Rechung getragen, dass der betroffene Mitunternehmer für diese aufgedeckten stillen Reserven in der Vergangenheit Anschaffungskosten aufgewendet hat. Somit wird der Gewinnanteil aus der Gesamthandbilanz durch den aufwandswirksamen Wegfall des Mehrwerts in der Ergänzungsbilanz ausgeglichen.

Für den Fall, dass in der Gesamthandbilanz die Erfassung der aufgedeckten stillen Reserve infolge Übertragung derselbigen nach R 6.6 EStR unterbleibt, besteht kein Bedürfnis für eine Korrektur mittels Auflösung des Mehrwerts in der Ergänzungsbilanz. Mehrwerte in Ergänzungsbilanzen stellen lediglich Korrekturen zu den Wertansätzen von Wirtschaftsgütern in der steuerlichen Gesamthandbilanz der Personengesellschaft dar. Daraus folgt, dass bei Übertragung von stillen Reserven aus von den Korrekturen betroffenen Wirtschaftsgütern auf ein Ersatzwirtschaftsgut der in der Ergänzungsbilanz korrespondierend ausgewiesene Mehrwert nunmehr als Mehrwert auf das neu angeschaffte Ersatzwirtschaftsgut ausgewiesen werden muss. Da die stille Reserve nicht aufgelöst, sondern nur übertragen wurde, darf korrespondierend der ausgewiesene Mehrwert in seiner Eigenschaft als Anschaffungskosten der stillen Reserve auch nicht aufgelöst werden. Er stellt sich nunmehr als Korrektur des Wertansatzes des Ersatzwirtschaftsgutes dar. Nur dadurch wird gewährleistet, dass bei künftiger Aufdeckung der nun auf das Ersatzwirtschaftsgut übertragenen stillen Reserven der dann dem Mitunternehmer gewinnerhöhend zugerechnete Anteil durch aufwandswirksame Auflösung des Mehrwerts in seiner Ergänzungsbilanz neutralisiert wird. Es werden dann ja letztlich diejenigen stillen Reserven aufgelöst, für die er in der Vergangenheit Anschaffungskosten aufgewendet hat. Diese Lösung entspricht dem Sinn und Zweck des R 6.6 EStR, der lediglich die übertragbaren stillen Reserven von der aktuellen Besteuerung freistellen möchte. Dass über die zusätzliche ersatzlose Auflösung eines Mehrwerts in der Ergänzungsbilanz ein weiterer Aufwand von der Besteuerung freigestellt wird, fordert der Begünstigungszweck des R 6.6 EStR nicht. Da in der Gesamthandbilanz der L-KG die aufgedeckten stillen Reserven übertragen wurden, müssen sie auch in der Ergänzungsbilanz übertragen werden und damit letztlich der Mehrwert bezüglich der zerstörten Maschine als Mehrwert der neuen Maschine ausgewiesen werden. Lediglich in Höhe der nicht übertragbaren stillen Reserven ist auch der Mehrwert ersatzlos aufzulösen und es entsteht ein Aufwand aus der Ergänzungsbilanz in entsprechender Höhe.

Mehrwert zum Zeitpunkt der Zerstörung

840 € ./. 84 € (= degressive AfA bis einschließlich April 2005) =	756 €
Zu übertragen auf Mehrwert neue Maschine 756 € × 6/7 =	648 €
Aufzulösender Mehrwert (= s. b. Aufwand)	108 €

Kontenentwicklung Mehrwert neue Maschine

Mehrwert neue Maschine ab Oktober 2005	648 €
Abzüglich korrespondierend degressive AfA: 648 € × 20 % × 3/12 =	./. 33 €
Mehrwert neue Maschine zum 31. 12. 2005	615 €

		2005
Bilanzposten	Änd.	GA
Mehrwert Maschinen	+ 615 €	+ 615 €

		2005
GuV-Posten	Änd.	GA
Mehr-AfA	+ 117 €	./. 117 €
Sonst. betriebl. Aufwand	./. 732 €	+ 732 €
Gesamt		+ 615 €

2 Sachverhalt 2

Die Bezahlung der privaten Wettschuld führt nicht zu Anschaffungskosten des Firmenwerts. Als Mehrwert Firmenwert hätte zum 01.01.2001 somit nur 20 000 € ausgewiesen werden dürfen. Die jährliche AfA nach § 7 Abs. 1 S. 3 EStG hätte somit nur 1 334 € betragen. Allerdings sind die einheitlich und gesonderten Gewinnfeststellungen der Wirtschaftsjahre 2001 bis 2003 bestandskräftig und können nicht mehr geändert werden. Da sich der Fehler in der Vergangenheit wegen der zu hohen AfA erfolgswirksam ausgewirkt hat, ist nach R 4.4 Abs. 1 S. 3 EStR der falsche Bilanzansatz grundsätzlich in der Schlussbilanz des ersten Jahres, dessen Veranlagung geändert werden kann, erfolgswirksam richtig zu stellen – vgl. a. H 15

(Richtigstellung eines unrichtigen Bilanzansatzes) EStH 2004. Zum 31.12.2004 als erstem berichtigungsfähigem Jahr hätte der richtige Bilanzansatz 14 664 € betragen.

Diese Möglichkeit der erfolgswirksamen Bilanzberichtigung in der Schlussbilanz des ersten berichtigungsfähigen Jahres beruht auf dem Grundsatz des Bilanzenzusammenhangs, dessen Beachtung einen automatischen Fehlerausgleich und somit die Besteuerung des richtigen Totalgewinns bewirkt. Diese Möglichkeit ist dann allerdings grundsätzlich nicht zulässig bei Fehlern, die erfolgsmäßig durch den Bilanzenzusammenhang nicht korrigiert werden, was beispielsweise bei einer fehlerhaften Bewertung von Einlagen und Entnahmen oder bei fehlender Bilanzierung notwendigen Betriebsvermögens der Fall ist. In diesen Fällen erfolgt unter Durchbrechung des Bilanzenzusammenhangs eine Berichtigung der Anfangsbilanz des ersten berichtigungsfähigen Jahres auf den Wert, mit dem das Wirtschaftsgut bei richtiger Behandlung zu diesem Zeitpunkt zu Buche stehen würde. Dies bewirkt, dass in der Vergangenheit erfolgte fehlerhafte Gewinnauswirkungen nicht mehr ausgeglichen werden können, vgl. a. BFH vom 09.09.1980 BStBl II 1981, 125 und Wuttke, Bilanzberichtigung – Bilanzenzusammenhang – Bestandskraft, DStR 1982, 607.

Im vorliegenden Fall ist zu beachten, dass die, infolge zu hoher Einbuchung des Mehrwerts Firmenwert, fehlerhaften Teile der AfA in der Vergangenheit über den Bilanzenzusammenhang nicht automatisch erfolgswirksam rückgängig gemacht werden würden. Zudem würde bei einer nunmehr auf den Bilanzstichtag 2004 vorzunehmenden erfolgswirksamen Korrektur des Mehrwerts auf einen **noch niedrigeren** richtigen Bilanzansatz ein weiterer zusätzlicher Aufwand erfasst werden. Nach dem bisher gesagten wäre daher der Mehrwert Firmenwert in der Ergänzungsbilanz zum 01.01.2004 »erfolgsneutral« mit seinem richtigen Wert 15 998 € auszuweisen, was der L-KG die in der Vergangenheit zuviel verrechnete AfA, in Übereinstimmung mit der verfahrensrechtlichen Lage bei einer Abschnittsbesteuerung, belassen würde. Allerdings ist zu sehen, dass gerade in Fällen, in denen in der Vergangenheit eine fehlerhafte AfA infolge fehlerhafter Bemessungsgrundlage vorgenommen worden ist, durch die Rechtsprechung des BFH eine andere Lösung bevorzugt wird. Aus der einschlägigen Rechtsprechung kann gefolgert werden, dass eine AfA-Fehler ausgleichende Berichtigung immer dann möglich sein soll, wenn das betreffende Wirtschaftsgut in der Vergangenheit bilanziert worden ist, vgl. BFH vom 24.10.2001 BStBl II 2002, 75 unter Gründe Tz. 3 mit weiteren Rechtsprechung-Nachweisen. Lediglich bei rechtsmissbräuchlich fehlerhaft unterlassener AfA wird eine erfolgswirksame Berichtigung nicht zugelassen, vgl. H 7.4 (unterlassene oder überhöhte AfA) EStH. Die fehlerausgleichende Berichtigung erfolgt in der Weise, dass in der Anfangsbilanz des ersten berichtigungsfähigen Wirtschaftsjahres der richtige Ausgangswert gekürzt um die bisher tatsächlich vorgenommenen Absetzungsbeträge in die Bilanz eingestellt wird. Dies bewirkt einen Ausgleich der in der Vergangenheit zu hohen AfA-Beträge durch ein niedrigeres AfA-Volumen in der Zukunft. Die Verwaltung hat sich zumindest für den Fall der zu niedrigen Bemessungsgrundlage dieser Auffassung angeschlossen (vgl. H 4.4 [Bilanzberichtigung/Absetzung für Abnutzung] EStH), wobei die dieser Auffassung zu Grunde liegenden Gedanken auch für den Fall einer zu hohen Bemessungsgrundlage greifen. Damit muss in der Ergänzungsbilanz zum 01.01.2004 die Position Mehrwert Firmenwert berichtigt werden auf:

richtiger Mehrwert Firmenwert	20 000 €
abzüglich bisher vorgenommene AfA: 3 × 2 000 € =	./. 6 000 €
Bilanzansatz 01. 01. 2004	14 000 €
abzüglich AfA 2004: 14 000 € : 12 Jahre =	./. 1 167 €
Bilanzansatz 31. 12. 2004	12 833 €
abzüglich AfA 2005	./. 1 167 €
Bilanzansatz 31. 12. 2005	11 666 €

Da weder zum 31. 12. 2004 noch zum 31. 12. 2005 Gründe für einen niedrigeren Teilwert des Firmenwerts ersichtlich sind, kann auch auf den in der Ergänzungsbilanz ausgewiesenen Mehrwert keine Teilwertabschreibung vorgenommen werden.

Bilanzposten	01. 01. 2004 Änd.	2004 Änd.	2004 GA	2005 Änd.	2005 GA
Mehrwert Firmenwert	./. 10 000 €	+ 833 €	+ 833 €	+ 1 166 €	+ 1 666 €
Folgewirkung			+ 10 000 €		./. 833 €
Gesamt			+ 10 833 €		+ 833 €

GuV-Posten		2004 Änd.	2004 GA	2005 Änd.	2005 GA
AfA		./. 833 €	+ 833 €	./. 833 €	+ 833 €
s. b. Aufwand		./. 10 000 €	+ 10 000 €		
Gesamt			+ 10 833 €		+ 833 €

VI. Punktetabelle

Die Korrekturpunkte für die rechtliche Wertung sind entweder voll zu vergeben oder voll zu streichen. Für die Berichtigung der Bilanzposten und GuV-Posten kann für jede (folge-)richtige Position nur ein halber Korrekturpunkt vergeben werden. Ein Folgefehler liegt insoweit nur vor, wenn sich der Fehler durch Versagung eines Punktes für die rechtliche Würdigung bereits ausgewirkt hat. Unterbleibt eine Berichtigung, da die rechtliche Würdigung fehlerhaft ist, liegt kein Folgefehler vor.

			Punkte
1	Sachverhalt 1		
	1.1	Behandlung in der Gesamthandsbilanz	
		Aufgedeckte stille Reserve richtig mit 59 413 € ermittelt und Übertragung nach R 6.6 EStR vorgenommen	1
		Teilweise Auflösung der stillen Reserve mit 8 487 € vorgenommen	1
		AfA-Bemessungsgrundlage neue Maschine mit 9 074 € berechnet	1

			Punkte
		Degressive AfA neue Maschine mit 20% zeitanteilig 3/12 berechnet	1
		Bilanzansatz neue Maschine zum 31.12.2005 (folge-)richtig ermittelt	1
		Bilanzposten-Berichtigung	0,5
		GuV-Posten-Berichtigung	1
	1.2	Behandlung in der Ergänzungsbilanz des Klug	
		Korrespondierend planmäßige Auflösung Mehrwert alte Maschine um 84 €	1
		Für Mehrwert alte Maschine korrespondierend außerplanmäßige Auflösung um 108 € vorgenommen	1
		Mehrwert neue Maschine mit 648 € berechnet	1
		Korrespondierende planmäßige Auflösung Mehrwert neue Maschine um (648 € × 20% × 3/12 =) 33 € oder folgerichtig	1
		Bilanzposten-Berichtigung	0,5
		GuV-Posten-Berichtigung	1
2		Sachverhalt 2	
		Bezahlung der privaten Wettschuld keine Anschaffungskosten Firmenwert	1
		Problematik der fehlerausgleichenden Berichtigung des Mehrwerts Firmenwert hinreichend erörtert	1
		(Folge-)richtige Berichtigung des Mehrwerts Firmenwert in Anfangsbilanz 01.01.2004	1
		Teilwertabschreibung auf Firmenwert abgelehnt und (folge-)richtige Bilanzierung	
		Mehrwert Firmenwert auf 31.12.2004 und 31.12.2005	1
		Bilanzposten-Berichtigung (mit Folgewirkung)	1
		GuV-Posten-Berichtigung	1,5
		Summe	18,5

Klausuraufgabe 2:
Abschreibung für außergewöhnliche Abnutzung bei Gebäuden/ nachträgliche Herstellungskosten/AfA bei Gebäuden nach einer AfaA/Rücklage für Ersatzbeschaffung/AfA nach Übertragung einer Rücklage für Ersatzbeschaffung/Gebäudewirtschaftsgüter/ Zinsabgrenzung/aktiver Rechnungsabgrenzungsposten/ Anschaffungsnebenkosten eines Grundstücks/Behandlung der Kaufpreisratenschuld

I. Allgemeine Angaben

Dieter Ulmer (U) betreibt in Ludwigsburg seit Jahren als Einzelfirma einen Groß- und Einzelhandel, in dessen Rahmen er auch einen Heimwerkerservice anbietet. Die Firma ist im Handelsregister eingetragen. U ermittelt den Gewinn durch Bestandsvergleich nach § 5 EStG und macht regelmäßig Abschlüsse auf den Schluss des Kalenderjahres. Die Abschlüsse werden von U regelmäßig Ende März des auf das Wirtschaftsjahr folgenden Kalenderjahres erstellt. U hat jeweils eine Einheitsbilanz aufgestellt, die – soweit sich aus den Feststellungen unter der nachfolgenden Ziffer III nichts anderes ergibt – den handels- und steuerrechtlichen Vorschriften entspricht. U versteuert seine Umsätze nach den allgemeinen Grundsätzen des UStG und zum Regelsteuersatz von 16 %. Soweit sich aus den einzelnen Sachverhalten nichts anderes ergibt, sind die Umsatzsteuern auf die Eingangsumsätze in vollem Umfang als Vorsteuern abzugsfähig. Aufgrund einer ordnungsgemäßen Prüfungsanordnung fand im Juni 2006 bei U eine Außenprüfung für die Jahre 2003 bis 2005 statt. Die Veranlagungen der Jahre 2003 bis 2005 sind nach § 164 AO durchgeführt. Die Veranlagungen der Vorjahre sind bestandskräftig und können nach den Vorschriften der AO nicht mehr geändert werden. U strebt ein möglichst niedriges Gesamtgewinnergebnis in den geprüften Jahren an. Unterstellen Sie, dass die Voraussetzungen für hierfür eventuell erforderliche Bilanzänderungen nach § 4 Abs. 2 S. 2 EStG erfüllt sind.

II. Aufgabe

Die bei der Außenprüfung ermittelten und unter Ziffer III. aufgeführten Sachverhalte sind auszuwerten. Dabei werden – getrennt für jeden Einzelsachverhalt – folgende Arbeiten verlangt:
1. eine kurze, aber erschöpfende steuerliche Beurteilung mit Hinweis auf die einschlägigen Rechtsgrundlagen,
2. erforderliche Berechnungen, Kontenentwicklungen oder Buchungen müssen nachvollziehbar dargestellt sein; Cent-Beträge sind ab 50 Cent auf volle Euro-Beträge aufzurunden bzw. bis 49 Cent auf volle Euro-Beträge abzurunden.
3. Auf die gewerbesteuerlichen Auswirkungen der Prüfungsfeststellungen ist nicht einzugehen.
4. Am Schluss einer jeden Textziffer sind die Auswirkungen (Änd.) auf die Bilanzposten (einschließlich der Entnahmen und Einlagen) und auf die GuV-Posten und zudem die Gewinnauswirkungen (GA) im Rahmen der Bilanz-Methode und der GuV-Methode nach folgendem Schema darzustellen:

		2003		2004		2005
Bilanzposten	Änd.	GA	Änd.	GA	Änd.	GA

		2003		2004		2005
GuV-Posten	Änd.	GA	Änd.	GA	Änd.	GA

III. Einzelsachverhalte

Sachverhalt 1:

U betreibt sein Gewerbe auf einem ihm gehörenden bebauten Grundstück. Dieses Betriebsgrundstück hatte er aufgrund eines im Jahr 2002 abgeschlossenen Kaufvertrags am 01.04.2002 für 400000 € einschließlich Anschaffungsnebenkosten erworben, wobei objektiv ein Anteil von 30% auf den Grund und Boden entfällt. Das ausschließlich betrieblich genutzte Gebäude wurde ab dem Erwerbszeitpunkt von U bilanziert und mit 3% abgeschrieben. Sein Buchwert zum 31.12.2002 ist mit 273700 € ausgewiesen. Der Grund und Boden ist seit der Anschaffung mit 120000 € bilanziert. Ende Juni 2003 ereignete sich aus ungeklärter Ursache ein Brand, bei dem ein Seitenflügel des Gebäudes vollständig zerstört wurde. Die zerstörte Substanz macht 20% der gesamten Gebäudesubstanz aus. Nach umgehend erfolgten Abbruch- und Aufräumungsarbeiten begann U noch im Juli 2003 mit dem Wiederaufbau des Seitenflügels, der zwar neu konzipiert wurde, unter anderem mit einem Flachdach, im Übrigen aber in gleicher Art und Weise wie der abgebrannte Teil betrieblich genutzt wurde. Die Wiederherstellung des Seitenflügels wurde im November 2003 abgeschlossen. Die vom Bauunternehmen hierfür im November 2003 in Rechnung gestellten Herstellungskosten betrugen netto 80000 € und wurden von U richtig verbucht. Die Kosten für die Abbruch- und Aufräumarbeiten von netto 10000 € hatte U bereits bei Rechnungserteilung im Juli 2003 ebenfalls als Herstellungskosten für das Gebäude gebucht. Die Brandversicherung zahlte noch im Dezember 2003 eine Entschädigung von 100000 €, wovon 80000 € für den Substanzschaden, 10000 € für die Aufräumarbeiten und 10000 € für den zeitweiligen Produktionsausfall bezahlt wurden. Die Versicherungsentschädigung wurde im Dezember 2003 in Höhe von 100000 € als sonstiger betrieblicher Ertrag verbucht. Da der Ersatz durch die Versicherung für den Substanzschaden genau den Kosten für den Wiederaufbau entsprach, verzichtete U auf die Verbuchung des Feuerschadens als Aufwand. Den Bilanzansatz des Gebäudes zum 31.12.2003 entwickelte U wie folgt:

Bilanzansatz 31.12.2002		273700 €
abzüglich AfA	./.	8400 €
+ Herstellungskosten Wiederaufbau	+	90000 €
abzüglich AfA Wiederaufbau	./.	450 €
Bilanzansatz 31.12.2003		354850 €

2005 stockte U den im Jahr 2003 wieder aufgebauten und mit einem Flachdach versehenen Seitenflügel um ein Geschoss auf. Die Herstellungskosten hierfür betrugen netto 100000 €. Die Rechnung des Bauunternehmers verbuchte U in 2005 wie folgt:

Gebäude	100 000 €	an	sonstige Verbindlichkeit	116 000 €
Vorsteuer	16 000 €			

Dieses neue Geschoss wurde im Oktober 2005 fertig gestellt und ab dem 01.11.2005 an das Unternehmen des B vermietet, das Beratungsdienstleistungen erbringt. U hat vor, in Zukunft einige seiner Managementtätigkeiten durch dieses Unternehmen erledigen zu lassen. Den Bilanzansatz des Gebäudes zum 31.12.2005 entwickelte U wie folgt:

Bilanzansatz 31.12.2003	354 850 €
abzüglich AfA 2004	./. 11 100 €
Bilanzansatz 31.12.2004	343 750 €
aufgestocktes Obergeschoss	+ 100 000 €
abzüglich AfA 2005	./. 14 100 €
Bilanzansatz 31.12.2005	429 650 €

Die Mietzahlungen von B unterwarf U der Umsatzsteuer und verbuchte sie richtig.

Für die Finanzierung der Aufstockung hat U am 01.08.2005 ein Darlehen von 60 000 € mit einer Laufzeit von 5 Jahren aufgenommen, das angemessen mit jährlich 5 % zu verzinsen ist. Tilgungen hat U jährlich gleich bleibend mit 12 000 € zu erbringen. Die Auszahlung des Darlehens wurde von U im August 2005 richtig verbucht. Die jährlichen Zins- und Tilgungszahlungen sind jeweils zum 01.06. eines Jahres zur Zahlung fällig, somit erstmals am 31.06.2006. Deshalb buchte U im Jahr 2005 diesbezüglich noch nichts. Bei der Aufnahme des Darlehens hatte U einen Kreditvermittler eingeschaltet. Die von diesem ohne Umsatzsteuer in Rechnung gestellte Vermittlungsgebühr von 600 € verbuchte U wie folgt:

August 2005:

Kreditkosten	600 €	an Bank		600 €

31.12.2005:

Aktiver Rechnungsabgrenzungsposten 550 €	an Kreditkosten		550 €

Die Bildung des Rechnungsabgrenzungspostens richtete U daran aus, dass das Darlehen eine Laufzeit von fünf Jahren hat.

Sachverhalt 2:

Im Dezember 2004 hatte U ein unbebautes Nachbargrundstück erworben. Das Grundstück wurde dem U auf den 31.12.2004 (= Tag des Übergangs von Besitz, Nutzen, Lasten und des Gefahrübergangs) vereinbarungsgemäß übergeben und von diesem sogleich betrieblich als Lagerplatz genutzt. Der Kaufpreis betrug 200 000 € und ist vereinbarungsgemäß in vier jährlichen Raten von jeweils 50 000 € zu entrichten. Im Kaufvertrag wurde hierfür keine besondere Verzinsung vereinbart. Die einzelnen Tilgungsraten sind jeweils am 31.12. eines Jahres zur Zahlung fällig, die erste Rate am 31.12.2005. Der Notar stellte dem U im Dezember 2004 für seine teilweise umsatzsteuerpflichtigen Tätigkeiten beim Kauf eine Rechung über 5 000 € zuzüglich 160 € Umsatzsteuer. Diese Rechung überwies U noch im Dezember 2004 vom betrieblichen Konto. Der Kauf wurde im Betrieb im Dezember 2004 wie folgt verbucht:

Grund und Boden	200 000 €	an sonstige Verbindlichkeiten	200 000 €
Beratungskosten	5 000 €	an Bank	5 160 €
Vorsteuer	160 €		

Weitere Buchungen hinsichtlich des Erwerbsvorgangs erfolgten im Jahr 2005 nicht mehr. Die Kosten für die im Februar 2005 erfolgte Eigentumseintragung von netto 1 000 € und die mit Bescheid im März 2005 in richtiger Höhe festgesetzte Grunderwerbsteuer verbuchte U im März 2005 bei Zahlung über das betriebliche Konto als Grundstückskosten. Die mit der Kostenrechnung über die Eigentumseintragung in Rechnung gestellte Umsatzsteuer wurde richtig verbucht. Da die erste Kaufpreisrate auf den 31.12.2005 vom privaten Konto des U überwiesen wurde, erfolgte diesbezüglich keine Buchung im Betrieb.

IV. Lösung

Sachverhalt 1:

Die durch den Brand verursachte Zerstörung des Seitenflügels muss durch eine Abschreibung für außergewöhnliche Abnutzung (AfaA) erfasst werden – H 44 (AfaA) EStH. Der abzuschreibende Betrag beträgt 20 % des zum Zeitpunkt des Brandes zu berechnenden Buchwertes des Gebäudes.

Buchwert 31.12.2002	273 700 €
abzüglich AfA bis einschließlich Juni 2003	./. 4 200 €
Buchwert Ende Juni 2003	269 500 €
AfaA: 269 500 € × 20 % =	53 900 €

Die Kosten für den Wiederaufbau des Seitenflügels sind nachträgliche Herstellungskosten des Gebäudes. Sie erhöhen zudem die Bemessungsgrundlage für die vorzunehmende AfA des Gebäudes und sind dabei so zu behandeln, als seien sie bereits zu Beginn des Jahres 2003 angefallen – R 7.4 Abs. 9 S. 3 EStR. Der Betrag der AfaA mindert die Bemessungsgrundlage hingegen erst ab dem folgenden Jahr 2004 – § 11c Abs. 2 EStDV. Die Kosten für die Abbruch- und Aufräumarbeiten sind keine Herstellungskosten, sondern sind als sofort abzugsfähiger Aufwand zu behandeln – H 6.4 (Abbruchkosten) EStH.

Die Zahlung der Versicherungsentschädigung führt zur Aufdeckung von stillen Reserven des zerstörten Seitenflügels. Diese berechnen sich durch eine Gegenüberstellung der dafür maßgeblichen Entschädigung mit der zerstörten Substanz, wobei letztere dem Betrag der AfaA entspricht. Die maßgebliche Entschädigung ist der Betrag, der für den Substanzschaden gezahlt wird. Die Teilbeträge der Entschädigung, die für die Abbruch- und Aufräumarbeiten und als Ersatz für den zeitweiligen Produktionsausfall gezahlt werden, sind unabhängig davon als sofortiger sonstiger Ertrag zu erfassen.

Maßgebliche Entschädigung für Substanzschaden	80 000 €
abzüglich zerstörte Gebäudesubstanz	./. 53 900 €
aufgedeckte stille Reserve	26 100 €

Die Wiederherstellung des Gebäudes kann als Ersatzbeschaffung des zerstörten Teils des Gebäudes angesehen werden. Die Zerstörung infolge Feuers ist eine Zerstörung infolge höherer Gewalt. Damit kann die aufgedeckte stille Reserve auf die Wiederherstellungskosten des Seitenflügels nach R 6.6 EStR übertragen werden. Da die Entschädigung den Betrag der Wiederherstellungskosten nicht überschreitet, kann die aufgedeckte stille Reserve in voller Höhe übertragen werden. Die übertragene stille Reserve mindert im Jahr der Übertragung die Bemessungsgrundlage der AfA. Die Bemessungsgrundlage der AfA beträgt somit:

Anschaffungskosten Gebäude	280 000 €
+ nachträgliche Herstellungskosten 2003	+ 80 000 €
./. übertragene stille Reserve	./. 26 100 €
Bemessungsgrundlage für 2003	333 900 €
./. AfaA	./. 53 900 €
Bemessungsgrundlage für 2004 und 2005	280 000 €

Die AfA beträgt nach § 7 Abs. 4 S. 1 Nr. 1 EStG
für 2003:   333 900 € × 3 % =   10 017 €
für 2004 und 2005: 280 000 € × 3 % =   8 400 €

Kontenentwicklung des eigenbetrieblich genutzten Gebäudes:	
31. 12. 2002	273 700 €
./. AfaA	./. 53 900 €
+ nachträgliche Herstellungskosten	+ 80 000 €
./. übertragende stille Reserve	./. 26 100 €
./. AfA 2003	./. 10 017 €
Bilanzansatz 31. 12. 2003	263 683 €
./. AfA 2004	./. 8 400 €
Bilanzansatz 31. 12. 2004	255 283 €
./. AfA 2005	./. 8 400 €
Bilanzansatz 31. 12. 2005	246 883 €

Die Aufstockung des Seitenflügels im Jahr 2005 um eine weiteres Geschoss führt zu einem neuen, gegenüber dem übrigen eigenbetrieblich genutzten Gebäude eigenständigen Wirtschaftsgut, da es zu fremden betrieblichen Zwecken genutzt wird – R 4.2 Abs. 4 EStR.

Dieses ist gemäß § 7 Abs. 5a EStG eigenständig nach § 7 Abs. 4 S. 1 Nr. 1 EStG abzuschreiben. Für das Jahr 2005 beginnt die Abschreibung mit der Fertigstellung des neuen Geschosses im Oktober 2005 und ist somit nur zeitanteilig zu gewähren – R 7.4 Abs. 1 EStR.

Kontenentwicklung:	
Fertigstellung Oktober 2005	100 000 €
./. AfA (90 000 € × 3 % × 3/12)	./. 750 €
Bilanzansatz 31. 12. 2005	99 250 €

Zum 31. 12. 2005 hat eine Zinsabgrenzung der auf den Zeitraum 01. 08. 2005 bis 31. 12. 2005 entfallenden Darlehenszinsen zu erfolgen. Die sonstige Verbindlichkeit beträgt damit (60 000 € × 5 % × 5/12 =) 1 250 €.

Die für die Darlehensvermittlung in Rechnung gestellte Vermittlungsgebühr ist nicht in einen aktiven Rechnungsabgrenzungsposten einzustellen, da sie kein Entgelt für eine zeitraumbezogene Gegenleistung des Kreditvermittlers ist und somit keinen Aufwand für eine bestimmte Zeit nach dem Bilanzstichtag 31. 12. 2005 darstellt. Die Gebühr ist damit in voller Höhe Aufwand des Jahres 2005 – H 37 (Vermittlungsprovision) EStH.

Bilanz-posten	2003 Änd.	2003 GA	2004 Änd.	2004 GA	2005 Änd.	2005 GA
Gebäude	./. 91 167 €	./. 91 167 €	./. 88 467 €	./. 88 467 €	./. 83 517 €	./. 83 517 €
Sonst. Verbindlichk.					+ 1 250 €	./. 1 250 €
ARAP					./. 550 €	./. 550 €
Summe		./. 91 167 €		./. 88 467 €		./. 85 317 €
Folgewirkung				+ 91 167 €		+ 88 467 €
Gesamt		./. 91 167		+ 2 700 €		+ 3 150 €

GuV-Posten	2003 Änd.	2003 GA	2004 Änd.	2004 GA	2005 Änd.	2005 GA
AfA	+ 1 167 €	./. 1 167 €	./. 2 700 €	+ 2 700 €	./. 4 950 €	+ 4 950 €
AfaA	+ 53 900 €	./. 53 900 €				
Sonst. betriebl. Aufwand	+ 36 100 €	./. 36 100 €				
Kreditkosten					+ 550 €	./. 550 €
Zinsaufwand					+ 1 250 €	./. 1 250 €
Gesamt		./. 91 167 €		+ 2 700 €		+ 3 150 €

Sachverhalt 2:

Das unbebaute Grundstück ist nach § 6 Abs. 1 Nr. 2 EStG zum 31.12.2004 mit seinen Anschaffungskosten zu bilanzieren. Da es sich um einen Ratenkauf handelt entsprechen die Anschaffungskosten dem Ratenbarwert der Kaufpreisschuld. Nach der Rechtsprechung ist bei Ratenzahlungen, deren Laufzeit sich über mindestens ein Jahr erstreckt, zu unterstellen, dass der Kaufpreis einen Zinsanteil umfasst, der nicht zu den Anschaffungskosten des erworbenen Wirtschaftsgutes zählt. Die danach erforderliche Abzinsung erfolgt mit einem Zinssatz von 5,5 %, wobei die Bewertung mittels der Tabelle 2 des gleich lautenden Ländererlasses vom 07.12.2001 (BStBl I 2002, 112) zu § 12 Abs. 1 BewG vorgenommen werden kann. Bei der Bewertung von Kapitalschulden, die nicht in einem Betrag getilgt werden, ist danach von einer mittelschüssigen Zahlungsweise auszugehen wobei es auf die Zahlungszeitpunkte innerhalb einer Zahlungsperiode und auf die Zahlungshäufigkeit nicht ankommt. Die Summe der Zahlungen innerhalb eines Jahres ist der Jahreswert. Somit ist vorliegend zum Erwerbszeitpunkt von einer Ratenzahlungslaufzeit von vier Jahren auszugehen. Der Ratenbarwert zum Erwerbszeitpunkt beträgt damit (50 000 € × 3,602 =) 180 100 €. Die Ratenverbindlichkeit als

Kaufpreisschuld kann entweder in Höhe ihres Nennwerts bilanziert werden, wobei dann der Zinsanteil in Höhe von 19 900 € als aktiver Rechnungsabgrenzungsposten zu aktivieren wäre, der anschließend über die Ratenlaufzeit hin aufzulösen ist. Oder die Ratenverbindlichkeit kann mit dem Ratenbarwert passiviert werden. In diesem Fall wird die jährliche Barwertminderung als Tilgungsanteil der Schuld erfasst und den jeweiligen, bei Zahlung zunächst als Zinsaufwand erfassten Ratenzahlungen gegen gerechnet, so dass auf diese Weise der jährliche Zinsanteil erfasst wird. Letztere Vorgehensweise entspricht § 6 Abs. 1 Nr. 3 S. 1 EStG[1] und wird in der weiteren Lösung angewendet.

Zu den Anschaffungskosten eines Wirtschaftsgutes gehören nach § 255 Abs. 1 S. 2 HGB auch die Erwerbsnebenkosten und die nachträglichen Anschaffungskosten. Zu den Erwerbsnebenkosten gehören sowohl die im Zusammenhang mit dem Kauf angefallenen Notarkosten in Höhe des Nettobetrags, die Kosten der Eigentumseintragung (ohne abziehbare Vorsteuer) und die Grunderwerbsteuer. Allerdings werden Erwerbsnebenkosten erst im Zeitpunkt ihrer wirtschaftlichen Entstehung erfasst. Damit sind lediglich die Notarkosten und die Grunderwerbsteuer Erwerbsnebenkosten des Jahres 2004. Bei den Kosten der Eigentumseintragung handelt es sich um nachträgliche Anschaffungskosten, da diese erst durch den Vorgang der Eigentumsumschreibung im Grundbuch wirtschaftlich verursacht werden. Die Buchung als Beratungskosten bzw. als Grundstückskosten war falsch. Da die Grunderwerbsteuer materiell nach § 1 Abs. 1 Nr. 1 Grunderwerbsteuergesetz zwar durch den Abschluss des Grundstückskaufvertrags entsteht und dadurch wirtschaftlich verursacht wird, für den Steuerpflichtigen nach §§ 218 Abs. 1, 155 Abs. 1 AO jedoch erst mit dem Erlass des Grunderwerbsteuerbescheids verbindlich wird, wäre zum 31. 12. 2004 für die Grunderwerbsteuerschuld die Bildung einer Rückstellung für ungewisse Verbindlichkeiten nach § 249 Abs. 1 S. 1 HGB in Höhe von (200 000 € × 3,5 % =) 7 000 € in Betracht zu ziehen. Allerdings ist für Aufwendungen, die als Anschaffungskosten zu bilanzieren sind, die Bildung einer Rückstellung nicht möglich. Dies kommt auch durch das Passivierungsverbot des § 5 Abs. 4b EStG zum Ausdruck. Daher ist die materiell nach § 38 AO im Dezember 2004 entstandene und als Anschaffungskosten des erworbenen Grundstücks zu behandelnde Grunderwerbsteuer bereits im Jahr 2004 als sonstige Verbindlichkeit gegen zu buchen[2]. Damit betragen die zum 31. 12. 2004 zu bilanzierenden Anschaffungskosten des Grund und Bodens (180 100 € + 5 000 € + 7 000 € =) 192 100 €. Zum 31. 12. 2005 ist der Grund und Boden um die nachträglichen Anschaffungskosten von 1 000 € erhöht mit 193 100 € zu bilanzieren. Die sonstige Verbindlichkeit ist infolge des ergangenen Grunderwerbsteuerbescheids und der Bezahlung der Grunderwerbsteuer im Jahr 2005 aufzulösen.

Die Zahlung der ersten Tilgungsrate im Dezember 2005 ist als Einlage zu erfassen und als Zinsaufwand zu verbuchen[3]. Der Barwert der Ratenschuld zum 31. 12. 2005 ist bei einer Restlaufzeit von drei Jahren nach Tabelle 2 zu § 12 Abs. 1 BewG mit (50 000 € × 2,772 =)

---

1 Problematisch, ob wegen des unterstellten Zinsanteils im Kaufpreis nicht von einem Ausnahmefall nach § 6 Abs. 1 Nr. 3 S. 2 EStG ausgegangen werden kann. In diesem Fall wäre der Weg über die Bildung eines aktiven Rechnungsabgrenzungspostens zu bevorzugen.
2 Es ist auch vertretbar, die Grunderwerbsteuer als bereits zum 31.12.2004 aktivierte Anschaffungskosten mittels einer Rückstellung zu passivieren, vgl. Schmidt/Weber-Grellet, EStG § 5 Rz. 369
3 Bei der alternativen Vorgehensweise über die Erfassung des Zinsanteils mittels eines aktiven Rechnungsabgrenzungspostens würde die Rate in voller Höhe als Tilgung der Kaufpreisschuld verbucht.

138 600 € anzusetzen. Die Differenz in Höhe von 41 500 € zum am 31. 12. 2004 festgestellten Barwert stellt den Tilgungsanteil der Rate dar und mindert den im Dezember 2005 gebuchten Zinsaufwand. Somit verbleibt für das Wirtschaftsjahr 2005 ein Zinsaufwand von 8 500 €[1].

Bilanzposten	Änd. 2004	GA 2004	Änd. 2005	GA 2005
Grund und Boden	./. 7 900 €	./. 7 900 €	./. 6 900 €	./. 6 900 €
Sonstige Verbindlichkeiten	./. 12 900 €	+ 12 900 €	./. 61 400 €	+ 61 400 €
Summe		+ 5 000 €		+ 54 500 €
Folgewirkung				./. 5 000 €
Einlagen			+ 50 000 €	./. 50 000 €
Gesamt		+ 5 000 €		./. 500 €

GuV-Posten	Änd. 2004	GA 2004	Änd. 2005	GA 2005
Beratungskosten	./. 5 000 €	+ 5 000 €		
Grundstückskosten			./. 8 000 €	+ 8 000 €
Zinsaufwand			+ 8 500 €	./. 8 500 €
Gesamt		+ 5 000 €		./. 500 €

V. Punktetabelle

Die Korrekturpunkte für die rechtliche Wertung sind entweder voll zu vergeben oder voll zu streichen. Für die Berichtigung der Bilanzposten und GuV-Posten kann für jede (folge-) richtige Position nur ein halber Korrekturpunkt vergeben werden. Ein Folgefehler liegt insoweit nur vor, wenn sich der Fehler durch Versagung eines Punktes für die rechtliche Würdigung bereits ausgewirkt hat. Unterbleibt eine Berichtigung, da die rechtliche Würdigung fehlerhaft ist, liegt kein Folgefehler vor.

	Punkte
Sachverhalt 1	
AfaA vorgenommen und mit 53 900 € richtig berechnet	1
Abbruch- und Aufräumarbeiten keine Herstellungskosten, sondern sofort abziehbarer Aufwand	1

[1] Bei der alternativen Vorgehensweise würde der aktive RAP zum 31.12.2005 als Differenz zwischen aktuellem Ratenbarwert und Nennwert der Restschuld errechnet (= 11 400 €), so dass die entsprechende Auflösung des aktiven RAP im Wirtschaftsjahr 2005 als Zinsaufwand ebenfalls 8 500 € ergeben würde.

	Punkte
Aufgedeckte stille Reserven mit 26 100 € oder folgerichtig berechnet	1
Übertragung der stillen Reserve nach R 6.6 EStR	1
AfA-Bemessungsgrundlage 2003 und 2004 (folge-)richtig berechnet	1
AfA 2003/2004/2005 (folge-)richtig berechnet	2
Aufstockung eigenständiges Gebäudewirtschaftsgut	1
Bilanzansätze eigenbetrieblich genutztes Gebäude zum 31.12.2003/2004/2005 (folge-)richtig berechnet	1
AfA für Aufstockung mit 750 € berechnet	1
Zinsabgrenzung zum 31.12.2005 mit 1 250 €	1
Vermittlungsgebühr sofort abzugsfähiger Aufwand; keinen ARAP gebildet	1
Bilanzposten-Berichtigung (mit Folgewirkung)	2
GuV-Posten-Berichtigung	2,5
Sachverhalt 2	
Anschaffungskosten Ratenbarwert der Kaufpreisschuld	1
Ratenbarwert zum Erwerbszeitpunkt 180 100 €	1
Anschaffungskosten im Jahr 2004 mit 192 100 € ermittelt	1
Eintragungsgebühr 1 000 € als nachträgliche Anschaffungskosten in 2005	1
Richtige Behandlung der Tilgungsrate mit Aufspaltung in Tilgungsanteil und Zinsanteil	1
Barwert Ratenschuld zum 31.12.2005 mit 138 600 € berechnet	1
Verbleibender Zinsaufwand 2005 mit 8 500 € berechnet	1
Bilanzposten-Berichtigung (mit Folgewirkung)	2
GuV-Posten-Berichtigung	1,5
Summe	27

Klausuraufgabe 3:
Angleichungsbuchungen/Teilwertabschreibung Umlaufvermögen/ Fehlerberichtigung bei bestandskräftigem Fehlerjahr/Rücklage nach § 7g Abs. 3 EStG/außerbilanzieller Gewinnzuschlag/betrieblicher Schuldzinsenabzug/nicht abziehbare betriebliche Schuldzinsen

I. Allgemeine Angaben

Peter Link (L) betreibt seit 1980 in Stuttgart einen Fabrikationsbetrieb mit angegliedertem Fabrikverkauf in Form eines Einzelunternehmens. Die Firma ist im Handelsregister eingetragen und ermittelt ihren steuerlichen Gewinn durch Betriebsvermögensvergleich nach § 5 EStG. Sie versteuert ihre Umsätze nach den allgemeinen Grundsätzen des UStG zum Regelsteuersatz von 16 %. Den Vorsteuerabzug ausschließende Umsätze liegen, soweit sich aus den einzelnen Sachverhalten nichts anderes ergibt, nicht vor. Das Wirtschaftsjahr entspricht dem Kalenderjahr. Der Jahresabschluss wird immer im Februar des folgenden Jahres erstellt.

Im März 2007 hat L seine Steuererklärungen für das Jahr 2006 beim Finanzamt eingereicht und die Einheitsbilanz (Handelsbilanz = Steuerbilanz) der Firma zum 31. 12. 2006, die Gewinn- und Verlustrechnung des Jahres 2006 und zusätzliche Erläuterungen zum eingereichten Jahresabschluss beigefügt. Hieraus ergibt sich für das Wirtschaftsjahr 2006 ein Verlust von 19 220 €. Aufgrund der Bilanzerläuterungen und Rückfragen beim Steuerberater wurden vom zuständigen Sachbearbeiter die unter III. aufgeführten Feststellungen getroffen.

II. Aufgabe

1. Beurteilen Sie die getroffenen Feststellungen für die Firma L unter Hinweis auf die einschlägigen Rechtsgrundlagen.
2. Cent-Beträge sind ab 50 Eurocent auf volle Euro-Beträge aufzurunden bzw. bis 49 Eurocent auf volle Euro-Beträge abzurunden.
3. Die betriebsbezogenen Voraussetzungen nach § 7g Abs. 2 Nr. 1 Buchst. a EStG liegen im Wirtschaftsjahr 2006 wie auch schon in den Vorjahren vor.
4. Die Steuerveranlagungen sind bis einschließlich 2005 bestandskräftig und nach den verfahrensrechtlichen Vorschriften nicht mehr änderbar.
5. L wünscht für das Wirtschaftsjahr 2006 einen möglichst niedrigen steuerlichen Gewinn. Unterstellen Sie, dass die Vorsaussetzungen für hierfür eventuell erforderliche Bilanzänderungen nach § 4 Abs. 2 S. 2 EStG erfüllt sind.
6. Am Schluss einer jeden Textziffer sind die Auswirkungen (Änderungen) auf die Bilanzposten (einschließlich der Entnahmen und Einlagen) und auf die GuV-Posten und zudem die Gewinnauswirkungen im Rahmen der Bilanz-Methode und der GuV-Methode nach folgendem Schema darzustellen:

Bilanzposten	Änderung	Gewinnauswirkung

GuV-Posten	Änderung	Gewinnauswirkung

III. Sachverhalte

Sachverhalt 1:

Bei einer im Jahr 2006 stattgefundenen Außenprüfung für die Jahre 2003 bis 2005 hatte der Prüfer in der Schlussbilanz des Wirtschaftsjahres 2005 den Warenbestand aufgrund eines festgestellten Bilanzierungsfehlers hinsichtlich eines im Jahr 2005 zugekauften Warenpostens I um 20 000 € erhöht. Der entsprechend erhöhte Gewinn wurde der Veranlagung 2005 zugrunde gelegt. U hatte bei den Inventurarbeiten für 2005 den Warenposten I mit Anschaffungskosten 20 000 € versehentlich nicht erfasst. In der Buchhaltung des Betriebs wurde diese Feststellung der Außenprüfung jedoch nicht verarbeitet, erforderliche Angleichungsbuchungen sind unterblieben. Zum 31.12.2006 war von dem Warenposten I noch 30 % als Lagerbestand vorhanden, der allerdings wiederum nicht bilanziert worden war. Zudem schienen die Waren nicht mehr sehr gefragt zu sein, da ihr Einkaufspreis Ende des Jahres 2006 gegenüber den ursprünglichen Einkaufspreis um 20 % gesunken war. Der Preisrückgang setzte sich auch im Jahr 2007 fort, so dass Ende Februar 2007 die Einkaufspreise derartiger Waren nur noch 75 % des ursprünglichen Einkaufspreises des Jahres 2005 betragen. Beim Nachforschen dieses Sachverhalts ergab sich zudem, dass in der Bilanz 2005 zudem ein weiterer im Jahr 2005 zugekaufter Warenposten II versehentlich nicht bilanziert worden war und dies auch bei der Veranlagung des Jahres 2005 nicht aufgefallen war. Die Anschaffungskosten des Warenpostens II haben 10 000 € betragen. Der Warenposten II war zum 31.12.2006 noch auf Lager und wurde von Z zulässig mit 10 000 € bilanziert.

Sachverhalt 2:

In der Bilanz zum 31.12.2005 hatte L erstmalig und zulässig eine Rücklage nach § 7g Abs. 3 EStG gebildet für eine von ihm damals dargelegte voraussichtlich im Jahr 2007 erfolgende Neuanschaffung einer Maschine. Die Rücklage wurde in Höhe von 40 Prozent der voraussichtlichen Anschaffungskosten von 80 000 € gebildet und daher mit 32 000 € bilanziert. Zum 31.12.2006 hat L die Rücklage in Höhe eines Teilbetrags von 20 000 € Gewinn erhöhend aufgelöst. Die restliche Rücklage in Höhe von 12 000 € wurde weiter passiviert.

Sachverhalt 3:

L überwies im Februar 2006 vom betrieblichen Girokonto 20 000 € zur Begleichung einer Rechnung für den Kauf eines ausschließlich privat genutzten Pkw. L buchte die Überweisung als Privatentnahme. Das Girokonto hatte bereits vor dieser Überweisung einen durch betriebliche Ausgaben verursachten Schuldsaldo von 10 000 €. Im April 2006 weist das Konto aufgrund von Gutschriften infolge von Betriebseinnahmen wieder ein Guthaben aus. Von den Schuldzinsen der Monate Februar 2006 bis April 2006 entfallen 500 € auf den durch die Zahlung der Privatrechnung entstandenen Teil des Schuldsaldos dieses Zeitraums. Anfang September 2006 erwarb L eine ausschließlich betrieblich genutzte EDV-Anlage für 10 000 €. Erneut erhöhte sich durch die Überweisung der diesbezüglichen Rechnung der zwischenzeitlich wieder entstandene Schuldsaldo des betrieblichen Girokontos. Die bis zum neuerlichen Ausgleich des Schuldsaldos im Oktober 2006 entstandenen Schuldzinsen sind in Höhe von 100 € durch die Anschaffung dieser EDV-Anlage veranlasst. Insgesamt sind auf dem betrieblichen Girokonto im Jahr 2006 Schuldzinsen in Höhe von 3 000 € angefallen. Zudem sind im Jahr 2006 weitere betrieblich veranlasste Schuldzinsen in Höhe von 1 000 € aus kurzfristigen Krediten für die Anschaffung von Waren entstanden. Für diese Kredite sind zusätzlich 100 € von der Bank in Rechnung gestellte Bearbeitungsgebühren angefallen, die L als Kreditgebühren gebucht hat. Im Dezember 2006 hatte L ein gesondertes Darlehen von 41 000 €

aufgenommen und mit den Darlehensmitteln die Rechnung für einen neuen Geschäftswagen bezahlt, den er im Dezember 2006 für seinen Betrieb erworben hatte. Für 2006 wurden ihm für dieses Darlehen 200 € Schuldzinsen berechnet. Sämtliche aufgeführte Schuldzinsen in Höhe von insgesamt 4 200 € wurden von L im Jahr 2006 als Zinsaufwand gebucht. Die im Jahresabschluss für 2006 berücksichtigten Einlagen betragen 3 000 €, die Entnahmen 39 500 €. Aus dem Wirtschaftsjahr 2005 bringt der Betrieb Unterentnahmen in Höhe von 30 000 € mit.

IV. Lösung

Sachverhalt 1:

Aufgrund der durch die Steuerveranlagung nachvollzogenen Feststellungen des Prüfers über die Erfassung des Warenpostens I hätte L in seiner Buchführung eine Angleichungsbuchung des Warenbestandes und des Anfangskapitals zum 01.01.2006 vornehmen müssen[1]. Da dies nicht erfolgt ist, erhöht sich insoweit der bisher ausgewiesene Wareneinsatz des Jahres 2006 um 20 000 €. Zum 31.12.2006 liegt ein Bilanzierungsfehler hinsichtlich des Warenpostens I vor. Dieser war im noch vorhandenen Umfang von 30 % zu bilanzieren. Seine Bewertung erfolgt nach § 6 Abs. 1 Nr. 2 EStG mit den Anschaffungskosten oder dem niedrigeren Teilwert bei einer voraussichtlich dauernden Wertminderung. Obwohl diese steuerliche Norm ein Wahlrecht zum Ansatz des niedrigeren Teilwerts regelt, ist L infolge des Maßgeblichkeitsgrundsatzes nach § 5 Abs. 1 EStG verpflichtet, bei Vorliegen der weiteren Voraussetzung der dauernden Wertminderung den niedrigeren Teilwert anzusetzen. Dies ergibt sich aus § 253 Abs. 3 S. 1 HGB. Diese Vorschrift sieht bei Wirtschaftsgütern des Umlaufvermögens, wie beispielsweise Waren, zwingend den Ansatz mit dem zum Bilanzstichtag gegenüber den ursprünglichen Anschaffungskosten niedrigeren Wert vor, der sich aus einem Börsen- oder Marktpreis am Abschlussstichtag ergibt. Beim Absinken der Einkaufspreise gegenüber den bisherigen Einkaufspreisen liegt ein derartiger niedrigerer Wert vor, der zugleich den steuerlichen Teilwertbegriff erfüllt. Der Teilwert von Waren entspricht grundsätzlich dem Einkaufspreis zum Bilanzstichtag. Dieser betrug zum 31.12.2006 lediglich noch 80 % des Einkaufspreises zum Zeitpunkt der Anschaffung des Warenpostens I durch L. Somit liegt ein niedrigerer Teilwert vor. Da die Waren zum Umlaufvermögen gehören und der Preisverfall bis zum Tag der Bilanzerstellung im Februar 2007 anhielt, kann von einer voraussichtlich dauernden Wertminderung ausgegangen werden, vgl. hierzu BMF vom 25.02.2000 BStBl I 2000, 372 Rz. 23. Allerdings sind für die Bilanzierung zum 31.12.2006 die Wertverhältnisse zu diesem Tag entscheidend, so dass die weitere Wertminderung um 5 Prozent bis zum Tage der tatsächlichen Aufstellung des Jahresabschlusses im Februar 2007 insoweit nicht mehr zu berücksichtigen ist. Damit sind aufgrund des Maßgeblichkeitsgrundsatzes und § 253 Abs. 3 S. 1 HGB die Waren des Warenpostens I zum 31.12.2006 mit (20 000 € × 80 %) × 30 % = 4 800 € anzusetzen. Entsprechend vermindert sich insoweit der Wareneinsatz des Jahres 2006 um 4 800 €.

Hinsichtlich des Warenpostens II lag zum 31.12.2005 ein Bilanzierungsfehler vor, wobei allerdings die Bilanz zum 31.12.2005 nicht mehr berichtigt werden kann. Der Bilanzierungsfehler hat sich 2005 Gewinn mindernd ausgewirkt, da infolge der insoweit unterlassenen Warenbestandserfassung ein zu hoher Wareneinsatz ausgewiesen wurde. Somit scheidet eine Berichtigung der Anfangsbilanz 2006 aus, vgl. H 15 (Berichtigung einer Bilanz, die einer bestandskräftigen Veranlagung zugrunde liegt) EStH. R 4.4 Abs. 1 S. 3 EStR verlangt in diesen

---

[1] Möglich ist auch eine Angleichungsbuchung mittels einer »buchtechnischen« Einlagebuchung.

Fällen die erfolgswirksame Richtigstellung des falschen Bilanzansatzes in der Schlussbilanz des ersten noch änderbaren Jahres, was zu einer Nachholung der bisher unterlassenen und infolge des Verfahrensrecht im Fehlerjahr nicht mehr möglichen Gewinnberichtigung führt. Dies kommt jedoch nur dann in Betracht, wenn und soweit sich der früher gemachte Fehler inzwischen nicht bereits wieder ausgeglichen hat. Letzteres ist hinsichtlich des Warenpostens II jedoch erfolgt. Infolge des Bilanzenzusammenhangs hat sich die 2005 fehlerhaft unterlassene und nicht nachgeholte Bilanzierung des Warenpostens II automatisch auch auf den Wareneinsatz des Jahres 2006 ausgewirkt und zwar mit umgekehrten Vorzeichen. Die damit automatisch eingetretene (materiell falsche) Verminderung des Wareneinsatzes 2006 um 10 000 € führte von selbst in 2006 zu einer erfolgswirksamen gewinnerhöhenden nachholenden Berichtigung der fehlerhaften Gewinnauswirkung (zu niedriger Gewinn infolge zu hohen Wareneinsatzes) des Jahres 2005. Die Erfassung des richtigen Totalgewinns ist damit automatisch erfolgt. Da der Warenposten II in der Schlussbilanz des Jahres 2006 richtig bilanziert wurde, muss somit insoweit weder eine Berichtigung der Schlussbilanz noch eine Berichtigung der GuV-Rechnung erfolgen[1].

Bilanzposten	Änderung	Gewinnauswirkung
Kapital 01.01.2005 oder Privateinlagen	+ 20 000 €	./. 20 000 €
Waren	+ 4 800 €	+ 4 800 €
Gesamt		./. 15 200 €

GuV-Posten	Änderung	Gewinnauswirkung
Wareneinsatz	+ 15 200 €	./. 15 200 €

Sachverhalt 2:

Gebildete Rücklagen nach § 7g Abs. 3 EStG können innerhalb des zweijährigen Investitionszeitraums freiwillig gewinnerhöhend aufgelöst werden (BMF vom 25.02.2004 BStBl I 2004, 337 Rz. 28), solange die geplante Investition, für die die Ansparrücklage gebildet wurde, noch nicht getätigt worden ist. Dies setzt allerdings voraus, dass der Betriebsinhaber die Investitionsabsicht aufgegeben hat. Somit kann die vorzeitige Auflösung der Ansparrücklage nicht auf einen Teilbetrag der Rücklage begrenzt werden, sondern umfasst zwangsläufig die volle für das Investitionsvorhaben gebildete Rücklage. Denn sobald von der geplanten Investition Abstand genommen wird, ist der auch für die Fortführung einer zulässig gebildeten Rücklage vorausgesetzte Finanzierungszusammenhang nicht mehr gegeben. Der Zweck der Rücklage nach § 7g Abs. 3 EStG verlangt in zeitlicher Hinsicht, dass die Rücklage die ihr zugedachte Funktion der Finanzierungserleichterung erfüllen kann (BFH vom 14.08.2001 BStBl II 2004, 181). Dies verhindert die Bildung von willkürlichen Ansparrücklagen, die lediglich der steuerlichen Gestaltung dienen sollen. Erklärt der Steuerpflichtige, eine Ansparrücklage gemäß § 7g Abs. 3 EStG vorzeitig – d.h. bereits mit Wirkung für das Folgejahr ihrer Bildung – auflösen zu wollen, so dokumentiert er damit eindeutig, dass er von der geplanten Investition Abstand genommen hat. Damit entzieht er einer nur teilweisen

---

[1] Zwecks Ausweis des betriebswirtschaftlich richtigen Wareneinsatzes des Jahres 2006 wäre jedoch eine den Wareneinsatz erhöhende Umbuchung gegen sonstigen betrieblichen Ertrag sinnvoll.

Fortführung der Rücklage bis zum Ablauf der Zwei-Jahres-Frist des § 7g Abs. 3 S. 2 und Abs. 4 S. 2 EStG die rechtliche Grundlage (BFH vom 21.09.2005 BStBl II 2006, 66). Denn der Steuerpflichtige kann gemäß § 7g Abs. 3 S. 2 EStG eine Ansparrücklage nur so lange bilden, als aus der Perspektive des Endes des betreffenden Wirtschaftsjahres die Prognose gestellt werden kann, dass er das nämliche Wirtschaftsgut voraussichtlich anschaffen oder herstellen werde. Die Teilauflösung einer Ansparrücklage nach § 7g Abs. 3 EStG ist somit nicht möglich. L hat somit durch die von ihm vorgenommene Teilauflösung der Ansparrücklage dokumentiert, dass er von seinem zuvor geplanten Investitionsvorhaben Abstand genommen hat und er musste somit die Ansparrücklage vollständig auflösen. Insbesondere hat er nicht vorgetragen, dass die Preisentwicklung oder ein Anbieterwechsel dazu geführt hätte, dass die ursprünglich geplante Investitionssumme unterschritten werde und somit in der Folge die Ansparrücklage geringer ausfällt. Allein dies hätte ausnahmsweise eine Teilauflösung zulässig gemacht. Für das Jahr 2006 hat nach § 7g Abs. 5 EStG ein Gewinnzuschlag zu erfolgen. Dieser beträgt (32 000 € × 6 % =) 1 920 €. Dieser Gewinnzuschlag ist allein für steuerliche Zwecke außerhalb der Bilanz bei der steuerlichen Einkünfteermittlung vorzunehmen.

Bilanzposten	Änderung	Gewinnauswirkung
Sonderposten mit Rücklageanteil	./. 12 000 €	+ 12 000 €
Gesamt		+ 12 000 €

GuV-Posten	Änderung	Gewinnauswirkung
Sonstiger betrieblicher Ertrag	+ 12 000 €	+ 12 000 €

Außerbilanzielle Korrektur zur Ermittlung des steuerlichen Gewinns: + 1 920 €

Sachverhalt 3:
Die auf dem betrieblichen Girokonto entstandenen Schuldzinsen sind in Höhe von 500 € durch den Erwerb des privaten Pkw entstanden und damit insoweit keine Betriebsausgaben.

Bilanzposten	Änderung	Gewinnauswirkung
Entnahmen	+ 500 €	+ 500 €
Gesamt		+ 500 €

GuV-Posten	Änderung	Gewinnauswirkung
Zinsaufwand	./. 500 €	+ 500 €

Die verbliebenen betrieblich veranlassten Schuldzinsen sind zum Teil nach § 4 Abs. 4a EStG steuerlich nicht als Betriebsausgaben abziehbar, da im Jahr 2006 durch L Überentnahmen getätigt worden sind. Zu den Entnahmen des Jahres 2006 gehört auch die mit eingehenden Betriebseinnahmen erfolgte Tilgung des privaten Sollsaldos des Zeitraums Februar 2006 bis April 2006. Die von L vorgenommene Entnahmebuchung bei Überweisung des privaten Rechnungsbetrags 20 000 € im Februar 2006 braucht daher aus Sicht des § 4 Abs. 4a EStG nicht korrigiert werden (vgl. a. BMF vom 17.11.2005 BStBl I 2005, 1019 Rz. 6). Der Entnahmeüberschuss nach Saldierung der, um 500 € nach oben korrigierten, Entnahmen mit den Einlagen im Jahr 2006 beträgt somit (40 000 € ./. 3 000 € =) 37 000 €. Dieser erhöht sich nicht um den Verlust des Jahres 2006, da in einem Verlustjahr der Verlust bei der Berechnung des Entnahmeüberschusses diesen bei der Frage, ob Überentnahmen entstanden sind, nicht beeinflussen darf (vgl. a. BMF vom 17. 11. 2005 BStBl I 2005, 1019 Rz. 11). Der Verlust des Jahres 2006 muss aber mit den Unterentnahmen aus dem Jahr 2005 verrechnet werden. Der Verlust des Jahres 2006 beträgt:

bisher erklärt	./. 19 220 €
Korrektur Sachverhalt 1	./. 15 200 €
Korrektur Sachverhalt 2	+ 12 000 €
außerbilanziell Sachverhalt 2	+ 1 920 €
Korrektur Sachverhalt 3	+ 500 €
Endgültiger Verlust	./. 20 000 €

Maßgebend für die Berechnung der Überentnahmen ist der steuerliche Gewinn unter Berücksichtigung außerbilanzieller Zurechnungen vor Anwendung des § 4 Abs. 4a EStG. Somit steht nur der Restbetrag von (30 000 € ./. 20 000 € =) 10 000 € an Unterentnahmen aus dem Jahr 2005 zur Minderung der Überentnahmen im Jahr 2006 zur Verfügung. Im Jahr 2006 sind daher (37 000 € ./. 10 000 € =) 27 000 € Überentnahmen für die Berechung der nicht abziehbaren Schuldzinsen nach § 4 Abs. 4a S. 3 EStG zu Grunde zu legen. Der typisiert berechnete Betrag der nichtabziehbaren Schuldzinsen beträgt somit (27 000 € × 6 % =) 1 620 €. Anschließend ist die Höchstbetragsberechnung nach § 4 Abs. 4a S. 4 EStG durchzuführen, da der typisiert berechnete Zurechnungsbetrag lediglich insoweit dem steuerlichen Gewinn hinzugerechnet wird, als er den Höchstbetrag nicht überschreitet. Ausgangspunkt dieser Höchstbetragsberechung sind die tatsächlich im Wirtschaftsjahr angefallenen betrieblich veranlassten Schuldzinsen. Privat veranlasste Schuldzinsen sind von vornherein auszuscheiden, vorliegend also die Schuldzinsen für die Anschaffung des privaten Pkw im Februar 2006 in Höhe von 500 €. Nach § 4 Abs. 4a S. 5 EStG sind auf Investitionsdarlehen von Wirtschaftsgütern des Anlagevermögens entfallende Schuldzinsen von der Abzugsbeschränkung des § 4 Abs. 4a EStG ausgenommen. Als einschlägige Investitionen kommen die Anschaffung der EDV-Anlage im September 2006 und die Anschaffung des Geschäftswagens im Dezember 2006 in Betracht. Für den unbegrenzten Schuldzinsenabzug zur Finanzierung von Wirtschaftsgütern des Anlagevermögens ist es jedoch grundsätzlich erforderlich, dass ein gesondertes Darlehen aufgenommen wird. Die Finanzierung über ein betriebliches Girokonto ist nicht ausreichend (vgl. BMF vom 17. 11. 2005 BStBl I 2005, 1019 Rz. 27). Damit handelt es sich bei der Erhöhung des Schuldsaldos infolge der Anschaffung der EDV-Anlage nicht um ein begünstigtes Investitionsdarlehen. Hingegen ist die Darlehensaufnahme für die Anschaffung des Geschäftswagens im Dezember 2006 begünstigt, da hierfür ein gesondertes Darlehen aufgenommen wurde. Die darauf entfallenden Schuldzinsen 200 € bleiben vorweg abzugsfähig. Zu den im Sinne von § 4 Abs. 4a EStG einzubeziehenden Schuldzinsen gehören aber auch mit einer Finanzierung zusammenhängende Geldbeschaffungskosten (vgl. BMF vom 17. 11. 2005 BStBl I 2005, 1019 Rz. 22). Daher sind die von L als Kreditgebühren gebuchten Bearbeitungsgebühren im Zusammenhang mit den kurzfristigen Krediten für die Anschaffung der zum Umlaufvermögen zählenden Waren in Höhe von 100 € mit einzubeziehen. Damit berechnet sich der einzubeziehende Schuldzinsenbetrag wie folgt:

Bisher gebuchte Schuldzinsen	4 200 €
Zuzüglich als Kreditkosten gebuchte Bearbeitungsgebühren	+ 100 €
Abzüglich privat veranlasste Schuldzinsen	./. 500 €
Abzüglich Zinsen für Investitionsdarlehen	./. 200 €
Maßgebliche Schuldzinsen	3 600 €

Die einzubeziehenden Schuldzinsen sind um den Sockelbetrag abzugsfähig bleibender Schuldzinsen in Höhe von 2050 € zu kürzen, so dass sich der Höchstbetrag der nicht abziehbaren Schuldzinsen auf 1 550 € beläuft. Dieser Betrag ist kleiner als der typisiert berechnete Zurechnungsbetrag von 1 620 €, so dass die **nichtabziehbaren Schuldzinsen 1 550 €** betragen. Dieser Betrag ist außerhalb der Bilanz dem steuerlichen Gewinn hinzuzurechnen. Damit ergibt sich im Jahr 2006 ein steuerlicher Verlust von 18 450 €.

V. Punktetabelle

Die Korrekturpunkte für die rechtliche Wertung sind entweder voll zu vergeben oder voll zu streichen. Für die Berichtigung der Bilanzposten und GuV-Posten kann für jede (folge-) richtige Position nur ein halber Korrekturpunkt vergeben werden. Ein Folgefehler liegt insoweit nur vor, wenn sich der Fehler durch Versagung eines Punktes für die rechtliche Würdigung bereits ausgewirkt hat. Unterbleibt eine Berichtigung, da die rechtliche Würdigung fehlerhaft ist, liegt kein Folgefehler vor.

	Punkte
Sachverhalt 1	
Angleichungsbuchung Warenbestand/Anfangskapital zum 01.01.2006 vorgenommen	1
Für Warenposten I zum 31.12.2006 Teilwertabschreibung geprüft	1
Voraussichtlich dauernde Wertminderung begründet bejaht	1
Bilanzierung Warenposten I zum 31.12.2006 mit niedrigerem Teilwert 4 800 €	1
Hinsichtlich Warenposten II erfolgswirksame Fehlerberichtigung in 2006 angesprochen	1
Automatischen Fehlerausgleich in 2006 begründet	1
Bilanzposten-Berichtigung	1
GuV-Posten-Berichtigung	0,5
Sachverhalt 2	
Freiwillige Auflösung einer Rücklage nach § 7g Abs. 3 EStG bejaht	1

	Punkte
Teilauflösung begründet verneint	1
Gewinnzuschlag nach § 7g Abs. 5 EStG (folge-)richtig berechnet	1
Außerbilanzielle Korrektur durch Gewinnzuschlag	1
Bilanzposten-Berichtigung	0,5
GuV-Posten-Berichtigung	0,5
Sachverhalt 3	
Schuldzinsen infolge Erwerb privater Pkw keine Betriebsausgaben	1
Bilanzposten-Berichtigung	0,5
GuV-Posten-Berichtigung	0,5
§ 4 Abs. 4a EStG geprüft	1
Überentnahmen des Jahres 2006 mit 37 000 € berechnet	1
Verlustverrechnung mit Unterentnahmen des Vorjahres	1
Für Berechnung der nichtabziehbaren Schuldzinsen verbleibende Überentnahmen mit 27 000 € berechnet	1
Typisiert berechneter Betrag (folge-)richtig	1
Höchstbetragsberechnung durchgeführt ohne privat veranlasste Schuldzinsen	1
Schuldzinsen für Investitionsdarlehen Erwerb Geschäftswagen ausgeschieden	1
Schuldzinsen für Investitionsdarlehen Erwerb EDV-Anlage begründet einbezogen	1
Geldbeschaffungskosten mit einbezogen	1
Höchstbetrag nicht abziehbarer Schuldzinsen (folge-)richtig berechnet	1
Außerbilanzielle Zurechnung des ermittelten Betrags	1
Summe	25,5

Klausuraufgabe 4:
Wertberichtigung Kundenforderungen/Festwertbewertung/ Rückstellung für Patentverletzung/Abzinsung einer Rückstellung/ Erschließungsbeiträge als nachträgliche Anschaffungskosten/ Rückstellung für ungewisse Verbindlichkeit/immaterielles Wirtschaftsgut bei mitbenutzter öffentlicher Einrichtung

I. Allgemeine Angaben

Josef Unger (U) betreibt in der Gemeinde X in Hessen seit Jahren als Einzelfirma einen Handwerksbetrieb, in dessen Rahmen er auch einen Heimwerkerservice anbietet. Die Firma ist im Handelsregister eingetragen. U ermittelt den Gewinn durch Bestandsvergleich nach § 5 EStG und macht regelmäßig Abschlüsse auf den Schluss des Kalenderjahres. Die Abschlüsse werden von U regelmäßig Ende Februar des auf das Wirtschaftsjahr folgenden Kalenderjahres erstellt. U hat jeweils eine Einheitsbilanz aufgestellt, die – soweit sich aus den Feststellungen unter der nachfolgenden Ziffer III nichts anderes ergibt – den handels- und steuerrechtlichen Vorschriften entspricht. U versteuert seine Umsätze nach den allgemeinen Grundsätzen des UStG und zum Regelsteuersatz von 16%. Soweit sich aus den einzelnen Sachverhalten nichts anderes ergibt, sind die Umsatzsteuern auf die Eingangsumsätze in vollem Umfang als Vorsteuern abzugsfähig. Aufgrund einer ordnungsgemäßen Prüfungsanordnung fand im Juni 2006 bei U eine Außenprüfung für die Jahre 2003 bis 2005 statt. Die Veranlagungen der Jahre 2003 bis 2005 sind nach § 164 AO durchgeführt. Die Veranlagungen der Vorjahre sind bestandskräftig und können nach den Vorschriften der AO nicht mehr geändert werden. U strebt ein möglichst niedriges Gesamtgewinnergebnis in den geprüften Jahren an. Unterstellen Sie, dass die Voraussetzungen für hierfür eventuell erforderliche Bilanzänderungen nach § 4 Abs. 2 S. 2 EStG erfüllt sind.

II. Aufgabe

Die bei der Außenprüfung ermittelten und unter Ziffer III. aufgeführten Sachverhalte sind auszuwerten. Dabei werden – getrennt für jeden Einzelsachverhalt – folgende Arbeiten verlangt:
1. eine kurze, aber erschöpfende steuerliche Beurteilung mit Hinweis auf die einschlägigen Rechtsgrundlagen,
2. erforderliche Berechnungen, Kontenentwicklungen oder Buchungen müssen nachvollziehbar dargestellt sein; Cent-Beträge sind ab 50 Cent auf volle Euro-Beträge aufzurunden bzw. bis 49 Cent auf volle Euro-Beträge abzurunden.
3. Auf die gewerbesteuerlichen Auswirkungen der Prüfungsfeststellungen ist nicht einzugehen.
4. Am Schluss einer jeden Textziffer sind die Auswirkungen (Änd.) auf die Bilanzposten (einschließlich der Entnahmen und Einlagen) und auf die GuV-Posten und zudem die Gewinnauswirkungen (GA) im Rahmen der Bilanz-Methode und der GuV-Methode nach folgendem Schema darzustellen:

Bilanzposten		2003		2004		2005	
	Änd.	GA	Änd.	GA	Änd.	vGA	

GuV-Posten		2003		2004		2005	
	Änd.	GA	Änd.	GA	Änd.	GA	

III. Einzelsachverhalte

Sachverhalt 1:

U erfasst die pauschalen Wertberichtigungen seiner Kundenforderungen im indirekten Verfahren über das Konto Delkredere, das als gemischtes ruhendes Konto geführt wird. Dementsprechend hat er in seinen Bilanzen der Jahre 2003 bis 2005 pauschale Wertberichtigungen in Höhe von jeweils 2 % des jeweiligen Forderungsbestandes (brutto) berechnet und als Delkredere ausgewiesen. Das Delkrederekonto wurde demgemäß ausgewiesen zum 31. 12. 2003 mit 2320 €, zum 31. 12. 2004 mit 2784 € und zum 31. 12. 2005 mit 2552 €. Der Delkrederebestand in der Bilanz vom 31. 12. 2002 in Höhe von 1 800 € war in einer dieses Jahr abdeckenden Außenprüfung nicht beanstandet worden. Zum vorliegenden aktuellen Prüfungszeitraum der Jahre 2003 bis 2005 traf der Prüfer folgende Feststellungen:

Im Rahmen der Arbeiten zum Jahresabschluss für 2003 hatte der Chefbuchhalter der Firma eine Forderung gegen den Kunden Faul in Höhe von brutto 11 600 € vollständig ausgebucht und eine entsprechende Umsatzsteuerkorrektur vorgenommen, weil für diese Forderung zum 31. 12. 2003 die zivilrechtliche Verjährung eingetreten ist. Der Kunde Faul ist zwar ein guter Kunde des U, hat aber seit jeher ein eher schleppendes Zahlungsverhalten an den Tag gelegt, worüber sich U aber seither nicht besonders gekümmert hat, weil Faul noch jedes Mal seine Schulden bezahlt hatte. Auch hinsichtlich der nunmehr abgeschriebenen Forderung hatte Faul bislang kein besonders auffälliges Verhalten gezeigt. Im Februar 2004 traf sich U mit Faul anlässlich eines Geschäftsessens, an dem auch der besagte Chefbuchhalter des U teilnahm. Dieser machte dem Faul Vorwürfe über seine lasche Zahlungsmoral. Darüber war Faul so empört, dass er dem U gegenüber äußerte, ab jetzt werde er sich auch so pingelig verhalten und die noch offene Forderung von 11 600 € könne er wegen der Verjährung vergessen. Das Verhältnis von U zu Faul war seither stark abgekühlt bis zu einem Treffen im Dezember 2005. Dabei versöhnten sich U und Faul wieder und tatsächlich überwies noch im Dezember 2005 der Faul dem Unternehmen U die ausstehende, seit Ende 2003 verjährte Forderung von 11 600 € in voller Höhe. U verbuchte diesen Geldeingang in voller Höhe als sonstiger betrieblicher Ertrag.

Aufgrund langjähriger betrieblicher Erfahrungen kann für nicht einzelwertberichtigte Kundenforderungen von einem allgemeinen Ausfallrisiko von 0,7 % ausgegangen werden, für Zinsverluste infolge verspäteter Zahlungen von Kunden von einem Zinsrisiko von 0,5 % und für Beitreibungskosten gegen zahlungssäumige Kunden von einem Beitreibungsrisiko von 0,3 %.

Sachverhalt 2:

U hatte bereits seit Jahren für eine Gruppe von zum Anlagevermögen gehörenden Werkzeugen zulässigerweise einen Festwert gebildet und in Höhe von 10 000 € bilanziert.

Zum 31.12.2003 war eine turnusmäßige (Drei-Jahres-Turnus) Überprüfung des Festwerts vorzunehmen. Die körperliche Bestandsaufnahme der zu der entsprechenden Werkzeuggruppe gehörenden Werkzeuge ergab einen Wert in Höhe von 14 000 €, da U mittlerweile diese Werkzeuggruppe erheblich aufgestockt hatte. So hatte er auch in 2003 zur Festwertgruppe zählende Werkzeuge für netto 3 000 € erworben und auch 2004 und 2005 wurden als Ersatzbeschaffungen entsprechende Werkzeuge für netto 3 500 € (im Jahr 2004) und netto 4 000 € (im Jahr 2005) erworben. U hatte die Nettobeträge der Einkäufe jeweils über das Konto »sonstiger betrieblicher Aufwand« verbucht (Vorsteuer wurde richtig verbucht) und den Festwert zu den Bilanzstichtagen 2003, 2004 und 2005 unverändert mit 10 000 € bilanziert. Unter den Werkzeugen der Festwertgruppe befand sich eine Schlagbohrmaschine. Diese veräußerte U im Oktober 2005 für netto 400 € zuzüglich 16 % Umsatzsteuer. Da die Schlagbohrmaschine zur Festwertgruppe gehörte und damit für sie kein gesonderter Buchwert ausgewiesen war, verbuchte U den Vorgang im Oktober 2005 wie folgt:

    Kasse   464 €   an   Privateinlage   400 €
                                       Umsatzsteuer   64 €

Sachverhalt 3:

Seit 2002 verwendet U in seinem Betrieb ein patentrechtlich geschütztes Verfahren ohne dafür dem Patentinhaber Unternehmer P Lizenzen dafür zu zahlen. P hat bislang von der Rechtsverletzung noch keine Kenntnis erlangt. Dennoch hat U deshalb erstmalig in seiner Bilanz für das Wirtschaftsjahr 2002 eine Rückstellung wegen der Patentrechtsverletzung gebildet, weil er davon ausgeht, dass er an den P Schadensersatz zu leisten hätte, sobald dieser von der Nutzung des Verfahrens durch U erfahren würde. Da U das Verfahren auch in den Jahren 2003 bis 2005 weiter genutzt hat, wurde die Rückstellung auch in diesen Jahren weitergeführt und jeweils entsprechend des sich erhöhenden Schadensersatzanspruches aufgestockt. Die Höhe der Rückstellungen richtete U an den üblichen Lizenzgebühren für die Nutzung des Verfahrens aus. Die Höhe der Rückstellungen betrug somit

    zum 31.12.2002:   2 000 €
    zum 31.12.2003:   4 000 €
    zum 31.12.2004:   6 000 €
    zum 31.12.2005:   8 000 €.

P hatte auch noch im Jahr 2006 nichts von der unberechtigten Nutzung des Verfahrens erfahren. Der Patentschutz besteht noch über das Jahr 2005 hinaus.

Sachverhalt 4:

U hat im April 2005 in der Gemeinde X für 100 000 € (einschließlich Nebenkosten) ein unbebautes Grundstück für betriebliche Zwecke erworben und ordnungsgemäß mit 100 000 € eingebucht. Das Grundstück war zum Erwerbszeitpunkt bereits seit mehreren Jahren voll erschlossen. In der Gemeinde X besteht die kommunalrechtliche Regelung, dass die Gemeinde X in regelmäßigen mehrjährigen Abständen von den Grundstückseigentümern Abwasserbeiträge erheben kann, die einer angemessenen Ausstattung öffentlicher Einrichtungen mit Betriebskapital dienen sollen. Dementsprechend orientieren sich die Beiträge am Wiederbeschaffungszeitwert der erforderlichen Anlagen als Ausgangsgröße. Die Beitragsschuld ist nach der kommunalen Satzung für den jeweiligen Grundstückseigentümer dann entstanden, sobald das Grundstück an die Einrichtung angeschlossen werden konnte, aber auch wenn es bereits an die öffentlichen Abwasseranlagen angeschlossen war. Lediglich die Fälligkeit der Beiträge ist von der Bekanntgabe des Beitragsbescheids abhängig. Die nächsten Beitragsbescheide werden nach den veröffentlichten Planungen der Gemeinde X im März des Jahres 2006 mit Beitragsfälligkeit zum 30.04.2006 festgesetzt und verschickt werden. Als Berechnungsgrundlage legt die Gemeinde hierfür den Stand des Wiederbeschaffungszeitwerts der kommunalen Abwasseranlage zum 31.12.2005 zu Grunde. U aktivierte daher zum 31.12.2005 einen Betrag in Höhe von 10 000 € als nachträgliche Anschaffungskosten des im April 2005 erworbenen Grundstücks. Dieser Betrag entspricht einer sachgemäßen Schätzung des auf U zukommenden Beitragsaufwands. Da der Beitragsbescheid mit der genauen Beitragshöhe zum 31.12.2005 noch nicht vorlag, passivierte U im Gegenzug eine Rückstellung in Höhe von 10 000 €.

IV. Lösung

Sachverhalt 1:

Die Forderung gegen den Kunden Faul war trotz der eingetretenen Verjährung zum 31.12.2003 nicht auszubuchen, da durch die Verjährung die Forderung zivilrechtlich nicht erlischt und sich Faul bislang nicht auf die Verjährung berufen hatte. Das schleppende Zahlungsverhalten des Faul wird durch die pauschale Wertberichtigung für das allgemeine Zinsrisiko erfasst. Dementsprechend kann auch umsatzsteuerlich nicht von einer wirtschaftlichen Uneinbringlichkeit des Entgelts ausgegangen werden, so dass insoweit auch eine Korrektur der Umsatzsteuer nicht zu erfolgen hat. Ab Februar 2004 macht Faul die Verjährung als dauerndes Zahlungshindernis geltend, so dass zum 31.12.2004 die Forderung als Forderungsverlust auszubuchen ist. U konnte dabei auch von einer voraussichtlich dauernden Wertminderung der Forderung ausgehen. Zudem hat eine Korrektur der Umsatzsteuer zu erfolgen – § 17 Abs. 2 Nr. 1 S. 1 UStG. Die Zahlung auf die ausgebuchte Forderung im Dezember 2005 ist daher in Höhe ihres Nettobetrages als sonstiger betrieblicher Ertrag zu erfassen. Zudem entsteht die ursprüngliche Umsatzsteuerschuld wieder neu gemäß § 17 Abs. 2 Nr. 1 S. 2 UStG.

Die Wertberichtigungen sind hinsichtlich des Ausfallrisikos auf der Basis der Nettoforderungen zu berechnen, da ein eventueller Ausfall zur einer Umsatzsteuerberichtigung nach § 17 Abs. 2 Nr. 1 UStG führen würde und sich daher die Umsatzsteuer nicht als Aufwand auswirken würde. Hinsichtlich des Zins- und Beitreibungsrisikos hat eine Berechnung auf der Basis der Bruttoforderungen zu erfolgen, da jeweils der Bruttobetrag der Forderungen verspätet eingehen würde bzw. beigetrieben werden müsste und daher dieser Bruttobetrag zu Zinsverlusten bzw. zu Beitreibungskosten führen würde. Die Wertberichtigung des Forderungsbestandes in den Jahren 2003 bis 2005 ist daher wie folgt zu berechnen:

Zum 31.12.2003:

Bisheriger Forderungsbestand brutto	2 320 € : 2 × 100 =	116 000 €
Zuzüglich Forderung Kunde Faul		+ 11 600 €
Forderungsbestand 31.12.2003 brutto		127 600 €
Ausfallrisiko	110 000 € × 0,7 % =	770 €
Zinsrisiko	127 600 € × 0,5 % =	634 €
Beitreibungsrisiko	127 600 € × 0,3 % =	383 €
Wertberichtigungsbedarf zum 31.12.2003		1 787 €

Zum 31. 12. 2004:

Forderungsbestand brutto	2 784 € : 2 × 100 =	139 200 €
Ausfallrisiko	120 000 € × 0,7 % =	840 €
Zinsrisiko	139 200 € × 0,5 % =	696 €
Beitreibungsrisiko	139 200 € × 0,3 % =	418 €
Wertberichtigungsbedarf zum 31. 12. 2004		1 954 €

Zum 31. 12. 2005:

Forderungsbestand brutto	2 552 € : 2 × 100 =	127 600 €
Ausfallrisiko	110 000 € × 0,7 % =	770 €
Zinsrisiko	127 600 € × 0,5 % =	638 €
Beitreibungsrisiko	127 600 € × 0,3 % =	383 €
Wertberichtigungsbedarf zum 31. 12. 2005		1 791 €

	2003		2004		2005	
Bilanzposten	Änd.	GA	Änd.	GA	Änd.	GA
Forderungen	+ 11 600 €	+ 11 600 €	–	–	–	–
Umsatzsteuer	+ 1 600 €	./. 1 600 €	–	–	+ 1 600 €	./. 1 600 €
Delkredere	./. 533 €	+ 533 €	./. 830 €	+ 830 €	./. 761 €	+ 761 €
Summe		+ 10 533 €		+ 830 €		./. 839 €
Folgewirkung				./. 10 533 €		./. 830 €
Gesamt		+ 10 533 €		./. 9 703 €		./. 1 669 €

	2003		2004		2005	
GuV-Posten	Änd.	GA	Änd.	GA	Änd.	GA
Abschreibung Forderung	./. 10 000 €	+ 10 000 €	+ 10 000 €	./. 10 000 €	–	–
s. b. Ertrag					./. 1 600 €	./. 1 600 €
Delkredere-aufwand	./. 533 €	+ 533 €	./. 297 €	+ 297 €	–	–
Delkredere-ertrag					./. 69 €	./. 69 €
Gesamt		+ 10 533 €		./. 9 703 €		./. 1 669 €

Sachverhalt 2:

Die Überprüfung zum 31. 12. 2003 ergab einen bestandsmäßig ermittelten Wert, der um 4 000 € über dem bisherigen Festwert lag und diesen somit um mehr als 10 % überschreitet. Daher ist gemäß R 5.4 Abs. 4 S. 2 EStR dieser ermittelte Wert als neuer Festwert maßgeblich. Der bisherige Festwert ist somit aus den nach dem 31. 12. 2002 erfolgten Ersatzbeschaffungen solange aufzustocken, bis der neue Festwert erreicht ist – R 5.4 Abs. 4 S. 3 EStR. Damit ist der Festwert zum 31. 12. 2003 mit 13 000 € und ab dem 31. 12. 2004 mit 14 000 € zu bilanzieren.

Dementsprechend dürfen sämtliche Ersatzbeschaffungen des Jahres 2003 und 1 000 € der Ersatzbeschaffungen des Jahres 2004 nicht als Aufwand gebucht werden.

Die Veräußerung der Schlagbohrmaschine ist als Veräußerung eines Wirtschaftsgutes des Betriebsvermögens als betrieblicher Vorgang zu erfassen. Der Veräußerungserlös wirkt sich in voller Höhe des Nettobetrages als Ertrag aus, da ein Buchwertabgang der zur Festwertgruppe gehörenden Schlagbohrmaschine fehlt.

		2003		2004		2005
Bilanzposten	Änd.	GA	Änd.	GA	Änd.	GA
Betriebs- und Geschäfts-ausstattung	+3 000 €	+3 000 €	+4 000 €	+4 000 €	+4 000 €	+4 000 €
Folgewirkung				./. 3 000 €		./. 4 000 €
Privateinlagen					./. 400 €	+400 €
Gesamt		+3 000 €		+1 000 €		+400 €

		2003		2004		2005
GuV-Posten	Änd.	GA	Änd.	GA	Änd.	GA
s. b. Aufwand	./. 3 000 €	+3 000 €	./. 1 000 €	+1 000 €		
s. b. Ertrag					+400 €	+400 €
Gesamt		+3 000 €		+1 000 €		+400 €

Sachverhalt 3:

Die Verletzung des fremden Patentrechts führt zu einer Schadensersatzpflicht des U gegenüber P zumindest in Höhe der angemessenen Lizenzgebühren, so dass eine in der Höhe ungewisse Verbindlichkeit vorliegt. Nach § 249 Abs. 1 S. 1 HGB besteht eine Pflicht zur Bildung einer Rückstellung für ungewisse Verbindlichkeiten, die aufgrund des Maßgeblichkeitsgrundsatzes nach § 5 Abs. 1 EStG grundsätzlich auch für die Steuerbilanz gilt. Voraussetzung der Rückstellungsbildung ist zudem die wirtschaftliche Verursachung der Pflicht zum Bilanzstichtag. Dies ist aufgrund der jeweils erfolgten Verletzungshandlungen in den einzelnen Jahren gegeben. Außerdem muss der Schuldner am Bilanzstichtag mit seiner Inanspruchnahme ernsthaft rechnen (vgl. R 5.7 Abs. 2 EStR). Für Rückstellungen wegen der Verletzung fremder Patentrechte gilt allerdings die steuerliche Sonderregelung des § 5 Abs. 3 EStG. Danach dürfen Rückstellungen wegen Verletzung fremder Patentrechte erst gebildet werden, wenn entweder der Rechteinhaber Ansprüche wegen der Rechtsverletzung geltend gemacht hat oder mit einer Inanspruchnahme wegen der Rechtsverletzung ernsthaft zu rechnen ist. P hat bisher keine Ansprüche geltend gemacht und ob mit einer Inanspruchnahme wegen der Rechtsverletzung ernsthaft zu rechnen ist, erscheint wegen der mangelnden Kenntnis des P von der Rechtsverletzung zweifelhaft. Dass ernsthaft mit einer Inanspruchnahme zu rechnen ist, erfordert jedoch nicht, dass der geschädigte Patentinhaber in irgendeiner Weise reagiert hat. Nach Ansicht des BFH (BFH vom 09. 02. 2006 BStBl II 2006, 517) ist auch nicht erforderlich, dass die Patentverletzung dem Rechteinhaber bekannt geworden ist oder die Kenntnisnahme unmittelbar bevorsteht. Wenn eine Verbindlichkeit wegen Patentverletzung dem Grunde nach besteht, so darf im Allgemeinen unter Kaufleuten davon ausgegangen werden, dass die Geltendmachung durch den Gläubiger auch wahrscheinlich ist. Dass aus anderen Gründen damit zu rechnen ist, dass P bei Kenntniserlangung von der Patentverletzung auf die Inanspruchnahme des U verzichten wird, ist aus dem Sachverhalt nicht ersichtlich. Somit durfte U die Rückstellungen in den jeweiligen Jahren bilden. Da die Ansprüche allerdings bislang nicht geltend gemacht worden sind, ist die Rückstellung nach § 5 Abs. 3 S. 2 EStG spätestens in der Bilanz zum 31. 12. 2005 Gewinn erhöhend aufzulösen, da die erstmalige Bildung der Rückstellung in der Bilanz zum 31. 12. 2002 erfolgt ist. Hierbei ist die Rückstellung vollständig aufzulösen und nicht nur der Teil, der bereits zum 31. 12. 2002 gebildet worden ist. Wird ein Patent in mehreren Jahren verletzt, bestimmt sich der Ablauf der Auflösungsfrist nach der erstmaligen Verletzung. Das Auflösungsgebot in § 5 Abs. 3 EStG bezieht sich auf alle Rückstellungsbeträge, die wegen der Verletzung desselben Schutzrechts passiviert worden sind. Hat der Steuerpflichtige nach der erstmaligen Bildung der Rückstellung das Schutzrecht weiterhin verletzt und deshalb die Rückstellungen in den folgenden Wirtschaftsjahren erhöht, beginnt für die Zuführungsbeträge keine neue Frist.

Allerdings unterliegt die Rückstellung dem Abzinsungsgebot nach § 6 Abs. 1 Nr. 3a Buchst. e EStG. Hierfür ist der Abzinsungszeitraum zu bestimmen. Vorliegend handelt es sich um eine Geldleistungspflicht, bei der daher auf den voraussichtlichen Erfüllungszeitpunkt abzustellen ist. Dieser ist aber noch nicht bestimmbar, da P noch keine Kenntnis von der Rechtsverletzung erlangt hat. Die voraussichtliche Restlaufzeit einer Rückstellung für ungewisse Verbindlichkeiten am Bilanzstichtag ist nach den Umständen des jeweiligen Einzelfalles zu schätzen. Liegen für eine objektive Schätzung der Restlaufzeit keine Anhaltspunkt vor, kann hilfsweise § 13 Abs. 2 BewG analog angewendet werden. Danach ergibt sich bei einer unverzinslichen Verbindlichkeit, die in einem Betrag fällig ist, nach Tabelle 2 zu § 13 Abs. 2 BewG ein Vervielfältiger von 0,503 (vgl. BMF vom 26. 05. 2005 BStBl I 2005, 699 Rz. 24, 6 und 7). Dies entspricht einer Restlaufzeit von zwölf Jahren, zehn Monaten und zwölf Tagen. Diese Art der Schätzung kann allerdings aus sachlogischen Gründen in Fällen des § 5 Abs. 3 S. 2 EStG als nicht vertretbar angesehen werden. Die Laufzeit der Rückstellung kann unter Abzinsungsgesichtspunkten nicht weiter gehen als bis zu dem Zeitpunkt, zu dem sie zwingend aufzulösen ist. Das Gesetz unterstellt typisierend, dass mit einer Inanspruchnahme nicht mehr zu rechnen ist bzw. dass dies nicht mehr als hinreichend wahrscheinlich angesehen werden kann, wenn innerhalb von drei Jahren nach dem Wirtschaftsjahr der erstmaligen Rechtsverletzung Ansprüche nicht geltend gemacht worden sind. Damit fällt auch der voraussichtliche Erfüllungszeitpunkt weg. Es ist damit vertretbar, eine Abzinsung der Rückstellung auf diesen Zeitpunkt hin vorzunehmen. Die abgezinsten Werte der Rückstellung betragen somit

Zum 31. 12. 2002:	2 000 € × 0,852	= 1 704 €
Zum 31. 12. 2003:	4 000 € × 0,898	= 3 592 €
Zum 31. 12. 2004:	6 000 € × 0,948	= 5 688 €

Die Bilanz zum 31. 12. 2002 ist jedoch nicht mehr abänderbar, da sie einer bestandskräftigen Veranlagung zu Grunde liegt. Die Berichtigung dieses gewinnwirksamen Fehlers hat grundsätzlich in der Schlussbilanz des ersten Jahres zu erfolgen, dessen Veranlagung noch geändert werden kann. Vorliegend somit in der Bilanz zum 31. 12. 2003. Anzusetzen ist der Wert, mit dem die Bilanzposition bei von vornherein zutreffender bilanzieller Behandlung in dieser Bilanz erscheinen würde, vgl. H 4.4 (Richtigstellung eines unrichtigen Bilanzansatzes) EStH.

Bilanzposten	Änd.	2003 GA	Änd.	2004 GA	Änd.	2005 GA
Rückstellung	./. 408 €	+ 408 €	./. 312 €	+ 312 €	./. 8 000 €	+ 8 000 €
Folgewirkung				./. 408 €		./. 312 €
Gesamt		**+ 408 €**		**./. 96 €**		**+ 7 688 €**

GuV-Posten	Änd.	2003 GA	Änd.	2004 GA	Änd.	2005 GA
s. b. Aufwand	./. 408 €*	+ 408 €	+ 96 €	./. 96 €	./. 2 000 €	+ 2 000 €
s. b. Ertrag					+ 5 688 €	+ 5 688 €
Gesamt		**+ 408 €**		**./. 96 €**		**+ 7 688 €**

* berichtigter Zuführungsaufwand 2003: 2 000 € ./. (3 592 € ./. 1 704 €) =	112 €
Nachholung Fehlerberichtigung 2002: 2 000 € ./. 1 704 € =	296 €
Summe	408 €

Sachverhalt 4:

Die Bildung der Rückstellung wäre nach § 5 Abs. 4b EStG unrichtig, wenn es sich bei den künftigen Anliegerbeiträgen um nachträgliche Anschaffungskosten des Grundstücks handeln würde. Für die Bestimmung der Anschaffungskosten ist auch steuerrechtlich der in § 255 Abs. 1 S. 1 HGB definierte handelsrechtliche Anschaffungskostenbegriff maßgebend. Er ist umfassend und beinhaltet alle mit dem Anschaffungsvorgang verbunden Kosten, so auch Erwerbsnebenkosten und nachträgliche Anschaffungskosten. Nicht entscheidend ist, ob diese Kosten bereits im Zeitpunkt des Erwerbs oder erst im Anschluss hieran als Folgekosten des Erwerbsvorgangs entstehen. Allerdings können Anschaffungskosten nur solche Kosten sein, die nach wirtschaftlicher Betrachtungsweise der Beschaffung des Wirtschaftsguts tatsächlich zuzuordnen sind. Hierzu ist ein bloßer kausaler oder zeitlicher Zusammenhang mit der Anschaffung nicht ausreichend. Vielmehr kommt es auf die Zweckbestimmung der Aufwendungen an, wobei der Zweck auf die beabsichtige Funktion und Eigenschaft des angeschafften Wirtschaftsguts als Teil des Betriebsvermögens gerichtet sein muss. Es soll ein Wirtschaftsgut in betriebsbereitem Zustand erworben werden. So stellen Beiträge zur erstmaligen Erschließung eines Grundstücks grundsätzlich (nachträgliche) Anschaffungskosten dar. Vorliegend handelt es sich jedoch nicht um Beiträge zur erstmaligen Erschließung des Grundstücks. Die Beiträge sollten einer angemessenen Ausstattung öffentlicher Einrichtungen mit Betriebskapital dienen. Erheben Gemeinden Beiträge mit dem Ziel der Finanzierung von Maßnahmen zur Verbesserung ihrer eigenen Infrastruktur, können darin nur dann nachträgliche Anschaffungskosten der betroffenen Grundstücke gesehen werden, wenn sie zumindest auch deren Benutzbarkeit zugute kommen und zu einer Wertsteigerung des Grundstücks selbst führen, vgl. a. BFH vom 03. 08. 2005 BStBl II 2006, 369. Werden Erschließungsanlagen ersetzt oder modernisiert, führen Erschließungsbeiträge grundsätzlich zu Erhaltungsaufwand, es sei denn, das Grundstück wird hierdurch ausnahmsweise in seiner Substanz oder in seinem Wesen verändert, vgl. H 6.4 (Erschließungs-, Straßenanlieger- und andere auf das Grundstückseigentum bezogene kommunale Beiträge und Beiträge für sonstige Anlagen außerhalb des Grundstücks) EStH. Dass durch die mit dem Beitrag zu finanzierende Maßnahme das bereits erschlossene Grundstück in seiner Substanz oder seinem Wesen verändert wird, ist nicht ersichtlich. Auch ändert sich dadurch weder die bereits vorhandene Benutzbarkeit noch der Wert des Grundstücks. Damit handelt es sich bei den künftig zu erhebenden Beiträgen nicht um nachträgliche Anschaffungskosten des Grundstücks, sondern um Erhaltungsaufwand. Dieser ist zum 31.12.2005 auch bereits wirtschaftlich verursacht, da die kommunale Satzung für die Beitragspflicht lediglich auf das Eigentum am Grundstück und den vorhandenen Anschluss an die öffentliche Abwasseranlage abstellt. Da die genaue Höhe des Beitrags vor endgültiger Festsetzung im Beitragsbescheid noch nicht feststand, ist die Verbindlichkeit in der Höhe noch ungewiss, so dass in Höhe von 10 000 € eine Rückstellung für ungewisse Verbindlichkeiten passiviert werden konnte. Eine Abzinsung nach § 6 Abs. 1 Nr. 3a Buchst. e EStG braucht nicht zu erfolgen, da es sich um eine Geldleistungsverpflichtung handelt, die aufgrund der Beitragsfälligkeit im April 2006 innerhalb der nächsten zwölf Monate zu erfüllen sein wird.

Im Übrigen kann auch nicht davon ausgegangen werden, dass U durch die Zahlung des Beitrags ein immaterielles Wirtschaftsgut erwerben wird. Es handelt sich unter diesem Aspekt lediglich um einen Beitrag zu den Kosten einer vom Steuerpflichtigen mitbenutzten Einrichtung. Der daraus entstehende Vorteil ist jedoch nicht selbständig bewertungsfähig, es ist keine greifbare Einzelheit für den Betrieb des U vorhanden, so dass es bereits an den Merkmalen eines Wirtschaftsguts fehlt[1].

Bilanzposten	Änd.	2005 GA
Grund und Boden	./. 10 000 €	./. 10 000 €

GuV-Posten	Änd.	2005 GA
Grundstücksaufwand	+ 10 000 €	./. 10 000 €

[1] Die Verwaltungsmeinung geht insoweit von einem selbst geschaffenen Nutzungsvorteil aus mit demselben Ergebnis der nicht aktivierbaren Aufwendungen, vgl. H 5.5 (Kein entgeltlicher Erwerb) EStH.

V. Punktetabelle

Die Korrekturpunkte für die rechtliche Wertung sind entweder voll zu vergeben oder voll zu streichen. Für die Berichtigung der Bilanzposten und GuV-Posten kann für jede (folge-)richtige Position nur ein halber Korrekturpunkt vergeben werden. Ein Folgefehler liegt insoweit nur vor, wenn sich der Fehler durch Versagung eines Punktes für die rechtliche Würdigung bereits ausgewirkt hat. Unterbleibt eine Berichtigung, da die rechtliche Würdigung fehlerhaft ist, liegt kein Folgefehler vor.

	Punkte
Sachverhalt 1	
Forderung Kunde Faul zum 31.12.2003 begründet nicht ausgebucht	1
Forderung Kunde Faul zum 31.12.2004 begründet ausgebucht	1
Zahlung in 2005 als sonstiger betrieblicher Ertrag erfasst und Korrektur der Umsatzsteuer	1
Wertberichtigungsbedarf 2003 richtig berechnet	1
Wertberichtigungsbedarf 2004 und 2005 richtig berechnet	1
Bilanzposten-Berichtigung (mit Folgewirkung)	2
GuV-Posten-Berichtigung	2
Sachverhalt 2	
Zum 31.12.2003 neuer Festwert 14 000 € als maßgebend erklärt	1
Richtige Aufstockung des Festwerts zum 31.12.2003 und 31.12.2004	1
Veräußerungserlös Schlagbohrmaschine in voller Höhe (netto) als Ertrag	1
Bilanzposten-Berichtigung (mit Folgewirkung)	1,5
GuV-Posten-Berichtigung	1
Sachverhalt 3	
§ 5 Abs. 3 EStG als Sonderregelung geprüft	1
§ 5 Abs. 3 S. 1 Nr. 1 EStG verneint und Nr. 2 begründet bejaht	1
Zwingende Auflösung der Rückstellung zum 31.12.2005	1
Vollständige Auflösung der Rückstellung zum 31.12.2005	1
Abzinsung der Rückstellungen geprüft	1

	Punkte
Vertretbar begründete Bestimmung des Abzinsungszeitraums	1
Nachholende Fehlerberichtigung zum 31.12.2003 erkannt	1
Bilanzposten-Berichtigung (mit Folgewirkung)	1
GuV-Posten-Berichtigung	1
Sachverhalt 4	
Anliegerbeiträge begründet als keine nachträglichen Anschaffungskosten	1
Rückstellung nach § 249 Abs. 1 S. 1 HGB gebildet und § 5 Abs. 4b EStG abgelehnt	1
Abzinsung der Rückstellung verneint	1
Aktivierung des Vorteils einer modernisierten Abwasseranlage als immaterielles Wirtschaftsgut verneint	1
Bilanzposten-Berichtigung	0,5
GuV-Posten-Berichtigung	0,5
Summe	28,5

Klausuraufgabe 5:
Darlehensschuld des Betriebsvermögens/Aufwandseinlage/ aktiver Rechnungsabgrenzungsposten/Abzinsung Darlehensschuld/ Sonderbetriebseinnahmen und Sonderbetriebsausgaben/ Sonderbetriebsvermögensbilanz und Gewinn- und Verlustrechnung/ Darstellung Kapitalkontenentwicklung

I. Allgemeines

An der seit dem 01.01.2004 existierenden XYZ-OHG, die einen Baustoffhandel betreibt, sind die Gesellschafter X, Y und Z zu je einem Drittel beteiligt. Diesen Beteiligungsquoten entsprechen auch ihre Anteile am (Rest)Gewinn und Verlust und den stillen Reserven der OHG. Eventuelle steuerliche Ergebniskorrekturen des OHG-Gewinns (Gesamthandgewinn) infolge von Berichtigungen der Steuerbilanz der OHG sollen ebenfalls gemäß den Beteiligungsquoten auf die Gesellschafter verteilt werden. In der für das Wirtschaftsjahr 2005 (Bilanzstichtag 31.12.2005) erstellten vorläufigen Handels- und Steuerbilanz der OHG wurde der OHG-Gewinn mit 400 000 € ermittelt. Auf der Grundlage ihrer ursprünglichen, in Bargeld geleisteten und gleich hohen Festkapitaleinlagen bekamen die Gesellschafter als Kapitalkontenverzinsung hiervon vorab jeweils 10 000 € zugewiesen. Zudem bekam der Gesellschafter Z als besondere Haftungsprämie voraus 5 000 € zugewiesen.

Die OHG hatte für ihren Gesellschafter X eine Sonderbuchführung eingerichtet. Zum 31.12.2004 wies die Sonderbetriebsvermögensbilanz für X einen aktiven Rechnungsabgrenzungsposten in Höhe von 6 000 €, eine Darlehensschuld in Höhe von 200 000 € und ein Minderkapital in Höhe von 194 000 € aus. Bei Erstellung der endgültigen Bilanzen für das Wirtschaftsjahr 2005 wurden die folgenden Sachverhalte festgestellt.

II. Einzelsachverhalte

Sachverhalt 1:

Der Gesellschafter X hatte am 01.01.2005 einer Bekannten B ein Darlehen in Höhe von 100 000 € gewährt, das mit 6 % jährlich zu verzinsen ist. Die Verzinsung ist niedriger als der bei gleichen persönlichen Verhältnissen des Darlehensnehmers üblicherweise verlangte Zinssatz. Jährlicher Zinszahlungstermin ist der 31.12. eines Jahres. Den gegenüber den üblichen Marktverhältnissen günstigen Zinssatz hatte X der B aus privaten Gründen eingeräumt. Das Darlehen ist zudem nicht gesichert. Bereits im April 2005 gerät die B in finanzielle Schwierigkeiten, so dass es als ausgeschlossen erscheint, dass sie das Darlehen wird zurückzahlen können. Ebenso ist sie zu keinen Zinszahlungen in der Lage. Obwohl auch der XYZ-OHG die finanzielle Lage der B bekannt ist, erwirbt die XYZ-OHG am 01.07.2005 von Gesellschafter X diese Darlehensforderung zum Kaufpreis von 100 000 € und schreibt diesen Betrag seinem variablen Kapitalkonto II gut. Die aufgelaufene und mit erworbene Zinsforderung in Höhe von 3 000 € wird dem X von der XYZ-OHG auf ein privates Konto des X überwiesen. Die OHG buchte in diesem Zusammenhang:

| Darlehensforderung | 100 000 € | an | Kapital (Einlage) X | 100 000 € |
| Zinsaufwand | 3 000 € | | Bank | 3 000 € |

Da sich die finanzielle Lage der B, wie zu erwarten war, zum 31. 12. 2005 nicht gebessert hatte und auch keine Besserung ihrer finanziellen Verhältnisse in Sicht ist, buchte die OHG die Darlehensforderung zum 31. 12. 2005 vollständig aus :

    s. b. Aufwand   100 000 €   an   Darlehensforderung   100 000 €

Weitere Buchungen erfolgten nicht.

Sachverhalt 2:

Die OHG war 2004 gegründet worden. X hatte zur Finanzierung seiner Gesellschaftereinlage bei der C-Bank zum 01. 01. 2004 ein festverzinsliches Darlehen in Höhe von 200 000 € aufgenommen. Das Darlehen hat eine Laufzeit von 4 Jahren und muss erst zum 31. 12. 2007 getilgt werden. Der Nominalzinssatz beträgt angemessene 8 %. Bei der Auszahlung des Darlehens war ein angemessenes Damnum in Höhe von 8 000 € einbehalten worden. Die laufenden Zinsen wurden jeweils zum 31. 12. eines Jahres dem privaten Girokonto des X belastet, zum 31. 12. 2005 mit dem Jahresbetrag 16 000 €. Wegen der Belastung des privaten Girokontos wurden für die laufenden Zinsen keine Buchungen in der Sonderbuchführung des X vorgenommen. Zum 31. 12. 2005 nahm X in Absprache mit der C-Bank eine außerordentliche Sondertilgung über 100 000 € vor. Dabei wurde vereinbart, dass dies jedoch keine teilweise Rückzahlung des seinerseits einbehaltenen Damnums nach sich ziehen sollte. X konnte die Sondertilgung nur vornehmen, weil ihm seine Mutter zum 31. 12. 2005 ein in vier Jahren, also zum 31. 12. 2009 rückzahlbares, steuerlich anzuerkennendes zinsloses Darlehen in Höhe von 100 000 € gewährte.

Der Darlehensbetrag 100 000 € wurde von der Mutter zwecks Durchführung der Sondertilgung direkt an die C-Bank überwiesen und dort noch zum 31. 12. 2005 dem Darlehenskonto des X gutgeschrieben.

In der Sonderbuchführung X wurden bislang für das Jahr 2005 noch keinerlei Buchungen vorgenommen.

Sachverhalt 3:

Der Gesellschafter Y betreibt neben seiner Gesellschaftertätigkeit noch selbständig ein Architekturbüro. Am 01. 10. 2005 wurde zwischen Y in seiner Eigenschaft als Inhaber des Architekturbüros und der XYZ-OHG im Zusammenhang mit der Erstellung eines Lagergebäudes für die OHG ein Architektenvertrag abgeschlossen, der die Erstellung der Baupläne für dieses Vorhaben zum Inhalt hatte. Y hatte sich im Gesellschaftsvertrag verpflichtet, gegebenenfalls in dieser Weise für die OHG tätig zu werden. Dazu war im Gesellschaftsvertrag weiter vereinbart, dass entsprechende Tätigkeitsvergütungen als (eventuell zu aktivierender) Aufwand zu behandeln seien und auch gezahlt werden sollten, wenn die OHG einen Verlust erwirtschaften sollte. Nach Fertigstellung der Baupläne stellte das Architekturbüro der OHG im November 2005 auf der Grundlage des Architektenvertrages eine Rechnung über netto 20 000 € zuzüglich 3 200 € Umsatzsteuer. Die Abrechnung hielt sich dabei im üblichen Honorarrahmen. Die Rechnung wurde von der OHG ordnungsgemäß und sachlich richtig wie folgt gebucht:

    Gebäude im Bau   20 000 €   an   sonst. Verbindlichkeiten   23 200 €
    Vorsteuer   3 200 €

Die OHG überwies den Rechnungsbetrag im Januar 2006 auf das auf der Rechnung angegebene Bankkonto des Architekturbüros. Die Umsatzsteuerschuld aus dieser Leistung hatte Y bereits in der Umsatzsteuervoranmeldung des Architektenbüros für November 2005 erfasst und anschließend vom Konto des Architekturbüros noch im Dezember 2005 ans

Finanzamt überwiesen. Y verbuchte die genannten Vorgänge ausschließlich und ordnungsgemäß auf den Konten seines Architekturbüros. Die Personalkosten der Angestellten des Architekturbüros, die mit der Erstellung der Baupläne befasst waren, beliefen sich auf 2 000 €, die sonstigen, nicht mit abziehbaren Vorsteuern belasteten Sachkosten auf 500 €. Diese Kosten wurden in der Buchführung des Architekturbüros bis Dezember 2005 erfasst und vom Bankkonto des Architekturbüros bezahlt. Auch ihre Bezahlung wurde 2005 beim Architekturbüro verbucht.

III. Aufgabe

1. Würdigen Sie die Sachverhalte aus Sicht der Mitunternehmerschaft XYZ-OHG in steuerrechtlicher Hinsicht, geben Sie eine steuerrechtliche Beurteilung ab und nennen Sie die einschlägigen Rechtsgrundlagen.
2. Ermitteln Sie den einheitlich und gesondert festzustellenden Gewinn der Mitunternehmerschaft XYZ-OHG für das Jahr 2005 und verteilen Sie diesen festgestellten Gewinn auf die an der OHG beteiligten Mitunternehmer (Gesellschafter).
3. Erstellen Sie die erforderlichen Sonderbilanzen für das Jahr 2005 und stellen Sie jeweils darin oder auch gesondert die Entwicklung der Kapitalkonten dieser Sonderbilanzen für das Jahr 2005 dar. Erstellen Sie die entsprechenden Sonder-GuV-Rechnungen des Jahres 2005.
4. Die Mitunternehmerschaft wünscht für das Wirtschaftsjahr 2005 einen möglichst niedrigen steuerlichen Gewinn. Unterstellen Sie, dass die Vorsaussetzungen für hierfür eventuell erforderliche Bilanzänderungen nach § 4 Abs. 2 S. 2 EStG erfüllt sind.

IV. Lösung

Sachverhalt 1:

Die von X erworbene Darlehensforderung gegen B wurde zwar zivilrechtlich Gesamthandvermögen, allerdings nicht steuerliches Betriebsvermögen der OHG. Aufgrund der vorliegenden Umstände war der Erwerb der Darlehensforderung von X nicht betrieblich veranlasst. Beim Erwerb der Darlehensforderung war infolge der schlechten finanziellen Situation der B bereits erkennbar, dass der Erwerb der Darlehensforderung dem Betrieb der OHG keinen Nutzen, sondern nur Verluste bringen konnte, zudem das Darlehen auch nicht marktüblich verzinst und nicht gesichert war. Bei dieser Sachlage wurde die Darlehensforderung nicht zu steuerlichem Betriebsvermögen, vgl. a. H 4.2 Abs. 1 (Gewillkürtes Betriebsvermögen) EStH. Zudem kann es aufgrund der Sachlage als ausgeschlossen angesehen werden, dass die OHG die Darlehensforderung auch von einem Fremden erworben hätte. Auch in einem solchen Fall fehlt dem Erwerb eines Wirtschaftsgutes von einem Gesellschafter der betriebliche Anlass, vgl. BFH vom 22.05.1975 BStBl II 1975, 804. Offensichtlich wurde lediglich der Zweck verfolgt, sich bereits abzeichnende Verluste aus dem Privatvermögen in den betrieblichen Bereich zu verlagern. Da die Darlehensforderung gegen B nicht zum Betriebsvermögen der OHG gehörte, konnte auch keine Teilwertabschreibung vorgenommen werden, so dass sich der Gewinn (Gesamthandgewinn) der OHG um 100 000 € erhöht.

Entsprechendes gilt für die erworbene Forderung auf die bis zum Erwerbszeitpunkt entstandenen Stückzinsen. Auch für diesen Erwerb fehlt aus den genannten Gründen der betriebliche Anlass, so dass die Aufwendungen hierfür keine Betriebsausgaben sein können.

Damit durfte die OHG insoweit keinen Zinsaufwand buchen, so dass sich der Gewinn (Gesamthandgewinn) der OHG um weitere 3 000 € erhöht.

Sachverhalt 2:

Das zur Finanzierung der Gesellschaftereinlage aufgenommene Darlehen ist eine Schuld des Sonderbetriebsvermögens des X, da es zur Begründung der Beteiligung des Mitunternehmers X an der XYZ-OHG diente.

Die laufenden Zinsen für das Darlehen der C-Bank sind als Sonderbetriebsausgaben in der Sonderbuchführung des X zu erfassen. Da das private Girokonto belastet wurde, ist der Zinsaufwand 16 000 € als Aufwandseinlage zu buchen.

Der aktive Rechnungsabgrenzungsposten ist zunächst planmäßig aufzulösen. Bei einem so genannten Fälligkeitsdarlehen erfolgt die Verteilung des nach § 5 Abs. 5 S. 1 Nr. 1 EStG im aktiven Rechnungsabgrenzungsposten erfassten vorausbezahlten Zinsaufwands und damit die Auflösung des aktiven Rechnungsabgrenzungspostens linear auf die Laufzeit des Darlehens. Die entsprechende zeitraumbezogene Gegenleistung der Bank, nämlich die Überlassung des Darlehenskapitals, erfolgt grundsätzlich in gleicher Höhe während der gesamten Laufzeit des Darlehens. Auf ein Jahr der Darlehenslaufzeit entfallen damit (8 000 € : 4 =) 2 000 €. Der aktive Rechnungsabgrenzungsposten ist damit 2005 um 2 000 € aufzulösen.

Die in Höhe des hälftigen Darlehensbetrages zum 31. 12. 2005 erfolgte Sondertilgung bewirkt zudem eine außerplanmäßige Auflösung des danach mit 4 000 € verbleibenden aktiven Rechnungsabgrenzungspostens in Höhe von weiteren 2 000 € (= 50 % von 4 000 €). Der aktive Rechnungsabgrenzungsposten ist damit zum 31. 12. 2005 noch mit 2 000 € zu bilanzieren. Der Zinsaufwand aus der Auflösung des aktiven Rechnungsabgrenzungspostens in 2005 beträgt somit 4 000 €.

Die Darlehensschuld gegenüber der Mutter des X ist als unverzinsliche Verbindlichkeit gemäß § 6 Abs. 1 Nr. 3 S. 1 EStG abzuzinsen und mit dem Barwert zu passivieren. Für die Abzinsung kann aus Vereinfachungsgründen Tabelle 1 zu § 12 Abs. 3 BewG (vgl. FinMin BaWü vom 07. 12. 2001 (gemeinsamer Ländererlass) BStBl I 2002, 112) herangezogen werden. Der Vervielfältiger bei einer Laufzeit von 4 Jahren beträgt danach 0,807, der Barwert der Schuld zum 31. 12. 2005 somit 80 700 €. Dies bewirkt, dass im Jahr 2005 ein Ertrag in Höhe von (100 000 € ./. 80 700 € =) 19 300 € in der Sonderbuchführung des X zu erfassen ist. Aus der Sonderbuchführung ergibt sich somit für X für das Jahr 2005 insgesamt ein Verlust von 700 €.

Aktiva		Bilanz Sonderbetriebsvermögen X 31. 12. 2005		Passiva
Minderkapital		178 700 €	Darlehensschuld	180 700 €
Stand 31. 12. 2004	194 000 €			
./. Einlagen 2005	16 000 €			
+ Verlust 2005	700 €			
Stand 31. 12. 2005	178 700 €			
Aktiver RAP		2 000 €		
		180 700 €		180 700 €

Sonder-GuV-Rechnung X 2005

Zinsaufwand	16 000 €	Abzinsungsertrag	19 300 €
Auflösung Aktiver RAP (Zinsaufwand)	4 000 €	Verlust	700 €
	20 000 €		20 000 €

Sachverhalt 3:

Das Honorar für die Erstellung der Baupläne stellt gemäß § 15 Abs. 1 S. 1 Nr. 2 EStG Sonderbetriebseinnahmen des Y aus einer Tätigkeit im Dienst der OHG dar, da die Leistung aufgrund eines besonderen schuldrechtlichen Vertrages (Architektenvertrag) erbracht wurde. Dass hierzu bereits im Gesellschaftsvertrag eine Rahmenvereinbarung getroffen wurde, macht den Leistungsaustausch nicht zu einer Leistungserbringung auf bloß gesellschaftsrechtlicher Ebene. Es wurde ausdrücklich vereinbart, dass die entsprechenden Tätigkeitsvergütungen als Aufwand zu behandeln seien und auch bezahlt werden, wenn ein Verlust erwirtschaftet wird, vgl. a. BFH vom 23.01.2001 BStBl II 2001, 621. Für die Erfassung als Sonderbetriebseinnahme spielt es auch keine Rolle, dass Y neben seiner OHG-Beteiligung noch eine eigene freiberufliche Praxis unterhält, weil die Erfassung der Vergütungen als Sonderbetriebseinnahmen nach § 15 Abs. 1 S. 1 Nr. 2 EStG Vorrang hat vor der Zurechnung im Einzelunternehmen. Für die Erfassung der Vergütung aufgrund des Architektenvertrags als Sonderbetriebseinnahmen ist es zudem unerheblich, dass die Aufwendungen bei der OHG als Herstellungskosten des Lagergebäudes zu aktivieren sind. Die Zurechnung beim Gesellschafter und die Aktivierung bei der Personengesellschaft sind unabhängig voneinander zu sehen (vgl. a. BFH vom 08.02.1996 BStBl II 1996, 427).

Somit musste Y zum 31. 12. 2005 die Honorarforderung als Sonderbetriebsvermögen im Rahmen der Mitunternehmerschaft XYZ-OHG erfassen. Die Begleichung der Umsatzsteuerschuld vom Bankkonto des Architekturbüros im Dezember 2005 ist in seiner Sonderbuchführung als Einlage zu erfassen[1]. Die bei der Erstellung der Baupläne angefallenen Personal- und Sachkosten in Höhe von insgesamt 2 500 € sind Sonderbetriebsausgaben, da sie mit der Tätigkeit für die Personengesellschaft in einem unmittelbaren Zusammenhang stehen. Sie sind in der Sonderbuchführung des Gesellschafters Y als Aufwandseinlage zu buchen, da diese Aufwendungen ebenfalls vom Bankkonto des Architekturbüros beglichen wurden. Y erzielt somit aus seiner Sonderbuchführung einen im Rahmen der Mitunternehmerschaft XYZ-OHG zu erfassenden Gewinn in Höhe von 17 500 €.

Aktiva		Bilanz Sonderbetriebsvermögen Y zum 31. 12. 2005		Passiva
Forderung OHG	23 200 €	Kapital		23 200 €
		Stand 01. 10. 2005	0 €	
		+ Einlagen 2005	5 700 €	
		+ Gewinn 2005	17 500 €	
		Stand 31. 12. 2005	23 200 €	
Summe	23 200 €	Summe		23 200 €

---

1 Aus Vereinfachungsgründen hätte die Umsatzsteuerschuld auch ausschließlich beim Architekturbüro erfasst werden können, so dass eine Einlagebuchung im Sonderbetriebsvermögen entfallen würde.

Sonder-GuV-Rechnung Y 2005

Personalaufwand	2 000 €	Honorarerlöse	20 000 €
Sachkosten	500 €		
Gewinn	17 500 €		
Summe	20 000 €	Summe	20 000 €

Steuerliche Gewinnverteilung 2005:

Gesellschafter			X	Y	Z	Gesamt
Gewinn StB OHG						
	400 000 €					
	+ 100 000 €					
	+ 3 000 €					
	503 000 €					
vorab						
Verzinsung	30 000 €		10 000 €	10 000 €	10 000 €	30 000 €
Haftprämie	5 000 €				5 000 €	5 000 €
	35 000 €	./. 35 000 €				
Restgewinn		468 000 €	156 000 €	156 000 €	156 000 €	468 000 €
Sonder-BV X			./. 700 €			./. 700 €
Sonder-BV Y				17 500 €		17 500 €
Gesamtgewinnanteile			165 300 €	183 500 €	171 000 €	519 800 €

V. Punktetabelle

Die Korrekturpunkte für die rechtliche Wertung sind entweder voll zu vergeben oder voll zu streichen. Für die Berichtigung der Bilanzposten und GuV-Posten kann für jede (folge-) richtige Position nur ein halber Korrekturpunkt vergeben werden. Ein Folgefehler liegt insoweit nur vor, wenn sich der Fehler durch Versagung eines Punktes für die rechtliche Würdigung bereits ausgewirkt hat. Unterbleibt eine Berichtigung, da die rechtliche Würdigung fehlerhaft ist, liegt kein Folgefehler vor.

	Punkte
Aufgabe 1	
Sachverhalt 1	
Betriebsvermögenseigenschaft der erworbenen Darlehens- und Zinsforderung begründet abgelehnt	1
Teilwertabschreibung und Zinsaufwand abgelehnt	1

	Punkte
Sachverhalt 2	
Zinsaufwand 16 000 € als Aufwandseinlage behandelt	1
Planmäßige Auflösung des aktiven RAP richtig vorgenommen	1
Außerplanmäßige Auflösung des aktiven RAP richtig vorgenommen	1
Darlehensschuld gegenüber der Mutter in der Sonderbuchführung erfasst	1
Darlehensschuld gegenüber der Mutter mit abgezinstem Wert 80 700 € bilanziert	1
Infolge Abzinsung Ertrag in Höhe von 19 300 € in Sonderbuchführung erfasst	1
Sachverhalt 3	
Honorarforderung begründet als Sonderbetriebseinnahme erfasst	1
Anteilige Personal- und Sachkosten aus dem Architekturbüro als Sonderbetriebsausgaben erfasst	1
Aufgabe 2	
Gewinnermittlung und Gewinnverteilung folgerichtig	3
Aufgabe 3	
Sonderbetriebsvermögensbilanz X (folge-)richtig	1
Kapitalkontenentwicklung mit Einlagen und Verlust dargestellt	1
Sonder-GuV-Rechnung X (folge-)richtig	1
Sonderbetriebsvermögensbilanz Y (folge-)richtig	1
Kapitalkontenentwicklung mit Einlagen und Gewinn dargestellt	1
Sonder-GuV-Rechnung Y (folge-)richtig	1
Summe	19

Klausuraufgabe 6:
Rückstellung für Verpflichtung gegenüber Handelsvertreter/ Rückstellungsverbot/Abzinsung Rückstellung/Überführung Grundstück ins Sonderbetriebsvermögen/Grundstückserwerb gegen Rentenzahlung/Sonderbetriebseinnahmen und Sonderbetriebsausgaben/Behandlung Rentenzahlungen bei Kaufpreisrente

I. Allgemeines

Die Firma Fritz (F) betreibt in Heilbronn die Produktion und den Vertrieb feinmechanischer Werkzeuge in Form eines Einzelunternehmens. Sie ist im Handelsregister eingetragen und ermittelt ihren Gewinn durch Betriebsvermögensvergleich nach § 5 EStG. Sie versteuert ihre Umsätze nach den allgemeinen Grundsätzen des UStG zum Regelsteuersatz von 16%. Zum Ausschluss des Vorsteuerabzugs führende Umsätze werden – soweit sich aus den Einzelsachverhalten nichts anderen ergibt – nicht getätigt. Das Wirtschaftsjahr der Firma stimmt mit dem Kalenderjahr überein.

Am 20.03.2006 hat F seine Steuererklärungen für das Jahr 2005 beim Finanzamt eingereicht und die Einheitsbilanz (Handelsbilanz = Steuerbilanz) seiner Firma zum 31.12.2005 nebst Gewinn- und Verlustrechnung 2005 und Bilanzerläuterungen beigefügt. Aufgrund der Bilanzerläuterungen und Rückfragen beim Steuerberater des F haben Sie die unter II. angeführten Feststellungen getroffen.

II. Einzelsachverhalte

Sachverhalt 1:

B ist bereits seit mehreren Jahren erfolgreich als Handelsvertreter des Unternehmens F tätig. Am 31.12.2005 schlossen F und B eine Vereinbarung, wonach dem B aufgrund seiner langjährigen erfolgreichen Tätigkeit für F nach Beendigung der Zusammenarbeit eine zusätzliche Provision gezahlt werden soll. Die Berechnungsweise der Provision wurde genau festgelegt. Die Bemessungsgrundlage der Provision soll sein der die Summe von 250 000 € im Vertragsgebiet des B übersteigende Jahresumsatz des F im letzten Jahr vor der Vertragsbeendigung. Die genaue Höhe des Provisionsanspruchs konnte daher noch nicht angegeben werden. Das Vertragsverhältnis mit B endet in fünf Jahren und es steht fest, dass B sich dann in den Ruhestand begeben wird. Es wurde ausdrücklich vereinbart, dass der Provisionsanspruch nicht von den Voraussetzungen des § 89b HGB abhängen sollte. F bildete daher in der Bilanz 2005 unter Berücksichtigung der bisherigen Tätigkeitsdauer des B eine Rückstellung in der sachgerecht geschätzten Höhe von 40 000 €, obwohl B noch weiterhin für ihn als Handelsvertreter tätig ist. Zugleich bildete F in seiner Bilanz zum 31.12.2005 eine weitere Rückstellung in Höhe von 20 000 € für den Ausgleichsanspruch nach § 89b HGB für einen weiteren für ihn tätigen Handelsvertreter A. Der Handelsvertretervertrag mit A läuft noch zehn Jahre.

Sachverhalt 2:

Seit 01.10.2005 vermietet F ein zuvor als Lagerstätte eigenbetrieblich genutztes unbebautes Grundstück an die ebenfalls in Heilbronn ansässige L-GmbH & Co. KG zum angemessenen Mietpreis für monatlich 1 500 € zuzüglich 240 € Umsatzsteuer. F verbuchte die Mietzahlungen als Mieterträge (4 500 €) und Umsatzsteuerschulden (720 €) in seinem

Einzelunternehmen, da die KG die Miete auf das betriebliche Girokonto des Einzelunternehmens überwies. F ist selbst seit Jahren als Kommanditist mit einem Anteil von 5 % an der L-GmbH & Co. KG beteiligt, ohne die Beteiligung allerdings in seinem Einzelunternehmen bilanziert zu haben, da außer der Vermietung des Grundstücks keine geschäftlichen Beziehungen des Einzelunternehmens mit der L-GmbH & Co. KG bestehen. F hatte das Grundstück zum 01.01.2005 von Peter Rollmann (R) erworben, wobei als Kaufpreis eine lebenslänglich monatliche Rente von 1 000 € vereinbart wurde. Diese Kaufpreisvereinbarung war angemessen. Die anfallende Grunderwerbsteuer hatte vereinbarungsgemäß R übernommen. R ist am 28.12.1939 geboren. Die im Jahr 2005 ab dem 1. Januar beginnenden und jeweils im vorhinein auf den ersten eines Monats fälligen und pünktlich vom betrieblichen Girokonto des Einzelunternehmens bezahlten Rentenzahlungen hat F in seiner Buchführung des Einzelunternehmens als Rentenaufwand erfasst. Da R in seinem Alter nach den amtlichen Sterbetafeln noch eine mittlere Lebenserwartung von 14 Jahren hat, rechnete F die Rentenzahlungen auf die entsprechende voraussichtliche Zahlungsdauer hoch und aktivierte das Grundstück mit 168 000 €. Mit demselben Wert passivierte er auch die Kaufpreisschuld. Mit diesem Wert hat er sowohl das Grundstück als auch die Kaufpreisschuld noch in seiner Bilanz zum 31.12.2005 ausgewiesen. Die laufenden Grundstücksaufwendungen im Wirtschaftsjahr in Höhe von insgesamt netto 1 500 € verteilten sich gleichmäßig auf das ganze Jahr und wurden von F aus betrieblichen Mitteln bezahlt und daher als Betriebsausgaben im Einzelunternehmen gebucht. Der Teilwert des vermieteten Grundstücks zum 01.10.2005 betrug 110 000 €.

III. Aufgabenstellung

1. Beurteilen Sie die getroffenen Feststellungen für die Firma F unter Hinweis auf die einschlägigen Rechtsgrundlagen. Erforderliche Korrekturen (Änd.) sind für jeden Einzelsachverhalt – getrennt nach Bilanzposten und GuV-Posten – unter Angabe der entsprechenden Gewinnauswirkungen (GA) zusammenzustellen.
2. Cent-Beträge sind ab 50 Eurocent auf volle Euro aufzurunden bzw. bis 49 Eurocent auf volle Euro abzurunden.
3. F wünscht für das Jahr 2005 einen möglichst niedrigen steuerlichen Gewinn. Auf die Gewerbesteuer ist nicht einzugehen.

IV. Lösung

Sachverhalt 1:

Bei den Rückstellungen handelt es sich um Rückstellungen für ungewisse Verbindlichkeiten des F gegenüber seinen beiden Handelsvertretern nach § 249 Abs. 1 S. 1 HGB, weil zumindest ihre genaue Höhe noch nicht feststand, da sie von zukünftigen Rechengrößen abhängig sind.

Hinsichtlich der Rückstellung für die Provisionsverbindlichkeit gegenüber B muss die Verbindlichkeit bereits rechtlich entstanden sein oder zumindest mit einiger Wahrscheinlichkeit künftig rechtlich entstehen und sie muss bereits wirtschaftlich verursacht sein. Würde es sich um einen Ausgleichsanspruch nach § 89b HGB handeln, wäre die Bildung einer Rückstellung vor Vertragsende aus diesem Grund nicht möglich (vgl. BFH vom 20.01.1983 BStBl II 1983, 375), da die Formulierung dieser Vorschrift zum Ausdruck bringt, dass bereits die Entstehung des Ausgleichsanspruchs davon abhängt, ob der Geschäftsherr in Zukunft nach Beendigung des Vertragsverhältnisses mit dem Handelsvertreter noch erhebliche Vorteile aus dessen ehemaliger Tätigkeit zieht. Nach dieser Vorschrift entsteht der Ausgleichsanspruch nur, »wenn und soweit« der Unternehmer aus der Geschäftsverbindung mit neuen, vom Handelsvertreter geworbenen Kunden auch nach Beendigung des Vertragsverhältnisses erhebliche Vorteile hat. »Wenn und soweit« bedeutet nichts anderes als dem Grund und der Höhe nach. Dies ist aber nicht mit hinreichender Wahrscheinlichkeit anzunehmen. Aus dem gleichen Grund der Abhängigkeit von künftigen, derzeit noch ungewissen erheblichen Vorteilen, liegt auch die wirtschaftliche Verursachung des Ausgleichsanspruchs nach § 89b HGB erst nach Beendigung des Vertragsverhältnisses mit dem Handelsvertreter. Daher durfte F die Rückstellung für den Ausgleichsanspruch des A in Höhe von 20 000 € nicht bilden. Bei der Verbindlichkeit gegenüber B handelt es sich aber nicht um einen Ausgleichsanspruch nach § 89b HGB, sondern um eine zusätzliche Provisionszahlung im Hinblick auf die bisher von B geleisteten Dienste. Die zwischen B und U getroffene Vereinbarung machte die Entstehung des nachträglichen Provisionsanspruchs gerade nicht davon abhängig, dass U über die Laufzeit des Handelsvertretervertrags hinaus Vorteile aus der Tätigkeit des B zieht. Es wurde lediglich vereinbart, dass B nach Beendigung der Zusammenarbeit weiterhin eine Provision erhalten werde. Der Anspruch sollte gerade nicht von den Voraussetzungen des § 89b HGB abhängen. Bei der getroffenen Gestaltung handelte es sich bei der Provision um ein nachträgliches Entgelt für die geleisteten Dienste und damit war der Anspruch bzw. die Verpflichtung der Sache nach bereits vor Beendigung des Vertragsverhältnisses entstanden (vgl. BFH vom 24.01.2001 BStBl II 2005, 465). Auch die erforderliche wirtschaftliche Verursachung eines solchen Provisionsanspruchs liegt damit bereits vor Beendigung des Vertragsverhältnisses. Unter diesem Aspekt müssen die künftigen Provisionszahlungen der gesamten Laufzeit des Vertrags zugeordnet werden. Die von B gebildete Rückstellung ist damit insoweit gerechtfertigt, als der voraussichtliche zusätzliche Provisionsanspruch des B bereits zum Bilanzstichtag 31.12.2005 erdient war. B hatte dies bei der Bildung berücksichtigt, da er ihre Höhe nach der bisherigen Dauer der Tätigkeit des B für ihn ausgerichtet hat.

Der Umstand, dass Bemessungsgrundlage der Provision der Jahresumsatz ist, den F im letzten Jahr des Vertragsverhältnisses im Vertretungsgebiet des B erzielen wird, könnte dazu führen, dass § 5 Abs. 2a EStG die Bildung der Rückstellung verbietet. Danach darf eine Rückstellung nicht für Verbindlichkeiten gebildet werden, die wirtschaftlich eng mit der zukünftigen Gewinn- oder Ertragssituation verknüpft sind. Dies ist durch die vorliegende Vereinbarung nicht gegeben. § 5 Abs. 2a EStG setzt voraus, dass der Schuldner die Verbindlichkeit bei wirtschaftlicher Betrachtung nur aus den jeweilgen künftigen Erträgen tilgen muss. Sein bis dahin vorhandenes Vermögen wird bei einer solchen Sicht der Dinge durch die Verbindlichkeit nicht berührt. Dies rechtfertigt es, für die Zeit vor der Erzielung der Erträge eine latente Vermögensminderung als nicht gegeben anzusehen und unter diesem Gesichtspunkt die Rückstellungsfähigkeit der Verpflichtung zu verneinen. Demgegenüber ist vorliegend die Situation dadurch gekennzeichnet, dass der zusätzliche Provisionsanspruch des B zwar an den Umsatz des letzten Vertragsjahres, nicht jedoch an Umsätze oder Gewinne im Jahr der jeweiligen Provisionszahlung anknüpfte. Ein Zusammenhang zwischen der Höhe der nachträglichen Provision und der wirtschaftlichen Situation des F im Zahlungsjahr bestand folglich gerade nicht (vgl. a. BFH vom 24.01.2001 BStBl II 2005, 465). Somit ist die Bildung der Rückstellung für den Anspruch des B auf Provisionsfortzahlung zulässig.

Die Rückstellung ist allerdings nach § 6 Abs. 1 Nr. 3a Buchst. e EStG abzuzinsen. Da es sich um eine Geldleistungsverpflichtung handelt, ist auf den Erfüllungszeitpunkt abzustellen. F hat die zusätzliche Provision bei Beendigung des Vertragsverhältnisses mit F in 5 Jahren zu zahlen. Daher ist die Rückstellung unter Anwendung von Tabelle 1 zu § 12 Abs. 3 BewG mit (40 000 € × 0,765 =) 30 600 € zu bewerten.

	Änd.	GA
Bilanzposten		
Rückstellungen	./. 29 400 €	+ 29 400 €

	Änd.	GA
GuV-Posten		
Provisionsaufwand	./. 29 400 €	+ 29 400 €

Sachverhalt 2:

Das Lagergrundstück dient ab dem 01.10.2005 ausschließlich und unmittelbar dem Betrieb der L-GmbH & Co. KG, an der F als Mitunternehmer beteiligt ist. Damit ist das Grundstück ab dem 01.10.2005 notwendiges Sonderbetriebsvermögen des F bei der L-GmbH & Co. KG und bilanziell in einer Sonderbuchführung des F bei der KG zu erfassen (vgl. a. R 4.2 Abs. 12 S. 1 EStR). Die Bilanzierung eines Wirtschaftsguts als notwendiges Sonderbetriebsvermögen bei der das Wirtschaftsgut nutzenden Personengesellschaft/Mitunternehmerschaft hat Vorrang vor der Bilanzierung als gewillkürtes Betriebsvermögen im Gewerbebetrieb des überlassenden Mitunternehmers (vgl. BFH vom 18.07.1979 BStBl II 1979, 750). Damit schied das Grundstück am 01.10.2005 aus dem Einzelunternehmen des F aus. Grundsätzlich sind beim Ausscheiden eines Wirtschaftsguts aus einem Betriebsvermögen eventuell vorhandene stille Reserven aufzudecken. Jedoch überführte F das Grundstück aus seinem Einzelunternehmen in sein Sonderbetriebsvermögen bei der L-GmbH & Co. KG. Hierfür gilt die Sonderregelung § 6 Abs. 5 S. 1 und 2 EStG, wonach die Überführung zwingend zum Buchwert und somit ohne Aufdeckung der stillen Reserven zu erfolgen hat. Die Besteuerung von im Bilanzansatz des Lagergrundstücks eventuell vorhandener stiller Reserven ist auch in der Zukunft sichergestellt, da es sich bei der L-GmbH & Co. KG um eine inländische Gesellschaft handelt.

Der Buchwert des Grundstücks als nicht abnutzbarem Wirtschaftsgut des Anlagevermögens entspricht zum 01.10.2005 nach § 6 Abs. 1 Nr. 2 EStG seinen ursprünglichen Anschaffungskosten. F hatte das Grundstück zum 01.01.2005 gegen eine Leibrentenzahlung von R erworben. Damit entstanden dem F Anschaffungskosten in Höhe des Rentenbarwerts zum Zeitpunkt des Erwerbs. Der Rentenbarwert ermittelt sich nach Anlage 9 zu § 14 Abs. 1 BewG[1]. Danach ist das Lebensalter des Rentenempfängers am Erwerbszeitpunkt entscheidend. R hatte am 01.01.2005 sein 65. Lebensjahr vollendet. Damit beträgt der Rentenbarwert auf diesen Zeitpunkt (12 000 € × 9,019 =) 108 228 €. Die Überführung mit diesem, den Anschaffungskosten des Grundstücks entsprechenden Wert ist mittels einer buchtechnischen Entnahmebuchung vorzunehmen.

Ebenfalls am 01.01.2005 hätte F als Kaufpreisschuld die Rentenschuld mit ihrem Rentenbarwert 108 228 € einbuchen müssen. Scheidet ein fremdfinanziertes Wirtschaftsgut des Anlagevermögens aus dem Betriebsvermögen eines Betriebs aus, ohne dass hierfür eine Gegenleistung ins Betriebsvermögen gelangt, wechselt auch die zur Finanzierung des Wirt-

---

[1] Gleichlautende Ländererlasse vom 12.10.1994 BStBl I 1994, 775, Tabelle 8 zu § 14 Abs. 1 BewG.

schaftsguts aufgenommene Schuld den Vermögensbereich. Damit wurde die Rentenschuld am 01.10.2005 mit dem Wechsel des Grundstücks ins Sonderbetriebsvermögen des F bei der L-GmbH & Co. KG gleichfalls zu einer Schuld dieses Sonderbetriebsvermögens, da sie sich fortan auf ein Wirtschaftsgut dieses Sonderbetriebsvermögens bezieht. Auch die Überführung der Rentenschuld hat erfolgsneutral zu erfolgen mittels einer buchtechnischen Einlagebuchung auf den 01.10.2005 zum bis dahin bilanzierten bzw. richtigerweise zu bilanzierenden Rentenbarwert.

Die Grundstücksaufwendungen sind ab dem 01.10.2005 keine Betriebsausgaben des Einzelunternehmens mehr, sondern Sonderbetriebsausgaben des F bei der L-GmbH & Co. KG und damit nur bis zum 30.09.2005 im Einzelunternehmen des F als Betriebsausgaben zu erfassen. Da die Grundstücksaufwendungen sich gleichmäßig auf das Wirtschaftsjahr verteilen, hatte F daher die Zahlungen ab dem 01.10.2005 von insgesamt 375 € als Entnahmen zu buchen.

Andererseits sind die Mieteinnahmen keine Mieterträge des Einzelunternehmens, sondern Sonderbetriebseinnahmen des F bei der L-GmbH & Co. KG. Damit sind die Überweisungen der Miete als Einlagen zu buchen, allerdings nur in Höhe der Nettobeträge (3 × 1 500 € =) 4 500 €, da die Umsatzsteuerschuld hierauf aus Vereinfachungsgründen buchmäßig im Einzelunternehmen erfasst werden können. F konnte nach § 9 Abs. 1 UStG i. V. m. § 4 Nr. 12 Buchst. a UStG für die Vermietungsumsätze wirksam zur Umsatzsteuerpflicht optieren.

Der Kommanditanteil des F an der L-GmbH & Co. KG wurde zu Recht nicht in der Steuerbilanz seines Einzelunternehmens bilanziert. Zum einen bestehen zwischen dem Einzelunternehmen des F und der L-GmbH & Co. KG keine geschäftlichen Beziehungen. Zum anderen wird die Beteiligung an einer Personengesellschaft steuerlich nicht als eigenständiges Wirtschaftsgut angesehen, da die Beteiligung und ihr Ergebnis für den Mitunternehmer hieraus stets eigenständig und verbindlich im Rahmen einer einheitlich und gesonderten Gewinnfeststellung nach § 180 Abs. 1 Nr. 2 Buchst. a AO erfasst und ermittelt werden.

Die Rentenzahlungen an R sind ab dem 01.10.2005 ebenfalls dem Sonderbetriebsvermögensbereich des F bei der L-GmbH & Co. KG zuzuordnen. Im Einzelunternehmen des F sind sie ab diesem Zeitpunkt als Entnahmen zu buchen.

Der in den Rentenzahlungen enthaltene Zinsanteil ist bis zum 30.09.2005 als Rentenaufwand im Einzelunternehmen des F zu erfassen und ab dem 01.10.2005 als Sonderbetriebsausgabe des F bei der L-GmbH & Co. KG. Der Zinsanteil von im Wirtschaftsjahr geleisteten Rentenzahlungen wird buchtechnisch so erfasst, dass die laufenden Rentenzahlungen das Jahr über als Aufwand gebucht werden und zum Bilanzstichtag die Minderung des Rentenbarwerts als Tilgungsanteil gegengerechnet wird.

Der Tilgungsanteil des Jahres 2005 ermittelt sich wie folgt:

Rentenbarwert zum 01.01.2005		108 228 €
./. Rentenbarwert zum 31.12.2005	(= 12 000 × 8,723[1])	./. 104 676 €
Tilgungsanteil 2005		3 552 €

Damit beträgt der Zinsanteil im gesamten Wirtschaftsjahr 2005:

Laufende Rentenzahlungen 2005	12 000 €
./. Tilgungsanteil 2005	./. 3 552 €
Zinsanteil 2005	8 448 €

Von dem Zinsanteil des Jahres 2005 entfallen somit auf das Einzelunternehmen des F für den Zeitraum bis zum 30.09.2005: (8 448 € × 9/12 =) 6 336 €. Der Rest ist Sonderbetriebsausgabe des F bei der L-GmbH & Co. KG. Die in den Ratenzahlungen Januar bis September 2005 enthaltenen Tilgungsanteile in Höhe von (3 552 € × 9/12 =) 2 664 € sind als Entnahmen umzubuchen, da eine Verbuchung des Tilgungsanteils der Rentenschuld zum Bilanzstichtag 31.12.2005 im Einzelunternehmen des F nicht mehr erfolgen kann. Die Rentenschuld war bereits zum 01.10.2005 aus dem Betriebsvermögen des Einzelunternehmens ausgeschieden.

		Änd.	GA
Bilanzposten			
Grund und Boden		./. 168 000 €	./. 168 000 €
Rentenschuld		./. 168 000 €	+ 168 000 €
Privatentnahmen		+ 114 267 €	+ 114 267 €
Privateinlagen		+ 112 728 €	./. 112 728 €
Gesamt			+ 1 539 €

		Änd.	GA
GuV-Posten			
Grundstückskosten		./. 375 €	+ 375 €
Rentenaufwand		./. 5 664 €	+ 5 664 €
Mieterträge		./. 4 500 €	./. 4 500 €
Gesamt			+ 1 539 €

V. Punktetabelle

Die Korrekturpunkte für die rechtliche Wertung sind entweder voll zu vergeben oder voll zu streichen. Für die Berichtigung der Bilanzposten und GuV-Posten kann für jede (folge-) richtige Position nur ein halber Korrekturpunkt vergeben werden. Ein Folgefehler liegt insoweit nur vor, wenn sich der Fehler durch Versagung eines Punktes für die rechtliche

---

[1] Vervielfältiger nach Tabelle 8 zu § 14 Abs. 1 BewG bei Vollendung des 66. Lebensjahrs.

Würdigung bereits ausgewirkt hat. Unterbleibt eine Berichtigung, da die rechtliche Würdigung fehlerhaft ist, liegt kein Folgefehler vor.

	Punkte
Sachverhalt 1	
Rückstellung für ungewisse Verbindlichkeit nach § 249 Abs. 1 S. 1 HGB geprüft	1
Rückstellungsbildung für Ausgleichsanspruch nach § 89b EStG des A begründet verneint	1
Rückstellung für zusätzlichen Provisionsanspruch des B als unabhängig von § 89b HGB erkannt	1
Rückstellung für Provisionsanspruch des B begründet bejaht	1
§ 5 Abs. 2a EStG geprüft und begründet verneint	1
Abzinsung der Rückstellung vorgenommen	1
Bilanzposten-Berichtigung	0,5
GuV-Posten-Berichtigung	0,5
Sachverhalt 2	
Vermietetes Grundstück ab 01.10.2005 Sonderbetriebsvermögen	1
Aufdeckung stiller Reserven geprüft	1
Buchwertüberführung nach § 6 Abs. 5 EStG vorgenommen	1
Buchwert mit Anschaffungskosten Rentenbarwert 108 228 € ermittelt	1
Rentenschuld ab 01.10.2005 Schuld des Sonderbetriebsvermögens	1
Rentenschuld mit Rentenbarwert 108 228 € ins Sonderbetriebsvermögen eingebucht	1
Grundstücksaufwendungen ab 01.10.2005 Sonderbetriebsausgaben und danach Zahlungen als Entnahmen im Einzelunternehmen behandelt	1
Mieteinnahmen Sonderbetriebseinnahmen und als Einlagen im Einzelunternehmen behandelt	1
Keine Bilanzierung der KG-Beteiligung im Einzelunternehmen begründet als richtig erkannt	1

	Punkte
Rentenzahlungen ab 01.10.2005 im Einzelunternehmen als Entnahmen erfasst	1
Tilgungsanteil und Aufwandsanteil der Rentenzahlungen 2005 richtig berechnet	1
Aufwandsanteil der Rentenzahlungen 2005 nur in Höhe von 6 336 € als Betriebsausgaben des Einzelunternehmens	1
Tilgungsanteile der Rentenzahlungen bis September 2005 als Entnahmen erfasst	1
Bilanzposten-Berichtigung	2
GuV-Posten-Berichtigung	1,5
Summe	23,5

Klausuraufgabe 7:
Gebäude auf fremdem Grund und Boden/Anlage im Bau/Behandlung Damnum/Zinsabgrenzung/nicht abziehbare Betriebsausgabe/AfA Gebäude/Rückstellung für Abbruchkosten/Bewertung Rückstellung/ Wertpapiererträge/Bewertung Wertpapiere/Rücklage nach § 6b EStG/Halbeinkünfteverfahren/Gewerbesteuerrückstellung

I. Allgemeines

Willi Meister (M) betreibt in einer deutschen Kleinstadt einen Produktionsbetrieb mittlerer Größe in Form eines Einzelunternehmens. Er ist mit seiner Firma im Handelsregister eingetragen und ermittelt den steuerlichen Gewinn durch Betriebsvermögensvergleich nach § 5 EStG und erstellt zu diesem Zweck Einheitsbilanzen (Handelsbilanz = Steuerbilanz). Er versteuert die Umsätze nach den allgemeinen Grundsätzen des UStG zum Regelsteuersatz 16 %. Zum Ausschluss des Vorsteuerabzugs führende Umsätze werden – soweit sich aus den Einzelsachverhalten nichts anderes ergibt – nicht getätigt. Das Wirtschaftsjahr des Betriebs stimmt mit dem Kalenderjahr überein. Anfang April 2006 hat F seine von Ihnen zu überprüfenden Steuererklärungen für das Jahr 2005 beim Finanzamt eingereicht und die Einheitsbilanz seiner Firma zum 31.12.2005 nebst Gewinn- und Verlustrechnung 2005 und Bilanzerläuterungen beigefügt. Aufgrund der Bilanzerläuterungen und Rückfragen beim Steuerberater des F haben Sie die unter II. angeführten Feststellungen getroffen.

II. Einzelsachverhalte

Sachverhalt 1:

Da die Geschäfte gut laufen, möchte M seine Produktion ausweiten. Zu diesem Zweck benötigt er ein weiteres Betriebsgebäude. Seine Ehefrau Isolde erlaubt ihm zu diesem Zweck das in ihrem Alleineigentum stehende bislang unbebaute aber baureife Nachbargrundstück des Betriebs mit dem benötigten Gebäude auf Kosten des M zu bebauen. Nach Fertigstellung soll es M dann unentgeltlich nutzen dürfen. Weitere Abreden wurden zwischen den Eheleuten nicht getroffen. M beginnt mit der Bebauung im Juni 2005. Zum 31.12.2005 ist das Gebäude noch nicht fertiggestellt. Baukosten sind bis dahin in Höhe von netto 150 000 € entstanden, dem M als Bauherrn in Rechnung gestellt und von ihm bereits im Jahr 2005 bezahlt worden. Darauf entfallende Vorsteuern hat M richtig verbucht. Den Nettobetrag 150 000 € hat M als immaterielle Wirtschaftsgut »Nutzungsrecht« bilanziert, da er rechtlich insoweit bewandert ist zu wissen, dass das Gebäude nach Fertigstellung ins Eigentum seiner Ehefrau fallen wird. Zum 31.12.2005 hat M das Nutzungsrecht mit 4 % abgeschrieben, da er zu Recht davon ausgeht, dass das künftige Gebäude eine betriebsgewöhnliche Nutzungsdauer von 25 Jahren haben wird und so lange auch die Nutzung für den Betrieb gestattet wird. Das Nutzungsrecht ist damit in seiner Bilanz mit 144 000 € bilanziert. Zur Finanzierung des Bauvorhabens hat M ab dem 01.06.2005 ein Bankdarlehen in Höhe von 100 000 € aufgenommen, das bereits am 01.06.2005 in Höhe von 95 200 € unter Einbehalt eines Damnums von 4 000 € und von 800 € von der Bank in Rechnung gestellten Abschluss- und Bearbeitungsgebühren dem betrieblichen Konto des M gutgeschrieben worden ist. Die Darlehensauszahlung wurde von M wie folgt gebucht:

Bank	95 200 €	an Darlehensschuld	100 000 €
Darlehensaufwand	4 000 €		
Kreditkosten	800 €		

Dieses Darlehen ist über die gesamte Laufzeit mit einem jährlichen Zinssatz von 5 % ausgestattet und in zehn Raten in Höhe von jeweils 10 000 € zu tilgen. Die Tilgungstermine sind jeweils der 30. 11. und der 31. 05. eines Jahres. Die erste Tilgungsrate ist von M am 30. 11. 2005 vom betrieblichen Konto überwiesen und als Darlehenstilgung gebucht worden. Die gesondert abzurechnenden laufenden Zinsen werden dem M zweimal jährlich abgerechnet und dem betrieblichen Konto des M belastet. Die Zinszahlungstermine sind jeweils der 30. 11. und der 31. 05. eines Jahres. Berechnungsbasis des laufenden Zinses für das folgende halbe Jahr ist der jeweilige Darlehensstand am 01. 12. bzw. 01. 06. eines Jahres. Die erste Zinszahlung in Höhe von 2 500 € wurde dem betrieblichen Konto des M vereinbarungsgemäß am 30. 11. 2005 belastet und richtig verbucht. Weitere laufende Zinsen hat M im Jahr 2005 für dieses Darlehen nicht bezahlt und daher auch nichts weiter gebucht.

Im Rahmen seiner Expansionspläne pachtete M zudem ab dem 01. 01. 2005 für 20 Jahre ein weiteres in der Nachbarschaft belegenes unbebautes Grundstück und errichtete darauf zulässigerweise in eigenem Namen und auf eigene Rechnung eine betrieblich genutzte Ausstellungshalle in Leichtbauweise, die er während der Pachtdauer des Grundstücks allein nutzen darf. Baubeginn war noch im Januar 2005 und Fertigstellung am 01. 07. 2005. Die Baufreigabe wurde dadurch beschleunigt, dass M dem zuständigen Sachbearbeiter des Bauamts als Anerkennungsprämie für die schnelle Bearbeitung bei der Abgabe des Bauantrags Anfang Januar 2005 aus Privatmitteln einen Geldbetrag in Höhe von 500 € bar bezahlt hatte. Dass es sich dabei um eine strafbare Vorteilsgewährung nach § 333 Strafgesetzbuch gehandelt hat, störte M wenig, da er aufgrund einschlägiger Presseveröffentlichungen der Meinung war, dass dies heutzutage üblich sei. Deshalb hatte er auch keine Bedenken, diese Zahlung als allgemeine Verwaltungskosten und als Privateinlage zu buchen.

Die von der Baufirma 2005 in Rechnung gestellten Baukosten einschließlich Baunebenkosten haben insgesamt netto 100 000 € betragen und wurden von M in 2005 als Mietaufwand gebucht. Die darauf entfallenden Vorsteuern wurden ordnungsgemäß verbucht. Beim Bau der Ausstellungshalle hatte M auch Arbeitnehmer seines Betriebs eingesetzt. Vom Lohnaufwand dieser Arbeitnehmer entfielen 10 000 € auf ihre Tätigkeiten für die Erstellung der Ausstellungshalle. Aus Vereinfachungsgründen beließ es M insoweit bei der Verbuchung dieser Kosten als Lohnaufwand und gesetzlich sozialem Aufwand, da er keinen Sinn darin sah, die Kosten als Mietaufwand umzubuchen. Die übliche betriebsgewöhnliche Nutzungsdauer der Ausstellungshalle wird sachgerecht auf 20 Jahre geschätzt.

U hat sich verpflichtet, die Ausstellungshalle nach Ablauf des Pachtvertrages auf eigene Kosten abzureißen. Die voraussichtlichen Kosten für den Abriss betragen nach den Verhältnissen zum Bilanzstichtag 31. 12. 2005 insgesamt 30 000 €. Allerdings wird bereits im März 2006 bekannt, dass die einschlägigen Abbruchunternehmen ihre Preise im Frühjahr 2006 um durchschnittlich 10 % gegenüber dem Vorjahr erhöhen werden. M bildete daher in seiner Bilanz zum 31. 12. 2005 für diese Abbruchkosten eine Rückstellung in Höhe von 33 000 €.

Die laufenden Pachtzahlungen für das Grundstück hat M ordnungsgemäß verbucht.

Sachverhalt 2:
M hatte vor sieben Jahren 320 Aktien der C-AG für umgerechnet 22 080 € (einschließlich Nebenkosten) mit betrieblichen Mitteln erworben und seither unverändert mit 22 080 € bilanziert. Der Wert der Aktien hatten sich auch in den schwierigen Börsenzeiten der letzten

Jahre stabil gehalten und seither gut entwickelt. Die Aktien werden wie alle seine Wertpapiere bei seiner Bank im Rahmen der Girosammelverwahrung aufbewahrt. Im Mai 2005 hat die C-AG eine Dividende von 2 € je Aktie ausgeschüttet. Die Gutschrift auf dem betrieblichen Konto in Höhe von 505 € wurde von M wie folgt gebucht:

Bank   505 €   an   Dividendenerträge   505 €

Im Juli 2005 erhöhte die C-AG ihr Kapital im Verhältnis 6 : 1 durch die Ausgabe junger Aktien mit einem Ausgabepreis von 80 € je junger Aktie. M setzte 300 Stück seiner Bezugsrechte zum Erwerb junger Aktien ein. Für den Erwerb im Juli 2005 wurden ihm 50 € Gebühren in Rechnung gestellt. Die restlichen 20 Bezugsrechte veräußerte er an der Börse noch im Juli 2005 zum Kurs von 5 € je Stück. Als Veräußerungskosten wurden ihm 10 € belastet. Der Börsenkurs der Aktien betrug am Tag vor der Kapitalerhöhung 115 € je Aktie und am Tag danach 110 € je Aktie. Die Transaktion wurde über sein betriebliches Bankkonto abgewickelt. Die Bankabrechnung lautete wie folgt:

Belastung Erwerb junger Aktien	4 000 €
Spesen und Gebühren des Kaufs	+ 50 €
Gutschrift veräußerte Bezugsrechte	./. 100 €
Verkaufsspesen	+ 10 €
Belastung des Kontos	3 960 €

Diese wurde von M wie folgt verbucht:

Wertpapiere   3 900 €   an   Bank   3 960 €
Bankgebühren   60 €

Im Oktober 2005 veräußerte M seinen gesamten Aktienbestand der Aktien der C-AG zum Kurswert von 130 € je Aktie. Für die Veräußerung der 370 Aktien wurden ihm 370 € Verkaufsspesen belastet. Die über sein betriebliches Bankkonto abgewickelte Veräußerung buchte M wie folgt:

Bank   47 730 €   an   Wertpapiere   25 980 €
                          Sonstiger betrieblicher Ertrag   21 750 €

Weitere Buchungen erfolgten diesbezüglich nicht.

Sachverhalt 3:

Im September 2005 hatte eine Außenprüfung des Finanzamts für die Jahre 2002 bis 2004 stattgefunden. Dabei hatte der Prüfer die Gewerbesteuerrückstellungen für den Prüfungszeitraum erhöht und zwar für das Jahr 2002 um 10 580 €, für das Jahr 2003 um 3 365 € und für das Jahr 2004 um 5 270 €. Zudem hatte er in seine Prüferbilanz auf den 31. 12. 2004 eine Zinsrückstellung in Höhe von 475 € eingestellt. Im Februar 2006 wurden aufgrund der Außenprüfung die nach § 164 AO geänderten Steuerbescheide und Steuermessbescheide erlassen, denen die Prüferbilanzen zugrunde gelegt wurden. Im April 2006 erließ die Gemeinde geänderte Gewerbesteuerbescheide der Jahre 2002 bis 2004. Sämtliche Änderungsbescheide sind inzwischen bestandskräftig. Eine Nachfrage beim Steuerberater ergibt, dass die Feststellungen und Auswirkungen dieser Außenprüfung für die Jahre 2002 bis 2004 im eingereichten Jahresabschluss für das Jahr 2005 bis auf die Gewerbesteuer und die erwähnte Zinsrückstellung berücksichtigt worden sind. Die Feststellungen des Prüfers über die Gewerbesteuerrückstellungen und die Zinsrückstellung der Jahre 2002 bis 2004 wurden einfach übersehen.

Die in der eingereichten Bilanz zum 31.12.2005 ausgewiesene Gewerbesteuerrückstellung von 6 200 € berechnet sich nach einem steuerpflichtigen Gewerbeertrag von 120 000 €. Dieser ergibt sich aus dem erklärter Gewinn von 150 000 € abzüglich Freibetrag und Kürzungen nach § 9 GewStG sowie zuzüglich Hinzurechnungen nach § 8 GewStG. Insoweit ist die ausgewiesene Gewerbesteuerrückstellung nicht zu beanstanden. Eventuelle Hinzurechnungen und Kürzungen, die sich aus den obigen Feststellungen der Sachverhalte 1 bis 3 ergeben, sind allerdings darin nicht berücksichtigt. Der Hebesatz für die Gewerbesteuer beträgt 380 %.

III. Aufgabe

1. Beurteilen Sie die getroffenen Feststellungen für den Betrieb unter Hinweis auf die einschlägigen Rechtsgrundlagen. Erforderliche Korrekturen (Änd.) sind für jeden Einzelsachverhalt – getrennt nach Bilanzposten und GuV-Posten – unter Angabe der entsprechenden Gewinnauswirkungen (GA) zusammenzustellen.
2. Cent-Beträge sind ab 50 Eurocent auf volle Eurobeträge aufzurunden bzw. bis 49 Eurocent auf volle Euro abzurunden.
3. M wünscht für das Jahr 2005 einen möglichst niedrigen steuerlichen Gewinn.

IV. Lösung

Sachverhalt 1:

Das von M teilweise bereits erstellte Gebäude auf dem Grundstück seiner Ehefrau ist nach §§ 93; 94 Abs. 1 BGB zivilrechtliches Eigentum der Ehefrau des M geworden, da es sich um einen wesentlichen Bestandteil des im Alleineigentum der Ehefrau stehenden Grundstücks handelt. Das im Zustand der Herstellung sich befindliche Wirtschaftsgut wird dem M jedoch als wirtschaftliches Eigentum bilanziell zugerechnet. M trägt die Herstellungskosten des Bauwerks und darf es mit Zustimmung der zivilrechtlichen Eigentümerin, seiner Ehefrau, unentgeltlich betrieblich nutzen. Zudem steht ihm bei Beendigung der Nutzung der gesetzliche Entschädigungsanspruch nach §§ 951; 812 BGB zu. Davon abweichende Abreden oder Abreden, die auf eine Zuwendung der Baukosten an seine Ehefrau hindeuten könnten, wurden nicht getroffen. In eine solche Richtung zielende stillschweigende Abreden können auch bei Ehegatten nicht vermutet werden. Dies genügt um M als wirtschaftlichen Eigentümer des Bauwerks im Sinne von § 39 Abs. 2 Nr. 1 AO ansehen zu können, vgl. a. H 4.7 (Eigenaufwand für ein fremdes Wirtschaftsgut) EStH. M durfte somit ein immaterielles Wirtschaftsgut »Nutzungsrecht« nicht bilanzieren, sondern er musste die bis zum 31.12.2005 entstandenen Baukosten unter der Position »Anlagen im Bau« aktivieren. Die Vornahme von AfA im Jahr 2005 ist dafür nicht zulässig, da dies erst ab der Fertigstellung des Gebäudes möglich ist, vgl. R 7.4 Abs. 1 S. 1 EStR.

Bei dem aufgenommen Darlehen handelt es sich um eine betriebliche Schuld. Jedoch ist das bei Auszahlung einbehaltene Damnum nicht in voller Höhe sofort abziehbarer Darlehensaufwand. Das Damnum ist wirtschaftlich als zusätzliches Entgelt für die Darlehensgewährung anzusehen, es dient der Feinjustierung des Zinses. Damit handelt es sich um vorausbezahltes Entgelt (zusätzlicher Zinsaufwand) für das zum 31.12.2005 nach § 5 Abs. 5 S. 1 Nr. 1 EStG ein aktiver Rechnungsabgrenzungsposten einzustellen ist in Höhe des Betrags, der auf die Dauer der Darlehensgewährung nach dem 31.12.2005 entfällt. In den zu aktivierenden Betrag ist auch der als Abschluss- und Bearbeitungsgebühren bezeichnete

Betrag einzubeziehen, vgl. H 6.10 (Damnum) EStH. Für die Berechnung des auf den Zeitraum bis zum 31. 12. 2005 entfallenden Aufwandsbetrag ist entscheidend, dass ein so genanntes Tilgungsdarlehen vorliegt, das in regelmäßigen Teilbeträgen getilgt wird. Daher ist eine gleichmäßige Auflösung des aktiven Rechnungsabgrenzungspostens nicht zulässig, da der künftig nach jeder geleisteten Tilgungsrate verbleibende Darlehensbetrag als einschlägige Gegenleistung der Bank niedriger ist. Damit vermindert sich auch der vorausbezahlte Entgeltsanteil entsprechend. Es ist daher vertretbar, eine digitale Verteilung des aktiven Rechnungsabgrenzungspostens (ARAP) entsprechend den Tilgungsraten vorzunehmen unter Anwendung folgender Formeln:

$$\text{Zinsanteil je Rate} = ARAP \times \frac{\text{noch ausstehende Raten} + 1}{s_n}$$

$$s_n = \frac{n}{2} \times (n + 1), \text{ wobei } n = \text{Anzahl der Raten}$$

Vorliegend ist $s_n = \frac{10}{2} \times (10 + 1) = 55$

Damit beträgt der Zinsanteil bis zur ersten bzw. der ersten Rate am 30. 11. 2005:

$s_1 = 4\,800\,€ \times 10/55 = 873\,€$

Auf den Monat Dezember 2005 entfallen von der zweiten Rate:

$s_2 = 4\,800\,€ \times 9/55 = 785 \times 1/12 = 65\,€$

Höhe des ARAP zum 31. 12. 2005:

4 800 € ./. 873 € ./. 65 € = 3 862 €

Für den Zinsanteil aus der laufenden Verzinsung ist für den Monat Dezember 2005 nach dem Grundsatz der periodengerechten Gewinnermittlung gemäß § 252 Abs. 1 Nr. 5 HGB eine antizipative Zinsabgrenzung vorzunehmen und es sind (90 000 € × 5 % × 1/12 =) 375 € als sonstige Verbindlichkeit zu passivieren.

Die auf dem Nachbargrundstück von M auf eigene Kosten errichtete Ausstellungshalle steht im zivilrechtlichen Eigentum des M, da die Bauhandwerker an ihn als Auftraggeber die Bauleistungen erbracht haben und die Ausstellungshalle nur zu vorübergehenden Zwecken auf dem Grundstück erstellt wurde. Dies folgt daraus, dass die Halle am Ende der Pachtzeit noch vor Ablauf ihrer üblichen betriebsgewöhnlichen Nutzungsdauer von M wieder abgerissen werden muss. Damit ist sie nach § 95 Abs. 1 BGB nicht als wesentlicher Bestandteil des Grundstücks einzuordnen, so dass sie nicht automatisch nach §§ 93; 94 Abs. 1 BGB zum Eigentum des Eigentümers des Grund und Bodens wird. Jedenfalls liegt auch wirtschaftliches Eigentum des M gemäß § 39 Abs. 2 Nr. 1 AO an der Ausstellungshalle vor, da er die Halle im eigenen Namen und auf eigene Kosten erstellt hat und er diese aufgrund des Pachtverhältnisses während der gesamten Nutzungsdauer der Halle im Regelfall unter Ausschluss des Eigentümers nutzen darf. Der Grundstückseigentümer hat während der gesamten üblichen Nutzungsdauer der Halle im Regelfall keinerlei wirtschaftlichen Zugriff auf die Halle, zudem sie am Ende der Pachtzeit von M abgerissen wird, vgl. a. BFH vom 22. 08. 1984 BStBl II 1985, 126. M hat daher die Ausstellungshalle als Gebäude auf fremden Grund und Boden mit den Herstellungskosten zu aktivieren. Die Herstellungskosten sind somit nicht als Mietaufwand zu buchen.

Die Herstellungskosten betragen 110 000 €. Die Lohnaufwendungen für die beim Bau eingesetzten eigenen Arbeitnehmer des M erfüllen ebenfalls den Herstellungskostenbegriff des § 255 Abs. 2 HGB. Diese sind im Gegenzug über das Ertragskonto »andere aktivierte Eigenleistungen« zu buchen.

Die Zahlung an den Sachbearbeiter im Bauamt ist als strafbewehrte Vorteilsgewährung eine Zuwendung im Sinne von § 4 Abs. 5 Nr. 10 EStG und damit eine steuerlich nicht abzugsfähige Betriebsausgabe. Diese ist damit steuerlich nicht als Herstellungskosten zu behandeln und somit bei der Ermittlung des steuerlichen Gewinns dem ausgewiesenen Gewinn der GuV-Rechnung außerbilanziell hinzuzurechnen.

Für die Ausstellungshalle ab Fertigstellung ist für die Monate Juli bis Dezember 2005 AfA vorzunehmen. AfA kann hierbei nach § 7 Abs. 4 S. 2 EStG entsprechend der tatsächlichen Nutzungsdauer vorgenommen werden, da feststeht, dass das Gebäude zu einem bestimmten Zeitpunkt abgebrochen wird, vgl. H 7.4 (Nutzungsdauer) EStH und BFH vom 22. 08. 1984 BStBl II 1985, 126. Die tatsächliche Nutzungsdauer bis zum Abriss am Ende der Pachtzeit am 31. 12. 2024 beträgt ab dem Zeitpunkt der Fertigstellung 19 Jahre und 6 Monate. Damit entfällt auf das Jahr 2005 ein AfA-Betrag von (110 000 € × 6/234 =) 2 821 €. Der Bilanzansatz der Ausstellungshalle zum 31. 12. 2005 beträgt somit (110 000 € ./. 2 821 € =) 107 179 €.

Bei der im Rahmen des Pachtvertrags eingegangenen Verpflichtung zum Abriss der Ausstellungshalle am Ende der Pachtzeit handelt es sich um eine ungewisse Verbindlichkeit, die zwar jetzt bereits feststeht, deren Höhe aber noch ungewiss ist, da die genauen Kosten des künftigen Abrisses derzeit noch nicht sicher feststehen. M muss zum 31. 12. 2005 gemäß § 249 Abs. 1 S. 1 HGB in Verbindung mit § 5 Abs. 1 EStG eine Rückstellung für ungewisse Verbindlichkeiten bilden. Neben dem Bestehen der Verbindlichkeit gegenüber einer dritten Person, hier dem Verpächter, und der bei vertraglichen Regelungen in der Regel unproblematischen Wahrscheinlichkeit der Inanspruchnahme ist Voraussetzung, dass die Rückstellung zum Bilanzstichtag wirtschaftlich verursacht ist. Unter diesem Aspekt regelt die steuerliche Sonderregelung § 6 Abs. 1 Nr. 3a Buchst. d EStG für die Bilanzierung in der Steuerbilanz, dass sie als typische Ansammlungsrückstellung zeitanteilig in gleichen Raten anzusammeln ist. Für das Entstehen der Verpflichtung zum Abriss ist im wirtschaftlichen Sinne der laufende Betrieb ursächlich, was in der Nutzung der Lagerhalle zum Ausdruck kommt, da es ohne eine solche nicht zur Abrissverpflichtung gekommen wäre. Die Rückstellung ist daher in gleichen, der Nutzungszeit der Lagerhalle entsprechenden Raten anzusammeln. Hierfür kann unter wirtschaftlicher Betrachtung bereits die Bauzeit der Halle mit einbezogen werden, da ohne Bebauung keine Abrissverpflichtung greift, vgl. a. BMF vom 26. 05. 2005 BStBl I 2005, 699 Rz. 29 Beispiel 8. Damit sind die voraussichtlichen Abrisskosten auf einen Zeitraum von 20 Jahren zu verteilen. Somit beträgt die Höhe der Rückstellung zum 31. 12. 2005 grundsätzlich 1 500 €. Die Rückstellung ist nach § 6 Abs. 1 Nr. 3a Buchst. e EStG abzuzinsen. Ein Ausnahmetatbestand greift nicht ein. Der Beginn der Erfüllung der Sachleistungsverpflichtung Abriss der Lagerhalle ist voraussichtlich der 31. 12. 2024 (Ablauf des Pachtvertrages). Am 31. 12. 2005 ist somit eine Restlaufzeit von 19 Jahren maßgeblich. Nach Tabelle II zum BMF-Schreiben vom 26. 05. 2005 (BStBl I 2005, 699) ergibt sich ein Vervielfältiger von 0,362, so dass die Rückstellung in der Bilanz zum 31. 12. 2005 mit (1 500 € × 0,362 =) 543 € zu bilanzieren ist. Obwohl dem M vor Bilanzerstellung im April 2006 bekannt wird, dass sich die Abrisskosten voraussichtlich erhöhen werden, ist diese Preissteigerung bei der Bewertung der Rückstellung zum 31. 12. 2005 nicht zu berücksichtigen. Da die Preissteigerung erst im Jahr 2006, also nach dem Bilanzstichtag 2005 stattfindet, handelt es sich um eine wertbegründende Tatsache, die nach dem Stichtagsprinzip § 252 Abs. 1 Nr. 3 und 4 HGB bei der Bewertung auf den Bilanzstichtag 2005 nicht berücksichtigt werden darf.

Bilanzposten	Änd.	GA
Nutzungsrecht	./. 144 000 €	./. 144 000 €
Anlagen im Bau	+ 150 000 €	+ 150 000 €
Gebäude auf fremden Grund und Boden	+ 107 179 €	+ 107 179 €
ARAP	+ 3 862 €	+ 3 862 €
Rückstellungen	./. 32 457 €	+ 32 457 €
Sonst. Verbindlichkeit	+ 375 €	./. 375 €
Gesamt		**+ 149 123 €**

GuV-Posten	Änd.	GA
AfA	./. 3 179 €	+ 3 179 €
Darlehensaufwand	./. 4 000 €	+ 4 000 €
Kreditkosten	./. 800 €	+ 800 €
Zinsaufwand	+ 1 313 €	./. 1 313 €
Mietaufwand	./. 100 000 €	+ 100 000 €
Aktivierte Eigenleistungen	+ 10 000 €	+ 10 000 €
Abbruchkosten	./. 32 457 €	+ 32 457 €
Allgemeine Verwaltungskosten	./. 500 €	+ 500 €
Betriebsausgaben nach § 4 Abs. 5 EStG	+ 500 €	./. 500 €
Gesamt		**+ 149 123 €**

Außerbilanzielle Korrektur zur Ermittlung des steuerlichen Gewinns: +   **500 €**

Sachverhalt 2:

Die Dividendenerträge sind in Höhe von 640 € als Ertrag zu erfassen. Die einbehaltenen Steuerabzugsbeträge von 20 % Kapitalertragsteuer zuzüglich 5,5 % Solidaritätszuschlag hierauf, somit insgesamt 135 €, stellen nach § 36 Abs. 2 Nr. 2 EStG und § 51a Abs. 1 EStG eine Vorauszahlung auf die private Einkommensteuer dar und sind daher gemäß § 12 Nr. 3 EStG als Privatentnahmen zu buchen. Die Hälfte der Dividendenerträge ist nach § 3 Nr. 40 Buchst. d EStG steuerfrei. Insoweit ist zur Ermittlung des steuerlichen Gewinns außerhalb der Bilanz eine Abrechnung von 320 € vorzunehmen.

Die Anschaffungskosten der 50 jungen Aktien unter Einsatz der Bezugsrechte setzten sich zusammen aus dem Ausgabepreis der jungen Aktien zuzüglich dem Buchwert der eingesetzten Bezugsrechte. Ebenso zählen dazu die Erwerbsnebenkosten von 50 €, die somit nicht als Bankgebühren gebucht werden dürfen. Da die Aktien zum Anlagevermögen gehören und in Girosammelverwahrung aufbewahrt werden und sich somit das einzelne Wertpapier nicht mehr identifizieren lässt, erfolgt eine Durchschnittsbewertung aller darin aufbewahrten

Aktien derselben Sorte, so dass diese Wertpapiere mit ihren durchschnittlichen Anschaffungskosten zu bewerten sind, vgl. BFH vom 15. 02. 1996 BStBl III 1966, 274. Aus diesem Grund braucht dem Bestand lediglich der Ausgabepreis und die Erwerbsnebenkosten hinzuaktiviert werden. Die bloße Umbuchung der Buchwerte der zum Erwerb eingesetzten Buchwerte kann unterbleiben. Nach dem Erwerb belaufen sich die Anschaffungskosten für die nunmehr 370 Aktien auf (22 080 € + 4 050 € =) 26 130 €.

Die Veräußerung der Bezugsrechte führt zu einem Veräußerungsgewinn falls der Erlös den Buchwert der veräußerten Bezugsrechte übersteigt. Der Buchwert der veräußerten Bezugsrechte ermittelt sich wie folgt:

$$\text{Buchwert Bezugsrecht} = \text{Buchwert Altaktie} \times \frac{\text{Kurswert Bezugsrecht}}{\text{Kurswert Altaktie vor Kapitalerhöhung}}$$

Der Buchwert der Altaktien beträgt (22 080 € : 320 Aktien =) 69 € je Aktie der C-AG.

Buchwert Bezugsrecht = 69 € × 5/115 = 3 €.

Veräußerungspreis für 20 Bezugsrechte	20 × 5 € =	100 €
./. Buchwert für 20 Bezugsrechte	20 × 3 € =	./. 60 €
Veräußerungsgewinn		40 €

Die Bezugsrechte werden als bereits seit mehr als sechs Jahren zum Anlagevermögen des Unternehmens gehörend angesehen, da der Besitzzeit von Bezugsrechten die Besitzzeiten der alten Anteilsrechte, von denen sie abgespalten sind, hinzugerechnet werden (R 6b.3 Abs. 6 S. 2 EStR). Der Gewinn aus der Veräußerung von Bezugsrechten ist bei Vorliegen der weiteren Voraussetzungen nach § 6b Abs. 10 EStG begünstigt, da es sich bei der Veräußerung von Bezugsrechten um Wirtschaftsgüter handelt, die von Anteilen an Kapitalgesellschaften abgespalten sind und so ebenfalls dem Sinn und Begünstigungszweck der gesetzlichen Regelung unterfallen. Der begünstigte Gewinn kann nach § 6b Abs. 10 S. 5 EStG einschließlich des nach § 3 Nr. 40 Buchst. a EStG i. V. m. § 3c Abs. 2 S. 1 EStG steuerbefreiten Betrags in die Rücklage eingestellt werden. Der begünstigte Gewinn ermittelt sich gemäß § 6b Abs. 10 S. 4 EStG unter Abzug der Veräußerungskosten nach § 6b Abs. 2 EStG. Somit sind vom Veräußerungsgewinn (40 € ./. 10 € =) 30 € in die Rücklage einzustellen. Vom verbleibenden Gewinn in Höhe von 10 € ist die Hälfte nach § 3 Nr. 40 Buchst. a EStG i. V. m. steuerfrei, so dass außerhalb der Bilanz 5 € vom Gewinn bei der steuerlichen Gewinnermittlung abzurechnen sind. Entsprechend sind die zu Recht als Bankgebühren gebuchten Veräußerungskosten von 10 € nach § 3c Abs. 2 S. 1 EStG nur zur Hälfte als Betriebsausgaben abzugsfähig. Insoweit hat eine außerbilanzielle Hinzurechnung zur Ermittlung des steuerlichen Gewinns zu erfolgen. Richtig wäre der Erwerb der jungen Aktien und die Veräußerung der Bezugsrechte zu buchen gewesen:

Wertpapiere	4 050 €	an	Bank	3 960 €
Bankgebühren	10 €		Wertpapiere	60 €
			Sonst. betriebl. Erträge	40 €
Sonst. betriebl. Erträge	30 €	an	Rücklage nach § 6b EStG	30 €

Die Veräußerung der Aktien der C-AG im Oktober 2005 führt zu einem Veräußerungsgewinn. Dieser ist insoweit nach § 6b Abs. 10 EStG begünstigt, als er auf die 320 Stück Altaktien entfällt. Soweit der Gewinn auf die Veräußerung der im Juli 2005 erworbenen 50 Stück jungen Aktien entfällt, scheitert die Begünstigung daran, dass sich die Aktien nicht seit mindestens sechs Jahren im Betriebsvermögen des Unternehmens befunden haben, vgl. § 6b Abs. 4 S. 1 Nr. 2 EStG i. V. m. § 6b Abs. 10 S. 4 EStG. Es erfolgt über die eingesetzten Bezugsrechte keine Anrechnung der Besitzzeit der Altaktien, aus denen sich die Bezugsrechte abgespalten haben, vgl. R 6b.3 Abs. 6 S. 3 und 4 EStR. Der Gewinn errechnet sich wie folgt:

Veräußerungserlös (130 € × 370 =)	48 100 €
./. Buchwert der veräußerten Aktien: (22 080 € + 4 050 € ./. 60 € =)	./. 26 070 €
Veräußerungsgewinn	22 030 €
./. Veräußerungskosten	./. 370 €
Zwischenergebnis	21 660 €
Davon begünstigt nach § 6b Abs. 10 EStG (21 660 € × 320/370 =)	18 733 €
Somit nicht begünstigt nach § 6b Abs. 10 EStG (22 030 € ./. 18 733 € =)	3 297 €

Damit kann M zum 31. 12. 2005 für diesen Vorgang eine Rücklage nach § 6b Abs. 10 S. 5 EStG in Höhe von 18 733 € bilden. Zusammen mit der Rücklage aus der Veräußerung der Bezugsrechte ergibt sich ein Gesamtbetrag von 18 763 €.

Vom nicht nach § 6b Abs. 10 EStG begünstigten Gewinn sind nach § 3 Nr. 40 Buchst. a EStG i. V. m. § 3c Abs. 2 EStG steuerfrei (3 297 € × 50 % =) 1 648,50 €. Damit ist dieser Betrag zur Ermittlung des steuerlichen Gewinns außerbilanziell abzurechnen. Andererseits sind von den Veräußerungskosten nach § 3c Abs. 2 EStG ebenfalls nur (370 € × 50 %=) 185 € abziehbar, so dass außerbilanziell wieder 185 € dem Gewinn hinzuzurechnen sind.

Richtig wäre die Veräußerung zu buchen gewesen:

Bank	47 730 €	an	Wertpapiere	26 070 €
Bankgebühren	370 €		sonst. betriebl. Erträge	22 030 €
Sonst. betriebl. Erträge	18 733 €	an	Rücklage nach § 6b EStG	18 733 €

	Änd.	GA
Bilanzposten		
Rücklage nach § 6b EStG	+ 18 763 €	./. 18 763 €
Entnahmen	+ 135 €	+ 135 €
Gesamt		./. 18 628 €

	Änd.	GA
GuV-Posten		
Dividendenerträge	+ 135 €	+ 135 €
Sonst. betriebl. Erträge	./. 18 443 €	./. 18 443 €
Bankgebühren	+ 320 €	./. 320 €
Gesamt		./. 18 628 €

Außerbilanzielle Korrekturen zur Ermittlung des steuerlichen Gewinns:

aus der Veräußerung der Aktien (./. 1 648,50 € + 185 € =)	./. 1 463,50 €

Alternativ hätte der Korrekturbetrag auch wie folgt saldiert ermittelt werden können:

nicht nach § 6b Abs. 10 EStG begünstigt (21 660 € × 50/370 =) 2 927 €

Von diesem nicht nach § 6b Abs. 10 EStG begünstigten Gewinn sind nach § 3 Nr. 40 Buchst. a EStG i. V. m. § 3c Abs. 2 EStG steuerfrei (2 927 € × 50 % =) 1 463,50 €. Damit ist dieser Betrag zur Ermittlung des steuerlichen Gewinns außerbilanziell abzurechnen:
- aus der Veräußerung der Bezugsrechte eine Abrechnung von ./. 5 €
  eine Hinzurechnung von + 5 €
- aus den Dividendenerträgen eine Abrechnung von ./. 320 €

Sachverhalt 3:

In der Prüferbilanz zum 31. 12. 2004 wurde eine Erhöhung der bis dahin erklärten Gewerbesteuerrückstellung des Jahres 2004 in Höhe von 19 215 € vorgenommen. Zur vollständigen Anpassung des Jahresabschlusses 2005 an die Prüferbilanz des Jahres 2004 auch hinsichtlich der Gewerbesteuer- und der Zinsrückstellung wäre daher noch folgende Anpassungsbuchung erforderlich gewesen:

Kapital 01. 01. 2005	19 690 €	an	GewSt-Rückstellung	19 215 €
		an	Zinsrückstellung	475 €

Alternativ hätte ohne Anpassung des Anfangskapitals zum 01. 01. 2005 eine buchtechnische Entnahmebuchung erfolgen können mit derselben berichtigenden Auswirkung auf das Jahr 2005.

Da die Gewerbesteuernachzahlungen erst durch Gewerbesteuerbescheide vom April 2006 festgesetzt wurden, lief die Verzinsung nach § 233a AO für die Nachzahlung der Gewerbesteuer des Jahres 2002 weiter und für die Nachzahlung der Gewerbesteuer des Jahres 2003 hat die Verzinsung nach § 233a Abs. 2 S. 1 AO i. V. m. § 18 GewStG ab dem 01. 04. 2005 begonnen. Die Höhe der Verzinsung berechnet sich nach § 238 AO. Die Zinsrückstellung für die Gewerbesteuernachzahlungen berechnet sich wie folgt:

Mehr-GewSt 2002	10 580 €	
Abrundung nach § 238 Abs. 2 AO	10 550 €	
× 21 Monate (für Zeitraum 01. 04. 2004 bis 31. 12. 2005) × 0,5 % =		1 108 €
Mehr-GewSt 2003	3 365 €	
Abrundung nach § 238 Abs. 2 AO	3 350 €	
× 9 Monate (für Zeitraum 01. 04. 2005 bis 31. 12. 2005) × 0,5 % =		151 €
Summe		1 259 €
Bisherige Zinsrückstellung		./. 475 €
Erhöhung der Zinsrückstellung zum 31. 12. 2005 und damit Zinsaufwand		784 €

Aufgrund der Ergebnisberichtigungen aus den Sachverhalten 1 bis 3 hat eine Anpassung der Gewerbesteuerrückstellung zum 31. 12. 2005 zu erfolgen. Hierbei handelt es sich um eine Rückstellung für ungewisse Verbindlichkeiten nach § 249 Abs. 1 S. 1 HGB. Infolge der bisher bereits erklärten Gewinnhöhe und des bereits bei der bisher bilanzierten Gewerbesteuerrückstellung ausgeschöpften Freibetrags genügt es, die Änderung der Gewerbesteuerrückstellung aufgrund der in den Sachverhalten 1 bis 3 ermittelten steuerlichen Gewinnkorrekturen zu berechnen. Dazu sind zunächst die Korrekturen des Gewinns zu ermitteln:

Gewinnauswirkung aus Sachverhalt 1:	+ 149 123 €
Außerbilanzielle Zurechnung aus Sachverhalt 1:	+ 500 €
Gewinnauswirkung aus Sachverhalt 2:	./. 18 628 €
Außerbilanzielle Abrechnung aus Sachverhalt 2:*	./. 1 464 €
	./. 325 €
Außerbilanzielle Zurechnung aus Sachverhalt 2:	+ 5 €
Gewinnauswirkung aus Sachverhalt 3 (Erhöhung Zinsrückstellung):	./. 784 €
Gewinnänderungen vor Gewerbesteuer	+ 128 427 €

* aufgerundet auf volle Euro nach Aufgabenstellung

Hinzurechnungen nach § 8 Nr. 1 GewStG	+ 1 907 €
Hierbei handelt es sich um die Zinsentgelte einschließlich der Auflösung des ARAP für das Investitionsdarlehen aus Sachverhalt 1; die Hinzurechnung beträgt 50 % des Zinsaufwands	3 813 €
Hinzurechnung nach § 8 Nr. 5 GewStG	+ 320 €

Eine Hinzurechung der zur Hälfte steuerfreien Gewinne aufgrund der Veräußerung der Bezugsrechte und der Aktien aus Sachverhalt 2 findet nicht statt, da es sich hierbei nicht um Dividenden und gleichgestellte Bezüge und erhaltene Leistungen handelt.

Eine Hinzurechnung nach § 8 Nr. 1 GewStG von 50 % der Erhöhung der Zinsrückstellung aus Sachverhalt 3 unterbleibt, da Steuerschulden nur dann als Dauerschulden zu behandeln sind, wenn sie nicht binnen zwölf Monaten seit Zahlungsaufforderung (Steuerbescheid) getilgt werden, vgl. Abschn. 45 Abs. 6 S. 3 Nr. 3 S. 2 GewStR.
Die entsprechenden Nachzahlungsbescheide für die Gewerbesteuer wurden aber erst im April 2006 mit späterer gesetzlicher Fälligkeit festgesetzt.

Änderung des Gewerbeertrags vor Änderung der GwSt-Rückstellung	+ 130 654 €
Abgerundet nach § 11 Abs. 1 S. 3 GewStG	+ 130 600 €
× 5 % × 380 % : 1,19* =	+ 20 852 €

* Die Anwendung der Divisormethode (Divisor = $\frac{\text{Hebesatz}}{2}$) ist im vorliegenden Fall günstiger als die ebenfalls zulässige 5/6-Methode.

Damit beträgt die Erhöhung der Rückstellung und somit des Betriebssteueraufwands aufgrund der für das Jahr 2005 vorgenommenen Gewinnkorrekturen 20 852 €. Zusammen mit der Erhöhung aus der vorausgegangenen Außenprüfung erhöht sich die Gewerbesteuerrückstellung zum 31. 12. 2005 damit um (20 852 € + 19 215 € =) 40 067 €.
Eine Abzinsung der Rückstellung für Steuerschulden unterbleibt infolge der zumindest zeitweisen potentiellen Verzinsung nach § 233a AO, vgl. BMF vom 26. 05. 2005 BStBl I 2005, 699 Rz. 33.

	01.01.2005			2005
		GA	Änd.	GA
Bilanzposten				
Zinsrückstellung	+ 475 €	./. 475 €	+ 1 259 €	./. 1 259 €
GewSt-Rückstellung	+ 19 215 €	./. 19 125 €	+ 40 067 €	./. 40 067 €
Summe		./. 19 690 €		
Folgewirkung				+ 19 690 €
Gesamt				./. 21 636 €

			2005
		Änd.	GA
GuV-Posten			
Zinsaufwand		+ 784 €	./. 784 €
Betriebssteuern		+ 20 852 €	./. 20 852 €
Gesamt			./. 21 636 €

V. Punktetabelle

Die Korrekturpunkte für die rechtliche Wertung sind entweder voll zu vergeben oder voll zu streichen. Für die Berichtigung der Bilanzposten und GuV-Posten kann für jede (folge-)richtige Position nur ein halber Korrekturpunkt vergeben werden. Ein Folgefehler liegt insoweit nur vor, wenn sich der Fehler durch Versagung eines Punktes für die rechtliche Würdigung bereits ausgewirkt hat. Unterbleibt eine Berichtigung, da die rechtliche Würdigung fehlerhaft ist, liegt kein Folgefehler vor.

	Punkte
Sachverhalt 1	
Auf Grundstück der Ehefrau erstelltes Gebäude zivilrechtliches Eigentum der Ehefrau	1
Gebäude begründet wirtschaftliches Eigentum des M	1
Bilanzierung als Anlage im Bau und mangels Fertigstellung keine Vornahme von AfA	1
Damnum als ARAP bilanziert unter Einbeziehung der Darlehensgebühren	1
Digitale Auflösung des ARAP entsprechend der Tilgungsraten	1
Auflösung ARAP in 2005 mit 938 € und Bilanzierung des ARAP zum 31.12.2005 mit 3 862 €	1

	Punkte
Antizipative Zinsabgrenzung zum 31.12.2005 mit 375 €	1
Ausstellungshalle im zivilrechtlichen bzw. wirtschaftlichen Eigentum des M	1
Bilanzierung der Herstellungskosten als Gebäude auf fremden Grund und Boden	1
Herstellungskosten mit 110 000 € berechnet	1
Zahlung an Sachbearbeiter im Bauamt nicht abziehbare Betriebsausgabe nach § 4 Abs. 5 Nr. 10 EStG	1
AfA Ausstellungshalle nach § 7 Abs. 4 S. 2 EStG vorgenommen	1
AfA Ausstellungshalle für 2005 mit 2 821 € berechnet	1
Für Abbruchkosten Rückstellung für ungewisse Verbindlichkeiten nach § 249 Abs. 1 S. 1 EStG gebildet	1
Ansammlungsrückstellung nach § 6 Abs. 1 Nr. 3a Buchst. d EStG	1
Verteilung der Abbruchkosten auf 20 Jahre; jährlicher Ansammlungsbetrag 1 500 €	1
Abzinsung der Rückstellung nach § 6 Abs. 1 Nr. 3a Buchst. e) EStG	1
Bilanzierung der Rückstellung zum 31.12.2005 mit 543 € ohne Berücksichtigung der Preiserhöhung des Jahres 2006	1
Bilanzposten-Berichtigung	3
GuV-Posten-Berichtigung (mit außerbilanzieller Korrektur)	5
Sachverhalt 2	
Dividendenerträge mit 640 € als Betriebseinnahmen erfasst	1
Zur Hälfte steuerfrei nach § 3 Nr. 40 Buchst. d EStG und entsprechende außerbilanzielle Abrechung	1
Anschaffungskosten der jungen Aktien mit Ausgabepreis zuzüglich Buchwerte der eingesetzten Bezugsrechte	1
Durchschnittsbewertung des Aktienbestandes infolge Girosammelverwahrung	1
Veräußerungsgewinn aus Veräußerung der Bezugsrechte 40 €	1
Für Veräußerungsgewinn Rücklage nach § 6b Abs. 10 EStG gebildet	1

	Punkte
Höhe der Rücklage 30 €	1
Anwendung § 3 Nr. 40 Buchst. a EStG und § 3c Abs. 2 S. 1 EStG auf verbleibenden Veräußerungsgewinn bzw. Veräußerungskosten	1
Nur für Gewinn aus Veräußerung von 320 Aktien der C-AG Rücklage nach § 6b Abs. 10 EStG in Höhe von 18 733 € gebildet	1
Verbleibender Gewinn 3 297 € zur Hälfte steuerfrei nach § 3 Nr. 40 Buchst. a EStG	1
Veräußerungskosten nach § 3c Abs. 2 EStG nur zur Hälfte abziehbar	1
Bilanzposten-Berichtigung	1
GuV-Posten-Berichtigung (mit außerbilanzieller Korrektur)	2
Sachverhalt 3	
Richtige Angleichungsbuchung Gewerbesteuerrückstellung zum 01.01.2005	1
Richtige Berechnung Zinsrückstellung für Mehr-GewSt 2002	1
Richtige Berechnung Zinsrückstellung für Mehr-GewSt 2003	1
Hinzurechnung § 8 Nr. 1 GewStG	1
Hinzurechnung § 8 Nr. 5 GewStG	1
Keine Hinzurechnung nach § 8 Nr. 1 GewStG für Erhöhung Zinsrückstellung	1
(Folge-)richtige Berechnung Erhöhung Gewerbesteuerrückstellung	3
Keine Abzinsung infolge § 233a AO	1
Bilanzposten-Berichtigung (mit Folgewirkung)	1,5
GuV-Posten-Berichtigung	1
Summe	**52,5**

Klausuraufgabe 8:
Passiver Rechnungsabgrenzungsposten/zeitanteilige AfA/ steuerliche Herstellungskosten/Rückstellungen bei zivilrechtlichen Streitigkeiten

I. Allgemeines

Peter Drechsler (D) betreibt in Ulm eine Möbelproduktion mit Verkauf. Zum Betrieb gehört auch das Angebot von Handwerkerleistungen. Das Unternehmen wird in Form eines Einzelunternehmens betrieben. D ist mit seiner Firma im Handelsregister eingetragen und ermittelt den steuerlichen Gewinn durch Betriebsvermögensvergleich nach § 5 EStG und erstellt zu diesem Zweck Einheitsbilanzen (Handelsbilanz = Steuerbilanz). Er versteuert die Umsätze nach den allgemeinen Grundsätzen des UStG zum Regelsteuersatz 16%. Zum Ausschluss des Vorsteuerabzugs führende Umsätze werden – soweit sich aus den Einzelsachverhalten nichts anderes ergibt – nicht getätigt. Das Wirtschaftsjahr des Betriebs stimmt mit dem Kalenderjahr überein. Anfang April 2006 liegt der am 31.03.2006 fertig gestellte Jahresabschluss für das Wirtschaftsjahr 2005 vor nebst Erläuterungen zur Bilanz und GuV-Rechnung Aufgrund der Bilanzerläuterungen und Rückfragen beim Steuerberater des F haben Sie die unter II. angeführten Feststellungen getroffen.

II. Einzelsachverhalte

Sachverhalt 1:

Da sich häufiger Arbeitnehmer des D auf Dienstreisen zu Kunden begeben müssen, entschloss sich D für seinen Betrieb zehn Mobilfunkdienstleistungsverträge mit dem Mobilfunknetzbetreiber M abzuschließen. Zum 01.07.2005 schloss D daher mit M 10 derartige Verträge mit einer Laufzeit von jeweils 24 Monaten ab. Für M hatte sich D deshalb entschieden, weil M dem D bei Vertragsschluss für jeden Vertrag die unentgeltliche Übereignung eines mit zahlreichen Funktionen ausgestatteten Mobilfunktelefons versprochen hatte. Jedes dieser Telefone hat einen gemeinen Wert von 600 €. Die ansonsten in den Verträgen vereinbarten Grund- und Gesprächsgebühren entsprachen den von M üblicherweise berechneten Preisen. Die Mobilfunktelefone wurden dem D dann auch am 01.07.2005 betriebsbereit übergeben. Diese Telefone haben eine betriebsgewöhnliche Nutzungsdauer von fünf Jahren. Da D für die Handys nichts bezahlen musste, hat er diesbezüglich auch nichts gebucht. Die am Ende der jeweiligen monatlichen Abrechnungszeiträume in Rechnung gestellten Grund- und Gesprächsgebühren hat D wie auch die zu Anfang der Verträge in Rechnung gestellten einmaligen Anschlussgebühren ordnungsgemäß verbucht. Da die Arbeitnehmer auf ihren Dienstreisen sehr häufig mit den Mobilfunktelefonen telefonierten und M daher einen erfreulichen Umsatz verschafften, erteilte M dem U überraschenderweise auf den 31.12.2005 mit Schreiben vom 27.12.2005 eine einmalige Gutschrift von 150 €. Die Höhe der Gutschrift wies keinen Bezug zu den bisher abgerechneten Gebühreneinheiten auf und enthielt daher auch keinen Umsatzsteuerbetrag. In dem Schreiben brachte M seine Hoffnung auf weitere gute Zusammenarbeit und den, den D allerdings nicht verpflichtenden, Wunsch zum Ausdruck, dass D den Mobilfunknetzbetreiber freundlicherweise weiterempfehlen solle. Dem Schreiben war ein Verrechnungsscheck über 150 € beigelegt. Das

Schreiben ging bei D am 30.12.2005 ein. D entnahm ihm den Verrechnungsscheck und ließ ihn noch am selben Tag auf seinem privaten Girokonto gutschreiben. Deshalb wurde die Gutschrift im Betrieb auch nicht verbucht.

Sachverhalt 2:

Zum 31.12.2005 hatte D dreißig noch auf Lager befindliche hochwertige, zu einem erheblichen Teil noch von Hand gefertigte Naturholztische mit folgendem Wert bilanziert, wobei die Materialkosten und die Fertigungseinzelkosten richtig erfasst wurden:

Materialkosten	18 000 €
Materialgemeinkosten	1 000 €
Fertigungseinzelkosten	22 500 €
Fertigungsgemeinkosten	16 000 €
Zuschlag für allgemeine Verwaltungskosten	6 000 €
Bilanzansatz	63 500 €

Aus der differenzierten Kosten-Leistungsrechung des Jahres 2005 sind für die Produktgruppe Naturholztische folgende Informationen zu entnehmen:

Die gesamten Materialkosten dieser Produktgruppe haben 320 000 € betragen und die diesbezüglichen Fertigungseinzelkosten, die mit den Fertigungslöhnen einschließlich der diesbezüglichen gesetzlichen Sozialabgaben (Arbeitgeberanteile) angesetzt wurden, haben 384 000 € betragen. Die Arbeitgeberanteile an den gesetzlichen Sozialabgaben betragen 20 % der Bruttolöhne und Bruttogehälter. Die Summe sämtlicher auf diese Produktgruppe entfallenden Materialgemeinkosten beträgt 20 000 € und die der Fertigungsgemeinkosten 256 000 €. Die allgemeinen Verwaltungskosten wurden mit 120 000 € angesetzt.

In den Fertigungsgemeinkosten sind Lehrlingsgehälter für drei Lehrlinge im Fertigungsbereich von insgesamt 18 000 € einschließlich gesetzlicher Sozialabgaben enthalten. Von dem auf alle Kostenstellen gleichmäßig verteilten kalkulatorischen Unternehmerlohn wurden 5 000 € als Materialgemeinkosten und 8 000 € als Fertigungsgemeinkosten verrechnet. In den Fertigungsgemeinkosten sind anteilige Abschreibungen für die Fertigungsmaschinen in Höhe von 30 000 € enthalten. Dies entspricht der in der Finanzbuchführung bilanziell verrechneten AfA. Dabei handelt es sich um AfA, die degressiv nach § 7 Abs. 2 EStG berechnet wurde. Wären die Maschinen linear abgeschrieben worden, hätten sich anteilige AfA-Beträge von insgesamt 20 000 € ergeben. Von den Lagerarbeitern des Betriebs wurden zwei Personen jeweils nach Bedarf sowohl im Materiallager als auch im Verkaufslager beschäftigt. Dennoch wurden ihre Löhne vollständig bei den Vertriebsgemeinkosten erfasst. Bezogen auf ihre Tätigkeit im Materiallager entfiel von den Bruttolöhnen rechnerisch für beide zusammen zutreffend geschätzt ein Betrag von 2 000 € auf die Produktgruppe Naturholztische. In den Gemeinkosten sind auch anteilig die Zinsaufwendungen des Betriebs enthalten. Hiervon wurden 300 € auf die Materialstelle und 1 500 € auf die Fertigungsstelle verrechnet. Zusätzlich wurde eine kalkulatorische Eigenkapitalverzinsung verrechnet und zwar bei der Materialstelle ein Betrag von 80 € und bei der Fertigungsstelle ein Betrag von 400 €. Der Gewerbesteueraufwand für das Wirtschaftsjahr wurde in der Kosten-Leistungsrechnung vollständig unter der Position allgemeine Verwaltungskosten erfasst. In den Materialgemeinkosten und den Fertigungsgemeinkosten sind auch Kosten der vom Betrieb unterhaltenen Betriebskantine enthalten, deren Aufwendungen als Kosten einer Vorkostenstelle auf die jeweiligen Endkostenstellen verrechnet werden. In den Materialgemeinkosten ist hiervon ein Betrag von 500 € und in den Fertigungsgemeinkosten ein Betrag von 6 000 € enthalten.

Sachverhalt 3:

Ein Arbeitnehmer des D hatte im März 2005 beim Einbau einer von D gelieferten Einbauküche beim Anschluss des Geschirrspülers eine Installation fehlerhaft vorgenommen. Daraus ergab sich für den Kunden ein Schaden von 3 000 €. Der Kunde machte im April 2005 einen Anspruch auf Ersatz des ihm entstandenen Schadens gegen D geltend. D bestritt die Rechtmäßigkeit des Anspruchs, da er der Ansicht ist, er habe nicht für das schuldhafte Verhalten seines ansonsten immer sehr genau arbeitenden Arbeitnehmers einzustehen. Nach harten Auseinandersetzungen schaltete der Kunde einen Anwalt ein, der seine Ansprüche vor Gericht verfolgen sollte. Dieser legte noch im Mai 2005 vor dem zuständigen Gericht Klage gegen den D auf Zahlung des Schadensersatzes ein. D war entschlossen, falls er unterliegen sollte, das Verfahren bis zur letzten Instanz durchzuziehen, da er ansonsten einen Imageschaden für seinen Betrieb befürchtete. Er ließ sich nun ebenfalls von einem Anwalt vertreten. Dieser rechnete ihm zunächst einmal vor, dass er im Fall eines verlorenen Rechtsstreites neben dem mit Prozesszinsen zu verzinsenden materiellen Schadensersatzanspruch zusätzlich (nicht zu verzinsende) Gerichtskosten in der ersten Instanz von schätzungsweise 400 € tragen müsse zuzüglich die Rechtsanwaltskosten beider Parteien von schätzungsweise jeweils netto 450 €. In der Rechtsmittelinstanz wären die Prozesskosten mit ungefähr dem 1,5fachen der Beträge der ersten Instanz zu veranschlagen. Im Hinblick auf die beim zuständigen Amtsgericht durchschnittliche Verfahrensdauer könne schätzungsweise im Februar 2006 mit einem erstinstanzlichen Urteil gerechnet werden. Voraussichtlich wäre im Falle eines für D negativen Prozessausgangs die eingeklagte Zahlungsforderung nebst Prozesszinsen (Zinsen bis zum 31.12.2005 geschätzt 75 €) und gegnerischem Kostenerstattungsanspruch voraussichtlich am 02.05.2006 fällig. Diese Aussichten änderten nichts an der Meinung des D, den Rechtsstreit erforderlichenfalls bis zur letzten Instanz durchzustehen, obwohl eine Rechtsschutzversicherung nicht besteht. Im Juni 2005 überwies D an seinen Rechtsanwalt den von diesem eingeforderten Vorschuss von 174 €. Hierüber hatte der Rechtsanwalt eine Vorausrechnung von 150 € zuzüglich 24 € Umsatzsteuer ausgestellt. D verbuchte die Zahlung in Höhe von 150 € als Rechtsberatungskosten und die in Rechnung gestellt Umsatzsteuer als Vorsteuer. Aufgrund eines formellen Fehlers seines Anwalts wurde die Klage des Kunden noch im Dezember 2005 überraschend als unbegründet abgewiesen. Nach einem Gespräch mit seinem Anwalt erwartete D allerdings, dass der Kunde Berufung gegen das Urteil einlegen würde. Kurz vor Ablauf der Berufungsfrist Mitte Januar 2006 ging jedoch ein auf den 10.01. datiertes Schreiben des Kunden bei D ein, in dem dieser angab, er sei so entnervt von dem ganzen Streit, dass er mit D nie mehr etwas zu tun haben wolle und sich daher am Tag vorher entschlossen habe, auf die Einlegung einer Berufung zu verzichten. So kam es auch und das Urteil wurde rechtskräftig. Bis auf die Vorschusszahlung an seinen Rechtsanwalt hatte D im Jahr 2005 wegen des Rechtsstreits nichts verbucht.

III. Aufgabe

1. Beurteilen Sie die getroffenen Feststellungen für die Firma D unter Hinweis auf die einschlägigen Rechtsgrundlagen.
2. Cent-Beträge sind ab 50 Eurocent auf volle Euro-Beträge aufzurunden bzw. bis 49 Eurocent auf volle Euro-Beträge abzurunden.
3. Die betriebsbezogenen Voraussetzungen nach § 7g Abs. 2 Nr. 1 Buchst. a EStG liegen im Wirtschaftsjahr 2005 wie auch schon in den Vorjahren nicht vor.

4. Auf die gewerbesteuerlichen Auswirkungen der Überprüfungsergebnisse ist nicht einzugehen.
5. D wünscht für das Wirtschaftsjahr 2005 einen möglichst niedrigen steuerlichen Gewinn.
6. Am Schluss einer jeden Textziffer sind die Auswirkungen (Änderungen) auf die Bilanzposten (einschließlich der Entnahmen und Einlagen) und auf die GuV-Posten und zudem die Gewinnauswirkungen im Rahmen der Bilanz-Methode und der GuV-Methode nach folgendem Schema darzustellen:

Bilanzposten	Änderung	Gewinnauswirkung

GuV-Posten	Änderung	Gewinnauswirkung

IV. Lösung

Sachverhalt 1:

Beim Abschluss der Mobilfunkdienstleistungsverträge mit Übereignung der Mobilfunktelefone handelt es sich zivilrechtlich um so genannte Koppelungsgeschäfte, die in vielen Branchen zur Kundenwerbung, insbesondere zum Anlocken von Kunden eingesetzt werden. Dabei soll durch das Eingehen eines defizitären Geschäfts, vorliegend die Übereignung des Mobilfunktelefons, der Absatz des Hauptprodukts, vorliegend der Abschluss eines Mobilfunkdienstleistungsvertrags, und die Erweiterung des Kundenstamms gefördert werden. Der erwartete Gewinn aus dem Dienstleistungsvertrag soll dabei den Verlust aus der verbilligten oder sogar unentgeltlichen Abgabe der Ware kompensieren. Zivilrechtlich werden hierbei zwei voneinander unabhängige Rechtsgeschäfte abgeschlossen. Zum einen ein Dienstvertrag i. S. von § 611 BGB und zum anderen ein auf die Abgabe der Ware gerichteter schuldrechtlicher Vertrag, also entweder ein Kaufvertrag bei verbilligter Abgabe oder ein Schenkungsvertrag bei unentgeltlicher Abgabe. Der auf die Verschaffung der Mobilfunktelefone gerichtete Vertrag wurde durch Übergabe und Übereignung der Telefone an D am 01.07.2005 erfüllt. Der Mobilfunkdienstleistungsvertrag, den D mit M abschloss, ist zivilrechtlich ein typisches Dauerschuldverhältnis, da sich M verpflichtete, dem D für die Dauer von 24 Monaten einen Mobilfunkanschluss zu überlassen, wofür der D im Gegenzug die vereinbarten Anschlussgebühr, die fest vereinbarte monatliche Grundgebühr und die vertelefonierten Gesprächseinheiten in Abhängigkeit von seinem individuellen Telefonierverhalten zu zahlen hatte. Die bei Abschluss der Mobilfunddienstleistungsverträge an D unentgeltlich übereigneten Mobilfunktelefone stellen sich als betriebliche veranlasster Vorteil für D dar, wobei sich die Frage stellt, ob der Vorteil im Zeitpunkt des Vertragsschlusses in voller Höhe erfolgswirksam zu erfassen ist oder ob er abzugrenzen und auf den Zeitraum des längerfristigen Mobilfunkdienstleistungsvertrags zu verteilen ist. Letzteres ist vorzunehmen, wenn ein derart enger wirtschaftlicher Zusammenhang zwischen dem Mobilfunkdienstleistungsvertrag und dem Schenkungsvertrag bzw. der Übereignung der Telefone besteht, dass eine von der zivilrechtlichen Behandlung abweichende Zuordnung des Ertrags (Vermögenserwerb und damit Ertrag mit Eigentumserwerb am Telefon) zur Laufzeit des Mobilfunkdienstleistungsvertrags gerechtfertigt erscheint. Dann läge in der kostenlosen Übereignung der Mobilfunktelefone eine Vorleistung aus dem Dauerschuldverhältnis vor. Aus wirtschaftlicher Sicht könnte sich der auf Seiten des Mobilfunkunternehmens ergebende Verlust aus der unentgeltlichen Abgabe der Mobilfunktelefone aber auch als Werbeaufwand oder als Kosten der Auftragserlangung darstellen und nicht als Vorleistung aus dem Dauerschuldverhältnis, so dass entsprechend seitens des Kunden ein sofort zu versteuernder Ertrag vorläge.

Die Finanzverwaltung stellt sich auf den Standpunkt, dass es sich bei derartigen vertraglichen Vereinbarungen aus steuerrechtlicher Sicht um ein einheitliches Vertragsverhältnis handelt, das sich aus zwei Bestanteilen zusammensetzt, vgl. BMF vom 20. 06. 2005 BStBl I 2005, 801 Rz. 3. Dies beruht auf der auch für das Bilanzsteuerrecht maßgeblichen wirtschaftlichen Betrachtungsweise. Dieses Vertragsverhältnis begründet ein zeitraumbezogenes Dauerschuldverhältnis. Die Finanzverwaltung bildet damit eine Bewertungseinheit für bilanzielle Zwecke[1]. Derartige Dauerschuldverhältnisse sind zwar grundsätzlich nicht zu bilanzieren. Durch die Gewährung der Vergünstigung tritt das Mobilfunkunternehmen aber in Vorleistung, so dass insoweit eine bilanzielle Abbildung des Vorgangs erfolgen muss. Die kostenlose Übereignung der Mobilfunktelefone ist somit als Vorleistung der Mobilfunkunternehmens M aus dem einheitlichen Dauerschuldverhältnis anzusehen. Die Gegenleistung des D über die Dauer von 24 Monaten besteht in der Fortführung des Mobilfunkdienstleistungsvertrags mit Nutzung des entsprechenden Netzes und dem dadurch bedingten Anfall von Grund- und Telefongebühren. Da es sich damit aus bilanzsteuerlicher Sicht um eine Vorleistung aus dem Dauerschuldverhältnis handelt, ist unter dem Aspekt einer periodengerechten Gewinnermittlung die mit dem Erhalt der Mobilfunktelefone vorliegende Einnahme (Erlangung der Verfügungsmacht) als Ertrag auf die Laufzeit des Dauerschuldverhältnisses zu verteilen. Soweit dieses Dauerschuldverhältnis über den 31. 12. 2005 hinaus andauert liegt ein Ertrag für eine bestimmt Zeit nach dem Bilanzstichtag vor und D hat insoweit nach § 5 Abs. 5 S. 1 Nr. 2 EStG einen passiven Rechnungsabgrenzungsposten (pRAP) zu bilden. Da D für die Mobilfunktelefone nichts bezahlen musste, ist die Einnahme in Höhe des gemeinen Werts dieser Telefone zu sehen[2]. Der Mobilfunkdienstleistungsvertrag hat nach dem 31. 12. 2005 noch eine Laufzeit von 18 Monaten. Damit ist zum 31. 12. 2005 ein pRAP in Höhe von (6 000 € × 18/24 =) 4 500 € zu passivieren. Für das Jahr 2005 ist damit ein Ertrag von 1 500 € zu erfassen.

Gleichzeitig hat D die erhaltenen Mobilfunktelefone als Wirtschaftsgüter des Anlagevermögens zu aktivieren und auf die betriebsgewöhnliche Nutzungsdauer von fünf Jahren abzuschreiben. Bemessungsgrundlage ist der gemeine Wert der Mobilfunktelefone, vgl. a. BMF vom 20. 06. 2005 BStBl I 2005, 801 Rz. 11 Satz 5. Für das Jahr 2005 ist der Jahresbetrag der AfA gemäß § 7 Abs. 1 S. 4 EStG um 6/12 zu kürzen, da D die wirtschaftliche Verfügungsmacht an den Mobilfunktelefonen erst am 01. 07. 2005 erlangt hat. Die lineare AfA[3] für 2005 beträgt daher (6 000 € : 5 × 6/12 =) 600 €.

Für die einmalige Gutschrift vom 27. 12. 2005 stellt sich die Frage, ob diese ebenfalls als Vorleistung des Mobilfunkunternehmens M im Rahmen des Dauerschuldverhältnisses angesehen werden kann und somit ebenfalls abgegrenzt werden müsste. Aus dem Begleitschreiben kann aber gefolgert werden, dass M primär mit der Gutschrift den Zweck verfolgte, dass D dass Mobilfunkunternehmen an Dritte weiterempfahl. Die Gutschrift war zuvor nicht Bestandteil des im Juli 2005 abgeschossenen Rechtsgeschäftes gewesen, so dass sie nicht als

---

[1] Kritisch hierzu Heinold/Coenenberg, Aktivierung von Werbeaufwand? DB 2005, 2033.
[2] Zu schließen aus BMF vom 20.06.2005 BStBl I 2005, 801 Rz. 11.
[3] Degressive AfA nach § 7 Abs. 2 EStG wäre für das Jahr 2005 nicht günstiger, würde aber für die Jahre ab 2006 zu einem niedrigeren AfA-Betrag führen.

eine Vorleistung für dieses schwebende Geschäft angesehen werden kann, zumindest nicht dann, wenn der Leistende primär noch einen anderen Zweck damit verfolgt, nämlich den Kunden zu veranlassen, ihn an weitere potentielle Kunden weiter zu empfehlen. Die Gutschrift wurde nicht mit dem Abschluss des längerfristigen Mobilfunkdienstleistungsvertrags gewährt und hat daher auch unter wirtschaftlicher Betrachtungsweise keinen Bezug zu der Gegenleistung des D, nämlich der Fortführung des Mobilfunkdienstleistungsvertrags über den vertraglich eingegangenen Zeitraum. D muss daher die Gutschrift als sofortigen betrieblichen Ertrag erfassen. Infolge der Gutschrift auf dem privaten Girokonto ist er als Privatentnahme gegen zu buchen. Aufgrund der Ausführungen im Schreiben vom 27.12.2005 kann er auch nicht als Rabatt auf die bisher abgerechneten Gebühreneinheiten angesehen werden. Dagegen spricht zum einen, dass die Höhe des Betrags keinen Bezug zu den bisherigen abgerechneten Gebühreneinheiten auswies und zum anderen auch kein in Rabattfällen üblicherweise ausgewiesener Umsatzsteuerbetrag enthalten war der bei D zur Vorsteuerkürzung geführt hätte. Aus Sicht von M war diese Gutschrift als Werbeaufwand bzw. als Marketinginstrument gedacht.

Bilanzposten	Änderung	Gewinnauswirkung
Betriebs- und Geschäftsausstattung	+ 5 400 €	+ 5 400 €
pRAP	+ 4 500 €	./. 4 500 €
Privatentnahme	+ 150 €	+ 150 €
Gesamt		+ 1 050 €

GuV-Posten	Änderung	Gewinnauswirkung
Sonst. betriebl. Ertrag	+ 1 650 €	+ 1 650 €
AfA	+ 600 €	./. 600 €
Gesamt		+ 1 050 €

Sachverhalt 2:

Die zum 31.12.2005 im Lagerbestand enthaltenen Tische sind als Wirtschaftsgüter des Umlaufvermögens nach § 6 Abs. 1 Nr. 2 EStG grundsätzlich mit den Herstellungskosten zu bilanzieren. Zwar gilt auch für die Steuerbilanz grundsätzlich die Herstellungskostendefinition nach § 255 Abs. 2 und 3 HGB. Jedoch weicht der Mindestansatz der Herstellungskosten, also der Betrag, der ohne Ausübung von Wahlrechten zwingend anzusetzen ist, nach der steuerlichen Sonderregelung des R 6.3 EStR vom handelsrechtlichen Mindestansatz ab. Handelsrechtlich umfasst der Mindestansatz nach § 255 Abs. 2 S. 2 HGB lediglich die Materialkosten (gemeint sind die Materialeinzelkosten), die Fertigungskosten und die Sonderkosten der Fertigung. Weitere Kosten können, müssen aber nicht mit einbezogen werden. Steuerlich umfassen die anzusetzenden Herstellungskosten neben den, aufgrund des Maßgeblichkeitsgrundsatzes anzusetzenden Materialeinzelkosten, den Fertigungseinzelkosten und den Sonderkosten der Fertigung zwingend auch angemessene Teile der notwendigen Materialgemeinkosten und Fertigungsgemeinkosten sowie den Wertverzehr von Anlagevermögen, soweit er durch die Herstellung des Wirtschaftsguts veranlasst ist.

Außerdem ist zu beachten, dass Grundlage der Herstellungskostenermittlung zwar grundsätzlich die Kosten- Leistungsrechnung des Betriebs ist, dass allerdings aufgrund unterschiedlicher Begriffe und Zwecke von Finanzbuchführung und Betriebsbuchführung häufig die Beträge aus der Kosten-Leistungsrechnung für Zwecke der steuerlichen Herstellungskostenermittlung korrigiert bzw. bereinigt werden müssen. Dies betrifft zum einen insbesondere die in der Betriebsbuchführung verrechneten kalkulatorischen Kosten. Zum anderen regelt das Steuerrecht in R 6.3 EStR Wahlmöglichkeiten, die zu anderen Einstufungen einzelner Aufwendungen als wie in der Kosten-Leistungsrechnung führen können. Da der steuerlich niedrigste Gewinn ermittelt werden soll, sind diese Wahlmöglichkeiten dahingehend auszuüben, die entsprechenden Aufwendungen nicht als Herstellungskosten anzusetzen.

Die auf den Inventurbestand der Naturholztische entfallenden Material- und Fertigungsgemeinkosten können durch entsprechende Zuschlagsätze, die in der Regel aus den Zahlen des Betriebsabrechnungsbogens der Kosten-Leistungsrechnung unter Beachtung der erwähnten steuerlichen Besonderheiten zu berechnen sind, im Wege der Zuschlagskalkulation ermittelt werden.

Die Zahlen aus der Kosten-Leistungsrechnung sind wie folgt zu korrigieren:

Die Lehrlingsgehälter sind als Aufwendungen des Ausbildungswesens nach R 6.3 Abs. 4 S. 2 EStR zu den Kosten der allgemeinen Verwaltung zu zählen, für deren Ansatz als Herstellungskosten ein Wahlrecht nach § 255 Abs. 2 S. 4 HGB besteht, das nach R 6.3 Abs. 4 S. 1 EStR auch für die Steuerbilanz gilt. Sie sind daher in den Mindestansatz der steuerlichen Herstellungskosten nicht einzurechnen.

Kalkulatorischer Unternehmerlohn ist lediglich eine in der Betriebsbuchführung anzusetzende Größe, der in der Finanzbuchführung keine Aufwendungen entsprechen, da hierfür tatsächlich keine Aufwendungen entstanden sind. Daher ist der kalkulatorische Unternehmerlohn, wie auch jegliche anderen kalkulatorischen Kosten (vgl. H 6.3 [Kalkulatorische Kosten] EStH), bei der Berechnung der steuerlichen Herstellungskosten nicht anzusetzen.

Die Abschreibungen für die bei der Fertigung eingesetzten Maschinen sind zwingend anzusetzen, jedoch eröffnet R 6.3 Abs. 3 S. 2 EStR die Möglichkeit, die nach § 7 Abs. 1 EStG berechnete lineare AfA anzusetzen, auch wenn in der Bilanz bzw. der Finanzbuchführung die AfA degressiv nach § 7 Abs. 2 EStG berechnet wurde. Da im Betrieb des D die linear berechnete AfA geringer ist als die degressive AfA, ist diese bei der Herstellungskostenberechnung zu verrechnen, da dies niedrigere Herstellungskosten ergibt und dadurch zu einem niedrigeren Gewinn führt. Allerdings ist zu beachten, dass D dann dieses Absetzungsverfahren jedoch auch dann bei der Berechnung der Herstellungskosten beibehalten muss, wenn gegen Ende der Nutzungsdauer die Beträge der degressiv berechneten AfA niedriger sind als die linear berechneten AfA-Beträge.

Die Löhne für die Lagerarbeiter, die sowohl im Material- als auch im Verkaufslager eingesetzt werden, müssen anteilig auch auf die Kostenstelle Material als Gemeinkosten verteilt werden. Eine Verrechnung nur auf die nicht in die Herstellungskosten einzubeziehenden Vertriebskosten ist nicht zulässig. Dabei ist zu beachten, dass zu den anteiligen Bruttolöhnen auch noch die Arbeitgeberanteile an den gesetzlichen Sozialabgaben hinzukommen, so dass insgesamt ein Betrag von 2 400 € anzusetzen ist.

Soweit Zinsaufwendungen des Betriebs im Zusammenhang mit Fremdkapital stehen, das zur Finanzierung der Herstellung der betrieblichen Produkte verwendet wurde, besteht nach § 255 Abs. 3 S. 2 HGB und R 6.3 Abs. 4 S. 1 EStR ein Ansatzwahlrecht, so dass diese nicht in die Herstellungskosten mit einbezogen werden müssen und beim Ansatz mit dem Mindestansatz auch nicht einbezogen werden.. Bezüglich der kalkulatorischen Zinsen auf das Eigenkapital gilt das bereits erwähnte Ansatzverbot für kalkulatorische Kosten. Somit sind die gesamten Zinsen in Höhe von 2 280 € nicht anzusetzen.

Für den Gewerbesteueraufwand des Jahres 2005 besteht nach R 6.3 Abs. 5 S. 2 EStR ein Ansatzwahlrecht, so dass eine Einbeziehung zwecks Ermittlung des Mindestansatzes nicht erfolgt.

Für die auf die Vorkostenstelle Betriebskantine entfallenden und als Gemeinkosten einzustufenden Aufwendungen besteht nach § 255 Abs. 2 S. 4 HGB ein Wahlrecht zur Einbeziehung als Herstellungskosten. Dieses Wahlrecht wird für das Steuerrecht in R 6.3 Abs. 4 S. 1 und 3 EStR bestätigt. Zur Ermittlung des steuerlichen Mindestansatzes sind diese Kosten daher nicht anzusetzen.

Die maßgeblichen Materialgemeinkosten berechnen sich danach wie folgt:

Bisher gemäß Kosten-Leistungsrechnung	20 000 €
Kalkulatorischer Unternehmerlohn	./. 5 000 €
Lagerarbeiter	+ 2 400 €
Zinsaufwendungen	./. 380 €
Kosten der Betriebskantine	./. 500 €
Bereinigte Materialgemeinkosten	16 520 €

Der Materialgemeinkostenzuschlagssatz beträgt 16 520 € × 100/320 000 € = 5,16 %

Die maßgeblichen Fertigungsgemeinkosten berechnen sich wie folgt:

Bisher gemäß Kosten-Leistungsrechnung	256 000 €
Lehrlingsgehälter	./. 18 000 €
Kalkulatorischer Unternehmerlohn	./. 8 000 €
AfA Fertigungsmaschinen	./. 10 000 €
Zinsaufwendungen	./. 1 900 €
Kosten der Betriebskantine	./. 6 000 €
Bereinigte Fertigungsgemeinkosten	212 100 €

Der Fertigungsgemeinkostenzuschlagssatz beträgt 212 100 € × 100/384 000 € = 55,23 %

Der Mindestansatz der auf Lager befindlichen Naturholztische beträgt:

Materialeinzelkosten	18 000 €
Materialgemeinkosten (18 000 € × 5,16 % =)	+ 929 €
Fertigungseinzelkosten	+ 22 500 €
Fertigungsgemeinkosten (22 500 € × 55,23 % =)	+ 12 427 €
Bilanzansatz	53 856 €

Bilanzposten	Änderung	Gewinnauswirkung
Erzeugnisbestände	./. 9 644 €	./. 9 644 €

GuV-Posten	Änderung	Gewinnauswirkung
Bestandsveränderungen	./. 9 644 €	./. 9 644 €

Sachverhalt 3:

Aufgrund des Rechtsstreits mit dem Kunden kommt für D die Bildung einer Rückstellung in Betracht, sowohl für die mögliche Verpflichtung zur Zahlung des Schadensersatzes als auch für eine, im Falle des Unterliegens im Klagverfahren, mögliche Verpflichtung zur Zahlung der Kosten der gerichtlichen Verfolgung des Anspruchs, also der so genannten Prozesskosten. Beide Verpflichtungen sind wegen der unterschiedlichen wirtschaftlichen Verursachung der Verbindlichkeiten getrennt zu betrachten.

In beiden Fällen handelt es sich um Rückstellungen wegen ungewisser Verbindlichkeiten im Sinne von § 249 Abs. 1 S. 1 HGB. Diese sind sowohl in der Handelsbilanz als auch in der Steuerbilanz wegen des Maßgeblichkeitsgrundsatzes nach § 5 Abs. 1 EStG zwingend zu passivieren. Dies setzt eine Verpflichtung voraus, die gegenüber einem Dritten oder aufgrund öffentlichen Rechts besteht, jedoch nach Entstehung und/oder Höhe ungewiss ist. Die Verpflichtung muss zudem bestehen oder sie wird mit einiger Wahrscheinlichkeit rechtlich entstehen und sie muss vor dem Bilanzstichtag wirtschaftlich verursacht sein. Außerdem muss mit einer Inanspruchnahme ernstlich zu rechnen sein, vgl. R 5.7 Abs. 2 EStR.

Die Verpflichtung zur Leistung des Schadensersatzes an den Kunden (Prozessrisiko) ist eine Verbindlichkeit gegenüber einem Dritten. Aufgrund des Geschehensablaufs besteht sie entweder bereits oder es spricht zumindest eine hinreichende Wahrscheinlichkeit dafür, dass sie rechtlich entstanden ist. Sie ist zudem dem Grunde und der Höhe nach ungewiss, weil zum Zeitpunkt des Bilanzstichtags nicht feststeht, ob der Anspruch, den der Kunde geltend macht, berechtigt ist und wenn ja, in welcher Höhe er besteht. Die wirtschaftliche Verursachung dieser ungewissen Verpflichtung liegt in der fehlerhaften, den Schaden beim Kunden verursachende Installationsleistung des Arbeitnehmers im März 2005, für die der D als dessen Arbeitgeber und Vertragspartner des Kunden eventuell einzustehen hat. Die Ernsthaftigkeit der Inanspruchnahme kommt bereits in der Klageerhebung durch den Kunden zum Ausdruck.

Infolge der Klageeinreichung entstand für U das Risiko, künftig mit Prozesskosten belastet zu werden, falls er den Prozess verliert (Prozesskostenrisiko). Die Pflicht zur Zahlung der Prozesskosten wäre eine betriebliche Verbindlichkeit, da es sich um einen betrieblich veranlassten Prozess handelt. Es handelt sich auch um eine Verbindlichkeit gegenüber Dritten, nämlich dem Gericht und den Rechtsanwälten. Diese haben gegen die unterlegene Streitpartei einen Anspruch auf Erstattung der im Rahmen der klagweisen Verfolgung des Anspruchs entstandenen Kosten. Die Verbindlichkeit ist sowohl dem Grunde als auch der Höhe nach ungewiss, da sowohl der Ausgang des Rechtsstreites als auch die insgesamt anfallenden Kosten noch nicht feststehen. Die Verbindlichkeit ist jedoch hinreichend wahrscheinlich, da Prozesskosten auf jeden Fall entstehen und jede Partei grundsätzlich aus den unterschiedlichsten Gründen heraus unterliegen kann. Auch die Inanspruchnahme aus einer solchen Verbindlichkeit ist hinreichend wahrscheinlich, da der obsiegenden Partei aus dem erlangten Vollstreckungstitel das Vollstreckungsverfahren ermöglicht wird.

Hinsichtlich der wirtschaftlichen Verursachung des Prozesskostenrisikos am jeweiligen Bilanzstichtag kommt es darauf an, in welchem Stadium sich der Prozess befindet. Die wirtschaftliche Verursachung wird in der Klageerhebung bzw. für die Rechtsmittelkosten in der Einlegung des jeweiligen Rechtsmittels gesehen. Zum 31. 12. 2005 befand sich der Prozess in der ersten Instanz, so dass zu diesem Zeitpunkt lediglich das konkrete Risiko bestand, mit Kosten dieser Instanz belastet zu werden. Prozesskosten einer Rechtsmittelinstanz entstehen erst durch Einlegung des Rechtsmittels, vorher besteht auch kein Risiko, damit belastet zu werden. Zumindest wird dies als nicht hinreichend wahrscheinlich angesehen, vgl. a. BFH vom 06. 12. 1995 BStBl II 1996, 406.

Der Umstand, dass bereits im Dezember 2005 ein erstinstanzliches Urteil zu Gunsten des D ergangen ist, lässt das Vorliegen sowohl des Risikos, Schadensersatz leisten zu müssen als auch des Prozesskostenrisikos unberührt, da der Kunde noch bis Mitte Januar 2006 die Möglichkeit hatte, Rechtsmittel gegen das erstinstanzliche Urteil einzulegen. Eine Rückstellung soll als Ausprägung des Vorsichtsprinzips aber gerade das Risiko erfassen, künftig mit bereits jetzt wirtschaftlich verursachten Verbindlichkeiten belastet zu werden. Solange der Prozessgegner gegen die letzte Entscheidung ein (statthaftes) Rechtsmittel einlegen kann, besteht für die zunächst obsiegende Partei ein von ihr regelmäßig nicht einzuschätzendes Risiko, dass in der nächsten Instanz ein für sie ungünstiges Urteil ergeht, aufgrund dessen sie in Anspruch genommen wird. Deshalb ändert sich auch dann nichts an der Pflicht zur Bildung der Rückstellung, wenn die Frist zur Einlegung des Rechtsmittels zwar nach dem Bilanzstichtag, aber noch vor dem Tag der Bilanzerstellung abgelaufen war, vgl. a. BFH vom 30.01.2002 BStBl II 2002, 688. Die Bildung der Rückstellung folgt daher dem Grundsatz der Vorsicht nach § 252 Abs. 1 Nr. 4 HGB.

Auch der Umstand, dass der Kunde zwar nach dem Bilanzstichtag, aber noch vor Bilanzerstellung auf die Einlegung des Rechtsmittels verzichtet hat, lässt die Pflicht zur Rückstellungsbildung zum Bilanzstichtag unberührt. Insbesondere ist dies nicht als werterhellende Tatsache zu sehen, sondern die Entscheidung zum Verzicht auf Einlegung des Rechtsmittels ist als wertbegründender Umstand einzustufen, der erst nach dem Bilanzstichtag erfolgte. Der Verzicht beruhte auf einer späteren Entschließung des Kunden als Prozessgegner. Diese vermag das tatsächlich zum Bilanzstichtag fortbestehende Risiko der Inanspruchnahme aus der streitbefangenen Verbindlichkeit daher nicht rückwirkend aufhellend zu beseitigen. Ein nach dem Bilanzstichtag, aber vor dem Tage der Bilanzerstellung erfolgter Verzicht des Prozessgegners auf ein Rechtsmittel erhellt nicht rückwirkend die Verhältnisse zum Bilanzstichtag, vgl. a. BFH vom 30.01.2002 BStBl II 2002, 688.

Die Rückstellung ist gemäß § 253 Abs. 1 S. 2 HGB i. V. mit § 5 Abs. 1 EStG mit dem Betrag anzusetzen, der nach vernünftiger kaufmännischer Beurteilung erforderlich ist, um die Verpflichtung zu erfüllen. Dieser Betrag entspricht den Aufwendungen, die aufgrund der drohenden Inanspruchnahme nach den Verhältnissen am Bilanzstichtag voraussichtlich anfallen werden.

Die Bewertung der Rückstellung für die Schadensersatzverpflichtung hat mit dem eingeklagten Betrag zuzüglich der bis zum 31.12.2005 entstandenen Prozesszinsen zu erfolgen, daher mit 3 075 €. Eine Abzinsung der Rückstellung hat infolge der Verzinslichkeit der Verbindlichkeit gemäß § 6 Abs. 1 Nr. 3a Buchst. e S. 1 EStG i. V. mit § 6 Abs. 1 Nr. 3 S. 2 EStG nicht zu erfolgen.

Die Rückstellung für das Prozesskostenrisiko hat mit dem Betrag der für die anhängige erste Instanz entstehenden Prozesskosten zu erfolgen, da lediglich Kosten dieser Instanz zum Bilanzstichtag wirtschaftlich verursacht sind. Für mögliche Rechtsmittelinstanzen entstehende Kosten sind daher zum 31.12.2005 noch nicht mit einzubeziehen. Die Prozesskosten umfassen sowohl die Gerichtskosten als auch die Kosten für den eigenen und den Rechtsanwalt der Gegenpartei. Abzuziehen ist der Nettobetrag, den D bereits als Vorschuss an seinen Anwalt im Juni 2005 bezahlt hat. Der Nettobetrag wurde ja bereits als Aufwand des Jahres 2005 erfasst. Somit verbleibt ein Betrag in Höhe von 850 €. Eine Abzinsung nach § 6 Abs. 1 Nr. 3a Buchst. e EStG unterbleibt, weil von einer mindestens einjährigen Restlaufzeit nicht auszugehen ist, da das erstinstanzliche Urteil bereits innerhalb des Jahres 2006 rechtskräftig wurde.

D muss somit zum 31.12.2005 eine Rückstellung in Höhe von 3 925 € bilden.

Bilanzposten	Änderung	Gewinnauswirkung
Rückstellungen	+ 3 925 €	./. 3 925 €

GuV-Posten	Änderung	Gewinnauswirkung
Prozesskosten	+ 850 €	./. 850 €
Sonst. betrieblicher Aufwand	+ 3 075 €	./. 3 075 €
Gesamt		./. 3 925 €

V. Punktetabelle

Die Korrekturpunkte für die rechtliche Wertung sind entweder voll zu vergeben oder voll zu streichen. Für die Berichtigung der Bilanzposten und GuV-Posten kann für jede (folge-)richtige Position nur ein halber Korrekturpunkt vergeben werden. Ein Folgefehler liegt insoweit nur vor, wenn sich der Fehler durch Versagung eines Punktes für die rechtliche Würdigung bereits ausgewirkt hat. Unterbleibt eine Berichtigung, da die rechtliche Würdigung fehlerhaft ist, liegt kein Folgefehler vor.

	Punkte
Sachverhalt 1	
Zivilrechtliches Koppelungsgeschäft von Übereignung Mobilfunktelefone und Mobilfunkdienstleistungsvertrag erkannt	1
Unentgeltlich erhaltene Mobilfunktelefone als Betriebseinnahme erfasst	1
Steuerliches Dauerschuldverhältnis und schwebendes Geschäft mit Vorleistung des Mobilfunkunternehmers	1
Bildung eines passiven Rechnungsabgrenzungspostens	1
Bilanzierung passiver Rechnungsabgrenzungsposten zum 31. 12. 2005 mit 4 500 €	1
Aktivierung erhaltene Mobilfunktelefone mit 6 000 €	1
AfA für 2005 in Höhe von 600 €	1
Einmalige Gutschrift 150 € in voller Höhe 2005 zu versteuern	1
Bilanzposten-Berichtigung	1,5
GuV-Posten-Berichtigung	1
Sachverhalt 2	
Bewertung der Tische nach § 6 Abs. 1 Nr. 2 EStG mit den Herstellungskosten	1

	Punkte
Steuerlicher Mindestansatz nach R 6.3 Abs. 1 EStR bestimmt	1
Lehrlingsgehälter begründet nicht mit einbezogen	1
Kalkulatorischer Unternehmerlohn begründet nicht mit einbezogen	1
Lineare AfA für die bei Fertigung eingesetzter Maschinen angesetzt	1
Löhne für Lagerarbeiter einschließlich gesetzlicher Sozialabgaben als Materialgemeinkosten angesetzt	1
Sämtliche Zinsaufwendungen begründet nicht mit einbezogen	1
Gewerbesteueraufwand begründet nicht mit einbezogen	1
Kosten Betriebskantine begründet nicht mit einbezogen	1
Materialgemeinkostenzuschlagssatz (folge-)richtig berechnet	1
Fertigungsgemeinkostenzuschlagssatz (folge-)richtig berechnet	1
Bilanzansatz Naturholztische (folge-)richtig berechnet	1
Bilanzposten-Berichtigung	0,5
GuV-Posten-Berichtigung	0,5
Sachverhalt 3	
Unterscheidung in Rückstellung für drohende Schadensersatzpflicht einerseits und für Prozesskosten andererseits vorgenommen	1
Wirtschaftliche Verursachung der Rückstellung für Prozessrisiko begründet bejaht	1
Nur Kosten der ersten Instanz begründet in Prozesskostenrückstellung einbezogen	1
Erstinstanzliches Urteil für Passivierung zum 31.12.2005 begründet als unbeachtlich erklärt	1
Verzicht auf Rechtsmittel im Januar 2006 als wertbegründender Umstand	1
Rückstellung für Schadensersatzverpflichtung mit 3 075 € passiviert	1
Rückstellung für Prozesskostenrisiko mit 850 € passiviert und Abzinsung abgelehnt	1

	Punkte
Bilanzposten-Berichtigung	0,5
GuV-Posten-Berichtigung	1
Summe	32

Klausuraufgabe 9:
Passiver Rechnungsabgrenzungsposten/Rückstellungsverbot/ Rücklage nach § 6b EStG/Übertragung einer Rücklage nach § 6b EStG ins Gesamthandvermögen einer KG/Ergänzungsbilanz eines Kommanditisten/Rückstellung wegen ungewisser Verbindlichkeit/Bewertung Rückstellung/außerbilanzielle Hinzurechnung

I. Allgemeines

1. Peter Ziegler (Z) betreibt im hessischen B-Stadt ein Bauunternehmen, in dessen Rahmen er auch mit Baustoffen handelt. Das Unternehmen wird als Einzelfirma betrieben.
2. Die Firma ist im Handelsregister eingetragen. Z ermittelt den Gewinn durch Bestandsvergleich nach § 5 EStG und macht regelmäßig Abschlüsse auf den Schluss des Kalenderjahres. Die Abschlüsse werden von Z regelmäßig im März des auf das Wirtschaftsjahr folgenden Kalenderjahres erstellt.
3. Z versteuert seine Umsätze nach den allgemeinen Grundsätzen des UStG und zum Regelsteuersatz 16 %. Soweit sich aus den einzelnen Sachverhalten nichts anderes ergibt, sind die Umsatzsteuern auf die Eingangsumsätze in vollem Umfang als Vorsteuern abzugsfähig. Umsätze, die den Vorsteuerabzug ausschließen, werden – sofern nicht im Sachverhalt gesondert angegeben – nicht getätigt.
4. Aufgrund einer ordnungsgemäßen Prüfungsanordnung fand im Juli 2006 bei Z eine Außenprüfung für die Jahre 2003 bis 2005 statt. Die Veranlagungen der Jahre 2003 bis 2005 sind nach § 164 AO durchgeführt. Die Veranlagungen der davor liegenden Jahre sind bestandskräftig und können nach den Vorschriften der AO nicht mehr geändert werden.
5. Z strebt ein möglichst niedriges Gesamtgewinnergebnis in den geprüften Jahren an. Dazu eventuell erforderliche Bilanzänderungen gelten als zulässig im Sinne von § 4 Abs. 2 S. 2 EStG.
6. Auf die sich aufgrund der Außenprüfung ergebenden Gewerbesteuernachforderungen/-erstattungen ist nicht einzugehen.

II. Aufgabe

Die von der Außenprüfung ermittelten und unter Ziffer III. aufgeführten Sachverhalte sind auszuwerten. Dabei werden – getrennt für jeden Einzelsachverhalt – folgende Arbeiten verlangt:
1. Geben sie eine steuerliche Beurteilung der getroffenen Feststellungen mit Hinweis auf die einschlägigen Rechtsgrundlagen.
2. Erforderliche Berechnungen, Kontenentwicklungen oder Buchungen müssen nachvollziehbar sein; Cent-Beträge sind ab 50 Eurocent auf volle Euro aufzurunden bzw. bis 49 Eurocent auf volle Euro abzurunden.
3. Am Schluss einer jeden Textziffer sind die Auswirkungen (Änd) auf die Bilanzposten (einschließlich der Entnahmen und Einlagen) und auf die GuV-Posten und zudem die Gewinnauswirkungen (GA) im Rahmen der Bilanz-Methode und der GuV-Methode nach folgendem Schema darzustellen:

		2003		2004		2005
Bilanzposten	Änd.	GA	Änd.	GA	Änd.	GA

		2003		2004		2005
GuV-Posten	Änd.	GA	Änd.	GA	Änd.	GA

III. Einzelsachverhalte

Sachverhalt 1:

Z befasste sich im Rahmen seines Unternehmens auch mit Baubetreuungen. In den Jahren 2003 bis 2005 wickelte er in diesem Zusammenhang auch zwei Erwerbermodelle ab. Im Rahmen dieser Abwicklungen ging er gegenüber den Banken, die den Erwerb der Eigentumswohnungen finanzierten und dafür Grundpfandrechte eingeräumt bekamen, so genannte Ausbietungsgarantien ein. In diesen verpflichtete sich Z, bis zum 2005 für den Fall der Zwangsvollstreckung durch Abgabe eines das Grundpfandrecht abdeckenden Gebots sicherzustellen, dass die jeweils finanzierende Bank keinen Ausfall erleidet. Dafür erhielt er von den jeweiligen Bauherren (Erwerbern) gemäß vertraglicher Abrede für die Bereitschaft, diese Ausbietungsgarantie zu übernehmen, ein Vergütung von 2% bezogen auf den Gesamtaufwand. Diese Vergütung wurde mit Abschluss des Bauherrenvertrags fällig. Z erhielt diesbezüglich bei Abschluss der Bauherrenverträge am 01.07.2003 von den Bauherren (Erwerbern) netto 15 000 € für den Garantiezeitraum 01.07.2003 bis 31.12.2005. Z verbuchte diesen Betrag als laufenden Ertrag des Jahres 2003. Im Gegenzug allerdings bildete Z zum 31.12.2003 für das Eingehen der Ausbietungsgarantie eine Rückstellung in Höhe von 20 000 €. In dieser Höhe schätzte Z zutreffend das Risiko ein, dass er im Rahmen einer möglichen Zwangsversteigerung infolge der Ausbietungsgarantie einen Betrag werde aufwenden müssen, den er sonst für den Erwerb der Eigentumswohnungen im Zwangsversteigerungsverfahren nicht würde aufbringen müssen. Die Abwicklung der Erwerbermodelle verlief allerdings komplikationslos, so dass es bis Ende 2005 zu keiner Zwangsvollstreckung kam und Z die Rückstellung zum 31.12.2005 erfolgswirksam auflöste.

Sachverhalt 2:

Im Betriebsvermögen des Unternehmens ist seit dem 31.12.1999 eine Rücklage nach § 6b EStG in Höhe von (umgerechnet) 100 000 € ausgewiesen. Diese rührt aus der im Jahr 1999 vorgenommenen Veräußerung eines unbebauten Grundstücks I und war zulässig gebildet worden. Z hatte das Grundstück I damals veräußert, weil sich ein weiteres unbebautes Grundstück II im Betriebsvermögen befand und sich das Grundstück I nach den damaligen Planungen des Z als überflüssig erwiesen hatte. Im Jahr 2003 änderte Z seine betrieblichen Planungen erneut. Demzufolge erschien ihm nun auch das Grundstück II künftig als überflüssig, da eine Kalkulationsrechnung ergeben hatte, dass die Veräußerung des Grundstücks II und die Anlage des dadurch erlangten Veräußerungserlöses in Finanzanlagen bei gleichzeitiger Anmietung von Lagerflächen in der Nachbarschaft sich als wirtschaftlich günstiger für die Ertragssituation des Z erweisen würde. Deshalb hatte Z auch nicht vor, in den nächsten

Jahren selbst ein weiteres Grundstück zu erwerben. Er veräußerte daher das Grundstück II im November 2003 zum angemessenen Preis von 170 000 € an die P-GmbH & Co. KG, an der er im Übrigen selbst mit einem Anteil von 15 % als Kommanditist beteiligt war, die aber ansonsten mit der Baufirma des Z keine geschäftlichen Beziehungen unterhielt. Das Wirtschaftsjahr der P-GmbH & Co. KG stimmt ebenfalls mit dem Kalenderjahr überein. Die Veräußerungskosten und die Grunderwerbsteuer hatte nach den vertraglichen Vereinbarungen die Erwerberin zu tragen. Die Anschaffungskosten betragen für die P-GmbH & Co. KG dann auch einschließlich sämtlicher Erwerbsnebenkosten im Jahr 2003 insgesamt 180 000 €. Die Zahlung erfolgte Zug um Zug gegen die Übergabe des Grundstücks im Dezember 2003. Mit der Übergabe gingen auch Nutzen und Lasten und die Gefahr des zufälligen Untergangs bzw. der Verschlechterung des Grundstücks II auf die P-GmbH & Co. KG über. Das Grundstück II hatte Z seit seiner Anschaffung im November 1998 zu Recht mit den Anschaffungskosten von (umgerechnet) 110 000 € in seinem Einzelunternehmen bilanziert. Z verbuchte die Veräußerung des Grundstücks wie folgt:

Bank	170 000 €	an	Grund und Boden	110 000 €
			Rücklage nach § 6b EStG	60 000 €

Die Übernahme der laufenden Grundstückskosten durch die P-GmbH & Co. KG ab dem Übergabezeitpunkt wurde von Z in seiner Buchführung richtig erfasst. Ansonsten wurden weitere Buchungen anlässlich dieses Vorgangs 2003 nicht mehr vorgenommen. Die Rücklagen nach § 6b Abs. 3 EStG wurde von Z auch in den Jahren 2004 und 2005 unverändert mit 160 000 € fortgeführt.

Sachverhalt 3:

Bei der Ausführung von Bauvorhaben und Renovierungsarbeiten fällt öfters auch durch Abriss- bzw. Aufräumungsarbeiten veranlasster Abraum an Bauschutt und sonstigen zu entsorgenden Materialien und Gerätschaften an, deren Entsorgung Z dann mit übernimmt. Es kam allerdings häufiger vor, dass Z die Entsorgung nicht zeitnah durchführte, sondern den zu entsorgenden Bauschutt und die Entrümpelungsgegenstände auf einem abgelegenen Teil seines Betriebsgeländes zwischenlagerte. In unregelmäßigen längeren Zeitabständen brachte der Z diesen Abraum dann zu den entsprechenden Deponien. Den zuständigen Umweltbehörden hatte er dieses Verhalten bislang noch nicht gemeldet.

Im November 2004 kam es durch starke Regenfälle zur Ausspülung von öl- und lösungsmittelhaltigen Verunreinigungen des abgelagerten Abraums. Dies war deutlich anhand der mit bunten Schlieren durchsetzten Pfützenbildung zu erkennen. Obwohl Z bekannt war, dass er als Verursacher zu einer Anzeige bei der zuständigen Umweltbehörde und zur unverzüglichen Beseitigung des Umweltschadens gesetzlich verpflichtet ist, unterließ er die Anzeige. Ausschlaggebend hierfür waren die voraussichtlichen Kosten der Schadensbeseitigung, die hierfür auf Z zukommen würden. Aufgrund der geringen Auftragslage im Winter befand sich Z zu der Zeit gerade in angespannten finanziellen Verhältnissen. Wegen der Beseitigung des Schadens im Erdreich wollte er sich daher erst im Frühjahr 2005 wieder Gedanken machen. Dennoch stellte er als vorsichtiger Kaufmann zum 31. 12. 2004 für dieses Vorhaben eine Rückstellung in die Bilanz ein. Für die erwarteten Kosten zur Beseitigung des Schadens im Erdreich schätzte er sachgerecht einen Betrag von netto 30 000 €. Die Rückstellung passivierte er daher mit 30 000 €.

Den Bauschutt und die Gerätschaften entsorgte Z dann im Sommer 2005 ordnungsgemäß. Die dafür in Rechnung gestellten Kosten verbuchte er richtig als Aufwand mit Vorsteuerabzug. Mit dem vorhandenen Umweltschaden nahm Z es jedoch nicht so genau und unterließ daher zunächst jegliche Sanierungsmaßnahmen des Erdreichs. Aufgrund weiterer heftiger Regenfälle im Herbst des Jahres 2005 bildeten sich jedoch wieder großflächige Pfützen auf dem mittlerweile abgeräumten Areal, denen die Bodenverunreinigung anzusehen war. Ein im Oktober 2005 entlassener Arbeitnehmer des Z erstattete daher im November 2005 Anzeige bei der zuständigen Umweltbehörde. In den einschlägigen umweltrechlichten Ordnungsvorschriften ist deutlich die Verursacherhaftung für Umweltschäden geregelt. Bei Verstößen bestehen Sanktionsmöglichkeiten, wie beispielsweise die Festsetzung von Bußgeldern. Nach einer ersten Inaugenscheinnahme des Betriebsgrundstücks im November 2005 kündigte dem Z die Behörde zunächst einmal an, dass sie ganz sicher einen Bußgeldbescheid gegen ihn wegen seines bisherigen Verhaltens erlassen werde und er mit einer Geldbuße in Höhe von ungefähr 6 000 € rechnen müsse, wobei die genaue Höhe aber noch von den in einem Gutachten festzustellenden Gefährdungspotential seiner Handlungen abhinge. Mit dem kurzfristig zur Zahlung fällig werdenden Bußgeldbescheid könne er spätestens im Februar 2006 rechnen Zudem ordnete sie ebenfalls noch im November 2005 durch eine Verfügung an, dass Z auf eigene Kosten ein Gutachten über die erforderlichen Schadensbeseitigungsmaßnahmen und künftigen Präventionsmaßnahmen in Auftrag geben sollte. Der auf derartige Dinge spezialisierte Gutachter wurde dem Z von der Behörde vorgegeben. Die Behörde machte dem Z dabei klar, dass sie zum einen ansonsten selbst das Gutachten für Rechnung des Z einholen würde und zum anderen, dass sie die vom Gutachter vorzuschlagenden Maßnahmen als Grundlage für den Verwaltungsakt machen werde, mit dem sie dem Z die vorzunehmenden Sanierungsmaßnahmen auferlegen würde. Den Erlass des Verwaltungsaktes schätzte die Behörde aufgrund ihrer Erfahrungen mit dem Arbeitstempo des Gutachters auf Februar 2006 ein. Die Durchführung der Schadensbeseitigungsmaßnahmen, deren genaue Art und Umfang jedoch ebenfalls noch von den Feststellungen im Gutachten abhing, würde sie dann voraussichtlich zeitlich auf April 2006 festsetzten. Dies alles teilte sie dem Z noch im November 2005 ausführlich mit, damit sich dieser bereits jetzt darauf einstellen könne.

Da Z ein wichtiger Gewerbesteuerzahler der Gemeinde ist und auch zu den gut angesehenen Arbeitgebern des Landkreises zählt, stellte die Behörde dem Z, vorbehaltlich der Rücksprache mit weiter zu beteiligenden Behörden und daher noch unverbindlich, in Aussicht, sein Verhalten der Zwischenlagerung von, nach Erfahrung des Z, nicht allzu großen Mengen Bauschutt zu genehmigen, wenn er auf seinem Betriebsgelände eine dem Stand der Technik und seinen Zwischenlagerungszwecken entsprechende Deponie errichten würde. Die Lagerung derartiger Materialien ohne behördliche Genehmigung ist aufgrund öffentlich-rechtlicher Ordnungsvorschriften, die bei Zuwiderhandlungen auch Sanktionen vorsehen, nicht möglich. Z war fest entschlossen, die Vorgaben des zu erwartenden Gutachtens zur Beseitigung des Umweltschadens und des darauf basierenden Verwaltungsaktes genauestens einzuhalten. Dies auch in zeitlicher Hinsicht, da er befürchtete, andernfalls noch an die Staatsanwaltschaft wegen einer Umweltstraftat weiter gemeldet zu werden. Da er auch weiterhin Bauschutt auf seinem Gelände zwischenlagern wollte, nahm er sich auch die Erstellung einer an seinen Zwischenlagerungszwecken ausgerichteten Bauschuttdeponie im Jahr 2006 vor. Allerdings hat Z vor, sein Bauunternehmen höchstens noch 10 Jahre aktiv zu betreiben.

Z beauftragte noch im November 2005 den von der Behörde vorgeschlagenen Sachverständigen mit der Erstellung des geforderten Gutachtens. Das Gutachten ist Anfang Februar 2006 abgeschlossen worden und bei Z eingegangen. Dabei kam der Gutachter zu dem Ergebnis, dass es zur Beseitigung der aktuellen Schäden genüge, das belastete Erdreich fachgerecht zu entsorgen und gegen unbelastete Erde auszutauschen. Der Gutachter schätzte die Kosten hierfür auf netto 28 000 €. Da Z weiterhin Bauschutt ablagern wollte, machte er im

Gutachten zwecks Vermeidung künftiger Umweltschäden auch Ausführungen über die Beschaffenheit der zu errichtenden, vom Umfang her nicht sehr großen, weil nur auf den relativ geringen Eigenbedarf von Z ausgerichteten Bauschuttdeponie. Bei Befolgung dieser Vorschläge würde die Errichtung der Deponie voraussichtlich 80 000 € kosten. Betriebskosten hierfür würden in Höhe von jährlich geschätzt 1 000 € anfallen, wobei nach den bisherigen Erfahrungen von einer im dreijährigen Turnus erfolgenden Preissteigerung von jeweils 10 % ausgegangen werden könne. Z ist sich jedoch nicht sicher, ob er hinsichtlich der Deponie die Vorschläge des Gutachtens in allen Einzelheiten übernehmen soll. Er möchte sich zu gegebener Zeit noch andere fachliche Vorschläge einholen.

Die Rechnung des Gutachters wurde dem Z zusammen mit dem Gutachten im Februar 2006 zugestellt. Sie lautete über 10 000 € zuzüglich 1 600 € Umsatzsteuer. Der Verwaltungsakt zur Erdreichsanierung wurde dann doch erst im April 2006 erlassen. Inhaltlich nahm der Verwaltungsakt die vom Gutachter vorgeschlagenen Maßnahmen zur Entgiftung und Sanierung des Erdreichs weitgehend auf. Z gab die Sanierungsmaßnahmen dann im Mai 2006 in Auftrag, so dass die Entgiftung des Erdreichs im Juni 2006 abgeschlossen war. Im ebenfalls im April 2006 gegen Z erlassenen Bußgeldbescheid wurde eine Geldbuße von 5 000 € festgesetzt. Die Genehmigungen für die geplante künftige Zwischenlagerung von Bauschutt und die Bauschuttdeponie waren bis Juli 2006 noch nicht erfolgt, da das behördliche Genehmigungsverfahren noch nicht abgeschlossen war. Z hatte im Februar 2006 bei der zuständigen Behörde einen Antrag auf Genehmigung der Zwischenlagerung von Bauschutt auf seinem Betriebsgelände verbunden mit einem Antrag auf Genehmigung einer entsprechenden Bauschuttdeponie gestellt.

Zum 31.12.2005 bilanzierte Z weiterhin eine Rückstellung, die er wie folgt bewertete:

Entgiftung und Austausch des Erdreichs	28 000 €
Erstellung und Betrieb der Bauschuttdeponie	90 000 €
Kosten für das Gutachten	10 000 €
In Aussicht gestelltes Bußgeld	6 000 €
Gesamtbetrag	134 000 €

IV. Lösung

Sachverhalt 1:

Für die erhaltenen Ausbietungsgarantievergütungen war ein passiver Rechnungsabgrenzungsposten nach § 5 Abs. 5 S. 1 Nr. 2 EStG zu bilden. Die Vergütungen stellen Entgelt dar für eine zeitraumbezogene Gegenleistung des Z, die sich auf einen bestimmten Zeitraum nach dem Bilanzstichtag erstreckt. Die entgeltliche Leistung, die Z gegenüber den Bauherren (Erwerbern) erbrachte, bestand darin, dass er die Haftung gegenüber der Gläubigerbank übernahm, indem er dafür einstand, dass die Bank im Falle einer Zwangsversteigerung ohne Verlust blieb. Werden die für die Übernahme der Haftung gezahlten Vergütungen im Voraus gezahlt, sind sie im Wege der passiven Rechnungsabgrenzung auf die Laufzeit der Haftung zu verteilen, vgl. a. H 5.6 (Garantiegebühr) EStH.

Da sich die von Z in den Jahren 2003 bis 2005 übernommene Haftung bis zum 31.12.2005 erstreckte, stellten die im Jahr 2003 vereinnahmten Ausbietungsgarantievergütungen Entgelte für die jeweils bis Ende 2005 noch verbleibende Zeit dar. Die dafür gebildeten passiven Rechnungsabgrenzungsposten waren an den folgenden Bilanzstichtagen insoweit aufzulösen, als die Vergütungen auf den bereits abgelaufenen Garantiezeitraum entfallen. Z hatte mit Zeitablauf die von ihm zu erbringende Garantieübernahme erbracht und die Sicherheit für die von den Bauherren aufgenommenen Kredite geleistet. Wie eine Versicherungsgebühr oder eine Bürgschaftsgebühr wird auch die Gebühr für eine Ausbietungsgarantie im Lauf des Garantiezeitraums verdient. Auf das Jahr 2003 entfiel daher ein Entgeltsanteil in Höhe von 3 000 €, auf die Jahre 2004 und 2005 ein Entgeltsanteil von jeweils 6 000 €. Der passive Rechnungsabgrenzungsposten war daher zum 31. 12. 2003 mit 12 000 € und zum 31. 12. 2004 mit 6 000 € zu bilanzieren. Zum 31. 12. 2005 war der passive Rechnungsabgrenzungsposten vollständig aufzulösen.

Es spielt auch keine Rolle, ob noch bis zum Ende der Leistungsbeziehung ein Haftungsrisiko bestand. Passive Rechnungsabgrenzungsposten dienen ausschließlich der zutreffenden zeitlichen Abgrenzung gebuchter Einnahmen mit Vorauszahlungscharakter für noch zu erbringende zeitraumbezogene Gegenleistungen. Dagegen dienen sie nicht der Erfassung von geschäftlichen Risiken.

Das Risiko des Z, aus der Garantie in Anspruch genommen zu werden, musste gegebenenfalls durch die Bildung einer Rückstellung berücksichtigt werden. Dies scheidet vorliegend allerdings ebenfalls aus, da auch der im Rahmen einer künftigen Zwangsversteigerung in Erfüllung des Garantieversprechens abzugebende Übergebotsbetrag zu den (künftigen) Anschaffungskosten des Z für die im Zwangsversteigerungsverfahren zu erwerbenden Eigentumswohnungen gehören würde. Für künftige Anschaffungskosten kann aber nach § 5 Abs. 4b EStG eine Rückstellung nicht gebildet werden. Somit durfte Z insoweit in seinen Bilanzen 2003 und 2004 keine Rückstellung bilden.

Bilanzposten	2003 Änd.	2003 GA	2004 Änd.	2004 GA	2005 Änd.	2005 GA
Passiver RAP	+ 12 000 €	./. 12 000 €	+ 6 000 €	./. 6 000 €	–	–
Rückstellungen	./. 20 000 €	+ 20 000 €	./. 20 000 €	+ 20 000 €		
Summe		+ 8 000 €		+ 14 000 €		
Folgewirkung				./. 8 000 €		./. 14 000 €
Gesamt		+ 8 000 €		+ 6 000 €		./. 14 000 €

GuV-Posten						
Sonst. betriebl. Erträge	./. 12 000 €	./. 12 000 €	+ 6 000 €	+ 6 000 €	./. 14 000 €	./. 14 000 €
Sonst. betriebl. Aufwand	./. 20 000 €	+ 20 000 €			–	–
Gesamt		+ 8 000 €		+ 6 000 €		./. 14 000 €

Sachverhalt 2:

Den Veräußerungsgewinn aus der Veräußerung des Grundstücks II durfte Z nicht in eine Rücklage nach § 6b Abs. 3 EStG einstellen. Nach § 6b Abs. 4 S. 1 Nr. 2 EStG ist für die Bildung der Rücklage Voraussetzung, dass das veräußerte Wirtschaftsgut im Zeitpunkt der Veräußerung mindestens sechs Jahre ununterbrochen zum Anlagevermögen einer inländischen Betriebsstätte gehört hat. Z hatte das Grundstück II im November 1998 erworben und im Dezember 2003 mit der entgeltlichen Übertragung des wirtschaftlichen Eigentums an die P-GmbH & Co. KG veräußert. Mit der Übertragung des wirtschaftlichen Eigentums an einem Wirtschaftsgut scheidet dieses aus dem Betriebsvermögen des Veräußerers aus, wie aus § 246 Abs. 1 S. 2 HGB gefolgert werden kann. Für die steuerliche Gewinnermittlung folgt dies zudem aus § 39 Abs. 2 Nr. 1 AO. Daher ist Veräußerung im Sinne von § 6b Abs. 4 S. 1 Nr. 2 EStG als die entgeltliche Übertragung des wirtschaftlichen Eigentums an einem Grundstück zu verstehen, vgl. a. H 6b.1 (Veräußerung) EStH. Die zeitliche Spanne von November 1998 bis Dezember 2003 umfasst keine 6 Jahre, so dass diese Voraussetzung für diesen Veräußerungsvorgang nicht erfüllt ist. Z muss den Veräußerungsgewinn in Höhe von 60 000 € vollständig im Wirtschaftsjahr 2003 versteuern.

Die in der Bilanz zum 31. 12. 2003 ausgewiesene und zum 31. 12. 1999 erstmals gebildete §-6b-Rücklage in Höhe von 100 000 €, die aus der Veräußerung des Grundstücks I herrührt, ist zum 31. 12. 2003 mittlerweile am Schluss des vierten auf ihre Bildung folgenden Wirtschaftsjahres noch im Betriebsvermögen ausgewiesen. Damit ist sie nach § 6b Abs. 3 S. 5 EStG grundsätzlich zwingend Gewinn erhöhend aufzulösen, es sei denn, sie kann noch zum 31. 12. 2003 auf ein anderes aufnahmefähiges Wirtschaftsgut übertragen werden. Da Z zum 31. 12. 2003 nicht mit der Herstellung eines Gebäudes begonnen hat, was die Übertragungsmöglichkeit auf 6 Jahre verlängern würde, scheiden die in § 6b Abs. 3 S. 3 und 5 EStG aufgeführten Verlängerungsmöglichkeiten aus.

R 6b Abs. 6 EStR eröffnet jedoch weitere Übertragungsmöglichkeiten über den Kreis der zum selben Betriebsvermögen gehörenden Wirtschaftsgüter hinaus. Z ist an der P-GmbH & Co. KG als Kommanditist und damit als steuerlicher Mitunternehmer beteiligt. Die P-GmbH & Co. KG hat im Dezember 2003 das Grundstück II erworben. Dieses unbebaute Grundstück ist ein Wirtschaftsgut, auf das nach § 6b Abs. 1 S. 2 Nr. 1 EStG der Gewinn aus der Veräußerung eines unbebauten Grundstücks übertragen werden kann. Der Z ist als Kommanditist an dem sich nunmehr im Betriebsvermögen der P-GmbH & Co. KG befindenden Grundstück in Höhe seiner Beteiligungsquote vermögensmäßig beteiligt. Da es sich bei der Begünstigung nach § 6b EStG um eine personenbezogene Begünstigung handelt, kann ihm zu diesem Zweck das Grundstück II nach § 39 Abs. 2 Nr. 2 AO anteilig zugerechnet werden. Daher ist ihm die Möglichkeit eröffnet, den Gewinn, den er 1999 nach § 6b Abs. 1 S. 1 EStG begünstigt in seinem Einzelunternehmen erzielt und in die Rücklage nach § 6b Abs. 3 EStG eingestellt hatte, auf ein Wirtschaftgut zu übertragen, das zum Betriebsvermögen einer Personengesellschaft gehört, an der er als Mitunternehmer beteiligt ist, vgl. a. R 6b.2 Abs. 6 S. 1 Nr. 2 EStR. Dies allerdings nur in Höhe der Quote, mit der ihm das Grundstück im Rahmen der Personengesellschaft zuzurechnen ist. Diese Quote beträgt 15 %. Das Grundstück II ist bei der GmbH & Co. KG mit den Anschaffungskosten 180 000 € zu bilanzieren. Der dem Z hieran zuzurechnende Anteil entsprechend seiner Beteiligungsquote beträgt (180 000 € × 15 % =) 27 000 €. Das Jahr 2003 ist auch das Wirtschaftsjahr, in dem die P-GmbH & Co. KG das Grundstück II angeschafft hat. Somit kann Z 27 000 € des in der Rücklage ausgewiesenen Betrags nach § 6b Abs. 3 S. 2 EStG im Jahr 2003 begünstigt auf das Grundstück II übertragen, das sich nunmehr im Betriebsvermögen der P-GmbH & Co. KG befindet.

Zu diesem Zweck ist für Z bei der P-GmbH & Co. KG eine Ergänzungsbilanz einzurichten, in der auf der Passivseite ein Minderwert Grundstück II (Grund und Boden) ausgewiesen wird. Dieser Minderwert stellt sich als Wertekorrektur zum Bilanzansatz des Grundstücks II in der Gesamthandbilanz der P-GmbH & Co. KG dar bezogen auf den Kommanditisten Z. Das Grundstück II ist in der Gesamthandbilanz der P-GmbH & Co. KG mit den Anschaffungskosten 180 000 € ausgewiesen, ohne dass diese durch eine nach § 6b Abs. 3 EStG übertragene Rücklage gekürzt worden sind. Dieser aus Sicht des Z unrichtige Ansatz wird durch die Bilanzierung eines Minderwerts für das Grundstück II in Höhe der übertragenen Rücklage in der Ergänzungsbilanz des Z korrigiert. Diese Ergänzungsbilanz ist in der Folgezeit für Z bei der P-GmbH & Co. KG fortzuführen.

Die Übertragung eines Teils der Rücklage auf seinen Anteil am Grundstück II im Betriebsvermögen der P-GmbH & Co. KG ist erfolgsneutral vorzunehmen. Zu diesem Zweck ist der zu übertragende Teil der Rücklage auszubuchen und eine buchtechnische Einlagebuchung gegen zu buchen. In der Ergänzungsbuchführung des Z bei der P-GmbH & Co. KG ist der zu übertragende Teil der Rücklage entsprechend erfolgsneutral über eine buchtechnische Entnahmebuchung einzubuchen.

Der Rest der Rücklage nach § 6b EStG in Höhe von (100 000 € ./. 27 000 € =) 73 000 € muss Z zwingend nach § 6b Abs. 3 S. 5 EStG Gewinn erhöhend auflösen. Da keine Übertragung dieses Betrags auf ein anderes Wirtschaftsgut erfolgt, greift § 6b Abs. 7 EStG. Auf den Gewinn des Jahres 2003 hat ein steuerlicher Gewinnzuschlag zu erfolgen. Der Auflösungsbetrag 73 000 € ist mit 6 % für jedes volle Wirtschaftsjahr zu verzinsen, in dem die Rücklage bestanden hat. Da die Rücklage erstmals zum 31. 12. 1999 gebildet wurde und zum 31. 12. 2003 aufgelöst wird, hat sie volle 4 Wirtschaftsjahre bestanden. Damit ist der steuerliche Gewinn des Jahres 2003 außerbilanziell um (73 000 € × 6 % × 4 =) 17 520 € zu erhöhen. In den Bilanzen zum 31. 12. 2004 und 2005 sind die Rücklagen ebenfalls nicht mehr zu bilanzieren.

Bilanz-posten	Änd. 2003	Gew. 2003	Änd. 2004	Gew. 2004	Änd. 2005	Gew. 2005
Rücklage nach § 6b EStG	./. 160 000 €	+ 160 000 €	./. 160 000 €	+ 160 000 €	./. 160 000 €	+ 160 000 €
Privat-einlagen	+ 27 000 €	./. 27 000 €				
Folge-wirkung			./. 160 000 €		./. 160 000 €	
Gesamt		+ 133 000 €		–		–
GuV-Posten						
Sonst. betriebl. Erträge	+ 133 000 €	+ 133 000 €		–		–

Außerbilanzielle steuerliche Gewinnkorrektur: **+ 17 520 €**

Sachverhalt 3:

Die durch Z veranlasste Verunreinigung des Bodens löst die öffentlich-rechtliche Verpflichtung des Z als Verursacher aus, den Schaden zu beseitigen. Dies könnte dazu führen, dass Z bereits zum 31.12.2004 nach § 249 Abs. 1 S. 1 HGB dazu verpflichtet ist, eine Rückstellung für ungewisse Verbindlichkeiten zu bilden. Diese Pflicht würde dann nach § 5 Abs. 1 EStG auch für die steuerliche Gewinnermittlung gelten.

Die Entsorgung des gelagerten Bauschutts und weiterer Entrümpelungsgegenstände kann nicht als Abraumbeseitigung nach § 249 Abs. 1 S. 2 Nr. 1 HGB angesehen werden, da dadurch die Beseitigung von Abraumrückständen erfasst wird, die bei Abbaubetrieben aus geologischen Abbautätigkeiten entstehen.

Die Bildung einer Rückstellung für ungewisse Verbindlichkeiten setzt eine Verpflichtung gegenüber einer dritten Person oder eine öffentlich-rechtliche Verpflichtung voraus (Außenverpflichtung). Der Pflicht zur Beseitigung der Verunreinigung des Grund und Bodens liegen umweltrechtliche bzw. ordnungsrechtliche und damit öffentlich-rechtliche Verpflichtungen zu Grunde. Zudem besteht eine ordnungsrechtliche Pflicht zur Beseitigung des Bauschutts und der sonstigen Entrümpelungsgegenstände, da derartige Lagerungen nur mit einer behördlichen Genehmigung betrieben werden dürfen, die dem Z allerdings bislang noch nicht erteilt worden ist. In beiden Punkten sind die öffentlich-rechtlichen Pflichten auch hinreichend konkretisiert, da in den entsprechenden Gesetzen sowohl die Pflicht zur Schadensbeseitigung als auch die Pflicht zur Entsorgung genehmigungslos gelagerten Abfallmaterials inhaltlich hinreichend geregelt ist. Ebenso sind diese Pflichten sanktionsbewehrt.

Sowohl die Pflicht zur Beseitigung der Bodenverunreinigung als auch die Pflicht zur Entsorgung des Bauschutts und der anderen Abfallgegenstände sind wirtschaftlich vor dem 31.12.2004 verursacht, da die Zwischenlagerung und der Schadenseintritt im Jahr 2004 geschah. Rückstellungen für ungewisse Verbindlichkeiten dürfen aber nur gebildet werden, wenn eine hinreichende Wahrscheinlichkeit der Inanspruchnahme besteht. Bei einseitigen Verpflichtungen, zu denen auch öffentlich-rechtliche Verpflichtungen gehören, ist die Wahrscheinlichkeit der Inanspruchnahme aber erst gegeben, wenn der Gläubiger, also der Staat, vertreten durch die zuständigen Behörden, die sich aus ihnen ergebende Berechtigung kennt, vgl. a. BFH vom 19.10.1993 BStBl II 1993, 891 und H 5.7 Abs. 5 (Einseitige Verbindlichkeiten) EStH. Dies setzt voraus, dass die zuständige Behörde von den entsprechenden Vorgängen Kenntnis erlangt hat. Dies ist aber erst im Oktober 2005 geschehen. Damit ist die Bildung der Rückstellung zum 31.12.2004 unzulässig.

Aufgrund der Kenntniserlangung der Behörde im Oktober 2005 und den bereits in 2005 erfolgten Anordnungen und Hinweisen der Behörde im Jahr 2005 musste Z zum 31.12.2005 ernsthaft mit seiner Inanspruchnahme zur Beseitigung des noch vorhandenen Umweltschadens rechnen. Somit durfte Z wegen der mit der Erfüllung der Verpflichtungen zu erwartenden Kosten eine Rückstellung nach § 249 Abs. 1 S. 1 HGB wegen ungewisser Verbindlichkeiten bilden. Die Feststellungen im Gutachten können dabei als werterhellende Tatsachen verwertet werden, da sie dem Z noch vor Bilanzerstellung bekannt wurden.

Allerdings durfte er eine Rückstellung für Aufwendungen, die in späteren Jahren zu Herstellungskosten führen würden, nach § 5 Abs. 4b EStG nicht bilden. Die Aufwendungen für die Erstellung der Deponie zur Zwischenlagerung des Bauschutts führen jedoch zu Herstellungskosten für ein zu aktivierendes Wirtschaftsgut, vgl. a. BMF vom 25.07.2005 BStBl I 2005, 826 Rz. 13ff. Somit sind diese Aufwendungen nicht rückstellungsfähig.

Die Aufwendungen für den laufenden Betrieb der Deponie könnten unter Umständen als Kosten für Maßnahmen künftiger Gefahrenabwehr rückstellungsfähig sein, vgl. a. Schmidt/

Weber-Grellet EStG § 5 Rz. 550 Umweltschutz- und Schäden c), wenn die Lagerung des Bauschutts von der Auflage abhängig gemacht würde, eine Bauschuttdeponie zu betreiben. Die Rückstellung müsste dann insoweit aber zum 31.12.2005 bereits wirtschaftlich verursacht sein. Dies ist insoweit jedoch frühestens dann gegeben, wenn die Lagerung des Bauschutts unter der Auflage einer Deponieerstellung genehmigt worden ist. Dies ist zum 31.12.2005 noch nicht geschehen. Damit darf Z diese laufenden künftigen Deponiekosten nicht mit in die Rückstellung aufnehmen.

Die Kosten des Gutachtens sind als ungewisse Verbindlichkeit rückstellungsfähig. Die Verpflichtung zur Einholung eines Gutachtens war durch die darauf gerichtete Verfügung der Behörde bereits im November 2005 bindend entstanden und die dadurch verursachten Kosten wirtschaftlich zum 31.12.2005 verursacht. Der Rechnungsbetrag für das Gutachten konnte zum 31.12.2005 auch noch nicht als sonstige Verbindlichkeit passiviert werden, da der Gutachter seine Leistung bis zum Bilanzstichtag noch nicht vollständig erbracht hatte, weil das Gutachten erst im Februar 2006 fertig gestellt wurde. Hinsichtlich der rückstellungsfähigen Kosten des Gutachtens braucht keine Aufteilung vorgenommen werden, da es auch Aussagen zur künftigen Gefahrenprävention enthalten sollte. Die Kosten des Gutachtens können auch nicht teilweise als Herstellungskosten der Deponie angesehen werden. Sie dienen weder direkt der Herstellung der Deponie noch der Realisierung ihres betriebsbereiten Zustandes. Das Verbot nach § 5 Abs. 4b EStG greift insoweit nicht.

Bei der mit hinreichender Sicherheit zu erwartenden Geldbuße handelt es sich um Aufwendungen, die betrieblich veranlasst sind, da sich die zu beanstandenden Handlungen im Rahmen des Unternehmens abgespielt haben. Auch insoweit handelt es sich um eine ungewisse Verbindlichkeit, die aufgrund der Äußerungen der Behörde hinreichend konkretisiert ist, jedoch in der Höhe noch ungewiss. Die wirtschaftliche Verursachung zum Bilanzstichtag 31.12.2005 ist gegeben, da die ordnungswidrigen Handlungen im Jahr 2005 erfolgten. Damit kann auch die Geldbuße mit in die Rückstellung einbezogen werden. Allerdings ist zu beachten, dass es sich hierbei um eine nicht abzugsfähige Betriebsausgabe nach § 4 Abs. 5 S. 1 Nr. 8 EStG handelt. Daher ist der insoweit in die Rückstellung mit einzubeziehende Betrag bei der Ermittlung des steuerlichen Gewinns außerbilanziell wieder hinzu zu rechnen.

Die Bewertung von Rückstellungen erfolgt nach § 253 Abs. 1 S. 2 HGB in Verbindung mit § 5 Abs. 1 EStG unter Beachtung der steuerlichen Sonderregelungen nach § 6 Abs. 1 Nr. 3 Buchst. a EStG. Danach ist ein Betrag anzusetzen, der nach vernünftiger kaufmännischer Beurteilung notwendig ist. Dies entspricht dem voraussichtlichen Erfüllungsbetrag der Pflicht.

Beim Austausch des Erdreichs zwecks Entgiftung handelt es sich um eine Sachleistungsverpflichtung. Eine solche Verpflichtung ist grundsätzlich mit den Kosten der erforderlichen Maßnahmen zu bewerten. Für die Entgiftung und den Austausch des Erdreichs wurden sachgerecht 28 000 € geschätzt. Bei der Verpflichtung zur Bezahlung des Gutachtens handelt es sich um eine Geldleistungsverpflichtung, die mit den in Rechnung gestellten netto 10 000 € einzubeziehen ist. Die Erteilung der Rechnung vor dem Tag der Bilanzerstellung ist als werterhellende Tatsache anzusehen, da dadurch eine bessere Erkenntnis über das Belastungsrisiko bereits zum 31.12.2005 erlangt wird. Die Umsatzsteuer hierauf hat keine Aufwandswirkung, da sie von Z als Vorsteuer abgezogen werden kann. Die am 31.12.2005 zu erwartende Geldbuße ist als Geldleistungsverpflichtung mit dem zu erwartenden Zahlungsbetrag anzusetzen. Nach den Erkenntnissen zum Bilanzstichtag waren dies aufgrund der Auskünfte der Behörde ungefähr 6 000 €. Hierbei handelt es sich um einen sachgerechten

Schätzbetrag. Dass das Bußgeld dann im April 2006 tatsächlich mit 5 000 € festgesetzt wurde, ist für die Rückstellungshöhe unerheblich, da die Festsetzung nach dem Tag der Bilanzerstellung im März 2006 erfolgte und damit eine wertaufhellende Tatsache nicht anzunehmen ist.

Grundsätzlich hat nach § 6 Abs. 1 Nr. 3a Buchst. e EStG eine Abzinsung des Rückstellungsbetrags zu erfolgen. Diese kann jedoch nach § 6 Abs. 1 Nr. 3 S. 2 EStG dann unterbleiben, wenn die Laufzeit der Verbindlichkeit am Bilanzstichtag weniger als 12 Monate beträgt. Zwecks Ermittlung der Laufzeit ist in Sachleistungsverpflichtungen und in Geldleistungsverpflichtungen zu unterscheiden.

Bei Geldleistungsverpflichtungen ist auf den voraussichtlichen Erfüllungszeitpunkt abzustellen. Sowohl bei der Pflicht zur Bezahlung de Gutachtens als auch bei der Pflicht zur Zahlung des Bußgeldes war nach den Erkenntnissen zum Bilanzstichtag die Erfüllung noch innerhalb des ersten Halbjahrs 2006 anzunehmen. Damit unterbleibt eine Abzinsung.

Bei Sachleistungsverpflichtungen ist nach § 6 Abs. 1 Nr. 3a Buchst. e S. 2 EStG auf den Zeitraum bis zum Beginn der Erfüllung der Verpflichtung abzustellen. Insoweit war von der Behörde die Pflicht zur Durchführung der Sanierungsmaßnahmen des Erdreichs substantiiert für April 2006 angekündigt. Z wollte sich auch zeitlich an die behördlichen Vorgaben halten. Damit unterbleibt auch insoweit eine Abzinsung.

Die Rückstellung ist damit wie folgt zu bewerten:

Entgiftung und Austausch des Erdreichs	28 000 €
Kosten für das Gutachten	10 000 €
In Aussicht gestelltes Bußgeld	6 000 €
Gesamtbetrag	44 000 €

	2004		2005	
Bilanzposten	Änd.	GA	Änd.	GA
Rückstellungen	./. 30 000 €	+ 30 000 €	./. 90 000 €	+ 90 000 €
Folgewirkung				./. 30 000 €
Gesamt		+ 30 000 €		+ 60 000 €

	2004		2005	
GuV-Posten	Änd.	GA	Änd.	GA
Sonst. betriebl. Aufwand	./. 30 000 €	+ 30 000 €	./. 60 000 €	+ 60 000 €
Gesamt		+ 30 000 €		++ 60 000 €

Außerbilanzielle steuerliche Gewinnkorrektur: + **6 000** €

V. Punktetabelle

Die Korrekturpunkte für die rechtliche Wertung sind entweder voll zu vergeben oder voll zu streichen. Für die Berichtigung der Bilanzposten und GuV-Posten kann für jede (folge-) richtige Position nur ein halber Korrekturpunkt vergeben werden. Ein Folgefehler liegt insoweit nur vor, wenn sich der Fehler durch Versagung eines Punktes für die rechtliche

Würdigung bereits ausgewirkt hat. Unterbleibt eine Berichtigung, weil die rechtliche Würdigung fehlerhaft ist, liegt kein Folgefehler vor.

	Punkte
Sachverhalt 1	
Ausbietungsgarantievergütung passiv abgegrenzt mit Begründung	1
Passiver Rechnungsabgrenzungsposten zum 31.12.2003 mit 12 000 € bilanziert	1
Passiver Rechnungsabgrenzungsposten zum 31.12.2004 mit 6 000 € bilanziert	1
Bildung einer Rückstellung nach § 5 Abs. 4b EStG abgelehnt	1
Bilanzposten-Berichtigung (mit Folgewirkung)	1,5
GuV-Posten-Berichtigung	1
Sachverhalt 2	
Rücklage für Gewinn aus Veräußerung Grundstück II wegen § 6b Abs. 4 S. 1 Nr. 2 EStG abgelehnt	1
Auflösung der Rücklage für Gewinn aus Veräußerung Grundstück I nach § 6b Abs. 3 S. 5 EStG zum 31.12.2003 geprüft	1
Übertragung der Rücklage auf Grundstück II bei P-GmbH & Co. KG geprüft	1
Übertragung der Rücklage in Höhe der Beteiligungsquote vorgenommen	1
Ergänzungsbilanz für Z mit Minderwert Grundstück gebildet	1
Auflösung restliche Rücklage nach § 6b Abs. 3 S. 5 EStG zum 31.12.2003 vorgenommen	1
Gewinnzuschlag nach § 6b Abs. 7 EStG mit 17 520 € berechnet	1
Bilanzposten-Berichtigung (mit Folgewirkung)	1,5
GuV-Posten-Berichtigung (mit außerbilanzieller Korrektur)	1
Sachverhalt 3	
Prüfung einer Rückstellung für ungewisse Verbindlichkeit nach § 249 Abs. 1 S. 1 HGB	1

	Punkte
Öffentlich-rechtliche Verpflichtung zur Beseitigung der Verunreinigung des Grund und Bodens und des Bauschutts als maßgebend erkannt	1
Wahrscheinlichkeit der Inanspruchnahme zum 31.12.2004 begründet verneint	1
Wahrscheinlichkeit der Inanspruchnahme und Bildung einer Rückstellung zum 31.12.2005 begründet bejaht	1
Rückstellung für Herstellung der Deponie nach § 5 Abs. 4b EStG verneint	1
Rückstellung für laufende Betriebskosten der Deponie begründet verneint	1
Kosten des Gutachtens als rückstellungsfähig erklärt	1
Rückstellung für Geldbuße bejaht	1
Aufwand für Geldbuße nach § 4 Abs. 5 S. 1 Nr. 8 EStG außerbilanziell zugerechnet	1
Bildung der Rückstellung zum 31.12.2005 in Höhe von 44 000 €	1
Abzinsung der Rückstellung begründet verneint	1
Bilanzposten-Berichtigung (mit Folgewirkung)	1
GuV-Posten-Berichtigung (mit außerbilanzieller Korrektur)	1
Summe	29

Teil E: Umsatzsteuer

Allgemeine Hinweise

In der Praxis Ihres Steuerbüros bzw. Ihres Finanzamtes sind einige umsatzsteuerliche Probleme aufgetreten. Aufgrund Ihrer soeben abgeschlossenen Ausbildung wird von Ihnen deren Lösung erwartet. Hierbei ist Folgendes zu beachten:

1. Die nachfolgenden Sachverhalte sind bei allen namentlich genannten **Personen, deren Namen in Klammern eine Abkürzung beigefügt ist,** auf ihre umsatzsteuerrechtlichen Auswirkungen zu untersuchen. Eine Umsatzsteuer ist immer dann zu errechnen, wenn die dafür erforderlichen Angaben aus dem Sachverhalt ersichtlich sind.
2. Soweit keine Ortsangaben vorliegen, ereignen sich die Sachverhalte in Deutschland. Soweit Sie einen Leistungsort im übrigen Gemeinschaftsgebiet feststellen, unterstellen Sie bitte ggf. für die weitere Prüfung die entsprechende Anwendbarkeit der Bestimmungen des deutschen UStG.
3. Auf den Zeitpunkt der Versteuerung bzw. des Vorsteuerabzugs ist nur dann einzugehen, wenn im Sachverhalt die hierzu erforderlichen Datumsangaben gemacht sind.
4. Soweit steuerpflichtige Umsätze vorliegen, ist grundsätzlich davon auszugehen, dass die angefallene Umsatzsteuer in einer den Anforderungen des Vorsteuerabzugs genügenden Rechnung bzw. Gutschrift gesondert ausgewiesen ist, es sei denn, aus dem Sachverhalt ergibt sich etwas anderes. Auf den Vorsteuerabzug ist auch dann einzugehen, wenn Rechnungen mit gesondertem Umsatzsteuerausweis fehlen, für den Leistungsempfänger jedoch nach § 14 Abs. 1 UStG ein Anspruch auf Erteilung einer Rechnung mit Umsatzsteuerausweis in Betracht kommt.
5. Erforderliche Nachweise liegen vor, soweit sich nichts anderes aus dem angegebenen Sachverhalt ergibt.
6. Soweit ein Unternehmer für einen an sich steuerfreien Umsatz Umsatzsteuer gesondert in Rechnung stellt, ist davon auszugehen, dass er ggf. gemäß § 9 UStG auf die Steuerbefreiung verzichtet.
7. Es ist davon auszugehen, dass die in den Sachverhalten erwähnten Unternehmer nicht unter die Regelung des § 19 Abs. 1 UStG fallen, da erforderlichenfalls auf die Anwendung des § 19 Abs. 1 UStG gemäß § 19 Abs. 2 UStG verzichtet wird.
8. Ein pauschaler Vorsteuerabzug nach § 23 UStG scheidet aus.
9. Unternehmer verwenden grundsätzlich eine USt-Id.-Nr., es sei denn im Sachverhalt ist dies ausdrücklich verneint. Soweit der Sachverhalt über die USt-Id.-Nr. keine besonderen Angaben macht, ist davon auszugehen, dass der Unternehmer die USt-Id.-Nr. des Mitgliedstaates der EU verwendet, in dem er ansässig ist.
10. Soweit die Möglichkeit besteht, Leistungsbezüge (z. B. Gegenstände) dem Unternehmen zuzuordnen, ist davon auszugehen, dass eine weitest gehende Zuordnung zum Unternehmen erfolgt.
11. Voranmeldungszeitraum ist für alle Unternehmer der Kalendermonat.
12. Soweit unterschiedliche Rechtsauffassungen zu einem Problem vertreten werden, ist darzustellen, wie das Problem nach der Verwaltungsauffassung zu lösen ist.
13. Soweit der Sachverhalt als lückenhaft empfunden wird, sind die Lücken mit Hilfe der typisierenden Betrachtungsweise aufzufüllen.
14. Auf das Vorsteuervergütungsverfahren ist nicht einzugehen.

15. Es gilt das UStG in der Fassung von 2007 – eine frühere Fassung des UStG ist ggf. ausschließlich im Hinblick auf den Steuersatz anzuwenden, vgl. Abschn. 160 UStR!
16. Beachten Sie ggf. die besonderen Aufgabenstellungen am Schluss eines Sachverhaltes. Die einzelnen Sachverhalte sind voneinander unabhängig.

Klausurtipp

In Umsatzsteuerklausuren sind auf den jeweiligen Sachverhalt bezogene Fragestellungen selten. In aller Regel wird – wie in den voran stehenden Bearbeitungshinweisen auch – vom Bearbeiter verlangt, alle im Sachverhalt genannten Personen – ggf. wird der Personenkreis durch Abkürzungen der Namen mit Buchstaben eingeschränkt – hinsichtlich umsatzsteuerlich relevanter Vorgänge zu untersuchen. In derartigen Fällen empfiehlt sich ein Vorgehen entsprechend dem nachfolgend dargestellten Prüfungsschema.

Prüfungsschema für die Umsatzsteuerklausur:
1. Aufgrund der im Sachverhalt geschilderten vertraglichen (zivilrechtlichen) Beziehungen ist – insbesondere bei Sachverhalten mit mehr als zwei Personen – vorab zu prüfen, zwischen welchen Personen diese vertraglichen Beziehungen bestehen.
»Wer hat's mit wem?«
Der umsatzsteuerliche **Leistungsaustausch** findet in aller Regel entsprechend diesen Beziehungen statt! Bei mehr als zwei zu beurteilenden Personen ist u. U. die Anfertigung einer Skizze hilfreich, um diese Leistungsbeziehungen zu ordnen.

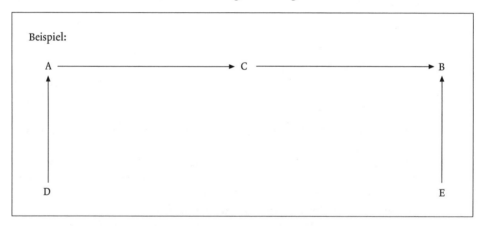

2. Die laut Aufgabenstellung zu prüfende Person(en) muss/müssen **Unternehmer** sein (§ 2 UStG)
- als natürliche Person,
- als juristische Person,
- als Personenzusammenschluss, der nach außen als Einheit auftritt,
- als Privatperson bei Lieferung eines neuen Fahrzeugs (§ 2a UStG).
3. Der zu prüfende Vorgang muss in den **Rahmen des Unternehmens** fallen, weil er
- ein Grundgeschäft,
- ein Hilfsgeschäft,
- oder ein Nebengeschäft ist.

4. Damit ein steuerbares Leistungsverhalten (§ 1 Abs. 1 UStG) vorliegt, muss
   - eine **Leistung im wirtschaftlichen Sinne** vorliegen
   - und ihr eine Gegenleistung gegenüberstehen (**Leistungsaustausch**)
5. Wenn ein steuerbares Leistungsverhalten vorliegt, so kann dies darstellen:
   - eine **Lieferung** (§ 3 Abs. 1, 4 UStG), weil Verfügungsmacht an einem Liefergegenstand verschafft wird,
   - oder eine **sonstige Leistung** (§ 3 Abs. 9 UStG), weil eine Leistung vorliegt, die nicht in einer Lieferung besteht.
6. Wenn kein steuerbares Leistungsverhalten vorliegt, kann ein **Auffangtatbestand** zutreffen, nämlich:
   - eine **unentgeltliche Wertabgabe** in Form der nach § 3 Abs. 1b UStG gleichgestellten Lieferung oder nach § 3 Abs. 9a UStG gleichgestellten sonstigen Leistung,
   - eine Einfuhr (§ 1 Abs. 1 Nr. 4 UStG),
   - ein innergemeinschaftlicher Erwerb (§ 1 Abs. 1 Nr. 5 UStG),
   - eine Anzahlung i. S. v. § 13 Abs. 1 Nr. 1 Buchst. a S. 4 UStG,
   - eine »Gefährdungssteuer« wegen zu hohem Steuerausweis i. S. d. § 14c Abs. 1 UStG,
   - eine »Strafsteuer« wegen unberechtigtem Steuerausweis i. S. d. § 14c Abs. 2 UStG,
   - ein Umsatz, der als Margenbesteuerung (§§ 25, 25a UStG) erfasst wird.
7. Der **Ort** des jeweiligen Umsatzes muss **im Inland** liegen. Beachten Sie hierzu § 3 Abs. 5a, 6, 7, 8, § 3a, § 3b, § 3c, § 3d, § 3e, § 3f und § 3g UStG!
8. Wenn ein steuerbarer Umsatz vorliegt, ist zu prüfen, ob die **Steuerpflicht** durch eine Steuerbefreiungsvorschrift (§§ 4 ff. UStG) ausgeschlossen ist.
9. Ggf.: Ist im Wege einer **Option** (§ 9 UStG) wirksam auf die Steuerbefreiung verzichtet worden?
10. Wenn der Umsatz steuerpflichtig ist, muss der anzuwendende **Steuersatz** ermittelt werden, wobei zu unterscheiden ist zwischen
    - Regelsteuersatz (§ 12 Abs. 1 UStG),
    - ermäßigtem Steuersatz (§ 12 Abs. 2 UStG),
    - besonderen Steuersätzen (z. B. § 24 UStG).
11. Danach sollte die **Person des Steuerschuldners** bestimmt werden (§ 13a und § 13b Abs. 2 UStG). Da im Falle einer Übertragung der Steuerschuldnerschaft auf den Leistungsempfänger eine Netto-Abrechnung verlangt wird (vgl. § 14a Abs. 5 UStG), hat dies Auswirkungen auf die Berechnung der Umsatzsteuer sowie auf den Entstehungszeitpunkt.
12. Danach muss die **Ausgangs-USt** bestimmt werden durch Anwendung des richtigen Steuersatzes auf die Brutto-Bemessungsgrundlage. Die **Bemessungsgrundlage** ist festzuhalten.
13. Danach ist unter den Voraussetzungen der §§ 15 und 14 UStG der **Vorsteuerabzug** vorzunehmen. Hierbei ist zu unterscheiden zwischen
    - »abziehbarer« Vorsteuer gemäß § 15 Abs. 1 UStG,
    - »abzugsfähiger« Vorsteuer gemäß § 15 Abs. 1a, 2, 3 UStG.
    - Ggf. ist bei gemischten Ausgangsumsätzen eine Vorsteueraufteilung vorzunehmen – § 15 Abs. 4 UStG.
14. Wenn eine Änderung der Verhältnisse stattfindet, kann sich hieraus eine Berichtigung der Ausgangs-USt oder der Vorsteuer ergeben nach
    - § 15a UStG (Berichtigung der Vorsteuer),
    - § 17 UStG (Berichtigung der Ausgangs-USt oder der Vorsteuer).

15. In einem verfahrensrechtlichen Teil ist ggf. einzugehen auf
    - Zeitpunkt der Entstehung von Ausgangs-USt und Vorsteuer (§§ 13 und 20 UStG),
    - Besteuerungsverfahren, speziellen Erklärungspflichten (§§ 16, 18 UStG),
    - Aufzeichnungs- und Nachweispflichten.

Klausuraufgabe 1:
Umsatzsteuerbinnenmarkt mit Besteuerung des innergemeinschaftlichen Erwerbs/innergemeinschaftliches Verbringen/Verlagerung des Lieferortes über § 3 Abs. 8 UStG/Einfuhrumsatzsteuer

I. Sachverhalt

Kuno Klatter (K) betreibt in Karlsruhe ein Großhandelsgeschäft für Notebooks der Luxuskategorie. Völlig unerwartet für K bekundete ein Stuttgarter Kaufhaus im Februar 2007 Interesse an bestimmten Geräten. Um für diesen lukrativen und imageträchtigen Auftrag gut vorbereitet zu sein, hielt K sogleich Ausschau nach kompetenten Herstellern von Notebooks.

Bereits Anfang März 2007 gelang es K, mit drei taiwanesischen Herstellern von Notebooks (**Asusi, Bakati, Casisi**) Kaufverträge abzuschließen, die die Notebooks aus der jeweils eigenen Produktion auf dem Seeweg am 18.04.2007 (Ankunft) in den Hafen von Rotterdam (Niederlande) transportierten.

Asusi ließ die Geräte am 19.04.2007 zum freien Verkehr abfertigen und entrichtete die niederländische Einfuhrumsatzsteuer. K holte die Notebooks am nächsten Tag in Rotterdam ab und brachte sie mit eigenem Transporter nach Stuttgart. Asusi erteilte am 22.04.2007 folgende auszugsweise dargestellte Rechnung:

30 Notebooks A556, verzollt und versteuert	110 000 €
Transportkosten Taiwan – Niederlande	10 000 €
Summe	120 000 €

Bakati (B) ließ die Notebooks in den Niederlanden nicht zum freien Verkehr abfertigen, sondern beantragte die Durchfuhr. Die Geräte gelangten durch einen von B beauftragten Frachtführer zu K. Beim Hauptzollamt in Stuttgart entrichtete der Frachtführer für B die Einfuhrumsatzsteuer in Höhe von 19 000 €. Bei Auslieferung am 25.04.2007 übergab der Frachtführer folgende von B erstellte Rechnung (auszugsweise):

30 Notebooks B776, verzollt und versteuert	100 000 €
Transportkosten Taiwan – Deutschland	10 500 €
+ 19 % Umsatzsteuer	20 995 €
Einfuhrumsatzsteuer	19 000 €
Summe	150 495 €

Casisi veräußerte zur Kondition unverzollt und unversteuert; daher ließ K selbst die Geräte in Rotterdam zum freien Verkehr abfertigen, entrichtete die niederländische Einfuhrumsatzsteuer in Höhe von 19 000 € und beförderte am 20.04.2007 die Geräte mit eigenem Transporter nach Stuttgart. Casisi erteilte am 24.04.2007 auszugsweise folgende Rechnung:

30 Notebooks C64, unverzollt und unversteuert	100 000 €
Transportkosten Taiwan – Niederlande	10 000 €
Summe	110 000 €

Die von den taiwanesischen Lieferanten unter Verwendung ihrer niederländischen USt-Id.-Nrn. in Rechnung gestellten Beträge überwies K innerhalb von acht Tagen.

II. Aufgabe

Beurteilen Sie den Sachverhalt gemäß den »Allgemeinen Hinweisen« zu Beginn von Teil E!

III. Lösung

Geräte von Asusi (A): Durch den Erwerb der Notebooks von A tätigt K entsprechend der Zahl der gelieferten Geräte dreißig innergemeinschaftliche Erwerbe (igE) im Sinne des § 1a Abs. 1 UStG. Die Geräte gelangen aus dem Gebiet eines Mitgliedstaates (Niederlande) in das Gebiet eines anderen Mitgliedstaates (Deutschland), da der taiwanesische Lieferer A die Geräte in die Niederlande eingeführt hat (§ 1a Abs. 1 Nr. 1 S. 1 letzter Halbsatz UStG).

K ist Unternehmer und erwirbt für sein Unternehmen (§ 1a Abs. 1 Nr. 2 Buchst. a UStG); A liefert im Rahmen seines Unternehmens gegen Entgelt und ist in den Niederlanden kein Kleinunternehmer (§ 1a Abs. 1 Nr. 3 UStG, vgl. Vorbemerkung). Die igE sind steuerbar (§ 1 Abs. 1 Nr. 5 UStG), da sich die Geräte am Ende der Beförderung in Deutschland befinden (§ 3d S. 1 UStG) und zu 16 % steuerpflichtig, § 12 Abs. 1 UStG.

Bei einer Bemessungsgrundlage (§ 10 Abs. 1 UStG) von 120 000 € beträgt die USt 22 800 € und entsteht am 22.04.2007 (§ 13 Abs. 1 Nr. 6 UStG). Im selben Voranmeldungszeitraum (VAZ) IV/2007 hat K einen Vorsteuerabzug in Höhe von 22 800 €, § 15 Abs. 1 Nr. 3 UStG.

Geräte von Bakati (B): Die Geräte des B gelangten durch Versenden an K, der Lieferort richtet sich somit grundsätzlich nach § 3 Abs. 6 S. 1, 3, 4 UStG und liegt damit in Taiwan. Die Lieferungen sind aber dennoch als im Einfuhrland Deutschland zu behandeln, da B Schuldner der bei der Einfuhr zu entrichtenden Umsatzsteuer ist, § 3 Abs. 8 UStG. Die Lieferungen des B sind daher im Inland steuerbar und steuerpflichtig.

Die USt beträgt 19/119 von 150 495 € = 24 028,61 €. Aus dieser Eingangsleistung hat K jedoch nur einen Vorsteuerabzug in Höhe der ausgewiesenen USt von 20 995 €, § 15 Abs. 1 Nr. 1 UStG.

Die Einfuhrumsatzsteuer i. H. v. 19 000 € kann K nicht als Vorsteuer abziehen, da nicht er, sondern B die Geräte in das Inland eingeführt hat (§ 15 Abs. 1 Nr. 2 UStG).

Geräte von Casisi (C): Bezüglich der Lieferung der Geräte des C liegt für K kein igE gem. § 1a Abs. 1 UStG vor, da C als Lieferer die Geräte nicht in das übrige Gemeinschaftsgebiet eingeführt hat, (§ 1a Abs. 1 Nr. 1 S. 1, letzter Halbsatz UStG). Vielmehr führt K selbst die Geräte aus der Lieferung des C in das übrige Gemeinschaftsgebiet (Niederlande) ein.

Von dort gelangen diese im Wege einer in den Niederlanden steuerbaren (entspr. § 3 Abs. 1a, Abs. 6 UStG), jedoch entspr. § 4 Nr. 1b i.V.m. § 6a Abs. 2 UStG steuerfreien igL nach Deutschland, da er diese Unternehmensgegenstände zu seiner Verfügung und zu einer nicht nur vorübergehenden Verwendung in das Inland verbringt.

K tätigt damit dreißig igE im Sinne des § 1a Abs. 2 UStG. Deren Ort befindet sich in Deutschland (Stuttgart), § 3d S. 1 UStG.

Der steuerbare igE (§ 1 Abs. 1 Nr. 5 UStG) ist zu 19 % (§ 12 Abs. 1 UStG) steuerpflichtig. Bemessungsgrundlage ist der Einkaufspreis zzgl. Nebenkosten zum Zeitpunkt des Verbringens, hier 110 000 € (§ 10 Abs. 4 Nr. 1 UStG).

Die Umsatzsteuer in Höhe von 20 900 € entsteht mangels einer Rechnung im Sinne von § 14 Abs. 1 UStG (Abschn. 190a Abs. 3 S. 1 UStR) erst mit Ablauf des VAZ, der dem igE folgt, V/2007, § 13 Abs. 1 Nr. 6 UStG. In demselben VAZ (V/2007) steht K ein Vorsteuerabzug in Höhe von 20 900 € zu (§ 15 Abs. 1 Nr. 3 UStG).

Die niederländische Einfuhrumsatzsteuer (19 000 €) ist in Deutschland nicht als Vorsteuer nach § 15 Abs. 1 Nr. 2 UStG abzugsfähig (sondern nur in den Niederlanden entspr. § 15 Abs. 1 Nr. 3 UStG).

IV. Punktetabelle

	Punkte
Geräte von A: 30 igE durch K geprüft; erkannt, dass vorherige Einfuhr unschädlich ist (§ 1a Abs. 1 Nr. 1 S. 1 letzter Halbsatz UStG).	1
Tatbestand des § 1a Abs. 1 Nr. 2 Buchst. a und 3 UStG erfüllt. Ort: § 3d S. 1 UStG in Deutschland; zu 19 % steuerpflichtig.	1
Bemessungsgrundlage 120 000 € angenommen, USt 22 800 €; entstanden am 22.04.2007 (§ 13 Abs. 1 Nr. 6 UStG); zugleich Vorsteuerabzug.	1
Geräte von B: Lieferort grds. gem. § 3 Abs. 6 S. 1, 3, 4 UStG in Taiwan; aber wegen § 3 Abs. 8 UStG doch im Inland steuerbar und steuerpflichtig.	1
Die USt beträgt 19/119 von 150 495 € = 24 028,61 €. Aus dieser Eingangsleistung hat K jedoch nur einen Vorsteuerabzug in Höhe der ausgewiesenen USt von 20 995 €, § 15 Abs. 1 Nr. 1 UStG.	1
EUSt i. H. v. 19 000 € nicht als Vorsteuer abziehbar, da nicht K, sondern B die Geräte in das Inland eingeführt hat (§ 15 Abs. 1 Nr. 2 UStG).	1
Geräte von C: für K kein igE gem. § 1a Abs. 1 UStG.	1
In NL steuerbares ig Verbringen (entspr. § 3 Abs. 1a, Abs. 6 UStG), jedoch entspr. § 4 Nr. 1 Buchst. b i. V. m. § 6a Abs. 2 UStG steuerfreien igL.	1
K tätigt 30 igE nach § 1a Abs. 2 UStG in Deutschland (Stuttgart), § 3d S. 1 UStG.	1
steuerbarer igE (§ 1 Abs. 1 Nr. 5 UStG), zu 19 % steuerpflichtig. Bemessungsgrundlage 110 000 € (§ 10 Abs. 4 Nr. 1 UStG).	1
USt von 20 900 € entsteht mangels Rechnung mit Ablauf V/2007, § 13 Abs. 1 Nr. 6 UStG. Im selben VAZ steht K Vorsteuerabzug zu.	1
Die NL-EUSt (19 000 €) ist in Deutschland nicht als Vorsteuer nach § 15 Abs. 1 Nr. 2 UStG abzugsfähig.	1
Summe	12

Klausuraufgabe 2:
Abgrenzung Werklieferung vs. Werkleistung/Berichtigung der USt gem. § 17 UStG/echtes Factoring/Bestimmung der Bemessungsgrundlage/Abrechnung des Factors

I. Sachverhalt

Der selbständig tätige Schreinermeister **Stefan Sägemann (S)** aus Karlsruhe hatte gegenüber seinem Privatkunden **Karl Klammer** in Ettlingen im September 2006 dessen Wohnzimmer renoviert und hierbei eine Holzdecke sowie einen Parkettboden eingebaut. Weil Klammer den Spruch »Geiz ist geil« zu seinem Lebensmotto gemacht hat, erwarb er die benötigten Materialien selbst in einem Baumarkt und S sollte nur den Einbau vornehmen; alles was S hierzu benötigte, waren Schrauben Nägel und Leim sowie das erforderliche Werkzeug. Nachdem S seine Leistung ordnungsgemäß erbracht hatte stellte er entsprechend der mit Klammer getroffenen Absprache 5 800 € in Rechnung.

Da Klammer trotz mehrfacher Mahnungen den angeforderten Betrag nicht bezahlte, sondern sich unsubstantiiert auf – objektiv nicht vorhandene – Mängel bei der Leistung des **S** berief, trat **S** seine Forderung am 15.03.2007 zwecks Einziehung an das Karlsruher **Inkassobüro Iwanowitsch (I)** gegen einen Festpreis von 3 500 € ab. S und I gingen dabei davon aus, dass bei Klammer allenfalls »noch ca. 4 000 € zu holen« seien. Dies wurde auch in dem »Abtretungsvertrag« als Anmerkung schriftlich festgehalten. Tatsächlich konnte **I** bei Klammer – trotz massiven Einsatzes zweier russischer Angestellter – am 18.04.07 nur 3 000 € einziehen.

Am 25.04.2007 dokumentierte Klammer seine Zahlungsunfähigkeit durch Abgabe der eidesstattlichen Versicherung nach § 807 ZPO.

Das Inkassobüro **I**, das bei seinen Geschäften durchweg auf der Vereinbarung eines Festpreises besteht, hatte sich im Januar 2007 für seine Tätigkeit einen PC für 2000 € zuzüglich 380 € USt angeschafft.

II. Aufgabe

Beurteilen Sie den Sachverhalt gemäß den »Allgemeinen Hinweisen« zu Beginn von Teil E!

III. Lösung

Leistung S an K: S erbrachte an K eine steuerbare und steuerpflichtige Werkleistung. Die von ihm bei K angebrachten Holzteile sind zwar bei einer Schreinerleistung als »Hauptstoffe« i.S.d. § 3 Abs. 4 UStG anzusehen, jedoch verschaffte nicht S dem K hieran Verfügungsmacht, sondern der Baumarkt. Das Holz nimmt somit nicht am Leistungsaustausch teil (»Materialbeistellung«). Die von S verwendeten Nägel, Schrauben sowie Leim stellen lediglich Nebenstoffe bzw. Zutaten dar. S erbringt somit keine Werklieferung gem. § 3 Abs. 4 UStG, sondern eine Werkleistung i.S.d. § 3 Abs. 9 UStG.

Deren Ort bestimmt sich gemäß § 3a Abs. 2 Nr. 1 S. 2c UStG nach der Belegenheit des Grundstücks, an welchem die Bauleistung erbracht wurde (Ettlingen). Die Leistung ist somit steuerbar und mangels Befreiung steuerpflichtig zum Regelsteuersatz von 16 % (2006). Die mit Ablauf des Voranmeldungszeitraumes September 2006 entstandene Steuer beträgt 800 €.

Da das vereinbarte Entgelt infolge der Zahlungsunfähigkeit des K teilweise uneinbringlich geworden ist und K somit nur 3 000 € aufwendet, ist die Steuer gem. § 17 Abs. 2 Nr. 1 i. V. m. Abs. 1 S. 7 UStG in der Voranmeldung für April 2007 um 386,21 € auf 413,79 € (3 000 € × 16/116) zu berichtigen. Nicht entscheidend für die Höhe des Entgelts ist, was S letztendlich für seine Werkleistung erhält (Abschn. 149 Abs. 4 S. 4 und Abschn. 223 Abs. 6 UStR).

Dagegen hat die Abtretung der Forderung zum Festpreis von 3 000 € keine Auswirkung auf das Entgelt, da der Entgeltsbegriff des § 10 Abs. 1 S. 2 UStG nicht auf das abstellt, was S für seine Leistung erhält, sondern auf das, was K für die empfangene Leistung aufwendet. Da im März das vereinbarte Entgelt noch nicht – auch nicht teilweise – uneinbringlich (vgl. Abschn. 223 Abs. 5 S. 2 und 3 UStR) geworden ist, kommt zu diesem Zeitpunkt eine Berichtigung nach § 17 UStG noch nicht in Betracht.

Verhältnis S – I: Die Forderungsabtretung des S an I erfolgt im Rahmen eines echten Factorings, da I als Factor infolge der Festpreisvereinbarung das Risiko für den Forderungsausfall übernommen hat.

Hinweis: Nach bisheriger Rspr. und Verwaltungsauffassung stellte die Abtretung eine Leistung im umsatzsteuerlichen Sinn dar. Diese war steuerbar, aber steuerfrei gem. § 4 Nr. 8 Buchst. c UStG. Die Einziehung der Forderung durch I stellte keine Leistung dar, da I nach rechtlichem und wirtschaftlichem Erwerb der Forderung nur im eigenen Interesse tätig wurde und nicht gegenüber einem anderen Leistungsempfänger. I konnte aus der Lieferung des PC die in Rechnung gestellte Steuer nicht nach § 15 Abs. 1 Nr. 1 UStG als Vorsteuer abziehen, da § 2 UStG nicht erfüllt war. Die Unternehmereigenschaft wurde verneint, da I nicht nachhaltig entgeltliche Ausgangsleistungen erbrachte. Durch den Erwerb der Forderungen erbringt I keine derartigen Leistungen, da I insoweit nur Leistungsempfänger ist. Auch durch die Einziehung der Forderungen kommt es nicht zu Leistungen, da I insoweit eigene Forderungen einzieht. Mangels Unternehmereigenschaft des I scheidet i.Ü. auch eine Option des M nach § 9 Abs. 1 UStG für die steuerfreie Forderungsabtretung an I aus.

Nach Auffassung des BFH (BFH vom 04. 09. 2003 BStBl II 2004, 666) und EuGH (Urteil vom 26. 06. 2003 BStBl II 2004, 688) und Abschn. 18 Abs. 8ff. UStR 2005 liegt in der Forderungsabtretung keine Leistung des S an I, sondern I erbringt durch die Einziehung der Forderung an S eine steuerbare (§ 3a Abs. 4 Nr. 6 UStG – auch wenn die Einziehung von Forderungen in § 4 Nr. 8 Buchst. c von der Befreiung ausgenommen ist) und steuerpflichtige (vgl. § 4 Nr. 8 Buchst. c UStG) sonstige Leistung zum Regelsteuersatz.

Für den erworbenen PC steht I infolge der neuen Rechtsauffassung nunmehr auch der VorSt-Abzug zu.

Bemessungsgrundlage für die Factoringleistung ist nach Abschn. 18 Abs. 11 UStR grundsätzlich die Differenz zwischen dem Nennwert der dem Factor abgetretenen Forderung und dem Betrag, den der Factor seinem Anschlusskunden als Preis für diese Forderung zahlt, abzüglich der in dem Differenzbetrag enthaltenen USt. Wird zusätzlich eine Gebühr verlangt, gehört diese zur Bemessungsgrundlage.

Bemessungsgrundlage sind hiernach grundsätzlich die von S aufgewendeten 2 300 € (Differenz des Wertes seiner Forderung i. H. v. 5 800 € abzüglich der erhaltenen 3 500 €). Die USt beträgt 16/116 hiervon 317,24 €.

Abschn. 18 Abs. 11 UStR sieht allerdings bei »zahlungsgestörten Forderungen« Besonderheiten vor: Nach S. 7 ist in einem solchen Fall Bemessungsgrundlage für die Leistung des Factors beim Kauf solcher zahlungsgestörten Forderungen die Differenz zwischen dem im Abtretungszeitpunkt nach Ansicht der Parteien voraussichtlich realisierbaren Teil der dem Factor abzutretenden Forderungen (wirtschaftlicher Nennwert – hier 4 000 €) und dem Betrag, den der Factor seinem Anschlusskunden als Preis für diese Forderungen (3 500 €) zahlt – also 500 € (brutto), abzüglich der in dem Differenzbetrag enthaltenen Umsatzsteuer (500 € ×16/116 = 68,96 €). Eine Forderung (bestehend aus Rückzahlungs- und Zinsanspruch) ist insgesamt zahlungsgestört, wenn sie insoweit, als sie fällig ist, ganz oder zu einem nicht nur geringfügigen Teil seit mehr als sechs Monaten nicht ausgeglichen wurde.

Der Verkäufer der Forderung – also S – kann unter den Voraussetzungen des § 15 UStG den Vorsteuerabzug aus der Leistung des Forderungskäufers (I) in Anspruch nehmen, soweit die verkaufte Forderung durch einen Umsatz des Verkäufers der Forderung begründet wurde, der bei diesem den Vorsteuerabzug nicht ausschließt.

Für den Vorsteuerabzug aus der Inkassoleistung ist somit erforderlich, dass I dem S eine Rechnung mit folgendem Inhalt stellt:

Inkassoleistung	431,04 €
zzgl. USt (16 %)	68,96 €
Gesamt	500,00 €

Dass I letztendlich nur 3 000 € einziehen konnte, ist für die Umsatzsteuer irrelevant.

IV. Punktetabelle

	Punkte
S erbrachte an K eine steuerbare und steuerpflichtige Werkleistung; Materialbeistellung erkannt.	1
Ort bestimmt sich nach § 3a Abs. 2 Nr. 1 S. 2c UStG; Ettlingen. Leistung ist somit steuerbar und steuerpflichtig. USt von 800 € entsteht mit Ablauf September 2006.	1
§ 17 Abs. 2 Nr. 1 i.V.m. Abs. 1 UStG führt für April 2007 zu Berichtigung der USt bei S um 386,21 € auf 413,79 €.	1
Erkannt, dass die Abtretung der Forderung zum Festpreis keine Auswirkung auf das Entgelt hat.	1
Forderungsabtretung S an I erfolgt im Rahmen eines echten Factorings; deshalb Leistung des I an S angenommen, steuerbar (§ 3a Abs. 4 Nr. 6 UStG) und steuerpflichtig (vgl. § 4 Nr. 8 Buchst. c UStG).	1
Für den erworbenen PC steht I infolge der neuen Rechtsauffassung nunmehr auch der VorSt-Abzug zu.	1
Bemessungsgrundlage für die Factoringleistung sind grds. die von S aufgewendeten 2 300 € (Differenz des Wertes seiner Forderung i. H. v. 5 800 € abzüglich der erhaltenen 3 500 €). Die USt beträgt 16/116 hiervon 317,24 €.	1
A 18 Abs. 11 UStR für »zahlungsgestörte Forderung« erkannt: deshalb wirtschaftlicher Nennwert (4 000 €) abzüglich Preis für Forderung (3 500 €) also 500 € (brutto) als BMG angenommen; USt = 68,96 €.	1

	Punkte
S kann gem. § 15 UStG Vorsteuerabzug aus der Leistung des I in Anspruch nehmen.	1
Rechnung des I untersucht	1
Summe	**10**

Klausuraufgabe 3:
Innergemeinschaftliches Reihengeschäft/Sonderfall Dreiecksgeschäft/Bestimmung der Folgen für die Besteuerung und das Verfahren

I. Sachverhalt

Der in Karlsruhe ansässige Unternehmer Charly Clean (**C**), der die Staatsangehörigkeit des Vereinigten Königreiches von Großbritannien und Nordirland besitzt und in Karlsruhe ein Reinigungsunternehmen für Krankenhauswäsche betreibt, bestellte unter Verwendung seiner deutschen USt-Id.-Nr. beim Unternehmer Bonny Bommel (**B**), ansässig in den Niederlanden eine neue Spezialwaschmaschine zum Preis von 5 000 €. Da B diese Maschine nicht in seinem Lager vorrätig hatte, bestellte er seinerseits diese Maschine bei seinem Zulieferanten, dem Unternehmer Arnaud Adrette (**A**) in Frankreich zum Preis von 4 500 €. Damit sich angesichts der geringen Marge die Transportkosten »im Rahmen« hielten, wies er A an, die Waschmaschine direkt zu C nach Deutschland zu befördern. Auch A und B verwendeten bei ihrem Geschäft jeweils die USt-Id.-Nr. des Staates, in dem sie ansässig sind.

B sandte dem C eine Nettorechnung ohne Umsatzsteuerausweis über 5 000 € zu.

Bei seinem niederländischen Finanzamt gibt B eine Zusammenfassende Meldung ab, in der er seiner Erklärungspflicht nach § 18a Abs. 4 S. 1 Nr. 3 UStG nachkommt.

II. Aufgabe

Beurteilen Sie den Sachverhalt gemäß den »Allgemeinen Hinweisen« zu Beginn von Teil E!

III. Lösung

Zwischen A, B und C liegt ein Reihengeschäft vor (§ 3 Abs. 6 S. 5 UStG), da mehrere Unternehmer (A und B) Umsatzgeschäfte (Kaufverträge) über einen identischen Liefergegenstand (Waschmaschine) abgeschlossen haben und diese dadurch erfüllt werden, dass der Liefergegenstand unmittelbar vom ersten Lieferer A zum letzten Abnehmer (C) gelangt. Die Warenbewegung ist hier der Lieferung A an B zuzuordnen, da A die Ware transportiert.

A – B: A erbringt an B eine Beförderungslieferung, deren Ort nach § 3 Abs. 6 S. 1 UStG in Frankreich ist. Sie ist in Frankreich steuerbar, aber als igL gem. § 4 Nr. 1 Buchst. b i. V. m. § 6a UStG steuerfrei.

B – C: B erbringt an C ebenfalls eine Lieferung. Für diese greift jedoch § 3 Abs. 6 S. 1 UStG nicht ein, weil die Beförderung nach § 3 Abs. 6 S. 5 UStG nur der Lieferung des A zuzuordnen ist. Der Ort der Lieferung des B ist nach § 3 Abs. 7 S. 2 Nr. 2 UStG in Karlsruhe/Deutschland, wo die Beförderung endet. Die Lieferung ist in Deutschland steuerbar.

Sie ist nicht als igL steuerfrei, weil C als Abnehmer des B keinen igE tätigt. Da die Warenbewegung nach § 3 Abs. 6 S. 5 UStG ausschließlich der Lieferung des A an B zugerechnet wird, gelangt die Maschine nicht bei der Lieferung von B an C von Frankreich nach Deutschland. Die Lieferung ist mithin steuerpflichtig.

Die Steuer für diese Lieferung wird jedoch nach § 25b Abs. 2 UStG nicht von B, sondern seinem Abnehmer C geschuldet: Es liegt nämlich ein ig Dreiecksgeschäft vor, bei dem die Voraussetzungen des § 25b Abs. 1 UStG erfüllt sind.
- Drei Unternehmer haben über denselben Liefergegenstand Umsatzgeschäfte abgeschlossen und diese wurden dadurch erfüllt, dass der Gegenstand unmittelbar vom ersten Lieferer an den letzten Abnehmer befördert wurde (§ 25b Abs. 1 Nr. 1 UStG).
- A, B und C sind in jeweils verschiedenen Mitgliedstaaten (Frankreich, Niederlande und Deutschland) für Zwecke der USt erfasst (§ 25b Abs. 1 Nr. 2 UStG). Dass C die britische Staatsangehörigkeit besitzt, ist für die USt ohne Belang (§ 1 Abs. 2 S. 3 UStG).
- Der Gegenstand der Lieferung ist aus Frankreich nach Deutschland gelangt (§ 25b Abs. 1 Nr. 3 UStG).
- Der Liefergegenstand wurde durch den ersten Lieferer (A) befördert (§ 25b Abs. 1 Nr. 4 UStG).

Weiterhin sind die Voraussetzungen nach § 25b Abs. 2 UStG erfüllt, nämlich:
- Der Lieferung des B ist (s. o.) ein igE in Deutschland vorausgegangen (§ 25b Abs. 2 Nr. 1 UStG),
- B ist in Deutschland, wo die Beförderung endete, nicht ansässig und hat sowohl gegenüber A als auch gegenüber C seine niederländische USt-Id.-Nr. verwendet (§ 25b Abs. 2 Nr. 2 UStG).
- B hat C eine Nettorechnung ohne USt-Ausweis erteilt (§ 25b Abs. 2 Nr. 3 UStG).
- C verwendet die deutsche USt-Id.-Nr., also die USt-Id.-Nr. des Landes, in dem die Beförderung endet.

B tätigt einen igE, weil die Maschine bei der Lieferung an ihn aus Frankreich nach Deutschland gelangt (§ 1a Abs. 1 Nr. 1 UStG) und er die Maschine für sein Unternehmen erwirbt (§ 1a Abs. 1 Nr. 2 UStG). Der Ort des Erwerbs ist nach § 3d S. 1 UStG in Deutschland. Dieser gilt gem. § 25b Abs. 3 UStG als besteuert.

Obwohl B gegenüber A seine niederländische USt-Id.-Nr. verwendet, wird der Erwerb nicht nach § 3d S. 2 UStG in den Niederlanden fingiert. Denn der igE gilt nach § 25b Abs. 3 UStG in Deutschland als besteuert und laut Sachverhalt kommt B seiner Erklärungspflicht nach § 18a Abs. 4 S. 1 Nr. 3 UStG nach. B hat somit weder in Deutschland noch in den Niederlanden einen igE zu versteuern!

C tätigt keinen igE nach § 1a Abs. 1 UStG, weil die Maschine nicht bei der Lieferung an ihn aus Frankreich nach Deutschland gelangt (§ 1a Abs. 1 Nr. 1 UStG). C darf gem. § 25b Abs. 5 UStG die von ihm selbst geschuldete Umsatzsteuer für die Lieferung des B an ihn nach § 15 UStG als Vorsteuer abziehen, obwohl er hierfür keine Rechnung mit gesondertem USt-Ausweis erhält.

Die Folge für B ist, dass er weder in den Niederlanden noch in Deutschland einen Umsatz zu versteuern hat. Er hat außer der Verpflichtung zur Abgabe einer Zusammenfassenden Meldung nach § 18a Abs. 4 Nr. 3 UStG in den Niederlanden hinsichtlich seiner Lieferung keine weitere Erklärungspflicht, da die Steuerschuldnerschaft auf seinen Abnehmer C übertragen wird. B wird also fast vollständig von umsatzsteuerlichen Pflichten entlastet.

Gem. § 25b Abs. 6 S. 2 UStG entfallen bei B die Aufzeichnungspflichten nach § 22 UStG. In der Zusammenfassenden Meldung nach § 18a Abs. 4 Nr. 3 UStG muss
- er erklären, dass er an C eine Lieferung ausgeführt hat,
- die USt-Id.-Nr. des Abnehmers C angeben,
- angeben, dass es sich um ein innergemeinschaftliches Dreiecksgeschäft handelt.

IV. Punktetabelle

	Punkte
Reihengeschäft zwischen A, B und C erkannt; Warenbewegung der Lieferung A an B zugeordnet, da A die Ware transportiert.	1
A erbringt an B eine in Frankreich steuerbare Beförderungslieferung, die aber als igL gem. § 4 Nr. 1 Buchst. b i. V. m. § 6a UStG steuerfrei ist.	1
B erbringt an C eine ruhende Lieferung, die nach § 3 Abs. 7 S. 2 Nr. 2 UStG in Karlsruhe/Deutschland steuerbar ist.	1
Sie ist nicht als igL steuerfrei, sondern steuerpflichtig.	1
Gem. § 25b Abs. 2 UStG wird die Steuer für diese Lieferung nicht von B, sondern seinem C geschuldet, da ein ig Dreiecksgeschäft vorliegt.	1
Vor. des § 25b Abs. 1 geprüft und bejaht.	1
Vor. des § 25b Abs. 2 UStG geprüft und bejaht.	1
B tätigt einen igE nach § 1a Abs. 1 UStG dessen Ort nach § 3d S. 1 UStG in Deutschland ist. Dieser gilt nach § 25b Abs. 3 UStG als besteuert.	1
Verwendung der niederländischen USt-Id.-Nr. fingiert wegen § 3d S. 2 a. E. UStG keinen Erwerb in den Niederlanden.	1
C tätigt keinen igE nach § 1a Abs. 1 UStG. Er darf gem. § 25b Abs. 5 UStG die von ihm geschuldete Umsatzsteuer für die Lieferung des B an ihn nach § 15 UStG als Vorsteuer abziehen.	1
B ist entlastet: kein Umsatz in Deutschland und den Niederlanden; er muss nur Zusammenfassenden Meldung nach § 18a Abs. 4 Nr. 3 UStG in den Niederlanden abgeben.	1
Gem. § 25b Abs. 6 S. 2 UStG entfallen bei B die Aufzeichnungspflichten nach § 22 UStG.	1
Summe	12

Klausuraufgabe 4:
Werklieferung/Ort und Zeitpunkt der Leistung/Berechnung der Steuer im Fall des § 13b UStG/Steuerentstehung/ Vermietungsumsätze/Voraussetzungen der Option/nicht steuerbare Veräußerung eines Teilbetriebs/Vorsteuerabzug und Vorsteuerberichtigung mit Berechnungen und Verfahrensproblemen

I. Sachverhalt

Der Fabrikant Stanislaus Schrater (S), ließ im Kj. 2005 auf einem Grundstück in Stuttgart, das er seit Jahrzehnten als Lagergrundstück genutzt hatte, vom Bauunternehmer Kellermann (K) aus Straßburg/Frankreich ein viergeschossiges Gebäude errichten, an dem er Teileigentum begründet hat. S beabsichtigte damals – und konnte dies auch durch zahlreiche entsprechende Zeitungsannoncen und andere Werbeträger nachweisen, die jeweiligen Raumeinheiten für Büro- bzw. Praxiszwecke an Freiberufler und Gewerbetreibende zu vermieten, die zum Vorsteuerabzug berechtigt sind.

K hat dem S mit Rechnung vom 27. 12. 2005 für die schlüsselfertige Erstellung pro Geschoss 150 000 €, insgesamt also 600 000 € berechnet; hierauf hat K die Ende März, Ende Mai, Ende Juli, Ende September und Ende November 2005 bei ihm eingegangenen Anzahlungen in Höhe von jeweils 100 000 € (insgesamt 500 000 €) des S angerechnet. Zu den Anzahlungen war S durch Rechnungen vom 25. 03. 2005 bzw. 24. 05. 2005 bzw. 25. 07. 2005 bzw. 25. 09. 2005 bzw. 25. 11. 2005 aufgefordert worden.

Nach der Bauabnahme am 13. 12. 2005 nutzt S die vier – jeweils gleich großen – Teileigentumseinheiten wie folgt:
- Er vermietet das Teileigentum im Erdgeschoss ab 01. 01. 2006 an einen Steuerberater, der dort seine Steuerberater-Kanzlei betreibt.
- Das Teileigentum im 1. Obergeschoss vermietet er ab 01. 04. 2006 an einen Rechtsanwalt für dessen Bürozwecke.
- Das 2. Obergeschoss kann S erst zum 01. 10. 2006 an einen Frauenarzt vermieten, der dort seine Praxis einrichtet.
- Das Dachgeschoss nutzt S, da er keinen geeigneten Mieter findet, ab 01. 01. 2006 als Büro für seinen Fabrikationsbetrieb.
- Zum 01. 01. 2007 schenkt S das Teileigentum im Erdgeschoss seinem volljährigen studierenden Sohn, der das Mietverhältnis mit dem Steuerberater fortführt.
- Das im Dachgeschoss betriebene Fabrik-Büro erweist sich nach Verkleinerung des Fabrikpersonals im Kj. 2007 als überflüssig; mit Wirkung zum 01. 07. 2007 überträgt S »fast geschenkt« das Teileigentum am Dachgeschoss seiner verwitweten mittellosen Schwester zu einem »symbolischen Preis« von 10 €.

II. Aufgabe

Untersuchen Sie den von K bewirkten Umsatz und die bei S ab dem Kj. 2005 bis zum Ablauf des Kj. 2007 sich ergebenden umsatzsteuerlichen Auswirkungen!

Hinweis: Entgegen § 27 Abs. 11 UStG ist auf den Sachverhalt § 15a UStG in der Fassung ab 2005 anzuwenden! Entsprechendes gilt für die Vereinfachungsvorschriften in der UStDV!

III. Lösung

K – S: K führt an S eine Werklieferung gem. § 3 Abs. 4 UStG aus, da er typischerweise mit selbst beschafftem Baumaterial für S auf dessen vormaligem Lagergrundstück ein viergeschossiges Gebäude erstellt hat. Der Ort der Werklieferung befindet sich gem. § 3 Abs. 7 S. 1 UStG dort, wo K dem S die Verfügungsmacht an dem Gebäude verschafft. Dies ist der Lageort des Grundstücks (Stuttgart).

Daher ist die per Abnahme (vgl. Abschn. 178 S. 2 Nr. 1 S. 3ff. UStR) am 13. 12. 2005 ausgeführte Werklieferung steuerbar. Weil K kein Grundstück an F liefert, ist die Werklieferung auch ohne weiteres steuerpflichtig.

Der Steuersatz beträgt gem. § 12 Abs. 1 UStG 16 %. Bemessungsgrundlage ist gem. § 10 Abs. 1 S. 2 UStG das Entgelt. Es beläuft sich hier auf insgesamt 600 000 €. Hierin ist keine Umsatzsteuer enthalten, weil K als im Ausland ansässiger Unternehmer eine steuerpflichtige Werklieferung an den Unternehmer S erbracht hat und deshalb keine Umsatzsteuer gesondert ausweisen darf (§ 13b Abs. 1 S. 1 Nr. 1, Abs. 2, § 14a Abs. 5 S. 3 UStG).

Folglich beträgt die anfallende Umsatzsteuer (600 000 € × 16 % =) 96 000 €, die allerdings nicht von K geschuldet wird. Schuldner der Umsatzsteuer für die Werklieferung ist infolge des § 13b Abs. 2 S. 1 UStG der Abnehmer S.

Die Umsatzsteuer entsteht mit Ausstellung der Rechnung am 27. 12. 2005, soweit sie nicht wegen früherer Vereinnahmung von Anzahlungen durch K mit Ausstellung der zugehörigen Rechnungen (im März, Mai, Juli, September und November 2005) entstanden ist (vgl. § 13b Abs. 1 S. 1 und S. 3 UStG). Da K in diesen Monaten jeweils Anzahlungen in Höhe von 100 000 € von S erhalten hat, entstand die Umsatzsteuer bereits jeweils mit Ausstellung der Rechnungen für die Anzahlungen, also am 25. 03. 2005 bzw. am 24. 05. 2005 bzw. am 25. 07. 2005 bzw. am 25. 09. 2005 bzw. am 25. 11. 2005 in Höhe von (100 000 € × 16 % =) 16 000 €, zusammen also in Höhe von (16 000 € × 5 =) 80 000 €. Mit Ausstellung der Rechnung am 27. 12. 2005 entstand deshalb bei S nur noch eine Umsatzsteuer in Höhe von weiteren 16 000 €.

Ausgangsumsätze des S: Die ab dem Kalenderjahr 2006 durchgeführten Vermietungen sind sonstige Leistungen gem. § 3 Abs. 9 UStG. Sie sind jeweils gem. § 3a Abs. 2 Nr. 1 UStG steuerbar, da sich die vermieteten Teileigentums-Einheiten im Inland (Stuttgart) befinden. Die Vermietungsleistungen des S sind grundsätzlich jeweils gem. § 4 Nr. 12 Buchst. a UStG steuerfrei. S hat jedoch (vgl. Bearbeitungshinweis Nr. 6), soweit es § 9 Abs. 1 und 2 UStG erlauben, die Vermietungsleistungen durch Option steuerpflichtig gemacht.

Dies trifft für die Vermietungsleistungen an den Steuerberater (im Erdgeschoss) und an den Rechtsanwalt (im 1. Obergeschoss) zu, die ihre Mieträume für unternehmerische Zwecke nutzen und aufgrund ihrer steuerpflichtigen Ausgangsumsätze selbst nicht dem Vorsteuerabzugsverbot gem. § 15 Abs. 2 UStG unterliegen.

Die ab dem 01. 10. 2006 erfolgende Vermietung an den Frauenarzt (im 2. Obergeschoss) ist allerdings zwingend steuerfrei, da der Frauenarzt gem. § 4 Nr. 14 UStG steuerfreie Umsätze ausführt, die gem. § 15 Abs. 2 i. V. m. Abs. 3 UStG dem Vorsteuerabzugsverbot unterliegen und deshalb dem Vermieter S gem. § 9 Abs. 2 UStG die Option zur Steuerpflicht unmöglich machen.

Die Nutzung des Dachgeschosses als Fabrikbüro stellt lediglich einen nicht steuerbaren Innenumsatz innerhalb des einheitlichen Unternehmens (vgl. § 2 Abs. 1 S. 2 UStG) des S dar, das aus dem Fabrikationsbetrieb und seiner Vermietungstätigkeit besteht.

Hinsichtlich der unentgeltlichen Veräußerung des Erdgeschoss-Teileigentums mit Wirkung vom 01.01.2007 tätigt S eine Entnahme von Grundstücken, die gem. § 1 Abs. 1a S. 1 und 2 UStG nicht steuerbar ist. Hierin liegt eine unentgeltliche Veräußerung eines gesondert geführten Betriebes an das Unternehmen seines Sohnes, der das Mietverhältnis mit dem Steuerberater fortführt und spätestens hierdurch zum Unternehmer wird.

Durch die Übertragung des Eigentums an der Dachgeschosswohnung auf seine Schwester führt S am 01.07.2007 eine entgeltliche Lieferung des Teileigentums gem. § 3 Abs. 1 UStG aus, die gem. § 4 Nr. 9 Buchst. a UStG zwingend steuerfrei ist (vgl. Abschn. 71 Abs. 1 UStR). Dass im Falle der Steuerpflicht (im Wege einer Option) die Bemessungsgrundlage gem. § 10 Abs. 5 Nr. 1 i. V. m. § 10 Abs. 4 Nr. 1 UStG bestimmt werden müsste, wirkt sich hier wegen der Steuerfreiheit nicht aus.

Vorsteuerabzug des S: S kann gem. § 15 Abs. 1 S. 1 Nr. 4 UStG die gem. § 13b Abs. 2 UStG geschuldete Umsatzsteuer als Vorsteuer abziehen, da er das für ihn erstellte Gebäude, indem er es vermietet bzw. für eigene Fabrikzwecke nutzt, für sein Unternehmen verwendet und zum Zeitpunkt des Vorsteuerabzugs kein Vorsteuerabzugsverbot gem. § 15 Abs. 2 UStG besteht.

Der Zeitpunkt der Geltendmachung des Vorsteuerabzugs entspricht dem Zeitpunkt der Versteuerung des Umsatzes gem. § 13b UStG (vgl. § 15 Abs. 1 S. 1 Nr. 4 S. 1 und 2 UStG sowie Abschn. 182a Abs. 33 UStR 2005). Demnach entsteht das Vorsteuerabzugsrecht entsprechend dem Entstehungszeitpunkt der Umsatzsteuer mit Ablauf der Voranmeldungszeiträume März, Mai, Juli, September und November 2005 in Höhe von (100 000 € × 16 % =) 16 000 €, zusammen also in Höhe von (16 000 € × 5 =) 80 000 € sowie mit Ablauf des Voranmeldungszeitraums Dezember 2004 (wegen Ausstellung der Rechnung am 27.12.2005) in Höhe von weiteren 16 000 €.

S konnte also im Kj. 2005 den gesamten Umsatzsteuerbetrag von 96 000 € als Vorsteuer abziehen, weil er im Kj. 2005 nachweislich steuerpflichtig an (vorsteuerabzugsberechtigte) Unternehmer vermieten wollte.

Vorsteuerberichtigung bei S: Die eintretenden Nutzungsänderungen führen bei S z. T. zu einer Berichtigung des Vorsteuerabzugs aus den Herstellungskosten gem. § 15a UStG.

Hinweis: Entgegen § 27 Abs. 11 UStG ist auf den Sachverhalt § 15a UStG in der Fassung ab 2005 anzuwenden! Entsprechendes gilt für die Vereinfachungsvorschriften in der UStDV!

- Wirtschaftsgut i. S. d. § 15a UStG: Das gesamte Gebäude dient dem Unternehmen des S für eine gewisse Dauer. Wirtschaftsgut ist dabei jeweils das einzelne Teileigentum (das einzelne Geschoss).
- Auf das Geschoss entfällt jeweils ein Anteil von »abziehbarer« Vorsteuer von (96 000 € : 4 =) 24 000 €; dieser Betrag liegt über der gem. § 44 Abs. 1 UStDV genannten Geringfügigkeitsgrenze von 1 000 € für 2005.
- Der Prozentsatz der beabsichtigten vorsteuerunschädlichen Nutzung bei Leistungsbezug betrug 100 %.

Der Berichtigungszeitraum dauert bei Grundstücken (§ 15a Abs. 1 S. 2 UStG) zehn Jahre und richtet sich deshalb nach dem Beginn der erstmaligen Nutzung des einzelnen Teileigentums. Beim Erdgeschoss und Dachgeschoss dauert der Berichtigungszeitraum vom 01.01.2006 bis zum 31.12.2015, beim 1. Obergeschoss vom 01.04.2006 bis zum 31.03.2015 und beim 2. Obergeschoss vom 01.10.2006 bis 30.09.2016.

Erdgeschoss: Hinsichtlich der unentgeltlichen Veräußerung des Erdgeschoss-Teileigentums hat S keine Vorsteuern zu berichtigen, da er eine gem. § 1 Abs. 1a UStG nicht steuerbare unentgeltliche Veräußerung eines gesondert geführten Betriebes an seinen Sohn bewirkt. Der

Sohn tritt hinsichtlich § 15a UStG in die »Fußstapfen« seines Vaters S (vgl. § 15a Abs. 10 UStG).

2. Obergeschoss: Die steuerfreie Vermietung an den Frauenarzt (0 % vorsteuerunschädlich) führt zu einer Änderung der Verhältnisse. Infolgedessen ist die Vorsteuer ab Beginn der Nutzung des Teileigentums im 2. Obergeschoss zu berichtigen. Für das Kj. 2006 ergibt sich ein Vorsteuerberichtigungsbetrag zu Lasten des F von:

24 000 € × 3/120 × (100 % ./. 0 % =) 600 €.

Dieser Betrag muss von F gem. § 44 Abs. 4 S. 1 UStDV in seiner Umsatzsteuer-Jahreserklärung für das Kj. 2006 angemeldet werden. Für das Kj. 2007 ist die Vorsteuer ebenfalls zu berichtigen, da die schädliche steuerfreie Vermietung das ganze Kj. über besteht. Der anfallende Vorsteuerberichtigungsbetrag zu Lasten des S beträgt:

24 000 € × 12/120 × (100 % ./. 0 % =) 2 400 €

und ist gem. § 44 Abs. 4 S. 1 UStDV in der Umsatzsteuer-Jahreserklärung für das Kj. 2007 anzumelden.

Dachgeschoss: In der gem. § 4 Nr. 9 Buchst. a UStG steuerfreien Lieferung des Teileigentums (s. o.) zum 01. 07. 2007 liegt eine Änderung der Verhältnisse gem. § 15a Abs. 1 UStG, da sie gem. § 15 Abs. 2 vorsteuerschädlich (zu 0 % vorsteuerunschädlich) ist und gem. § 15a Abs. 8 i. V. m. Abs. 9 UStG als Nutzung bis zum Ablauf des Berichtigungszeitraums zu unterstellen ist. Weil der Berichtigungszeitraum am 01. 01. 2006 beginnt und am 31. 12. 2015 endet (s. o.), ist für das Kj. 2007 ein Vorsteuerbetrag von

24 000 € × 6/120 × (100 % ./. 0 % =) 1 200 €

zu Lasten des S zu berichtigen.

Da durch die Lieferung an die Schwester das Teileigentum aus dem Unternehmen des S ausgeschieden ist, kann sich keine erneute Änderung der Verhältnisse ergeben, so dass auch für die restlichen Kalenderjahre des Berichtigungszeitraums die Vorsteuer zu Lasten des S zu berichtigen ist. Das Ausmaß der Änderung beträgt jeweils 100 %. Für die Jahre 2008 bis 2015 ergibt sich mithin ein Vorsteuerberichtigungsbetrag von

24 000 € × 96/120 × 100 % = 19 200 €.

Die durch die steuerfreie Lieferung insgesamt ausgelösten Vorsteuerberichtigungsbeträge (1 200 € + 19 200 € =) 20 400 € muss S gem. § 44 Abs. 4 S. 3 UStDV in seiner Umsatzsteuer-Voranmeldung für den Kalendermonat Juli 2007 anmelden und entrichten.

IV. Punktetabelle

	Punkte
K führt an S Werklieferung gem. § 3 Abs. 4 UStG aus, deren Ort sich gem. § 3 Abs. 7 S. 1 UStG am Lageort des Grundstücks (Stuttgart) befindet.	1
Mit Abnahme am 13. 12. 2005 ist diese ausgeführt; steuerbar und steuerpflichtig.	1

	Punkte
Steuersatz 16%, Bemessungsgrundlage ist gem. § 10 Abs. 1 S. 2 UStG das Entgelt von 600 000 € – netto –, wegen § 13b Abs. 1 S. 1 Nr. 1, Abs. 2, § 14a Abs. 5 S. 3 UStG.	1
Umsatzsteuer (600 000 € ×16% =) 96 000 € nicht von K geschuldet, sondern vom Abnehmer S.	1
Steuerentstehung untersucht und richtig festgestellt.	1
Ab 2006 durchgeführte Vermietungen als sonstige Leistungen gem. § 3a Abs. 2 Nr. 1 UStG steuerbar in Stuttgart; grds. gem. § 4 Nr. 12 Buchst. a UStG steuerfrei.	1
Gem. § 9 Abs. 1 und 2 UStG sind die Vermietungen an den Steuerberater und an den Rechtsanwalt steuerpflichtig.	1
Vermietung an den Frauenarzt ist allerdings zwingend steuerfrei, da dessen gem. § 4 Nr. 14 UStG steuerfreien Umsätze das Optionsverbot nach § 9 Abs. 2 UStG auslösen.	1
Nutzung des Dachgeschosses stellt nicht steuerbaren Innenumsatz dar.	1
Unentgeltliche Veräußerung des EG-Teileigentums mit Wirkung vom 01.01.2007 bewirkt gem. § 1 Abs. 1a S. 1 und 2 UStG nicht steuerbare Veräußerung eines gesondert geführten Betriebes.	1
Übertragung der DG-Wohnung an Schwester führt am 01.07.2007 zu entgeltlicher Lieferung, die gem. § 4 Nr. 9 Buchst. a UStG zwingend steuerfrei ist.	1
S kann gem. § 15 Abs. 1 S. 1 Nr. 4 UStG die gem. § 13b Abs. 2 UStG geschuldete Umsatzsteuer als Vorsteuer abziehen.	1
Zeitpunkt des Vorsteuerabzugs entspricht dem Zeitpunkt der Versteuerung des Umsatzes gem. § 13b UStG. S konnte 96 000 € in 2005 als Vorsteuer abziehen, weil er nachweislich steuerpflichtig vermieten wollte.	1
Die Nutzungsänderungen führen bei S z. T. zu einer Berichtigung des Vorsteuerabzugs aus den Herstellungskosten gem. § 15a UStG. Wirtschaftsgut i. S. d. § 15a Abs. 1 UStG: jeweils einzelne Teileigentum (Geschoss). Anteil »abziehbarer« Vorsteuer von 24 000 €; § 44 Abs. 1 UStDV »Geringfügigkeitsgrenze« überschritten. Prozentsatz der beabsichtigten vorsteuerunschädlichen Nutzung bei Leistungsbezug betrug 100%.	1
Berichtigungszeitraum dauert zehn Jahre und richtet sich deshalb nach dem Beginn der erstmaligen Nutzung des einzelnen Teileigentums.	1
EG: § 15a Abs. 10 UStG erkannt.	1

	Punkte
2. OG: steuerfreie Vermietung führt zur Anwendung des § 15a UStG; für 2006 ergibt sich ein Vorsteuerberichtigungsbetrag zu Lasten des F von: 24 000 € × 3/120 × (100 % ./. 0 % =) 600 €.	1
§ 44 Abs. 4 S. 1 UStDV: in USt-Jahreserklärung für 2006 anzumelden, für 2007 ist die VorSt ebenfalls zu berichtigen: 24 000 € × 12/120 × (100 % ./. 0 % =) 2 400 €; gem. § 44 Abs. 4 S. 1 UStDV in der USt-Jahreserklärung für 2007 anzumelden.	1
DG: steuerfreie Lieferung bewirkt Änderung der Verhältnisse; gem. § 15a Abs. 8 i. V. m. Abs. 9 UStG als »fiktive« Nutzung bis zum Ablauf des Berichtigungszeitraums; für 2007 ist Vorsteuerbetrag von 24 000 € × 6/120 × (100 % ./. 0 % =) 1 200 € zu Lasten des S zu berichtigen.	1
für die restlichen Kalenderjahre des Berichtigungszeitraums: 24 000 € × 96/120 × 100 % = 19 200 €. Die insgesamt ausgelösten Vorsteuerberichtigungsbeträge von 20 400 € muss S gem. § 44 Abs. 4 S. 3 UStDV in USt-Voranmeldung für Juli 2007 anmelden und entrichten.	1
Summe	20

Klausuraufgabe 5:
Einkaufskommission und Reihengeschäft/Probleme des Lieferortes/ Einfuhrumsatzsteuer und deren Vorsteuerabzug/Rechnung/ Schadenersatz

I. Sachverhalt

Ingolf Imme (**I**) betreibt in Ludwigsburg ein Handelsgeschäft mit neuen und gebrauchten Maschinen aller Art. Im Auftrag des Bauunternehmers Bernfried Biegel (**B**) aus Böblingen suchte I einen gebrauchten, preisgünstigen Baukran mit spezieller Ausrüstung. Er fand einen passenden Baukran in Zürich (Schweiz) zum Preis von umgerechnet 60 000 € (steuerfrei von Schweizer Umsatzsteuer, da Ausfuhrlieferung aus Schweizer Sicht!), den der Schweizer Bauunternehmer Detlef Dangel (**D**) in Zürich auf seinem Bauhof stehen hatte. D übernahm nur die Verpflichtung, den Baukran im Bauhof in Zürich gegen Vorauskasse zu übergeben. Was danach mit dem Baukran geschehe, sei nicht mehr seine Sache, meinte D. D wollte nur mit I das Geschäft machen, weil I eine angesehene Handelsfirma ist. Mit B vereinbarte I, den Baukran im eigenen Namen (des I) zu erwerben, aber auf Rechnung des B tätig zu werden. Für seine Bemühungen sollte I 10 % vom Einkaufspreis als Provision erhalten.

I schloss vereinbarungsgemäß eine Transportversicherung mit einer Schadensumme über 66 000 € im Namen und zugunsten des B bei der Allianz-AG ab und bezahlte hierfür an die Allianz-AG 500 €. Da der »Verdienst« des I so gesichert war, sollte B sofort Eigentümer des Baggers werden. Die Einfuhrumsatzbesteuerung sollte I für B übernehmen. Damit wollte B nichts zu tun haben, weil er die umsatzsteuerliche Behandlung grenzüberschreitender Geschäfte nicht kannte. Den Transport zu B nach Böblingen sollte I mit seinem Tieflader durchführen.

I übergab am 03.03.07 dem D in Zürich einen Scheck über 60 000 €, lud den Baukran auf den Tieflader und fuhr dann unverzüglich zurück nach Deutschland. An der Grenzzollstelle meldete I die Einfuhr im eigenen Namen zur Abfertigung in den freien Verkehr der Gemeinschaft an und bezahlte den Zoll und den im Einfuhrumsatzsteuerbescheid festgesetzten Betrag von 10 560 €. In Stühlingen (Deutschland) stellte er den Lastzug vor der Gastwirtschaft »Krone« ab. Nach einer ordentlichen Vesper in der »Krone« musste I leider feststellen, dass der Lastzug samt Baukran verschwunden war und zwar für immer, wie sich später herausstellte. Die Allianz zahlte an I 66 000 € aus.

I rechnete mit B mit folgendem auszugsweise wiedergegebenem Papier ab:

Kaufpreis in Euro (Schweizer Franken umgerechnet)	60 000,00 €
zuzüglich EUSt nach EUSt-Bescheid	10 560,00 €
abzüglich Zahlung der Allianz	./. 66 000,00 €
zuzüglich Versicherungsprämie an Allianz	500,00 €
zuzüglich 10 % Provision von 60 000 €	6 000,00 €
meine Restforderung netto	11 060,00 €
zuzüglich USt	2 101,40 €
meine Restforderung brutto	13 161,40 €

I übergab B dieses Papier am 05.04.07. B war mit der Abrechnung einverstanden.

II. Aufgabe

Beurteilen Sie den Sachverhalt gemäß den »Allgemeinen Hinweisen« zu Beginn von Teil E!

III. Lösung

Einkaufskommission: Bei den Rechtsbeziehungen zwischen D, B und I handelt es sich um ein Kommissionsgeschäft nach § 3 Abs. 3 UStG i.V.m. § 383 HGB, weil I im eigenen Namen erwirbt, also Vertragspartner des D wird, aber auf fremde Rechnung, also auf Risiko seines Auftraggebers B tätig wird. Es liegt eine Einkaufskommission vor, bei der die Leistungsrichtung vom Verkäufer D über den Kommissionär I zum Auftraggeber B führt. Umsatzsteuerlich ist ohne Bedeutung, ob das Eigentum zivilrechtlich unmittelbar von D auf B oder mit Durchgangserwerb bei I übertragen wird, weil § 3 Abs. 3 UStG die Lieferbeziehungen vorgibt. D liefert an I und I an B.

Reihengeschäft: Des Weiteren liegt ein Reihengeschäft vor, da drei Unternehmer über einen identischen Gegenstand Kaufgeschäfte abgeschlossen haben und die Warenbewegung vom Beginn des Transports bis zum Ende des Transports in einer Warenbewegung erfolgen sollte. Obwohl der Gegenstand seinen geplanten Zielort nicht erreicht, bleibt es hier doch ein Reihengeschäft.

Da die Warenbewegung dem Transporteur I zuzurechnen ist, wird nach § 3 Abs. 6 S. 6, 1. HS UStG vermutet, dass der Transporteur als Abnehmer in der bewegten Lieferung D – I transportiert. Danach würde – vorbehaltlich der Konsequenzen aus dem Diebstahl des Baukrans – D nach § 3 Abs. 6 S. 2 UStG seine Lieferung nicht steuerbar in Zürich erbringen. § 3 Abs. 8 UStG greift nicht ein, weil nicht der Lieferer D Schuldner der EUSt ist.

I könnte seine Lieferung an B erst bewirken, wenn D seine Lieferung abgeschlossen hat. I würde an B eine ruhende Lieferung nach § 3 Abs. 7 S. 2 Nr. 2 UStG ausführen, die in Böblingen steuerbar ist.

Hinweis: Wollte I im Hinblick auf § 3 Abs. 6 S. 6, 2. HS UStG als Lieferer transportieren, müsste er vorbringen und nachweisen, dass er Kosten und Gefahr für den Transport trägt. Dabei wird nicht allein auf das Verhältnis zwischen dem Transporteur und seinem Lieferer abgestellt. In diesem Verhältnis zwischen D und I könnte man den Auftraggeber B der Sphäre des Transporteurs I zuordnen. Der Transporteur muss aber nach Verwaltungsmeinung auch gegenüber seinem Abnehmer (B) Kosten und Gefahr tragen, um als Lieferer fungieren zu können (Abschn. 31a Abs. 10 S. 2 UStR). Er muss beiden Seiten gegenüber als Lieferer zu erkennen sein. Das ist hier aber nicht der Fall. Besonders deutlich zeigt dies die Transportversicherung, die I auf den Namen des anspruchsberechtigten B abgeschlossen hat, der auch die Kosten dafür trägt.

Damit liefert D nach § 3 Abs. 6 S. 6, 1. HS UStG nicht steuerbar in Zürich. I liefert steuerbar und steuerpflichtig nach § 3 Abs. 7 S. 2 Nr. 2 UStG in Böblingen. Weil I die Einfuhr im Inland mit seiner Anmeldung an der Grenzzollstelle bereits bewirkt hat, ist die Steuerbefreiung nach § 4 Nr. 4 Buchst. b UStG nicht gegeben. Die Lieferung liegt nämlich örtlich und zeitlich nach der Einfuhr beim Grenzzollamt.

Einfuhrumsatzsteuer: Da der Baukran erst nach der Einfuhr gestohlen worden ist, ist die Einfuhrumsatzsteuer noch entstanden (§ 1 Abs. 1 Nr. 4 UStG).

Die Einfuhrumsatzsteuer kann nach § 15 Abs. 1 Nr. 2 UStG derjenige als Vorsteuer abziehen, der nach den Vorschriften über den Lieferort (§ 3 Abs. 6 bis Abs. 8 UStG) die tatsächliche oder fiktive Verfügungsmacht an der Grenze hat. D hat die Verfügungsmacht bereits in Zürich verloren. I hätte sie erst in Böblingen verloren, wenn der Bagger nicht vorher gestohlen worden wäre. B hat sie niemals erhalten. I hatte die Verfügungsmacht somit an der Grenzzollstelle und ist deshalb allein berechtigt, die Einfuhrumsatzsteuer als Berechtigter geltend zu machen. Der Verlust lässt die Einfuhrumsatzsteuer nicht entfallen (vgl. Abschn. 199 Abs. 12 UStR 2005). I kann die Einfuhrumsatzsteuer selbst geltend machen. D kann sie nicht geltend machen. I dürfte sie nicht in Rechnung stellen.

Diebstahl des Baukrans: Die Lieferung des I an B könnte mit dem Diebstahl entfallen sein. Dann wäre die Zahlung der Allianz an I Schadensersatz und nicht steuerbar.

Da B aufgrund der mit der Allianz-AG geschlossenen Transportversicherung die Gefahr des Untergangs der Ware zu tragen hat, ist aber von einer bewirkten Lieferung an ihn auszugehen: Aufgrund der Gefahrtragung des B liegt eine steuerbare Lieferung vor, da der Lieferer I auf Grund des Gefahrübergangs seinen Gegenleistungsanspruch behält. Verfügungsmacht im Sinne einer tatsächlichen Herrschaftsmacht geht dabei aber nicht über. Die Lieferung kommt jedoch mit dem Eintritt des wirtschaftlichen Erfolges zustande und kann dann besteuert und durch Vorsteuerabzug neutralisiert werden.

D liefert somit am 03.03.07 in der Schweiz nichtsteuerbar an I. I liefert seinerseits zum selben Zeitpunkt in Deutschland an B (§ 3 Abs. 7 S. 2 Nr. 2 UStG).

Abrechnung des I: Die Abrechnung des I erweckt den Eindruck, als werde über eine Besorgungsleistung an B abgerechnet und nicht über eine Lieferung an B. Dennoch liegt keine falsche Leistungsbeschreibung i. S. d. § 14c Abs. 2 UStG vor. Zusammen mit anderen Unterlagen wie z. B. dem Kaufvertrag mit D lässt sich die Art der Leistung (Lieferung) erkennen.

I muss aber zwischen der Abrechnung über seine Restforderung und der Berechnung des Entgelts unterscheiden. Das macht er nicht. Seine Restforderung setzt sich zusammen aus der Provision, aus der Versicherungsprämie und aus der noch zu berechnenden USt auf das richtige Entgelt. Da I schon 60 000 € bekommen hat, die seine Restforderung mindern, weist er keine zu hohe, sondern eine zu niedrige USt aus. I hat keinen Anspruch auf die Einfuhrumsatzsteuer gegen B.

Entgelt für I: Entgelt ist alles, was der Leistungsempfänger B aufwendet (aufwenden soll) abzüglich Umsatzsteuer (§ 10 Abs. 1 S. 2 UStG). Der Kommissionär I kann wegen seines Vorsteuer-Abzuges nach § 15 Abs. 1 Nr. 2 UStG eigentlich nur den an D gezahlten Nettokaufpreis und seine Provision beanspruchen, nicht hingegen die laut Sachverhalt weiterberechnete EUSt. Da diese jedoch – zu Unrecht – dem B berechnet wird und von diesem akzeptiert wird, wird diese Teil des Entgelts.

Die Zahlung der Versicherungssumme von 66 000 € an I stellt eine Entgeltszahlung des B an I im abgekürzten Zahlungsweg dar. Die Allianz ersetzt im Versicherungsverhältnis zu B den gestohlenen Bagger bzw. den vergeblichen Kaufpreisaufwand. Damit leistet die Allianz Schadensersatz an B. Entgelt für B ist im Versicherungsverhältnis die Prämie von 500 €. In der Auszahlung an I liegt gegenüber B nichtsteuerbarer Schadensersatz vor.

Gleichzeitig erfüllt B mit der Zahlung der Schadenssumme der Versicherung an I seine Verpflichtung, dem I den Aufwand für die Kommission zu ersetzen. Nach der Vorgabe des Gesetzes stellt dies Entgelt für eine Lieferung des I an B dar. Da B vorsteuerabzugsberechtigt ist, ersetzt die Versicherung zu Recht nur den Nettowert. Die Versicherungsprämie erhöht als durchlaufender Posten das Entgelt nicht. I schließt den Versicherungsvertrag in fremden Namen (des B) und auf fremde Rechnung (des B) ab (§ 10 Abs. 1 S. 6 UStG). I darf den Anspruch auf Prämie gegenüber B nur als Restforderung aufnehmen, nicht aber bei der Ermittlung seines Entgeltes.

Das Entgelt für die Lieferung des I nach § 3 Abs. 3 UStG an den B setzt sich danach zusammen aus dem Einkaufspreis bei D (60 000 €) sowie aus der zu Unrecht in Rechnung gestellten EUSt i. H. v. 10 560 € und aus der Provision (6 000 €). Das richtige Entgelt beträgt bei richtiger Abrechnung 76 560 €. Die richtige USt darauf beträgt (× 19 %) 14 546,40 €. I schuldet diese Umsatzsteuer (§ 13a Abs. 1 Nr. 1 UStG) für den Voranmeldungszeitraum März 2007 (§ 13 Abs. 1 Nr. 1 Buchst. a S. 1 UStG).

B steht für den Voranmeldungszeitraum April 2007 der Vorsteuerabzug nach § 15 Abs. 1 Nr. 1 UStG nur in Höhe der ausgewiesenen USt von 2 101,40 € zu. Er hat jedoch einen Anspruch auf Berichtigung der Rechnung – auch im Hinblick auf die zu Unrecht in Rechnung gestellte EUSt. Wird die Abrechnung im Hinblick auf die EUSt geändert, ist die USt nach § 17 Abs. 1 UStG zu berichtigen.

IV. Punktetabelle

	Punkte
Einkaufskommissionsgeschäft nach § 3 Abs. 3 UStG erkannt.	1
Zugleich Reihengeschäft erkannt.	1
Warenbewegung dem I zugerechnet; nach § 3 Abs. 6 S. 6 1. HS UStG vermutet, dass I als Abnehmer transportiert. D liefert nach § 3 Abs. 6 S. 2 UStG nicht steuerbar in Zürich; § 3 Abs. 8 UStG greift nicht ein.	1
I bewirkt an B ruhende Lieferung nach § 3 Abs. 7 S. 2 Nr. 2 UStG in Böblingen.	1
Steuerbefreiung nach § 4 Nr. 4 Buchst. b UStG nicht gegeben.	1
Einfuhrumsatzsteuer entstanden (§ 1 Abs. 1 Nr. 4 UStG).	1
Vorsteuer nach § 15 Abs. 1 Nr. 2 UStG dem I zuerkannt.	1
Diebstahl untersucht; da B die Gefahr des Untergangs der Ware trägt, ist von einer Lieferung an ihn auszugehen (Eintritt des wirtschaftlichen Erfolges).	1
Abrechnung des I, als ob über eine Besorgungsleistung an B abgerechnet würde. Dennoch kein § 14c Abs. 2 UStG, da zusammen mit anderen Unterlagen sich die Art der Leistung (Lieferung) erkennen lässt.	1
Abrechnung ist aber betragsmäßig falsch: I weist keine zu niedrige USt aus. I hat keinen Anspruch auf die Einfuhrumsatzsteuer gegen B.	1
Entgelt für I: D kann grds. nur Nettokaufpreis und Provision beanspruchen, nicht aber die EUSt; da diese dem B berechnet und akzeptiert wird, wird sie Teil des Entgelts.	1
Zahlung der Versicherungssumme an I stellt eine Entgeltszahlung des B an I im abgekürzten Zahlungsweg dar sowie Schadensersatz an B.	1

	Punkte
B erfüllt mit der Zahlung der Schadenssumme an I seine Verpflichtung, dem I den Aufwand für die Kommission zu ersetzen (= Entgelt für Lieferung des I an B). Da B vorsteuerabzugsberechtigt ist, ersetzt die Versicherung zu Recht nur den Nettowert. Die Versicherungsprämie erhöht als durchlaufender Posten das Entgelt nicht. I schließt den Versicherungsvertrag in fremden Namen (B) und auf fremde Rechnung (des B).	1
Entgelt für die Lieferung des I berechnet: Einkaufspreis bei D (60 000 €) + zu Unrecht in Rechnung gestellten EUSt (10 560 €) + Provision (6 000 €) = 76 560 €. USt (x 19 %) 14 546,40 €. I schuldet (§ 13a Abs. 1 Nr. 1 UStG) für III/2007 (§ 13 Abs. 1 Nr. 1 Buchst. a S. 1 UStG).	1
B hat für IV/2007 VorSt-Abzug (§ 15 Abs. 1 Nr. 1 UStG) nur in Höhe der ausgewiesenen USt von 2 101,40 €. Aber Anspruch auf Berichtigung der Rechnung.	1
Summe	15

Klausuraufgabe 6:
Gemischt genutztes Kfz/Vorsteuerabzug/Nutzung zu privaten Zwecken/Schenkung/Vorsteuerberichtigung

I. Sachverhalt

Der selbständig tätige, ledige Heilpraktiker Balthasar Bohrer (**B**) aus Karlsruhe wollte auf seine Freundin – trotz seines fortgeschrittenen Alters – einen jung-dynamischen Eindruck machen und leistete sich deshalb einen BMW Z 4, der ihm von seinem Händler am 01.04.2007 ausgehändigt wurde. Der Kaufpreis betrug 50 000 € zuzüglich 9 500 € Umsatzsteuer. B nutzte den PKW (»wie von vorneherein beabsichtigt«) vom 01.04.2007 bis zum 31.05.2007 nachweislich zu 50% für private Zwecke (überwiegend Ausflugsfahrten mit seiner Freundin ins nahe gelegene Elsass), zu 40% für seine Heilpraktikertätigkeit und zu 10% für seine Tätigkeit als Referent im Rahmen einer privat betriebenen Heilpraktikerfortbildungseinrichtung.

Zum 01.06.2007 schenkte B den BMW seiner Freundin, da dieser ihm doch nicht mehr gefiel. Das Fahrzeug hatte zu diesem Zeitpunkt aufgrund der langen Lieferzeiten des Herstellers einen Verkehrswert (brutto) von 60 000 €.

II. Aufgabe

Beurteilen Sie den Vorsteuerabzug des B aus dem Erwerb des Fahrzeugs! Welche umsatzsteuerrechtlichen Folgen ergeben sich aus der Schenkung an dessen Freundin?

III. Lösung

Bei B ist die Vorsteuer i. H. v. 9 500 € abziehbar, da die Voraussetzungen des § 15 Abs. 1 Nr. 1 UStG erfüllt sind. Von einer 100%igen Zuordnung des Fahrzeugs zum Unternehmensvermögen ist angesichts »Nr. 10 der Allgemeinen Hinweise« auszugehen.

Besonderheiten ergeben sich aber bei der Beurteilung des Abzugsverbotes.

Bezüglich der auf die Verwendung im Unternehmen entfallenden Nutzung ist zu unterscheiden:

Die nach § 4 Nr. 14 UStG steuerfreie und damit gem. § 15 Abs. 2 S. 1 Nr. 1 UStG vorsteuerschädliche Nutzung als Heilpraktiker beträgt 40% der gesamten Fahrleistung.

10% der Ausgangsumsätze, die Tätigkeit als Referent im Rahmen von Fortbildungsveranstaltungen sind steuerpflichtig (Abschn. 91a Abs. 3 Nr. 2 UStR) – für ein Eingreifen des § 4 Nr. 21 oder 22 UStG gibt der Sachverhalt nichts her – und damit vorsteuerunschädlich. 10% der Vorsteuer von 9 500 € = 950 € kann B deshalb für seine unternehmerische, steuerpflichtige Verwendung abziehen.

Die Privatnutzung stellt, da ein teilweiser Abzug der Vorsteuer gegeben ist, gemäß § 3 Abs. 9a Nr. 1 UStG eine gleichgestellte sonstige Leistung dar, deren Ort sich insgesamt nach § 3f UStG bestimmt und somit im Inland liegt. Die private Nutzung des BMW stellt somit einen steuerbaren Vorgang dar.

Dieser ist auch steuerpflichtig, da eine Steuerbefreiungsvorschrift (insbesondere § 4 Nr. 28 UStG) nicht eingreift. Der Steuersatz beträgt gemäß § 12 Abs. 1 UStG 19%.

Da die Nutzung steuerpflichtig erfolgt, hat dies für den Vorsteuerabzug zur Folge, dass das Abzugsverbot des § 15 Abs. 2 Nr. 1 UStG auch für die 50%-ige Privatnutzung nicht eingreift.

B kann mithin einen Vorsteuerabzug i. H. v. 60% aus den 9500 € = 5700 € geltend machen.

Die Schenkung an die Freundin stellt eine gleichgestellte unentgeltliche Lieferung nach § 3 Abs. 1b Nr. 1 UStG dar. Diese ist steuerbar, da der BMW dem Unternehmensvermögen zugeordnet wurde und bei seiner Anschaffung zu abzugsfähigen Vorsteuern geführt hat. Die Lieferung ist im Umfang von 100% steuerbar, da der Pkw zu 100% dem Unternehmen zugeordnet wurde. Dass der Vorsteuerabzug über § 15 Abs. 2 UStG um 40% gekürzt wurde, ändert hieran nichts.

Bezüglich der Steuerbefreiung ist § 4 Nr. 28 UStG zu prüfen: Diese Bestimmung greift indes nicht ein, da B den BMW vor der Schenkung nicht ausschließlich für gemäß § 4 Nr. 8 bis 27 UStG steuerfreie Umsätze verwendet hat.

Unter Anwendung des Regelsteuersatzes von 19% auf die Bemessungsgrundlage gemäß § 10 Abs. 4 Nr. 1 UStG (Einkaufspreis zur Zeit der gleichgestellten unentgeltlichen Lieferung i. H. v. 60 000 € brutto) ergibt sich eine USt i. H. v. 9579,83 €.

Hinweis: Art. 5 Abs. 6 der 6. EG-Richtlinie verlangt nicht, diesen Vorgang teilweise steuerfrei zu belassen, da im Zeitpunkt des Erwerbs ein zumindest teilweiser Vorsteuerabzug möglich war. Auch der Umstand, dass der Wiederbeschaffungswert die Anschaffungskosten übersteigt, spielt m. E. angesichts des eindeutigen Gesetzeswortlauts keine Rolle.

Die steuerpflichtige Lieferung führt des Weiteren zu einer Vorsteuerberichtigung nach § 15a Abs. 8 i. V. m. Abs. 9 UStG, da der maßgebliche Berichtigungszeitraum noch nicht abgelaufen ist.

Es gilt bei beweglichen Gegenständen grundsätzlich ein Zeitraum von fünf Jahren (§ 15a Abs. 1 UStG), da sich eine kürzere betriebsgewöhnliche Nutzungsdauer aus dem Sachverhalt nicht ergibt. Der Berichtigungszeitraum beginnt somit am 01. 04. 2007, dauert fünf Jahre und endet mit Ablauf des 31. 03. 2012.

Die Nutzungsänderung für das gesamte Kj. 2007 gegenüber den Verhältnissen im Zeitpunkt des Leistungsbezuges (= Anschaffung am 01. 04. 2007) beträgt:

01. 04. 07 – 31. 05. 07:	60% vorsteuerunschädlich (s. o.), umgerechnet auf das	
Kalenderjahr 2007:	2/9 × 60%	= 13,33%
01. 06. 07 – 31. 12. 07:	100% vorsteuerunschädlich, umgerechnet auf das	
Kalenderjahr 2007:	7/9 × 100%	= 77,78%
gesamtes Jahr 2007:		= 91,11%
Änderung gegenüber den Verhältnissen zum Zeitpunkt des		
Leistungsbezuges (60%)		./. 31,11%

Dieser Wert liegt über der Bagatellgrenze des § 44 Abs. 2 S. 1 UStDV, so dass auf jeden Fall eine Vorsteuerberichtigung schon für das Kj. 2007 zu erfolgen hat.

In den Folgejahren (2008ff. bis 31. 03. 2012) kommt es zu jeweils ausschließlich vorsteuerunschädlichen Ausgangsumsätzen. Die Änderung beträgt somit jeweils (100% ./. 60% =) 40%. B hat daher in seiner USt-VA für den Kalendermonat Juni 2007 auch die Vorsteuerberichtigung für den gesamten Rest des Berichtigungszeitraumes (§ 44 Abs. 4 UStDV, Abschn. 218 Abs. 4 UStR) wie folgt vorzunehmen:

Der Berichtigungsbetrag beläuft sich für den gesamten restlichen Berichtigungszeitraum auf (9500 € × [100% ./. 60%] × 58/60) = 3673,33 €.

B hat somit in seiner USt-Voranmeldung für Juni 2007 diesen Betrag als Vorsteuerberichtigung zu seinen Gunsten zu erklären.

Insgesamt muss B damit für den Kalendermonat Juni 2007 eine Ausgangs-USt von 9 579,83 € sowie eine Vorsteuerberichtigung i. H. v. ./. 3 673,33 € erklären. Es kommt somit zu einer Zahllast von 5 906,50 €.

IV. Punktetabelle

	Punkte
9 500 € als VorSt abziehbar (§ 15 Abs. 1 Nr. 1 UStG); 100 %ige Zuordnung zum Unternehmensvermögen angenommen.	1
Prüfung des Abzugsverbotes (§ 15 Abs. 2 UStG): Verwendung im Unternehmen: nach § 4 Nr. 14 UStG steuerfreie und vorsteuerschädliche Nutzung als Heilpraktiker beträgt 40 %.	1
10 % der Ausgangsumsätze sind steuerpflichtig und vorsteuerunschädlich.	1
Privatnutzung stellt gem. § 3 Abs. 9a Nr. 1 UStG gleichgestellte sonstige Leistung dar; Ort nach § 3f UStG bestimmt; deshalb steuerbar.	1
Und steuerpflichtig, da keine Steuerbefreiung greift; Steuersatz 19 %. Folge: kein Abzugsverbot für die 50 %ige Privatnutzung.	1
B kann mithin VorSt i. H. v. 60 % aus 9 500 € = 5 700 € geltend machen.	1
Schenkung an Freundin erfüllt § 3 Abs. 1b Nr. 1 UStG; zu 100 % steuerbar.	1
§ 4 Nr. 28 UStG greift nicht.	1
Bemessungsgrundlage gem. § 10 Abs. 4 Nr. 1 UStG (60 000 € brutto) führt zu USt i. H. v. 9 579,83 €.	1
Vorsteuerberichtigung nach § 15a Abs. 8 i. V. m. Abs. 9 UStG erkannt.	1
Berichtigungszeitraum berechnet: 01. 04. 2007 bis 31. 03. 2012.	1
Nutzungsänderung für 2007 berechnet: 31,11 %.	1
Bagatellgrenze (§ 44 Abs. 2 S. 1 UStDV) überschritten.	1
Für Folgejahre (2008ff. bis 31. 03. 2012) ausschließlich vorsteuerunschädlichen Ausgangsumsätzen. Änderung beträgt 40 %. Vorsteuerberichtigung für Rest des Berichtigungszeitraumes vorzunehmen.	1

	Punkte
Berichtigungsbetrag errechnet = 3 673,33 €. Voranmeldung VI/2007 dargestellt: Zahllast 5 906,50 €.	1
Summe	15

Klausuraufgabe 7:
Leistungsbeziehungen bei Einschaltung anderer Unternehmer/ Leistungsaustausch mit Personal/Restaurationsumsätze/ Bemessungsgrundlage/Vorsteuerabzug und Rechnung

I. Sachverhalt

Um Kosten zu sparen, hat die Fa. Ofenbauer GmbH (O) in Karlsruhe ihre Betriebskantine aufgegeben und mit der Erstellung des Mittagessens und der entsprechenden Essensausgabe den Catering-Unternehmer Gourmand (G) beauftragt. O überlässt die Kantinenräume mit Tischen und Stühlen inklusive der Küche dem G zur Nutzung. G verpflichtet sich im Gegenzug, den vereinbarten Essenspreis pauschal um 20 % zu kürzen. Vertragsbeziehungen über das täglich zu erstellende Essen bestehen nur zwischen G und O. Jeden Monatsanfang wird zwischen O und G die Zahl, Art und Umfang des täglich abzugebenden Essens (Speiseplan) festgelegt. Der Preis pro Tagesessen wurde für das Kj. 2007 pauschal mit 4 € abzüglich 20 % Minderung für Nutzungsüberlassung Kantinenräume = 3,20 € festgelegt.

O gibt ihrem Personal ab dem 01.01.2007 regelmäßig kostenlos Essensmarken ab. Die Essensmarken dienen als Berechtigungsnachweis zum Bezug des von G im Auftrag von O angebotenen Mittagessens. Die Mitarbeiter können dann das Mittagessen zum Preis von jeweils 2,20 € beziehen. Dieser Betrag ist an Angestellte des G zu entrichten, der ihn für O kassiert und mit dem von O an ihn zu entrichtenden Betrag verrechnet.

Die Essensmarken können von den Mitarbeitern jedoch auch als Wertmarken im Wert von 1 € verwendet werden, indem sie die Wertmarken auch bei der sich in der Nähe befindlichen Bäckerei Mopps (M) für nach eigener Wahl erworbene Backwaren (keine Getränke) in Zahlung geben.

O hat sich gegenüber G und M verpflichtet, die an ihn zurückgegebenen Marken mit 1 € pro Marke zu vergüten.

Nach Ablauf des Monats Januar 2007 rechneten G und M mit O wie folgt ab:

a) Abrechnung G
»800 Essensmarken à 1 € für Tagesessen in Kantine = 672,27 € zuzüglich 127,73 € Umsatzsteuer«

b) Abrechnung M
150 Essensmarken	126,05 €
zzgl. USt	23,95 €
insgesamt	150,00 €«

II. Aufgabe
Wie sind die Vorgänge bei G und O im Januar 2007 zu beurteilen?

III. Lösung

Nach den vorliegenden Vertragsbeziehungen ist davon auszugehen, dass die Essensleistungen von G an O und von diesem dann an die Mitarbeiter weitergegeben werden. Die Leistungsbeziehungen ähneln insoweit einem Reihengeschäft.

Leistung an O: G tätigt mit der Abgabe des Essens an den Besteller O sonstige Leistungen gem. § 3 Abs. 9 S. 4 UStG, da die Speisen und Getränke zum Verzehr an Ort und Stelle abgegeben werden. Nach § 3 Abs. 9 S. 5 UStG stellt die Abgabe von Speisen und Getränken zum Verzehr an Ort und Stelle eine sonstige Leistung dar, wenn:

- am Ausgabeort besondere Verzehrvorrichtungen bereitgehalten werden,
- zwischen Ausgabe- und Verzehrort ein räumlicher Zusammenhang besteht und
- die Speisen bzw. die Getränke den Umständen nach dazu bestimmt sind, an den bereitgehaltenen Verzehrvorrichtungen verzehrt zu werden.

Werden Speisen nach den Umständen der Abgabe zum sofortigen Verzehr abgegeben, liegt stets eine sonstige Leistung vor, wenn der Unternehmer Verzehrvorrichtungen bereithält bzw. dem Kunden zur Verfügung stellt oder weitere Dienstleistungen im sog. Darreichungsbereich erbringt. Hierzu zählen z. B. die Ausgabe oder das Servieren von Speisen, Reinigen der Tische, Stühle oder des Geschirrs sowie die Gestellung von Geschirr.

Bei der Nutzungsüberlassung der Räume von O an G handelt es sich nicht um eine Leistungsbeistellung, da durch die vereinbarte Entgeltsminderung von 20 % (= 0,80 €/Essen) eine Vermietung der Kantinenräume von O an C erfolgt. Es liegt insoweit ein tauschähnlicher Umsatz mit Baraufgabe vor (§ 3 Abs. 12 UStG).

Da im vorliegenden Falle ausdrücklich eine Nutzungsüberlassung der Räume vereinbart wurde, kann davon ausgegangen werden, dass die Verzehrvorrichtungen von G bereitgehalten werden. Nach der Verwaltungsmeinung in Abschn. 25a UStR genügt aber für die Annahme einer sonstigen Leistung bereits die Erbringung von weiteren Dienstleistungen im Darreichungsbereich, wie z. B. das Servieren.

Da O bei G das Essen bestellt hat, erfolgt die sonstige Leistung an O. Dass das Essen vom Personal des O eingenommen wird, ändert an der Beurteilung der Leistung nichts. Die sonstige Leistung ist steuerbar (§ 3a Abs. 1 UStG) und auch steuerpflichtig. Sie unterliegt dem Regelsteuersatz von 19 %, da gem. § 12 Abs. 2 Nr. 1 UStG nur die Lieferung von Speisen unter den ermäßigten Steuersatz fallen.

Bemessungsgrundlage ist alles, was der Leistungsempfänger O für die sonstigen Leistungen aufwendet. Dies sind einmal die von seinem Personal entrichteten 2,20 € pro Essen. Das Personal entrichtet insoweit den Betrag als Erfüllungsgehilfe des O (Zuschuss von dritter Seite). Weiterhin gehören zur Bemessungsgrundlage der von O aufgewendete Betrag von 1 € für jede eingelöste Essensmarke. Die Hingabe der Essensmarke von G an O stellt keine besondere Leistung dar. Hier handelt es sich lediglich um einen nichtsteuerbaren Geldumtausch von Ersatzgeld in normales Geld. Die Bruttobemessungsgrundlage bei G für die Essensabgabe beträgt somit:

2,20 € + 1 € = 3,20 € 800 Essen × 3,20 € = 2 560 €.
Die Umsatzsteuer beträgt: 2 560 € × 19/119 (oder 15,97 %) = 408,74 €

Die Abrechnung von G an O ist somit fehlerhaft. G hätte O USt i. H. v. 408,74 € gesondert in Rechnung stellen müssen. G hat in der Rechnung USt zu niedrig ausgewiesen. Eine Auswirkung auf seine USt-Schuld hat dies allerdings nicht.

Beurteilung bei O/Ausgangs-Umsatzsteuer

Leistung an das Personal: Da sein Personal letzten Endes das Essen einnimmt, erbringt O an sein Personal in der Weitergabe des Essens ebenfalls sonstige Leistungen. Mangels Lieferungen kann ein Reihengeschäft gem. § 3 Abs. 6 S. 5 UStG nicht angenommen werden.

Die Voraussetzungen für eine Abgabe von Speisen und Getränke zum Verzehr an Ort und Stelle gem. § 3 Abs. 9 S. 5 UStG liegen auch bei O vor, da ihm die Tätigkeit des G zugerechnet werden muss. G ist insoweit Erfüllungsgehilfe des O. Die sonstige Leistung ist steuerbar und steuerpflichtig, der Steuersatz beträgt 19 %.

Da seine Arbeitnehmer für das Essen im abgekürzten Zahlungsweg direkt 2,20 € gegenüber G aufwenden müssen, stellt dieser Betrag das Bruttoentgelt für die sonstige Leistung des O an sein Personal dar.

Zu prüfen ist jedoch die Mindestbemessungsgrundlage gem. § 10 Abs. 5 Nr. 2 UStG. Danach muss O mindestens die Ausgaben für das Essen versteuern (Abschn. 12 Abs. 7 UStR) Diese setzen sich zusammen aus dem Einkaufspreis und den Kosten für die bereitgehaltenen Kantinenräume.

Die Kosten für die überlassenen Kantinenräume können jedoch nach Abschn. 12 Abs. 10 S. 4 UStR außer Ansatz bleiben. Da sein Einkaufspreis von brutto 3,20 € höher ist, als das von seinem Personal aufgewendete Brutto-Entgelt, kommt bei O die Mindestbemessungsgrundlage zum Zuge: O muss pro Essen brutto mindestens 3,20 € versteuern. Seine Bruttobemessungsgrundlage beträgt somit: 800 Essen × 3,20 € = 2 560 €.

Die USt errechnet sich im Januar 07 wie folgt: 2 560 € × 19/119 = 408,74 €

Vorsteuerabzug bei O aus der Eingangsrechnung des G

Die Essensabgaben in Form von sonstigen Leistungen von C werden an das Unternehmen des O erbracht. O ist somit grundsätzlich zum Vorsteuerabzug i. H. v. 408,74 € berechtigt. Auf Grund des fehlerhaft zu niedrigen USt-Ausweises in der Abrechnung des G, kann O jedoch nur einen Vorsteuerabzug in der ausgewiesenen Höhe von 127,73 € geltend machen.

Er hat einen Anspruch auf Berichtigung der Rechnung (§ 14 Abs. 1 UStG).

Vorsteuerabzug aus der Eingangsrechnung des M

Im Gegensatz zu G tätigt M bei der Abgabe seiner Backwaren eine Lieferung direkt an das Personal des O. Indiz hierfür ist, dass diese Besteller der Backwaren sind. Die Abrechnung des M an O ist fehlerhaft, da M überhaupt nicht an O liefert.

Da die Abrechnung somit den Charakter einer Scheinrechnung hat, schuldet M die gegenüber O ausgewiesene USt i. H. v. 23,95 € gem. § 14c Abs. 2 S. 2 UStG. Dass er hierbei auch noch einen zu hohen USt-Betrag (19 % statt 7 %) ausgewiesen hat, spielt keine Rolle mehr. Da die Lieferung der Backwaren von M nicht an O bewirkt worden ist, kann O die ihm von M berechnete USt nicht als Vorsteuer geltend machen.

IV. Punktetabelle

	Punkte
Leistungsbeziehungen richtig zugeordnet: G an O an Mitarbeiter.	1
G erbringt an O sonstige Leistungen gem. § 3 Abs. 9 S. 4 UStG.	1

	Punkte
Nutzungsüberlassung der Räume von O an G keine Leistungsbeistellung, sondern tauschähnlicher Umsatz mit Baraufgabe vor (§ 3 Abs. 12 UStG).	1
Sonstige Leistungen des G sind steuerbar (§ 3a Abs. 1 UStG) und steuerpflichtig zu 19%.	1
Bemessungsgrundlage ermittelt: 2,20 €/Essen als Zuschuss von dritter Seite + 1 €/Essensmarke = 3,20 € × 800 Essen = 2560 €; USt: 2560 € × 15,97% = 408,74 €; Abrechnung des G ist somit fehlerhaft, aber ohne Auswirkung auf Steuerhöhe.	1
Leistung O an Personal: O erbringt sonstige Leistungen (kein Reihengeschäft) i. S. d. § 3 Abs. 9 S. 5 UStG; steuerbar und steuerpflichtig zu 19%.	1
2,20 € sind Bruttoentgelt für die sonstige Leistung des O. Mindestbemessungsgrundlage gem. § 10 Abs. 5 Nr. 2 UStG geprüft = Ausgaben des O für das Essen versteuern.	1
Kosten für Kantinenräume gem. A. 12 Abs. 10 S. 4 UStR ausgenommen; deshalb nur 3,20 €/Essen angesetzt; × 800 Essen = 2560 €; USt für I/2007: 15,97% × 2560 € = 408,74 €	1
Vorsteuerabzug aus Rechnung des G: wegen zu niedrigem USt-Ausweis nur 127,73 € abziehbar; Anspruch auf Berichtigung der Rechnung angesprochen.	1
Vorsteuerabzug aus Rechnung des M: keine Leistung an O	1
Deshalb wird USt nach § 14c Abs. 2 UStG geschuldet; nicht als VorSt abziehbar.	1
Summe	11

Klausuraufgabe 8:
Grundstückslieferung in Verbindung mit Lieferung von Betriebsvorrichtungen/Option zur Steuerpflicht/Bestimmung der Bemessungsgrundlage/Übertragung der Steuerschuldnerschaft auf den Leistungsempfänger/Vermietungsumsätze bei Gebäuden und Eigennutzung/Bemessungsgrundlage und Vorsteuerabzug

I. Sachverhalt

Mit notariellem Vertrag vom 02.01.2007 erwarb Siegfried Schneider (S) vom bisherigen Eigentümer E ein mehrstöckiges Gebäude (Baubeginn Dezember 1993, Fertigstellung Dezember 1994) in der Innenstadt von Leipzig für 600 000 € zzgl. vom Erwerber zu tragender Grunderwerbsteuer. Nutzen und Lasten sollten vereinbarungsgemäß am 01.02.2007 auf S übergehen. In dem Vertrag war eine Klausel enthalten, nach der soweit wie möglich zur Umsatzsteuerpflicht optiert werden sollte. Die Vertragsparteien hielten ebenfalls fest, dass 100 000 € der Kaufpreissumme auf eine im Gebäude enthaltene Betriebsvorrichtung entfielen.

Hinweis: Ein Fall des § 1 Abs. 1a UStG ist aufgrund der besonderen Umstände des Sachverhaltes nicht gegeben! Gegen Sie davon aus, dass die Verteilung der Kaufpreissumme auf Gebäude incl. Grund und Boden (500 000 €) sowie Betriebsvorrichtung (100 000 €) zutreffend ist!

Das Erdgeschoss (60 m^2) ist als Laden eingerichtet und nach Option zur USt-Pflicht seit Februar 2000 an den Viktualienhändler V für monatlich 6 000 € zzgl. USt vermietet. Das Obergeschoss (50 m^2) ist seit Juli 2000 an den Kinderarzt K für monatlich 5 000 € vermietet.

S trat ab dem 01.02.2007 in beide Mietverträge ein.

Das bisher leer stehende Dachgeschoss (40 m^2) war wegen Dacharbeiten bis 16.02.2007 nicht nutzbar und wurde ab 01.03.2007 entgegen der ursprünglichen Absicht, es an einen Programmierer für dessen berufliche Zwecke zu vermieten, von S für eigene Wohnzwecke genutzt.

Neben einer Ausfertigung des Kaufvertrages und den beiden Mietverträgen werden noch Notar-, Makler- und Gutachterrechnungen i. H. v. insgesamt 40 000 € zzgl. offen ausgewiesener 7 600 € Umsatzsteuer vorgelegt. Die Rechnungen datieren aus dem Januar 2007, ihre Bezahlung erfolgte nach den beigelegten Überweisungsaufträgen zum Teil erst im März 2007.

II. Aufgabe

Beurteilen Sie den Sachverhalt aus umsatzsteuerlicher Sicht!

III. Lösung

Die Veräußerung des Gebäudes von E an S stellt eine wirtschaftlich einheitliche steuerbare Lieferung dar, deren Ort gem. § 3 Abs. 7 S. 1 UStG im Inland liegt. § 1 Abs. 1a UStG liegt nicht vor.

Soweit die Veräußerung das Grundstück mit aufstehendem Gebäude betrifft (nicht die Betriebsvorrichtung), ist sie steuerbar nach dem GrEStG und somit an sich nach § 4 Nr. 9a UStG umsatzsteuerfrei.

Da das Grundstück mit Gebäude bei S Unternehmensvermögen wird, ist ein Verzicht auf die Steuerbefreiung gem. § 9 Abs. 1 möglich. § 9 Abs. 2 UStG erfasst normale Grundstückslieferungen nicht. Die zeitliche Schranke des § 9 Abs. 3 S. 2 UStG wurde beachtet. Infolge des zulässigen Verzichts wird der Umsatz insgesamt steuerpflichtig. Da die steuerpflichtige Lieferung nach dem 01. 04. 2004 erfolgte, wird Erwerber S Schuldner der USt (§ 13b Abs. 1 Nr. 3, Abs. 2 UStG). Dies gilt jedoch nicht hinsichtlich der Betriebsvorrichtungen!

Soweit die Veräußerung auf die Betriebsvorrichtungen entfällt, ist die Veräußerung von vorneherein umsatzsteuerpflichtig, da Betriebsvorrichtungen nicht unter das GrEStG fallen.

Die Umsatzsteuer errechnet sich wie folgt:

Umsatzsteuerschuld **bei E** für den Teil »Betriebsvorrichtungen«:
19 % auf 100 000 € = 19 000 €

Umsatzsteuer **bei S** für den grunderwerbsteuerbaren Teil nach Abschn. 149 Abs. 7 UStR:

Nettoentgelt	500 000,00 €
zzgl. 1/2 v. 3,5 % GrESt	8 750,00 €
Ausgangsbetrag für USt	508 750,00 €
USt 19 %	96 662,50 €

Hinweis: In seiner Entscheidung vom 20. 12. 2005 (V R 14/04) hat der BFH der Auffassung widersprochen, dass die Hälfte der GrESt die Bemessungsgrundlage fiktiv erhöht.

Seit dem 01. 02. 07 erbringt S sonstige Leistungen durch Nutzungsüberlassung an V und K. Denn ab diesem Zeitpunkt sind ihm durch Eintritt in den Mietvertrag die Leistungen zuzurechnen. Die sonstigen Leistungen (§ 3 Abs. 9 UStG) werden im Inland (§ 1 Abs. 2, § 3a Abs. 2 Nr. 1 Buchst. a UStG) gegen Entgelt erbracht und sind daher nach § 1 Abs. 1 Nr. 1 UStG steuerbar. Allerdings sind sie nach § 4 Nr. 12 Buchst. a UStG grds. steuerbefreit.

Bezüglich der an V erfolgten Leistung könnte optiert worden sein. Die Option ist nach § 9 Abs. 1 UStG zulässig. Denn für nach § 4 Nr. 12 Buchst. a UStG befreite Umsätze kann optiert werden, wenn der Umsatz an einen anderen Unternehmer für dessen Unternehmen erfolgt. Dies trifft hier zu, denn V ist Unternehmer und der Laden wird für sein Unternehmen angemietet.

Es könnte aber das Optionsverbot des § 9 Abs. 2 UStG eingreifen. § 9 Abs. 2 UStG ist nach § 27 Abs. 2 Nr. 3 UStG anwendbar, da mit dem Bau nach dem 11. 11. 1993 begonnen wurde. § 9 Abs. 2 UStG schließt die Option nicht aus, da V den Laden nicht zur Ausführung steuerfreier Umsätze verwendet.

Bezüglich der an K erbrachten Vermietungsleistung scheidet eine Option aus. Zwar ist § 9 Abs. 1 UStG möglicherweise erfüllt – falls es sich um die Vermietung der Praxisräume handelt und nicht um die Vermietung einer Wohnung (der Sachverhalt sagt dazu nichts) –, aber jedenfalls schließt § 9 Abs. 2 UStG eine Option aus. Denn falls es sich um Praxisräume handelt, würden diese von K zur Ausführung von den Vorsteuerabzug nach § 15 Abs. 2 UStG ausschließenden, nach § 4 Nr. 14 UStG steuerbefreiten ärztlichen Leistungen verwendet.

Die Leistungen wurden in monatlichen Teilleistungen ausgeführt (§ 13 Abs. 1 Nr. 1 Buchst. a S. 2 und 3 UStG). Für die Monate Februar 2007 und folgende ergeben sich danach je 6000 € Bemessungsgrundlage nach § 10 Abs. 1 UStG und für die steuerpflichtigen Teilleistung je eine USt-Schuld von 6000 € × 19 % = 1 140 €.

Die private Nutzung der 40 m² ab März 2007 könnte sich entweder als eine einer entgeltlichen sonstigen Leistung gleichgestellte unentgeltliche Wertabgabe nach § 3 Abs. 9a UStG darstellen oder als ein von vornherein nicht steuerbarer Vorgang.

Das hängt bei einer gemischten Nutzung davon ab, ob das Grundstück und Gebäude insgesamt dem Unternehmen zugeordnet wird oder nicht. Vorliegend war bei Bezug der Leistung, nämlich der Lieferung des bebauten Grundstücks am 01.02.07, beabsichtigt, das Dachgeschoss an einen Programmierer zu vermieten. Diese beabsichtigte Leistung hätte zur unternehmerischen Tätigkeit des S gehört. Ebenso wenig wie die Unternehmereigenschaft nachträglich wegfällt (Abschn. 19 Abs. 1 UStR), kann ein Bezug, der, für das Unternehmen erfolgte, nachträglich wegen einer privaten Nutzung als nicht für das Unternehmen erfolgt angesehen werden.

Es ist somit von der privaten Nutzung eines für das Unternehmen insgesamt gelieferten Gegenstandes auszugehen, so dass grundsätzlich eine unentgeltliche Wertabgabe nach § 1 Abs. 1 Nr. 1 i.V.m. § 3 Abs. 9a Nr. 1 UStG zu bejahen ist. Der Ort dieser fiktiven sonstigen Leistung liegt gem. § 3f UStG im Inland. Sie ist somit steuerbar.

Da nach neuer Rspr. und Verwaltungsauffassung auf fiktive sonstige Leistungen in Form der Verwendung eines dem Unternehmen zugeordneten Grundstücks nicht mehr gem. § 4 Nr. 12 UStG steuerbefreit sind, ist die Wertabgabe steuerpflichtig.

Bemessungsgrundlage sind gem. § 10 Abs. 4 Nr. 2 UStG die Ausgaben. Diese ermitteln sich wie folgt:

Anschaffungskosten + Nebenkosten 640 000 €
× 10 % = 64 000 €/Kalenderjahr
Davon anteilig für Dachgeschoss: 40/150 = 17 066,66 €
Pro Monat: 1 422,22 €
USt 19 %   270,22 €

Für den Vorsteuerabzug aus den in 2007 auf S gem. übertragenen 96 662,50 € USt-Schuld gem. § 13 Abs. 2 UStG (s.o.) und die in Rechnung gestellten 19 000 € für die Betriebsvorrichtungen sowie die 7 600 € für Makler- und Notarleistungen (insgesamt 123 265,50 €) ist zunächst nach § 15 Abs. 1 Nr. 1 bzw. Nr. 4 UStG Voraussetzung, dass diese Leistungen für das Unternehmen des S erbracht wurden. Dies könnte deshalb zweifelhaft sein, weil die 40 m² Dachgeschoss letztlich (aber erst ab März 2007) für private Zwecke genutzt werden. Für den Vorsteuerabzug ist jedoch maßgebend, ob im Zeitpunkt der Ausführung des Umsatzes an den Unternehmer die Leistung (hier des Maklers und Gutachters) für das Unternehmen erbracht wurde. Dies trifft hier zu, denn zu diesem Zeitpunkt sollte das Dachgeschoss noch vermietet werden. Mithin steht § 15 Abs. 1 Nr. 1 und Nr. 4 UStG einem Vorsteuerabzug für 2007 nicht entgegen, da die übrigen Voraussetzungen zweifelsfrei vorliegen.

§ 15 Abs. 2, Abs. 4 UStG steht dem Vorsteuerabzug zum Teil entgegen. Danach ist der Vorsteuerabzug ganz oder teilweise ausgeschlossen, wenn der gelieferte Gegenstand oder – wie hier – die sonstige Leistung ganz oder teilweise zu steuerfreien Umsätzen verwendet werden. Dies trifft hier bezüglich des an K vermieteten Obergeschosses zu, nicht hingegen bezüglich des an V vermieteten Ladens und der selbst genutzten Dachgeschosswohnung.

Danach ist der Vorsteuerabzug jedenfalls im Verhältnis von 100/150 × 123 265,50 € = 82 177 € für 07 zulässig. Er ist in den Voranmeldungszeiträumen, in denen die Rechnungen erteilt und die Leistungen ausgeführt wurden (§ 15 Abs. 1 UStG i.V.m. § 18 Abs. 1, § 16 Abs. 2 UStG) vorzunehmen. In Höhe von 50/150 × 123 265,50 € = 41 088,50 € ist der Vorsteuerabzug ausgeschlossen.

IV. Punktetabelle

	Punkte
Veräußerung des Gebäudes von E an S als steuerbare Lieferung erkannt; Ort gem. § 3 Abs. 7 S. 1 UStG in Leipzig/Inland. Grds. steuerfrei nach § 4 Nr. 9 Buchst. a UStG.	1
Verzicht gem. § 9 Abs. 1 + 3 UStG möglich; erkannt, dass S nach § 13b Abs. 1 Nr. 3, Abs. 2 UStG Schuldner der USt aus Gebäudelieferung wird – jedoch nicht hinsichtlich der Betriebsvorrichtungen!	1
Veräußerung auf die Betriebsvorrichtungen von vorneherein umsatzsteuerpflichtig; USt errechnet für E: 19 % auf 100 000 € = 19 000 €.	1
Bemessungsgrundlage der Grundstückslieferung untersucht hinsichtlich halber GRESt; USt errechnet mit 19 % aus 508 750 € = 96 662,50 € (bzw. 19 % aus 500 000 € = 79 831,93 €).	1
Seit Februar 07 erbringt S sonstige Leistungen an V und K; diese sind steuerbar, aber nach § 4 Nr. 12 Buchst. a UStG grds. steuerbefreit.	1
Leistung an V: Option nach § 9 Abs. 1 UStG zulässig.	1
Optionsverbot des § 9 Abs. 2 UStG untersucht: § 9 Abs. 2 UStG ist nach § 27 Abs. 2 Nr. 3 UStG anwendbar; aber wegen stpl. Umsätze des V nicht erfüllt.	1
Leistung an K: Option untersucht und verneint (§ 9 Abs. 2 UStG).	1
Monatliche Teilleistungen erkannt (§ 13 Abs. 1 Nr. 1 Buchst. a S. 2 und 3 UStG). USt für Vermietung an V jeweils 1 140 €.	1
Private Nutzung ab März 2007 untersucht und erkannt, dass dies abhängt von Zuordnung zum Unternehmensvermögen. Wegen beabsichtigter Vermietung erfolgte diese Zuordnung.	1
Deshalb § 3 Abs. 9a Nr. 1 UStG erfüllt; Ort nach § 3f UStG im Inland; somit steuerbar.	1
§ 4 Nr. 12 UStG greift nicht, deshalb steuerpflichtig.	1
Bemessungsgrundlage gem. § 10 Abs. 4 Nr. 2 UStG ermittelt: pro Monat: 1422,22 €; USt 270,22 €.	1
Vorsteuerabzug untersucht für 123 265,50 €; § 15 Abs. 1 Nr. 1 und Nr. 4 UStG bejaht.	1
Erkannt, dass aber § 15 Abs. 2, Abs. 4 UStG wegen steuerfreier Vermietung an K eingreift.	1
Vorsteuerabzug nur i. H. v. 82 177 € zulässig.	1
Summe	16

Klausuraufgabe 9:
Grenzüberschreitende Organschaft/grenzüberschreitende Werkleistung mit Übertragung der Steuerschuldnerschaft/ innergemeinschaftliche Werklieferung/innergemeinschaftliches Reihengeschäft/Berichtigung der Bemessungsgrundlage und des Vorsteuerabzugs bei Skontoabzug

I. Sachverhalt

Die Fa. **Cego (C)**, eine Aktiengesellschaft dänischen Rechts, mit Sitz in Aalborg (Dänemark) betreibt einen internationalen Handel mit Plastikbausteinen und Spielwaren aller Art. C ist zu 100 % beteiligt an der Fa. **Legolax GmbH (L)** mit Sitz in Ludwigsburg. Den weitaus größten Teil ihrer Aufträge führt L für C aus. Geschäftsführer der L ist Sören Sörensen, der gleichzeitig auch als Vorstand der C tätig ist.

C ist weiterhin i. H. v. 40 % beteiligt an der Fa. **Hundele GmbH (H)** mit Sitz in Bietigheim, welche die Herstellung von sowie den Handel mit Stofftieren betreibt. Die übrigen Gesellschaftsanteile i. H. v. 60 % sind im Besitz von Hubert Hund, der auch die Geschäfte der H führt. H tätigt etwa 80 % ihrer Umsätze (An- und Verkauf) mit C.

Im März 2007 erteilte C unter Verwendung einer dänischen USt-Id.-Nr. an L den Auftrag, aus von C gelieferten Kleinteilen – ohne Verwendung weiterer Materialien – Bausätze für Plastikspielzeuge zu fertigen. Zu diesem Zweck verbrachten Angestellte der C die Kleinteile mittels eigenem Transporter nach Ludwigsburg. Weil L zu dieser Zeit wegen außerordentlicher Kapazitätsauslastung den Eilauftrag nicht in der gebotenen Zeit ausführen konnte, ließ L unter Verwendung seiner deutschen USt-Id.-Nr. einen (allerdings geringeren) Teil der Arbeiten von dem mit ihm befreundeten Einzelunternehmer **Theo Taiger (T)** mit Sitz in Österreich in dessen Betrieb ausführen. Die zu bearbeitenden Kleinteile wurden deshalb von T bei L abgeholt und – nach Zusammenbau der Bausätze – wieder zurückgebracht. T berechnete noch am 31.03.07 für seine Leistung 3 000 €, L seinerseits berechnete C für den gesamten Auftrag im April 10 000 €. Auf Weisung von C wurden die Bauteile zu H nach Bietigheim befördert.

Aus den von L übergebenen Bauteilen stellte H im Auftrag der C, welche hierbei ihre dänische USt-Id.-Nr. verwendet hatte, Plastikspielzeuge her. Die hierfür zusätzlich benötigten Materialien erwarb H bei ortsansässigen Großhändlern in eigenem Namen und auf eigene Rechnung. Nach Fertigstellung wurden die Plastikspielzeuge vom Geschäftsführer Hubert Hund persönlich nach Aalborg gefahren. H erteilte C folgende Rechnung:

Lieferung von Plastikspielzeug	550 000 €
./. Wert der Bausätze	./. 200 000 €
Restbetrag	350 000 €

Der Kaufhauskonzern **Mediapolis AG (M)** mit Sitz in Düsseldorf bestellte am 03.04.2007 bei der Fa. **Hundele GmbH (H)** eintausend Plüsch-Teddybären zu je 20 € netto. Diese sollten unmittelbar an die Zentrale nach Düsseldorf geliefert werden. Bezüglich der Lieferung legte M seine deutsche USt-Id.-Nr. vor. H selbst bestellte die gewünschten Plüsch-Teddybären unter Verwendung seiner deutschen USt-Id.-Nr. am 10.04.2007 beim italienischen Hersteller **Guisseppe Gompini (G)** in Mailand/Italien.

Die Plüsch-Teddybären wurden wie vereinbart am 20.04.2007 von G direkt zu M nach Düsseldorf befördert und dort übergeben.

Die Rechnung des G – Datum 05.06.2007 – über 15 000 € ging bei H am 08.06.2007 ein. H zahlte am 09.06.2007 unter Abzug von 5 % Skonto insgesamt 14 250 € an G.

Die Rechnung von H an M wurde am 01.05.2007 ausgestellt und am 18.05.2007 ohne Abzug beglichen.

II. Aufgaben

1. Prüfen Sie die Rechtsbeziehungen zwischen C, L und H auf umsatzsteuerliche Folgen!
2. Wie ist die Verarbeitung der Kleinteile zu Bausätzen umsatzsteuerlich zu behandeln?
3. Wie ist die Herstellung der Plastikspielzeuge durch H umsatzsteuerlich zu behandeln?
4. Beurteilen Sie die Vorgänge um die Plüsch-Teddybären hinsichtlich der umsatzsteuerlichen Folgen!

III. Lösung

Aufgabe 1:

Zwischen C in Aalborg und L in Ludwigsburg besteht ein Organschaftsverhältnis i. S. d. § 2 Abs. 2 Nr. 2 S. 1 UStG, da L sowohl finanziell als auch wirtschaftlich und organisatorisch in C eingegliedert ist. Bei L fehlt somit das für die Unternehmereigenschaft notwendige Merkmal der Selbständigkeit. Folge der Organschaft ist normalerweise, dass Leistungen zwischen Organträger C und Organgesellschaft L und umgekehrt nichtsteuerbare Innenumsätze sind.

Da hier jedoch der Organträger im Ausland und die Organgesellschaft im Inland ansässig sind, treten die Wirkungen der Organschaft nicht ein (§ 2 Abs. 2 Nr. 2 S. 2 UStG). Der im Ausland ansässige Organträger kann an die inländische Organgesellschaft Umsätze ausführen und umgekehrt auch Empfänger von Leistungen der Organgesellschaften sein. Soweit dies in den nachfolgenden Fällen von Bedeutung ist, werden daher C und L wie zwei sich fremd gegenüberstehende Unternehmer behandelt.

H in Bietigheim ist ein selbständiger Unternehmer. Zwischen H und C oder L besteht kein Organschaftsverhältnis, da eine finanzielle Eingliederung (Besitz der Anteilsmehrheit, Abschn. 21 Abs. 4 UStR) nicht gegeben ist und auch organisatorisch die Organschaftsvoraussetzungen nicht erfüllt sind. Die enge wirtschaftliche Verbindung allein reicht zur Begründung einer Organschaft nicht aus.

Aufgabe 2:

Mit der Fertigung der Bausätze aus von C übergebenen Kleinteilen erbringt L an C eine Arbeit an beweglichen körperlichen Gegenständen, deren Ort sich nach § 3a Abs. 2 Nr. 3 Buchst. c UStG grundsätzlich danach bestimmt, wo L tätig wird. Dies ist in Ludwigsburg.

Abzulehnen ist m. E. der Gedanke, dass bezüglich der von T als Erfüllungsgehilfe der L verarbeiteten Kleinteile der Leistungsort für die Leistung L an C in Österreich liegt. Bei der geschuldeten Arbeit handelt es sich um eine einheitliche Leistung, deren Erfüllung zum wesentlichen Teil – dies kann auch aus dem Verhältnis der in Rechnung gestellten Beträge gefolgert werden – in Ludwigsburg erbracht wird. Die Arbeitsleistung ist somit grundsätzlich steuerbar in Deutschland.

Durch die Verwendung der dänischen USt-IdNr. durch C kommt es zu einer Verlagerung des Leistungsortes nach Dänemark. Da die hergestellten Bausätze nicht in Deutschland bleiben, sondern (vgl. Sachverhalt 1.3) als Spielzeuge nach Aalborg gelangen, gilt die

Ausnahme des § 3a Abs. 2 Nr. 3 Buchst. c S. 3 UStG nicht. Es bleibt somit dabei, dass die Arbeitsleistung der L nicht steuerbar ist, § 3a Abs. 2 Nr. 3 Buchst. c S. 2 UStG.

T erbringt an L bezüglich der von ihm verarbeiteten Kleinteile ebenfalls eine Arbeitsleistung, die nach § 3a Abs. 2 Nr. 3 Buchst. c S. 1 UStG eigentlich in Österreich als erbracht angesehen werden müsste. Da L aber seine deutsche USt-Id.-Nr. verwendet und die hergestellten Bausätze nicht in Österreich verbleiben, wird der Leistungsort nach Deutschland verlagert (§ 3a Abs. 2 Nr. 3 Buchst. c S. 2 UStG). Die Arbeitsleistung ist somit in der BRD steuerbar und auch steuerpflichtig, da eine Befreiungsvorschrift nicht greift. Die Steuer beträgt somit 3 000 € × 19 % = 570 €.

Gemäß § 13b Abs. 1 Nr. 1 i. V. m. Abs. 2 UStG ist Schuldner der USt der Leistungsempfänger L. Die Steuer entsteht mit Ausstellung der Rechnung – mithin am 31. 03. 2007. Dass T keine USt in Rechnung gestellt hat, entspricht § 14a Abs. 5 UStG; es ist gem. Vorbemerkung Nr. 8 davon auszugehen, dass die Rechnung den in § 14a Abs. 5 UStG genannten Anforderungen genügt.

L ist gem. § 15 Abs. 1 Nr. 4 UStG berechtigt, die von ihm geschuldete Steuer wieder abzuziehen. Ein Vorsteuerabzugsverbot greift nicht ein, vgl. § 15 Abs. 2 Nr. 2 UStG.

Aufgabe 3:

H erbringt an C eine Werklieferung i. S. d. § 3 Abs. 4 UStG, da H hierfür selbst beschaffte Hauptstoffe (im eigenen Namen und für eigene Rechnung erworbene Materialien) verwendet hat und er C hieran Verfügungsmacht verschaffte. Bei den von C zur Verfügung gestellten Bausätzen handelt es sich um eine Materialbeistellung des Auftraggebers, die am Leistungsaustausch nicht teilnimmt (Abschn. 27 Abs. 2 UStR).

Die fertigen Spielzeuge werden von H selbst zum Abnehmer C befördert. Ort der Lieferung ist somit gem. § 3 Abs. 6 S. 1 und 2 UStG Bietigheim. Die Werklieferung ist somit steuerbar. Da der Liefergegenstand in das übrige Gemeinschaftsgebiet gelangt und der Abnehmer unter seiner dänischen USt-Id.-Nr. aufgetreten ist, liegt eine innergemeinschaftliche Lieferung i. S. d. § 6a Abs. 1 Nrn. 1–3 UStG vor, die gem. § 4 Nr. 1 Buchst. b UStG steuerfrei ist.

C verwirklicht in Dänemark (§ 3d S. 1 UStG) einen innergemeinschaftlichen Erwerb entsprechend dem dänischen § 1a Abs. 1 Nrn. 1–3 UStG.

Aufgabe 4:

Zwischen G und H sowie zwischen H und M liegen entsprechend der Zahl der gelieferten Plüsch-Teddybären jeweils 1 000 Lieferungen im »Reihengeschäft« vor, da mehrere Unternehmer über dieselben Liefergegenstände nacheinander Umsatzgeschäfte (Kaufverträge) abschließen, die dadurch erfüllt werden, dass die Liefergegenstände unmittelbar im Rahmen einer Beförderung (§ 3 Abs. 6 S. 1 und 2 UStG) vom ersten Unternehmer G an den letzten Abnehmer M gelangen. Die Beförderung kann dabei nur einer der Lieferungen zugeordnet werden (§ 3 Abs. 6 S. 5 UStG). Nur diese Lieferung ist als Beförderungslieferung zu beurteilen; nur bei ihr kommt die Steuerbefreiung für (Ausfuhrlieferungen oder) innergemeinschaftliche Lieferungen in Betracht. Bei allen anderen Lieferungen in der Reihe finden keine Beförderungen oder Versendungen statt (sog. ruhende Lieferungen). Sie werden nach Maßgabe des § 3 Abs. 7 S. 2 UStG entweder vor oder nach der Beförderungs- bzw. Versendungslieferung ausgeführt.

Im Rahmen eines Reihengeschäftes, bei dem die Warenbewegung in einem EU-Mitgliedstaat beginnt und im Gebiet eines anderen Mitgliedstaates endet, kann mit der Beförderung des/der Liefergegenstände in das übrige Gemeinschaftsgebiet nur eine innergemeinschaftliche Lieferung i. S. d. § 6a UStG bewirkt werden. Die Steuerbefreiung gemäß § 4 Nr. 1 Buchst. b UStG kommt demnach nur bei der Beförderungslieferung zur Anwendung. Entsprechend muss nur der Abnehmer dieser Beförderungslieferung unter den weiteren Voraussetzungen des § 1a UStG einen innergemeinschaftlichen Erwerb versteuern. Da die Plüsch-Teddybären durch G befördert wurden, ist die bewegte Lieferung die Lieferung von G zu H, die ruhende Lieferung findet zwischen H und M statt.

Innergemeinschaftlicher Erwerb:
Als Unternehmer, die der Erwerbsbesteuerung nach § 1a UStG unterliegen können, kommen grundsätzlich H und M in Betracht. Bei beiden sind die Voraussetzungen des § 1a Abs. 1 Nrn. 2 und 3 UStG erfüllt. Die Bestimmung des § 1a Abs. 1 Nr. 1 S. 1 UStG verlangt, dass der Gegenstand bei einer Lieferung von einem EU-Mitgliedstaat (Italien) in einen anderen (Deutschland) gelangt. Diese Voraussetzung ist nur bezüglich der bewegten Lieferung i. S. d. § 3 Abs. 6 UStG zu bejahen – also der Lieferung des G an H.

Erwerber ist somit H. H unterliegt folglich gemäß § 1a UStG der Erwerbsbesteuerung (igE). Der igE ist nach § 3d S. 1 UStG in Deutschland steuerbar (§ 1 Abs. 1 Nr. 5 UStG) – § 3d S. 2 UStG greift nicht ein, da H nicht die USt-IdNr. eines anderen Mitgliedstaates benutzt, – und steuerpflichtig, da § 4b UStG nicht erfüllt ist.

Gemäß § 12 Abs. 1 UStG beträgt der Steuersatz 19 %. Die Bemessungsgrundlage ist im Entgelt i. H. v. 10 × 1 500 € = 15 000 € zu sehen. Es ist somit eine USt auf den igE i. H. v. 2 850 € (15 000 € × 19 %) entstanden. Entstehungszeitpunkt ist gem. § 13 Abs. 1 Nr. 6, 2. Alt. UStG Ablauf Mai 2007 als der auf den Erwerb (= Verschaffung der Verfügungsmacht von G an H durch Übergabe an Dritten M, vgl. § 3 Abs. 1 UStG) folgende Monat. Zur gleichen Zeit, d. h. in derselben USt-Voranmeldung steht H der Vorsteuerabzug gem. § 15 Abs. 1 Nr. 3 UStG bezüglich der Erwerbs-USt zu.

Die Zahlung im Juni unter Abzug von 5 % Skonto führt zu einer Berichtigung der USt nach § 17 Abs. 1 Nr. 1 (USt auf den igE) und Nr. 2 (VorSt) i. H. v. von jeweils 142,50 €.

Lieferungen G an H: Ort der Lieferungen ist nach § 3 Abs. 6 S. 1 und 2 und S. 5 UStG Mailand. Die Lieferungen sind somit nicht steuerbar.

Lieferungen H an M: Ort dieser Lieferungen ist nach § 3 Abs. 7 S. 2 Nr. 2 UStG Düsseldorf. Die Lieferungen sind somit steuerbar ist. Sie sind auch steuerpflichtig, da § 4 Nr. 1 Buchst. b i. V. m. § 6a UStG nicht erfüllt sind (Begründung s. o.). Es gilt der Regelsteuersatz von 19 % nach § 12 Abs. 1 UStG. Die Bemessungsgrundlage beträgt 1 000 × 20 € (netto) = 20 000 €, die USt somit 3 800 €. Sie entsteht gem. § 13 Abs. 1 Nr. 1 UStG mit Ablauf des Voranmeldungszeitraumes April 2007, da hier die Lieferung ausgeführt wurde.

Aus dieser Lieferung steht M ein Vorsteuerabzug nach § 15 Abs. 1 Nr. 1 UStG zu. Das Abzugsverbot nach Abs. 2 greift nicht ein. K kann den Vorsteuerabzug allerdings erst in der Voranmeldung Mai 2007 geltend machen, da er erst hier im Besitz der erforderlichen Rechnung ist.

IV. Punktetabelle

	Punkte
Aufgabe 1: Organschaft zwischen C und L angenommen.	1
Wegen § 2 Abs. 2 Nr. 2 S. 2 UStG aber treten Wirkungen nicht ein.	1
Zu H besteht kein Organschaftsverhältnis.	1

	Punkte
Aufgabe 2: L erbringt an C eine Arbeit an beweglichen körperlichen Gegenständen, Ort nach § 3a Abs. 2 Nr. 3 Buchst. c UStG grds. in Ludwigsburg.	1
Wegen USt-Id.-Nr. Verlagerung nach Dänemark; Ausnahme des § 3a Abs. 2 Nr. 3 Buchst. c S. 3 UStG greift nicht.	1
T erbringt an L ebenfalls Arbeitsleistung, die nach § 3a Abs. 2 Nr. 3 Buchst. c S. 1 UStG grds. in Österreich erbracht wird, wegen deutsche USt-Id.-Nr. wird Leistungsort nach Deutschland verlagert (§ 3a Abs. 2 Nr. 3 Buchst. c S. 2 UStG); in BRD steuerbar und steuerpflichtig, Steuer beträgt 570 €.	1
Gem. § 13b Abs. 1 Nr. 1 i. V. m. Abs. 2 UStG ist L Schuldner der USt. Steuer entsteht mit Ausstellung der Rechnung (31. 03. 2007). § 14a Abs. 5 UStG beachtet.	1
L hat gem. § 15 Abs. 1 Nr. 4 UStG Vorsteuerabzug; § 15 Abs. 2 Nr. 2 UStG greift nicht ein.	1
Aufgabe 3: H erbringt an C Werklieferung i. S. d. § 3 Abs. 4 UStG; bei Bausätzen liegt Materialbeistellung vor.	1
Als innergemeinschaftliche Lieferung i. S. d. § 6a Abs. 1 Nrn. 1–3 UStG vor, die gem. § 4 Nr. 1 Buchst. b UStG steuerfrei ist. C verwirklicht in Dänemark (§ 3d S. 1 UStG) igE entsprechend § 1a Abs. 1 Nr. 1–3 UStG.	1
Aufgabe 4: 1 000 Lieferungen im »Reihengeschäft« erkannt.	1
Bewegte Lieferung von G zu H, ruhende Lieferung zwischen H und M.	1
IgE: Als Erwerber den H angenommen. IgE ist nach § 3d S. 1 UStG in Deutschland steuerbar (§ 1 Abs. 1 Nr. 5 UStG) und steuerpflichtig.	1
Steuersatz 19 %; Bemessungsgrundlage 15 000 €; USt i. H. v. 2 850 € entstanden mit Ablauf Mai 2007; gleichzeitig Vorsteuerabzug gem. § 15 Abs. 1 Nr. 3 UStG.	1
Zahlung im Juni unter Abzug Skonto führt zu § 17 Abs. 1 Nr. 1 (USt auf den igE) und Nr. 2 UStG (VorSt) i. H. v. von jeweils 120 €.	1
Lieferungen G an H: Ort ist nach § 3 Abs. 6 S. 1 und 2 und S. 5 UStG Mailand; somit nicht steuerbar.	1
Lieferungen H an M: Ort ist nach § 3 Abs. 7 S. 2 Nr. 2 UStG Düsseldorf; somit steuerbar und steuerpflichtig. Bemessungsgrundlage beträgt 1 000 × 20 € (netto) = 20 000 €, USt 3 800 €; entstanden mit Ablauf April 2007.	1
Hieraus hat M Vorsteuerabzug nach § 15 Abs. 1 Nr. 1 UStG in Voranmeldung Mai 2007.	1
Summe	18

Klausuraufgabe 10:
Voraussetzungen einer steuerfreien innergemeinschaftlichen Lieferung/Innergemeinschaftliches Verbringen/Steuerfreiheit eines innergemeinschaftlichen Erwerbs/Bemessungsgrundlage/ verfahrensrechtliche Pflichten

I. Sachverhalt

Boris Bierzapfer (**B**) ist Inhaber eines Gaststätteneinrichtungsbetriebes in Weinheim/Bergstraße. Er hat sich auf die Herstellung, den Vertrieb sowie die Reparatur von Bierzapfanlagen, Weinkühlschränken und Tresen spezialisiert. Laden, Werkstatt und ein Lagerraum befinden sich im eigenen Gebäude des B.

a) Am 13.11.06 erwarb der englische Unternehmer Eddie Edwards (**E**), der sich auf einer Geschäftsreise in Deutschland befindet, verschiedene Ersatzteile für seine Bar in London zum Warenwert von 5000 € (netto). Außerdem kauft er als Reisemitbringsel eine kleinere Zapfanlage Marke »Biermaxe« für seine heimische »Wohnzimmerbar«, die B zum Aktionspreis von 199 € gerade im Angebot hatte.

E verwendete seine britische USt-Id.-Nr. und bat B, ihm keine USt in Rechnung zu stellen, da er die Ware nach England mitnehmen würde. Dieser Bitte kommt B nach und stellt dem B neben den 5000 € für die Ersatzteile nur 171,56 € für die kleine Zapfanlage in Rechnung.

b) In der Zeit vom 17.02.07–08.03.07 stellte B seine Produkte auf einer Fachmesse in Paris aus. Messestand, Werkzeuge und die Ausstellungsgeräte beförderte B mit dem Lieferwagen zur Messe nach Paris.

Die Messe war für B ein großer Erfolg. Neben zahlreichen Lieferaufträgen, die er dort abschließen konnte, verkaufte er auch zwei der Ausstellungsgegenstände.

Der erste Gegenstand – ein Weinkühlschrank in der Ausführung Edelstahl –, den B selbst fertig für 2900 € gekauft hatte, ging schon am 20.02.07 für 3400 € an einen privaten französischen Abnehmer, der den Weinkühlschrank in seiner Penthousewohnung am Seine-Ufer aufstellen wollte.

Der zweite Gegenstand – eine Zapfanlage aus Porzellan, mit drei Hähnen und integriertem Fasskühlschrank, eine eigene Fertigung des B (Fertigungskosten 2000 €) – kaufte ein spanischer Unternehmer für 4000 € unter Vorlage seiner spanischen USt-Id.-Nr. B behielt den Liefergegenstand bis Ende der Messe am 08.03.07 und sandte ihn dann von Paris aus per Bahnfracht nach Spanien.

Die übrigen Gegenstände und die sonstigen bei der Messe benutzten Gerätschaften nahm B am 09.03.07 wieder mit nach Deutschland zurück.

II. Aufgabe

Bitte stellen Sie die umsatzsteuerliche Behandlung der Geschäftsvorfälle in Deutschland, Frankreich und dem Vereinigten Königreich von Großbritannien und Nordirland dar.

Welche Nachweis- und Erklärungspflichten hat B zu erfüllen?

Hinweis: Frankreich und das Vereinigte Königreich von Großbritannien und Nordirland haben aufgrund der EG-Regelungen dieselben umsatzsteuerlichen Vorschriften wie Deutschland!

Gehen Sie für das Kj. 07 von einem französischen USt-Satz von 19,6 % und für das Kj. 06 einem britischen USt-Satz von 17,5 % aus. Eine Umrechnung von € in britisches Pfund ist nicht verlangt.

III. Lösung

Zu a) Verwendet ein ausländischer Unternehmer beim Einkauf eine USt-Id.-Nr., so bringt er damit gegenüber dem Lieferer zum Ausdruck, dass er den Gegenstand der Lieferung für sein Unternehmen erwirbt. Damit ist gleichzeitig auch sichergestellt, dass der Vorgang der ausländischen Erwerbsbesteuerung entsprechend § 1a Abs. 1 UStG unterliegt.

Das bedeutet für die hier vorliegende, gem. § 3 Abs. 6 UStG steuerbare Lieferung der Ersatzteile, dass sie gem. § 4 Nr. 1 Buchst. b i. V. m. § 6a Abs. 1 UStG als igL steuerfrei ist.

E tätigt in Großbritannien entsprechend der Zahl der an ihn gelieferten Ersatzteile innergemeinschaftliche Erwerbe. Diese sind steuerpflichtig zum britischen Steuersatz von 17,5 %; die britische Umsatzsteuer (value added tax, VAT) beträgt demnach 5 000 € × 17,5 % = 875 €.

Das gilt jedoch nicht für den Erwerb von Waren, die der Unternehmer, wie die Zapfanlage »Biermaxe«, erkennbar nicht für sein Unternehmen erwirbt. Diese Lieferung ist wie eine Lieferung an Privatpersonen im innergemeinschaftlichen Reiseverkehr zu behandeln und unterliegt der deutschen Umsatzsteuer.

Die Vertrauensschutzregel des § 6a Abs. 4 UStG greift nicht ein, da laut Sachverhalt klar erkennbar war, dass der Erwerb nicht für das Unternehmen des E erfolgte. B hat deshalb für den Voranmeldungszeitraum November 2006 eine Steuer anzumelden und abzuführen, die mit dem Bruttosteuersatz von 13,79 % aus 171,56 € = 23,65 € herauszurechnen ist.

Zu b) Es liegt ein Verbringen von Gegenständen aus dem Inland in das übrige Gemeinschaftsgebiet vor. Dieses führt im Wege einer Doppelfiktion gem. § 1a Abs. 2 UStG zu einem fiktiven innergemeinschaftlichen Erwerb im Bestimmungsmitgliedstaat und gem. § 3 Abs. 1a UStG zu einer fiktiven Lieferungen gegen Entgelt im Ursprungsland, da der Lieferort entsprechend § 3 Abs. 6 S. 1 UStG in Deutschland liegt.

Dies gilt allerdings nicht, sofern die Gegenstände nur zur vorübergehenden Verwendung nach Frankreich verbracht werden (§ 1a Abs. 2 2. HS UStG und § 3 Abs. 1a Nr. 1 2. HS UStG).

Da B die nicht verkauften Geräte, den Messestand, Werkzeuge und den Lieferwagen am Ende der Messe wieder nach Deutschland zurückbringt, liegen insoweit die Voraussetzungen des § 3 Abs. 1a UStG nicht vor. Ihr Verbringen stellt nach wie vor ein umsatzsteuerlich unbeachtliches rechtsgeschäftsloses Verbringen dar (Abschn. 15b Abs. 12 UStR).

Mit dem Verkauf der zwei Ausstellungsgeräte in Frankreich jedoch erfüllt B die Voraussetzungen der Fiktion im Zeitpunkt der Veräußerung. Es liegen gleichzeitig zwei Steuertatbestände vor: eine igL in Deutschland und ein igE in Frankreich (A. 15b Abs. 13 S. 2 UStR).

1.) Bezüglich des Weinkühlschranks, den ein französischer Abnehmer erwirbt, ist der Verbringensteil, der gem. § 6a Abs. 2 UStG als igL gilt, gem. § 4 Abs. 1 Nr. 1 Buchst. b UStG umsatzsteuerfrei, da der Verbringensteil, der vergleichbar § 1a Abs. 2 franz. UStG in Frankreich als igE gilt, in Frankreich als dem Bestimmungsland der Umsatzsteuer zu unterwerfen ist.

Dieser französische igE ist steuerpflichtig, da die Ware endgültig in Frankreich verbleibt. Bemessungsgrundlage ist gem. dem § 10 Abs. 4 Nr. 1 UStG entsprechenden französischen Paragraphen der Einkaufspreis von 2 900 €, die franz. USt (= Taxe sur la valeur ajoutée) beträgt 19,6 % hiervon = 568,40 €. B kann die auf den igE entfallende Umsatzsteuer in Frankreich als Vorsteuer abziehen (vgl. § 15 Abs. 1 Nr. 3 UStG entsprechend).

Gleichzeitig liegt eine Lieferung an den französischen Abnehmer vor. Diese ist in Frankreich steuerbar und steuerpflichtig. Entgelt ist der Veräußerungspreis abzüglich der USt, also 3 400 € ./. (19,6 : 119,6 =) 557,20 € = 2 842,80 €.

2.) Gleiches gilt grundsätzlich auch für die nach Spanien weiter gelieferte Zapfanlage. Da jedoch diese nicht in Frankreich verbleibt, sondern in einen anderen EU-Staat weitergeliefert wird, ist die Lieferung nach französischem Recht in Frankreich in entsprechender Anwendung der §§ 4 Nr. 1 Buchst. b, 6a Abs. 1 UStG als steuerfreie Lieferung zu behandeln.

Da es sich dabei um eine Steuerbefreiung handelt, die gem. § 15 Abs. 3 UStG den Vorsteuerabzug nicht ausschließt, sind die Voraussetzungen des § 4b Nr. 4 UStG erfüllt und der igE in Frankreich ist ebenfalls steuerfrei.

Die Voraussetzungen für die Steuerbefreiung der igL sind gem. § 6a Abs. 3 i. V. m. § 17a und § 17c UStDV beleg- und buchmäßig in Deutschland nachzuweisen. Dabei müssen sich die Voraussetzungen leicht und eindeutig nachprüfbar aus den entsprechenden Aufzeichnungen ergeben. Das bedeutet aber nichts anderes, als dass der verbringende Unternehmer grundsätzlich verpflichtet ist, gem. § 14a Abs. 3 S. 1 UStG an sich selbst eine Rechnung auszustellen.

Die igL sind in der USt-Voranmeldung und in der USt-Jahreserklärung gesondert zu erklären (§ 18b UStG). Außerdem sind diese Umsätze auch in der zusammenfassenden Meldung gem. § 18a UStG zu erfassen, da es sich dabei um ig Warenlieferungen im Sinne des § 18a Abs. 2 Nr. 2 UStG handelt.

Auch über das umsatzsteuerlich irrelevante vorübergehende Verbringen hat B gem. § 22 Abs. 4a Nr. 3 UStG Aufzeichnungen zu führen.

IV. Punktetabelle

			Punkte
Zu a)		Gem. § 3 Abs. 6 UStG steuerbare Lieferung der Ersatzteile, die gem. § 4 Nr. 1 Buchst. b i. V. m. § 6a Abs. 1 UStG als igL steuerfrei ist.	1
		E tätigt in Großbritannien igE; steuerpflichtig zum britischen Steuersatz von 17,5 %; Umsatzsteuer (VAT) 5000 € ×17,5 % = 875 €.	1
		Zapfanlage »Biermaxe« nicht für das Unternehmen des E erworben, deshalb fällt deutsche USt an.	1
		Vertrauensschutzregel des § 6a Abs. 4 UStG greift nicht ein.	1
Zu b)		Innergemeinschaftliches Verbringen geprüft; gem. § 1a Abs. 2 UStG fiktiver igE in Frankreich und gem. § 3 Abs. 1a UStG fiktive Lieferung in Deutschland.	1
		Ausnahme der »vorübergehenden Verwendung« untersucht und grds. bejaht.	1

			Punkte
		Nicht für verkaufte Ausstellungsgeräte; hier greift Doppelfiktion.	1
	1.	Weinkühlschrank: In Deutschland fiktive steuerbare, aber gem. § 6a Abs. 2 UStG steuerfreie igL. Gem. § 1a Abs. 2 franz. UStG igE in Frankreich steuerbar.	1
		Dieser ist steuerpflichtig; Bemessungsgrundlage entspr. § 10 Abs. 4 Nr. 1 UStG Einkaufspreis von 2 900 €, die franz. USt (TVA) beträgt 19,6 % hiervon = 568,40 €. § 15 Abs. 1 Nr. 3 UStG bejaht.	1
		In Frankreich steuerbare und steuerpflichtige Lieferung; 3 400 € ./. (19,6 : 119,6 =) 557,20 € = 2 842,80 €.	1
	2.	Zapfanlage: in Frankreich entspr. §§ 4 Nr. 1 Buchst. b, 6a Abs. 1 UStG als steuerfreie Lieferung zu behandeln.	1
		Wegen § 15 Abs. 3 UStG ist § 4b Nr. 4 UStG erfüllt und der igE in Frankreich ist steuerfrei.	1
		§ 6a Abs. 3 i. V. m. § 17a und § 17c UStDV verlangen Beleg- und Buchnachweis in Deutschland; deshalb ist B verpflichtet gem. § 14a Abs. 3 S. 1 UStG an sich selbst eine Rechnung auszustellen.	1
		Die igL sind in der USt-Voranmeldung und in der USt-Jahreserklärung gesondert zu erklären (§ 18b UStG); außerdem in der zusammenfassenden Meldung gem. § 18a UStG. Aufzeichnungen gem. § 22 Abs. 4a Nr. 3 UStG erwähnt.	1
		Summe	14

Klausuraufgabe 11:
Umsätze eines Grundstücks- und Versicherungsmaklers/ Privatnutzung eines Unternehmens-Kfz/Bemessungsgrundlage und Steuerermittlung/Schenkung an nahestehende Person/ Vorsteuerabzug/Vorsteuerberichtigung im Fall der Entnahme

I. Sachverhalt

Manuel Mallack (**M**) betreibt in Ludwigsburg ein alteingesessenes und florierendes Büro als selbständiger Grundstücks- und Versicherungsmakler. Am 01.04.2004 hatte M ein neues Fahrzeug – einen Mercedes SL 500 AMG – erworben, das er – zunächst wie von vorneherein beabsichtigt – seitdem nachweislich zu 80% für seine Maklertätigkeit, zu 20% privat verwendet. Beim Erwerb hatte M eine Rechnung über 370 000 € zuzüglich 59 200 € Umsatzsteuer von dem liefernden Händler erhalten.

Zu diesem Zeitpunkt konnte M aufgrund von Unterlagen über seine berufliche Tätigkeit in den vergangenen Jahren nachweisen, dass er das Fahrzeug künftig voraussichtlich zu 40% für seine Grundstücksmaklertätigkeit und zu 40% für seine Versicherungsmakler-Tätigkeit einsetzen würde. Die Kosten für das Auto (inklusive AfA) betragen für die einzelnen Kalenderjahre:

Kalenderjahr 2004:	79 600 €
Kalenderjahr 2005:	95 300 €
Kalenderjahr 2006:	88 200 €
Kalenderjahr 2007:	19 200 €

Vorsteuerlose Kosten sind in den angegebenen Kosten nicht enthalten. M möchte von der Pauschalierungsmethode keinen Gebrauch machen.

Bereits im Lauf des Kj. 2005 verschob sich die Nutzung des Fahrzeugs in der Weise, dass 35% des Einsatzes auf die Grundstücksmakler-Tätigkeit und 45% auf die Versicherungsmakler-Tätigkeit entfielen. Ab dem Kj. 2006 setzte M das Auto nur noch zu 25% für seine Grundstücksmakler-Tätigkeit, aber zu 55% für seine Versicherungsmakler-Tätigkeit ein.

Am 01.03.2007 schenkte M den Mercedes seinem Sohn für dessen private Zwecke. Das Fahrzeug hat eine betriebsgewöhnliche Nutzungsdauer von fünf Jahren und wurde von M linear abgeschrieben. Laut Auskunft beim Händler würde ein entsprechendes gebrauchtes Fahrzeug am 01.03.2007 im Verkauf 120 000 € erzielen.

II. Aufgabe

Beurteilen Sie den Sachverhalt gemäß den »Allgemeinen Hinweisen« zu Beginn von Teil E!

III. Lösung

Die Umsätze des M sind z. T. steuerpflichtig, z. T. steuerfrei:

Als Makler erbringt M sonstige Leistungen gem. § 3 Abs. 9 UStG, die mangels Ortsangaben sämtlich im Inland ausgeführt werden (vgl. § 3a Abs. 2 Nr. 1 S. 2c und Abs. 4 Nr. 6 i. V. m. Abs. 3 bzw. Abs. 1 UStG) und deshalb steuerbar sind (vgl. Bearbeitungshinweis Nr. 2).

Die Umsätze im Bereich der Tätigkeit als Grundstücksmakler sind steuerpflichtig, die Umsätze im Bereich der Tätigkeit als Versicherungsmakler sind gem. § 4 Nr. 11 UStG steuerfrei.

Die private Verwendung des Fahrzeugs ist als steuerbare unentgeltliche sonstige Leistung gem. § 3 Abs. 9a S. 1 Nr. 1 UStG zu werten, weil das Fahrzeug als insgesamt dem Unternehmensvermögen des M zugeordnet gilt (vgl. Bearbeitungshinweis Nr. 5 und A. 192 Abs. 21 Nr. 2 Buchst. c S. 2 UStR), M aus der Anschaffung des Autos mindestens z. T. den Vorsteuerabzug hat (s. u.) und der Ort gem. § 3f UStG im Inland liegt (vgl. Bearbeitungshinweis Nr. 2). Die unentgeltliche Wertabgabe ist steuerpflichtig; § 4 Nr. 11 UStG ist nicht anwendbar. Der Steuersatz beträgt gem. § 12 Abs. 1 UStG in den Kj. 2004–2006 16%, ab Kj. 2007 19%.

Bemessungsgrundlage sind gem. § 10 Abs. 4 S. 1 Nr. 2 UStG die anteiligen Ausgaben (20%). Für den Zeitraum 01.04.2004 bis zum 28.02.2007 ergibt sich hieraus folgende Umsatzsteuer-Schuld:

Kalenderjahr 2004:	79 600 € × 20% = 15 920 €, hiervon 16%: 2 547,20 €;
Kalenderjahr 2005:	95 300 € × 20% = 19 060 €, hiervon 16%: 3 049,60 €;
Kalenderjahr 2006:	88 200 € × 20% = 17 640 €, hiervon 16%: 2 822,40 €;
Kalenderjahr 2007:	19 200 € × 20% = 3 840 €, hiervon 19%: 729,60 €.

Die gesamte Umsatzsteuer für den Nutzungszeitraum 01.04.2004 bis 28.02.2007 beträgt somit 9 148,80 €.

Mit der Schenkung des Mercedes an seinen Sohn bewirkt M eine Entnahme, die gem. § 3 Abs. 1b Nr. 1 UStG steuerbar ist: Die Schenkung ist privat begründet, bei Erwerb hatte M mindestens z. T. den Vorsteuerabzug (s. u.) und der Ort liegt im Inland (§ 3f UStG). Die Entnahme ist auch steuerpflichtig, weil § 4 Nr. 28 UStG nicht eingreift. Der Steuersatz beträgt gem. § 12 Abs. 1 UStG 19%.

Bemessungsgrundlage ist gem. § 10 Abs. 4 S. 1 Nr. 1 und S. 2 UStG der Einkaufspreis zur Zeit der unentgeltlichen Wertabgabe abzüglich Umsatzsteuer. Die Umsatzsteuer beträgt somit (120 000 € × 19/119 =) 19 159,66 €, die Bemessungsgrundlage (120 000 € ./. 19 159,66 € =) 100 840,34 €.

Die dem M in Rechnung gestellte USt von 59 200 € ist nach § 15 Abs. 1 Nr. 1 UStG abziehbar, da M das Fahrzeug gem. Bearbeitungshinweis Nr. 10 in vollem Umfang seinem Unternehmensvermögen zuordnet (vgl. Abschn. 192 Abs. 21 Nr. 2 UStR).

Aus dem Erwerb des Fahrzeugs im Kalenderjahr 2004 stand M somit ein Vorsteuerabzug in Höhe von (59 200 € × 60% =) 35 520,00 € zu, da bei einer Nutzung von 40% für steuerpflichtige Grundstücksmakler-Umsätze, von 40% für gem. § 4 Nr. 11 UStG steuerfreie vorsteuerschädliche Versicherungsmakler-Umsätze und von 20% für eine steuerpflichtige unentgeltliche Wertabgabe gem. § 3 Abs. 9a S. 1 Nr. 1 UStG das Vorsteuerabzugsverbot des § 15 Abs. 2 S. 1 Nr. 1 UStG nur in Höhe von 40% eingriff.

Durch die ab der erstmaligen Verwendung des Fahrzeugs eintretenden Nutzungsänderungen verschiebt sich das Ausmaß der vorsteuerunschädlichen und der vorsteuerschädlichen Umsätze, so dass sich u. U. die Notwendigkeit ergibt, den Vorsteuerabzug aus der Anschaffung des Fahrzeugs gem. § 15a UStG zu berichtigen. Der Berichtigungszeitraum läuft vom 01.04.2004 bis zum 31.03.2009, weil die betriebsgewöhnliche Nutzungsdauer von fünf Jahren der typisierten Berichtigungsdauer entspricht (§ 15a Abs. 5 S. 2 UStG und § 15a Abs. 1 S. 1 UStG).

Der Nutzungsanteil für vorsteuerschädliche Umsätze gem. § 4 Nr. 11 UStG steigt gegenüber der für den ursprünglichen Vorsteuerabzug maßgeblichen Einschätzung (40 %) bereits ab dem Kalenderjahr 2005 (auf 45 %) und erneut ab dem Kalenderjahr 2006 (auf 55 %).

Ab dem 01.03.2007 sind gem. § 15a Abs. 8 und 9 UStG bis zum Ablauf des Berichtigungszeitraums am 31.03.2009 nur noch vorsteuerunschädliche Umsätze zu unterstellen, weil die Entnahme steuerpflichtig ist.

Daher ergibt sich für die einzelnen Kalenderjahre des Berichtigungszeitraums folgende Berechnung:

Kalenderjahr 2005:
59 200 € (Vorsteuer gem. § 15 Abs. 1 UStG)
× 12/60 (Zeitfaktor)
× (60 % ./. 55 % =) 5 % (Nutzungsfaktor)
= 592 €.

Da das Ausmaß der Änderung 10 % nicht erreicht und der Berichtigungsbetrag nicht über 1 000 € liegt, erfolgt gem. § 44 Abs. 2 UStDV keine Vorsteuerberichtigung zu Lasten des M.

Kalenderjahr 2006:
59 200 € × 12/60 × 15 % = 1 776 € zu Lasten des M.

Da das Ausmaß der Änderung 10 % übersteigt (und der Berichtigungsbetrag über 1 000 € liegt), erfolgt gem. § 44 Abs. 2 UStDV eine Vorsteuerberichtigung zu Lasten des M. Diese hat gem. § 44 Abs. 4 S. 1 UStDV in der USt-Jahresanmeldung 2006 zu erfolgen.

Kalenderjahr 2007:
Die Nutzung im gesamten Kj. 2007 gestaltet sich wie folgt:
- Januar und Februar (= 2/12): 55 %ige Nutzung gem. § 4 Nr. 11 UStG, 45 %ige Nutzung für steuerpflichtige Umsätze (Grundstücksmakler-Umsätze = 25 %, unentgeltliche Wertabgabe gem. § 3 Abs. 9a Nr. 1 UStG = 20 %),
- ab März 2007 (= 10/12) 100 %ige steuerpflichtige Nutzung.

Dies ergibt im gesamten Kj. eine steuerpflichtige Nutzung von (45 × 2/12 + 100 × 10/12 =) 90,83 %. Die Nutzungsänderung gegenüber der bei Erwerb bestehenden Nutzungsabsicht beträgt folglich (90,83 % ./. 60 % =) 30,83 %.

Der Berichtigungsbetrag für 2007 lautet auf (59 200 € × 12/60 × 30,83 % =) 3 650,27 € zugunsten des M. Durch die Entnahme am 01.03.2007 steht fest, wie das Fahrzeug bis zum Ablauf des Berichtigungszeitraums (31.03.2009) genutzt wird, so dass M die Vorsteuer für den Voranmeldungszeitraum der Entnahme (März 2007) gem. § 44 Abs. 4 S. 3 UStDV bereits in der USt-Voranmeldung März 2007 zu berichtigen hat.

Die (fiktive) Nutzung im Kalenderjahr 2008 (01.01. – 31.03.2008) erfolgt entsprechend dem steuerpflichtigen Entnahme-Umsatz in vollem Umfang steuerpflichtig und führt zu einer Nutzungsänderung gegenüber der bei Erwerb bestehenden Nutzungsabsicht von (100 % ./. 60 % =) 40 %. Der Berichtigungsbetrag für das Kj. 2008 lautet auf (59 200 € × 2/60 × 40 % =) 789,33 € zugunsten des M.

Da das Ausmaß der Änderung 10 % übersteigt, wird diese Berichtigung nicht durch § 44 Abs. 2 UStDV verhindert. M hat auch diese Berichtigung in der USt-Voranmeldung März 2007 zu erfassen und wird hier insgesamt 789,33 € + 3 650,27 € = 4 439,60 € zu seinen Gunsten erklären.

IV. Punktetabelle

	Punkte
Umsätze des M untersucht und erkannt, dass diese z. T. steuerpflichtig, z. T. steuerfrei sind.	1
Private Verwendung als steuerbare unentgeltliche sonstige Leistung gem. § 3 Abs. 9a S. 1 Nr. 1 UStG gewertet; steuerpflichtig zu 16 % bzw. 19 %.	1
Bemessungsgrundlage und USt- Schuld für 2004 (79 600 € × 20 % = 15 920 €, hiervon 16 %: 2 547,20 €), 2005 (95 300 € × 20 % = 19 060 €, hiervon 16 %: 3 049,60 €), 2006 (88 200 € × 20 % = 17 640 €, hiervon 16 %: 2 822,40 €) und 2007 (19 200 € × 20 % = 3 840 €, hiervon 19 %: 729,60 €) ermittelt.	1
Schenkung an Sohn gem. § 3 Abs. 1b Nr. 1 UStG steuerbar und steuerpflichtig (§ 4 Nr. 28 UStG greift nicht ein). Steuersatz 19 %.	1
Bemessungsgrundlage und USt gem. § 10 Abs. 4 S. 1 Nr. 1 und S. 2 UStG zutreffend ermittelt (120 000 € × 19/119 =) 19 159,66 €, die Bemessungsgrundlage (120 000 € ./. 19 159,66 € =) 100 840,34 €.	1
USt von 59 200 € nach § 15 Abs. 1 Nr. 1 UStG abziehbar.	1
Wegen teilweise steuerfreier Ausgangsumsätze ist VorSt gem. § 15 Abs. 2 S. 1 Nr. 1 UStG auf (59 200 € × 60 % =) 35 520,00 € beschränkt.	1
Durch Nutzungsänderungen ergibt sich Anwendung des § 15a UStG. Berichtigungszeitraum vom 01. 04. 2004 bis 31. 03. 2009.	1
Ab dem 01. 03. 2007 gem. § 15a Abs. 8 und 9 UStG bis zum Ablauf des Berichtigungszeitraums fiktive vorsteuerunschädliche Umsätze zu unterstellen.	1
Berichtigung für 2005 untersucht; erkannt, dass gem. § 44 Abs. 2 UStDV keine Vorsteuerberichtigung zu Lasten des M erfolgt.	1
Für 2006 (59 200 € × 12/60 × 15 % =) Berichtigungsbetrag von 1 776 € zu Lasten des M berechnet; § 44 Abs. 2 UStDV verhindert Vorsteuerberichtigung nicht; gem. § 44 Abs. 4 S. 1 UStDV hat diese in der USt-Jahresanmeldung 2006 zu erfolgen.	1
Für 2007 Änderung der Nutzungsverhältnisse ermittelt (90,83 % ./. 60 % =) 30,83 %.	1

	Punkte
Berichtigungsbetrag für 2007 mit (59 200 € × 12/60 30,83 % =) 3 650,27 € zugunsten des M ermittelt; gem. § 44 Abs. 4 S. 3 UStDV in der USt-Voranmeldung März 2007 zu berichtigen.	1
Fiktive Nutzung in 2008 zu 100 % steuerpflichtig; Berichtigungsbetrag für 2008 mit (59 200 € × 2/60 40 % =) 789,33 € zugunsten des M ermittelt; in USt-Voranmeldung März 2007 zu erfassen.	1
Summe	14

Klausuraufgabe 12:
Ausgabe von Gesellschaftsanteilen/auf elektronischem Weg erbrachte Leistungen/Softwarelieferung/Ausfuhrlieferungen im nichtkommerziellen Reiseverkehr/Mindestbemessungsgrundlage

I. Sachverhalt

Die A-Computer-GmbH (A-GmbH), Sitz in Heidelberg, trat mit Wirkung zum 01.03.07 mit einer Einlage von 1 000 000 € als Kommanditistin in die Intertel-GmbH & Co. KG (I-KG) mit Sitz in Mannheim ein. Geschäftszweck der I-KG, die als Publikums-KG angelegt ist, sind steuerfreie Umsätze im Immobilienbereich. Die I-KG weist im Gesellschaftsvertrag der Intertel-GmbH als geschäftsführender Komplementärin sowie den Stammkommanditisten, darunter der A-GmbH, bestimmte, neben den Gesellschafterleistungen zu erbringende, gesondert abzurechnende und zu vergütende Leistungen zu.

In diesem Zusammenhang verpflichtete sich die A-GmbH, mit der Beschaffung von weiterem Kommanditkapital zusammenhängende Maßnahmen zu ergreifen, insbesondere private Anleger als kapitalgebende Kommanditisten zu gewinnen. Hierzu sollte sie – gegen Sondervergütung – für die Einrichtung einer Homepage und Werbung durch sog. Internet-Mailing sorgen.

Dementsprechend stellte die A-GmbH für ihre Tätigkeit am 31.03.07 der I-KG 100 000 € zzgl. 19 000 € USt in Rechnung und behandelte diese Umsätze in ihrer Voranmeldung als steuerpflichtige Umsätze. Die auf diese Leistungen entfallenden Kosten der A-GmbH betrugen 50 000 € zzgl. 9 500 € USt. Der Steuerbetrag wurde von der A-GmbH als Vorsteuer abgezogen.

Seit dem 01.03.07 wird von der A-GmbH auch das Spezialprogramm »Easyfly« angeboten, mit dessen Hilfe Reisebüros ihren Kunden verschiedene Ansichtsmöglichkeiten der Urlaubsorte live auf dem Bildschirm präsentieren können. Das Programm wird wahlweise auf einem Datenträger (CD-ROM) oder durch sog. Herunterladen (»Downloaden«) über das Internet vertrieben. Zum Leistungsumfang gehört auch eine i.d.R. notwendige Anpassung an die Wünsche und die Geräteausstattung des jeweiligen Abnehmers.

25 dieser Programme wurden auf Datenträgern nach vorausgegangener Bestellung und individueller Anpassung über Zustelldienste zu den im Inland ansässigen Abnehmern gebracht. Die A-GmbH erteilte jeweils Rechnungen mit offenem Steuerausweis (jeweils 5 000 € zzgl. USt 950 € = 5 950 €).

35 dieser Programme wurden durch inländische Kunden über Internet »30 Tage zur Probe« bestellt, über Internet auf die Rechner der Kunden geladen und nach Ablauf der Frist in 30 Fällen durch die A-GmbH zur uneingeschränkten Nutzung frei geschaltet und individuell angepasst (jeweils zehn in den Monaten März, April und Mai). In den restlichen fünf Fällen – Nichtabnahme durch die Kunden im Mai – stellte die A-GmbH vereinbarungsgemäß Nutzungsgebühren von jeweils 714 € in Rechnung.

Die Internet-Version dieses Programms (Verkaufspreis 4 760 €) wird auf dem Rechner der A-GmbH in Zagreb/Kroatien (Hinweis: Dieser stellt keine Betriebsstätte dar!) bereitgehalten und von dort aus programmgesteuert im Wege einer Internetanweisung aus Heidelberg, dem deutschen Unternehmenssitz der A-GmbH, an die Kunden transferiert. Freischaltung, Anpassung, Rechnungsausdruck und Rechnungsversand erfolgen ebenfalls über Zagreb. Da die Programme »aus dem Ausland kommen«, wurde den Abnehmern keine USt berechnet.

Carlos Confuzius (**C**), Gesellschafter der A-GmbH, erwarb am 10.04.07 aus den Verkaufsbeständen der A-GmbH in Heidelberg ein Notebook, das er dem Sohn seiner kroatischen Verlobten zu dessen 16. Geburtstag im Mai 2007 schenken wollte, sowie einen zerlegbaren Schrank eines schwedischen Möbelhauses aus dem Vermögen der A-GmbH. Dieser Schrank sollte in der Wohnung seiner Verlobten Maria Millioni in Zagreb aufgestellt werden, um darin seine persönlichen Sachen (Bekleidung, Bücher usw.) aufzubewahren. C nutzt diese Wohnung anlässlich seiner häufigen Aufenthalte in Zagreb (Wartung und Betreuung des Servers der A-GmbH, freie Wochenenden). Er ist darüber hinaus engagiertes Mitglied einer Zagreber Kirchengemeinde und Mitglied im örtlichen Gesangverein. In Heidelberg, dem Sitz der A-GmbH, bewohnt C ein Zimmer in der Wohnung seiner Tante.

Unter Hinweis auf die Steuerbefreiung für Exporte stellte die A-GmbH für das Notebook 1200 € und für den Schrank 400 € in Rechnung. Letztgenannter Betrag unterschreitet die aktuellen Wiederbeschaffungskosten (netto) um ca. 150 €. Die Umsätze wurden in der Voranmeldung April 07 mit den o.g. Beträgen als steuerfreie Umsätze erfasst.

Unter der Auflage, die Sachen umgehend auszuführen, verbrachte C sie am 16.04.07 mit einem Firmenfahrzeug der A-GmbH nach Kroatien. Da zum Zeitpunkt des Grenzübertritts starker Andrang herrschte, wurde C vom slowenischen Zoll an der Grenze zu Kroatien ohne nähere Prüfung »durchgewunken«.

II. Aufgabe

Beurteilen Sie den Sachverhalt gemäß den »Allgemeinen Hinweisen« zu Beginn von Teil E!

III. Lösung

Ausgabe der Kommanditanteile:

Die Unternehmerin I-KG (§ 2 Abs. 1 UStG) erbringt mit der Ausgabe der Kommanditanteile entgegen der noch in Abschn. 66 Abs. 3f UStR 2005 vertretenen Auffassung der Finanzverwaltung (diese geht von steuerbaren, aber nach § 4 Nr. 8f UStG steuerfreien Leistungen aus) keine sonstige Leistungen i. S. d. § 3 Abs. 9 i. V. m. § 3a Abs. 4 Nr. 6 Buchst. a UStG. In der Rechtssache C – 442/01 (KapHag Renditefonds; HFR 2003, S. 922) hatte der EuGH am 26.06.2003 entschieden, dass eine Personengesellschaft mit der Aufnahme eines Gesellschafters gegen Zahlung einer Bareinlage an diesen keine Dienstleistung gegen Entgelt i. S. des Art. 2 Nr. 1 der 6 EG-Richtlinie zur MWSt erbringt. Der EuGH führt hierzu aus, dass das Halten und der Erwerb von Gesellschaftsanteilen keine wirtschaftliche Tätigkeit darstellen. Der Vorgang ist somit nicht steuerbar und die Steuerbefreiung des § 4 Nr. 8f UStG läuft damit ins Leere.

Dieser Auffassung folgt nunmehr auch der BFH in seiner Entscheidung vom 01.07.2004 (BStBl II 2004, 1022).

Errichtung der Homepage/Internet-Mailing:

Soweit die A-GmbH an die I-KG Leistungen in Form der Einrichtung einer Homepage und Internet-Mailing erbringt, handelt es sich um selbständige Leistungen außerhalb der Gesellschaftsbeziehungen. Es liegt deshalb ein steuerbarer Leistungsaustausch vor.

Bei den von der A-GmbH erbrachten Leistungen handelt es sich um sonstige, auf elektronischem Weg erbrachte Leistungen i. S. d. § 3 Abs. 9 i. V. m. § 3a Abs. 4 Nr. 14 UStG (vgl. Abschn. 39c Abs. 2 UStR 2005). Der Leistungsort bestimmt sich nach § 3a Abs. 3 S. 1 UStG und ist in Mannheim. Die Leistung ist somit steuerbar und mangels Steuerbefreiungsvorschrift auch steuerpflichtig.

Bemessungsgrundlage ist das vereinbarte Entgelt von netto 100 000 €. Aufgrund des Regelsteuersatzes ist mit Ablauf des VZ März 07 eine USt i. H. v. 19 000 € entstanden (§ 13 Abs. 1 Nr. 1 Buchst. a UStG).

Aufgrund der Steuerpflicht der Ausgangsleistung ist der von der A-GmbH vorgenommene Vorsteuerabzug in Ordnung.

Vorsteuerabzug der I-KG:

Die von der A-GmbH der I-KG in Rechnung gestellten 19 000 € USt sind bei dieser nach § 15 Abs. 1 Nr. 1 UStG abziehbar, da die Leistung dem Unternehmen der I-KG dient.

Fraglich ist jedoch im Hinblick auf die Prüfung des Vorsteuerabzugsverbotes nach § 15 Abs. 2 UStG welchem Ausgangsumsatz diese Eingangsleistung zuzuordnen ist:
- der nach Auffassung der Finanzverwaltung steuerbaren, aber steuerfreien Ausgabe der Kommanditanteile; dann würde das Vorsteuerabzugsverbot gem. § 15 Abs. 2 Nr. 1 UStG eingreifen,
- der nach Auffassung des EuGH und BFH (s. o.) nicht steuerbaren Ausgabe der Kommanditanteile oder
- den Umsätzen, die die I-KG mit ihrer wirtschaftlichen Haupttätigkeit erbringt – also steuerfreie Umsätze im Immobilienbereich.

In seiner Entscheidung vom 01. 07. 2004 (s. o.) geht der BFH davon aus, dass Vorsteuern aus der Beratung der Gesellschaft anlässlich ihrer Gründung den allgemeinen Kosten der unternehmerischen Tätigkeit zuzuordnen sind. Übertragen auf den zu beurteilenden Sachverhalt bedeutet dies, dass die Vorsteuern aus der Leistung der A-GmbH den üblicherweise von der I-KG erbrachten Leistungen zugerechnet werden müssen. Es greift mithin das Abzugsverbot nach § 15 Abs. 2 Nr. 1 UStG ein, da die I-KG steuerfreie Ausgangsumsätze tätigt.

Spezialprogramm »Easyfly«:

Da es sich bei dem Spezialprogramm »Easyfly« nicht um sog. Standardsoftware handelt (Abschn. 25 Abs. 2 Nr. 7 UStR 2005), liegen keine Lieferungen sondern sonstige Leistungen i. S. v. § 3 Abs. 9 UStG der A-GmbH an die jeweiligen Leistungsempfänger vor.

Bei den per CD-Rom vertriebenen Programmen handelt es sich nicht um auf elektronischen Weg erbrachten Dienstleistungen i. S. d. § 3a Abs. 4 Nr. 14 UStG, da hier vorausgesetzt wird, dass die Leistung über das Internet erbracht wird (vgl. Abschn. 39c Abs. 2 und Abs. 5 UStR 2005). Es greift jedoch § 3a Abs. 4 Nr. 5 UStG ein.

Ort der Leistung ist gem. § 3a Abs. 4 Nr. 5 UStG i. V. m. § 3a Abs. 3 S. 1 UStG der Sitz des jeweiligen inländischen Abnehmers als Unternehmer. Die Leistungen sind steuerbar (§ 1 Abs. 1 Nr. 1 UStG) und mangels einer Steuerbefreiung steuerpflichtig. Bemessungsgrundlage ist das Entgelt (§ 10 Abs. 1 UStG), also jeweils 5 000 € je Leistung.

Die USt (Regelsteuersatz, § 12 Abs. 1 UStG bei Verkauf von Nichtstandard-Software, Abschn. 168 Abs. 1 S. 5 und 6 UStR) i. H. v. jeweils 950 € (× 25 = 23 750 €) entsteht gem. § 13 Abs. 1 Nr. 1 Buchst. a UStG mit Ablauf des jeweiligen Voranmeldungszeitraums. Die Behandlung dieser Umsätze durch die A-GmbH ist somit nicht zu beanstanden.

Auch bei den über Internet vertriebenen Programmen liegen sonstige Leistungen vor, die in diesem Fall auf elektronischem Weg erbracht werden (Abschn. 39c Abs. 3 Nr. 2 UStR 2005). Der Ort der Leistungen bestimmt sich gem. § 3a Abs. 4 Nr. 14 UStG i.V.m. § 3a Abs. 3 S. 1 UStG. Die Leistungen sind damit steuerbar und steuerpflichtig. Der Datentransfer von einem ausländischen Ort (Zagreb/Kroatien) in das Inland ist insofern ohne Bedeutung. Gleiches gilt für Freischaltung, Rechnungsausdruck und -versand.

Bemessungsgrundlage ist das Entgelt (§ 10 Abs. 1 UStG), also jeweils 4760 € brutto je Leistung im Fall der Abnahme. Der Steuersatz beträgt 19 % der Bemessungsgrundlage, § 12 Abs. 1 UStG. Die USt i. H. v. (4760 × 19/119 =) 760 € entsteht gem. § 13 Abs. 1 Nr. 1 Buchst. a UStG mit Ablauf des jeweiligen VZ. Die Leistungen werden mit der jeweiligen Freischaltung zur uneingeschränkten Nutzung ausgeführt.

Die steuerpflichtigen Umsätze der Monate März, April und Mai 2007 erhöhen sich damit um jeweils 10 × 3 × 4000 € = 120 000 €, die USt um je 30 × 760 € = 22 800 €.

In den Fällen der Nichtabnahme liegen ebenfalls sonstige Leistungen gem. § 3a Abs. 4 Nr. 14 i. V. m. Abs. 3 UStG vor, die in Deutschland ausgeführt werden. Bemessungsgrundlage ist das Entgelt (§ 10 Abs. 1 UStG), also jeweils 714 € je Leistung abzüglich darin enthaltener USt. Daraus ergeben sich unter Anwendung des Regelsteuersatzes Steuerbeträge von jeweils 114 €. Die Leistungen werden mit der Nichtabnahme des Programms ausgeführt – also am Ende der Nutzungszeit. Die steuerpflichtigen Maiumsätze erhöhen sich um 3000 €, die Steuer um 570 €.

Notebook und Schrank:

Die A-GmbH tätigt zwei Lieferungen (§ 3 Abs. 1 UStG) an C, deren Ort sich nach § 3 Abs. 5a, Abs. 6 S. 1 und 2 UStG bestimmt. Lieferort ist somit Heidelberg. Beide Lieferungen sind steuerbar.

Die Lieferungen könnten als Ausfuhrlieferungen im nichtkommerziellen Reiseverkehr nach § 4 Nr. 1 Buchst. a i. V. m. § 6 Abs. 1 Nr. 2, Abs. 2 Nr. 1, Abs. 3a UStG steuerfrei sein: C erwarb die Gegenstände für private und damit nicht für unternehmerische Zwecke und er führte die erworbenen Gegenstände im persönlichen Reisegepäck in das Drittlandsgebiet (§ 6 Abs. 3a Satz 1 UStG) innerhalb der Dreimonatsfrist (§ 6 Abs. 3a Nr. 2 UStG) aus.

Fraglich ist aber, ob C ausländischer Abnehmer i. S. d. § 6 Abs. 2 UStG ist. Dies setzt voraus, dass er seinen Wohnort im Ausland (Zagreb/Kroatien) hat. Nicht ausreichend wäre, wenn er neben einem Hauptwohnort im Inland einen weiteren Wohnsitz im Ausland hätte. Wohnort i. S. d. § 6 Abs. 2 Nr. 1 UStG ist aber der Ort, an dem der Abnehmer für längere Zeit Wohnung genommen hat und der nicht nur aufgrund subjektiver Willensentscheidung, sondern auch bei objektiver Betrachtung als der örtliche Mittelpunkt seines Lebens anzusehen ist. Der Begriff des Wohnorts ist nicht mit den in §§ 8 und 9 AO verwendeten Begriffen des Wohnsitzes und des gewöhnlichen Aufenthalts inhaltsgleich. Eine Wohnsitzbegründung im Inland und im Ausland ist gleichzeitig möglich; dagegen kann ein Abnehmer jeweils nur einen Wohnort im Sinne des § 6 Abs. 2 S. 1 Nr. 1 UStG haben. Die zeitliche Dauer eines Aufenthaltes ist dabei ein zwar wichtiges, aber nicht allein entscheidendes Kriterium für die Bestimmung des Wohnortes. Daneben müssen die sonstigen Umstände des Aufenthaltes, insbesondere sein Zweck, in Betracht gezogen werden (Abschn. 129 Abs. 2 S. 3 – 7 UStR).

Für einen Wohnort des C in Zagreb sprechen die persönlichen Bindungen zu seiner Verlobten M und deren Sohn, seine häufigen Aufenthalte in Zagreb sowie sein Engagement im Zagreber Kirchen- und Vereinsleben. Das Zimmer in der Wohnung seiner Tante in Heidelberg tritt hiergegen in den Hintergrund. C ist damit ausländischer Abnehmer i. S. d. § 6 Abs. 2 Nr. 1 UStG.

Für die Steuerbefreiung der Lieferung ist des Weiteren erforderlich, dass die A-GmbH die nach § 6 Abs. 4 UStG i. V. m. §§ 8 und 13 UStDV verlangten Identitäts- und Ausfuhr-Nachweise erbringt; die §§ 9 und 17 UStDV sind lediglich »Soll-Vorschriften«.

Der Ausfuhrnachweis (§ 8 UStDV) und der Nachweis der Wahrung der Ausfuhrfrist (Abschn. 137 Abs. 5 UStR) sind in der im Sachverhalt dargestellten Weise nicht erbracht: Zwar enthält die von der A-GmbH erteilte Rechnung sämtliche Angaben i. S. v. § 14 Abs. 1 S. 2 UStG; es fehlt aber die Bestätigung über das Datum der Ausfuhr (Zollstempel).

Des Weiteren ist der Abnehmernachweis (Abschn. 137 Abs. 6 UStR) nicht erbracht.

Die Lieferungen sind damit nicht steuerfrei, sondern steuerpflichtig zum Regelsteuersatz. Die bisherige Behandlung der Vorgänge bei der A-GmbH ist somit unzutreffend.

Bemessungsgrundlage für die Lieferung des Notebooks sind die von ihm aufgewendeten 1 200 €. Unter Anwendung des Regelsteuersatzes ergibt sich eine Steuer i. H. v. 191,60 €. Diese entsteht mit Ablauf des VZ April 07 (§ 13 Abs. 1 Nr. 1 Buchst. a S. 1 UStG).

Bemessungsgrundlage für die Lieferung des Schrankes ist dabei nicht das von C gezahlte Entgelt von 400 € brutto, da dieses um 150 € unter den Wiederbeschaffungskosten liegt. Da C Gesellschafter der A-GmbH ist, greift die Mindestbemessungsgrundlage nach § 10 Abs. 5 Nr. 1 i. V. m. Abs. 4 Nr. 1 UStG ein und die Steuer errechnet sich nach dem Einkaufspreis zur Zeit der Lieferung.

Für die verbilligte Lieferung des Schranks ist somit von einer BMG von 550 € auszugehen. Unter Anwendung des Regelsteuersatzes ergibt sich eine Steuer i. H. v. 104,50 €. Diese entsteht ebenfalls mit Ablauf des VZ April 07 (§ 13 Abs. 1 Nr. 1Buchst. a S. 1 UStG).

IV. Punktetabelle

	Punkte
Erkannt, dass die I-KG mit der Ausgabe der Kommanditanteile keine steuerbaren sonstige Leistungen erbringt.	1
Zwischen A-GmbH und I-KG Leistungen liegt bei Einrichtung einer Homepage und Internet-Mailing steuerbarer Leistungsaustausch vor.	1
A-GmbH erbringt sonstige, auf elektronischem Weg erbrachte Leistungen i. S. d. § 3 Abs. 9 i. V. m. § 3a Abs. 4 Nr. 14 UStG; Leistungsort ist in Mannheim; Leistung ist steuerbar steuerpflichtig.	1
Bemessungsgrundlage sind netto 100 000 €; USt i. H. v. 19 000 € mit Ablauf März 07 entstanden. Vorsteuerabzug der A-GmbH in Ordnung.	1
Von A-GmbH in Rechnung gestellte 19 000 € USt bei I-KG nach § 15 Abs. 1 Nr. 1 UStG abziehbar; Abzugsverbot untersucht und mit zutreffender Begründung bejaht.	1
»Easyfly«: keine Lieferungen sondern sonstige Leistungen i. S. v. § 3 Abs. 9 UStG i. V. m. § 3a Abs. 4 Nr. 5 UStG angenommen.	1
Ort gem. § 3a Abs. 4 Nr. 5 UStG i. V. m. § 3a Abs. 3 S. 1 UStG bestimmt; Leistungen sind steuerbar und steuerpflichtig. Bemessungsgrundlage jeweils 5 000 € je Leistung.	1

	Punkte
USt i. H. v. jeweils 950 € (x 25 = 23 750 €) entsteht gem. § 13 Abs. 1 Nr. 1 Buchst. a UStG mit Ablauf des jeweiligen VZ. Bisherige Behandlung zutreffend.	1
Über Internet vertriebene Programme: sonstige Leistungen, die auf elektronischem Weg erbracht werden; Ort bestimmt sich gem. § 3a Abs. 4 Nr. 14 UStG i. V. m. § 3a Abs. 3 S. 1 UStG; steuerbar und steuerpflichtig.	1
Bemessungsgrundlage jeweils 4 760 € brutto im Fall der Abnahme; USt i. H. v. 760 € entsteht gem. § 13 Abs. 1 Nr. 1 Buchst. a UStG mit Ablauf des jeweiligen VZ. USt um je 30 × 760 € = 22 800 € für März, April und Mai 07 zu erhöhen.	1
Bei Nichtabnahme liegen ebenfalls steuerbare sonstige Leistungen gem. § 3a Abs. 4 Nr. 14 i. V. m. Abs. 3 UStG vor; Bemessungsgrundlage sind jeweils 714 € abzüglich USt (114 €). Die Steuer erhöht sich um 570 €.	1
Zwei steuerbare (§ 3a Abs. 6 UStG) Lieferungen der A-GmbH an C.	1
Ausfuhrlieferungen im nichtkommerziellen Reiseverkehr nach § 4 Nr. 1 Buchst. a i. V. m. § 6 Abs. 1 Nr. 2, Abs. 2 Nr. 1, Abs. 3a UStG geprüft; Ausfuhr innerhalb der Dreimonatsfrist (§ 6 Abs. 3a Nr. 2 UStG) bejaht.	1
Untersucht, ob C ausländischer Abnehmer i. S. d. § 6 Abs. 2 UStG ist; mit Begründung bejaht.	1
Erkannt, dass Ausfuhrnachweis (§ 8 UStDV) und Nachweis der Wahrung der Ausfuhrfrist (Abschn. 137 Abs. 5 UStR) nicht erbracht sind. Lieferungen sind damit steuerpflichtig zum Regelsteuersatz.	1
Bemessungsgrundlage für die Lieferung des Notebooks sind 1 200 €; USt i. H. v. 191,60 € entstanden mit Ablauf April 07.	1
Für die Lieferung des Schrankes die Mindestbemessungsgrundlage nach § 10 Abs. 5 Nr. 1 i. V. m. Abs. 4 Nr. 1 UStG angewandt.	1
Von 550 € als BMG ausgegangen und Steuer i. H. v. 104,50 € errechnet; entstanden mit Ablauf April 07.	1
Summe	18

Klausuraufgabe 13:
Leistungsbeziehungen bei Sachverhalten mit mehreren Personen/Erfüllungsgehilfen/steuerfreie Ausfuhrlieferung/steuerfreie Lohnveredelung

I. Sachverhalt

Der in Oslo (Norwegen) ansässige Unternehmer Carlson (**C**) erwarb aufgrund eines am 28.04.2007 abgeschlossenen Kaufvertrages von dem nicht der Besteuerung nach § 25a UStG unterliegenden Gebrauchtwarenhändler Albrecht (**A**) aus Bremen 25 Tonnen Kunststoffabfälle. C beauftragte den A in besagtem Vertrag des Weiteren, diese Kunststoffabfälle zu dem in Buxtehude ansässigen Unternehmer Pappex (**P**), der sich auf die Verwertung und Aufbereitung von Abfällen aus Altpapier und Kunststoff spezialisiert hat, zu transportieren. Dies geschah bereits am darauf folgenden Tag.

C beauftragte ferner den P bezüglich der Kunststoffabfälle mit der fachgerechten Säuberung und Verarbeitung zu Kunststoffgranulat. C hatte für die Ausführung dieses Auftrages eine Woche Zeit. Das von P hergestellte Granulat übergab der P termingerecht im Auftrag von C der in Hamburg ansässigen Fa. Grobbauer (**G**), die daraus im Auftrag von C Formteile (sog. Halbzeug) aus Kunststoff herstellte. G verwendete hierbei weitere Hauptstoffe, um insbesondere die von C gewünschte Festigkeit und Widerstandsfähigkeit gegen Umwelteinflüsse zu erreichen.

Die von G hergestellten Formteile wurden sodann im Juni 2007 von der Fa. G im Auftrag von C zu dem in Zürich ansässigen Unternehmer Mäckli (**M**) mit eigenem Lastkraftwagen transportiert. M hatte zuvor mit C einen Vertrag geschlossen, in dem sich C verpflichtete, dem M diese Formteile zu übergeben und zu übereignen, damit M aus den Formteilen Sitzbänke für Wanderwege in den Schweizer Bergen herstellen konnte. Schuldner der schweizerischen Einfuhrumsatzsteuer war entsprechend den vertraglichen Vereinbarungen der C.

Vorbemerkung: Bei Sachverhalten mit mehreren zu beurteilenden Personen und Leistungsbeziehungen empfiehlt sich vorab die Anfertigung einer Skizze, um die Leistungsbeziehungen zu ordnen und sich einen besseren Überblick zu verschaffen:

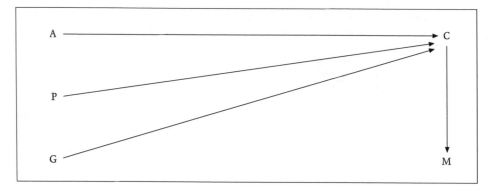

II. Aufgabe

Beurteilen Sie den Sachverhalt gemäß den »Allgemeinen Hinweisen« zu Beginn von Teil E!

III. Lösung

A erbringt an C eine Lieferung i. S. d. § 3 Abs. 1 UStG. Die Lieferung gilt dort als ausgeführt, wo die Beförderung zu P, der in diesen Leistungsbeziehungen hinsichtlich der Verschaffung der Verfügungsmacht an C als Erfüllungsgehilfe von C angesehen werden muss (beachten Sie hierzu den Begriff »Dritter« in § 3 Abs. 1 UStG) beginnt (Beförderungslieferung i. S. d. § 3 Abs. 6 S. 1 und 2 UStG). Dies ist in Bremen. Die Lieferung ist somit steuerbar.

Es ist aber zu prüfen, ob diese Lieferung steuerfrei ist nach § 4 Nr. 1 Buchst. a i. V. m. § 6 UStG. Der Kunststoffabfall wird in verarbeiteter Form als Formteile (Halbzeug) durch den Abnehmer C über seinen Erfüllungsgehilfen G ins Drittlandsgebiet (Schweiz) versandt. Der Kunststoff gilt damit als ausgeführt.

Gemäß § 6 Abs. 1 S. 2 UStG ist es unschädlich, dass nicht der zunächst gelieferte Kunststoffabfall, sondern das Produkt der Verarbeitung (Formteile) durch die selbständigen Beauftragten P und G ausgeführt wird.

C ist gemäß § 6 Abs. 2 Nr. 1 UStG ausländischer Abnehmer, da er seinen Sitz in Norwegen (Ausland) hat. Es sind somit sämtliche Tatbestandsmerkmale des § 6 Abs. 1 Nr. 2 UStG erfüllt. Die Lieferung des A an C ist somit steuerfrei.

Die Fa. P erbringt mit der Verarbeitung zu Granulat an C eine Werkleistung an dem Kunststoffabfall, da sie hierzu – mangels Angaben im Sachverhalt – keine Hauptstoffe verwendet. Es handelt sich hierbei um eine sonstige Leistung, deren Ort nach § 3a Abs. 2 Nr. 3 Buchst. c UStG zu bestimmen ist. Da die P in Buxtehude/Deutschland tätig wird, ist diese Leistung steuerbar.

Es ist zu prüfen, ob diese Werkleistung gemäß § 4 Nr. 1 Buchst. a i. V. m. § 7 UStG steuerfrei ist. Da der Kunststoffabfall unmittelbar vom Zulieferer A des C zur Fa. P gelangt, liegt ein Erwerb zwecks Verarbeitung vor.

Das hergestellte Granulat wurde von G, als weiterem selbständigen Beauftragten des C weiterverarbeitet und von diesem als Formteile im Auftrag von C ins Drittlandsgebiet (Schweiz) befördert. Die Weiterverarbeitung durch G ist nach § 7 Abs. 1 S. 2 UStG für die Steuerbefreiung der Werkleistung der P unschädlich.

Da in Bezug auf die Werkleistung der P eine Versendung ins Drittlandsgebiet durch den Auftraggeber C vorliegt, richtet sich die Steuerbefreiung nach § 7 Abs. 1 Nr. 2 UStG. Danach muss das zusätzliche Tatbestandsmerkmal vorliegen, dass C im Ausland ansässiger Auftraggeber ist. Dies ist nach § 7 Abs. 2 i. V. m. § 6 Abs. 2 Nr. 1 UStG der Fall. Die Werkleistung der Fa. P ist somit nach § 4 Nr. 1 Buchst. a i. V. m. § 7 Abs. 1 Nr. 2 UStG steuerfrei.

Die Fa. G erbringt an ihren Abnehmer C, da sie auch eigene Hauptstoffe verwendet, eine Werklieferung i. S. d. § 3 Abs. 4 UStG. Die Lieferung von G an C gilt mit Beginn der Beförderung zu M gemäß § 3 Abs. 6 S. 1 UStG als erbracht: es liegt hier eine Lieferung im Auftrag des Abnehmers an einen Dritten gemäß § 3 Abs. 1 UStG vor. Die Werklieferung von G an C ist somit steuerbar.

Es handelt sich nicht um die Lieferung im Rahmen eines Reihengeschäftes, da der Gegenstand der Lieferung zwischen G und C ein anderer ist als der Gegenstand der Lieferung zwischen C und M. Das von C beigestellte Granulat nimmt nämlich nicht am Leistungsaustausch zwischen C und G teil; die Verschaffung der Verfügungsmacht beschränkt sich auf die von G zugefügten Hauptstoffe.

Da das Halbzeug von G in die Schweiz (Drittlandsgebiet) befördert wird, ist die Lieferung nach § 4 Nr. 1 Buchst. a i. V. m. § 6 Abs. 1 Nr. 1 UStG steuerfrei. Das Erfordernis eines ausländischen Abnehmers ist bei einer Ausfuhr durch den Lieferer nicht erforderlich.

C erbringt seinerseits eine Lieferung an seinen Abnehmer M. Da die Warenbewegung mittels des selbständigen Beauftragten G erfolgt, gilt die Lieferung gemäß § 3 Abs. 6 S. 4 UStG eine logische Sekunde nach Erhalt der Verfügungsmacht von G, also ebenfalls mit Beginn der Beförderung durch G als bewirkt. Der Lieferort ist damit nach § 3 Abs. 6 S. 1, 3 und 4 UStG in Hamburg und damit im Inland. Die Lieferung von C an M ist somit steuerbar.

Es ist wieder zu prüfen, ob diese Lieferung steuerfrei ist nach §§ 4 Nr. 1 Buchst. a, 6 UStG. Da C als Lieferer den Lieferungsgegenstand, die Formteile, durch seinen Erfüllungsgehilfen G ins Drittlandsgebiet versendet, liegt eine steuerfreie Ausfuhrlieferung nach § 4 Nr. 1 Buchst. a i. V. m. § 6 Abs. 1 Nr. 1 UStG vor.

IV. Punktetabelle

	Punkte
A liefert an C eine Lieferung i. S. d. § 3 Abs. 1 UStG. Ort gem. § 3 Abs. 6 S. 1 und 2 UStG in Bremen; steuerbar.	1
§ 4 Nr. 1 Buchst. a i. V. m. § 6 UStG geprüft; Ausfuhr durch den Abnehmer C über seinen Erfüllungsgehilfen G ins Drittlandsgebiet (Schweiz) bejaht.	1
§ 6 Abs. 1 S. 2 UStG erkannt.	1
§ 6 Abs. 2 Nr. 1 UStG bejaht; C ist ausländischer Abnehmer. Lieferung A an C ist somit steuerfrei.	1
P erbringt an C Werkleistung; Ort nach § 3a Abs. 2 Nr. 3 Buchst. c UStG bestimmt, in Buxtehude; Leistung ist steuerbar.	1
§ 4 Nr. 1 Buchst. a i. V. m. § 7 UStG geprüft; Erwerb zwecks Verarbeitung bejaht.	1
§ 7 Abs. 1 S. 2 UStG erkannt.	1
Versendung ins Drittlandsgebiet durch den C angenommen; im Ausland ansässiger Auftraggeber geprüft und bejaht § 7 Abs. 2 i. V. m. § 6 Abs. 2 Nr. 1 UStG; Werkleistung ist somit steuerfrei.	1
G erbringt an C Werklieferung i. S. d. § 3 Abs. 4 UStG; Ort gem. § 3 Abs. 6 S. 1 UStG bestimmt (Hamburg); somit steuerbar.	1
Reihengeschäft untersucht und mit zutreffender Begründung abgelehnt.	1
§ 4 Nr. 1 Buchst. a i. V. m. § 6 Abs. 1 Nr. 1 UStG geprüft und bejaht; Werklieferung ist steuerfrei.	1
C liefert an M;. Ort der Lieferung gem. § 3 Abs. 6 S. 1, 3 und 4 UStG in Hamburg; damit steuerbar.	1
Aber steuerfrei nach § 4 Nr. 1 Buchst. a i. V. m. § 6 Abs. 1 Nr. 1 UStG.	1
Summe	**13**

Klausuraufgabe 14:
Versandhandelsregelung des § 3c UStG/Kommission/ innergemeinschaftlicher Warenverkehr/Reihengeschäft und innergemeinschaftlicher Erwerb/innergemeinschaftliche Güterbeförderung/Abgrenzung Werklieferung vs. Werkleistung/ Beförderungslieferung mit Einfuhr und Abzug der Einfuhrumsatzsteuer als Vorsteuer/Inserat in schweizerischer Zeitung

I. Sachverhalte und Aufgabenstellung

Sachverhalt 1:
Willi Williams (**W**) betreibt in Ludwigsburg einen schwunghaften Handel mit sowie die Reparatur von Musikinstrumenten. Im Jahr 2007 versuchte W u.a., seine Marktanteile im Privatkundengeschäft in Belgien auszuweiten. Zwar hatte er in 2006 bereits an Privatkunden aus Belgien Musikinstrumente im Wert von 33 000 € verkaufen können. Dabei handelte es sich jedoch ausschließlich um kleinere Instrumente (vor allem Blockflöten und Mundharmonikas), die die Kunden zum günstigen Mitnahmepreis in einer Zweigstelle des W in Aachen selbst abholen mussten.

W wollte jedoch in Belgien auch den sog. Großinstrumentenmarkt (insbesondere für Klaviere, Flügel und Harfen) erschließen, wobei diese Instrumente dann zum Kunden gebracht und – sofern erforderlich – vor Ort gestimmt werden sollten. Durch entsprechende Marktforschungen rechnete W zunächst mit einem zusätzlichen Auftragsvolumen von ca. 150 000 €; da die Geschäfte aber besonders gut liefen, hatte er den erwarteten Betrag Ende Mai 2007 überschritten.

Am 20.06.2007 konnte W einen Flügel der Marke »Steinway« an den Privatkunden van Gold in Brügge (Belgien) für 18 000 € verkaufen. Am 17.07.2007 ließ W den Flügel durch seinen Angestellten mit eigenem Transportfahrzeug zu van Gold bringen und ihm sofort die folgende Rechnung (auszugsweise) übergeben:

»Lieferung eines Flügels der Marke«Steinway»zu 18 000 €. Bei Zahlung innerhalb von 10 Tagen 3 v.H. Skonto.«

Van Gold zahlte daraufhin am 25.07.2007 durch Überweisung 17 460 €.

Aufgabe:
Untersuchen Sie ausschließlich die umsatzsteuerliche Behandlung im Inland!

Sachverhalt 2:
Zur weiteren Umsatzsteigerung hatte W mit Lore Lei (**L**), der Inhaberin eines Ladens für Zupfinstrumente in Karlsruhe am 09.02.2007 einen Vertrag abgeschlossen, nach welchem L in eigenem Namen, aber für Rechnung des W Mandolinen verkaufen sollte. Am 15.03.2007 brachten Mitarbeiter des W 100 Mandolinen nach Karlsruhe, wo L sie in ihren eigenen Geschäftsräumen zum Verkauf anbot. Als Provision wurden 20% der Nettoverkaufspreise vereinbart, bis zum 30.06.2007 nicht verkaufte Mandolinen konnte L auf Kosten des W zurücksenden.

Am 06.06.2007 wurden von L 40 Mandolinen an die französische Versandhandelskette »Musicmarché« in Reims (Frankreich) veräußert. Sie wurden am gleichen Tag von L mit einem Lieferwagen nach Reims zu »Musicmarché« gebracht. Die Mandolinen wurden mit 20 000 € in

Rechnung gestellt. Trotz eingeräumter Mengenrabatte ließen sich die übrigen Mandolinen nicht mehr veräußern und wurden am 02. 07. 2007 durch L ohne weitere Vermerke an W zurückgesandt. Den eingenommenen Betrag von 20 000 € abzüglich der Provision i. H. v. 4 000 € überwies L am 04. 07. 2007 mit folgender Abrechnung an W (Auszug):

»Wir verkauften für Sie 40 Mandolinen à 500 €	20 000 €
unser Provisionsanspruch 20 %	4 000 €
an sie zu überweisen	16 000 €
Die Leistung ist umsatzsteuerfrei.«	

W hat der Abrechnung nicht widersprochen und den Betrag von 16 000 € am 09. 07. 2007 erhalten.

Aufgabe:
Untersuchen Sie die umsatzsteuerlichen Auswirkungen bei W und L!

Sachverhalt 3:
Zum 01. 04. 2007 stieg W auch in das Geschäft mit Dudelsäcken ein. Am 10. 04. 2007 bestellte der »Highlander-Club« aus Pforzheim bei W einen Dudelsack der Marke »McMurphy«. Um das Verlustrisiko so gering wie möglich zu halten, hielt W keine Dudelsäcke auf Lager vor, sondern orderte den gewünschten Dudelsack bei dem schottischen Hersteller Mikkey McMurphy (**M**) und bat darum, den Dudelsack an den von W mit dem Transport des Dudelsacks von Schottland nach Pforzheim beauftragten selbständigen Frachtführer Freddy Frinton (**F**) aus Edinburgh (Schottland) auszuhändigen. F konnte den Dudelsack dem Highlander-Club am 11. 05. 2007 übergeben.

M rechnete am 09. 06. 2007 gegenüber W wie folgt ab (Auszug):
»Wir lieferten einen Dudelsack Original McMurphy: 1 100 € zzgl. Verpackung 50 € = 1 150 €, zahlbar innerhalb von 4 Wochen nach Erhalt der Rechnung ohne Abzug.«

W zahlte den angeforderten Rechnungsbetrag am 05. 07. 2007. Er rechnete seinerseits am 20. 06. 2007 gegenüber dem Highlander-Club wie folgt ab (Auszug):
»Wir lieferten einen Dudelsack Original McMurphy: 2 000 € zzgl. Umsatzsteuer 380 € = 2 380 €, zahlbar innerhalb von 4 Wochen nach Erhalt der Rechnung.«

Der Highlander-Club überwies den angeforderten Betrag erst am 10. 08. 2007.

Aufgabe:
Untersuchen Sie die umsatzsteuerlichen Auswirkungen bei W, M und F für das Inland!

Sachverhalt 4:
W ist auch Eigentümer einer speziellen Säge, die dazu dient, Holz sehr fein zu schneiden. So bekam er den Auftrag zur Grundsanierung des wertvollen Instruments des spanischen Starcellisten Pablo Pasals (**P**) – (Cello = Musikinstrument, P ist Unternehmer). Aus dem 250 Jahre alten Cello war bei einem Zusammenstoß mit einem Saxophon ein kleines Stück Holz heraus gebrochen und verloren gegangen. Geschickt hantierte ein Angestellter des W mit Paste und Schleifpapier und es gelang ihm, ein Stückchen Holz von ca. 5 cm^2 am Körper des Cellos so einzufügen, dass das Cello nach der Reparatur wieder so klang wie vor dem tragischen Unfall. W berechnete dem P hierfür 2 600 € rein netto. Angesetzt wurde ein Teilbetrag für Material i. H. v. 200 € und für die Bearbeitung ein Betrag von 2 400 €.

Absprachegemäß ließ P das reparierte Musikinstrument vom Kurierdienst des französischen Unternehmers Claude Caravan (**C**) bei W abholen und in sein Tonstudio in Barcelona (Spanien) bringen. P hatte den C unter Verwendung seiner spanischen USt-Id.-Nr. beauftragt.

Aufgabe:
Prüfen Sie die Umsätze des W und des C!

Sachverhalt 5:
Für derlei Reparaturen (wie in Sachverhalt 4) kann nur Holz aus früheren Jahrhunderten verarbeitet werden. W bezog das Holz von dem Unternehmer Zacharias Züngli (**Z**) aus Zürich (kein Unternehmer i. S. v. § 24 UStG), der das Holz aus alten verfallenden Bergbauernhöfen bezog. Weil sich Z für die Arbeit des W interessierte, brachte er das bestellte Holz jeweils persönlich nach Ludwigsburg. Gefahr und Steuern übernahm Z. Für die letzte Lieferung von ca. 100 kg antikem Holz berechnete er dem W 4 000 € zuzüglich 670 €.

Außerdem brachte Z zwei alte hölzerne Notenständer mit, die er dem W zum Kauf anbot. Tatsächlich übernahm W die beiden Stücke und zahlte dafür insgesamt 1 000 €.

Auf den Z kam der W auf Vermittlung von Sonja Schön (**S**), die in Böblingen ein Unternehmen für die Vermittlung internationaler Umsätze betreibt. Sie hatte Z entdeckt, als sie für einen Umbau ihrer Büroräume in Böblingen ebenfalls antikes Holz benötigte. W entlohnte S für deren Vermittlung einmalig mit 400 €.

Aufgabe:
Prüfen Sie die Umsätze von Z und S!

Sachverhalt 6:
S war es auch, die die Notenständer im Ladengeschäft des W entdeckte. Für einen der Notenständer kam ihr sofort ein Kunde aus Italien in den Sinn. Es handelte sich um den in die Jahre gekommenen Sänger Lucci Larotti (**L**). Sie kaufte dem W einen Notenständer ab und wurde noch in den Geschäftsräumen des W telefonisch mit L handelseinig. S beauftragte sogleich den Kurierdienst C (siehe Teilsachverhalt 4) damit, den Notenständer bei W abzuholen und zu L nach Italien zu bringen.

Aufgabe:
Prüfen Sie die Umsätze des W und der S!

Sachverhalt 7:
Von der außerordentlich guten handwerklichen Qualität der Reparaturarbeiten des W hörte auch die Instrumentenhandlung International Instruments (**I**) in Freiburg. Diese unterhielt eine u. a. auch Niederlassung in Bordeaux (Frankreich) für ihre französischen Kunden. Als im Mai 2007 ein besonders wertvoller Flügel eines französischen Kunden gestimmt werden musste, zog I den hierfür besonders geschulten Mitarbeiter Benno Bommel (**B**) des W hinzu. Diesen Einsatz seines Mitarbeiters in Bordeaux berechnete W gegenüber I mit 1 200 €. I hatte dem W den Auftrag unter Verwendung ihrer deutschen USt-Id.-Nr. erteilt.

Benno Bommel hatte zur Ausführung des Auftrages jeweils das gesamte für seine Tätigkeit in Bordeaux notwendige Werkzeug des W zusammengepackt und es mit nach Bordeaux genommen.

Sein französischer Kollege aus der Niederlassung der I in Bordeaux begeisterte sich so sehr für eine Spezialzange, die Bommel mitgebracht hatte, dass Bommel die Zange schließlich – nach Rücksprache mit W – namens des W für 100 € an die Niederlassung der I verkaufte.

Aufgabe:
Prüfen Sie die Umsätze des W!

Sachverhalt 8:
Um auf seine Tätigkeit aufmerksam zu machen, hatte W auch in der Schweiz Zeitungsanzeigen geschaltet. Die »Neue Züricher Zeitung« (NZZ) verlangte für die Veröffentlichung eines Inserats 160 €.

Aufgabe:
Prüfen Sie den Umsatz der NZZ!

II. Lösung

Sachverhalt 1:
W liefert am 17.07.2007 einen Flügel an van Gold, § 3 Abs. 1 UStG. Der Ort der »bewegten« Beförderungslieferung liegt grundsätzlich in Ludwigsburg (§ 3 Abs. 6 S. 1 und 2 UStG). Zu prüfen ist jedoch, ob eine Verlagerung des Lieferortes nach § 3c UStG eingreift, der gemäß § 3 Abs. 5a UStG Vorrang vor § 3 Abs. 6 UStG hat.

W tätigt als Lieferer eine Beförderungslieferung in das Gebiet eines anderen Mitgliedstaates (§ 3c Abs. 1 UStG) und sein Abnehmer gehört nicht zu den in § 1a Abs. 1 Nr. 2 UStG genannten Personen (§ 3c Abs. 2 Nr. 1 UStG).

Des Weiteren ist das Überscheiten der belgischen Lieferschwelle (§ 3c Abs. 3 Nr. 2 UStG) in Höhe von 35 000 € (Abschn. 42j Abs. 3 UStR) zu überprüfen. In 2006 hat W diese nicht überschritten, denn in 2006 hatte W im Umfang von 0 € Lieferungen bewirkt, für die sich der Ort nach § 3c UStG bestimmt, da die Instrumente von Kunden abgeholt wurden und die grundsätzliche Voraussetzung des § 3c Abs. 1 S. 1 UStG (Befördern oder Versenden durch den Lieferer) nicht erfüllt war.

In 2007 jedoch überschreitet W mit einem bis Mai erzielten Auftragsvolumen von 150 000 € die Lieferschwelle von 35 000 € bei weitem, so dass es zu einer Verlagerung des Lieferortes kommt. Die Lieferung ist somit in der BRD nicht steuerbar.

Sachverhalt 2.:
Da L die Mandolinen zwar für fremde Rechnung, aber im eigenen Namen verkauft hat, liegt keine Vermittlungsleistung von L an K vor, sondern ein Kommissionsgeschäft (§ 3 Abs. 3 UStG), in dem W (Kommittent) an die Verkaufskommissionärin (L) liefert und diese wiederum an einen Dritten. Bei der Verkaufskommission gilt die Lieferung des Kommittenten an den Kommissionär (§ 3 Abs. 3 UStG) jeweils erst dann als ausgeführt, wenn der Kommissionär an einen Dritten liefert (A 24 Abs. 2 S. 9 UStR). Die Lieferungen durch L erfolgten im Rahmen einer »bewegten« Beförderungslieferung (§ 3 Abs. 6 S. 1 und 2 UStG) am 06.06.2007 in Karlsruhe; es liegen entsprechend der Zahl der Liefergegenstände 40 Lieferungen vor.

Da die Mandolinen über eine EU-Grenze vom Mitgliedstaat Deutschland nach Frankreich geliefert werden, der Abnehmer Unternehmer ist, der die Mandolinen für sein Unternehmen erwirbt und in Frankreich der Erwerbsbesteuerbesteuerung entsprechend dem § 1a UStG unterliegt, sind diese sind als innergemeinschaftliche Lieferungen steuerfrei (§§ 4 Nr. 1 Buchst. b i. V. m. 6a UStG).

Zeitgleich werden am 06.06.07 auch erst jetzt 40 Lieferungen von W an L ausgeführt (§ 3 Abs. 1 UStG).

Der Transport der Mandolinen von Stuttgart nach Karlsruhe am 15.03.2007 ist umsatzsteuerlich ohne Bedeutung, da W der L keine (endgültige) Verfügungsmacht verschafft hat. Der Ort der Lieferungen des W bestimmt sich als »ruhende« Lieferungen nach § 3 Abs. 7 S. 1

UStG, danach wo sich die Gegenstände bei Verschaffung der Verfügungsmacht befinden, also ebenfalls in Karlsruhe.

Die Lieferungen des W an L sind steuerbar (§ 1 Abs. 1 Nr. 1 UStG) und mangels Befreiung zu 19 % steuerpflichtig (§ 12 Abs. 1 UStG). Die Tatsache, dass die Mandolinen im Ergebnis in das übrige Gemeinschaftsgebiet (Frankreich) gelangen, ist für W ohne Bedeutung, da es ausgeschlossen ist, dass es im Rahmen einer Lieferbeziehung, innerhalb derer der Liefergegenstand nicht bewegt wird, mangels Vorliegen der Voraussetzungen des § 6a Abs. 1 Nr. 1 UStG zu innergemeinschaftlichen Lieferungen kommt.

Die Bemessungsgrundlage der steuerpflichtigen Leistung beträgt 20 000 € abzüglich der Provision von 4 000 € = 16 000 € und abzüglich der darin enthaltenen Umsatzsteuer ($\times$ 19/119 = 2 554,62 €), mithin 13 445,38 € (§ 10 Abs. 1 UStG).

Die Umsatzsteuer i. H. v. 2 554,62 € ist für den Voranmeldungszeitraum Juni 07 anzumelden (§ 13 Abs. 1 Nr. 1 Buchst. a UStG).

Die Rücksendung der Mandolinen durch L an den Kommittenten W stellt keinen steuerbaren Umsatz dar. Da es nie zu Lieferungen der L an irgendwelche Abnehmer gekommen ist, erfolgen auch keine Lieferungen im Rahmen der Verkaufskommission. Hin- und Rücktransport der nicht verkauften Mandolinen stellt rechtsgeschäftsloses Verbringen dar.

Sachverhalt 3:

Es liegen Umsatzgeschäfte in Form eines Reihengeschäfts i. S. d. § 3 Abs. 6 S. 5 UStG vor. Mehrere Unternehmer (M und W) haben über denselben Gegenstand Umsatzgeschäfte abgeschlossen und dieser Gegenstand (Dudelsack) gelangt im Rahmen einer Versendung unmittelbar vom ersten Unternehmer (M) an den letzten Abnehmer (Highlander-Club). Bei dem Reihengeschäft werden nacheinander zwei Lieferungen (M an W, W an den Highlander-Club) ausgeführt.

Da die Versendung (Warenbewegung) durch W als dem zweiten Lieferer – und zugleich Abnehmer des M – veranlasst wird, ist gem. § 3 Abs. 6 S. 6 1. HS UStG zu vermuten, dass die Versendung der ersten Lieferung (M an W) zuzuordnen ist.

Ort der Lieferung ist nach § 3 Abs. 6 S. 5 i. V. m. S. 1 UStG in Edinburg/Schottland (Teil des Vereinigten Königreiches von Großbritannien und Nord-Irland), wo die Beförderung beginnt.

Hinweis: Die Lieferung des M ist als innergemeinschaftliche Lieferung entsprechend § 6a UStG steuerfrei.

Der Erwerb des Dudelsacks unterliegt bei W der Besteuerung des igE in Deutschland (§ 1a Abs. 1 Nr. 1 bis 3 UStG), da die Beförderung dort endet (§ 3d S. 1 UStG). Der igE des Dudelsacks ist steuerbar nach § 1 Abs. 1 Nr. 5 UStG und mangels Steuerbefreiung nach § 4b UStG auch steuerpflichtig zu 19 %.

Die nach § 10 Abs. 1 UStG zu ermittelnde Bemessungsgrundlage beträgt 1 150 € (Transport teilt als Nebenleistung das Schicksal der Hauptleistung), die darauf entfallende Steuer beträgt 218,50 €. Die Steuer entsteht insoweit nach § 13 Abs. 1 Nr. 6, 1. Alt. UStG am Tag der Rechnungsstellung (09. 06. 2007). Auf den Zeitpunkt der Zahlung oder der Lieferung kommt es nicht an.

Betragsidentisch und zeitgleich hat W den Vorsteuerabzug nach § 15 Abs. 1 Nr. 3 UStG, ein Ausschlussgrund nach § 15 Abs. 2 UStG ist nicht gegeben.

Auf den igE durch W folgt eine von W in Pforzheim ausgeführte »ruhende« Lieferung (§ 3 Abs. 1, Abs. 7 S. 2 Nr. 2 UStG und Abschn. 31a Abs. 5 und 6 UStR) an den Highlander-Club.

Die gegen Entgelt ausgeführte Lieferung des Dudelsacks durch W ist steuerbar nach § 1 Abs. 1 Nr. 1 UStG und mangels Steuerbefreiung nach § 4 UStG steuerpflichtig zum Steuersatz von 19 % (§ 12 Abs. 1 UStG).

Auf die nach § 10 Abs. 1 UStG zu ermittelnde Bemessungsgrundlage in Höhe von 2 380 € entfällt eine Umsatzsteuer in Höhe von 380 €, die nach § 13 Abs. 1 Nr. 1a S. 1 UStG mit Ablauf des Voranmeldungszeitraums Mai 07 entsteht.

Der selbständige Frachtführer F erbringt mit dem Transport des Dudelsacks von Schottland nach Pforzheim eine sonstige Leistung in Form einer Beförderungsleistung. Deren Ort richtet sich grds. nach § 3b Abs. 1 UStG (Beförderungsstrecke). Da jedoch Anfang und Ende der Beförderungsstrecke in verschiedenen Mitgliedsstaaten der EU liegen, greift die Sonderregel des § 3b Abs. 3 UStG (innergemeinschaftliche Beförderung von Gegenständen). Nach S. 1 dieser Bestimmung liegt der Ort der Beförderung an dem Ort, an dem die Beförderung beginnt – also in Edinburg/Schottland. Die Beförderungsleistung wäre damit nicht steuerbar.

Da W aber (entspr. den Vorbemerkungen (Nr. 9) unter einer deutschen USt-Id.-Nr. aufgetreten ist, kommt es gem. § 3b Abs. 3 S. 2 UStG zu einer Verlagerung des Leistungsortes nach Deutschland. Die Leistung des F an seinen Auftraggeber ist somit insgesamt steuerbar.

Eine Steuerbefreiungsvorschrift (insbesondere § 4 Nr. 3 Buchst. a UStG) kommt nicht zur Anwendung. Die Leistung ist somit auch steuerpflichtig und unterliegt dem Regelsteuersatz.

Da die sonstige Leistung von einem ausländischen Unternehmer (vgl. § 13b Abs. 4 UStG) erbracht wird, schuldet W als Leistungsempfänger gem. § 13b Abs. 1 Nr. 1, Abs. 2 UStG die hieraus resultierende Steuer, die er jedoch gem. § 15 Abs. 1 Nr. 4 UStG wieder als Vorsteuer abziehen kann.

Sachverhalt 4:

W leistet an P in Form einer Werklieferung gemäß § 3 Abs. 4 UStG. Er setzt bei der Reparatur einen Hauptstoff (Holzstück) ein, den er zuvor selbst beschafft hatte. Dass dieser mengenmäßig im Vergleich zum Instrument insgesamt und auch bei der Abrechnung gering ausfällt, ist irrelevant.

Der Ort der (Werk)Lieferung befindet sich gemäß § 3 Abs. 6 S. 1, 3 und 4 UStG in Ludwigsburg, weil dort das reparierte Instrument an C ausgehändigt wurde. Der Umsatz ist daher steuerbar.

Da das Instrument letztlich nach Spanien gebracht wird, liegt eine steuerbefreite innergemeinschaftliche (Werk)Lieferung gemäß § 4 Nr. 1 Buchst. b UStG vor. W berechnet daher ordnungsgemäß keine Umsatzsteuer.

Aus Sicht des P liegt ein innergemeinschaftlicher Erwerb in Spanien analog §§ 1a, 3d UStG vor.

C erbringt eine Leistung an P. Es handelt sich um eine sonstige Leistung gemäß § 3 Abs. 9 UStG. Der Ort richtet sich nach § 3b Abs. 3 UStG, da der Gegenstand vom Inland nach Spanien transportiert wird. Der Ort liegt gemäß § 3b Abs. 3 S. 1 UStG im Inland. Da C jedoch von P unter dessen spanischer USt-Id. Nr. beauftragt wurde, verlagert sich der Ort der Beförderung nach § 3b Abs. 3 S. 2 UStG nach Spanien.

Die Leistung des C ist nicht im Inland steuerbar.

Sachverhalt 5:

Z leistet an W. Es handelt sich um eine Beförderungslieferung. Der Ort liegt grundsätzlich gemäß § 3 Abs. 6 S. 1 UStG in Zürich. Da Z laut Sachverhalt Schuldner der Einfuhrumsatzsteuer ist, verlagert sich der Lieferort gemäß § 3 Abs. 8 UStG ins Inland. Die Lieferung ist daher steuerbar.

Aus dieser Lieferung schuldet Z die Umsatzsteuer; sie beträgt gemäß §§ 10, 12 Abs. 1 UStG: 4670 € × 19/119 = 745,63 €.

Dass Z die USt zu niedrig berechnet hat, ist ohne Auswirkungen.

Z schuldet außerdem gemäß § 1 Abs. 1 Nr. 4 UStG die Einfuhrumsatzsteuer: sie beträgt gemäß § 11 UStG 4000 € × 19 % = 760 €.

Die EUSt darf Z gem. § 15 Abs. 1 Nr. 2 als VorSt abziehen.

Z liefert des Weiteren zwei Notenständer an W. Der Lieferort ergibt sich nicht aus § 3 Abs. 6 S. 1 UStG, da der Transport von Zürich nach Ludwigsburg nicht in Erfüllung einer Lieferverpflichtung erfolgte. Die Notenständer waren nicht bestellt, so dass die Beförderung aus Zürich nach Ludwigsburg einerseits ein rechtsgeschäftsloses Verbringen, andererseits aber auch eine Einfuhr bedeutet. Da W die Notenständer erst in Ludwigsburg kauft und die Ware von dort aus (zunächst) nicht weiter bewegt wird, liegt der Ort der Lieferung nach § 3 Abs. 7 S. 1 UStG steuerbar in Ludwigsburg. Eine Verlagerung nach § 3 Abs. 8 UStG scheidet daher ohnehin aus. Die zwei Lieferungen sind auch steuerpflichtig.

Hinweis: Vertretbar ist auch eine Ortsbestimmung über § 3 Abs. 6 UStG, wenn dies damit begründet wird, die Notenständer würden im Geschäft des W (etwa aus den Verkaufsräumen ins Lager) bewegt.

Z schuldet sowohl die Einfuhrumsatzsteuer gemäß § 1 Abs. 1 Nr. 4 UStG, als auch die Umsatzsteuer für die Lieferungen nach § 1 Abs. 1 Nr. 1 UStG. Sie beträgt jeweils 1000 € × 19/119 = 159,66 €.

Bezüglich der EUSt hat Z den Vorsteuerabzug gem. § 15 Abs. 1 Nr. 2 UStG.

S leistet an W. Es handelt sich um eine sonstige Leistung in Form einer Vermittlung. Der Ort der Vermittlungsleistung ergibt sich aus § 3a Abs. 2 Nr. 4 S. 1 UStG. Er richtet sich nach dem Ort des vermittelten Umsatzes. Vermittelt wurden die Holzlieferungen, die unter Anwendung des § 3 Abs. 8 UStG jeweils im Inland stattfanden. Der Or6t liegt damit im Inland, die Vermittlungsleistung ist daher steuerbar.

Eine Verlagerung nach § 3a Abs. 2 Nr. 4 S. 2 UStG scheidet aus.

Die Vermittlungsleistung ist aber gem. § 4 Nr. 5 Buchst. d UStG steuerfrei.

Sachverhalt 6:

W liefert den Notenständer an S, S liefert den Notenständer an L. Die Lieferungen erfüllen die Voraussetzungen eines Reihengeschäfts gemäß § 3 Abs. 6 S. 5 UStG. Daher ist nur eine der Lieferungen eine bewegte Lieferung i. S. v. § 3 Abs. 6 S. 1 UStG; die andere Lieferung wird am Ort des § 3 Abs. 7 S. 2 UStG getätigt.

Da S die Versendung durch C beauftragt und sie so genannte »mittlere« Unternehmerin ist, kommt § 3 Abs. 6 S. 6 UStG zur Anwendung. Nach der (widerlegbaren) gesetzlichen Vermutung gilt § 3 Abs. 6 S. 6, 1 Alt. UStG für die Lieferung des W an S. Also befindet sich der Ort dieser Lieferung steuerbar in Ludwigsburg, da die Ware hier an C übergeben wird.

Da der Notenständer im Zuge der Lieferung von W an die S nach Italien gelangt (§ 6a Abs. 1 Nr. 1 UStG) und S als Abnehmerin Unternehmerin ist (§ 6a Abs. 1 Nr. Buchst. 2a UStG), handelt es sich um eine innergemeinschaftliche Lieferung; S unterliegt analog § 1a i. V. m. § 3d S. 1 UStG einem innergemeinschaftlichen Erwerb in Italien.

Hinweis: W wird allerdings den nach §§ 17a und c UStDV verlangten Nachweis nicht erbringen können; die Lieferung ist mangels Nachweis steuerpflichtig.

Der Ort für die Anschlusslieferung der S an L befindet sich gemäß § 3 Abs. 7 S. 2 Nr. 2 UStG in Italien. Die Lieferung ist also nicht im Inland steuerbar.

Sachverhalt 7:

W erbringt durch B eine sonstige Leistung an I. Es handelt sich um eine sonstige Leistung gemäß § 3 Abs. 9 UStG in Form einer Werkleistung. Eine Werklieferung scheidet aus, da für das Stimmen des Instruments kein eigener Hauptstoff eingesetzt wird.

Der Ort dieser Leistung befindet sich gemäß § 3a Abs. 2 Nr. 3 Buchst. c S. 1 UStG eigentlich in Bordeaux. Allerdings wird W unter der USt-Id.-Nr. von I beauftragt. Daher könnte sich der Tätigkeitsort gemäß § 3a Abs. 2 Nr. 3 Buchst. c S. 2 UStG ins Inland verlagern. Da die reparierten Instrumente indes in Frankreich verbleiben, verbleibt der Ort der Leistung endgültig in Frankreich (S. 3).

Der Umsatz des W ist nicht im Inland steuerbar. W muss also aus dem erhaltenen Entgelt keine Umsatzsteuer abführen.

Hinweis: Um eine Besteuerung in Frankreich zu erreichen, beachten Sie die dem § 13b UStG entsprechende Regelung des französischen UStG.

W verbringt mittels des unselbständigen Erfüllungsgehilfen B das Werkzeug vom Inland nach Frankreich und erfüllt dabei möglicherweise – aus deutscher Sicht – den § 3 Abs. 1a UStG. Allerdings befindet sich das Werkzeug anschließend nur vorübergehend in Frankreich. Der Vorgang erfüllt daher weder ein innergemeinschaftliches Verbringen noch einen innergemeinschaftlichen Erwerb (Abschn. 15b Abs. 10 UStR).

Erst durch den Verkauf der Spezialzange ergibt sich etwas anderes:

Dieser Verkauf führt zu einer Lieferung des W an I. Der Ort dieser Lieferung befindet sich gemäß § 3 Abs. 7 S. 1 UStG in Frankreich. Sie ist in Deutschland nicht steuerbar.

In dem Moment, in dem die Zange von W verkauft wird, ändert sich die ursprüngliche Zweckbestimmung. Sie verbleibt endgültig in Frankreich und wurde – aus jetziger Sicht – nicht nur vorübergehend nach Frankreich verbracht.

Im Bezug auf die Zange kommt es bei W einerseits zu einem innergemeinschaftliche Verbringen gemäß § 3 Abs. 1a UStG von Deutschland nach Frankreich; dieses ist gemäß § 4 Nr. 1 Buchst. b i.V.m. § 6a Abs. 2 UStG steuerfrei. Zugleich liegt in Frankreich ein innergemeinschaftlicher Erwerb des W analog § 1 Abs. 1 Nr. 5, § 1a Abs. 2 UStG i.V.m. § 3d S. 1 UStG vor.

Sachverhalt 8:

Die NZZ erbringt eine sonstige Leistung an W. Der Ort dieser Leistung ergibt sich aus § 3a Abs. 4 Nr. 2 UStG i.V.m. § 3a Abs. 3 S. 1 UStG. Die Anzeigentätigkeit der NZZ ist steuerbar im Inland und mangels Steuerbefreiung auch steuerpflichtig.

Eine Besonderheit für die Person des Steuerschuldners besteht gem. § 13b UStG: die NZZ erbringt als ausländischer Unternehmer eine sonstige Leistung gemäß § 13b Abs. 1 Nr. 1 UStG steuerpflichtig im Inland. Der W schuldet daher gemäß § 13b Abs. 2 S. 1 UStG die anfallende Umsatzsteuer.

Die Abrechnung der NZZ erfolgte gemäß § 14a Abs. 5 UStG zu Recht ohne Ausweis der Umsatzsteuer.

W schuldet 160 € × 19 % = 30,40 € USt. Diesen Betrag kann er gemäß § 15 Abs. 1 Nr. 4 UStG als Vorsteuer abziehen.

III. Punktetabelle

			Punkte
1		W liefert am 17.07.2006 an van Gold; Ort liegt grds. in Ludwigsburg (§ 3 Abs. 6 S. 1 und 2 UStG).	1
		§ 3c UStG geprüft; Vor. des § 3c Abs. 1 und 2 UStG erfüllt.	1
		Überscheiten der belgischen Lieferschwelle geprüft.	1
		Und bejaht; Folge: die Lieferung ist in der BRD nicht steuerbar.	1
2		Kommissionsgeschäft (§ 3 Abs. 3 UStG) erkannt, in dem W (Kommittent) an die Verkaufskommissionärin (L) liefert und diese wiederum an einen Dritten.	1
		40 Lieferungen durch L an französischen Abnehmer.	1
		Als innergemeinschaftliche Lieferungen steuerfrei (§§ 4 Nr. 1 Buchst. b i. V. m. 6a UStG).	1
		Zeitgleich 40 Lieferungen von W an L ausgeführt (§ 3 Abs. 1 UStG); Ort der Lieferungen des W nach § 3 Abs. 7 S. 1 UStG bestimmt (Karlsruhe).	1
		Lieferungen des W an L sind steuerbar (§ 1 Abs. 1 Nr. 1 UStG) und steuerpflichtig zu 19%. IgL begründet abgelehnt.	1
		Bemessungsgrundlage und USt (2554,62 €) zutreffend ermittelt; Entstehung mit Ablauf Juni 07.	1
		Hin- und Rücktransport der nicht verkauften Mandolinen stellt rechtsgeschäftsloses Verbringen dar.	1
3		Reihengeschäft erkannt.	1
		Dabei die Versendung dem W als Abnehmer zugeordnet; Lieferung M an W als bewegte Lieferung erkannt. Ort in Edinburg/Schottland.	1
		Erwerb des Dudelsacks unterliegt bei W der Besteuerung des igE in Deutschland (§ 1a Abs. 1 Nr. 1 bis 3 UStG); steuerbar und steuerpflichtig zu 19%.	1
		Bemessungsgrundlage mit 1150 € ermittelt; USt 218,50 €. Entstehung nach § 13 Abs. 1 Nr. 6, 1. Alt. UStG am 09.06.2007.	1
		Vorsteuerabzug nach § 15 Abs. 1 Nr. 3 UStG, § 15 Abs. 2 UStG greift nicht.	1

			Punkte
		In Pforzheim wird von W »ruhende« Lieferung an den Highlander-Club ausgeführt.	1
		Diese ist steuerbar und steuerpflichtig zu 19 %. USt 380 €, mit Ablauf Mai 07 entstanden.	1
		F erbringt Beförderungsleistung; Ort grds. nach § 3b Abs. 1 UStG die Beförderungsstrecke; aber Sonderfall des § 3b Abs. 3 UStG erkannt, nach S. 1 Ort der Beförderung in Edinburg/Schottland – nicht steuerbar.	1
		Wegen Verwendung einer deutschen USt-Id.-Nr. kommt es gem. S. 2 zu einer Verlagerung nach Deutschland; Leistung somit insgesamt steuerbar.	1
		§ 4 Nr. 3 Buchst. a UStG verneint; somit steuerpflichtig zu 19 %.	1
		Eingreifen des § 13b UStG erkannt; Folgen erörtert.	1
	4	W leistet an P in Form einer Werklieferung gem. § 3 Abs. 4 UStG; Abgrenzung zu Werkleistung untersucht. Ort gem. § 3 Abs. 6 S. 1, 3 und 4 UStG in Ludwigsburg; Umsatz ist steuerbar.	1
		Steuerbefreiung als igL erkannt. P unterliegt in Spanien Erwerbsbesteuerung.	1
		C erbringt an P sonstige Leistung gem. § 3b Abs. 3 UStG; Ort grds. im Inland, aber wegen spanischer USt Id. Nr. nach § 3b Abs. 3 S. 2 UStG in Spanien; Leistung des C ist nicht im Inland steuerbar.	1
	5	Holz: Z erbringt an W Beförderungslieferung; Ort grds. gem. § 3 Abs. 6 S. 1 UStG in Zürich; aber wegen § 3 Abs. 8 UStG doch steuerbar.	1
		USt-Schuld des Z aus Lieferung beträgt 4 670 € × 19/119 = 745,63 €. Dass Z die USt zu niedrig berechnet hat, ist ohne Auswirkungen.	1
		Z schuldet außerdem gem. § 1 Abs. 1 Nr. 4 UStG die EUSt; 4 000 € × 19 % = 760 €, gem. § 15 Abs. 1 Nr. 2 als VorSt abziehbar.	1
		Notenständer: Z liefert an W; Lieferort in Ludwigsburg (§ 3 Abs. 7 S. 1 UStG); steuerbar und steuerpflichtig.	1
		Z schuldet sowohl EUSt als auch USt für die Lieferungen – jeweils 159,66 €. Bezüglich EUSt hat Z den VorSt-Abzug gem. § 15 Abs. 1 Nr. 2 UStG.	1

			Punkte
		S erbringt an W Vermittlungsleistung; Ort nach § 3a Abs. 2 Nr. 4 S. 1 UStG im Inland, daher steuerbar. § 3a Abs. 2 Nr. 4 S. 2 UStG scheidet aus.	1
		Aber gem. § 4 Nr. 5d UStG steuerfrei.	1
	6	Reihengeschäft W – S – L erkannt.	1
		S bewirkt Warenbewegung als »mittlerer« Unternehmer; Lieferung W an S »bewegt«; Ort dieser Lieferung in Ludwigsburg.	1
		Grds. als igL steuerfrei.	1
		Anschlusslieferung S an L gem. § 3 Abs. 7 S. 2 Nr. 2 UStG in Italien; nicht im Inland steuerbar.	1
	7	W erbringt Werkleistung/sonstige Leistung an I.	1
		Ort nach § 3a Abs. 2 Nr. 3 Buchst. c S. 1 UStG in Bordeaux; wegen USt-Id.-Nr. könnte sich Ort nach S. 2 ins Inland verlagern; aber S. 3 greift; daher nicht im Inland steuerbar.	1
		Für Werkzeug § 3 Abs. 1a UStG geprüft; wegen nur vorübergehender Verwendung aber grds. nicht steuerbar.	1
		Verkauf der Zange: Lieferung des W an I; Ort gem. § 3 Abs. 7 S. 1 UStG in Frankreich. Sie ist in Deutschland nicht steuerbar.	1
		Damit nicht nur vorübergehend nach Frankreich verbracht; somit ig Verbringen gem. § 3 Abs. 1a UStG in Deutschland; steuerfrei nach § 4 Nr. 1 Buchst. b i. V. m. § 6a Abs. 2 UStG. Zugleich liegt in Frankreich ein ig Erwerb des W analog § 1 Abs. 1 Nr. 5, § 1a Abs. 2 UStG i. V. m. § 3d S. 1 UStG vor.	1
	8	NZZ erbringt sonstige Leistung an W; Ort ergibt sich aus § 3a Abs. 4 Nr. 2 UStG i. V. m. § 3a Abs. 3 S. 1 UStG: steuerbar und steuerpflichtig.	1
		§ 13b UStG erkannt, Folgen erörtert.	1
		Abrechnung der NZZ untersucht; W schuldet 30,40 € USt; gem. § 15 Abs. 1 Nr. 4 UStG als VorSt abziehbar.	1
		Summe	44

Klausuraufgabe 15:
Vermittlungsleistung/Binnenmarktlieferung/Vorsteuerabzug bei nicht steuerbarem Ausgangsumsatz

I. Sachverhalt

Der Käseproduzent Kai Kaas (**K**) aus Appeldoorn (Niederlande) erzeugt dort verschiedene Käsesorten, die er auch ins Ausland exportiert. In derartigen Fällen holt stets ein von ihm beauftragter Spediteur in Appeldoorn den zu transportierenden Käse ab und sorgt für den Transport per Lkw, Bahn oder Schiff zum ausländischen Käufer.

Bei seinem Winterurlaub 2006 in den Niederlanden hat Handelsvertreter Quark (**Q**) aus Quedlinburg, der in der Nahrungsmittelbranche tätig ist, auch Käse von K verzehrt, daraufhin dessen Betrieb besichtigt und dessen Preise und Qualität schätzen gelernt. Diese Erfahrungen kann Q gegenüber zwei seiner Auftraggeber verwerten, die am Käse des K Interesse zeigen und auf Betreiben des Q mit K jeweils Kaufverträge über eine größere Ladung Käse abschließen, wofür Q von seinen Auftraggebern jeweils eine Netto-Provision in Höhe von 5 % des Netto-Kaufpreises erhält.

So kann K in der geschilderten Weise schon im Januar 2007 Käse zum Preis von 60 000 € an einen Großhändler mit Sitz in den Vereinigten Staaten (USA) sowie zum Preis von 23 800 € an den Käsegroßhändler Nackisch (**N**) aus Nürnberg ausliefern, dem K eine Rechnung über 20 000 € zuzüglich 3 800 € deutscher Umsatzsteuer zukommen lässt. N überweist dem K daraufhin 20 000 €.

Da K den Käse nach Deutschland zur Lieferkondition »DDP« liefert, hat er bei der Crash-AG (**C-AG**) mit Sitz in Frankfurt/Main eine Transportversicherung abgeschlossen. Hierfür hat die C-AG dem K eine Versicherungsprämie in Höhe von 600 € berechnet. Die C-AG hat den Versicherungsvertrag nach Einholung von Auskünften bei einem in Frankfurt/Main ansässigen Transportsachverständigen abgeschlossen, der ihr darüber eine Rechnung hat zukommen lassen, in der er sein Honorar mit 200 € zuzüglich 38 € Umsatzsteuer = 238 € berechnet.

II. Aufgabe

Überprüfen Sie die Umsätze bei K, N, Q und bei der C-AG sowie den Vorsteuerabzug bei N und der C-AG auf ihre Auswirkungen in Deutschland.
Anmerkung: In den Niederlanden gelten folgende Umsatzsteuer-Sätze: 19 % (Normalsatz), 6 % (ermäßigter Satz).

III. Lösung

K liefert den Käse jeweils im Rahmen einer Versendungslieferung an den Großhändler in den USA bzw. an N in Nürnberg, die gem. § 3 Abs. 6 S. 1, 3 und 4 UStG dort ausgeführt ist, wo er den Käse an den Spediteur übergibt, also in Appeldoorn/Niederlande. Die Versendungslieferungen sind demnach in Deutschland nicht steuerbar.

Eine Verlagerung des Lieferortes gemäß § 3c UStG nach Deutschland für die Lieferung an N kommt nicht in Betracht, da die abnehmenden Käsegroßhändler nicht zum Abnehmerkreis nach § 3c Abs. 2 UStG zählen.

Da der für N bestimmte Käse vom Gebiet eines EU-Mitgliedstaates (Niederlande) in das Gebiet eines anderen EU-Mitgliedstaates (Deutschland) gelangt, der Erwerber N den Käse für sein Handelsunternehmen erwirbt und K den Käse als regelbesteuerter Unternehmer gegen Entgelt im Rahmen seines Unternehmens liefert, verwirklicht der Erwerber N mit dem Erwerb des Käses den Tatbestand des innergemeinschaftlichen Erwerbs gem. § 1 Abs. 1 Nr. 5 i. V. m. § 1 Buchst. a Abs. 1 UStG. Der innergemeinschaftliche Erwerb ist in Deutschland zu versteuern, weil sich der Ort gem. § 3d S. 1 UStG dort befindet, wo die Versendung des versandten Käses endet, also in Nürnberg. Der Erwerb ist auch steuerpflichtig, da § 4b UStG nicht eingreift.

Er unterliegt gem. § 12 Abs. 2 Nr. 1 UStG i. V. m. der Anlage 2 hierzu dem ermäßigten Steuersatz von 7 % (Ziffer 4 – Milcherzeugnisse). Die Umsatzsteuer beträgt bei einem (Netto-) Entgelt (vgl. § 10 Abs. 1 S. 1 und 2 UStG) von 20 000 € somit 1 400 €.

Diesen Betrag kann N wiederum gem. § 15 Abs. 1 S. 1 Nr. 3 UStG als Vorsteuer abziehen.

Hinweis: Die in den Niederlanden steuerbare Lieferung des K an N ist in den Niederlanden entsprechend der deutschen Vorschrift in § 4 Nr. 1 Buchst. b i. V. m. § 6 a UStG als innergemeinschaftliche Lieferung von der Umsatzsteuer befreit.

Da K jedoch für seine Lieferung Umsatzsteuer gesondert ausgewiesen hat und es sich dabei um deutsche Umsatzsteuer handelt, schuldet K gem. § 14c Abs. 1 UStG wegen unrichtigen Umsatzsteuer-Ausweises in Deutschland Umsatzsteuer in Höhe von 3 800 € (vgl. Abschn. 190c Abs. 1 S. 2 Nr. 3 UStR).

Die Handelsvertreter-Leistungen des Q stellen Vermittlungsleistungen, also sonstige Leistungen gem. § 3 Abs. 9 UStG, dar. Q erbringt die Leistungen an seine den Käse erwerbenden Auftraggeber, also den Großhändler in den Vereinigten Staaten sowie an den Käsegroßhändler N in Nürnberg. Die Vermittlungsleistungen eines Handelsvertreters werden regelmäßig dort ausgeführt, wo der vermittelte Umsatz ausgeführt wird (§ 3a Abs. 2 Nr. 4 S. 1 UStG).

Danach ist die Vermittlung der Käselieferung an den amerikanischen Großhändler dort erbracht, wo die vermittelte Lieferung stattfindet: in Appeldoorn/Niederlande. Diese Vermittlungsleistung des Q ist demnach in Deutschland nicht steuerbar.

Hinweis: Vertretbar ist m. E. auch auf den Erwerb (als Passivseite der Verschaffung der Verfügungsmacht) abzustellen. Am Ergebnis (Nichtsteuerbarkeit) ändert sich nichts, da der Erwerb des US-Großhändler wegen des Gefahrenübergangs entspr. den Lieferbedingungen entweder in den Niederlanden oder den USA ist.

Die Vermittlung der Käselieferung an N ist hingegen dort ausgeführt, wo der innergemeinschaftliche Erwerb (als vermittelter Umsatz) des N stattfindet: in Nürnberg/Deutschland. Der Ort ändert sich auch bei Berücksichtigung des § 3a Abs. 2 Nr. 4 S. 2 UStG nicht, weil der Leistungsempfänger N gemäß Bearbeitungshinweis Nr. 9 die USt-Id.-Nr. seines Niederlassungsstaates Deutschland, also keine USt-Id.-Nr. eines anderen EU-Mitgliedstaates verwendet. Diese Vermittlungsleistung des Q ist deshalb steuerbar.

Sie ist auch steuerpflichtig. Der Steuersatz beträgt gem. § 12 Abs. 1 UStG 19 %. Das Entgelt (§ 10 Abs. 1 S. 2 UStG) beträgt (20 000 € × 5 % =) 1 000 €, die hierauf entfallende Umsatzsteuer somit 190 €.

Die Tätigkeit der C-AG gegenüber K besteht in der Übernahme des Risikos für den Transport des Käses nach Deutschland. Hierin liegt eine sonstige Leistung gem. § 3 Abs. 9 UStG. Der Ort dieser sonstigen Leistung ergibt sich aus § 3a Abs. 4 Nr. 6a i. V. m. § 4 Nr. 10a i. V. m. § 3a Abs. 3 S. 1 UStG: Er liegt dort, wo der Empfänger K sein Unternehmen betreibt (Appeldoorn/Niederlande); die Leistung der C-AG ist somit nicht steuerbar.

Hinweis: Um eine Besteuerung in den Niederlanden zu gewährleisten, greift die dem § 13b UStG entsprechende Vorschrift des niederländischen UStG.

Die der C-AG anlässlich des Versicherungsabschlusses durch die Beratung in Rechnung gestellte Umsatzsteuer ist zwar ohne weiteres gem. § 15 Abs. 1 S. 1 Nr. 1 UStG abziehbar, kann jedoch unter Beachtung des Vorsteuerabzugsverbots in § 15 Abs. 2 UStG grundsätzlich nicht abgezogen werden. Die C-AG erbringt nämlich gem. § 4 Nr. 10 Buchst. a UStG steuerfreie Leistungen und unterliegt deshalb gem. § 15 Abs. 2 S. 1 Nr. 1 UStG dem Vorsteuerabzugsverbot.

Da die C-AG eine Versicherungsleistung erbringt, deren Ort im Ausland liegt, greift das Vorsteuerabzugsverbot gem. § 15 Abs. 2 S. 1 Nr. 2 UStG ein; eine Ausnahme gem. § 15 Abs. 3 Nr. 2 Buchst. b UStG liegt nicht vor.

IV. Punktetabelle

	Punkte
Lieferungen des K nicht steuerbar in Deutschland.	1
§ 3c UStG begründet abgelehnt.	1
Steuerbarer igE des N bejaht.	1
stpfl. zu 7 %, USt i. H. v. 1 400 € errechnet; Vorsteuerabzug gem. § 15 Abs. 1 Nr. 3 UStG bejaht.	1
§ 14c Abs. 1 UStG für in der Rechnung des K ausgewiesener USt erkannt.	1
Leistungen des Q als Vermittlungsleistungen erkannt.	1
Vermittlungsleistung des Q an den US-Großhändler nicht steuerbar.	1
Vermittlungsleistung des Q an den N steuerbar gem. § 3a Abs. 2 Nr. 4 UStG.	1
und stpfl.; USt 190 €.	1
Versicherungsleistung der C-AG als nicht steuerbare (§ 3a Abs. 4 i. V. m. Abs. 3 UStG) sonstige Leistung erkannt.	1
VorSt-Abzug der C-AG: § 15 Abs. 1 Nr. 1 UStG bejaht.	1
Aber gem. § 15 Abs. 2 Nr. 2 (i. V. m. Abs. 3 Nr. 2 Buchst. a UStG) nicht abzugsfähig.	1
Summe	12

Klausuraufgabe 16:
Ort bei Telekommunikationsleistungen/Umsatzsteuer gem. § 14c UStG/Reverse-Charge-Umsatzsteuer/Verfahrensfragen

I. Sachverhalt

Die Firma Supernet (**S**) mit Sitz in Atlanta (USA) ist im Internetbereich tätig. Sie vertreibt u.a. Zugangsberechtigungen zum Internet.

So verschaffte die S auch der Wiktoria-Versicherungs-AG (**W-AG**) mit Sitz in Wuppertal Zugang zum Internet. Für den Verkauf ihrer Leistungen berechnete die S in der Rechnung vom Februar 2007 an die W-AG 1 200 € zuzüglich offen ausgewiesener 228 € Umsatzsteuer.

Ein weiterer Kunde der S ist der beim Finanzamt in Hamburg beschäftigte Internet-Freak Franz Fiskus. Auch er erwarb von S eine Zugangsberechtigung zum Internet. In der Rechnung vom Februar 2007 an Franz Fiskus verlangte S 300 € zuzüglich 57 € Umsatzsteuer.

II. Aufgabe

Untersuchen Sie die Umsätze der S sowie im Falle einer Steuerbarkeit der Umsätze die Folgen für das Besteuerungsverfahren sowie den Vorsteuerabzug der W!

III. Lösung

Die S erbringt an die W-AG und Franz Fiskus jeweils sonstige Leistungen gem. § 3 Abs. 9 UStG. Es handelt sich hierbei um Telekommunikationsleistungen gem. § 3a Abs. 4 Nr. 12 UStG (vgl. Abschn. 39a Abs. 2 Nr. 3 Buchst. d UStR).

Soweit die S ihre Telekommunikationsleistung an die W-AG ausführt, liegt der Ort gem. § 3a Abs. 3 S. 1 UStG in Wuppertal, da die W-AG die Leistung für ihren unternehmerischen Bereich empfängt. Somit ist die Leistung der S an die W-AG in Deutschland steuerbar.

Sie ist auch steuerpflichtig. Die Bemessungsgrundlage beträgt gem. § 10 Abs. 1 S. 2 UStG 1 200 €. Hierauf entfällt eine Umsatzsteuer von 228 € (19 %)

Der gesonderte Umsatzsteuer-Ausweis ist jedoch deshalb fehlerhaft, weil die S als im Ausland ansässiger Unternehmer eine sonstige Leistung an einen Unternehmer ausgeführt hat (§ 13b Abs. 1 S. 1 Nr. 1 und Abs. 2 UStG) und deshalb der leistungsempfangende Unternehmer W-AG Steuerschuldner aus der Leistung der S ist. Gem. § 14a Abs. 5 S. 2, 3 UStG hätte die S die anfallende Umsatzsteuer nicht gesondert ausweisen dürfen; infolgedessen schuldet die S die ausgewiesene Umsatzsteuer gem. § 14c Abs. 1 UStG (vgl. Abschn. 182a Abs. 31 Satz 5 UStR). Außerdem hätte S in ihrer Rechnung an die W-AG auf die Steuerschuldnerschaft der W-AG hinweisen müssen; das Fehlen dieses Hinweises ist allerdings ohne Konsequenzen ist.

Demnach schuldet die W-AG die aus der Leistung der S resultierende Umsatzsteuer. Bemessungsgrundlage ist – ungeachtet des von der W-AG an die S entrichteten Betrages (1 200 € oder 1 428 €) – der angeforderte Betrag ohne Umsatzsteuer (Abschn. 182a Abs. 27 Satz 1 UStR), also 1 200 €. Die W-AG schuldet also 228 €.

Die gesondert ausgewiesene Umsatzsteuer kann die W-AG nicht gem. § 15 Abs. 1 Nr. 1 UStG als Vorsteuer abziehen, da sie nicht gesetzlich, sondern gem. § 14c Abs. 1 UStG geschuldet wird (vgl. Abschn. 192 Abs. 9 S. 2 UStR).

Grundsätzlich kann die W-AG jedoch die von ihr gem. § 13b UStG geschuldete Umsatzsteuer gem. § 15 Abs. 1 Nr. 4 UStG als Vorsteuer abziehen. Da die W-AG jedoch gem. § 4 Nr. 10 UStG steuerfreie Umsätze ausführt, unterliegt sie gem. § 15 Abs. 2 Nr. 1 UStG dem Vorsteuerabzugsverbot; Anhaltspunkte für eine Ausnahme gem. § 15 Abs. 3 Nr. 1 Buchst. b UStG sind aus dem Sachverhalt nicht ersichtlich.

Soweit die S ihre Telekommunikationsleistung an den beamteten Internet-Freak Franz Fiskus ausführt, liegt der Ort ebenfalls im Inland. Zwar ist der Empfänger kein Unternehmer und wohnt im Inland, so dass die Ortregel in § 3a Abs. 3 UStG unanwendbar ist.

Doch ergibt sich der Ort dann nicht aus § 3a Abs. 1 UStG anhand des Sitzortes der S in den USA, sondern aus § 1 Abs. 1 S. 1 Nr. 2 UStDV, weil der leistende Unternehmer S seinen Sitz im Drittlandsgebiet USA hat und der private Empfänger die Telekommunikationsleistung im Inland nutzt. Sie ist auch steuerpflichtig. Die Umsatzsteuer beträgt – wie ausgewiesen – 57 €.

Eine Steuerschuld gem. § 13b UStG kann sich für den privaten Empfänger nicht ergeben, weil er kein Unternehmer ist (§ 13b Abs. 2 UStG). Deshalb ist auch der Umsatzsteuer-Ausweis korrekt.

Das Besteuerungsverfahren richtet sich hier nicht nach den § 16 Abs. 1 a i.V.m. § 18 Abs. 4c und d UStG, da S nicht »ausschließlich« Leistungen an nichtunternehmerische Personen erbringt.

S muss bei dem für sie gem. § 21 Abs. 1 S. 2 AO i.V.m. § 1 Nr. 34 UStZustVO zuständigen Finanzamt Bonn-Innenstadt Ust-Voranmeldungen sowie eine USt-Jahresanmeldung abgeben.

IV. Punktetabelle

	Punkte
S erbringt sonstige Leistungen gem. § 3 Abs. 9 UStG i.V.m. § 3a Abs. 4 Nr. 12 UStG.	1
An W-AG: Ort gem. § 3a Abs. 3 S. 1 UStG in Wuppertal, Leistung der S steuerbar und steuerpflichtig, Bemessungsgrundlage 1 200 €; USt 228 €.	1
USt-Ausweis fehlerhaft, wegen § 13b Abs. 1 S. 1 Nr. 1 und Abs. 2 UStG; deshalb schuldet S ausgewiesene USt gem. § 14c Abs. 1 UStG.	1
W-AG schuldet 228 €.	1
Gesondert ausgewiesene USt in Rechnung nicht gem. § 15 Abs. 1 Nr. 1 UStG als Vorsteuer abziehbar.	1
Nur § 13b-USt gem. § 15 Abs. 1 Nr. 4 UStG; aber Vorsteuerabzugsverbot greift.	1
An Franz Fiskus: § 3a Abs. 3 UStG unanwendbar.	1
Aber § 1 Abs. 1 S. 1 Nr. 2 UStDV führt zu Steuerbarkeit und Steuerpflicht; USt beträgt 57 €.	1
§ 13b UStG greift nicht.	1

	Punkte
Besteuerungsverfahren richtet sich nicht nach den § 16 Abs. 1a i. V. m. § 18 Abs. 4c und d UStG, sondern S muss beim FA Bonn-Innenstadt USt-Voranmeldungen sowie eine USt-Jahresanmeldung abgeben.	1
Summe	10

Klausuraufgabe 17:
Umsatzsteuerermittlung bei fehlerhafter Abrechnung wegen teilweise steuerfreier Ausfuhrlieferungen/unentgeltliche Wertabgaben an das Personal und an Kunden/nachträgliche Vorsteuerberichtigung gem. § 17 Abs. 2 Nr. 5 UStG/Rechnung mit zu hohem Steuerausweis

I. Sachverhalt

Großhändler Toni Teuerkauf (**T**) aus Konstanz hatte im Januar 2007 beim Hersteller Blasmaier (**B**) aus Dresden 1 000 MP3-Player zum Einführungspreis von 50 € ab Werk pro Gerät bestellt, deren Lieferung B ihm für Ende Februar 2007 versprochen hatte. Zwischenzeitlich verkaufte T zehn dieser Geräte für 80 € an den Einzelhändler Ebbo Effenberg (**E**) in Kreuzlingen (Schweiz). Daraufhin gab T dem B die Weisung, ihm selbst nur 990 MP3-Player zu senden, die weiteren 10 Geräte jedoch direkt an den Einzelhändler in Kreuzlingen zu schicken. B verfuhr wie von T angewiesen und versandte die MP3-Player getrennt per Bahn.

Am Versandtag (03.03.2007) schickte B dem T eine Rechnung, die auszugsweise folgenden Inhalt hat:

Lieferung von 1 000 MP3-Playern, Typ Z 600, frei Haus, Stückpreis 50 € (brutto), somit netto	42 016,80 €
Versandkosten (2 € pro Gerät)	2 000,00 €
Zwischensumme	44 016,80 €
Umsatzsteuer (19 %)	8 363,19 €
Zu zahlen	52 379,99 €

870 der bei ihm angelieferten 990 Geräte konnte T in den Monaten März und April 2007 veräußern. Als er im April 2007 bei B weitere Geräte bestellen wollte, erfuhr er, dass nunmehr das Gerät ab Werk 59,50 € brutto zuzüglich Versandkosten wie bisher kostet, und nahm einstweilen davon Abstand.

Drei MP3-Player verließen im April 2007 auf besondere Weise das Lager des T:

Ein Gerät übergab T anlässlich seines 25-jährigen Firmenjubiläums seinem leitenden Angestellten, der in Kreuzlingen (Schweiz) wohnt und das Gerät freudestrahlend mit nach Hause nahm.

Ein weiteres Gerät händigte T einem ortsansässigen Einzelhändler aus, der erstmalig sein Geschäft besuchte und den er als Kunden gewinnen will.

Das dritte Gerät konnte ein Einzelhändler aus Überlingen als Draufgabe in Empfang nehmen, der bei T gerade 20 Farbfernsehgeräte erwarb.

II. Aufgabe

Beurteilen Sie den Sachverhalt gemäß den »Allgemeinen Hinweisen« zu Beginn von Teil E!

III. Lösung

B liefert die von T bestellten 1 000 MP3-Player in unterschiedlicher Form:
990 Geräte liefert B gem. § 3 Abs. 6 S. 1, 3 und 4 UStG (Versendungslieferung). Die Lieferungen sind steuerbar und steuerpflichtig. Die Bemessungsgrundlage hierfür beträgt bei einem Nettostückpreis von 50 € ./. (19/119 von 50 € =) 7,98 € = 42,02 €:

990 Stück × 42,02 € = 41 599,80 €
+ Versandkosten
990 Stück × 2,00 € = 1 980,00 €
Gesamt: 43 579,80 €
Die Umsatzsteuer hierauf beträgt (19 %) 8 280,16 €.

Bezüglich der weiteren zehn Geräte liegt ein Reihengeschäft gem. § 3 Abs. 6 S. 5 UStG vor. B liefert an T und T liefert an den Einzelhändler in Kreuzlingen, indem B die Geräte unmittelbar an den Einzelhändler in Kreuzlingen verschickt. Da B den Versand in Auftrag gibt, sind die Versendungen den Lieferungen des B an T zuzuordnen. Die Versendungslieferungen sind dort erbracht, wo die Versendung beginnt, also in Dresden. Sie sind damit steuerbar.

Sie sind aber nicht steuerpflichtig. Die Geräte gelangen bei der Versendung durch B ins Drittlandsgebiet Schweiz, so dass insoweit gem. § 4 Nr. 1 Buchst. a i. V. m. § 6 Abs. 1 Nr. 1 UStG steuerfreie Ausfuhrlieferungen vorliegen. Die erforderlichen Beleg- und Buchnachweise sind lt. Bearbeitungshinweis Nr. 5 gegeben.

Da B in seiner Rechnung Umsatzsteuer gesondert ausgewiesen hat, die über dem regulär geschuldeten Betrag von 8 280,16 € liegt, schuldet er diesen Teil der Umsatzsteuer gem. § 14c Abs. 1 UStG. Er beträgt (8 363,19 € ./. 8 280,16 € =) 83,03 €.

Die Lieferungen des T an den Einzelhändler in Kreuzlingen im Rahmen des Reihengeschäfts folgen den Versendungslieferungen des B an T nach. Daher erbringt T ruhende Lieferungen gem. § 3 Abs. 7 S. 2 Nr. 2 UStG, die dort ausgeführt sind, wo die Versendung endet. Diese Lieferungen werden in Kreuzlingen/Schweiz ausgeführt und sind deshalb in Deutschland nicht steuerbar.

Die Übergabe des MP3-Players an den leitenden Angestellten erfolgt unentgeltlich, da der Angestellte keine zusätzliche Arbeitsleistung erbringen muss. Deshalb könnte eine unentgeltliche Wertabgabe gem. § 3 Abs. 1b UStG vorliegen. T wendet dem Angestellten das Gerät aus unternehmerischen Gründen zu: Anlass ist sein 25-jähriges Firmenjubiläum. Das Gerät ist für den privaten Bedarf des Arbeitnehmers bestimmt. Somit sind die positiven Voraussetzungen des § 3 Abs. 1b Nr. 2 UStG gegeben.

Die Schenkung ist auch steuerbar. Ein Ausnahmefall in Gestalt der Aufmerksamkeit liegt nicht vor (vgl. Abschn. 12 Abs. 3 UStR): Der Wert des Geräts liegt jedenfalls über 40 € (vgl. unten). Aus dem Erwerb von B hat T auch ohne weiteres den Vorsteuerabzug, da er insoweit über eine ordnungsmäßige Rechnung gem. § 14 Abs. 1 UStG verfügt (vgl. unten). Der Ort der unentgeltlichen Wertabgabe befindet sich gem. § 3f UStG in Konstanz.

Die Wertabgabe ist auch steuerpflichtig, da die Regelung über die Steuerbefreiung für Ausfuhrlieferungen gem. § 6 Abs. 5 UStG bei unentgeltlichen Wertabgaben nicht eingreift.

Bemessungsgrundlage ist gem. § 10 Abs. 4 S. 1 Nr. 1 i. V. m. S. 2 UStG der Einkaufspreis ohne Umsatzsteuer zuzüglich der Nebenkosten zum Zeitpunkt der Wertabgabe. In diesem Zeitpunkt berechnen sich die Wiederbeschaffungskosten wie folgt: 58,00 € brutto (im April 2006 gestiegener Einkaufspreis), also (59,50 € × 100/119 =) 50,00 € netto zuzüglich 2,00 € für anteilige Transportkosten, insgesamt demnach 52,00 €. Die Umsatzsteuer hierauf beträgt (52,00 € × 19 % =) 9,88 €.

Die unentgeltliche Abgabe eines weiteren MP3-Players an den ortsansässigen Einzelhändler hat ihre Ursache in betrieblichen Erwägungen, weil T ihn als Kunden gewinnen will. Derartige Wertabgaben fallen unter § 3 Abs. 1b Nr. 3 UStG, wenn sie nicht nur geringen Wert haben, die abgegebenen Gegenstände nicht als Warenmuster anzusehen sind und mindestens z. T. zum Vorsteuerabzug berechtigt haben. Der Wert der Abgabe ist nicht gering, da die Anschaffungskosten über 40 € liegen (vgl. oben).

T hatte zunächst auch den Vorsteuerabzug aus der Anschaffung, weil er über eine ordnungsgemäße Rechnung verfügt (vgl. unten) und auch dieses Gerät in seinem Handelsbetrieb ursprünglich verkaufen wollte.

Die Schenkung löst jedoch nachträglich das Vorsteuerabzugsverbot des § 15 Abs. 1a Nr. 1 UStG aus, weil die Anschaffungskosten von (42,02 € + 2,00 € =) 44,02 € über der Grenze von 40 € in § 4 Abs. 5 Nr. 1 EStG liegen und sich dadurch nichtabzugsfähige Betriebsausgaben ergeben.

Die hierauf entfallende Vorsteuer in Höhe von (44,02 € × 19 % =) 8,36 € ist in der Voranmeldung für April 2007 gem. § 17 Abs. 2 Nr. 5 EStG zu berichtigen. Damit entfällt die Grundlage für eine Besteuerung der unentgeltlichen Wertabgabe gem. § 3 Abs. 1b Nr. 3 UStG. Die Abgabe ist nicht steuerbar.

Die Abgabe eines weiteren MP3-Players an den Einzelhändler aus Überlingen ist nicht als unentgeltliche Wertabgabe einzustufen. Sie erfolgt im Rahmen der entgeltlichen Abgabe von 20 Farbfernsehgeräten und wird damit bei wirtschaftlicher Betrachtungsweise zum Bestandteil dieses Leistungsaustausches: Der Einzelhändler erwirbt 20 Farbfernsehgeräte und den MP3-Player gegen Zahlung des Preises für 20 Farbfernsehgeräte.

T hat aus der Rechnung zu den Lieferungen des B (z. T.) gem. § 15 Abs. 1 S. 1 Nr. 1 UStG den Vorsteuerabzug, weil er z. T. eine ordnungsgemäße Rechnung im Sinne des § 14 Abs. 4 S. 1 Nr. 1 bis 8 UStG besitzt.

Der in der Rechnung ausgewiesene Umsatzsteuerbetrag ist aber nicht in vollem Umfang abziehbar. Soweit die Lieferungen an T als Ausfuhrlieferungen steuerfrei sind, entfällt der Vorsteuerabzug, weil dieser Teil der Umsatzsteuer von B gem. § 14c Abs. 1 UStG geschuldet wird, es sich somit nicht um eine gesetzlich geschuldete Umsatzsteuer handelt (vgl. oben: hierfür anteilig unrichtig ausgewiesene Umsatzsteuer in Höhe von 83,03 € sowie Abschn. 192 Abs. 8 S. 2 UStR).

Außerdem entfällt der Vorsteuerabzug für die unentgeltliche Abgabe eines MP3-Players, die zu einer nichtabzugsfähigen Betriebsausgabe führt (vgl. oben: in Höhe von 7,22 €).

Die Vorsteuer kann also von T im Ergebnis nur in Höhe von

8 363,19 €
./.   83,03 €
./.   8,36 €

8 271,80 € abgezogen werden.

IV. Punktetabelle

	Punkte
B liefert an T 1000 MP3-Player: 990 Geräte liefert B gem. § 3 Abs. 6 S. 1, 3 und 4 UStG (Versendungslieferung) steuerbar und steuerpflichtig. Bemessungsgrundlage (43 579,80 €) und USt (8 280,16 €) richtig berechnet.	1
Für 10 Geräte Reihengeschäft erkannt; Lieferort Dresden; damit steuerbar.	1
Aber gem. § 4 Nr. 1a i.V.m. § 6 Abs. 1 Nr. 1 UStG steuerfreie Ausfuhrlieferungen.	1
§ 14c Abs. 1 UStG: 83,03 € errechnet.	1
Lieferungen an den Einzelhändler gem. § 3 Abs. 7 S. 2 Nr. 2 UStG in Kreuzlingen/Schweiz; deshalb nicht steuerbar.	1
MP3-Player für Angestellten: § 3 Abs. 1b Nr. 2 UStG gegeben.	1
Keine Aufmerksamkeit, da über 40 €; Vorsteuerabzug gegeben; Ort gem. § 3f UStG in Konstanz.	1
Auch steuerpflichtig, da § 6 Abs. 5 UStG eingreift.	1
Bemessungsgrundlage mit 59,50 € brutto zzgl. 2 € für anteilige Transportkosten, insgesamt demnach 52 €/Netto; USt 9,88 €.	1
MP3-Player für Einzelhändler in Konstanz: § 3 Abs. 1b Nr. 3 UStG grds. gegeben.	1
Aber wegen § 15 Abs. 1a Nr. 1 UStG kein VorSt-Abzug.	1
Für April 07 gem. § 17 Abs. 2 Nr. 5 EStG ist VorSt zu berichtigen; Wertabgabe gem. § 3 Abs. 1b Nr. 3 UStG deshalb nicht steuerbar.	1
MP3-Player für Einzelhändler aus Überlingen: keine unentgeltliche Wertabgabe, da Bestandteil des Leistungsaustausches bei TV-Geräten.	1
T hat aus der Rechnung des B z.T. gem. § 15 Abs. 1 S. 1 Nr. 1 UStG VorSt-Abzug. Nicht für § 14c Abs. 1 UStG.	1
Gesamtergebnis für VorSt gebracht (8 271,80 €).	1
Summe	15

Klausuraufgabe 18:
Ortsbestimmung Übersetzung von Schrifterzeugnissen/Steuersatz bei Urheberrechtsübertragung und Buchlieferungen/Reverse-Charge-Umsatzsteuer/echter Schadenersatz/Rechnung mit unberechtigtem Steuerausweis

I. Sachverhalt

Der auf die Herausgabe klassischer, chinesischer Literatur in deutscher Übersetzung spezialisierte Feldermann-Verlag (**F**) mit Sitz in Mannheim hatte schon seit Jahren nach einem Kenner der Lehre des Konfuzius Ausschau gehalten. Dieser sollte perfekt die chinesische wie die deutsche Sprache beherrschen und in der Lage sein, eine moderne und allgemein verständliche deutsche Übersetzung der Lehren des Konfuzius zu erstellen.

Durch Vermittlung des ebenfalls in Mannheim ansässigen Maozetung-Instituts (**M**) für ostasiatische Sprachen konnte F den an der Universität von Schanghai/China lehrenden und dort beheimateten Professor Um Lei Tung (**U**) für diese Aufgabe gewinnen. U hatte für andere Verlage bereits mehrfach Übersetzungen gefertigt. Am 31.01.2007 konnte U dem F seine Übersetzung vorlegen, bei der er erheblich von den bisher vorliegenden Übersetzungen abwich und – wie gewünscht – eine moderne Fassung schuf. U durfte sofort einen Scheck über 50 000 € mit nach Hause nehmen. Wie im Vertrag zwischen F und U vorgesehen, sandte F dem U am 12.02.2007 eine Abrechnung hierüber, in der als Honorar 50 000 € angegeben sind; ein gesonderter Umsatzsteuer-Ausweis ist nicht enthalten. U erhob gegen diese Abrechnung keinen Widerspruch.

Am 01.03.2007 erhielt F von M eine Rechnung über dessen Vermittlungstätigkeit für F, in der M neben seiner vom Finanzamt Mannheim-Stadt erteilten USt-Id.-Nr. auszugsweise folgende Angaben machte:

Provision für Übersetzer-Vermittlung	2000,00 €
zuzüglich Umsatzsteuer	380,00 €
zu zahlen	2380,00 €

Noch bevor F selbst die Übersetzung als Buch herausbringen konnte, gelang es dem Konkurrenzverlag Klaumeier (**K**) die Konfuzius-Übersetzung des U in Taschenbuchform ab Anfang März 2007 zu verkaufen. F erwirkte gegen K, der nachweislich Verlagsspionage betrieben hatte, am 29.03.2007 eine einstweilige Verfügung, die dem K den weiteren Absatz des Taschenbuchs verbot. Darüber hinaus forderte und erhielt F von K eine Vergütung von 200 000 €, die sich an der Gesamtauflage des Taschenbuchs in Höhe von 20 000 Exemplaren und dem Endverkaufspreis von 10 € pro Exemplar im Buchhandel orientiert. K konnte allerdings bis zum 29.03.2007 nur 2000 Exemplare über den Buchhandel absetzen. Zu der Forderung von 200 000 € erteilte F dem K bei Zahlung am 09.04.2007 eine Rechnung, in der neben dem Netto-Betrag von 168 067,23 € die Umsatzsteuer mit 31 932,77 € angegeben ist.

II. Aufgabe

Beurteilen Sie den Sachverhalt gemäß den »Allgemeinen Hinweisen« zu Beginn von Teil E!

III. Lösung

Professor U erbringt an den Verlag F eine sonstige Leistung gem. § 3 Abs. 9 UStG. Die Tätigkeit besteht zunächst in der Übersetzung der Schriften des Konfuzius, erschöpft sich aber nicht darin, weil die Übersetzung veröffentlicht, als Buch vervielfältigt und verkauft werden soll. Daher liegt der Schwerpunkt der Leistung des U darin, dem Verlag F das Urheberrecht an der erstellten Übersetzung einzuräumen. Somit liegt eine Urheberrechtsleistung gem. § 3a Abs. 4 Nr. 1 UStG vor (vgl. Abschn. 168 Abs. 12 S. 1 UStR).

Der Ort der Leistung ergibt sich aus § 3a Abs. 3 S. 1 UStG und liegt dort, wo der leistungsempfangende Unternehmer F sein Unternehmen betreibt: in Mannheim. Die Leistung ist steuerbar und auch steuerpflichtig.

Die Umsatzsteuer ist zwar grundsätzlich in dem für die Urheberrechtsleistung vergüteten Betrag von 50 000 € als Brutto-Bemessungsgrundlage gem. § 10 Abs. 1 S. 2 UStG enthalten. Bei einem Steuersatz von 7 % (§ 12 Abs. 2 Nr. 7 Buchst. c UStG) beträgt die Umsatzsteuer jedoch nicht (50 000 € × 7/107 =) 3 271,03 €. U ist ein im Ausland ansässiger Unternehmer, so dass die Umsatzsteuer für die Leistung vom Leistungsempfänger F geschuldet wird (§ 13b Abs. 1 Nr. 1, Abs. 2 UStG) und gem. § 14a Abs. 5 S. 3 UStG gar nicht gesondert ausgewiesen werden darf. Sie beträgt deshalb (50 000 € × 7 % =) 3 500 €.

M wird für F vermittelnd tätig und tätigt somit eine sonstige Leistung gem. § 3 Abs. 9 UStG an F. Die Vermittlung bezieht sich auf die von U an F erbrachte Urheberrechtsleistung und unterliegt deshalb den Leistungsortbestimmungen in § 3a Abs. 4 Nr. 10 i. V. m. Nr. 1 i. V. m. Abs. 3 UStG. Da der Leistungsempfänger F sein Unternehmen in Mannheim betreibt, ist der Ort in Mannheim (§ 3a Abs. 3 S. 1 UStG). Die Vermittlung ist somit steuerbar. Sie ist auch steuerpflichtig.

Die Umsatzsteuer beträgt – wie in der Rechnung des M ausgewiesen – 380 €. Sie entsteht mit Ablauf des Voranmeldungszeitraums Januar 2007, da die Vermittlungsleistung dann ausgeführt ist, wenn die vermittelte Urheberrechtsleistung erbracht ist.

Da F von einem im Ausland (China) ansässigen Unternehmer (U) eine sonstige Leistung erhalten hat, schuldet F die für die Urheberrechtsleistung des I anfallende Umsatzsteuer (§ 13b Abs. 1 S. 1 Nr. 1, Abs. 2 UStG, vgl. oben). Sie beläuft sich auf 3 500 € (vgl. oben). Die Umsatzsteuer entsteht gem. § 13b Abs. 1 S. 1 UStG mit Ausstellung der Rechnung (= Gutschrift gem. § 14 Abs. 1 S. 3 UStG) am 12. 02. 2007, nicht erst mit Ablauf des der Ausführung der Leistung (am 31. 01. 2007) folgenden Kalendermonats.

F hat an K keinerlei Leistung erbracht, welche die Ausstellung einer Rechnung mit gesondertem Umsatzsteuer-Ausweis an K rechtfertigen würde. Wie die Erwirkung einer einstweiligen Verfügung gegenüber K deutlich zeigt, war F unter keinen Umständen damit einverstanden, dass K die Übersetzung des I im eigenen Verlag veröffentlicht. Die von K an F geleistete Zahlung ist echter, nicht steuerbarer Schadensersatz, den F aufgrund der von K begangenen Verletzung des Urheberrechts bzw. Verlagsrechts erhält.

Somit hat F dem K eine Scheinrechnung mit gesondertem Umsatzsteuer-Ausweis i. H. v. 31 932,77 € ausgestellt, die bei F eine Steuerschuld gem. § 14c Abs. 2 S. 2 UStG auslöst (vgl. Abschn. 190d Abs. 2 Nr. 2 S. 1 UStR). schuldet die Umsatzsteuer mit Ausgabe der Rechnung (§ 13 Abs. 1 Nr. 4 UStG), also am 09. 04. 2007.

Aus der Rechnung des M über die von diesem erhaltene Vermittlungsleistung kann F gem. § 15 UStG die 380 € als Vorsteuer abziehen.

Außerdem kann F die von ihm gem. § 13b Abs. 2 UStG geschuldete Umsatzsteuer (3 500 €) gem. § 15 Abs. 1 Nr. 4 UStG als Vorsteuer abziehen. Es ist dabei unschädlich, dass in der Rechnung des M der Hinweis auf die Steuerschuldnerschaft des F fehlt (§ 14a Abs. 5 S. 2 UStG).

K hat im März 2007 (bis zur Erwirkung einer einstweiligen Verfügung durch F) 2 000 Buchlieferungen an den Buchhandel erbracht. Die Buchlieferungen unterliegen gem. § 12 Abs. 2 Nr. 1 UStG i. V. m. Anlage 1 zum UStG Ziff. 49 dem ermäßigten Steuersatz. Der Sachverhalt enthält keine Angaben zum Entgelt, da nur der Endverkaufspreis des Buchhändlers angegeben ist.

Aus der Rechnung des F hat K keinen Vorsteuerabzug, weil er von F keinerlei Leistung erhalten hat und es sich bei der ausgewiesenen Umsatzsteuer nicht um eine gesetzlich geschuldete Umsatzsteuer, sondern um eine gem. § 14c Abs. 2 UStG geschuldete Umsatzsteuer handelt.

IV. Punktetabelle

	Punkte
U erbringt an F eine sonstige Leistung gem. § 3 Abs. 9 UStG in Form der Übertragung des Urheberrechts (§ 3a Abs. 4 Nr. 1 UStG).	1
Ort ergibt sich aus § 3a Abs. 3 S. 1 UStG und in Mannheim; steuerbar und steuerpflichtig.	1
Wegen § 13b Abs. 1 Nr. 1, Abs. 2 UStG beträgt USt 3 500 €.	1
M ist Vermittler; somit sonstige Leistung gem. § 3 Abs. 9, § 3a Abs. 4 Nr. 10 i. V. m. Nr. 1 i. V. m. Abs. 3 UStG in Mannheim; steuerbar und steuerpflichtig.	1
USt beträgt 380 €; entstanden Ablauf Januar 2007.	1
§ 13b-USt-Schuld des F entsteht am 12. 02. 2007.	1
F hat an K kein Leistung erbracht; Zahlung echter, nicht steuerbarer Schadensersatz.	1
Scheinrechnung des K führt zu Steuerschuld gem. § 14c Abs. 2 S. 2 UStG i. H. v. 31 932,77 €; Entstehung gem. § 13 Abs. 1 Nr. 4 UStG am 09. 04. 2007.	1
F hat aus Rechnung des M VorSt-Abzug i. H. v. 380 €.	1
Außerdem § 13b Abs. 2 USt (3 500 €) gem. § 15 Abs. 1 Nr. 4 UStG.	1
K hat im März 2006 2000 Buchlieferungen erbracht ermäßigten Steuersatz gem. § 12 Abs. 2 Nr. 1 UStG i. V. m. Anlage 2 zum UStG Ziff. 49.	1
Aus Rechnung des F hat K keinen Vorsteuerabzug.	1
Summe	**12**

Klausuraufgabe 19:
Lieferung verbrauchsteuerpflichtiger Waren im Binnenmarkt/Versandhandelsregelung/Erwerbsbesteuerung/fehlerhafte Kleinbetragsrechnung/Reverse-Charge-Verfahren

I. Sachverhalt

Das Weingut Dornfelder (**D**) aus einer kleinen Ortschaft in der Nähe von Heilbronn ist weithin bekannt für seinen exzellenten Dornfelder Rotwein. So war es auch nicht außergewöhnlich, dass im Februar 2007 zwei Kunden aus dem Ausland bei D eine größere Menge Wein bestellten.

1. Graf Gutedel (G) aus Kitzbühel (Österreich) bestellte beim Weingut Dornfelder (D) 240 Flaschen Dornfelder Rotwein Jahrgang 2005 für seinen privaten Weinkeller. Der Beförderungsunternehmer Umweg (U), ebenfalls aus Heilbronn, lieferte mit seinem Lastwagen die Sendungen verschiedener Winzer aus der Heilbronner Gegend für Kunden im oberbayrischen und benachbarten österreichischen Raum aus. Für den Transport im Auftrag des D zum Grafen in Kitzbühel berechnet U dem D 80,00 € zuzüglich 15,20 € Umsatzsteuer.

Da der Lastwagen des U bei Durchführung seiner Transportaufträge auf österreichischem Gebiet erheblich verschmutzt wurde, ließ er das Fahrzeug an einer Tankstelle in Wörgl (Österreich) gründlich reinigen und zahlte hierfür 50,00 €. Der Tankstelleninhaber Propper (P) stellt ihm auf Wunsch einen Beleg aus, in dem neben dem Gesamtbetrag von 50,00 € der deutsche Umsatzsteuersatz von 19 % angegeben ist.

2. Auch der Zahnarzt Zacharias Zahnstein (Z) aus Innsbruck (Österreich) bestellte bei D 60 Flaschen Dornfelder, die er anlässlich seines 25-jährigen Praxisbestehens an seine wichtigsten Privatpatienten verschenken wollte.

Hinweis: Für in Österreich steuerbare Umsätze ist – fiktiv – das deutsche UStG entsprechend anzuwenden. In Österreich gilt für Wein ein Steuersatz von 20 %!

II. Aufgabe

Beurteilen Sie den Sachverhalt gemäß den »Allgemeinen Hinweisen« zu Beginn von Teil E!

III. Lösung

D erbringt an den G Versendungslieferungen gem. § 3 Abs. 6 S. 1, 3 und 4 UStG, deren Ort eigentlich bei Heilbronn liegt, da hier der Liefergegenstand dem selbständigen Beauftragten U übergeben wird. Es kommt aber eine Verlagerung nach § 3c UStG nach Österreich in Betracht.

Die Voraussetzungen der Vorschrift liegen vor: Der Lieferant D hat den Beförderungsunternehmer U mit dem Transport der zu liefernden Flaschen beauftragt (§ 3c Abs. 1 UStG) und der für seinen privaten Weinkeller erwerbende Graf gehört nicht zu den in § 1a Abs. 1 Nr. 2 UStG Personen (§ 3c Abs. 2 Nr. 1 UStG).

Es ist nicht von Bedeutung, ob die österreichische Lieferschwelle (§ 3c Abs. 3 Nr. 2 UStG) überschritten ist, weil es sich bei Wein um eine verbrauchsteuerpflichtige Ware handelt (vgl. § 1a Abs. 5 S. 2 UStG), bei deren Lieferung gem. § 3c Abs. 5 S. 2 UStG die Lieferschwelle nicht überschritten sein muss. Demnach sind die Wein-Lieferungen des D an den Grafen in Deutschland nicht steuerbar.

Da die Lieferung in Österreich steuerbar ist, muss sie von D dem dort geltenden Steuersatz von 20 % unterworfen werden.

Die Beförderungsleistung des U an D ist eine sonstige Leistung gem. § 3 Abs. 9 UStG. Der Ort ergibt sich aus § 3b Abs. 3 UStG, da es sich um eine innergemeinschaftliche Beförderung von Gegenständen vom einen EU-Staat Deutschland in den anderen EU-Staat Österreich handelt. Danach liegt der Ort der Beförderungsleistung grundsätzlich dort, wo die Beförderung beginnt (in Deutschland), vgl. § 3b Abs. 3 S. 1 UStG. Der Leistungsempfänger D verwendet lt. Bearbeitungshinweis Nr. 3 die USt-Id. Nr. seines Niederlassungsstaates Deutschland und damit keine Nr. eines anderen Mitgliedstaates der EU als des Staates, in dem die Beförderung beginnt; § 3b Abs. 3 S. 2 UStG ist deshalb nicht anzuwenden. Somit ist die Beförderungsleistung steuerbar. Sie ist auch steuerpflichtig, da bei innergemeinschaftlichen Beförderungen keine Steuerbefreiung eingreift. Die USt beträgt – wie in der Rechnung des U zutreffend ausgewiesen – 15,20 €.

Die Wagenwäsche des P für U stellt eine sonstige Leistung gem. § 3 Abs. 9 UStG dar. Sie ist als Werkleistung einzustufen, da bei der Reinigung der Gegenstand Lastwagen bearbeitet wird, ohne dass Hauptstoffe verwendet werden. Die Werkleistung an einem beweglichen körperlichen Gegenstand wird gem. § 3a Abs. 2 Nr. 3 Buchst. c S. 1 UStG grundsätzlich dort ausgeführt, wo der Leistungsgeber (P) tätig wird. Dies wäre in Wörgl (Österreich).

Da der Leistungsempfänger U jedoch lt. Bearbeitungshinweis Nr. 3 die USt-Id.-Nr. seines Niederlassungsstaates Deutschland verwendet, also nicht die Nr. des Staates, in dem die Werkleistung erbracht wird (Österreich), und der gereinigte Lastwagen nicht in Österreich verbleibt, sondern nach Deutschland zurückgelangt, wird der Ort der Werkleistung nach Deutschland verlagert (vgl. § 3a Abs. 2 Nr. 3 Buchst. c S. 2 und 3 UStG).

Die Werkleistung ist auch steuerpflichtig. Die Umsatzsteuer beträgt, obwohl U nur brutto 50,00 € an P bezahlt, wegen der bei U sich ergebenden Umsatzsteuerschuld gem. § 13b UStG (50,00 € × 19 % =) 9,50 € (vgl. unten).

Aus der Rechnung des U hat D den Vorsteuerabzug gem. § 15 Abs. 1 Nr. 1 UStG in Höhe von 15,20 €. Die Voraussetzungen des § 14 Abs. 1 UStG für eine ordnungsgemäße Rechnung sind durch die Angabe von Nettobetrag und darauf entfallendem Umsatzsteuerbetrag erfüllt.

Ein Vorsteuerabzugsverbot gem. § 15 Abs. 2 UStG greift ebenfalls nicht ein. Zwar verwendet D die empfangene Beförderungsleistung für eine nicht steuerbare Versendungslieferung (vgl. oben), doch wäre die Weinlieferung, wenn sie im Inland erbracht worden wäre, steuerpflichtig und damit vorsteuerunschädlich (vgl. § 15 Abs. 2 Nr. 2 UStG).

Bezüglich der Leistung des P hat U ebenfalls den Vorsteuerabzug, allerdings nicht aus einer Kleinbetragsrechnung gem. § 15 Abs. 1 S. 1 Nr. 1 UStG i. V. m. §§ 33, 35 Abs. 1 UStDV, sondern aus einer Umsatzsteuer gem. § 13b UStG i. V. m. § 15 Abs. 1 Nr. 4 UStG.

Vom Betrag her ist die Rechnung des P zwar als Kleinbetragsrechnung einzustufen, jedoch gilt sie gem. § 33 S. 3 UStDV bei Leistungen im Sinne des § 13b UStG nicht als Rechnung mit der Folge, dass einerseits P aus dem Papier keine Umsatzsteuer gem. § 14c Abs. 2 UStG schuldet und andererseits U aus dem Papier keinen Vorsteuerabzug gem. § 15 Abs. 1 S. 1 Nr. 1 UStG hat.

Letztlich schuldet U als Leistungsempfänger einer steuerpflichtigen sonstigen Leistung eines im Ausland ansässigen Unternehmers (P) die Umsatzsteuer gem. § 13b Abs. 1 Nr. 1, Abs. 2 UStG in Höhe von 9,50 € und kann sie in gleicher Höhe gem. § 15 Abs. 1 Nr. 4 UStG wiederum als Vorsteuer abziehen.

Z muss gem. der dem § 1a Abs. 1 Nrn. 1–3 UStG entsprechenden Norm des österreichischen UStG den Erwerb der 60 Flaschen der Erwerbsbesteuerung in Österreich unterwerfen; der Erwerbsort ist gem. § 3d S. 1 UStG in Innsbruck/Österreich. Die sog. »Exotenregelung« des § 1a Abs. 3 UStG, die u. a. für Unternehmer, die nicht zum Vorsteuerabzug berechtigende Ausgangsumsätze ausführen, gilt, ist wegen § 1a Abs. 5 UStG nicht anwendbar, so dass es auf das Überschreiten der Erwerbsschwelle nicht ankommt. Z muss allein wegen dieses Vorgangs gem. § 18 Abs. 4a UStG eine Voranmeldung und eine Jahreserklärung abgeben! Gem. der dem § 27a Abs. 1 S. 2 UStG entsprechenden Norm des österreichischen UStG erhält Z für den Erwerb des Weines eine USt-Id.-Nr.

Da Z der Erwerbsbesteuerung unterliegt, kann sich gem. § 3c Abs. 2 Nr. 2 UStG für die Weinlieferung an Z keine Verlagerung des Lieferortes ergeben.

Vielmehr erbringt D an Z eine gem. § 3 Abs. 6 S. 1, 3 und 4 UStG in Deutschland steuerbare, aber nach § 4 Nr. 1 Buchst. b UStG i. V. m. steuerfreie innergemeinschaftliche Lieferung.

IV. Punktetabelle

	Punkte
D erbringt an G Versendungslieferungen gem. § 3 Abs. 6 S. 1, 3 und 4 UStG, Ort grds. Heilbronn.	1
Aber § 3c UStG: Vor. nach Abs. 1 und Abs. 2 Nr. 1 erfüllt.	1
Österreichische Lieferschwelle (§ 3c Abs. 3 Nr. 2 UStG) unbeachtlich, da verbrauchsteuerpflichtige Ware (§ 1a Abs. 5 S. 2 i. V. m. § 3c Abs. 5 S. 2 UStG) Wein-Lieferung an den Grafen in Deutschland nicht steuerbar, sondern in Österreich zu 20 %.	1
Beförderungsleistung U an D gem. § 3b Abs. 3 UStG in Deutschland steuerbar und steuerpflichtig, USt 15,20 €.	1
Wagenwäsche des P sonstige Leistung gem. § 3a Abs. 2 Nr. 3 Buchst. c S. 1 UStG grds. in Wörgl (Österreich).	1
Aber wegen USt Id. Nr. Verlagerung nach Deutschland (§ 3a Abs. 2 Nr. 3 Buchst. c S. 2 und 3 UStG).	1
Auch steuerpflichtig; USt beträgt wegen § 13b UStG 9,50 €. U hat aus Leistung des P VorSt-Abzug gem. § 13b UStG i. V. m. § 15 Abs. 1 Nr. 4 UStG von 9,50 €.	1
D hat aus Rechnung des U VorSt-Abzug gem. § 15 Abs. 1 Nr. 1 UStG i. H. v. 15,20 €.	1
VorSt-Abzugsverbot gem. § 15 Abs. 2 UStG greift nicht (§ 15 Abs. 2 Nr. 2 UStG).	1
Rechnung des P ist zwar Kleinbetragsrechnung, wegen § 33 S. 3 UStDV aber nicht bei Leistungen i. S. d. § 13b UStG; Folgen: keine USt-Schuld des P gem. § 14c Abs. 2 UStG und kein VorSt-Abzug des U gem. § 15 Abs. 1 S. 1 Nr. 1 UStG.	1

	Punkte
Z tätigt igE in Österreich; Erwerbsort gem. § 3d S. 1 UStG in Innsbruck/Österreich. § 1a Abs. 3 UStG ist wegen § 1a Abs. 5 UStG nicht anwendbar.	1
Keine Verlagerung des Lieferortes gem. § 3c Abs. 2 Nr. 2 UStG, sondern in Deutschland steuerbare, aber steuerfreie innergemeinschaftliche Lieferung.	1
Summe	12

Klausuraufgabe 20:
Unternehmereigenschaft/Grundstückslieferung/ Bemessungsgrundlage und Steuerschuldnerschaft/ Grundstücksvermietungen/Option zur Steuerpflicht/ Mindestbemessungsgrundlage/unentgeltliche Wertabgaben/ Vorsteuerberichtigung

I. Sachverhalt

Das Handelsunternehmen Kaufrausch (**K-KG**) in Heidelberg wird in der Rechtsform einer GmbH & Co. KG betrieben. An der Komplementär-GmbH sind Siegfried Schwarz (**S**) und seine Ehefrau Pauline Schwarz (**P**) zu je 50% beteiligt. Alleiniger – angestellter – Geschäftsführer der GmbH ist S. P und S sind zugleich als Kommanditisten an der KG beteiligt.

In den Kalenderjahren 2006 und 2007 haben sich die nachfolgend geschilderten Geschäftsvorfälle ereignet:

Die Eheleute Schwarz erwarben mit Kaufvertrag vom 01.05.2006 als Bruchteilsgemeinschaft (**B**) von der Odenwald-Bau-GmbH ein bezugsfertiges Wohn- und Geschäftshaus in Mosbach. In dem Vertrag wurde festgelegt, dass der Übergang von Nutzen und Lasten zum 01.11.2006 erfolgen sollte. Der Baubeginn des Gebäudes war bereits am 01.03.2004 erfolgt. Das Gebäude war von der Odenwald-Bau-GmbH in der Erwartung errichtet worden, es an einen gewerblich tätigen Immobilienunternehmer verkaufen zu können. Dies konnte aber nicht realisiert werden, das Gebäude war seit der Fertigstellung im Dezember 2005 bisher leer stehend. Der Verkaufspreis an die B beträgt laut Vertrag vom 01.05.2006 3 000 000 €. Die Zahlung dieser Summe erfolgte termingerecht am 01.08.2006. Im Vertrag wurde eine Option nach § 9 Abs. 1 UStG vereinbart und notariell beurkundet. Schuldner der gesamten GrESt sollte die B sein.

Das Gebäude besteht aus folgenden Geschossen:
- Im (doppelt ausgeführten) Untergeschoss des Gebäudes ist eine Tiefgarage mit 36 gleich großen Stellplätzen untergebracht. Die Nutzfläche der Tiefgarage beträgt bei 15 m² pro Stellplatz 540 m².
- In den drei Etagen darüber befinden sich Büroräume mit einer Nutzfläche von 300 m² pro Stockwerk.
- Die oberste Etage ist als Penthouse-Wohnung mit Aussicht über Mosbach ausgebaut. Die Wohnfläche der Penthouse-Wohnung beträgt 210 m².

Aufgrund von bereits zum 01.05.2006 vorliegenden Mietvorverträgen wurden die Büroräume im Erdgeschoss und im 1. Obergeschoss von B zusammen mit 20 Stellplätzen in der Tiefgarage ab dem 01.01.2007 an die K-KG vermietet. Die Stellplätze werden von den Arbeitnehmern der K-KG während der Arbeitszeit zum Abstellen ihrer privaten Pkw genutzt. Zahlungen haben die Arbeitnehmer dafür nicht zu leisten. Im Jahr 2007 bezahlte die K-KG für die Überlassung der Büroräume sowie der 20 Stellplätze eine ihr monatlich in Rechnung gestellte Miete von 9 200 € zuzüglich 1 748 € Umsatzsteuer.

Die Büroräume im 2. Obergeschoss und zwölf weitere Stellplätze hat B ab dem 01.12.2006 an den Unternehmensberater Allgzwo (**A**) vermietet. Die Stellplätze werden von dessen Arbeitnehmern während der Arbeitszeit zum Abstellen ihrer privaten Pkw genutzt. Zahlungen haben die Arbeitnehmer des Allgzwo dafür nicht zu leisten. Es wurde zwischen B und A vereinbart, die Räume im Dezember 2006 dem A zunächst unentgeltlich zu überlassen. Im Jahr 2007 hat B bis zum 30. Juni monatlich 8 000 € zuzüglich 1 520 € Umsatzsteuer Miete berechnet. Dies entspricht der in Mosbach ortsüblichen Miete.

Im März 2007 teilte A der B mit, dass er seinen Dienstleistungsbereich neben der bisherigen steuerpflichtigen Unternehmensberatung ab dem 01.07.2007 auch auf die Vermittlung von Bausparkassenverträgen und Versicherungsverträgen ausdehnen möchte und somit nicht mehr voll zum Vorsteuerabzug berechtigt sei. Es wurde daher vereinbart, ab dem 01.07.2007 keine Umsatzsteuer mehr in Rechnung zu stellen. Die Miete beträgt seit Juli 2007 ohne Umsatzsteuer 8 500 € + 720 € für die Stellplätze.

Die Penthouse-Wohnung und die restlichen vier Stellplätze nutzen die Eheleute Schwarz – wie schon beim Erwerb der Immobilie vorgesehen und dokumentiert – ab dem 01.01.2007 für eigene Wohnzwecke.

Die ortsübliche Miete für die Büroräume und der Stellplätze beträgt pro Stockwerk 8 000 €, für die Penthouse-Wohnung 2 500 € (jeweils einschließlich der Stellplätze in der Tiefgarage).

Das Gebäude wird nach § 7 EStG derzeit mit 5 % jährlich abgeschrieben. Im Jahr 2007 sind bei der Bruchteilsgemeinschaft B folgende Aufwendungen für das Gebäude angefallen:

Zinsen für Baudarlehen:	300 000 €
Steuern und Versicherungsprämien:	18 000 €
Jährliche Wartungsarbeiten, durchgeführt im Mai 2007:	7 200 €
	+ 1 368 € USt

II. Aufgabe

Begutachten Sie kurz, aber erschöpfend, die vorstehenden Sachverhalte und deren umsatzsteuerlichen Auswirkungen im Jahr 2007 bei B und der KG. Gehen Sie bei B auch auf die Geschäftsvorfälle im Kalenderjahr 2006 ein.

III. Lösung

Unternehmereigenschaft der B:

Unabhängig von der Rechtsform kann jeder Personenzusammenschluss Unternehmer sein (Abschn. 16 Abs. 1 S. 1–3 UStR). Durch die Vermietungen und ihr Auftreten nach Außen erlangt die Bruchteilsgemeinschaft aus P und S die Unternehmereigenschaft nach § 2 Abs. 1 UStG. Die Vermietung eines Gegenstandes auf Dauer begründet die Unternehmereigenschaft (Abschn. 6 Abs. 4 UStR). Der Beginn der Unternehmereigenschaft ist spätestens bereits mit dem Abschluss des Kaufvertrags am 01.05.2006 anzunehmen. Auf Grund ihrer Unternehmereigenschaft ist B auch Leistungsempfänger für im Namen der Bruchteilsgemeinschaft bestellte Leistungen.

Kj. 2006 – Grundstückserwerb von der Odenwald-Bau GmbH im Kj. 2006:

Die Grundstückslieferung von der Odenwald-Bau-GmbH an B ist steuerbar: Der Lieferort richtet sich nach § 3 Abs. 7 S. 1 UStG und liegt in Mosbach; die grundsätzlich zu beachtende Steuerbefreiung nach § 4 Nr. 9 Buchst. a UStG greift nicht, da nach § 9 Abs. 1 und 3 UStG wirksam zur Steuerpflicht optiert wurde. Zugleich fällt der Grundstücksverkauf unter das GrEStG. Gem. § 13b Abs. 1 Nr. 3 i.V.m. Abs. 2 UStG ist der Grundstückserwerber, sofern er Unternehmer ist, der Steuerschuldner. Dies ist bei B der Fall.

Nach Abschn. 149 Abs. 7 UStR rechnet die Hälfte der GrESt zur Bemessungsgrundlage, wenn der Käufer Schuldner der GrESt ist.

Hinweis: Gemäß BFH vom 20. 12. 2005, Az: V R 14/04 (veröffentlicht auf der Homepage des BFH – www.bundesfinanzhof.de – am 12. 04. 2006) rechnet die GrESt nicht zur Bemessungsgrundlage einer steuerpflichtigen Grundstückslieferung; die Finanzverwaltung hat zu dieser Entscheidung bei Redaktionsschluss noch nicht Stellung genommen.

Die Umsatzsteuer-Schuld nach § 13b Abs. 1 Nr. 3 UStG berechnet sich bei B wie folgt:

Netto-Entgelt für Grundstück:	3 000 000 €
zuzüglich halbe GrESt (1/2 von 3,5 % = 1,75 %)	52 500 €
Netto-Bemessungsgrundlage	3 052 500 €
16 % Umsatzsteuer	488 320 €

Grundstücksvermietung durch B:

Mit den Vermietungen erbringt B sonstige Leistungen i. S. d. § 3 Abs. 9 UStG. Ort der Leistung ist nach § 3a Abs. 2 Nr. 1 Buchst. a UStG Mosbach, da hier das Grundstück belegen ist. Es handelt sich somit um nach § 1 Abs. 1 Nr. 1 UStG steuerbare, aber grundsätzlich nach § 4 Nr. 12 S. 1a UStG steuerfreie Vermietungsumsätze.

Das gilt auch hinsichtlich der Vermietung der Tiefgaragenstellplätze. Deren Vermietung ist zwar grundsätzlich nach § 4 Nr. 12 S. 2 UStG steuerpflichtig. Da sie aber zur Nutzung der Büroräume erforderlich sind und mit diesen auch ein räumlicher Zusammenhang besteht, ist ihre Vermietung eine unselbständige Nebenleistung (Abschn. 77 Abs. 3 S. 3ff. UStR), die das Schicksal der Hauptleistung teilt (Abschn. 29 Abs. 3 UStR).

Nach dem Sachverhalt hat B nach § 9 UStG auf die Steuerfreiheit der Vermietungsumsätze verzichtet, soweit sie an Unternehmer für deren Unternehmen vermietet. Die Voraussetzungen nach § 9 Abs. 1 UStG für eine Option liegen hierfür vor.

Ob das Optionsverbot des § 9 Abs. 2 UStG anzuwenden ist, richtet sich nach der Übergangsvorschrift des § 27 Abs. 2 UStG. Da es sich um ein Gebäude handelt, bei dem der Baubeginn nach dem 10. 11. 1993 liegt, kann nur dann auf die Steuerfreiheit verzichtet werden, wenn die Mieter die Räume für vorsteuerunschädliche steuerpflichtige Umsätze nutzen.

Vermietung an die K-KG:

Die Vermietung der Büroräume und Stellplätze an die KG kann zulässigerweise durch Option nach § 9 Abs. 1 und Abs. 2 UStG steuerpflichtig erfolgen, da sich aus dem Sachverhalt keine Hinweise darauf ergeben, dass die K-KG vorsteuerschädliche Ausgangsumsätze tätigt.

Hinsichtlich der Vermietung der beiden Stockwerke mit den Stellplätzen an die K-KG ist aber zu prüfen, ob die Mindestbemessungsgrundlage nach § 10 Abs. 5 Nr. 1 UStG anzusetzen ist. Die K-KG ist als »nahestehende Person« anzusehen, da P und S als Gemeinschafter von B gleichzeitig an der KG beteiligt sind (Abschn. 158 Abs. 1 S. 2 UStR).

Ein Ausschlussgrund für die Anwendung der Mindestbemessungsgrundlage aufgrund der EuGH-Rechtsprechung (Abschn. 158 Abs. 1 S. 4 UStR) liegt nicht vor, da das vereinbarte Entgelt von (4 600 € + 847 € =) 5 447 € pro Geschoss statt 8 000 €) nicht marktüblich ist.

Mindestbemessungsgrundlage sind nach § 10 Abs. 4 Nr. 2 UStG die bei der Ausführung der Vermietungsumsätze entstandenen Ausgaben, soweit sie zum Vorsteuerabzug berechtigt haben. Die Steuern (öffentliche Abgabe), Zinsen (§ 4 Nr. 8 Buchst. a UStG) und die Versicherungsprämien (§ 4 Nr. 10 UStG) sind nicht mit Umsatzsteuer belastet und ermöglichen deshalb keinen Vorsteuerabzug. Sie sind deshalb nicht anzusetzen (Abschn. 158 Abs. 4 UStR).

Als Ausgaben anzusetzen sind deshalb nur die Anschaffungskosten, die Wartungskosten und die Reparaturkosten. Gem. § 10 Abs. 4 S. 3 UStG sind die Anschaffungskosten gleichmäßig auf den für Grundstücke maßgeblichen Berichtigungszeitraum nach § 15a UStG (zehn Jahre) zu verteilen.

Der Mindestwert für das Kalenderjahr 2007 berechnet sich – entsprechend der Gebäudefläche – wie folgt:

Anteilige Anschaffungskosten Gebäude netto:	300 000 €
Wartungskosten netto:	7 200 €
Insgesamt:	307 200 €
Gebäudefläche insgesamt:	
540 m² + 900 m² + 210 m² =	1 650 m²
Anteil bezüglich vermieteter Gebäudeteil an KG:	600 m²
Anteil Abstellplätze (20 × 15 m²)	300 m²
Insgesamt:	900 m²
900 m² × 100/1 650 m² =	54,54 %
Mindestwert bzgl. vermieteter Gebäudeteil an KG: 307 200 € × 54,54 % =	167 546,88 €

Die Mindestbemessungsgrundlage im Jahr 2006 beträgt 167 546,88 €. Sie übersteigt damit das Entgelt nach § 10 Abs. 1 UStG (12 × 9 200 € = 110 400 €) und ist deshalb anzusetzen. Bei einem Steuersatz von 19 % (§ 12 Abs. 1 UStG) beträgt die Umsatzsteuer im Jahr 2007:

167 546,88 € × 19 % = 31 833,90 €.

Dass die ortsübliche Miete für die beiden Geschosse (12 × 8 000 € × 2 = 192 000 € zuzüglich Miete der Stellplätze) höher liegt als die Mindestbemessungsgrundlage, spielt keine Rolle.

Unentgeltliche Nutzungsüberlassung der Büroräume im 2. Obergeschoss durch B im Dezember 2006 an A:

Zu prüfen ist, ob durch die unentgeltliche Nutzungsüberlassung der Tatbestand des § 3 Abs. 9a Nr. 1 UStG realisiert wird und die Nutzungsüberlassung einer entgeltlichen sonstigen Leistung gleichzustellen ist. Dies wäre u. a. nur dann der Fall, wenn die unentgeltliche Nutzungsüberlassung aus nichtunternehmerischen Gründen erfolgen würde. Dies kann verneint werden, da Motiv für die unentgeltliche Überlassung wohl die später entgeltliche Vermietung war. Die unentgeltliche Nutzungsüberlassung stellt somit einen nichtsteuerbaren Vorgang dar.

Vermietungsumsätze an A ab dem Kalenderjahr 2007:

Aufgrund der wirksamen Option zur Steuerpflicht bis zum 30. 06. 2007 entsteht 2007 noch Umsatzsteuer bei der Vermietung des 2. Obergeschosses inklusive der Stellplätze an A. Bemessungsgrundlage ist nach § 10 Abs. 1 UStG die gezahlte (ortsübliche) Nettomiete von 6 × 8 000 € = 48 000 €. Bei einem Steuersatz von 19 % (§ 12 Abs. 1 UStG) beträgt die Umsatzsteuer für das Jahr 2007 = 9 120 €.

Der Verzicht gem. § 9 Abs. 1 und 2 UStG auf die Steuerfreiheit nach § 4 Nr. 12 Buchst. a UStG bei der Vermietung der Büroräume und der Stellplätze an A ist bis zum 30. 06. 2007 zulässig, da die Räume vom Mieter A bis dahin zu steuerpflichtigen Umsätzen genutzt werden.

Da von A ab dem 01. 07. 2007 die Räume auch für vorsteuerschädliche Umsätze nach § 4 Nr. 11 UStG nutzt, ist ab dem 01. 07. 2007 nur noch eine steuerfreie Vermietung nach § 4

Nr. 12 Buchst. a UStG zulässig. Laut Sachverhalt wurde dies beachtet und entsprechend verfahren. Der Widerruf der Option ist jederzeit möglich.

Hinweis: Eine teilweise Fortführung der steuerpflichtigen Vermietung käme nur dann in Betracht, wenn nachgewiesen werden könnte, dass in den steuerpflichtig vermieteten Räumen ausschließlich (Beachten Sie Abschn. 148a Abs. 3 UStR) steuerpflichtige Umsätze aus der Tätigkeit als Unternehmensberater erfolgen.

Nutzung des Penthouses durch die Eheleute Schwarz:

Nach den Vorgaben der Aufgabe (Bearbeitungshinweis Nr. 10) ist das gesamte Gebäude dem Unternehmensvermögen zugeordnet worden. Die Selbstnutzung der Penthouse-Wohnung zu privaten Zwecken durch die Gemeinschafter von B stellt damit eine unentgeltliche Wertabgabe nach § 3 Abs. 9a Nr. 1 UStG dar. Diese fiktive sonstige Leistung ist steuerbar, Der Ort der Leistung ist nach § 3f UStG am Unternehmenssitz in Heidelberg. Die Leistung ist auch steuerpflichtig, da infolge der EuGH-Rechtsprechung (»Seeling-Urteil«) die Befreiungsvorschrift des § 4 Nr. 12 S. 1a UStG nicht entsprechend angewandt werden darf (Abschn. 24c Abs. 7 UStR).

Bemessungsgrundlage sind gem. § 10 Abs. 4 Nr. 2 UStG die anteiligen Ausgaben abzüglich vorsteuerloser Kosten. Die Bemessungsgrundlage berechnet sich wie folgt:

Anteilige Anschaffungskosten Gebäude netto	300 000 €
Wartungskosten netto	7 200 €
Insgesamt	307 200 €
Gebäudefläche insgesamt	1 650 m²
Anteil Penthousewohnung	210 m²
Anteil Abstellplätze (4 × 15 m²)	60 m²
Insgesamt	270 m²

270 m² × 100/1 650 m² = 16,36 %
Bemessungsgrundlage gem. § 10 Abs. 4 Nr. 2 UStG:
307 200 € × 16,36 % = 50 257,92 €
Die Umsatzsteuer bezüglich der Privatnutzung beträgt:
50 257,92 € × 19 % = 9 549 €

Vorsteuerabzug der Bruchteilsgemeinschaft B aus dem Erwerb des Geschäftshauses:

Die bei B entstandene § 13b-Umsatzsteuer in Höhe von 488 320 € (siehe oben) kann gem. § 15 Abs. 1 Nr. 4 UStG dann als Vorsteuer geltend gemacht werden, wenn die Leistung an das Unternehmen des B ausgeführt wurde und kein Vorsteuerabzugsverbot gem. § 15 Abs. 2 UStG zur Anwendung kommt. Maßgebend sind hierbei die beabsichtigten Verwendungsverhältnisse zum Zeitpunkt des Leistungsbezugs am 01. 11. 2006 (Übergang von Nutzen und Lasten).

Da zu diesem Zeitpunkt noch keine Verwendung des Grundstücks erfolgt ist, kommt es auf die beabsichtigte Verwendung an. Zum 01. 11. 2006 bestand aufgrund der Vorverträge die Absicht der steuerpflichtigen Nutzung durch die steuerpflichtige Vermietung an die K-KG und an A sowie die steuerpflichtige Nutzung gemäß § 3 Abs. 9a Nr. 1 UStG.

Dabei ist auf die gesamte, im Zeitpunkt des Leistungsbezugs bekannte Verwendungsprognose abzustellen. Die Verwendung für zunächst unentgeltlich zu erbringende Ausgangsumsätze bei A ist insoweit unschädlich; Abschn. 203 Abs. 1 S. 8 UStR steht dem nicht entgegen.

Hinweis: Zum Nachweis der Voraussetzungen für den Vorsteuerabzug vgl. Abschn. 203 Abs. 1 und 2 UStR.

Dass A ab dem 01. 07. 2007 das 2. Obergeschoss auch für vorsteuerschädliche Umsätze verwendet, war der B zu diesem Zeitpunkt noch nicht bekannt.

Weiterhin stand zu diesem Zeitpunkt auch bereits die Nutzungsabsicht der Penthousewohnung durch die Eheleute Panther fest. Da auch diese Nutzung vorsteuerunschädlich war, steht der B der volle Vorsteuerabzug in Höhe von 488 320 € zu. Eine Rechnung mit gesondert ausgewiesener Umsatzsteuer ist für den Vorsteuerabzug nach § 15 Abs. 1 Nr. 4 UStG nicht erforderlich.

Vorsteuerabzug aus Wartungskosten bei B:

Die Vorsteuern aus den Wartungskosten stehen zum Zeitpunkt des Eingangsumsatzes (Mai 2007) im Zusammenhang mit steuerpflichtigen Vermietungsumsätzen an die K-KG und teilweise mit steuerpflichtigen und steuerfreien (die Nutzungsänderung war bereits im März mitgeteilt worden) Vermietungen an A, sowie mit steuerpflichtigen Leistungen nach § 3 Abs. 9a Nr. 1 UStG bezüglich der Privatnutzung der Penthousewohnung.

Somit kommt bezüglich der Vorsteuern aus Wartungskosten teilweise das Vorsteuerabzugsverbot des § 15 Abs. 2 UStG zur Anwendung. Da die Wartungskosten teilweise vorsteuerschädlichen und teilweise vorsteuerunschädlichen Umsätzen zuzurechnen sind, ist die Vorsteuer nach § 15 Abs. 4 UStG im Wege einer sachgerechten Schätzung in einen abziehbaren und einen nichtabziehbaren Anteil aufzuteilen.

Eine sachgerechte Schätzung kann nach der m²-Fläche vorgenommen werden. Eine Aufteilung nach dem Umsatzverhältnis würde zu verfälschenden Ergebnissen führen und ist gemäß § 15 Abs. 4 S. 3 UStG unzulässig.

Der Anteil der abzugsfähigen Vorsteuer berechnet sich wie folgt:

Gebäudefläche insgesamt	1 650 m²
Anteilige Gebäudefläche 2. Obergeschoss	300 m²
300 m² × 100/1 650 = 18,18 %	
Vorsteueranteil	1 368 € × 18,18 % = 248,70 €

davon 50 % wegen der ab dem 01. 07. 07 vorsteuerschädlichen Nutzung:
50 % × 248,70 € = 124,35 €

Die B kann aus den Wartungskosten für Mai 2007 einen Vorsteuerabzug in Höhe von 1 368 € ./. 124,35 € = 1 243,65 € geltend machen.

Vorsteuerberichtigung nach § 15a UStG bei B:

Infolge des Widerrufs der Option zur Steuerpflicht gem. § 9 UStG bezüglich der Vermietungsleistung an A ab dem 01. 07. 2007 liegt bei B im Vergleich zu dem für den Vorsteuerabzug maßgebenden Verhältnissen eine vorsteuerrelevante Nutzungsänderung vor. Die Voraussetzungen des Vorsteuerberichtigungstatbestandes nach § 15a Abs. 1 UStG sind erfüllt. Die Nutzungsänderung ist innerhalb des für den § 15a Abs. 1 UStG maßgeblichen Berichtigungszeitraums von 10 Jahren erfolgt und es liegen Vorsteuerbeträge aus Anschaffungskosten eines WG vor, bei denen die Voraussetzungen des § 15 Abs. 1 Nr. 1 UStG erfüllt sind.

B muss die § 13b-Vorsteuer nach § 15a UStG berichtigen. Die Berichtigung berechnet sich wie folgt:

Vorsteueranteil der abziehbaren Vorsteuer nach § 15 Abs. 1 Nr. 4 UStG betreffend des Kj. 2007:

1/10 von 488 320 € = 48 832 €

Vorsteueranteil 2. Obergeschoss zzgl. 12 Stellplätze:
Gebäudefläche insgesamt	1 650 m²
Anteilige Gebäudefläche 2. OG	300 m²
Anteil Abstellplatz (12 × 15 m²)	180 m²
Insgesamt	480 m²

480 m² × 100/1 650 m² = 29,09 %

Vorsteueranteil:
48 832 € × 29,09 % = 14 205,22 €

Im Kalenderjahr 2007 wird das 2. Obergeschoss inklusive der 12 Abstellplätze zu 50 % für steuerpflichtige Umsätze verwendet (6/12 × 100 % + 6/12 × 0 %). Da die vorsteuerrelevante Nutzungsänderung somit 50 % zuungunsten der B beträgt, ergibt sich ein Vorsteuerberichtigungsbetrag von 14 205,22 € × 50 % = 7 102,61 €.

Weil der Berichtigungsbetrag 6 000 € übersteigt, ist nach § 44 Abs. 4 S. 1 UStDV der Berichtigungsbetrag ab dem 01.07.2007 bereits anteilig in den von der B monatlich abzugebenden Voranmeldungen in Höhe von 1/6 = ./. 1 183,77 € geltend zu machen.

Hinweis: Da es sich bei dem Vermietungsunternehmen des B um eine Unternehmensneugründung handelt, muss B im Kj. 2006 und im Kj. 2007 monatlich Voranmeldungen abgeben (§ 18 Abs. 2 S. 4 UStG).

Überlassung der Stellplätze von der K-KG an das eigene Personal:

Bei der kostenlosen Überlassung der Stellplätze in der Tiefgarage durch die KG jeweils an ihre Arbeitnehmer handelt es sich um Sachzuwendungen, denen als Entgelt ein entsprechender Teil der Arbeitsleistung der Arbeitnehmer gegenübersteht (Abschn. 12 Abs. 1 S. 1 UStR).

Die Überlassung eines Parkplatzes auf dem Betriebsgelände ist nach Abschn. 12 Abs. 4 Nr. 5 UStR jedoch überwiegend durch das betriebliche Interesse des Arbeitgebers veranlasst, so dass die Leistungen der K-KG nicht umsatzsteuerbar sind, da sie nicht an den Privatbereich der Arbeitnehmer erfolgen.

Vorsteuerabzug der K-KG:

Da die K-KG die angemieteten Räume incl. Stellplätze ausschließlich für steuerpflichtige Umsätze nutzt, kann sie die ihr aus der Mietrechnung berechnete Umsatzsteuer in Höhe von 1 748 € × 12 = 20 976 € als Vorsteuerabzug gem. § 15 UStG geltend machen.

Die bei B aufgrund der Mindestbemessungsgrundlage höher angefallene Umsatzsteuer könnte von der K-KG ebenfalls als Vorsteuerabzug geltend gemacht werden, wenn er ihr ordnungsgemäß gem. § 14 Abs. 4 S. 2 UStG in Rechnung gestellt worden wäre. Dies ist laut Sachverhalt nicht der Fall.

IV. Punktetabelle

	Punkte
Unternehmereigenschaft der B erörtert.	1
Grundstückserwerb in 06: Grundstückslieferung an B steuerbar und wegen der Option steuerpflichtig (§§ 4 Nr. 9 Buchst. a, 9 Abs. 1 und 3 UStG); § 13b Abs. 1 Nr. 3, Abs. 2 UStG: B ist Steuerschuldner.	1
Abschn. 149 Abs. 7 UStR: Hälfte der GrESt zur Bemessungsgrundlage; USt-Schuld nach § 13b Abs. 1 Nr. 3 UStG berechnet: 488 320 €	1
Grundstücksvermietungen: sonstige Leistungen; Ort nach § 3a Abs. 2 Nr. 1 Buchst. a UStG MOS; grds. nach § 4 Nr. 12 Buchst. a UStG steuerfrei; Tiefgaragenstellplätze: grds. § 4 Nr. 12 S. 2 UStG steuerpflichtig; aber unselbständige Nebenleistung, daher ebenfalls steuerfrei.	1
Die Voraussetzungen nach § 9 Abs. 1 UStG für eine Option liegen vor. Optionsverbot des § 9 Abs. 2 UStG? Anwendbarkeit bejaht; Folgen erörtert	1
Vermietung an W-KG: Option zulässig, aber Mindestbemessungsgrundlage geprüft, weil KG »nahestehende Person«. Ausschlussgrund aufgrund der EuGH-Rechtsprechung liegt nicht vor, da das vereinbarte Entgelt nicht marktüblich ist.	1
Mindest-BMG: Ausgaben, soweit sie vorsteuerentlastet angesetzt; § 10 Abs. 4 S. 3 UStG richtig angewandt (300 000 €); plus Wartungskosten netto (7 200 €); verteilt nach m² : 900 m² × 100/1 650 m² = 54,54 % Mindestwert bezüglich vermieteter Gebäudeteil an KG: 307 200 € × 54,54 % = 167 546,88€	1
Mindest-BMG ist anzusetzen: USt 06 beträgt 167 546,88 € × 19 % = 31 833,90 €	1
Unentgeltliche Nutzungsüberlassung im Dez. 06 an A: § 3 Abs. 9a Nr. 1 UStG geprüft und verneint.	1
Vermietungsumsätze an A ab 07: Option zur Stpfl. entsteht bis Ablauf VZ 06/07 USt; BMG nach Nettomiete von 48 000 €. USt 07 = 9 120 €.	1
Ab 01. 07. 07 wegen VorSt-schädlicher Umsätze nur noch stfreie Vermietung nach § 4 Nr. 12 Buchst. a UStG. Der Widerruf der Option ist jederzeit möglich.	1
Penthouse: da gesamtes Gebäude Unternehmensvermögen, Selbstnutzung zu privaten Zwecken unentgeltliche Wertabgabe nach § 3 Abs. 9a Nr. 1 UStG; steuerbar, Ort nach § 3f UStG Heidelberg, steuerpflichtig	1
BMG gem. § 10 Abs. 4 Nr. 2 UStG berechnet; Anteil 16,36 %; BMG: 50257,92 €; USt: 9 549 €	1

	Punkte
VorSt aus Gebäude-Erwerb gem. § 15 Abs. 1 Nr. 4 UStG abziehbar. Maßgebend sind die beabsichtigten Verwendungsverhältnisse am 01.11.06; Verwendungsprognose maßgebend; Verwendung für zunächst unentgeltlich zu erbringende Ausgangsumsätze bei A ist insoweit unschädlich. Nutzungsabsicht der Penthousewohnung auch VorSt-unschädlich, B steht voller VorSt-Abzug zu.	1
VorSt aus Wartungskosten: im Zeitpunkt des Eingangsumsatzes Zusammenhang mit stpfl Vermietungsumsätzen (an KG und Penthouse), teilweise mit stfreier Vermietung an A. Wegen § 15 Abs. 2 UStG VorSt nach § 15 Abs. 4 UStG im Wege einer sachgerechten Schätzung aufzuteilen.	1
Anteil der abzugsfähigen VorSt berechnet: 18,18 %; VorSt: 1 368 € × 18,18 % = 248,70 €; davon 50 % wegen ab VZ 07/07 vorstschädlichen Nutzung: 50 % × 248,70 € = 124,35 €; B kann aus den Wartungskosten für VZ Mai 07 VorSt i. H. v. 1 368 € ./. 124,35 € = 1 243,65 € geltend machen.	1
§ 15a UStG bei B: Infolge Widerrufs der Option liegt VorSt-relevante Nutzungsänderung vor. § 15a Abs. 1 UStG. Maßgeblicher Berichtigungszeitraums 10 Jahre.	1
VorSt-Anteil für Kalenderjahrs 07: 1/10 von 488 320 € = 48 832 € VorSt-Anteil 2 OG zzgl. 12 Stellplätze: 29,09 % = 14 205,22 €.	1
In 07 VorSt-relevante Nutzungsänderung 50 % zuungunsten der B; VorSt-Berichtigungsbetrag von 14 205,22 € × ./. 50 % = 7 102,61 €. Wg. § 44 Abs. 4 UStDV ist Berichtigung ab dem VZ Juli 07 anteilig in USt-Voranmeldungen i. H. v. 1/6 = ./. 1 183,77 € geltend zu machen.	1
Kostenlose Überlassung der Stellplätze durch die KG an ihre ArbN: Sachzuwendungen, denen als Entgelt ein entsprechender Teil der Arbeitsleistung der Arbeitnehmer gegenübersteht (Abschn. 12 Abs. 1 S. 1 UStR). Gem. Abschn. 12 Abs. 4 Nr. 5 UStR jedoch überwiegend durch das betriebliche Interesse des Arbeitgebers veranlasst, deshalb nicht steuerbar.	1
Vorsteuerabzug der K-KG: aus der Mietrechnung i. H. v. 1 748,00 € × 12 = 20 976 €; USt aufgrund der Mindest-BMG könnte von der KG ebenfalls als VorSt geltend gemacht werden, wenn er ihr ordnungsgemäß gem. § 14 Abs. 4 S. 2 UStG in Rechnung gestellt worden wäre.	1
Summe	21

Klausuraufgabe 21:
Geschäftsführertätigkeit als steuerbare Leistung/ Fahrzeugüberlassung/Aufsichtsratstätigkeit/ innergemeinschaftliches Verbringen in Zusammenhang mit einer Lieferung/innergemeinschaftliches Dreiecksgeschäft/ Vermietungsumsätze/Vorsteuerberichtigung

I. Sachverhalt

1. In München befindet sich der Sitz des weltweit führenden Herstellers von Angelsportgeräten – die Anglerwelt-GmbH (**A-GmbH**). Ihr Geschäftsführer ist Alwin Angler (**A**), der auch 40 % des Stammkapitals an der A-GmbH hält. A erhält für seine Geschäftsführertätigkeit eine gewinnunabhängige Vergütung von monatlich 8 000 €. Außerdem stellt ihm die A-GmbH einen BMW 530 zur Verfügung, welchen er sowohl für seine Geschäftsführertätigkeit als auch für sämtliche Privatfahrten verwenden darf. Hinsichtlich seiner Zeiteinteilung bei der Geschäftsführertätigkeit ist A völlig frei. Deshalb wird A einkommensteuerrechtlich auch nicht als Arbeitnehmer behandelt.

Auf Anraten seines langjährig tätigen Steuerberaters Stefan Brater hatte A schon vor vielen Jahren seinen Wohnsitz nach Vaduz (Liechtenstein) verlagert. Von dort aus übte er seitdem auch im Wesentlichen seine Geschäftsführertätigkeit für die A-GmbH aus, indem er per Telefon, Fax und Internet das Geschäftsgeschehen steuerte und ohne Zeitverlust täglich zum Angeln an einen Schweizer Bergsee gehen konnte.

Das dem A zur Verfügung gestellte Fahrzeug BMW 530 wurde von der A-GmbH zum 02. 01. 2007 für 60 000 € zuzüglich 11 400 € Umsatzsteuer erworben. Im Kj. 2007 sind für das Fahrzeug insgesamt Kosten in Höhe von 24 000 € angefallen. Hiervon haben Kosten in Höhe von 3 000 € nicht zum Vorsteuerabzug berechtigt. Nach dem ordnungsgemäß geführten Fahrtenbuch ist A mit dem Fahrzeug zu 40 % privat gefahren. Die Hälfte seiner Privatfahrten entfielen dabei auf Fahrten im Österreich, Schweiz oder Liechtenstein.

2. Entsprechend den Vereinbarungen im Gesellschaftsvertrag ist bei der A-GmbH ein Verwaltungsrat bestellt. Dieser tagt zweimal jährlich in einem Hotel mit eigenem Angelrevier am Vierwaldstädter See in der Schweiz. Verwaltungsvorsitzender ist der schweizerische Staatsangehörige Balduin Barsch (**B**). Er erhält als Verwaltungsratsvergütung jährlich 5 000 €. B hat seinen Wohnsitz in Bern (Schweiz) und übt den wenig spektakulären Beruf eines Bankangestellten aus.

3. Der vom Angelsport besessene Carl Carlson (**C**) aus Norwegen bestellte im Januar 2007 bei der A-GmbH einen Satz aufeinander abgestimmte, besonders langen Angelruten für den Fang von Lachsen zum Nettopreis von 1 200 €. Einen Teil dieser Angelruten (3 Angeln mit einer Länge von 4, 6 und 8 Metern – Teile »B«) fertigt die A-GmbH nicht selbst, sondern beauftragte hiermit im eigenen Namen die Firma Depêcheur (**D**) aus Frankreich. Deshalb sandte die A-GmbH zur Erfüllung des Auftrags die von ihr selbst hergestellten Satzteile der Angelruten (Teil »A« mit einer Länge von 10, 12 und 14 Metern) zu D mit dem Auftrag, den Satz um die anderen Teile (»B«) zu vervollständigen und dann den vollständigen Satz (bestehend aus den Teilen »A« und »B«) verpackt zu C zu versenden.

Nach Ankunft des Satzes Angelruten zahlte C noch im selben Monat entsprechend den vertraglichen Vereinbarungen unter Abzug von 3 % Skonto.

4. Ein langjähriger Geschäftspartner der A-GmbH ist die Firma Peterson (**P**) aus Schweden. Bestimmte Angelhaken für das Hochseefischen fertigt die A-GmbH nämlich nicht mehr selbst, sondern lässt sie von P herstellen, u. a. auch den von Haifischfängern besonders geschätzten – weil aus Titan bestehenden – Haken mit der Bezeichnung »Squallus 08«.

Das Sportfischergeschäft Federico Fado (**F**) aus Portugal bestellte im Februar 2007 bei der A-GmbH 10 solcher Angelhaken vom Typ »Squallus 08« zum Preis von netto 700 € (je Stück 70 €).

Im Auftrag der A-GmbH versandte P die Angelhaken direkt zu F.

P berechnete der A-GmbH hierfür 400 € sowie die Versandkosten in Höhe von 30 €.

5. Zur künftigen Betriebserweiterung hatte die A-GmbH im Kj. 2000 das an das bestehende Betriebsgebäude angrenzende Grundstück Ziegelweg 2 mit aufstehendem Gebäude erworben. Dieses war bisher aufgrund eines Mietvertrages an die Stadt München (M) bis Ende des Kalenderjahrs 2010 als Verwaltungsgebäude vermietet war. Nutzen und Lasten am Grundstück gingen zum 01.04.2000 auf die A-GmbH über. Anlässlich des steuerfreien Erwerbs wurden ihr für Maklergebühren und Notargebühren insgesamt 7 500 € Umsatzsteuer zutreffend in Rechnung gestellt. Gegen eine Abfindung in Höhe von 25 000 € konnte die A-GmbH die Stadtverwaltung von München im November 2006 veranlassen, das Gebäude bereits zum Ende des Kalenderjahrs 2006 zu räumen.

Im Kj. 2007 ließ die A-GmbH das Gebäude von einem Generalunternehmer zum Pauschalpreis von 200 000 € zuzüglich 38 000 € Umsatzsteuer umfassend renovieren. Bei den Aufwendungen handelt es sich ertragsteuerrechtlich ausschließlich um Erhaltungsaufwand. Nach Abschluss der Renovierungsarbeiten nutzte die A-GmbH das Gebäude ab 01.07.2005 insgesamt für ihre steuerpflichtigen bzw. nach § 4 Nr. 1 UStG steuerfreien Umsätze.

Im weiteren Verlauf des Kalenderjahrs 2007 stellte sich allerdings heraus, dass das Gebäude für die Zwecke der A-GmbH nicht genügte. Die A-GmbH mietete daher ab Ende des Jahres 2007 ein modernes Bürogebäude an. Das Grundstück »Ziegelweg 2« veräußerte die A-GmbH an ein Institut, das in dem Gebäude Lehrgänge für die Ausbildung zum Steuerberater veranstaltet, zum Preis von 600 000 €. Nutzen und Lasten gingen dabei zum 01.01.2008 auf den Erwerber über. Eine Option zur Umsatzsteuer wurde in dem notariellen Vertrag nicht ausgeübt.

II. Aufgabe

Beurteilen Sie die Sachverhalte gemäß den »Allgemeinen Hinweisen« zu Beginn von Teil E!

III. Lösung

1. Die Geschäftsführertätigkeit des A erfolgt gegen Sonderentgelt und damit im Leistungsaustausch. A ist auch selbständig (Abschn. 17 Abs. 2 S. 1 UStR) und somit mit dieser Tätigkeit Unternehmer.

Der Leistungsort bestimmt sich mangels Eingreifen von Sonderregelungen nach § 3a Abs. 1 UStG und ist somit in der Schweiz. Die Leistung des A ist nichtsteuerbar.

Die Fahrzeugüberlassung an A für private Fahrten erfolgt im Rahmen eines tauschähnlichen Umsatzes mit Baraufgabe als Gegenleistung für die Geschäftsführertätigkeit des A. Es liegt somit eine entgeltliche sonstige Leistung i. S. d. § 3 Abs. 9 UStG der A-GmbH an A vor.

Der Leistungsort richtet sich ebenfalls nach § 3a Abs. 1 UStG, da § 3a Abs. 4 Nr. 11 UStG die Vermietung von Beförderungsmitteln ausnimmt. Die sonstige Leistung ist somit steuerbar und steuerpflichtig und zwar auch, soweit es Privatfahrten im Ausland betrifft.

Hinweis: Eine Verlagerung des Leistungsortes gemäß § 1 Abs. 2 UStDV in das Drittlandsgebiet kommt bei Pkws nicht in Betracht.

Bemessungsgrundlage ist der Wert der Geschäftsführertätigkeit abzüglich der Baraufgabe. Da im Zweifel von Wertgleichheit zwischen der Geschäftsführertätigkeit des A und der Gegenleistung auszugehen ist, entspricht der anteilige Wert den anteiligen Fahrzeugkosten. Die nicht zum Vorsteuerabzug berechtigenden Kosten sind dabei ebenfalls zu berücksichtigen. Die Umsatzsteuer beträgt somit 19 % von 8 400 € (40 % von 21 000 €) = 1 596 €

2. B erbringt als Aufsichtsratsvorsitzender nachhaltig entgeltliche Leistungen an die A-GmbH. B ist auch selbständig und somit Unternehmer (A 18 Abs. 4 S. 4 UStR). Der Leistungsort bestimmt sich nach § 3a Abs. 4 Nr. 3 i. V. m. Abs. 3 S. 1 UStG und ist somit im Inland. Die Leistung ist damit steuerbar und steuerpflichtig.

Da B ein im Ausland ansässiger Unternehmer ist (§ 13b Abs. 4 S. 1 UStG), verlagert sich die Steuerschuld gemäß § 13b Abs. 1 Nr. 1 i. V. m. Abs. 2 S. 1 UStG auf die A-GmbH.

Die von ihr anzumeldende Umsatzsteuer beträgt 19 % von 5 000 € = 950 €. Diese Umsatzsteuer darf die A-GmbH zugleich gemäß § 15 Abs. 1 Nr. 4 UStG als Vorsteuer abziehen.

3. Die A-GmbH hat an C einen Satz Angelruten geliefert. Die Lieferung ist allerdings noch nicht mit der Absendung der besonders langen Angelruten (Teile A) nach Frankreich bewirkt, da Liefergegenstand der vollständige Satz Angelruten war und somit nicht der Liefergegenstand, sondern nur Teile hiervon, versandt wurden. Insoweit liegt ein rechtsgeschäftsloses Verbringen vor. Erst ab Frankreich erfolgt eine Versendung des Liefergegenstandes gemäß § 3 Abs. 6 S. 1 UStG. Der Lieferort ist somit in Frankreich und die Lieferung ist nichtsteuerbar.

Zu prüfen ist aber, ob das rechtsgeschäftslose Verbringen gemäß § 3 Abs. 1a UStG einer entgeltlichen Lieferung gleichsteht. Dies hängt davon ab, ob es nur ein vorübergehendes Verbringen ist:

Dies ist jedoch nicht der Fall, weil die Angelruten dort unverändert für eine steuerbare Lieferung verwendet werden (Abschn. 15b Abs. 6 S. 1 UStR). Anders wäre es, wenn die Angelruten bei einer in Frankreich steuerbaren Werklieferung verwendet würden (Abschn. 15b Abs. 10 Nr. 1 UStR).

Somit liegt gemäß § 3 Abs. 1a UStG eine fiktive entgeltliche Lieferung vor, bei welcher der Liefergegenstand vom EU-Land Deutschland in das EU-Land Frankreich gelangt. Damit sind die Vorschriften des innergemeinschaftlichen Warenverkehrs zu prüfen. Entsprechend § 1a Abs. 2 UStG tätigt die A-GmbH in Frankreich einen fiktiven innergemeinschaftlichen Erwerb. Die fiktive Lieferung der A-GmbH nach § 3 Abs. 1a UStG ist damit gemäß § 3 Abs. 6 S. 1 UStG im Inland steuerbar, jedoch nach § 6a Abs. 2 UStG i. V. m. § 4 Nr. 1 Buchst. b UStG steuerfrei.

Der Lieferung der A-GmbH an C voraus geht eine Lieferung der Angelruten vom Typ »B« von D an die A-GmbH. Es handelt sich nicht um eine Lieferung im Reihengeschäft, da nicht derselbe Gegenstand geliefert wird. Da die Lieferung von der A-GmbH an C eine bewegte Lieferung ist, ist die Lieferung von D an die A-GmbH unbewegt. Der Lieferort ist gemäß § 3 Abs. 7 S. 1 UStG in Frankreich. Unabhängig ob bewegt oder unbewegt ist jedoch der Lieferort keinesfalls in Deutschland, da die Teile »B« nie in Deutschland waren und nie nach Deutschland gelangten. Die Lieferung ist somit nichtsteuerbar.

4. F bestellte die Angelhaken bei der A-GmbH und die A-GmbH bestellte diese bei P. Beide Geschäfte werden dadurch erfüllt, dass P die Angelhaken direkt zu F versendet. Es liegt somit ein Reihengeschäft nach § 3 Abs. 6 S. 5 UStG vor.

Die bewegte Lieferung (§ 3 Abs. 6 S. 1–4 UStG) ist dabei die Lieferung von P an die A-GmbH, da P die Angelhaken als Lieferer der A-GmbH versendet. Bei dieser Lieferung gelangen die Angelhaken vom EU-Land Schweden in das EU-Land Portugal. Es sind somit die Regelungen des innergemeinschaftlichen Warenverkehrs zu beachten. Der bewegten Lieferung des P an die A-GmbH folgt eine ruhende Lieferung der A-GmbH an F in Portugal gemäß § 3 Abs. 7 S. 2 Nr. 2 UStG nach.

Die A-GmbH tätigt hierbei gemäß § 3d S. 1 UStG einen innergemeinschaftlichen Erwerb in Portugal und zugleich einen innergemeinschaftlichen Erwerb in Deutschland, da die A-GmbH ihre deutsche USt Id. Nr. verwendet (vgl. Vorbemerkung Nr. 9).

Vorliegend sind jedoch die Vorschriften des innergemeinschaftlichen Dreiecksgeschäfts nach § 25b Abs. 1 und 2 UStG erfüllt:

Drei Unternehmer haben über denselben Liefergegenstand Umsatzgeschäfte abgeschlossen und diese wurden dadurch erfüllt, dass die Angelhaken unmittelbar vom ersten Lieferer an den letzten Abnehmer befördert wurde (§ 25b Abs. 1 Nr. 1 UStG).

Die A-GmbH, P und F sind in jeweils verschiedenen Mitgliedstaaten (Deutschland, Schweden und Portugal) für Zwecke der USt erfasst (§ 25b Abs. 1 Nr. 2 UStG).

Der Gegenstand der Lieferung ist aus Schweden nach Portugal gelangt (§ 25b Abs. 1 Nr. 3 UStG).

Der Liefergegenstand wurde durch den ersten Lieferer (P) versendet (§ 25b Abs. 1 Nr. 4 UStG).

Der Lieferung der A-GmbH ist (s. o.) ein igE in Portugal vorausgegangen (§ 25b Abs. 2 Nr. 1 UStG),

Die A-GmbH ist in Portugal, wo der Warentransport endet, nicht ansässig und hat sowohl gegenüber P als auch gegenüber F seine deutsche USt Id. Nr. verwendet, vgl. Vormerkung Nr. 6 (§ 25b Abs. 2 Nr. 2 UStG).

Die A-GmbH hat F eine Nettorechnung ohne USt-Ausweis erteilt (§ 25b Abs. 2 Nr. 3 UStG).

F verwendet seine portugiesische USt-Id.-Nr., also die USt-Id.-Nr. des Landes, in dem der Warentransport endet.

Deshalb wird die portugiesische Umsatzsteuer für die Lieferung von der A-GmbH an F nicht von der A-GmbH, sondern von F geschuldet.

Als weitere Folge gilt der Erwerb der A-GmbH gemäß § 25b Abs. 3 UStG besteuert. Damit entfällt auch die Steuerbarkeit des Erwerbs der A-GmbH gemäß § 3d S. 2 UStG in Deutschland.

5. Mit dem Erwerb des Gebäudes Ziegelweg 2 tritt die A-GmbH in den bestehenden Mietvertrag mit der Stadtverwaltung von München ein (»Kauf bricht nicht Miete«, § 566 BGB). Die A-GmbH erbringt damit ebenso wie der Veräußerer eine nach § 4 Nr. 12 S. 1a UStG steuerfreie Vermietungsleistung. Infolge der bis zum Kalenderjahr 2010 zu erwartenden steuerfreien Vermietung darf die A-GmbH die Vorsteuer aus den Notar- und Maklergebühren in Höhe von 7 500 € nicht abziehen. Sie kann keine steuerpflichtige Nutzungsabsicht glaubhaft machen.

Mit dem Verzicht auf die Anmietung ab 2007 erbringt die Stadt München, eine Gebietskörperschaft des öffentlichen Rechts, zwar eine entgeltliche Leistung an die A-GmbH (Abschn. 3 Abs. 5 S. 1 UStR). Diese ist jedoch mangels Unternehmereigenschaft der Stadt München nicht steuerbar. Die A-GmbH hat somit keinen Vorsteuerabzug und kann auch keine Rechnung mit Vorsteuerausweis verlangen.

Hinweis: Selbst wenn man unterstellt, dass die Stadt München einen Betrieb gewerblicher Art unterhält und deshalb gemäß § 2 Abs. 3 UStG Unternehmer ist, wäre die Verzichtsleistung nicht »im Rahmen ihres Unternehmens« erbracht, da im Gebäude Verwaltungstätigkeit ausgeübt wurde.

Die Veräußerung des Gebäudes Ziegelweg 2 an das Institut ist nach § 4 Nr. 9 Buchst. a UStG steuerfrei, da eine Option nicht ausgeübt wurde.

Hinweis: Eine Option wäre zwar möglich, da die Voraussetzungen des § 9 Abs. 1 UStG erfüllt sind und die Regelung des Optionsverbotes gemäß § 9 Abs. 2 UStG bei Grundstückslieferungen nicht gilt; sie wäre aber wenig sinnvoll, da der Erwerber wegen der Steuerfreiheit seiner Ausgangsumsätze (§ 4 Nr. 21 Buchst. a, Doppelbuchst. bb.) UStG) keinen Vorsteuerabzug hat.

Aus den Renovierungsarbeiten hat die A-GmbH den vollen Vorsteuerabzug, da sie bei Leistungsbezug die Absicht hatte, das Gebäude für ihre vorsteuerunschädlichen Umsätze zu verwenden.

Ab dem Kj. 2007 kommt hinsichtlich der Vorsteuer aus den Notar- und Maklergebühren in Höhe von 7 500 € eine Vorsteuerberichtigung nach § 15a UStG in Betracht. Der Berichtigungszeitraum begann am 01.04.2000 und endet am 31.03.2010. Es handelt sich um Vorsteuern aus der Anschaffung eines Wirtschaftsguts i. S. v. § 15a Abs. 1 UStG.

Die für den Vorsteuerabzug nach § 15 UStG maßgeblichen Nutzungsverhältnisse in 2000 waren 0 % vorsteuerunschädliche Nutzung. Bis zum Kj. 2006 erfolgte diesbezüglich keine Nutzungsänderung.

Ab dem Kj. 2007 erfolgt zunächst eine Nichtnutzung, die entsprechend der beabsichtigten späteren Nutzung zu behandeln ist (Abschn. 215 Abs. 10 UStR). Die spätere Nutzung ab 01.07.2007 ist dann eine steuerpflichtige Nutzung. Damit sind die Nutzungsverhältnisse für das Vorsteuerberichtigungsjahr 2007 zu 100 % vorsteuerunschädlich.

Die Vorsteuerberichtigung für das Kalenderjahr 2007 beträgt somit 1/10 von 7 500 € = 750 €. Sie ist gemäß § 44 Abs. 4 S. 1 UStDV bei der Jahresveranlagung für das Kj. 2007 vorzunehmen (sie unterbleibt nicht gem. § 44 Abs. 2 S. 1 UStDV, da die Nutzungsänderung 100 % beträgt).

Die steuerfreie Veräußerung zum 01.01.2008 stellt wieder für den Rest des Berichtigungszeitraums des § 15a UStG gemäß § 15a Abs. 8 und 9 UStG eine zu 0 % vorsteuerunschädliche Nutzung dar. Damit liegt ab dem Kalenderjahr 2008 keine vorsteuerrelevante Nutzungsänderung mehr vor.

Aus den Renovierungsarbeiten hat die A-GmbH entsprechend ihrer Nutzungsabsicht zunächst den vollen Vorsteuerabzug in Höhe von 38 000 €. Es kommt jedoch hierfür eine Vorsteuerberichtigung nach § 15a Abs. 3 UStG in Betracht. Entsprechend dem Berichtigungszeitraum des § 15a UStG für das Gebäude gilt grundsätzlich auch ein zehnjähriger Berichtigungszeitraum für den Erhaltungsaufwand. Der Berichtigungszeitraums des § 15a UStG beginnt mit der Nutzung des renovierten Gebäudes am 01.07.2007 und endet am 30.06.2017.

Die steuerfreie Veräußerung zum 01.01.2008 ist als vorsteuerunschädliche Nutzung von 0 % bis zum Ende des Berichtigungszeitraums des § 15a UStG zu behandeln. Dabei ist die

Vorsteuerberichtigung nach § 15a UStG gemäß § 44 Abs. 4 S. 3 UStDV insgesamt für den Voranmeldungszeitraum der Veräußerung Januar 2008 vorzunehmen. Der Berichtigungsbetrag beläuft sich auf 114/120 von 38 000 € = 36 100 €.

IV. Punktetabelle

		Punkte
1	A als selbständig tätigen Unternehmer erkannt; Leistungsort nach § 3a Abs. 1 UStG bestimmt; Leistung des A nichtsteuerbar.	1
	Fahrzeugüberlassung für private Fahrten erfolgt im Rahmen eines tauschähnlichen Umsatzes mit Baraufgabe; entgeltliche sonstige Leistung i. S. d. § 3 Abs. 9 UStG der A-GmbH an A; Leistungsort nach § 3a Abs. 1 UStG; Leistung ist steuerbar und steuerpflichtig.	1
	BMG entspricht dem anteiligen Wert der Fahrzeugkosten incl. der nicht zum Vorsteuerabzug berechtigenden Kosten: USt beträgt somit 19 % von 8 400 € (40 % von 21 000 €) = 1 596 €.	1
2	B ist Unternehmer; Leistungsort nach § 3a Abs. 4 Nr. 3 i. V. m. Abs. 3 S. 1 UStG im Inland; Leistung ist damit steuerbar und steuerpflichtig.	1
	Verlagerung der Steuerschuld gemäß § 13b Abs. 2 UStG auf die A-GmbH erkannt	1
	USt beträgt 19 % von 5 000 € = 950 €; gemäß § 15 Abs. 1 Nr. 4 UStG als Vorsteuer abziehbar.	1
3	Teile A gelangen im Wege rechtsgeschäftslosen Verbringens nach Frankreich; ab dort erfolgt Versendung des Liefergegenstandes; Lieferort ist in Frankreich; Lieferung ist nichtsteuerbar.	1
	§ 3 Abs. 1a bzw. § 1a Abs. 2 UStG geprüft; vorübergehendes Verbringen untersucht und verneint.	1
	Fiktive entgeltliche Lieferung in Deutschland steuerbar, aber nach § 6a Abs. 2 i. V. m. § 4 Nr. 1 Buchst. b UStG steuerfrei; fiktiver igE in Frankreich.	1
	Lieferung der Angelruten vom Typ »B« von D an A-GmbH; kein Reihengeschäft angenommen; Lieferort bestimmt: in Frankreich; nicht steuerbar.	1
4	Reihengeschäft nach § 3 Abs. 6 S. 5 UStG erkannt; bewegte Lieferung von P an A-GmbH, stbar in Schweden; ruhende Lieferung der A-GmbH an F in Portugal gemäß § 3 Abs. 7 S. 2 Nr. 2 UStG.	1

		Punkte
	A-GmbH tätigt gem. § 3d S. 1 UStG igE in Portugal und zugleich igE in Deutschland.	1
	Voraussetzungen des ig Dreiecksgeschäfts nach § 25b Abs. 1 und 2 UStG eingehend geprüft und bejaht.	2
	Portugiesische USt für die Lieferung wird von F geschuldet und igE in Portugal gilt gemäß § 25b Abs. 3 UStG als besteuert; igE in Deutschland entfällt gem. § 3d S. 2 UStG a. E.	1
5	A-GmbH erbringt an Stadtverwaltung von München nach § 4 Nr. 12 UStG steuerfreie Vermietungsleistung; kein Vorsteuerabzug aus den Notar- und Maklergebühren.	1
	Verzicht der Stadt München auf die Anmietung ab 2007 ist entgeltliche Leistung an die A-GmbH; mangels Unternehmereigenschaft aber nicht steuerbar.	1
	Veräußerung des Gebäudes an Institut ist nach § 4 Nr. 9 Buchst. a UStG steuerfrei	1
	voller Vorsteuerabzug aus Renovierungskosten, da Absicht, das Gebäude für vorsteuerunschädlichen Umsätze zu verwenden, nachweisbar.	1
	Ab 2007 hinsichtlich der VorSt aus den Notar- und Maklergebühren § 15a UStG geprüft; Berichtigungszeitraum vom 01. 04. 2000 bis 31. 03. 2010	1
	Für 2007 gegenüber 2000 Nutzungsänderung von 100 % erkannt	1
	VorSt-Berichtigung für 2007 beträgt 500 €; gemäß § 44 Abs. 4 S. 1 UStDV bei der Jahresveranlagung für das Kj. 2005 vorzunehmen	1
	Veräußerung zum 01. 01. 2008 gemäß § 15a Abs. 8 und 9 UStG als zu 0 % vorsteuerunschädliche Nutzung dar; deshalb ab 2008 keine vorsteuerrelevante Nutzungsänderung	1
	VorSt-Berichtigung nach § 15a Abs. 3 UStG für VorSt aus Renovierungsarbeiten; Berichtigungszeitraum vom 01. 07. 2007 bis 30. 06. 2017.	1
	Veräußerung zum 01. 01. 2008 als vorsteuerunschädliche Nutzung von 0 % bis Ende des BZ; § 44 Abs. 4 S. 3 UStDV für VZ Januar 08; Berichtigungsbetrag mit 36 100 € errechnet	1
	Summe	25

Klausuraufgabe 22:
Organschaft/Werklieferung und Werkleistung/Reihengeschäft/Vermittlungsleistung/Fehlerhafte Rechnung

I. Sachverhalt

1. Die Bouteille – S. A. (**B-SA**; S. A. = Société Anonyme, entspricht in etwa der deutschen Aktiengesellschaft) mit Sitz in Reims, Frankreich, ist Marktführer bei der Herstellung von Champagner- und Sektflaschenabfüllanlagen. Zur Betreuung des deutschen Marktes hat die B-SA die Cappes-GmbH (**C-GmbH**) in Mannheim gegründet. Die B-SA hält sämtliche Anteile am Stammkapital der C-GmbH; Geschäftsführer der C-GmbH ist François Federlein, der zugleich Angestellter der B-SA ist.

Als der Weinanbaubetrieb Helmut Häberle (**H**) aus Heilbronn – für den die Besteuerung nach Durchschnittssätzen gem. § 24 UStG gem. § 24 Abs. 4 UStG nicht angewandt wird – bei der B-SA im Januar 2007 die Abfüllanlage vom Typ BZ 015 (bestehend aus mehreren Maschinen sowie einer Fördereinrichtung) bestellte, versandte die B-SA die kompletten Teile der Anlage in vier Containern am 24.02.2007 von Reims zu H und beauftragte im eigenen Namen die C-GmbH mit der Montage der Anlage bei H. Die B-SA berechnete dem H für die Anlage in einer am 31.01.2007 erteilten Vorausrechnung netto 450 000 €. Hierauf leistete H nach Eintreffen der Teile bei H sofort abredegemäß eine Anzahlung von 300 000 €, die am 28.02.2007 bei der B-SA einging. Der Restbetrag war innerhalb von 10 Tagen nach erfolgreichem Probelauf und Übergabe der montierten Maschine zu leisten. Die C-GmbH führte die Montage bis zum 03.03.2007 durch und berechnete der B-SA hiefür netto 12 000 €. Nach erfolgreichem Probelauf wurde die montierte Maschine noch am 03.03.2006 übergeben. Den Restbetrag von 150 000 € überwies H an die B-AG allerdings erst am 03.04.2006.

2. Die B-SA vertreibt auch Etikettiermaschinen des Herstellers Egli (**E**) aus Zürich/Schweiz. Eine derartige Maschine vom Typ EM 117 veräußerte die B-SA an die Brauerei Kornacker (**K**) aus Stuttgart zum Preis von netto 46 000 €. Sie beauftragte E, die funktionsfähige Maschine direkt zu K nach Stuttgart zu transportieren. E berechnete der B-SA nach erfolgter Lieferung 35 000 € sowie die verauslagte und im Namen der B-SA entrichtete deutsche Einfuhrumsatzsteuer.

Der Vertrag zwischen der B-SA und K kam durch Vermittlung des selbständigen Handelsvertreters Veltin (**V**) aus Luxemburg zustande. Nach Ausführung der Lieferung erteilte die B-SA dem V eine Gutschrift in Höhe von 2 300 €.

3. Die B-SA besitzt in Bezug auf die Herstellung einer bestimmten Spezialmaschine zum Reinigen der an den Hersteller zurückgebrachten Flaschen ein Patentrecht. Diesbezüglich räumte die B-SA der Firma Lustig (**L**) in Heidelberg Anfang 2007 für Deutschland die Lizenz zur Herstellung und dem Vertrieb solcher Flaschenreinigungsmaschinen ein. Pro veräußerter Maschine hatte L der B-SA hierfür 2 500 € netto zu entrichten. Zwischen der B-SA und L war vereinbart, dass L jeweils nach Quartalsende über die im vorangegangenen Quartal veräußerten Maschinen abrechnet. Dementsprechend erteilte L der B-SA am 17.04.2007 eine Gutschrift über 12 veräußerte Maschinen à 2 500 € = 30 000 € zuzüglich 7 % Umsatzsteuer = 2 100 €.

II. Aufgabe

Beurteilen Sie den Sachverhalt gemäß den »Allgemeinen Hinweisen« zu Beginn von Teil E!

III. Lösung

1. Die B-SA tätigt eine Werklieferung an H. Es handelt sich um eine unbewegte Lieferung, da nicht der Liefergegenstand, sondern die Maschinenteile zu H transportiert werden. Der Lieferort ist nach § 3 Abs. 7 S. 1 UStG am Ort der Übergabe der montierten Anlage. Die Lieferung ist steuerbar und mangels Eingreifen des § 4 UStG auch steuerpflichtig.

Da die B-SA ein ausländischer Unternehmer ist, greift gemäß § 13b Abs. 1 Nr. 1 i. V. m. Abs. 2 S. 1 UStG das Reverse-Charge-Verfahren. H ist somit Schuldner der Umsatzsteuer. Sie beträgt 19 % von 450 000 € = 85 500 €. H kann diese Umsatzsteuer gemäß § 15 Abs. 1 Nr. 4 UStG als Vorsteuer geltend machen.

Die Umsatzsteuer entsteht gemäß § 13b Abs. 1 S. 1 und 3 UStG mit Ausstellung der Rechnung, allerdings nicht vor dem Zeitpunkt der Leistung bzw. Zahlung. Somit entsteht die Umsatzsteuer in Höhe von 19 % von 300 000 € = 57 000 € am 28. 02. 2007 und in Höhe von 19 % von 150 000 € = 28 500 € am 03. 04. 2007. Entsprechend hat H den Vorsteuerabzug in Höhe von 57 000 € für den Voranmeldungszeitraum Februar und in Höhe von 28 500 € für den Voranmeldungszeitraum April.

Der Lieferung der B-SA an H geht ein rechtsgeschäftsloses Verbringen voraus. Da jedoch eine Werklieferung folgt, handelt es sich gemäß Abschn. 15b Abs. 10 Nr. 1 UStR nur um eine vorübergehende Verwendung und damit um keinen Fall des fiktiven innergemeinschaftlichen Erwerbs nach § 1a Abs. 2 UStG.

Die C-GmbH erbringt mit der Montage eine Werkleistung an die B-SA. Allerdings ist die C-GmbH eine Organgesellschaft der B-SA, da sie finanziell (100 % Stammkapital), wirtschaftlich (Betreuung des deutschen Marktes) und organisatorisch (der Geschäftsführer ist Angestellter der B-SA) in das Unternehmen der B-SA eingegliedert ist. Insofern könnte ein nichtsteuerbarer Innenumsatz vorliegen. Indessen wird nach § 2 Abs. 2 Nr. 2 S. 2 UStG vorliegend die Wirkung der Organschaft aufgehoben.

Die Werkleistung ist nach § 3a Abs. 2 Nr. 3 Buchst. c S. 1 UStG im Inland steuerbar und steuerpflichtig. Zwar kommt durch die Verwendung der französischen USt Id. Nr. von der B-SA nach § 3 Buchst. a Abs. 2 Nr. 3c S. 2 UStG eine Verlagerung des Leistungsortes nach Frankreich in Betracht. Nach § 3a Abs. 2 Nr. 3 Buchst. c S. 3 UStG tritt die Verlagerung jedoch nicht ein, da die Anlage in Deutschland verbleibt. Die Werkleistung ist somit steuerbar und steuerpflichtig.

Da als Nettoentgelt 12 000 € vereinbart sind, beträgt die von der C-GmbH abzuführende Umsatzsteuer 19 % von 12 000 € = 2 280 €. Sie entsteht für den Voranmeldungszeitraum März 2007.

Die C-GmbH gilt gemäß § 2 Abs. 2 Nr. 2 S. 4 UStG als Unternehmer. Diese Umsatzsteuer kann die B-SA als Vorsteuer abziehen, allerdings nur im Vorsteuervergütungsverfahren gem. § 18 Abs. 9 UStG i. V. m. §§ 59ff UStDV.

2. Sowohl zwischen der K und der B-SA als auch zwischen der B-AG und E ist ein Kaufvertrag über die Etikettiermaschine zustande gekommen. Beide Verträge werden dadurch erfüllt, dass die Maschine direkt von E zu K befördert wird. Somit liegt ein Reihengeschäft i. S. d. § 3 Abs. 6 S. 5 UStG vor, im Rahmen dessen E an die B-SA und die B-SA an K liefert.

Die bewegte Lieferung ist dabei die Lieferung von E an die B-SA, da E die Maschine als Lieferer der B-SA zu K befördert. Der Lieferort ist damit nach § 3 Abs. 6 S. 1 UStG in der Schweiz; die Lieferung ist nicht steuerbar.

Eine Verlagerung des Lieferortes nach § 3 Abs. 8 UStG tritt nicht ein, da nicht E, sondern die B-AG Schuldner der Einfuhrumsatzsteuer ist.

Die Lieferung der B-SA an K ist als ruhende Lieferung gemäß § 3 Abs. 7 S. 2 Nr. 2 UStG in Deutschland steuerbar und steuerpflichtig. Die von der B-SA zu entrichtende Umsatzsteuer beträgt 19 % von 46 000 € = 8 740 €. K darf diesen Betrag gemäß § 15 Abs. 1 Nr. 1 UStG als Vorsteuer abziehen.

Die B-SA hat die Verfügungsmacht an der Maschine bereits in der Schweiz erlangt und erst mit der Ankunft der Maschine bei K abgegeben. Sie hat somit im Zeitpunkt der Freigabe der Maschine in den freien Verkehr die Verfügungsmacht und kann die von ihr geschuldete Einfuhrumsatzsteuer (§ 1 Abs. 1 Nr. 4 UStG) gemäß § 15 Abs. 1 Nr. 2 UStG als Vorsteuer geltend machen (Abschn. 199 Abs. 4 UStR).

Da die B-SA in Deutschland eine steuerpflichtige Lieferung tätigt, muss sie sich in Deutschland registrieren lassen und eine Steueranmeldung abgeben. Sie kann deshalb auch die entrichtete Einfuhrumsatzsteuer im normalen Veranlagungsverfahren geltend machen (entsprechendes gilt nun auch für den Vorsteuerabzug aus Teilsachverhalt 1.).

V erbrachte mit der Vermittlung der Lieferung gegenüber der B-AG eine Vermittlungsleistung. Der Ort der Vermittlungsleistung bestimmt sich nach § 3a Abs. 2 Nr. 4 S. 1 UStG grundsätzlich nach dem Ort der vermittelten Lieferung und wäre damit in Deutschland.

Da aber die B-SA gegenüber dem V ihre französische USt-Id.-Nr. verwendet, verlagert sich der Ort der Vermittlungsleistung gemäß § 3a Abs. 2 Nr. 4 S. 2 UStG nach Frankreich. Die Vermittlungsleistung des V ist damit in Deutschland nichtsteuerbar.

3. Die B-SA erbringt an L eine sonstige Leistung nach § 3a Abs. 4 Nr. 1 UStG. Der Leistungsort ist somit in Heidelberg am Sitz des leistungsempfangenden Unternehmens (§ 3a Abs. 3 S. 1 UStG). Die Leistung ist steuerbar und steuerpflichtig. Der Steuersatz beträgt 19 %, da es sich um ein Patentrecht und nicht um ein Urheberrecht i. S. v. § 12 Abs. 2 Nr. 7 Buchst. c UStG handelt.

Da die B-SA ein ausländischer Unternehmer ist, verlagert sich die Steuerschuldnerschaft gemäß § 13b Abs. 1 Nr. 1 i. V. m. Abs. 2 S. 1 UStG von der B-SA auf L. Da jeweils quartalsmäßig abgerechnet wird, liegt für das 1. Quartal 2007 eine Teilleistung vor, die mit Ablauf des 31. 03. 2007 erbracht ist.

Die Umsatzsteuer beträgt wegen Eingreifen des Regelsteuersatzes (s. o.) 19 % von 30 000 € = 5 700 € (Abschn. 182a Abs. 27 S. 1 UStR). Sie entsteht gemäß § 13b Abs. 1 S. 1 UStG am 17. 04. 2007 mit Ausstellung der Gutschrift (= Rechnung, vgl. § 14 Abs. 1 S. 2 UStG). L hat daraus für den Voranmeldungszeitraum April nach § 15 Abs. 1 Nr. 4 UStG den Vorsteuerabzug.

L hat in seiner Gutschrift entgegen § 14a Abs. 5 UStG Umsatzsteuer in Höhe von 2 100 € zu Unrecht ausgewiesen. Die Gutschrift ist nach § 14 Abs. 2 S. 3 UStG eine Rechnung, da ihr die B-SA nicht widersprochen hat (Abschn. 182a Abs. 31 S. 2 UStR).

Deshalb schuldet die B-SA die ausgewiesene Umsatzsteuer nach § 14c Abs. 1 UStG (Abschn. 182a Abs. 31 S. 5 UStR). Diesbezüglich hat L keinen Vorsteuerabzug, da die Steuer nicht regulär geschuldet wird (Abschn. 192 Abs. 1 S. 2 UStR).

IV. Punktetabelle

			Punkte
1		Stbare (§ 3 Abs. 7 UStG) und stpfl. Werklieferung B-SA an H.	1
		§ 13b UStG führt zur USt-Schuld des H i. H. v. 85 500 €; VorSt-Abzug gem. § 15 Abs. 1 Nr. 4 UStG.	1
		Entstehungszeitpunkte richtig bestimmt.	1
		Innergemeinschaftliches Verbringen geprüft und begründet verneint.	1
		Werkleistung C-GmbH an B-SA: nicht nichtsteuerbar wegen Organschaft.	1
		Sondern steuerbar (§ 3a Abs. 2 Nr. 3 Buchst. c UStG) und stpfl.	1
		USt-Schuld der C-GmbH beträgt 2 280 €.	1
		VorSt-Abzug der B-SA erwähnt.	1
2		Reihengeschäft angenommen; bewegte Lieferung E an B-SA; nicht steuerbar, da in der Schweiz.	1
		§ 3 Abs. 8 UStG geprüft und verneint.	1
		Lieferung B-SA an K steuerbar und stpfl; USt 8 740 €; VorSt-Abzug des K.	1
		§ 15 Abs. 1 Nr. 2 UStG für B-SA.	1
		B-SA muss sich in Deutschland registrieren lassen und USt-Anmeldungen abgeben.	1
		Vermittlungsleistung des V grds. in Deutschland steuerbar.	1
		Wegen Verwendung der USt Id. Nr. aber in Frankreich.	1
3		Sonstige Leistung der B-SA an L steuerbar und stpfl. zu 19% (begründet).	1
		§ 13b UStG erkannt; Teilleistungen angenommen.	1
		USt richtig errechnet (5 700 €) und VorSt gem. § 15 Abs. 1 Nr. 4 UStG	1

		Punkte
	Gutschrift begründet angenommen.	1
	§ 14c Abs. 1 UStG erkannt; kein VorSt-Abzug des L.	1
	Summe	20

Klausuraufgabe 23:
Differenzbesteuerung/Fahrzeuglieferungen im Binnenmarkt/ Kleinunternehmer

I. Sachverhalt

Gustav Grob (G) ist ein Unternehmer, der seit Jahren in Karlsruhe erfolgreich einen Handel mit gebrauchten, älteren Fahrzeugen betreibt. Insbesondere mit Dieselmotoren ausgestattete Fahrzeuge sind bei ihm günstig zu erwerben. Bei G haben sich die nachfolgenden Geschäftsvorfälle ereignet.

1. Vom Rentner Rudi Rastlos (R) hatte G am 15.12.2006 dessen Mercedes E 230 D (Baujahr 1995) zum sofort in bar gezahlten Preis von 4000 € (ohne ausgewiesene Umsatzsteuer) erworben. Nur drei Wochen später veräußert G dieses Fahrzeug an den Studenten Siggi Sorgenfrei (S) für 5000 €.

2. Vom Finanzbeamten Franz Fiskus (F), der beschlossen hatte, nur noch öffentliche Verkehrsmittel zu benutzen, erwarb G ebenfalls im Dezember 2006 dessen Fahrzeug, einen Opel Vectra (Baujahr 2001). G zahlte hierfür 6000 € an F. Da das Fahrzeug sich wegen Rostmängeln als Ladenhüter erwies, ließ es G im April 2007 in der Lackierwerkstätte des Ludwig Lack (L) neu lackieren. Hierfür berechnete ihm L 700 € zuzüglich 133 € Umsatzsteuer. Obwohl das Fahrzeug nunmehr bedeutend schöner aussah, fand sich zunächst kein Käufer. Erst im Juni 2007 gelang es G notgedrungen, den Opel Vectra für 6000 € an den Vertreter für Staubsauger Stefan Sauger (S) abzusetzen.

3. Von dem mit G befreundeten Gebrauchtwagenhändler Cedric Camion (C) aus Straßburg erwarb G im Oktober 2006 einen Peugeot Diesel mit Russpartikelfilter (Baujahr 2004) zum Preis von 8000 €. G holte das Fahrzeug persönlich bei C in Straßburg ab. C, der bezüglich dieses Fahrzeugs in Frankreich der Differenzbesteuerung unterliegt, hoffte, durch die geschäftliche Verbindung mit G nun auch den deutschen Markt erschließen zu können. G veräußerte den Peugeot noch im Oktober 2006 mit einem kräftigen Aufschlag an den Umweltschützer Udo Ummer (U) für 12000 €.

4. Auch mit Pierre Petit (P), dem Schwager des C, der in Straßburg ein Friseurgeschäft betreibt, kommt G ins Geschäft. P ist nach dem französischen Umsatzsteuerrecht als Kleinunternehmer zu behandeln ist. Von ihm kann G im Februar 2007 zum Preis von 15000 € einen Renault kaufen, der von P selbst erst vor sieben Monaten zum Preis von 16000 € zuzüglich 19,6 % TVA i.H.v. 3136 € (= Taxe sur la valeur ajoutée, Mehrwertsteuer) angeschafft wurde, sich aber für P als im Unterhalt zu teuer erwies. P hatte mit dem Fahrzeug bisher erst ca. 5000 km zurückgelegt. G holte auch den Renault persönlich in Straßburg ab, da er ihn noch am gleichen an einen deutschen Interessenten weiterverkaufen wollte. Dies gelang auch, da sich der Erwerber Alwin Alt (A) – nach eingehender Besichtigung und Probefahrt in Karlsruhe – das fast neue Fahrzeug zum vermeintlichen »Schnäppchenpreis« von 18000 € nicht entgehen lassen wollte.

II. Aufgabe

Untersuchen Sie neben den Folgen der Geschäftsvorfälle für G auch die umsatzsteuerliche Behandlung bei P. Gehen Sie dabei (fiktiv) davon aus, dass mit Ausnahme des Steuersatzes die gleichen Vorschriften wie in Deutschland gelten.

III. Fortsetzung des Sachverhalts

5. Der bei einem Automobilhersteller in Rastatt beschäftigte Arbeitnehmer Michael Monti (M) erwarb am 03. 01. 2007 von seinem Arbeitgeber ein fabrikneues Kraftfahrzeug (mit dem üblichen Preisnachlass) für 30 000 € zuzüglich 5 700 € Umsatzsteuer. Bereits am 12. 04. 2007 veräußerte er das Kraftfahrzeug mit einem km-Stand von 7 000 für 35 000 € an G. Dieser verkaufte das Kraftfahrzeug am 27. 04. 2007 an den Privatkunden Benedict Barbe (B) aus Straßburg für 37 000 €. B holte das Fahrzeug bei G ab und fuhr es selbst über die Grenze.

IV. Lösung

1. Die Lieferung des G an S ist steuerbar und steuerpflichtig. Für die Lieferung sind alle Voraussetzungen des § 25a UStG erfüllt:
- G ist Wiederverkäufer i. S. v. § 25a Abs. 1 Nr. 1 UStG, da er gewerbsmäßig mit beweglichen körperlichen Gegenständen handelt.
- Das Fahrzeug wurde an G im Gemeinschaftsgebiet (Inland) geliefert (§ 25a Abs. 1 Nr. 2 UStG).
- Für die Lieferung an G wurde Umsatzsteuer nicht geschuldet (§ 25a Abs. 1 Nr. 2 Buchst. a UStG), weil die Lieferung des R nicht steuerbar ist.
- Es handelt sich nicht um einen Gegenstand gemäß § 25a Abs. 1 Nr. 3 UStG.

Nach § 25a Abs. 5 Satz 1 UStG ist auf die Lieferung der Regelsteuersatz von 19 % anzuwenden. Bemessungsgrundlage ist nach § 25a Abs. 3 UStG die Differenz zwischen Einkaufs- und Verkaufspreis, also brutto 1 000 €. Die Umsatzsteuer ist herauszurechnen (§ 25a Abs. 3 S. 2 UStG). Die Umsatzsteuerschuld des G für Januar 2007 aus diesem Geschäftsvorfall beträgt somit 19/119 von 1 000 € = 159,66 €.

2. Die Lieferung des G an F ist wiederum steuerbar und steuerpflichtig. Die Voraussetzungen des § 25a Abs. 1 Nrn. 1–3 UStG sind auch für diese Lieferung erfüllt (vgl. oben).

Nach § 25a Abs. 5 UStG ist zwar auf die Lieferung der Regelsteuersatz von 19 % anzuwenden. Bemessungsgrundlage ist aber nach § 25a Abs. 3 UStG die Differenz zwischen Einkaufspreis und Verkaufspreis. Da die Differenz hier 0 ist, ergibt sich keine Umsatzsteuer.

G darf für den Voranmeldungszeitraum April 2007 aus der Rechnung des L die Vorsteuer in Höhe von 133 € abziehen. Der Vorsteuerausschluss nach § 25a Abs. 5 S. 3 UStG ist nicht einschlägig, da er sich nur auf die in § 25a Abs. 2 UStG erwähnten, in das Gemeinschaftsgebiet eingeführten oder hier steuerpflichtig erworbenen, Kunstgegenstände bezieht.

3. Die Lieferung des G an U ist ebenfalls steuerbar und steuerpflichtig. Für die Lieferung sind die Voraussetzungen des § 25a Abs. 1 UStG erfüllt:
- G ist Wiederverkäufer i. S. v. § 25a Abs. 1 Nr. 1 UStG. Es handelt sich nicht um die in § 25a Abs. 1 Nr. 3 UStG aufgeführten Gegenstände.
- Das Fahrzeug wurde an G im Gemeinschaftsgebiet (Frankreich) geliefert. Der Lieferort für die Lieferung an G bestimmt sich nach § 3 Abs. 6 UStG und liegt in Straßburg. Eine Verlagerung des Lieferortes nach § 3c UStG scheidet aus, weil die Voraussetzungen des § 3c Abs. 2 Nr. 1 und Nr. 2 UStG nicht gegeben sind.
- Für die Lieferung wurde die Differenzbesteuerung vorgenommen (§ 25a Abs. 1 Nr. 2 Buchst. b UStG).

Somit liegen an sich alle Voraussetzungen für die Anwendung der Differenzbesteuerung nach § 25a UStG vor.

Allerdings könnte deren Anwendung nach § 25a Abs. 7 Nr. 1 UStG ausgeschlossen sein, wenn auf die vorangehende Lieferung des C an G die Steuerbefreiung für innergemeinschaftliche Lieferungen in Frankreich angewendet worden ist. Dies ist jedoch nicht der Fall, weil diese Lieferung laut Sachverhalt in Frankreich der Differenzbesteuerung unterliegt und nach der dem § 25a Abs. 7 Nr. 3 UStG entsprechenden Vorschrift des französischen UStG die Steuerbefreiung für innergemeinschaftliche Lieferungen bei der Differenzbesteuerung ausgeschlossen ist. Dementsprechend unterliegt auch der innergemeinschaftliche Erwerb des G nach § 25a Abs. 7 Nr. 2 UStG nicht der Umsatzsteuer. Unterliegt demnach eine Lieferung der Differenzbesteuerung und gelangt bei dieser Lieferung der Gegenstand von einem Mitgliedstaat in einen anderen Mitgliedstaat, ergibt sich hierbei weder eine steuerfreie innergemeinschaftliche Lieferung noch ein innergemeinschaftlicher Erwerb. Für die der Differenzbesteuerung unterliegende Lieferung gilt stets das Ursprungslandprinzip, d. h. die Besteuerung erfolgt in dem Land, von dem der Gegenstand kommt.

Nach dem deshalb anzuwendenden § 25a Abs. 5 UStG ist auf die Lieferung des G an U der Regelsteuersatz von 16 % auf die Bemessungsgrundlage nach § 25a Abs. 3 UStG (Differenz zwischen Einkaufspreis und Verkaufspreis, also brutto 4 000 €) anzuwenden. Die Umsatzsteuer ist herauszurechnen (§ 25a Abs. 3 S. 2 UStG). Die Umsatzsteuer beträgt somit 16/116 von 4 000 € = 551,72 €.

4. G tätigt bezüglich des Erwerbs des Fahrzeugs von P einen innergemeinschaftlichen Erwerb gemäß § 1 Abs. 1 Nr. 5 UStG im Inland (vgl. § 3d S. 1 UStG):
- Das Fahrzeug gelangt bei der Lieferung von P an G aus dem Mitgliedstaat Frankreich in den Mitgliedstaat Deutschland (§ 1a Abs. 1 Nr. 1 UStG) und G ist ein Erwerber, der das Fahrzeug für sein Unternehmen erwirbt (§ 1a Abs. 1 Nr. 2 Buchst. a UStG).
- Die Lieferung an G wird durch einen Unternehmer gegen Entgelt im Rahmen seines Unternehmens ausgeführt und ist in Frankreich nicht auf Grund der Sonderregelung für Kleinunternehmer steuerfrei (§ 1a Abs. 1 Nr. 3 Buchst. a und b UStG).

Zwar ist P Kleinunternehmer, für ihn gilt indes nach der dem § 19 Abs. 4 S. 1 UStG entsprechenden Vorschrift des französischen UStG nicht die Kleinunternehmerregelung. Bei dem Renault des P handelt es sich – da das »Landfahrzeug« (§ 1b Abs. 2 Nr. 1 UStG) noch nicht mehr als 6 000 km (§ 1b Abs. 3 Nr. 1 UStG) zurückgelegt hat – nämlich um ein sog. »Neufahrzeug«. Für die innergemeinschaftliche Lieferung neuer Fahrzeuge greift die Kleinunternehmerregelung nicht!

Die Umsatzsteuer des G für den innergemeinschaftlichen Erwerb beträgt 19 % von 15 000 € = 2 850 €. Diese Umsatzsteuer darf G nach § 15 Abs. 1 Nr. 3 UStG als Vorsteuer abziehen.

P tätigt mit der Lieferung des Neufahrzeugs in Frankreich einen in Frankreich zwar steuerbaren (§ 3 Abs. 6 UStG), aber als innergemeinschaftliche Lieferung nach § 4 Nr. 1b i. V. m. § 6a UStG steuerfreien Umsatz.

Obwohl P als Kleinunternehmer eigentlich vom Vorsteuerabzug ausgeschlossen ist (§ 19 Abs. 1 S. 4 UStG), ist für den Fall der innergemeinschaftlichen Lieferung von Neufahrzeugen der Vorsteuerabzug gemäß § 19 Abs. 4 S. 2 UStG – entsprechend dem Vorsteuerabzug für private Fahrzeuglieferer i. S. d. § 2a UStG – ausnahmsweise zugelassen. Dieser unterliegt aber gemäß § 15 Abs. 4a UStG einer dreifachen Beschränkung, von denen sich hier Nr. 2 für P nachteilig auswirkt: Die von P gezahlte TVA i. H. v. 3 136,00 € darf nicht abgezogen werden, sondern nur der Betrag, der sich ergeben hätte, wenn die (innergemeinschaftliche) Lieferung an G steuerpflichtig gewesen wäre, also 19,6 % auf 15 000 € = 2 940 €.

Hinweis: Sowohl G als auch P (beachten Sie hierzu § 27a Abs. 1 S. 2 UStG) erhalten für diesen innergemeinschaftlichen Liefervorgang von den national zuständigen Finanzbehörden eine USt-Id.-Nr.

Die Weiterveräußerung des Fahrzeugs an von G an A ist in Deutschland steuerbar, da erst hier aus dem Interessenten A ein Käufer A wurde (§ 3 Abs. 6 UStG) und steuerpflichtig. Es liegt kein Fall der Differenzbesteuerung gemäß § 25a UStG vor, da auf die Lieferung von P an G die Steuerbefreiung für innergemeinschaftliche Lieferungen in Frankreich angewandt worden ist (§ 25a Abs. 7 Nr. 1 Buchst. a UStG).

Somit tätigt G an A eine »normale« steuerbare und steuerpflichtige Lieferung. Die Umsatzsteuer beträgt 19/119 von 18 000 € = 2 873,39 €.

5. Die Lieferung von P an G ist nicht steuerbar, da M kein Unternehmer i. S. d. § 2 Abs. 1 UStG ist. Auch die Voraussetzungen des § 2a UStG sind für die Lieferung an G nicht erfüllt.

Die Lieferung von G an B ist hingegen steuerbar (§ 3 Abs. 6 S. 1 und 2 UStG, sog. »Abholbeförderungslieferung«). Bei der Lieferung von G an B gelangt das Fahrzeug vom Mitgliedstaat Deutschland in den Mitgliedstaat Frankreich. Es kommen somit die Vorschriften des innergemeinschaftlichen Warenverkehrs zu Anwendung.

Zunächst ist daher zu prüfen, ob B einen innergemeinschaftlichen Erwerb in Frankreich tätigt. Da es sich bei dem Fahrzeug um ein sog. »Neufahrzeug« i. S. d. § 1b Abs. 2 und 3 UStG handelt, ist dies nach der dem § 1b Abs. 1 UStG entsprechenden Vorschrift des französischen UStG der Fall.

Somit tätigt G eine nach § 4 Nr. 1 Buchst. b i. V. m. § 6a UStG (beachten Sie hier insbesondere Nr. 2c) steuerfreie innergemeinschaftliche Lieferung.

Infolgedessen findet auf die Lieferung des G an B nach § 25a Abs. 7 Nr. 1 Buchst. b UStG die Differenzbesteuerung keine Anwendung (Abschn. 276a Abs. 19 UStR).

V. Punktetabelle

			Punkte
1		Lieferung G an S ist steuerbar und steuerpflichtig. Vor. des § 25a UStG eingehend geprüft und als erfüllt bezeichnet.	2
		Gem. § 25a Abs. 5 S. 1 i. V. m. Abs. 3 S. 2 UStG USt für Januar 07 von 159,66 € errechnet.	1
2		Lieferung G an F steuerbar und steuerpflichtig; § 25a Abs. 1 Nrn. 1–3 UStG erfüllt.	1
		Da Differenz zwischen Einkaufspreis und Verkaufspreis = 0, ergibt sich keine USt.	1
		G hat für April 07 VorSt-Abzug i. H. v. 133 €; § 25a Abs. 5 S. 3 UStG untersucht, aber nicht einschlägig.	1

			Punkte
	3	Lieferung G an U steuerbar und steuerpflichtig. § 25a Abs. 1 UStG, insbesondere Nr. 2 Buchst. b UStG.	1
		§ 25a Abs. 7 UStG erörtert; erkannt, bei ig Handel zwischen Wiederverkäufern stets das Ursprungslandprinzip gilt.	1
		§ 25a Abs. 5 i. V.m Abs. 3 UStG angewandt und USt von 551,72 € errechnet.	1
	4	Erkannt, dass G steuerbaren igE verwirklicht (§ 1a Abs. 1 Nr. 1, Nr. 2 Buchst. a UStG erfüllt); § 1a Abs. 1 Nr. 3 Buchst. a und b UStG untersucht.	1
		Festgestellt, dass nach § 19 Abs. 4 S. 1 UStG (franz. UStG) Kleinunternehmerregelung bei ig Lieferungen von Neufahrzeugen nicht greift.	1
		USt-Schuld des G für igE beträgt 2 850 €; § 15 Abs. 1 Nr. 3 UStG gewährt.	1
		P tätigt in Frankreich steuerbare, aber nach § 4 Nr. 1 Buchst. b i. V.m. § 6a UStG steuerfreie igL.	1
		VorSt-Abzug des P grds. als Kleinunternehmer nicht (§ 19 Abs. 1 S. 4 franz. UStG); aber wegen § 19 Abs. 4 S. 2 UStG doch, wen auch eingeschränkt (§ 15 Abs. 4a UStG); VorSt von 2 940 € errechnet.	1
		Lieferung G an A in Deutschland steuerbar und steuerpflichtig; keine Differenzbesteuerung wegen § 25a Abs. 7 Nr. 1 Buchst. a UStG; deshalb USt mit 2 873,39 € errechnet.	1
	5	Lieferung P an G ist nicht steuerbar.	1
		Lieferung G an B ist steuerbar in Deutschland. Untersucht, ob B igE in Frankreich verwirklicht; bejaht.	1
		Folge: G liefert steuerfrei nach § 4 Nr. 1 Buchst. b i. V.m. § 6a UStG. Für Lieferung G an B nach § 25a Abs. 7 Nr. 1 Buchst. b UStG die Differenzbesteuerung nicht anwendbar.	1
		Summe	18

Teil F: Bewertung, Erbschaftsteuer

Klausuraufgabe 1: Schenkungsteuer

I. Sachverhalt

Der in Köln wohnende Opa O möchte seiner Enkelin E zu deren fünften Geburtstag am 11.11.2006 folgende finanziellen Mittel durch eine notariell beurkundete Schenkungserklärung zuwenden:

E soll ein Sparbuch mit 25 € Guthaben erhalten. Zusätzlich soll sie für die nächsten 16 Jahre zu Lasten des persönlichen Girokontos des O über einen einzurichtenden Dauerauftrag monatlich 775 € erhalten. Die Eltern der E sind mit diesen Regelungen einverstanden. Die Enkelin E verfügte bisher über keine eigenen Einkünfte und kein eigenes Vermögen.

II. Aufgabe

1. Würdigen Sie den Sachverhalt unter erbschaft- schenkungsteuerlichen Gesichtspunkten.
2. Berechnen Sie eine eventuell entstehende Schenkungsteuer.
   Stellen Sie die unterschiedlichen Steuerentrichtungsmöglichkeiten dar, wobei die für die Beschenkte günstigste Besteuerungsvariante zu ermitteln ist.

III. Bearbeitungstipp: möglicher Lösungsweg

1. Prüfung, ob ein steuerpflichtiger Vorgang vorliegt, § 1 i.V.m. §§ 3 bis 8 ErbStG.
2. Prüfung der persönlichen Steuerpflicht, § 2 ErbStG.
3. Den Zeitpunkt für das Entstehen der Steuerschuld feststellen, dieser ist gleichzeitig Bewertungsstichtag, §§ 9 und 11 ErbStG.
4. Ermittlung des **Reinerwerbs** § 10 ErbStG
   Bewertung der einzelnen Nachlassgegenstände § 12 ErbStG.
   ./. abzugsfähige Nachlassverbindlichkeiten, §§ 10 und **12 ErbStG**
   = Nettoerwerb
5. Ermittlung der Steuerklassen (§ 15 ErbStG)
6. Berücksichtigung der **sachlichen** Steuerbefreiungen, §§ 13, 13a ErbStG
- Freibetrag für Produktivvermögen gem. § 13a Abs. 1 ErbStG 225 000 € sowie Bewertungsabschlag von 35 % gem. § 13a Abs. 2 ErbStG.
- Freibetrag gem. § 13 Abs. 1 Nr. 1 Buchst. a und c ErbStG für Hausrat
  in der Steuerklasse I 41 000 €,
  in der Steuerklasse II und III 10 300 €
- Freibetrag § 13 Abs. 1 Nr. 1 Buchst. b ErbStG nur in der Steuerklasse I für sonstige bewegliche Gegenstände z. B. Pkw 10 300 €
7. Berücksichtigung der **persönlichen** Freibeträge.
- Persönlicher Freibetrag §§ 16 ErbStG z. B.
  für den Ehegatten 307 000 €, für Kinder 205 000 €.

- Versorgungsfreibetrag § 17 ErbStG für den Witwer, die Witwe 256 000 €
  Für Kinder nach Altersstufen gestaffelt 52 000 € bis 10 300 €.
8. Berechnung der Erbschaftsteuer § 19 ErbStG.
9. Tarifbegrenzung beim Produktivvermögen, Entlastungsbetrag gem. § 19a ErbStG.
10. Ausnahmetatbestände bezüglich der Steuerberechnung bzw. Steuerentrichtung.
- Berücksichtigung früherer Erwerbe innerhalb von zehn Jahren, § 14 ErbStG.
- Wiederkehrende Nutzungen und Leistungen, § 23 ErbStG.
- Besteuerung bei Nutzungs- oder Rentenlasten zugunsten des Schenkers/Erblassers oder dessen Ehegatten, § 25 ErbStG.
- Ermäßigung bei Mehrfacherwerb desselben Vermögens innerhalb von zehn Jahren, § 27 ErbStG.

IV. Lösung

1. Prüfung, ob ein steuerpflichtiger Vorgang vorliegt, § 1 i. V. m. §§ 3–8 ErbStG:

Der Vorgang unterliegt gem. § 1 Abs. 1 Nr. 2 i. V. m. § 7 Abs. 1 Nr. 1 ErbStG der Erbschaft-, Schenkungsteuer. Eine Einigung zwischen dem Schenker O und der beschenkten E wie in § 516 BGB vorgesehen, ist für die Entstehung der Schenkungsteuer nicht erforderlich. Es genügt, wie im vorliegenden Sachverhalt gegeben, dass die freigebige Zuwendung unentgeltlich erfolgt und die Empfängerin E objektiv auf Kosten des O bereichert wird. Der Zuwendende O muss diese Unentgeltlichkeit subjektiv gewollt haben (siehe hierzu auch die Verwaltungsmeinung in R 14 Abs. 1 ErbStR)

Die Schenkung gehört zu den formbedürftigen Rechtsgeschäften. Nach § 518 Abs. 1 BGB ist hierfür, wie im vorliegenden Sachverhalt gegeben, die notarielle Beurkundung erforderlich. Ein Formmangel könnte durch die Bewirkung der versprochenen Leistung geheilt werden, § 518 Abs. 2 BGB. Als Bereicherung gilt der gesamte Vermögensfall.

2. Prüfung der persönlichen Steuerpflicht, § 2 ErbStG:

O hat zum Zeitpunkt der Ausführung der Schenkung (11. 11. 2006) seinen Wohnsitz (§ 8 AO) in Köln. Wo sich die Enkelin zur Zeit der Schenkung aufhält ist aus dem Sachverhalt nicht ersichtlich. Für die persönliche, unbeschränkte Steuerpflicht des § 2 Abs. 1 Nr. 1 ErbStG genügt es, wenn eine an der Schenkung beteiligte Person Inländer ist. Der gesamte Vermögensanfall bei der E unterliegt damit der Schenkungsteuer.

3. Den Zeitpunkt für das Entstehen der Steuerschuld und den Bewertungsstichtag feststellen, §§ 9 und 11 ErbStG:

Die Schenkungsteuer entsteht mit dem Zeitpunkt der Ausführung der Schenkung zum 11. 11. 2006, § 9 ErbStG. Der Beurkundungstermin der Schenkungsurkunde ist unerheblich.

Bewertungsstichtag ist der 11. 11. 2006. Damit sind der Wert des Sparbuches und der Wert der laufenden Zuwendungen auf den 11. 11. 2006 zu bewerten, § 11 ErbStG. E ist ab diesem Zeitpunkt als wirtschaftliche Eigentümerin der zugewendeten Forderungen anzusehen (§ 39 Abs. 2 AO).

4. Ermittlung des Reinerwerbs §§ 10, 7 ErbStG:

Bewertung der einzelnen Gegenstände, § 12 ErbStG:

Als steuerpflichtiger Erwerb gilt die Bereicherung, soweit sie nicht steuerfrei ist. Der Inhalt der Schenkungsurkunde ist deshalb nach §§ 10, 7 ErbStG zu werten und nach § 12 Abs. 1 ErbStG zu bewerten, damit nach den Vorschriften des **Ersten Teils des Bewertungsgesetzes** (Allgemeine Bewertungsvorschriften). Das Sparbuch ist als Forderung gegen das Kreditinstitut

nach § 12 Abs. 1 BewG mit 25 €, die laufende monatliche Rente ist mit dem Jahreswert und dem aus Anlage 9 a zum BewG zu entnehmenden Vervielfältiger zu bewerten.
Der Jahreswert der Rente beträgt 775 € × 12 = 9 300 €
der VV für 16 Jahre ist lt. Anl. 9a des BewG 10,750

Jahreswert 9 300 € × VV 10,750 =	99 975 €
Der Steuerwert der gesamten Zuwendung (Reinerwerb) beträgt	100 000 €

5. Ermittlung der Steuerklasse:
Die Einordnung in eine Steuerklasse richtet sich nach dem persönlichen Verhältnis des Erwerbers zum Schenker. Die Enkelin E ist gem. § 15 ErbStG in die Steuerklasse I Nr. 3 einzuordnen.

6. Berücksichtigung sachlicher Steuerbefreiungen:
Im vorliegenden Sachverhalt greifen keine sachlichen Steuerbefreiungen.

7. Berücksichtigung der persönlichen Freibeträge nach § 16 ErbStG:
Die persönlichen Freibeträge resultierenden aus der Steuerklasseneinordnung. Die Enkelin erhält gem. § 16 Abs. 1 Nr. 3 ErbStG in der Steuerklasse I Nr. 3 einen persönliche Freibetrag

von	52 000 €.
Steuerpflichtiger Erwerb gem. §§ 10, 7 ErbStG	48 800 €.

8. Berechnung der Erbschaftsteuer, § 19 ErbStG:
Die Schenkungsteuer wird nach den in § 19 ErbStG tabellarisch aufgeführten Steuersätzen erhoben. Sie beträgt in der Steuerklasse I bei einem Erwerb bis einschließlich 52 000 € = 7 %.

Für den gem. § 10 Abs. 1 S. 5 ErbStG gerundeten Reinerwerb in Höhe von 48 800 € beträgt die Schenkungsteuer   3 416 €.

9. Entlastungsbeiträge entfallen. Es wird kein Produktivvermögen übertragen.

10. Berücksichtigung des Ausnahmetatbestandes bei der Steuerentrichtung, § 23 ErbStG:

Den Schenkungsteuerbetrag von 3 416 € für diese Schenkung müsste die E aus eigenen, lt. Sachverhalt noch gar nicht existenten Mitteln entrichten. Um eine wirtschaftliche Notlage aus der Schenkungsteuerpflicht zu vermeiden, ermöglicht der Gesetzgeber in § 23 Abs. 1 S. 1, 2 ErbStG die Steuerentrichtung aus den sukzessiv zufließenden Mitteln. Die Schenkungsteuer kann deshalb nach Wahl der Erwerberin E entweder sofort vom Kapitalwert der Zuwendung, wie oben berechnet, oder jährlich im Voraus vom Jahreswert der Zuwendung entrichtet werden. Die Steuer wird bei der Steuerentrichtung nach dem Jahreswert mit dem Steuersatz erhoben, der sich nach § 19 ErbStG für den gesamten Erwerb ergibt.

Lt. Aufgabenstellung ist die Steuererhebung unter Berücksichtigung des § 23 ErbStG sowie des auf der Rechtsprechung des RFH vom 10. 02. 1938 RStBl 1938, 396 basierenden H 84 (Besteuerung von Renten, Nutzungen und Leistungen) ErbStH darzustellen. Es ist zunächst zu entscheiden ob im vorgegebenen Fall die Besteuerung nach der sog. Aufzehrungsmethode, (der persönliche Freibetrag wird in den ersten Jahren voll berücksichtigt) oder der Kürzungsmethode (der persönliche Freibetrag wird jährlich mitberücksichtigt) des H 84 ErbStH beantragt werden soll. Da bei der Aufzehrungsmethode in den ersten Jahren keine Schenkungsteuer zu entrichten ist handelt es sich hier zunächst um die günstigste Besteuerungsvariante. Rechnerische Darstellung dieser Steuererhebungsvariante:

Persönlicher Freibetrag bei diesem Schenkungsvorgang s. o.	52 000 €
sofort der Besteuerung zu unterwerfen: Sparbuch	25 €
verbleibender Freibetrag	51 975 €

Der Jahreswert der Rente beträgt 9 300 €. Dies bedeutet, dass in den ersten
fünf Jahren keine Steuer zu entrichten ist. 5 × 9 300 € =   46 500 €
Für das Jahr 06 verbleibt ein Freibetrag von   5 475 €

Nach dem Gesetzestext des § 23 Abs. 1 ErbStG ist die Erbschaftsteuer wenn sie nicht sofort aus dem Kapitalwert erhoben wird, jährlich im Voraus zu erheben. Die Schenkung wird zum 11.11.2006 ausgeführt. Es wäre deshalb erstmalig zum 11.11.2011 eine Schenkungsteuer zu entrichten. Die am 11.11.2011 zu entrichtende Jahressteuer für den Zeitraum 11.11.2011–10.11.2012 beträgt:

Jahreswert der Rente	9 300 €
Für diesen Zeitraum verbleibender Freibetrag	5 475 €
Zu versteuern	3 825 €
Zur Vermeidung von Nachkommastellen bei der Steuererhebung ist dieser Betrag gem. § 10 Abs. 1 S. 5 ErbStG auf volle 100 € zu runden	3 800 €
Der Steuersatz beträgt 7 % =	266 €
Die Jahressteuer für die verbleibenden 10 Jahre würde jeweils vom Jahreswert der Rente 9 300 € × 7 % Erbschaftsteuer =	651 €
betragen.	
Die nominelle Gesamtleistung beträgt in diesem Fall insgesamt	6 776 €

Wird die sofortige Ablösung der Schenkungsteuer gem. § 23 Abs. 2 ErbStG beantragt, ergibt sich das Problem, dass die genaue Berechnung des Ablösebetrages in § 23 Abs. 2 ErbStG nicht geregelt ist. Es erfolgt lediglich der Verweis auf § 13 BewG. In einem vereinfachten Berechnungsverfahren könnte der Ablösungsbetrag für die frühest mögliche Antragstellung auf den Bewertungsstichtag unter Berücksichtigung der §§ 23 Abs. 2 ErbStG, 13 BewG sowie der gleich lautenden Erlasse zu §§ 12, 13 BewG vom 07.12.2001 wie folgt berechnet werden:

Bewertungsstichtag ist der 11.11.2006. Die Steuerentrichtung erfolgt jährlich, Ratenzahlungszeitraum ist daher das Kalenderjahr. Die Jahresrate beträgt 651 €, wobei die erst Jahresrate von den übrigen Jahresraten abweicht.

Der Kapitalwert der ersten, am 11.11.2011 fälligen Jahresrate beträgt unter Berücksichtigung der Tabelle 1, der gleichlautenden Erlasse

266 € × VV 0,765 =   203,49 €

Der Kapitalwert des zehn Jahre lang zu entrichtenden Steuerbetrages beträgt:
651 € × 7,745 (VV lt. Anlage 9a zum BewG, Tabelle 2) = 5 042 € wobei die sechsjährige, tilgungsfreie Aufschubzeit durch Abzinsung dieses Betrages mittels Tabelle 1 der gleichlautenden Erlasse durch den VV 0,725 zu berücksichtigen ist.

5 042 € × VV 0,725 =   3 655,45 €

Kapitalwert des Schenkungsteuerablösebetrages zum Bewertungsstichtag
11.11.2006 unter Beachtung des H 24a (Abrundung) ErbStH: 3 858,00 €

Der Kapitalwert des Ablösebetrages könnte zu jedem anderen Ablösetermin entsprechend berechnet werden.

Wegen der fehlenden Einkünfte und Eigenmittel ist die Steuerstundung unter Berücksichtigung der Aufzehrungsmethode trotz des höheren, zu entrichtenden Nominalbetrages die zum Schenkungszeitpunkt günstigste Besteuerungsvariante. Der Beschenkten fehlen die finanziellen mittel zu einer anderweitigen Steuergestaltung.

V. Punktetabelle

	Punkte
Steuerpflichtigen Vorgang begründet geprüft.	1
Persönliche Steuerpflicht begründet geprüft und bejaht.	1
Zeitpunkt für die Steuerentstehung und Bewertungsstichtag 11.11.2006.	1
Reinerwerb §§ 10, 7 ErbStG, Sparbuch 25 €, Rente 99 975 €.	1
Steuerklasse I Nr. 3 begründet dargelegt, pers. Freibeträge mit 52 000 € gewährt.	1
Erbschaftsteuer 3 416 € zutreffend berechnet.	1
Ausnahmetatbestand des § 23 ErbStG erkannt und begründet angewendet.	1
Variante Stundung rechnerisch richtig dargestellt.	1
Lösungsansatz und Lösung für die Ablösung dargestellt.	1
Entscheidung für die als günstigste angesehene Lösungsvariante.	1
Summe	10

Klausuraufgabe 2:
Erbfall

I. Sachverhalt

Der in Freiberg wohnende, am Todestag verheiratete Erblasser E, verstarb am 01.03.2006. Er hinterließ die Witwe W und drei Kinder. Er lebte im gesetzlichen Güterstand der Zugewinngemeinschaft. In seinem Testament vom 04.04.2004 hatte er seine Ehefrau (W) zu 1/2, seinen Sohn (S, am Todestag 01.03.2006 = 32 Jahre alt) zu 1/4 sowie seine Tochter (T, am Todestag 01.03.2006 = 29 Jahre alt) zu 1/4 als Erben eingesetzt. Seinen zweiten Sohn (Z, am Todestag 01.03.2006 = 34 Jahre alt) bedachte er weder als Erbe noch als Vermächtnisnehmer, weil er aus dem Gewerbebetrieb des E auf eigenen Wunsch ausgeschieden war. E verfügte in seinem Testament, dass für den Fall, dass Z seinen Pflichtteilsanspruch geltend machen sollte, bei der Berechnung dieses Pflichtteilsanspruches auch der bei Erbschaften entsprechende Bestattungskostenanteil zu berücksichtigen sei. Z machte am 01.07.2006 seinen Pflichtteil geltend. Eine weitere Textpassage des Testamentes besagt, dass die Ehefrau W sowohl finanziell als auch bei der Erbschaftsabwicklung möglichst wenig zu belasten sei.

Seinen beiden Enkelkindern sollte ein Geldbetrag von je 200 000 €, durch eine mündelsichere Geldanlage, für ihre spätere Ausbildung zugewendet werden. Diese Auflage sollten der Sohn S und die Tochter T zu gleichen Teilen erfüllen.

Eine von den Erbquoten abweichende Aufteilung des Freibetrags für das Betriebsvermögen nach § 13a Abs. 1 S. 1 Nr. 1 ErbStG hatte der Erblasser nicht angeordnet.

Nach dem Verzeichnis über das Anfangsvermögen am Hochzeitstag der Eheleute E, (01.07.1962) betrug das Anfangsvermögen bei E = 2 400 000 € bei seiner Ehefrau W = 200 000 €. Das Endvermögen der W betrug = 3 100 000 €. Die vorgegebenen Anfangsvermögen berücksichtigen bereits die erforderliche Indizierung nach H 11 Abs. 3 ErbStH.

Der Nachlass setzt sich wie folgt zusammen:

Ein landwirtschaftlicher Betrieb, dessen Ertragswert gem. § 2312 BGB mit 120 000 € anzunehmen ist. Der steuerrechtliche Grundbesitzwert beträgt 60 000 €. Zu diesem Betrieb der Land- und Forstwirtschaft gehört kein Wohnteil.

Ein unbebautes, 1 ha großes Grundstück in Freiberg. Der Verkehrswert dieses Grundstücks beträgt 1 800 000 €. Vom Gutachterausschuss der Gemeinde wurde der Wert zum 01.01.1996 mit 112,50 €/qm festgestellt.

Der vom Erblasser aufgebaute Gewerbebetrieb hat einen Verkehrswert von 3 680 000 €. Der Wert lt. steuerrechtlicher Vermögensaufstellung unter Berücksichtigung der §§ 12 Abs. 5 ErbStG, 98a BewG betrug auf den Todestag 2 000 000 €.

Weiteres Vermögen:
- 1 000 Aktien. Der Kurswert der Aktien betrug am Todestag von 400 € pro Aktie, die Beteiligung 10 % des Stammkapitals.
- Privates Bankguthaben am Todestag mit 200 000 €.
- Wertpapierdepot, Kurswert am Todestag = 600 000 €.
- Nicht unter § 13 Abs. 1 Nr. 2 ErbStG fallende Kunstgegenstände. Der gemeine Wert beträgt lt. Gutachten am Todestag 100 000 €.
- Privater Pkw, gemeiner Wert am Todestag = 25 000 €.
- Der Wert des Hausrates beträgt am Todestag 12 000 €, darin ist der Wert für Wäsche und Bekleidung mit 3 000 € enthalten.

Schulden:
- Zum Erwerb des Grundstücks hatte E ein Hypothekendarlehen in Höhe von 200 000 € aufgenommen, das am Todestag noch mit 149 500 € valutiert war.
- Die bis zum 01.03.2006 noch zu zahlende GrSt für das Grundstück beträgt 500 €.

Die nachgewiesenen und tatsächlich entstandenen Erbfallkosten betrugen 10 000 €.
Die Witwe W bezieht aus der Angestelltenversicherung des E seit dem Todestag nach dem Angestelltenversicherungsgesetz eine monatliche, lebenslängliche Rente von 200 €. W hatte am Todestag ihres Mannes das 63. Lebensjahr vollendet.

II. Aufgabe

1. Stellen Sie die erbrechtlicher Situation, die sich ohne Testament ergeben würde und die sich aus dem vorliegenden Testament ergebende, erbrechtliche Situation dar.
2. Prüfen Sie vor einer Steuerberechnung ob sich die durch das Testament vorgegebene Situation durch Eingriffsmöglichkeiten der Erben verändern kann. Gehen sie dabei davon aus, dass die Erben nur Handlungen und Verfügungen zu Ihren Gunsten vornehmen.
3. Berechnen Sie die bei der Witwe W anfallende Erbschaftsteuer.
Auf die Erbschaftsteuerbelastung anderer Personen ist nicht einzugehen.

III. Lösung

1. Gegenüberstellung der erbrechtlichen Situation nach BGB und Testament.

Regelung im Testament vom 04.04.2004 §§ 1937, 2064ff., 2087 Abs. 1 BGB	Die erbrechtliche Regelung nach BGB bei der gesetzlichen Erbfolge
Erben gem. §§ 1922ff. BGB und Testament sind: Die Witwe W zu 1/2	Erbteile der Witwe W lt. BGB: 1/4 gem. § 1931 BGB. W tritt neben die Erben erster Ordnung. 1/4 gem. § 1371 BGB, Erhöhungsviertel als Zugewinnausgleich.
Der Sohn S zu 1/4 Die Tochter T zu 1/4	Als gesetzliche Erben erster Ordnung wären S und T gemeinsam mit Ihrem Bruder Z zu je 1/6 als Erben berufen.
Pflichtteilsberechtigter gem. § 2303 Abs. 1 BGB ist: Der Sohn Z. S und T treten als Erben an die Stelle des pflichtteilsberechtigten Bruders Z. Sie übernehmen dessen Erbteil und haben gem. § 2320 BGB die Pflichtteilslast bis zur Höhe des erlangten Vorteils allein zu tragen. Der Erblasser hat keine von § 2320 BGB abweichende Anordnung bezüglich der Pflichtteilslast verfügt, § 2324 BGB.	

Hierdurch bleibt der gesetzliche Erbteil der W wie im BGB vorgesehen unverändert.
Geldvermächtnisse gem. § 1939 BGB erhalten:
Die Enkelkinder
W wird durch die testamentarische Regelung bezüglich der Geldvermächtnisse für die Enkelkinder nicht berührt. Ihr Erbteil wird hierdurch nicht verändert.

Ergebnis der Gegenüberstellung der erbrechtlichen Situation nach BGB und Testament: Durch die gewillkürte Erbfolgeregelung im Testament ergibt sich für die Witwe W kein Unterschied zur gesetzlichen Erbfolge.

2. Ermittlung des Werts des Nachlasses zum 01.03.2006:

	Verkehrswert = Endvermögen €	Steuerwert (nach bewertungsrechtlichen Grundsätzen) €
Land- und forstwirtschaftliches Vermögen	120 000 (§ 2312 Abs. 1 BGB)	60 000
unbebautes Grundstück	1 800 000	900 000
Betriebsvermögen	3 680 000	2 000 000
Übriges Vermögen:		
1 000 Aktien der Z-AG zum Kurs von 400 €/Aktie	400 000	400 000
Bankguthaben	200 000	200 000
Wertpapierdepot	600 000	600 000
Kunstgegenstände	100 000	100 000
Pkw	25 000	25 000
Hausrat, Wäsche und Bekleidung (zusammen)	12 000	12 000
Aktivnachlass	6 937 000	4 297 000
• Hypothekenschuld • GrSt-Schuld bis zum Todestag	149 500 500	149 500 500
Reinnachlass (ohne Berücksichtigung der Erbfallkosten)	6 787 000	4 147 000
Kein Ansatz der Hinterbliebenenbezüge aus der Angestelltenversicherung R 8 Abs. 1 Nr. 2 ErbStR		

Erbfallkosten	10 000 €	(nachrichtlich § 10 Abs. 5 Nr. 3 ErbStG) 10 300 €
Vermögen	6 777 000 €	

3. Ermittlung der Ausgleichsforderung gem. §§ 1373, 1378 BGB:

Ermittlung des Zugewinns	bei E	bei W
Endvermögen	6 787 000 €	3 100 000 €
./. Anfangsvermögen	./. 2 400 000 €	./. 200 000 €
Zugewinn	4 387 000 €	2 900 000 €
Ausgleichsforderung der W somit 1/2 von (4 387 000 € ./. 2 900 000 € = 1 487 000 € =)	743 500 €	

4. Prüfung möglicher Veränderungen der testamentarisch vorgesehenen Vermögenszuwendungen durch die Geltendmachung von Pflichtteilergänzungsansprüchen oder dergl. durch die Erbberechtigten.

Die Witwe W erhält aus der, der gesetzlichen Erbfolge entsprechenden testamentarischen Verfügung eine Vermögensanteil, des am Todestag vom Erblasser herrührenden Endvermögen von 1/2 aus 6 777 000 € = **3 388 500 €**

Zu prüfen ist, ob sich dieser Vermögensanteil durch Erbauschlagung und dergl. vergrößern könnte.

Bleibt die Ehefrau wie testamentarisch bestimmt Erbin, könnte sie, falls sie durch testamentarische Auflagen weniger als den gesetzlichen Erbteil erhält (in diesem Fall 1/2 der Erbschaft) mindestens den **großen Pflichtteil = 1/4 der Erbschaft** verlangen.

Es wird nach wie vor nicht geprüft ob tatsächlich ein Zugewinnausgleichsanspruch besteht.

(Erbteil 1/4 + Erhöhungsviertel 1/4 = 1/2 hiervon 1/2 = 1/4)

§§ 2303 i.V.m. § 1371 Abs. 1 BGB. Der Große Pflichtteil stellt einen Vermögenswert dar von **1 694 250 €**

Ist die Ehefrau keine Erbin, was durch Ausschlagung bewirkt werden könnte, kann sie auf jeden Fall ihren Pflichtteil = 1/2 des gesetzliche Erbteils verlangen.

Kleiner Pflichtteil = 1/8 der Erbschaft. **847 125 €**

Sie erhält zusätzlich den ihr zustehenden, genau zu ermittelnden Zugewinnausgleich **743 500 €**

§§ 2303 i.V.m. § 1371 Abs. 2 BGB **1 590 625 €**

Da die Beträge des kleinen und den großen Pflichtteil nicht die tatsächliche Erbschaft übersteigen, können keine Pflichtteilsergänzungsansprüche geltend gemacht werden. Eine Erbausschlagung führt zu keiner Vermögensmehrung ist deshalb nicht sinnvoll.

S und T erhalten lt. Testament jeweils 1/4 aus 6 777 000 € =	1 694 250 €
Diese Erbteile sind durch das Testament belastet mit	
1. den geltend gemachten Pflichtteil durch Z (1/12) je 1/24 =	282 375 €
2. Vermächtnisse für die Enkelkinder je	200 000 €
Es verbleiben für jedes der erbenden Kinder	1 211 875 €

Der Pflichtteil würde jeweils nur 1/12 der Erbmasse betragen =   564 750 €

Das durch Testament zugewendete Vermögen übersteigt den möglichen, gelten zu machenden Pflichtteil. Es können keine Pflichtteilsergänzungsansprüche geltend gemacht werden.

Nach Prüfung der möglichen Einflussmöglichkeiten der Erbberechtigten ist eine Veränderungen der testamentarisch vorgesehenen Vermögenszuwendungen nicht sinnvoll. Eine Vermögensmehrung für einen der testamentarischen Erben ist nicht erreichbar.

5. Prüfung der Erbschaftsteuerpflicht und Berechnung der Erbschaftsteuer

Es liegt ein erbschaftsteuerpflichtiger Vorgang gem. § 1922 BGB, § 1 Abs. 1 Nr. 1 i. V. m. § 3 Abs. 1 ErbStG vor. Durch das wirksame und rechtsgültige Testament vom 04. 04. 2004 liegt für diesen Erwerb von Todes wegen die gewillkürte Erbfolge vor. Gem. § 2 Abs. 1 Nr. 1 ErbStG ist für den Erwerb der W die unbeschränkte Steuerpflicht gegeben, da der Erblasser seinen Wohnsitz (§ 8 AO) im Inland hatte. Besteuerungszeitpunkt ist bei diesem Erwerb von Todes wegen der 01. 03. 2006 (§ 9 Abs. 1 Nr. 1 i. V. m. § 11 ErbStG). Die Bereicherung der W ermittelt sich gem. § 10 Abs. 1 S. 2 ErbStG aus den gem. § 12 ErbStG zu bewerteten positiven WG abzüglich der ebenfalls gem. § 12 ErbStG zu bewertenden Nachlassverbindlichkeiten.

6. Berechnung der ErbSt

Erwerb der Erbengemeinschaft, Steuerwert des Nachlasses insgesamt		4 147 000 €
darin enthalten:		
Land- und forstwirtschaftliches Vermögen	60 000 €	
Betriebsvermögen	2 000 000 €	
Produktivvermögen insgesamt	2 060 000 €	
Abgrenzung des Produktivvermögens vom übrigen Vermögen vor Anwendung der Freibetragsregelungen für das Produktivvermögen		./. 2 060 000 €
verbleiben übriges Vermögen		2 087 000 €
./. Freibetrag nach § 13a Abs. 1 Satz 1 Nr. 1 ErbStG für das Produktivvermögen	./. 225 000 €	
verbleiben	1 835 000 €	
Verminderter Wertansatz nach § 13a Abs. 2 ErbStG 65 % von 1 835 000 €	1 192 750 €	
Hinzurechnung des Produktivvermögens nach Berücksichtigung der Freibetragsregelungen zum übrigen Vermögen		1 192 750 €
		3 279 750 €
./. Pauschbetrag Erbfallkosten nach § 10 Abs. 5 Nr. 3 ErbStG		./. 10 300 €
verbleiben		3 269 450 €
Verbleibender Anteil am Nachlass 1/2 von **3 269 450 €**		1 634 725 €

steuerfreier bzw. nicht steuerbarer Teil gem. § 5 Abs. 1 ErbStG. Zugewinnausgleichsforderung lt. obiger Berechnung Umrechnung Steuerwert/Verkehrswert (H 11 Abs. 5 [Berechnung der fiktiven Ausgleichsforderung] ErbStH):	743 500 €	
$\dfrac{743\,500\ \€\ \times\ 4\,147\,000\ \€\ \text{(Steuerwert des Endvermögens)}}{6\,787\,000\ \€} =$		./. 454 294 €
• Hausrat, Wäsche und Bekleidung mit 1/2 von 12 000 €	6 000 €	
davon steuerfrei nach § 13 Abs. 1 Nr. 1a ErbStG		./. 6 000 €
• Pkw mit 1/2 von 25 000 €	12 500 €	
• Kunstgegenstände mit 1/2 von 100 000 €	50 000 €	
zusammen	62 500 €	
davon steuerfrei nach § 13 Abs. 1 Nr. 1 Buchst. b ErbStG		./. 10 300 €
verbleiben		1 164 131 €
Persönlicher Freibetrag nach § 16 Abs. 1 Nr. 1 ErbStG		307 000 €
Bezüglich der Angestelltenversicherung sind R 11 Abs. 4, R 8 Abs. 1 ErbStR, H 11 Abs. 4 ErbStH zu beachten. Die Versorgungsbezüge sind weder beim Zugewinnausgleich, noch bei der Ermittlung des steuerpflichtigen Erwerbs zu berücksichtigen.		
Versorgungsfreibetrag nach § 17 Abs. 1 ErbStG	256 000 €	
Kürzung nach § 17 Abs. 1 S. 2 ErbStG: Monatliche Versorgungsbezüge 200 € Jahresbetrag 2 400 € Vervielfältiger gem. § 14 Abs. 1 BewG, Tabelle 8 Ländererlass vom 07.12.2001 bei einem Alter von 63 Jahren = 11,197 Kapitalwert somit (2 400 € × 11,197 =)	26 872 €	
verbleiben	229 128 €	229 128 €
		628 003 €
Steuerpflichtiger Erwerb (abgerundet nach § 10 Abs. 1 S. 5 ErbStG)		628 000 €
Die Erbschaftsteuer beträgt in der Steuerklasse I, 19 % von 628 000 €		119 320 €

7. Gesonderte Feststellungsverfahren gem. § 12 Abs. 3 ErbStG, § 180 Abs. 1 Nr. 1 AO, §§ 138 Abs. 5, 19 BewG.

Der gem. § 138 Abs. 3 BewG zu ermittelnde Grundstückswert (Bedarfsbewertung) ist gem. § 138 Abs. 5 BewG gesondert festzustellen. Die Vorschriften der §§ 180 Abs. 1 Nr. 1 AO, § 19 BewG sind hierbei sinngemäß anzuwenden.

Ermittlung des Grundstückswertes für das unbebaute Grundstück in Freiberg:

Für das unbebaute Grundstück ist der Bedarfswert nach § 145 Abs. 3 BewG wie folgt zu ermitteln: 1 ha = 10 000 qm × 112,5 €/qm = 1 120 000 € × 0,8 = 900 000 €

Der Bedarfswert ist auf 900 000 € festzustellen.

IV. Punktetabelle

	Punkte
Darstellung der testamentarischen Erbfolge	1
Darstellung der gesetzlichen Erbfolge	1
Ergebnis der Gegenüberstellung	1
Ermittlung der Verkehrswerte	1
Ermittlung Steuerwerte	1
Berechnung der Ausgleichsforderung	1
Prüfung Änderungsmöglichkeiten Ehefrau	1
Prüfung Änderungsmöglichkeiten andere Erben	1
Prüfung Erbschaftsteuerpflicht	1
Ermittlung Produktivvermögen	1
Anwendung Freibeträge für Betriebsvermögen und Bestattungspauschale	1
Berücksichtigung des ermäßigten Zugewinnausgleichs	1
Anwendung der Freibeträge § 13 ErbStG	1
Berechnung Kapitalwert der Versorgungsrente	1
Persönliche Freibetragsgewährung	1
Folgerichtiger Steuersatz und Steuerbetrag	1
Gesondertes Feststellungsverfahren erkannt	1

	Punkte
Berechnung des Bedarfswerts	1
Summe	18

Klausuraufgabe 3:
Betriebsvermögen

I. Sachverhalt

Der mit Ihren Eltern besten bekannte L betreibt seit 1996 eine Autoreparaturwerkstatt in Stuttgart. Er ist 65 Jahre alt und möchte sich altershalber aus dem Berufsleben verabschieden. Seine Kinder haben sich beruflich anderweitig orientiert und kein Interesse an einer Betriebsübernahme. Seit seinem Unfall im Jahre 2003 hat er erfolglos versucht die Autoreparaturwerkstatt zu verkaufen. Er hat sich deshalb entschlossen den Betrieb an seinen besten, langjährigen Mitarbeiter M zu übertragen. Die Übertragung soll zum 31.12.2007 erfolgen. Herrn L ist bekannt, dass Sie demnächst Ihre Ausbildung erfolgreich beenden werden und möchte sich deshalb mit Ihnen über die Rechtslage im Hinblick auf die erbschaft- schenkungsteuerlichen Auswirkungen unterhalten. Nach seiner Auffassung wird die Steuerbilanz zum 31.12.2007 wie folgt aussehen:

Aktiva	€	Passiva	€
1. Werkstattgrundstück		11. Rückstellungen	19 000
• Grund und Boden	720 000	12. Bankdarlehen	320 000
• Gebäude	1 811 000	13. Verbindlichkeiten aus L+L	50 000
• Einfriedungsmauer	42 000	14. sonstige Verbindlichkeiten	8 000
2. Abstellplatz	–	15. Passive Rechnungsabgrenzung	2 000
3. Kfz des Anlagevermögens	41 000	16. Kapital	2 899 001
4. Maschinen und Einrichtungen	300 000		
5. GWG	8 001		
6. Wertpapiere	27 000		
7. Vorräte	200 000		
8. Forderungen aus L+L			
Nennwert 104 000			
Delkredere 4 000	100 000		
9. Bankguthaben und Bargeld	45 000		
10. Aktive Rechnungsabgrenzung	4 000		
	3 298 001		3 298 001

Einige Bilanzansätze werden von Herrn L näher erläutert.

Soweit sich nachfolgend nichts Gegenteiliges ergibt, entsprechen die Bilanzansätze den Vorschriften des EStG.

Zu 1. Im Werkstattgebäude befindet sich auch meine Wohnung. Deshalb werden der Grund und Boden, das Gebäude und die Mauer jeweils nur zu 80 % bilanziert. Ich habe auch schon einmal beim Finanzamt vorgesprochen, dort wurde mir mitgeteilt, dass der sog. Bedarfswert 1 338 000 € betragen würde.

Zu 2. Der Abstellplatz wird nicht mehr aktiviert, weil ich ihn zum 01.07.2006 meiner Ehefrau geschenkt habe. Da ich ihn weiterhin betrieblich nutze, zahle ich an meine Ehefrau Miete.

Zu 3. Zu den Kraftfahrzeugen zählen:

a) 1 Pkw (nur zu 40% betrieblich genutzt, aber voll bilanziert)	3 000 €
b) 1 Kombi (Anschaffung 01. 07. 2006 für 40 000 € netto, Buchwert)	28 000 €
c) sonstige Kfz	10 000 €
	41 000 €

Zu 5. Die 2007 angeschafften GWG werde ich aus ertragsteuerlichen Gründen gem. § 7 Abs. 1 EStG auf 5 Jahre abschreiben. Für die Erbschaftsteuer möchte ich 0 € ansetzen.

Zu 6. Es handelt sich um

a) 100 Aktien (AK 180 €/Stück, möglicher Börsenkurs zum 31. 12. 2007: 305 €/Stück).

b) 200 Investmentzertifikate (AK 45 €/Stück, voraussichtlicher Rücknahmepreis 31. 12. 2006: 80 €/Stück).

Zu 10. Aktiv abgegrenzt werden die wie in jedem Jahr an meine Frau für Januar bis Juni (2007) vorauszubezahlenden Mieten (3 000 €, Vgl. Nr. 2) außerdem die Kfz- Steuer soweit sie auf das Wirtschaftsjahr 2007 entfällt (1 000 €).

Zu 11. Die Rückstellungen betreffen das Risiko, Garantieleistungen erbringen zu müssen.

Zu 12. Das Bankdarlehen (400 000 €) ist nur zu 80% passiviert (vgl. Nr. 1).

II. Aufgabe

Schildern Sie die Rechtslage unter Verweis auf die zutreffenden gesetzlichen Grundlagen, ggf. auch Richtlinien. Berechnen sie die festzusetzende Erbschaft-/Schenkungsteuer.

III. Lösung

1. Die unentgeltliche Betriebsübertragung unterliegt gem. § 1 Abs. 1 Nr. 2 i. V. m. § 7 Abs. 1 Nr. 1 ErbStG der Erbschaft- Schenkungsteuer (R 14 Abs. 1 ErbStR). Auch zivilrechtlich liegt gem. § 516 BGB eine Schenkung vor. Die Schenkung gehört zu den formbedürftigen Rechtsgeschäften. Nach § 518 Abs. 1 BGB ist hierfür die notarielle Beurkundung erforderlich. Der Formmangel kann durch Bewirkung der versprochenen Leistung geheilt werden § 518 Abs. 2 BGB.

2. Alle im Sachverhalt angesprochenen Personen sind als Inländer unbeschränkt erbschaft- schenkungsteuerpflichtig, da sie ihren Wohnsitz (§ 8 AO) im Inland haben, § 2 Abs. 1 Nr. 1 Buchst. a ErbStG.

3. Die Betriebsübertragung soll zum 31. 12. 2007 erfolgen. Die Steuer entsteht gem. § 9 Abs. 1 Nr. 2 ErbStG mit der Ausführung der Zuwendung. Dies wäre der 31. 12. 2007. Bewertungsstichtag gem. § 11 ErbStG ist ebenfalls der 31. 12. 2007.

4. Gem. § 10 Abs. 1 ErbStG gilt als steuerpflichtiger Erwerb die Bereicherung soweit sie nicht steuerfrei ist. Als Bereicherung gilt der gesamte Vermögensfall. Die Bewertung von Betriebsvermögen richtet sich grundsätzlich nach § 12 Abs. 5 ErbStG. Der Wert des Betriebsvermögens ist gem. § 151 Abs. 1 Nr. 2 BewG für alle Besteuerungszeitpunkte nach dem 31.12.2006 (§ 156 Abs. 1 BewG) durch das Finanzamt, in dessen Bezirk sich die Geschäftsleitung befindet (§ 152 A Nr. 2 BewG), gesondert festzustellen. Für den Bestand und die Bewertung sind die Verhältnisse vom 31. 12. 2007 maßgebend. Die in § 12 Abs. 5 ErbStG aufgeführten Ausnahmen bezüglich der Bewertung von Betriebsgrundstücke und bezüglich der Bewertung von Beteiligungen an Kapitalgesellschaften sind zu beachten. § 12 Abs. 5 ErbStG verweist zunächst auf die §§ 95ff. BewG. § 95 BewG selbst verweist wiederum wegen des

Umfanges der wirtschaftlichen Einheit »Gewerbebetrieb« auf das Einkommensteuergesetz. Nach der Formulierung: »Das Betriebsvermögen umfasst alle Teile eines Gewerbebetriebs im Sinne des § 15 Abs. 1 und 2 des Einkommensteuergesetzes, die bei der steuerlichen Gewinnermittlung zum Betriebsvermögen gehören«, sind die Ertragsteuerlichen Bilanzierungsgrundsätze zu übernehmen. Wegen der vom Ertragsteuerrecht abweichenden bewertungsrechtlichen Besonderheit bei der Zuordnung von Betriebsgrundstücken zu der wirtschaftlichen Einheit »Gewerbebetrieb« ist ausdrücklich darauf hinzuweisen, dass § 99 BewG unberührt bleibt. Der Wert des Betriebsvermögens wird in Anlehnung an die ertragsteuerlichen Bilanzierungsgrundsätze in der Weise ermittelt, dass die Summe der Werte, die für die zu dem Gewerbebetrieb gehörenden Wirtschaftsgüter und sonstigen aktiven Ansätze (Rohbetriebsvermögen) ermittelt worden sind, um die Summe der Schulden und sonstigen Abzüge (§ 103 BewG) gekürzt wird.

Um keine weiteren Differenzen bei der Bestandsidentität zwischen der Bilanz und der erbschaftsteuerlich zu erstellenden Vermögensaufstellung (R 39 Abs. 1, 3 i.V. m. R 114 Abs. 1, 2 ErbStR) über die im Gesetz vorgesehenen Abweichungen hinaus entstehen zu lassen, z. B. bei Rückstellungen für Garantieleistungen, ist in § 98a BewG vorgesehen, dass die §§ 4 bis 8 BewG bei der Bewertung von Betriebsvermögen nicht anzuwenden sind.

Berücksichtigung der Wirtschaftgüter des Gewerbebetriebs:	
Die wirtschaftliche Einheit ist der Gewerbebetrieb »Autoreparaturwerkstatt«. Sie umfasst alle Teile dieses Gewerbebetriebs.	§ 2 BewG § 95 Abs. 1 BewG
Wertermittlung: Besitzposten – Schuldposten Wirtschaftsgüter sind grundsätzlich gem. anzusetzen und mit dem Steuerbilanzansatz zu bewerten Maßgebend ist die Bilanz zum 31. 12. 2007	§ 98a BewG § 95 Abs. 1 BewG § 109 Abs. 1 BewG. §§ 9, 11 ErbStG.

Besitzposten:

1. Das Werkstattgrundstück dient mit mehr als der Hälfte seines Wertes dem Gewerbebetrieb. Das gesamte Werkstattgrundstück bildet eine wirtschaftliche Einheit. Diese wirtschaftliche Einheit ist dem Betriebsvermögen zuzuordnen.	§ 99 Abs. 2 S. 1 BewG § 2 Abs. 1 BewG
Der Wert für die gesamte wirtschaftliche Einheit ist in die Vermögensaufstellung mit dem gesondert festgestellten Bedarfswert zu übernehmen.	§§ 138 Abs. 1, 151 Abs. 1 Nr. 1, 146 ff. BewG
(Hinweis: Sollte Herr L die Absicht haben nur den betrieblichen Teil zu übertragen, könnte der Werkstatt- und der Wohnteil auch bewertungsrechtlich nicht mehr zu einer wirtschaftlichen Einheit zusammengefasst werden, weil sie unterschiedlichen Eigentümern und unterschiedlichen Vermögensarten zuzurechnen sind.)	
Ansatz des Betriebsgrundstücks mit dem Grundstückswert nach §§ 146 ff. BewG 1 338 000 € darin enthalten sind Grund und Boden, das Gebäude und die Einfriedungsmauer. Der Wertansatz in der Steuerbilanz ist unbeachtlich.	§ 2 Abs. 2 BewG § 12 Abs. 3 ErbStG, § 99 Abs. 3 BewG

2. L hätte den Abstellplatz (notwendiges BV) nicht für sich selbst aus dem BV entnehmen können. Die Übertragung an die Ehefrau war deshalb eine der Möglichkeiten das Grundstück in den Privatbereich innerhalb der Familie zu übertragen.
Der Abstellplatz ist im BV des L. nicht anzusetzen.

3. Kraftfahrzeuge

a) Der Pkw ist gewillkürtes Betriebsvermögen § 95 Abs. 1 S. 1 BewG
Er ist zutreffend erfasst § 109 Abs. 1 BewG
Anzusetzen mit Steuerbilanzwert 3 000 €

b) Der Kombi gehört zum Betriebsvermögen. Er ist § 95 Abs. 1 S. 1 BewG
mit dem zutreffenden Steuerbilanzwert zum § 109 Abs. 1 BewG
31. 12. 2007 anzusetzen. Anschaffung 01. 07. 2006. § 7 Abs. 2 EStG
Wertermittlung bei degr. Afa 20%
AfA 2006 10% aus 40 000 = 4 000 Restwert 36 000 €
AfA 2007 20% aus 36 000 = 7 200 anzus. Restwert 28 800 €

c) sonstige Kfz 10 000 €

4. Die Maschinen und Einrichtungen sind in die § 95 Abs. 1 S. 1 BewG
Vermögensaufstellung zu übernehmen und mit dem § 109 Abs. 1 BewG
Steuerbilanzwerten anzusetzen 300 000 €

5. Die GWG, sind zu erfassen. Der Steuerbilanzwert ist richtig. Das Bewertungswahlrecht des § 6 EStG muss nicht ausgeübt werden. Die für die Ertragsteuern getroffene Wahl ist auch für die Erbschaft-Schenkungsteuer bindend. Ansatz mit Steuerbilanzwert § 95 Abs. 1 S. 1 BewG
 8 001 € § 109 Abs. 1 BewG

6. Die Wertpapiere sind zutreffend gewillkürtes BV
a) Die Aktien sind zu erfassen, § 95 Abs. 1 S. 1 BewG
und mit dem Kurswert vom 31. 12. 2007 anzusetzen
100 Aktien × 305 € 30 500 € § 11 Abs. 1 BewG

b) Die Investmentzertifikate, sind mit dem Rücknahmepreis vom 31. 12. 2007 anzusetzen. § 109 Abs. 4,
200 Investmentzertifikate × 80 € 16 000 € § 11 Abs. 4 BewG

7. Die Vorräte
sind in die Vermögensaufstellung zu übernehmen § 95 Abs. 1 S. 1 BewG
und mit den Steuerbilanzwerten anzusetzen 200 000 € § 109 Abs. 1 BewG

8. Forderungen aus L+L:
Der Bilanzposten ist in die Vermögensaufstellung zu § 95 Abs. 1 S. 1 BewG
übernehmen und mit dem Steuerbilanzwert anzusetzen (Saldierung mit Delkredere) 100 000 € § 109 Abs. 1 BewG

9. Bankguthaben und Bargeld
Der Bilanzposten ist in die Vermögensaufstellung zu übernehmen und mit dem Steuerbilanzwert anzusetzen § 95 Abs. 1 S. 1 BewG
 45 000 € § 109 Abs. 1 BewG

10. Aktive Rechnungsabgrenzung
Der Bilanzposten ist in die Vermögensaufstellung zu übernehmen und mit dem Steuerbilanzwert anzusetzen, auch das Schuldverhältnis zum Ehegatten. 4 000 €

§ 95 Abs. 1 S. 1 BewG
§ 109 Abs. 1 BewG

Summe Besitzposten 2 083 301 €

Schuldposten

11. Garantierückstellungen
Die §§ 4–8 BewG sind nicht anzuwenden. Der Bilanzposten ist in die Vermögensaufstellung zu übernehmen und mit dem Steuerbilanzwert anzusetzen 19 000 €

§ 98a S. 2 BewG
§ 95 Abs. 1 S. 1 BewG
§ 109 Abs. 1 BewG

12. Bankdarlehen
Der Bilanzposten ist in die Vermögensaufstellung zu übernehmen und
mit dem Steuerbilanzwert anzusetzen. 320 000 €

§§ 95 Abs. 1 S. 1, 103 Abs. 1 BewG
§ 109 Abs. 1 BewG

13. Verbindlichkeiten aus L+L
Der Bilanzposten ist in die Vermögensaufstellung zu übernehmen und
mit dem Steuerbilanzwert anzusetzen. 50 000 €

§§ 95 Abs. 1 S. 1, 103 Abs. 1 BewG
§ 109 Abs. 1 BewG

14. Sonstige Verbindlichkeiten
Der Bilanzposten ist in die Vermögensaufstellung zu übernehmen und
mit dem Steuerbilanzwert anzusetzen. 8 000 €

§§ 95 Abs. 1 S. 1, 103 Abs. 1 BewG
§ 109 Abs. 1 BewG

15. Passive Rechnungsabgrenzung
Der Bilanzposten ist in die Vermögensaufstellung zu übernehmen und
mit dem Steuerbilanzwert anzusetzen. 2 000 €

§§ 95 Abs. 1 S. 1, 103 Abs. 1 BewG
§ 109 Abs. 1 BewG

Summe der Schuldposten 399 000 €

Besitzposten 2 083 301 €
./. Schuldposten ./. 399 000 €

Wert des Betriebsvermögens lt. gesonderter Feststellung des Finanzamtes, in dessen Bezirk sich die Geschäftsleitung befindet. 1 684 301 €

§ 98a BewG, § 151 Abs. 1 Nr. 2 GewG

5. Berücksichtigung der sachlichen Steuerbefreiungen § 13a ErbStG

Steuerlicher Wert des Betriebsvermögens 1 684 301 €

Bei diesem Erwerb durch Schenkung unter Lebenden müsste der Schenker dem Finanzamt unwiderruflich erklären, dass der Freibetrag gem. § 13a Abs. 1 S. 1 ErbStG für diese Schenkung in Anspruch genommen wird. Dann ist für M Teilbetrag von 225 000 €

steuerfrei. Es verbleiben 1 459 301 €

Der nach Anwendung des § 13a Abs. 1 ErbStG verbleibende Wert des Betriebsvermögens ist gem. § 13a Abs. 2 ErbStG mit 65 % anzusetzen = 948 545 €

Zu berücksichtigen ist auch die außerhalb des Betriebsvermögens übernommene Schuld für den nichtbilanzierten Teil der Betriebsgrundstücks	80 000 €
Verbleiben	868 545 €

6. Berücksichtigung der persönlichen Freibeträge nach § 16 ErbStG

M fällt nach § 15 Abs. 1 ErbStG in die Steuerklasse III.

M erhält gem. § 16 Abs. 1 Nr. 5 einen persönlichen Freibetrag von	5 200 €
Verbleiben	863 345 €
Der steuerpflichtige Erwerb (Bereicherung) ist gem. § 10 Abs. 1 S. 5 ErbStG auf volle 100 € zu runden	863 300 €

7. Berechnung der Erbschaft- Schenkungsteuer nach 19 ErbStG

Die Erbschaft-Schenkungsteuer beträgt bei einem steuerpflichtigen Erwerb von 863 300 € in der Steuerklasse III 35 % =	302 155 €

8. Tarifbegrenzung beim Produktivvermögen. Entlastungsbetrag gem. § 19a ErbStG

Für das übertragene Betriebsvermögen ist ein Entlastungsbetrag zu gewähren. Da das übertragene sonstige Vermögen (./. 80 000 €) insgesamt negativ ist, ist die Verhältnisrechnung des § 19a Abs. 2 ErbStG nicht anzuwenden. Ein über das Betriebsvermögen hinausgehender Wertansatz ist nicht begünstigt. Der Entlastungsbetrag berechnet sich gem. § 19a Abs. 4 ErbStG wie folgt:

Tatsächliche Steuer, Steuerklasse III (siehe oben)	302 155 €	
./. Steuer nach Steuerklasse I 19 % aus 863 300 € =	164 027 €	
Unterschiedsbetrag	138 128 €	
Entlastungsbetrag gem. § 19a Abs. 4 ErbStG 88 %		121 552 €
Zu erwartende Erbschaftsteuer		**180 603 €**

IV. Punktetabelle

	Punkte
Schenkung als steuerpflichtigen Vorgang behandelt	1
Unbeschränkte Steuerpflicht Steuerentstehung und Bewertungsstichtag	1
Bereicherung beim Übergang von Betriebsvermögen	1
Weckstattgrundstück Ansatz mit dem Bedarfswert	1
Kein Ansatz für den Abstellplatz	1
Richtiger Ansatz der Kraftfahrzeuge	1

	Punkte
Maschinen und GWG	1
Zutreffender Ansatz der Wertpapiere	1
Zutreffender Ansatz der übrigen Aktiva	1
Zutreffender Ansatz Bankdarlehen mit 320 000 €	1
Zutreffender Ansatz der übrigen Passiva	1
Anwendung Freibetrag für Betriebsvermögen	1
Berücksichtigung der Schuld im übrigen Vermögen	1
Pers. Freibetragsgewährung	1
Folgerichtiger Steuersatz und Steuerbetrag	1
Zutreffende Anwendung des Entlastungsbetrages	1
Zutreffende Berechnung der zu erwartenden ErbSt	1
Summe	17

Klausuraufgabe 4:
Personengesellschaft

I. Sachverhalt

Die Eheleute Heinz und Hilde B, wohnhaft in Freiberg leben im gesetzlichen Güterstand. Sie haben einen gemeinsamen Sohn, S, geb. am 23.08.1972. H verstirbt am 09.09.2006 auf tragische Weise. Ein persönliches Testament hat er nicht hinterlassen. Er hatte sich jedoch wie die beiden anderen Gesellschafter der B-OHG bezüglich der Unternehmensnachfolge durch einen notariellen Gesellschaftsvertrag gebunden.

Heinz war bei der Eheschließung im Jahr 1970 Eigentümer eines Einfamilienhauses. Der Einheitswert betrug umgerechnet in € = 88 000 €. Der Verkehrswert 350 000 €. Hilde brachte ihr Barvermögen in Höhe von 20 000 € in die Ehe ein. Das Vermögen des Heinz B ist bis zum Todestag auf 5,5 Mio. €, das von Hilde auf 1 Mio. € angewachsen. Diese Werte beinhalten bereits einen eventuell zu berücksichtigenden Kaufkraftschwund nach H 11 Abs. 3 ErbStR. Nachfolgend ist das beim Ablebendes Heinz B vorhanden Vermögen tabellarisch aufgeführt:

1. Sachverhalt:
a) Zweifamilienhaus Obersteiner Straße 30
   Der zuletzt festgestellte Einheitswert betrug 100 000 €. Zum 09.09.2006 würde der gesondert festzustellende Bedarfswert 350 000 € betragen. Heinz erwarb das Grundstück am 01.10.2005 vom Rentner R. Für den Kaufpreisteilbetrag von 200 000 € wurde eine unverzinsliche Ratenzahlung beginnend am 01.01.2006 in 20 vierteljährlichen Raten je zu je 10 000 € vereinbart. Die Zahlungen hatten lt. Vereinbarung immer am 1. des neuen Jahresquartalbeginns zu erfolgen.
b) Anteil an der H GmbH
   Die GmbH betreibt mehrere Gaststätten in Freiberg und Umgebung. Heinz hielt bis zum 31.03.2006 einen Gesellschaftsanteil von 40%. Das Stammkapital der GmbH beläuft sich auf 100 000 €. Am 01.04.2006 veräußerte Heinz 3/4 seines Anteils an den Geschäftsmann E zum Kaufpreis 300 000 €.
c) Wertpapierdepot
   Der Depotauszug zum Todestag weist verschiedene Aktien im Nennwert von insgesamt 300 000 € aus. Der Kurswert beläuft sich auf 500 000 €.
2. Sachverhalt:
a) Gesellschaftsanteil an der Gebrüder B-OHG
   Gegenstand des Unternehmens ist die Herstellung von Lebensmitteln. Diese werden größtenteils an Supermärkte verkauft. Ein kleiner Teil wird im Ladenlokal Mainzer Straße 100 an Endverbraucher abgegeben. An der OHG sind Heinz B zu 40% und seine Brüder Alfons B und Berti B zu jeweils 30% beteiligt. Die Gewinnverteilung erfolgt nach dem Verhältnis der Beteiligung. Im Gesellschaftsvertrag ist eine Klausel enthalten, wonach im Falle des Ablebens eines Gesellschafters die »Qualifizierte Nachfolgeklausel« gelten soll. Rechtsnachfolgende Gesellschafter können nur Erben werden, die mindestens den Gesellenbrief des Fleischereihandwerkes innehaben. Nach dieser Regelung kann nur der Sohn S die Rechtsnachfolge antreten. Die berufliche Qualifikation von Hilde B als Fleischereifachverkäuferin reicht für eine Anteilsübernahme im Rahmen der Rechtsnachfolge nicht aus. Sie erhält lt. Gesellschaftsvertrag wie jeder andere weichende Erbe eine Abstandszahlung für den Vermögensverlust und den Verzicht auf das Sonderbetriebsvermögen in Höhe von 1 000 000 €. Damit sind alle Ansprüche

weichender Erben abgegolten. Lt. einer Anmerkung im Gesellschaftsvertrag ist jeder Gesellschafter bezüglich seiner erbrechtlicher Verfügungen frei. Eine Bindung besteht nur bezüglich zu beantragender bzw. möglicher Steuerbefreiungsvorschriften für das von den eintretenden Erben zu übernehmende Betriebsvermögen. Im Gesellschaftsvertrag ist festgehalten, dass für eintretende Gesellschafter alle zur Zeit des Eintritts in die Gesellschaft möglichen Steuervergünstigungsvorschriften zu beantragen und anzuwenden sind. Entsprechende Anträge gelten wegen der sich ständig ändernden Steuervorschriften als vom jeweiligen Gesellschafter gestellt.

Die Steuerbilanz der OHG einschließlich der Ergänzungs- und Sonderbilanzen auf den Todestag sind nachfolgend dargestellt. Die Bilanzen und der Gesellschaftsvertrag sind nicht zu beanstanden. Die einzelnen Bilanzpositionen sind nur soweit erforderlich nachfolgend näher erläutert.

b) Grundstück Mainzer Straße 100, Gesamthandsbilanz der OHG.

Auf dem Grundstück befindet sich ein Gebäude mit einer Wohn- und Nutzfläche von insgesamt 500 m². Von der Gebäudefläche entfallen 200 m² auf ein Ladenlokal der OHG, 200 m² auf vermietete Büroflächen und 100 m² auf eine an den Gesellschafter Berti vermietete Wohnung. Der Einheitswert des Grundstücks wurde zum 01.01.1992 auf 300 000 € festgestellt. Der Bedarfswert zum 09.09.2006 beträgt 1 600 000 €.

c) Grundstück Gründinger Straße 13, Sonderbetriebsvermögen Heinz.

Auf dem Grundstück befindet sich das Produktionsgebäude der OHG. Der Bedarfswert wurde mit 850 000 € gesondert festgestellt.

d) Ergänzungsbilanz Heinz

Heinz hatte in den Vorjahren zulässigerweise eine in seinem Sonderbetriebsvermögen gebildete Rücklage gem. § 6b EStG auf die Anschaffungskosten des Grund und Bodens Mainzer Straße 100 sowie einer Maschine übertragen.

Aktiva	Bilanz Gebr. B-OHG zum 09.09.2006		Passiva
Grund und Boden	250 000 €	Kapital Alfons	485 000 €
Gebäude	1 600 000 €	Kapital Berti	355 000 €
Maschinen	1 200 000 €	Kapital Heinz	411 000 €
Fuhrpark	860 000 €	Rückstellungen	30 000 €
Geschäftseinrichtung.	360 000 €	Darlehn	2 844 000 €
Erzeugnisse	50 000 €	Lieferantenschulden.	150 000 €
Rohstoffe	30 000 €	Bank	80 000 €
RAP	5 000 €		
Summe	4 355 000 €	Summe	4 355 000 €

Aktiva	Sonderbilanz des Heinz B zum 09.09.2006		Passiva
Grund und Boden	120 000 €	Kapital	1 220 000 €
Gebäude	1 100 000 €		
Summe	1 220 000 €	Summe	1 220 000 €

Aktiva	Ergänzungsbilanz des Heinz B zum 09.09.2006		Passiva
Kapital	80 000 €	Grund und Boden	50 000 €
		Maschinen	30 000 €
Summe	80 000 €	Summe	80 000 €

II. Aufgabe

Prüfen Sie in welchem Umfang für die Ehefrau Hilde und den Sohn S eine Erbschaftsteuer anfällt und führen sie eine eventuell erforderliche Erbschaftsteuerberechnung durch. Begründen Sie Ihre Ausführungen unter Hinweis auf die einschlägigen, gesetzlichen Vorschriften und Verwaltungsanweisungen. Aus Vereinfachungsgründen sind Centbeträge wegzulassen. Bei der Berechnung von Zugewinnausgleichsansprüchen ist von einem steuerlichen Wert des Nachlasses von 1 389 000 € auszugehen.

III. Lösung

Bei Hilde und ihrem Sohn S liegt jeweils ein Erwerb durch Erbanfall vor, §§ 1 Abs. 1 Nr. 1 i. V. m. 3 Abs. 1 Nr. 1 ErbStG. Die Frage der Rechtsnachfolge ist unter Berücksichtigung aller getroffenen Regelungen und Willensbekundungen des Erblassers zu beantworten. Die alle Gesellschafter der OHG bindenden Willenserklärungen werden nicht durch eine, die Vermögensnachfolge im Privatbereich regelnde testamentarische Regelung ergänzt. Es ist deshalb zunächst von der gesetzliche Erbfolge auszugehen, wonach die Ehefrau gem. § 1931 Abs. 1 BGB 1/4 und gem. § 1371 Abs. 1 ein weiteres Erhöhungsviertel erhält. Sie ist damit mit einer Erbquote von 1/2 an der Erbengemeinschaft beteiligt. Der Sohn S erhält gem. § 1924 Abs. 1 BGB den verbleibenden 1/2 Erbteil.

Hilde erhält zwar eine durch den Gesellschaftsvertrag geregelte Abfindung, wird hierdurch gegenüber dem Miterben S nicht begünstigt. Das Kapital lt. Sonderbilanz beträgt 1 220 000 € und übersteigt damit die Entschädigung für die Witwe Hilde B. Die Begünstigung des Sohnes S ist unter Berücksichtigung der Auslegungsregelungen der §§ 2087 ff. BGB zu prüfen. Die Übertragung des Betriebsvermögens, der damit verbundenen stillen Reserven und der gem. § 13 a ErbStG anzuwendenden Freibeträge ist als Vorausvermächtnis zu werten. Die Wertung als Erbquotenverschiebung würde zu keinem den o. g. Auslegungsregeln entsprechenden Ergebnis führen.

Der BFH führt hierzu in seinem Urteil vom 01.04.1992, Az: II R 21/89 Folgendes aus: »Die Teilungsanordnung (§ 2048 BGB) regelt die Auseinandersetzung unter den Miterben. Sie ordnet an, welche Gegenstände einem Miterben aus dem Nachlass zukommen sollen, ohne ihn wertmäßig zu begünstigen; der zugeteilte Gegenstand wird deshalb wertmäßig auf den Erbanteil des Miterben angerechnet. Demgegenüber liegt ein Vorausvermächtnis (§ 2150 BGB) vor, wenn dem Begünstigten zusätzlich zu seinem Erbteil ein Vermögensvorteil zugewendet werden soll, den er sich – im Gegensatz zur Teilungsanordnung – nicht auf seinen Erbanteil anrechnen lassen muss.

Für die Abgrenzung zwischen Teilungsanordnung und Vorausvermächtnis ist demnach entscheidend, ob die zu beurteilende Regelung zu einer Wertverschiebung bei den Erbquoten führt (BGH vom 23.09.1981 Az: IV a ZR 185/80, BGHZ 82, 274; vom 14.03.1984 Az: IV a ZR 87/82, NJW 1985, 51). Hat der Erblasser einem Miterben Gegenstände zugewiesen, deren Wert objektiv höher ist, als diesem seiner Quote nach bei der Auseinandersetzung zukäme, so kommt es darauf an, ob der Erblasser subjektiv dem durch die Anordnung begünstigten Miterben zusätzlich zu seinem Erbteil auch noch den Mehrwert zuwenden wollte (dann Vorausvermächtnis), oder ob nach seinem Willen eine Wertverschiebung dadurch ausgeschlossen sein soll, dass der Bedachte hinsichtlich des Mehrwerts den übrigen Miterben Wertausgleich aus seinem eigenen Vermögen zahlen muss (dann Teilungsanordnung; vgl. Palandt/Edenhofer, Bürgerliches Gesetzbuch, Kommentar, 51. Aufl., § 2048 RdNr. 6).

Der Sohn S ist im vorliegenden Fall seiner Muter gegenüber zu keinen Ausgleichszahlungen verpflichtet und erhält objektiv einen erheblichen Mehrwert sowohl durch die Zuwendung des anteiligen Gesamthandsvermögens als auch durch die Übernahme des Sonderbetriebsvermögens und der Zuwendung der steuerlichen Begünstigungsvorschrift des § 13a ErbStG.

Alle Beteiligten sind zum Zeitpunkt des Todes Inländer. Die Steuerpflicht erstreckt sich auf den gesamten Vermögensanfall, § 2 Abs. 1 Nr. 1 S. 1 ErbStG. Die Bereicherung ist gem. § 10 Abs. 1 ErbStG mit dem gem. § 12 ErbStG zu bewertenden Wirtschaftsgütern anzusetzen.

An den Wirtschaftsgütern und Nachlassverbindlichkeiten des Privatvermögens sind Hilde B und S jeweils zur Hälfte beteiligt.

Die Steuerwerte des unter Nr. 1 aufgeführten Nachlasses können aus Vereinfachungsgründen zunächst einheitlich ermittelt werden. Bewertungsstichtag ist der Todeszeitpunkt 09. 09. 2006, §§ 11 und 9 Abs. 1 Nr. 1 ErbStG.

a) Zweifamilienhaus Obersteiner Straße 30

Der Ansatz erfolgt nach § 12 Abs. 3 ErbStG mit dem nach,
§§ 138 Abs. 5, 3; 146 BewG gesondert festzustellenden Grundstückswert   350 000 €
(§ 156 Abs. 1 BewG).

Kaufpreisschuld

Die Tilgung der Kaufpreisschuld in Raten stellt eine Nachlassverbindlichkeit dar, § 10 Abs. 5 Nr. 1 ErbStG.

Die Bewertung erfolgt mit dem Gegenwartswert, § 12 Abs. 1 ErbStG i. V. m. § 12 Abs. 1 S. 2 BewG. Die Berechnung des Gegenwartswerts ist nach dem gleichlautenden Ländererlass vom 15. 09. 1997, BStBl I 1997, 832 »II. Kapitalforderungen und Schulden« vorzunehmen.

Diese Verwaltungsanweisung geht von einer mittelschüssigen Zahlungsweise und einer durch Zahlungszeiträume definierten Ratenzahlungszeit aus.

Von den ursprünglich vereinbarten Ratenzahlungen sind bisher nur drei Raten (01. 01., 01. 04., 01. 07. 2006) entrichtet worden. Es stehen daher noch 17 Raten aus.

Bewertungsstichtag für die verbleibende Restschuld ist der 09. 09. 2006. Die erste Ratenzahlungsperiode beginnt daher am 09. 09. 2006 und endet am 08. 12. 2006. Der Termin der tatsächlichen Zahlung innerhalb dieser Ratenzahlungsperiode ist wegen der in die Tabellen eingearbeiteten mittelschüssigen Zahlungsweise ohne Bedeutung.

Die Zahlung erfolgt innerhalb dieser ersten Ratenzahlungsperiode am 01. 10. 2006.

Die letzte Ratenzahlung vom 01. 10. 2010 fällt in die Ratenzahlungsperiode vom 09. 09. 2010 – 8. 12. 2010. Die Ratenzahlungszeit vom Beginn der ersten Ratenzahlungsperiode 09. 09. 2006 bis zum Ende der letzten Ratenzahlungsperiode 08. 12. 2006 beträgt 1/4 Jahre. (17 Ratenzahlungsperioden)

Vervielfältiger Tabelle 2 – Laufzeit 5 Jahre = 4 388
Vervielfältiger Tabelle 2 – Laufzeit 4 Jahre = 3 602

Differenz	0,786	
davon 1/4	0,197	
Interpolierter Wert (3,602 + 0,197)	3,799	

Der Kapitalwert der Kaufpreisverbindlichkeit beträgt am Bewertungsstichtag 09.09 2006: Jahreswert 40 000 € × VV 3,799 ./. 151 960 €

b) Anteil an der H-GMBH

Der Gesellschaftsanteil gehört zum übrigen Vermögen. Die Bewertung erfolgt mit dem gemeinen Wert, § 12 Abs. 1 ErbStG i.V.m. § 11 Abs. 2 S. 1 BewG. Der gemeine Wert kann aus dem Anteilsverkauf vom 01.04. 2006 abgeleitet werden, § 11 Abs. 2 S. 2 BewG. Es handelt sich um einen Verkauf binnen Jahresfrist vor dem Besteuerungszeitpunkt.

Der Verkaufspreis ist im gewöhnlichen Geschäftsverkehr zustande gekommen, § 9 Abs. 2 BewG.

Bei dem veräußerten Geschäftsanteil handelt es sich um einen Anteil mit Einflussmöglichkeiten auf die Geschäftsführung (30%), der zu bewertende Anteil beträgt nur 10%. Es ist deshalb der im Kaufpreis enthaltene Zuschlag für den Beteiligungscharakter auszuscheiden R 95 Abs. 6 S. 5 ErbStR. Dies kann für den zu bewertenden Anteil von 10% durch die Berücksichtigung eines 25%igen negativen Paketzuschlages erfolgen.

Bei einem erzielten Kaufpreis von 300 000 € für einen 30%igen Anteil würde der Kaufpreis bei identischem Beteiligungscharakter für einen 10%igen Anteil 100 000 € betragen. Der 10%ige Anteilserwerb ist nach o. g. Ausführungen anzupassen. Es ist davon auszugehen, dass der Verkaufserlös von 100 000 € = 125% entspricht. Der Wert der Beteiligung ist deshalb anzusetzen mit 80 000 €

c) Wertpapierdepot

Die Aktien sind mit dem Kurswert in Höhe von 500 000 € zu bewerten, § 12 Abs. 1 ErbStG i.V.m. § 11 Abs. 1 BewG. 500 000 €

Wert der den Beteiligten an der Erbengemeinschaft gemeinschaftlich zustehenden Wirtschaftsgüter	778 040 €
Hiervon entfallen Auf den Sohn und die Mutter je 1/2 =	389 020 €

Berechnung der Erbschaftsteuer von Hilde B

Vermögensübergang lt. obiger Berechnung	389 020 €
Forderung aus der Abfindung Betriebsvermögen §§ 12 Abs. 1 ErbStG, 12 Abs. 1 BewG (als Vorausvermächtnis)	1 000 000 €
	1 389 020 €

Hiervon ist gem. § 5 ErbStG der erbrechtliche Zugewinnausgleich abzusetzen

Zugewinn Heinz: Endvermögen 5 500 000 €	
./. Anfangsvermögen 350 000 € =	5 150 000 €
Zugewinn Hilde: Endvermögen 1 000 000 €	
./. Anfangsvermögen 20 000 € =	980 000 €
Mehrzugewinn Heinz	4 170 000 €
Zugewinnausgleich für Hilde 1/2 =	2 085 000 €

Dieser Betrag ist im Verhältnis des Verkehrswerts zum steuerlichen Wert des Nachlasses zu reduzieren (§ 5 Abs. 1 S. 5 ErbStG, R 11 Abs. 5 ErbStR) 2 085 000 € × 1 389 000 € (lt. Aufgabenstellung): 5 500 000 € = 526 557 €

./.	526 557 €
Persönlicher Freibetrag (§ 16 Abs. 1 Nr. 1 ErbStG Steuerklasse I) ./.	307 000 €
Versorgungsfreibetrag (§ 17 Abs. 1 ErbStG) ./.	256 000 €
./. Bestattungskostenpauschbetrag 1/2 aus 10 300 € ./.	5 150 €
der Erbschaftsteuer zu unterwerfende Bereicherung	294 313 €
Rundung gem. § 10 Abs. 1 S. 5 ErbStG	294 300 €

Die Erbschaftsteuer beträgt gem. § 19 ErbStG 15 % aus 294 300 € = **44 145 €**

Berechnung der Erbschaftsteuer für den Sohn S

Vermögensübergang lt. obiger Berechnung   389 020 €
+ Wert des übernommenen Betriebsvermögens

Gesellschaftsanteil an der Gebrüder B-OHG
Nach der Regelung im Gesellschaftsvertrag erwirbt S den Gesellschaftsanteils als Vorausvermächtnis von Todes wegen
Die Gebrüder B-OHG ist ein Gewerbebetrieb im Sinne von § 97 Abs. 1 Nr. 5 BewG i. V. m. § 15 Abs. 3 Nr. 1 EStG. Der Gesellschaftsanteil des Heinz B ist gem. § 97 Abs. 1 BewG zu ermitteln und gem. § 97 Abs. 1a BewG auf die Gesellschafter aufzuteilen, § 12 Abs. 5 ErbStG.
Die Bewertung des Betriebsvermögens erfolgt zum Todestag 09. 09. 2006.
Es erfolgt eine Einzelbewertung, § 98a BewG. Dabei gelten die Grundsätze der Bestands- und Bewertungsidentität, §§ 95 Abs. 1, 109 Abs. 1 BewG.
Vermögensaufstellung (R 114 Abs. 1 S. 3 ErbStR), § 97 Abs. 1 BewG für die B-OHG.

a) Grundstück Mainzer Straße 100
Es handelt sich um ein Betriebsgrundstück, § 99 Abs. 1 Nr. 1 BewG. Die Mischnutzung des Gebäudes ist im Rahmen des Gesamthandsvermögens ohne Bedeutung, § 99 Abs. 2 S. 4 BewG. Die Bewertung erfolgt gem. § 12 Abs. 3 ErbStG mit dem Grundstückswert in Höhe von   1 600 000 €

Weitere Wirtschaftgüter:
Maschinen	1 200 000 €
Fuhrpark	860 000 €
Geschäftseinrichtung	360 000 €
Erzeugnisse	50 000 €
Rohstoffe	30 000 €
RAP	5 000 €

b) Sonderbilanz Heinz
Zum Betriebsvermögen der OHG gehört auch das Grundstück Gründünger Str. 13 als Sonderbetriebsvermögen von Heinz, §§ 97 Abs. 1 Nr. 5 S. 2, 99 Abs. 2 S. 1 BewG
Das Grundstück ist in der Vermögensaufstellung mit dem gesondert festzustellenden Bedarfswert zu erfassen.   850 000 €

c) Ergänzungsbilanz Heinz

Bei der Bewertung der Wirtschaftsgüter ist auch die negative Ergänzungsbilanz des Gesellschafters Heinz zu berücksichtigen.
Der Korrekturposten zum Grund und Boden ist wegen der typisierenden Bedarfsbewertung nicht zu berücksichtigen.

Die Korrektur des Bilanzpostens Maschinen erfolgt mit	./. 30 000 €
Rohbetriebsvermögen	4 925 000 €
Schulden (§ 103 Abs. 1 BewG)	3 104 000 €
Betriebsvermögen	1 821 000 €

Verteilung des Betriebsvermögens auf die Gesellschafter gem. § 97 Abs. 1a BewG

	Heinz	Alfons	Bert	Gesamt
Betriebsvermögen				1 821 000 €
Sonderbetriebsvermögen	850 000 €			./. 850 000 €
Kapital lt. Steuerbilanzen	411 000 €	485 000 €	355 000 €	1 251 000 €
	./. 80 000 €			+ 80 000 €
verbleibend				./. 200 000 €
Rest (40:30:30)	./. 80 000 €	./. 60 000 €	./. 60 000 €	+ 200 000 €
(§ 97 Abs. 1a Nr. 3 BewG)				0 €
Anteil des H am BV				
(§ 97 Abs. 1a Nr. 4 BewG)	1 101 000 €			1 101 000 €

Der Anteil an der Gebrüder B OHG stellt nach § 13a ErbStG begünstigtes Vermögen dar (§ 13a Abs. 4 Nr. 1 ErbStG). Der Freibetrag in Höhe von 225 000 € steht gem. § 13a Abs. 1 Nr. 1 ErbStG und lt. Antrag im Gesellschaftsvertrag dem Sohn S zu. Für den übersteigenden Betrag des Betriebsvermögens kommt der Bewertungsabschlag von 35 % in Betracht (§ 13a Abs. 2 ErbStG).
Der Anteil an der Huba GmbH ist nicht begünstigt, da die Beteiligungshöhe im Besteuerungszeitpunkt lediglich 10 % beträgt (§ 13a Abs. 4 Nr. 3 ErbStG).

Wert des übergegangenen Betriebsvermögens	1 101 000 €	
Freibetrag (§ 13a Abs. 1 Nr. 1 ErbStG)	225 000 €	
verbleiben	876 000 €	
Ansatz 65 %	569 400 €	569 400 €
+ übriges Vermögen s. o.		389 020 €
		958 420 €
./. persönlicher Freibetrag 205 000 € (§ 16 Abs. 1 Nr. 1 ErbStG)		205 000 €
Ein Versorgungsfreibetrag wird wegen der Vollendung des 27. Lebensjahrs nicht gewährt (§ 17 Abs. 2 ErbStG)		
./. Bestattungskostenpauschbetrag 1/2 aus 10 300 €		5 150 €
Bereicherung		748 270 €
Rundung gem. § 10 Abs. 1. S. 5 ErbStG		748 200 €
Festzusetzende Steuer 19 %		142 158 €

IV. Punktetabelle

	Punkte
A. Zivilrechtliche Beurteilung	
Erwerb durch Erbanfall aufgrund fehlenden Testamentes und	1
der Regelungen im Gesellschaftsvertrag geprüft	1
Erbquote für Mutter und Sohn je 1/2.	1
B. Erbschaftsteuerliche Würdigung	
Steuerpflichtiger Erwerb von Todes wegen §§ 1 Abs. 1 Nr. 1, 3 Abs. 1 Nr. 1 ErbStG, § 1922 BGB	1
Unbeschränkte Steuerpflicht festgestellt § 2 Abs. 1 Nr. 1 ErbStG (§ 8 AO)	1
Entstehung der Steuer gem. §§ 38 AO, 9 Abs. 1 Nr. 1 ErbStG mit dem Tode des Erblassers, gleichzeitig **Bewertungsstichtag**, § 11 ErbStG	1
Bemessungsgrundlage Bereicherung § 10 Abs. 1 S. 2 ErbStG. § 12 ErbStG zu bewerten	1
Ansatz Zweifamilienhaus 350 000 €	1
Grundsätzlicher Ansatz Kaufpreisschuld	1
Richtige Bewertung Kaufpreisschuld	1
Ansatz Anteil H GmbH	1
Zutreffende Bewertung H GmbH	1
Ansatz Wertpapierdepot	1
C. Berechnung Erbschaftsteuer Hilde	
Zugewinnausgleich richtig berechnet	1
Angleichung an die Steuerwerte	1
Persönliche Freibeträge gewährt	1
Bestattungskostenpauschbetrag berücksichtigt	1
Steuer richtig bzw. folgerichtig berechnet	1

	Punkte
D. Berechnung Erbschaftsteuer S Becker	
Erwerb des Gesellschaftsanteils, rechtliche Würdigung	1
Ansatz Grundstück Mainzer Str.	1
Ansatz der übrigen Aktiva mit dem Steuerbilanzwert	1
Sonderbilanz Heinz	1
Ergänzungsbilanz Heinz, keine Wertkorrektur zum Grundstück	1
Ergänzungsbilanz Heinz, Wertkorrektur bezügl. der Maschinen	1
Berücksichtigung der Betriebsschulden	1
Aufteilung des BV auf die Gesellschafter bezügl. Sonderbetriebsvermögen	1
Aufteilung des BV auf die Gesellschafter bezügl. Kapitalkonten	1
Aufteilung des BV auf die Gesellschafter bezügl. Restbetrag	1
Freibetrag gem. § 13a ErbStG gewährt	1
Persönliche Freibeträge gewährt	1
Bestattungskostenpauschale Berücksichtigt	1
Bereicherung und Rundung	1
Steuersatz und Steuerbetrag	1
Summe	33